The Oxford Handbook of Reading

Alexander Pollatsek

Rebecca Treiman

牛津阅读手册

〔美〕亚历山大·波拉塞克 瑞贝卡·特雷曼 编

陈明瑶 程甜 译

商务印书馆 The Commercial Press
创于1897

本书根据牛津大学出版社 2015 年版译出

撰稿人

Stephanie Al Otaiba　教学与学习研究教授，南卫理公会大学 Annette Caldwell Simmons 学院，达拉斯，得克萨斯州。

Sally Andrews　教授，悉尼大学，心理学学院，澳大利亚悉尼。

David A. Balota　教授，华盛顿大学（圣路易斯），心理学系，美国密苏里，圣路易斯。

Molly S. Berenhaus　博士生，萨赛克斯大学，心理学学院，英国法尔莫。

Kate Cain　教授，兰卡斯特大学，心理学系，英国兰卡斯特。

Markéta Caravolas　高级讲师，心理学学院，班戈大学，英国班戈。

Carol McDonald Connor　教授，心理学系，亚利桑那州立大学，美国亚利桑那州，藤浦。

Anne E. Cook　教授，教育心理学系主任，犹他大学，美国犹他州，盐湖城。

Holly K. Craig　名誉教授，教育学院，密歇根大学安娜堡分校，美国密歇根州，安娜堡。

Anne E. Cunningham　教育研究学院，加州大学伯克利分校，美国加州伯克利。

Michael G. Cutter　博士生，心理学学院，南安普敦大学，英国南安普敦。

S. Hélène Deacon 教授，心理学与神经科学系，达尔豪斯大学，加拿大，新苏格兰。

Denis Drieghe 副教授，心理学系，南安普敦大学，英国南安普敦。

Linnea C. Ehri 著名教授，教育心理学博士点，纽约市立大学研究中心，美国纽约。

Ram Frost 教授，心理学系，希伯来大学，以色列耶路撒冷。

Susan R. Goldman 著名教授，心理学系，伊利诺伊大学芝加哥分校，美国芝加哥。

Jukka Hyönä 教授，心理学系，图尔库大学，芬兰图尔库。

Debra Jared 教授，心理学系，西安大略大学，加拿大安大略，伦敦。

Brett Kessler 研究科学家，心理学系，华盛顿大学（圣路易斯），美国圣路易斯。

Sachiko Kinoshita 副教授，澳大利亚认知研究中心，麦考瑞大学心理学系，澳大利亚，新南威尔士，北莱德。

Régine Kolinsky 认知与神经科学研究中心主任，布鲁塞尔自由大学，比利时布鲁塞尔。

李兴珊 教授，心理学研究所，中国科学院，中国北京。

Simon P. Liversedge 教授，心理学系，南安普敦大学，英国南安普敦。

Jane V. Oakhill 教授，心理学系，萨塞克斯大学，英国法尔莫。

Edward J. O'Brien 教授，心理学系，新罕布什尔大学，美国杜伦。

Colleen Ryan O'Donnell	研究员，人类发展研究院，加州大学伯克利分校，美国加州伯克利。
Bruce F. Pennington	教授，心理学系，丹佛大学，美国丹佛。
Manuel Perea	教授，方法论系，巴伦西亚大学，西班牙巴伦西亚。
Robin L. Peterson	临床助教，康复医疗系，科罗拉多儿童医院，科罗拉多大学医学院，美国科罗拉多州奥罗拉。
Alexander Pollatsek	名誉教授，心理学与脑科学系，马萨诸塞大学安姆斯特分校，美国马萨诸塞州安姆斯特。
Keith Rayner	教授，心理学系，加州大学圣迭戈分校，美国加州拉霍亚。
Erik D. Reichle	教授，心理学系，视觉与认知中心，南安普敦大学，英国南安普敦。
Eyal M. Reingold	教授，心理学系，多伦多大学密西沙加分校，加拿大安大略，密西沙加。
Anna Samara	副研究员，心理学与语言科学部，伦敦大学学院，英国伦敦。
Elizabeth R. Schotter	博士后研究员，心理学系，加州大学圣迭戈分校，美国加州拉霍亚。
Monique Sénéchal	教授，心理学系，卡尔顿大学，加拿大安大略，渥太华。
Heather Sheridan	博士后研究员，视觉与认知中心，南安普敦大学，英国南安普敦。
Catherine E. Snow	Patricia Albjerg Graham 讲座教授，哈佛教育研究院，美国麻省剑桥。
Erin Sparks	博士生，心理学和神经科学系，达尔豪斯大学，

加拿大新苏格兰。

Adrian Staub　副教授心理学与脑科学系，马萨诸塞大学安姆斯特分校，美国马萨诸塞州安姆斯特。

Marcus Taft　教授，心理学系，新南威尔士大学，澳大利亚新南威尔士，悉尼。

Rebecca Treiman　教授，心理学系，华盛顿大学（圣路易斯），美国密苏里，圣路易斯。

Anna M. Woollams　高级讲师，神经科学与失语症研究中心，心理科学学院，曼彻斯特大学，英国曼彻斯特。

叶裕明　副教授，心理学系，新加坡国立大学，新加坡。

臧传丽　副教授，心理与行为研究院，天津师范大学，中国天津。

目录

第一部分 引论

第1章 牛津阅读手册：背景 3
亚历山大·波拉塞克 瑞贝卡·特雷曼

第2章 书写系统：其特点及对阅读的意义 17
布雷特·凯斯勒 瑞贝卡·特雷曼

第3章 视觉单词识别 50
叶裕明 大卫·A. 巴罗塔

第4章 阅读中眼睛的作用 87
伊丽莎白·R. 肖特 基思·雷纳

第二部分 单词识别

第5章 贝叶斯读者框架下的视觉单词识别 125
木下幸子

第6章 视觉单词识别与阅读的邻域效应 154
曼纽尔·佩列亚

第7章 跨语言视角下的字母顺序处理：数据发现和理论思考 179
拉姆·弗罗斯特

第 8 章　视觉词识别中词汇表现的本质　202
马尔库斯·塔夫特
第 9 章　阅读中多词素词汇的处理不同于其他词汇吗？　232
祖卡·西奥纳
第 10 章　熟练阅读者的个体差异：词汇质量的作用　261
萨莉·安德鲁斯
第 11 章　关于心智阅读和脑阅读，获得性阅读障碍告诉我们什么？　301
安娜·M.沃勒姆斯
第 12 章　双语者的读写能力及其发展　334
德伯拉·贾里德

第三部分　句子与文本阅读

第 13 章　默读过程中声音的作用　375
亚历山大·波拉塞克
第 14 章　句子阅读：句法分析与语义解释　408
阿德里安·斯陶布
第 15 章　话语理解的各种模式　441
爱德华·J.奥布赖恩　安妮·E.库克
第 16 章　中文阅读中词语的作用　468
李兴珊　臧传丽　西蒙·P.里弗塞奇
亚历山大·波拉塞克
第 17 章　阅读注视过程中信息是如何跨点整合的？　493
迈克尔·G.贡特　丹尼斯·德里格
西蒙·P.里弗塞奇
第 18 章　阅读过程中影响注视时长的词性因素与非词性因素　526

埃亚尔·M.莱因戈尔德　希瑟·谢里丹

埃里克·D.雷赫尔

第19章　E-Z读者模型：模型概况及两处最新应用　555

埃里克·D.雷赫尔　希瑟·谢里丹

第四部分　阅读与拼写的发展

第20章　儿童如何学会阅读单词　585

林妮·C.埃利

第21章　儿童的拼写发展：理论与证据　624

S.埃莱娜·迪肯　埃林·斯帕克斯

第22章　不同语言的词汇读写学习　655

马克塔·卡拉沃拉斯　安娜·萨马拉

第23章　儿童的阅读理解与理解困难　691

简·V.奥克希尔　莫莉·S.贝伦豪斯

凯特·凯恩

第24章　阅读障碍的发展　725

布鲁斯·F.彭宁顿　罗宾·L.彼得森

第25章　阅读学习对语言和认知的影响　758

雷金·科林斯基

第五部分　阅读教学

第26章　幼儿的家庭识字教育　799

莫尼克·塞内沙尔

第27章　美国的基础阶段阅读教学　832

卡罗尔·麦克唐纳·康诺

斯蒂芬·奥尔·奥泰巴

第28章　非裔美国人英语及其与阅读进步的关系　865

霍利·K.克雷格

第29章　教师关于阅读进步与阅读教学的知识　897
安妮·E. 坎宁安　科琳·瑞安·奥唐奈
第30章　青少年读写能力：进展与教学　927
苏珊·R. 戈德曼　凯瑟琳·E. 斯诺

人名索引　/ 960
主题索引　/ 1016

第一部分

引论

第1章 牛津阅读手册：背景

亚历山大·波拉塞克　瑞贝卡·特雷曼

摘　要：本章是全书的引言和概要。我们首先介绍了社会上读写的重要性，然后综述了阅读研究的历史。本章还讨论了始于20世纪50年代的认知革命对基础阅读研究和阅读教学研究的影响。在本章的结尾，我们概括了全书五大部分的主要内容：引言，文字识别，句子阅读与文本阅读，阅读与拼写的发展及阅读教学。每一个部分起始均提供概述，对每章的主题和议题提出讨论的重点。

关键词：阅读、书写、阅读教学、认知革命、行为主义、眼动、应对时间、语言学、认知神经科学、阅读障碍

1859年，亚伯拉罕·林肯就人类历史上最有意义的发明作了一次讲话。当他讲完服装、石器工具和车轮之后，他指出“书写，是通过眼睛将思想传递给心智的艺术，是这个世界的伟大发明”(Fehrenbacher, 1989, p.7)。(林肯确实承认，通过耳朵和手势将思想传递给心智的方式是一种绝佳的方式，但并非发明。)林肯强调书写的伟大，“在惊人的分析和组合的范围内，这必然是它最原始和最普遍的概念的基础，伟大，非常伟大，使我们能够在任何时间和空间的距离上与死者、缺席者和未出生者进行交谈”(Fehrenbacher, 1989, p.7)。林肯宣称，没有书写，我们的文明和民主将不可能存在。当人们能够书写和阅读之后，重要的发现可以书写下来，被理解，被思考。“发明的种子被更加永久地保留，更加广泛地撒播”(Fehrenbacher, 1989, p.9)。

当然，如果没人能读的话，书写就没用了。林肯推测，一定会有

某些特殊的情况，书写的发明者既可以发展一个符号系统，又可以确保有一群人能够学会破译符号。他还推测了导致字母表发展的环境，并提出了一个现在可能具有争议的论断，即字母系统优于汉语这样的书写系统（他可能误解为简单的象形系统）。林肯在讲话中还讨论了印刷机的发明。实际上，字母书写系统和印刷相结合是把阅读材料带给大众的一个重要部分。

鉴于书写与阅读对现代社会极其重要，已经有大量的研究探索
4 了人们如何阅读以及如何学会阅读。本书将尝试在这令人兴奋与重要的研究领域中探讨阅读技术的发展。在引言部分，我们将首先回顾阅读的前期研究。系统的阅读研究没有能够回溯到林肯那么久远，但是，其历史也有100余年了。然后，我们重点介绍一些关于阅读教学的理论和争论。接着，我们会描述此书每一部分的概要和每一章节的内容。

关于阅读的早期研究

关于阅读的早期研究的高潮期应该是休伊（Huey）的《阅读的心理学和教育学》（*The Psychology and Pedagogy of Reading*）出版于1908年（1968年重印）。该书所涉及的话题与我们现在的手册及现行的阅读心理学类的研究专题非常相似：单词识别步骤、内部言语、阅读速度等。并且，尽管在休伊的书中，许多研究成果的取得是通过使用陈旧过时的仪器，但绝大部分仍然被认为是有效的。因此，休伊书中关于阅读的结论还是值得思考的。另一个更专业的研究分支是探讨一次短暂注视（*fixation*，即 *a single glance*）能够获取多少信息。这一研究（比如 Cattell, 1886; Erdmann & Dodge, 1898）是通过速视器（*tachistoscope*）进行的，它能展示极其短暂而精确的时段里的视觉呈

现。如今，这一研究可以在计算机辅助下进行，使用眼动录像，探测人们阅读文本。

以这种方式进行的心理学研究或多或少消失于行为主义主导心理学的时期，即1920年到1960年的阶段。行为主义哲学，最为著名的提倡者B. F. 斯金纳，推进了关于刺激（输入对有机体的刺激）和行为（输出）的调查。他认为，试图探究两者之间的元素，如识别单词之类的一个假设过程，是一种方向性错误。在阅读研究领域，此类成果在斯金纳的《言语行为》（*Verbal Behavior*, 1957）出版的时候达到巅峰。斯金纳的书与行为主义心理学完全一致，认为阅读及阅读的发展基本上需通过读者的明确行为、或行为是否得到某种回报来进行分析。正如该书的题目所示，作者斯金纳还讨论了言语的发展。

认知革命与阅读研究

阅读过程研究的突破始于20世纪50年代晚期，与认知革命恰好同步。此间有三大成果颇具影响力。其中两项是针对学术群体的，即一本高端教材和一本研究专著，我们很快就会讨论到。第三项是发表在双周刊《纽约书评》（*The New York Review of Books*）（Chomsky, 1971）的文章，题为“对斯金纳的审判”（“The Case Against B. F. Skinner”），对以行为主义方式研究语言进行了全方位的反击。这一批判来自于一位举世公认的伟大的语言学家。这篇文章没有提供任何实验数据，却能唤起许多人擦亮眼睛看到以行为主义作为思考工具来理解句式和高阶语言结构的缺点，以及行为主义在阅读研究上的局限性。

另两项成果，一是教材（Broadbent, 1958），一是专著（Neisser, 1967），分别回顾了撰稿期间大量的认知心理学研究。通常认为内瑟尔的论著发明了、或至少首次发表了“认知心理学”这一概念。这两本书虽然一开始都讨论了视觉刺激如何被编码和再编码成其他形式，主要是听觉形式，但都没有专门研究阅读。两本书都提出，刺激进入有机体（几乎完全指人类），就一定会被再编码。这一再编码过程用方框和箭头的图式表现。方框代表心智中的一个位置，应该是指脑，在那里信息以另一种形式呈现。比如，一个字母 ‹s› 进入眼中是视觉信息，但是可能变成一种声音形式，比如是一种舌齿间的细细的出气声。这些从感觉器官到深层处理系统的转变，在认知理论模型中均以箭头图示。这些模型在感官或单词检测器到阅读兴趣点之间，
5 通常有多个编码层次或方框。认知理论曾试图在可能的情况下与我们已知的脑和神经系统保持一致，但并不局限于此。

也许，在认知革命以前，行为主义倾向于将所观察到的一切视作行为，认知革命则尝试将其作为一系列存在于刺激输入和反应之间的假设思维步骤或方盒子进行分析，这是认知革命最关键的超越。尽管早期的认知研究通常只是关于这些黑盒子与脑部区域或神经系统的某些部分之间的关系的比较粗浅的讨论，而今相当一部分**认知神经科学**的研究正在展开，以试图定位神经系统中的这些假设功能。该领域使用脑部想象技巧，也检验电生理数据（通过头皮测量脑部电活动）和脑损伤病人的数据。在阅读领域内对研究者具有特殊兴趣的课题为：**获得性阅读障碍**（*acquired dyslexics*），以及因为脑损伤造成的阅读技能部分或全部丧失。

认知革命为研究阅读和单词识别带来了许多新颖独特的技术。比如，研究人员启动了**词汇判定任务**（*lexical decision task*），在该任务中，人们尽可能快速地决定一连串字母是否是一个单词，并采用**启动**技术来比较同一个单词或之前出现的类似单词与不同单词出现时的不同表现。参与者完成这些任务的时间精确到毫秒。事实上，**反应**

时间（*reaction time*, RT）测量在阅读和其他主题的认知研究中发挥了核心作用。另一种新的方法是将20世纪初使用的眼动技术与计算机系统和视频设备配对，计算机系统和视频设备可以以精确的时间间隔显示文本，以便能够研究人们是如何即时阅读文本的。传统的认知研究者已经用多种语言在熟练的成人读者中建立了正常阅读过程的详细模型。他们还研究了儿童学习阅读的认知过程，包括正常发育的儿童和进展性阅读障碍（*developmental dyslexia*）（学习阅读有严重和特殊困难）的儿童。虽然本书的所有作者可能都没有给自己贴上认知心理学家或认知科学家的标签，但我们认为，他们的所有工作都受到了认知革命给人类心理学研究带来的技术和提问方式的巨大影响。其中部分作者也受到了认知神经科学的巨大影响，他们的研究在以下各章的论文中也明显可见这一传统的印记。

阅读的教学

认知革命引发了众多的研究话题，包括注意力和记忆，但是研究者们最积极参与的话题之一是阅读。其中的部分原因是认识到阅读与阅读发展的基础研究有助于促进阅读教学的研究，有益于社会进步。与基于传统或基于意识形态不同，关于阅读教学的决策可以基于研究成果。在认知革命到来之前，对阅读的研究就已经开始了，但是认知革命的发展给这一领域的研究带来了新的严谨性，也为研究学习者心智过程指出了新的重点。

自从书写发明以来，人们就使用了不同的教学方法，而教学方法的选择在一定程度上取决于书写体系的性质。对于字母书写系统，语音教学方法强调教孩子们使用字母和语音之间的联系来解码单词。例如，说英语的孩子可能会上一堂关于元音组合ee的课，学习单词，如 see、need 和 feet。语音教学旨在系统地涵盖书写系统的重要规则。在**全字**法中，鼓励孩子们记住整词的发音，而不是让孩子们念出声来。这就解决了像 been 这样的单词在其他情况下可能出现的问题，在英语的许多方言中，been 一词的 ee 发音不符合语音教学的规则。阅读教学中的另一个难题是不同语言水平之间的平衡。根据 20 世纪 80 年代和 90 年代在美国流行的**全语言**方法（*whole-language* approach）（Goodman, 1986; Smith, 1971），儿童应该从一开始就接触优秀的文学作品，并且应该关注他们所读内容的含义，而不是关注单个词或部分词。在全语言教学中，鼓励学生使用语境、背景知识和书中的图片来猜测新词，并证实他们的猜测。语音提示是最后的手段，只有当孩子们不能根据其他提示辨认一个词时才使用。

在美国，一些有影响力的报告（National Reading Panel, 2000; Snow, Burns, & Griffin, 1998）回顾了早期阅读和阅读教学的研究。这些报告
6 的其中一个发现是，系统的语音教学有助于儿童学习阅读，并且应该是早期阅读课程的一个重要组成部分。这项建议很有影响，包括语音教学在内的种种方法也在增加。然而，关于语音教学的本质还有许多问题。例如，应该教授哪些规则，以什么顺序？如何处理教学规则的例外情况？此外，语音不是早期识字课程的唯一重要组成部分。学习过有效破译单词的孩子有时候也会因为这样或那样的原因，很难理解他们所读的内容。对这类课题和其他课题的基础研究，对影响教育的发展具有重要作用。

全书概览

我们将本手册分为五个部分。引言部分为其余章节设置了基本框架，本章也是引言的一部分。它概述了书写系统，然后概述了如何

识别单个单词的研究，最后介绍了如何使用眼动来研究句子阅读和更大的文本单位。在第二部分，我们着重谈到单词识别，重点是成年的熟练读者识别单独的单词。另外还有其他群体的数据，如大脑受损的成年读者，也会包含在一些章节中。本节的一些章节还包括跨语言的比较。第三部分的大部分论文是关于阅读句子和文本的，也侧重于熟练的读者，其中使用的大多数数据来自于导言最后一章介绍的眼动技术。这一部分讨论的问题包括从音位学在阅读中的作用到话语处理和阅读中眼动模式的建模。还有一些跨语言的比较，包括英语和汉语。第四部分，阅读和拼写发展，主要是介绍儿童识字能力的发展。本节的各章分别讨论单词识别、拼写和理解的发展。另外，更有一章研究学习阅读和拼写如何影响其他语言能力和认知能力。本手册的这一部分还包括对识字发展和发展性阅读障碍儿童的跨语言相似性和差异的讨论。尽管阅读和拼写发展部分的一些章节阐述了对教学的意义，但手册的最后一部分更详细地介绍了这个主题。它考虑的研究和策略涵盖了从学龄前儿童到青少年群体，并指出了教师应该知道什么和做什么来满足不同群体的需要。

引言

第2章，从书写开始，由布雷特·凯斯勒和瑞贝卡·特雷曼(Brett Kessler and Rebecca Treiman)撰写，正如林肯所指出的，书写是阅读的起点。本章探讨了现代书写系统的多样性，并强调所有书写系统，包括那些有时被认为是象形文字的系统，在很大程度上也代表了某种语言的语言单位。本章最后讨论了书写系统设计对阅读和学习阅读的影响。在第3章，作者叶裕明和大卫·A.巴罗塔，概述了阅读研究中最基本的问题之一：如何破译书面语？对这一问题的研究，有的是通过让人们孤立地阅读单词，也有的是通过检查连续性语篇的阅读。前一种方法的优点是，它可以更好地掌控材料和情境，后一种方法的优点是它更接近于正常的阅读情况。第3章的研究主要依赖于前一种方法论，它研究了诸如单词的频率和长度如何影响识别，以及识别的时长等问题。第4章，由伊丽莎白·R. 肖特和基思·雷纳（Elizabeth R. Schotter and Keith Rayner）撰写，介绍了眼睛跟踪技术如何让实验人员通过文本来详细记录读者的进展，并就读者的认知操作得出复杂的结论。这包括人们对单词进行编码的方式，以及通过对页面的一瞥能获得多少信息的推断。

单词识别

本手册这一部分各章的重点是如何识别单个的印刷文字。在第5章，木下幸子讨论了一个词的频率如何与识别它的能力相关。木下幸子提出了一个基于贝叶斯决策的理论框架，可以从中看出这种关系。使用这个框架，本章的其余部分将讨论读者如何识别和编码单词中的字母顺序。第6章和第7章将讨论**邻域影响**（*neighborhood*
7 *effects*）的问题，如读者识字的能力如何受到具有相似拼写现象的单词数量所影响。曼纽尔·佩利亚在第6章的重点是如何定义邻域的概念。佩利亚主要关注字母书写系统，从历史视角回顾了邻域概念的演变，并展示了对邻域概念的定义如何从简单变复杂。本章还讨论了邻域对单词识别的主要影响究竟是促进还是抑制。拉姆·弗罗斯特在第7章指出，大部分邻域研究主要是在具有字母书写系统的印欧语系中进行的，那么这些邻域影响是否适用于所有语言？拉姆·弗罗斯特以希伯来语作为比较语言，得出结论：即使是一些简单的邻域效应，如字母位置效应，在单词识别中也会表现出显著的跨语言差异。第8章和第9章都是关于**多词素**（*multimorphemic*）词的，即包含一个以上意义单位（*morpheme* 词素）的词。第8章由马尔库斯·塔夫特撰写，主要研究单词孤立呈现的方法。马库斯·塔夫特提出了阅读中多语素词的一个精细的代码模型，并讨论了言语中该模型与语音中多词素词产生模型的联系。祖卡·西奥纳在第9章中回顾了多词素词研究，主要使用人们阅读句子的方法，把眼动测量作为首要指标。该章重点介绍复合词。研究报告中的大部分是芬兰语和德语，在这两种语言中，复合词的元素之间没有空格。尽管塔夫特和西奥娜的研究都集中在一些基本的发现上，但它们认为，对于多词素词的处理仍有很多问题有待探索，与研究单词素词处理相比，该领域研究尚待深入。

关于单词的最后三章都是探讨不同读者群体的单词识别。对熟练读者的单词识别的研究大多数是以群体平均数为数据的，但是萨莉·安德鲁斯在第10章中指出，在相对熟练的读者群体中，单词识别过程存在系统性的个体差异。本章讨论了这些差异，并对以往的假设——即所有熟练的读者都用单一的方式识别单词——提出了挑战。第11章由安娜·M.沃勒姆斯撰写，回顾了患有获得性阅读障碍的成年患者的数据，这些患者都具有非常特殊的单词识别和单词产生的问题。然后，她根据这些数据介绍并讨论了当前几种普通读者单词识别理论的合理性。第12章，由德伯拉·贾里德撰写，讨论双语读者的单词识别。作者考察了如何了解一门语言和以一种语言阅读如何影响以另一种语言阅读。贾里德回顾了来自熟练读者和发展中读者的证据，这一主题在本手册后面的章节中有更全面的介绍。贾里德这部分的研究重点是识别单个单词，与本部分的其他章节一样。

句子阅读和文本阅读

本书这一部分的章节讨论了普通成人读者如何读完整个文本的

方式，主要依赖于第 4 章详细介绍的眼动技术。本部分的前三章，即第 13、14 和 15 章是关于阅读过程中的一些基本问题。第 13 章由亚历山大·波拉塞克撰写，讲述了声学或音位学在无声阅读中的作用。该主题还在第 3 章和本书关于单词识别模型的章节被讨论到。然而，第 13 章则超越了音位学在单词编码中的作用，并讨论了它在阅读中可能发挥的更广泛的作用，例如记忆功能。第 14 章，由阿德里安·斯陶布撰写，不仅谈到个别单词的解码，更讨论了熟练读者如何处理句法。本文的一个关键问题是句法和意义的处理如何相互关联。例如，在决定某个片段的意义之前，读者是否必须先处理所阅读的句子部分的句法？斯陶布的这一章还回顾了这些现象的一些电生理测量方法。第 15 章，由爱德华·J. 奥布赖恩 和 安妮·E. 库克撰写，讨论更大的文本结构，整个故事或篇章的结构，并尝试用模型揭示读者阅读时的心理表征。本章试图回答的关键问题是，读者是否会积极构建作者谈论的话题的模型，或者这个过程是否比较被动，是否是在文本的帮助下，读者才从长期记忆中激活了某些篇章的结构。

这一部分接下来的几章主要讨论读者所接受的语言信息与他们如何通过眼动在文本中推进之间的相互作用。这几章的研究对象几
8 乎都是熟练的成人读者。第 16 章，李兴珊、臧传丽、西蒙·P. 里弗塞奇和亚历山大·波拉塞克等讨论了汉语中的同一问题，因为汉字没有归为与单词相对应的知觉单元，所以答案并不明显。本章认为单词是中文阅读的重要的认知单位，与其他的一些因素一起，在各个时段带领着眼睛的移动。第 17 章，由迈克尔·G. 贡特、丹尼斯·德里格、西蒙·P. 里弗塞奇撰写，其主要议题对理解阅读过程至关重要：当眼睛从一个注视点移动到下一个注视点时，什么样的信息被保留，保留的信息又如何与下一个注视点上看到的信息相结合。第 18 章，由埃亚尔·M. 莱茵戈尔德、希瑟·谢里丹和埃里克·D. 雷赫尔等撰

写，是关于阅读中眼睛控制模型的讨论，重点讨论了注视的持续时间。它使用复杂的建模技术来确定阅读中眼动的模型能否充分解释诸如词频之类的变量影响读者的注视持续时间。最后，第19章，讨论阅读句子和文本，由埃里克·D.雷赫尔和希瑟·谢里丹撰写，详细介绍了一个认知过程模型和眼睛控制系统，旨在比较合理地揭示这一复杂系统如何在熟练阅读者阅读文本时发挥作用。

阅读和拼写的发展

学会阅读单个的单词是阅读发展的一个核心部分，本书这一部分作为起始的第20章由林妮·C.埃利撰写，主要研究儿童如何学习阅读。在这一章中，Ehri将英语学习者及其他语言字母书写系统的单词阅读技能发展描述为四个阶段的序列。每个阶段的特点是在记忆中的单词的拼写和发音之间采取的一种独特关联。正如埃赫里所讨论的那样，学会了准确的拼写，才能学习读单词，学习拼写也是识字发展的重要组成部分。第21章由S.埃莱娜·迪肯、埃林·斯帕克斯撰写，讨论儿童如何学习拼写单词。作者对这一课题的研究进行了综述，并根据不同的研究理论对学习过程进行了评价。正如埃利在起始章中所说，重点是学习字母书写系统。在第22章中，马克塔·卡拉沃拉斯和安娜·萨马拉扩大了这一研究范围后，介绍了其他几种书写系统的拼写和阅读发展情况。虽然阅读和拼写发展部分的前面几章强调了儿童所特有的模式，但卡拉沃拉斯和萨马拉撰写的这一章则侧重于儿童之间的差异。作者提出了一个认知和语言技能的模型，来帮助一部分孩子比其他孩子更容易地学习阅读和拼写单词。第23章由简·V.奥克希尔、莫莉·S.贝伦豪斯、凯特·凯恩撰写，他们将重点从单个单词转移到了文本。奥克希尔和他的同事们概括出与早期阅读理解相关的发展过程。他们还讨论了理解上的个体差异以及在阅读方面有特殊困难的儿童。布鲁斯·F. 彭宁顿和罗宾·L. 彼得森在第24章中重点介绍了学习阅读时的重大困难。这几位作者讨论了进展性阅读障碍是如何在儿童中出现的，可能是基因和环境的作用，也可能是它们相互作用的方式。发展部分的最后一章，即由雷金·科林斯基撰写的第25章，通过设问当一个人发展阅读能力时，什么技巧和能力会受到影响，从不同的角度看待发展问题。科林斯基利用来自文盲成年人和普通成人阅读学习者而非儿童的数据，认为学习阅读会影响口语的处理，而且它也会在语言领域之外产生影响。

阅读教学

本书的阅读与拼写发展部分的几章主要讨论阅读教学的研究意义，但最后一部分也有几章更直接地深入与教学和教学策略相关的问题。在有文化的社会里，学习阅读往往始于家庭，父母提供非正式的甚至正式的关于字母、字母表或单词的教学。此外，许多父母还自己读书给孩子们听。由莫尼克·塞内沙尔撰写的第26章讨论了幼儿在家学习读写的经历，以及对后续阅读成果的影响。

9 一旦正式的识字教学开始，在许多文化中，大约6岁左右，就出现了许多问题，例如：如何教解码和理解？什么方法最适合那些来自其他语言的学生？什么方法适合那些因种种原因而有学习阅读困难的学生？在第27章，卡罗尔·麦克唐纳·康诺和斯蒂芬·奥尔·奥泰巴回顾了美国小学阅读教学的相关研究和政策。美国黑人学生的特殊案例是霍利·K. 克雷格撰写的第28章的重点。该章讨论了非裔美国人孩子使用的方言，即非裔美国人英语，他们在非裔美国人英语和标准美国英语之间转换的能力进展，以及非裔美国人英语和阅读成绩之间的关系。该章还讨论了教师如何对待非裔美国人的英语。安妮·E. 坎宁安和科琳·瑞安·奥唐奈撰写的第29章重点介绍了教师对语言和阅读的理解。作者认为，为了有效地教授阅读，教师需要一个特定的学科和教学知识体系，但他们并不总是有机会获得这些知识。该章的重点是幼儿教师，与本书阅读指导部分的大部分章节重视小学学生的情况是一致的。第30章，由苏珊·R. 戈德曼和凯瑟琳·E. 斯诺撰写，他们讲述了青少年面临的新挑战。阅读应该成为获取信息、理解不同于自己的观点、批判性论据和推理的工具，对年龄较大一些的学生所设计的识字教学，使这一目标成为可能。

结语

阅读及其发展的研究很大程度上得益于认知方法的运用，这项研究对如何教授阅读具有重要意义。在编辑这本手册的过程中，我们试图收集一系列读者可以理解的研究文献作为本书的各章，这些章节展示了该领域的多样性。通过对该领域的研究成果进行调查，提出开放性问题，我们希望这本手册能够促进理解，并促进更多的研究和应用。

参考文献

Broadbent, D. E. (1958). *Perception and communication*. London, England: Pergamon.

Cattell, J. M. (1886). The time it takes to see and name objects. *Mind, 11,* 63–65.

Chomsky, N. (1971). The case against B. F. Skinner. *The New York Review of Books, 17,* 18–24.

Erdmann, B., & Dodge, R. (1898). *Psychologische Untersuchungenüber das Lesen auf experimenteller Grundlage* [Psychological research on reading on an experimental basis]. Halle, Germany: Niemeyer.

Fehrenbacher, D. E. (Ed.). (1989). *Lincoln: Speeches and writings (1859–1865)*. New York, NY: Library of America.

Goodman, K. (1986). *What's whole in whole language?* Portsmouth, NH: Heinemann.

Huey, E. B. (1968). *The psychology and pedagogy of reading*. Cambridge, MA: MIT Press (Original work published 1908).

National Reading Panel. (2000). *Teaching children to read: An evidence-based assessment of the scientific research literature on reading and its implications for reading instruction*. Washington, DC: National Institutes of Health.

Neisser, U. (1967). *Cognitive psychology*. New York, NY: Appleton-Century-Crofts.

Skinner, B. F. (1957). *Verbal behavior*. Acton, MA: Copley.

Smith, F. (1971). *Understanding reading*. New York, NY: Holt, Rinehart, & Winston.

Snow, C. E., Burns, M. S., & Griffin, P. (Eds.). (1998). *Preventing reading difficulties in young children*. Washington, DC: National Academy Press.

第2章　书写系统：其特点及对阅读的意义 10

布雷特·凯斯勒　瑞贝卡·特雷曼

摘　要：对书写本质的理解是研究人们如何阅读以及如何学习阅读的重要基础。本章讨论了现代书写系统的特点，以为其奠定基础。它既考虑了书写系统的外观，也考虑了它们的功能。所有书写体系都是用其语言中的单词按照一定的规则来表现的。然而，一种语言的重要特性往往在书写中没有表现出来。口语中的改变或变化导致了与言语的复杂联系。语言和书写上的冗余意味着读者通常可以在不接受所有视觉信息的情况下得以基本交流。这些冗余也意味着读者必须经常使用他们已有的语言和世界知识对他们接触的视觉信息进行补充。

关键词：书写系统、书写文字、字母表、音节、语标、语义文字学、语音文字学、表达不足、保守性、笔迹学

本章的目的是研究目前使用的书写系统的特点，并考虑这些特点对人们阅读方式的影响。正如我们将看到的，大致了解书写系统及其工作方式可能会对我们理解阅读过程本质造成比较大的影响。它还可以引导我们对儿童学习阅读和阅读教学的研究。

下面的图2.1显示了现代社会使用的一些书写系统的例子。每一句话都表示"我可以吃玻璃"（'I can eat glass'）的意思（Mollick, 1996）。希伯来语和意第绪语的视觉相似性反映了这样一个事实：这些语言使用相同的**书写形式**（*script*）或书写符号系列。它们在外观或外部形式上的相似掩盖了这两种语言的巨大差异，并且忽视了其书写系统在某些方面是存在不同的。例如，在希伯来语中，正如我们稍后讨论的，许多元音都是不写出来的，而在意第绪语中通常不是这样。相反，外

部形式的差异可以掩盖书写系统的运作或其内部结构的重要相似之处（关于外部形式和内部结构的讨论，见 Gelb，1952）。正如我们将看到的，所有的书写系统，即使是用不同的文字书写的系统，例如古代蒙古语、日语、希伯来语和印地语，都有一些重要的属性，这些属性与它们的外部形式和内部结构均有关。我们将在本章第一节中讨论这些共性，重点讨论与阅读最具潜在相关性的共性。然后，我们还要考察世界各地书写体系中一些主要差异。本章的最后一节将阐述书写系统的特点如何影响人们的阅读、阅读的学习和阅读的教学。

11

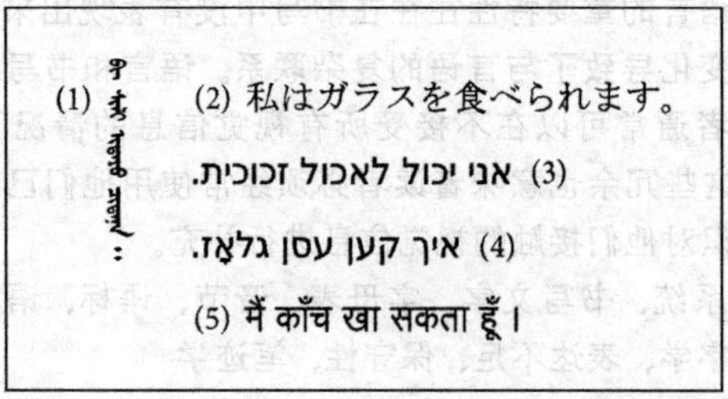

图 2.1　书写系统样本

（1）古代蒙古语（2）日语（3）希伯来语（4）意第绪语（5）印地语

多种书写系统的共有属性

在这一部分，我们将讨论现代书写系统中共有的一些比较重要的属性。为了保持讨论的规整性，我们偶尔会跳过一些特殊用途书写系统的例外情况，比如盲人使用的触觉系统，或者古老的、现在已经无人使用的书写系统。我们的重点是当前书写系统中常见的、用于一般识字目的的属性。

书写是用于视觉阅读的

书写通常是在相对长久物体表面上可见的标记形式。书写是由眼睛所接受的，这导致了一些在现代书写中基本上普遍存在的共有特征。我们将在下面讨论书写的外部形式的这些属性。

视觉处理，无论是看到书写字、勺子还是硬币，都需要一定的时间和注意力。感知者必须确定视觉对象的数量、对象之间的相对位置以及对象本身。他们经常来不及对输入的信息进行全面分析就必须采取行动。例如，读者可能不会接受他们所能获得的所有视觉信息，可能根本不关注某个单词，或者根本不处理他们所关注的单词中的所有字母。读者可以在完全处理接收到的信息之前就确定哪些单词是存在的。尽管人们的视力和注意力有限，但书写系统具有一些普遍趋势，使阅读成为可能，有时即使速度很快，也能基本合理地看完。

现代书写系统有助于视觉处理的一个特点是系统内的基本元素之间存在合理的对比度。闭合曲线形状 O 和开放曲线形状 C 之间的区别是很容易看到的，但人们不会期望一个书写系统包括几个不同的开口 C 形的形状，其细微差异仅仅是开口大小。也不会有人期望一个书写系统内一个 C 比较窄一点，另一个 C 比较宽一点，以窄宽来区分两个不同的字母。用一个传统书写历史研究家（Evans，1894）的说法，现代写作系统的符号是线性的。它们不需要阴影，不需要填充，除了需要区分文字和背景的颜色外，也不需要区分较浅和较深的线条或较宽和较窄的线条。

几乎没有什么书写系统的字母只在左右方向上不同。英语有镜像式字母 <p> 和 <q>，韩语有ㅏ和ㅓ，但大多数书写系统不包括这类字母。这是帮助人们区分系统元素的另一个视觉特性。这可能是因为人们很难学会将方向不同的字母划分到不同的类别中去（Kolinsky et al., 2011）。

然而，对于初学者和熟练读者来说，书写的另一个有帮助的视觉特性是系统元素中的视觉冗余。在许多情况下，即使忽略了一些视觉特征，这种冗余可以协助人们成功地识别元素。例如，一个英语读者如果没有在<A>上看到横杆，仍然可以识别该字母，因为拉丁字母表中没有这样的字母<Λ>。根据一项估计，事实上，现代书写系统要素的确认可以在平均一半的笔画被删除时仍能实现（Changizi & Shimojo, 2005）。

在书写系统中，书写元素表现出一定的风格一致性。例如，"圆"、"球"等汉字是方形并有棱角的，它们的书写元素中并没有全圆或半圆，就像拉丁字母系统里也见不到某些形状的字母。书写系统中的元素之间的相似性不仅仅是它传达信息的需要，更是反映了书写的美学特质的重要性。例如，（1a）中的一组形式比（1b）中的一组形式让人觉得更好看，（a）显示一组希伯来文字母，它们在风格上彼此相似，（b）显示的是希伯来文字母与阿拉伯文字母夹杂在一起。正如我们在本章后面所讨论的，字体风格的一致性可以使读者受益，使他们能够熟悉在他们的书写系统中共享的视觉模式。

(1)

a. לוכאל

b. כسאفל

12 书写的审美性意味着书写者可以根据字体的美或需要表达的特性来选择特定的风格，并且读者必须能够看懂这些选词上的变化。例如，某一个街道标志的用词𝔄𝔟𝔢𝔯𝔡𝔢𝔢𝔫 ℭ𝔬𝔲𝔯𝔱并不是因为这种字体便于现代读者阅读，而是为了尊重传统。审美的好处是有代价的：读者必须学会看懂不同形式的符号，将<𝔄>放在与<A>相同的类别中。对于一个孩子来说，这些形式并不明显，不一定知道它们是同一个。

书写是语言的表现

通过表面上的视觉标记进行交流的方式可以多种多样。例如，人们可以通过绘制特殊图像来发送消息。原则上，这种技术可以允许不共享语言的人之间进行交流。然而，用图画进行交流是困难的，而且容易出错。通过使用符号可以大大改进交流：特定用户按传统习惯指定特殊含义的符号。图 2.2 显示了在 20 世纪 70 年代开发的一些符号，这些符号可以清晰而明确地引导美国的旅行者得到基本的服务（AIGA，1989）。对于任何语言的使用者来说，学习这些符号同样容易，它们分别将旅行者引导到出发的航班、到达的航班和咖啡店。但是，对所有感兴趣的事物都有一个独立的符号的缺点是，生活中有无限多的感兴趣的事物。如图 2.2 所示的符号集几乎从未增长到几百个以上。这是因为学习大量符号需要耗费很大的努力，而符号的表现力却远远不够。

图 2.2　美国艺术学会（American Institute of Graphic Arts，AIGA）为美国交通部开发的符号。图片由 AIGA 提供。

对符号的一个改进办法就是添加语法（*grammar*），即添加一组表示符号之间关系的规则。这些规则允许用户表达远远超过单个符号数量的概念。例如，音乐符号的语法允许音乐家使用相当小的一组音乐符号以非常精确的方式表示不定数量的音乐作品。一个更为熟悉的系统是数学符号。在数字的位置系统里，每个数字的位置都代表 10 的幂，它允许人们使用不超过 10 个符号（数字）精确地表示任何自然数。例如，98 的两个数字符号，表示十位数的位置上是 9，个位数的位置上是 8，就是 90 加上 8；而 89，则表示一个完全不同的数字。诸如此类的交流通信系统，包括用于组合符号的语法，在许多语言中都有一个特殊的名称，例如在英语中就是 writing［书写］。人们会画符号表示飞机起飞，也会写乐谱、写数学公式等等。

然而，即使是像音乐和数学这样强大的系统也局限于特定的领域。许多哲学家已经努力开发出语法和符号集，不论属于哪个领域的专门语言，还是日常谈论就餐偏好或政治幽默，这些语法和符号集都可以基本表现各种思想，但没有一个盛行于日常百姓生活。这样的系统很难学习，而且它们仍然不能精确地表示人们惯常谈论的一切。在本章，我们所讨论的书写，是对一般性问题的巧妙解决方案。它不是直接表现人们所谈论的概念，而是表现语言本身的词汇。一个能够准确地表现单词的书写系统可以代表人们所能谈论的任何事情。它确实是一个通用的交流系统。

音乐和数学记数法等系统的特点是文字（*semasiographic*），实际意思是“书写思想”（Gelb，1952，p.11）。相比之下，一般用途的书写则被称为文字形式（*glottographic*），字面意思是“语言书写”（Pulgram，1976 年，p.4）。这两种系统之间的区别可以通过比较语义文字形式的
13 ‹98› 和英语 ‹ninety-eight› 或法语 ‹quatre-vingt-dix-huit› 这样的语音文字形式来理解。语义形式遵循数学符号的语法，在世界各地都以同样的方式运作。特别是，它可以因为每个人的语言不同，以无数种不同的方式读出来。相比之下，英语和法语的拼法代表了这些语言中的单词，其特定的发音对于那些没有学习过这些语言的人来说毫无意义。尽管书写系统的外部形式有很多不同，如图 2.1 所示，但所有经常使用的完整系统都是基于声音的。语义文字学有时是混合在一起的，就像我们写“101 Dalmatians”时一样，但语音文字学是核心。

如果书写直接体现思想，我们可能期望它看起来像某种语义网

络，节点分布在整个页面上，有些线条把节点连起来，等等。但是书写体现为一种语言的单词，最自然的方法是沿着一条线排列一系列代表语言单位的符号。这是所有现代书写系统所做的。我们把沿直线排列的符号称为字符（*characters*）。因此，ता是印地语中的单个字符（代表音节 [tɑ]），尽管如此，正如我们稍后讨论的那样，它包括一个代表 [t] 的部分（त）和另一个代表 [ɑ] 的部分（右侧的竖线）。

言语的延伸可以是无限长的，而书写媒介显然是有限的。在过去的某个时期，当书写到达一页的侧边缘时，直接在该行的末尾下面开始下一行是常规的。然后，书写会朝相反的方向进行，通常所有的字母都是颠倒的，以便在合理的程度上保持两行之间的顺序。在所有现代书写系统中，传统的做法是用直线书写，直到用完该行空间，然后再回到原来的方向开始另一条直线。这种使用平行直线的做法，可以最好地实现我们以自然顺序书写单词的愿望，并始终以相同方向呈现单词符号。

尽管所有的通用书写系统都使用符号来表示语言，但语言是复杂的、开放的。这使得书写系统的设计者可以选择将符号映射到语言上。正如马蒂奈特（1960）所说，语言有双重发音（*double articulation*）。马蒂奈特认为第一个发音涉及单词；为了方便记忆，我们称它为词汇层面。在词汇层面上，我们可以把一个句子看作是一系列单词。单词有时又由更小的有意义的单位组成，称为词素。因此，*Kim's girlfriend uses a prepaid card*［金的女朋友使用预付卡］，可以按（2a）所示顺序分解；我们用方括号将每个单词括起来，其中一些单词包含逗号分隔的词素。马蒂奈特所指的第二个发音是语音层面，处理声音。在这个层面上，一个句子可以被认为是一个音节序列，它依次由音素组成；在（2b）中，我们用括号将每个音节括起来。反过来，音素可以用其独特的特征（*distinctive features*）来描述——即在给定的语言中——它们之间的区别。例如，/k/ 是一个无声的舌后塞音，与有声的舌后塞音 /g/ 不同。马蒂奈特的每一个层次都有自己的语法。把单词组合成一个从句的规则与把音素组合成音节的规则完全不同。

(2)

a. [Kim, 's] [girl, friend] [use, es] [a] [pre, pay, ed] [card]

b. [k ɪ m z] [g ɚ l] [f r ɛ n d] [j u] [z ɪ] [z ə] [p ɹ i] [p e d] [k ɑ ɹ d]

语言的双重发音将书写系统的设计者拉向两个方向。他们可以在词汇层面上发明符号，为每个单词或词素制作一个独特的符号。这种符号被称为**语标符号**（*logograms*）。另一种选择是关注语音层面，为每个音素或每个音节制作一个独特的符号。这样的符号称为**音标符号**（*phonograms*）。但是，即使是现代书写系统中最倾向于语音学的系统，也会用某种方法来维持单词符号的稳定和清晰。

语音书写系统突出词汇层面的一个途径是通过**词汇的恒常性**（*lexical constancy*）。在现代书写系统中，一个词通常只有一种传统的表达方式：在英语中，马总是 *horse*。相关属性是**词汇的独特性**（*lexical distinctiveness*）：*horse* 就是单词 *horse*，而不是其他单词。在存在词汇恒常性和独特性的情况下，读者很容易直接从书面形式映射到相应的词。这些特性在书写系统中引起了特别的注意，在书写系统中，给定的音素并非总是用同一个字母拼写。英语没有一个基本的语音拼写规则可以排除 *horse* 的拼写为 *horce*（如 *force*），但是词汇
14 的恒常性鼓励英语拼写者坚持单一的拼写。不一致的映射也允许在同音词中具有词汇的独特性：*horse*［马］总是与 *hoarse*［嘶哑］区分开来的，即使两者发音相同。关于区分同音词是否是书写系统的一个主要原则，还有一些问题——毕竟有这类问题，如 sow（/so/［植物种子］或 /sau/［雌性猪］）的例外——也许这是我们在本章后面讨论

的书写保守性的弊病。即使发音发生变化，拼写也经常保持不变，而horse 和 hoarse 中的不同元音字母反映出这些元音在过去可能发音是不同的。但是，不管词汇独特性的来源是什么，读者都会得到一个额外的线索来识别作者使用该同音词的原意。

另一种最现代的音标符号书写系统突出词汇层次的方法是通过**词汇分界**（*lexical demarcation*）：显示一个词的结尾和下一个词的开头的显式视觉手段。如今，几乎所有的语言都用空格或其他标点符号（如阿姆哈拉语中传统使用的冒号）将单词实体分隔开来。有些书写系统有时会用其他视觉方法来划分单词，如在印地语书写中，大多数单词在顶部有一个实心条，与同一单词中相邻元素的实心条相连，但在现代，并不与相邻单词相连（图 2.1，例 5）。这一横条突出了这个单词是一个整体单元的印象。同样，蒙古文（图 2.1，例 1）和阿拉伯语在单词内而不是单词间连接字母，这是欧洲许多草书书写风格中使用的一种策略，但很少在印刷体中使用。更微妙的是，日语在单词之间没有空格，但大多数内容词都以汉字开头，以平假名结尾，这两种字符看起来非常不同。因此，简单、弯曲的平假名字符和更复杂、有角度的汉字（如图 2.1 示例 2 中的を和食）之间的转换通常是词汇边界的视觉标记。并非所有的书写系统都具有词汇恒常性、词汇独特性和词汇分界性这三个特征，但大多数书写系统至少有其中一个特性。

因为书写代表语言，所以它的外部形式既受到一般语言属性的约束，也受到它所代表的特定语言属性的约束。语言的一个特点是它不具有高度的重复性。重复很少超过两倍。在任何层面上，无论是单个音素、音节还是单词，都很难看到同一单元的三个实例在一行中出现。因为书写代表语言，这种程度的重复在书写中也很少见。我们可能会接受 ‹Lorem ipsum dolor sit amet› 在某种语言中是有意义的，

但当我们得知 ‹Looooremmmm iiiiipppsoooo› 是一种正常的书写方式时，我们会非常惊讶。相反，在数学中 ‹1,000,000› 是一个格式良好且不足为奇的数字。

语言的另一个普遍属性反映在书写的外部形式中，那就是它的冗余性。并非一个单词中的所有声音或一则消息中的所有单词都需要经过处理才能理解意思。因为书写代表语言，所以它有一些相同的冗余。例如，标准法语表示否定，在动词前加 ne，在动词后加 pas。如果一个读者在 Je ne sais pas 中没有看到 ne，他仍然可以凭借 pas 判断出这句话是否定的。或者，因为西班牙语中有一个单词 *mariposa* [蝴蝶]，但是没有 *maruposa*，读者可以在无须辨别第二个元音字母是 i 还是 u 的情况下认出该单词。

书写也反映了它所代表的特定语言的许多属性。例如，很少能看到 the 在英语句子的结尾或を在日语句子的开头；实际上，这个日语符号只出现在动词的直接宾语之后。同样，英语读者也会注意到一些非常特殊的现象，比如 "ng" 开头，"pv" 结尾，或者完全没有一个元音字母的单词。这些词之所以奇怪，是因为它们所代表的声音违反了英语的语音学，也就是它们对词中音素的排列和位置的限制有特殊性。英语单词不能以 [ŋ] 开头，不能以 [pv] 结尾，也不能缺少元音。除非有人正在设计一个实验来利用人们对非法序列的处理，否则就没有理由编出这些声音的拼写。尽管对诸如 "ngim"、"lupv"、"scvnkls" 等词的限制是由英语的语音学所规定的，但没有什么能阻止初学者学习诸如书写不规则的限制，即那些违反字母组合的正常模式的限制。

同时，有一些违反书写形式的行为与某一语言的发音几乎没有关系。例如，在英语中，‹hevvi mettl› 作为 *heavy metal* ['hɛvi 'mɛtḷ] 的另一种拼写也是勉强可以接受的，只是英语拼写 ‹vv›、单词末尾 ‹i›、单

词末尾 ‹l› 在辅音之后这些现象有点不习惯。正如这个例子所显示的，书写有它自己的生命力。尽管读者通常能看穿他们所代表的语言的视觉形式，但书写是一个有着自己模式的视觉系统。 15

书写并不能代表语言的全部

书写代表一种语言，但它并不代表语言的所有方面。除了极少数例外，书写系统通常只表示**词汇对比**（*lexical contrast*）的差异性。例如，西班牙语有声音 [d]（如英语中 den）和声音 [ð]（如英语中 then），但两者之间的选择完全取决于某些因素，例如它们是否在元音之后。在任何情况下都不可以两者互换，产生一个新单词。因此，在西班牙语中，[d] 和 [ð] 是同一个音素的同音异形词。书写系统很少对同一个音素的、不同形的同种异体有不同的符号，实际上西班牙语"手指"的拼写是 dedo [deðo]。一种语言的母语者似乎从来没有失误于区分同音异形词，相反，可能还有利于他们减少阅读时必须学习和区分的符号总量。

更令人惊讶的是，书写系统有的时候也无法表现出在词汇上具有对比性的区别，这一点并不罕见。有时，这种不充分的表现是由于语言的音位学发生了变化，使得同音异形成为音位。例如，英语拼写无法区分音素 /θ/（如 thumb）和 /ð/ 如 then，部分原因是这两个音素曾经是同音异形词。在现代英语中，它们已经成为独立的音素，但显然没有太多人混淆它们，所以也还没有什么必要来促使人们发明一种新的拼写加以区分。在希伯来语中，字母 פ 曾经代表有同音异形的音素 [p] 和 [f]。在现代，这是两个分开的音素，/p/ 和 /f/，但它们仍然用同一个字母书写。同样的拼写可以代表两个不同的音素，这一点使得阅读变得更加复杂，但是关于单词的知识（例如，/θɛn/ 不是英语单词，但是 /ðɛn/ 是）和语篇语境的使用可以帮助读者。一般来说，人们是保守的，对书写系统中的不一致现象有相当的容忍度，他们倾向于抵制有背传统的拼写改革，不愿学习新的拼写规则。

某些历史因素与书写系统起源于何种语言有关。人们为了适应另一种文化而设计出一种书写体系，往往不愿意大幅度地改变它，哪怕有的时候会出现模棱两可和前后不一致的情况。许多现代的书写系统都使用拉丁语体系，拉丁语体系有其最原始和最广泛的传播形式，没有基本的方式来表示超过五种不同的元音特征。拉丁语体系没有直接的方法来表示元音的长度、重音、音调，几乎无法表示任何在拉丁语中所不存在的声音。如果拉丁语体系有表达这些东西的方法，那么今天可能还会有更多的语言。相反，使用拉丁语体系的语言，如英语，往往让音素区别变得无法表达——wind 要么是短元音的 wind［风］，要么是长元音的动词 wind［旋转线圈］，——要么依赖于通常间接的区分方法，如辅音加倍——planning/e/，或者开音节 bite 中的 /ai/ 区别于 bit 中的 /i/。单音双字母（*digraphs*，代表单个音素的两个字母序列）也被广泛用于补充字母表，读者通常难以从其组合形式中推断声音。例如，在不考虑历史的情况下，不清楚为什么在英语中 /au/ 会拼出一个与 a 或 u 的共同值几乎没有关系的元音。其他使用拉丁语体系的语言，如捷克语，在某些字母上增加了音调符号来表示音位差异。在字母上添加一个小标记，如 ‹č› 上的发音符号，似乎比创建一个全新的字母变化少一点。

另一个例子也可以揭示借用带来的影响是由其他许多书写系统提供的。这些书写系统使用源自古代阿拉姆语的体系，而古代阿拉姆语没有书写短元音的机制。这类系统中最广泛使用的是阿拉伯语和希伯来语。到今天为止，希伯来语和大部分使用阿拉伯文字的语言，包括波斯语和乌尔都语，他们的某些元音在成人通常阅读的文本中并不存在。图 2.3 说明了希伯来语如何省略一些但非全部的元音。希伯来语和阿拉伯语确实有表示所有元音的方法，但这些方法仅在特殊情况下使用，包括供初学者阅读的文本。印地语和南亚的相关文字也很可能是阿拉姆语或其前身之一的后裔。他们大多以变音符号的形式写元音，完全不考虑单个元音。这表明，元音符号可能是后来添加到书写系统中的。例如，在印地语中，元音 /ə/ 不代表：图 2.1 示例 5 中的单词 **सकता** /səktɑ/ ‘can’ 具有 /s/ **स**, /k/ **क**, /t/ **त** 的明显表示，以及 /ɑ/ 的发音符号，即右边的竖线。但是，它没有任何明显的 /ə/。虽然人们很想推测为什么有些语言不写元音，但历史并没有给我们提供一个自然的实验，而仅仅是一个事实：确实存在一系列省略元音的书写体系。继承了阿拉姆语的语言可能只是保留了它的祖先属性，因为在改革书写系统上，他们的文化倾向于保守。

אØני יØכול לØאØכול זכוכית 16

tiχuχz loχeʔel loχaj inaʔ

图 2.3　希伯来文书写中省略了某些元音。阅读从右至左，希伯来文本，参图 2.1（3），符合发音 [ʔani jaχol leʔeχol zχuχit]。希伯来文本中，元音表现不明显的，用 Ø 符号插入。

发音的某些特征似乎往往难以在书写中表现出来。所有语言都有语调（*intonation*），在句子的范围内使用不同的音调和时长来表示态度和情绪，把注意力集中在陈述的某一部分，等等。语调是理解话语的重要提示。但据我们所知，除了最基本和凑合特编的方式外，没有任何书写系统能代表语调。大多数语言体系都采用了现代的标点符号系统，这比什么都没有要好——它有时能帮助读者辨别 a panda who “eats shoots and leaves” 是草食动物还是携带枪支（“eats, shoots, and leaves”；Truss，2004），——但没有语言有办法来标记语调。而且，许多用于标点符号的小符号集都不能用来标记语调特征。例如，<?>

将句子标记为疑问句，不管其语调如何。这种对语调的广泛忽略也许是因为书写系统更注重文字。在不同语调模式下以不同的方式表达单词会破坏词汇的恒定性。

书写系统有助于识别单词，在表达音高差异时作用还不错，但并不是非常好。在词汇上，对比性音高被称为音调（*tone*），它是世界上大多数语言的一个特点。例如，在非洲主要语言之一的豪萨语中，/baː˩ba˥/‘父亲’and /baː˥ba˩/‘母亲’只在音调上有所不同。“父亲”在第一个音节中有一个低音（由第一个元音后的˩表示），在第二个音节中有一个高音（由第二个元音后的˥表示）。“母亲”的模式正好相反。尽管声调在豪萨语中非常重要，而且已经建立了用音调符号书写声调的惯例，但声调符号几乎从未在豪萨语中书写过。豪萨语的情况并不独特：库茨克·罗仁加（2011）报告说，非洲各地讲音调语言的人都非常抵制书写音调。 16

一部分人认为书写应该呈现出系统性，就像语言模式一样，所以抵制书写音调的。在非洲，主要使用英语或法语，都不书写音调。但是，音调还有其他几个问题，似乎是导致人们不愿写它们的原因。具体来说，音调在分段性、稳定性和本体感（*segmentability, stability,* and *proprioception*）方面往往较低。分段性是指将音调作为一种语音特征进行明确分解是有困难的，它不同于叠加在其上的更具体的元音和辅音。即使说话者知道 /a˥/ 是元音 /a/ 和高音的组合，但要求为元音和高音写单独的符号让说话者觉得不方便。稳定性是指在不同的语音和语法环境中，音调的发音往往不同。例如，在许多非洲语言中，高音如果在句首，音调就很高，如在句尾，音调则要低得多。这样的情况会使一个词很难与特定的音调模式相关联。本体感是指人们在发出不同音调时，几乎感觉不到他们的言语器官做了什么，会使他们在阅读和书写中少一些有用的线索。目前还不清楚这些问题中哪一个最重要，但音调的表达不足一定是由于超出了使用拉丁字母的书写模式的因素造成的。许多独立发展起来的音调语言（如切罗基语、瓦伊语、日语和汉语），其书写系统根本不体现音调。

类似的因素似乎导致了人们在书写系统中低估其他几个特征。词汇重音，如英语中 /ɪn'sens/ ‘愤怒’和 /'ɪnsɛns/ ‘香’的区别，在拼写中没有明确表示：这两个词都是“incense”。音素长度是否不同也没有得到体现。又如，在斐济语中，单词的区别在于元音的发音是长还是短：/ma ma/ 表示“一只戒指”，但是 /mamaː/，第二个元音变长后， 17
表示“咀嚼”，/maːmaː/，两个元音变长后，表示“轻量”。虽然这些词在音位上有所不同，但都是拼写为 *mama*。书写者可能会发现很难将音长作为区分元音不同的一个特征，尤其是当长度不稳定时：当一个人试图通过缓慢的发音来读或写一个单词时，所有的元音都会听起来很长。图形化的考虑也可能导致我们在书写系统内部不去设法表现重音、音长和音调。由于前面提到的某些历史原因，这些语音特征通常由小标记表示，这些标记会使文字变得杂乱和复杂（Kutsch Lojenga，2011）。出于这个原因，书写者就省略标记了。这使得书写在视觉上可以显得更简单一些，但也可能导致歧义，阅读者必须去应对这些歧义。

书写在改变，但滞后于语言改变

我们已经提到，书写可能会随着时间的推移而改变，例如，添加发音符号来表示某些以前未表达的发音特点。在本节中，我们将讨论书写是如何变化的，以及为什么这种变化通常在书写中比口语中发生得慢。

表 2.1 说明了阿拉伯语演变过程中字母形状的一些变化。这些字母的远祖是第二栏中显示的早期腓尼基字母。随着书写体系的发展，

它变得越来越倾向于潦草，也就是说，简化和适应快速书写，直到阿拉姆语字母的许多字母清楚地指向左边，引导致下一个字符，它开始接近今天的希伯来语书写体系。到最早的阿拉伯语文本出现时，人们已经习惯于将许多字母连在一起，就像传统的草书形式一样，如英语和法语中的拉丁语。此外，字母的形式变得如此简单，以致某些字母变得难以辨认。例如，表 2.1 所示，早期阿拉伯语中 /b/ 和 /t/ 的形式是相同的。事实证明，这种相似程度太高了，所以在公元 7 世纪，用点来区分代表同一声音的字母的系统被标准化了。

表 2.1　从腓尼基语到希伯来语和阿拉伯语字母形状的变化

声音	腓尼基语	阿拉姆语	希伯来语	阿拉伯语	
				早期	加点
ʔ	𐤀	𐡀	א	ا	ا
b	𐤁	𐡁	ב	ٮ	ب
t	𐤕	𐡕	ת	ٮ	ت
p, f	𐤐	𐡐	פ	ڡ	ف
q	𐤒	𐡒	ק	ڡ	ق

正如阿拉伯语的例子所显示的，符号形状的变化通常是由手写时追求便捷的需要所驱动的。符号变得更简单，可以用更少的笔画和更少的书写工具来产生。具有图画性的符号（表 2.1 第一行中的腓尼基人符号最初是用来描绘一头公牛的头部）随着时间的推移往往会失去。然而，书写系统必须在符号之间保持足够的对比度，以便人类视觉系统快速工作，能够将它们区分开来。当对比度下降时，可能会发展出顾及区分的方法，就像阿拉伯语中引入的加点系统一样。

尽管书写随着时间的推移而改变，但这种改变通常不会很快。这种保守主义在一定程度上反映了语言使用者的特点。人们习惯于现状，认为熟悉的书写体系是最合适的，就像接受其他合理的事物一样。对于书写来说，保守主义可能是这样产生的：如果书写系统发生变化，那么比较重要的文本，比如神圣的经文，可能会变得难以阅读。口语不如书面语保守，可能是因为没有特殊的技术，话语会很快消失。人们必须将现在与过去的记忆进行比较，才能注意到人们说话方式的变化。相比之下，书写的永久性意味着人们不需要依靠记忆来注意人们书写方式的变化。这些考虑意味着口语的变化速度通常比书面语快。

书写保守性的表现之一是，在从另一种语言借来单词后，他们倾向于保留其拼写。例如，在英语、法语和德语中，声音 [f] 的 ph 拼写是从希腊语中借用的单词和语素，如 *philosophy* [哲学]，但在非希腊语素中是 f。这种词源学规则是非常合理无疑的，对于在学习母语英语、法语或德语之前学会用希腊语读写的孩子来说，这是很自然的。当然，大多数孩子不会先学希腊语，所以他们觉得这些源于词源的拼法很难理解。

书写保守性的另一个表现是，印刷体语言的语法与人们通常说 18
话时使用的语法有些不同。它比较老式。芬兰语以其几乎完全一致的音位书写系统而闻名，但它在口语和正式语言风格之间也有很大差距。口语语体是人们在儿童时期获得的，并用于几乎所有的口语交流；书写语体实际上出现在所有印刷材料中（Karlsson, 2004）。例如，芬兰的小学生学到 Olemme talossa，意思是“我们在家里”。它可以通过字母和音素之间的简单关系读为 /olemːe talosːa/。然而，在日常生活中，人们会听到和说出 /me olːaːn talos/。书面语言和口头语言之间的差距因语言不同而不同。例如，阿拉伯语的标准文学形式与一千多年前所说的古典阿拉伯语非常接近，与今天所说的口语形式非常不同。这就是书写的保守性，历史和文化在决定某种语言的书写系统中起了主要的决定作用。

小结

具有正常感知能力的人使用的书写系统是通过视觉符号来表示语言的。在其外部形式中，书写显示为沿行排列的字符串。在它的内部结构中，主要是表现语言中的单词。虽然书写代表语言，但它并不代表语言的所有方面。有些特征往往被忽略。过多的表达缺失会使阅读变得困难，但读者因为熟悉自己的阅读语言，虽然表达缺失的数量很大，通常都能应对。正如我们在本章后面所讨论的，读者通常可以通过使用语境添加缺失的信息：即他们在页面上的其他地方获取的信息，或者他们对语言或世界的了解。

各种书写体系的不同

各种书写系统之间也有很大的不同。我们首先考虑到它们内部结构的差异，然后通过观察它们外部形式的一些重要差异来得出结论。

以不同方式在书写中表现单词

所有通用书写系统都使用符号来表示语言。对各种书写系统的分类主要是看其最基础的符号如何表现语言（例如，Sampson, 1985）。用符号代表词素的书写系统称为语标符号书写系统（*logographies*）。基本要素代表音节的是音标符号书写系统（*syllabaries*），基本要素代表音素的是字母书写系统（*alphabets*）。然而，将书写系统分为相互排斥的如上类别，会引发一些无益的争论，比如在一个特定的书写系统中，哪一个层次是最基本的？这样较真往往会忽略一个实际情况，即读者一般会从多个层次的表现中读取信息。在实践中，大多数书写系统是混合的。有些包含语标和音标并排。也有某种符号层次，包含另一种表现的符号层次。在下面的内容中，我们来讨论几个书写系统的情况。

与所有现代文字系统一样，中国文字也是由一系列线性字符组成的。汉语首先是属于词汇水平的，如前面马蒂奈特（Martinet, 1960）论及的。具体地说，每个汉字对应一个词素，根据定义，词素既有意义又有发音。在汉语中，这些发音是单音节的。例如，汉字“生”代表“出生”的特定词素。因为这个词素有一个发音 [ʂəŋ˥]，那么生 [ʂəŋ˥] 本身又代表了音节。词汇恒常性意味着“出生”这个词素总是被表示为“生”，而汉语中对词汇独特性的强烈驱动意味着这个词素的表示不同于发音为 [ʂəŋ˥] 的词素，意思是“上升”和发音为 [ʂəŋ˥] 的词素“甥”，意思是外甥。词汇分界，就是将有助于词素表达的所有视觉元素打包成一个字符来处理的。汉语中的字符都是以线性序列占据相同平面空间来识别的。因此，在“甥”这个方块词中，很明显，两个元素都存在，即“生”和“男”，被压缩到一个正方形空间中，有助于一个单一词素的表现。现代汉语中的大多数词都有一个以上的词素，因此必须用一串的文字来表达。例如，复合词 [nan˩˥ʂəŋ˥]“男生”。事实上，汉语的结构就是这样的，不论说话者是 19
否清楚他们的词素结构如何，所有多音节的词必须用多个字符拼写。汉语书写不需要特别注意单词（word），甚至不在单词之间加空格。在汉语书写中，所有词汇分界都是在词素层面上进行的。

汉语书写的一个有趣的特点是，大量的汉字本身代表一个特定的词素，也可以作为其他汉字的组成部分出现，代表不同的词素。在这种用法中，他们给出了字符所代表的词素的提示，通常是通过引用其他具有相关含义或发音的词素。例如，“甥”字中的“男”代表一个词素，意思是“男性”，暗示了“甥”的含义。其中的“生”被发音为[ʂəŋ˥]，对于“甥”的发音给出了很好的提示。在这个字里，“生”字是语音上体现的。大约81%的汉字含有成分符号，这些符号暗示了汉字的发音方式。不过在这些字符中，只有大约一半的语音成分与发音完全匹配，音调不匹配的情况还是很多（Hsiao & Shillcock, 2006）。

汉语中有许多符号可以代表音节，但没有任何符号可以代表更小的声音单位。代表音节的符号也存在于其他几种书写系统中。在图2.4所示的日语句子中（来自图2.1的重复），除第一个符号外，所有符号都被发音为一个音节。许多符号都是从汉语借来的。还有一些是日语音节的成员，可以用各种不同的词来表示音节。片假名音节除其他用途外，还用于表示来自非汉语的借用词：在这种情况下，[garasu]来自英语glass［玻璃］。平假名音节比片假名更常用于拼写没有现成汉字的词素。这些词素包括功能词和屈折词尾。例如，ます[masu]是表示礼貌的结束语。[taberaremasu]“can eat”［能吃］这个词说明了平假名的中间用法。方块词“食”是从汉语中借来代表词根[tabe-]“eat”。从逻辑上讲，人们可能会期望该单词后面跟着平假名，平假名只拼出屈折的结尾，[raremasu]。相反，后面是用平假名拼出[beraremasu]，其中包括词根最后一部分的拼写。这种明显的冗余是有用的，因为在日语中，“食”还可以表示其他根词素，例如[kuw-]“feed on”。为词根的最后一部分添加一个语音拼写有助于读者确定作者使用符号“食”所表示的词素。这种策略在整个日语中使用，因为从汉语中借用的大多数汉字至少可以代表两个不同的词素和不同的发音。

Kanji	hira	kata			hira	Kanji	hira				
私	は	ガ	ラ	ス	を	食	べ	ら	れ	ま	す
watasi	**wa**	**ga**	**ra**	**su**	**o**	**ta(be-)**	**be**	**ra**	**re**	**ma**	**su**

图 2.4　日语句子中的字符（来自图 2.1，示例 2）与其发音一致，
并用字符类型标记。*hira*：平假名；*kata*：片假名。

在日语中，代表音节的符号是原子性的；它们不是由代表单个音素的较小元素组成的。例如，符号ら代表 /ra/ 与符号れ代表 /re/ 没有任何共同之处，尽管具有相同的辅音开头；符号ら代表 /ra/ 也与符号ま代表 /ma/ 没有共同之处，尽管具有相同的元音。在其他音节中也是如此。在切罗基语中，Ꮃ 代表 [la]，但该符号的任何部分都不适用于包含 [l] 的其他音节，如 Ꮄ [le]，或包含 [a] 的其他音节，如 Ꮉ [ma]。

在其他一些书写体系中，一个字符代表一个音节，这个字符是可分解的。在韩语中，每个音节都由代表单个音素的元素组成。例如，[m] 的符号是 ㅁ，可以在字符 명 [mjʌŋ] 的左上方和字符 함 [ham] 的底部找到。当这两个字符按一行顺序排列时，其中一个字符会得到 명함 [mjʌŋham] “business card” [名片] 这个词。因此，如果我们把重点放在字符上，就可以说韩语是体现音节的，像是音节语言体系。然而，如果我们关注最小的组成符号，会发现韩语代表音素。在后一种意义上，它是体现字母的。

包括印地语在内的许多南亚文字与韩语相似，因为单个字符通常代表音节，但可能由代表音素的较小符号组成。这种系统有时被称为字母音节系统（alphasylabaries）、音节字母（syllabic alphabets）或 20
元音标附文字（*abugidas*）。图 2.5 中的印地语示例重印了图 2.1 中的“我可以吃玻璃”句子，但在字符之间插入了分隔符，而不是在单词

之间插入。即使在这个简短的摘句中，我们也可以看到一些字符是合成的。[kaŋ] 和 [k] 的字符共享形状 क，并且包含元音 /ɑ/ 的音节在字符右侧有一个垂直笔画。

我们之前讨论过这样一个事实：在书写系统中，常常发生文字难以表达的情况。它在以“非合成”方式表示音节的书写系统中特别常见，如日语和切罗基语。通常，这些系统没有不同的符号足以体现语言中的所有音节。例如，在切罗基语中，音调和元音长度的区别没有表现出来。大多数辅音没有明确区分清辅音和送气辅音之间的音位差异，以及声门音 [h] 和 [ʔ] 在音节末尾的差异（Montgomery Anderson, 2008）。

现代日语除了不重视语调外，还消除了音节中的这种歧义。但它只有 44 个音节的音节符号图：5 个短元音中的每一个（例如，あ表示 [a]）与 39 个短辅音形成组合（例如，か表示 [ka]）。在语言中，没有对数百个剩余音节使用额外的音节字符，而是将附加符号与基本音节字符结合起来，以表示诸如元音长度（かあ 表示 [kaː]）、辅音长度（っか 表示 [kːa]）、尾音鼻音音节（かん 表示 [kan]）和辅音簇开头的音节（きゃ 表示 [kja]）。从我们的角度来看，日语音节设计的原则是尽量减少音节字符的数量，只为最简单的元音和辅音－元音音节提供音节字符，并将这些音节字符作为更复杂的音节的基础。其他许多的书写系统在处理诸如音位长度之类的事情上都与日语一致，即在短音位上添加一个元素。另一个常见的观点是，日语音节的设计是基于短音节的（moraic）。莫拉（mora）只包含一个短元音，即一个短音节。有长元音或包括辅音的音韵算作两个莫拉。莫拉（mora）对日语的语音分析很重要；例如，俳句包含的莫拉是 5、7、5。莫拉在日语中很重要，大多数 mora 音节，如 [ka] 拼写为一个符号（か），而大多数两个 mora 音节拼写为两个符号，如かあ 表示 [kaː]，かん 表 20

示 [kan]，かつ 表示 [ka]，然后加上一个句号。也有人认为符号拼写是莫拉，而不是音节。然而，辅音簇开头的音节打破了这一规则，因为它们的符号多于莫拉，如きゃ 表示单莫拉音节 [kja]。在我们看来，将符号计数与音节复杂度联系起来比用莫拉计数更有用，因为前者可以解释在句首和尾韵中使用多个符号。

मैं	काँ	च	खा	स	क	ता	हूँ
mãĩ	kaŋ	t͡ʃ	kʰa	sə	k	ta	hũ

图 2.5　印地语句子中的字符（来自图 2.1，示例 5）与其发音一致。

在许多书写系统中，沿打印行排列的单个字符代表音素。用一个更熟悉的术语来说，字符就是字母。基于阿拉伯语、西里尔文、希腊语、希伯来语和拉丁语脚本的字母几乎完全依赖字母的系统的典型范例。不过，字母和音素之间的关系往往不是一对一的。这种不匹配有几种历史根源。有时，当现有的书写系统适应新的语言时，现有系统中没有现成的音素，通过将声音分配到两个字母的序列（一个单音双字母 *digraph*）来缓解这种缺乏。例如，拉丁语脚本中不存在英语发音 [θ]，因此使用了单音双字母 ‹th›。字母与音素不匹配的另一个原因就是前面提到的书写保守主义。当单词的发音发生变化时，拼写往往不会随着变化而变化。在大多数讲英语的世界里，音节 [ɹ] 在 coda 中的发音已经改变或丢失，导致许多同音词如 lord 和 laud，但拼写中仍保留着 ‹r›。这种拼写上的保守主义意味着有一些声音的拼写方法比别的声音的拼写方法更多一些，比如 "[ɔ]"，这个 [ɔ] 对大多数人来说拼写更难。同时，保守的拼写意味着那些已经学会拼写 ‹lord› 的人不必改变他们的方式，而且现有的具有这种拼写的书籍看起来仍然不会过时。也许最重要的是，不愿意从拼法中去掉 ‹r› 可

21 以避免与方言的冲突，在某些方言中，lord 这样的词仍然存在 [ɹ] 音。书写的保守主义意味着，世界各地的拼写比发音更具一致性。

因为声音有时会在单词的特定位置发生变化，或者在接近其他特别的声音时发生变化，某个字母的发音可能取决于它在单词中出现的位置或周围字母。例如，英语 fall 的元音最初与 fat 的元音相同，但在下面的 /l/ 的影响下，它在口腔中移动得更靠后，在发音时，舌头的后部逐步抬高。但是它的拼写没有改变。因此，在英语的大多数方言中，fall 现在有着与 fault 相同的元音音位，但却有着不同的元音拼写。如果读者在决定 ‹a› 的发音时考虑一下后面的字母，他就更有可能得到正确的答案。如果他不顾前后的字母，只考虑 ‹a› 音素的发音规则，很有可能会发错音。这种情况在英语中很常见（Kessler & Treiman, 2001）。书写中的常见的声门型式也可能使字母和音素之间的联系更加复杂。例如，英语拼写通常避免在单个元音字母后出现词末 ‹c› 或 ‹k›，尤其是在单音节单词中。通常会用拼写 ‹ck› 来代替，比如 back。这意味着读者还必须学习一些与语音无关的额外的单音双字母。

在某种程度上，字母书写系统体现了除音素之外的其他语言层次。几乎所有这样的书写系统都能清晰地划分单个单词，并以一致的方式拼写单词。这种词汇恒常性有助于读者识别词汇元素和单个音素。然而，音节往往不以字母分开划分，一般来说，也不属于次级词素，如前缀和后缀。但有些词素系统确实试图保持词素的恒常性，以至于即使发音有所不同，词素在不同的单词中也有相同的拼写。例如，英语 *cleanliness* [ˈ**klɛnlinɪs**] 的第一部分与 *clean* [ˈ**klin**] 的拼写方式相同，尽管对 [ɛ] 这个声音来说，ea 是一个罕见的拼写形式。另一个例子是德语的拼写，单数 *Tag* [ˈ**tɑːk**]［白天］，复数 *Tage* [ˈ**tɑːgə**]，都是用 g，后者在复数形式中的发音更为明显。虽然许多词素恒定性的例子可能是由于保守而保留了旧拼写，但可能有助于提高词素的识别度。

有些字母书写系统，通常被称为浅的（*shallow*）体系，主要是字母和音素之间的一对一联系。芬兰语符合这种描述，至少如果读者使用前面提到的正式语域的发音。深层的（*deep*）体系通常用于指诸如英语这样的书写系统，它们具有“拼写不一致性和复杂性，包括多字母书写、前后字母依赖规则、不规则性和形态效应”（Seymour、Aro & Erskine，2003，第 146 页）。然而，这些不同的模式可能对读者有不同的影响。读者可能会发现，一个字母，如果符合词素恒定性，即使发音比较特别，也是可以接受的。事实上，乔姆斯基和哈勒（Chomsky & Halle，1968）在提到书写中的深层次（*deep*）时，他们就举了 *cleanliness* 的例子，在该例中，拼写型式显得更为重要。在这种情况下，人们必须深入表面音位学，才能理解它的拼写。乔姆斯基和哈勒不会考虑多字母书写，如 <ck>，或从字母到声音的规则，那种依赖于前后字母辅助的规则，与深层拼写是同类的。

沿着印刷线排列的单个字符可以代表词素、音节或音素，但没有一种书写系统能够反映软腭在发音或吸气时的位置。在包括韩语在内的一些书写系统中，一些字母的形状与其所代表的声音的特征有着一定的关系。例如，ㅌ表示吸气停止 $[\mathrm{t^h}]$ 和ㅋ，表示吸气停止的 $[\mathrm{k^h}]$ 在字母中添加一条水平线，表示相应的无吸气停止，ㄷ 表示 [t]，ㄱ表示 [k]。然而，这些型式并不总是在几何或语音上一致。

外部形式的差异

在讨论书写系统之间的差异时，我们到目前为止集中讨论了它们内部结构的差异：它们如何表示语言。在本节中，我们简要考虑外部形式在书写系统之间的差异。

正如我们前面讨论的，所有书写系统都按顺序排列它们的字符。不过，它们在字符的排列方向上有所不同。现在大多数语言都是从左到右横排写的。这个方向的流行需要解释。有人可能会推测，从左到右的书写之所以胜出，是因为大多数人都是右手，如果右手在书写一个单词后继续向右书写，字就不太可能被墨弄脏。垂直书写可能不太常见，因为垂直书写的有效视野比水平视野小，而且眼睛
22 更习惯于追踪水平运动而不是垂直运动。向上书写可能是最不常见的，因为物体下降的频率比上升的频率高。然而，从左到右书写系统的流行可能是误导性的，因为如此多的书写系统只来自于几个祖先——古希腊、拉丁语（其中包括英语和大多数其他欧洲系统）和婆罗门语（南亚的大多数书写系统）——或者是受到这些后代系统之一的启发。例如，中国和韩国传统上是垂直书写，但现在主要是从左到右书写，以便更好地与欧洲书籍和其他书写技术发展相符合。

在某种程度上说，书写的外部形式在图形上是各异的。某些古文字，如埃及和玛雅的铭文，包含了大量描绘物体符号和图形。在现代文字中，图形是很难被理解的。韩语的辅音字母应该是建立在声带图像的基础上，—ㅁ代表闭着的嘴唇，但令人怀疑的是，人们是否可以不通过教学就看得懂这样的图片。汉字经常被描绘成图画，也确实，大约有百来个汉字开始于三千年前的图画。然而，如今，如果不学学这些词的最初的图形意思，人们无法猜出他们代表什么（Xiao & Treiman, 2012）。一般来说，即使是以大量图形符号起源的书写系统，也会从一开始就高度简化它们，并且这些符号通常会因更改而无法识别，从而使书写速度更快、更紧凑。

外部形式上的第三种差异是书写系统中字符的复杂性。最常见的导致字符复杂性的因素是字符必须表示的对比度数量以及它们是否由多个元素组成。在将字母视为字符的字母书写系统中，字符相

当简单——平均不到三个笔画（Changizi & Shimojo, 2005）。在诸如印地语和韩语这样的书写系统中，字符更加复杂，其中代表音素的符号组合成代表音节的字符。汉字也很复杂。这在一定程度上是因为中文需要一种方法来制作几千个视觉上不同的字符，部分原因是它通过在每个字符中组合多个成分来实现这一点。

如前所述，每个书写系统都有一定的风格一致性；特定系统中的字符看起来更像该系统中的其他字符，而非其他系统中的符号或图像。共享的特定风格特征因系统而异。例如，圆圈在现代汉字中不存在，但存在于拉丁字母表的某些字母中。这种模式允许人们在阅读和写作时进行归纳和简化假设。例如，一个汉字书写者如果记不清某个封闭形状的字符，他是不需要考虑圆圈形字符的。学习希伯来语书写系统的人会理解字母倾向于向左而不是向右打开，因此，如果不能立即回忆出正确的 כ 的左右方向，也是可以很快地推断出来的。当然，当遇到特殊情况时，凭规则推论可能是不好的。当拉丁字母包含垂直线的情况时，附加部分通常位于垂直线的右侧，如 b 和 p。学过这种规律性的孩子碰到少数例外情况会略有困难，如 d 和 q（Treinan & Kessler, 2011）。

小结

尽管所有的书写系统都是用来表现语言的，但它们的表现方式不同。尽管许多系统都包含词汇和语音这两个层面的要素，系统在强调这两个层面上有所不同。书写系统的外部形式也不同，包括字符的视觉特性以及字符排列所依据的线条类型。

对阅读以及学习阅读的影响

在讨论了书写系统的性质，包括它们的相似性和不同之处之后，我们在本节中重点讨论对阅读的影响。我们将简单地讨论对阅读过程的一些主要影响，包括熟练读者和学习阅读的读者。我们没有篇幅来回顾经验证据，但是我们会指出一些相关的研究。

阅读涉及语言形式的复原

因为书写表现语言，成功的阅读需要复原印刷文字中所表现的
23 语言形式（Treiman & Kessler，第 23 页）。阅读从眼睛开始，因为书写是视觉的，但“成功的熟练阅读使语言系统以惊人的速度接管视觉系统”（Perfetti，2012，第 299 页）。事实上，许多研究都记录到在不同的书写系统的无声阅读中有音位学的参与（见 Pollatsek，本书）。从印刷品中复原出来的不仅仅是音位学，还有语言的其他方面。熟练的无声阅读所涉及的认知过程模型必须具体说明语言处理是如何形成的，然后接管视觉处理。书写系统的性质表明，认为视觉和语言处理之间有密切关系的假设更具有心理学上的合理性。

鉴于书写系统的这一性质，孩子们在学习阅读时不可能提高太快，除非他们学会了书写，知道了书写元素代表语言。因此，“cat”代表的是 *cat*（猫）而不是 *kitty*。孩子们必须学会，阅读一个词不同于命名一个物体或一幅图片，命名的时候可以随意称一只小猫科动物 *cat* 或 *kitty*。此外，如果孩子已经知道所代表的语言，学习阅读是最容易的。到六岁左右，当许多社会的孩子开始学习阅读时，语言发展就相当发达了。孩子们知道许多单词和语法的许多方面。然而，书面语言可能包括某些词汇项目和语法结构，这些项目和结构在口语中并不常见，可能是儿童不熟悉的。如前所述，在某些文化中尤其如

此，包括那些使用阿拉伯语的文化。不过，无论哪种语言，人们主要是从阅读中学习语言。

读者未必要理解书写的视觉形式的所有方面

正如我们所讨论的，书写中是存在一些冗余的，因为语言本身和书写符号都有冗余。这意味着读者有时只能部分地接受视觉信息。因此，一个英语读者可以识别出 ‹Alligator›，即使他没有看到 A 的横杆，或甚至没有看清最后几个字母。这是因为拉丁字母表中没有其他字母与 A 相似，哪怕是掉了横杆，而最后几个字母也关系不大，因为没有其他单词与 ‹Alligator› 只存在尾部几个字母差异。另一个例子是，一个英语读者可以识别 ‹campus›，即使她没有 m 和 p 的相对顺序。书写中的视觉形式哪些方面重要，哪些不那么重要，取决于读者阅读的语言（见 Frost，本书）。然而，在任何书面语言中，读者很少需要处理每个可视元素。另一方面，为了正确书写一个单词，需要关于元素的标识和顺序的完整信息。这就是为什么在整个书写系统中，拼写比阅读更困难的一个主要原因（参见 Treiman & Kessler, 2014，关于拼写的讨论）。

阅读往往需要页面以外的信息

所有书写系统都代表语言，但没有书写系统代表语言的所有方面。例如，我们已经看到书写系统通常难以体现语调和重音。表现不足意味着为了理解一篇文章，读者有时必须用他们所知道的关于语言或世界的其他知识来补充页面上的内容。例如，英语读者可能会将 “give” 的拼写解码为 [gaɪv]，但由于他们不会承认 [gaɪv] 是他们语言中的一个词，所以很快就会排除这种解码。他们也可以利用自己对世界的了解，提出 ‹sewer› 在 *The dirty water drained into the sewer* 代表

的是 [ˈsuɚ] ‘a conduit for carrying off waste’［排输污物的管道］而不是 [ˈsoɚ] ‘a person who sews’［一个缝纫者］。有时，消除单词歧义所需的信息只有在单词被阅读之后才会出现。考虑下句：*Since the old sewer was awful, the tailor's shop got a bad reputation*［因为这老缝纫师很差劲，裁缝店名声不好］（Fock & Morris，1995）。当读者读到裁缝店时，很明显 *sewer* 是一个缝纫工。但在裁缝店之前，*sewer* 有可能是一个污水管道，用来运走废物。读者很难理解这样的句子，有时当他们读到歧义消除的地方时，他们会把目光移回到 *sewer*。读者对不在页面上的事物的了解通常可以减少甚至消除任何残留的、模棱两可的信息。

学习阅读是有挑战性的

书写与口语不一样，它不是人类遗传禀赋的一部分；它是一种“必须苦心经营的选择性的附属品”（Pinker，1997，第 9 页）。受过教育的现代人阅读起来很容易产生误解：这种轻松只有通过多年的实
24 践才能实现。即使一个孩子已经知道所代表的语言，学习准确和流利的阅读也是困难的。对于不同书写系统的学习者来说，有些挑战是相同的，例如需要学习一个书面单词的含义不同于图片的含义。而有些挑战则是不同的，比如学习文字的书写方向，或者特定的形状对应于特定的声音或词素等。

学习读写通常需要一定程度的明确的指导，而学习说和听是不需要的。该指令应该建立在切实理解书写系统工作原理的基础上，但这并不总是正确的。例如，英语的语音教学通常没有充分考虑到字母或单音双字母的发音可能受其发生的前后音或前后字母的影响。它通常不考虑词素和词形如何帮助我们选择其他发音。所以，当 oo 出现在“k”之前时，通常发音为 [ʊ]，就像 *book* 和 *look*，但在其他情

况下是 [u]。这些对孩子们学单词是有益处的。又比如 give 和 have 这样的单词的最后 e，可以通过书写因素的解释（英语单词通常不以 v 结尾），让孩子们了解到，单词最后 e 不会像对 guide 和 hate 那样影响元音的发音。

关于书写语言的知识不仅仅用于阅读与书写

书写被开发成一种工具，可以让人们冻结语言，如果没有特殊技术，语言很快就会消失。书写将语言置于相对永久的形式，允许人们在时间和空间上与遥远的人进行交流。然而，一旦学会书写，它就成了另一种用途的工具。例如，人们用书写来帮助记忆。因为书写代表语言，所以人们在思考单词的口语形式时，会运用对单词书面形式的了解。事实上，许多研究支持这样一种观点，即识字的人的语言观念可能会受到他们关于书写的知识的影响，有时是准确的，有时是不准确的（见 Kolinsky，本书）。例如，人们通常认为 *lagoon* [lə'gun] 一词包含音节 [lag]，因为它有字母 "lag"（Taft & Hambly，1985）。有时，对拼写的认识甚至会导致人们改变发音，觉得自己只有改变发音才能更紧密地反映一个单词的书面形式。比如，*often* 一词，t 是不发音的，沉默了五百年，但是现在很多人收到书写的影响，开始发音了。

结论

关于人们如何阅读和如何学习阅读的理论应该建立在对书写系统及其如何工作的良好理解的基础上。如果我们对书写的认识太狭隘，或仅仅局限于我们自己的书写体系和其他相似的体系，那么我们的理论也可能太狭隘。阅读教学也可能受到影响。在本章中，我们介绍了一些关于书写系统的基本信息。我们已经看到，尽管书写的外部形式在不同的书写体系中可以有很大的不同，但在不同的书写体系中，无论是外部形式还是内部结构，都有许多相似之处。书写的性质意味着熟练的阅读需要有语言形式的恢复。读者不一定总是为了复原语言形式而接受印刷文字的各个方面；但是，他们经常会需要使用印刷文字之外的信息。

参考文献

AIGA. (1989). *Tools and resources*. http://www.aiga.org/symbol-signs Changizi, M. A., & Shimojo, S. (2005). Character complexity and redundancy in writing systems over human history. *Proceedings of the Royal Society B, 272,* 267–275.

Chomsky, N., & Halle, M. (1968). *The sound pattern of English*. New York, NY: Harper and Row.

Evans, A. J. (1894). Primitive pictographs and a prae-Phoenician script from Crete and the Peloponnese. *Journal of Hellenic Studies, 14,* 270–372.

Folk, J. R., & Morris, R. K. (1995). Multiple lexical codes in reading: Evidence from eye movements, naming time, and oral reading. *Journal of Experimental Psychology: Learning, Memory, and Cognition, 21,* 1412–1429.

Gelb, I. J. (1952). *A study of writing: The foundations of grammatology*. Chicago, IL: University of Chicago Press.

Hsiao, J. H., & Shillcock, R. (2006). Analysis of a Chinese phonetic compound database: Implications for orthographic processing. *Journal of Psycholinguistic Research, 35,* 405–426.

Karlsson, F. (2004). *Finnische Grammatik* [Finnish grammar]. 4th ed. Transl. of *Suomen peruskielioppi*. Hamburg, Germany: Buske.

Kessler, B., & Treiman, R. (2001). Relations between sounds and letters in English monosyllables. *Journal of Memory and Language, 44,* 592–617.

Kolinsky, R., Verhaeghe, A., Fernandes, T., Mengarda, E. J., Grimm-Cabral, L., & Morais, J. (2011). Enantiomorphy through the looking glass: Literacy effects on mirror-image discrimination. *Journal of Experimental Psychology: General, 140,*

210–238.

Kutsch Lojenga, C. (2011, January). *Orthography and tone: Tone system typology and its implications for orthography development*. Paper presented at the meeting of the Linguistic Society of America, Pittsburgh, PA.

Martinet, A. (1960). *éléments de linguistique générale*. Paris, France: Colin. Mollick, E. (1996). The "I Can Eat Glass" project. http://web.archive.org/web/20040201212958/ http://hcs.harvard.edu/~igp/glass.html

Montgomery-Anderson, B. (2008). *A reference grammar of Oklahoma Cherokee* (Doctoral dissertation, University of Kansas). Retrieved from http://kuscholarworks.ku.edu Perfetti, C. (2012). Thru but not wisht: Language, writing, and universal reading theory. *Behavioral and Brain Sciences, 35,* 299–300.

Pinker, S. (1997). Foreword. In D. McGuinness, *Why our children can't read and what we can do about it* (pp. ix–x). New York, NY: Free Press. Pulgram, E. (1976). Typologies of writing systems. In E. Pulgram & W. Haas (Eds.), *Writing without letters* (pp. 1–28). Manchester, England: Manchester University Press.

Sampson, G. (1985). *Writing systems: A linguistic introduction.* Stanford, CA: Stanford University Press. Seymour, P. H. K., Aro, M., & Erskine J. M. (2003). Foundation literacy acquisition in European orthographies. *British Journal of Psychology, 94,* 143–174.

Taft, M., & Hambly, G. (1985). The influence of orthography on phonological representations in the lexicon. *Journal of Memory and Language, 24,* 320–335.

Treiman, R., & Kessler, B. (2011). Similarities among the shapes of writing and their effects on learning. *Written Language and Literacy, 14,* 39–57.

Treiman, R., & Kessler, B. (2014). *How children learn to write words*. New York, NY: Oxford University Press.

Truss, L. (2004). *Eats, shoots & leaves: The zero tolerance approach to punctuation.* New York, NY: Penguin.

Xiao, W., & Treiman, R. (2012). Iconicity of simple Chinese characters. *Behavior Research Methods, 44,* 954–960.

26

第3章　视觉单词识别

叶裕明　大卫·A.巴罗塔

摘　要：视觉单词识别是阅读的一个重要方面。尽管读者能够很容易地识别视觉上呈现的单词，但将拼写映射到语音和语义上的过程却远不如此直观。本章讨论了熟练的读者为识别和发音个别单词而使用的认知过程。在回顾了这一领域广泛而又丰富的理论发展历史之后，本章对方法进行了描述，并对实证文献进行了选择性回顾，重点介绍了独立词的识别是如何通过其词法和语义水平属性以及语境进行调节的。本章最后一节简要介绍了视觉词识别研究中的一些最新方法和分析工具，包括MegaStudy、响应时间分布分析以及个体差异的重要作用。

关键词：视觉词汇识别、词汇的确定、发音加速、隐蔽启动、语义启动、拼字启动、语音启动、大型研究、个体差异、响应时间分布分析

熟练阅读是一种非常复杂和多方面的行为，它依赖于对单个单词的识别。页面上弯弯曲曲的标记需要以某种方式映射到单词表示上，以便可以进入单词的含义。乍一看，这似乎是一个相对简单的模式识别过程。然而，单词对多个信息领域进行编码并传递，包括拼写、音位学、形态学，终极意义。事实上，由于单词识别的多维性，本节文献专注于下列领域的研究：(1）自动和注意力机制之间的区别（如Neely，1977)、(2）计算模型的发展（如McClelland & Rumelhart, 1981）和（3）认知神经科学（如Petersen, Fox, Posner, Mintun & Raichle, 1989)。鉴于单词识别研究对认知科学的广泛影响，试图对这一领域进行简要概述是一项艰巨的任务。我们首先简要介绍该领域的历史概况，重点介绍一系列理论贡献。然后，我们基于文献中的一些主要

发现，总结出在研究词识别方面的最新进展。我们的目标是让读者了解主要问题，而不是提供每个研究主题的详细说明。

历史和理论回顾

尽管存在许多书写系统，但阅读研究主要是关于字母书写系统的研究，以书写为符号的语言单位是音素（Treiman & Kessler, 2007）。在字母书写系统中，单词的组成部分是字母，因此字母的识别是早期视觉单词处理模型的核心。如果印刷文字是通过其组成字母识别的，那么自然会怀疑字母是否也通过其组成特征识别（见 Grainger, 27
Rey & Dufau，2008 年的评论）。这方面的一个重要方法是特征分析方法。根据这一观点，有一组视觉特征对区分字母至关重要（例如，垂直线、水平线、对角线、曲线闭合形式、闭合开放形式、交叉点等等）。因此，字母 H 的定义就是两条垂直线和一条水平线的汇合。事实上，这样的组件特征为字母感知的第一个计算模型“泛原子模型”（pandemonium model; Selfridge & Neisser, 1960）奠定了基础。大约在同一时间，胡贝尔和威塞尔（1962）的研究发现，警觉的猫的皮质神经元的接收区似乎对垂直线、水平线、斜线和交叉点很敏感。尽管这类特征可能在字母感知中起到重要的启动作用，但仍存在许多问题。其中包括：（1）这些特征如何绑定在一起形成一个字母（见 Treisman，1999，查看绑定问题）；（2）系统如何灵活编码不同的特征集，这些特征集是识别跨字体、视觉角度和降格的字母所必需的；以及（3）系统如何适应手写文本，其中有些特征似乎与标准文本非常不同（见 Plamondon & Srihari，2000，了解详细评论）。

上移到字母层次，字母在特征重叠程度上有所不同，如预期的那样，这会影响在字母背景中搜索字母的难易程度（例如，当字

母 ‹F›, ‹N›, ‹K›, and ‹X› 嵌入字母 ‹O›, ‹J›, ‹U›, ‹D› 时，更难找到，见 Neisser，1967）。Appelman & Mayzner（1981）在对孤立字母识别的全面审查中，考虑了以下研究：（1）参与者在不同降格程度下识别单个字母的准确性，或（2）他们对字母命名、字母匹配和字母分类（即字母与非字母形式）的响应时间。根据58项研究中超过80万项观察结果，研究结果显示，因为参与者只要简单报告字母，语言中字母的频率（例如，T大约是C频率的三倍）对于准确性研究没有影响。然而，有趣的是，频率对响应延迟有明显的影响。阿佩尔曼和梅兹纳（1981）认为，持续性的某字母缺乏的频率影响准确性的说法与早期字母编码被字母频率所影响的观点不符。我们明显注意到一个令人惊讶的现象，就是接触频率会在不同的任务中产生不同的影响，因此提醒读者，在考虑变量对行为的影响时，任务差异总是很重要的。

单词内字母的识别

字母很少单独出现，通常嵌入文字中。有趣的是，卡特尔（1886）认为，字母（例如，n）在构成单词（*born*）的字母环境中呈现比在构成非单词（*gorn*）的字母语境中更容易被发现和报告。对于这种情况有很多种解释。例如，单词的部分信息（*bor_*）可能对帮助参与者猜测关键字母n更有用。这导致了另一种实验范式的产生，该范式涉及对嵌入在单词、非单词和孤立的字母进行强制选择测试（Reicher, 1969; Wheeler, 1970）。通过向参与者提供两种可能的反应选择（例如，*bore* vs. *born*），不允许猜测，即使猜测，也被当作一种解释，同时也排除了对Cattell最初观察结果的其他解释。值得注意的是，与嵌入非文字或孤立呈现的字母相比，嵌入文字的字母报告更为出色。这被称为**词优效应**（*word superiority effect*）或赖歇尔-惠勒效应。

词优效应的理论意义是深刻的，因为人们面临着这样一个难题：如果字母是认识一个词的必要的第一步，那么词级信息如何影响构成该词的字母的感知？这一效应刺激了麦克莱兰和卢美尔哈特（1981）以及麦克莱兰和卢美尔哈特（1982）开发的具有高度影响力的字母感知互动激活模型（见图3.1）。这个强大的计算模型涉及三个层次（特征、字母和单词）和两种连接的类型，即辅助（箭头表示）和抑制（填充圆表示）。呈现一个单词会激活与该单词一致的特征、字母和单词级的表现。重要的是，当单词级别的节点接收到激活时，它们开始向特定位置的字母提供反馈。单词级别对字母级别表示的这种额外的自上而下的影响推进了词优效应。 28

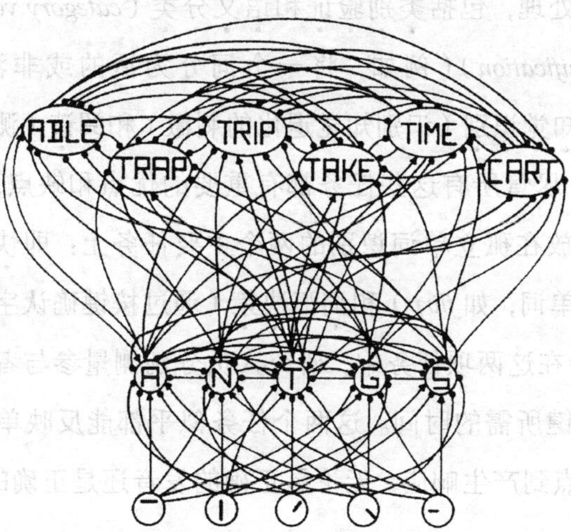

图3.1 麦克莱兰和卢美尔哈特（1981）的字母识别的交互激活模型

交互式激活模型在历史上具有重要意义，原因有很多。第一，该模型强调的是大量持续的处理而不是分阶段的处理（见McClelland, 1979），其中所有节点都通过跨连接路径的激活和抑制的扩散，通过时间累积激活。第二，所有单元的激活动态都受到其他拼写相似的单词（即相邻词）的激活和抑制的约束。这是与默顿（1970）开发的经典的词汇表示模型的一个重要区别，在该模型中，词汇表示

（logogens）也通过时间累积激活，但各自独立。第三，交互激活框架是许多视觉单词识别计算模型的关键组成部分，它早于下一节描述的并行分布式处理（parallel distributed processing, PDP）方法的原理。

词汇处理的模式与任务

虽然交互式激活模型（McClelland & Rumelhart，1981）包含了单词级表示，但它主要是为了解释字母而不是单词识别性能而开发的。可是，强制选择字母识别相当于背离了单词级处理，我们应该考虑反映单词级处理的任务。现在已经有人开发了许多任务来研究词汇层面的处理，包括类别验证和语义分类（*category verification* and *semantic classification*）（例如，将一个词分为活的或非活的 living or nonliving）、知觉识别（识别知觉退化的刺激）和阅读（测量目标词的注视时间）。尽管所有这些任务都有重要的优点和缺点，但在这里，我们将重点放在孤立单词识别的两个主要任务上：即快速发音（朗读单词或非单词，如 *flirp*）和词汇决策（通过按键确认字母串为单词或非单词）。在这两项任务中，研究人员分别测量参与者启动单词发音或按下按键所需的时间。这两个任务似乎都能反映单词级表示的处理，从起点到产生响应，无论是正确的发音还是正确的单词 / 非单词响应。

加速发音模型

我们首先考虑单词发音的计算模型，因为这个任务在模型开发
29 中特别有影响。尽管我们知道已经有其他语言也使用模型（例如，法语；Ans, Carbonnel, & Valdois, 1998），但我们的重点是英语发音模型。历史上，有两大类快速发音模型：双路模型和单路模型。双路径级联

（dual-route cascaded，DRC）模型（Coltheart, Rastle, Perry, Langdon, & Ziegler, 2001）有两种不同的发音方式：一种是直接的词汇路径，它将完整的视觉字母字符串映射到词汇表示上；另一种是组合的次级词汇路径，它将字母字符串映射到基于抽象词形相对应的规则的发音上（见图 3.2）。这些规则（例如，‹k› → /k/）是在纯粹统计的基础上选择的；也就是说，/k/ 是英语单音节中最常见的与 ‹k› 相关联的音素。DRC 模型解释了视觉单词识别文献中的许多发现。一个特别重要的发现是规律性相互作用的频率。也就是说，遵循抽象形音呼应原则（如 ‹k› → /k/）的规则（*regular*）单词比不规则单词（违反原则的单词，如 *pint*）的发音更快，而且这种效果对于印刷语言中很少遇到的单词

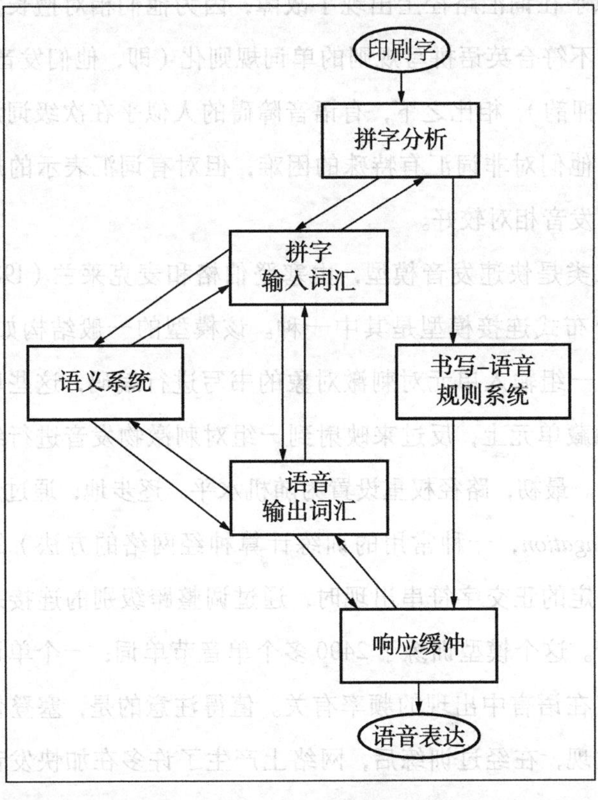

图 3.2　柯尔特哈特等人（2001）DRC 模型：视觉单词识别与朗读

来说被明显夸大。这一结果遵循这样一个假设：词汇路径（基于全字表示）是由频率调节的，而组合路径（基于较小的次级词汇单元）对全字频率不敏感。因此，不规则低频词（如 *pint*）的识别速度比规则低频词（如 *hint*）慢，因为这两条路径产生了关于 *pint* 的发音冲突，需要额外的时间来解决竞争，才能产生正确的发音。相比之下，对于高频词，规则（例如 *save*）和不规则（例如 *have*）词的识别时间差异会减弱或消失，因为词汇路径在与较慢的次级词汇路径竞争之前就产生输出了。

30 柯尔特哈特等人（2001）指出，双路径模型也很容易解释获得性表面障碍和语音障碍之间的重要神经心理分离现象。有表面阅读障碍的人似乎在词汇路径上出现了故障，因为他们相对擅长发音非单词，并将不符合英语拼写规则的单词规则化（即，他们发音 *pint*，使其与 *hint* 押韵）。相比之下，有语音障碍的人似乎在次级词汇处理上出问题，他们对非词汇有特殊的困难，但对有词汇表示的规则和不规则词的发音相对较好。

第二类是快速发音模型，由塞登伯格和麦克莱兰（1989）开发的并行分布式连接模型是其中一种。该模型的一般结构如图 3.3 所示，其中一组输入单元对刺激对象的书写进行编码，这些单元映射到一组隐藏单元上，反过来映射到一组对刺激物发音进行编码的语音单元上。最初，路径权重设置为随机水平。逐步地，通过反向传播（*backpropagation*，一种常用的训练计算神经网络的方法）的学习机制，在给定的正交字符串出现时，通过调整跨级别的连接来捕捉正确的发音。这个模型训练了 2400 多个单音节单词；一个单词出现的次数与它在语言中出现的频率有关。值得注意的是，塞登伯格和麦克莱兰发现，在经过训练后，网络上产生了许多在加快发音表现中观察到的效果。其中一个特别值得注意的发现是，这种连接性的网络能够通过上面提到的规律性交互来解释频率。重要的是，连接性的观点很有吸引力，因为（1）它包括一个学习机制；（2）它不包含任何正式的拼写－发音“规则”，而是根据拼写－发音映射的统计特性模仿类似规则的行为（见下文对一致性效果［*consistency effects*］的讨论）；（3）它只涉及单个发音的通道，而非两个。

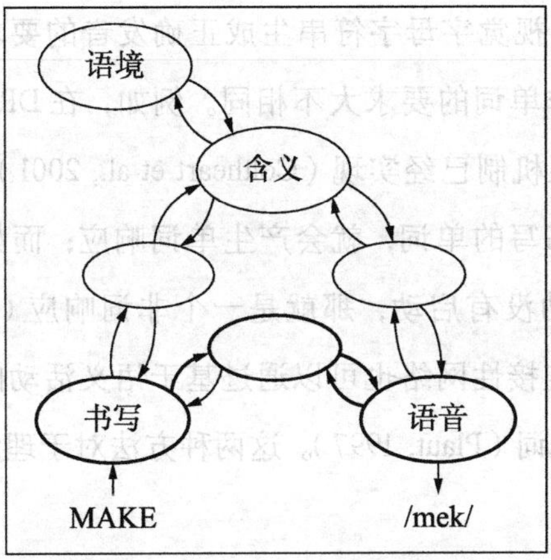

图 3.3　Seidenberg and McClelland (1989) 的平行分布处理模型

由佩里、齐格勒和佐尔兹（2007）开发的一种称为快速发音的混合模型是 CDP+（联结主义的双进程）模型。CDP+ 模型与柯尔特哈特等人（2001）的模型非常相似，只是 DRC 模型的基于规则的次级词汇路径被一个学习语言中最可靠的拼写－发音关系的两层次的连接性网络所取代。这个模型很重要，因为它不仅符合文献中的主要经验基准，而且在大型数据库中解释了更大的项目级单词识别差异（见下文关于大型研究的讨论）。此模型的双音节版本 CDP++ 模型也在使用中（Perry、Ziegler & Zorzi, 2010）。双音节词的扩展非常重要，因为大多数主要的词识别模型都集中在单音节词上（例外情况见 Ans et al., 1998）。然而，大多数英语单词是多音节的，这涉及额外的处理要求，如音节和重音分配。因此，CDP++ 模型是一个重要的进步，它将双路径和联结性原则扩展到更大范围的单词上。

词汇决策行为模型

词汇决策行为的建模与快速单词发音的建模有一定的不同。这并不奇怪，因为视觉字母字符串生成正确发音的要求与区分熟悉单词和不熟悉的非单词的要求大不相同。例如，在 DRC 模型中，模拟词汇决策的期限机制已经实现（Coltheart et al., 2001）。也就是说，当
31 视觉接触一个书写的单词，就会产生单词响应；而如果在某个截止时之后词汇活动没有启动，那就是一个非词响应（另见 Grainger & Jacobs, 1996）。连接性网络也可以通过基于语义活动的熟悉度来加以区分单词和非单词（Plaut, 1997）。这两种方法对于理解词汇处理文献都是有用的。

与这些模型相比，关注词汇决策任务中所涉及的二元决策过程的通用方法就更多了。巴罗塔和尚布雷提出了该地区的一个早期模型（1984；另见 Balota & Spieler，1999）。根据这个模型，词汇决策可以基于两个过程：一个相对快速的、基于熟悉度的过程和一个较慢的、更需要专注的过程，来检查给定刺激的特定拼写或含义。该模型有助于强调任务中与决策相关的过程，进一步强调词汇决策中任务一般过程和任务特定过程之间的区别。近年来，词汇决策的计算模型也发展了，都比较强调决策过程。例如，拉特克利夫、戈麦斯和迈克尔（2004）的扩散模型，该模型认为决策是通过一个积累声音信息的过程产生的，这一过程覆盖了从起点到单词或非单词的边界。这个模型值得注意，因为它不仅捕获了平均响应时间和准确性，而且还捕获了正确和错误响应的响应时间分布。因此，此模型捕获词汇

决策任务中的所有行为，这是以前模型的一个问题。另一种方法是诺里斯（2006）开发的贝叶斯读者模型（The Bayesian Reader model）。该模型认为词汇决策任务中的读者行为类似于最佳决策者，他们在给定输入的情况下，计算出所呈现的字母字符串是单词而不是非单词的概率（更多讨论，见本书的 Kinoshita）。

从前面的讨论中可以明显看出，词汇决策绩效模型与快速发音模型有明显区别。后者强调从拼写到声音的调节过程，而前者强调单词/非单词的甄别过程。事实上，主要变量的影响大小在词汇决定和快速发音方面存在显著差异（例如，Balota，Cortese，Sergent-Marshall，Spieler & Yap，2004）。因此，一个灵活的自适应词汇处理系统比一个相对静态和模块化的系统更符合现有文献。图 3.4 给出了一个这样的框架，其中可以看到任务需求如何强调更一般的词汇结构中的不同路径（Balota & Yap, 2006）。当然，这只是一个一般的观点，潜在的关键点则是词汇处理系统会自适应地考虑不同的信息源，以

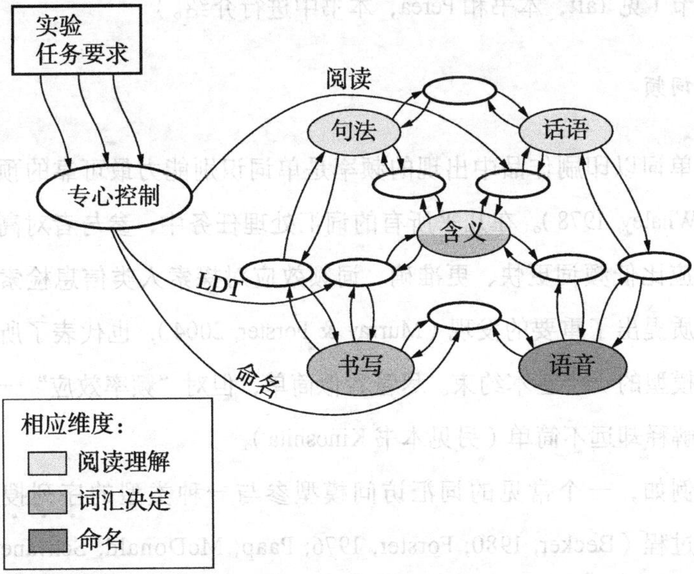

图 3.4　灵活的单词处理模型

32 最大限度地提高响应任务需求的行为能力。

总之，为开发将视觉模式映射到语音和意义上的隐喻模型和计算模型，视觉词识别领域提供了一个强有力的测试平台。本节仅提供一些历史发展的片段。有了这些理论观点，我们现在开始分析如何在这些模型中解释经验文献的各个方面。

单词识别在词汇层级与语义层级上受到的影响

为了更好地理解视觉单词识别的过程，研究人员已经确定了与单词相关的许多统计特性（例如，出现频率、字母数、图像能力）如何影响不同单词的识别任务。在下一节中，我们有选择地回顾最重要的词汇变量的影响，这些变量在整个单词的层次上被量化。也有大量文献研究了次级词汇单位（即小于词的表示，如字母、词素和音节）(Carreiras & Grainger, 2004)，但这些超出了本章的范围，将在其他章节（见 Taft，本书和 Perea，本书中进行介绍。）

词频

单词以印刷作品中出现的频率是单词识别能力最可靠的预测因子（Whaley, 1978）。在几乎所有的词汇处理任务中，参与者对高频词的反应比低频词更快、更准确。词频效应对探索人类信息检索机制的本质提出了重要的发现（Murray & Forster, 2004），也代表了所有词识别模型的一个基本约束。尽管看似简单，但对“频率效应”一词的理论解释却远不简单（另见本书 Kinoshita）。

例如，一个常见的词汇访问模型参与一种类型的序列搜索或验证过程（Becker, 1980; Forster, 1976; Paap, McDonald, Schvaneveldt, & Noel, 1987）。在这一过程中，符合刺激的初始分析的候选对象与按频率降序显示的字母串做对比与验证。前面描述过的有影响的交互激活模型（例如，Coltheart et al.，2001；McClelland & Rumelhart，1981；Perry et al.，2007）假设单词的静息水平激活或激活阈值（Morton's，1970，命名法中的 logons）随暴露频率的变化而变化。高频词响应速度更快，因为它们具有较高的静息激活水平（或较低的阈值），因此需要识别的刺激信息较少。当然，在依赖分布式（而非局部）表示的连接性框架（例如，Plaut，McClelland，Seidenberg & Patterson，1996；Seidenberg & McClelland，1989）中，频率由输入和输出表示之间权重的强度进行编码。贝叶斯读者模型（The Bayesian Reader model, Norris,）（2006）基于人们以最佳方式识别单词的假设，对词频效应采用了一种功能性更强的方法。具体地说，词频效应是理想的观察者在解决不明确的输入时考虑到词的先验概率（由词的频率索引）的结果，因为刺激是在感知过程中展开的。

研究人员最近还研究了不同的理论框架如何解释单词频率和单词识别度量之间关系的形式。例如，一个频率顺序序列搜索模型预测一个单词在频率顺序列表中的排名位置和访问时间之间的线性关系，而贝叶斯读者模型预测频率和响应时间之间呈现对数关系（Adelman & Brown，2008）。穆雷和福斯特（2004）的研究表明，秩频率比对数转换频率更能预测响应时间，尽管阿德尔曼和布朗（2008）最近的分析证明，词频效应与实例模式最为一致（例如，logan，1988），其中每次遇到一个单词都会在记忆中留下实例或痕迹。研究人员（如 Brysbaert & New，2009）对单词频率效应的功能形式进行了特别深入的研究，他们开发了大量的词汇决策和提速发音行为数据库，同时在语言中生成了更好的单词频率估计值。

尽管印刷词频率在词汇获取中起着核心作用，但也有充分的证据表明，词频率对词汇获取后出现的某些任务过程有一定的影响。

33 例如，在词汇判定中，参与者可能特别注意字母字符串的熟悉度和意义，以帮助他们区分单词和非单词。与发音相比，这种对基于熟悉度的信息的强调夸大了词汇判断中的频率效应（Balota & Chumbley, 1984）。具体地说，低频词在熟悉度/意义度方面比高频词更接近非词汇。因此，将低频词与非低频词区别开来更为困难，从而减缓低频词的响应时间，使频率效应变大。事实上，研究人员报告指出，通过改变非词的相似性（例如，*brnta*，*brant*，*brane*；见 Stone & Van Orden, 1993）来操纵词与非词之间重叠，调节了词频率效应的大小。这里重要的一点是，频率效应（可能还有大多数其他心理语言效应）并不能明确地反映单词识别过程。

长度

这里的长度是指一个单词中的字母数。在知觉识别、词汇判定、发音和阅读中，人们通常会发现较长单词的延迟时间较长（参见 New，Ferrand，Pallier & Brysbaert，2006 年的评论）。虽然长度效应部分归因于某些过程（如早期视觉或后期发音），因为它们超出了单词识别模型的范围，但模拟表明，长度对发音启动延迟的抑制影响很难与完全依赖平行处理的模式相协调（例如，Plaut et al., 1996）。相反，长度效应与包含串行处理的模型更兼容，例如 DRC 模型（Coltheart et al.，2001），该模型包含一个以字母次序方式合成语音的次级词汇路径（Rastle & Coltheart，2006）。事实上，威克斯（1997）发现，与单词相比，非单词的长度效应特别大，这与 DRC 模型的观点一致，即长度效应主要反映了次级词汇路径的影响。

正字和语音的相似性

柯尔特哈特、戴夫拉尔、乔纳森和贝斯纳等人（1977）在他们的经典研究中探讨了称为正字相邻范围的正交相似性度量对词汇判定的影响。正交邻域大小由与字母字符串相关联的正交邻域数定义，其中正字相邻范围是可以通过替换目标单词的单个字母获得的任何单词（例如，*sand* 的邻域包括 *band*、*send*、*said* 和 *sank*）。假设词汇检索涉及一个竞争过程，人们可能会等待与许多相邻的单词引发更多的竞争，从而产生较慢的响应延迟。然而，安德鲁斯（1997）的一篇评论指出，在许多语言中，与许多相邻词相比，词汇判定和发音延迟通常更快，低频词的这种影响比高频词更大。邻域大小的协导效应似乎很难适应任何包含交互激活机制的模型（例如，DRC 模型）（McClelland & Rumelhart，1981），因为对于具有更多正交邻域的单词，应存在更多的级别内抑制。除了相邻词的数量之外，研究人员（如 Sears，Hino & Lupker，1995）还考虑了相邻频率的影响（即目标词是否具有更高频率的邻域，见 Perea，本书，了解此类影响的相关讨论）。

语音相似性与拼写相似性一样，也是通过计算语音相邻词的数量来定义的，也就是说，通过更改目标词的单个音位而创建的词（例如，*gate* 的相邻词包括 *hate*、*get* 和 *bait*）。Yates（2005）和 Yates，Friend & Ploetz（2008a）指出，在词汇决策、快速发音、语义分类和阅读中，有许多语音邻接词的单词比没有几个语音邻接词的单词反应快。也有证据表明，随着语音邻接数与支持最少的音素重叠（即，与最少的语音邻接数重合的单词中的音素位置），发音延迟变得更短（Yates、Friend & Ploetz，2008b）。一般来说，这些结果都支持同一个观点，即有许多语音邻接的单词在语音系统中会受到额外的激活，并有助于为语音在单词识别中的作用提供有用的约束。

最初对邻域规模的定义有些限制。例如，一个邻近词必须在长度上与目标匹配，并且只能通过替换一个字母或音素来区分。已经有学者提出了更具扩展性和灵活性的邻域大小度量（见本书 Perea），34 包括目标词和最近 20 个邻近词之间的基于平均莱文斯坦距离的度量（即，将一个元素串转换为另一个元素串所需的单个字母插入、删除或替换的数量）。这一测量方法（OLD20）已被证明是较长单词的一个特别强大的预测指标（Yarkoni，Balota & Yap，2008）。

规则性与一致性

如前所述，单词的规则性指的是该单词是否符合语言中最可靠的拼写和发音对应规则。*hint*［暗示］是规则的，因为它遵循这些规则，而 *pint*［品脱］是不规则的，因为它不遵循这些规则。一致性是另一个重要的理论参数，它是对拼写和声音之间关系的量化，它反映了一个单词与拼写相似的单词的发音情况。例如，*kind* 被认为是一致的，因为大多数拼写相似的单词（例如 *bind*、*find*、*hind*、*mind*）的发音方式相同。相反，*have* 的发音与大多数拼写相似的单词（例如 *cave*、*gave*、*save*）不同，因此不一致。一般来说，一致的词比不一致的词被识别得更快，而且在快速发音中的一致性效果比在词汇判定中的一致性效果更强，因为发音任务强调正确的音位学的生成（Jared，2002）。这种分级的一致性效应自然是从联结主义的角度出发的，在遵守"规则"的项目和不遵守"规则"的项目之间没有明显的二分法。相反，词汇处理反映了各种细微差异状况下拼写与语音如何映照的统计特性（Plaut et al.，1996）。一致性效应似乎对 DRC 模型构成了一个特殊的挑战（Coltheart et al.，2001），该模型在模拟一致性效应时存在一些困难（Zevin & Seidenberg，2006）。

虽然规则性和一致性有很高的相关性，但这些维度是可分离的。区分这两个变量对于判断基于规则的 DRC 方法（预测规律性效果）和联结主义方法（预测一致性效果）特别有价值。事实上，柯特斯和辛普森（2000）在一次快速发音实验中对这两个变量进行了因式交叉，并将其结果与三种文字识别计算模型的模拟数据进行了比较。他们观察到一致性的效果比规律性的效果更强，这是普劳特等人（1996）的PDP模型最能捕捉到的模式。

上述研究都强调了押韵单位的一致性（即音节开始后的元音和辅音串）；*bind, find, hind*，和 *mind* 都是 *kind* 押韵邻近词。然而，特雷曼、凯斯勒和比克（2003）指出，元音的发音也会受到其前后临近音节的一致性的影响。因此，发音的一致性似乎对各种微环境敏感。

语义丰富性

文献中越来越多的研究报告表明，对于语义较丰富的单词（即，与相对更多语义信息相关的单词；有关评论，请参阅 Balota，Ferraro & Connor，1991；Pexman，2012），其识别速度更快。从理论上看，这一点很有意思，因为在几乎所有的单词识别模型中，都是先识别单词再识别含义（Balota，1990）。这与现有的经验证据不符，现有证据表明，系统在一个词被完全识别之前就可以获得意义，可能是通过从语义到正字的和语音单位的反馈激活（Balota et al.，1991；Pexman，2012）。虽然阅读的最终目的是从视觉上的印刷文字中提取意义，但意义水平对单词识别的影响仍然难以理解。

已经确定了一些维度，这些维度似乎利用了单词语义表示的丰富性，包括与其所指相关的语义特征数量（McRae，Cree，Seidenberg & McNorgan，2005）；其语义邻居数量（Shaoul & Westbury，2010）；在自由联想任务中由某一单词引发的明显的首发联想数量（Nelson，McEvoy，& Schreiber，1998）；意象能力，即单词唤起心理意象的程度（Cortese & Fugett，2004）；意义数量，即与单词相关的意义数量（Miller，1990）；身体与对象的交互作用，即人体与一个词的所指相互作用的程度（Siakaluk，Pexman，Aguilera，Owen & Sears，2008）；**感官体验等级**，即一个词唤起感官或知觉体验的程度（Juhasz & Yap，2013）。在所有任务中，来自更密集语义邻域的词，具有更多含义，能唤起更多图像，其所指与更多特征相关或更容易与人体互动，识别速度更快（例如，Yap，Pexman，Wellsby，Hargreaves
35 & Huff，2012）。重要的是，不同的丰富度变量解释了单词识别情况的唯一（即不重叠）方差（Yap，Pexman，et al.，2012），这意味着没有一个单一的丰富性维度（及其相关理论框架）能够充分解释意义是如何被从印刷文字中分离出来的。相反，语义记忆应该是个多维度概念（Pexman，Siakaluk & Yap，2013）。

除了上述丰富性维度外，单词的**情感配价**（正面、中性、负面）和**激发作用**还影响词汇判定及加快发音速度。例如，*snake*［蛇］是一个负面的、高唤醒的词，而 *sleep*［睡眠］是一个正面的、低唤醒的词。许多早期研究表明，与中性和正面性刺激相比，负面性刺激的反应更慢。这种减慢与负面刺激在早期处理过程中更能吸引注意力，在做出词汇判定或发音反应之前，需要更多的时间将注意力从这些刺激中分离出来（参见 Kuperman，Estes，Brysbaert & Warriner，2014）。然而，这一结论得到了后期深层分析的证实，研究中使用的负面词和中性词在词汇特征上并不总是很匹配（Larsen，Mercer & Balota，2006）。虽然对照性研究的结果有些混杂，但最近对 12000 多个词的配价和唤醒效应进行的大规模分析表明，配价和唤醒具有独立或单一的作用，负面词（与积极词相比）和激发词（与平静词相比）的识别速度较慢（Kuperman et al.，2014）。

最后，再来看一下语义丰富性的另一些比较有趣的研究文献，研究认为这些影响的程度是由词汇处理任务的特定需求来调节的（Balota & Yap，2006）。例如，类别验证任务中因为语义丰富导致词项差异的数量比较多，而在非首要响应的语义处理任务中较少。Yap，Tan，Pexman & Hargreaves（2011）还发现，词义更多的单词与更快的词汇判定时间相关，但类别验证的准确性较差。据此推论，在要求参与者确定一个词的特定含义的任务中，多含义可能会损害识别能力。

语境影响 / 启动效应

到目前为止，我们已经描述了影响孤立词识别的变量。还有大量的文献指出不同的语境或启动元素是如何影响单词识别过程的。在一个典型的启动模式中，两个字母串相继出现，具有一定的相似性。具体来说，这两个字符串可能是构词上的（*touching-TOUCH*）、字形上的（*couch-TOUCH*）、语音上的（*much-TOUCH*）、或语义 / 联想上的（*feel-TOUCH*）。启动元素可以是无遮蔽的 *unmasked*（即有意识的可用）或遮蔽的 *masked*（即短暂呈现以将有意识的处理最小化）。遮蔽启动模式的主要优势在于，参与者通常不知道启动元素和目标之间的关系，从而将试验战略的影响降至最低（Forster，1998；另见 Kinoshita & Lupker，2003）。在本节中，我们将研究范围限制在语音、形态和语义启动效应上。木下幸子（本书）和佩利亚（本书）提供了对正交启动效应的优秀综述，并讨论了这项重要工作如何约束模型，来观察读者运用文字编码字母位置的处理细节（另见 Frost，本书）。

语音上的启动效应

语音代码在视觉单词识别中的作用是什么（Frost，1998）？这些代码是自动地存在于单词识别之前，还是限制了单词识别，还是在看到词汇之后形成？这些有争议的问题已经通过运用遮蔽的启动范例和其他范例（见 Halderman，Ashby & Perfetti，2012，以获取评论）

得到广泛研究。例如，Lukatela & Turvey（2000）报告说，与对照元素（例如，*clep*）相比，语音相关元素（例如，*klip*）促进了对目标词（例如，*CLIP*）的词汇判定响应，即使该元素仅出现14毫秒。事实上，在遮蔽的英语语音启动研究的分析中，拉斯特勒和布莱斯巴尔特（2006）得出结论：在知觉识别、发音和词汇判定方面，遮蔽的语音启动的效果小但可靠。为了证实这一点，拉斯特勒和布莱斯巴尔特（2006）进行了两次遮蔽启动实验，证明当单词（如*GROW*）在语音相似的元素（*groe*）之前比正交对照（*groy*）之前平均识别速度快13毫秒。总之，这些结果为词识别语音过程的早期和普遍影响提供
36 了有力的证据。这些语音过程可能有助于稳定单词的词性，以便能够准确感知（Halderman et al.，2012；另见 Pollatsek，本书）。

构词的启动效应

词素是词的最小意义单位，许多英语词汇是多词素的。文献中的一个重要争论涉及单词中的词素成分在单词识别过程中作用于启动的程度（见 Taft，本书）。例如，形态复杂的单词，如*painter*，在词的识别之前是自动分解为其词素次级单位（即*paint+er*），还是每个复杂的单词都有自己的表示（Taft & Forster，1975）？与此相关的是，形态分解过程是否区分了语义更透明的加缀词（即，可以从其成分，如*sadness*，来预测词的含义）和语义更不透明的词（如*department*）？这些问题的答案有助于揭示形态加工的基本表现和过程。

为了更好地描述构词形态过程的时间进程，研究人员在很大程度上依赖于遮蔽的构词形态启动范式。使用这个工具，他们已经确定目标词（如*SAD*）的识别是通过对形态相关词（即*sadness*）的遮蔽呈现来促进的（Rastle，Davis，Marslen-Wilson & Tyler，2000）。通过使用适当的控制，拉斯特勒等人（2000）已经表明，这种形态启动效应

不能简单地归因于启动元素和目标词之间的语义或词形重叠。因此，此研究为在词汇获取之前早期和强制性地将形态复杂词分解为词素提供了有力的证据。

有趣的是，拉斯特勒、戴维斯和钮（Rastler，Daris，New，2004）也报告了透明（如 *cleaner—CLEAN*）和不透明（如 *corner—CORN*）目标词的启动效应在范围上是相等的[①]，这表明最初的形态分解过程无视语义，完全基于正字法的分析。尽管如此，语义学在形态处理中的作用还不完全清楚。对文献的元分析揭示了语义透明的少量而可靠的影响。也就是说，透明的启动元素比不透明元素更能促进目标识别（Feldman，O'Connor & Del Prado Martin，2009），这与对形态处理的早期语义影响研究结果一致（此外，见 Davis & Rastle，2010）。

这些模式在理论上很重要，因为它们挑战了联结主义的理论框架，这种框架认为词素效应是通过正字法、音位学和语义学之间的相互作用产生的（例如，Gonnerman，Seidenberg & Andersen，2007）；这种理论框架认为不透明的启动效果比透明的差（Plaut & Gonnerman，2000）。关于构词手段的文献的更广泛的讨论，读者可以进一步咨询 Diependaele，Grainger & Sandra（2012）。

语义启动效应

语义启动效应非常重要，研究者发现在语义相关元素（如 *cat-DOG*）之前的单词识别速度比在语义无关元素（如 *mat-DOG*）之前的

① Rastle 和他的同事不区分语义不透明的启动目标词的对子，它们既有词源关系又有表面形态关系（如 *department-DEPART*），也有只共享表面关系的对子（如 *corner-CORN*），因为这样的区分很难与一个似是而非的语言习得理论保持一致（Rastle & Davis，2003）。然而，也有研究人员（例如，Longtin, Segui, & Hallé，2003）做出了这一区分，并将 *corner* 视为一个伪附加词。

单词识别速度快（Meyer & Schvaneveldt，1971）[①]。语义启动文献提供了重要信息，揭示了心理词汇的结构和从中检索信息的过程。语义启动效应中的“语义”在很大程度上是一种解释的便利（McNamara，2005），因为这种效应可能反映两个词之间的关联关系，而不是它们语义特征的重叠。例如，狗和猫共享语义和关联关系，而老鼠和奶酪主要共享关联关系。卢卡斯（2000）的一项研究表明，语义启动效应确实反映了共享语义信息，而哈钦森（2003）的一项后续研究得出了更为谨慎的结论，即大多数启动文献都提到了简单的关联性描述。关于语义启动，我们还知道别的更多的吗？

相关元素有助于目标的识别，即使这些元素被严重遮蔽且不能被有意识地识别（Balota，1983；Fischler & Goodman，1978），这表明启动词的含义可以被处理，即使它不能被有意识地识别。这一说法与**介导启动效应**（*mediated priming effect*）的有趣现象是一致的。在介导启动中，*lion* 能够启动 *STRIPES*（Balota & Lorch，1986）。虽然这两个词之间没有明显的直接关系，但通过中介概念 *tiger* 可以发生启动。
37 这些结果与尼利（Neely，1977）的经典研究是一致的，尼利（1977）认为即使注意力集中在语义记忆的不同区域，语义启动效应也可以在短时间的刺激开始后异步发生。

研究者已经提出了一些理论机制来解释语义启动；这些机制不是相互排斥的，有可能协同运行（见 McNamara，2005 年的评论）。自动传播激活（Posner & Snyder, 1975）是语义启动的典型解释。也就是

---

① 两个词（例如 *cat* and *dog*）的关联程度通常由自由联想标准（例如，Nelson et al.，1998）来解释，该标准源自参与者对提示词的反应。另一种方法是，假设一个词的意思与它出现的语境相关，检查在一个大文本语料库中词的共存（Landauer & Dumais，1997）。共同出现频率更高的单词对子被认为是更紧密的联系（Jones，Kintsch & Mewhortt，2006）。

说，一个启动元素（例如，*cat*）通过关联/语义路径自动预激活相关节点（例如，*DOG*），当一些相关单词随后出现时，有助于识别它们（见 Collins & Loftus，1975）。启动也可能部分地反映预期，或反映未来目标潜在候选项的战略生成（Becker，1980）；当预期正确时，促进作用产生。最后，有证据表明，词汇判定任务中的启动效应与后置词汇判定过程有关。具体地说，参与者可能会从目标到原始词进行反向语义检查（Neely，Keefe & Ross，1989），因为启动项/目标项关系的缺失或存在是对目标项词汇性的诊断（非词与启动项从不相关）。因为篇幅限制我这里无法全面综述这一有趣和重要的研究领域，但读者可直接参见 Neely（1991）和 McNamara（2005），以获得对语义/关联启动文献的出色回顾。

变量的联合影响

到目前为止，我们已经强调了各个变量的主要影响。然而，研究人员通常更感兴趣的是多个变量相互作用对单词识别行为的影响程度。实际上，这种相互作用对约束理论模型特别有用。例如，刺激长度与正字邻域大小相互作用，因此与短词相比，正字邻域大小的促进效应会持续增加（见 Balota et al.，2004）。此外，低频词在快速发音任务中比高频词（Balota et al.，2004）产生更大的正字邻域大小和长度效应，但在词汇判定任务中没有。高频词各变量的效应降低现象可能更好地反映出这些词汇的既有表征。

在研究启动元素的文献中也有很多关于相互作用的证据。例如，语义启动通常与词频和刺激质量相互作用，因此启动效应对于低频（例如，Becker，1979）和降级（Becker & Killion，1977）的目标词来说更大。然而，刺激质量和词频在词汇判定任务中产生了强大的附加效应（Stanners，Jastrzembski & Westbrook，1975），但在单词发音或语义分类任务中却没有（Yap & Balota，2007）。最近也有证据表明，在词汇判定任务中，启动会产生附加效应，而非词汇的干扰元素则很难做到这一点（Lupker & Pexman，2010）。传统的启动机制（例如，扩散激活、预期）过于简单，无法捕获这种复杂的附加性和交互效应组合（McNamara，2005），可能需要求助于具有多个阶段或水平词汇语义表示的模型（例见 Yap，Balota & Tan，2013）。计算建模的下一个重要步骤将是开发能够同时考虑目标变量的附加效应和交互效应的模型（见 Plaut & Booth，2000，2006，关于潜能框架，以及 Borowsky & Besner，2006，关于这种方法的局限性）。

视觉词识别研究中的新方法和分析工具

词识别的大型研究与因子研究

在词识别研究中，最常见的实验设计是因子设计，实验中对某些独立变量进行操纵，对无关变量加以控制。尽管这种方法和所有方法一样都是有用的，但它也有一些局限性（见 Balota，Yap，Hutchison & Cortese，2012）。大型研究方法允许语言来定义刺激，而不是让实验者根据一组有限的标准来选择刺激。在大型研究中，研究人员对数量庞大的多组词进行了单词识别，例如几乎所有的英语单音节词（Balota et al.，2004；Treiman，Mullennix，Bijeljac Babic & Richmond Welty，1995）或多音节单词素词（Yap & Balota，2009）。除了确定一大组目标变量的独特预测能力，及其交互作用（Balota et al.，
38 2004）之外，大型研究已经证明对判断词识别的计算模型（Perry et al.，2007，视觉单词识别，38 页）、比较词频率的竞争指标方面具有

价值（Brysbaert & New，2009），并且还能评估新的心理语言变量的影响（Juhasz & Yap，2013；Yarkoni et al.，2008），探索各因素与词识别表现之间潜在的非线性功能关系（New et al.，2006），研究个体差异在词识别中的作用。

大型研究方法得益于免费访问的在线数据库的可用性，数据库包含大量词汇的词汇特征和行为数据。例如，英语词汇项目（***English Lexicon Project***，ELP; Balota et al., 2007; http:// elexicon.wustl.edu)，为超过 4 万个英语单词提供了词汇判定和快速发音测量，以及索引各种词汇变量的搜索引擎（另见英国词汇项目 [British Lexicon Project]，Keulers，Lacey，Rastle & Brysbaert，2011）。ELP 在其他语言中引发了一系列相关的大型研究，包括法语词汇项目（Ferrand et al.，2010）、荷兰词汇项目（Keulers，Diependaele & Brysbaert，2010）、马来语词汇项目（Yap，Rickard Liow，Jalil & Faizal，2010）和汉语词汇项目（Sze，Rickard Liow & Yap，2014）。研究人员已经转向大众采集工具，如亚马逊的 Mechanical Turk（Mason & Suri，2012）或智能手机的应用程序，以快速收集规范（如具体性评级；Brysbaert，Warriner & Kuperman，2014）和行为数据（Dufau et al.，2011）。研究人员最近也开始开发数据库，研究语境对单词识别的影响。例如，语义启动项目（Hutchison et al.，2013；http://spp.montana.edu）和形式启动项目（Adelman et al.，2014）分别作为语义启动和遮蔽下的启动性能的行为数据库。

尽管人们也许担心大规模数据可能对细微的操作不够敏感（例如，频率和一致性之间的交互作用；Sibley，Kello & Seidenberg，2009），但我们在最近的文献分析中发现数据库（如英语词汇项目）可以产生标准化结果（Balota et al.，2012）。因此，大型研究为文献中的因子研究提供了有益的补充。

响应时间分布分析

在绝大多数文字识别研究中，研究人员比较不同条件下的平均反应时间，以确定他们的数据是否与预测假设一致。基于实验的响应时间分布是对称的，实验操作主要是改变分布，这种方法非常有效。然而，经验分布实际上总是正偏向的，实验结果可以改变和调节分布的形状（Heathcote，Popiel & Mewhort，1991）。因此，仅仅依靠分析比较手段可能是不充分和误导的（Heathcote et al.，1991）。幸运的是，已经开发了许多方法来理解变量对底层响应时间分布的影响。第一个也是真正最佳的方法就是将数据拟合到计算模型中（例如，扩散模型；Ratcliff，1978），该模型能够对响应时间分布特性的实验影响进行具体预测。在缺乏这一模型的情况下，研究人员可以（1）评估操作对符合经验获得的响应时间分布的数学函数（例如，前高斯函数、正态分布和指数分布的总和）参数的影响，或（2）生成描述操作对不同分布区域的不同影响的图（如分位数图）。

通过将传统的基于平均值的分析方法与分布方法相结合，研究人员对孤立词识别和语义启动过程有了更为细致的了解（参见 Balota & Yap，2011 年的选择性回顾）。以经典的语义启动效应为例，当 *CAT* 前面有 *dog* 时，比起不相关的单词如 *dig*，实验参与者能更快地识别 *CAT*。在一系列的研究中，有证据表明，高技能读者的语义启动效应纯粹是由分布转移介导的（Balota，Yap，Cortese & Watson，2008）。也就是说，无论目标难度如何，相关的启动项所提供的好处是恒定的（对于遮蔽的语义启动项中的复制，请参见 Gomez，Perea & Ratcliff，2013）。分布转移最符合这样一种观点，即对于这样的读者来说，启动反映了相对模块化的过程，即启动通过自动扩展来提前激活相关的单词，并在单词随后出现时为读者提供一个启动处理先机。当单词识别以某种方式受到损害时，启动不再完全由移位介导；相反，启动效应随着目标难度的增加而单向增加。当目标项的视觉识别度降 39
低（Balota et al.，2008；Yap et al.，2013）或当技能较差的读者正在处理不熟悉的低频词时（Yap，Tse & Balota，2009），这种模式就出现了。也就是说，当目标项的识别有点困难时，读者可以战略性地检索启动信息，以便认识目标项（Thomas，Neely & O'Connor，2012）。

尽管将反应时间的分布参数或分布方面映射到特定的认知过程是很有吸引力的，但在缺乏聚合证据的情况下，是不应该这样做的（Matzke & Wagenmakers，2009）。关键是，现在已经有越来越多的文献表明，人们可以通过超越简单的中央趋势测量和考虑响应时间分布分析，获得对词汇处理过程的深入了解。

个体差异

传统上，词汇识别的实验研究和模型都侧重于群体层面的表现（例外情况见 Zevin & Seidenberg，2006）。然而，有令人信服的证据表明，阅读技能的个体差异可以调节单词识别行为（见本书 Andrews；另见 Yap，Balota et al.，2012 年的评论）。例如，词汇知识似乎能够调节启动和词频的联合效应（Yap et al.，2009）。对于词汇量较小的读者，启动和词频相互作用；对于低频词，启动效应较大。相比之下，拥有更大词汇量的高技能读者会产生较强的启动效应和词频效应，但不会产生交互作用。

包含单个参与者数据的大型数据集的出现使得用非常大的样本探索个体差异成为可能。例如，在对试验级词汇判定和快速发音数据的分析中，英语词汇项目有 1200 多名参与者，叶裕明、巴罗塔等人（2012）提出了一些值得注意的意见。重要的是，叶裕明、巴罗塔等人的研究报告指出，在不同项目组之间，就总体平均响应时间、响应时间分布特征、扩散模型参数以及理论上重要变量（如词频率和长度）的影响而言，会话内和会话间的可靠性相当高。具有更多词汇知识的读者表现出更快、更准确的词识别性能，对刺激特性的敏感性减弱。总的来说，这些结果表明参与者与相对稳定的分布和超过平均处理速度的处理情况有关。展望未来，开发模型将变得越来越重要，该模型可以捕获组级性能和各个读者之间的特殊性。

结论

视觉词识别的研究为阅读的早期阶段研究提供了令人兴奋的见解，并一直是认知建模的重要原则的焦点，包括交互激活、基于规则的编码、联结主义建模，以及最近关于贝叶斯理论中的最佳感知者的概念。虽然这类研究已经取得了相当大的进展，但不同的任务会带来特定于任务的操作，这些操作会影响结果。因此，在考虑本文献时，必须认识到普通任务的词汇处理和特别任务的词汇处理过程之间的相互作用。最后，由于篇幅的限制，读者应该注意到，这充其量只是视觉单词识别文献的一个简短介绍，我们主要关注的是成人读者的行为研究。例如，认知神经科学的研究正持续为单词识别模型提供重要的约束条件（Taylor，Rastle & Davis，2013；见 Woollams，本书）。我们预计，视觉单词识别将一直是理解人们阅读方式的重点突破方向。

参考文献

Adelman, J. S., & Brown, G. D. (2008). Modeling lexical decision: The form of frequency and diversity effects. *Psychological Review, 115,* 214–229.

Adelman, J. S., Johnson, R. L., McCormick, S. F., McKague, M., Kinoshita, S., Bowers, J. S., . . . Davis, C. J. (2014). A behavioral database for masked form priming. *Behavior Research Methods, 46,* 1052–1067.

Andrews, S. (1997). The effect of orthographic similarity on lexical retrieval: Resolving neighborhood conflicts. *Psychonomic Bulletin & Review, 4,* 439–461.

Ans, B., Carbonnel, S., & Valdois, S. (1998). A connectionist multi-trace memory model of polysyllabic word reading. *Psychological Review, 105,* 678–723.

Appelman, I. B., & Mayzner, M. S. (1981). The letter-frequency effect and the generality of familiarity effects on perception. *Perception & Psychophysics, 30,* 436–446.

Balota, D. A. (1983). Automatic semantic activation and episodic memory encoding. *Journal of Verbal Learning and Verbal Behavior, 22,* 88–104.

Balota, D. A. (1990). The role of meaning in word recognition. In D. A. Balota, G. B. Flores d'Arcais, & K. Rayner (Eds.), *Comprehension processes in reading* (pp. 9–32). Hillsdale, NJ: Erlbaum.

Balota, D. A., & Chumbley, J. I. (1984). Are lexical decisions a good measure of lexical access? The role of word frequency in the neglected decision stage. *Journal of Experimental Psychology: Human Perception and Performance, 10,* 340–357.

Balota, D. A., Cortese, M. J., Sergent-Marshall, S. D., Spieler, D. H., & Yap, M. J. (2004). Visual word recognition of singlesyllable words. *Journal of Experimental Psychology: General, 133,* 283–316.

Balota, D. A., Ferraro, F. R., & Connor, L. T. (1991). On the early influence of meaning in word recognition: A review of the literature. In P. J. Schwanenflugel (Ed.), *The psychology of word meanings* (pp. 187–218). Hillsdale, NJ: Erlbaum.

Balota, D. A., & Lorch, R. F. (1986). Depth of automatic spreading activation: Mediated priming effects in pronunciation but not in lexical decision. *Journal of Experimental Psychology: Learning, Memory, and Cognition, 12,* 336–345.

Balota, D. A., & Spieler, D. H. (1999). Word frequency, repetition, and lexicality effects in word recognition tasks: Beyond measures of central tendency. *Journal of Experimental Psychology: General, 128,* 32–55.

Balota, D. A., & Yap, M. J. (2006). Attentional control and flexible lexical processing: xplorations of the magic moment of word recognition. In S. Andrews (Ed.), *From inkmarks to ideas: Current issues in lexical processing* (pp. 229–258). New York, NY: Psychology Press.

Balota, D. A., & Yap, M. J. (2011). Moving beyond the mean in studies of mental chronometry: The power of response time distributional analyses. *Current Directions in Psychological Science, 20,* 160–166.

Balota, D. A., Yap, M. J., Cortese, M. J., Hutchison, K. A., Kessler, B., Loftis, B., . . . Treiman, R. (2007). The English Lexicon Project. *Behavior Research Methods, 39,* 445–459.

Balota, D. A., Yap, M. J., Cortese, M. J., & Watson, J. M. (2008). Beyond mean response latency: Response time distributional analyses of semantic priming. *Journal of Memory and Language, 59,* 495–523.

Balota, D. A., Yap, M. J., Hutchison, K. A., & Cortese, M. J. (2012). Megastudies: What do millions (or so) of trials tell us about lexical processing? In J. S. Adelman (Ed.), *Visual word recognition: Vol. 1. Models and methods, orthography and phonology* (pp. 90–115). Hove, England: Psychology Press.

Becker, C. A. (1979). Semantic context and word frequency effects in visual word recognition. *Journal of Experimental Psychology: Human Perception and Performance, 5,* 252–259.

Becker, C. A. (1980). Semantic context effects in visual word recognition: An analysis of semantic strategies. *Memory & Cognition, 8,* 493–512.

Becker, C. A., & Killion, T. H. (1977). Interaction of visual and cognitive effects in word recognition. *Journal of Experimental Psychology: Human Perception and Performance, 3,* 389–401.

Borowsky, R., & Besner, D. (2006). Parallel distributed processing and lexical-semantic effects in visual word recognition: Are a few stages necessary? *Psychological Review, 113,* 181–193.

Brysbaert, M., & New, B. (2009). Moving beyond Kučera and Francis: A critical evaluation of current word frequency norms and the introduction of a new and improved word frequency measure for American English. *Behavior Research Methods, 41,* 977–990.

Brysbaert, M., Warriner, A. B., & Kuperman, V. (2014). Concreteness ratings for 40 thousand generally known English word lemmas. *Behavior Research Methods, 46,* 904–911.

Carreiras, M., & Grainger, J. (2004). Sublexical units and the 'front end' of visual word recognition. *Language and Cognitive Processes, 19,* 321–331.

Cattell, J. M. (1886). The time it takes to see and name objects. *Mind, 11,* 63–65.

Collins, A., & Loftus, E. (1975). A spreading activation theory of semantic processing. *Psychological Review, 82,* 407–428.

Coltheart, M., Davelaar, E., Jonasson, J., & Besner, D. (1977). Access to the internal lexicon. In S. Dornic (Ed.), *Attention and performance VI* (pp. 535–555). Hillsdale, NJ: Erlbaum.

Coltheart, M., Rastle, K., Perry, C., Langdon, R., & Ziegler, J. (2001). DRC: A dual route cascaded model of visual word recognition and reading aloud. *Psychological Review, 108,* 204–256.

Cortese, M. J., & Fugett, A. (2004). Imageability ratings for 3,000 monosyllabic words. *Behavior Research Methods, Instruments and Computers, 36,* 384–387.

Cortese, M. J., & Simpson, G. B. (2000). Regularity effects in word naming: What are they? *Memory & Cognition, 28,* 1269–1276.

Davis, M. H., & Rastle, K. (2010). Form and meaning in early morphological processing: Comment on Feldman, O'Connor, and Moscoso del Prado Martin (2009). *Psychonomic Bulletin & Review, 17,* 749–755.

Diependaele, K., Grainger, J., & Sandra, D. (2012). Derivational morphology and skilled reading: An empirical overview. In M. J. Spivey, K. McRae, & M. Joanisse (Eds.), *The Cambridge handbook of psycholinguistics* (pp. 311–333). Cambridge, England: Cambridge University Press.

Dufau, S., Dunabeitia, J. A., Moret-Tatay, C., McGonigal, A., Peeters, D., Alario, F.-X., . . . Grainger, J. (2011). Smart phone, smart science: How the use of smartphones can revolutionize research in cognitive science. *PLoS ONE, 6,* e24974.

Feldman, L. B., O'Connor, P. A., & del Prado Martin, F. M. (2009). Early morphological processing is morphosemantic and not simply morpho-orthographic: A violation of form–then- meaning accounts of word recognition. *Psychonomic Bulletin & Review, 16,* 684–691. Yap, Balota 41Ferrand, L., New, B., Brysbaert, M., Keuleers, E., Bonin, P., Méot, A., . . . Pallier, C. (2010). The French Lexicon Project: Lexical decision data for 38,840 French words and 38,840 pseudowords. *Behavior Research Methods, 42,* 488–496.

Fischler, I., & Goodman, G. O. (1978). Latency of associative activation in memory. *Journal of Experimental Psychology: Human Perception and Performance, 39,* 1731–1740.

Forster, K. I. (1976). Accessing the mental lexicon. In R. J. Wales & E. C. T. Walker (Eds.), *New approaches to language mechanisms* (pp. 257–287). Amsterdam, the Netherlands: North-Holland.

Forster, K. I. (1998). The pros and cons of masked priming. *Journal of Psycholinguistic Research, 27,* 203–233.

Frost, R. (1998). Toward a strong phonological theory of visual word recognition: True issues and false trails. *Psychological Bulletin, 123,* 71–99.

Gomez, P., Perea, M., & Ratcliff, R. (2013). A diffusion model account of masked vs. unmasked priming: Are they qualitatively different? *Journal of Experimental Psychology: Human Perception and Performance, 39,* 1731–1740.

Gonnerman, L. M., Seidenberg, M. S., & Andersen, E. S. (2007). Graded semantic and phonological similarity effects in priming: Evidence for a distributed connectionist approach to morphology. *Journal of Experimental Psychology: General, 136,* 323–345.

Grainger, J., & Jacobs, A. M. (1996). Orthographic processing in visual word recognition: A multiple read-out model. *Psychological Review, 103,* 518–565.

Grainger, J., Rey, A., & Dufau, S. (2008). Letter perception: From pixels to pandemonium. *Trends in Cognitive Sciences, 12,* 381–387.

Halderman, L. K., Ashby, J., & Perfetti, C. A. (2012). Phonology: An early and integral role in identifying words. In J. S. Adelman (Ed.), *Visual word recognition: Vol. 1. Models and methods, orthography and phonology* (pp. 207– 228). Hove, England: Psychology Press.

Heathcote, A., Popiel, S. J., & Mewhort, D. J. K. (1991). Analysis of response time distributions: An example using the Stroop task. *Psychological Bulletin, 109,* 340–347.

Hubel, D. H., & Wiesel, T. N. (1962). Receptive fields, binocular interaction and functional architecture in the cat's visual cortex. *Journal of Physiology, 160,* 106–154.

Hutchison, K. A. (2003). Is semantic priming due to association strength or feature overlap? A micro-analytic review. *Psychonomic Bulletin & Review, 10,* 785–813.

Hutchison, K. A., Balota, D. A., Neely, J. H., Cortese, M. J., Cohen-Shikora, E. R., Tse, C-S., . . . Buchanan, E. (2013). The semantic priming project. *Behavior Research Methods, 45,* 1099–1114.

Jared, D. (2002). Spelling-sound consistency and regularity effects in word naming. *Journal of Memory and Language, 46,* 723–750.

Jones, M. N., Kintsch, W., & Mewhort, D. J. K. (2006). Highdimensional semantic space accounts of priming. *Journal of Memory and Language, 55,* 534–552.

Juhasz, B. J., & Yap, M. J. (2013). Sensory experience ratings (SERs) for over 5,000 mono- and disyllabic words. *Behavior Research Methods, 45,* 160–168.

Keuleers, E., Diependaele, K., & Brysbaert, M. (2010). Practice effects in large-scale visual word recognition studies: A lexical decision study on 14,000 Dutch mono- and disyllabic words and nonwords. *Frontiers in Psychology, 1,* 174.

Keuleers, E., Lacey, P., Rastle, K., & Brysbaert, M. (2011). The British Lexicon Project: Lexical decision data for 28,730 monosyllabic and disyllabic English words. *Behavior Research Methods, 44,* 287–304.

Kinoshita, S., & Lupker, S. J. (Eds.). (2003). *Masked priming: State of the art.* New York, NY: Psychology Press.

Kuperman, V., Estes, Z., Brysbaert, M., & Warriner, A. B. (2014). Emotion and language: Valence and arousal affect word recognition. *Journal of Experimental*

Psychology: General, 143, 1065–1081.

Landauer, T. K., & Dumais, S. T. (1997). A solution to Plato's problem: The latent semantic analysis theory of acquisition, induction, and representation of knowledge. *Psychological Review, 104,* 211–240.

Larsen, R. J., Mercer, K. A., & Balota, D. A. (2006). Lexical characteristics of words used in emotional Stroop experiments. *Emotion, 6,* 62–72.

Logan, G. D. (1988). Toward an instance theory of automatization. *Psychological Review, 95,* 492–527.

Longtin, C.-M., Segui, J., & Hallé, P. A. (2003). Morphological priming without morphological relationship. *Language and Cognitive Processes, 18,* 313–334.

Lucas, M. (2000). Semantic priming without association: A meta-analytic review. *Psychonomic Bulletin & Review, 7,* 618–630.

Lukatela, G., & Turvey, M. T. (2000). An evaluation of the twocycles model of phonology assembly. *Journal of Memory and Language, 42,* 183–207.

Lupker, S. J., & Pexman, P. M. (2010). Making things difficult in lexical decision: The impact of pseudohomophones and transposed-letter nonwords on frequency and semantic priming effects. *Journal of Experimental Psychology: Learning, Memory, and Cognition, 36,* 1267–1289.

Mason, W., & Suri, S. (2012). Conducting behavioral research on Amazon's Mechanical Turk. *Behavior Research Methods, 44,* 1–23.

Matzke, D., & Wagenmakers, E.-J. (2009). Psychological interpretation of ex-Gaussian and shifted Wald parameters: A diffusion model analysis. *Psychonomic Bulletin & Review, 16,* 798–817.

McClelland, J. L. (1979). On the time relations of mental processes: An examination of systems of processes in cascade. *Psychological Review, 86,* 287–330.

McClelland, J. L., & Rumelhart, D. E. (1981). An interactive activation model of context effects in letter perception: Part 1. An account of basic findings. *Psychological Review, 88,* 375–407.

McNamara, T. P. (2005). *Semantic priming: Perspectives from memory and word recognition.* Hove, England: Psychology Press.

McRae, K., Cree, G. S., Seidenberg, M. S., & McNorgan, C. (2005). Semantic feature production norms for a large set of living and nonliving things. *Behavior Research Methods, 37,* 547–559.

Meyer, D. E., & Schvaneveldt, R. W. (1971). Facilitation in recognizing pairs of words: Evidence of a dependence between retrieval operations. *Journal of Experimental Psychology, 90,* 227–234.

Miller, G. A. (1990). Word Net: An on-line lexical database. *International Journal of*

Lexicography, 3, 235–312.

Morton, J. (1970). A functional model for memory. In D. A. Norman (Ed.), *Models of human memory* (pp. 203–254). New York, NY: Academic Press. 42 Visual Word Recognition

Murray, W. S., & Forster, K. I. (2004). Serial mechanisms in lexical access: The rank hypothesis. *Psychological Review, 111,* 721–756.

Neely, J. H. (1977). Semantic priming and retrieval from lexical memory: Roles of inhibitionless spreading activation and limited-capacity attention. *Journal of Experimental Psychology: General, 106,* 226–254.

Neely, J. H. (1991). Semantic priming effects in visual word recognition: A selective review of current findings and theories. In D. Besner & G. Humphreys (Eds.), *Basic processes in reading: Visual word recognition* (pp. 236–264). Hillsdale, NJ: Erlbaum.

Neely, J. H., Keefe, D. E., & Ross, K. L. (1989). Semantic priming in the lexical decision task: Roles of prospective primegenerated expectancies and retrospective semantic matching.

Journal of Experimental Psychology: Learning, Memory, and Cognition, 15, 1003–1019.

Neisser, U. (1967). *Cognitive psychology.* New York, NY: Appleton-Century-Crofts.

Nelson, D. L., McEvoy, C. L., & Schreiber, T. A. (1998). The University of South Florida word association, rhyme, and word fragment norms. w3.usf.edu/FreeAssociation/.

New, B., Ferrand, L., Pallier, C., & Brysbaert, M. (2006). Reexamining the word length effect in visual word recognition: New evidence from the English Lexicon Project. *Psychonomic Bulletin & Review, 13,* 45–52.

Norris, D. (2006). The Bayesian reader: Explaining word recognition as an optimal Bayesian decision process. *Psychological Review, 113,* 327–357.

Paap, K. R., McDonald, J. E., Schvaneveldt, R. W., & Noel, R. W. (1987). Frequency and pronounceability in visually presented naming and lexical-decision tasks. In M. Coltheart (Ed.), *Attention and performance XII: The psychology of reading* (pp. 221–243). Hillsdale, NJ: Erlbaum.

Perry, C., Ziegler, J. C., & Zorzi, M. (2007). Nested incremental modeling in the development of computational theories: The CDP+ model of reading aloud. *Psychological Review, 114,* 273–315.

Perry, C., Ziegler, J. C., & Zorzi, M. (2010). Beyond single syllables: Large-scale modeling of reading aloud with the connectionist dual process (CDP++) model. *Cognitive Psychology, 61,* 106–151.

Petersen, S. E., Fox, P. T., Posner, M. I., Mintun, M., & Raichle, M. E. (1989). Positron emission tomographic studies of the processing of single words. *Journal of Cognitive*

Neuroscience, 1, 153–170.
Pexman, P. M. (2012). Meaning-based influences on visual word recognition. In J. S. Adelman (Ed.), *Visual word recognition: Vol. 2. Meaning and context, individuals and development* (pp. 24–43). Hove, England: Psychology Press.
Pexman, P. M., Siakaluk, P. D., & Yap, M. J. (2013). Introduction to the research topic meaning in mind: Semantic richness effects in language processing. *Frontiers in Human Neuroscience, 7,* 723.
Plamondon, R., & Srihari, S. N. (2000). On-line and off-line handwriting recognition: A comprehensive survey. *IEEE Transactions on Pattern Analysis and Machine Intelligence, 22,* 63–84.
Plaut, D. C. (1997). Structure and function in the lexical system: Insights from distributed models of word reading and lexical decision. *Language and Cognitive Processes, 12,* 765–805.
Plaut, D. C., & Booth, J. R. (2000). Individual and developmental differences in semantic priming: Empirical and computational support for a single-mechanism account of lexical processing. *Psychological Review, 107,* 786–823.
Plaut, D. C., & Booth, J. R. (2006). More modeling but still no stages: Reply to Borowsky and Besner. *Psychological Review, 113,* 196–200.
Plaut, D. C., & Gonnerman, L. M. (2000). Are non-semantic morphological effects incompatible with a distributed connectionist approach to lexical processing? *Language and Cognitive Processes, 15,* 445–485.
Plaut, D. C., McClelland, J. L., Seidenberg, M. S., & Patterson, K. (1996). Understanding normal and impaired word reading: Computational principles in quasi-regular domains. *Psychological Review, 103,* 56–115.
Posner, M. I., & Snyder, C. R. R. (1975). Attention and cognitive control. In R. Solso (Ed.), *Information processing and cognition: The Loyola symposium* (pp. 55–85). Hillsdale, NJ: Erlbaum.
Rastle, K., & Brysbaert, M. (2006). Masked phonological priming effects in English: Are they real? Do they matter? *Cognitive Psychology, 53,* 97–145.
Rastle, K., & Coltheart, M. (2006). Is there serial processing in the reading system; and are there lexical representations? In S. Andrews (Ed.), *From inkmarks to ideas: Current issues in lexical processing* (pp. 3–24). New York, NY: Psychology Press.
Rastle, K., & Davis, M. H. (2003). Reading morphologically complex words: Some thoughts from masked priming. In S. Kinoshita & S. J. Lupker (Eds.), *Masked priming: The state of the art* (pp. 279–305). Hove, England: Psychology Press.
Rastle, K., Davis, M. H., Marslen-Wilson, W., & Tyler, L. K. (2000). Morphological and semantic effects in visual word recognition: A time-course study. *Language and*

Cognitive Processes, 15, 507–538.

Rastle, K., Davis, M. H., & New, B. (2004). The broth in my brother's brothel: Morpho-orthographic segmentation in visual word recognition. *Psychonomic Bulletin & Review, 11,* 1090–1098.

Ratcliff, R. (1978). A theory of memory retrieval. *Psychological Review, 85,* 59–108.

Ratcliff, R., Gomez, P., & McKoon, G. (2004). A diffusion model account of the lexical decision task. *Psychological Review, 111,* 159–182.

Reicher, G. M. (1969). Perceptual recognition as a function of meaningfulness of stimulus material. *Journal of Experimental Psychology, 81,* 274–280.

Rumelhart, D. E., & McClelland, J. L. (1982). An interactive activation model of context effects in letter perception: Part 2. The contextual enhancement effect and some tests and extensions of the model. *Psychological Review, 89,* 60–94.

Sears, C. R., Hino, Y., & Lupker, S. J. (1995). Neighborhood size and neighborhood frequency effects in word recognition. *Journal of Experimental Psychology: Human Perception and Performance, 21,* 876–900.

Seidenberg, M. S., & McClelland, J. L. (1989). A distributed developmental model of word recognition and naming. *Psychological Review, 96,* 523–568.

Selfridge, O. G., & Neisser, U. (1960). Pattern recognition by machine. *Scientific American, 203,* 60–68.

Shaoul, C., & Westbury, C. (2010). Exploring lexical co-occurrence space using HiDEx. *Behavior Research Methods, 42,* 393–413.

Siakaluk, P. D., Pexman, P. M., Aguilera, L., Owen, W. J., & Sears, C. R. (2008). Evidence for the activation of sensorimotor Yap, Balota 43 information during visual word recognition: The body-object interaction effect. *Cognition, 106,* 433–443.

Sibley, D. E., Kello, C. T., & Seidenberg, M. S. (2009). *Error, error everywhere: A look at megastudies of word reading*. Proceedings of the Annual Meeting of the Cognitive Science Society. Amsterdam, The Netherlands.

Stanners, R. F., Jastrzembski, J. E., & Westbrook, A. (1975). Frequency and visual quality in a word-nonword classification task. *Journal of Verbal Learning and Verbal Behavior, 14,* 259–264.

Stone, G. O., & Van Orden, G. C. (1993). Strategic control of processing in word recognition. *Journal of Experimental Psychology: Human Perception and Performance, 19,* 744–774.

Sze, W. P., Rickard Liow, S. J., & Yap, M. J. (2014). The Chinese Lexicon Project: A repository of lexical decision behavioral responses for 2,500 Chinese characters. *Behavior Research Methods, 46,* 263–273.

Taft, M., & Forster, K. I. (1975). Lexical storage and retrieval of prefixed words.

Journal of Verbal Learning and Verbal Behavior, 14, 638–647.

Taylor, J. S. H., Rastle, K., & Davis, M. H. (2013). Can cognitive models explain brain activation during word and pseudoword reading? A meta-analysis of 36 neuroimaging studies. *Psychological Bulletin, 139,* 766–791.

Thomas, M. A., Neely, J. H., & O'Connor, P. (2012). When word identification gets tough, retrospective semantic processing comes to the rescue. *Journal of Memory and Language, 66,* 623–643.

Treiman, R., & Kessler, B. (2007). Learning to read. In M. G. Gaskell (Ed.), *The Oxford handbook of psycholinguistics* (pp. 657–666). Oxford, England: Oxford University Press.

Treiman, R., Kessler, B., & Bick, S. (2003). Influence of consonantal context on the pronunciation of vowels: A comparison of human readers and computational models. *Cognition, 88,* 49–78.

Treiman, R., Mullennix, J., Bijeljac-Babic, R., & Richmond-Welty, E. D. (1995). The special role of rimes in the description, use, and acquisition of English orthography. *Journal of Experimental Psychology: General, 124,* 107–136.

Treisman, A. (1999). Solutions to the binding problem: Progress through controversy and convergence. *Neuron, 24,* 105–110.

Weekes, B. S. (1997). Differential effects of number of letters on word and nonword naming latency. *Quarterly Journal of Experimental Psychology: Human Experimental Psychology, 50A,* 439–456.

Whaley, C. (1978). Word-nonword classification time. *Journal of Verbal Learning and Verbal Behavior, 17,* 143–154.

Wheeler, D. D. (1970). Processes in word recognition. *Cognitive Psychology, 1,* 59–85.

Yap, M. J., & Balota, D. A. (2007). Additive and interactive effects on response time distributions in visual word recognition. *Journal of Experimental Psychology: Learning, Memory, and Cognition, 33,* 274–296.

Yap, M. J., & Balota, D. A. (2009). Visual word recognition of multisyllabic words. *Journal of Memory and Language, 60,* 502–529.

Yap, M. J., Balota, D. A., Sibley, D. E., & Ratcliff, R. (2012). Individual differences in visual word recognitions: Insights from the English lexicon project. *Journal of Experimental Psychology: Human Perception and Performance, 38,* 53–79.

Yap, M. J., Balota, D. A., & Tan, S. E. (2013). Additive and interactive effects in semantic priming: Isolating lexical and decision processes in the lexical decision task. *Journal of Experimental Psychology: Learning, Memory, and Cognition, 39,* 140–158.

Yap, M. J., Pexman, P. M., Wellsby, M., Hargreaves, I. S., & Huff, M. J. (2012). An abundance of riches: Cross-task comparisons of semantic richness effects in visual word recognition. *Frontiers in Human Neuroscience, 6,* 72.

Yap, M. J., Rickard Liow, S. J., Jalil, S. B., & Faizal, S. S. B. (2010). The Malay Lexicon Project: A database of lexical statistics for 9,592 words. *Behavior Research Methods, 42,* 992–1003.

Yap, M. J., Tan, S. E., Pexman, P. M., & Hargreaves, I. S. (2011). Is more always better? Effects of semantic richness on lexical decision, speeded pronunciation, and semantic classification. *Psychonomic Bulletin & Review, 18,* 742–750.

Yap, M. J., Tse, C.-S., & Balota, D. A. (2009). Individual differences in the joint effects of semantic priming and word frequency: The role of lexical integrity. *Journal of Memory and Language, 61,* 303–325.

Yarkoni, T., Balota, D. A., & Yap, M. J. (2008). Beyond Coltheart's N: A new measure of orthographic similarity. *Psychonomic Bulletin & Review, 15,* 971–979.

Yates, M. (2005). Phonological neighbors speed visual word processing: Evidence from multiple tasks. *Journal of Experimental Psychology: Learning, Memory, and Cognition, 31,* 1385–1397.

Yates, M., Friend, J., & Ploetz, D. M. (2008a). The effect of phonological neighborhood density on eye movements during reading. *Cognition, 107,* 685–692.

Yates, M., Friend, J., & Ploetz, D. M. (2008b). Phonological neighbors influence word naming through the least supported phoneme. *Journal of Experimental Psychology: Human Perception and Performance, 34,* 1599–1608.

Zevin, J. D., & Seidenberg, M. (2006). Simulating consistency effects and individual differences in nonword naming. *Journal of Memory and Language, 54,* 145–160.

第4章　阅读中眼睛的作用 44

伊丽莎白·R.肖特　基思·雷纳

摘　要：本章讨论阅读过程中眼睛的运动：即它们如何支持和揭示阅读过程。本章从描述眼动的基本事实开始，然后展示导致眼动行为变异的一些因素，接着讨论了一些重要的方法学范式（即不确定注视的显示变化范式），这些范式有助于我们了解眼动和阅读中的认知过程。特别是，这些范例已经被用来研究读者在直接看一个单词之前从该词中获得的信息类型。本章还回顾了从使用这些范例的实验中学到的东西；讨论了阅读中眼动控制的问题（即，是什么决定了眼动的位置以及它们停留在一个特定单词上的时间），并描述了几项研究来证明阅读中的眼动控制直接由持续的认知过程决定。

关键词：眼动控制、注视时间、阅读、知觉广度、预期结果

眼动是阅读过程中的关键部分。然而，正如雷纳和波拉塞克（1989）所指出的，我们阅读时会有这样的印象，即我们的眼睛（和思想）不断地扫过文本，只有遇到困难时，我们才会停下来考虑我们刚刚读到的内容，或者回到以前的材料中去重新阅读，我们甚至会意识到我们眼睛的运动。这种印象是一种错觉，因为眼睛扫过页面的过程是不连续的。眼睛相对静止的时间称为注视，通常持续150–500毫秒（平均200–250毫秒）。在注视之间，眼睛快速地移动，称为“扫视”，法语单词是“*saccades*”，用英语说就是*jump*。*saccades*是弹道运动*ballistic movements*（即一旦开始，就不能改变）。对英语读者来说，眼睛通常向前移动大约7到9个字母的空格。眼睛前行的持续时间随移动距离的不同而变化，典型的阅读过程中的扫视大

约需要 20 到 35 毫秒。由于在阅读过程中很少从打印页面提取视觉信息（Matin，1974），所有有用的视觉信息都会在注视期间进入阅读系统。因此，阅读过程中的信息提取模式有点像看幻灯片（Rayner & Pollatsek，1989）。读者看一张幻灯片的时间大约是四分之一秒；接着会有一个短暂的休息时间，然后一张不同视图的新幻灯片会出现大约四分之一秒。这种注视和扫视的模式并不是阅读所独有的。任何静态显示（即图片或场景）的感知都是以同样的方式进行的，尽管注视的模式和时间与阅读注视不同（Rayner，Li，Williams，Cave & Well，2007）。

第二种主观印象的错觉是认为眼睛不会持续地向前移动通过文本。虽然大多数扫视确实向前移动（即英语中的左 - 右移动），但大约 10% 到 15% 的扫视会向后移动（即从右到左），称为后退式扫视（*regressive saccades*，简称为回视 [*regressions*]）。因此，由于我们每秒
45 大约进行 4 到 5 次扫视，读者大约每 2 秒进行一次回视。读者通常对大多数回视是无意识的，除非是某些确实困惑不解的回视，会需要读者在文本中回溯相当远的距离来理顺比较难以理解的部分。然而，大多数回视都很短，只返回几个字符（到前面的一两个字）即可。在这些情况下，回视通常不反映理解困难，而是纠正眼动神经错误（例如，超出预期的扫视目标）。

阅读中的另一种眼动是回扫（*return sweep*），就是眼睛从一行的末尾移动到下一行的开头。当回扫是从右向左的移动时，它们不算退行，因为它们通过文本的语言进程向前移动。回扫实际上相当复杂，因为它们通常始于行尾 5 到 7 个字母的空格处，到下一行的第三到第七个字母的空格处。回扫通常低于他们的目标，并且在大回程扫视之后通常有一个额外的从右到左的短扫视。然而，最左边的注视有时仍然在该行的第二个单词上。因此，大多数情况下，该行的大

约80%处于注视的两端之间。如上所述，回扫后的小退行可能是对眼睛瞄准误差的修正；执行长距离的扫视是难以完美的，眼睛通常无法达到目标位置。

关于阅读时眼动的一般特性的另一个重要观点是，两只眼睛注视一个单词的位置并非完全一致。很长一段时间以来，人们一直认为两只眼睛通常落在同一个单词的同一个字母上，或者它们是完全一致的。然而，尽管有50%以上的注视，两只眼睛在一个单词的同一个字母上，但又常常在不同的字母上，有时两只眼睛甚至交叉（即左眼比右眼注视得更远）。虽然这是一个关于阅读过程中眼动特征的事实，但也确实，两只眼睛是否在同一个字母上停留及其注视时长不会对阅读有太大的影响（见 Kirkby，Webster，Blythe & Liversedge，2008年的评论）。

默读与朗读

在本章中，我们将重点放在默读时的眼动上。然而，在默读和朗读中，读者的眼动既有相同之处，也有不同之处。我们对朗读中的眼动的了解大多源于 Buswell（1922），但最近也有学者对朗读中的眼动进行了一些调查（见 Ashby，Yang，Evans & Rayner，2012；Inhoff，Solomon，Radach & Seymour，2011），使用了比 Buswell 更好和更准确的眼动描记器。尽管如此，Buswell 的大部分研究结果都是相当有说服力的。

默读和朗读有什么区别？朗读的平均固定注视时间比默读长约50毫秒，平均正向扫视长度较短，且有更多的回视。这些差异无疑与这样一个事实有关：在默读中，眼睛在文本中的移动速度比朗读中要快，读者不希望他们的眼睛比他们的声音快得多。因此，在眼动记录中，有些地方的读者在朗读中保持他们的眼睛处于暂时等待的模式，这样就不会发生这种情况。眼睛/声音的跨度，即眼睛在声音前面的距离，往往是朗读研究的重点。研究的主要发现是他们的眼睛通常比声音快两个字。

注视与扫视中的变化

眼睛在阅读时向前移动（平均7—9个字母间距），但不是一直前行。它们暂停约150至500毫秒（大部分注视在200至250毫秒之间），并向后移动约10%至15%。然而，个别读者之间甚至读者自身也存在相当大的差异。因此，有些读者的平均注视时间接近200毫秒，而有些读者接近300毫秒，有些读者的平均注视时间可能仅为6个字母左右（在退行率上有类似的变化）。但是，对于任何读者来说，个人注视时间都可以从200毫秒以下到300毫秒以上，有些扫视会短到1到2个字母空间，有些会长于10个字母空间。

视觉距离效果

在阅读英语时，7到9个字母间距（大约2—3度的视角）的平均扫视似乎是最基本的，因为不管文本的视域大小（只要字母不太大或太小），这就是眼睛移动的距离。例如，无论给定的文本距离眼
46 睛36厘米还是72厘米，平均扫视长度仍然约为8个字母，即使8个字母在36厘米处的视域角度是72厘米处的两倍（Morrison & Rayner，1981；O'Regan，1983）。这一事实表明，文本的可视性在较长的距离范围内是相对不变的。因此，有关扫视长度的数据通常用字母空间表示；这似乎是阅读时的自然度量，而不是视觉角度的度数。最近的

一个聪明的实验操作（副中央凹放大模式 [the parafoveal magnification paradigm]）表明，当视觉中心外的字母相对于每个注视点的注视距离被放大时（因此在某种意义上补偿了视觉中心外的字母的较低锐度），眼睛移动的距离仍然取决于词的数量（Miellet，O'Donnell & Sereno，2009）。文本的距离（以及字母的绝对大小）对扫视范围大小几乎没有影响，这可能是由于两个因素之间的权衡：（1）文本越近，字母越大，越容易看到；但是，（2）文本越近，给定的字母离注视中心较远，因此较难看到。当然，这是有限制的；如果文本离你一英里远或贴着你的脸，那根本无法阅读。

正字法上的差异

到目前为止，我们主要关注的是英语阅读研究的结果；然而，英语只使用许多书写系统中的一种。当人们在其他书写系统中阅读文本时，眼动的特征会发生变化吗？这个问题的答案显然是"是的"，这一点已经通过研究中日两国读者眼动模式的实验得到了证明。然而，比较英语和其他语言中的扫视的大小的一个主要问题，是其度量单位如何表示。前一节暗示字母（或字母空间）是英语的基本计量单位。然而，这两种语言本身都没有字母：字符代表词素和音节。如果用字符来衡量（将字母指定为字符的角色），那么中日读者的眼动幅度往往比英语读者的眼动幅度小得多。中国读者的眼睛平均移动大约 2 个字（Shen，1927；一个字代表一个词素，而不是一个词，所以这个词素一般少于两个字）。日语文本的读者，由代表词素（汉字）和音节（假名）的字符组成，他们的眼睛移动大约 3.5 个字符（Ikeda & Saida，1978）。而因为一个单词通常需要几个字符，这实际上少于 3.5 个单词。由于英语中的平均扫视长度大约是 7 到 9 个字符（约一词半），所以在英语中，如果词或词素的数量相等的话，平均扫视长度似乎比汉语和日语中的要短一些。

希伯来语的读者也比英语的读者（Pollatsek，Bolozky，Well，& Rayner，1981）眼动扫视更小（大约5.5个字符）。希伯来语在结构和字体上与英语在一些重要方面有所不同。首先，并不是所有的元音都是用希伯来语字体表示的。此外，希伯来语中的许多功能词都附加到内容词上。这些差异直接导致希伯来语句子通常比英语句子包含更少的单词和字母。简而言之，虽然希伯来语基本上是一个字母系统，但信息也比英语更加密集。

汉语、日语和希伯来语读者的平均扫视长度表明，文本的信息密度决定了眼睛在每次扫视中移动的距离。这一发现似乎能够说明，对于英语读者来说，随着文本变得更困难（即信息密度更大），扫视长度减小。然而，对于不同语言之间的信息密度差异，是否应该考虑到每个字符的意义密度或视觉信息量（可能通过字符中的笔画或线条数量来衡量），这是一个悬而未决的问题。对于希伯来语来说，字符的复杂程度与英语大致相同，因此希伯来语和英语之间的差异更可能由每个字符含义的差异来解释。然而，中日两国的书写系统与英语有着很大的不同，很难说哪种类型的信息密度在起作用，导致阅读上的差异。我们怀疑视觉和语义因素都起作用。

日语、汉语和希伯来语读者的注视时间与英语读者的注视时间很相似。尽管这些语言的阅读速度在表面上测量时较慢，但从单位时间内提取的意义量来看，阅读速度似乎是相等的。事实上，当希伯来语的阅读速度基于希伯来语句子的英语翻译中的单词数时，希伯
47 来语和英语使用者的平均阅读速度几乎相同（Pollatsek et al.，1981）。

下面，本章将讨论如何从文本中提取视觉信息（另见相关评述Rayner，1998，2009；Schotter，Angele & Rayner，2012）。所以，我

们将关注读者在注视过程中如何提取有用信息，以及如何引导眼睛通过文本。值得注意的是，读者的眼动很大程度上受到所注视词的词汇属性和语境属性的影响。例如，读者看一个词的时间长短，很大程度上受到词频和单词可预测性等因素的影响。我们稍后将更详细地呈现这些发现，但现在，我们必须记住，一个词的处理过程的简单或复杂，对眼睛停留在该词上的时间有很大影响。

现在我们来谈谈阅读中眼动的三个重要问题：（1）阅读过程中感知广度（或有效视觉区域）的大小，（2）阅读时的眼动中整合了什么样的信息，以及（3）哪些因素控制着我们下一步注视的位置？持续多久？然而，在这样做之前，我们将首先讨论“不确定注视的显示变化范式”，这将有助于我们回答上述问题。

不确定注视的显示变化范式

移动视窗 / 移动遮蔽实验

不确定注视的显示技术可以用于检查阅读中的视网膜信息和临近视网膜信息。视网膜与临近视网膜的区分与视野中的视觉敏锐有关。视网膜凹是视力的中心，是注视点周围的一度范围，具有最高的敏锐性。视网膜凹的外部，距离注视点越远，敏锐性越低。临近视网膜，或称副视网膜凹（注视点周围1—5度的范围），其视觉敏锐性略低，周边距离注视点5度以上的，敏锐性最低。研究发现，读者依赖视网膜凹和副视网膜凹的程度似乎受制于两个信息来源的可及性。为了证实这一点，麦康奇和雷纳（1975; see also Rayner & Bertera, 1979）提出了一种范式，即只让读者用视网膜凹在一个确定范围里看到一个单词。在“移动视窗范式”中，眼睛受到监控，读者在窗口范围内

48 得到有效信息，窗口之外的文本用其他字母（或X或随机字母替代；见图4.1, A组）。仅有视网膜凹的信息，阅读受影响；仅有副视网膜凹的信息，阅读也受影响，两者可以比较受影响的程度。为评估影响程度，研究者使用“移动遮蔽的范式”来遮蔽视网膜凹的字母，但保留着副视网膜凹的字母和周边字母（见 Rayner & Bertera, 1979；也见 Fine & Rubin, 1999; Rayner, Inhoff, Morrison, Slowiaczek, & Bertera, 1981；见图4.1, B组）。

```
(A)  This is an example sentence in the moving window paradigm.
      *
     Thisxxxxxxxxxxxxxxxxxxxxxxxxxxxxxxxxxxxxxxxxxxxxxxxxxxxxxx.
          *
     xxxs is axxxxxxxxxxxxxxxxxxxxxxxxxxxxxxxxxxxxxxxxxxxxxxxxx.
                  *
     xxxxxxxxxxxexampxxxxxxxxxxxxxxxxxxxxxxxxxxxxxxxxxxxxxxxxxx.

(B)  This is an example sentence in the moving mask paradigm.
                 *
     This is anxxxxxple sentence in the moving mask paradigm.
                 *
     This ixxxxxxxxxxxxxsentence in the moving mask paradigm.

(C)  This is an example sentence in the boundary paradigm.
                                      *
     This is an example sentence in the xxxxxxxx paradigm.
                                           *
     This is an example sentence in the boundary paradigm.
```

图4.1　不确定注视显示的变化范式举例。在每组例句中，最上面的一行表示没有任何操作的句子（所有单词总是可见的）。以下行表示序列注视期间的显示，每行上方的星号表示注视的位置。A组表示具有5个字符窗口条件的移动窗口范式（McConkie Rayner，1975）中的显示（注视的字符和两侧的两个字符都可见，所有其他字符，包括空格，都用x遮蔽）。B组代表移动遮蔽范式（Rayner & Bertera，1979）中的显示，带有5个字符的遮蔽版（中间一行）和13个字符的窗口（底线）。C组代表边界范式（Rayner，1975）中的显示，带有一个x-遮蔽预览（中间线），当读者对其进行扫视时，该预览将更改为目标词（边界）。

不确定注视的边界范式

虽然移动视窗和移动遮蔽范式被用于全球范围内测试人们仅使用中央凹或副中央凹信息阅读的效率，但不确定注视的边界范式 *gaze-contingent boundary paradigm*（通常称为边界范式 *boundary paradigm*；Rayner，1975）被用于评估读者在注视之前从该词先得到什么类型的信息。在这个范式中，句子中某个特定目标（*target*）词的左边有一个看不见的边界。当读者注视文本的前面部分时，这个词将被一个不同的、预览的词（或非词）替换。当读者的眼睛越过边界位置时，预览会变为目标项（参见图 4.1，C 组）。当视觉被有效抑制时，通常读者看不到，在扫视过程中会发生显示变化。预览可以与目标词（例如，无关词或随机字母）共享所有（例如，相同的控制条件）或很少的属性。当读者的预览与目标词相关时，目标处理速度比二者更快（更短的扫视时间可以证明），则视为预览优势。虽然旨在研究预览效果的实验似乎不自然（当我们阅读时，文字在我们眼前通常不会发生变化），但它们必须反映出阅读深层处理的某些方面；如果预览没有进行副视网膜凹处理，则没有预览效果。如前所述，大多数受试者没有意识到这些范例中的任何一个词都在变化，因此实验性的操作不太可能改变他们的阅读行为。此外，由于预览不会改变到目标，只要当主体朝它做了一个扫视才能发生改变。那么，合理的假设是，读者处理它与处理实验句中的任何其他副视网膜凹的中心词是一样的，或者，与非实验情况下一样（Schotter et al.，2012）。

感知跨度的大小是多少？

使用移动视窗范式的研究表明，读者的感知广度（即他们从中获得有用信息的区域）通常从注视的左侧 3—4 个字母处（McConkie

& Rayner，1976；Rayner，Well & Pollatsek，1980），到右侧的 14—15 字母处（McConkie & Rayner，1975；Rayner & Bertera，1979；进一步深入评述见 Rayner，2014）。另一种描述感知跨度大小的方法是对英语读者来说，从当前注视单词的开头延伸到右边 2 个单词（Rayner，Well，Pollatsek & Bertera，1982）。只要注视单词和后续单词的字母都可见，即使其余字母替换为视觉上相似的字母（单词之间的空格保持完整），读者通常不知道文本中有什么奇怪的地方，阅读也只是比没有视窗慢了 10% 左右（Rayner et al.，1982）。如果有 3 个单词（当前固定注视的单词和右边接下来的 2 个单词）可见，则阅读通常等同于正常（Rayner et al.，1982）。如前所述，阅读过程受书写系统特性的影响；对于从右向左印刷的希伯来语读者来说，感知跨度的不对称性是相反的（Pollatsek et al.，1981），希伯来语读者的感知跨度比英语读者小。同样，汉语（左 1 个字符，右 3 个字符；Inhoff & Liu，1998）和日语（Ikeda & Saida，1978）的感知跨度较小。但是，与所描述的扫视长度一样，当考虑单词数而不是字符数时，跨度是相等的。

感知跨度的大小因注视点不同而不同。正如我们将要讨论的，随着所注视词难度的增加，感知跨度会变小（Henderson & Ferreira，1990；Kennison & Clifton，1995）。另一些有意思的研究发现是:（1）初级读者（Häikiö, Bertram, Hyönä, & Niemi, 2009; Rayner, 1986）和读写困难的读者（Rayner，Murphy，Henderson，& Pollatsek，1989）比熟练的读者有更小的感知广度;（2）阅读速度快的读者（~330 wpm）比阅读速度慢的读者有更大的感知广度（~ 200 wpm; Rayner, Slattery, & Bélanger, 2010）;（3）老年读者（平均年龄超过 70 岁）的感知广度小于大学年龄读者（Rayner，Castelhano，& Yang，2009）;（4）熟练的聋
49 哑读者的感知广度大于听力实验受控者（Bélanger，Slattery, Mayberry,

& Rayner, 2012)。

现在，我们来看移动遮蔽实验的结果（Rayner & Bertera，1979；另见 Rayner，Yang，Schuett & Slattery，2013；图 4.1，B 组）。当遮蔽罩足够小，仅让一些信息到达视网膜中央凹处（即，如果只有 1 到 5 个字母宽，3 个字母等于 1 度视角），受试者的阅读速度会降低，但仍然能够获得遮蔽罩以外的信息。随着遮蔽罩尺寸的增大，阅读效率急剧下降。当遮蔽罩非常宽（13—17 个字母）时，受试者关于句子的信息就极少了；在中间条件下（7—11 个字母），遮蔽罩覆盖了整个中央凹区域，仅留出部分副中央凹区域，读者在报告句子信息时就会犯大量错误。这些错误的性质（例如，把 *pretty* 读成 *priest* 或把 *profits* 读成 *politics*）表明，读者们只能尽力根据诸如单词首字母和单词长度等主要的低级特征来猜测正确的单词。尽管操纵与自然阅读有很大的区别，但本研究清楚地表明了阅读中的副中央凹区域加工的局限性，由此，强调了视网膜中央凹加工的重要性（另见后面关于消失文本研究的描述）。

从副中央凹区可以获得什么类型的信息呢？

尽管与视网膜的中央凹获得信息相比，副中央凹获得的信息是有限的，但预览受益的效果表明了副中央凹获得信息对阅读的重要性。显然，这些效应要求在前一次注视中获得的一些副中央凹信息在这次扫视过程中持续存在，并在随后的注视过程中可用。我们将在每一个词的表示级别上分别审查预览效果的证据（更深入的评述，见 Cutter，Drieghe & Liversedge，本书；Reingold，Sheridan & Reichle，本书；Schotter et al.，2012）。

正字处理

前人已经有力地证明，正字信息是从副中央凹的单词阅读中获得的，并且在预览词和目标词之间共享时产生预览受益（Balota，Pollatsek & Rayner，1985；Rayner，1975）。重要的是，此信息基于抽象字母代码，不依赖于单词的整体形状；以交替的形式呈现单词时，结果不会改变（例如，AlTeRnAtInG cAsE；McConkie & Zola，1979；Rayner et al.，1980；Slattery，Angele & Rayner，2011）。此外，在预览中保留前2到3个字母有助于处理目标单词（Inhoff，Pollatsek，Posner & Rayner，1989）。除6个字母以下的单词外，保留单词末尾的字母并不一定总是产生预览受益（Johnson，Perea & Rayner，2007）。最后，Johnson et al.（2007）发现读者从字母错置预览（例如*jugde*作为*judge*的预览）中的受益比从替换字母预览（*jupbe*）更多。同样的情况也适用于较长的（7个字母）目标，除非预览的第一个或最后一个字母被错置。换置后的字母不必相邻；对于目标单词*flower*，读者从*flewor*获得的预览效果比*flawur*更多。此外，单词（*clam–calm*）或非单词（*clam–caml*；Johnson & Dunne，2012）都可以带来换置字母预览受益，这表明这些效果在正字层面而不是在词汇层面上起作用。

语音处理

语音预览受益效果显示，读者可以使用副中央凹所见的词的语音信息来帮助随后注视单词的处理（Ashby & Rayner，2004；Rayner，Sereno，Lesch & Pollatsek，1995；Sparrow & Miellet，2002）。具体来说，语音相关（同音词）单词的副中央凹预览有助于处理英语读者的目标词语（Pollatsek，Lesch，Morris & Rayner，1992；参见Chace，Rayner

& Well，2005，因为缺乏对技能较差的读者的帮助）。此外，在法语（Miellet & Sparrow，2004）、英语（Ashby，Treiman，Kessler & Rayner，2006）和汉语（Liu，Inhoff，Ye & Wu，2002；Pollatsek，Tan & Rayner，2000；Tsai，Lee，Tzeng，Hung & Yen，2004）中出现的同音和伪同音预览也有一定的预览受益效果。汉语不是字母语言，语音编码并不一定如字形清晰（见 Pollatsek，本书）。

在某些情况下，从副中央凹获得的印刷信息可用于指导注视后的语音处理。斯拉特里、肖特、巴里和雷纳（2011）进行了一项边界实验，将缩写词作为目标词，放在普通（大部分是小写）句子里或所有大写句子里表示。他们在实验时操纵目标缩写词（总是用大写字母印刷），让读者确定是首字母构成的单词（*acronym*，即发音为一个 50
单词，如 NASA）还是首字母合写词（*initialism*，即发音为一系列字母名称，如 NCAA）。他们发现，读者倾向于将这些缩写词作为首字母合写词来处理，因为这些首字母出现在小写的句子中，它们在版式上是不同的。另一方面，当缩写词出现在所有的大写句中，排版没有明显不同时，读者默认将这些字符串作为单词来处理，这表明，在某种程度上，从副中央凹处获得的版式信息可以影响所视单词的语音处理。

词素处理

在字母语言阅读中，词素信息的预览受益有多种证据。虽然没有证据表明用英语（如 Drieghe，Pollatsek，Juhasz & Rayner，2010；Lima，1987）或芬兰语（如 Hyönä，Bertram，& Pollatsek，2004）处理副中央凹的词素信息，但用希伯来语（如 Deutsch，F.Rost，Pollatsek & Rayner，2000）处理是有研究证据的。希伯来语和英语 / 芬兰语研究之间的差异可能反映了语言形态结构的差异。在希伯来语中，所有动词和许多名词和形容词都在语义上（通过词根，通常由三个辅音组成）和词素结构上（通过词构成类型，由元音或元音和辅音的混合物组成）进行标记。词根和单词构式是交错的，而不是串联的，因此词根不是单词的开头，单词构式也不是结尾，反之亦然。此外，在这种交错结构中，词根或词的构式的组成字母的位置不固定，单词的词形或语音结构不能清楚地指示词素结构。因此，在词素相关的预览条件下，希伯来语中提供的任何预览优势都是由于词素在副中央凹被处理，而不是由于预览词和目标词的词形关系更强。

汉语可能与希伯来语相似，因为形态结构在单词识别中的作用比英语或芬兰语更为重要。在汉语中，一个字符所代表的词素可以根据它所嵌入的单词而不同。颜妙璇等人（2008）发现，当预览和目标词共享一个代表相同词素的字符时，与共享一个代表不同单词语境中不同词素的字符作对比，预览的好处更大。最近，杨锦绵（2013）报道了关于两字符词（双词素词），即汉语复合词的预览效果。读者从相反的字符顺序预览中获得的预览效果与相同 / 正确的字符顺序预览相同，只要位置转换适合句子语境就行。同样，安杰勒和雷纳（2013）发现，在英语中，读者从词素顺序被转换的单词（*boycow* 作为 *cowboy* 的预览）中获得了一点点预览受益。此外，雷纳、安杰勒、肖特和比克内尔（2013）发现，两个被空格隔开的单词的换位（例如，“My neighbor painted the *white walls/walls white* yesterday”）没有预览效果，这表明尽管单词中的词素可能平行处理，但并不包括两个单独的词。

阅读中的眼动控制

在阅读过程中，有两个重要的关于眼动控制的问题。首先，是什么决定了下一步该往哪里看？第二个问题，也是研究得比较多的问题，是什么决定了什么时候移动眼睛。雷纳和波拉克（1981）提供了第一个明确的证据，证明下一个扫视的长度和当前注视的持续时间直接受到正在进行的认知处理的影响。在实验中，他们使用移动视窗模式，正常文本的窗口大小从一个注视到另一个注视随机变化。他们发现下一个扫视的长度根据窗口的大小而变化：如果窗口小，扫视就短，而如果窗口大，扫视就大得多。这些数据表明，如果读者能够从副中央凹处获得更多的信息，他们可能不需要直接定位在下一个注视点，这样扫视的距离可以长一些。在另一个实验中，使用遮蔽罩（从一个注视到下一个注视的时间随机变化）延迟了从视网膜中央凹文本获取信息的开始，注视时间因使用遮蔽罩而有所延长（另见 Morrison，1984）。这些数据表明，注视的目的是为了接触文本。如果此信息被拒绝（例如，由于遮蔽罩的存在），眼睛将在该位置等待， 51
直到有用的信息出现，然后才正常继续。此外，这些掩蔽操作影响了扫视长度和注视时间；因此，有理由相信在何处移动眼睛以及何时移动眼睛的决定是独立作出的（Rayner & McConkie，1976）。虽然一些研究者认为这两个决定在时间上重叠并相互影响，但为了便于解释，我们将分别讨论这两个主题。

下一步眼睛移向何处

对眼睛移动位置的影响最大的是两个低级提示，即单词长度和空间信息；对于汉语和泰语等无空格间隔的语言来说，这是不太正确的（词间无空隙的文本的读者如何分割单词是理解这些语言阅读的一个主要挑战；见 Li, Rayner, & Cave，2009；见 Li, Zang, Liversedge, & Pollatsek，本书）。扫视长度与注视词和后续词的长度密切相关（例如，O’regan，1980；Rayner，1979）；读者读长词时扫视时间较长，读短词扫视时间则短。对于词与词之间有空格进行书写的语言使用者，删除空格后，阅读速度会降低30%到50%或更多（Morris，Rayner & Pollatsek, 1990; Rayner, Fischer & Pollatsek, 1998; Rayner, Yang et al., 2013）。有趣的是，科森和格贝特（1997）证明，当空间信息提供给泰国读者（他们本来并不习惯词与词之间有空格的阅读）时，他们的阅读效率比正常情况下更高；然而，这对汉语读者（Bai, Yan, Liversedge, Zang, & Rayner, 2008）或日语读者（Sainio，Hyno，Bingushi，Bertram，2007）来说并非如此。在汉字之间插入空格会干扰汉字阅读，而在单词之间插入空格则不会。事实上，中国读者一生都处于没有空格的阅读经验，但令人惊讶的是，在词与词之间插入空格没有干扰。所有这些证据都表明，只要字词间的空间不违背语法，它们就有利于阅读。

注视定位的影响

单词之间的空格提供了关于即将到来的单词长度的信息，可以藉此系统性倾向来推导出眼睛的视觉定位。雷纳（1979）证明，读者的眼睛倾向于停留在单词中间和单词开头之间，这是**首选的观看位置**（*preferred viewing location*）。一般认为，读者都以词的中心为目标，但他们的扫视往往不能证实这一点（McConkie，Kerr，Reddix & Zola，1988；Rayner，1979）。当读者的眼睛落在一个词的非最佳位置时，他们更可能重新注视这个词（O'regan，1990；Rayner，Sereno，& Raney，1996）。Inhoff et al.（2003；另见 Juhasz，White，Liversedge，& Rayner，2008；White，Rayner，& Liversedge，2005）。使用边界范式为读者提供了副中央凹区即将出现的单词的不正确长度预览，使读者将目光错投至单词的非最佳位置。他们发现，在注视单词时，这种情况会增加阅读时间。一个词的注视位置不仅可以作为该词的登陆点，而且可以作为下一次扫视的启动点。虽然一个词的首选观看位置位于词的开头和中间之间，但该位置随先前启动点的作用而变化（McConkie et al.，1988；Rayner et al.，1996）。如果目标词上的扫视着陆的启动点远离该词（例如，8—10个字母的空格），着陆位置将向左移动。同样，如果距离很小（2—3个字母的空格），着陆位置会向右移动。

与表示读者倾向于注视单词的首选观看位置不同，最佳观看位置（optimal viewing position）表示该单词识别时间最小化（即效率最大化）的位置。关于最佳观看位置效应的研究最初是在孤立词识别上展开的，在这种研究中，受试者的眼动被监控（O'regan & Jacobs，1992；O'regan，Lévy-Schoen，Pynte，& Brugailler，1984），他们报告了两种一般效应：第一是重新注视的效果，这样眼睛离最佳观察位置越远，就越有可能对单词进行重新修饰。第二是处理成本效应，即对于眼睛偏离最佳观察位置的每一个字母，其成本大约为20毫秒（O'Regan et al.，1984）。然而，有趣的是，尽管重新注视效果仍然存在于阅读中（而不是孤立的单词识别），但处理成本要么大大降低，要么根本不存在（Rayner et al.，1996；Vitu，O'Regan & Mittau，1990）。这种情况有两个原因可以解释：阅读中的语境信息可能会覆盖低级的视觉处理，并且，直接注视单词前的副中央凹预览能促进后续处理。

阅读时跳过的影响 52

正如我们以前曾注意过的，有的时候，阅读过程中会跳过单词。显然，被跳过的单词通常必须在副中央凹的视觉区里处理（因为那个部位的敏锐度受限，刺激降低），这也降低了这些单词的处理速度（Rayner & Morrison，1981）。如果认为跳过一个单词就意味着不处理这个词，那是错误的。费歇尔和舍比尔斯克（Fisher & Shebilske, 1985）通过研究文本段落中读者的眼动证明了这一点。他们删除了所有这些读者跳过的段落中的单词，并要求第二组读者阅读该段落。第二组发现很难理解课文。因此说明，跳过的单词在跳过之前或之后都会在注视过程中得到处理（尽管有些单词可能会被读者猜测）。因此，与未跳过单词之前的注视相比，跳过之前的注视会膨胀或扩展（Kliegl & Engbert，2005；Pollatsek，Rayner & Balota，1986），跳过之后的注视也是如此（Reichle，Rayner & Pollatsek，2003）。

有两个因素对词跳过有很大影响：一是单词长度（短单词比长单词更容易被跳过；见 Drieghe，Brysbaert，Desmet & De Baecke，2004），二是语境约束（可预测单词比不可预测单词更容易被跳过；例如，Ehrlich & Rayner，1981；Rayner & Well，1996）。当两个或三个短单词连续出现时，很有可能跳过其中两个。内容词前面的短词（如 *the*）经常被跳过（Drieghe，Pollatsek，Staub & Rayner，2008；Gautier，O'Regan & Lagargasson，2000）。安杰勒和雷纳（Angele & Rayner，2013；另见 Angele，Laishly，Rayner & Liversedge，2014）证明，即使在句子中处于先前语境不允许（如，违背语法）使用的位置，也经常跳过 *the*。词频对跳词也有影响，但其影响小于可预测性（Rayner et al., 1996）。虽然可预测性影响一个词是否被跳过，但它不影响注视的定位（Rayner, Binder, Ashby, & Pollatsek, 2001; Vainio, Hyönä, & Pajunen, 2009），不过它确实影响注视的时间。

何时移动眼睛

很明显，所注视的词处理难度与该词的注视持续时间密切相关（即，决定何时将目光移开该词），这种困难主要由一系列语言变量决定（见 Liversedge & Findlay，2000；Rayner，1998，2009，有更完整的讨论）。这些语言变量包括词频（Inhoff & Rayner，1986；Kliegl，Grabner，Rolfs，& Engbert，2004；Rayner & Duffy，1986；Schilling，Rayner，& Chumbley，1998），单词可预测性（Balota et al.，1985；Ehrlich & Rayner，1981；Rayner & Well，1996；Zola，1984），意义数（Duffy, Morris, & Rayner, 1988; Folk & Morris, 2003; Leinenger & Rayner, 2013; Rayner, Cook, Juhasz, & Frazier, 2006; Sereno, O'Donnell, & Rayner, 2006），阅读年龄（Juhasz & Rayner，2003，2006），词汇的语音特性（Ashby & Clifton，2005；Fock，1999；Jared，Levy & Rayner，1999；Rayner，Pollatsek & Binder，1998；Sereno & Rayner，2000），注视词和先前词之间的语义关系（Carroll & Slowiaczek，1986；Morris，1994），以及词的熟悉度（Chaffin，Morris & Seely，2001）。此外，邻域字母频率的变量（即通过从目标词替换其位置上的单个字母可创建的单词数）通常不会在与单词的初次接触中产生影响（Perea & Pollatsek，1998），而是在以后的阅读测量中发现（例如，经过单词后重读单词的概率，或花在目标后面单词上的时间）。此外，阅读时间受单词中字母的影响，因为即使单词中包含所有正确的字母，但顺序错误，阅读时间也会与正确排列字母的单词相比受到损害。此外，这些发现并不局限于英语（最常被研究的语言）；在阅读汉语时，词频（Yan et al.，2006）和单词可预测性（Rayner，Li，Juhasz & Yan，2005）也有类似的影响。

有趣的是，虽然这些影响在阅读理解过程中相当强大，但这些影响的大小取决于参与的任务（如 Kuperman，Drieghe，Keulers & Brysbaert，2013；Schilling et al.，1998）。例如，当在文本中搜索特定单词时（Rayner & Fischer，1996；Rayner & Raney，1996），或当读者在阅读过程中“离开”时（Reichle，Rennenberg，& Schooler，2010；Schad & Engbert，2012），单词频率效应消失或减弱（与正常阅读相比）相

反，在要求读者更深入地理解单词的任务中（例如，校对以检测拼写错误），频率效应总是被夸大（Kaakinen & Hyönä, 2010；Schotter, Bicknell,
53 Howard, Levy, & Rayner, 2014），只有当需要比较单词和句子的语境来发现错误时，可预测性效应才变得夸大（例如，当拼写错误产生与句子语境不兼容的真实单词时，如“The marathon runners trained on the trial behind the high school”而不是“… trained on a trcak”；Schotter et al.，2014）。

因此很明显，词汇变量对读者观察一个词的时间有着强烈而直接的影响。虽然其他语言变量可能会影响读者在文本中的进展速度，但一般情况下，更高层次的语言变量会有一些较后的影响，除非这个变量一下子把你搞蒙了。例如，当读者注视“句法花园小径”（a syntactic garden path sentence）句子中的消歧词时（例如，“While Mary bathed the baby spat up on the bed”），它的注视次数会增加（Frazier & Rayner，1982；Rayner & Frazier，1987），或者会回归到前面的阅读部分（Frazier & Rayner, 1982；Meseguer, Carreiras, & Clifton, 2002）。读者在从句和句子的结尾处的注视时间也较长（Hirotani, Frazier, & Rayner, 2006；Just & Carpenter, 1980；Rayner, Kambe, & Duffy, 2000；Rayner, Sereno, Morris, Schmauder, & Clifton, 1989）。此外，当读者遇到一个不正常的词时，他们会把更长时间的注意力放在它上面，而且效果相当直接（Rayner, Warren, Juhasz, & Liversedge, 2004；Staub, Rayner, Pollatsek, Hyönä, & Majewski, 2007; Warren & McConnell, 2007）。然而，当一个词仅表示一个不可信但并非真正异常的事件时，眼动记录中记录的效果通常只会延迟一点点，在后期的处理测量中可以发现（Joseph et al.，2009；Rayner et al.，2004）。

有趣的是，当一个不规则词的句子（如“Jane used a pump to inflate the large carrot”中的*carrot*）嵌入卡通或类似幻想的语境中，并与现实世界中不合常规的用泵充气的胡萝卜进行比较（Warren, McConnell & Rayner，2008），在第二句“Jane used a knife to chop the large carrot”中，观察读者在注视时间测量（第一次注视时间和凝视时间）中的最早影响仍然是在不规则词上，比对照词 *carrot* 关注更多。然而，阅读时间测量（包括读单词 *carrot* 和重读前面那些词）显示，此类干扰只存在于现实世界语境中。这些结果表明，语境信息并没有消除最初的干扰，但可以迅速缓和。简言之，当一个词被注视时，一些变量会立即产生强烈的影响（如频率、习得年龄、可预测性，前面已经讨论过），而其他变量大多会在以后产生影响。然而，毫无疑问，认知加工活动对眼睛移动有很大的影响。

消失文本实验

关于阅读是对所注视词进行认知加工，并以此驱动眼睛通过文本的说法，最令人信服的证据也许来自于消失的文本实验，其中所注视词要么消失，要么在注视后 50 到 60 毫秒时被遮盖（Ishida & ikeda，1989；Liversedge et al.，2004；RaynEr et al.，1981；Rayner, Liversedge & White，2006；Rayner，Liversedge，White & Vergilino Perez，2003）。这些研究表明，如果读者能在所注视词消失前保持 50 到 60 毫秒注视，他们的阅读就相当正常。而且，当所注视词消失时，仍然存在词频效应（即对低频词的注视时间比高频词长）。这一结果提供了很好的证据，证明词汇处理是通过文本驱动眼睛的引擎（另见 Staub，White，Drieghe，Holloway & Rayner，2010）。这些发现并不意味着读者能够在 50 到 60 毫秒内完全处理和识别所注视词，而是 50 到 60 毫秒是将视觉信息输入处理系统所需的时间（即，眼 / 脑滞后；Reichle & Reingold，2013）。这进一步表明，读者注视单词的时间比获得足够的视觉信息来识别单词的时间要长得多。但在正常情况下，额外的时间不会被浪费，因为读者可以提前开始在副中央凹区域处理即将到来的单词。

尽管移动遮蔽和消失文本实验（如前所述）表明中央凹信息对阅读最重要，但副中央凹信息也非常重要。雷纳等人（Rayner et al., 2006；另见 Inhoff, Eiter & Radach, 2005）发现，当每次注视后，所注视词右边的词消失或在注视开始后 60 毫秒被遮盖时，读者的阅读能力急剧下降。这与读者在所注视词消失或注视开始后 60 毫秒被遮蔽时能够正常阅读句子的发现形成了鲜明对比（Liversedge et al., 2004；Rayner et al., 1981；Rayner et al., 2003；Rayner, Yang, Castelhano & Liversedge, 2011）。

简言之，这些研究为通过认知加工直接控制眼动提供了有力的
54 证据。通过这些研究可以看出，何时移动眼睛的决定反映了正在进行的认知过程的难度。但这些并不是唯一支持这一观点的研究（见 Dambacher, Slattery, Yang, Kliegl & Rayner, 2013；Reingold & Rayner, 2006；Reingold, Yang & Rayner, 2010；Schad, Risse, Slattery & Rayner, 2014）。其他有力的证据来自对单词注视时间的更深入细致的统计分析（见 Reingold et al., 本书）。

生存分析

尽管有强有力的证据表明词汇因素对眼睛移动的决定具有影响，但有人认为眼睛移动主要由低水平因素（如字母的物理大小、字母的清晰度）决定，词汇因素只对极长的注视时间有影响（例如，Feng, 2006；McConkie & Yang, 2003；Yang, 2006；Yang & McConkie, 2001）。为了验证这一点，莱因戈尔德等人（Reingold, Reichle, Glaholt & Sheridan, 2012）开发了一种基于生存分析的技术，通过这种技术，他们可以控制目标词（高与低）的频率，以及在注视目标

词的过程中，控制副中央凹区加工的可及性，从而判断预览的有效或无效。他们调查了注视时间的分布，以评估这些操作是否影响整个分布（即直接控制），或者是否只观察到对超长注视的影响。他们使用了一种生存分析技术，可以发现词频率对目标词注视的第一个明显影响的时长估计。使用这项技术，他们发现在正常阅读（有效预览）中，从注视开始到第145毫秒，单词频率对注视时间有显著影响。频率效应的时间进程受预览有效性的影响很大，在没有有效预览的情况下，频率效应在后期处理中表现得更为明显。这些结果显示了副中央凹区域的加工在直接的对照词汇注视次数中的关键作用。这些生存分析还被用于研究单词可预测性的时间进程（Sheridan & Reingold，2012a）、词汇歧义解决（Sheridan & Reingold，2012b）和文本分割（Sheridan，Rayner & Reingold，2013；见 Reingold et al.，本书）。

结语

在本章中，我们回顾了阅读过程中眼睛工作的基本信息。在近几年中，该领域的许多研究主要是由大量的阅读计算模型的发展和出现所领导的，其中最突出的模型是E-Z读者模型（Reichle，Pollatsek，Fisher & Rayner，1998）、SWIFT 模 型（Engbert，Nuthmann，RiChter，& Kliegl，2005）和Glenmore模型（Reilly & Radach，2006）。鉴于我们密切参与了E-Z读者模型的最初开发和后来的实例研究（Schotter，Reichle & Rayner，2014），我们显然看到了计算模型在各方面的优势，如计算数据、作出有意思的预测等。但是我们也觉得有些模型的开发有点过度，为了进一步研究眼动和阅读之间的关系而精心设计的实验研究应该受到重视，至少与测试模型之间差异的研究一样重要。

参考文献

Angele, B., Laishley, A. E., Rayner, K., & Liversedge, S. P. (2014). The effect of high- and low-frequency previews and sentential fit on word skipping during reading. *Journal of Experimental Psychology: Learning, Memory, and Cognition, 40,* 1181–1203.

Angele, B., & Rayner, K. (2013). Eye movements and parafoveal preview of compound words: Does morpheme order matter? *Quarterly Journal of Experimental Psychology, 66,* 505–526.

Ashby, J., & Clifton, C., Jr. (2005). The prosodic property of lexical stress affects eye movements during silent reading. *Cognition, 96,* B89–B100.

Ashby, J., & Rayner, K. (2004). Representing syllable information during silent reading: Evidence from eye movements. *Language and Cognitive Processes, 19,* 391–426.

Ashby, J., Treiman, R., Kessler, B., & Rayner, K. (2006). Vowel processing during silent reading: Evidence from eye movements. *Journal of Experimental Psychology: Learning, Memory, and Cognition, 32,* 416–424.

Ashby, J., Yang, J., Evans, K. H., & Rayner, K. (2012). Eye movements and the perceptual span in silent and oral reading. *Attention, Perception,* and *Psychophysics, 74,* 634–640.

Bai, X., Yan, G., Zang, C., Liversedge, S. P., & Rayner, K. (2008). Reading spaced and unspaced Chinese text: Evidence from eye movements. *Journal of Experimental Psychology: Human Perception and Performance, 34,* 1277–1287.

Balota, D. A., Pollatsek, A., & Rayner, K. (1985). The interaction of contextual constraints and parafoveal visual information in reading. *Cognitive Psychology, 17,* 364–390.

Bélanger, N. N., Slattery, T. J., Mayberry, R. I., & Rayner, K. (2012). Skilled deaf readers have an enhanced perceptual span in reading. *Psychological Science, 23,* 816–823.

Buswell, G. T. (1922). *Fundamental reading habits: A study of their development.* Chicago, IL: Chicago University Press.

Carroll, P., & Slowiaczek, M. L. (1986). Constraints on semantic priming in reading: A fixation time analysis. *Memory & Cognition, 14,* 509–522.

Chace, K. H., Rayner, K., & Well, A. D. (2005). Eye movements and phonological parafoveal preview: Effects of reading skill. *Canadian Journal of Experimental Psychology, 59,* 209–217.

Chaffin, R., Morris, R. K., & Seely, R. E. (2001). Learning new word meanings from context: A study of eye movements. *Journal of Experimental Psychology: Learning, Memory, and Cognition, 27,* 225.

Dambacher, M., Slattery, T. J., Yang, J., Kliegl, R., & Rayner, K. (2013). Evidence for direct control of eye movements during reading. *Journal of Experimental Psychology: Human Perception and Performance, 39,* 1468.

Deutsch, A., Frost, R., Pollatsek, A., & Rayner, K. (2000). Early morphological effects in word recognition in Hebrew: Evidence from parafoveal preview benefit. *Language and Cognitive Processes, 15,* 487–506.

Drieghe, D., Brysbaert, M., Desmet, T., & De Baecke, C. (2004). Word skipping in reading: On the interplay of linguistic and visual factors. *European Journal of Cognitive Psychology, 16,* 79–103.

Drieghe, D., Pollatsek, A., Juhasz, B. J., & Rayner, K. (2010). Parafoveal processing during reading is reduced across a morphological boundary. *Cognition, 116,* 136–142.

Drieghe, D., Pollatsek, A., Staub, A., & Rayner, K. (2008). The word grouping hypothesis and eye movements during reading. *Journal of Experimental Psychology: Learning, Memory, and Cognition, 34,* 1552–1560.

Duffy, S. A., Morris, R. K., & Rayner, K. (1988). Lexical ambiguity and fixation times in reading. *Journal of Memory and Language, 27,* 429–446.

Ehrlich, S. F., & Rayner, K. (1981). Contextual effects on word perception and eye movements during reading. *Journal of Verbal Learning and Verbal Behavior, 20,* 641–655.

Engbert, R., Nuthmann, A., Richter, E. M., & Kliegl, R. (2005). SWIFT: A dynamical model of saccade generation during reading. *Psychological Review, 112,* 777–813.

Feng, G. (2006). Eye movements as time-series random variables: A stochastic model of eye movement control in reading. *Cognitive Systems Research, 7,* 70–95.

Fine, E. M., & Rubin, G. S. (1999). The effects of simulated cataract on reading with normal vision and simulated central scotoma. *Vision Research, 39,* 4274–4285.

Fisher, D. F., & Shebilske, W. L. (1985). There is more that meets the eye than the eyemind assumption. In R. Groner, G. W. McConkie, & C. Menz (Eds.), *Eye movements and human information processing* (pp. 149–158). Amsterdam, the Netherlands: North Holland.

Folk, J. R. (1999). Phonological codes are used to access the lexicon during silent reading. *Journal of Experimental Psychology: Learning, Memory, and Cognition, 25,* 892–906.

Folk, J. R., & Morris, R. K. (2003). Effects of syntactic category assignment on lexical ambiguity resolution in reading: An eye movement analysis. *Memory & Cognition,*

31, 87–99.

Frazier, L., & Rayner, K. (1982). Making and correcting errors during sentence comprehension: Eye movements in the analysis of structurally ambiguous sentences. *Cognitive Psychology, 14,* 178–210.

Gautier, V., O'Regan, J. K., & Le Gargasson, J. F. (2000). "The skipping" revisited in French: Programming saccades to skip the article 'les'. *Vision Research, 40,* 2517–2531.

Häikiö, T., Bertram, R., Hyönä, J., & Niemi, P. (2009). Development of the letter identity span in reading: Evidence from the eye movement moving window paradigm. *Journal of Experimental Child Psychology, 102,* 167–181.

Henderson, J. M., & Ferreira, F. (1990). Effects of foveal processing difficulty on the perceptual span in reading: Implications for attention and eye movement control. *Journal of Experimental Psychology: Learning, Memory, and Cognition, 16,* 417–429.

Hirotani, M., Frazier, L., & Rayner, K. (2006). Punctuation and intonation effects on clause and sentence wrap-up: Evidence from eye movements. *Journal of Memory and Language, 54,* 425–443.

Hyönä, J., Bertram, R., & Pollatsek, A. (2004). Are long compound words identified serially via their constituents? Evidence from an eye-movement–contingent display change study. *Memory & Cognition, 32,* 523–532.

Ikeda, M., & Saida, S. (1978). Span of recognition in reading. *Vision Research, 18,* 83–88.

Inhoff, A. W., Eiter, B. M., & Radach, R. (2005). Time course of linguistic information extraction from consecutive words during eye fixations in reading. *Journal of Experimental Psychology: Human Perception and Performance, 31,* 979–995.

Inhoff, A. W., & Liu, W. (1998). The perceptual span and oculomotor activity during the reading of Chinese sentences. *Journal of Experimental Psychology: Human Perception and Performance, 24,* 20–34.

Inhoff, A. W., Pollatsek, A., Posner, M. I., & Rayner, K. (1989). Covert attention and eye movements during reading. *Quarterly Journal of Experimental Psychology, 41A,* 63–89.

Inhoff, A. W., & Rayner, K. (1986). Parafoveal word processing during eye fixations in reading: Effects of word frequency. *Perception* and *Psychophysics, 40,* 431–439.

Inhoff, A. W., Solomon, M., Radach, R., & Seymour B. A. (2011). Temporal dynamics of the eye-voice span and eye movement control during oral reading. *Journal of Cognitive Psychology, 23,* 543–558.

Ishida, T., & Ikeda, M. (1989). Temporal properties of information extraction in reading studied by a text-mask replacement technique. *Journal of the Optical Society of*

America A, 6, 1624–1632.

Jared, D., Levy, B. A., & Rayner, K. (1999). The role of phonology in the activation of word meanings during reading: evidence from proofreading and eye movements. *Journal of Experimental Psychology: General, 128,* 219–264.

Johnson, R. L., & Dunne, M. D. (2012). Parafoveal processing of transposed-letter words and nonwords: Evidence against parafoveal lexical activation. *Journal of Experimental Psychology: Human Perception and Performance, 38,* 191–212.

Johnson, R. L., Perea, M., & Rayner, K. (2007). Transposed-letter effects in reading: Evidence from eye movements and parafoveal preview. *Journal of Experimental Psychology: Human Perception and Performance, 33,* 209–229.

Joseph, H. S. S. L., Liversedge, S. P., Blythe, H. I., White, S. J., & Rayner, K. (2009). Word length and landing position effects during reading in children and adults. *Vision Research, 49,* 2078–2086.

Juhasz, B. J., & Rayner, K. (2003). Investigating the effects of a set of intercorrelated variables on eye fixation durations in reading. *Journal of Experimental Psychology: Learning, Memory, and Cognition, 29,* 1312–1318.

Juhasz, B. J., & Rayner, K. (2006). The role of age of acquisition and word frequency in reading: Evidence from eye fixation durations. *Visual Cognition, 13,* 846–863.

Juhasz, B. J., White, S. J., Liversedge, S. P., & Rayner, K. (2008). Eye movements and the use of parafoveal word length information in reading. *Journal of Experimental Psychology: Human Perception and Performance, 34,* 1560–1579.

Just, M. A., & Carpenter, P. A. (1980). A theory of reading: From eye fixations to comprehension. *Psychological Review, 87,* 329–354.

Kaakinen, J., & Hyönä, J. (2010). Task effects on eye movements during reading. *Journal of Experimental Psychology: Learning, Memory, and Cognition, 36,* 1561–1566.

Kennison, S. M., & Clifton, C. (1995). Determinants of parafoveal preview benefit in high and low working memory capacity readers: Implications for eye movement control. *Journal of Experimental Psychology: Learning, Memory, and Cognition, 21,* 68–81.

Kirkby, J. A., Webster, L. A. D., Blythe, H. I., & Liversedge, S. P. (2008). Binocular coordination during reading and non-reading tasks. *Psychological Bulletin, 134,* 742–763.

Kliegl, R., & Engbert, R. (2005). Fixation durations before word skipping in reading. *Psychonomic Bulletin* and *Review, 12,* 132–138.

Kliegl, R., Grabner, E., Rolfs, M., & Engbert, R. (2004). Length, frequency, and predictability effects of words on eye movements in reading. *European Journal of*

Cognitive Psychology, 16, 262–284.

Kohsom, C., & Gobet, F. (1997). Adding spaces to Thai and English: Effects on reading. In *Proceedings of the nineteenth annual conference of the Cognitive Science Society* (Vol. 19, pp. 388–393). Ablex Press.

Kuperman, V., Drieghe, D., Keuleers, E., & Brysbaert, M. (2013). How strongly do word reading times and lexical decision times correlate? Combining data from eye movement corpora megastudies. *Quarterly Journal of Experimental Psychology, 66*, 563–580.

Leinenger, M., & Rayner, K. (2013). Eye movements while reading biased homographs: Effects of prior encounter and biasing context on reducing the subordinate bias effect. *Journal of Cognitive Psychology, 25*, 665–681.

Li, X., Rayner, K., & Cave, K. R. (2009). On the segmentation of Chinese words during reading. *Cognitive Psychology, 58*, 525–552.

Lima, S. D. (1987). Morphological analysis in sentence reading. *Journal of Memory and Language, 26*, 84–99.

Liu, W., Inhoff, A. W., Ye, Y., & Wu, C. (2002). Use of parafoveally visible characters during the reading of Chinese sentences. *Journal of Experimental Psychology: Human Perception and Performance, 28*, 1213–1227.

Liversedge, S. P., & Findlay, J. M. (2000). Saccadic eye movements and cognition. *Trends in Cognitive Sciences*, 4, 6–14.

Liversedge, S. P., Rayner, K., White, S. J., Vergilino-Perez, D., Findlay, J. M., & Kentridge, R. W. (2004). Eye movements when reading disappearing text: Is there a gap effect in reading? *Vision Research, 44*, 1013–1024.

Matin, E. (1974). Saccadic suppression: A review and an analysis. *Psychological Bulletin, 81*, 899–917.

McConkie, G. W., Kerr, P. W., Reddix, M. D., & Zola, D. (1988). Eye movement control during reading: I. The location of initial eye fixations on words. *Vision Research, 28*, 1107–1118.

McConkie, G. W., & Rayner, K. (1975). The span of the effective stimulus during a fixation in reading. *Perception* and *Psychophysics, 17*, 578–587.

McConkie, G. W., & Rayner, K. (1976). Asymmetry of the perceptual span in reading. *Bulletin of the Psychonomic Society, 8*, 365–368.

McConkie, G. W., & Yang, S. N. (2003). How cognition affects eye movements during reading. In R. Radach, J. Hyönä, & H. Deubel (Eds.), *The mind's eye: Cognitive and applied aspects of eye movement research* (pp. 413–427). Amsterdam, the Netherlands: Elsevier.

McConkie, G. W., & Zola, D. (1979). Is visual information integrated across successive fixations in reading? *Perception* and *Psychophysics, 25,* 221–224.

Meseguer, E., Carreiras, M., & Clifton, C. (2002). Overt reanalysis strategies and eye movements during the reading of mild garden path sentences. *Memory & Cognition, 30,* 551–561.

Miellet, S., O'Donnell, P. J., & Sereno, S. C. (2009). Parafoveal magnification: Visual acuity does not modulate the perceptual span in reading. *Psychological Science, 20,* 721–728.

Miellet, S., & Sparrow, L. (2004). Phonological codes are assembled before word fixation: Evidence from boundary paradigm in sentence reading. *Brain and Language, 90,* 299–310.

Morris, R. K. (1994). Lexical and message-level sentence context effects on fixation times in reading. *Journal of Experimental Psychology: Learning, Memory, and Cognition, 20,* 92–103.

Morris, R. K., Rayner, K., & Pollatsek, A. (1990). Eye movement guidance in reading: The role of parafoveal letter and space information. *Journal of Experimental Psychology: Human Perception and Performance, 16,* 268–281.

Morrison, R. E. (1984). Manipulation of stimulus onset delay in reading: evidence for parallel programming of saccades. *Journal of Experimental Psychology: Human Perception and Performance, 10,* 667–682.

Morrison, R. E., & Rayner, K. (1981). Saccade size in reading depends upon character spaces and not visual angle. *Attention, Perception,* and *Psychophysics, 30,* 395–396.

O'Regan, J. K. (1980). The control of saccade size and fixation duration in reading: The limits of linguistic control. *Attention, Perception* and *Psychophysics, 28,* 112–117.

O'Regan, J. K. (1983). Elementary perceptual and eye movement control processes in reading. In K. Rayner (Ed.), *Eye movements in reading: Perceptual and language processes* (pp. 121–140). San Diego, CA: Academic Press.

O'Regan, J. K. (1990). Eye movements and reading. In E. Kowler (Ed.), *Eye Movements and their role in visual and cognitive processes* (pp. 395–453). Amsterdam, the Netherlands: Elsevier. O'Regan, J. K., & Jacobs, A. M. (1992). Optimal viewing position effect in word recognition: A challenge to current theory. *Journal of Experimental Psychology: Human Perception and Performance, 18,* 185–197.

O'Regan, J. K., Lévy-Schoen, A., Pynte, J., & Brugaillere, B. E. (1984). Convenient fixation location within isolated words of different length and structure. *Journal of Experimental Psychology: Human Perception and Performance, 10,* 250–257.

Perea, M., & Pollatsek, A. (1998). The effects of neighborhood frequency in reading and lexical decision. *Journal of Experimental Psychology: Human Perception and Performance, 24,* 767–779.

Pollatsek, A., Bolozky, S., Well, A. D., & Rayner, K. (1981). Asymmetries in the perceptual span for Israeli readers. *Brain and Language, 14,* 174–180.

Pollatsek, A., Lesch, M., Morris, R. K., & Rayner, K. (1992). Phonological codes are used in integrating information across saccades in word identification and reading. *Journal of Experimental Psychology: Human Perception and Performance, 18,* 148–162.

Pollatsek, A., Rayner, K., & Balota, D. A. (1986). Inferences about eye movement control from the perceptual span in reading. *Perception & Psychophysics, 40,* 123–130.

Pollatsek, A., Tan, L. H., & Rayner, K. (2000). The role of phonological codes in integrating information across saccadic eye movements in Chinese character identification. *Journal of Experimental Psychology: Human Perception and Performance, 26,* 607–633.

Rayner, K. (1975). The perceptual span and peripheral cues in reading. *Cognitive Psychology, 7,* 65–81.

Rayner, K. (1979). Eye guidance in reading: Fixation locations within words. *Perception, 8,* 21–30.

Rayner, K. (1986). Eye movements and the perceptual span in beginning and skilled readers. *Journal of Experimental Child Psychology, 41,* 211–236.

Rayner, K. (1998). Eye movements in reading and information processing: 20 years of research. *Psychological Bulletin, 124,* 372–422.

Rayner, K. (2009). The thirty fifth Sir Frederick Bartlett lecture: Eye movements and attention in reading, scene perception, and visual search. *Quarterly Journal of Experimental Psychology, 62,* 1457–1506.

Rayner, K. (2014). The gaze-contingent moving window in reading: Development and review. *Visual Cognition, 22,* 242–258.

Rayner, K., Angele, B, Schotter, E. R., & Bicknell, K. (2013). On the processing of canonical word order during eye fixations in reading: Do readers process transposed word previews? *Visual Cognition, 21,* 353–381.

Rayner, K., & Bertera, J. H. (1979). Reading without a fovea. *Science, 206,* 468–469.

Rayner, K., Binder, K. S., Ashby, J., & Pollatsek, A. (2001). Eye movement control in reading: Word predictability has little influence on initial landing positions in words. *Vision Research, 41,* 943–954.

Rayner, K., Castelhano, M. S., & Yang, J. (2009). Eye movements and the perceptual span in older and younger readers. *Psychology and Aging, 24,* 755–760.

Rayner, K., Cook, A. E., Juhasz, B. J., & Frazier, L. (2006). Immediate disambiguation of lexically ambiguous words during reading: Evidence from eye movements. *British*

Journal of Psychology, 97, 467–482.
Rayner, K., & Duffy, S. A. (1986). Lexical complexity and fixation times in reading: Effects of word frequency, verb complexity, and lexical ambiguity. *Memory & Cognition, 14,* 191–201.
Rayner, K., & Fischer, M. H. (1996). Mindless reading revisited: Eye movements during reading and scanning are different. *Perception & Psychophysics, 5,* 734–747.
Rayner, K., Fischer, M. H., & Pollatsek, A. (1998). Unspaced text interferes with both word identification and eye movement control. *Vision Research, 38,* 1129–1144.
Rayner, K., & Frazier, L. (1987). Parsing temporarily ambiguous complements. *Quarterly Journal of Experimental Psychology, 39,* 657–673.
Rayner, K., Inhoff, A. W., Morrison, R. E., Slowiaczek, M. L., & Bertera, J. H. (1981). Masking of foveal and parafoveal vision during eye fixations in reading. *Journal of Experimental Psychology: Human Perception and Performance, 7,* 167–179.
Rayner, K., Kambe, G., & Duffy, S. A. (2000). The effect of clause wrap-up on eye movements during reading. *Quarterly Journal of Experimental Psychology, 53,* 1061–1080.
Rayner, K., Li, X., Juhasz, B. J., & Yan, G. (2005). The effect of word predictability on the eye movements of Chinese readers. *Psychonomic Bulletin & Review, 12,* 1089–1093.
Rayner, K., Li, X., Williams, C. C., Cave, K. R., & Well, A. D. (2007). Eye movements during information processing tasks: Individual differences and cultural effects. *Vision Research, 47,* 2714–2726.
Rayner, K., Liversedge, S. P., & White, S. J. (2006). Eye movements when reading disappearing text: The importance of the word to the right of fixation. *Vision Research, 46,* 310–323.
Rayner, K., Liversedge, S. P., White, S. J., & Vergilino-Perez, D. (2003). Reading disappearing text. *Psychological Science, 14,* 385–388.
Rayner, K., & McConkie, G. W. (1976). What guides a reader's eye movements? *Vision Research, 16,* 829–837.
Rayner, K., & Morrison, R. E. (1981). Eye movements and identifying words in parafoveal vision. *Bulletin of the Psychonomic Society, 17,* 135–138.
Rayner, K., Murphy, L., Henderson, J. M., & Pollatsek, A. (1989). Selective attentional dyslexia. *Cognitive Neuropsychology, 6,* 357–378.
Rayner, K., & Pollatsek, A. (1981). Eye movement control during reading: Evidence for direct control. *Quarterly Journal of Experimental Psychology, 33,* 351–373.
Rayner, K., & Pollatsek, A. (1989). The psychology of reading. *Englewood Cliffs,* NJ: Prentice Hall.

Rayner, K., Pollatsek, A., & Binder, K. S. (1998). Phonological codes and eye movements in reading. *Journal of Experimental Psychology: Learning, Memory and Cognition, 24,* 476–497.

Rayner, K., & Raney, G. (1996). Eye movement control in reading and visual search: Effects of word frequency. *Psychonomic Bulletin & Review, 3,* 245–248.

Rayner, K., Sereno, S. C., Lesch, M. F., & Pollatsek, A. (1995). Phonological codes are automatically activated during reading: Evidence from an eye movement priming paradigm. *Psychological Science, 6,* 26–32.

Rayner, K., Sereno, S. C., Morris, R. K., Schmauder, A. R., & Clifton, C., Jr (1989). Eye movements and on-line language comprehension processes. *Language and Cognitive Processes, 4,* SI21–SI49.

Rayner, K., Sereno, S. C., & Raney, G. E. (1996). Eye movement control in reading: A comparison of two types of models. *Journal of Experimental Psychology: Human Perception and Performance, 22,* 1188–1200.

Rayner, K., Slattery, T. J., & Bélanger, N. N. (2010). Eye movements, the perceptual span, and reading speed. *Psychonomic Bulletin & Review, 17,* 834–839.

Rayner, K., Warren, T., Juhasz, B. J., & Liversedge, S. P. (2004). The effect of plausibility on eye movements in reading. *Journal of Experimental Psychology: Learning, Memory, and Cognition, 30,* 1290–1301.

Rayner, K., & Well, A. D. (1996). Effects of contextual constraint on eye movements in reading: A further examination. *Psychonomic Bulletin & Review, 3,* 504–509.

Rayner, K., Well, A. D., & Pollatsek, A. (1980). Asymmetry of the effective visual field in reading. *Perception & Psychophysics, 27,* 537–544.

Rayner, K., Well, A. D., Pollatsek, A., & Bertera, J. H. (1982). The availability of useful information to the right of fixation in reading. *Perception & Psychophysics, 31,* 537–550.

Rayner, K., Yang, J., Castelhano, M. S., & Liversedge, S. P. (2011). Eye movements of older and younger readers when reading disappearing text. *Psychology and Aging, 26,* 214–223.

Rayner, K., Yang, J., Schuett, S., & Slattery, T. J. (2013). Eye movements of older and younger readers when reading unspaced text. *Experimental Psychology, 60,* 354–361.

Reichle, E. D., Pollatsek, A., Fisher, D. L., & Rayner, K. (1998). Toward a model of eye movement control in reading. *Psychological Review, 105,* 125–157.

Reichle, E. D., Rayner, K., & Pollatsek, A. (2003). The E-Z reader model of eye-movement control in reading: Comparisons to other models. *Behavioral and Brain Sciences, 26,* 445–476.

Reichle, E. D., & Reingold, E. M. (2013). Neurophysiological constraints on the eye-

mind link. *Frontiers in Human Neuroscience, 7,* 361.
Reichle, E. D., Rennenberg, A. E., & Schooler, J. W. (2010). Eye movements during mindless reading. *Psychological Science, 21,* 1300–1310.
Reilly, R. G., & Radach, R. (2006). Some empirical tests of an interactive activation model of eye movement control in reading. *Cognitive Systems Research, 7,* 34–55.
Reingold, E. M., & Rayner, K. (2006). Examining the word identification stages hypothesized by the E-Z reader model. *Psychological Science, 17,* 742–746.
Reingold, E. M., Reichle, E. D., Glaholt, M. G., & Sheridan, H. (2012). Direct lexical control of eye movements in reading: Evidence from a survival analysis of fixation durations. *Cognitive Psychology, 65,* 177–206.
Reingold, E. M., Yang, J., & Rayner, K. (2010). The time course of word frequency and case alternation effects on fixation times in reading: Evidence for lexical control of eye movements. *Journal of Experimental Psychology: Human Perception and Performance, 36,* 1677–1683.
Sainio, M., Hyönä, J., Bingushi, K., & Bertram, R. (2007). The role of interword spacing in reading Japanese: An eye movement study. *Vision Research, 47,* 2575–2584.
Schad, D. J., & Engbert, R. (2012). The zoom lens of attention: Simulated shuffled versus normal text reading using the SWIFT model. *Visual Cognition, 20,* 391–421.
Schad, D. J., Risse, S., Slattery, T., & Rayner, K. (2014). Word frequency in fast priming: Evidence for immediate cognitive control of eye movements during reading. *Visual Cognition, 22,* 390–414.
Schilling, H., Rayner, K., & Chumbley, J. (1998). Comparing naming, lexical decision, and eye fixation times: Word frequency effects and individual differences. *Memory & Cognition, 26,* 1270–1281.
Schotter, E. R, Angele, B., & Rayner, K. (2012). Parafoveal processing in reading. *Attention, Perception & Psychophysics, 74,* 5–35.
Schotter, E. R., Bicknell, K., Howard, I., Levy, R., & Rayner, K. (2014). Task effects reveal cognitive flexibility responding to frequency and predictability: Evidence from eye movements in reading and proofreading. *Cognition, 131,* 1–27.
Schotter, E. R., Reichle, E. D., & Rayner, K. (2014). Rethinking parafoveal processing in reading: Serial attention models can account for semantic preview benefit and n+2 preview effects. *Visual Cognition, 22,* 309–333.
Sereno, S. C., O'Donnell, P. J., & Rayner, K. (2006). Eye movements and lexical ambiguity resolution: Investigating the subordinate-bias effect. *Journal of Experimental Psychology: Human Perception and Performance, 32,* 335–350.
Sereno, S. C., & Rayner, K. (2000). Spelling-sound regularity effects on eye fixations

in reading. *Perception & Psychophysics, 62,* 402–409.

Shen, E. (1927). An analysis of eye movements in the reading of Chinese. *Journal of Experimental Psychology, 10,* 158–183.

Sheridan, H., Rayner, K., & Reingold, E. M. (2013). Unsegmented text delays word identification: Evidence from a survival analysis of fixation durations. *Visual Cognition, 21,* 38–60.

Sheridan, H., & Reingold, E. M. (2012a). The time course of predictability effects in reading: Evidence from a survival analysis of fixation durations. *Visual Cognition, 20,* 733–745.

Sheridan, H., & Reingold, E. M. (2012b). The time course of contextual influences during lexical ambiguity resolution: Evidence from distributional analyses of fixation durations. *Memory & Cognition, 40,* 1122–1131.

Slattery, T. J., Angele, B., & Rayner, K. (2011). Eye movements and display change detection during reading. *Journal of Experimental Psychology: Human Perception and Performance, 37,* 1924–1938.

Slattery, T. J., Schotter, E. R., Berry, R. W., & Rayner, K. (2011). Parafoveal and foveal processing of abbreviations during eye fixations in reading: Making a case for case. *Journal of Experimental Psychology: Learning, Memory, and Cognition, 37,* 1022–1031.

Sparrow, L., & Miellet, S. (2002). Activation of phonological codes during reading: Evidence from errors detection and eye movements. *Brain and Language, 81,* 509–516.

Staub, A., Rayner, K., Pollatsek, A., Hyönä, J., & Majewski, H. (2007). The time course of plausibility effects on eye movements in reading: Evidence from noun-noun compounds. *Journal of Experimental Psychology: Learning, Memory, and Cognition, 33,* 1162–1169.

Staub, A., White, S. J., Drieghe, D., Hollway, E. C., & Rayner, K. (2010). Distributional effects of word frequency on eye movements in reading. *Journal of Experimental Psychology: Human Perception and Performance, 36,* 1280–1293.

Tsai, J. L., Lee, C. Y., Tzeng, O. J. L., Hung, D. L., & Yen, N. S. (2004). Use of phonological codes for Chinese characters: Evidence from processing of parafoveal preview when reading sentences. *Brain and Language, 91,* 235–244.

Vainio, S., Hyönä, J., & Pajunen, A. (2009). Lexical predictability exerts robust effects on fixation duration, but not on initial landing position during reading. *Experimental Psychology, 56,* 66–74.

Vitu, F., O'Regan, J. K., & Mittau, M. (1990). Optimal landing position in reading isolated words and continuous text. *Perception & Psychophysics, 47,* 583–600.

Warren, T., & McConnell, K. (2007). Investigating effects of selectional restriction violations and plausibility violation severity on eye-movements in reading. *Psychonomic Bulletin & Review, 14,* 770–775.

Warren, T., McConnell, K., & Rayner, K. (2008). Effects of context on eye movements when reading about possible and impossible events. *Journal of Experimental Psychology: Learning, Memory, and Cognition, 34,* 1001–1010.

White, S. J., Rayner, K., & Liversedge, S. (2005). The influence of parafoveal word length and contextual constraint on fixation durations and word skipping in reading. *Psychonomic Bulletin & Review, 12,* 466–471.

Yan, G., Tian, H., Bai, X., & Rayner, K. (2006). The effect of word and character frequency on the eye movements of Chinese readers. *British Journal of Psychology, 97,* 259–268.

Yang, J. (2013). Preview effects of plausibility and character order in reading Chinese transposed words: Evidence from eye movements. *Journal of Research in Reading, 36,* S18–S34.

Yang, S. N. (2006). An oculomotor-based model of eye movements in reading: The competition/interaction model. *Cognitive Systems Research, 7,* 56–69.

Yang, S. N., & McConkie, G. W. (2001). Eye movements during reading: A theory of saccade initiation times. *Vision Research, 41,* 3567–3585.

Yen, M.-H., Tsai, J.-L., Tzeng, O. J.-L., & Hung, D. L. (2008). Eye movements and parafoveal word processing in reading Chinese. *Memory & Cognition, 36,* 1033–1045.

Zola, D. (1984). Redundancy and word perception during reading. *Perception & Psychophysics, 36,* 277–284.

第二部分

单词识别

第5章　贝叶斯读者框架下的视觉单词识别 63

木下幸子

摘　要：视觉单词识别传统上被认为是对长期记忆中存储的词汇表示进行激活的过程。尽管这种激活框架在指导视觉词识别的研究方面很有价值，并且仍然是主导力量，但在最近十年中出现了一种替代框架。诺里斯（Norris，2006，2009；Norris & Kinoshita，2012a）提出的贝叶斯读者框架将任务中涉及的决策过程视为解释可视词识别的一个组成部分，其核心原则是人类读者近似于在嘈杂的感知输入环境下运行的最佳贝叶斯决策者。本章重点介绍视觉单词识别的两个基本问题：单词频率的作用和字母顺序的表示，并描述了贝叶斯读者框架如何提供与这些问题相关的最新发现的原则性说明，对激活框架研究具有挑战意义。

关键词：视觉单词识别、互动激活、遮蔽启动、字母顺序编码、词频、贝叶斯读者框架

在视觉词识别的研究中，词汇访问（*lexical access*）一词用来描述视觉输入和存储在读者内部词汇表示库之间的匹配状态。巴洛塔（Balota，1990）称之为“神奇时刻”（第9页），在这个时刻，人们已经认识到这个词很熟悉，但它的含义还没有被恢复；在阅读中的眼动E-Z模型中（Reichle，Pollatsek，Fisher & Rayner，1998），它被认为是注意力从当前单词移到下一个单词的转折点。

在解释词汇获取过程时，激活这一概念非常重要，并继续发挥着主导作用。激活概念最初形成于麦克莱兰和鲁梅尔哈特（1981）提出的交互式激活（IA）模型中，而该模型又为许多后续的视觉词识别计算模型提供了基础。其基本思想是将单词表示为网络中的节

点，当单词节点中的激活级别达到阈值时，就可以识别单词。每个词节点连接到字母单元和其他词节点。词节点的激活级别会随着它从词包含的字母单元接收到激活而提高，并且会被竞争性的词节点所抑制。这种基本的体系结构和激活的概念已经被许多视觉单词识别的计算模型所采用，例如双路径级联（DRC）模型（Coltheart, Rastle, Perry, Langdon, & Ziegler, 2001），多读出（MROM）模型（Grainger & Jacobs, 1996）和空间编码模型（SCM）（Davis，2010）。

诺里斯和麦奎因（Norris and McQueen，2009）承认激活是一个“极其有价值的隐喻”，但他们质疑激活概念的解释价值。他们注意到，“除了一般意义上越大越好的概念之外，激活并不能直接决定这
64 些模型的行为。特别是，反应时间和应对概率都不能直接从没有附加假设的激活价值中推导出来”（第 357 页）。这些评论是在口语词识别模型的背景下提出的，但视觉词识别模型也是如此。在这一章中，我将描述一个替代方案，即诺里斯（Norris & Kinoshita，2008，2012a）提出的贝叶斯读者框架。简而言之，贝叶斯阅读框架将人类读者视为从感性输入中积累含噪声的证据，并根据任务要求做出最优决策。我将在贝叶斯阅读框架中讨论视觉单词识别的两个基本问题（单词频率的作用和字母顺序的表示）的最新研究结果，并说明该框架在解释激活框架内所出现的情况时，更具原则性和连贯性。

单词频率

单词频率是单词容易识别的唯一最有力的决定因素：在语言中出现频率高的单词比出现频率低的单词更容易识别。这适用于不同语言和用于研究单词识别的不同实验室任务，例如词汇决策任务（要求参与者决定字母字符串是否为单词）和朗读任务（也称为快速命名或发音任务）。在包含数万词的大规模词汇决策数据库中（见

Yap & Balota，本书，关于这些数据库的开发），如 ELP（英语词汇项目；Balota et al.，2007）、BLP（英国词汇项目；Keulers，Lacey，Rastle & Brysbaert，2012）、DLP（荷兰词汇项目；Keulers，Diependaele & Brysbaert，2010）和 FLP（法语词汇项目；Ferrand et al.，2010），词频率（对数频率）是反应时间（RT, correlation ~-.6）和准确度（~.4）的唯一最重要的预测因子。它也是发音延迟的一个主要预测因素，占英语大型单词命名数据库中方差的 7% 到 10%（Balota，Cortese，Sergent Marshall，Spieler & Yap，2004；Spieler & Balota，1997）。在知觉识别（如 Howes & Solomon，1951）和句子阅读的眼动研究（Rayner，Ashby，Pollatsek & Reichle，2004；Schilling，Rayner & Chumbley，1998）中，词频也有很大的影响；也就是说，高频词在感知识别中的阈值较低，在句子阅读中，比低频词更容易被跳过，并且注视的时间更短。研究者重新关注视觉词识别中这一最强大的变量的研究，从方法论的角度改进了对词频率的估计，从理论的角度解释了词频率为什么会对视觉词识别产生影响。

为了研究单词频率在单词识别中的作用，需要准确估计单词在语言中出现的频率。布莱斯巴尔特和他的同事率先改进频率测量。布莱斯巴尔特和钮（2009）发现了库瑟拉和弗兰西斯（1967）频率规范的一些问题，这是英语视觉单词识别研究人员的主要资源。布莱斯巴尔特和钮指出，由于语料库规模有限（100 万个词标记），频率估计，特别是低频词的频率估计是不可靠的，而且基于库瑟拉和弗兰西斯规范的词频率在 ELP 词汇决策数据中的方差较小，而基于更大的文本语料库（例如，Hyperspace Analogue of Language，1.31 亿字；Lund & Burgess，1996；Celex，1660 万字；Baayen，Piepenbrock & Gulikers，1995）的单词频率估计值，决策数据（包括准确性和 RT）则更高。Brysbaert and New 以 5100 万字的 8388 部美国电影和电视剧的字幕为基础，提供了一个新的频率标准，命名 $\text{SUBTLEX}_{\text{US}}$ frequency，并证明该规范提供了与 ELP 数据的最佳相关性。最近，Van Heuven，Mandera，Keulers & Brysbaert（2014）以英国英语为基础提供了 $\text{SUBTLEX}_{\text{UK}}$，并表明这些词频规范解释了英国词汇项目中词汇决策时间的差异比 $\text{SUBTLEX}_{\text{US}}$ 词频高出 3%。基于这些改进的频率估计，Keulers et al.,（2012）有了重要的发现，认为词法判定反应时间是整个频率范围内对数频率的一个连续函数，且不限于非常高频词（超过 100/ 百万）和低频词之间的差异。

这些估计频率发生的方法后来有了一定的改进，成为了一项宝贵的资源，但它们不能告诉我们为什么高频词比低频词更容易被识别。此外，无论是在感知识别（其中一个词在一个可变的持续时间内
65 短暂呈现，而给定准确度阈值所需的呈现时间是依赖性测度）还是快速响应任务（如词汇决策和词命名）中，因变量（感知识别中的阈值时间、准确性和快速任务中的反应时间等）与发生频率的关系函数不是线性的，而是对数的（例如，Keeulers et al.，2012）。很少有人试图解释为什么会出现这种情况。视觉词识别的原始交互激活模型（McClelland & Rumelhart，1981）内置了对数频率作为词汇表示的静息水平，以及基于 IA 框架的后续模型，如 DRC 模型（Coltheart et al.，2001）和 MROM（Grainger & Jacobs，1996）遵循了这一实践，但它们并没有为这一假设提供理论依据。

另一个重要的发现是，在词汇决策中，词频效应的大小受非单词陪衬类型的调节（例如，Lupker & Pexman, 2010; Ratcliff, Gomez, & cKoon, 2004）。具体地说，当非单词陪衬的数量较少时，词频效应在词汇决策的程度会减小，从而使单词与非单词识别更容易。拉特克利夫等人（Ratcliff et al.，2004）的研究指出，当非单词的形式是由其他元音（如 *SPONT*）替换现有单词的元音而产生的可发音伪单词

时，同一高频和低频单词的平均反应时间差异为75毫秒，但当非单词是随机字母串时，差异缩小至38毫秒。同样，在卢普科和佩克斯曼（Lupker & Pexman, 2010）的研究中，当非单词陪衬与特定词相似时，该组词的词频效应更大，比如当非单词是伪同音词（发音时听起来像真词的非词，例如*BRANE*），或当非单词由真词的内在字母移位错构时（例如*JUGDE*）。在IA框架内，很难理解为什么非单词的性质会影响词汇表达的静息水平。

贝叶斯读者模型

诺里斯（Norris, 2006, 2009）认为，频率对单词识别任务的影响，以及单词频率与反应时间和识别阈值相关的特定函数形式，自然是基于这样一个假设：在视觉单词识别中，读者以词频作为先验概率的指标，表现为最佳的贝叶斯决策者。

贝叶斯定理（见下式）提供了将噪声数据与先验概率知识相结合的最佳方法：

$$P(H|D) = P(H) \times P(D|H) / P(D)$$

其中$P(H|D)$是假设H给定数据D的概率（即，根据数据的后验概率），$P(H)$是假设H的先验概率，$P(D|H)$是假设H为真时观察数据D的概率，$P(D)$是观察数据D的概率（在使用相同数据的情况下减少为常量）。

一个经常用来说明贝叶斯定理的应用举例是医学诊断：我们要计算一个病人患X病的概率，已知病人在一个命中率95%、误报率10%的测试中检测结果为阳性（即在患病的情况下，患者的阳性检出率是95%；在无病的情况下，有10%的病例被错报阳性）。贝叶斯定理的应用表明，当测试提供的证据不确定时（即命中率不是100%，误报率不是0%)，如果疾病的基本概率较低，测试阳性的患者患上疾病的概率就要低得多(即该病比较少见)。例如，如果疾病发生在人群中的1/1000人中，那么在测试中呈阳性的患者患上疾病的概率是.009 ($=001 \times 95/[(.001 \times 95)+((1-.001) \times 1)]$，而如果疾病很常见，发生在1/5人中，那么在测试中呈阳性的患者患上疾病的概率是.70 ($=2 \times 95/[(.2 \times 95)+((1-.2) \times .1)]$)。简单地说，应用贝叶斯定理可以纠正错误警报，因为测试产生错误阳性结果的概率很大，这种疾病越少见，阳性结果越可能是误报。

同样，在贝叶斯读者模型中的视觉词识别部分，读者通过噪声感知采样的视觉输入来积累证据，并根据任务的需要做出决策。经过知觉识别，决定视觉的输入与哪个词对应；在词汇判定中，决定该输入是一个单词还是一个非单词。请注意，不需要指示读者通过公开的响应，例如按下按钮。在句子阅读中，只需决定何时将眼睛从一个单词移动到下一个单词，这其实可以根据注视时长得到检索。贝
66 叶斯读者模型解释词频效应的关键思想是，当证据不确定时(由于知觉证据是含噪声的，存在误解的可能性，相当于诊断测试中的误报)，最好考虑一下符合贝叶斯定理的先验概率。换言之，当感知数据中存在歧义时，词频有效地改变了证据的权重。在心理物理学中，皮埃尔定律(如Stafford & Gurney，2004)指出，做出决定的时间是证据强度的指数递减函数：证据越强，做出决定的时间越快。根据这一观点，诺里斯(2006)表明，在贝叶斯读者模拟的感知识别和词汇判定中，反应时间模型与对数频率呈线性相关。诺里斯(2009)还表明，贝叶斯读者模型正确地模拟了词频影响证据积累的速度，词频在词汇决策中的影响随非单词陪衬类型(影响非单词判定的难易度)的不同而变化，如拉特克利夫等人(2004)的前期研究。

在贝叶斯框架中，将词频作为先验概率的度量，这一思想为最

近关于词频在视觉词识别中的作用的各种争论和问题提供了一种潜在的解决方案。现在存在一种争论，是关于语境多样性是否比词频提供更多的解释力。当一个词出现在多个段落（文本样本）中时，语境的多样性被操作为文本的数量。尽管它与发生频率高度相关，但如果该词出现在更专业、受限的语境中（如 *neutron*［中子］, *joust*［焦耳］)，则语境多样性会比较低。阿德尔曼等人（Adelman，Brown & Quesada，2006）表明，语境多样性可以更好地预测 ELP 数据中的词汇判定和发音延迟，这比词频的方差多 1% 到 3%（基于 Kučera and Francis 的 [1967] 语料库，Touchstone Applied Science Associates 语料库和英国国家语料库)，这一发现是由 Brysbaert & New（2009）基于他们的 $\text{SUBTLEX}_{\text{US}}$ corpus 复制的。普鲁默、佩利亚和雷纳（2014）使用低频词（频率和语境多样性测量的差异更大)，将这一发现扩展到句子阅读中单词识别的眼动测量，表明语境多样性是比单词频率更好的预测因子。诺里斯（2009）认为，如果单词出现的分布不均匀（即如果单词在语境多样性上有所不同，有些单词只在受限语境中出现，而另一些单词则在不同语境中出现)，词频所提供孤立（无语境）的单词先验概率较差，所以，其语境多样性的表现也并不好。尽管在普鲁默等人（2014）的研究中，这些词并不是孤立地出现的，但同样的观点也适用，因为句子的语境是中性的：句子的结构使得临界词在出现的时候是不可预测的（例如，In class，Howard learned the role of the *neutron* in an atom's structure and function［在课堂上，霍华德学到了原子结构和功能中的中子］)。对词频和语境多样性之间关系的这一解释在布莱斯巴尔特和钮（2009）报告中得到了分析和支持。布莱斯巴尔特和钮观察到，许多词频 / 语境多样性比率较高的词（即特定语境中出现的词）可能是一个专有名称（如 *prince*，*drake*)，只是在特定语境中可能出现的一类词。当他们只为单词以小写字母开头的情况重新计算单词频率时（通常不包括将单词用作专有名称的情况），语境多样性作为词汇判定延迟的预测因子和准确度超过词频的优势就有所减弱。换言之，考虑语境多样性可以更好地估计不同语境之间的出现频率。总之，贝叶斯读者模型对词频和语境多样性的作用提供了一个原则性和连贯性的解释，两者都被认为是先验概率的一种度量。

研究词频作用的一个最新的方法上的进步是词频语料库规模。布莱斯巴尔特和钮（2009）建议，虽然高频词的频率估计相对稳定，但每百万次出现少于10次的单词需要至少1600万个单词的大型语料库才能可靠地估计频率。库普曼和范·戴克（Kuperman & van Dyke, 2013）通过抽样研究确认了关于频率估计稳定性的观察结果。然而，他们指出，大语料库中的频率计数往往会高估小样本中罕见词的出现率，因为他们将大于零的频率都划归于大部分词中，而非个人词
67 汇。也就是说，语料库并不一定是越大越好。相反，基于大文本语料库的低频词的客观频率计数实际上可能高估了单个读者所知道的这些词的先验概率，特别是对于那些词汇量小的人。这可以解释为什么布莱斯巴尔特和钮（2009）发现，在词汇判定反应时间中由对数频率所占的方差随着用于估计频率的语料库大小的增加而增加，但语料库大小的增加所带来的优势在1600万字左右逐渐处于平稳——3200万或8800万规模的语料库并没有更好（见表2，第980页）。基于非常大的文本语料库的客观频率计数可能高估主观频率，特别是对于词汇较少的人来说，这一点需要在调查词汇大小在单词识别任务中的作用时考虑到（见Andrews，本书；Yap & Balota，本书）。在这里，贝叶斯读者框架将词频概念化为主观先验概率的度量（这自然会随读者的词汇量而变化）为我们提供了一个有用的框架。

表现字母顺序

贝叶斯读者模型作为一个有用的理论框架，其第二项贡献与字母顺序的表示有关。在本节中，我将首先描述基于互动激活（IA）框架的视觉单词识别模型中的字母顺序的表示问题。然后，我将描述解决这个问题的两种主要方法：一种保留了激活的概念，但提出了一种新的表示，位于字母级别和单词级别的中间，另一种基于噪声感知的概念，与贝叶斯读者框架相一致。然后，我将根据用遮蔽启动模式观察到的结果来评估这些方法。

插槽编码的问题

页面上的字由一串字母组成。（这一点适用于所有当前的书写系统，包括无句号的希伯来语，其中的元音是不表示的，也包括汉语，一个字符可以表示一个词素。）因为成人读者词汇表中的大多数单词都包含不止一个字母 / 字符，所以有必要对字母的顺序进行编码。在过去的十年里，关于如何代表一个单词中的字母顺序，有一场激烈的辩论（另见 Frost，本书；Perea，本书）。这种对字母顺序表示的关注源于对传统视觉单词识别模型中字母顺序表示方式的缺陷的认识。（为了简洁起见，这里我只关注插槽编码的表示。如果需要更广泛地介绍早期关于字母顺序编码的其他观点，读者可以参考其他研究成果，例如 Davis，2006）。

最初的 IA 模型（互动激活模型）（McClelland & Rumelhart，1981）和基于 IA 框架的其他使用插槽编码方案的模型，如 DRC 模型（Coltheart et al.，2001）和 MROM 模型（Grainger & Jacobs，1996）。在最初的 IA 模型中（词汇库中只包含四个字母构成的单词），每个单词中可能的字母位置都有单独的槽，每个字母与特定槽相关联。例如，单词 *TIME* 将表示为 $T_1\ I_2\ M_3\ E_4$，字母 *T* 与位置 1 插槽关联，字母 I 位于位置 2，依此类推。相反，单词 *item* 将表示为 $I_1\ T_2\ E_3\ M_4$。这意味着 *TIME* 中的字母 T、I、M 和 E 实际上与 *ITEM* 中的是不同的字母。因此，插槽编码方案允许区分 *TIME* 和 *ITEM* 等变位词。这在字母书写系统中很重要，因为字母的数量非常有限，因此有很多的相同字母变序词（anagram）。（Shillcock，Ellison & Monaghan，2000 年报道说，英语中三个和四个字母的单词中有三分之一是变序词。）然而，插槽编码方案面临着一个挑战，即读者能够合理地容忍一个单词中字母的规范顺序有扭曲。

转置字母（transposed-letter，以下简称 TL）启动效应（例如，Forster，Davis，Schoknecht & Carter，1987；Kinoshita & Norris，2009；Perea & Lupker，2003）指的是在遮蔽启动中发现的（有关程序的详细信息，见“遮蔽启动”一节），通过邻近字母换位生成的启动（例如，*jugde*）有助于识别基本单词（*JUDGE*），几乎等同于单词本身，而不是通过用单词以外的其他字母（如两个替换字母 two-substituted-letters，简称 2SL）替换相应的字母而生成的启动（如 *junpe*）。在 TL 启动和 2SL 启动中，对应于第三个和第四个字母的槽位有错误的字母标识。根据插槽编码方案，TL- 启动和 2SL- 启动与基词（*JUDGE*）
68 具有相同的相似性，因此应该产生相同的启动效应。注意，替换字母的视觉相似性（例如，*G* 与 *C* 比 *P* 更相似）对启动影响不大（见 Kinoshita，Robidoux，Mills & Norris，2014）。

插槽代码方案存在一个问题，就是它不能捕获长度不同、包含相同字母序列的字母串之间的相似性。具体来说，双路径级联模型（dual-route cascaded，DRC）使用一个起始锚定槽代码方案。根据该方案，如果字母序列在字的开始处重叠（例如，*STAR* and *START*），而不是在单词的末尾（例如，*PRAY* and *SPRAY*），则可以捕获长度不同的两个字母串之间的相似度。如果在保持一般字母顺序的单词中间（例如，*aprt-APRICOT*；*journeal-JOURNAL*）删除/添加字母，情况则有所不同，这样的方案也无法捕获字母串之间的相似性。事实上，这些启动增强相对位置启动的效应（Grainger, Grainier, Farioli, van Assche, & van Heuven, 2006；Van Assche & Grainger, 2006），也同时对插槽代码方案提出了进一步的问题。

插槽代码的备选方案

两种方法

近十年来，针对TL（transposed letter［字母转置］）启动效应和相对位置启动效应等现象所带来的挑战，开发了许多模型。这些模型可以大致分为两类，一类提出了代表假设来协调的字母水平和单词水平，另一类是根据感受噪音来解释现象。开放式二元模型的各种版本属于第一类，重叠模型（Gomez，Ratcliff & Perea，2008）、噪声插槽贝叶斯读者模型（Norris，Kinoshita & van Casteren，2010）及其后继者的噪声信道模型（Norris & Kinoshita，2012a）属于第二类，我将在这里重点介绍第二类的这些模型。

开放式二元模型

开放式二元模型（Open bigrams，OBs）是一种有序的字母对子（bigrams），可以是连续的，也可以是非连续的。例如，单词*CAT*包含连续的OBs *CA, AT*，和非连续的OB *CT*。OB模型提出了一项关键的声明：一个单词表示为OBs的一个集合体。例如，*CAT*表示为{*AT,*

CT, CA}。也就是说，OBs 表示字母级别和单词级别之间的中间级别。格兰杰和惠特尼（2004）认为，OBs 为实验数据提供了自然解释，证明了 TL 启动效应和相对位置启动效应。具体来说，启动的数量被假定为字母串共享的 OBs 数量的函数。例如，如果所有 OBs 都被代表出来，则 *JUDGE* 包含以下 10 个 OBs: *JU, JD, JG, JE, UD, UG, UE, DE, GE* 和 *DG*。TL 启动的 *jugde* 共享了除 DG 以外的所有 OBs。相比之下，2SL（两个替代字母）启动的 *junpe* 只与目标（*JU*，*JE* 和 *UE*）共享 3 个 OBs。因此，TL 启动比 2SL 启动产生更大的启动效应。相对位置启动效应也可以解释为超集和子集启动（例如，*aprt-APRICOT; journeal-JOURNAL*）与目标之间共享的大量 OBs。

开放式二元模型之间也存在差异。早期版本的 OB 模型认为所有 OB 都包含一个字母串，而不管字母对子之间的距离如何。不过最近的版本都将间隔限制为两个中间字母（例如，在 *JUDGE* 中，*JE* 不计算在内）。德哈恩等人（Dehaene，Cohen，Sigman & Vinkier，2005）在神经生物学的基础上提出：基于旁侧视觉通路上的神经元层次的概念，在这一过程中，每个阶段的接收大小增加了 2 到 3 倍。在其局部组合检测模型中，如果一对字母序列中的第一个字母与第二个字母之间的距离小于两个字母，则两元检测器将按特定顺序响应两个字母的组合（例如，二元神经元 *AM* 会对 *HAM* 和 *ATOM* 发出响应，但不会对 *ALARM* 或 *ATRIUM* 发出响应）。

OB 模型在所有字母对子的重要性是否相等方面也存在差异。在格兰杰和范霍文（2003）的平行 OB 模型中，不管字母对之间插入的字母数是多少，所有的字母对子都是相等的权重。在 SERIOL 中（sequential encoding regulated by inputs to oscillations within letter units 由字母单元内的振荡输入调节的序列编码；Whitney，2001，2008），根据字母对子之间的分离，对字母对子进行不同的加权。在最新版本

（Whitney, 2008）中，相邻的双字母权重为 1.0，跨越一个中间字母 .8，跨越两个中间字母 .4。此外，涉及字符串中的首字母或尾字母和边缘字符（边缘双字母）的双字母也被加权为 1.0，因此，共享首字母或尾字母的两个字母字符串之间的相似性更大。

最后，OB 模型在是否按字母的相反顺序激活字母对子方面有 69
所不同。格兰杰等人（Grainger et al.，2006）的重叠 OB 模型通过结合戈麦斯等人（2006）提出的噪声字母位置假设，允许这种可能性（2008）。重叠 OB 模型“仅尝试对连续字母序列（bigrams）进行编码。……然而，字母位置的噪声编码意味着形成了不连续的字母序列（开放的双字母序列）以及转置的双字母序列”（Grainger et al.，2006，第 883 页）。该模型中相邻和非相邻两个字母的权重与 SERIOL 相似，其中，根据中间字母的个数对字母对子的权重进行分级：相邻两个字母的权重为 1.0，跨一个字母的是 .607，跨两个字母的是 .135，反向连续的字母对子（如 *TABLE* 中的 *BA*）的权重为 .135。

重叠模型

重叠模型（Gomez et al., 2008）的关键假设是，在视觉感知中，位置的表示不是一个点，而是分布在空间上（如 logan，1996；ratcliff，1981 年提出的建议）。根据重叠模型，字母串中的字母在位置上是正常分布的。例如，在字符串 *TRAIL* 中，A 将与位置 3 关联，但与位置 2 和 4 关联的程度较低，并且根据排列程度，还与位置 1 和 5 关联。它本质上是一个有噪声的插槽模型。

带噪声的信道模型

诺里斯和木下幸子（2012a）的噪声信道模型是基于贝叶斯读者框架（Norris，2006）。如前所述，贝叶斯读者框架的关键假设是，读者基于从感性输入中积累的噪声（不确定）证据做出近乎最优的决策。贝叶斯定理提供了不确定证据与先验概率知识相结合的最佳过程。虽然最初的贝叶斯读者模型（Norris，2006）在字母标识信息中加入了噪声，但它没有在字母位置信息中加入不确定性，也没有在（任何）字母是否存在（即字母数量是确定的）中加入不确定性。它实际上是一个插槽模型。诺里斯等人（2010）指出，模型模拟考虑了噪声位置，基于这一假设，使模型可以捕获 TL 启动效应。噪声信道模型（Norris & Kinoshita，2012a）进一步将噪声假设扩展到视觉输入中存在 / 不存在字母（即人类视觉感知系统——噪声信道可以插入错假字母或删除字母），从而使模型能够模拟使用超集和子集启动的相对位置（即，通过插入 / 添加或删除目标中的字母 [s] 生成的启动像，例如 *journeal-JOURNAL;aprt-APRICOT*）。

遮蔽启动

遮蔽启动是研究字母顺序编码最常用的实验范式。在福斯特和戴维斯（Forster & Davis，1984）制定的程序中，试验中的系列事件包括（1）一个前向遮蔽，通常是 500 毫秒的一串事件；（2）一个简单呈现的启动项（通常为 50 毫秒）；和（3）提供一个目标项，直到参与者作出回应。这一试验常被作为标准，用于视觉单词识别研究。通常，启动项以小写形式呈现，目标项以大写形式呈现，因此，即使它们在同一位置共享字母，通常也很少有物理重叠，并且目标项有效地遮蔽了启动项。在启动的 50 毫秒持续时间内，目标项作为后向遮蔽，那么前向遮蔽就使得检测启动开始变得困难，参与者通常不知道启动项的出现，更不用说它是什么了。因此，人们普遍认为，启动项对目标项的影响是自动的，因为它不受可见启动项的可能的响应策略的影响。

利用遮蔽启动程序，研究人员已经积累了大量的字形启动效应数据集，这些效应是由各种启动项取代的字母启动产生的，其中如目标中的字母由不同的字母取代（例如，*mudge-JUDGE*）；TL 启动，其中目标中的字母是 e 转置（例如，*jugde-JUDGE*）；以及相对位置启动，其中字母的相对顺序保持不变，尽管字母（超集启动项，例如，*journeal-JOURNAL*）或字母（子集启动项，例如，*aprt-APRICOT*）被删除。这些字体启动数据大多来自使用拉丁字母的欧洲语言，如英语、西班牙语和法语，受试者使用词汇判定任务来完成。与这些语言相比，重要的是要注意，希伯来语中不存在 TL 启动效应（例如，Velan & Frost，2009）。我稍后再回来谈这一点。

考虑到所有模型一般都能满足基本的 TL 启动效应和相对位置启 70
动效应，为了从理论上加以证明，研究者报告了不同模型预测的更具体的差异。在讨论这些数据时，应注意几个关于遮蔽启动的一些要点。

遮蔽启动的数据是不确定的

要点之一，遮蔽的启动数据有噪声，是不确定的。考虑一下，所谓的相对位置约束。佩莱索蒂和格兰杰（Peressotti and Grainger，1999）指出，子集启动项（例如，*gdrn-GARDEN*）的中间字母的转置消除了启动项。这一发现与字母转置的全长启动项（例如，*gadren-GARDEN*）观察到的稳健启动效应进行了对比，并认为“当启动项由目标字母的受限子集组成时，字母顺序非常重要”。但是，“当目标的所有字母都出现在启动项时，维持字母顺序就不那么重要了”（Whitney，Bertrand & Grainger，2012，第 110 页；参见 Grainger & Whitney，2004，可查阅到相似研究成果）。

佩莱索蒂和格兰杰（1999）研究了具有统计学显性的规范字母顺序的子集启动项（例如，*grdn*）的20毫秒启动效应和由转置子集启动项（例如，*gdrn*）产生的不具有统计学显性的5毫秒启动效应，并由此得出了结论。但他们没有测试两种效应的大小在统计学上有差异。斯丁奇科姆等人（Stinchcombe，Lupker & Davis，2011）也确实进行了比较，得出的结论是，与惠特尼等人（2012）和格兰杰和惠特尼（2004）的结论相反，没有可靠的证据表明字母换位在子集启动中比在全长启动中更难。在斯丁奇科姆等人的数据中，虽然启动的相对大小在数字上与佩莱索蒂和格兰杰（1999）相似，但在具有规范字母顺序和转置项的子集启动大小上没有统计差异。

正如前面的例子所证明的，假设一个词汇判定任务中的遮蔽启动效应的上限约为50毫秒（在同一启动项中发现），不同启动项产生的启动效应大小的差异必然是有限的。在使用不同（或没有不同）的启动规模来得出理论性的结论时需要谨慎。鉴于这一问题，有一个研究团队（Adelman et al.，2014）最近收集了来自英国、澳大利亚、美国和加拿大的1000多名参与者的遮蔽启动数据，使用420个六字母单词作为目标项。在这个数据集中，2.9毫秒的启动效应非常明显地处于5%的水平上。这种数据集将有助于解决与小数据集相关的统计能力有限的问题，并可以测试小规模研究中所报告的发现情况的可复制性。实际上，阿德尔曼等人注意到戴维斯和鲍尔斯（Davis & Bowers，2006；另见Davis，2006）认为的效应是任何全字输入编码模型必须解释的基准效应之一，即替换相邻字母（例如，*azkle-ANKLE*）产生的启动比涉及转置的启动更强。被替换的字母（在删除后混作相邻字母，例如，*akzle-ANKLE*）没有被复制到遮蔽的启动数据库中。其他复制失败的例子包括词素边界效应。最初的报告（例如，Christianson，Johnson & Rayner，2005；Dunabeitia，Perea &

Carreiras，2007）表明，当转置字母跨过词素边界（例如，*accidenatl-ACCIDENTAL*）时，TL 启动被消除。然而，后来的研究（例如，Rueckl & Rimzhim，2011；Sanchez Gutierrez & Rastle，2013）发现，词素边界间和词素边界内的 TL 启动效应同样强劲。这些发现强调了在使用不同启动项产生的启动强度上的微小差异时需要谨慎，并呼吁在得出理论含义之前需要重复试验。

匹配分数的使用

另一点需要注意的是，在理论判断中使用遮蔽启动数据涉及匹配分数的使用。匹配分数是两个字母串之间字形相似性的指数，0 表示无重叠（就像两个在字符串中任何位置都不共享字母的字母串一样，如 *NOBLE* 和 *DRIFT*），1 表示完全重叠。匹配分数在解释字形启动效应的特殊字形表示重叠（如 OBs，开放式双字母串）的模型中承担了解释任务。（戴维斯提供了计算这些模型匹配分数的有用资源，在编写本章期间，该资源可在 www.pc.rhul.ac.uk/staff/ c.davis/utilities/matchcalc/ 上找到。）相反，在噪声信道模型（和噪声槽模型）中，字形相似性不是一个静态量，而是随时间动态变化的（即随着感知采样的增加，感知信息变得更加确定）。从这个角度来看，一个 TL 启动项（例如 *jugde* 表示 *JUDGE*）比一个 SL 启动项（例如 *junpe*）产生更大的启动效应，因为在启动项可用的有限时间内，关于字母标识 71
的信息比相邻两个字母的相对顺序更为确定（因此 *junpe* 中的两个错误字母表示它不同于基词 *JUDGE*）。但是，如果可以无限接触，感知信息将不存在不确定性，读者可以很容易地确定 *jugde* 和 *junpe* 都不同于基本单词 *JUDGE*。

早期的研究（例如，Davis & Bowers，2006；Whitney，2008）试图通过比较蒙面启动效应的大小与来自匹配分数的预测来判断理论之间的差异。这种方法所依据的假设在斯丁奇科姆等人的文章中得到了很好的总结（2011）："其他一切都是相等的，与目标更相似的启动项应该在一个遮蔽启动实验中产生更大的便利性。因此，人们通常可以确定给定的模型是否以及在多大程度上预测遮蔽启动任务中的启动效应"（第478页）。然而，最近人们认识到，一切都不相等：词汇判定中的字形启动效应的大小不是匹配分数的简单函数（例如，Guerrera & Forster，2008；Kinoshita & Norris，2009；Lupker & Davis，2009），而是由目标词的词汇特点调制的。例如，字母换位操作，非单词－单词目标对（例如，*fiath-FAITH*）和非单词－非单词目标对（例如，*biath-BAITH*），生成相同的匹配分数，但是对非单词目标不会生成启动。同样，匹配分数不受邻域密度的影响（字形相似词或邻域的数量；见本书 Perea），但对于有许多邻域的词，屏蔽启动效应会降低。

评估：相同－不同的任务

鉴于使用遮蔽启动数据进行理论判断时的上述考虑，已采取的一种方法是通过计算实现词汇判定任务，并测试模型功能与人类数据之间的匹配性（见 Davis，2010；Norris & Kinoshita，2012a，2012，参考这种方法）。许多版本的 OB［开放式字母对子］模型尚未执行这个方法。另一种方法（这里详细讨论的方法）是将匹配分数预测与一个任务进行比较，在该任务中，与词汇判定任务不同，被遮盖的启动效应不受刺激项的词汇特征的调制。为达到这一目的，开发了"同与不同"任务（见 Kinoshita & Norris，2012；Norris & Kinoshita，2008）。在这个任务中，一个参考项会在主项之前显示一秒钟，并指导参与者决定目标与参考项相同或不同。参考项和目标处于不同的情况中，因此匹配不是基于物理性质。（试验顺序见图 5.1）

根据诺里斯和木下幸子（2008）提出的遮蔽启动的贝叶斯读者框架的描述，启动反映了启动项对目标所需决策的贡献证据。在这个观点下，“同与不同”任务和词汇判定任务中涉及的计算是相似的，主要是在目标匹配的一组项目中有所不同。在“同与不同”的任务中，匹配涉及目标项和参考项；在词汇判定中，目标不是单个参考项，而是与词汇中的单词匹配（更准确地说，是目标附近的单词）。这一观点与激活框架相比就不一样，按照激活框架，被遮蔽的启动效应反映了预先激活心理词汇中相应的表示。这种观点预示着，对 72
于词汇表中没有表示的非词汇目标，就没有启动。

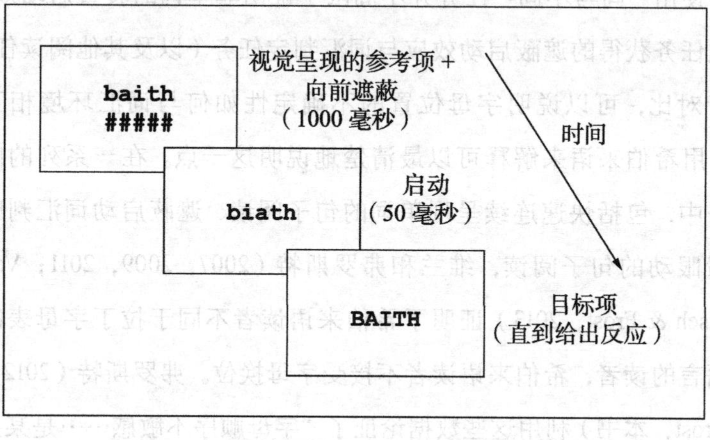

图 5.1 “同与不同”任务中的遮蔽启动测试顺序

与激活报告相反，诺里斯和木下幸子（2008）指出，相同的非词目标（如 *BAITH*），词汇判定启动是缺失的，在“同与不同”的任务中产生了强大的相同启动效应。这与贝叶斯读者框架的报告的预期是一致的。利用这一任务，木下幸子和诺里斯（2009，实验 3）表明，非单词产生了强大的字母转置启动效应（例如，*biath-BAITH*），其强度不小于单词目标中观察到的启动效应（例如，*fiath-FAITH*）。非词刺激的转置启动效应的这一发现已经被多次重复，例如 Perea &

Acha（2009）在西班牙语中，甚至是在非语言符号中（Gârcía-Orza，Perea & Munoz，2010）。这些结果表明，转置字母启动效应的起源是感性的。具体来说，与重叠模型（Gomez et al.，2008）、噪声槽贝叶斯读者模型（Norris et al.，2010）和噪声信道模型（Norris & Kinoshita，2012a）等的假设相一致，对多字母串中字母位置的感知是噪声的。因此，在有限的启动时间内，有关字母精确顺序的信息是不确定的。相比之下，根据OB模型，转置字母启动效应不适用于非单词目标，因为根据定义，词汇表中不包含非单词，就意味着没有单词节点，不是OB编码。

使用"同与不同"任务并不局限于证明非单词的转置启动效应。将此任务获得的遮蔽启动效应与词汇判定任务（以及其他阅读任务）进行对比，可以说明字母位置的不确定性如何与词汇环境相互作用。用希伯来语来解释可以最清楚地说明这一点。在一系列的阅读任务中，包括快速连续呈现单词的句子阅读、遮蔽启动词汇判断和测量眼动的句子阅读，维兰和弗罗斯特（2007，2009，2011；Velan，Deutsch & Frost，2013）证明了希伯来语读者不同于拉丁字母表的欧洲语言的读者，希伯来语读者不接受字母换位。弗罗斯特（2012；另见Frost，本书）利用这些数据论证了"字母顺序不敏感……是某些语言中比较常见的变体或特征，大多为欧洲语言，反映了一种优化编码资源的策略，也考虑到了单词的具体结构"（第263页，摘要）。

阅读理论需要考虑跨语言差异，这种要求是及时和恰当的，但这种差异并不意味着天生对字母顺序不敏感的现象并不多见。如前所述，重叠模型和噪声信道模型等解释了字母位置的噪声感知导致的字母顺序不敏感，这是跨语言通用的。与此观点一致的是，木下幸子等人（Kinoshita，Norris & Siegelman，2012）表明，维兰和弗罗斯特（2009）使用的相同希伯来语刺激，在词汇判定中没有产生字母转置启动效应，在“同与不同”的任务中产生了强大的字母转置启动效应。这项不同任务上的分离——即在“同与不同”任务中发现字母转置启动效应，但在希伯来语词汇判断中缺乏字母转置启动效应——在诺里斯和木下幸子（2008）关于遮蔽启动效应的描述中，根据目标匹配情况得到了解释。这里涉及两个任务：即前者中的单个引用项，后者中的目标域附近的单词。同样的解释也提供了一个自然的解释，为什么词汇决定中的字母转置启动效应在欧洲语言中被发现，但在希伯来语中却没有（见 Norris & Kinoshita，2012b）。在闪米特词素中，一个单词由一个通常带有意义的三连音词根和一个嵌入其中的音位学单词模式组成（例如，单词 *tizmoret*‘orchestra’由词根 *Z.M.R.* 和音位学单词模式 *ti- -o-et* 组成，每个短划线表示根辅音的位置）①。因此，希伯来语中的词汇空间非常密集，因为根中两个字母的换位通常会产生不同的根，从而产生另一个词。在英语（和其他欧洲语言）中，将两个相邻的字母进行换位通常会产生一个非单词；也就是说，最近的单词可能仍然是字母转置启动派生来源的单词（如 *jugde-JUDGE* 中）。因此，用希伯来语识别单词需要读者积累更多关于字母顺序的证据，而不是用英语。

前面的讨论给出的建议是，在阅读中，嘈杂的感知与语言环境相互作用，因此在词汇获取过程中，也就是说，当试图在词汇中找到与感知输入匹配的项目时，欧洲语言中存在字母顺序不敏感现象，原因是缺少可换位的邻域字母。这种认为感知与语言环境相互作用的观点并不意味着“感知系统”完全完成了它的任务，因为只有这个 73
时候，“语言系统”才能发挥作用，产生换位的差异效应（第 312 页），

① 在举例中，我使用与希伯来字母发音相同的拉丁字母表，并使用大写，来突出显示根字母。

如弗罗斯特（2012；另见 Velan et al., 2013）错误地将此归因于诺里斯和木下幸子（2012 b）。在其他地方（例如，Kinoshita & Norris, 2009, 第 14 页），我们已经明确表示，“进化的（此处添加的强调）词汇前的字形表现”——其中精确的字母顺序是不确定的——是“词汇访问过程的输入”。

木下幸子和诺里斯（2013）使用遮蔽启动的“同与不同”任务来测试 OB 模型的核心假设。OB 模型的关键原则是，单词中的字母顺序由有序的字母对进行编码；也就是说，OB 中的字母顺序必须正确（例如，*CAT* 不包含 OB *TC*）。对这一假设的一个明确的预测是，启动只能观察正确顺序的字母对子。与这一预测相反，反序字母对子（例如，*fo-OF*）也有强劲启动被观察到。当字母跨越目标中的三个中间字母（例如，*sb-ABOLISH*）时，反向字母对子也产生启动效应，从而排除了包含噪声位置假设的重叠 OB 模型，也就允许了反向字母对子的激活，但前提是这些字母是连续的。这些数据挑战了 OB 模型的核心假设，即对字母顺序错置的容忍是由字母顺序的编码引起的，即存在有序的字母对。

OB 模型的一个特点是，它们假定了两个层次的字形表现：OB 字母对子和构建 OBs 的字母。在重叠模型（Gomez et al., 2008）和噪声信道模型（Norris & Kinoshita, 2012a）中，只有一个层次的字体表现，即字母。后几种模型假设字母顺序的模糊性源于对字母位置的噪声感知。戈麦斯等人（2008）质疑了 OB 模型的动机如下：“在开放的字母对子模型中，有关于字母位置的准确信息，但这一点被忽视了，以便产生开放式字母对子形式的字母顺序的噪声表现。人们可以问为什么系统不能访问关于位置的准确信息”（第 590 页）。从现有的遮蔽启动效应数据中几乎找不到任何研究来支持 OB 的表示，相反，它表明字母转置启动效应和相对启动效应等现象源自对字母位置的噪声感知。

结论

本章对最近的研究结果进行了选择性回顾，这些研究结果涉及两个问题，这两个问题是理解视觉单词识别过程的基础：即单词频率的作用和字母顺序的表示。它们在贝叶斯阅读理论框架内进行了讨论。贝叶斯阅读模型方法不同于激活框架，激活框架在视觉词识别研究中至少以两种方式占主导地位。首先，它明确地认识到视觉感知系统输出的位置信息是噪声的，而视觉感知系统是文字识别过程的输入。其次，任务的决策过程被视为视觉词识别的一个组成部分，读者被视为根据基于噪声感知证据的贝叶斯定理做出最优决策。在这个框架内，最近的观察与词频的作用相关——即词频与不同的词识别任务度量相关的对数函数，以及与上下文多样性和主观频率的关系，——从词频作为先验概率指标的角度找到了一个自然的解释。贝叶斯读者框架还提供了一个连贯的经验现象说明了字母顺序编码的灵活性，如在不同的遮蔽启动效应中，如字母转置启动效应和相对位置启动效应。正如本章所回顾的，越来越多的证据表明，这些现象起源于对字母串中字母位置的嘈杂感知。贝叶斯读者框架提供了这些现象的一致性的描述，说明了进化的字形表示如何与读者的词汇库相互作用。

参考文献

Adelman, J. S., Brown, G. D. A., & Quesada, J. F. (2006). Contextual diversity, not word frequency, determines word-naming and lexical decision times. *Psychological Science, 17,* 814–823.

Adelman, J. S., Johnson, R. L., McCormick, S. F., McKague, M., Kinoshita, S., Bowers, J. S., ... Davis, C. J. (2014). A behavioral database for masked form priming. *Behavior Research Methods, 46,* 1052–1067

Baayen, R. H., Piepenbrock, R., & Gulikers, L. (1995). *The CELEX lexical database* (Release 2). [CD-ROM]. Philadelphia, PA: University of Pennsylvania. Linguistic Data Consortium.

Balota, D. A. (1990). The role of meaning in word recognition. In D. A. Balota, G. B. Flores-d'Arcais, & K. Rayner (Eds.), *Comprehension processes in reading* (pp. 9–32). Hillsdale, NJ: Erlbaum.

Balota, D., Cortese, M., Sergent-Marshall, S., Spieler, D., & Yap, M. (2004). Visual word recognition of single-syllable words. *Journal of Experimental Psychology: General, 133,* 283–316.

Balota, D. A., Yap, M. J., Cortese, M. J., Hutchison, K. A., Kessler, B., Loftis, B., . . . Treiman, R. (2007). The English Lexicon Project. *Behavior Research Methods, 39,* 445–459.

Brysbaert, M., & New, B. (2009). Moving beyond Kučera and Francis: A critical evaluation of current word frequency norms and the introduction of a new and improved word frequency measure for American English. *Behavior Research Methods, 41,* 977–990.

Christianson, K., Johnson, R. L., & Rayner, K. (2005). Letter transposition within and across morphemes. *Journal of Experimental Psychology: Learning, Memory, and Cognition, 31,* 1327–1339.

Coltheart, M., Rastle, K., Perry, C., Langdon, R., & Ziegler, J. C. (2001). DRC: A dual route cascaded model of visual word recognition and reading aloud. *Psychological Review, 108,* 204–256.

Davis, C. J. (2006). Orthographic input coding: A review of behavioral evidence. In S. Andrews (Ed.), *From inkmarks to ideas: Current issues in lexical processing* (pp. 180–206). Hove, England: Psychology Press.

Davis, C. J. (2010). The spatial coding model of visual word identification. *Psychological Review, 117,* 713–758.

Davis, C. J., & Bowers, J. S. (2006). Contrasting five theories of letter position coding. *Journal of Experimental Psychology: Human Perception and Performance, 32,* 535–557.

Dehaene, S., Cohen, L., Sigman, M., & Vinckier, F. (2005). The neural code for written words: A proposal. *Trends in Cognitive Sciences, 9,* 335–341.

Dunabeitia, J. A., Perea, M., & Carreiras, M. (2007). Do transposed-letter similarity effects occur at a morpheme level? Evidence for morpho-orthographic decomposition. *Cognition, 105,* 691–703.

Ferrand, L., New, B., Brysbaert, M., Keuleers, E., Bonin, P., Meot, A., Pallier, C. (2010). The French Lexicon Project: Lexical decision data for 38,840 French words and 38,840 pseudowords. *Behavior Research Methods, 42,* 488–496.

Forster, K. I., & Davis, C. (1984). Repetition priming and frequency attenuation in lexical access. *Journal of Experimental Psychology: Learning, Memory, and Cognition, 10,* 680–698.

Forster, K. I., Davis, C., Schoknecht, C., & Carter, R. (1987). Masked priming with graphemically related forms: Repetition or partial activation? *Quarterly Journal of Experimental Psychology, 39,* 211–251.

Frost, R. (2012). Towards a universal model of reading. *Behavioral and Brain Sciences, 35,* 263–329.

Garcia-Orza, J., Perea, M., & Munoz, S. (2010). Are transposition effects specific to letters? *Quarterly Journal of Experimental Psychology, 63,* 1603–1618.

Gomez, P., Ratcliff, R., & Perea, M. (2008). The overlap model: A model of letter position coding. *Psychological Review, 115,* 577–600.

Grainger, J., Granier, J. P., Farioli, F., van Assche, E., & van Heuven, W. J. (2006). Letter position information and printed word perception: The relative-position priming constraint. *Journal of Experimental Psychology: Human Perception and Performance, 32,* 865–884.

Grainger, J., & Jacobs, A. M. (1996). Orthographic processing in visual word recognition: A multiple read-out model. *Psychological Review, 103,* 518–565.

Grainger, J., & van Heuven, W. J. (2003). Modeling letter position coding in printed word perception. In P. Bonin (Ed.), *The mental lexicon* (pp. 1–24). New York, NY: Nova Science.

Grainger, J., & Whitney, C. (2004). Does the huamn mnid raed wrods as a wlohe? *Trends in Cognitive Sciences, 8,* 58–59.

Guerrera, C., & Forster, K. I. (2008). Masked form priming with extreme transposition. *Language and Cognitive Processes, 23,* 117–142.

Howes, D. H., & Solomon, R. L. (1951). Visual duration threshold as a function of word-probability. *Journal of Experimental Psychology, 41,* 401–410.

Keuleers, E., Diependaele, K., & Brysbaert, M. (2010). Practice effects in large-scale visual word recognition studies: A lexical decision study on 14,000 Dutch mono- and disyllabic words and nonwords. *Frontiers in Psychology, 1,* 174.

Keuleers, E., Lacey, P., Rastle, K., & Brysbaert, M. (2012). The British lexicon project:

Lexical decision data for 28,730 monosyllabic and disyllabic English words. *Behavior Research Methods, 44,* 287–304.

Kinoshita, S., & Norris, D. (2009). Transposed-letter priming of prelexical orthographic representations. *Journal of Experimental Psychology: Learning, Memory, and Cognition, 35,* 1–18.

Kinoshita, S., & Norris, D. (2012). Task-dependent masked priming effects in visual word recognition. *Frontiers in Psychology, 3,* 178.

Kinoshita, S., & Norris, D. (2013). Letter order is not coded by open bigrams. *Journal of Memory and Language, 69,* 135–150.

Kinoshita, S., Norris, D., & Siegelman, N. (2012). Transposed-letter priming effect in Hebrew in the same-different task. *Quarterly Journal of Experimental Psychology, 65,* 1296–1305.

Kinoshita, S., Robidoux, S., Mills, L., & Norris, D. (2014). Visual similarity effects on masked priming. *Memory & Cognition, 42,* 821–833.

Kučera, H., & Francis, W. (1967). *Computational analysis of present-day American English.* Providence, RI: Brown University Press.

Kuperman, V., & Van Dyke, J. A. (2013). Reassessing word frequency as a determinant of word recognition for skilled and unskilled readers. *Journal of Experimental Psychology: Human Perception and Performance, 39,* 802–823.

Logan, G. (1996). The CODE theory of visual attention: An integration of space-based and object-based attention. *Psychological Review, 103,* 603–649.

Lund, K., & Burgess, C. (1996). Producing high-dimensional semantic spaces from lexical co-occurrence. *Behavior Research Methods, Instruments, and Computers, 28,* 203–208.

Lupker, S. J., & Davis, C. J. (2009). Sandwich priming: A method for overcoming the limitations of masked priming by reducing lexical competitor effects. *Journal of Experimental Psychology: Learning, Memory, and Cognition, 35,* 618–639.

Lupker, S. J., & Pexman, P. (2010). Making things difficult in lexical decision: The impact of pseudohomophones and transposed-letter nonwords on frequency and semantic priming effects. *Journal of Experimental Psychology: Learning, Memory, and Cognition, 36,* 1267–1289.

McClelland, J. L., & Rumelhart, D. E. (1981). An interactive activation model of context effects in letter perception: Part 1. An account of basic findings. *Psychological Review, 88,* 375–407.

Norris, D. (2006). The Bayesian reader: Explaining word recognition as an optimal Bayesian decision process. *Psychological Review, 113,* 327–357.

Norris, D. (2009). Putting it all together: A unified account of word recognition and

reaction-time distributions. *Psychological Review, 116,* 207–219.
Norris, D., & Kinoshita, S. (2008). Perception as evidence accumulation and Bayesian inference: Insights from masked priming. *Journal of Experimental Psychology: General, 137,* 434–455.
Norris, D., & Kinoshita, S. (2012a). Reading through a noisy channel: Why there's nothing special about the perception of orthography. *Psychological Review, 119,* 517–545.
Norris, D., & Kinoshita, S. (2012b). Orthographic processing is universal: It's what you do with it that's different. Comment on Frost, R. Towards a universal model of reading. *Behavioral and Brain Sciences, 35,* 296–297.
Norris, D., Kinoshita, S., & van Casteren, M. (2010). A stimulus sampling theory of letter identity and order. *Journal of Memory and Language, 62,* 254–271.
Norris, D., & McQueen, J. M. (2009). Shortlist B: A Bayesian model of continuous speech perception. *Psychological Review, 115,* 357–395.
Perea, M., & Acha, J. (2009). Does letter position coding depend on consonant/vowel status? Evidence with the masked priming technique. *Acta Psychologica, 130,* 127–137.
Perea, M., & Lupker, S. J. (2003). Transposed-letter confusability effects in masked form priming. In S. Kinoshita & S. J. Lupker (Eds.), *Masked priming: The state of the art* (pp. 97–120). Hove, England: Psychology Press.
Peressotti, F., & Grainger, J. (1999). The role of letter identity and letter position in orthographic priming. *Perception and Psychophysics, 61,* 691–706.
Plummer, P., Perea, M., & Rayner, K. (2014). The influence of contextual diversity on eye movements in reading. *Journal of Experimental Psychology: Learning, Memory, and Cognition, 40,* 275–283.
Ratcliff, R. (1981). A theory of order relations in perceptual matching. *Psychological Review, 88,* 552–572.
Ratcliff, R., Gomez, P., & McKoon, G. (2004). A diffusion model account of the lexical decision task. *Psychological Review, 111,* 159–182.
Rayner, K., Ashby, J., Pollatsek, A., & Reichle, E. D. (2004). The effects of frequency and predictability on eye fixations in reading: Implications for the E-Z Reader model. *Journal of Experimental Psychology: Human Perception and Performance, 30,* 720–732.
Reichle, E. D., Pollatsek, A., Fisher, D. L., & Rayner, K. (1998). Toward a model of eye movement control in reading. *Psychological Review, 105,* 125–157.
Rueckl, J. G., & Rimzhim, A. (2011). On the interaction of letter transpositions and morphemic boundaries. *Language and Cognitive Processes, 26,* 482–508.

Sanchez-Guiterrez, C., & Rastle, K. (2013). Letter transpositions within and across morphemic boundaries: Is there a cross-language difference? *Psychonomic Bulletin & Review, 20,* 988–996.

Schilling, H. E. H., Rayner, K., & Chumbley, J. (1998). Comparing naming, lexical decision, and eye fixation times: Word frequency effects and individual differences. *Memory & Cognition, 26,* 1270–1281.

Shillcock, R., Ellison, T. M., & Monaghan, P. (2000). Eye-fixation behavior, lexical storage, and visual word recognition in a split processing model. *Psychological Review, 107,* 824–851.

Spieler, D. H., & Balota, D. A. (1997). Bringing computational models of word naming down to the item level. *Psychological Science, 8,* 411–416.

Stafford, T., & Gurney, K. N. (2004). The role of response mechanisms in determining reaction time performance: Pieron's law revisited. *Psychonomic Bulletin & Review, 11,* 975–987.

Stinchcombe, E., Lupker, S. J., & Davis, C. J. (2011). Transposed-letter priming effects with masked subset primes: A re-examination of the "relative position priming constraint." *Language and Cognitive Processes, 27,* 475–499.

Van Assche, E., & Grainger, J. (2006). A study of relative-position priming with superset primes. *Journal of Experimental Psychology: Learning, Memory, and Cognition, 32,* 399–415.

Van Heuven, W. J. B., Mandera, P., Keuleers, E., & Brysbaert, M. (2014). Subtlex-UK: A new and improved word frequency database for British English. *Quarterly Journal of Experimental Psychology, 67,* 1176–1190.

Velan, H., Deutsch, A., & Frost, R. (2013). The flexibility of letter-position flexibility: Evidence from eye movements in reading Hebrew. *Journal of Experimental Psychology: Human Perception and Performance, 39,* 1143–1152.

Velan, H., & Frost, R. (2007). Cambridge University versus Hebrew University: The impact of letter transposition on reading English and Hebrew. *Psychonomic Bulletin & Review, 14,* 913–918.

Velan, H., & Frost, R. (2009). Letter-transposition effects are not universal: The impact of transposing letters in Hebrew. *Journal of Memory and Language, 61,* 285–320.

Velan, H., & Frost, R. (2011). Words with and without internal structure: What determines the nature of orthographic and morphological processing? *Cognition, 118,* 141–156.

Whitney, C. (2001). How the brain encodes the order of letters in a printed word: The SERIOL model and selective literature review. *Psychonomic Bulletin & Review, 8,* 221–243.

Whitney, C. (2008). Comparison of the SERIOL and SOLAR theories of letter-position coding. *Brain and Language, 107,* 170–178.

Whitney, C., Bertrand, D., & Grainger, J. (2012). On coding the position of letters in words: A test of two models. *Experimental Psychology, 59,* 109–114.

76 # 第6章 视觉单词识别与阅读的邻域效应

曼纽尔·佩利亚

摘 要：本章讨论与正字上相似的字形（或语音）单词如何影响其编码速度和准确性的研究。相关的一组单词（单词的邻接词）以前被定义为在给定位置的单个字母不同于目标刺激的词汇单位。最近的证据表明，对单词邻域的更好定义包括不同长度的词汇单位和由换位产生的词汇单位。对单词邻域的研究表明，邻域的激活可能会干扰单词识别任务和句子阅读中目标单词的处理，支持交互式激活模型的基本思想。对当前单词邻域定义的一些挑战性研究也进行了检验，特别是需要包括在单词处理过程中如何编码辅音和元音之间的差异。

关键词：单词识别、计算模型、字母位置编码、辅音／元音地位、词汇判定、相似性度量

考察印刷文字与其正确的词汇单位（即词汇获取过程）相关联的内在机制的本质是阅读研究中最基本的问题之一。这种关联性有几个原因。首先，词汇获取是句子阅读的核心部分（Besner & Humphreys，1991）。其次，许多阅读障碍可能源于单词识别过程的缺陷（例如，见 Castles & Coltheart，1993）。

以下共识是存在的，当我们在字母语言中识别一个词时，有一个早期阶段，在这个阶段，一些与印刷的刺激物（即邻居）拼写相似的词汇单位被部分激活（或可获取）。也就是说，在视觉单词识别过程中，有一组词汇候选词与给定单词相似（在某种意义上），这些候选词影响刺激词的编码或感知的难易度。在单词处理过程中，根据这些模型，这些词汇候选词将逐渐停用，直到只有一个词汇单元

保持活动状态（即感知单词）（例如，搜索模型：Murray & Forster, 2004；贝叶斯读者模型：Norris，2006；交互激活模式：McClelland & Rumelhart，1981，及其继任的多重读出模型：Grainger & Jacobs，1996；双路径级联模型：Coltheart、Rastle，Perry，Langdon & Ziegler，2001；空间编码模型：Davis，2010）。这里需要注意的是，还有其他一些模型对单词识别有着完全不同的解释，如并行分布式处理（PDP）模型（Seidenberg & McClelland，1989；另见 Woollams，本书）。

本章首先分析了定义单词邻域集的不同度量标准。然后，在单词识别过程中，它检查相邻词促进或阻碍单词识别。最后分析了当 77
前邻域指标的局限性，并提出了可能的替代方案。

一个单词的邻接词集合的初始定义

在研究单词邻域在词汇获取中的作用时，第一个问题就是精确定义单词的邻域。如果我们使用兰多尔和斯特里特（1973，第 120 页）提供的描述，“相似邻域将被定义为语言中的一组词，在特定的刺激词信息丢失之后，给定的刺激词是不可区别的”，那么所有不同于目标刺激（据此标准）的这组词汇单元就是相邻的。重要的是，一个词的邻域对词汇获取的影响可以从两个基本维度来考察：（1）构成邻域的词汇单位的数量（邻域大小）对一个给定词的处理有什么影响？（2）构成邻域（邻域频率）的词汇单位的频率对给定单词的处理有什么影响？

一个单词的邻域的初始定义

黑文斯和富特（1963）在他们关于单词 neighborhoods 的开创性论文中假设一个单词的竞争对手（他们使用术语 competitors [竞争对

手]而不是neighbors[邻居])是由更频繁的词汇单位组成的，这些词汇单位共享所有字母，但与目标单词只有一个，因此不同的字母应该是内部字母。此外，在升序/中性/降序模式方面，这个不同的字母在视觉上必须与原始字母相似（例如，S是中性字母，D是升序字母，P是降序字母）。例如，*list*将是*lint*的近邻，因为它是一个高频词，中间的字母不同，而不同的字母与原始字母（n；即两者都是中性字母）具有相同的视觉形状。相比之下，像*lift*和*line*这样的词汇单位，在与*lint*相同的位置上共享三个字母，并不是竞争对手。不过，黑文斯和富特（1963）并没有对不同级别的竞争对手作出具体定义或加权。

兰多尔和斯特里特（1973）将单词的邻域定义为邻域字母替换集。也就是说，如果两个单词只有一个位置上的字母不同，其他位置均共享字母，那么它们就是相邻词。尽管这是基本的定义，但后来用于柯尔特哈特等人（Coltheart, Davelaar, Jonasson, & Besner，1977）的有影响力的研究，并且一个单词的字形相邻词的数量通常被称为*Coltheart's N*。与黑文斯和富特（1963）不同，这一定义不考虑字母形状。这一假设符合这样的说法，即单词识别是由抽象（即独立于大小写的）字母单位介导的，而不是由视觉相似性（或字母形状）介导的，至少对熟练的读者而言是如此（见Rayner，McConkie & Zola，1980年的早期证据，了解阅读中的抽象字母/单词的表现）。此外，提出一个字母替换特征的研究者认为，不同的字母是无论是外部字母（即首字母或尾字母）还是中间字母，所有相邻字母都是平等的。这种假设可能更多的是为了尽可能简单地保持度量标准，而不是基于经验数据。事实上，有证据表明，正如黑文斯和富特（1963）所预期的那样，与外部字母位置不同的词汇单位相比，内部字母位置不同的一个字母替换相邻字母在知觉上与目标刺激更像更接近（见Perea，

1998)。黑文斯和富特(1963)以及兰多尔和斯特里特(1973)的定义也隐含地假设认知系统最初在没有噪音的情况下编码目标刺激的字母数，因此不同长度的词汇单位(如 *house* 和 *hose*)不是同一个单词邻域的一部分。此外，黑文斯和富特(1963)以及兰多尔和斯特里特(1963)都假设，在字处理过程中，字母位置编码在没有噪音的情况下运行，因此，在出现单词试用时，跟踪(*trail*)不会被激活(即，它们不会构成同一个邻域的一部分)。

因此，根据兰多尔和斯特里特(1973)和柯尔特哈特等人的一个字母替换定义(1977)，*clam* 有 *slam, cram, clad, clan, clap, claw*，和 *clay*，都是字形上的邻居。这里的意思是，字形邻域的数量(对于 *clam* 来说，Coltheart's N=7)提供了单词邻域大小(或密度)的初始索引。也就是说，有大邻域的单词(即高 N 个单词)如 *pale* (N = 20)，有小邻域的单词(即低 N 个单词)如 *trek*(N = 1；唯一的邻域单词是 *tree*)。自从柯尔特哈特等人(1977)实验之后，许多实验在广泛的行为学、眼动学和神经生理学范式中检验了字形邻域的大小(见 Andrews，1989、1992、1997)。另一种检查单词邻居在视觉单词识别 78
中的作用的方法不是检查每个邻居本身的数量，而是它们的频率(见 Grainger，O'Regan，Jacobs & Segui，1989)。这与黑文斯和富特(1963)最初提出的在视觉文字识别过程中考虑高频竞争对手的关键作用的建议是一致的。在这一研究中，基本的比较是一组词与强竞争对手(即高频邻居)和一组没有强竞争对手(即无高频邻居)之间的比较。

邻域的首次扩张

字母位置编码的不确定性

20 世纪 50 年代的研究表明，参与者根据转置字母非词的简短呈现(例如，*avitaion*；基词是 *aviation*)可以轻松地说出基词(见 Bruner

& O'Dowd，1958）。所以说，通过转置两个字母创建的非词与它们的基词很相似。在更系统的研究中，钱伯斯（1979）、奥康纳和福斯特（1981）研究了时间词 / 非词辨别任务（即词汇判定）中字母位置编码的复杂性，发现像 *mohter* 这样的转置字母非词产生了相当数量的"单词"反应（超过 20%）。最近，维尔加拉－马提内斯等人（Vergara-Martinez，Perea，Gomez & Swaab，2013）发现，在两个视觉单词识别任务中（词汇判定和语义分类），高频词及其转置字母对应词（如，*mother* 和 *mohter*）的电生理成分相对延迟，如 N400（在刺激出现后约 400 毫秒的峰值），而对于替换字母非单词（如 *mopher*），则不会出现这种情况。由于相邻字母（如 *mohter*）的换位而产生的非单词但高度类似，这一事实表明，字母位置和字母相同性的编码并不同时进行，字母位置编码相当灵活。

刚刚描述的结果对交互激活模型的字形编码方案提出了问题（McClelland & Rumelhart，1981）。该模型最初是用四个字母的基本词汇表来实现的，在这个词汇表中，假定字母位置按正确的顺序进行处理。在模型中，*slat* 和 *salt* 不会比 *slat* 和 *scar* 更接近（即两对中的两个共同字母），因此字母换位效应的存在排除了这种字形编码方案。安德鲁斯（1996）的进一步研究和过去十年的大量实验（见 Perea & Lupker，2003，2004）有助于完善视觉单词识别过程中如何实现字母位置编码的思想。因此，提出了一些具有更灵活编码方案的模型（见 Frost，本书；Kinoshita，本书）。这里的重要问题是，在视觉单词识别和阅读过程中，转置的字母邻域也会被激活（例如，试用会影响跟踪的处理），因此一个单词的邻域也应该将这些词汇单位包含在一组候选词中（见 Acha & Perea，2008b；Johnson，2009，参考关于正常阅读期间转置字母邻居抑制作用的证据）。

邻域的第二次扩张：单词的长度问题

格兰杰和赛格（1990）在一个带有遮蔽刺激的单词识别任务中指出，许多错误涉及字母的添加或删除（例如，*votre* ‘your’而不是 *vote* ‘vote’；*cuir* ‘leather’而不是 *cuire* ‘to cook’）。Grainger 和 Segui 指出，“单词识别过程中的竞争单元不需要具有相同的长度”（第195页），这与听觉单词识别的研究相呼应，在听觉单词识别中，一个单词的邻域的定义是根据其中一个音素被替换、添加或移除来决定的（见 Luce & Pisoni，1998）。后来，更系统的研究提供了证据，证明印刷字的处理可能会受到不同字母数量的词汇单元的影响：这是添加字母邻接词（添加字母邻接 *slate* 可能会影响目标单词 *slat* 的处理；参见 Davis，Perea，& Acha，2009；Davis & Taft，2005；de Moor & Brysbaert，2000）和删除字母邻接词（删除邻接字母 *sat* 可能影响目标单词 *slat* 的处理；见 Davis et al.，2009；Perea & Gomez，2010）。

最后，还可以激活音节邻接词（即，与目标单词在同一位置共享一个音节的词汇单元，尤其是初始音节）。音节邻域词在单词识别中起主要作用的语言中可能特别相关（例如西班牙语；见 Carreiras，Alvarez & De Vega，1993；Perea & Carreiras，1998）。这些相邻词的长度可能与目标词相同（例如，西班牙语中的 *laca* 和 *lago*），也可能不相同（*laca* 和 *lavar*）。总之，一个单词的字形邻域可以由不同类型的 79
邻域组成：一个字母替换邻域（*slam* 和其他六个 *slat* 的邻域词）；转置字母邻域词（*salt*）；添加字母邻域词（*slate* 和其他两个字母）；删除字母邻域（*sat*）；和（可能的）音节邻居。

这里的一个问题是，我们能否获得一个单词的字形邻域的单一和综合的度量。戴维斯（2005）建议使用 *N** 作为一个字母所有替换邻域的总和（即 Coltheart’s N），包括转置字母邻域、添加字母邻域和删除字母邻域。例如，在 *clam* 的情况下，N* 是 12+1+3+1=17。虽然使用戴维斯的邻域词的合集作为一个度量标准可能被认为是一个很好的初始方法，但它并不是没有缺点的。一个缺点是，它对所有类型的邻域赋予相同的权重，但有证据表明，某些类型的邻域可能比其他类型的邻域更平等（例如，Davis et al.，2009；Dunabeitia，Perea & Carreiras，2009）。另一个缺点是，对于较长的单词来说，这个度量往往是零（或接近零），而柯尔特哈特的 N 也会出现这种情况。

为了克服后一种限制，许多研究人员采用了另一种方法，即 OLD20（Yarkoni，Balota & Yap，2008）。这项测量是基于两个词之间的莱文什坦距离。所谓莱文什坦距离，它是信息理论中的一个常用度量，是将一个单词转换为另一个单词所需的最小单个字母更改（替换、添加、删除）数。例如，*hose* 和（它的一个字母替换邻居）*nose* 之间的 Levenshtein 距离为 1（即用 n 替换 h）。同样，*hose* 和（它的附加字母邻居）*horse* 之间的 Levenshtein 距离也是 1（即 *r* 的附加）。根据这些单个字母的变化，OLD20 测量值被定义为平均距离，从每个单词到它的 20 个最近的莱文什坦邻域词。因此，与 N* 一样，OLD20 是字形邻域大小的度量，而不是其成员频率的度量。与 N* 和 N 相比，该度量的两个优点是：（1）虽然它们都适用于长单词，但 OLD20 不太可能是 0；（2）OLD20 允许对单词的邻居（即，它不仅度量两个单词是否是邻域词，而且还度量了感知的距离的大小）进行（更现实的）分级查看。事实上，OLD20 测量法正迅速成为视觉单词识别研究中最常用的邻域测量法（Grainger，Dufau，Montant，Ziegler & Fagot，2012；有关 OLD20 效应的电生理证据，请参阅 Vergara Martinez & Swaab，2012）。

尽管它很重要，但在描述一个词的邻域时，莱文什坦（Levenshtein distance）存在着一个有争议的局限性：它对单个替换的权重大于字母转置的权重。也就是说，在这个度量中，*train* 和 *trail*（莱文什坦距离 1；即，用 l 替换 n）比 *trial* 和 *trail*（莱文什坦距离 2；即，用 a 替换 i，用 i 替换 a）更为紧密。然而，有证据表明，转置字母邻居在单词的邻域中具有特殊地位，因此，它们比替换字母邻居更为密切相关（见 Dunabeitia et al.，2009；Gomez et al.，2008；Perea & Fraga，2006）。尽管这一问题不影响大多数字形系统，其中转置的字母－词对的数量通常很小（见 Acha & Perea，2008b；Andrews，1996），但在那些具有大量转置字母－词对的语言中，这可能是一个相关因素（例如，闪米特语言如阿拉伯语和希伯来语等语言；见 Perea，Abu Mallouh & Carreiras，2010；Velan & Frost，2007）。

在这一节中，我重点介绍了单词邻域的字形度量。对音系领域也提出了类似的措施。根据兰多尔和斯特里特（1973）定义的逻辑，亚特斯、洛克和辛普森（2004）将"语音邻域词定义为仅改变目标词的一个音位即可形成的词"（第 453 页）。也就是说，POLD20 类似于 OLD20 的度量，只是它针对的是语音上的而不是字形上的邻域。虽然在许多语言中，字形和语音邻接通常是一致的（例如，西班牙语），但情况并非总是如此（例如，英语）。鉴于对语音邻域的研究比字形的邻域少，下面的部分将主要关注字形邻域的影响。尽管如此，近期的关于语音邻域效应的实验将在本节末尾进行评议。

邻域词促进还是阻碍单词识别过程?

使用响应时间任务（如词汇判定任务）对单词的字形邻域词的作用进行的初步实验（即，"刺激是否为真实单词?"）检验了交互激活模型的一个基本假设：在词汇层面上，通过表示词汇单元的节 80
点之间的抑制链接进行竞争的想法。具体来说，在词汇判定实验中，格兰杰等人（1989）比较了一组没有较高频率（一个字母替换）相邻词和一组至少有一个较高频率（一个字母替换）相邻词的单词识别时间。与交互激活模型的预测一致，他们发现具有较高频率邻域词比没有较高频率邻域词的单词识别时间更长。这一发现不仅限于实验室单词识别任务，因为它也被复制并推广到句子阅读中。特别是，对于频率较高的相邻词，注视时间比没有频率较高的相邻词的对照词的平行测量时间要长（和/或回归到目标词的次数更多），这一点已经用不同类型的相邻词进行了报告：一个字母替代的邻域词（Perea & Pollatsek，1998；Slattery，2009）、转置字母的邻域词（Acha & Perea，2008b；Johnson，2009）、添加字母的邻域词（Davis，Perea，& Acha，2009）和删除字母的邻域词（Davis et al.，2009）。重要的是，句子阅读实验表明，这些频率较高的邻域词的影响往往发生在相对较迟的测量中（即，一旦读者离开了目标词，例如目标词后的注视时间或返回到目标词的回归百分比），而不是在早期注视阶段（如目标词的初始注视）。该结果与眼动控制模型一致（例如，E-Z-读者模型；见 Reichle，Rayner & Pollatsek，2003；Reichle & Sheridan，本书；另见 Johnson，Staub & Fleri，2012，以获取使用响应时间分布的单词阅读中转置字母邻域效应的证据）。

上面的一段提供了有利于视觉词识别过程中词汇水平上的竞争效应的证据。然而，安德鲁斯（1989，1992）发现，在词汇判定任务中，具有多个（一个字母替换）相邻词的低频词比具有很少（一个字母替换）相邻词的低频词产生的响应时间更快。这一发现似乎与词汇层面上的竞争存在着矛盾，因为人们会期望有许多邻域词会导致更多的词汇竞争（通过抑制链接），而这反过来又会导致高 N 词的单词识别时间更长。事实上，使用交互激活模型的模拟无法捕获这种效果模式（见 Grainger & Jacobs，1996）。

为了解释这种明显的差异，格兰杰和雅各布斯（1996）认为，邻域词数量的促进效应是由词汇判定任务中的特定任务因素造成的。特别是，在他们的多重读出模型中，格兰杰和雅各布斯扩展了交互激活模型，这样不仅可以在单词单元达到给定激活水平（即交互激活模型中的原始标准）的基础上生成词汇判定中的“单词”响应，同时也是基于字形邻域词的总和激活（所谓的Σ-准则）的全局活动准则。这一新模型能够同时捕捉到邻域词数量的便利效应和词汇判定中邻域频率的抑制效应（Grainger & Jacobs，1996；此外见 Wagenmakers, Ratcliff, Gomez & Mckoon，2008）。来自于格兰杰和雅各布斯（1996）模型的其中一个预测是，当词汇判定中产生邻域大小便利效应的相同单词在需要实际单词识别的情况下（例如句子阅读中）被使用时，这种效应应成为抑制效应。后来，波拉塞克等人（Pollatsek, Perea & Binder, 1999）证实了这一预测。

综上所述，本文所描述的证据与部分模型是一致的，他们都认为在单词呈现时激活的相邻单元之间存在词汇竞争，例如交互激活模型（或其继承者）。使用两组不同刺激的实验（如这里所描述的，有较高频邻域词的单词与无较高频邻域词的单词的对比；邻域较大的单词与邻域较小的单词的对比）的一个局限性是，对两组刺激的某些特征的控制并非一目了然。在词汇获取过程中，检验词汇竞争作用的一种补充方法是采用启动程序，特别是遮蔽启动（*masked priming*）（Forster & Davis，1984；另见 Grainger，2008，了解评论）。遮蔽启动技术的过程很简单：在500毫秒前向模式遮蔽（#####）之后，启动刺激在目标之前短暂呈现（大约30—50毫秒）。参与者需要对目标刺激做出反应（即词汇判定、语义分类或命名）。尽管有意识的报告（基本上）无法追踪被遮蔽的启动项，但在词汇判定和其他 81
任务中，启动项能够影响目标的识别。不出所料，当启动项与目标词相同时，获得最强的正启动效应（对 *house-HOUSE* 的响应时间比对 *ocean-HOUSE* 的响应时间快），但当启动项与目标共享字形、语音、形态乃至语义关系，遮蔽启动效应也会发生。遮蔽启动的性质处于抽象的表现水平，因为遮蔽启动的效果在名义上和物理上都是相同的大小写（如 *kiss-KISS*）的字母对子，也包括名义上（但不是物理上）相同的大小写（如 *edge-EDGE*）的字母对子（见 Bowers，Vigliocco & Haan，1998；Perea，Jimenez & Gomez，2014）。与单词（或阅读）实验相比，在启动条件下（或在项目内的任何其他操作中）的目标材料在启动过程中保持不变。这就避免了试图控制所选刺激物中潜在干扰的问题（见 Forster，2000 年的讨论），同时也允许项目内分析而不是较弱的项目间分析。

许多使用词汇判定任务的遮蔽启动实验提供了聚合证据，说明在词汇层面上与单词的邻域词的竞争中胜出的过程。遮蔽形式对单词目标的启动效应通常是不同的，取决于主要刺激是否是一个词。具体来说，虽然单词邻域启动项对目标处理的影响往往是抑制性的，但非单词邻域启动的影响往往是促进性的（例如，Carreiras & Perea，2002；Davis & Lupker，2006；Dunabeitia et al.，2009；Nakayama，Sears & Lupker，2011；Segui & Grainger，1990）。这适用于使用单个字母替换相邻词和转置相邻字母的实验。这一结果与相邻启动项对目标词处理产生抑制影响（通过词法层面的抑制链接）的观点非常吻合，而相邻的非词启动项则产生次级促进作用。

一个词的邻域可能会阻碍它的处理，它的进一步的证据来自于遮蔽形式 / 重复启动和邻域密度之间的相互作用。这里需要注意非单词启动项的形式效果（例如，*honse-HOUSE* 与 *minve-HOUSE*）。虽然形式启动发生在极少邻域词（低 - 邻域词）的目标词上，但多邻域词（高邻域词；Forster, Davis, Schoknecht, & Carter 1987；另见 Perea &

Rosa，2000）的目标词则没有发生。此外，在重复启动过程中也会产生平行效应。低邻域词的遮蔽重复启动的幅度大于高邻域词（Perea & Rosa，2000）。也就是说，同一个单词的重复表达对高邻域词的单词的益处要小于低邻域词的单词。Perea 和福斯特（在准备阶段）在一系列三种不同的遮蔽形式 / 重复启动词汇决策实验中，对三种不同的刺激进行测试，结果发现，低邻域词的单词（47、49 和 52 毫秒）的重复启动比高邻域词的单词（31、34 和 34 毫秒）要大。同样，在三个实验（26、25 和 29 毫秒）中，低邻域词的单词的形式启动效应显著，约为 25—30 毫秒，略小于相同项目重复启动效应的一半。高邻域词的单词的形式启动效应在整个实验过程中可以忽略不计。三个实验（−2、2 和 7 毫秒）。由于在这些遮蔽启动实验中，最长持续时间为 50 毫秒，这意味着低邻域词的单词（而非高邻域词的单词）从识别过程中获得了充分的好处（即，与不相关的启动条件相比，识别的假定优势约为 50 毫秒；见 Gomez，Perea & Ratcliff，2013，参考遮蔽重复启动效应的性质），以穿越来自大邻域中预先激活的词汇单位的抑制链接。这些实验得出的基本结论是，一个高邻域词的单词从其之前的遮蔽表示中获得的处理效益比一个低邻域词的单词要小。因此，遮蔽形式 / 重复启动的调制为那些假设在词汇层面存在竞争的模型提供了一致的证据。

前几段重点讨论了字形邻域词在视觉单词识别中的作用。一个研究较少的问题是语音邻域在视觉单词识别中的影响。事实上，目前（实施）的大多数视觉单词识别模型都侧重于处理的正字层面（例如，空间编码模型，Davis，2010）。然而，一些研究在对照单词的字形邻域的同时，考察了单词语音邻域在视觉单词识别和阅读中的影响。亚特斯等人（2004）报告说，在词汇判定任务中，有许多语音邻域词的单词比没有语音邻域词的单词反应更快。随后，亚特斯等人（Yates，Friend & Ploetz，2008）研究了这种促进作用是否可以推广到正常的阅读情况。尤其是，亚特斯等人进行了一项句子阅读实验，在每一个句子中都插入了一个目标字（伴有许多/少量的语音邻域词）。结果是多种多样的。虽然，他们发现在含多语音邻域词的目标词上的第一次短暂注视时间比在含极少语音邻域词的目标词上的注视时间更短，这一促进效果在其他眼动的测量中不存在，如凝视时长（即，在离开目标词之前的所有注视）和总注视次数（即，在目标词上所有注视，包括回视）。因此，虽然在处理层面上看，一个单词的语音邻域词可能对目标词有促进作用，但证据不确定。明确地说，未来研究的一个重要方面是详细研究拼写和语音邻域词在视觉文字识别对多种语言阅读的影响。

单词邻域中辅音/元音的状况重要吗？

在大多数关于邻域效应的研究中，一个被忽视的问题是辅音和元音的区别。其原因是，大多数影响视觉单词识别的模型假设印刷字母的辅音/元音状态之间没有区别（例如，交互激活模型，McClelland & Rumelhart，1981；空间编码模型，Davis，2010；贝叶斯读者模型，Norris，2006；OpenBigram 模型，Grainger & van Heuven，2003；SERIOL 模型，Whitney，2001；重叠模型，Gomez et al.，2008）。因此，在这些模型中，同一个元音（如 *list* 和 *lost*）不同的相邻词在知觉上与同一个辅音（如 list 和 lift）不同的相邻词一样接近。

然而，大量研究表明，在各种语言中，辅音和元音的处理方式并不完全相同（见 Caramazza，Chialant，Capasso & Miceli，2000；Mehler，Pena，Nespor & Bonatti，2006）。特别是，有人声称在获取心理词汇上辅音比元音更相关，而元音在传递语法信息上更相关（Mehler et al.，

2006）。事实上，在文本信息中使用快捷方式时，我们倾向于省略元音而不是辅音，并且由此产生的单词很容易被复制（见 Perea，Acha & Carreiras，2009，获取眼睛跟踪证据）。关于辅音、元音和字形邻域词的具体问题，一个重要的证据来自钮等人（New，Araujo & Nazzi，2008）的遮蔽启动词汇判定实验。两个关键的启动条件是保留辅音的条件（如 *duvo-DIVA; apis-OPUS*）和保留元音的条件（如 *rifa-DIVA; onub-OPUS*）。对于成人读者来说，保留辅音启动项比保留元音启动项更能促进目标的处理。事实上，保留元音启动条件下的响应时间与不相关启动条件下的响应时间没有显著差异（例如，*rufo-DIVA; anib-OPUS*）。在最近的一系列实验中，索雷斯等人（Soares，Perea & Comesana，2014）复制了钮等人在成人读者的另一种语言（葡萄牙语）中的研究发现，并将辅音/元音差异的有关发现进行了延展，用于培养读者（五年级儿童）。

与字母的辅音/元音状态重要性相关的另一条信息来自于 Dunabeitia 和卡雷拉斯（2011）对非词部分启动项进行的遮蔽启动的词汇判定实验。他们发现由辅音组成的部分启动项比由元音组成的部分启动项更有效（即，对 *csn-CASINO* 的响应时间比对 *aio-CASINO* 的响应时间更快）。此外，字母换位对辅音和元音换位的影响也不同：*caniso* 和 *casino* 在知觉上比 *anamil* 和 *animal* 更接近，这是从这样一个事实推断出来的：在换位字母非单词 *caniso* 一出现，像 *casino* 这样的目标单词就很快出现，比前面是替换字母的非单词 *caviro* 要快得多，而两个元音的换位/替换则没有平行差异（即，*anamil-ANIMAL* 和 *anomel-ANIMAL* 的相似单词识别时间；Perea & Lupker，2004；另见 Lupker，Perea & Davis，2008）。

因此，关于一个词的邻域的度量方法应该扩展，要考虑辅音/元音的区别。如前所述，当前视觉单词识别的计算模型不能解释这些辅音/元音差异。一个简单的选择是对OLD20距离度量法中的辅音修改给予一个区分权重。随着不同语言数千个单词识别时间的大型数据库的出现（例如，Balota et al.，2007），应该可以很容易地测试修改后的OLD20（或POLD20）是否衡量辅音和元音变化的权重比当前的OLD20测量法更适合。同时，重要的是要检查为外部字母分配的
83 权重是否比为内部字母分配的权重更高，这也可能提供更好的匹配。反过来，在外部字母之间，开始字母的权重也可能高于结束字母。

结论和今后方向

在实验室的单词识别任务（无论是在单一呈现模式还是遮蔽启动模式中）以及在默读（通过眼睛跟踪）中，对单词邻域在词汇获取过程中的影响进行的实验提供了在词汇层面上竞争的证据，也对交互式激活模型的成果提供了数据上的支持。尽管邻域度量有局限性，但在70年代和80年代用单个字母替换邻域得到的基本发现已经有所延展，并对其他类型的邻域研究也提出了适当的调整。

最后一个值得评论的问题是，在阅读过程中，一个词的邻域在多大程度上受到所讨论模型中忽略的视觉注意力系统特性的影响。如前所述，OLD20度量法具有以下限制：字母换位涉及两个步骤，而单个的添加、删除或替换仅涉及一个步骤，并且有证据表明，换位字母邻接非常接近目标单词（即，比一个字母替换的词更接近）。这种现象可能与视觉系统如何对字母位置进行编码有关：关于字母位置的感知不确定性被认为来自视觉层面上的编码位置的噪声（Gomez et al.，2008）。相似的是，当对几何对象序列进行编码（Garcia-Orza，Perea & Estudillo，2011），或是集体在读乐谱时（Perea，Garcia-Chamorro，Centelles & Jimenez，2013），也会出现这种情况。事

实上，当视觉形态中的相同材料产生转置字母效应（例如，视觉呈现时，*cholocate* 就很容易错看）时，以触觉形态呈现，如盲文，转置字母效应消失（Perea，Garcia-Chamorro，Martin-Suesta & Gomez，2012）。因此，对视觉以外的情态的研究，如盲文的研究，可能有助于发现阅读过程的哪些方面，包括单词邻接词的定义，是独立于形态的，哪些方面是形态特定的（见 Perea，Jimenez，Martin-Suesta & Gomez，2014，对比有视力和盲文读者的句子阅读）。

还有一个重要问题需要进一步研究：一个词的邻域如何在培训读者中演变。卡斯尔斯等人（Castles，Davis，Cavalot & Forster，2007；另见 Acha & Perea，2008a；Soares et al.，2014）声称，对于邻域结构的理解，作为一种阅读技巧的功能，是随着小学儿童情况变化的。卡斯尔斯等人在他们的词汇调整假设中指出，字形识别系统在初始阶段是粗线条的，随着阅读技能的提高，其识别精度越来越高。与此观点一致，卡斯尔斯等人（2007）发现遮蔽形式启动效应的大小与初等读者的单词识别启动效应相近。在年龄较大的儿童中，他们发现单词识别启动效应比成人读者中出现的形式启动效应更大。因此，儿童单词邻域的定义可能反映出字母标识和字母位置编码的灵活性。更多的研究应该详细研究阅读水平和单词邻里之间的关系。

另一个相关的问题是一个词的邻域对一个双语者来说如何受到双语中两个（或多个）词的影响。有证据表明，在双语中，一个单词的呈现激活了双语两种语言中拼写相似的单词，正如字形激活模型所预测的那样。特别是，双语激活模型（Dijkstra，Van Heuven & Grainger，1998）可以成功地处理双语单词识别的许多复杂问题（参见 Grainger，Midgley & Holcomb，2010 年的最新研究回顾）。

本章总结的大多数研究都是用拉丁语系的语言进行的。在使用世界上第二广泛使用的字母系统阿拉伯语（如阿拉伯语、波斯语、乌尔都语、维吾尔语）的语言中，每个字母形式的具体形状取决于它是否与相邻的字母相连。阿拉伯语是一种从右到左阅读的半草书的书写体系，其中字母 *nūn*（在 Buckwalter 音译中为 *n*）的形状取决于它是否连接到两个相邻的字母（中间形式：ـنـ），当它仅连接到前一个字母（前形状：نـ），当它只与下一个字母连接时（最终形式：ـن），当它不与相邻字母连接时（孤立形式：ن）。虽然阿拉伯语中的一些字母可以与某些字母连接，但其他字母则不能，因此可能会创建文字块，如单词 عارش（'sail'，Buckwalter 音译中的 *$rAE*；在国际音标中 $ = /ʃ/, r = /r/, A = /aː/, and E = /ʕ/），其中两个首字母是连接的，最后两个字
84 母是独立的，注意，如前所述，阿拉伯语是从右向左读的。阿拉伯文字中字母组成单词的位置依赖性影响单词邻域的结构（见 Friedmann & Haddad Hanna，2012，阿拉伯语证据；见 Yakup，Abliz，Sereno & Perea，2014，维吾尔语证据）。这两项研究表明，单词 لهمت（'slowed'，*tmhl* 据 Buckwalter 音译）and لمهت（'neglect'，*thml*），它们共享字母位置书写（注意，音素 *m* [ـمـ] 和 *h* [ـهـ] 的音译都在两个词的中间形式位置）的字形接近于不共享字母位置图的单词 عارش（'sail'，音译为 *$rAE*）和 عراش（'street'，*$ArE*）（音素 *$ArE* 的音译在 *$rAE* [ا] 中是孤立形式，是 *$ArE* [ـا] 中的最终形式，而音素 *$ArE* 的音译是 *$rAE* [ـر] 的最终形式，在 *$ArE* [ر] 中是孤立形式。

今后，还应进一步研究一个单词的邻域如何在使用音调作为标记的字母语言（如泰语）中表现出来（见 Winskel & Perea，2014，了解泰语音调标记的拼写 / 语音效果）。重要的是泰国字形的性质，即单词不由空格分隔，也可能导致字母编码过程不同于印欧语系（见 Winskel，Perea & Peart，2014）。例如，在句子阅读过程中，对于泰语的内部和初始转置字母非单词所造成的阅读中断程度相似（Winskel，Perea & Ratitamkul，2012），而对于印欧语系，初始字母位置的转置字

母非单词造成的阅读中断程度比内部位置更大（见 White，Johnson，Liversedge & Rayner，2008）。

最后，在汉语和日语等非字母语言中，可能存在某种（些）邻域效应。也就是说，因为对字母语言的研究已经表明，在编码来自相邻的竞争相似词的单词时，存在着明显的抑制作用，所以在非字母语言中似乎也会有类似的效果。这意味着一个重要的问题：一个词的邻域如何能最好地在这些非字母语言中定义。考虑一下汉语的情况。汉语中存在着词语是什么的复杂问题，而汉字的两到四个字序列是词还远远没有达成共识。因此，对汉语邻域效应的研究开始于对汉字邻域效应的探索。鉴于大多数汉字都可以分解成一个语义部首提供意义的线索和一个语音部首提供发音的线索，检查汉字邻域的一个初步方法是将语音部首邻域分开（即，共享语音根式的字符）和语义根式邻域（即共享语义根式的字符；见李青林等人［Li，Bi，Wei & Chen，2011］有关语音根式邻域的最新研究）。另一种在汉语中定义单词邻域的方法是考虑到笔划层次上的相似性。特别是，王敬欣等人（Wang, Jing, Weijin, Liversedge, & Paterson，2014）将汉字的相邻笔划邻域定义为可以通过替换、添加或删除一个或多个字符笔划形成的字符。他们的理论基础是，一个字的笔划可以被视为类似于文字中的字母，而部首可以被视为更类似于词素。重要的是，王敬欣等人（2014）在遮蔽启动和正常阅读中发现抑制性笔划的邻域效应。因此，这些数据与以字母语言报告的影响相似（另见 Nakayama et al.，2011，日本音节手写体假名中的类似发现）。虽然需要进一步的研究来确定视觉词识别中词汇竞争的性质，但迄今为止来自汉语和日语的数据表明，这些过程可能在字母和非字母语言中很常见。

致谢

本章的准备工作得到了西班牙政府 PSI2011-26924 基金的一部分支持。

参考文献

Acha, J., & Perea, M. (2008a). The effects of length and transposed-letter similarity in lexical decision: Evidence with beginning, intermediate, and adult readers. *British Journal of Psychology, 99,* 245–264.

Acha, J., & Perea, M. (2008b). The effect of neighborhood frequency in reading: Evidence with transposed-letter neighbors. *Cognition, 108,* 290–300.

Andrews, S. (1989). Frequency and neighborhood effects on lexical access: Activation or search? *Journal of Experimental Psychology: Learning, Memory, and Cognition, 15,* 802–814.

Andrews, S. (1992). Frequency and neighborhood effects on lexical access: Lexical similarity or orthographic redundancy? *Journal of Experimental Psychology: Learning, Memory, and Cognition, 18,* 234–254.

Andrews, S. (1996). Lexical retrieval and selection processes: Effects of transposed-letter confusability. *Journal of Memory and Language, 35,* 775–800.

Andrews, S. (1997). The effect of orthographic similarity on lexical retrieval: Resolving neighborhood conflicts. *Psychonomic Bulletin & Review, 4,* 439–461.

Balota, D. A., Yap, M. J., Cortese, M. J., Hutchison, K. A., Kessler, B., Loftis, B., . . . Treiman, R. (2007). The English Lexicon Project. *Behavior Research Methods, 39,* 445–459.

Besner, D., & Humphreys, G. W. (1991). Basic processes in word recognition and identification: An overview. In D. Besner & G. W. Humphreys (Eds.), *Basic processes in reading: Visual word recognition* (pp. 1–9). Hillsdale, NJ: Erlbaum.

Bowers, J. S., Vigliocco, G., & Haan, R. (1998). Orthographic, phonological, and articulatory contributions to masked letter and word priming. *Journal of Experimental Psychology: Human Perception and Performance, 24,* 1705–1719.

Bruner, J. S., & O'Dowd, D. (1958). A note on the informativeness of parts of words.

Language and Speech, 1, 98–101.
Caramazza, A., Chialant, D., Capasso, R., & Miceli, G. (2000). Separable processing of consonants and vowels. *Nature, 403,* 428–430.
Carreiras, M., & Perea, M. (2002). Masked priming effects with syllabic neighbors in the lexical decision task. *Journal of Experimental Psychology: Human Perception and Performance, 28,* 1228–1242.
Carreiras, M., Alvarez, C. J., & de Vega, M. (1993). Syllable frequency and visual word recognition in Spanish. *Journal of Memory and Language, 32,* 766–780.
Castles, A., & Coltheart, M. (1993). Varieties of developmental dyslexia. *Cognition, 47,* 149–180.
Castles, A., Davis, C., Cavalot, P., & Forster, K. I. (2007). Tracking the acquisition of orthographic skills in developing readers: Masked form priming and transposed-letter effects. *Journal of Experimental Child Psychology, 97,* 165–182.
Chambers, S. M. (1979). Letter and order information in lexical access. *Journal of Verbal Learning and Verbal Behavior, 18,* 225–241.
Coltheart, M., Davelaar, E., Jonasson, J., & Besner, D. (1977). Access to the internal lexicon. In S. Dornic (Ed.), *Attention and performance* (Vol. 6, pp. 535–555). Hillsdale, NJ: Erlbaum.
Coltheart, M., Rastle, K., Perry, C., Langdon, R., & Ziegler, J. (2001). DRC: A dual route cascaded model of visual word recognition and reading aloud. *Psychological Review, 108,* 204–256.
Davis, C. J. (2005). N-Watch: A program for deriving neighborhood size and other psycholinguistic statistics. *Behavior Research Methods, 37,* 65–70.
Davis, C. J. (2010). The spatial coding model of visual word identification. *Psychological Review, 117,* 713–758.
Davis, C. J., & Lupker, S. J. (2006). Masked inhibitory priming in English: Evidence for lexical inhibition. *Journal of Experimental Psychology: Human Perception and Performance, 32,* 668–687.
Davis, C. J., & Taft, M. (2005). More words in the neighborhood: Interference in lexical decision due to deletion neighbors. *Psychonomic Bulletin & Review, 12,* 904–910.
Davis, C. J., Perea, M., & Acha, J. (2009). Re(de)fining the orthographic neighbourhood: The role of addition and deletion neighbours in lexical decision and reading. *Journal of Experimental Psychology: Human Perception and Performance, 35,* 1550–1570.
De Moor, W., & Brysbaert, M. (2000). Neighborhood-frequency effects when primes and targets are of different lengths. *Psychological Research, 63,* 159–162.

Dijkstra, T., van Heuven, W. J. B., & Grainger, J. (1998). Simulating cross-language competition with the bilingual interactive activation model. *Psychologica Belgica, 38,* 177–196.

Dunabeitia, J. A., & Carreiras, M. (2011). The relative position priming effect depends on whether letters are vowels or consonants. *Journal of Experimental Psychology: Learning, Memory, and Cognition, 37,* 1143–1163.

Dunabeitia, J. A., Perea, M., & Carreiras, M. (2009). There is no clam with coats in the calm coast: Delimiting the transposed-letter priming effect. *Quarterly Journal of Experimental Psychology, 62,* 1930–1947.

Forster, K. I. (2000). The potential for experimenter bias effects in word recognition experiments. *Memory & Cognition, 28,* 1109–1115.

Forster, K. I., & Davis, C. (1984). Repetition priming and frequency attenuation in lexical access. *Journal of Experimental Psychology: Learning, Memory, and Cognition, 10,* 680–698.

Forster, K. I., Davis, C., Schoknecht, C., & Carter, R. (1987). Masked priming with graphemically related forms: Repetition or partial activation? *Quarterly Journal of Experimental Psychology, 39,* 211–251.

Friedmann, N., & Haddad-Hanna, M. (2012). Letter position dyslexia in Arabic: From form to position. *Behavioural Neurology, 25,* 193–203.

Garcia-Orza, J., Perea, M., & Estudillo, A. (2011). Masked transposition effects for simple vs. complex non-alphanumeric objects. *Attention, Perception, & Psychophysics, 73,* 2573–2582.

Gomez, P., Perea, M., & Ratcliff, R. (2013). A diffusion model account of masked vs. unmasked priming: Are they qualitatively different? *Journal of Experimental Psychology: Human Perception and Performance, 39,* 1731–1740.

Gomez, P., Ratcliff, R., & Perea, M. (2008). The overlap model: A model of letter position coding. *Psychological Review, 115,* 577–601.

Grainger, J. (2008). Cracking the orthographic code: An introduction. *Language and Cognitive Processes, 23,* 1–35.

Grainger, J., Dufau, S., Montant, M., Ziegler, J. C., & Fagot, J. (2012). Orthographic processing in baboons (*Papio papio*). *Science, 336,* 249–255.

Grainger, J., & Jacobs, A. M. (1996). Orthographic processing in visual word recognition: A multiple read-out model. *Psychological Review, 103,* 518–565.

Grainger, J. Midgley, K. J., & Holcomb, P. J. (2010). Re-thinking the bilingual interactive-activation model from a developmental perspective (BIA-d). In M. Kail & M. Hickman (Eds.), *Language acquisition across linguistic and cognitive systems* (pp. 267–284). Philadelphia, PA: Benjamins.

Grainger, J., O'Regan, J. K., Jacobs, A. M., & Segui, J. (1989). On the role of competing word units in visual word recognition: The neighborhood frequency effect. *Perception & Psychophysics, 45,* 189–195.

Grainger, J., & Segui, J. (1990). Neighborhood frequency effects in visual word recognition: A comparison of lexical decision and masked identification latencies. *Perception & Psychophysics, 47,* 191–198.

Grainger, J., & van Heuven, W. J. B. (2003). Modeling letter position coding in printed word perception. In P. Bonin (Ed.), *Mental lexicon: Some words to talk about words* (pp. 1–23). Hauppauge, NY: Nova Science. Havens, L. L., & Foote, W. E. (1963). The effect of competition on visual duration threshold and its independence of stimulus frequency. *Journal of Experimental Psychology, 65,* 6–11.

Johnson, R. L. (2009). The quiet clam is quite calm: Transposedletter neighborhood effects on eye movements during reading. *Journal of Experimental Psychology: Learning, Memory, and Cognition, 35,* 943–969.

Johnson, R. L., Staub, A., & Fleri, A. (2012). Distributional analysis of the transposed-letter neighborhood effect on naming latency. *Journal of Experimental Psychology: Learning, Memory, and Cognition, 38,* 1773–1779.

Landauer, T. K., & Streeter, L. A. (1973). Structural differences between common and rare words: Failure of equivalence assumptions for theories of word recognition. *Journal of Verbal Learning and Verbal Behavior, 12,* 119–131.

Li, Q. L., Bi, H. Y., Wei, T. Q., & Chen, B. G. (2011). Orthographic neighborhood size effect in Chinese character naming: Orthographic and phonological activations. *Acta Psychologica, 13,* 35–41.

Luce, P. A., & Pisoni, D. B. (1998). Recognizing spoken words: The neighborhood activation model. *Ear and Hearing, 19,* 1–36.

Lupker, S. J., Perea, M., & Davis, C. J. (2008). Transposed letter priming effects: Consonants, vowels and letter frequency. *Language and Cognitive Processes, 23,* 93–116.

McClelland, J. L., & Rumelhart, D. E. (1981). An interactive activation model of context effects in letter perception: I. An account of basic findings. *Psychological Review, 88,* 375–407.

Mehler, J., Pena, M., Nespor, M., & Bonatti, L. (2006). The "soul" of language does not use statistics: Reflections on vowels and consonants. *Cortex, 42,* 846–854.

Murray, W. S., & Forster, K. I. (2004). Serial mechanisms in lexical access: The rank hypothesis. *Psychological Review, 111,* 721–756.

Nakayama, M., Sears, C. R., & Lupker, S. J. (2011). Lexical competition in a non-Roman, syllabic script: An inhibitory neighbor priming effect in Japanese Katakana.

Language and Cognitive Processes, 26, 1136–1160.

New, B., Araujo, V., & Nazzi, T. (2008). Differential processing of consonants and vowels in lexical access through reading. *Psychological Science, 19,* 1223–1227.

Norris, D. (2006). The Bayesian Reader: Explaining word recognition as an optimal Bayesian decision process. *Psychological Review, 113,* 327–357.

O'Connor, R. E., & Forster, K. I. (1981). Criterion bias and search sequence bias in word recognition. *Memory & Cognition, 9,* 78–92.

Perea, M. (1998). Orthographic neighbours are not all equal: Evidence using an identification technique. *Language and Cognitive Processes, 13,* 77–90.

Perea, M., & Fraga, I. (2006). Transposed-letter and laterality effects in lexical decision. *Brain and Language, 97,* 102–109.

Perea, M., & Gomez, P. (2010). Does LGHT prime DARK? Masked associative priming with addition neighbors. *Memory & Cognition, 38,* 513–518.

Perea, M., & Lupker, S. J. (2003). Does jugde activate COURT? Transposed-letter confusability effects in masked associative priming. *Memory & Cognition, 31,* 829–841.

Perea, M., & Lupker, S. J. (2004). Can CANISO activate CASINO? Transposed-letter similarity effects with nonadjacent letter positions. *Journal of Memory and Language, 51,* 231–246.

Perea, M., & Pollatsek, A. (1998). The effects of neighborhood frequency in reading and lexical decision. *Journal of Experimental Psychology: Human Perception and Performance, 24,* 767–777.

Perea, M., & Rosa, E. (2000). Repetition and form priming interact with neighborhood density at a short stimulus-onset asynchrony. *Psychonomic Bulletin & Review, 7,* 668–677.

Perea, M., Abu Mallouh, R., & Carreiras, M. (2010). The search of an input coding scheme: Transposed-letter priming in Arabic. *Psychonomic Bulletin & Review, 17,* 375–380.

Perea, M., Acha, J., & Carreiras, M. (2009). Eye movements when reading text messaging (txt msgng). *Quarterly Journal of Experimental Psychology, 62,* 1560–1567.

Perea, M., & Forster, K. I. (in preparation). The neighborhood density constraint on form/repetition priming. Perea, M., Garcia-Chamorro, C., Centelles, A., & Jimenez, M. (2013). Position coding effects in a 2D scenario: The case of musical notation. *Acta Psychologica, 143,* 292–297.

Perea, M., Garcia-Chamorro, C., Martin-Suesta, M., & Gomez, P. (2012). Letter position coding across modalities: The case of Braille readers. *PLoS ONE, 7,* e45636.

Perea, M., Jimenez, M., Martin-Suesta, M., & Gomez, P. (2014). Letter position coding across modalities: Braille and sighted reading of sentences with jumbled words. *Psychonomic Bulletin & Review*.

Pollatsek, A., Perea, M., & Binder, K. (1999). The effects of neighborhood size in reading and lexical decision. *Journal of Experimental Psychology: Human Perception and Performance, 25,* 1142–1158.

Rayner, K., McConkie, G. W., & Zola, D. (1980). Integrating information across eye movements. *Cognitive Psychology, 12,* 206–226.

Reichle, E. D., Rayner, K., & Pollatsek, A. (2003). The EZ Reader model of eye-movement control in reading: Comparisons to other models. *Behavioral and Brain Sciences, 26,* 445–476.

Segui, J., & Grainger, J. (1990). Priming word recognition with orthographic neighbors: Effects of relative prime-target frequency. *Journal of Experimental Psychology: Human Perception and Performance, 16,* 65–76.

Seidenberg, M. S., & McClelland, J. L. (1989). A distributed, developmental model of word recognition and naming. *Psychological Review, 96,* 523–568.

Slattery, T. J. (2009). Word misperception, the neighbor frequency effect, and the role of sentence context: Evidence from eye movements. *Journal of Experimental Psychology: Human Perception and Performance, 35,* 1969–1975.

Soares, A. P., Perea, M., & Comesana, M. (2014). Tracking the emergence of the consonant bias in visual-word recognition: Evidence with developing readers. *PLoS ONE, 9,* e88580.

Velan, H., & Frost, R. (2007). Cambridge University vs. Hebrew University: The impact of letter transposition on reading English and Hebrew. *Psychonomic Bulletin & Review, 14,* 913–928.

Vergara-Martinez, M., Perea, M., Gomez, P., & Swaab, T. Y. (2013). ERP correlates of letter identity and letter position are modulated by lexical frequency. *Brain and Language, 125,* 11–27.

Vergara-Martinez, M., & Swaab, T. Y. (2012). Orthographic neighborhood effects as a function of word frequency: An event-related potential study. *Psychophysiology, 49,* 1277–1289.

Wagenmakers, E. J., Ratcliff, R., Gomez, P., & McKoon, G. (2008). A diffusion model account of criterion shifts in the lexical decision task. *Journal of Memory and Language, 58,* 140–159.

Wang, J., Tian, J., Han, W., Liversedge, S. P., & Paterson, K. B. (2014). Inhibitory stroke neighbour priming in character recognition and reading in Chinese. *Quarterly Journal of Experimental Psychology*.

White, S. J., Johnson, R. L., Liversedge, S. P., & Rayner, K. (2008). Eye movements when reading transposed text: The importance of word-beginning letters. *Journal of Experimental Psychology: Human Perception and Performance, 34,* 1261–1276.

Whitney, C. (2001). How the brain encodes the order of letters in a printed word: The SERIOL model and selective literature review. *Psychonomic Bulletin & Review, 8,* 221–243.

Winskel, H., & Perea, M. (2014). Does tonal information affect the early stages of visual-word processing in Thai? *Quarterly Journal of Experimental Psychology, 67,* 209–219.

Winskel, H., Perea, M., & Peart, E. (2014). Testing the flexibility of the modified receptive field (MRF) theory: Evidence from an unspaced orthography (Thai). *Acta Psychologica, 150,* 55–60.

Winskel, H., Perea, M., & Ratitamkul, T. (2012). On the flexibility of letter position coding during lexical processing: Evidence from eye movements when reading Thai. *Quarterly Journal of Experimental Psychology, 64,* 1522–1536.

Yakup, M., Abliz, W., Sereno, J., & Perea, M. (2014). How is letter position coding attained in scripts with position dependent allography? *Psychonomic Bulletin & Review.*

Yarkoni, T., Balota, D. A., & Yap, M. J. (2008). Moving beyond Coltheart's N: A new measure of orthographic similarity. *Psychonomic Bulletin & Review, 15,* 971–979.

Yates, M., Friend, J., & Ploetz, D. M. (2008). The effect of phonological neighborhood density on eye movements during reading. *Cognition, 107,* 685–692.

Yates, M., Locker, L., & Simpson, G. B. (2004). The influence of phonological neighborhood on visual word perception. *Psychonomic Bulletin & Review, 11,* 452–457.

第7章 跨语言视角下的字母顺序处理：数据发现和理论思考 88

拉姆·弗罗斯特

摘　要：字母顺序的处理对于理解如何处理视觉呈现的单词以及如何识别这些单词具有深远的意义，因为它们具有特定语言的词汇结构特征。在不同的书写系统中进行的研究表明，字母位置效应，如换位字母启动效应，并不是在所有语言中都存在的。认知系统可能对一系列字母进行非常不同类型的处理，这取决于与周边字形特征无关但与印刷体刺激的深层结构特性有关的因素。假设相同的神经生物学约束控制任何语言的阅读行为，这些发现表明神经生物学约束与某一书写系统的特殊统计特性相互作用，以确定字母位置编码的精确性或模糊性。本章回顾了这种互动的证据，并讨论了对阅读理论和视觉单词识别建模的影响。
关键词：视觉单词识别、转置字母效应、字母位置编码、词素处理、学习模型

近十年来，视觉词识别中字母顺序的处理已成为激烈争论、广泛研究和强大建模工作的焦点。鉴于前三十年的阅读研究集中于提供词汇结构的一般框架（例如，Forster，1976；McClelland & Rumelhart，1981；Morton，1969），并绘制字形的、语音的、语义的和词素信息的处理图（例如，Frost，1998；Grainger & Ferrand，1994；Marslen Wilson，Tyler，Waksler，& Older，1994），过去十年，人们越来越关注视觉单词识别的前端，主要是字母顺序的编码。这项研究工作主要是由一致的发现所推动的，这些发现表明，读者对字母换位的容忍度令人惊讶，因此，在阅读速度和阅读准确性方面，他们只受到字母顺序操作的轻微影响。这一发现对于理解如何处理视觉呈现的单词

以及如何识别它们具有深远的意义。本章研究不同书写系统中字母顺序的影响。作为第一步，将概述各种正字法中字母位置编码的证据。然后，我们将根据这些证据对视觉单词识别建模和理解阅读的理论意义进行讨论。

转置字母效应

大量的实验结果表明，当涉及字里行间的混乱时，读者具有相
89 对的弹性。显然，字母换位对熟练（或不熟练）读者的影响的揭示可以参见罗林森（1976；1999）。在一篇未刊的学位论文中，他发现单词中间的字母随机化对熟练的读者理解印刷文本的能力几乎没有影响。这一现象的第一次公开调查是由福斯特、戴维斯、肖克内科特和卡特（1987）进行的研究，他们发现在短暂呈现的遮蔽启动项（*anwser*）中的字母换位导致了识别目标（*ANSWER*）的显著便利。此外，福斯特等人（1987）观察到转置字母启动项（在大多数情况下，转置目标的两个相邻中间字母的启动项）产生与同一启动项（*answer-ANSWER*）一样强。这一发现表明，至少在视觉词识别的初始阶段，认知系统并没有记录准确的字母顺序。然而，关于阅读如何对字母转换免疫的最流行的演示可能是在互联网上传播的以下段落：

这则文本并不是指在剑桥大学进行的任何真正的研究项目，可能是起草这段文字的作者随机选择了“剑桥大学”的名称。自2003年第一次出现以来，英语原文已经被翻译成几十种语言，这表明阅读是如何普遍地适应杂乱的字母的。“剑桥”这个名字被一放，这种不用太费劲就能用杂乱的字母阅读单词的现象就经常被称为“剑桥大学”效应。

读者对待印刷词的字母组合的方式随后成为各种欧洲语言广泛和

系统研究的重点，如英语（如Perea & Lupker,2003）、法语（Schoonbaert & Grainger，2004）、西班牙语（Perea & Carreiras, 2006a, 2006b; Perea & Lupker, 2004）和巴斯克语（Dunabeitia，Perea & Carreiras, 2007），以及日语假名，假名中字符代表音节而不是音素（Perea & Perez, 2009）。总的来说，这些研究表明，无论字母字形的相似度如何，转置字母的非单词启动项（*caniso*）有助于识别单词目标（*CASINO*），而带有替换字母（*cabino*）的非单词启动项则不如。即使单词中的几个字母的顺序受到影响，转置字母启动项所带来的便利性也得到了展示，甚至有时候有些字母顺序的字形结构严重扭曲（*snawdcih-SANDWICH*; Guerrera & Forster，2008）。从使用转置字母启动项的研究中得到的证据与其他形式的绝对字母顺序不一致启动研究所得到的证据是趋同的。例如，由字母集组成的目标词启动项，其中保持字母的相对位置而不是绝对位置（*blck-BLACK*），产生显著的启动（Grainger et al.，2006；Humphreys，Evett & Quinlan，1990；Peresotti & Grainger，1999）。类似的效果也在超集启动中得到了证实，其中启动项包含的字母多于目标单词（*juastice-JUSTICE*; Van Assche & Grainger, 2006）。

对眼动的研究表明，在阅读过程中，字母移位会导致对目标词的注视时间测量产生一些成本（Johnson et al.，2007；Rayner et al.，2006）。然而，这种成本似乎相对较小（约 11 毫秒）。通过使用快速系列视觉呈现（rapid serial visual presentation，缩写 RSVP），Velan 和 Frost（2007，2011）已经表明，受试者检测英语句子中嵌入字母换位的单词的能力特别低（d'=0.86，d' 是检测噪声中信号的灵敏度的一种度量，其中 d'=0 反映了随机水平），大约三分之一的受试者在感知句子中三个换位中的一个时，正好处于随机水平。

一些研究已经检查了字母位置的相对不敏感性是否受形态的调节（例如，Christianson，Johnson & Rayner，2005；Dunabeitia et al.，2007；

Dunabeitia，Perea & Carreiras，2014），或语音因素（例如，Acha & Perea，2010；Perea & Carreiras，2006a、2006b）的调节。结果是混杂无序的。例如，尽管一些研究报告在跨越词素边界时降低了转置字母启动效应（*Faremr-FARMER*），但其他研究显示，当跨越词素边界时，转置字母启动效应是相似的（例如，Beyersman，McCormick & Rastle，2013；Sanchez Gutierrez & Rastle，2013；见 Dunabeitia et al.，2014，供讨论）。同样，一些研究也研究了字母位置编码与语音因素（如辅音与元音处理）之间的相互作用，显示了两种类型字母的转置字母效应大小
90 的差异（如 Perea & Lupker，2004）。然而，其他研究表明，字母位置编码没有语音效应，得出的结论是，转置字母效应本质上是字形的（例如，Acha & Perea，2010；Perea & Carreiras，2006a，2006b）。

综上所述，这些发现表明，读者在字母位置编码方面表现出极大的灵活性。因此，印刷字的识别似乎主要是通过正确记录组成字母的样子来确定的，而其在给定字词内的确切位置的记录则是模糊的。这一发现似乎与有关视觉系统内绝对位置信息的噪音记录相关的神经生物学约束相一致。除其他因素外，这些限制因素还涉及视觉皮层接收场的特征、空间敏锐度以及它如何随偏心率和神经放电率而降低（见 Dehaene，Cohen，Sigman & Vinkier，2005；Whitney & Cornelisen，2008）。因此，近年来视觉词识别领域的研究者提供了大量的计算模型，旨在再现转置字母效应。

字母顺序编码模型

旧一代的计算模型，例如交互式激活模型（IAM）（McClelland & Rumelhart，1981），最初使用字母位置的非灵活性编码来区分单词，如 *ACT* 和 *CAT*，其中 *ACT* 表示并编码为在第一个位置有 A，在第二

位置中有C，第三位置是T。然而，在IAM模型的早期讨论中，人们普遍关注刚性位置编码（Rumelhart & McClelland，1982）问题。问题之一是绝对位置编码在神经学上不可信。同样重要的问题还有，它不能充分解释在不同的字形上下文中的单词识别，例如，当A处于第三位置而不是第一位置时，对基础单词*ACT*在形态复杂的单词*REACT*中的识别。因此，之后的研究提出了一些使用上下文单位的替代编码方案的建议（例如，表示*FROM*用**FR, FRO, ROM*, and *OM**，其中*表示单词边界）（例如，Seidenberg & McClelland，1989）。然而，在过去的十年中，在视觉文字识别的计算模型中，编码字母的位置发生了重大变化。这种建模工作的重点是生成上下文敏感、视觉系统约束方面比较真实的字母编码方案和计算解决方案，并且与读者对字母位置相对不敏感的数据相适应（例如，SERIOL模型，Whitney，2001；the open-bigram模型，Grainger & van Heuven，2003；the SOLAR和空间编码模型，Davis，1999，2010；贝叶斯读者模型，Norris，Kinoshita，& van Casteren，2010；重叠模型（Gomez，Ratcliff，& Perea，2008）。

这些不同的模型所依据的计算原理与字母位置不敏感的数据是完全不同的。例如，SERIOL模型（Grainger & Whitney, 2004; Whitney, 2001, 2008; Whitney & Cornelissen, 2008）基于字母检测器的串行激活，该检测器以快速顺序连续触发。该模型认为这些发生序列是作为输入到达开放式字母对子的层次，该层不包含字母连续性的精确信息，但保留了有关相对位置的信息。因此，单词*CART*将通过激活字母对子单元*#C, CA, AR, RT*和*T#*（其中#表示单词边界）以及*CR, AT*和*CT*（开放式字母对子）来表示。一个转置启动项，如*CRAT*，共享这些单元中的大多数，即*#C, CA, AT, RT, CT*和*T#*，导致作为同等启动项的几乎相同的启动。因此，在模型中简单地引入非邻接字母对子检测器就足以重现转置启动。

其他模型采取有噪声的插槽式编码来获得字母位置的灵活性。例如，重叠模型（Gomez et al., 2008）提出了一个字母顺序方案，其中字母位置在一个单词中不是固定的，而是表示为重叠的高斯分布（Gaussian distributions），因此将一个给定位置分配给不同字母的概率随着反常而降低。这会导致固有的位置不确定性，因此关于字母顺序的信息比关于字母标识的信息更嘈杂（因此速度较慢）。同样，为了适应字母转置效应，木下幸子和诺里斯（2009）、诺里斯和木下幸子（2008）以及诺里斯等人（2010）实施了一种噪声字母位置方案，作为其计算模型的一部分，其中，在有限的时间内呈现出启动项，而关于字母顺序的信息以及关于字母标识的信息并不明确。在类似的情况下，为了考虑字母位置的灵活性，有建议将字母编码的噪声视网膜映射与相邻的字母对子检测（Dehaene et al., 2005）或位置特定
91 的字母检测（Grainger et al., 2006）结合起来使用。

尽管本文描述的所有模型都以某种方式处理模糊字母位置编码，但它们描述的现象范围不同。虽然上下文敏感的编码模型，如开放式字母对子，从一开始就意味着要适合关于字母转置效应的数据，而扩展的贝叶斯读者模型（Norris et al., 2010；见 Norris & Kinoshita, 2012）、重叠模型（Gomez et al., 2008）和空间编码模型（Davis, 2010）等则提供了一个相当广泛和全面的视觉单词识别和阅读视图，旨在产生一个神经学上可信的模型。关于所有这些模型的描述充分性的讨论主要集中在它们预测字母转置启动效应的能力，以及再现有关读者对不同类型字母混乱的忍耐经验数据。例如，为验证最近的空间编码模型（Davis, 2010），几乎所有 20 个模拟实验都以某种方式处理了字母转置启动效应。基于这种广泛的建模工作可以推论一种隐含的假设，即这些字母转置效应是具有普遍性的，反映了视觉系统

在编码顺序对齐的字形单元的精确位置上的固有约束。然而，最近对非欧洲语言（主要是希伯来语和阿拉伯语）进行的跨语言研究并不支持这种假设。

闪族语言的字形处理

希伯来语和阿拉伯语有字母拼写法，其中字母字符串代表音素，类似于欧洲语言。然而，希伯来语和阿拉伯语都有一个形态系统，其中所有的动词、大多数名词和形容词都由两个基本的派生词素组成：词根和词形。词根通常由三个辅音组成，而单词模式则由元音或元音和辅音的组合组成。希伯来语形态学与当前上下文相关的方面涉及这两个词素组合的方式。与具有连接形态的语言不同，词根和单词模式之间没有线性连接；相反，它们是交织在一起的。非线性结构往往掩盖了两个语素的语音（和字形）透明度。例如，希伯来语单词 /tilboset/ (written tlbwst, ‘costume’ 服装）是词根 l.b.s. 的派生词。这个词根位于语音模式 /$tiC_1C_2oC_3et$/ 之上（每个 C 表示词根辅音的位置）。词根 l.b.s. 暗指穿戴的概念，而语音模式 /$tiC_1C_2oC_3et$/ 通常（但不总是）用来构成女性名词。词根与词形的结合形成了“costume 服装”的词义。其他音位学的词形可以与同一词根结合形成不同的词义，这些词义可以与穿着的概念（例如 /malbus/ ‘clothing’，/lebisah/ ‘wearing’）密切相关或远程相关。其他词根可与词形 /$tiC_1C_2oC_3et$/ 结合形成女性名词（例如，/tizmoret/, /tifzoret/）。

尽管闪族语言和欧洲语言一样都有字母单词形式，但转置字母启动在希伯来语或阿拉伯语中不存在。Velan 和 Frost（2007）报告了字母编码的刚性而非不敏感性的第一次证明。在这项研究中，希伯来语–英语的平衡双语者被呈现英语和希伯来语的句子，其中一半是转置字母单词（每个句子中三个混乱的单词），另一半是完整的。句子通过 RSVP 逐字呈现在屏幕上，每个单词出现 200 毫秒。在最后一个单词之后，受试者必须说出整个句子，并报告他们是否检测到句子中的字母转置。结果表明，希伯来语字母转置效果与英语有显著差异。在英语材料中，当句子中包含有转置字母的单词时，单词的报告几乎没有改变，有或没有混乱字母的句子中的阅读表现非常相似。这一结果与剑桥大学的效果和所有关于用英语或其他欧洲语言报告的字母位置灵活性的发现一致（例如，Dunabeitia et al.，2007；Perea & Carreiras，2006a，2006b；Perea & Lupker，2003，2004；Schoonbaert & Grainger，2004）。然而，对于希伯来语材料来说，字母的换位对阅读有负面影响，而且包括字母混乱的单词在内的句子的阅读性能显著下降。

也许最具启发性的发现是维兰和弗罗斯特（2007）的研究，他们关注的是受试者在感知上检测希伯来语字母与英语字母的转换的能力，这是由敏感性测量的启动项所揭示的。如前所述，以每字 200 毫秒的 RSVP 呈现率，受试者对用英语材料检测换位的敏感性特别
92 低。相比之下，受试者对用希伯来语材料检测换位的敏感性非常高（d'=2.51，而英语 d'=0.86），在感知任务中没有一个受试者处于机会等级之上。由于 d' 主要是利用早期的感知处理水平，这个结果表明在希伯来语和英语中，字形处理的特征存在差异。

希伯来语读者对字母转置的显著敏感性引发了一个问题，即在欧洲语言中获得的典型的字母转置启动效应是否可以在希伯来语中获得。答案似乎也很简单。相对于字母替换来说，希伯来语的字母转置启动不会导致更快的目标识别，尽管它们在英语、荷兰语、法语和西班牙语中都有。更重要的是，如果混淆主字母的顺序导致字母顺序暗指的是不同于嵌入目标的根，则会观察到显著的抑制而不是便

利（Velan & Frost，2009）。希伯来语和欧洲语言之间关于字母换位效果的双重分离表明，希伯来语中的字母位置编码非常不灵活。更确切地说，希伯来语读者似乎在字母顺序上表现出明显的僵硬。阿拉伯语也证明了相同的结果（Perea，Abu Mallouh & Carreiras，2010）。

假设视觉系统的神经回路对于希伯来语和英语的读者来说是相同的，那么，这些跨语言差异在字母转置启动效应中的起源是什么？希伯来语和阿拉伯语的研究结果表明，认知系统可能对一系列字母进行不同类型的处理，这取决于与周边字形特征无关但与印刷文字刺激的深层结构特性有关的因素。这些发现对理解字形处理和字母顺序编码具有重要意义。

为什么希伯来语读者或阿拉伯语读者对字母顺序如此敏感？

希伯来语中的视觉单词识别在一系列实验范式中得到了广泛的研究，如遮蔽启动、交叉模式启动和眼动监测（Deutsch，Frost & Forster，1998；Deutsch，Frost，Pollatsek & Rayner，2000；Deutsch，Frost，Peleg，Pollatsek，& Rayner，2003；Deutsch，Frost，Pollatsek & Rayner，2005；Feldman，Frost & Pnini，1995；Frost，Forster & Deutsch，1997；Frost，Deutsch & Forster，2000；Frost，Deutsch，Gilboa，Tannenbaum & Marslen-Wilson，2000；Frost，Kugler，Deutsch & Forster，2005；Velan，Frost，Deutsch & Plaut，2005）。这些研究中的一个一致发现是，词根字母启动项有助于词汇判定和命名从这些词根派生的目标词。类似地，眼动研究已经证明，对根字母的旁凹预览导致对根派生目标的眼睛注视缩短。综上所述，这些发现表明，词根词素是希伯来语读者心理词汇的组织单位（例如，Deutsch et al.，1998；Frost et al.，1997，2005），因此是词汇搜索的目标。这是因为闪

米特语的词根系统地传达了所有从闪米特语派生的词的共同含义（见 Frost，2006，2009 年的讨论）。因此，为希伯来语生成的字形代码似乎并不平等地考虑所有组成字母。当启动项由根字母组成时，无论其他字母是什么（另见 Perea et al.，2010，阿拉伯语），希伯来文印刷体的字形编码方案似乎主要依赖于携带根信息的三个字母。

这些考虑为闪米特语单词的字母编码的极端僵硬状况提供了一个简单的解释。希伯来语大约有 3000 个词根（Ornan，2003），形成了闪族希伯来语的各种单词。由于这些三辅音实体是由字母表中的 22 个字母来传递的，出于简单的组合原因，几个根必然共享同三个字母。为了避免同音词的复杂化，闪米特语言改变了辅音的顺序，创造了不同的词根，因此，三个或四个不同的词根通常可以共享同一组三个辅音（所以三个字母）。例如，词根 l.b.s.（“to wear”）的辅音可以更改为产生词根 b.s.l.（“coast”）、s.l.b.（“to combine”）和 b.l.s.（“detective”）。如果字形处理系统必须从远端字母序列中提取根信息，字母顺序就不能灵活；它必须非常严格。此外，为了有效地区分同一字母但顺序不同的根，必须在同一字母的不同组合之间设置抑制连接，每个组合代表不同的含义。

在闪语语言中，还有一个令人信服的证明，字形处理和字母位置编码是完全依赖于某些单个字母所携带的形态信息的类型。希伯
93 来语和阿拉伯语都有大量的基本单词，它们在形态上很简单。也就是说，它们没有典型的闪族结构，因为它们不是根派生的，因此类似于欧洲语言中的单词。这样的词从波斯或希腊等邻近的语言系统渗透到希伯来语和阿拉伯语的整个历史中，但以希伯来语或阿拉伯语为母语的人不熟悉其历史渊源。维兰和弗罗斯特（2011）发现，形态简单的词汇显示了典型的形式启动效应和字母转置启动效应报告在欧洲语言。事实上，希伯来语－英语双语者在处理这些单词和处理英

语单词之间没有任何差异。与此相反，当闪米特语的词根派生词呈现给参与者时，典型的字母编码刚性就出现了。对于这些词，不能获得形式启动，换位的情况导致了抑制而不是促进。维兰、多伊奇和弗罗斯特（2013）扩展了这些发现，并研究了用希伯来语处理字母换位的时间进程，评估了它们对阅读不同类型希伯来语单词（闪语与非闪语）的影响。通过监测眼动，维兰等人（2013）发现，字母换位导致闪语的阅读成本显著增加，而非闪语单词的阅读成本则要小得多，即使在第一次注视时也是如此。这一结果表明，希伯来语读者在视觉词识别的早期阶段区分闪米特形式和非闪米特形式，因此鉴于它们的形态结构和它们对获取语义的贡献是不同的，字母在视觉出现中的处理是不同的。

书写系统调整字母顺序的编码

不论跨语言研究，还是在一种语言——希伯来语——中的研究都表明，灵活的字母位置编码不是认知系统的一般属性或给定语言的属性。换言之，它不是灵活的字母位置编码，而是读者处理它的策略。因此，字母转置效应并不具有普遍性：鉴于语言的整体语音和形态结构，字母转置效应会出现或消失。如果我们假设在记录视觉刺激的确切位置时存在明显的噪声，并且相同的神经生物学约束控制语言的阅读行为，那么字母位置编码是灵活的还是僵硬的呢？

勒纳、阿姆斯特朗和弗罗斯特（2014）报告的模拟实验提供了重要的见解。勒纳等人研究让一个简单的域通用连接体系结构先学习在不同语言环境中处理单词，然后观察它在字母换位和字母替换等任务中的表现。他们构建了一个多层连接网络，将字形输入映射到语义输出。该网络被训练为使用反向传播将输入映射到英语和希伯来语刺激的输出。然后对网络行为进行测试，以响应新的具有字母换位或字母替换的非单词。这项研究涉及两种不同的人工语言环境，如英语和希伯来语。在类似英语的环境中，字母集只与一个意思相关。因此，没有变位词。在类似希伯来语的环境中，字母集通过改变字母顺序与多个含义相关联，因此有许多变位词，模仿了闪米特语言的形态特征。勒纳等人（2014）发现，这个相对简单的领域内通用的学习模型在接受类似英语和类似希伯来语的语言环境培训时，产生了希伯来语和英语中报告的跨语言转置字母效应差异。因此，与所有语言中的字母位置记录所涉及的噪声无关，字母顺序编码的灵活性和不灵活性由语言中的变位词数量决定。

在随后的模拟中，勒纳和同事将他们的模型在真实英语单词和真实希伯来语单词的随机样本上进行训练，然后测试该模型在将字形映射到具有字母换位的非单词意义上的性能。英语中出现了较大的字母转置启动效应，希伯来语中出现了较小的效应。有趣的是，跨语言的差异被英语和希伯来语中不同字长的变位词数量的差异所调节。勒纳等人因此认为，欧洲语言的读者基本上可以仅仅依靠字母的标识信息来激活正确的语义表达。这是因为欧洲语言中的大多数单词都有不同的字母集，而像 *clam-calm* 这样的变位词则是例外而不是规则。因此，欧洲语言的读者主要依靠这一卓越的信息来源。然
94 而，在希伯来语中，变位词是规则而不是例外。因此，错误驱动的学习不能在不考虑位置信息的情况下正确地激活语义表示。因此，闪族语言的读者学会依赖位置信息，尽管位置输入表示存在固有的模糊性。

这种解释提供了字母转置效果的另一种框架。它不是将重心放在与大脑如何编码印刷文字中字母的位置相关的硬连线神经生物学约束上，它对转置字母效应的解释发生了变化，它认为是一种紧急行为，只有当大脑学习具有特定统计特性的语言时才会发生。这一

方法的理论意义深远，如下所述。

字母位置编码的普遍性原则

迄今为止，两个原则为解释不同书写系统中的字母位置编码奠定了理论基础。首先，从纯神经生物学的角度来看，任何语言中字母位置的登记都比字母特性的登记更为嘈杂（例如，Martelli，Burani & Zoccolotti，2012；Perea & Carreiras，2012；见 Gomez et al.，2008 进行讨论）。因此，准确的位置信息比身份信息需要更多的资源和更广泛的处理。第二个原则是，这种神经生物学约束与给定书写系统的特殊统计特性相互作用，以确定字母位置编码的精确性或模糊性，正如字母转置启动效应所揭示的那样。这些统计特性在不同的书写系统中有所不同，因为它们是由语言的形态结构和语音结构的特征形成的。

在近期的一篇评论文章中（Frost，2012a），我认为书写系统已经进化到以最佳方式表示语言的语音空间及其向语义意义的映射，因此与信息优化相关的基本原则可以解释人类书写系统的多样性和他们的不同特点。这些原则对于理解阅读很重要，因为它们提供了有关认知系统如何获取印刷品所传达信息的关键见解。这一观点具有吉布森生态方法（Gibsonian ecological approach）的特色（Gibson，1986），该方法认为，为了提高效率，处理语言的认知系统必须适应语言运行环境的结构。在目前的背景下，它解释了字母位置编码与语言特性的神经生物学机制的相互作用。那么，最终影响字母位置编码的相关特性是什么？

迄今为止的讨论得出的结论是，在某一文字系统中，字母组合形成单词的方式对它们的处理有影响。因此，鉴于印刷文字刺激的深层结构特性及其语言依赖性，认知系统在不同的字母序列上执行不同的操作（见 Frost，2012a，2012b，有广泛的讨论）。例如，欧洲语言对基本单词的语音内部结构的严格限制极少，因此原则上，大多数音素（因此字母）可以位于口语中的任何位置（尽管不一定具有相同的概率，请参见例如 Kessler & Treiman，1997）。最重要的是，欧洲语言中的基础词在形态上是简单的，因为形态的复杂性（屈折和派生）是通过在基础词素上线性添加词缀来进行的。对于这些语言，组成基本单词的单个字母对意义检索的贡献是相等的。与此相反，闪米特语的基本单词在形态上必然是复杂的（词根嵌入单词模式语素中），并且单词模式的数量相对较少。因此，阅读者被反复呈现具有很高分布属性的单词形式的字母序列，而根字母对意义恢复的贡献超过了频繁重复的单词形式字母。请注意，平均而言，希伯来语或阿拉伯语的印刷字的字母数少于欧洲语言的印刷字（大多数元音不在印刷体中出现；见 Bentin & Frost，1987；Frost，Katz & Bentin，1987）。由于具有相似词形的单词只能用词根字母来区分，不同词根不可避免地共享同一个字母子集，所以希伯来语的词汇字形空间非常密集。通常，几个单词共享同一组字母，但顺序不同。要成为一个有效率的阅读者，个人必须学习并隐式地吸收这些与音位学和形态学有关的统计特性。其结果就是得学习对闪语单词使用精确的字母位置编码，并在针对非闪语单词的时候放宽这一标准。

本次讨论的重点是闪语和欧洲语言，目的是概述一个一般原则，而不是讨论一个或另一个书写系统的特殊性。对不同书写系统中字
95 母转置效应的研究结果进行简要回顾，可以对构建视觉词识别理论的原理有重要的新进展。迄今为止的研究表明，如果不考虑字形结构在特定的书写系统中代表语音、语义和形态信息的方式，就无法研究、解释或理解单词处理。这是因为在某种语言中获得的任何字

形效果，如字母顺序敏感性，都是读者完整语言环境的新产物，而不仅仅是笔迹序列的结构（见 Norris & Kinoshita，2012）。语言中字母分布的统计特性及其对意义的相对贡献必须由语言的阅读者来理解，字母序列的过渡性概率必须被含蓄地同化。只有考虑到语言的完整语音和形态结构，才能理解它们。简而言之，阅读理论应该是一种读者与他或她的语言环境相互作用的理论。这种方法也为如何构建未来的字母编码计算模型制定了明确的指导方针。

字母位置编码模型的意义

最新的视觉单词识别模型被设置为适合有关字母转置效果的新数据。认知科学中这种建模方法的逻辑遵循一系列步骤。首先，确定了一系列的发现（例如，转置启动）；其次，假设了新的计算机制以适合特定的数据集（例如，在模型中构造开放的字母对子）；第三，通过定量的与特定的现有数据相匹配的方法来评估模型的运行。最后，模型的架构成为解释行为的理论架构。路科尔（2012）将此策略标记为“逆向工程建模方法”，具有一些优点。它提供可测试的预设，并生成有关行为来源的潜在假设。然而，它有严重的局限性。第一个问题是，它固有的范围很窄：模型通常缺乏普适性，因为它们的架构是为产生和适应一组狭窄的预定效果而量身定做的。逆向工程方法的第二个局限是它通常具有狭隘的支持：这些模型主要反映了建模者对行为来源的直觉，几乎没有独立的经验支持。数据本身的拟合证明了行为机制已经被很好地理解，因此通常将该机制表示为数据的重言式重新描述。最后，该方法的范围很窄。它经常无法探索和预测从一般计算原理中可能出现的新的现象类型。

关于字母位置编码的具体领域，目前的讨论得出的结论是，字母位置编码的灵活性或刚性是作为一种学习原则而出现的，这种学习原则与语言环境的统计特性相适应，从而产生了强或若的字母转置效应或缺乏。因此，对于一个产生差异行为的模型来说，作为特定语言统计特性的函数，该模型必须能够拾取该语言的统计特性。这表明，只有基于普通领域学习机制的模型才有可能在字母转置启动中产生跨语言差异（详细讨论见 Frost，2012a，2012b）。这些模型的主要优点在于，它们并非旨在适应预定的数据集；相反，它们的设计目的是通过简单的学习原则来获取输入的分布特征。一旦一种行为出现，模型就提供了一个相对透明的解释，解释了它为什么会进化（见 Lerner et al.，2014）。总的来说，对普通领域原则的强调，特别是对简单学习机制的强调，与广泛的学习和处理现象兼容，使模型具有潜在的更广泛的范围，捕捉、解释和预测任何语言。这类模型在产生字母位置编码的跨语言差异方面取得了显著的成功。例如，使用简单的歧视性学习（Baayen et al.，2011），它直接映射到意义中，而不通过隐藏层来调节映射，巴彦（2012）比较了英语和圣经希伯来语中字母顺序的敏感性和字母换位的成本，其中两种语言中的单词与其含义一致（选自《创世记》的文本，或从英国国家语料库的短语数据库中随机选择单词）。巴彦证明，在希伯来语中，相邻字母对子的预测值
96（与模型中的顺序信息相关）明显高于英语，因此表明，当闪族语言中只有抽象的判别学习原则时，对字母顺序的敏感度更高。同样，勒纳等人（2014）已经表明，以希伯来语和英语单词为基础的联结主义神经网络产生了可观察到的跨语言差异。

总括与结论

目前关于单词处理和字母顺序编码的讨论大多集中在描述单词感

知前端所涉及的机制，将字母视为可视实体，并假设在单词中具有相同的处理原则。这种方法的极端版本将印刷文字视为二维物体，被视觉系统视为任何其他视觉物体，因此单个字母携带的语言信息是无关的（例如，Grainger & Hannagan，2012；Norris & Kinoshita，2012；Ziegler et al.，2013 年）。在这里，我提倡一种相反的方法。通过考虑字母位置效应的跨语言差异，我认为，考虑到文字系统的形态结构和语音限制，嵌入在文字系统中的统计特性控制了某一语言的早期单词处理。因此，视觉词识别理论既要考虑信息处理系统的神经生物学约束，又要考虑其运行所处的语言环境。文字中的字母不仅仅是视觉对象。在一种特定语言中，它们之间的特定排列反映了语音、语义和形态方面的不同情况，这些因素本身就是感知的对象，如处理字母位置的跨语言差异。在识字习得过程中，大脑适应书写系统，因此很难分辨视觉本身和语言之间的界限。然而，有一种严格的自下而上的前馈方法，根据这种方法，知觉系统完成其所有任务，将其输出传递到语言系统，是不太可能的，也不受数据支持。视觉词识别必然需要处理一个噪声信息通道，但阅读者处理这种噪声的方式取决于语言。

致谢

本章得到了以色列科学基金会（Grant 159/10 授予 Ram Frost）和国家儿童健康和人类发展研究所（RO1 HD067 364 授予 Ken Pugh 和 Ram Frost，和 HD-01994 授予哈斯金斯实验室）的部分资助。

参考文献

Acha, J., & Perea, M. (2010). Does kaniso activate CASINO? Input coding schemes and phonology in visual-word recognition. *Experimental Psychology, 57,* 245–251.

Baayen, R. H. (2012). Learning from the Bible: Computational modeling of the costs of letter transpositions and letter exchanges in reading Classical Hebrew and Modern English. *Lingue & Linguaggio, 2,* 123–146.

Baayen, R. H., Milin, P., Durdevic, D. F., Hendrix, P., & Marelli, M. (2011). An amorphous model for morphological processing in visual comprehension based on naive discriminative learning. *Psychological Review, 118,* 428–481.

Beyersmann, E., McCormick, S. F., & Rastle, K. (2013). Letter transpositions within morphemes and across morpheme boundaries. *Quarterly Journal of Experimental Psychology, 66,* 2389–2410.

Bentin, S., & Frost, R. (1987). Processing lexical ambiguity and visual word recognition in a deep orthography. *Memory & Cognition, 15,* 13–23.

Christianson, K., Johnson, R. L., & Rayner, K. I. (2005). Letter transpositions within and across morphemes. *Journal of Experimental Psychology: Learning, Memory, and Cognition,31,* 1327–1339.

Davis, C. J. (1999). *The Self-Organizing Lexical Acquisition and Recognition (SOLAR) model of visual word recognition*. Unpublished doctoral dissertation, University of New South Wales.

Davis, C. J. (2010). The spatial coding model of visual word identification. *Psychological Review, 117,* 713–758.

Dehaene, S., Cohen, L., Sigman, M., & Vinckier, F. (2005). The neural code for written words: A proposal. *Trends in Cognitive Sciences, 9,* 335–341.

Deutsch, A., Frost, R. & Forster, K. I. (1998) Verbs and nouns are organized and accessed differently in the mental lexicon: Evidence from Hebrew. *Journal of Experimental Psychology: Learning, Memory, and Cognition, 24,* 1238–1255.

Deutsch, A., Frost, R., Peleg, S, Pollatsek, A., & Rayner, K. (2003). Early morphological effects in reading: Evidence from parafoveal preview benefit in Hebrew. *Psychonomic Bulletin & Review, 10,* 415–422.

Deutsch, A., Frost, R., Pollatsek A., & Rayner, K. (2000). Early morphological effects in word recognition in Hebrew: Evidence from parafoveal preview benefit. *Language and Cognitive Processes, 15,* 487–506.

Deutsch, A., Frost, R., Pollatsek, A. & Rayner, K. (2005). Morphological parafoveal preview benefit effects in reading: Evidence from Hebrew. *Language and Cognitive*

Processes, 20, 341–371.

Dunabeitia, J. A., Perea, M., & Carreiras, M. (2007). Do transposed-letter similarity effects occur at a morpheme level? Evidence for ortho-morphological decomposition, *Cognition, 105,* 691–703.

Dunabeitia, J. A., Perea, M., & Carreiras, M. (2014). Revisiting letter transpositions within and across morphemic boundaries. *Psychonomic Bulletin & Review, 21,* 1557–1575.

Feldman, L. B., Frost, R., & Pnini, T. (1995). Decomposing words into their constituent morphemes: Evidence from English and Hebrew. *Journal of Experimental Psychology: Learning, Memory and Cognition, 21,* 947–960.

Forster, K. I. (1976). Accessing the mental lexicon. *New Approaches to Language Mechanisms, 30,* 231–256.

Forster, K. I., Davis, C., Schoknecht, C., & Carter, R. (1987). Masked priming with graphemically related forms: Repetition or partial activation? *Quarterly Journal of Experimental Psychology, 39A,* 211–251.

Frost, R. (1998). Towards a strong phonological theory of visual word recognition: True issues and false trails. *Psychological Bulletin, 123,* 71–99.

Frost, R. (2006). Becoming literate in Hebrew: The grain-size hypothesis and Semitic orthographic systems. *Developmental Science, 9,* 439–440.

Frost, R. (2009). Reading in Hebrew vs. reading in English: Is there a qualitative difference? In K. Pugh & P. McCardle (Eds.), *How children learn to read: Current issues and new directions in the integration of cognition, neurobiology and genetics of reading and dyslexia research and practice* (pp. 235–254). New York, NY: Psychology Press.

Frost, R. (2012a). Towards a universal model of reading. *Behavioral and Brain Sciences, 35,* 269–173.

Frost, R. (2012b). A universal approach to modelling visual word recognition and reading: Not only possible, but also inevitable. *Behavioral and Brain Sciences, 35,* 310–329.

Frost, R., Deutsch, A., & Forster, K. I. (2000). Decomposing morphologically complex words in a nonlinear morphology. *Journal of Experimental Psychology Learning, Memory, and Cognition, 26,* 751–765.

Frost, R., Deutsch, A., Gilboa, O., Tannenbaum, M., & Marslen-Wilson, W. (2000). Morphological priming: Dissociation of phonological, semantic, and morphological factors. *Memory & Cognition, 28,* 1277–1288.

Frost, R., Forster, K. I., & Deutsch, A. (1997). What can we learn from the morphology of Hebrew? A masked priming investigation of morphological representation. *Journal of Experimental Psychology: Learning, Memory, and Cognition, 23,* 829–856.

Frost, R., Katz, L., & Bentin, S. (1987). Strategies for visual word recognition and orthographical depth: A multilingual comparison. *Journal of Experimental Psychology: Human Perception and Performance, 13,* 104 –115.

Frost, R., Kugler, T., Deutsch, A., & Forster, K. I. (2005). Orthographic structure versus morphological structure: Principles of lexical organization in a given language. *Journal of Experimental Psychology: Learning, Memory, and Cognition, 31,* 1293–1326.

Gibson, J. J. (1986). *The ecological approach to visual perception*. Hillsdale, NJ: Erlbaum.

Gomez, P., Ratcliff, R., & Perea, M. (2008). The overlap model: A model of letter position coding. *Psychological Review, 115,* 577–601.

Grainger, J. (2008). Cracking the orthographic code: An introduction. *Language and Cognitive Processes, 23,* 1–35.

Grainger, J., & Ferrand, L. (1994). Phonology and orthography in visual word recognition: Effects of masked homophone primes. *Journal of Memory and Language, 33,* 218–233.

Grainger, J., Granier, J. P., Farioli, F., Van Assche, E., & Van Heuven, W. (2006). Letter position information and printed word perception: The relative-position priming constraint. *Journal of Experimental Psychology: Human Perception and Performance, 32,* 865–884.

Grainger, J., & Hannagan, T. (2012). Explaining word recognition, reading, the universe, and beyond: A modest proposal. *Behavioral and Brain Sciences, 35,* 288–289.

Grainger, J., & Van Heuven, W. (2003). Modeling letter position coding in printed word perception. In P. Bonin (Ed.), *The mental lexicon* (pp. 1–24). New York, NY: Nova Science.

Grainger, J., & Whitney, C. (2004). Does the huamn mnid raed wrods as a wlohe? *Trends in Cognitive Sciences, 8,* 58–59.

Grainger, J., & Ziegler, J. C. (2011). A dual-route approach to orthographic processing. *Frontiers in Language Sciences, 2,* 54.

Guerrera, C., & Forster, K. I. (2008). Masked form priming with extreme transposition. *Language and Cognitive Processes, 23,* 117–142.

Humphreys, G. W., Evett, L. J., & Quinlan, P. T. (1990). Orthographic processing in visual word recognition. *Cognitive Psychology, 22,* 517–560.

Johnson, R. L., Perea, M., & Rayner, K. (2007). Transposed-letter effects in reading. Evidence from eye-movements and parafoveal preview. *Journal of Experimental*

Psychology: Human Perception and Performance, 33, 209–229.
Kessler, B., & Treiman, R. (1997). Syllable structure and the distribution of phonemes in English syllables. *Journal of Memory and Language, 37,* 295–311.
Kinoshita, S., & Norris, D. (2009). Transposed-letter priming of prelexical orthographic representations. *Journal of Experimental Psychology: Learning, Memory, and Cognition, 35,* 1–18.
Lerner, I., Armstrong, B. C., & Frost, R. (2014). What can we learn from learning models about sensitivity to letter-order in visual word recognition. *Journal of Memory and Language, 77,* 40–58.
Marslen-Wilson, W. D., Tyler, L. K., Waksler, R., & Older, L. (1994). Morphology and meaning in the English mental lexicon. *Psychological Review, 101,* 3–33.
Martelli, M., Burani, C., & Zoccolotti, P. (2012). Visual perceptual limitations on letter position uncertainty in reading. *Behavioral and Brain Sciences, 35,* 32–33.
McClelland, J. L., & Rumelhart, D. E. (1981). An interactive activation model of context effects in letter perception: Part 1. An account of basic findings. *Psychological Review, 88,* 375–407.
Morton, J. (1969). Interaction of information in word recognition. *Psychological Review, 76,* 165–178.
Norris, D., & Kinoshita, S. (2008). Perception as evidence accumulation and Bayesian inference: Insights from masked priming. *Journal of Experimental Psychology: General, 137,* 433–455.
Norris, D., & Kinoshita, S. (2012). Reading through a noisy channel: Why there's nothing special about the perception of orthography. *Psychological Review, 119,* 517–545.
Norris, D., Kinoshita, S., & van Casteren, M. (2010). A stimulus sampling theory of letter identity and order. *Journal of Memory and Language, 62,* 254–271.
Ornan, U. (2003). *The final word: Mechanism for Hebrew word generation*. Haifa, Israel: Haifa University Press. (In Hebrew.)
Perea, M., Abu Mallouh, R., & Carreiras, M. (2010). The search for an input coding scheme: Transposed-letter priming in Arabic. *Psychonomic Bulletin and Review, 17,* 375–380.
Perea, M., & M. Carreiras (2006a). Do transposed-letter similarity effects occur at a prelexical phonological level? *Quarterly Journal of Experimental Psychology, 59,* 1600–1613.
Perea, M., & Carreiras, M. (2006b). Do transposed-letter similarity effects occur at a syllable level? *Experimental Psychology, 53,* 308–315.
Perea, M., & Carreiras, M. (2012). Perceptual uncertainty is a property of the cognitive

system. *Behavioral and Brain Sciences, 35,* 298–300.
Perea, M., & Lupker, S. J. (2003). Transposed-letter confusability effects in masked form priming. In S. Kinoshita & S. J. Lupker (Eds.), *Masked priming: The state of the art* (pp. 97–120). New York, NY: Psychology Press.
Perea, M., & Lupker, S. J. (2004). Can CANISO activate CASINO? Transposed-letter similarity effects with nonadjacent letter positions. *Journal of Memory and Language, 51,* 231–246.
Perea, M., & Perez, E. (2009). Beyond alphabetic orthographies: The role of form and phonology in transposition effects in Katakana. *Language and Cognitive Processes, 24,* 67–88.
Peressotti, F., & Grainger, J. (1999). The role of letter identity and letter position in orthographic priming. *Perception & Psychophysics, 61,* 691–706.
Plaut, D. C., McClelland, J. L., Seidenberg, M. S., & Patterson, K. (1996). Understanding normal and impaired word reading: Computational principles in quasi-regular domains. *Psychological Review, 103,* 56–115.
Rawlinson, G. E. (1976). *The significance of letter position in word recognition.* Unpublished PhD thesis, Psychology Department, University of Nottingham, Nottingham, UK.
Rawlinson, G. E. (1999). Reibadailty. *New Scientist, 162,* 55.
Rayner, K., White, S. J., Johnson, R. L., & Liversedge, S. P. (2006). Raeding wrods with jubmled lettrs: There's a cost. *Psychological Science, 17,* 192–193.
Rueckl, J. G. (2012). The limitations of the reverse-engineering approach to cognitive modeling. *Behavioral and Brain Sciences, 35,* 43.
Rumelhart, D. E., & McClelland, J. L. (1982). An interactive activation model of context effects in letter perception: Part 2. The contextual enhancement effect and some tests and extensions of the model. *Psychological Review, 89,* 60–94.
Sanchez-Gutierrez, C., & Rastle, K. (2013). Letter transpositions within and across morphemic boundaries: Is there a cross-language difference? *Psychonomic Bulletin and Review, 20,* 988–996.
Schoonbaert, S., & Grainger, J. (2004). Letter position coding in printed word perception: Effects of repeated and transposed letters. *Language and Cognitive Processes, 19,* 333–367.
Seidenberg, M. S., & McClelland, J. L. (1989). A distributed, developmental model of word recognition and naming. *Psychological Review, 96,* 523–568.
Share, D. L. (2008). On the Anglocentricities of current reading research and practice: The perils of overreliance on an "outlier" orthography. *Psychological Bulletin, 134,* 584–615.

Van Assche, E., & Grainger, J. (2006). A study of relative-position priming with superset primes. *Journal of Experimental Psychology: Learning, Memory and Cognition, 32,* 399–415.

Velan, H., Deutsch, A., & Frost, R. (2013). The flexibility of letter-position flexibility: Evidence from eye-movements in reading Hebrew. *Journal of Experimental Psychology. Human Perception and Performance, 39,* 1143–1152.

Velan, H., & Frost, R. (2007). Cambridge University vs. Hebrew University: The impact of letter transposition on reading English and Hebrew. *Psychonomic Bulletin & Review, 14,* 913–918.

Velan, H., & Frost, R. (2009). Letter-transposition effects are not universal: The impact of transposing letters in Hebrew. *Journal of Memory and Language, 61,* 285–302.

Velan, H., & Frost, R. (2011). Words with and without internal structure: What determines the nature of orthographic processing. *Cognition, 118,* 141–156.

Velan, H., Frost, R., Deutsch, A., & Plaut, D. (2005). The processing of root morphemes in Hebrew: Contrasting localist and distributed accounts. *Language and Cognitive Processes, 29,* 169–206.

Whitney, C. (2001). How the brain encodes the order of letters in a printed word: The SERIOL model and selective literature review. *Psychonomic Bulletin & Review, 8,* 221–243.

Whitney, C. (2008). Supporting the serial in the SERIOL model. *Language and Cognitive Processes, 23,* 824–865.

Whitney, C., & Cornelissen, P. (2008). SERIOL reading. *Language and Cognitive Processes, 23,* 143–164.

Ziegler, J. C., Hannagan, T., Dufau, S., Montant, M., Fagot, J., & Grainger, J. (2013). Transposed-letter effects reveal orthographic processing in baboons. *Psychological Science, 24,* 1609–1611.

99

第8章 视觉词识别中词汇表现的本质

马尔库斯·塔夫特

摘 要：本章探讨了阅读时如何表示单词信息以识别这些单词。首先给出了各种架构的描述，这些架构被提议用来构建我们对词汇处理的理解，并强调它们词汇表示的方式。词形结构对词汇表示本质的重要性得到了提升，并将注意力集中在试图捕捉这种结构的特定模型上。构成本章主要焦点的模型，AUSTRAL模型，是识别字母串的模型，它基于抽象层面的信息，并在形式和功能之间进行调整，即词元层面。将词元水平合并到词汇处理系统中，为形态学结构提供了一个位点。它瞄准了词汇表示的层次，不仅是视觉和口语单词识别的基础，而且还与单词生成模型兼容。

关键词：层次激活、词元、词汇表示、词汇处理模型、形态处理、正字处理

识字的英语使用者很容易认识到*cat*是一个单词而*lat*不是。只有前者在说话人对单词的长期记忆（即精神词汇）中有代表性，而这种代表性的使用使说话人能够区分真实单词和非文字的可发音字母串（也称为假词，如*frink*）。因此，这种词汇判定为我们提供了一个窗口，能够藉此了解词汇表示的性质，因此，它作为一项基于实验室的任务被广泛用来探索词汇表示和检索的问题。

词汇判定任务的参与者通常会被随机地呈现一系列单词和非单词，并被要求尽快但尽可能准确地按下"是"或"否"按钮，以响应所呈现的字母串是否为单词。对响应时间（RTS）和误差率进行测量。单词项的响应时间（通常平均500毫秒左右）反映了访问相关词汇信息以及确定这些信息足以指示字母字符串是单词所需的时间。非单

词的响应时间（通常比单词项长）反映了根据字母字符串访问的词汇信息量，以及判断是否不足以作出单词响应所需的时间。通过包括 15 个或更多的例子来比较不同类型的项目。构成每种类型的两个条件因感兴趣的因素而不同，同时尽可能多地与重要因素（例如，真实单词在语言中出现的频率）密切匹配。在启动研究中，相同的目标因前面有不同的启动项而不同，进行比较，可以测量启动项和目标之间不同关系的影响。 100

语言学家可能会根据与一个词相关的语言信息（即它的语义和句法功能）来解释词汇表示的概念。然而，对我们如何阅读感兴趣的认知心理学家则认为提供信息获取途径的心理表征比理解功能性信息本身的性质更重要。因此，本章将讨论的问题是允许识别单词的表示的性质。在词汇判定任务中，问题是究竟看到什么样的表现，可以使我们将字母字符串标识为特定单词（或者分类为非单词）。正是这种表现构成了关口，通过它，传入的字母字符串可以在读取期间与其功能解释相关联。

词汇处理的模型

早起观点

视觉词识别中的词汇获取概念在 20 世纪 60 年代末和 70 年代初首次被探讨，当时采用了两种截然不同的方法。

词汇搜索

福斯特（1976）概述了一种词汇处理模型，其中有关一个词的所有信息（语义、句法、语音和正字法）存储在主文件中，该主文件通过模式特定的外部访问文件进行串行搜索来访问。阅读中使用的正字法的访问文件是按出现频率排列的单词列表，不过是根据基于表单的特征划分为较小的存储箱。因此，当发现与正字法的访问文件中的条目匹配时，可以识别视觉显示的单词。然而，塔夫特和福斯特（1975，1976）认为，在正字法的存取文件中访问词干（如 *vive*、*hench*），并随后从主文件条目提取整个词的信息时，可以识别词干不是独立词的多词素词（如 *revive*、*henchman*）。因此，访问文件包括非单词（例如，*vive*、*hench*），这意味着单词识别需要访问主文件，因为主文件是区分真实单词和非单词所必需的信息原点。

词汇的激活

莫顿（1969，1970）在他的 logogen 模型中引入了另一种观点，即通过并行激活系统在词汇记忆中访问单词。每个单词的词项被视为一个信息收集装置（即一个 logogen），它的激活水平随着刺激中包含的相关特征而增加。一旦在一个标识中积累了足够的证据以达到其阈值，相应的单词就可以被识别，并且可以访问与该单词相关的功能信息。根据输入的形式，有独立的正字和语音符号集被激活。此外，莫顿还主张存在分别用于书写和说话的正字和语音输出标识，不过，尚不清楚并行增量激活在输出系统中的作用。logogen 模型中的词汇表示是对应于每个 logogen 的单词。然而，在发现屈折词是对词干的启动项识别（例如，*cars* 启动 *car*，*card* 就不会）之后，莫雷尔和莫顿（1974）得出结论，logogen 实际上对应于词素。由于 logogen 模型没有具体说明多词素词的表示方式，所以它的词汇表示概念相当模糊。

较近期的方法

通过词汇记忆进行连续搜索的观点已经过时了，现在大多数研究者都采用了并行激活机制。甚至词汇搜索的主要支持者最近也提出了一种将并行激活与串行处理相结合的模型（Forster，2012）。因此，词汇表示的本质现在将根据当前最有影响力的激活框架来考虑。

交互—激活

交互—激活（IA）模型首先由麦克莱兰和卢美尔哈特（1981）以及（1982）概述，他们详细报告了并行激活的概念。单词在IA模型中的表示方式与logogen模型中的表示方式大致相同。但是，也有一层激活单元，对应于将其激活输入到单词级别的单个字母，另外一
层激活单元，对应于将其激活输入到字母级别的视觉功能。因此，激 101
活从特征到字母再到单词，激活的单元在同一水平上抑制竞争对手。当一个单位的激活量增加时，它会将激活反馈到层次结构中，从而加强在更高层次上激活效率最高的下级单位。通过在整个系统中的激活交互，一个单词单元最终将达到一个允许字母字符串被识别为该单词的阈值。

交互—激活模型中的单词单位是词汇表示，从某种意义上说，一旦一个字母字符串达到其识别阈值，就可以识别它。然而，“词汇表示”这一术语不需要从字面意义上理解为“一个完整单词的心理表示”，而可以更广泛地定义为“所存储的信息，阅读者可以藉此识别单词”。鉴于次级词汇单位（即特征和字母）是交互—激活模型中单词单元激活的组成部分，可以说它们也是词汇表示的一部分。因此，在考虑词汇表示的性质时，需要明确其定义的广度。为了进一步

理解视觉单词识别，我们将主要关注最广泛的定义部分，因为阅读行为涉及从字母串到识别特定单词的整个过程。

平行分布处理

与交互激活方法一样，并行分布式处理（*parallel distributed processing*，简写 PDP）模型也是一个联结主义框架。然而，尽管前者将单词表示为局部主义（即特定的）词汇单位，而后者则捕获了激活模式中的词汇信息，这些激活模式分布在一些隐藏单元组中，这些隐藏单元在拼写、语音和语义表示水平之间进行调节（Harm & Seidenberg, 2004; Plaut, McClelland, Seidenberg, & Patterson, 1996; Seidenberg & McClelland, 1989）。因此，整个单词没有明确的表示（即，本身没有词汇条目），只有通过对字母字符串的重复体验确定的连接权重模式。由于 PDP 模型中的表示对于多个单词来说是通用的，并且也参与了非单词的处理，可以说词汇表示不存在（见 Seidenberg & McClelland，1989，第 560 页）。

然而，在一般意义上，在 PDP 系统中必定存在某种类型的词汇表示，因为可以区分单词和非单词。词汇判定是通过将正字输入与隐藏单元基于该输入生成的字符输出进行比较来做出的。这提供了对字符熟悉度的度量，因为系统遇到字母字符串的次数越多，隐藏单元中的权重就越准确地确定在反映该字母串的字符形式的模式上。由于以前从未遇到过非单词，隐藏单元中生成的激活模式将是字符输入的较不准确的反映，如果输入和输出之间的匹配低于某些标准级别，则可以进行非单词分类。那么，顺着这一思路，在隐藏的单元中，激活的固定模式相当于一个词汇表示。虽然一个词的表示可以分布在许多单元上，这些单元与词汇表中表示其他词的单元的分布重叠，但是加权激活的模式是唯一的，因此可以作为词汇表示。

在 PDP 框架中，连接权重的模式变得更稳定，正字形式与输出（语音或语义）系统关联得越多。因此，正字和声音之间存在的系统性次级词汇关系被捕获在调节字符的和语音水平的隐藏单元内（例如，‹EE› 通常发音为 /i/），而存在于正字和意义之间的系统性的次级关系是在隐藏的单位内捕捉到的，它们在正字和语义级别之间进行调节。事实上，正字和意义之间唯一的次级词汇系统性是在词素层面上，因此，在正字和语义之间的隐藏单位必须反映词素信息而不是次级词素信息（如 Gonnerman，Seidenberg & Andersen，2007；Rueckl & Raveh，1999）。考虑到音系学和语义学之间同样缺乏次级词素系统性，将介乎正字和意义之间的隐藏单元与介乎音系学和意义之间的隐藏单元合并是节俭的，这正是冈纳曼等人（2007）所做的建议。

无论 PDP 的具体计算实现如何，它通过捕获正字、语音和语义域之间存在的统计关系来模拟已知数据的方式都令人印象深刻。然而，与提供对模型的理解相比，该模型更像是人类阅读能力的一个 102
复制品。关于我们如何阅读的 PDP 解释实质上是，所呈现的字母串建立了一个神经活动模式，该模式对应于先前为响应该字母串而获取的模式。因此，这样的叙述并不具有很强的指导性，多年来，PDP 方法在对阅读过程进行新的研究方面并没有被证明是非常成功的。鉴于此，许多人寻求一种更具启发性的方法来解决词汇表示问题和阅读词汇的过程。这通常需要采用 IA 框架，在该框架中，局部主义者的描述提供了一个更清晰的画面，说明了在文字的处理过程中所涉及的单元所代表的内容。下面是对这种方法的描述。

AUSTRAL 模型

这里将要详细概述的模型是塔夫特（Taft，1991）介绍的，塔夫特（2006）又进一步发展。它采用了IA框架，但是用一种表示级别来代替单词级别，这种表示级别提出了功能（语义、句法、语用等）和形式之间的联系，这里不考虑输入的形式如何，比如语素结构的信息。塔夫特（2006）称其为词元级别（the lemma level），遵循巴彦等人（Baayen，Dijkstra & Schreuder，1997）牵头的建议，他们当时是采用了关于词汇产出文献中的概念（见Kempen & Huijbers，1983；Roelofs，1992）。这种表示级别的包含使其成为与冈纳曼等人的PDP模型相对应的局部主义模型（2007），因为意义通过捕捉词素信息的同一组单位与正字和语音形式相联系。

图8.1描述了AUSTRAL模型的一个版本，稍后将详细介绍这个名称的原因。该图说明了当视觉呈现时，单词*cat*的识别和发音方式，并从最广泛的意义上描述了词汇表示。也就是说，它描述了在阅读过程中访问单词所需的表示。形式级别的表示单位是基于单词的子结构，而功能级别的单位则表示组件语义和句法特征以及与单词相关的任何其他信息。一个词元可以被看作是把这些组件组合在一起的单元。因此，“cat”的词元代表了字形*c*、*a*和*t*（按这个顺序）和
103 音素 /k/、/a/ 和 /t/ 的结合，以及一个可数具体名词的概念，这个名词具有与“cat”概念相关的语义特征。

虽然功能信息的表示方式是中立的，但是AUSTRAL模型规定了子词汇形式单位的性质。特别是，有强有力的证据表明，读单音节英语单词时，辅音连词与音节的其余部分分开处理（例如，Andrews & Scaratt，1998；Taraban & McClelland，1987；Treiman & Chafetz，1987）。音节的其余部分被称为单词的主体（*body*或正字的边缘[orthographic *rime*]），是由一个元音加上辅音尾部coda（如果存在）组成（例如，*str*是街道的起点，*eet*是它的主体，由元音*ee*和尾部*t*组成）。因此，Austral模型的子词汇单位形成了一个层次结构，其中，字形单位激

活主体单位（例如，字形a和t激活at处的身体），然后通过起始和主体的组合激活词元。正是这种“使用结构分层表示和词元的激活”（activation using structurally tiered representations and lemmas）描述了模型的特征并创建了缩写AUSTRAL[①]。

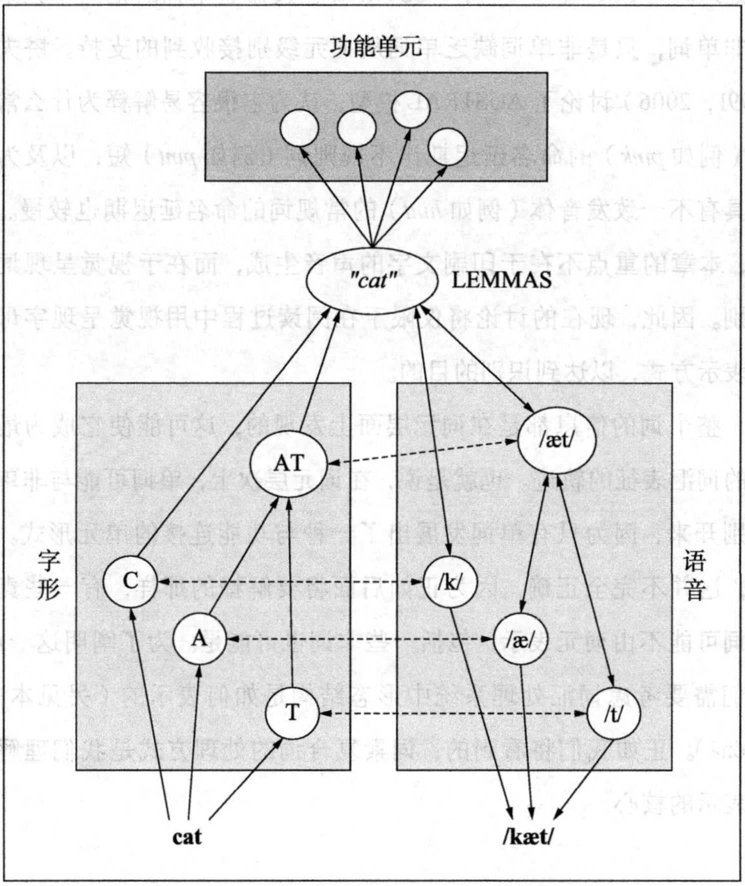

图8.1 举例说明*cat*在AUSTRAL模型中的体现

① 在塔夫特（2006）中，该模型被称为局部分布式（LCD）。放弃这个术语的原因是，大多数模型实际上包含了局部化和分布式特性的组合，即使其中一个占主导地位。例如，PDP模型的输入单元通常是局部的，表示指定的字母或字母组，而IA模型的字母单元可以被视为分布在通过同一组单元激活多个单词的意义上。

通过将结构层次的正字法的表示与相应结构的语音单元相结合，AUSTRAL 模型不同于 DRC 模型（例如，Coltheart, Rastle, Perry, Langdon, & Ziegler, 2001）和 CDP++（例如，Perry，Ziegler & Zorzi，2010），在 AUSTRAL 模型中，词汇和次级词汇信息通过不同的途径进行处理。与 PDP 模型一样，AUSTRAL 通过命名单词的相同单元来发音非单词，只是非单词缺乏单词从词元级别接收到的支持。塔夫特（1991，2006）讨论了 AUSTRAL 模型，认为它很容易解释为什么常规词（例如 *pink*）的命名延迟期比不规则词（例如 *pint*）短，以及为什么具有不一致发音体（例如 *hint*）的常规词的命名延迟期也较慢。然而，本章的重点不在于印刷文字的声音生成，而在于视觉呈现词的识别。因此，现在的讨论将仅限于在阅读过程中用视觉呈现字母串的表示方式，以达到识别的目的。

整个词的信息都是在词元层面上发现的，这可能使它成为最狭义的词汇表征的轨迹。也就是说，在词元层次上，单词可能与非单词区别开来，因为只有单词发展出了一种与功能连接的单元形式。然而，这并不完全正确，因为正如后面将要解释的那样，有一些真实的词可能不由词元表示，包括一些非词也可能是。为了阐明这一点，我们需要考虑词汇处理系统中形态结构是如何表示的（另见本书，Hyönä）。正如我们将看到的，词素复合词的处理方式是我们理解词汇表示的核心。

词素处理

词素通常被定义为与语义或句法功能相关联的最小形式单位。假设一个词元是一个封装形式和功能之间的联系的单元，它遵循的是词元层捕获语素结构并驱动语素复杂词（如 *cats*, *unfriendly*, *daydream*）

的处理。这些多形词是如何被识别的？

AUSTRAL 模型中的强制性分解

根据 AUSTRAL 模型的理念，形式层次代表整个单词的组成部分，该模型将所有多形态的字母串分解成它们的明显词素，以便进行识别（例如 *un*、*friend* 和 *ly*）。这种强制性分解的思想从塔夫特和福斯特（Taft and Forster，1975）开始就存在了，并且在近段时间里，通过使用遮蔽启动模式的研究得到了支持。正如拉斯特勒和戴维斯（Rastle and Davis，2008）所概述的那样，许多实验不仅表明，明显派生词（如 *hunter*）的遮蔽表示有助于随后识别其词干（*hunt*），而且伪派生词（如 *corner-corn*）也是同样情况。因为当词素不包含假定的后缀（如 *turnipturn*）时，没有发现实验报道中有推进作用，因此可以得出结论：伪派生词被盲目分解为其明显的词素（如 *corn* 和 *er*）。只有到了后期，这种分析才被推翻，从而使伪派生词被正确地视为单词素词。那么，一个多词素词是如何在其组成词素的形式表示被访问之后被识别出来的呢？塔夫特（Taft，2003，2004）和塔夫特和阮洪安（Taft and Nguyen Hoan，2010）认为，每个成分词素的词元是通过它们的形式表示激活的，然后有两种可能的方式来识别整个单词。 104

第一，如果多词素词的功能对于其组成词素的功能是完全清晰的，就像通常情况下规则屈折的词（如 *cats, jumped, eating*）一样，整个词可以完全根据每个词素词元相关的功能信息得到识别。词干和词缀都有各自的词元。例如，一旦知道 *cat* 是什么，后缀 s 可以表示一个可数名词的复数，所有关于 *cats* 这个词的知识都可以确定。所以，就像在一本印刷的词典中一样，在心理词典中不需要一个完整的词表示，因为它是多余的。这些是前面提到的实词的类型，在模型的词元层次上不会表示，但是可以根据功能信息来识别。

第二，与形态构成完全透明的词相比，一个具有任何语义或语法功能的多形词，不能根据其构成词素来确定，它必须用一个完整的词元来表示，以提供与这个特殊信息的联系。例如，*friendly* 需要有一个词元，将它与功能性知识联系起来，它所包含的意思比“朋友的特征”更多。同样，*meet* 的现在分词（如 *I am meeting her for the first time*），根据它的组合，以及它与词干和词缀的相关功能，是完全可以理解的，因此不需要词元。但当用作动名词时，*meeting* 确实需要有一个完整的词元（如 *we'll hold a meeting tonight*），以便理解它的具体意义：为讨论的目的而聚集的人。塔夫特（2003，2004）以及塔夫特和阮洪安（2010）提出这样一个整词的词元通过其组成词素的词元被激活，创造了从单词素到多词素的词元层次。

塔夫特和阮洪安（2010）通过一个带有模糊目标的遮蔽启动实验（例如，*stick* 作“a twig”or“adhere”的意思）证明了这种词元层次的存在。结果表明，当被要求提供目标的含义时，参与者会被一个启动项（即目标词的加词缀版）所建议的含义带偏。例如，当前面的先行遮蔽启动项是 *sticky*，而非无关单词时，更多的参与者给出了“adhere”的意思（而不是“twig”的意思）。此外，当词素仅在语义上与该意义相关，而不是目标的形态变体（例如，单词 *glue*［胶水］）时，没有这种偏差。当 *glue* 作为启动项时，*stick* 的“adhere”意思的偏见缺失表明，实验中所观察到的 *sticky* 作为启动项的 *adhere* 意思的偏见，不可能仅仅出现在语义层面上。它的轨迹也不可能是形式层面，因为从逻辑上讲，同形异义词的两个版本在这个层面上没有区别，在形式上是相同的。因此得出结论，意义偏差的轨迹必须是一个在形式和语义之间进行协调的层次，即词元层次。因此，*sticky* 的词元仅通过 *stick* 的一个意思（即“adhere”）的词元被激活，并且当 *sticky* 被表示为启动项，当目标出现时，该意思保持激活状态，因此使响应产生偏向。

黏着词素

如果因为词素具有了形式和功能之间的关联，认为词素是在词元层次上表示的，那么不管词素是自由的还是受约束的，也就是说，不管它是否可以作为一个词本身存在，都应该是同样正确的。词缀是典型的黏着语素（如 *un*、*y*、*ing*），但有些词干也是黏着的。例如，*venge* 不能作为一个词独立存在，但它发生在 *revenge*，*avenge*，*vengeful* 和 *vengeance* 中，含义明显重叠。因此，有人认为（见 Taft，2003），venge 发展成了一个词元来包含这种形式的意义关联，通过这个关联，*revenge, avenge* 等等的整词都被激活了。

当非词存在于词元层面（即，当它们是黏着词素时），词汇判定的响应就不仅仅是基于某个词元与所见字母串有关联。虽然将黏着词干分类为非词无疑是困难的（例如，Taft，1994；Taft & Forster，1975），但仍然有可能这样做，而 AUSTRAL 模型需要解释如何进行。最简单的解释是，有一些信息与黏着词干的词元联系在一起，这些信息规定不能单独用作一个词；这些信息在词的产生时尤其重要。这种情况下，这些信息的形式可能更进一步来代表词汇的概念，如同语音生成方式（例如，Levelt，Roelofs & Meyer，1999）。也就是说，
只有独立的词，无论是单词素还是多词素，都符合整体概念。因此， 105
在这个基础上，黏着词素不能独立，可以作为单词被拒绝。

另一种可能是词元在某种程度上作为它们所包含的形式－意义相关性的功能会发生变化。当形式在不同的语境中保持其意义时，形式与功能之间的系统关系可能最为明显，因为这种关系的恒定性与周围语言信息的可变性形成了对比。因此，一个真正的词将比一个黏着词素有更强的相关性。尽管黏着词素可能在几个不同的上下

文中重复出现（即，附加了不同的词缀），但它们将少于实际单词可以重复出现的上下文数（即，遇到该单词的所有句子）。因此，可能存在一个相关性阈值，在该阈值之上，字母字符串被分类为一个单词。当然，如果要进行这样的论证，那么一个词元能够根据形式－意义相关而变化的机制需要更细化的解释。

其他模型中的词素分解

虽然其他专注于形态处理的词识别模型也包含了词元水平的概念，但它们在很多方面与AUSTRAL模型不同。

施罗德和巴彦模型（1995）

与AUSTRAL一样，施罗德和巴彦（1995）建议将访问表示与词元分离（在Baayen et al.1997年之前，词元被标记为“concepts”[概念]；另见Taft，1991）。然而，根据施罗德和巴彦（1995）的研究，在线分解只发生在获得一个新的多形态词的早期阶段。否则，多形词是通过一个完整的词的所见形式来识别的，它会激活一个对应于整个多形词的词元或对应于其组成词素的多个词元，这取决于这些词素与整个词的关联透明程度。因此，除了新经历的多形态词之外，在施罗德和巴彦（1995）模型中发生的唯一分解是在看见整个词后的词元层，并且仅对某些词。

然而，这种构成词素激活后的单词激活思想（同样由Burani & Caramazza，1987；Giraudo & Grainger，2000，2001，提出）无法解释之前描述的伪派生的遮蔽启动效应（例如，*corner* 启动 *corn*）（见Rastle & Davis，2008）。也就是说，根据这个描述，在它的识别中，*corner* 在任何时候都不会被分解成 *corn* 和 *er*，因为它的全字访问表示只激活了一个全字词元。因此，除了通过正字重叠之外，没有理由因为 *corner* 的加工影响 *corn* 的加工，在这种情况下，*turnip* 也不应启动 *turn*。出于这个原因，其他的模型已经包含了基于纯粹形式的早期形态分解，以符合所谓的形态正字（*morpho-orthographic level*）表示水平。

迪彭达尔、桑德拉和格兰杰（2009）[①]

（Diependaele，Sandra & Grainger，2009）提出的模型基于形式分为两个层次：在形态－正交层次上 *hunter* 被表示为 *hunt* 和 *er*，在词汇形式层次上是整词表示，包括 *hunter*，*hunt* 和 *corner*。多词素词的词形表示通过相关形态正字单位（如 *hunt* 和 *er*）协调的成分分解途径激活，或直接从字母串中激活，而不进行协调。正是通过前一个途径，*corner* 将启动 *corn*，因为 *corn* 的词汇形式将通过其形态正字单位被预先激活，是 *corner* 被遮蔽分解时无意中激活的。伪派生词和真派生词的处理方法的区别在于，这些词的词汇形式（如 *hunter*、*corner*）在具有真词干（如 *hunt*）时从形态正字水平接收激活，而在具有假词干（如 *corn*）时则不从形态正字水平接收激活。形态正字法水平和词汇形式水平之间的联系来自于更高形态语义水平的反馈，在该水平上，单词被表示为词素单位（例如，*hunter* 的词汇形式单位激活了 *hunt* 和 *er* 的形态语义单位，而 *corner* 的词汇形式单位则不激活语义单位 *corn* 和 *er*）。因此，形态语义单位作为基于词素的词元发挥作用，而关于整个多词素词的信息只能在词汇形式层面上找到。因此，

① 事实上，迪彭达尔等人（2009）没有明确声明词形 *corner* 不是通过形态－正字法单位 *corn* 激活的。然而，根据他们的描述，这似乎是一个合理的结论。

该模型结合了词汇前分解路径（a prelexical decomposition pathway，即基于次级词汇信息）和词汇后分解路径（a postlexical decomposition pathway，即基于词汇存储信息），而词汇判定以中间词汇形式表示的存在为中心。但是，如果一个词可以通过直接访问整个词汇形式来识别，那么前词汇分解的目的是什么？如果它以某种方式使复杂单词的词法形式的访问比整个单词的访问更容易，那么词汇后分解的目的是什么呢？

106

克雷帕尔迪、拉斯特勒、柯尔特哈特和尼科尔（2010）

迪彭达尔等人（2009）区分真实派生词和伪派生词的早期处理，以便捕捉到明显的事实，来说明遮蔽启动比后者更强。相比之下，克雷帕尔迪、拉斯特勒、柯尔特哈特和尼科尔（2010）认为，对于真正派生的和伪派生的单词，遮蔽启动的大小没有显著差异，尽管只有前者在未遮蔽时才生成启动，因此，这两种类型的单词仅在语义的后期才出现差异。据克雷帕尔迪等人（2010），形态正字表示是通过强制性分解激活的，而这些分解又反过来结合起来激活整个单词的形式表示（在一个被称为正字法词汇 [*orthographic lexicon*] 的层次上）。虽然这样的成分分解途径也出现在迪彭达尔等人的研究中（2009），而克雷帕尔迪等人（2010）则规定，无论语义透明性如何，整个词形的激活都是由成分词素协调的。如图 8.2 所示，形态正字表示 *CORN* 和 *ER* 激活 *CORNER* 的正字词汇单位，与形态正字表示 *HUNT* 和 *ER* 激活 *HUNTER* 的正字法词汇单位完全相同。

据克雷帕尔迪等人（2010），词汇的激活从正字传递到一个词元级别，然后传递到语义系统。然而，与 AUSTRAL 不同，派生相关词不共享词元。这意味着 *corner* 和 *corn* 的关系与 *hunter* 和 *hunt* 的关系完全相同。只有在语义系统中，这两种类型的词才不同，因为后者有重叠的语义特征，前者没有。克雷帕尔迪等人提出词元水平的目的（2010）完全是为了包含屈折相关词之间的关系，这些词共享一个词元，而不管屈折是规则的（如 *cats* 和 *cat*）还是不规则的（如 *fall* 和 *fell*）。

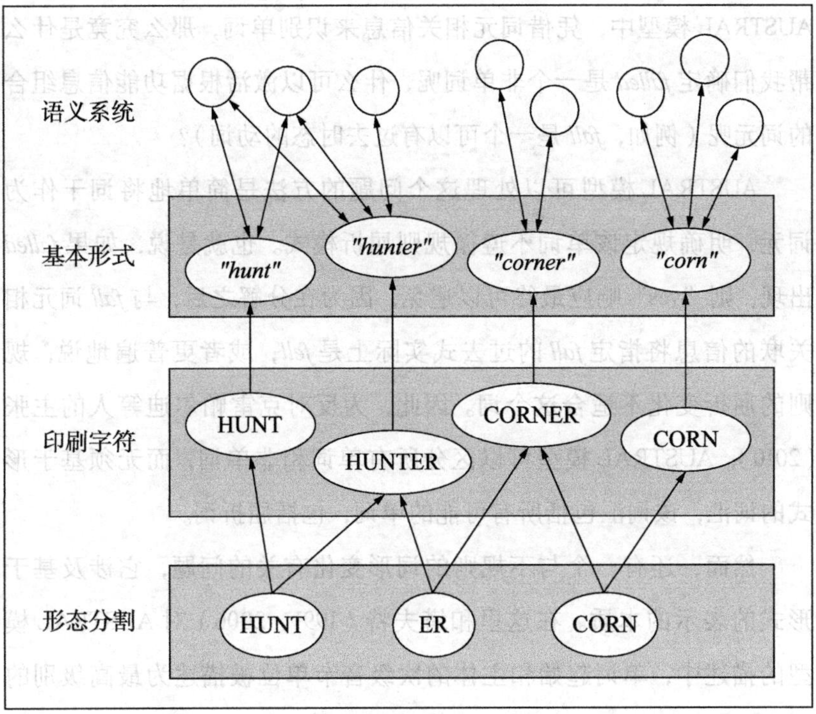

图 8.2　克雷帕尔迪等人的理论中衍生的和伪衍生的单词

不规则屈折词和整词形式的表示

克雷帕尔迪等人（2010）在他们的模型中包含一个正字法词汇的主要动机是为了说明这样一个事实，即真正的屈折词（例如 *jumped*）可以与由真正的词干和词缀组成的非单词（例如 *falled, sheeps*）区分

107 开来。后者在正字法词汇中没有表现形式，而真正的屈折词却有表现形式。不规则屈折的单词（例如，*fell, taught, sheep, teeth*）不会在形式层面上分解，而是激活其词根的词元，这在 AUSTRAL 模型中也是如此（另见 Allen & Badecker，2002）。*fell* 或 *fall* 的呈现将直接激活词元 *fall*。根据 AUSTRAL 理论，前者也会像后缀 *ed* 一样激活与过去时态对应的词元（见 Taft，2003），因为否则就无法区分 *fell* 和 *fall*。在 AUSTRAL 模型中，凭借词元相关信息来识别单词，那么究竟是什么帮我们确定 *falled* 是一个非单词呢，什么可以激活根据功能信息组合的词元呢（例如，*fall* 是一个可以有过去时态的动词）？

AUSTRAL 模型可以处理这个问题的方法是简单地将词干作为词元，明确规定该单词不遵循规则屈折模式。也就是说，如果 *falled* 出现，则"yes"响应最终可以避免，因为在分解之后，与 *fall* 词元相关联的信息将指定 *fall* 的过去式实际上是 *fell*，或者更普遍地说，规则的屈折变化不适合这个词。因此，为反对克雷帕尔迪等人的主张（2010），AUSTRAL 模型可以区分所有单词和非单词，而无须基于形式的词汇，该词汇包括所有可能的单词，包括屈折词。

然而，还有一个与不规则的词形变化有关的问题，它涉及基于形式的表示的本质。在这里和塔夫特（1991，2006）对 AUSTRAL 模型的描述中，单词起始和主体的次级音节单位被描述为最高级别的形式表示。不过，也有些时候，该模型至少在单词是单音节的情况下（例如，Taft, 2003, 2004; Taft & Nguyen-Hoan, 2010），已经呈现了完整的单词形式表示。换言之，无论最高级别的形式表示是否对应于整个单词，都是模型的一个开放方面。然而，目前对不规则词处理的建议方式似乎要求有一个完整的词形表示，或至少一个完整的音节表示。一个不规则屈折词激活与其句法功能相关联的词元的唯一方法（例如，当 *fell* 出现时是过去式词元，当 *teeth* 出现时是复数词元）是需要有一个完整的词形式表示可以链接到该词元。与过去时词元相关的是整个词形 *FELL*，而不是它的起始部分 F 或主体 *ELL*。如果是主体 *ELL* 激活了过去式词元，这不仅会发生在 *fell* 出现的时候，而且会发生在任何其他包含 *ell* 的单词出现的时候，比如 *yell* 或 *spell*。显然，当这个词实际上不是过去时动词时，激活有关过去时的信息是不合适的。因此，在像 AUSTRAL 这样的一个局部主义模式中，似乎有必要考虑整个词的形式表示，即使不是针对所有的词（即，不是针对规则加缀的词，甚至可能是多音节词；见“多音节词的表示”一节）。

词形关系的等级效应

词素形态结构的另一个方面是词汇表示方面的信息。一个加缀词与其词干之间是否存在派生关系的透明度不是这些词的全部属性或无属性。很明显，*hunter* 和 *hunt* 是有衍生关系的（即，a hunter is “someone who hunts”），而 *corner* 和 *corn* 则不是。然而，也有很多情况表现出一种局部的关系，比如 *archer* 和 *arch*，后者的词形是在前者使用的弓中包含的，或者是 *hearty* 和 *heart* 的关系，后者的隐喻意义似乎包含在前者中（因为它也包含在 *heartfelt* 和 *wholehearted* 中）。当要求评价语义关联性时，说话者对派生透明度的这种等级是敏感的，当词干前面是包含它的复杂词的无遮蔽形式时，说话者对词汇判定反应的便利程度也是敏感的（例如，Gonnerman et al.，2007）。如何将这样一个透明连续体纳入词汇处理模型？

冈纳曼等人（2007）认为，透明连续体在 PDP 模型中是预期的，因为隐藏单元包含形式和意义之间的关系，并且两个词在形式和意义上的关联越透明，它们在这些隐藏单元中的激活模式重叠越大。这种重叠提供了根据衍生透明度进行启动分级的基础。根据这样的描述，没有必要盲目地剥离与词缀相对应的字母组合的形态正

字阶段，因为对应于不同形态结构的激活模式完全封装在隐藏单元
108 中。冈纳曼等人（2007）通过引用冈纳曼和普劳特（2000）的一项未发表的遮蔽启动研究来支持这一主张，该研究中，伪加缀词未能启动其伪词干（例如，*corner* 不能启动 *corn*）。然而，最近的研究清楚地表明，任何水平的透明度，包括伪衍生（例如，Marslen-Wilson, Bozic, & Randall, 2008; Rastle & Davis, 2008），都有掩蔽启动，这一结果似乎与目前的 PDP 研究报告不符（不过，关于如何实现的推测，请参见 rueckl & aicher，2008）。对伪派生词观察到的遮蔽启动似乎最容易解释为存在一个对语义因素视而不见的分解阶段，即形态－正字阶段。

是否可以在一个包括形态正字处理的模型中处理评级透明度和无遮蔽启动的分级效果？当然，克雷帕尔迪等人（2010）的研究可以根据复杂词与其词干之间的关系，从语义层面进行分级反馈。这种反馈是区分透明词和不透明词的唯一来源，当复杂词得到更充分的处理时（如在无遮蔽启动范式中）就会发挥作用。

在 AUSTRAL 的研究中，透明度的分级效应还是一个未决问题。如图 8.3 所示，塔夫特和阮洪安（2010）假设一个透明派生词（例如 *hunter*）通过词元激活其词干（*hunt*），而一个伪派生词（例如 *corner*）和其伪词干（*corn*）在词元水平上相互竞争。竞争的抑制性影响发挥作用的机会越大，它对形式层面上的形态正字法便利化的抵消性影响就越大。因此，在无遮蔽的条件下，伪派生词不会表现出便利性，不像透明词在形式和词元两个层面都会产生启动。然而，由于这两类词的表现形式存在质的差异，部分相关词（如 *archer* 和 *arch*）如何在无遮掩启动范式中表现出启动的分级效应？

在 AUSTRAL 框架中包含这一点的方法之一是，确定通过相同形式表示激活的词元总是相互关联的，但权重从零到强正值不等，这取决于基于语义重叠的反馈。所以，*corn* 和 *corner* 的词元是联系在一

起的，但是权重很小。当 *corner* 作为启动项呈现时，*corn* 的词元将被激活，但将向 *corner* 的词元发送可忽略的激活支持，*corner* 的词元直接从形式层激活。反过来，*corner* 的词元将为 *corn* 的词元提供微不足道的支持，从而有效地使两个词元（Lemmas）相互竞争。相比之下，*hunt* 的词元会给 *hunter* 词元发送正激活，反之亦然，*arch* 和 *archer* 的词元也会发送正激活，但程度较小。当一个启动项被揭开时，两个词元之间的关系将有足够的机会来调节启动效应。这样，就可以在 AUSTRAL 模型中处理部分透明性在无遮蔽启动任务中的分级效应。

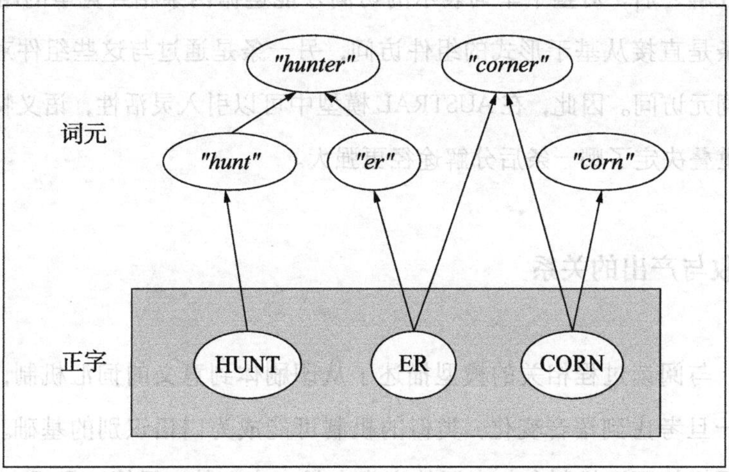

图 8.3　AUSTRAL 模型表示衍生词和伪衍生词

参照图 8.3，一个复合词的词元和其组成词素的词元之间包含一个加权链接，这意味着 *corn* 的词元和 *corner* 的词元之间还有一个附加链接。然而，由于链接程度非常弱，就使 *corner* 词元直接连接到形态单位 *CORN* 和 *ER* 的路径上了。如果以这种方式来思考，也就是说，作为直接形式词元链接和协调词元链接之间的竞争，那么对于所有复合词，包括真正派生的词，都应该是相同的。也就是说，*hunter* 词元不仅与 *hunt* 词元相连，而且它还从 *HUNT* 和 *ER* 的形态单位接收直 109

接激活。然而，在这种情况下，词元之间的正联系使得它比形式层面的直接联系更为有效，因此，对透明派生词的识别通常将基于协调途径。

竞争路径的概念先前已经在形态学处理方面提出（例如，Baayen et al.，1997；Bertram，Schreuder & Baayen，2000；Cole，Beauvillain & Segui，1989；Diependele et al.，2009；Niswander，Pollatsek & Rayner，2000）。不过，在这些描述中，这两种可能的路径对应于分解和整词访问。相反，基于形式的分解总是发生在AUSTRAL模型中。只有在分解之后，对整个单词表示的访问才能遵循两条相互竞争的路径：一条是直接从基于形式的组件访问，另一条是通过与这些组件对应的词元访问。因此，在AUSTRAL模型中可以引入灵活性，语义特征的重叠决定了哪一条后分解途径更强大。

接收与产出的关系

与阅读过程相关的模型描述了从印刷体到意义的词汇机制，并且一旦考虑到语音变化，类似的机制可能成为口语识别的基础。提出同样的词汇机制参与言语的产生也是有意义的，尽管这是反向的。事实上，AUSTRAL模型在很大程度上归功于戴尔（1986）和勒韦尔特等人提出的语音生成模型（1999）。戴尔（1989）模型有一个词素表示级别（相当于AUSTRAL模型中词元层次的最低级别），在这个级别之上是一个包含派生的复合词（可能相当于AUSTRAL模型词元层次的较高级别），但不包括屈折词，因为屈折词是通过功能上确定的词干和词缀的组合来激活的，如在AUSTRAL模型中。此外，戴尔模型中最高级别的形式表示包括音节，音节依次在激活其音素之前激活其组件起始音（onset）和尾音（rime）。这与AUSTRAL模型的形式层面正相反，当然这是基于语音而不是正字法。

词元层的存在是勒韦尔特等人的 WEAVER ++ 模型的一个主要特征（1999），但也有一个单独的层次代表词汇概念。一个词的产生始于语义概念的激活，而语义概念又反过来激活词元。词元被视为与该词的句法信息的链接。在诸如 AUSTRAL 这样的接受模型中，很少强调语义和句法信息之间的区别。其原因是，当从形式层传递到功能层时（如单词识别中的情况），词元提供了语法和意义的直接连接，它们的激活顺序是无关紧要的。因此，词汇语义学和词汇句法的位置区分对于言语的产生可能是至关重要的，但对阅读中的词汇加工影响不大。

未来方向

遮蔽启动的衍生透明度影响

对于克雷帕尔迪等人的模型（2010）来说，真正派生词和伪派生词的屏蔽启动的等价性似乎是至关重要的，因为这两种类型的词在处理过程中的处理方式完全相同。然而，在这一问题上观察到了各种不同的结果。尽管拉斯特勒和戴维斯（2008）从他们对这类研究的概述中得出结论，透明派生词和伪派生词在启动方面没有区别，但一项荟萃分析表明，启动可能大于前者（参见 Feldman，O'Connor，& Moscoso del Prado Martin，2009；Taft & Nguyen Hoan，2010；此外见 Davis & Rastle，2010）。如果真是这样，那么很难维持克雷帕尔迪等人（2010）的研究结论。因此，确定在遮蔽条件下透明启动和假衍生启动之间是否存在真正的差异是非常重要的。在这一问题上，AUSTRAL 模型的解释是灵活的，因为对于透明派生词而言，启动作

110 用是否比伪派生词更大，将取决于后者的竞争是否有机会发挥作用。

从形式到词元的两条途径

根据对 AUSTRAL 研究报告所做的修改，透明度的分级效应产生于中介和直接连接的不同使用，在词干频率对复杂词识别的影响中也应该有分级效应。如果词元的激活受词频的影响，如果识别是通过词干的词元介导的，则派生词的识别不仅受其出现频率的影响，而且还受其词干的频率的影响。词干频率的影响已被充分记录在案（例如，Baayen et al.，1997；Bertram et al.，2000；Cole et al.，1989；Niswander et al.，2000；Taft，1979b，2004；Taft & Ardasinski，2006），因此进一步研究这种影响的强度是否随着透明度的变化而变化是有意义的。如果语义透明性决定了哪一条竞争路径能够成功，那么就应该这样做，因为只有词元中介会受到词干频率的影响。克雷帕尔迪等人（2010）的模型期望词干频率效应，而不考虑透明度，因为对所有类型的整词表示的访问方式是相同的。

多音节词的表示

从图 8.3 可以看出，AUSTRAL 在形式层面上把 *corner* 等单形词分解成次级单位。虽然这可能只有当单词的结构在其外观上具有形态学上的复杂性时才会发生，但是假设所有的多音节词都是类似地被分解，即使与 *CORN* 和 *ER* 不同，每个基于形式的次级单位都与它自己的词元无关，那就简单多了。例如，*walrus* 的词元可以直接从代表无意义音节 *WAL* 和 *RUS* 的正字法单位激活（例如，Taft & Krebs-Lazendic，2013）。在这方面可能模棱两可的情况下，音节边界在哪里？例如，*sermon* 可以按照发音的方式，按正字法分为 *ser* 和 *mon*，或者，通过将其分为 *serm* 和 *on*，最大化第一个音节的尾码，增加其第一个次级单位的信息量。塔夫特（1979a，1987）、塔夫特和柯吉欧斯（2004）、塔夫特和科莱布斯－拉普迪克（2013）提出了后一种分析方法，其中最大化的第一个音节（例如 *serm*）被称为基本的正字法音节结构（basic orthographic syllabic structure，或 BOSS），不过这种方法尚未得到广泛的支持（例如 Katz & Baldasare，1983；Lima & Pollatsek，1983；Perry, 2013）。

如果所有的多音节词在形式层面上都表示为对应于最大尾码分析的次级单位，那么像 *turnip* 这样的词在该层面上将表示为 *TURN* 和 *IP*。因此，尽管 *turnip* 没有词素的出现，但 *turnip* 可能会在蒙面启动模式促进对 *turn* 的响应。塔夫特和阮洪安（2010）指出了这样一个正字法条件在以前的研究中没有显示出遮蔽启动效应的事实。他们指出，这种情况下使用的词项实际上是以BOSS 为目标（如 *turnip-turn, brothel-broth*）和不以 BOSS 为目标（如 *freeze-free, shunt-shun*）的混合情况。因此，目前还没有证据表明，当目标是明确 BOSS 启动项（如 *turnip-turn*）时，遮蔽启动缺失。这是未来研究可以探索的。

结论

本章的目的是探索视觉单词识别模型如何设想单词在词汇记忆中的表现方式。作为一个有效的定义，词法表示被认为包含了建立一个字母字符串对应于一个已知单词所需的所有信息。如果这样一个单词有一个非单词所不能拥有的表示，那么访问这个表示应该足以将字母字符串识别为一个单词，并且确实是那个特定的单词。因此，许多模型（例如，Crepaldi et al.，2010；Diependele et al.，2009；Schreuder & Baayen，1995）结合了每个已知单词的基于形式的表示，不管它是什么类型的单词，这为区分真实单词和非单词提供了基础。

然而，在某些情况下，当整个单词表示对应于多词素单词时，可以通过其组成词素的形式表示（例如，Crepaldi et al.，2010）来访问，或者至少可以访问（例如，Diepandaele et al.，2009）。

相比之下，本章中强调的 AUSTRAL 模式有一个仅代表单音节的形式层次，无论这些音节构成一个完整的单词（例如，*hunter* 中的 *hunt* 或 *corner* 的 *corn*）或不构成一个完整的单词（例如，*er*）。因此，
111 把一个字母串识别为一个特定的词是在形式之外的层次上进行的。词元层在形式和功能之间起中介作用，并将在形式层表示的音节组合在一起。此外，词元是层次结构的，由此派生复合词（例如 *hunter*）有自己的词元，并通过词元激活其组成语素（*hunt* 和 *er*）。因此词元水平提供了词汇表示的主要位置，尽管附加了一些注意事项。

注意事项之一是，任何加缀词其词义完全可以从其组成部分（如 *jumped, cats*）中预测出来，实际上都不是在词元层次上表示的，而是通过与词元相关联的高级功能信息的组合来识别其每个词素（如语义、句法，和/或词素的特殊特征）。当一个词激活了这样的组合功能，但有一个特殊的形式（例如，*fell, teeth*），有关其独特特征的信息也可以在更高的功能层次上找到。这防止了不规则单词（例如，*falled*，*tooths*）被规则化而接受为单词。

第二，词元层次包括黏着词素（例如，*venge*，*er*）的表示，根据定义，它们本身不是单词。因此，需要有某种方法来区分这些词素不同于真实的单词。可以根据在更高的功能级别上存储的特定信息、概念级别的存在或在级别包含的形式－功能相关性的不同程度给出实现这一点的建议。

然后我们看到，阅读中涉及的词汇表示可以以多种不同的方式被概念化，包括与整个单词相对应的正字法单位，以及在形式和功能之间进行协调的一组分布单位中的激活模式。本章倾向于支持

AUSTRAL 模型理论：一个单词的信息与一个在形式和功能之间起协调作用的局部单元（即词元）相关联，同时通过形式层次上的次级单元被激活。这样的叙述提供了一个具体的框架，有助于理解阅读所有类型的单词所涉及的过程，无论是在检索它们的意义还是在生成它们的发音方面。因此，理解多词素词的识别不仅是词汇处理领域的一个小话题，而且对整个词汇处理系统的概念化具有重要意义。

参考文献

Allen, M., & Badecker, W. (2002). Inflectional regularity: Probing the nature of lexical representation in a cross-modal priming task. *Journal of Memory and Language, 44,* 705–722.

Andrews, S., & Scarratt, D. R. (1998). Rule and analogy mechanisms in reading nonwords: Hough dou peapel rede gnew wirds? *Journal of Experimental Psychology: Human Perception and Performance, 24,* 1052–1086.

Baayen, R. H., Dijkstra, T., & Schreuder, R. (1997). Singulars and plurals in Dutch: Evidence for a parallel dual route model. *Journal of Memory and Language, 37,* 94–117.

Bertram, R., Schreuder, R, & Baayen, R. H. (2000). The balance of storage and computation in morphological processing: The role of word formation type, affixal homophony, and productivity. *Journal of Experimental Psychology: Learning, Memory, and Cognition, 26,* 489–511.

Burani, C., & Caramazza, A. (1987). Representation and processing of derived words. *Language and Cognitive Processes, 2,* 217–227.

Cole, P., Beauvillain, C., & Segui, J. (1989). On the representation and processing of prefixed and suffixed derived words: A differential frequency effect. *Journal of Memory and Language, 28,* 1–13.

Coltheart, M., Rastle, K., Perry, C., Langdon, R. & Ziegler, J. (2001). DRC: A dual route cascaded model of visual word recognition and reading aloud. *Psychological Review, 108,* 204–256.

Crepaldi, D., Rastle, K., Coltheart, M., & Nickels, L. (2010). "Fell" primes "fall," but does "bell" prime "ball"? Masked priming with irregularly-inflected primes. *Journal of Memory and Language, 63,* 83–99.

Davis, M. H., & Rastle, K. (2010). Form and meaning in early morphological processing: Comment on Feldman, O'Connor, and Moscoso del Prado Martin (2009). *Psychonomic Bulletin & Review, 17,* 749–755.

Dell, G. S. (1986). A spreading activation theory of retrieval in sentence production. *Psychological Review, 93,* 283–321.

Diependaele, K., Sandra, D., & Grainger, J. (2009) Semantic transparency and masked morphological priming: The case of prefixed words. *Memory & Cognition, 37,* 895–908.

Feldman, L. B., O'Connor, P. A., & Moscoso del Prado Martin, F. (2009). Early morphological processing is morpho-semantic and not simply morpho-orthographic: An exception to form-then-meaning accounts of word recognition. *Psychonomic Bulletin & Review, 16,* 684–691.

Forster, K. I. (1976). Accessing the mental lexicon. In E. C. J. Walker & R. J. Wales (Eds.), *New approaches to language mechanisms* (pp. 257–287). Amsterdam, the Netherlands: North-Holland.

Forster, K. I. (2012). A parallel activation model with a sequential twist. In J. S. Adelman (Ed.), *Visual word recognition: Vol. 1. Models and methods, orthography and phonology* (pp. 52–69). Hove, England: Psychology Press.

Giraudo, H., & Grainger, J. (2000). Prime word frequency in masked morphological and orthographic priming. *Language and Cognitive Processes, 15,* 421–444.

Giraudo, H., & Grainger, J. (2001). Priming complex words: Evidence for supralexical representation of morphology. *Psychonomic Bulletin & Review, 8,* 127–131.

Gonnerman, L., & Plaut, D. C. (2000). *Semantic and morphological effects in masked priming (2000).* Department of Psychology. Paper 350. http://repository.cmu.edu/psychology/350.

Gonnerman, L. M., Seidenberg, M. S., & Andersen, E. S. (2007). Graded semantic and phonological similarity effects in priming: Evidence for a distributed connectionist approach to morphology. *Journal of Experimental Psychology: General, 136,* 323–345.

Harm, M. W., & Seidenberg, M. S. (2004). Computing the meanings of words in reading: Cooperative division of labor between visual and phonological processes. *Psychological Review, 111,* 662–720.

Katz, L., & Baldasare, J. (1983). Syllable coding in printed-word recognition by children and adults. *Journal of Educational Psychology, 75,* 245–256.

Kempen, G., & Huijbers, P. (1983). The lexicalization process in sentence production

and naming: Indirect election of words. *Cognition, 14,* 185–209.
Levelt, W. J. M., Roelofs, A., & Meyer, A. S. (1999). A theory of lexical access in speech production. *Behavioral and Brain Sciences, 22,* 1–38.
Lima, S. D., & Pollatsek, A. (1983). Lexical access via an orthographic code? The Basic Orthographic Syllabic (BOSS) reconsidered. *Journal of Verbal Learning and Verbal Behavior, 22,* 310–332.
Marslen-Wilson, W., Bozic, M., & Randall, B. (2008). Early decomposition in visual word recognition: Dissociating morphology, form, and meaning. *Language and Cognitive Processes, 23,* 394–421.
McClelland, J. L., & Rumelhart, D. E. (1981). An interactive activation model of context effects in letter perception: Part 1. An account of basic findings. *Psychological Review, 88,* 375–407.
Morton, J. (1969). Interaction of information in word recognition. *Psychological Review, 76,* 165–178.
Morton, J. (1970). A functional model of memory. In D. A. Norman (Ed.), *Models of human memory* (pp. 203–254). New York, NY: Academic Press.
Murrell, G. A., & Morton, J. (1974). Word recognition and morphemic structure. *Journal of Experimental Psychology, 102,* 963–968.
Niswander, E., Pollatsek, A., & Rayner, K. (2000). The processing of derived and inflected suffixed words during reading. *Language and Cognitive Processes, 15,* 389–420.
Perry, C. (2013). Graphemic parsing and the basic orthographic syllable structure. *Language and Cognitive Processes, 28,* 355–376.
Perry, C., Ziegler, J. C., & Zorzi, M. (2010). Beyond single syllables: Large-scale modeling of reading aloud with the Connectionist Dual Process (CDP++) model. *Cognitive Psychology, 61,* 106–151.
Plaut, D. C., McClelland, J. L., Seidenberg, M. S., & Patterson, K. (1996). Understanding normal and impaired word reading: Computational principles in quasi-regular domains. *Psychological Review, 103,* 56–115.
Rastle, K., & Davis, M. H. (2008). Morphological decomposition based on the analysis of orthography. *Language and Cognitive Processes, 23,* 942–971.
Roelofs, A. (1992). A spreading-activation theory of lemma retrieval in speaking. *Cognition, 42,* 107–142.
Rueckl, J. G., & Aicher, K. A. (2008). Are Corner and Brother morphologically complex? Not in the long term. *Language and Cognitive Processes, 23,* 972–1001.
Rueckl, J. G., & Raveh, M. (1999). The influence of morphological regularities on the dynamics of a connectionist network. *Brain and Language, 68,* 110–117.

Rumelhart, D. E., & McClelland, J. L. (1982). An interactive activation model of context effects in letter perception: Part 2. *Psychological Review, 89,* 60–94.

Schreuder, R., & Baayen, R. H. (1995). Modeling morphological processing. In L. B. Feldman (Ed.), *Morphological aspects of language processing* (pp. 131–154). Hillsdale, NJ: Erlbaum.

Seidenberg, M. S., & McClelland, J. L. (1989). A distributed, developmental model of word recognition and naming. *Psychological Review, 96,* 523–568.

Taft, M. (1979a). Lexical access via an orthographic code: The Basic Orthographic Syllabic Structure (BOSS). *Journal of Verbal Learning and Verbal Behavior, 18,* 21–39.

Taft, M. (1979b). Recognition of affixed words and the word frequency effect. *Memory & Cognition, 7,* 263–272.

Taft, M. (1987). Morphographic processing. The BOSS reemerges. In M. Coltheart (Ed.), *Attention and performance: Vol. 12. The psychology of reading* (pp. 265–279). London, England: Erlbaum.

Taft, M. (1991). *Reading and the mental lexicon*. Hove, England: Erlbaum.

Taft, M. (1994). Interactive-activation as a framework for understanding morphological processing. *Language and Cognitive Processes, 9,* 271–294.

Taft, M. (2003). Morphological representation as a correlation between form and meaning. In E. Assink, & D. Sandra (Eds.), *Reading complex words* (pp. 113–137). Amsterdam, the Netherlands: Kluwer.

Taft, M. (2004). Morphological decomposition and the reverse base frequency effect. *Quarterly Journal of Experimental Psychology, 57A,* 745–765.

Taft, M. (2006). A localist-cum-distributed (LCD) framework for lexical processing. In S. M. Andrews (Ed.), *From inkmarks to ideas: Current issues in lexical processing* (pp. 76–94). Hove, England: Psychology Press.

Taft, M., & Ardasinski, S. (2006). Obligatory decomposition in reading prefixed words. *The Mental Lexicon, 1,* 183–199.

Taft, M., & Forster, K. I. (1975). Lexical storage and retrieval of prefixed words. *Journal of Verbal Learning and Verbal Behavior, 14,* 638–647.

Taft, M., & Forster, K. I. (1976). Lexical storage and retrieval of polymorphemic and polysyllabic words. *Journal of Verbal Learning and Verbal Behavior, 15,* 607–620.

Taft, M., & Kougious, P. (2004). The processing of morpheme-like units in monomorphemic words. *Brain and Language, 90,* 9–16

Taft, M., & Krebs-Lazendic, L. (2013). The role of orthographic syllable structure in assigning letters to their position in visual word recognition. *Journal of Memory and Language, 68,* 85–97.

Taft, M., & Nguyen-Hoan, M. (2010). A sticky stick: The locus of morphological representation in the lexicon. *Language and Cognitive Processes, 25,* 277–296.

Taraban, R., & McClelland, J. L. (1987). Conspiracy effects in word pronunciation. *Journal of Memory and Language, 26,* 608–631.

Treiman, R., & Chafetz, J. (1987). Are there onset- and rime-like units in printed words? In M. Coltheart (Ed.), *Attention and Performance: Vol. 12. The psychology of reading* (pp. 281–298). London, England: Erlbaum.

第9章 阅读中多词素词汇的处理不同于其他词汇吗?

祖卡·西奥纳

摘 要:在多种语言中,许多词包括一个以上的意义单位或词素。本章回顾关于眼动记录的阅读研究,审查如何识别这样的多词素词。回顾性研究考察了复合词、派生词和屈折词是如何识别的。本章还回顾了研究多词素词的意义是否是由其成分的意义构成的。一般认为,多词素词在阅读过程中被识别的路径或为使用心理词典(整体路径)中可用的整词表示,或通过词的各个构成意义(分解路径)访问单词。此外,词长在调节两条路径的相对优势方面起着重要作用,对于较长的多词素词来说,分解路径的优势更大。

关键词:形态、眼动、词识别、复合词、屈折词、派生词、意义计算

本章回顾了有关如何识别阅读过程中的多词素词的研究。多词素词的识别性质是否偏离单词素词?它们的形态结构对它们的鉴别有重要作用吗?这些问题将在字母阅读时讨论。语言在形态产出上有很大的不同。连续体的一端是黏着的语言(the *agglutinative* languages),如芬兰语或土耳其语,其中绝大多数单词在形态上是复杂的。在连续体的另一端是分析性语言(the *analytic* languages),如英语,它们代表了形态上变化较少的语言。目前,本章研究的多词素词阅读的眼动跟踪研究仅限于四种语言:英语、芬兰语、德语和荷兰语。从形态学上讲,芬兰语是其中最有产出变化的语言,而英语则是最没有产出变化的语言。

字母书写系统中的文字由字母组成,这些字母构成音节,而音

节又构成书写词典中有词条的词汇项。每一串字母都有一个或多个含义。与意义相关联的词汇形式称为自由词素（*free morphemes*）。他们是自由的，因为他们可以独立于文本。黏着词素（*bound morphemes*）是词素的另一个范畴。如名称所示，它们与自由词素黏着在一起，但不能独立出现。黏着词素的三个主要类别是派生、黏着的词干和屈折变化。派生词改变了受影响词的语法范畴。例如，在英语中，派生后缀 *-ment* 使动词变成名词，如 *establishment* 中。派生前缀也可以附加到单词的开头（例如，*re* 在 *re-establish* 中）。自由词 115
素可以有一个前缀和一个后缀附加到它们，如 *re-establishment*，这是一个多词素词的例子，含一个自由词素和两个黏着词素。黏着词干是不能单独存在的词干（例如，*flect* 在单词 *reflect* 中，或者 *vive* 在单词 *revive* 中；见 Taft & Forster，1975、1976；Taft，本书）。最后，英语中的屈折变化，如修饰动词的时态（例如，*-s* 在 *runs* 中）或名词的数字（例如，*-es* 在 *beaches* 中）。它们出现在词尾。在许多其他语言中，屈折也用来标记名词的句法状态。例如，在芬兰语中，*kettua* 是 *kettu*（"fox"）的宾语（称为分词格）形式（表示名词是句子宾语）。最后，自由词素可以组合成复合词，如 *football*。通常，复合词由两个自由词素组成，但在复合产出比较丰富的语言中，它们可以包括三个或四个自由词素。德语中的一个例子是 *Datenschutzexpert*（"data security expert［数据安全专家］"），它由三个自由词素组成。

词的形态结构对阅读中的词识别有影响吗？直观地说，人们可以用一种观点来强调单个词素的重要性，或者认为词的形态结构没有什么意义。在后一种观点的支持下，人们可以认为，只要读者的心理词汇有一个词形复杂的词，如 *establishment* 或 *football*，没有必要为了成功识别而去注意单词的形态结构。但这并不是否认，在需要的时候，形态结构可以在识别完成后访问（Giraudo & Grainger，2000）。

另一方面，也可以这样认为，阅读者通过词素来识别形态学上复杂的词，较小的单位更有可能得到较快的识别。因此，为了识别单词 *reestablish*，如果在建立单词含义之前可以将单词分解为其形态成分（“establish again”），那么读者就可以更容易地将这些形态成分组合在一起（Taft，1979）。我们可以进一步论证，当这个词在形态学上高度复杂时，这种形态分解是特别相关的。随着复杂度的增加，这个词可能很长（例如，*Datenschutzexpert*），这就可能减少它可以用快扫一眼就识别的可能性。这反过来又可能鼓励通过形态学成分对其进行鉴定。

本章回顾了阅读过程中的形态学研究。记录读者眼动的方法已成为研究阅读过程的黄金标准，因为它是通过时间和空间演变的。这种方法之所以吸引人，主要有两个原因。首先，由于眼动是阅读过程中视觉信息摄取的必要部分，因此不需要引入无关的阅读任务来研究阅读过程。与此相关的是，读者可以自由地按照自己的意愿进展文本阅读。第二，该方法为用户提供了处理时间进程的措施（稍后将对此进行更详细的讨论）。随着本章的继续，我们越来越明确地发现，这一技术已成功地应用于研究词素在阅读过程中识别单词的作用。

读者的眼动（更多细节，见 Schotter & Rayner，本书）由两部分组成：注视和扫视。在注视的过程中，眼睛保持注视文本中的某个位置；而扫视则是快速的眼动，将眼睛从文本中的一个位置移到另一个位置。视觉信息的摄取发生在注视期间；视觉在扫视期间是受限的。阅读中的注视通常持续 200 到 250 毫秒；向前扫视到新的文本区域从先前的注视位置向右延伸大约 7 到 10 个字母。提取有用视觉信息的注视点周围的区域受到眼睛中央凹区域的限制，其中视力处于最佳状态。字识别跨度估计为注视位置的大约 12 个字母左右（左边

4 个字母和右边 8 个字母；Rayner, Well, Pollatsek, & Bertera, 1982）。

眼动跟踪技术提供读者在文本或单词中看到的位置以及这些注视的持续时间。注视时间被用来挖掘信息处理的时间过程。初始注视在单词上的持续时间（第一注视持续时间 *first-fixation duration*）提供了对该词的早期处理的估计。注视持续时间是在第一次阅读时，即在注视一个单词之前，对该单词所做注视的总持续时间。凝视持续时间（*Gaze duration*）比第一次注视持续时间稍晚一些，它经常被用来作为衡量阅读过程中词汇访问的主要手段。最后，从后续单词返回到单词的注视反映了在识别单词之后完成的处理工作。可以从 116
眼动记录中收集若干这样的措施。总注视时间（*Total fixation time*）是一个单词上所有固定物的总和持续时间（即，它是早期和后期处理的综合度量）；进退时间（*gopast time*）的测量是通过从目标词到前一个词的回归而开始的，并通过固定在目标词之外的固定终止。由于本章涉及单词识别，主要关注的是第一遍测量（即，第一注视持续时间和注视持续时间）。

本章首先回顾了在句子阅读过程中识别复合词的证据（另见 Bertram，2011；Pollatsek & Hyönä，2006）。这是因为复合词的研究是阅读过程中形态学研究的最充分的方面。其次，研究了派生词和屈折词在阅读过程中对单词识别的影响。关于孤立词识别中的词素作用的广泛文献在这里没有讨论（全面综述见 Amenta & Crepaldi，2012；Taft，本书；对于形态学处理的开创性工作，见 Taft & Forster，1975，1976）。我也不讨论副中央凹区域的形态学处理，即在直接扫视多词素词之前编码形态结构的可能性（对于这个主题的评论见 Hyönä，2011）。

阅读中识别复合词

组合处理还是整体处理——或同时兼具?

塔夫特和福斯特（1976）检查复合词处理的眼跟踪研究，使用了一个巧妙而简单的范例来研究词素在词识别中可能的作用。根据其逻辑，如果词素在（复合）词的识别中起着重要作用，那么在控制复合词的频率之后，控制构成复合词的词素的频率对识别应该起着重要作用。词素频率的影响将表明词素被用作进入心灵词库的入场券。另一方面，如果词素频率不影响词识别时间，但词频率确实会影响，那么就可以看作是反对复合词识别中词素参与的证据。相反，它将支持整个单词形式被用作心理词库入场券的概念。

下文首先总结了从第一和第二组成频率的操控中所获得的结果，接着是全词频率。（从这里开始，作为复合词成分的自由词素被称为成分 [constituents]。）在研究的语言（英语、芬兰语和德语）中，两个成分复合词的第二个成分通常是定义这个词的一般意义的词头（虽然并不总是；在下文中看到更多）；当第一个成分修饰头部时（例如，*football* is a type of ball you kick with the foot）。

第一成分频率的效应

西奥纳和波拉塞克（1998）进行了第一项采用眼睛跟踪技术的研究，他们在控制第二个成分频率和整个单词频率的同时，操纵了两个成分，相当长的芬兰复合词（12—14 个字母）中第一个成分的频率（复配在芬兰语中的生成率很高，与德语一样，但与英语不同，成分之间没有空格）。检查第一成分频率的影响的研究总结在表 9.1 中。

这里的效应是指低频和高频条件之间的差异。西奥纳和波拉塞克在注视持续时间中获得了高度可靠的第一成分频率效应。在单词的第一个注视时间也有显著的影响，这显示了一个早期的影响（这些长的复合词通常用两次注视）。然而，大部分效果是较后出现（在第二次和第三次注视期间）。同样，波拉塞克和西奥纳（2005）观察到长时间、语义透明和不透明的化合物在注视持续时间中存在可靠的第一成分频率效应（然而，对第一注视持续时间的影响并不显著）。

表 9.1　第一组合成分频率（低频与高频条件下的毫秒差异）在双部分复合词的凝视（GD）与第一注视段（FFD）

Study	Language	Word Length (letters)	Difference in GD (ms)	Difference in FFD (ms)
Long compounds				
Hyönä & Pollatsek (1998)	Finnish	12+	87*	9*
Bertram & Hyönä (2003)	Finnish	12+	70*	16*
Pollatsek & Hyönä (2005), Exp. 1	Finnish	12+	47*	2
Juhasz (2008)	English	10.9	–25	–3
Pollatsek et al. (2011): Existing compounds	Finnish	12+	62†	20*
Pollatsek et al. (2011): Novel compounds	Finnish	12+	153*	29*
Overall			**66**	**12**
Shorter compounds				
Bertram & Hyönä (2003)	Finnish	7.5	11†	–3
Juhasz et al. (2003)	English	9	8	11†
Andrews et al. (2004)	English	8.5	21† 27†	8† 7†
Juhasz (2007)	English	9.1	36*	8†
Inhoff et al. (2008): Headed compounds	English	9.1	40*	20*
Inhoff et al. (2008): Tailed compounds	English	9.1	0	5
Juhasz (2008)	English	6.6	31†	12†
Overall			**22**	**9**

* = significant.

† = either $.05 < P_{1,2} < .1$, or P_1 or $P_2 > .1$.

伯特伦和西奥纳（2003）复制了芬兰语长复合词的第一个成分频率效应，但没有找到短复合词（7—9个字母）的效应。对于复合词，第一次注视和注视时间的效果都是可靠的，而对于复合词，这两种效果都没有达到显著性。这些结果表明，长复合词和短复合词的阅读存在差异。最后的芬兰研究是波拉塞克、伯特伦和西奥纳（2011）
117 的研究，他们为长期存在的和新颖的复合词建立了可靠的第一组分效应，对新颖复合词的影响更大（关于新颖复合词的效果，见题为“阅读中现有的和新的多词素词的意义计算”一节）。

大多数英语研究使用的复合词比芬兰语研究中使用的复合词短。结果并没有像之前芬兰语研究所评论的那样清晰。尤哈斯等人（Juhasz, Starr, Inhoff, & Placke, 2003）在9个英文字母组合中的第一注视持续时间中发现了一个轻微显著的第一成分频率效应，但在注视持续时间上效果不显著。同样，安德鲁斯、米勒和雷纳（2004）在两个组成部分的英语复合词中，在第一注视和注视持续时间上观察到轻微显著的第一成分频率效应，其长度为6至11个字母（平均长度8.5个字母）。尤哈斯（2007）对语义透明和不透明的英语复合词分别操纵了第一成分频率，其长度从8到11个字母不等。（对于语义透明性的影响，请参阅“阅读现有的和新的多语素词的意义计算”一节。）她发现第一个组成频率在第一个注视持续时间中有显著的影响（但是，在项目分析中不显著），在凝视持续时间中也有显著的影响。英霍夫等人（Inhoff, Starr, Solomon, & Placke, 2008）分别对头尾复合
118 词（*headed* and *tailed* compound words）进行了第一成分频率的处理。头部分复合词是指整体意义与第一成分（如 *humankind*）关系更密切的词，而尾形复合词（更常见的类型）则与第二成分（如 *handbook*）关系更密切。英霍夫等人（2008）获得了头部复合词（在第一注视和凝视持续时间内）的第一组分操纵的可靠效果，但尾部复合词没

有。最后，尤哈斯（2008）得到的结果与伯特伦和西奥纳（2003）的结果大不相同。她没有发现长复合词（10—13 个字母）的早期效应；相反，短复合词（6—7 个字母）的第一注视持续时间（和注视持续时间）的效应是基本可靠的。此外，第一成分频率对长复合词甚至在凝视持续时间内也没有影响（事实上，这一趋势与以前的研究相反）。

为了总结第一成分频率影响的结果（见表 9.1），芬兰语的较长复合词对凝视持续时间的影响是比较突出的。这种效应在加工早期出现，如第一次注视。这些数据表明，芬兰语较长复合词通过分解路径进行处理。另一方面，唯一的鉴定芬兰语短复合词的研究提供了证据，认为整体处理比分解路线在阅读中更多地用到。结果对英语来说并不那么简单。在英语的大多数研究中，复合词比芬兰语的研究要短。总的趋势是，第一个组成频率影响处理，但效果往往在统计学上意义不大。英语和芬兰语研究之间最显著的区别是在唯一的使用较长英语复合词的实验（JuHasz，2008）中没有找到任何成分处理的证据。然而，应该记住的是，组合成分处理可能对较长英语复合词的代表性样本有影响，但英语中复合词比芬兰语中的产出率低。在得出进一步结论之前，我们下一步看看第二成分频率的操作结果。

第二成分频率的效应

表 9.2 总结了从检查第二成分频率效应的数据中得出的数据。第一项眼睛追踪研究是波拉塞克、西奥纳和伯特伦（2000）的研究，他们发现较长芬兰复合词的凝视持续时段中有肯定的影响；然而，第一次注视持续时间的影响远不显著。在英语中也得到了类似的结果。尤哈斯等人（2003）证明了 9 个字母长的英语复合词在凝视时段中存

在可靠的第二成分频率效应；然而，在第一注视持续时间中没有这种效应。安德鲁斯等人（2004）和尤哈斯（2007）也报告了类似的效

119 果。最后，英霍夫等（2008）发现尾部复合词在凝视时段有显著影响，而头部复合词没有显著影响。此外，即使第一注视时间，尾部复合词的第二组分频率的影响也很小。

总结操纵第二成分频率的发现，证据显然有利于成分处理，因为大多数报道的研究在凝视持续时间上显示了可靠的效果。这种效应并不早于第一个组成频率的效应，因为在第一个注视时间内没有效应。一个有趣的例外是尾部复合词的第一注视持续时间的影响。这表明，在复合词加工过程中，定义成分的意义比识别非显性成分（即那些不定义单词核心意义的成分）发挥更重要的作用。

表 9.2　第二成分频率效应（低频与高频条件下的毫秒的差异）在双部分复合词的凝视 Gaze Duration (GD) 与第一注视段 First Fixation Duration (FFD)

Study	Language	Word Length (letters)	Difference in GD (ms)	Difference in FFD (ms)
Pollatsek et al. (2000)	Finnish	12+	95*	1
Juhasz et al. (2003)	English	9	27*	8
Andrews et al. (2004)	English	8.5	15†	4
Juhasz (2007)	English	9.1	16†	8
Inhoff et al. (2008): Headed compounds	English	9.1	5	5
Inhoff et al. (2008): Tailed compounds	English	9.1	46*	17†

* = significant.

† = either $.05 < P_{1,2} < .1$, or P_1 or $P_2 > .1$.

整词频率效应

如前所述，整词频率的影响可用于检查复合词识别中的整体路

径的激活，只要控制诸如第一和第二组成频率等其他变量即可。表9.3总结了研究整字频率的影响的研究。波拉塞克等人（2000）在控制第一和第二个组成频率的同时，对芬兰语两个成分的长单词频率进行了操纵。注视持续时间有可靠的影响，但第一注视持续时间的影响不显著。伯特伦和西奥纳（2003）对另一组芬兰语长复合词得出了类似的结果。尤哈斯（2008）发现，长英语复合词在凝视时段中的整词频率有相当大的影响，在第一注视持续时间中也达到显著性。另外两个研究，一个芬兰语（Bertram & Hyönä, 2003），一个英语（Juhasz，2008），检查短复合词的处理，得到了相似的结果：即在第一注视和凝视持续时间内都有可靠的效果。

上述结果支持了在复合词识别过程中整体路径操作的观点。此外，芬兰语的研究表明，对于较长复合词来说，激活有点延迟，但对于较短复合词来说非常快。然而，英语研究（Juhasz，2008）在鉴定长短复合词时并不存在这样的质的差异。下一步将讨论到目前为止相关研究的理论意义。

回顾复合词研究的理论意义

有证据表明，在阅读过程中，复合词的识别既有分解途径，也有整体途径。为了解释已有结果的模式，波拉塞克等人（2000）提出了 120
复合词加工的双路径竞争模型（参见Sureuler & Bayayn，1995）。该模型假设词形分解路径和整体路径在单词识别过程中并行工作，在阅读长复合词时，分解路径通常至少在整体路径之前运行。伯特伦和西奥纳（2003）的研究表明在处理长短复合词方面存在明显的差异，分解路径支配着较长复合词的初始加工，而整体路径在阅读短复合词中占主导地位（即赢得竞赛）。他们认为视觉敏锐度是复合词加工的一个重要决定因素，读者在视觉敏锐度最好的中央凹视觉中使用任何视觉信息。他们称此观点为视力敏锐性原则。在长的复合词中，第一个成分在处理过程中比在整个词形中更容易获得，这为分解路径提供了一个开端。另一方面，更短的复合词，整个单词的形式在中央凹范围内；因此，整体路径在识别过程中变得活跃，很有可能赢得比赛。如前所述，尤哈斯（2008）提供了与推理相矛盾的证据。在讨论下面的形态学分割时，我将讨论与这个问题相关的附加证据（关于这个问题的进一步讨论，见 Hyönä，2012）。

表 9.3　整词频率的效应（低频与高频条件下的毫秒差异）在双部分复合词的凝视 (GD) 与第一注视段 (FFD)

Study	Language	Word Length (letters)	Difference in GD (ms)	Difference in FFD (ms)
Long compounds				
Pollatsek et al. (2000)	Finnish	12+	82*	5†
Bertram & Hyönä (2003)	Finnish	12+	79*	4†
Juhasz (2008)	English	10.6	167*	20*
Overall			**109**	**10**
Short compounds				
Bertram & Hyönä (2003)	Finnish	7.5	52*	10*
Juhasz (2008)	English	6.6	69*	19*
Overall			**61**	**15**

* = significant.
† = either $.05 < P_{1,2} < .1$, or P_1 or $P_2 > .1$.

英霍夫等人（2008）认为关于复合词处理的描述，通过交互式使用两条路线（也见 Taft，1994）更好，而不是独立的分解路线或整体路线。提出一个相互作用的框架的原因是他们发现，即使在第一次注视期间，尾部复合词也会受到第二成分频率的影响。回想一下，尾部复合词的第二个成分是定义意义的成分。也就是说，整体路径增强了定义成分的意义的激活多于意义不太重要的成分，因此可以获得第二成分频率的早期效应。很显然，需要更多的数据来评估这两条路线在多大程度上相互作用，以及在何种程度上独立运作。

复合词阅读中的形态分解

如前所述，阅读复合词（至少是长复合词）涉及形态分解。分解的前提是词可以被分割成其形态成分。因此，帮助分割的因素也应该有助于复合词处理。英霍夫等人（Inhoff, Radach, and Heller, 2000）进行了第一眼跟踪研究，以检查在三个成分复合词（例如 *Datenschutzexpert*）中表示形态边界的影响。一个高度突出的提示是通过在成分之间插入空间（例如，*Daten schutz expert*）来标记边界。这样做的缺点是，它破坏了单词的视觉统一性；此外，德国读者似乎对这种形式并不熟悉。事实上，英霍夫等人在处理非法空间复合词时发现了便利性和抑制性。便利性是在较短的注视持续时间上的复合词，空间可以协助划定语素；抑制性是有明显的间隔较长的第三和第四次注视。数据的模式表明，间隔有助于形态分解和组件访问，但可能会干扰意义计算，因为成分（语法）的关系彼此被间隔遮蔽。这是因为不清楚由空间分隔的词是否属于同一语言单位（名词短语）等等。还检查了标记的词素边界的影响，（1）通过一个罕见的二元跨越词素边界或（2）通过大写字母（*DatenSchutzExpert*）。从眼动记录中看不出双连词频率的影响。考虑到目标单词的长度（15—25 个字母），在这么长的字母串中，单个双连词不足以突出可能并不奇怪。大写比间隔的影响（实验 3）更小（实验 4）。因此，作为形态边界线索，大写不如间隔有效。

尤哈斯、英霍夫和雷纳（2005）提供了进一步的证据来支持这一观点：间隔有助于促进复合词的分解。他们的研究以英语进行。目标词有些是不间隔的（例如 *bookcase*）有些是间隔的（例如 *rush hour*）：双重复合词有些以“正确”的形式（如上）有些以（不正确）的形式出现（*book case* vs. *rushhour*）。正确性在英语中是有点儿任意的，复合
121 词有没有间隔没有语法规则。尤哈斯等人发现如果复合词上有间隔，第一次注视就比较短暂，无论这个复合词是否规定要有间隔——这一发现支持了这种观点：组成部分之间有空格可以促进分解。另一方面，在通常不间隔的复合词里插入间隔，延长了凝视时间，而将通常间隔的复合词的空隙去掉则不影响凝视时间。凝视时间数据显示，去掉空间促进了后期处理，这一点也许可以被用来支持整体路径有利连接的思想。

另一个视觉上突出的线索是连字符（关于在英语复合词中使用连字符，参见 Kuperman & Bertram，2013），连字符经常插入词素边界（例如，*word-play*）。Bertram and Hyönä（2013）研究了插入在长和短芬兰语双词素复合词的组成边界上的连字符如何影响识别过程。芬兰语的拼写惯例规定了当元音出现为第一个成分的最后一个字母和第二个成分的第一个字母（例如，*ulko-ovi* ‘front door’；*musiikki-ilta* ‘musical evening’）时，才构成边界上的连字符。研究者比较了连字符与非连字符在词频、词长、第一成分和第二成分上的匹配情况。请注意，所有单词都以其合法格式出现。基于伯特伦和西奥纳（2003）的研究，伯特伦和西奥纳（2013）预测连字符应该有助于长复合词的加工，但抑制短复合词的加工。这正是他们所观察到的。较长的含连字符的复合词的凝视时间比较长的无连字符的复合词短 64 毫秒，而短的含连字符复合词的凝视时间比短的无连字符的复合词长 43 毫秒（另见 Haikio，Bertram & Hyönä，2011）。也就是说，连字符促进了长

复合词的加工，因为分解路线在整体路径上获得了先导，初始成分在中央凹视觉中比整个单词形式更容易获得。另一方面，因为连字符是促进顺序处理短的复合词，当整体处理可行时（即，整个单词位于中央凹范围内）——短复合词的处理抑制被观察到。

与英霍夫等人（2000）的研究相似，伯特伦等人（Bertram, Kuperman, Baayen & Hyönä, 2011）研究了三成分复合词的加工过程。然而，他们没有使用间隔来划分词素边界，而是非法地在芬兰语三成分复合词（*lentokentta-taksi* 'airport taxi'）和荷兰语三成分复合词（*voetbal-bond* 'football association'）的边界插入连字符。如前所述，当一个成分以同一个元音结尾时，下一个成分以同一个元音开头，连字符在芬兰语复合词中是合法的。在荷兰语中，如果作者认为多成分复合词很难用其他方法解析，则可以在该词中插入连字符。在伯特伦等人的研究中（2011）对所谓的左支（*left-branching*）和右支（*right-branching*）复合词分别非法插入连字符。右支复合词是指第二成分和第三成分构成复合词头部，第一成分起修饰作用的复合词，如在 *zaalvoetbal*（'indoor football'）中，左支复合词是指第三成分是由前两成分修饰的头部，如 *voetbalbond*（'football association'）。伯特伦等人（2011）发现当连字符插入修饰词和词头之间的边界时，有益早期的处理效果（*voetbal-bond; zaal-voetbal*）。连字符之前的第一成分上的注视时间短于无连字符状态下的同注视区域上的注视时间。这意味着连字符有助于读者为一个由三个部分组成的复合词指定一个正确的层次结构。这种早期的便利性抵消了之后的用于读取连字符右侧的单词区域的处理成本（不存在于芬兰语的左支复合词）。后一种效果可能反映读者对非法拼写的反应（即连字符的存在）。

伯特伦等人关于荷兰语研究结果所获得的模式（早期促进和后期抑制）（2011）与英霍夫等在德语中的观察结果（2000）是一致的，

即在三成分复合词中非法插入成分之间的空格情况。在荷兰语和芬兰语的文字处理中，从凝视持续时间的视角看，与正确的连接词形式相比，非法插入连字符在次要边界（即，不在修饰语的头部边界）导致单词识别速度较慢。这两种语言的不同之处在于，在主要分界处（即头部修饰语的分界处）出现连字符，导致芬兰语的注视持续时间较短，但荷兰语的注视持续时间与连接形式相比没有差异。这一
122 语言差异被认为反映了芬兰语读者对本国语言中连字符复合词的更多接触。（芬兰语一般包含比荷兰语更多的复合词和更多的连字符复合词。）

伯特伦、波拉塞克和西奥纳（2004）对分割方式的影响进行了更深入细致的研究。他们探讨跨词素边界的字母簇的类型是否在形态分割中用到。他们使用芬兰语的特定特征，即元音和谐：后元音（*a, o, u*；发音朝向口腔的后面）和前元音（*a, o, y*；发音朝向口腔的前面）不能出现在同一词（即，在同一复合词成分中），而不同质量的元音可以出现在成分之间。因此，当两个不同性质的元音像 öljyonnettomus（‘oil spill’）一样相邻出现时，这是构成分界的逻辑线索：前元音 y 必须是第一个组成部分的结尾，后元音 o 必须是第二个组成部分的开头。伯特伦等人（2004）证明这样的元音不和谐确实可以用作分段线索。当两个元音跨越语素边界时，注视持续时间较短，是不和谐的，而非和谐。即使当（非）和谐元音彼此不相邻（*kylpylähotelli* ‘spa hotel’）时，也能获得元音和谐的可靠效果。然而，元音和谐效应只有在第一个成分较长（7—9 个字母）时才显现出来，但当第一个成分很短（3—5 个字母）时，这个词的长度就被控制了。这种模式的结果被认为是，当识别第一成分速度较快，假设复合词的初始成分是比较短的，并且在单词上的初始注视接近边界时，不需要形态学分割提示。另一方面，当初始成分不容易解析时（即，更长的时间和

初始的注视位置远离它)，这样的线索很有用，正如较长第一成分所显示的情况。

最后，伯特伦等人(2004)检查了另一个更微妙的分段线索，即辅音出现在芬兰语的一个词首字母或最后字母的概率。他们研究了较长的双成分的复合词阅读中辅音质量的影响。他们对比了两个条件：一个条件是第二个成分的初始辅音不能作为词素中的最后一个字母出现，另一个条件是第二个成分的初始辅音可以作为词素中的初始字母或最后一个字母出现。前一个条件明确地表示一个词素边界，而后一个条件没有。这种提示在凝视持续时间上产生了可靠的效果：明确的辅音提示比模糊的辅音提示产生的凝视持续时间短。效果的大小与元音和谐相似。此外，辅音类型和元音和谐的影响是相互独立的。由伯特伦等人获得的提示形态边界的影响(2004)都是相对较后的影响，在第三注视时达到峰值(第二和第四次注视时的效果也显著)。效果的后期出现与形态学处理模型不一致，借此可以推论为形态分解在处理时间线的早期发生，在词汇访问之前(Rastle, Davis, & New, 2004; Taft, 1979, 1994)。观察到的效应的时间差异有几个可能的原因。一种可能性是早期的词汇前效应只是短时存在，并且只能使用遮蔽范式来恢复(例如，Rastle et al., 2004)。也有可能，句子上下文掩盖了将出现孤立词识别时的词前效应。

总之，有一致的证据表明由于形态边界线索的存在，可以便利阅读长复合词。这些线索不仅是视觉上显著的线索，例如空格和连字符，也包含与字母质量相关的更微妙的线索。然而，与在形态边界上非法插入空间或连字符相比较，可以观察到的后期处理减速。最后，在较短复合词的形态边界上的合法连字符会导致处理损害。根据上述理论，由于视觉敏锐性的限制，分解路径在处理长复合词时起到了先头作用，在提示的辅助下，促进了分解过程中的处理。另一方面，由于短复合词位于中央凹范围内，整体路径更有可能成为主流的访问路径。因此，鼓励分解的形态学边界线索会导致对更短的复合词的处理减慢。

123 阅读中派生词的识别

关于派生词阅读的眼动研究比复合词阅读的眼动研究少。对正常阅读的第一个眼睛跟踪研究是尼斯旺德等人（Niswander, Pollatsek, & Rayner, 2000；另见 Holmes & O'Regan, 1992）。他们感兴趣的是找出后缀词（例如，*adoption*）是通过分解路径还是通过整词路径来识别的。为了做到这一点，他们采用了塔夫特和福斯特（Taft & Forster, 1976；更多细节见前面的讨论）提出的逻辑，对英语中的一组 7 到 12 个字母后缀的单词独立地操作词根（*adopt*）频率和单词（*adoption*）频率（实验 1）。他们在第一注视持续时间范围内发现了根频率的早期效应，在凝视段发现了稍后期的词频的效应。两种效果都会影响到目标词后面的词的处理。溢出效应是通过第一次注视目标词右侧的词的持续时间来评估的。唯一令人费解的结果是，在注视目标词的持续时间中，没有可靠地观察到根频率效应。对数据模式的解释表明，基于根频率效应的分解路径和基于词频率效应的整体路径都在读取派生后缀词时工作，分解路径比整体路径更早激活。

尼斯旺德-克莱门特和波拉塞克（2006）研究了阅读英语前缀词，如 *remove*。类似于尼斯旺德等人（2000），他们操纵词根（*move*）和整个单词（*remove*）的频率；此外，他们还改变了单词的长度。尼斯旺德-克莱门特和波拉塞克观察到，根频率效应显著，但仅限于较长的前缀词，对于较短的前缀词，根频率效应不显著。另一方面，凝视时段的词频效应对于前缀较短的单词是可靠的，但对于前缀较长的单词则不可靠。其结果的形式与伯特伦和西奥纳（2003）对长短复合词的观察结果相似。结果可以很容易地用视觉敏锐原理来解释。由于视觉敏锐度的限制，较短的前缀词更容易被整体识别，而合成处理在阅读较长的前缀词时显得更为重要。

波拉塞克、斯拉特里和尤哈斯（2008）研究了相对较长的新颖（例如，*overmelt*）或现有的（例如，*overload*）前缀英语单词的阅读。新的前缀词的构造使得它们的意义可以很容易地从组成词素中派生出来。从本质上讲，新颖前缀词必须在成分上加以识别。因此，通过比较现有的前缀词与新颖的前缀词的处理，可以评估出分解路线和整体路线在阅读现有的前缀词时的操作程度。在实验 1 中，通过对它们的长度（平均 9.6 个字母的长度）进行匹配来研究新的和现有的前缀词的阅读。观察到相当大的新奇效应（凝视时间 104 毫秒），这表明阅读现有的前缀词很大程度上依赖于整体路径。在实验 2 中，波拉塞克等人（2008）对于新的和现有的前缀词改变了词根频率因素，来评估分解路径的相对强度。根频率在第一注视持续时间（效应大小为 12 毫秒）和凝视时间（效应大小为 54 毫秒）中都有可靠的作用。然而，令人惊讶的是，对于现有的前缀词来说，新颖词的词根频率效应并不算大。如果有的话，它在凝视的持续时间比现有的前缀词稍大一点点。结果被解释为支持两条路线相互作用的双路线竞赛模型。具有独立性的双路径竞争模型可以预测比现有的前缀词大得多的新颖的根频率效应。这是因为对于新颖的前缀词来说，没有与之竞争的整体路线，所以能够赢得并因此终止竞争。

综上所述，目前关于阅读派生词的证据一致地表明，分解路径和整体路径都在识别派生词的过程中起作用。与复合词一样，整体路径似乎支配着短派生词的识别，而分解路径在长派生词的早期处理中很活跃。

阅读中识别屈折词

屈折词在句子语境中的阅读研究比其他形态复杂的词要少。尼斯旺德等人（2000；实验 2）考察了英语中复数名词（如 *uncles, beaches*）、以 -ing 结尾的动词（如 *watching*）和一般过去时动词（如 *directed*）的阅读情况（5—9 个字母长度）。实验者对照词根频率和词频。第一注视和凝视时间均存在可靠的词频效应，但没有显著的词根效应。在
124 对这三类屈折词的后续分析中，复数名词的第一注视和凝视时间出现了显著的词根频率效应，而动词没有。尼斯旺德等人指出本研究中使用的许多动词词根也是名词（如 *handed*），这可能解释了当用作动词时词根频率效应的缺失。对于许多屈折动词来说，词根的另一个用法（通常是名词）更为常见。这种词根冲突在目标名词中并不明显。后续回归分析提供了建议性的证据，认为词根冲突明显的动词可以调节总注视时间，与后期效果挂钩。（总注视时间是指第一遍阅读时对目标词的注视时间和第一遍阅读后对目标词的回归注视时间之和。）

伯特伦、西奥纳和莱纳（2000）通过操纵包含 *-ja* 表示部分复数的单词和词根频率（例如 *hattuja* ‘some hats’）来检查芬兰语中屈折名词的阅读。在芬兰语的 13 个屈折格中，分词是第三个最常见的结尾。平均词长约为 7 个字母。伯特伦等人在目标词的凝视时间中获得 17 毫秒的词频率效应，在目标词的凝视时间中获得 21 毫秒的词频率效应。然而，无论是在第一注视时间还是凝视时间，都没有观察到根频率对目标词的影响。在参与者分析中，根频率有 8 毫秒的延迟效应（在凝视下一单词的持续时间中观察到）。然而，在逐字阅读实验中，词根频率的延迟效应（在参与者和项目分析中）是完全显著的。结果表明，整体路径在识别屈折词方面是活跃的，而实现词汇访问后，分

解路径变得活跃。一种可能是，词缀是由句法模块（Taft，1994）处理的，这可以解释为什么词的分解形式在词汇访问之后变得活跃。塔夫特（1994）对屈折动词的识别提出了初步建议。他的主要思想是将屈折变化从词干中分解出来，输入一个句法模块进行处理。

西奥纳、韦尼奥和莱纳（2002）的研究证据支持后词汇观点（即，效应仅出现在从关键词注视移到后续单词时），他们比较了形态复杂的屈折词与形态简单的不屈折词的阅读。这项研究是用芬兰语进行的。屈折词要么出现在用屈折词 -a 或 -a 表示的单数格（如 *juustoa* '（some）cheese'）中，要么出现在用屈折词 -n 表示的属格（如 *peiton* 'blanket's）中，而非屈折词出现在主格中；这三种情况是芬兰语中最常见的。所比较的词形在它们所出现的句子框架中都是同样符合句法的。它们都是句子中的物体，可以接受这三种情况中的任何一种。屈折词和非屈折词的凝视时间没有差异。在目标词的第二遍注视时间（即第一遍阅读后注视返回目标词的持续时间）中获得唯一的效果趋势（在项目分析中不显著），对于屈折词，这一时间延长了 19 毫秒。

在第一遍阅读中，形态复杂性的零效应可以被解释为是由西奥纳等人研究的词形变化（2002）都是通过整词路线来识别的。此外，在第二遍注视时间中观察到的趋势可以被认为是在获得词汇访问之后，由句法模块（Taft，1994）处理这些上下文屈折变化（Booij，1996）。这种说法，不一定是塔夫特（1994）设想的，会假设词缀的词形复杂度的滞后影响（假设效果是真实的）反映了后验句法检查或合成。然而，事实上，西奥纳等人（2002）所研究的这三个词的形式在上下文句法上是同样合理的，这一事实挑战了后置词汇句法处理的观点（预测它们之间没有处理差异）。在得出更确切的结论之前，肯定需要更多的经验证据。

综上所述，对屈折词阅读的研究还相当有限，因此，得出的结论必然是非常试探性的。然而，现有的证据描绘了一幅阅读屈折名词的相对一致的画面。回顾性研究表明，整体路径主导的屈折名词的识别和分解路径变得活跃后，词汇访问，可能表明屈折变化的句法模块处理。然而，唯一一个研究动词屈折变化过程的阅读研究没有发现形态分解的证据。因此，在有可能对屈折词的阅读做出任何
125 结论之前，肯定需要更多的经验证据。例如，可能有兴趣研究上下文（例如，结构格标记）和固有（例如，类别号）屈折变化（Booij, 1996）之间的区别是否会产生处理结果。根据定义，上下文屈折变化是由语法决定的，而内在屈折变化不是由语法上下文所要求的。因此，屈折词出现的语境可能会对阅读包含语境屈折和内在屈折的词施加不同的限制。最后，所研究的词形比较短；重要的是要检查所获得的效果在多大程度上推广到较长的屈折词。由于短屈折词位于中央凹区，因此可以从整体上识别它们，而长屈折词可能要求对其进行形态学分析以进行识别，因为它们不能通过单次注视来完成识别。

阅读多词素词的意义计算

在最后一节中，我将回顾对多词素词的意义计算的研究，这些多语素词的意义要么模棱两可，要么由于一些单个词素的意义而不透明，或者其意义必须从组成意义中计算出来，就像新颖的多语素词一样。用派生词研究了词义歧义的影响（即允许两种不同的句法分析），同时用语义不透明的复合词和新颖的派生词和复合词作为刺激来研究词义计算。

歧义

波拉塞克等人（Pollatsek, Drieghe, Stockall, & de Almeida，2010）研究了包含前缀（*un*）、根（*lock*）和后缀（*able*）的三态派生词（例如 *unlockable*）的阅读。所研究的词在意义上是模棱两可的，因为它们的词素结构允许两种不同的语法分析。*unlockable* 这个词可以被解析为 *un-lockable*，意思是不能被锁定的东西，或者 *unlock-able*，意思是可以被解除锁定的东西。在前一种情况下，结构称为右分支，在后一种情况下称为左分支。波拉塞克等人（2010）操纵前面的句子，或使其中性，或限制左分支结构，或限制右分支结构，以便找出这种歧义的多词素词的首选解释是什么。一个将左分支结构用于 *unlockable* 的上下文偏误的例子如下：*The zookeeper needed to get the new bird out of its cage. As the cage was unlockable, his key quickly opened it and he removed the bird*［动物园管理员需要将新鸟从笼子里弄出来。由于笼子是可以打开的，他的钥匙很快就打开了，他把鸟搬走了］。一个右分支结构的上下文偏误的例子如下：*The zookeeper wanted to make sure the bird stayed in its cage. As the cage was unlockable, he needed to fasten the door with wire instead*［动物园管理员想确保这只鸟待在笼子里。由于笼子是不能上锁的，他需要用铁丝把门固定住］。中性上下文句子如下：*The zookeeper inspected the new bird and its cage*［动物园管理员检查了这只新鸟及其笼子］。

波拉塞克等人（2010）没有观察到对单词本身的影响。然而，反映进一步处理的所谓经过注视时间（go-past fixation time，即，由从目标词到前一句的回归开始，并由超过目标词的注视结束）表明，左分支解释（即，*unlock-able* 可解锁）是最受欢迎的解释。更准确地说，相对于中性上下文句子，右偏上下文句子有助于以后处理右分支结构，但中性上下文句子和左偏上下文句子之间的左分支结构没有差异，这表明左分支替代方案是被认为是默认结构。

阅读现有的和新颖的多词素词的意义计算

波拉塞克等人（2008）比较现有的和新颖的前缀词的阅读（例如，*unmarried* vs. *unblamed*），并且在凝视时间内发现了较强的新颖性效果（104 毫秒），尽管从词汇语素确实可以容易地计算词汇化和新颖的前缀词的意义。这表明，当无法通过直接路径在心理词典中使用现有的全字表示法访问单词时，访问多词素词的词义就需要时间。然而，如前所述，他们的数据表明，分解路径并没有加快新的前缀词的处理，使其超过词汇化的前缀词，这说明两条路径是交互操作的观点。

波拉塞克、伯特伦和西奥纳（2011）在研究新颖的和词汇化的芬兰语的双成分复合词（平均长度约 13 个字母）方面得出了不同的结
126 论。除了新颖性之外，他们还把第一个成分的频率作为一个独立的词。他们观察到了凝视期 187 毫秒的强烈新奇效应。在第二次注视中，随着读者对新奇事物的第二个成分的需求变得明显，它开始显现出来。此外，这两个操纵因素相互作用：对于新颖词来说第一个成分频率的影响比词汇化复合词更大。这一结果表明，这两条路线彼此独立运作，这一结论与波拉塞克等人提出的关于阅读新颖词和词汇化的前缀词结论不同（2008）。波拉塞克等人对不同的结论进行了调和（2011），他们假设识别过程包含两个层次的处理（另见 Libben，1998）：正字法和语音形式的识别和意义计算。他们认为识别阶段对复合词和前缀词的作用类似。早期的成分和词根频率效应（至少对长词而言）可能反映了这一阶段。然而，第二阶段的操作在两种词类型之间是不同的。对于前缀词，意义计算是受规则支配的（misX，例

如 *miscircle*，意思是 someone did X wrongly in some way 某人在某些方面做了错误的 X)，而对于复合词，由于成分之间可能存在多种联系方式，意义计算就没有那么简单了（Gagne & Spalding，2009)。第二处理阶段受规则支配，阅读前缀词不受第一处理阶段的影响。另一方面，以复合词为第一阶段，识别第一成分，对第二阶段产生影响。这是因为第一个组成部分所涉及的典型关系对于不经常使用的词汇没有像经常使用的词汇那么牢固。

在词汇化复合词的情况下，如果复合词的意义是不透明的，即它不能容易地从组成意义（例如，*jailbird*）上看出来，意义计算似乎是不存在的（即，意思是直接检索)。波拉塞克和西奥纳（2005；实验 1）提供了与这一观点一致的证据，他们操纵了语义不透明和透明的两个成分复合词的第一成分频率。他们观察到较长时间（平均约 13 个字母）凝视时，芬兰语里的两个成分复合词的第一成分频率效应是可靠的，这种效应在语义不透明和透明的复合词中大小相似。然而，没有整体的透明效果（凝视时间内的 1 毫秒的差异)，这表明现有的不透明复合词的含义被检索而不是从成分中获得意义计算。如果后者是这样的话，就应该观察到与语义上透明的复合词相比，在语义上不透明的处理速度减慢。

弗里松等人（Frisson，Niswander-Klement & Pollatsek，2008）比较了语义透明复合词和部分不透明复合词（第一或第二组分与整个单词的含义不透明相关，如 *trenchcoat, heirloom*）和完全不透明复合词（两个成分与单词的含义不透明相关，如，*cocktail*)。这项研究是用英语进行的，使用了平均长度约为 8.8 个字母的双成分复合词。与波拉塞克和西奥纳（2005）相似，他们发现凝视时间内的语义透明性没有影响（实验 1)。有趣的是，当通过在成分之间插入一个空格（如 *cock tail*）来加强成分处理时（见实验 2)，不透明的效果被观察为延迟效应（在目标之后的单词凝视持续时间）。这很可能反映了意义计算，当单词以连续形式合法呈现时，可能不存在意义计算（即，在不单独访问其组成部分的意义并计算其意义的情况下检索复合词的意义）。

最后，尤哈斯（2007）进行了一项类似于波拉塞克和西奥纳（2005）以及弗里松等人的研究（2008）。她对语义不透明和透明的英语复合词的第一和第二成分频率进行了正交操作。与波拉塞克、西奥纳、弗里松等人不同，尤哈斯在凝视时段内获得了可靠的24毫秒透明效果。另一方面，与波拉塞克和西奥纳类似，透明度与第一成分频率没有交互作用，也与第二成分频率没有交互作用。所以，语义透明性不介导分解过程，但形态分解与透明和不透明复合词相似。

总而言之，在现有证据的基础上，可以得出以下结论：阅读过程中多态词语的意义计算：该过程是从词素的词汇访问开始的（至
127 少在单词比较长的时候）。不管语义透明性或新颖性，这个词汇阶段都是类似的。第二阶段涉及词义计算，但是词汇化的词不需要，即使当他们的意义是不透明的给定的词素的意义（此外见 Juhasz，2007）。这两个词汇路线，分解和整体路线，串联工作，以提供对心理词汇中所代表的词的访问。词汇的访问又导致词的意义的检索，而不需要从其组成部分的意义来计算复合词的意义。然而，对于新颖的词形，第二阶段要么需要应用规则来推导单词的含义，就像使用新颖的前缀词一样，要么必须通过计算组成意义之间的关系来计算含义，就像使用新颖的复合词一样。

结语

在这一章中，我回顾了在句子语境中阅读多词素词的眼动研究。迄今为止，研究主要集中在复合词的识别上，对派生词和屈折词的

阅读研究相对较少。此外，现有的字母书写的证据是基于一小部分语言（芬兰语、英语、德语和荷兰语）。显然，未来的研究应该扩展这一有限的语言集，包括更广泛的类型不同的语言。

目前可用的证据相对一致地汇集于三个一般性结论：（1）在阅读过程中使用心理词汇中可用的全词表征以及构词成分意义来识别词。（2）词长在调节两条路径的相对优势方面起着重要作用，在较长多词素词（复合词和派生词；长屈折词的研究尚不多见）的识别过程的早期阶段，以分解路径为主。而在识别短多词素词时，全词路径更占主导地位。（3）在有限的证据基础上，初步认为屈折词形是通过整体路径来识别的，其屈折变化是由句法模块处理的。在对屈折词的加工过程做出更明确的结论之前，必须对屈折词在句子语境中的阅读进行更多的研究。

参考文献

Amenta, S., & Crepaldi, D. (2012). Morphological processing as we know it: An analytical review of morphological effects in visual word recognition. *Frontiers in Psychology, 3,* 232.

Andrews, S., Miller, B., & Rayner, K. (2004). Eye movements and morphological segmentation of compound words: There is a mouse in the mousetrap. *European Journal of Cognitive Psychology, 16,* 285–311.

Bertram, R. (2011). Eye movements and morphological processing in reading. *The Mental Lexicon, 6,* 83–109.

Bertram, R., & Hyönä, J. (2003). The length of a complex word modifies the role of morphological structure: Evidence from eye movements when reading short and long Finnish compounds. *Journal of Memory and Language, 48,* 615–634.

Bertram, R., & Hyönä, J. (2013). The role of hyphenation in compound word identification: Facilitative for long, detrimental for short words. *Experimental Psychology, 60,* 157–163.

Bertram, R., Hyönä, J., & Laine, M. (2000). The role of context in morphological processing: Evidence from Finnish. *Language and Cognitive Processes, 15,* 367–388.

Bertram, R., Kuperman, V., Baayen, R. H., & Hyönä, J. (2011). The hyphen as a segmentation cue in triconstituent compound processing: It's getting better all the time. *Scandinavian Journal of Psychology, 52,* 530–544.

Bertram, R., Pollatsek, A., & Hyönä, J. (2004). Morphological parsing and the use of segmentation cues in reading Finnish compounds. *Journal of Memory and Language, 51,* 325–345.

Booij, G. (1996). Inherent versus contextual inflection and the split morphology hypothesis. In G. Booij & J. van Marle (Eds.), *Yearbook of morphology 1995* (pp. 1–16). Dordrecht, the Netherlands: Kluwer.

Frisson, S., Niswander-Klement, E., & Pollatsek, A. (2008). The role of semantic transparency in processing of English compound words. *British Journal of Psychology, 99,* 87–107.

Gagne, C. L., & Spalding, T. L. (2009). Constituent integration during the processing of compound words: Does it involve the use of relational structures? *Journal of Memory and Language, 60,* 20–35.

Giraudo, H., & Grainger, J. (2000). Effects of prime word frequency and cumulative root frequency in masked morphological priming. *Language and Cognitive Processes, 15,* 421–444.

Haikio, T., Bertram, R., & Hyönä, J. (2011). The development of whole-word representations in compound word processing: Evidence from eye fixation patters of elementary school children. *Applied Psycholinguistics, 32,* 533–551.

Holmes, V. M., & O'Regan, J. K. (1992). Reading derivationally affixed French words. *Language and Cognitive Processes, 7,* 163–192.

Hyönä, J. (2011). Foveal and parafoveal processing during reading. In S. P. Liversedge, I. Gilchrist, & S. Everling (Eds.), *The Oxford handbook of eye movements* (pp. 819–838). Oxford, England: Oxford University Press.

Hyönä, J. (2012). The role of visual acuity and segmentation cues in compound word identification. *Frontiers in Psychology, 3,* 188.

Hyönä, J., & Pollatsek, A. (1998). Reading Finnish compound words: Eye fixations are affected by component morphemes. *Journal of Experimental Psychology: Human Perception and Performance, 24,* 1612–1627.

Hyönä, J., Vainio, S., & Laine, M. (2002). A morphological effect obtains for isolated words but not for words in sentence context. *European Journal of Cognitive Psychology, 14,* 417–433.

Inhoff, A. W., Radach, R. & Heller, D. (2000). Complex compounds in German:

Interword spaces facilitate segmentation but hinder assignment of meaning. *Journal of Memory and Language, 42*, 23–50.

Inhoff, A. W., Starr, M. S., Solomon, M., & Placke, L. (2008). Eye movements during reading of compound words and the influence of lexeme meanings. *Memory & Cognition, 36*, 675–687.

Juhasz, B. J. (2007). The influence of semantic transparency on eye movements during English compound word recognition. In R. P. G. van Gompel, M. H. Fischer, W. S. Murray, & R. L. Hill (Eds.), *Eye movements: A window on mind and brain* (pp. 373–389). Oxford, England: Elsevier.

Juhasz, B. J. (2008). The processing compound words in English: Effects of word length on eye movements during reading. *Language and Cognitive Processes, 23*, 1057–1088.

Juhasz, B. J., Inhoff, A. W. & Rayner, K. (2005). The role of interword spaces in the processing of English compound words. *Language and Cognitive Processes, 20*, 291–316.

Juhasz, B. J., Starr, M. S., Inhoff, A. W., & Placke, L. (2003). The effects of morphology on the processing of compound words: Evidence from naming, lexical decision, and eye fixations. *British Journal of Psychology, 94*, 223–244.

Kuperman, V., & Bertram, R. (2013). Moving spaces: Spelling alternation in English noun-noun compounds. *Language and Cognitive Processes, 28*, 939–966.

Libben, G. (1998). Semantic transparency in the processing of compounds: Consequences for representation, processing, and impairment. *Brain and Language, 61*, 30–44.

Niswander, E., Pollatsek, A., & Rayner, K. (2000). The processing of derived and inflected suffixed words during reading. *Language and Cognitive Processes, 15*, 389–420.

Niswander-Klement, E., & Pollatsek, A. (2006). The effects of root frequency, word frequency, and length on the processing of prefixed English words during reading. *Memory & Cognition, 34*, 685–702.

Pollatsek, A., Bertram, R., & Hyönä, J. (2011). Processing novel and lexicalized Finnish compound words. *Journal of Cognitive Psychology, 23*, 795–810.

Pollatsek, A., Drieghe, D., Stockall, L., & de Almeida, R. G. (2010). The interpretation of ambiguous trimorphemic words in sentence context. *Psychonomic Bulletin & Review, 17*, 88–94.

Pollatsek, A., & Hyönä, J. (2005). The role of semantic transparency in the processing of Finnish compound words. *Language and Cognitive Processes, 20*, 261–290.

Pollatsek, A., & Hyönä, J. (2006). Processing of morphologically complex words in context: What can be learned from eye movements. In S. Andrews (Ed.), *From inkmarks to ideas: Current issues in lexical processing* (pp. 275–298). Hove, England: Psychology Press.

Pollatsek, A., Hyönä, J., & Bertram, R. (2000). The role of morphological constituents in reading Finnish compound words. *Journal of Experimental Psychology: Human Perception and Performance, 26*, 820–833.

Pollatsek, A., Slattery, T. J., & Juhasz, B. J. (2008). The processing of novel and lexicalised prefixed words in reading. *Language and Cognitive Processes, 23*, 1133–1158.

Rastle, K., Davis, M. H., & New, B. (2004). The broth in my brother's brothel: Morpho-orthographic segmentation in visual word recognition. *Psychonomic Bulletin & Review, 11*, 1090–1098.

Rayner, K., Well, A. D, Pollatsek, A., & Bertera, J. H. (1982). The availability of useful information to the right of fixation in reading. *Perception & Psychophysics, 31*, 537–550.

Schreuder, R., & Baayen, R. H. (1995). Modeling morphological processing. In L. B. Feldman (Ed.), *Morphological aspects of language processing* (pp. 131–154). Hillsdale, NJ: Erlbaum.

Taft, M. (1979). Recognition of affixed words and the word frequency effect. Memory & Cognition, 7, 263–272. Taft, M. (1994). Interactive-activation as a framework for understanding morphological processing. *Language and Cognitive Processes, 9*, 271–294.

Taft, M., & Forster, K. I. (1975). Lexical storage and retrieval of prefixed words. *Journal of Verbal Learning and Verbal Behavior, 14*, 638–647.

Taft, M., & Forster, K. I. (1976). Lexical storage and retrieval of polymorphemic and polysyllabic words. *Journal of Verbal Learning and Verbal Behavior, 15*, 607–620.

第10章 熟练阅读者的个体差异：词汇质量的作用 129

萨莉·安德鲁斯

摘　要：关于视觉单词识别和阅读的理论是基于相对较小的熟练读者样本的平均数据，反映了一个隐含的假设，即所有熟练读者都以相同的方式阅读。本章回顾了系统的个体差异在词汇检索的早期阶段，运用平均水平以上的读者的样本，对这一假设提出了挑战。在句子阅读中遮蔽启动和副中央凹处理模式的个体差异提供了与 Perfetti（2007）词汇质量结构一致的词汇知识的精确性和连贯性的变化的证据。这一证据与神经影像学证据相吻合，即识字推动了处理书面文字的专门神经系统的发展。了解专家读者个体差异的这些维度，对未来视觉词汇识别和阅读理论的完善具有重要意义。

关键词：正字法处理、词汇质量、个体差异、遮蔽启动、阅读技巧

即使随便看一眼本书的章节，也会发现我们对一般熟练的读者是如何阅读单词的了解很多。数以百计的论文报告了20到30名大学生在单个单词和文本阅读任务中的平均数据，证实了一系列在样本、任务和语言中普遍存在的显著现象。这些发现为丰富的词汇检索和阅读理论提供了基础。其中许多模型都是通过计算实现的，并根据经验基准进行了系统评估。尽管有这种特殊性和系统性的评价，不同理论解释的有效性仍然是激烈争论的焦点。本章的中心论点是，研究熟练读者之间的个体差异可以、而且应该在这些竞争模型的未来改进中发挥重要作用。

大多数关于熟练单词识别和阅读的理论已经通过对20到30名

大学生样本的平均数据进行了验证。我并不是在质疑这个实验研究策略的价值，它支撑了很多经验证据和理论框架，在其他关于熟练阅读的研究中也有提到。过早地关注个体差异可能会阻碍提取这些技能阅读行为的一般原则（Andrews，2012）。然而，继续依赖平均数据来检验不同理论的有效性，可能会使该领域研究误入歧途。

视觉单词识别的许多计算模型都能准确地模拟单词频率、长度和规则性等主要变量对人们的阅读表现的平均影响数据。但是，更精细的评估，例如比较不同项目的性能，表明模型在预测人类阅读行为的更细节的状况上却非常不足。例如，具有高度影响力的双路径
130 连接模型（dual-route cascaded, DRC）（Coltheart，Rastle，Perry，Langdon & Ziegler，2001）和并行分布式处理（parallel distributed processing，PDP）（Plaut，McClelland，Seidenberg & Patterson，1996）模型在许多大型数据库中，这些模型所占的人类命名延迟的平均方差不到10%（Balota & Spieler，1998）。计算建模师解决这个问题的方法是开发更精细的模型，通常是通过结合早期模型的特性，以实现与人类数据的更好匹配（例如，Perry，Ziegler & Zorzi，2007）。然而，问题可能不在于模型，而在于用于评估模型的数据的有效性。

依靠平均数据来评估理论反映了一个隐含的**一致性假设**（*uniformity assumption*）（Andrews，2012）：所有熟练的读者都开发了相同的认知架构，并以相同的方式阅读。后面几节回顾的证据表明，平均数据可以掩盖系统的个体差异，并可能导致对潜在认知过程的误导性结论。与其是通过修改模型来更好地适应平均的行为方式，不如让实验心理语言学家来考虑个体差异是否以及如何调节熟练的词汇检索更合适。

本章更具体的目的是回顾和评价**词汇质量**对熟练读者的个体差异的贡献。这一结构最初是由佩尔菲蒂（1985）在他的言语效率理

论（*verbal efficiency theory*）的背景下引入的，随后被定义为“一个词的心理表征以精确和灵活的方式规定它的形式和意义成分的程度”（Perfetti，2007，第 359 页）。高质量的表达被认为是完全正字规定的，语音上多余的，语义上更普遍并更少受语境限制。一个词的正字法、语音和语义成分也被认为是非常紧密关联的。这些强大的连接导致更可靠的、同步的对定义单词的各种组成代码的激活，这反过来又支持灵活地使用这些信息来实现读者的目标（Perfetti，2007，第 360 页）。

词汇质量假设（LQH）与许多其他阅读差异的关键区别在于它对词汇知识起着因果作用。LQH 不是将阅读困难归因于语音、语义或工作记忆机制的功能障碍，“LQH 是关于尚未足够高水平地获得或实践的知识”（Perfetti，2007，第 380 页）。无效或低效的过程是低质量知识表示的结果。

词汇质量结构的实用性取决于它的定义有多清晰。佩尔菲蒂（2007）的定义强调词汇知识的精确性和灵活性。精确性与词汇知识的内容相一致：词汇表征的字形、语音、语法和语义成分的特殊性和完整性。如下文所述，正字法精确性尤其重要，因为书面形式是词汇知识的门户（Dehaene，2009）。灵活性来自词汇表示的不同成分之间的相互联系或结合。强连接允许书面印刷词形触发理解所需的单词标识的所有组件的同步和一致的激活（Perfetti，2007）。

根据佩尔菲蒂（2007）的定义，词汇质量既是特别的、又是分级的。词汇表征的质量在个体内部是不同的，因为个体通过阅读经验逐渐增加词汇的大小，并细化为现有词汇存储的知识的特殊性。个人之间也有差异，他们为书面词汇中的大多数单词建立的高质量的表示是因人而异的。这种差异可能是由于正字法学习能力的遗传差异（Byrne et al.，2008）或教学方法等环境因素，以及阅读策略的差异造成的。严重依赖上下文来识别单词的读者可能很少关注单词内部结构的细节，因此不太可能为所有单词开发完全指定的正字法代码（Frith，1986）。

大多数的词汇质量研究都集中在儿童身上，反映出一个共同的假设：尽管单词识别中的个体差异是早期阅读发展过程中的一个主要的变异来源，但是他们对后来的成功阅读理解的变异性（例如，Eason and Cutter，2009）几乎没有贡献。然而，在已发表的研究中提供平均数据的大学生在书面语言能力测试中的水平和表现有很大差异（Andrews，2012）。认识到这种可变性，再加上难以区分模型，提高了对熟练读者在单词处理水平上的个体差异的研究兴趣（例如，
131 Ashby，Rayner & Clifton，2005；Kuperman & van Dyke，2011；Yap，Balota，Sibley & Ratcliff，2012；Yap，Tse & Balota，2009）。然而，这些研究使用了一系列不同的测量方法来评估熟练程度，在有效反映佩尔菲蒂（2007）与词汇质量相关的知识方面各不相同。

本章绕三个广泛的问题，主要是针对评估个人差异的词汇质量对熟练阅读的贡献。

· 为什么词汇质量对熟练阅读很重要？

· 什么是词汇质量？

· 词汇质量如何影响熟练阅读？

为什么词汇质量对熟练阅读很重要？

阅读是一种文化工程技能（a culturally engineered skill）（Carr，1999），它是在我们物种进化史上最近获得的，而不是我们基因蓝图的一部分（Dehaene，2009）。最早的书写系统是在5000年前发明的，字母表还不到4000年的历史。因此，人类在进化上并不准备学习阅

读，因为他们似乎是为了理解和产生口语（Pinke，1994）。阅读在孩子的成长过程中也比口语要晚得多。高夫和西林格（1980）认为，这是因为学习阅读是一种“非自然的行为”，要求孩子们破解连接书面语和口语的密码，以便他们能够利用他们成熟的口语知识和技能来完成新的阅读任务。要达到这些成就，孩子们需要获得新的元语言洞察力，比如语音意识，这是口语习得所不需要的（Ehri，本书）。这些认知发展可以通过一个支持性的、有文化的环境来促进。因此，学习阅读受到教学环境和家庭环境的系统影响（Sénéchal，本书）。

然而，至少在普及教育的文化中，遗传因素是早期阅读习得的最强预测因素（Byrne et al.，2009）。在一项从学龄前到二年级的双胞胎进行的大规模跨国纵向研究中，对共享遗传和环境变异的连续性和不连续性的行为遗传学分析表明，解码、拼写和正字法学习之间存在着大量的共享遗传变异，它独立于智力相关的遗传变异，但是显著强于环境因素引起的变异（Byrne et al.，2008）。语音处理测量，如语音意识和快速命名速度，在学前和幼儿园的时间点都显示出显著的遗传性，这表明语音过程对早期阅读习得的具有明确的遗传基础。然而，跟踪二年级变化的分析表明，语音意识的遗传效应与正字法知识（如单词解码和拼写）的测量结果相同（Byrne et al.，2009）。伯恩等人（2008）认为，这种常见的遗传变异可以最简单地归因于学习率因素，它影响正字法和音韵学之间学习关联。

与这一基因对正字法知识发展贡献的证据相一致，来自熟练读者的最新神经影像学证据表明，同样高度局限的大脑区域对各种语言的书面文本有选择性的反应。对不同文字类型和阅读方向的语言读者的研究进行元分析，确定了枕颞外侧沟激活的可重复位置。德阿纳（2009）认为，这种视觉词形区（*visual word form area*，VWFA）在个体和语言之间的一致性呈现了一种阅读悖论：尽管它的进化很快，但阅读涉及“固定的皮层机制，这些机制与书面单词的识别非常协调。……好像有一个可以阅读的大脑器官”（第 4 页）。了解人类是如何为这样一项最新的文化发明开发出统一的解决方案的，这不仅对于理解阅读本身，而且对于理解大脑如何适应新的认知技能都很重要。

德阿纳（2009）的神经元循环假说（*neuronal recycling hypothesis*）提供了阅读悖论的解决方案，即通过部分循环“为物体和面部识别而进化的皮层区域”（Dehaene & Cohen，2011，第 254 页）来发展专门的视觉词形系统。该区域专门用于提取对识别对象非常重要的特征，如直线方向、交叉点和等高线等。这些特征也是所有书写系统的非偶然性特征，因为这些文化发明是由人脑的“可学习性约束”塑造的（Dehaene，2009）。这一区域的解剖学连通性也非常适合作为阅读中的“大脑信箱”（Dehaene，2009）：过滤感知流中的视觉单词形式，并将其导入涉及语音和语义处理的颞叶和额叶区域。德阿纳等人（2010）对不同识字水平人群的神经活动进行了比较，为具有阅读经验的视觉词形系统的出现提供了直接证据。这项研究发现，识字能力的获得与单词对视觉词形区的激活增加以及面孔和物体对该区域的激活减少有关。

132

通过对成功读者和不成功读者的神经影像学比较，我们可以发现早期视觉处理在熟练阅读中的重要作用。皮尤等人（2001）通过对这些证据进行回顾后得出结论，成功的阅读与单词识别早期与视觉词形成区相对应的腹侧视觉处理区的更高激活水平有关，以及在后处理过程中对背侧视觉系统的颞顶区有较强的激活作用。然而，在以布罗卡氏区为中心的额叶区，成功的读者比残疾读者表现出更少的激活，这些额叶区与语音输出过程（如细粒度发音编码）相关。皮尤等人将这些数据解释为，背侧系统在儿童学习整合单词的正字法、语音和语义特征时，在阅读的初始阶段起着重要作用。这种整合使得视觉词形区的专门的“语言结构的、基于记忆的单词识别系统”得以发展（Pugh et al.，2001，第245页）。残疾读者依赖不同的阅读回路，因为整合正字法、语音和语义特征所需的颞顶过程的缺陷阻碍了他们拥有一个结构良好的视觉词形区系统的发展。因此，他们被迫依赖于与语音加工相关的额叶区域激活增加所指示的代偿策略。皮尤等人提示这可能反映了对隐蔽发音的依赖性增加，以弥补理解所需语音代码自动检索的局限性。

熟练阅读的认知结构

这种关于潜藏于阅读中的神经回路证据的选择性概述，对当前熟练阅读中个体差异的讨论具有重要意义，因为它展示了发展中的读者的认知系统是如何被学习阅读的过程所塑造的。德阿纳等人在成年期识字人群中发现了变化，强调“儿童和成人教育都能深刻地改善大脑皮层组织”（2010，第1359页）。这种延迟可塑性的证据为词汇知识的质量提供了一个渐进的机制，提示我们词汇质量具有一个特定于词汇的属性，即“随着年龄和经验的积累”（Perfetti，2007，第380页）。视觉词形区对定义字母和单词的视觉特征的选择性反应也表明了拼写特征是如何嵌入到“腹侧皮层类别特定区域的马赛克式的复杂体系”中的（Dehaene et al.，2010，第362页），这是一个利用与编码语义信息的大脑区域，具有适当感受野和解剖连接性。因此，视觉词形区提供了一种与LQH强调的正字精度结构相兼容的神经机制。

皮尤等人（2001）系统级分析表明，将正字法与现有口语表达相结合所需要的过程中的能力强弱可以形成阅读系统的功能架构。成功的读者开发了一个专门的自动单词识别系统，支持快速、高效地访问单词标识的所有组件。这减少了对补偿性的、语音介导的单词识别策略的需求，使其表现不同于那些不太熟练的读者。

这种解释与公认的阅读个体差异的交互补偿框架（Stanovich，1992）是一致的。该框架假设自下而上的解码过程和自上而下的理解过程都有助于单词识别。两者之间的平衡取决于一系列因素，包括阅读技巧。在这个框架的早期应用中，决定自下而上和自上而下进程之间平衡的核心因素是工作记忆。人们认为，自动解码有利于理解，因为它减少了对中央处理资源的消耗，从而可以将它们导向理解。如前所述，佩尔菲蒂（2007）将因果焦点转移到词汇知识的质量上。高质量的词汇表示支持有效的理解，不仅仅因为它们支持自动
133 检索，还因为单词成分的连贯、同步激活提供了理解所需的语义和语法信息。未能发展这种知识的读者需要配合其他的过程，如发音重编码（articulatory recoding）和上下文预测，以支持单词识别和理解。这就导致了自动单词识别和自上向下过程之间的**劳动平衡**（*balance of labor*）的差异。

因此，神经影像学用证据解释了为什么词汇知识的精确性和连贯性对于熟练阅读是重要的。准确的字形知识可以快速、专业地访问有效理解所需的紧密相连的词汇信息。

词汇质量与熟练阅读模式

熟练阅读的这种特征也与阅读中的词汇检索的模块化观点一致（Forster，1989），它假设感知特征被自动映射到词汇形式，而上下文影响最小，如果有的话。这是当前许多视觉单词识别理论的隐含或显式假设，这些理论侧重于检索正字法单词形式，而不指定它们如何与语义知识交互（例如，Coltheart et al.，2001；Davis，2010；Perry et al.，2007）。

许多模型基于层级性的交互激活（interactive-activation，IA）架构（McClelland & Rumelhart，1981），该架构假定激活正字法单词形式是访问语义知识的先决条件（见本书Taft）。在这两种意义上，这些模型隐含地假设所有熟练的读者已经为他们词汇表中的所有单词开发了高质量的表示。在微观层面上，所有单词在字母和词单位之间有完全指定的连接，平行于词汇质量的精确标准。在系统层次上，很少有模型允许读者在不同知识来源的时间过程或权重上有所不同，这反映了词汇成分之间的连接强度的差异，这些成分可能影响其激活的连贯性。

从词汇质量假设的角度来看，这些模型的局限性在于，它们不能适应个体内部和个体之间词汇质量的分级性质，也不能认识到词汇表示的精细化可能是一个渐进的过程，至少持续到青春期，并形成阅读系统。在结论部分，我将考虑如何修改模型，以适应熟练读者在词汇质量上的个体差异。但首先有必要考虑如何定义和衡量词汇质量。

什么是词汇质量？

如前所述，佩尔菲蒂（2007）将词汇质量识别为精确、稳定、具体的词汇知识，支持单词的所有成分的一致激活。尽管这一定义包含了形式和意义，但一个专门处理书面文字特征的系统的神经影像学证据突出了正字法知识在识字发展中的特殊地位。这一结论与阅读发展理论相一致，后者也强调了准确的正字法表达在成功阅读习得中的重要性（Ehri，2005，本书）。

正字法的精确性和词汇质量

阅读发展阶段理论（见本书，Ehri）提出了儿童书面语表征的一系列转换。随着儿童获得语音意识，他们最初的字母前代码，基于特殊的视觉特征和上下文（例如，通过其首字母的金色拱门识别 *McDonalds*），逐渐与发展字母–声音关系知识相联系，形成部分字母（*partial alphabetic*）代码。要进入完整字母代码的下一个阶段，其中一个单词的所有字母都与其发音相连接，需要孩子们能够将单词分割成音素，并将它们映射到字母表。实现这一转变得益于系统的语音教学（Ehri, Nunes, Stahl, & Willows, 2001）和强调发音特征的训练（Boyer & Ehri, 2011）。全字母代码被认为能够支持最熟悉单词的准确识别和拼写，以及对新单词的相对有效的解码。

然而，完全自动化的单词识别依赖于进一步过渡到一个**统一的字母阶段**（*consolidated alphabetic phase*），这个阶段是由更大的正字法块的联合统一而形成，例如音节、音韵（如 c‹amp› in *camp, damp, stamp*），词素单位，如词根（如 ‹mit› from *admit, submit*）和词缀（如，‹pre›, ‹ed›）。完全统一的词汇代码可以作为整体单位读取，反映在读取速度上与单个数字一样快（Ehri & Wilce，1983）。综合表征还通
134 过促进类比策略的使用来增强新词的习得。表示多层次的正字音系（orthographic-phonological [O-P]）对应有助于自动识别单词，方法是将单词的拼写与发音安全地结合起来，以便直接通过印刷字激活它们。它还减少了连接它们所需的连接数量，例如，*interesting* 连接可以是四个音节块，而不是多个字母形音单元（Ehri，2005）。

埃利对词汇发展阶段的描述与词汇质量假设的假设一致，即高质量词汇知识是在单个词的水平上逐渐习得的。阶段之间的转换是渐进的，而不是离散的，因此读者的词汇可能包括处于不同发展阶段的单词。埃利还强调了在词汇同一性的不同成分之间建立牢固联系的重要性。与佩尔菲蒂（2007）一样，她认为合并字母代码与其语义和句法特征的合并支持这些成分的同步协同激活，这有助于自动

识别单词。

完整的和合并的字母表示之间的区别体现了正字精度的关键结构。根据埃利，全字母表示法规定了一个单词的所有字母，并将它们与音韵学联系起来，这正是佩尔菲蒂（2007）提出的字母表现单词的属性。但是，它们不一定支持直接、自动的识别，特别是对于具有许多拼写相似的单词邻居（包含许多相同字母）的单词。表现多种细微差异的合并的字母代码（Ziegler & Goswami，2005）通过减少拼音对应中的歧义来促进相似单词之间的区分。例如，在英语中，当考虑较大的字母结合块时，词汇的正字－音系的映射中的许多不规则性会被减少（Kessler & Treiman，2001）。例如，字母“ea”有许多不同的发音（如 *bead, dead, great*），但与任何其他字母（如 *dead* vs *dean; head* vs *heal*）相比，后面跟着“d”的发音更可能是 /ɛ/ 音。语境也减少了从音韵学到正字法的映射中的歧义。例如，语音 /ʊ/ 可以用不同的方式拼写，但是 ‹oo› 更可能在 /k/（例如 *book*、*took*、*look*）之前，而 ‹u› 在 /l/ 或 /ʃ/（例如 *full*、*bull*、*push*、*bush*）之前更常见。

熟练读者的平均表现对这两种拼写映射的统计模式都很敏感：有的反映在非单词项的发音上（如 Andrews & Scarratt，1998；Treiman，Kessler，& Bick，2003），有的反映在非单词和单词的拼写上（如 Treiman，Kessler，& Bick，2002）。对儿童的调查表明，这种敏感度是逐渐发展的，而且在拼写上表现出来的时间似乎比在阅读上要长：早在三年级时，非单词的元音发音就受到后续辅音的显著调制（Treiman，Kessler，Zevin，Bick & Davis，2006）。但是，只有在 5 到 7 年级之间，对拼写表现的相应影响才变得明显（Treiman & Kessler，2006）。这些发现与更大的正字法单位在更熟练的读者中发挥越来越大作用的证据一致（Ehri，本书）。特雷曼等人（2002）研究表明，拼写能力与语境对元音拼写的影响相关，但缺乏系统的证据表明熟练读者对这些因素的敏感性存在个体差异。

表示较大的正字法块如尾韵的结构化正字法代码将有助于区分在单个字母和字形水平上相似的单词（例如，*good* 和 *book* 与 *goon* 和 *boot* 的相似性将低于纯粹作为字形音素单位编码的情况）。它们也有助于确保单词中字母顺序的表示。一种只对单个字母音素单位进行编码的表示法很容易与另一个按不同顺序包含相同字母的单词混淆（例如 *calm/clam*；*eager/agree*）。如果编码表示有尾韵（例如，‹am› is not contained in *calm*）或音节单位（例如，*agree* does not contain ‹er›），则此漏洞会减少。统一的语素单位提供了另一个维度，可以区分相似的词（例如，*hunter* 和 *hunger* 共有六个字母中的五个，但包含不同的词根语素）。形态结构的正交表示也支持塔夫特（本书）AUSTRAL 模型中提出的早期形态分析和词元提取。

将多个大小的映射结合到语音系统中的正交表示法的细化被称为词汇重组（Ziegler & Goswami, 2005）和词汇调优（Castles et al., 2007），强调它对正交形式之间的相似关系的影响。更精细的调整表
135 示与拼写相似单词的表示重叠较少，使它们不易被包含相似组件的字母字符串激活。

因此，汇集发展中的读者和熟练的读者的证据，都一致突出了单词的精确正字法表达的关键作用。然而，这些证据之间存在着重大差距。关键的是，很少有证据说明阅读发展的后期阶段。对小学早期的发展性研究很少，似乎掌握字母顺序原则足以确保阅读的成功。这一观点忽略了实现字母合并表示所需的正字法学习的进一步细化研究。

在概念方法上也存在差异。关于阅读发展的研究试图找出影响正字法学习的因素，但很少关注其潜在机制（Castles & Nation, 2008）。相比之下，熟练的阅读文献使用平均数据来构建非常详细的正字法处理模型（见 Grainger，2008），但实际上忽略了个体差异。

然而，由于正字法学习是在项目层面上进行的（Share，2004），而书面词汇的习得需要十多年的时间（Nation，2005），因此至少必须持续到青春期（Andrews，2012）。此外，相当一部分读者的书面语言词汇是通过阅读获得的。在普通高中毕业生所知道的6万到9万个独特的单词中，只有200个是在学校明确教授的，在学校环境之外遇到的单词也不到2万个（Landauer、Kireyev和Panaccione，2011）。如埃利（本书）所主张的，如果丰富、巩固的表现能促进有效地应用类比策略来学习新词，那么读者的词汇知识质量的个体差异将在青春期扩大，因为那些不能为更多的单词发展出合并表示的读者，其自动识别单词较少，并且在开发新单词的稳定表示方面效率较低。这将鼓励更多地依赖上下文预测来识别单词，反过来，这将减少对提取有助于整合表示的较大正字法拼写块的关注。

弗里思（1986）认为，这种部分线索阅读策略（*partial cue reading strategy*）使用粗糙的正字法线索，并辅以上下文预测，这是读者拼写能力高低的特点，他们表现出高于平均水平的阅读理解能力和对字母-音素对应关系的了解，但在拼写测试中表现却远低于他们的阅读水平。上下文驱动策略可以支持阅读上下文中快速、有效的理解，但阻碍了合并表示所需的较大粒度单元的提取和统一。因此，采用这样一种策略可能会延续和夸大读者在正字法表达的准确性方面的个体差异。正字法准确度的差异可能仍然是有能力的读者成年群体的变异来源（Ziegler & Goswami，2005）。下一节将对评估这一假设有效性的证据进行回顾。

词汇质量如何影响熟练阅读

关于熟练读者之间个体差异的研究文献比较少，大多是使用阅读理解或词汇作为预测变量（例如，Ashby et al.，2005；Perfetti & Hart，2001；Yap et al.，2009，2012）。虽然这些研究提供了这个群体内的系统变异的有用证据，但这些相对粗略的措施不能提供直接证据来证明这些差异是由于词汇质量。

在熟练的读者中，单词识别的个体差异的最系统的证据是依赖于词汇的测量，因为它是一个容易管理和校准的词汇知识指数。因此，它已被包括在最近的熟练词汇识别的大型研究中，包括英语词汇项目（Baltoa et al.，2007），它收集了来自不同大学的参与者的大量单词的单词识别任务的行为测量（见 Yap & Balota，本书）。为了补充他们在这个项目中收集的平均数据的分析，叶裕明、巴罗塔等人最近研究了词汇如何调节词汇判定和命名行为（Yap et al.，2012）和语义启动效应（Yap et al.，2009）。词汇水平被解释为词汇完整性（*lexical integrity*）的一个指标，它被认为是与定义高质量词汇表示的连贯性和稳定性相一致（Perfetti，2007）。

叶裕明等人（2009）的研究使用复杂的响应时间数据分析，揭示高平均词汇量的被试在词频和语义启动之间表现出一种附加性关系，而低词汇量的被试在低频词上表现出更大的启动效应，特别是在反
136 应较慢的情况下。类似地，亚普等人的（2012）命名和词汇判定数据分析表明，词汇与慢反应的变异性相关最强，并且较高的词汇与频率和 O-P 一致性的减少相关。这些发现被解释为更高的词汇完整性与更自动化、模块化的词汇检索过程相关联。

从使用词汇和阅读理解相结合的研究中，也得出了相似的结论，这些研究用以衡量熟练读者之间的个体差异。阿什比等人（2005）使用更自然主义的方法来评估句子阅读时的眼动，比较了可预测性和频率对高技能和普通读者眼动的影响，根据阅读理解和词汇综合测量的中位数分割进行分类。高技能组对可预测的、中性的和不可预

测的句子显示出相似的阅读行为模式，这表明它们依赖于自动的、与上下文无关的单词识别过程。相比之下，普通读者受到句子语境的影响较大。阿什比等人认为，即使在这组一般熟练的读者中，较低水平的熟练程度也会增加对上下文的依赖，以弥补不太有效的单词识别。他们认为这种基于上下文的策略可能“干扰反馈过程，这些反馈过程有助于形成未来访问该词所需的清晰、稳定的……表示”（第1083页）。这种解释将高技能读者所采用的自动、上下文无关的单词识别策略归因于其拼写表示的准确性。然而，用阅读理解和词汇来评估英语水平的方法并不能直接衡量这一结构。

阅读理解是一种多方面的技能，它依赖于普遍性领域的一般过程，如工作记忆和推理过程，以及特定于阅读的知识和过程。阅读理解测试在评估这些不同成分的有效性方面存在差异（Keenan，Olson & Betjeman，2008）。词汇的大小、广度和深度也是由多重因素决定的，而不是特定于阅读的。理解力和词汇也是相关的，并经常会配合起来提供一个更可靠的指标（例如，Ashby et al.，2005）。然而，鉴于各种认知过程造就了这两种测度，还是不能保证，他们共享的方差与词汇知识的质量或精度有关。最值得注意的是，这些测量未能捕捉到神经影像学和发育学证据所强调的正字法精确性的关键结构。

分割词汇质量的成分

我的实验室最近的研究目标是超越对词汇质量的全面测度，来研究词汇知识的精确性和连贯性对熟练的单词识别和阅读的具体贡献。为了评估特定单词的拼写知识的贡献，我开发了对拼写能力的度量。进行单独拼写听写和拼写识别的测试，再结合在一起，来发现拼写能力的指数。这些高度相关的测量（r介于.7和.8之间）都具有较高的重测信度（r>0.9），并且在我们的大学生样本中产生了分布较宽的分数（Andrews & Hersch，2010）。

我们评估正字法准确度的方法的一个中心特点是将拼写能力的测量与阅读理解和词汇测试相结合，以分离出与正字法准确度相关的方差。正如所料，这三个指标是相互关联的：在我实验室最近的一个典型的200名学生的样本中，词汇与阅读理解和拼写能力之间存在中度相关（r=.54和.55），而阅读理解和拼写能力之间的相关性更弱（r=.37）。然而，通过使用相当大的参与者样本和一个小的集中测试组合，我们成功地应用多元回归程序（Baayen，2008）来区分所有测试的共同方差和拼写的唯一方差。使用这种方法，我们在证明个体差异对单词识别（Andrews & Hersch，2010；Andrews & Lo，2012）和句子处理（Andrews & Bond，2009；Hersch & Andrews，2012；Veldre & Andrews，2014）的拼写精度的具体贡献方面取得了实质性进展，现在正在扩大这项工作，以区分个体差异的精度和词汇连贯性（Andrews & Lo, 2013; Andrews, Xia & Lo, 2014）。

必须强调的是，我们对参与者进行筛选，以排除非英语母语者，并确保变异性不是双语造成的。我们的参与者也往往具有较好的阅
137 读能力。根据美国尼尔森－丹尼阅读测试（Brown，Fishco & Hanna，1993）四年制大学标准，我们的参与者一般都在50%以上（例如，前面提到的200个样本的中间值为80和86）。我们专注于这个群体的平均以上的读者，如同各领域的专业人士一样，我们试图理解词汇专家如何执行这一涉及复杂技能的阅读任务，以探究其最优认知框架（Andrews，2008）。

我们方法的另一个重要特点是实验范式的选择。检测高于平均水平的读者之间的个体差异需要用方法来测试阅读系统的局限，以揭示在要求较低的条件下隐藏或补偿的约束和限制。同时，重要的

是，要避免那些因为对中央资源要求很高而难以完成的任务。例如，增加单词识别需求的一种常用方法是以降级的形式呈现刺激。降级效果的比较也被用来研究个体差异（Ziegler，Rey，& Jacobs，1998）。但是高质量的表示有助于更有效地提取感知信息，也有助于更有效地利用依赖于中心资源的基于部分信息的知识猜测策略。在这些任务中观察到的任何与个体差异的互动，都可能反映出认知能力的普遍差异，而不是阅读的特定效应。

与词汇质量相关的分割过程的更常见的方法论问题是，更熟练的读者往往在有效阅读的所有过程中都更好。词汇质量假设将因果关系归于精确的词汇表示，但认为这样的表示也支持有效的更高级别的过程。许多任务混淆了这些变异的来源，使得很难从他们所提供的整合和决策策略的灵活性中解开精确词汇知识的影响。例如，意义判断任务，要求参与者判断一对同义词（Perfetti & Hart，2001），或者决定一个词是否与句子的意义有关（Gernsbacher & Faust，1991），需要词汇检索和判定过程的组合。这使研究者很难从观察到的任何个体差异中分离出因果关系。

为了避免这些问题，我们最近的研究依赖于两种主要的方法论途径。为了研究正字法精度和词汇连贯性对孤立词识别的贡献，我们使用了遮蔽启动任务的可变项。为了评估词汇质量对句子加工的贡献，我们研究了句子阅读过程中眼动的个体差异。我主要关注遮蔽启动数据，但也简要介绍了我们最近的一些眼动数据。

正字法遮蔽启动中的个体差异

由福斯特和戴维斯（Forster and Davis，1984）开发的遮蔽启动范式对于分离早期词汇检索中的个体差异与判定过程中的个体差异是理想的。在这项任务中，参与者对一个清晰呈现的大写目标刺激做出反应，该刺激前面是一个简短的（~50 毫秒）小写启动项，该启动项由符号串（#####）前向屏蔽，目标项后向遮蔽。事实上，对一个清晰可见的目标做出的反应消除了因为刺激退化而增加系统负担的相关问题。取而代之的是，通过研究不同类型的启动项对目标响应的影响来评估从退化的遮蔽启动项中提取信息的能力。由于参与者通常不知道启动项的存在或性质，这种影响不太可能反映预测或判定策略。这些高阶过程应该影响总体速度和对目标属性的影响的敏感度，而影响早期词汇检索的个体差异应该表现为与启动操作的交互作用。

我们初步研究了正字法精度对侧重于遮蔽邻项启动的词汇检索的贡献（Andrews & Hersch, 2010），因为这个范例的数据已被用于发展性和熟练阅读类的文献，以跟踪阅读经验中的词汇表示调整。使用正字法邻项的典型定义作为与目标单词共有单个字母的刺激，卡斯尔斯等人（Castles, Davis, Cavalot & Forster, 2007）发现三年级的孩子从遮蔽非单词邻项启动项（如 *pley-PLAY*）中表现出便利性，这些启动在他们到达五年级时消失。卡斯尔斯和他的同事们将这一发现解释为，随着儿童书面词汇的增加，他们的正字法表达方式被微调，以减少相似词汇之间的重叠。相似的结论来自于熟练读者对不同项目的遮蔽启动的差异。熟练读者样本的平均数据通常显示，对
138 于邻项较少的单词（例如，*eble-ABLE*），有助于遮蔽邻项启动，但对于与许多单词相似的目标（例如，*tand-SAND*）则无助于遮蔽邻项启动（Forster, Davis, Schoknecht & Carter, 1987）。与许多相邻的单词缺乏启动机制表明，这些单词的表示可能已经通过合并较大的单元（Ziegler & Goswami, 2005）进行了重组，以增强相似单词之间的区别（Forster & Taft, 1994）。

这些数据与词汇质量假设的思想是一致的，即获得精确的正字

法表示是一个渐进的过程，在个人词汇库中的单词之间产生变化。我们假设，如果调整过程的程度和成功程度在熟练读者之间有所不同，正如词汇质量假设所暗示的，在熟练读者的样本中，遮蔽邻项启动的个体差异应该仍然是明显的（Andrews & Hersch，2010）。此外，如果拼写能力提供了单词表示的拼写精度指标，那么它应该是邻项启动中个体差异的最佳预测因子。我们的遮蔽邻项启动词汇判定数据支持这些预测。福斯特等人（1987）的平均数据表明，邻项启动只发生在邻项较少的目标上。然而，包括个体差异测量在内的分析表明，平均数据中许多邻近目标的零启动掩盖了拼写的显著影响：好的拼写者表现出来自邻近目标的抑制性启动，而差的拼写者则表现出便利性。我们将这些发现解释为拼写能力有选择地与词汇竞争的抑制作用相联系。然而，较好的拼写者所表现出的抑制性启动是针对有许多词邻接的目标。对于邻接较少的目标，较好的拼写者显示出与较差的拼写者相同的促进效果。

这种模式与交互激活模型一致，其中正字法启动反映了由于词汇竞争引起的次级词汇重叠和抑制的便利化组合（Perry，Lopkor，Davis，2008）。次级词汇层的邻项启动有益于目标处理，因为它们预激活了大部分目标的字母。然而，如果启动项在单词级被足够强地激活，它将抑制其他类似词的表示，可能包括目标词。拼写能力似乎有选择地预测那些具有许多邻项的单词之间竞争的强度。

为了进一步了解这些个体在正字法精度上的差异，我们随后比较了邻接启动项和转置字母启动项的效果，转置字母启动项以不同的顺序包含目标单词的所有字母（例如 *clam-CALM*）。转置字母项目在视觉单词识别理论中扮演了重要角色，因为它们揭示了字母身份和字母顺序对单词识别的相对贡献（Kinoshita，本书）。熟练读者的平均数据显示，他们在解析字母顺序方面相对较差：转置非单词

（例如 *jugde*）经常被误分类为单词，或遮蔽转置非单词启动项（例如 *jugde- JUDGE*）比相邻启动项（例如 *jurge-JUDGE*）更容易提高行为能力（例如 Grainger，2008）。相反，转置单词启动项（如 *salt-SLAT*）经常产生干扰（如 Andrews，1996）。这些证据刺激了大量近期的实证研究和计算建模，集中在熟练阅读的“破解正字法代码”（见 Grainger，2008）。然而，这项研究依赖于平均数据。我们的证据表明，拼写能力调节邻域启动，说明转置启动的平均效应也可能掩盖系统的个体差异。

为了研究这些问题，我们直接比较了相同目标词的转置和邻接启动项（Andrews & Lo，2012）。为了从词汇竞争中解释次级词汇重叠的促进作用，我们比较了单词和非词启动项（例如，*plot, colt, CLOT; clib, cilp, CLIP*）。在这项研究中，90 名学生的样本显示，阅读能力、拼写能力和词汇之间的相关性（r=.64–.75）高于安德鲁斯和赫希（2010）的测试。为了区分一般水平的影响和拼写的影响，我们使用主成分分析来定义两个正字的个体差异测量：一个是总体熟练程度的指数，基本上是三个综合得分的平均值，另一个是对应于拼写和阅读 / 词汇之间差异的因子，我称其为拼写意义因子（*spelling-meaning* factor）。

对这两个独立的个体差异措施的分析表明，整体熟练度与更快的整体反应时间相关，证实了预期的较高熟练程度和更有效的词汇分类之间的关联，以及更强的启动词汇效果。如图 10.1 所示，相对于不相关的启动项，转置字母和邻接启动的效应一般，低水平的参与
139 者对这两种启动项的启动效应最小，且相等[1]。相反，高水平的参与

① 安德鲁斯和卢立仁（2012，2013）报告的分析使用了总体熟练度因子和拼写意义因子的连续测量。为了总结启动与这些个体差异测量的显著交互作用，图 10.1、10.2 和 10.3 给出了参与者在相关因素中位数以上和以下的平均启动效应。

者表现出非单词邻接启动项的启动促进效应（例如 *clib-CLIP*），但是来自转置字母启动项的启动抑制（例如 *calm-CLAM*）以上这些影响总体熟练程度，其次，拼写意义因素也显著调制启动。如图 10.2 所示，对于阅读 / 词汇水平而言，具有出人意料的高拼写能力的个体表现出抑制性启动，特别是对于转置字母启动项，这在那些阅读 / 词汇得分低于预期的较差拼写能力的个体中并不明显。后一个小组表现出启动促进，尤其是邻项启动。

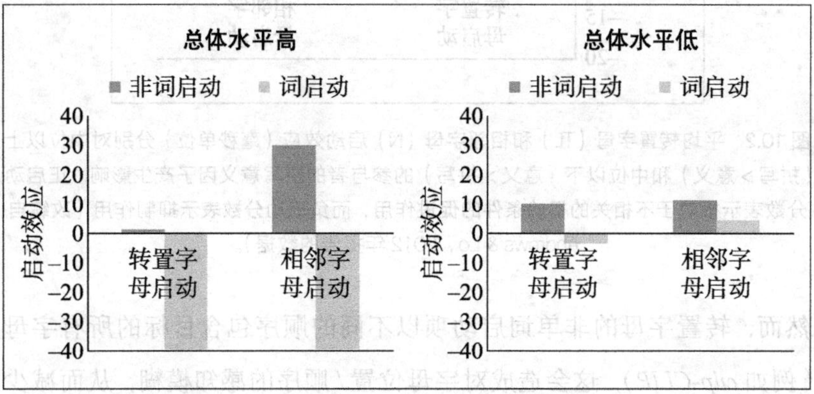

图 10.1　总体水平因子中位数以上（总体水平高）和中位数以下（总体水平低）的参与者的平均转置字母（TL）和相邻字母（N）启动效应（毫秒单位）。正启动分数表示相对于不相关的初始条件的促进作用，而负启动分数表示抑制作用。

这些结果补充和扩展了安德鲁斯和赫希（2010）的发现。通过主成分分析，我们确定了个体差异的两个独立维度，它们都与启动显著相关。整体书面语水平的综合测量与快速的行为和对启动项的词性状态的强烈敏感性以及它与目标的正字法关系有关。这些数据表明，由这一综合能力指数挖掘出的维度与快速、有效地处理短暂呈现的启动项有关。当启动项与目标正字的非单词邻接（例如，*clib-CLIP*）时，共享的次级词汇成分预激活目标表示，以便在呈现目标时更快速地检索和分类。

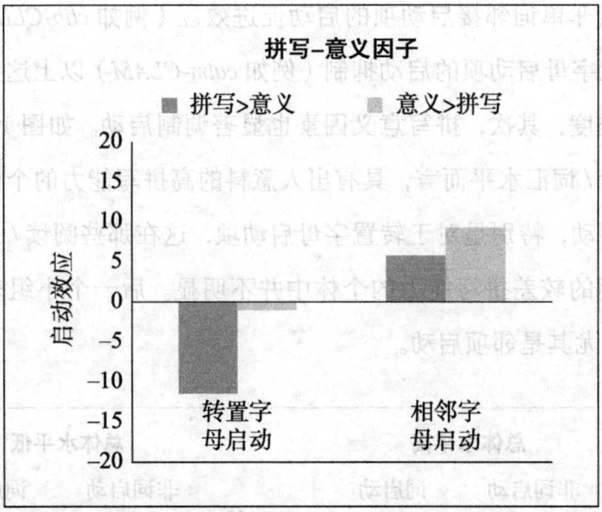

图 10.2　平均转置字母（TL）和相邻字母（N）启动效应（毫秒单位）分别对中位以上（拼写 > 意义）和中位以下（意义 > 拼写）的参与者的拼写意义因子产生影响。正启动分数表示相对于不相关的初始条件的促进作用，而负启动分数表示抑制作用（改编自 Andrews & Lo，2012 年报告的数据）。

140 然而，转置字母的非单词启动项以不同的顺序包含目标的所有字母（例如 *cilp-CLIP*），这会造成对字母位置 / 顺序的感知模糊，从而减少目标预激活的程度。当启动项是一个相似的词时，快速启动项处理允许启动项单词的表示变得足够强烈地激活，以抑制目标词的表示，抵消来自次级系统重叠的促进作用。如果启动项是目标的一个单词邻居（例如，*plot-CLOT*），则净效果是无启动。但转置字母单词对子（如 *colt-CLOT*）产生强烈的抑制启动，并随着阅读水平的提高而有系统地增加。这一结果表明，词汇竞争在更强的正字法相似词之间可能更强，尤其是那些仅在字母顺序上不同的词（Davis, 2010）。

安德鲁斯和赫希（2010）发现词汇竞争与拼写能力有选择性的联系，但是他们没有直接评估整体水平的贡献。安德鲁斯和卢立仁（2012）的证据表明，这一维度因此与更强的次级词汇促进作用相关，这表明它在词汇质量方面比正字法精度更为广泛。通过将拼写、阅读理解和词汇相结合，这种测量方法既能反映词汇知识的拼写方面，也能反映词汇知识的语义方面。因此，它可以索引不同词汇成分之间的联系强度，佩尔菲蒂（2007）和埃利（本书）都指出，单词识别需要灵活、有效地使用词汇知识理解单词多个组成部分，这种测量方法对这些组成部分的连贯和自动激活至关重要。

除了整体水平的影响之外，拼写也对预测启动做出了额外的贡献，这体现在对阅读水平和词汇水平具有出乎意料的高拼写能力的个体的较强的抑制，特别是来自转置字母启动项的抑制。这种独立的抑制启动源方差对启动项词汇性不敏感，提示这一因素可能会影响涉及与正字法精确性相关的字母顺序的感知过程。许多当前的正字法编码模型将转置字母启动项的启动效应归因于字母顺序信息的感知模糊性大于字母本身认知（例如，Gomez，Ratcliff & Perea，2008；Norris & Kinoshita，2012）。拼写意义因子所提取的唯一方差可能反映了解决字母顺序歧义信息的效率差异，这是快速激活触发相似词抑制所需的基本词表示的先决条件。然而，词汇竞争的强度取决于更高质量的表示，例如紧密的成分绑定和连贯性。非单词的启动项在多个字母和单词表示中产生扩散性激活，并不导向收敛于某一个明确的单词，这种激活跟单词启动项不一样。启动项的词汇成分越紧密地联系在一起，它们就越简短、有力地连贯起来，它们就越能抑制相似词语的表达。因此，是与刺激相关联的早期激活的连贯性和同步性，由整体熟练因素所触发，才能区分单词与非单词启动项，并预测基本词汇的效果。

这些结果提供了对差异来源的洞察，这些差异使我们能超越我们之前使用的分组方法来区分熟练读者（Andrews & Bond，2009）和回归（Hersch & Andrews，2012）方法。他们提供了独立贡献的正字法精度，通过拼写－意义因子检索，以及更广泛的词汇质量的总体水平，即我所谓词汇连贯性（*lexical coherence*）。在遮蔽正字法启动任务中，词汇连贯性预言了次级词汇重叠的更多的获益和更大的词汇竞争的敏感性。正字法精度的第二个维度增加了一个额外的、也许更基于感知的成分，与相似单词之间更激烈的竞争有关，存在于拼写水平高于阅读 / 词汇能力的个人中。

识别高词汇质量的竞争性过程对目标识别来说是不利的，但这是掩蔽启动范式任务需求所特有的，明显有点自相矛盾。在这些情况下，快速激活启动项会损害识别行为，因为更快地访问启动项会导致对类似单词（包括目标）的更强抑制。在正常阅读中，读者不接受矛盾的感性输入，快速、精确的词汇检索有利于阅读（Andrews, 2012）。如后文所述，正字法的精确性也有助于文本阅读过程中的中央凹旁处理（Veldre & Andrews，2014）。

遮蔽词素启动中的个体差异

为了进一步了解个体差异在拼写精确性和词汇连贯性中的作用，
141 我们已经开始评估遮蔽启动项的语义处理。先前描述的熟练词汇检索的模块化模型通常认为处理是遵循一种分层的、**第一顺序**（*form-first* sequence），由正字法形式的激活先开始，并进行独立于层次结构的更高层次上的意义单元的激活（Forster, 2004）。这些假设在形态启动模型中得到了最明确的阐述，该模型假设复杂的词被分割成词素，词素作为获取整个词的语义和概念信息的访问单元。这些形态模型对所涉及的精确表征水平以及它们如何相互作用的假设各不相同（见 Taft，本书），但它们共同致力于对语义相似性不敏感的早期正字法分解过程（例如，Rastle & Davis，2008）。其他研究者同样致力于另一种观点，即语义信息在处理过程中很早就可用，并影响形态学分割和判定过程（例如，Feldman，O'Connor & Moscoso del Prado

Martin，2009）。

区分这些竞争性的理论主张的努力依赖于遮蔽形态启动的比较，主要包括语义透明的形态学相关对子（例如，*dreamer-DREAM*）；假词素对子（例如，*corner-CORN*），与透明对子具有相同的外表形态结构，但语义无关；以及正字法控制对子（例如 *brothel-BROTH*），其中的启动词在形态上不复杂。一项非正式的遮蔽启动研究的荟萃分析比较了这些条件，使得拉斯特勒和戴维斯（2008）得出结论，透明对子和假象对子显示出与对照对子相当的启动，正如正交分解报告所预测的那样。然而，早期语义观点的支持者对基本相同的数据进行了重新分析，得出结论：透明对子启动比假象对子更强（Feldman et al.，2009）。两组研究都依赖于平均的熟练读者数据。

我们推断，这些矛盾的结论可能反映了个体在字形精度和词汇连贯上的差异，与遮蔽正字法启动任务中所观察到的个体差异相平行（Andrews & Lo，2013）。考虑到叶裕明等人（2009）回顾的先前证据，即词汇中的个体差异预测语义启动，我们使用拼写和词汇作为预测因子，以梳理个体在依赖于正字法和语义知识方面的差异。按照安德鲁斯和卢立仁（2012）的程序，主成分分析用于将总体熟练程度与反映拼写和词汇之间差异的第二个独立因素分开。

安德鲁斯和卢立仁（2013）的结果表明，总体熟练程度高的人对透明词干的反应明显更快，但与任何启动措施都没有交互作用。然而，与形态启动的显著交互作用出现在第二个拼写－意义因子上。如图 10.3 所示，拼写水平高于词汇水平的个体表现出对透明对子和假象对子的同等启动作用，这两种启动作用均强于正字法对照组。然而，那些词汇水平高于拼写水平的人却表现出对透明对子但不是假象对子或对照组的启动作用。因此，正字法轮廓与由形式优先模型预测的模式相关联，而反向语义轮廓（*semantic profile*）预测了与早期语义影响一致的模式。

安德鲁斯和卢立仁（2013）强调，不应将正字法和语义特征视为不同的次级组，而应视为个体差异的独立来源，而不仅仅是由于整体熟练程度的差异。在形态启动任务中，整体水平与启动没有交互
142 作用，可能是因为关键刺激在正字法重叠上等同。相反，在启动模式上的差异被独立的拼写－意义维度预测到，似乎是在词汇分类上使用与语义知识相关的正字法。

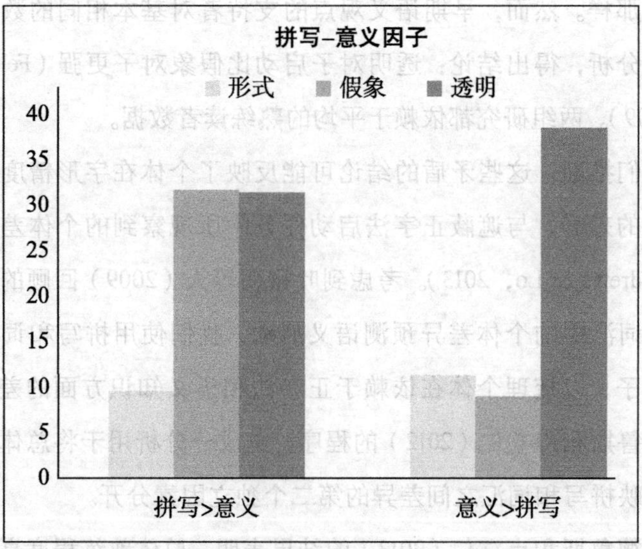

图 10.3　平均形态启动效应的形式，假象和透明条件分别为参与者的中位数以上（拼写 > 意义）和中位数以下（含义 > 拼写）的拼写意义因子。正启动分数表明，在每种情况下，相对于匹配的不相关的启动分数，促进作用更大。（改编自 Andrews & Lo，2013 年报告的数据。）

遮蔽语义启动的个体差异

为了进一步了解熟练读者个体差异的这一维度，并评估其在各任务中的普遍性，我们目前正在调查语义分类任务中的屏蔽语义启

动（Andrews et al.，2014）。与词汇决定任务相反，语义启动相对不敏感（例如，Forster, 2004），对诸如“animal”［动物］类等广泛类别的语义分类判断，能通过遮蔽启动产生类别一致效应（*category congruence effects*），这暗示了启动项的语义属性的激活（Quinn & Kinoshita, 2008）。这些效应是通过对与目标同一类别中以启动项开头的目标词进行更快的分类来索引的：与非动物启动项（例如 *mole-EAGLE* vs. *boots-EAGLE*）相比，对以动物开头的示例性目标的“是”响应更快，而对以非动物开头的非示例性目标的“否”响应更快（例如，*boots-RIFLE* vs. *mole-RIFLE*）。Forster（2004）发现，这种影响只发生在狭窄的、有限的类别上，如个位数或月份，对于这些类别的判定可以基于搜索整个类别。然而，奎恩和木下幸子（Quinn & Kinoshita, 2008）报告了动物分类反应的显著的类别一致性启动，但仅适用于语义特征与目标高度重叠的类别一致启动（例如，*hawk-EAGLE*; *pistol-RIFLE*）。

我们最近重复了这一证据，即高度重叠的语义启动显著地促进了平均语义分类判断，但我们发现启动的程度和广度受到整体水平和拼写意义因素的显著影响。高水平的受试者对高重叠启动项和低重叠启动项（如 *pistol-RIFLE* and *boots-RIFLE*）表现出相同的一致性启动，而低水平的受试者只对高重叠启动项表现出启动。与独立拼写意义因子的显著交互作用表明，词汇水平较高者的语义启动比拼写能力强，而拼写能力高于平均水平但词汇知识低于平均水平者的语义启动完全不存在。这些发现与安德鲁斯和卢立仁（2013）的发现一致，揭示了遮蔽启动语义属性敏感性的个体差异。然而，与我们的形态学启动数据相比，在语义分类任务中，总体水平是启动的一个更强的预测因子，而形态学启动数据的语义影响是由变异的拼写−意义维度预测的。变异性的两个维度对预测形态启动和语义启动的不同贡献可能是由于任务要求所致。

我们用词汇判定任务来评估形态启动，相比语义信息，似乎更多地依赖于正字法信息（Balota, Cortese, Sergent-Marshall, & Spieler, 2004）。这可能解释了为什么形态启动的变异性是由更具体的拼写－意义因子而不是整体熟练程度来预测的。相比之下，一致性启动指数则是从与目标语共享语义但不共享正字法特征的启动词中获得的。这样的启动依赖于不同的词汇成分之间的紧密连接，使得能够快速激活启动项的语义特征，这有助于快速分类共享这些特征的目标。词汇质量的连贯性维度通过总体熟练度来衡量，这与更强的语义启动有关，特别是来自于更远相关的类别一致性启动项。尽管如此，与安德鲁斯和卢立仁（2013）相似，第二拼写意义维度也有一个额外的独立贡献，它反映了拼写准确度和语义启动减少之间的关联。

至少有两种方法可以解释个体差异的拼写意义维度对遮蔽语义启动的贡献。一种可能性是，没有与正字法轮廓相关联的语义启动是正字法精确性的直接结果：对启动项的正字法特征的较大敏感性防止了与启动项不同的单词的预激活，即使当它们共享语义特征时也是如此。从这个角度来看，语义启动的减少可能是特定于遮蔽启动任务的，遮蔽启动任务在没有任何提示的情况下呈现矛盾的正字法信息，使系统能够区分启动项和目标事件（Norris & Kinoshita，2012）。

第二种可能性是，拼写意义因子反映了词汇语义激活的速度和
143 效率的变化。这可能是尚处于学习发展的人群（Nation & Snowling, 1998）中的理解能力差的遗留问题，他们具有与年龄相适应的解码技能，但词汇和工作记忆较弱。当后一种缺陷不太严重时，认知能力强的个体，尤其是那些遗传上有能力有效学习正字法语音对应的个体（Byrne et al.，2008），阅读能力达到平均水平以上，但阅读理解能力仍低于预期。从词汇质量假设的角度来看，这种情况反映了快速词

汇检索所需的精度，而不需要同步、连贯地激活单词的其他成分，因为它涉及对这种知识高效灵活的利用。

根据这一观点，正字法精度是词汇质量的一个独立维度，它可以与词级语义知识中的缺陷共存，从而阻碍词汇连贯性。在词汇判定任务中，没有连贯性的精度不是主要的缺点，判定取决于单词的正字法形式的激活，但是反映在对字母顺序和次级词素单元的差异的更强敏感性，以及从形态相关词之间语义重叠中获得的益处减少。然而，在语义分类任务中，语义信息激活速度的降低反映在语义特征重叠带来的益处减少。

副中央凹处理的个体差异

我回顾的遮蔽启动研究提供了词汇水平过程中个体差异的明确证据。为了评估它们是否影响连续文本的阅读，我们目前使用眼动的方法来研究词汇质量对句子阅读的贡献。由艾伦·维尔德领导的这项研究，最令人兴奋和信息量最大的部分集中在副中央凹加工的个体差异上（见 Schotter & Rayner，本书）。我们首先证明阅读和拼写能力都能预测熟练读者的感知广度（*perceptual span*）（Veldre & Andrews，2014）：读者在阅读过程中使用的文本窗口大小（Rayner，2009）。高阅读和拼写能力的结合带来了更大的好处，因为在右侧（而不是左侧）有一个更大的文本窗口用于注视，而在非常小的窗口中会有更大的中断（Veldre & Andrews，2014）。这一结果表明，整体熟练程度越高，对副中央凹信息的依赖程度越高。

我们现在使用凝视相关边界范式（gaze-contingent boundary paradigms，Cutter，Liversedge & Drieghe，本书）来研究个体差异如何调节从副中央凹提取的信息的性质。对单词和非单词邻域对副中央凹预览敏感度的个体差异的研究与我们的遮蔽启动数据一致，表明拼写比阅读更擅长的高水平读者显示了单词邻域对早期注视测量的抑制性副中央凹预览效应（Veldre & Andrews，待刊）。这一结果表明，以同样的方式，正字法精度有助于快速处理遮蔽启动项，从而抑制目标词表示，精度也支持更快速从副中央凹提取词汇信息。当副中央凹预览是目标的一个单词邻居时，它的识别抑制了拼写上相似的词，导致对目标的注视时间更长。

眼动措施还提供了与低质量词汇知识相关的成本的深入了解。这两个因素的低分数与早期注视测量中的词汇预览的便利性相关，与低水平读者显示的便利性遮蔽启动效应平行。这一结果意味着这些读者只提取副中央凹词的次级词汇特征。低熟练度阅读者也显示了单词邻居预览对目标的后期回顾的抑制作用，这表明他们未能解决目标和单词邻居预览之间的冲突，从而导致后期整合过程的中断。

结论

在前面的部分中所回顾的数据提供了在遮蔽启动任务所触发的词汇检索的早期阶段中熟练读者之间的系统差异的汇聚证据。改变启动项和目标词之间相似关系的性质以及任务的决策要求，揭示了熟练读者之间差异的两个独立维度：整体熟练度维度，通过阅读理解、拼写和词汇测量之间的共享差异进行检测；单独的拼写-意义
144 因子维度，由拼写能力和阅读理解/词汇之间的差异角度进行检测（Andrews & Lo，2012，2013；Andrews et al.，2014）。

这两个因素也显著地调节了熟练读者在句子阅读过程中对副中央凹信息的提取（Veldre & Andrews，2014）。眼动数据提供了阅读过程中词汇质量益处的机制之一：精确的正字法表示支持快速词汇检索，这反过来又能够对即将出现的单词进行更深层次的处理（见“未来方向”）。

视觉单词识别模型的意义

这一证据表明，熟练读者之间存在系统的个体差异，这对于模拟普通熟练读者的视觉单词识别计算模型具有重要意义，这意味着所有熟练读者都以相同的方式阅读。最明显的适合于个体差异的模型是朗读的各种多路径模型（例如，Coltheart et al.，2001）和形态学启动（例如，Diependaele, Sandra, & Grainger, 2005），它们允许项目之间的差异作为词汇属性（如频率、规则性、形态结构）的一种功能。在这样的框架内，更高的词汇质量可以被概念化为这些项目差异的延伸：具有高质量词汇表示的读者具有更多的功能性高频词，它们被识别为整个单元而不是通过计算次级词汇过程。但这种说法只是描述而不是解释个体差异的根源（Andrews & Lo，2013）。

假设读者在提取书面词的视觉特征的效率上有所不同，并将它们映射到词汇记忆中的表示形式，是体现词汇质量中的个体变异的一种可替代、更感性的方法。正字法编码的许多模型都将字母转置启动效应归因于解决字母位置信息的困难（Gomez et al.，2008；Norris & Kinoshita，2012），这显然是一个可以改变以适应个体差异的参数。系统的建模是需要的，只有这样才能确定知觉效率的个体差异是否足以解释词和非词启动的不同正字法启动以及语义对形态和范畴一致性启动的影响的调节。这些影响似乎牵涉到在线激活词汇和语义知识的个体差异，在线激活比知觉效率更需要依赖词汇和语义知识。然而，这些可能是对启动项更快的感知分析的结果。在交互激活模型中，单词检测器在开始抑制其他单词之前必须达到激活的阈值水平。如果因为更有效的感知处理而更快地实现这一点，那么启动项抑制其他相似词产生抑制性正字法启动并激活其语义特征以支持范畴一致性效应的可能性就更大。这一分析表明，在层次交互激活结构中，个体差异对低水平知觉过程效率的级联效应可能有助于遮蔽正字法启动项的更强抑制效应和遮蔽语义启动项的更强促进作用。然而，这种模式是否可以通过调节控制低级感知过程的参数来模拟，还有待观察。如果不是，也许就要做些其他修改，例如在网络的更高层中添加噪声或连通性较弱，以有效地模拟低效率的感知过程对词汇知识精度的影响。

当前数据所引发的另一个关键问题是词汇竞争在词汇识别中的作用。这样的竞争是交互式激活框架的词汇检索的核心。对词汇竞争强度的调节可以模拟总体熟练程度和抑制性邻项启动（Perry et al., 2008）之间的联系。戴维斯（2010）空间编码模型中的另一个假设是，更为相似的单词之间的竞争更为激烈，这为个体对抑制的敏感性差异提供了另一个潜在的来源。

充分理解在阅读发展过程中词汇质量的个体差异是如何产生的，并形成词汇知识的组织和阅读系统的体系结构，这需要提高有关词汇知识是如何学习和提炼的计算研究，而不是进一步调整模型来规定词汇知识的形式与组织。熟练读者之间的个体差异提供了经验约束，这些约束在未来的经验和理论进步中应该发挥重要作用。

145 未来方向

象征词汇表示与分布词汇表示

从一个角度来看，逐渐发展的高质量词汇知识所需的词汇表示似乎与浮现（*emergentist*）认知理论相兼容，如平衡分布处理（PDP）研究等，PDP 研究将人类语言的丰富、复杂的结构和思维简化为简单过程，即动态地修改神经元样的处理单元之间的连接权重。麦克莱兰等人（2010）将这些方法与假设抽象单位对应于心理语言学实体

（如音素、单词和概念）的理论进行对比，并通过操纵这些符号来识别认知处理。浮现方法的支持者认为，这些象征性的方法是误导性的近似，无法捕捉动态的、灵活的表征现实世界知识的相似关系。然而，认识到发展象征性知识背后的动态相互作用并不破坏“对知识施加特定结构形式的好处［可能］大于其缺点”的可能性（McClelland et al.，2010，第 354 页），并有助于获得高度实践技能方面的专业知识，如识别书面文字。

词汇质量如何有助于句子理解?

熟练的阅读显然不仅仅是单词识别。词汇质量假设论认为高质量的表达直接支持阅读，通过支持自动检索所需的词汇知识来进行有效的理解。支持这一观点的是我们前面简单回顾的最近的眼动证据，显示熟练的读者比不熟练的读者更多地利用了副中央凹信息（Veldre & Andrews，2014；Veldre & Andrews，刊行中）。更高质量的词汇知识支持快速中央凹处理，这反过来允许更有效地提取副中央凹信息，有助于后续注视词的处理，并提高动眼神经规划的效率和有效性。我们正在进一步研究熟练读者的眼动中的个体差异，以便更好地理解早期词汇检索和理解所需的综合过程之间的相互作用。

正字法精确性在所有语言中都重要吗?

正字法的精确性可能并不是对所有语言都同等重要。根据齐格勒和戈斯瓦米（2005）的心理语言学粒度理论（*psycholinguistic grain size theory*），正字法和音位学之间关系的一致性差异决定了读者需要提取的 O-P 单位的粒度。因此，在像英语这样的深层正字法（*deep orthographies*）中，开发统一表示的驱动力可能更强，在这种情况下，不一致的 O-P 对应“迫使阅读系统开发多粒度映射”（Ziegler &

Goswami，2005，第 18 页），以实现自动单词识别所需的精度和冗余。与词汇质量假设论一致，这种对词汇重构的压力被假定为词特定的：与那些正字法邻项较少情况相比，具有许多相似邻项的词将经历较大的压力来反映多种正字音系（O-P）对应。粒度理论也假设词汇重组是一个持续进行的过程，塑造了长期的组织和动态的成人阅读系统。

认为不同的语言以不同的程度驱动了较大的正字法单元的提取和表示，这与寻求普遍阅读理论的主张并不矛盾（Frost，2012）。所有书写系统的有效处理依赖于学习将正字法有效地映射到音韵学。然而，实现这一目标所需的具体策略和表征结构取决于语言的语音、拼写和语义之间的协变量。我们的数据表明，熟练的读者之间的个体差异提供了对英语读者的词汇结构的洞察。比较不同写作系统熟练读者的个体差异，将有助于进一步了解普遍认知约束如何与不同语言的特征相互作用，从而形成熟练阅读系统的认知结构。

参考文献

Andrews, S. (1996). Lexical retrieval and selection processes: Effects of transposed-letter confusability. *Journal of Memory and Language, 35,* 775–800.

Andrews, S. (2008). Lexical expertise and reading skill. In B. H. Ross (Ed.), *The psychology of learning and motivation: Advances in research and theory* (Vol. 49, pp. 247–281). San Diego, CA: Elsevier.

Andrews, S. (2012). Individual differences in skilled visual word recognition and reading: The role of lexical quality. In J. Adelman (Ed.), *Visual word recognition: Volume. 2. Meaning and context, individuals and development* (pp. 151–172). Hove, England: Psychology Press.

Andrews, S., & Bond, R. (2009). Lexical expertise and reading skill: Bottom-up and top-down processing of lexical ambiguity. *Reading and Writing: An Interdisciplinary*

Journal, 22, 687–711.

Andrews, S., & Hersch, J. (2010). Lexical precision in skilled readers: Individual differences in masked neighbor priming. *Journal of Experimental Psychology: General, 139,* 299–318.

Andrews, S., & Lo, S. (2012). Not all skilled readers have cracked the code: Individual differences in masked form priming. *Journal of Experimental Psychology: Learning, Memory, and Cognition, 38,* 152–163.

Andrews, S., & Lo, S. (2013). Is morphological priming stronger for transparent than opaque words? It depends on individual differences in spelling and vocabulary. *Journal of Memory and Language, 68,* 279–296.

Andrews, S., & Scarratt, D. R. (1998). Rule and analogy mechanisms in reading nonwords: Hough dou peapel rede gnew wirds? *Journal of Experimental Psychology: Human Perception and Performance, 24,* 1052–1086.

Andrews, S., Xia, V., & Lo, S. (2014, November). *Individual differences in masked semantic priming: The role of lexical quality.* Paper presented at the meeting of the Psychonomic Society, Long Beach, CA.

Ashby, J., Rayner, K., & Clifton, C. (2005). Eye movements of highly skilled and average readers: Differential effects of frequency and predictability. *Quarterly Journal of Experimental Psychology, 58A,* 1065–1086.

Baayen, R. H. (2008). *Analyzing linguistic data: A practical introduction to statistics using R.* Cambridge, England: Cambridge University Press.

Balota, D. A., Cortese, M., Sergent-Marshall, S., & Spieler, D. (2004). Visual word recognition of single-syllable words. *Journal of Experimental Psychology: General, 133,* 283–316.

Balota, D. A., & Spieler, D. (1998). The utility of item-level analyses in model evaluation. *Psychological Science, 9,* 238–240.

Balota, D. A., Yap, M., Cortese, M., Hutchinson, K., Kessler, B., Loftis, B., . . . Treiman, R. (2007). The English Lexicon Project. *Behavior Research Methods, 39,* 445–459.

Boyer, N., & Ehri, L. (2011). Contribution of phonemic segmentation instruction with letters and articulation pictures to word reading and spelling. *Scientific Studies of Reading, 15,* 440–470.

Brown, J. I., Fishco, V. V., & Hanna, G. (1993). *Nelson-Denny reading test.* Rolling Meadows, IL: Riverside.

Byrne, B., Coventry, W. L., Olson, R. K., Samuelsson, S., Corley, R., Wilcutt, E. G., . . . DeFries, J. (2009). Genetic and environmental influences on aspects of literacy and language in early childhood: Continuity and change from preschool to grade 2.

Journal of Neurolinguistics, 22, 219–236.
Byrne, B., Olson, R. K., Hulslander, J., Wadsworth, S., Defries, J. C., & Samuelsson, S. (2008). A behavior-genetic analysis of orthographic learning, spelling and decoding. *Journal of Research in Reading, 31,* 8–21.
Carr, T. H. (1999). Trying to understand dyslexia: Mental chronometry, individual differences, cognitive neuroscience and the impact of instruction as converging sources of evidence. In R. M. Klein & P. A. McMullen (Eds.), *Converging methods for understanding reading and dyslexia* (pp. 459–491).
Cambridge, MA: MIT Press. Castles, A., Davis, C., Cavalot, P., & Forster, K. (2007). Tracking the acquisition of orthographic skills in developing readers. *Journal of Experimental Child Psychology, 97,* 165–182.
Castles, A., & Nation, K. (2008). Learning to be a good orthographic reader. *Journal of Research in Reading, 31,* 1–7.
Coltheart, M., Rastle, K., Perry, C., Langdon, R., & Ziegler, J. (2001). DRC: A dual route cascaded model of visual word recognition and reading aloud. *Psychological Review, 108,* 204–256.
Davis, C. J. (2010). The spatial coding model of visual word identification. *Psychological Review, 117,* 713–758.
Dehaene, S. (2009). *Reading in the brain.* New York, NY: Penguin Viking.
Dehaene, S., & Cohen, L. (2011). The unique role of the visual word form area in reading. *Trends in Cognitive Science, 15,* 254–262.
Dehaene, S., Pegado, F., Braga, L., Ventura, P., Filho, G., Jobert, A., . . . Cohen, L. (2010). How learning to read changes the cortical networks for vision and language. *Science, 3,* 1359–1364.
Diependaele, K., Sandra, D., & Grainger, J. (2005). Masked cross-modal morphological priming: Unravelling morpho-orthographic and morpho-semantic influences in early word recognition. *Language and Cognitive Processes, 20,* 75–114.
Eason, S. H., & Cutting, L. E. (2009). Examining sources of poor comprehension in older poor readers. In R. K. Wagner, C. Schatschneider, & C. Phythian-Sence (Eds.), *Beyond decoding: The behavioral and biological foundations of reading comprehension* (pp. 263–283). New York, NY: Guilford.
Ehri, L. (2005). Development of sight word reading: Phases and findings. In M. J. Snowling & C. Hulme (Eds.), *The science of reading* (pp. 135–154). Cornwall, England: Blackwell.
Ehri, L., Nunes, S., Stahl, S., & Willows, D. (2001). Systematic phonics instruction helps students learn to read. *Review of Educational Research, 71,* 393–447.
Ehri, L., & Wilce, L. (1983). Development of word identification speed in skilled and

less skilled beginning readers. *Journal of Educational Psychology, 75,* 3–18.

Feldman, L. B., O'Connor, P. A., & Moscoso del Prado Martin, F. (2009). Early morphological processing is morphosemantic and not simply morpho-orthographic: A violation of form-then-meaning accounts of word recognition. *Psychonomic Bulletin & Review, 16,* 684–691.

Forster, K. I. (1989). Basic issues in lexical processing. In W. Marslen-Wilson (Ed.), *Lexical representation and process* (pp. 75–107). Cambridge, MA: MIT Press.

Forster, K. I. (2004). Category size effects revisited: Frequency and masked priming effects in semantic categorization. *Brain and Language, 90,* 276–286.

Forster, K. I., & Davis, C. (1984). Repetition priming and frequency attenuation in lexical access. *Journal of Experimental Psychology: Learning, Memory, and Cognition, 10,* 680–698.

Forster, K. I., Davis, C., Schoknecht, C., & Carter, R. (1987). Masked priming with graphemically related forms: Repetition or partial activation? *Quarterly Journal of Experimental Psychology, 39,* 211–251.

Forster, K. I., & Taft, M. (1994). Bodies, antibodies and neighborhood-density effects in masked form priming. *Journal of Experimental Psychology: Learning, Memory, and Cognition, 20,* 844–863.

Frith, U. (1986). A developmental framework for developmental dyslexia. *Annals of Dyslexia, 36,* 69–81.

Frost, R. (2012). Towards a universal model of reading. *Behavioral and Brain Sciences, 35,* 263–279.

Gernsbacher, M., & Faust, M. (1991). The mechanism of suppression: A component of general comprehension skill. *Journal of Experimental Psychology: Learning, Memory, and Cognition, 17,* 245–262.

Gomez, P., Ratcliff, R., & Perea, M. (2008). The overlap model: A model of letter position coding. *Psychological Review, 115,* 577–600.

Gough, P., & Hillinger, M. (1980). Learning to read: An unnatural act. *Bulletin of the Orton Society, 30,* 179–196.

Grainger, J. (2008). Cracking the orthographic code: An introduction. *Language and Cognitive Processes, 23,* 1–35.

Hersch, J., & Andrews, S. (2012) Lexical expertise and reading skill: Bottom-up and top-down contributions to sentence processing. *Scientific Studies of Reading, 16,* 240–262.

Landauer, T., Kireyev, K., & Panaccione, C. (2011). Word maturity: A new metric for word knowledge. *Scientific Studies of Reading, 15,* 92–108.

Keenan, J. M., Olson, R. K., & Betjemann, D. (2008). Assessment and etiology of individual differences in reading comprehension. In R. K. Wagner, C. Schatschneider, & C. Phythian-Sence (Eds.), *Beyond decoding: The behavioral and biological foundations of reading comprehension* (pp. 227–245). New York, NY: Guilford.

Kessler, B., & Treiman, R. (2001). Relationships between sounds and letters in English monosyllables. *Journal of Memory and Language, 44,* 592–617.

Kuperman, V., & Van Dyke, J. (2011). Effects of individual differences in verbal skills on eye-movement patterns during sentence reading. *Journal of Memory and Language, 65,* 42–73.

McClelland, J., Botvinick, M., Noelle, D., Plaut, D. C., Rogers, T., Seidenberg, M., & Smith, L. (2010). Letting structure emerge: Connectionist and dynamical systems approaches to cognition. *Trends in Cognitive Sciences, 14,* 348–356.

McClelland, J. L., & Rumelhart, D. E. (1981). An interactive activation model of context effects in letter perception: Part 1. An account of basic findings. *Psychological Review, 88,* 375–407.

Nation, K. (2005). Children's reading comprehension difficulties. In M. Snowling & C. Hulme (Eds.), *The science of reading: A handbook* (pp. 248–265). Oxford, England: Blackwell.

Nation, K., & Snowling, M. (1998). Semantic processing and the development of word recognition skills: Evidence from children with reading comprehension difficulties. *Journal of Memory and Language, 39,* 85–101.

Norris, D., & Kinoshita, S. (2012). Reading through a noisy channel: Why there's nothing special about the perception of orthography. *Psychological Review, 119,* 517–545.

Perfetti, C. A. (1985). *Reading ability*. New York, NY: Oxford University Press.

Perfetti, C. A. (2007). Reading ability: Lexical quality to comprehension. *Scientific Studies of Reading, 11,* 357–383.

Perfetti, C., & Hart, L. (2001). The lexical basis of comprehension skill. In D. Gorfein (Ed.), *On the consequences of meaning selection: Perspectives on resolving lexical ambiguity* (pp. 67–86). Washington, DC: American Psychological Association.

Perry, C., Ziegler, J., & Zorzi, M. (2007). Nested modeling and strong inference testing in the development of computational theories: The CDP+ model of reading aloud. *Psychological Review, 27,* 301–333.

Perry, J. R., Lupker, S. J., & Davis, C. J. (2008). An evaluation of the interactive-activation model using masked partial-word priming. *Language and Cognitive Processes, 23,* 36–68.

Pinker, S. (1994). *The language instinct*. Cambridge, MA: Harvard University Press.

Plaut, D., McClelland, J. L., Seidenberg, M. S., & Patterson, K. (1996). Understanding normal and impaired word reading: Computational principles in quasi-regular domains. *Psychological Review, 103,* 56–115.

Pugh, K. R, Mencl, W. E., Jenner, A. R., Lee, J. R., Katz, L., Frost, S. J., . . . Shaywitz, B. A. (2001). Neuroimaging studies of reading development and reading disability. *Learning Disabilities Research and Practice, 16,* 240–249.

Quinn, W., & Kinoshita, S. (2008). Congruence effects in semantic categorization with masked primes with narrow and broad categories. *Journal of Memory and Language, 58,* 286–306.

Rastle, K., & Davis, M. H. (2008). Morphological decomposition based on the analysis of orthography. *Language and Cognitive Processes, 23,* 942–971.

Rayner, K. (2009). Eye movements and attention in reading, scene perception, and visual search. *Quarterly Journal of Experimental Psychology, 62,* 1457–1506.

Share, D. L. (2004). Orthographic learning at a glance: On the time course and developmental onset of self-teaching. *Journal of Experimental Child Psychology, 87,* 267–298.

Stanovich, K. E. (1992). Speculations on the causes and consequences of individual differences in early reading acquisition. In P. B. Gough, L. C. Ehri, & R. Treiman (Eds.), *Reading acquisition* (pp. 307–342). Hillsdale, NJ: Erlbaum.

Treiman, R., & Kessler, B. (2006). Spelling as statistical learning: Using consonantal context to spell vowels. *Journal of Educational Psychology, 98,* 642–652.

Treiman, R., Kessler, B., & Bick, S. (2002). Context sensitivity in the spelling of English vowels. *Journal of Memory and Language, 47,* 448–468.

Treiman, R., Kessler, B., & Bick, S. (2003). Influence of consonantal context on the pronunciation of vowels. *Cognition, 88,* 49–78.

Treiman, R., Kessler, B., Zevin, J., Bick, S., & Davis, M. (2006). Influence of consonantal context on the reading of vowels: Evidence from children. *Journal of Experimental Child Psychology, 93,* 1–24.

Veldre, A., & Andrews, S. (2014). Lexical quality and eye movements: Individual differences in the perceptual span of skilled adult readers. *Quarterly Journal of Experimental Psychology, 67,* 703–727.

Veldre, A., & Andrews, S. (in press). Parafoveal activation depends on skilled reading proficiency. *Journal of Experimental Psychology: Learning, Memory, and Cognition.*

Yap, M. J., Balota, D. A., Sibley, D. E., & Ratcliff, R. (2012). Individual differences in visual word recognition: Insights from the English Lexicon Project. *Journal of Experimental Psychology: Human Perception and Performance, 38,* 53–79.

Yap, M. J., Tse, C.-S. & Balota, D. A. (2009). Individual differences in the joint effects of semantic priming and word frequency revealed by RT distributional analyses: The role of lexical integrity. *Journal of Memory and Language, 61,* 303–325.

Ziegler, J., & Goswami, U. (2005). Reading acquisition, developmental dyslexia and skilled reading across language: A psycholinguistic grain size theory. *Psychological Review, 131,* 3–29.

Ziegler, J., Rey, A., & Jacobs, A. (1998) Simulating individual word identification thresholds and errors in the fragmentation task. *Memory & Cognition, 26,* 490–501.

第 11 章　关于心智阅读和脑阅读，获得性阅读障碍告诉我们什么？ 149

安娜·M. 沃勒姆斯

摘　要：阅读是一种基本的认知技能，经常会因为大脑损伤而中断。神经系统获得性阅读障碍患者的研究已被证明是发展正常阅读理论的关键。这项工作最初的重点是使用单一案例方法研究阅读和其他认知功能分离的案例。这一证据对采用局部主义表述的双途径朗读模式的形成具有重要影响。最近的研究通过同时考虑多个案例来揭示阅读和其他认知功能之间的联系。这一证据已被联结主义三角朗读模型所捕获，这一模型是依赖习得分布式表示的。获得性阅读障碍患者的神经影像学研究使我们深入了解功能障碍的机制和正常阅读的神经基础。对神经心理学患者数据的考虑突出了在熟练阅读中更基本的感知和认知过程的作用。

关键词：阅读、计算模型、认知神经心理学、纯失读症、语音阅读障碍、表面阅读障碍、深度阅读障碍

流利的阅读是一个复杂的过程，首先要了解单个单词的意思和发音（Stanovich，1982）。大脑损伤常常会削弱阅读能力，在许多情况下甚至在最基本的单字水平上也有影响。阅读认知理论的创造不仅针对正常行为（Baron & Strawson, 1976；Forster & Chambers, 1973），而且还针对**获得性阅读障碍**患者（Marshall & Newcombe, 1973, 1981），它被定义为一种阅读障碍，指的是曾经识字的人大脑受损后出现的情况。对这类患者的研究是认知神经心理学更广泛领域的一部分，这一领域的理论基础是，任何正常信息处理理论应该足以能够解释其不正常的情况。正常阅读能力可以通过多种不同的理论来解释，来

自获得性阅读障碍的患者的数据对阅读系统的结构和功能提供了重要的见解。神经系统患者的行为和损伤数据也引起了我们对阅读在大脑中的实施方式的关注，因为神经心理学证据具有独特功能，可以充分表明大脑哪些区域对应哪些特定功能。本章旨在说明获得性阅读障碍患者的神经心理学数据对英语朗读计算模型的发展的影响。

获得性阅读障碍的种类

阅读是涉及多种成分的过程，这些过程可能会被大脑损伤破坏。如果这些失常能够揭示正常阅读系统的性质，那么必须假设大脑中有足够的功能定位，损伤可以选择性地破坏具体的某几个成分。区
150 分外周阅读困难和中枢阅读困难是有用的，早在神经心理学文献中提到的外周阅读困难，是指未能获得令人满意的内部视觉表示的字母串（见 Kinoshita，本书，讨论正字法编码），而中枢阅读困难是指对语音处理或语义访问 / 表示的损害（Shallice & Warrington，1980）。这种区别反映了阅读困难的原因在多大程度上涉及支持口语处理系统的核心认知成分。在这两类阅读困难中，最常见的是根据朗读单个单词的准确性来定义缺陷，不过这些损害肯定会破坏连接文本的默读（见 Pollatsek，本书）。

外周阅读障碍

外周阅读困难涉及一个人的能力，准确地编码字母串，形成阅读过程的基础。这个想法是，这些诵读困难问题的根本原因是更一般的认知过程，落在语言系统之外，并影响正字法处理。在外周阅读障碍患者中，我们看到主要缺陷在多大程度上影响了连接文本和孤立词的阅读。

在注意性阅读障碍（*attentional dyslexia*）中，与左顶叶病变有关（Hall, Humphreys, & Cooper, 2001; Warrington, Cipolotti, & McNeil, 1993），在刺激中同时感知多个元素方面存在问题。在文本层面，这意味着这些患者难以准确读出相邻单词，而在单词层面，这些患者难以准确编码相邻的组成字母。这种紊乱的一个显著特征是，周围元素不仅对字母，而且对数字和符号的感知都有强烈的影响（Shallice & Warrington，1977；Warrington et al.，1993），这样，在隔离状态下能够准确识别的元素（例如字母 ‹R›），在看到可比较的刺激（例如，‹R› in ‹CLRNS›）时却无法识别。

在忽视性阅读障碍（*neglect dyslexia*）中，通常与右顶叶病变（Ptak, Di Pietro, & Schnider, 2012）有关系，患者表现出倾向于忽视左侧视野的信息。在文本层面上，这意味着这些患者很难找到行的开头，并且经常会省略行的初始单词，而在单词层面上，这些患者经常会省略或误译单词的初始字母。这些患者在非阅读和非语言任务中表现出同样的缺陷，如描述图片或标记出线条的中间位置，这些额外的缺陷与他们的阅读问题密切相关（Anderson，1999；McGlinchey-Berroth et al.，1996）。

偏盲性阅读障碍（*Hemianopic alexia*）有点不寻常，因为它主要影响文本处理，在单个单词级别上几乎没有中断。这与注意和忽视诵读困难两个层面的破坏形成了鲜明的对比。偏盲是指部分视野丧失，通常在左半脑的大脑动脉卒中后出现，损伤了初级视皮层（Leff, Spitsyna，Plant，& Wise，2006；Pflugshaupt et al.，2009）。在文本层面上，右偏盲意味着文本中的注视变得更加困难，因为它干扰了视觉输入，而视觉输入有助于副中央凹预览和确定下一个注视位置的动眼神经规划（Pflugshaupt et al.，2009）。然而，在单字水平上，至少在相对较短的单词水平上，偏盲患者可以固定在字母串的末端，这似乎允许相对流畅的口头阅读（Leff et al.，2006）。

纯阅读障碍与偏盲性阅读障碍相反，前者对单一词的认知是主要的缺陷；因此，它与后面将描述的中枢性阅读障碍集中在一起讨论。然而，与这些不同的是，它注重单字处理的速度而不是准确性，因此它被视为非常慢的单字阅读，字母长度对反应时间的影响异常大，而在正常的熟练阅读中看到的长度影响最小（Weekes，1997）。单纯性阅读障碍患者往往采用一种费力的读字母策略，在大声朗读单词之前，他们会粗略地说出每一个字母。虽然有人认为这些患者在单词识别方面有困难，但这些患者的字母识别并不总是准确的（Cumming，Patterson，Verfaellie & Graham，2006；Woollams，Hoffman，Roberts，Lambon Ralph & Patterson，2014）。

单纯性阅读障碍是一种引人注目的疾病，它似乎是极其特异的阅读疾病。这些患者无法快速准确地识别出书面字符串中的组成字母，但似乎能够识别熟悉的物体、处理口语和流利地书写。它与左侧枕颞腹侧皮质的损伤有关（Roberts et al.，2013），该损伤对正常阅读
151 的神经影像学研究中的书面字母串有强烈的反应（Dehaene & Cohen，2011）。然而，尽管纯阅读障碍有其明显的阅读特异性，如果我们关注响应速度，会发现患者在正对类似字母串的物体时，这种缺陷也会出现。书写的字母串代表了一类复杂的视觉刺激，由一小部分高度易混淆的元素组成，这些元素需要高度的敏锐度才能准确感知。纯阅读障碍患者通常对支持中央凹视觉的中度至高度的空间频率的敏感性降低（Roberts et al.，2013），并且它们的病变实际上包括神经区域，特别是对高度频率中略低的频率敏感（Woodhead, Wise, Sereno, & Leech, 2011）。当纯粹的失读症患者需要识别高视觉复杂度的物体的照片时，它们实际上是受损的（Behrmann, Nelson, & Sekuler, 1998）。当纯阅读障碍患者需要匹配复杂的抽象视觉图案（如棋盘或图形字

符）(Mycroft, Behrmann, & Kay, 2009; Roberts et al., 2013) 时，情况也是一样。此外，他们在这项任务中的损伤程度与其阅读损伤的严重程度相关（Roberts et al.，2013）。

中央阅读障碍

中央阅读障碍的每一个患者的词类阅读准确性和错误类型都各不相同。他们共同的特点是，内在缺陷不仅对语音或语义过程造成损害，口语处理也受到损害。尽管最初的定义强调阅读和说话过程之间的重叠，但一些研究表明，阅读障碍可以独立于语音处理缺陷而发生。由于目前的模型在其组成部分的阅读特异性程度上存在差异，因此这些说法引发了激烈的辩论，稍后将更详细地加以考虑。

表面阅读障碍是指在朗读例外词（Marshall & Newcombe，1973）的时候有一个相对选择性的缺陷，那些包含在拼写和读音之间的非典型映射的组成部分，如字形和音位（例如，*crook* vs. *broom*）以及身体和韵律（例如，*blood* vs. *food*）。虽然这些分别是规则性和一致性的可分离的维度（见 Yap 和 Baltoa，本书），但似乎都影响表面阅读障碍者的表现（Jefferies, Ralph, Jones, Bateman, & Patterson, 2004）。这与下列情况形成了鲜明对比：阅读更好甚至正常的拼写和读音之间具有典型映射的规则单词（如 *black, broom*）；阅读新的字母串或非单词（如 *preak, splof*）。当异常词的频率较低时，这种缺陷尤其明显。表面阅读障碍的标志性错误是规则化，患者会认为一个例外词发音好像在拼写和读音之间有典型的映射，例如 *sew* 读为 "sue"。表面性阅读障碍最常见于语义性痴呆患者，与前颞叶萎缩有关（Wilson et al.，2012，2009；Woollams，Lambon Ralph，Plaut & Patterson，2007）。

语音诵读障碍（*Phonological dyslexia*），与表面阅读障碍相反，是由一个相对选择性的缺陷进行非单词朗读（例如，*preak, splof*）

（Beauvois & Derouesne, 1979）。阅读熟悉的单词是相当好的，甚至可能在正常范围内，不过这是不寻常的。对于那些频率高的单词，单词的表现比频率低的单词更准确。与拼写和读音之间的非典型映射相比，具有典型映射（如 *black, broom*）的单词的表现稍好一些（Crisp & Lambon Ralph, 2006）。准确度受到单词含义的强烈影响，因此具有高可成像参考（如 *table, chair*）的单词比具有低可成像参考（如 *poem, hope*）的单词读起来更准确（Crisp & Lambon Ralph，2006）。语音诵读障碍的标志性错误是词汇化，因此，像 *stoip* 这样的新字母串被看作是一个熟悉的项目，如 *stoop*。语音诵读障碍是最常见于慢性口语问题患者，其左半周语音处理网络的某些部分受损害（Rapcsak et al., 2009）。

深度阅读障碍（*Deep dyslexia*）的特点是极为严重的非单词阅读缺陷，阅读表现相对保留部分单词，尤其是那些具有较高可成像性的单词。这种综合征与非常严重的语音诵读障碍的区别在于存在高度独特的语义错误，即一个熟悉的词如 *blood* 被误读为语义相关但形式上不同的词，如 *heart*（Marshall & Newcombe, 1973）。深度阅读障碍是一种相对罕见的综合征，与包含左半球语言网络多方面的巨大病变相关（Price et al.，1998）。

152 分离

在认知神经心理学中，观察患者在不同任务或项目类型中的表现之间的无关分离被视为潜在认知过程功能独立性的证据。因此，观察到完整的对象命名受损的单词阅读，如在某些情况下的纯阅读障碍，被认为是书面文字和物体识别的独立性的证据（例如，Miozzo & Caramazza, 1998）。当然，读单词可能只是一项更困难的任务。独立性更强的证据来自纯阅读障碍患者与视觉不可知（*visual agnosic*）患者的表现对比。视觉失认症（*visual agnosia*）被定义为无法识别视觉上呈现的物体，但有些情况下发现存在完整阅读（例如 Gomori & Hawryluk，1984）。综合起来，这两个病人提供了书面文字识别和对象识别的双重分离，这意味着不同的认知和神经机制支持不同的过程。

接着讨论各项目的无关分离状况，在表面阅读障碍的患者中，面对完整的非单词阅读存在受损的例外词阅读（McCarthy & Warrington, 1986）。这种分离表明，读取系统中有一个组件专门处理支持异常词读取的熟悉项的映射，而不是能够处理支持非单词读取的不熟悉项的映射的组件。当然，可能是例外词阅读比非单词阅读更难。然而，我们可以排除这种可能性，如果我们对比表面阅读障碍与语音诵读障碍，在那里我们看到在面对完整的例外词阅读时，有存在受损的非单词阅读（Funnell, 1983）。这种对比提供的双重分离表明，处理异常词和非单词需要独立的认知和神经机制。然而，从功能独立性的角度对双分离的解释受到了挑战，因为已经证明，这可能是由共同系统内的差异损伤引起的（Plaut, 1995, 2003; Van Orden, Pennington, & Stone, 2001）。然而，表面阅读障碍和语音诵读障碍之间的双重分离已被证明是当前朗读的计算模型的基础。

双路径级联模型

表面阅读障碍和语音诵读障碍患者的早期病例研究报告（Beauvois & Derouesne, 1979; Marshall & Newcombe, 1973; Shallice & Warrington, 1975; Warrington, 1975）形成了朗读双通路径模型的建议的基础（Morton, 1980）。这一理论的中心假设是拼写和读音之间有两条功能独立的直接通路（Morton，1980），一条在整词级别（wholeword level），另一条在次级词级别（subword level）。最初，研究者用方框和箭头表示（Patterson & Shewell，1987），这个视图的一个版本已经在一个大型计算模型中实现，称为双路由级联（DRC）模型，如图 11.1 的顶部所示（Coltheart，Rastle，Perry，Langdon，& Ziegler，2001）。在这个模型中，阅读从通过视觉特征分析识别印刷的输入字符串的字母开始，然后是字母识别模块。直接的词汇路径映射在整个单词正字法和语音表示之间，分别存储在正字法输入词汇和语音输出词汇中，这是允许正确阅读异常词的途径。正字法输入词汇可以激活语义系统，然后激活语音输出词汇。正是这种词汇语义路径允许进入词义。关键是，因为这个理论不认为词义是朗读中所必需的，词汇语义路径仍然未在模型内实现。因为正字法输入词库包含涉及每一个已知单词的具体单元的局部表示，因此，根据定义，直接词汇路径和词汇语义路径都不能发音非单词。因此，新的字母串的处理需要一个额外的路径，称为非词汇路径，它由一系列的形音转换规则组成。这些规则从左到右依次应用于输入字符串。然后，这些路径的输出被合并到音素系统中，以允许语音应答。

DRC 模型能够捕捉正常朗读的各种关键方面（见 Coltheart et al., 2001）。词频会影响言语行为，因为词条的静息水平是频率索引的（Forster & Chambers，1973）。异常词的加工速度比规则词慢，因为正确
153 的词汇发音在音位水平上与规则的非词汇发音冲突（Baron & Strawson，1976）。这种冲突需要时间来解决，如果失败，将导致规则化错误。词的频率越低，这种冲突就越明显，因为这些词的词汇输出，后来到达音位水平，并与非词汇路径重叠（Seidenberg, Waters, Barnes, & Tanenhaus，1984）。非单词的处理比单词慢，因为正确的非词汇发音与直接词法所提供的不正确的单词发音冲突（Forster & Chambers，

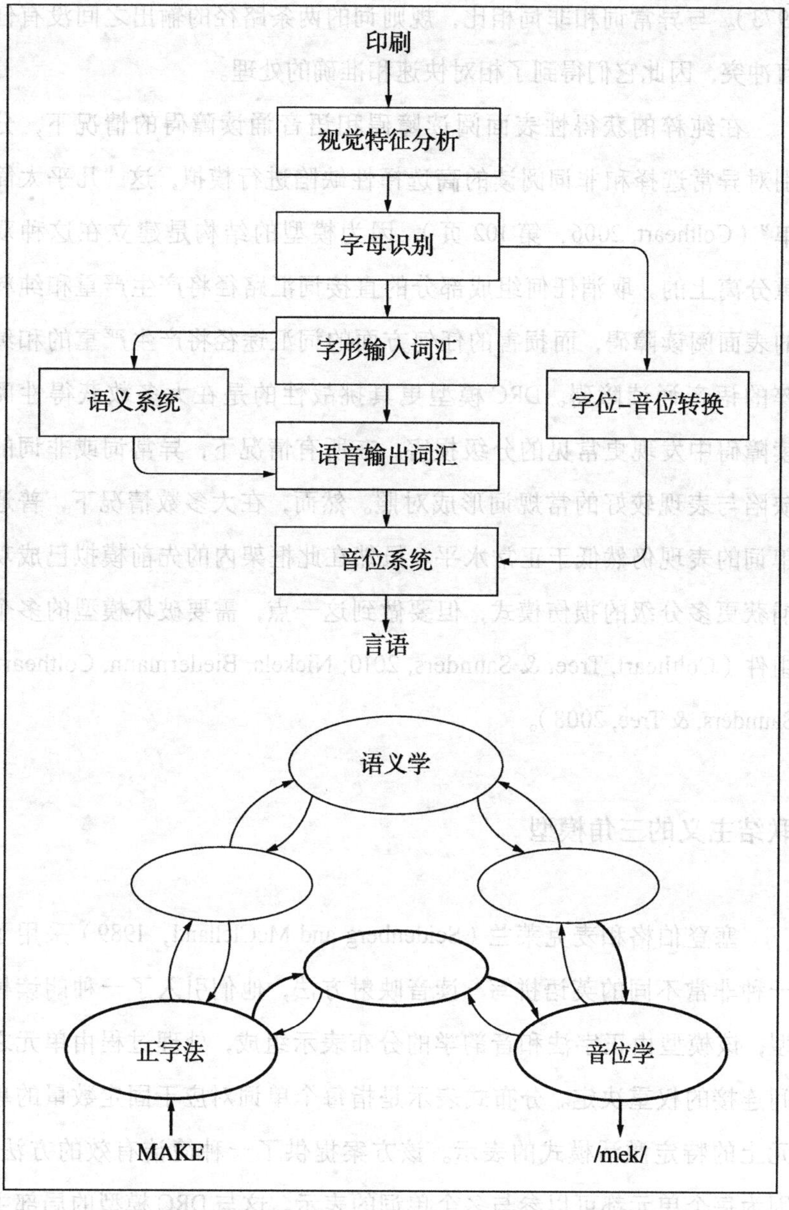

图 11.1　双路径级联模式的构架（顶部），Coltheart (2006) 重绘，
以及 Woollams et al. (2007) 的联结主义的三角模型（底部）

154 1973）。与异常词和非词相比，规则词的两条路径的输出之间没有任何冲突，因此它们得到了相对快速和准确的处理。

在纯粹的获得性表面阅读障碍和语音诵读障碍的情况下，分别对异常选择和非词阅读的高选择性缺陷进行模拟，这“几乎太简单”（Coltheart, 2006，第 102 页），因为模型的结构是建立在这种双重分离上的。取消任何组成部分的直接词汇路径将产生严重和纯粹的表面阅读障碍，而损害的任何方面的词汇途径将产生严重的和纯粹的语音诵读障碍。DRC 模型更具挑战性的是在大多数获得性阅读障碍中发现更常见的分级损害。在所有情况下，异常词或非词的缺陷与表现较好的常规词形成对照。然而，在大多数情况下，普通单词的表现仍然低于正常水平。虽然在此框架内的先前模拟已成功捕获更多分级的损伤模式，但要做到这一点，需要破坏模型的多个组件（Coltheart, Tree, & Saunders, 2010; Nickels, Biedermann, Coltheart, Saunders, & Tree, 2008）。

联结主义的三角模型

塞登伯格和麦克莱兰（Seidenberg and McClelland，1989）采用了一种非常不同的英语拼写－读音映射方法，他们引入了一种朗读模型，该模型由正字法和音韵学的分布表示组成，处理过程由单元之间连接的权重决定。分布式表示是指每个单词对应于固定数量的单元上的特定激活模式的表示。该方案提供了一种简洁有效的方法，因为每个单元都可以参与多个单词的表示。这与 DRC 模型的局部主义方法形成对比，其中每个模态所需的词汇单元的数量对应于已知单词的数量。在联结主义模型中，单元间连接的权重开始是随机的，并通过暴露于训练语料库而逐渐细化。这种习得处理参数再次与

DRC 方法形成对比，后者是硬连接的。

图 11.1 的底部显示了连接三角形框架。最初的实现（Seidenberg & McClelland，1989）只包含拼写和读音之间的一个直接次级单词路径，其目标是显示单个进程可以支持异常单词和非单词的正确读取。对分布式正字法和语音单元形式的改进（Plaut，McClelland，Seidenberg & Patterson，1996）使该模型在异常词和非单词阅读方面与熟练成年人一样精确，从而挑战了长期以来的观点，即处理每种单词类型都需要单独的过程。由于暴露在训练语料库中的次数是以频率为索引的，因此频率会影响模型的表现。异常词的处理效率较低，因为其在映射上的权重较低，特别是低频词中的映射。有时，某一组成部分的强映射可能会胜出，其结果可能会是规则化错误。已知单词具有处理优势，因为经过训练，模型的语音单元中熟悉的激活模式会更快地确定下来。非单词的处理比较慢，因为它们在语音单位中的激活模式是不熟悉的。事实上，如果初始激活模式与已知单词太相似，它会被熟悉的模式捕获，结果会出现词汇化错误。

尽管这种联结三角形模型可以捕获正常阅读行为的许多关键方面，而不必求助于例外词和非单词的单独过程，它能模拟表面阅读障碍和语音诵读障碍的关键案例吗？即使在模型内损伤各种不同类型的连接，能够为一个表面诵读障碍患者 MP（Bub，Cuffelire，Keltz，1985）所出现的较轻的异常字损害提供良好的匹配，但是没有一种损伤的模式能够再现另一患者 KT（McCarthy & Warrington, 1986）所出现的严重异常词损害，不过也不影响正常单词和非单词的表现。

普劳特等人（1996）注意到绝大多数报告的表面诵读障碍病例也有语义障碍，他们提出从词义携带的全词信息来看，例外词阅读也得到了一定的支持。如果是这样，那么语义损伤会在严重的表面阅读障碍中产生选择性的缺陷。为了支持这一观点，普劳特等人提供

了一个仿真实验，用额外的频率加权激活来训练模型的语音表示来
155 接近语义通路的影响。这导致模型中出现了分级分工，使得外部激活对于具有非典型拼写到读音的映射的不常见单词（即低频异常词）特别重要。当该输入降低时，轻度损伤捕获 MP 的模式，重度损伤捕获 KT 的模式。哈姆和塞登伯格（2004）提供了语义途径的更全面的实现。这个扩展模型能够再现这样一个发现：在正常参与者中，作为词义维度的可成像性对异常词阅读的影响大于对常规词阅读的影响（Strain，Patterson，& Seidenberg，1995）。因此，有关表面诵读障碍的神经心理学证据导致了连接三角形模型的全部实例化。

鉴于语音诵读障碍与口语加工缺陷并存，普劳特等人（1996）假设语音表征的损害会导致词汇效应。这是因为单词的语音表征是熟悉的，并且可以通过语义激活，因此可以保护它们不受语音损伤的影响，而非单词则会因为它们不熟悉并且没有意义而受到影响。由于目前的模型在结构和功能上的分歧，对获得性阅读障碍患者的数据的定量模拟在模型评估中被证明是重要的，并且继续教导我们有关正常阅读系统的结构和功能。

关联

三角模型关注的是功能，而不是结构，专业化意味着它在组件模块方面相对简单。在表面阅读障碍和语音诵读障碍的解释中，三角模型指出一般的语义或音韵处理缺陷是根本原因。这种观点与最初的中枢习得性阅读障碍的概念相一致，认为其源自口语加工的缺陷（Salice and Valuntn，1980），最近的初级系统观对获得性阅读障碍的看法，认为这是由更基本的认知和神经系统（视觉、语义学、音韵学）的损害引起的（Patterson & Lambon Ralph, 1999）。

获得性阅读障碍的联结三角形模型预测口语障碍和阅读障碍之间的关联。在传统的认知神经心理学中，任务之间的表现关联通常不被信任。因为这种联系可能是由于功能上独立的神经区域在解剖学上的毗连而产生的。因此，语义缺失和表面阅读障碍或语音缺陷和语音诵读障碍的共同出现可以简单地表明这些区域在脑内的接近，而不是语言和阅读困难之间的因果联系。

如果我们考虑个人在多个案例中的语言任务和阅读任务的表现（一种称为案例系列的方法），并发现这两个缺陷之间存在显著的数量关系，那么这就提供了更有力的证据，证明这两个领域的问题是有意义地联系在一起的。尽管这两种任务都有可能映射出由损伤程度介导的严重程度的共同潜在维度，使得损伤程度更大的患者可能显示出多重缺陷，但在许多情况下，可以使用神经心理学患者的高级结构和功能神经成像来排除这一问题。

全词路径的损伤

表面阅读障碍的三角形模型的一个关键预测是，我们应该看到在那些语义表征或访问受损的患者身上的异常词阅读缺陷。从这一观点来看第一份报告（Marshall & Newcombe, 1973; Warrington, 1975），里面绝大多数表面阅读障碍病例都有某种形式的语义缺陷，并非巧合。伴随表面性阅读障碍的最常见的障碍是语义性痴呆（Patterson & Hodges, 1992），其中前颞叶逐渐萎缩破坏语义加工（Acosta-Cabronero et al., 2011; Mion et al., 2010）。虽然这种损害最初可能在语言领域最为明显，但随着疾病的进展，在图像关联、声音图像匹配和气味识别等任务的多种模式上出现缺陷（Adlam et al., 2006; Bozeat, Lambon Ralph, Patterson, Garrard, & Hodges, 2000; Luzzi et al., 2007）。

在迄今为止对语义性痴呆患者阅读能力的最大规模的评估中，伍拉姆斯等人（2007）报告了51例语义性痴呆患者表面阅读障碍的患病情况。此外，他们还展示了语义缺陷程度（对涉及口语与图片匹配和图片命名的非阅读测试的表现进行测定）与阅读表现（尤其是低频异常词）之间的定量关系，阅读中超过50%的变异是由语义得分所决定的。三例患者开始阅读完整的异常词，所有三例均进入表面阅读障碍的阅读模式。普劳特等人（1996）用联结主义三角模型的改进版本，对这些结果进行精确模拟，为了模拟语义性痴呆对阅读的影响，语义激活对音韵学的贡献是减少或干扰的。

156

尽管语义缺陷与语义性痴呆中的异常词阅读之间存在着非常强的关联性，这一点无可否认，但也有少数例外词阅读准确率正常的病例。WLP，在她患病的早期，在大声朗读高频异常词方面没有任何缺陷，尽管随着疾病的发展而确实出现这类缺陷（Schwartz，Marin，& Saffran，1979；Schwartz，Saffran，& Marin，1980）。另外两个分离的病例也有英文报告（Blazely，Coltheart，& Casey，2005；Cipolotti & Warrington，1995），不过这些病例从未被随访过。到目前为止，面对明显完整的语义处理，受损异常词阅读的逆向模式只被报道过一次（Weekes & Coltheart，1996）。

这种分离的发生导致一些人忽视了观察到的大规模关联，认为这种关联是由两个独立的缺陷引起的，这两个缺陷是由于左颞叶萎缩引起的，而该部位包括了功能上不同的区域：与前颞叶损伤相关的语义缺陷和与前颞叶损伤相关的正字法缺陷枕颞区，在后期语义性痴呆中可能受损（Rohrer et al.，2009）。这个区域被称为视觉单词形式区域，虽然该区域的激活根据字母串是否形成单词或非单词而不同（Dehaene, Le Clec'H, Poline, Le Bihan, & Cohen, 2002），但已经被一些人命名为正字法输入词汇的神经位置（Noble, Glosser, &

Grossman, 2000)。柯尔特哈特等人(2010)模拟了伍拉姆斯等人报告的阅读数据(2007),通过从正字法输入词汇中去除最低频率词的不同比例,并从非词汇路径去除字形音素规则的各种比例,使用自动参数搜索来获得最准确地再现每次观察的阅读缺陷的损害程度。据此研究,认为是阅读相关元素的损伤造成了表面阅读障碍。

然而,对于运用DRC(双路径连接模型[dual-route cascaded])的方法模拟表面阅读障碍,人们可能提出一些反对意见。首先,它无法解释患者表现的一个关键特征,语义缺陷。DRC观点也无法解释来自貌似比较完美的研究(Funnell, 1996; Graham, Hodges, & Patterson, 1994; McKay, Castles, Davis, & Savage, 2007)的报告,即语义知识和异常词阅读之间的关联在单项物体层面上是成立的(例如,如果患者无法识别胸针的图片,那么他或她也可能对书写的单词发错音,如果同一个人能辨认出一张壁炉的图片,那么这个书面的单词就会被正确地读出来)。DRC观点并没有解决语义痴呆患者在朗读时不仅在低频非典型项目上失败的问题,而且在很多不同的任务上都表现出相同的模式,包括拼写、过去时态变化、词汇决策判定和延迟拷贝绘图(Patterson et al., 2006)。这些观察结果表明,语义知识不仅在支持不典型拼音映射词的正确阅读方面发挥着关键作用,而且在处理其各自领域不典型的物体方面也发挥着更普遍的作用,例如过去时态不规则动词如*run*,拼写不寻常词如*yacht*,视觉上与众不同的动物如天鹅(Patterson, 2007)。

成像的证据

尽管联结三角模型所提出的语义和阅读缺陷的共同点具有简约的优点,但从神经影像学中可以得到更多的直接证据来反驳阅读特定的解释,认为左后内侧皮质损害是表面阅读障碍关键位点。内斯特、福莱尔和霍奇斯（2006）认为的九个语义性痴呆患者中有七个在扫描前进行了阅读评估，均为表面阅读障碍。这一组扫描显示双侧前颞叶的血流预期减少，虽然这种减少在左半球比在右半球更广泛，但并不包括左侧枕颞皮质。因此，左侧枕颞腹侧皮质的破坏可能不是这些患者阅读障碍的原因。

157 异常词处理定位到左前颞叶而不是左前枕颞皮质，这一说法得到了语义患者和健康参与者的功能成像的支持。威尔逊等人报道的表面阅读障碍性语义痴呆患者（2012）显示左前颞叶萎缩，不包括左前枕颞叶皮质，与内斯特等人报告的结果一致（2006）。16名健康正常人的功能成像显示左前颞叶的一个区域在读异常词时比读非异常词时更活跃，并且与患者的萎缩重叠。六名语义性痴呆患者（Wilson et al.，2009）和九名健康参与者的功能成像也显示，两组成员在阅读非单词时，顶叶内沟激活，但只有在患者组中，例外单词的同一区域激活，尤其是当读取响应是正则化误差时。在阅读神经成像的元分析研究中，这个神经区域被认为是直接的次级词汇通路（Cattinelli，Borghese，Gallucci，& Paulesu，2013；Taylor，Rastle，& Davis，2013）。因此，这一结果提供了依赖于次级词汇路径的神经相关，在表面阅读障碍者的认知模型中可能出现。

个体差异

虽然联结主义的三角模型对表面性阅读障碍的潜在语义缺陷的描述与现有的神经影像学证据相吻合，但它仍然需要解释阅读和意义之间的分离的发生，并且更普遍地解释在一定水平语义损伤情况下个体阅读表现的各种情况。而柯尔特哈特等人的计算模拟（2010）在再现这种变异方面是有效的，这是基于选择最准确地拟合每个数据点的特定病变参数。从这个意义上讲，重点是数据差异的再现，而不是根本原因的解释。

表面阅读障碍的联结主义的三角模型模拟（Woollams, Lambon Ralph, Plaut, & Patterson, 2010; Woollams et al., 2007）是基于这样的假设，即健康成人读者依赖于语义信息来正确阅读异常词的程度上存在个体差异，这是基于正常读者中成像效果大小变化的证据（Strain & Herdman，1999；另见 Andrews，本书）。伍拉姆斯等人通过创建模型的实例化人口来实现这个概念，该模型在学习阅读时提供的语义支持度不同，这与用音标索引的整字激活音韵近似。然后，通过减少和破坏这种语义支持，对模型进行损伤。这导致模型的发病前状态（即损伤前）在阅读损伤程度上存在相当大的差异，使得那些接受弱语义支持训练的模型比接受强语义支持训练的模型在给定损伤程度下受到的损伤要小。这种模拟方法与患者数据非常吻合，模型数据在阅读性能上占了 90% 以上的差异。在这一观点中，由完整阅读和受损语义组成的单一分离的情况来自于对异常词阅读的损伤前语义依赖性较弱的个体。由受损阅读和完整语义组成的单一分离案例来自于具有强烈语义依赖性的个体（例如，Mendez，2002；Weekes & Coltheart，1996）。虽然这项关于阅读系统的损伤前状态的个体差异的提议是可信的，但需要通过对正常参与者的行为和神经影像学调查进行进一步的研究。

次级词汇通路的损伤

下面谈一下非单词阅读的缺陷，这是语音阅读障碍的主要特征，双路径解释的重点是存在的分解之间受损的非单词阅读和完整的口语非单词处理，而联结主义三角模型的观点则侧重于涉及书面和口头非单词任务的识别表现行为的关联。在第一篇关于语音阅读障碍的报告中（Beauvois & Derouesne, 1979），一位具有良好口语功能的患者在非单词阅读障碍和完整的即时非词重复之间存在分离。然而，后来的一系列病例中，6 名以非流畅性失语症为特征的口语差的患者（Patterson & Marcel，1992）显示，非单词阅读障碍与语音测试表现不佳之间存在关联。在涉及非单词和更具挑战性（例如，涉及音位操作而不是简单重复）的语音测试中，表现尤其差。

158 一项涉及 12 例不同程度的非流利性失语患者的较大研究，显示出他们在阅读中具有增强的词汇效应（Crisp & Lambon Ralph, 2006）。这项研究表明，在阅读中出现的强烈的词汇性和可想象性效应也出现在口语重复中，此时，研究者增加任务的难度，插入 5 秒的延迟，让患者重复自己的名字。此外，在更具挑战性的音位分割和混合的语音任务中，非单词阅读能力与表现之间存在显著的相关性，简单重复对影响阅读的变量相对不敏感。拉普萨克等人（2009）报告了口语处理和朗读成绩之间类似的定量关联，出现在被选为与正常受试者的语音加工相关的左外侧锁骨区域损伤的患者中。在这项研究中，非单词阅读和非单词拼写都与一个语音复合测量相关，该测量包括下列各项表现的平均数：单词和非单词的重复、押韵产生和判断、音素切分、混合和替换（不过应该注意的是同样的测量也与单词阅读和拼写相关）。

普劳特等人的三角形模型公式（1996）认为，语音表征的损害会导致词汇效应，因为通过整个单词语义路径激活所提供的附加支持，这种损害将被抵消。成功地模拟语义性痴呆的表面阅读障碍的模型再现了轻度语音诵读障碍的大致情况（Welbourne & Lambon Ralph, 2007）。然而，该模型的结构意味着损伤会影响直接通路的各个方面（以输入连接到隐藏单元的形式，以及向隐藏单元输出添加噪声的形式），而不是语音表征本身。在三角形模型框架的一个更完整的实现中，有可能破坏语音处理（通过整个词的语义和次级词汇路径来损伤所有传入的连接），表征语音阅读障碍的词汇性（以及可想象性）效应确实出现在模型的再训练期之后，类似于脑损伤后的恢复（Welbourne，Woollams，Crisp & Ralph，2011）。因此，语音连接的诵读困难已经在连接三角形框架内模拟，这既造成直接的次级词汇路径的阅读特定方面的损害，也同时损害语音处理的初级语言系统。

虽然案例系列证据清楚地表明，非文字阅读的缺陷与语音处理之间存在联系（参见 Tree，2008，对单个案例的回顾），但这并不一定意味着因果关系，因为这一关联的出现可能是作为功能独立的脑区域支持非单词阅读和语音处理的结果。支持这一观点的证据包括一些语音处理完整的受损非单词阅读案例，但是关于不同类型语音测试的相对敏感性的问题在解释这种分离时变得非常重要。阿尔茨海默症患者语音处理完整的非单词阅读受损的报告（Caccappolo-van Vliet，Miozzo，& Stern，2004a）很难解释。尽管非单词重复是完整的，并且在使用单词作为刺激的押韵水平的任务中表现良好，但患者无法进行比较困难和敏感的测试，如音素分割和混合。另一个由 Tree and Kay（2006）报道的轻度至中度语音障碍的病例也在要求更高的音素水平测试中表现出轻微的损伤（Castles, Holmes, Neath, & Kinoshita, 2003; Patterson & Marcel, 1992）。然而，在其他案例中，这种分离显得更为强烈：另外两个阿尔茨海默氏症患者的非单词阅读能力受损，但在各种测试中，对单词和非单词的语音处理良好，不过值得注意的是，音位缺失不包括在内，每个患者至少有一次语音测试失败（Caccappolo-van Vliet，Miozzo，& Stern，2004b）。

尼科尔等人（Nickels, Biedermann, Coltheart, Saunders, and Tree，2008）在 DRC 模型中对语音阅读障碍进行了研究。增加模型开始处

理字符串的每个新字母的时间长度，在一个不受影响的单词读取和完整重复的患者中观察到良好的表现，但另一个病人具有完整的重复能力，却需要从额外的语音词汇的噪声输出中去发现他轻微受损的单词阅读。第三例非单词阅读缺陷伴重复受损的情况是通过在两
159 种途径共享的音位输出水平上添加噪声（类似于三角形模型中的音位损伤的概念）来捕捉的，但是模型中对单词的表现能力仍然非常高。柯尔特哈特等人采用了不同的方法（2010），他们使用正字法输入条目的按比例删除法和非词汇规则的结合来模拟克里斯普和兰姆本·拉尔夫（2006）病例序列数据。虽然这些模拟在词汇性效应的大小上的拟合基本上是完美的，但是每种情况的值都是从40200种可能的组合中选择的。因此，强调的重点再一次落到数据的精确再现上，而不是对相关缺陷的简单解释。

在联结主义的三角形模型和DRC模型之间，似乎存在相对于阅读特定的语音阅读障碍罕见病例的模拟可能性，并且还可以模拟更常见的受损非单词阅读和语音处理模式之间的关联。在评估跨任务分离报告的充分性时，测试敏感性始终是一个问题。此外，语音加工能力的速度还没有在语音阅读障碍患者身上进行过正式测量。这两个因素都会影响语音处理和非单词阅读之间的关系强度。然而，在语音障碍中观察到的语音加工缺陷的程度确实有所变化，这表明可能存在一些潜在的异质性的原因。

成像的证据

从阅读和语言缺陷之间的对应度来看，跨音位阅读障碍的异质性与正常神经影像学研究的荟萃分析相一致，这意味着在语音加工中牵涉到一个范围较大的左侧大脑皮层周边的语言网络（Vigneau et al., 2006）。在拉普萨克等人报告的31例左外侧裂周围病变患者中

（2009），约 80% 表现出非单词相对于单词阅读的异常明显的缺陷。词汇清晰度增加的存在并不是与五个所关注的皮层外侧裂周围区域中的任何一个（后部额下回 / 布罗卡氏区 [BA44/45]、中央前回 [BA4/6]、岛叶、颞上回 / 韦尼克区 [BA22] 和冈上回 [BA40]）的具体部位损伤有关。相反，这些区域的任何损伤都足以产生语音阅读障碍。这些受损区域越多，对单词和非单词阅读和拼写的损伤就越大。

有研究者认为，在阅读期间支持直接次级单词映射的区域（Cattinelli et al.，2013；Taylor et al.，2013）仅与音位处理中涉及的较大的左侧大脑皮层周区网络的部分重叠。这意味着非单词阅读和语音处理缺陷的相对强度根据损伤位置的变化是可以预期的。事实上，拉普萨克和同事（2009）发现，阅读中的词汇效应的大小与额叶脑回和中央前回的病变的存在相关，这表明该区域在处理书面和口头的非单词方面发挥了特殊作用。相反，后上颞区似乎更多地参与语音任务中的输入处理，如语音感知过程中的持续激活所示，而与阅读关系不大（Hickok & Poeppel，2007）。

有研究认为在左侧大脑皮层周区的语音处理网络是一个专业化的分级任务，这一建议是有高度推测性的，但它确实有可能解释在语音阅读障碍的病例中的书面和口头语言缺陷之间的关联强度的差异。验证这一建议所需要的是将大量非单词阅读缺陷的阅读障碍患者的结构和功能异常映射到一系列语言处理任务上的研究。这需要辅之以对正常参与者的功能成像研究中的阅读和重复等平行任务的更详细的考虑（例如，Hope et al.，2014），这将使我们能够更全面地了解左侧大脑皮层语音处理网络中的功能细分。

恢复和再学习

语音阅读障碍的计算模型中出现的最有趣的见解之一是，阅读缺陷可能在大脑损伤后的时间内改变。在维尔伯恩等人的模拟中（2011），单纯的语音系统的损害不能产生语音阅读障碍的模式，因为对非单词阅读的损害也伴随着单词阅读的损害。这意味着该模
160 型所产生的词汇效应比文献报道的弱。克里斯普和兰姆本·拉尔夫（2006）指出，在慢性脑卒中失语症患者中已经观察到绝大多数语音诵读困难的病例。因此，文字处理的优势可能只有在康复一段时间后才显现出来，因为患者将继续在日常环境中遇到文字。

当维尔伯恩等人（2011）继续训练他们的受损模型的单词处理以接近恢复过程时，定义的语音阅读障碍的词汇性效果出现。通过考虑进行性失语症患者的阅读表现，有证据显示作为语音阅读障碍的关键是恢复，因为这些患者随着时间的推移，与左外侧裂损伤相关的语音处理持续恶化（Nestor et al., 2003）。伍拉姆斯和帕特森（2012）报告说，进展性非流畅性失语症患者在面对持续性神经变性时可能经历有限的再学习机会，表现出非单词和低频异常词的缺陷，研究者在连接三角形模型中看到这种模式，是语音损伤后没有再学习的情况。

有趣的是，随着维尔伯恩等人的（2011）模型在词汇上的重新训练，词汇效应也出现了，特征性的可想象性效果也是如此，这表明单词阅读的恢复是通过对语义路径的依赖增加来支持的。这与纵向证据一致（Read, Welbourne, Sage, & Lambon Ralph, 2010），中风后三个月的语义处理能力是患者在中风后九个月再次测试时是否会出现语音阅读障碍的重要预测因子。最重要的是，那些有着更完善的语义路径的病人，将展示出在文字阅读中的进步，可能产生标志性的词汇效应。对于左侧大脑皮层损伤患者，需要更多的长期的行为上和神经成像上的工作，来理解在非单词阅读和语音处理中的恢复的作用，但这一模拟工作显示了联结主义的模型通过其在学习中的侧重来捕

获恢复的激励潜力。

完整单词与次级单词路径的互动

在考虑双路径模型和连接三角形模型中表面和语音功能障碍的模拟时，我们看到两种方法在完整单词和次级单词路径之间的相互作用的程度不同。尽管直接词汇和非词汇路线的输出在DRC模型中在语音层次上都很普及，但连接三角模型的语义路径与直接路径之间的相互作用要大得多，这一点出现在整个学习过程中（Harm & Seidenberg，2004）。在这方面，我们看到两条路径上的部分功能互补的专门性，根据特定词的要求进行具体处理。例如，通过直接路径对异常拼写语音映射的单词进行语义激活来补偿无效处理，特别是那些频率低的语音映射。在正常阅读中对这些项目的较强成像效果（Strain et al.，1995；Strain，Patterson，& Seidenberg，2002），以及表面阅读障碍和语义缺陷之间的联系为这一观点提供了支持。同样，语音激活通过语义路径补偿低成像度含义的单词的无效处理。语音变量对低成像率项目的较强效果（Tyler，Voice，& Moss，2000；Westbury & Moroschan，2009），以及在许多语音阅读障碍案例中对低成像率字的明显影响为上面的观点提供了支持。

在联结主义的三角形模型内，语义路径和直接路径在处理不同类型的单词中的贡献不同，与劳动分工中基于项目的变异相呼应。正如在解释表面阅读障碍的变异时所注意到的，劳动分工可以在不同的个体上发生变化，有些人对正确的例外词的阅读更多依赖语义信息，有些则不。而且，正如在考虑语音障碍模拟中词汇效应时所谈到的，劳动分工可以针对脑损伤在时间上进行调整。因此，连接三角形模型内的劳动分工是动态的，在不同的项目上变化，在不同的个体上，以及在时间上都有变化。

深度阅读障碍

最后一种类型，中枢阅读障碍，与语音阅读障碍有关，是非词汇阅读受损的一个侧面（尽管更严重），在单词阅读中有显著的成像效应。深度诵读困难阅读障碍的主要特征是朗读中的语义旁读现象的发生，使得一个单词被视为另一个语义上相关但形式不相关的
161 词，例如“blood”当作 *heart*（Marshall & Newcombe, 1973）。非单词和真实单词的阅读缺陷的组合意味着在深层阅读障碍中，次级词和全词的语义路径都存在损害。这符合观察到的深度阅读障碍是由大范围的左侧大脑皮层的损伤引起的说法。因此，有人认为，这些患者的阅读表现反映了右半球的阅读机制（Weekes，Coltheart，& Gordon，1997），不过至少有些病例显示，右半球的激活程度没有健康读者高（Price et al.，1998）。

深层阅读障碍的原因尚不清楚，一些研究人员提出是单一的语音缺陷，另一些建议是额外的语义缺陷。当然，这些患者有明显的语音处理缺陷，伴随着严重的非单词阅读缺陷（Jefferies，Sage，& Lambon Ralph，2007）。从一个角度来看（Wilshire & Fisher，2004），深层阅读障碍的语义错误反映了正常语义路径的操作，没有任何来自次级单词语音处理的限制。尽管深度阅读障碍患者并不总是在口语单词重复中表现出语义上的错误，但这些任务确实是通过插入填充的延迟而变得更为苛刻（Jefferies et al., 2007）。此外，维尔伯恩等人（2011）发现，在联结主义三角模型的实施过程中，严重的语音损伤导致恢复后阅读中语义错误高于机会率。综上所述，这些研究结果表明，单独的语音损害可能足以产生语义旁读。

然而，额外的语义缺陷可能存在于深度阅读障碍中。里雷和汤

普森（2010）通过在一个类别验证任务中研究九个语音阅读障碍和五个深度阅读障碍者的表现，包括在书面和口头形式中，无论是典型的或非典型的语义范畴内。与健康对照数据一样，语音阅读障碍者在典型项目中比非典型项目表现出显著的优势。然而，这两种方式在深度阅读障碍患者中被废除，这表明他们存在语义损害。还有证据表明，这些语义问题与阅读缺陷有关。克里斯普和兰姆本·拉尔夫（2006）发现，语音受损患者阅读中语义错误的发生率与语义处理能力相关，这是通过要求严格的同义词判断测试来衡量的。相反，有大量案例显示，意大利语失语症患者在图片命名中出现语义错误，齐亚希等人（Ciaghi, Pancheri, and Miceli，2010）发现，在阅读中产生语义旁读的人，可以通过他们更严重的非单词阅读问题来区分。这些关于深度阅读障碍的语音和语义缺陷的报告与普劳特和沙利斯（1993）提出的联结主义模型相一致，其中次级单词路径被认为完全废除，而语义旁读（例如，*flan* 读为“tart”）出现，这是语义整词路径的连接和表征损伤的结果。

更多的病例系列患者研究通过详细的神经影像，以了解深层阅读障碍的原因。由于左外侧皮层病变部位和范围的变化，其潜在原因存在异质性。可能有些案例确实反映了严重受损的次级单词阅读机制与完整的全词语义通路相互作用的影响，而另一些案例则表现为更广泛的损伤，由此产生两种机制损伤的情况。无论哪种，在计算建模方面，两种途径的相互作用将是解释深度阅读障碍表现的关键。

结论和未来方向

本章简要介绍了外周和中枢获得性阅读障碍。重点放在表面和语音阅读障碍上，因为例外词和非单词阅读的双重脱离一直是理论和最近的朗读计算模型的重心。双路径模型和连接模型都汇聚于一个包含全词和次级单词处理机制的系统上。有关异常词阅读缺陷的行为和影像学证据为语义全词路径提供了有力证据。对非单词阅读缺陷的考虑强调了一般语音处理的作用。获得性阅读障碍告诉我们在心智和大脑中阅读的能力是由更基本的感知和认知过程所支撑的（Patterson & Lambon Ralph, 1999; Woollams, 2014）。这一框架可以激发未来的研究，即这些更基本的感知和认知过程的变化如何与正常读者和患有发展性阅读障碍的读者之间的表现相关（见本书 Pennington & Peterson）。

参考文献

Acosta-Cabronero, J., Patterson, K., Fryer, T. D., Hodges, J. R., Pengas, G., Williams, G. B., & Nestor, P. J. (2011). Atrophy, hypometabolism and white matter abnormalities in semantic dementia tell a coherent story. *Brain, 134,* 2025–2035.

Adlam, A. L. R., Patterson, K., Rogers, T. T., Nestor, P. J., Salmond, C. H., Acosta-Cabronero, J., & Hodges, J. R. (2006). Semantic dementia and fluent primary progressive aphasia: Two sides of the same coin? *Brain, 129,* 3066–3080.

Anderson, B. (1999). A computational model of neglect dyslexia. *Cortex, 35,* 201–218.

Baron, J., & Strawson, C. (1976). Use of orthographic and word-specific knowledge in reading words aloud. *Journal of Experimental Psychology: Human Perception and Performance, 2,* 386–393.

Beauvois, M. F., & Derouesne, J. (1979). Phonological alexia: Three dissociations. *Journal of Neurology Neurosurgery and Psychiatry, 42,* 1115–1124.

Behrmann, M., Nelson, J., & Sekuler, E. B. (1998). Visual complexity in letter-by-letter reading: "Pure" alexia is not pure. *Neuropsychologia, 36,* 1115–1132.

Blazely, A. M., Coltheart, M., & Casey, B. J. (2005). Semantic impairment with and without surface dyslexia: Implications for models of reading. *Cognitive Neuropsychology, 22,* 695–717.

Bozeat, S., Lambon Ralph, M. A., Patterson, K., Garrard, P., & Hodges, J. R. (2000).

Non-verbal semantic impairment in semantic dementia. *Neuropsychologia, 38,* 1207–1215.

Bub, D. N., Cancelliere, A., & Kertesz, A. (1985). Whole-word and analytic translation of spelling to sound in a nonsemantic reader. In K. Patterson, J. C. Marshall, & M. Coltheart (Eds.), *Surface dyslexia* (pp. 15–34). Hillsdale, NJ: Erlbaum.

Caccappolo-van Vliet, E., Miozzo, M., & Stern, Y. (2004a). Phonological dyslexia without phonological impairment? *Cognitive Neuropsychology, 21,* 820–839.

Caccappolo-van Vliet, E., Miozzo, M., & Stern, Y. (2004b). Phonological dyslexia: A test case for reading models. *Psychological Science, 15,* 583–590.

Castles, A., Holmes, V. M., Neath, J., & Kinoshita, S. (2003). How does orthographic knowledge influence performance on phonological awareness tasks? *Quarterly Journal of Experimental Psychology: Human Experimental Psychology, 56A,* 445–467.

Cattinelli, I., Borghese, N. A., Gallucci, M., & Paulesu, E. (2013). Reading the reading brain: A new meta-analysis of functional imaging data on reading. *Journal of Neurolinguistics, 26,* 214–238.

Ciaghi, M., Pancheri, E., & Miceli, G. (2010). Semantic paralexias: A group-case study on the underlying functional mechanisms, incidence and clinical features in a consecutive series of 340 Italian aphasics. *Brain and Language, 115,* 121–132.

Cipolotti, L., & Warrington, E. K. (1995). Semantic memory and reading abilities: A case report. *Journal of the International Neuropsychological Society, 1,* 104–110.

Coltheart, M. (2006). Acquired dyslexias and the computational modelling of reading. *Cognitive Neuropsychology, 23,* 96–109.

Coltheart, M., Rastle, K., Perry, C., Langdon, R., & Ziegler, J. (2001). DRC: A dual route cascaded model of visual word recognition and reading aloud. *Psychological Review, 108,* 204–256.

Coltheart, M., Tree, J. J., & Saunders, S. J. (2010). Computational modeling of reading in semantic dementia: Comment on Woollams, Lambon Ralph, Plaut, and Patterson (2007). *Psychological Review, 117,* 256–271.

Crisp, J., & Lambon Ralph, M. A. (2006). Unlocking the nature of the phonological-deep dyslexia continuum: The keys to reading aloud are in phonology and semantics. *Journal of Cognitive Neuroscience, 18,* 348–362.

Cumming, T. B., Patterson, K., Verfaellie, M. M., & Graham, K. S. (2006). One bird with two stones: Abnormal word length effects in pure alexia and semantic dementia. *Cognitive Neuropsychology, 23,* 1130–1161.

Dehaene, S., & Cohen, L. (2011). The unique role of the visual word form area in reading. *Trends in Cognitive Sciences, 15,* 254–262.

Dehaene, S., Le Clec'H, G., Poline, J. B., Le Bihan, D., & Cohen, L. (2002). The visual word form area: A prelexical representation of visual words in the fusiform gyrus. *NeuroReport, 13,* 321–325.

Forster, K. I., & Chambers, S. M. (1973). Lexical access and naming time. *Journal of Verbal Learning and Verbal Behavior, 12,* 627–635.

Funnell, E. (1983). Phonological processes in reading: New evidence from acquired dyslexia. *British Journal of Psychology, 74,* 159–180.

Funnell, E. (1996). Response biases in oral reading: An account of the co-occurrence of surface dyslexia and semantic dementia. *Quarterly Journal of Experimental Psychology: Human Experimental Psychology, 49A,* 417–446.

Gomori, A. J., & Hawryluk, G. A. (1984). Visual agnosia without alexia. *Neurology, 34,* 947–950.

Graham, K. S., Hodges, J. R., & Patterson, K. (1994). The relationship between comprehension and oral reading in progressive fluent aphasia. *Neuropsychologia, 32,* 299–316.

Hall, D. A., Humphreys, G. W., & Cooper, A. C. G. (2001). Neuropsychological evidence for case-specific reading: Multi-letter units in visual word recognition. *Quarterly Journal of Experimental Psychology: Human Experimental Psychology, 54A,* 439–467.

Harm, M. W., & Seidenberg, M. S. (2004). Computing the meanings of words in reading: Cooperative division of labor between visual and phonological processes. *Psychological Review, 111,* 662–720.

Hickok, G., & Poeppel, D. (2007). The cortical organization of speech processing. *Nature Reviews Neuroscience, 8,* 393–402.

Hope, T. M. H., Prejawa, S., Parker Jones, O., Oberhuber, M., Seghier, M. L., Green, D. W., & Price, C. J. (2014). Dissecting the functional anatomy of auditory word repetition. *Frontiers in Human Neuroscience, 8,* 246.

Jefferies, E., Lambon Ralph, M. A., Jones, R., Bateman, D., & Patterson, K. (2004). Surface dyslexia in semantic dementia: A comparison of the influence of consistency and regularity. *Neurocase, 10,* 290–299.

Jefferies, E., Sage, K., & Lambon Ralph, M. A. (2007). Do deep dyslexia, dysphasia and dysgraphia share a common phonological impairment? *Neuropsychologia, 45,* 1553–1570.

Leff, A. P., Spitsyna, G., Plant, G. T., & Wise, R. J. S. (2006). Structural anatomy of pure and hemianopic alexia. *Journal of Neurology, Neurosurgery, and Psychiatry, 77,* 1004–1007.

Luzzi, S., Snowden, J. S., Neary, D., Coccia, M., Provinciali, L., & Lambon Ralph, M. A. (2007). Distinct patterns of olfactory impairment in Alzheimer's disease, semantic dementia, frontotemporal dementia, and corticobasal degeneration. *Neuropsychologia, 45,* 1823–1831.

Marshall, J. C., & Newcombe, F. (1973). Patterns of paralexia: A psycholinguistic approach. *Journal of Psycholinguistic Research, 2,* 175–199.

Marshall, J. C., & Newcombe, F. (1981). Lexical access: A perspective from pathology. *Cognition, 10,* 209–214.

McCarthy, R. A., & Warrington, E. K. (1986). Phonological reading: Phenomena and paradoxes. *Cortex, 22,* 359–380.

McGlinchey-Berroth, R., Bullis, D. P., Milberg, W. P., Verfaellie, M., Alexander, M., & D'Esposito, M. (1996). Assessment of neglect reveals dissociable behavioral but not neuroanatomical subtypes. *Journal of the International Neuropsychological Society, 2,* 441–451.

McKay, A., Castles, A., Davis, C., & Savage, G. (2007). The impact of progressive semantic loss on reading aloud. *Cognitive Neuropsychology, 24,* 162–186.

Mendez, M. F. (2002). Slowly progressive alexia. *Journal of Neuropsychiatry and Clinical Neurosciences, 14,* 84.

Mion, M., Patterson, K., Acosta-Cabronero, J., Pengas, G., Izquierdo-Garcia, D., Hong, Y. T., . . . Nestor, P. J. (2010). What the left and right anterior fusiform gyri tell us about semantic memory. *Brain, 133,* 3256–3268.

Miozzo, M., & Caramazza, A. (1998). Varieties of pure alexia: The case of failure to access graphemic representations. *Cognitive Neuropsychology, 15,* 203–238.

Morton, J. (1980). The logogen model and orthographic structure. In U. Frith (Ed.), *Cognitive processes in spelling* (pp. 117–133). London, England: Academic Press.

Mycroft, R. H., Behrmann, M., & Kay, J. (2009). Visuoperceptual deficits in letter-by-letter reading? *Neuropsychologia, 47,* 1733–1744.

Nestor, P. J., Fryer, T. D., & Hodges, J. R. (2006). Declarative memory impairments in Alzheimer's disease and semantic dementia. *NeuroImage, 30,* 1010–1020.

Nestor, P. J., Graham, N. L., Fryer, T. D., Williams, G. B., Patterson, K., & Hodges, J. R. (2003). Progressive non-fluent aphasia is associated with hypometabolism centred on the left anterior insula. *Brain, 126,* 2406–2418.

Nickels, L., Biedermann, B., Coltheart, M., Saunders, S., & Tree, J. J. (2008). Computational modelling of phonological dyslexia: How does the DRC model fare? *Cognitive Neuropsychology, 25,* 165–193.

Noble, K., Glosser, G., & Grossman, M. (2000). Oral reading in dementia. *Brain and Language, 74,* 48–69.

Patterson, K. (2007). The reign of typicality in semantic memory. *Philosophical Transactions of the Royal Society B: Biological Sciences, 362,* 813–821.

Patterson, K., & Hodges, J. R. (1992). Deterioration of word meaning: Implications for reading. *Neuropsychologia, 30,* 1025–1040.

Patterson, K., & Lambon Ralph, M. A. (1999). Selective disorders of reading? *Current Opinion in Neurobiology, 9,* 235–239.

Patterson, K., Lambon Ralph, M. A., Jefferies, E., Woollams, A., Jones, R., Hodges, J. R., & Rogers, T. T. (2006). "Presemantic" cognition in semantic dementia: Six deficits in search of an explanation. *Journal of Cognitive Neuroscience, 18*, 169–183.

Patterson, K., & Marcel, A. J. (1992). Phonological ALEXIA or PHONOLOGICAL alexia? In J. Alegria, D. Holende, J. Junca de Morais, & M. Radeau (Eds.), *Analytic approaches to human cognition* (pp. 259–274). New York, NY: Elsevier.

Patterson, K., & Shewell, C. (1987). Speak and spell: Dissociations and word-class effects. In M. Coltheart, G. Sartori, & R. Job (Eds.), *The cognitive neuropsychology of language* (pp. 273–295). Hillsdale, NJ: Erlbaum.

Pflugshaupt, T., Gutbrod, K., Wurtz, P., Von Wartburg, R., Nyffeler, T., De Haan, B., . . . Mueri, R. M. (2009). About the role of visual field defects in pure alexia. *Brain, 132,* 1907–1917.

Plaut, D. C. (1995). Double dissociation without modularity: Evidence from connectionist neuropsychology. *Journal of Clinical and Experimental Neuropsychology, 17,* 291–321.

Plaut, D. C. (2003). Interpreting double dissociations in connectionist networks. *Cortex, 39,* 138–141.

Plaut, D. C., McClelland, J. L., Seidenberg, M. S., & Patterson, K. (1996). Understanding normal and impaired word reading: Computational principles in quasi-regular domains. *Psychological Review, 103,* 56–115.

Plaut, D. C., & Shallice, T. (1993). Deep dyslexia: A case study of connectionist neuropsychology. *Cognitive Neuropsychology, 10,* 377–500.

Price, C. J., Howard, D., Patterson, K., Warburton, E. A., Friston, K. J., & Frackowiak, R. S. J. (1998). A functional neuroimaging description of two deep dyslexic patients. *Journal of Cognitive Neuroscience, 10,* 303–315.

Ptak, R., Di Pietro, M., & Schnider, A. (2012). The neural correlates of object-centered processing in reading: A lesion study of neglect dyslexia. *Neuropsychologia, 50,* 1142–1150.

Rapcsak, S. Z., Beeson, P. M., Henry, M. L., Leyden, A., Kim, E., Rising, K., . . . Cho, H. (2009). Phonological dyslexia and dysgraphia: Cognitive mechanisms and neural substrates. *Cortex, 45,* 575–591.

Read, J., Welbourne, S., Sage, K., & Lambon Ralph, M. (2010). Recovery of language and reading in post-CVA aphasia: A longitudinal study. Procedia—Social and

Behavioral Sciences, *6,* 158–159.

Riley, E. A., & Thompson, C. K. (2010). Semantic typicality effects in acquired dyslexia: Evidence for semantic impairment in deep dyslexia. *Aphasiology, 24,* 802–813.

Roberts, D. J., Woollams, A. M., Kim, E., Beeson, P. M., Rapcsak, S. Z., & Lambon Ralph, M. A. (2013). Efficient visual object and word recognition relies on high spatial frequency coding in the left posterior fusiform gyrus: Evidence from a case-series of patients with ventral occipito-temporal cortex damage. *Cerebral Cortex, 23,* 2568–2580.

Rohrer, J. D., Warren, J. D., Modat, M., Ridgway, G. R., Douiri, A., Rossor, M. N., . . . Fox, N. C. (2009). Patterns of cortical thinning in the language variants of frontotemporal lobar degeneration. *Neurology, 72,* 1562–1569.

Schwartz, M. F., Marin, O. S. M., & Saffran, E. M. (1979). Dissociations of language function in dementia: A case study. *Brain and Language, 7,* 277–306.

Schwartz, M. F., Saffran, E. M., & Marin, O. S. M. (1980). Fractionating the reading process in dementia: Evidence for word-specific print-to-sound associations. In M. Coltheart K. Patterson, & J. C. Marshall (Eds.), *Deep dyslexia* (pp. 259–269). London, England: Routledge.

Seidenberg, M. S., & McClelland, J. L. (1989). A distributed, developmental model of word recognition and naming. *Psychological Review, 96,* 523–568.

Seidenberg, M. S., Waters, G. S., Barnes, M. A., & Tanenhaus, M. K. (1984). When does irregular spelling or pronunciation influence word recognition? *Journal of Verbal Learning and Verbal Behavior, 23,* 383–404.

Shallice, T., & Warrington, E. K. (1975). Word recognition in a phonemic dyslexic patient. *Quarterly Journal of Experimental Psychology, 27,* 187–199.

Shallice, T., & Warrington, E. K. (1977). The possible role of selective attention in acquired dyslexia. *Neuropsychologia, 15,* 31–41.

Shallice, T., & Warrington, E. K. (1980). Single and multiple component dyslexic syndromes. In K. Patterson, M. Coltheart, & J. C. Marshall (Eds.), *Deep dyslexia* (pp. 91–118). London, England: Routledge.

Stanovich, K. E. (1982). Individual differences in the cognitive processes of reading: I. Word decoding. *Journal of Learning Disabilities, 15,* 485–493.

Strain, E., & Herdman, C. M. (1999). Imageability effects in word naming: An individual differences analysis. *Canadian Journal of Experimental Psychology, 53,* 347–359.

Strain, E., Patterson, K., & Seidenberg, M. S. (1995). Semantic effects in single-word naming. *Journal of Experimental Psychology: Learning, Memory, and Cognition, 21,*

114–154.
Strain, E., Patterson, K., & Seidenberg, M. S. (2002). Theories of word naming interact with spelling-sound consistency. *Journal of Experimental Psychology: Learning, Memory, and Cognition, 28,* 207–214.
Taylor, J. S. H., Rastle, K., & Davis, M. H. (2013). Can cognitive models explain brain activation during word and pseudoword reading? A meta-analysis of 36 neuroimaging studies. *Psychological Bulletin, 139,* 766–791.
Tree, J. J. (2008). Two types of phonological dyslexia—A contemporary review. *Cortex, 44,* 698–706.
Tree, J. J., & Kay, J. (2006). Phonological dyslexia and phonological impairment: An exception to the rule? *Neuropsychologia, 44,* 2861–2873.
Tyler, L. K., Voice, J. K., & Moss, H. E. (2000). The interaction of meaning and sound in spoken word recognition. *Psychonomic Bulletin & Review, 7,* 320–326.
Van Orden, G. C., Pennington, B. F., & Stone, G. O. (2001). What do double dissociations prove? *Cognitive Science, 25,* 111–172.
Vigneau, M., Beaucousin, V., Herve, P. Y., Duffau, H., Crivello, F., Houde, O., . . . Tzourio-Mazoyer, N. (2006). Metaanalyzing left hemisphere language areas: Phonology, semantics, and sentence processing. *NeuroImage, 30,* 1414–1432.
Warrington, E. K. (1975). The selective impairment of semantic memory. *Quarterly Journal of Experimental Psychology, 27,* 635–657.
Warrington, E. K., Cipolotti, L., & McNeil, J. (1993). Attentional dyslexia: A single case study. *Neuropsychologia, 31,* 871–885.
Weekes, B. S. (1997). Differential effects of number of letters on word and nonword naming latency. *Quarterly Journal of Experimental Psychology: Human Experimental Psychology, 50A,* 439–456.
Weekes, B., & Coltheart, M. (1996). Surface dyslexia and surface dysgraphia: Treatment studies and their theoretical implications. *Cognitive Neuropsychology, 13,* 277–315.
Weekes, B. S., Coltheart, M., & Gordon, E. (1997). Deep dyslexia and right hemisphere reading—A regional cerebral blood flow study. *Aphasiology, 11,* 1139–1158.
Welbourne, S. R., & Lambon Ralph, M. A. (2007). Using parallel distributed processing models to simulate phonological dyslexia: The key role of plasticity-related recovery. *Journal of Cognitive Neuroscience, 19,* 1125–1139.
Welbourne, S. R., Woollams, A. M., Crisp, J., & Lambon Ralph, M. A. (2011). The role of plasticity-related functional reorganization in the explanation of central dyslexias. *Cognitive Neuropsychology, 28,* 65–108.
Westbury, C., & Moroschan, G. (2009). Imageability x phonology interactions during

lexical access: Effects of modality, phonological neighbourhood, and phonological processing efficiency. *Mental Lexicon, 4,* 115–145.

Wilshire, C. E., & Fisher, C. A. (2004). "Phonological" dysphasia: A cross-modal phonological impairment affecting repetition, production, and comprehension. *Cognitive Neuropsychology, 21,* 187–210.

Wilson, M. A., Joubert, S., Ferre, P., Belleville, S., Ansaldo, A. I., Joanette, Y., . . . Brambati, S. M. (2012). The role of the left anterior temporal lobe in exception word reading: Reconciling patient and neuroimaging findings. *NeuroImage, 60,* 2000–2007.

Wilson, S. M., Brambati, S. M., Henry, R. G., Handwerker, D. A., Agosta, F., Miller, B. L., . . . Gorno-Tempini, M. L. (2009). The neural basis of surface dyslexia in semantic dementia. *Brain, 132,* 71–86.

Woodhead, Z. V. J., Wise, R. J. S., Sereno, M., & Leech, R. (2011). Dissociation of sensitivity to spatial frequency in word and face preferential areas of the fusiform gyrus. *Cerebral Cortex, 21,* 2307–2312.

Woollams, A. M. (2014). Connectionist neuropsychology: Uncovering ultimate causes of acquired dyslexia. *Philosophical Transactions of the Royal Society B: Biological Sciences, 369.*

Woollams, A. M., Hoffman, P., Roberts, D. J., Lambon Ralph, M. A., & Patterson, K. E. (2014). What lies beneath: A comparison of reading aloud in pure alexia and semantic dementia. *Cognitive Neuropsychology, 31,* 461–481.

Woollams, A. M., Lambon Ralph, M. A., Plaut, D. C., & Patterson, K. (2007). SD-squared: On the association between semantic dementia and surface dyslexia. *Psychological Review, 114,* 316–339.

Woollams, A. M., Lambon Ralph, M. A., Plaut, D. C., & Patterson, K. (2010). SD-squared revisited: Reply to Coltheart, Tree, and Saunders (2010). *Psychological Review, 117,* 273–281.

Woollams, A. M., & Patterson, K. (2012). The consequences of progressive phonological impairment for reading aloud. *Neuropsychologia, 50,* 3469–3477.

165 # 第12章　双语者的读写能力及其发展

德伯拉·贾里德

摘　要：本章第一部分回顾了关于成人双语者的阅读研究的相关文献，第二部分回顾了成人双语者阅读发展的相关文献。这篇综述的重点是一种语言的知识如何影响另一种语言的阅读。在有关成人双语者的文献中，对这一问题的研究大多集中在单词识别上，对句子处理的研究较少，对文本阅读的研究更少。本章还讨论了一种双语单词识别模型。在有关儿童双语者的文献中，重点是第二语言阅读发展的预测因素。只有少数研究调查了双语儿童如何表达和处理他们的两种语言。本章最后讨论了双语发展的若干理论建议。

关键词：双语者、单词识别、句子处理、阅读发展、双重读写能力

世界上许多人都能用一种以上的语言说话和阅读。然而，直到20世纪90年代后期，大多数心理语言学的研究都集中在个体如何表达和处理单一语言，特别是英语。从那时起，双语语言处理的研究数量迅速增加。从这项研究中可以清楚地看到，双语者不是“一个脑袋里有两种单独的语言”（Grosjean，1998）。也就是说，双语者的两种语言之间并不是孤立的。一个双语者同时管理两种语言是一幅特别有意思的画面。本章的重点是研究双语者对一种语言的知识如何影响另一种语言的阅读。

本章主要分为两个部分，第一部分是成人双语阅读，第二部分是儿童双语能力的发展。在很大程度上，这些都是独立的研究文献。然而，关于成人的文献可以通过考虑双语阅读的熟练程度来了解，关于儿童的文献可以受益于成人文献中关于双语的表现和处理。把

这两种文献放在一个章节里，应该鼓励思想的交叉。

成人双语者的双重读写能力

关于成人双语阅读时的语言相互作用的文献大多集中在单词识别上，句子处理方面的研究较少，而文本处理方面的研究更少。使这一问题的研究复杂化的是，双语者的两种语言在阅读时的互动程度可能取决于多种因素，包括语言的相似性、第二语言习得的年龄、两种语言的相对熟练程度以及两种语言在日常生活中的使用程度。

单词识别 166

一种语言的单词识别是否受另一种语言知识的影响这一问题通常是通过研究两种语言之间一些重叠的单词的表现来解决的。其逻辑是，如果这样的单词的性能不同于仅在任务语言（目标语言）中存在的匹配对照词的性能，那么来自另一个（非目标）语言的表示可能被激活。关于这一问题的研究主要有三种：一次一个地呈现单词的研究、一个单词被简单呈现然后紧接着一个目标被参与者回应的启动研究以及单词嵌入句子的研究。还有一个相关的问题是双语者在阅读每种语言的单词时是否使用相同的大脑结构。在对这项研究进行回顾之后（另见 Dijkstra, 2005; Kroll, Gullifer, & Rossi, 2013），提出了一个双语单词识别模型，试图解释这些发现。

关于单个单词的研究

最常用的跨语言词汇是同源词。同源词在两种语言中有相同的正字法形式、语音形式，或者两者都有，也有相同的意义（例如，

animal 在英语和法语中的意思相同）。许多研究发现，在词汇判定和命名任务中，同源词的响应速度比匹配的单语言对照词快（例如，回顾 Dijkstra, Grainger, & Van Heuven, 1999; Peeters, Dijkstra, & Grainger, 2013; Schwartz, Kroll, & Diaz, 2007; Van Hell & Dijkstra, 2002; see Dijkstra, Miwa, Brummelhuis, Sappelli, & Baayen, 2010），提供了双语者在其中一种语言中执行任务时激活两种语言表示的证据。同源词促进效应的一种解释是，正字法表征激活了每种语言中的语音表征，而语音表征又激活了一种共同的语义表征。语义表征向每一种语言的正字法表征和语音表征提供反馈。其结果是同源词的表示比单一语言对照词的表示更有激活力。此外，皮特斯等人（2013）发现同源效应的大小取决于目标语和非目标语中的词频，在英语词汇判定任务中，当单词在英语中的频率较低，而在荷兰语中频率较高时，同源效应对荷兰语-英语双语者的影响就尤为显著。这一发现表明，非目标语言表征在高度熟悉的情况下影响最大，因此激活速度快、强度大，而在相应的目标词不太熟悉的情况下，激活速度慢、强度弱。此外，施瓦茨等人（2007）的研究显示，当西班牙语-英语同源词在两种语言（如 *piano*）中具有相似的语音表征时，其命名速度要快于其发音更为明显（如 *base*）时的命名速度。同样，迪克斯特拉等人（2010）观察到荷兰英语相同的同源词在两种语言之间有更大的语音重叠时具有更快的词汇判定潜伏期。这些发现更具体地表明，两种语言的语音表征都被激活了。

语际同形词是指在两种语言中拼写相同但意义不同（如 *main* 是法语中的 “hand”）且发音往往不同的词。在词汇判定任务中使用语际同形词的实验产生了结果，模式复杂（例如，De Groot, Delmaar, & Lupker, 2000; Dijkstra et al., 1999; Dijkstra, Van Jaarsveld, & Ten Brinke, 1998; Lemhofer & Dijkstra, 2004; Von Studnitz & Green, 2002），这取决于

列表组成和任务的要求。然而，迪克斯特拉（2005）得出的结论是，大多数结果都提供了非目标语言影响目标语言的词汇判定性能的证据。当参与者必须确定同形词是否是某一特定语言中的一个词时，将激活反馈到每种语言中相应的正字法表示的多个意义的激活会减缓判定。然而，当任务是指出它是否是两种语言中的一个词时，激活多个意义可以加快判定的速度。在其他行为任务中使用同形词的研究，例如命名（Jared & Szucs, 2002; Smits, Martensen, Dijkstra, & Sandra, 2006）和跨语言语义启动（例如 Paulmann，Elston Guttler，Gunter，& Kotz，2006），也提供了来自两种语言的表征被激活的证据。事件相关电位（ERP）和功能磁共振成像（fMRI）研究提供了额外的支持。柯克福斯等人（Kerkhofs，Dijkstra，Chwilla & De Bruijn，2006）表明，任务语言和任务无关语言中的语际同形词频率都会影响参与者的行为反应和电生理活动。在功能磁共振成像研究中，凡霍文等人（Van 167
Heuven，Schriefers，Dijkstra & Hagoort，2008）表明，语际同形词之间的语言语音和语义冲突比控制词更能激活左下前额叶皮层。

跨语言效果不限于两种语言中具有相同拼写形式的单词。第三种跨语言单词是语际同音词，它在不同语言（如英语中的 *shoe* 和法语中的 *choux*）之间有相同的发音。迪克斯特拉等人（1999）观察到，语际词的词汇判定比匹配的对照词慢，但随后的研究发现语际同音异义词在词汇判定中（Haigh & Jared, 2007; Lemhofer & Dijkstra, 2004）和涉及语义决定的事件相关电位实验中（Carrasco-Ortiz, Midgley, & Frenck-Mestre，2012）产生了促进作用。这些研究为两种语言语音表征的平行激活提供了证据。另有研究表明，这些被激活的语音表征反过来激活了它们相应的意义。弗里森和贾里德（2012）给了懂英语和法语的双语者一个分类判定任务，其中关键项目（如 *shoe*）不是一个类别的成员（如 *vegetable*），但它们听起来像是另一种语言中的一个词，即（如 *choux*‘cabbage’）。与匹配的单语对照词相比，受试者更容易在这些关键项目上犯错误。吴燕京和梯厄里（2010）发现，中英双语者对两个英语单词的语义相似性的判断受其中文翻译的语音相似性的影响。被呈现的英语单词激活的语义表征必须反馈给非目标语言中的语音表征。

在许多单词识别模型中（例如，Coltheart, Rastle, Perry, Langdon, & Ziegler, 2001; Grainger & Jacobs, 1996; McClelland & Rumelhart, 1981; Seidenberg & McClelland, 1989），如果词汇中的单词与所呈现的单词共享任何字母或声音，并且激活量与重叠程度成正比，那么词汇中的单词被激活。与目标词相似的词被称为其邻词或邻居（见本书的 Perea）。一些研究表明，看到一种语言中的一个单词时，激活的词的邻域包括另一种语言中的相似词。格兰杰和迪克斯特拉（1992）以及凡（Van Heuven, Dijkstra, and Grainger，1998）测试了荷兰语－英语双语者的英语词汇判定任务，发现如果英语单词具有许多荷兰语正字法邻词，则判定潜伏期较长，反之则短。类似地，米德格雷等人（Midgley，Holcomb，Van Heuven & Grainger，2008）在一项法语－英语双语者的 ERP 研究中显示了跨语言邻居数量的影响。对于法语－英语双语者，贾里德和克罗尔（2001）也观察到某些有较多邻词的英语单词的命名潜伏期较长，例如拥有法语邻词但发音不同的 *bait*（例如 *fait* and *lait*），比没有法语邻词（例如 *bump*）的命名潜伏期要长。然而，法语邻词的这些抑制效果不如英国邻词对 *bead* (*head, dead*）等词的抑制效果强，甚至有的参与者的法语更流利。后一个结果表明，语言之间的联系可能比语言内部的联系弱。格兰杰和同事的研究提供了证据，证明两种语言的单词的正字法表达被激活，贾里德和克罗尔的研究提供了证据，证明两种语言的单词的语音表达被激活。

启动研究

研究者运用启动范式来研究一种语言中被一个启动项激活的语音表征是否有助于阅读另一种语言中类似发音的目标。布莱斯巴尔特及其同事（Brysbaert，Van Dyck & Van de Poel，1999；Van Wijnendaele & Brysbaert，2002）证明，如果在简短呈现的法语目标词前面加上一个发音相似的伪词，使用与荷兰语拼音相对应的发音时，则荷兰语－法语双语者和法语－荷兰语双语者能更准确地识别出这些目标词，比在前面加上一个不相关的伪词更准确。由于启动项的呈现非常简短且被遮蔽了，这一发现表明，尽管任务似乎完全是用法语完成的，参与者还是会自动将他们的荷兰语拼音对应知识应用到启动项上。在杜义克（2005）的一项研究中，如果使用荷兰语拼写发音对应关系（例如，*tauw* 在荷兰语中不是一个词，但它的发音类似于荷兰语 *touw*‘rope’），关键启动项是荷兰语单词的伪同音词，而目标是英语翻译对等词（例如 *rope*）。荷兰语－英语双语者在目标词前面的词性决定比前面的控制启动项更快，表明从启动项产生的语音表示激活了它们相应的意义。在其他使用过词的遮蔽启动研究中，当双语者的两种语言有不 168
同的书写体系时，观察到语音启动效应，例如下列双语者：希伯来语 / 英语（Gollan，Forster，& Frost，1997），韩语 / 英语（Kim & Davis，2003），希腊语 / 法语（Voga & Grainger，2007），汉语 / 英语（Zhou，Chen，Yang，& Dunlap，2010），日语 / 英语（Ando, Matsuki, Sheridan, & Jared, 2015; Nakayama, Sears, Hino, & Lupker, 2012），俄语 / 英语（Jouravlev，Lupker，& Jared，2014），希腊语 / 西班牙语（Dimitropoulou，Dunabeitia，& Carreiras，2011）。迪米特洛普罗等人提供的证据表明，启动项和目标语的差异是获得单词启动项的促进性语音启动效应的必要条件。否则，语音促进效应被启动项的正字法词汇表征与目标

项的竞争所抵消。促进性的语音启动效应可能是由次级词汇语音表征反馈到正字法表征的结果，因为它们不受目标词频或参与者的水平的影响（Ando et al.，即将出版；Nakayama et al., 2012）。

跨语言效应在启动项与目标项意义共享的启动研究中也有发现（有关评论，见 Altariba & Basnight-Brown，2007，2009；Basnight-Brown & Altariba，2007）。当启动项是目标项的翻译时，观察到最强大的跨语言启动效应（例如，Dunabeitia，Perea & Carreiras，2010；Hoshino，Midgley，Holcomb & Grainger，2010；Schoonbaert，Duyck，Brysbaert & Hartsuiker，2009）。肖恩巴特等人的研究认为，翻译启动效应的大小并不取决于单词是抽象的还是具体的，这表明这种效应可能来自翻译等价的词汇联系。在跨语言语义启动的实验中，发现有说服力的证据，表明双语者的两种语言在共享语义存储中都激活了表征（例如，Perea, Dunabeitia, & Carreiras, 2008; Schoonbaert et al., 2009; Williams, 1994）。当被启动项激活的语义特征也被目标词激活时，语义启动效应就产生了。芬克班纳等人（Finkbeiner，Forster，Nicol & Nakamura，2004）指出，许多单词只有部分意义与另一种语言的翻译对等，并且有其他特定语言的意义（例如，*blue* 在英语中可以有‘sad’的意思，但在法语中不是）。他们假设，在跨语言启动实验中，促进效应的大小取决于双语者已知的共有意思的数量以及启动意思与未启动意思的比例。

句子语境下的单词

在目前所讨论的研究中，有证据表明，当用一种语言阅读时，两种语言都会被激活，这一证据来自于一次一个词或以启动项 / 目标项成对子出现的研究。相反，在大多数自然阅读中，单词被嵌入句子中。句子包含了大量关于文本语言的线索，研究人员想知道这些线索是否可以用来将激活限制在一种语言上（有关评论，见 Schwartz & Van Hell，2012）。

解决这一问题的研究包括句子上下文中的同源词和语际同形词，并将它们的阅读时间与匹配对照组的阅读时间进行比较（例如，Duyck, Van Assche, Drieghe, & Hartsuiker, 2007; Libben & Titone, 2009; Schwartz & Kroll, 2006; Van Hell & De Groot, 2008）。与非同源词相比，同源词在句子上下文中产生便利性，而同形词通常比匹配的对照词有更长的阅读时间。此外，这些跨语言效应在一定程度上取决于句子的制约程度。例如，里李和提托思（Libben & Titone，2009）表明，在低限制句中，同源促进和同形抑制在所有注视持续时间测量中都会发生。在高限制性句子中，这些效应是在最初的注视测量中观察到的（即第一次注视持续时间、第一次通过凝视持续时间），而不是在后来的测量中观察到的（即过去时间、总凝视持续时间；关于这些测量的讨论，见 Schotter & Rayner，本书）。里本和提托恩的结论是，语言的非选择性激活最初是存在的，但语义歧义在限制性语境中很快得到解决。约托莱夫和贾里德（2014）发现，即使双语者两种语言的字母表使用的字母大多不同（俄语和英语），也存在语际同形词效应，这表明书写系统中的线索并不局限于单一语言的激活。

句子上下文中单词跨语言激活的进一步证据来自使用同音同源词的研究（见 Schwartz & Van Hell，2012）。例如，施瓦茨、叶理豪和肖（2008）指出，同音词意义激活的强度（例如，*novel*，它可以指一 169
个故事，但也可指新东西）受同音词共享意思的影响（西班牙语中的 *novela* 共享“故事”的意思）。在关键性的实验中，句子语境偏向了英语同音词的从属意义，这些同音词要么是西班牙语同源词（例如，*She is an original thinker and her ideas are* ***novel***）要么不是西班牙语同源词（例如，*In observance of the religious holiday the family observed the fast*）。同音词出现后，出现了一个目标词，在关键性实验中，目标词与同音词的主要意义（如 *book, speed*）有关，西班牙语－英语双语参与者必须指出目标词是否与句子有关。与非同源同音词相比，受试者拒绝同源同音词后的目标词的速度较慢，错误也较多（例如，阅读以 *novel* 结尾的前句后拒绝 *book* 比阅读以 *fast* 结尾的句子后拒绝 *speed* 更难）。这一发现表明，同源同音词（如 *novel*）的显性意义从其西班牙同源词（如 *novela*）中得到了激活的增强，并提供了进一步的证据，证明句子的语言并不限制激活该语言的单词。

功能性磁共振成像研究

刚刚回顾的研究提供了双语者的语言在阅读时相互影响的证据。其他研究使用功能磁共振成像（fMRI）来调查第二语言（L2）中的单词是否与第一语言（L1）中的单词具有相同的大脑网络，或者是否利用了不同的大脑结构（有关综述，请参见 Cao, Tao, Liu, Perfetti, & Booth, 2013）。懂汉语和英语的双语者特别令研究者感兴趣，因为这两种语言是如此不同。直觉上，人们会认为非常不同的语言最不可能涉及相同的大脑结构。然而，曹凡等人（2013）发现 11 岁左右开始学习英语的汉英双语者在使用印刷体英语单词进行押韵判断任务时，其激活模式与使用印刷体汉语单词执行押韵判断任务时的汉语单语者相似。主要的区别是双语者在右侧枕中回（一个参与视觉构词加工的区域）的激活减弱。汉语阅读能力的提高可能是由于汉字的视觉复杂度较高。英语水平越高，汉语网络的参与程度越高，英语网络的参与程度越低。相比之下，一项针对英汉双语者的研究（Cao et al., 2012）发现，在阅读汉语时，左侧额叶内侧回的激活程度高于阅读英语时。这一领域与汉语阅读中的词汇检索和整合有关。曹凡等人（2013）推测，第一次学会如汉语等相对任意的拼写和音位关系的语言阅读的读者，可能在相同的大脑结构中吸收一种拼写和发音联系更为透明的新语言，但第一次学会用更为清晰透明的语言阅读的读者当学习用不太透明的语言阅读时，透明语言可能需要运用到新的结构。这个有趣的想法需要进一步研究。

在早期和流利的双语者的功能磁共振成像研究中，发现了两种语言激活的大脑区域的一些差异，这两项研究都是在测试语言完全不同的双语者的研究中发现的，例如在比克、戈尔曼和弗罗斯特（2011）对希伯来/英语双语者和达斯等人（Das, Padakannaya, Pugh, and Singh's，2011）对印地语/英语双语者的研究，以及双语者语言更相似时的研究，如哈马尔等人（Jamal，Piche，Napoliello，Perfetti & Eden，2012）对西班牙语/英语双语者的研究。虽然双语者的两种语言都能激活大脑的一些区域，但这些研究至少揭示了早期精通双语者在单词识别方面的一些特定语言表征，这是由于两种语言的正字法性质和拼写－发音透明度的差异造成的。

双语互动激活模型

一个理论模型主导了双语单词识别领域，可以解释刚刚回顾的许多发现。双语交互激活模型（BIA+; Dijkstra & Van Heuven, 2002；见图 12.1）是麦克莱兰和卢美尔哈特（McClelland & Rumelhart，1981）的词识别交互激活单语模型的扩展。简单地说，该模型认为双语的两种语言的表示被存储在一起，双语的两种语言的表示在用一种语言阅读时被激活，并且双语者不能抑制属于一种任务不需要的语言的表示。

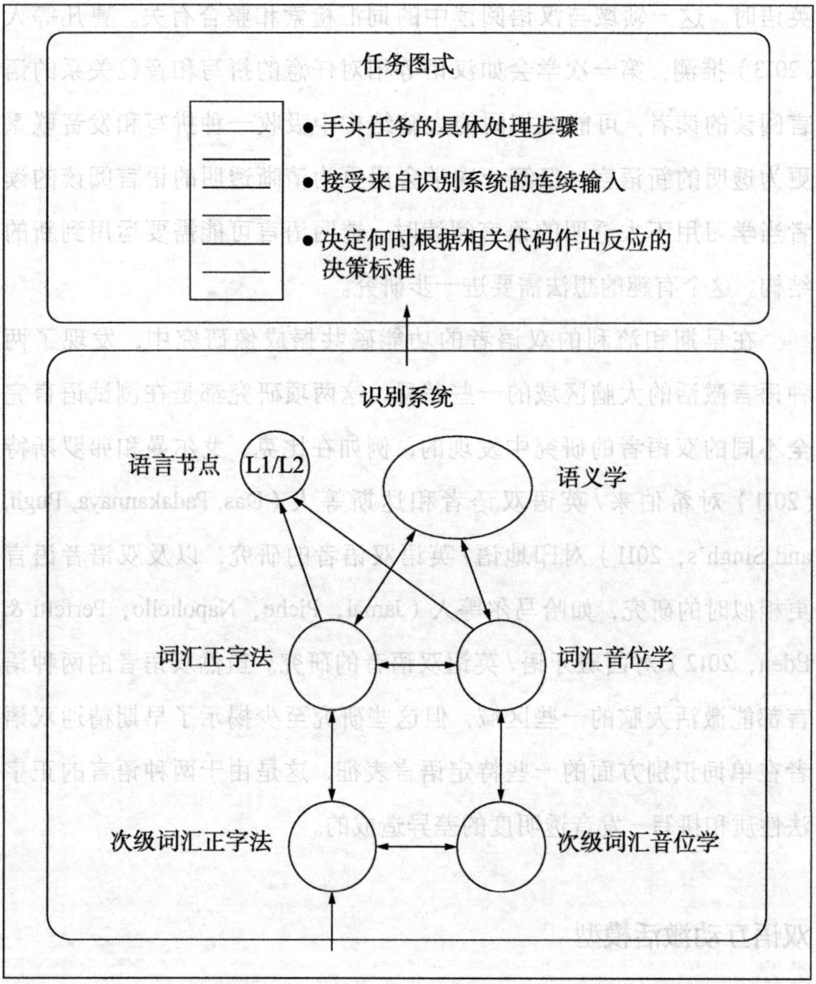

图 12.1　BIA+ 模型。转引自 "The Architecture of the Bilingual Word Recognition System: From Identification to Decision（双语者单词识别系统：从认出到决定）" T. Dijkstra and W. J. B Van Heuven, 2002, *Bilingualism: Language and Cognition*《双语：语言与认知》, 5，图 2. 转引经剑桥大学出版社允许。

更具体地说，有代表次级词汇正字法信息和次级词汇音韵信息的节点池，以及词汇正字节点和词汇音位节点的池；这些池中的每一个都包含来自两种语言的表示。如果双语者的语言使用相同的字母表，则次级词汇正字法节点将完全在两种语言之间共享。在其他情况下，如英语和俄语，一些次级词汇量节点将代表共享的特征，有一些节点将代表每个语言唯一的特征，并且在其他情况下，如英语和汉语，每种语言在同一个池中都有其自己的次级词汇正字法节点。对于次级词汇语音信息的表达也是如此。次级词汇正字法表示连接到词汇正字法表示和次词汇音韵表示，后者连接到词汇音韵表示。词汇正字法节点和词汇音位节点之间有联系，从词汇节点到表示语义信息的节点，以及两个语言节点中的一个。从词汇表示到语言节点的连接是模型如何编码一个单词的语言状态。连接向前和向后提供激活，但语言节点除外，后者只能向前提供激活。激活的次级词汇表示将激活投送到与它们一致的任何词汇表示，而不考虑语言。池中的节点相互竞争。词节点的静止水平取决于主观频率，其结果是，来自较不熟练语言的词通常比来自较熟练语言的词激活得慢，并且较不可能影响来自较熟练语言的词的激活。这一假设与双语者在第二语言中执行任务时的跨语言效应比在第一语言中执行任务时的跨语言效应更大的发现是一致的，事实上，研究通常只测试第二语言中的双语者（见 Van Hell & Tanner, 2012，关于熟练度如何调节同步激活的综述）。由于从语义节点到词汇节点之间存在反馈连接，171
句子的先前语义上下文会影响词汇节点的激活水平，但是句子的语言不能。

如果双语者在阅读一种语言时激活了两种语言的表达，他们如何选择合适语言的表达？在第二语言阅读中，选择正确语言的表征比在第一语言阅读中更具挑战性，因为第一语言表征比第二语言阅读中的表现更强。响应选择是双语语言生产文献中一个特别活跃的研究课题（例如，Misra, Guo, Bobb, & Kroll, 2012）。在最初的 BIA（Dijkstra & Van Heuven，1998）中，语言节点从非语言信息源（如任务指令）和单词表示中收集激活，并可以将抑制发送到任务不需要的语言中的单词级表示。在修改后的BIA+模型中，语言节点只从单词识别系统中收集激活信息，并消除了自上而下的语言对单词的抑制。在模型中加入了一个任务模式系统，该系统利用了单词识别系统的输出。当任务需要来自一种语言的响应时，决策阶段的任务架构将排除来自另一种语言的响应。迪克斯特拉和凡霍文（2002）之所以做出这种改变，是因为来自非目标语言的表征似乎会影响目标语言表征的激活水平，而不管任务需求或参与者策略如何。

BIA+与双语词汇识别的研究结果基本一致。然而，全面实施该模式将有助于进行更好的评估。例如，目前尚不清楚是否竞争词汇语音表征的假设将允许该模型产生促进语音效果，如那些同音字中发现的情况和在启动研究中发现的情况。模拟人类数据对于改进英语单词识别的计算模型至关重要（例如，Coltheart et al.，2001；Plaut，McClelland，Seidenberg & Patterson，1996）。Dijkstra和他的同事（Dijkstra，Hilberink-Schulpen & Van Heuven，2010；Lam & Dijkstra，2010）报告了只使用模型的正字法部分模拟形式启动，他们还报告了用单语版SOPHIA模型，通过扩展框架来包括其中的语音表示，是比较成功的尝试。然而，他们承认通过扩展模型来包括两种语言的语音表示方面存在困难。交互式激活框架的一个问题通常涉及正字法的编码方式。刺激中的每个字母都有一个单独的字母位置通道。对单语英语读者的字母换位效应的研究否定了这一假设（例如，Frost，本书；Perea & Lupker，2006）。该模型的另一个局限性是它不包括学习机制，这与英语单词识别的分布式联结主义模型（例如，Seidenberg & McClelland，1989）不同。托马斯和凡霍文（Thomas & Van Heuven，2005）提出了关于如何构建分布式双语单词识别模型的一些想法。此类模型将在本章后面关于儿童双语能力发展的章节中介绍。必须为正在研究的每一对双语开发计算模型，应该是这一领域取得进展的一个重要挑战。

BIA+ 提出了综合表征，但未来的研究可以更仔细地研究这一假设，看看语言整合的程度是否取决于学习的时间和背景以及双语者两种语言的特点（例如，Zhao & Li，2010）。另一种可能性是，次级词汇正字法和次级词汇音韵表示是跨语言集成的，但每个语言的词典是分开的（见 Kroll, Van Hell, Tokowicz, & Green, 2010，他们认为词汇库是独立但相互关联的）。

句子处理

越来越多的文献对双语句子处理进行了研究（有关论述见 Clahsen & Felser，2006；Tolentino & Tokowicz，2011；Van Hell & Tokowicz，2010）。这是一个阅读和口语理解研究交叉的领域，两种方式的研究都解决了相似的问题并使用了相似的材料。本研究的中心问题是双语者在第二语言中处理句子是否与母语者相似。本章的主题是双语阅读中语言之间的相互作用，这里考虑的更具体的问题是一种语言的句子理解是否受到另一种语言知识的影响。以下将要讨论的研究使用视觉呈现的刺激。

竞争模型 172

麦克维尼的竞争模型对双语者句子处理的许多研究具有启发意义。这个模型最初是用来解释单语句子处理的，后来扩展到双语（MacWhinney，1997，2005）。在竞争模型中，语言学习包括学习线索（如词序、动态性），这些线索有助于在解释句子时确定形式－功能关系（如 *who is the actor?*）。提示线索的强度取决于它们的可用性和可靠性。当线索提供相互矛盾的解读时，它们就会竞争。一个人接触母语越多，相关线索就越强。这一观点预测，如果母语相关的相同线索也与第二语言相关，学习第二语言会更容易，而如果第二语言相关的线索不同则更难。对于第二语言中独特的结构，不会有来自第一语言的竞争。

托克维茨和麦克维尼（2005）在对英国的西班牙语学习者的ERP研究中为这些竞争模型的预测提供了支持。他们的关键刺激涉及西班牙语句子中的三种形态句法违规。其中一种是西班牙语式结构的，类似于英语。两种语言都是通过在分词前加上辅助词而形成进行时态的，因此省略辅助语是两种语言中的一种句法违例（例如，*Su abuela cocinando muy bien* ‘His grandmother cooking very well’）。第二种是西班牙语和英语不同的结构。在西班牙语中，不同的限定词用于单数（例如 *el*）和复数（例如 *los*），但在英语中，相同的限定词用于两者（例如 *the*）。西班牙语句子中的句法违规涉及限定词和名词之间的数字不匹配（例如，*El ninos estan jugando* ‘The boys are playing’；*El* 应该是 *Los*）。第三种是西班牙语特有的结构。限定词和名词之间的性别协定的违反只发生在西班牙语中（例如，*Ellos fueron a un fiesta* ‘They went to a party’；*fiesta* 应该有女性限定词 *una*）。研究人员比较了P600的大小，P600是一个积极的行波，被认为反映了重新分析和努力修复句法整合的后期控制过程，这种波形就是当他们的参与者读到三种句法违规类型的句子，为匹配语法正确的句子时所产生的。当参与者看到西班牙语句子中与英语相似的结构和西班牙语特有的结构的形态句法有违规情况时，他们产生了较大的P600，但对于西班牙语与英语不同的结构则不是。这些发现表明，英语知识影响了参与者在西班牙语中发现形态句法违规的能力。托伦蒂诺和托克维茨（2011）回顾了竞争模型的进一步证据。

弗兰克-梅斯特（2005a）提出了关于使用异常句子理解双语者

如何处理第二语言句子的问题。她认为，发现非法结构的能力是衡量第二语言读者理解合法句子能力的敏感指标的说法，是不明显的。其他研究使用正确但含糊不清的句子，例如，带有关系从句的句子，*Someone shot the son of the actress who was on the balcony*。这类句子很有趣，因为说英语的人更喜欢把女演员作为关系从句的主语（*Who was on the balcony?*），而说西班牙语和法语的人更喜欢 *the son*（分别是低附加和高附加）。这种差异使得研究者能够研究一种语言的句法分析偏好对另一种语言理解的影响。在两项这样的研究中，参与者阅读句子，他们的眼动被实时监测。

弗兰克－梅斯特（2002，2005b）向西班牙和英国的法语学习者、精通英/法双语者和法语单语者呈现法语句子。句子中的第二个动词暗示了正确的附加项。与法语单语者一样，西班牙语/法语参与者在动词指向高附加项是正确答案时，对消歧动词的第一遍凝视时间较短，而英国的法语学习者在低附加项是正确答案时，对该动词的凝视持续时间较短，表明双语者在母语中表现出相同的附加项偏好。然而，当高附加项是正确的解决方案时，熟练的英法双语者在消歧区的第一眼凝视持续时间较短。这一结果提供了证据，证明他们与母语为法语的人有相同的偏好，并表明第二语言句法分析策略随着熟练程度的提高而改变。

相反，杜西亚斯和萨加拉（2007）表明，第二语言偏好可能影响第一语言加工。他们用西班牙语向沉浸在西班牙语或英语环境中的西班牙语/英语双语者以及西班牙语单语者展示句子。这些句子有一个关系从句结构，用形态类别来暗示高附加或低附加。西班牙语/英 173
语双语者沉浸在西班牙语环境中的结果与讲西班牙语的单语者相似：两种语言者对高附加项正确的句子的总注视时间都较短。相反，当低附加项是正确时，沉浸在英语环境中的西班牙语/英语双语者表现出较短的注视时间。

刚刚回顾的研究提供了证据，证明双语者的语言在阅读时可以在句子层面上相互影响。更具体地说，这些研究提供了证据，证明一种语言的句子处理是否容易会受到特定结构与另一种语言的相似性的影响。

本节关于句子处理的最后一项研究，是使用功能磁共振成像来调查第二语言阅读句子是否与第一语言阅读句子所用的大脑网络相同，或者是否启用了不同的大脑结构（有关评论，请参阅 Abutalebi，2008；Abutalebi，Cappa & Perani，2005）。沃滕伯格等人（2003）考虑了第二语言习得年龄（AOA）和第二语言熟练程度是否影响为两种语言启用的大脑结构的相似性。他们比较了三组意大利语/德语双语者在判断句子是否包含语义和语法异常的任务上的表现：早期 AOA 熟练程度高，晚期 AOA 熟练程度高，晚期熟练程度低。语法判断任务中的异常包括数量、性别或格的不一致。早期 AOA 双语者 L1 和 L2 的神经活动程度相同，晚期双语者则不同。早期和晚期的 AOA 双语者在行为数据上没有差异，他们在执行语义判断任务时也有相似的大脑激活模式。然而，晚期 AOA 高水平双语者在完成句法判断任务时，前额叶皮层的范围更广。后者的发现提供了 AOA 影响语法处理所涉及的神经表征的证据。两个晚期 AOA 双语组在语义任务上的脑激活模式不同，提示熟练程度影响语义信息的脑组织。

文本处理

很少有研究调查双语者的文本阅读过程（见本书 O'Brien & Cook，关于单语研究的综述）。其中一个研究问题是，通过一种语言的阅读而形成的理解过程是否会转移到另一种语言的阅读。金茨奇和凡戴克（1978）的单语文本处理理论假设了文本表达的三个不同层次。这些表示在本质上是层次性的，表面形式、文本库和情景模型分别构成从低到高的层次。文本的表面形式包括文字和句法。语篇基础是以命题形式表现的语篇意义。这些命题并不取决于文本的确切措辞。情境模型是根据文本库和读者的背景知识建立起来的，形成对文本的整体印象。它还包括从文本中得出的任何推论。拉内等人（Raney, Obedallah & Miura, 2002）利用这一框架推测，从表面形式创建文本库表示的能力可能在很大程度上取决于特定语言的阅读体验，而从文本库表示开发情境模型的能力可能受益于两种语言的阅读体验。这一观点与康明斯（1991）一致，认为低层次理解过程（如词汇和句法分析）是语言特定的，更高层次的过程（例如，整合和理解）是语言非特定的。

弗里森和贾里德（2007）研究了从一种语言的一个片段到另一种语言的一个片段的消息级和单词级转换效果。他们提出的一个问题是，在一种语言的文本中出现的同源词是否有助于随后的出现在另一种语言中的阅读。拉内（2003）提出，能否看到跨段落的词级迁移效应取决于阅读第一篇课文时形成的情景模型的质量以及情景模型与阅读第二篇课文时形成的模型之间的重叠。当一个好的情景模式形成时，只有在阅读第二篇文章时形成了一个相似的情景模式，一篇文章中的同源词才能影响另一篇文章中该同源词的阅读时间。然而，如果形成了一个糟糕的情景模型，也许是因为该文本语言缺乏流利性，那么表面形式和文本库就不能紧密地绑定到文本表示上了。 174
因此，无论文本之间的相似性如何，第一文本中的同源词都会影响第二文本中同一同源词在不同语言中的阅读时间。弗里森和贾里德（2007）的结果为这一观点提供了一些支持。很明显，关于双语者如何表达和处理文本还有很多需要了解。

成人第二语言习得

关于第二语言习得个体差异的研究由来已久（有关论述见Dewaele，2009）。在这里，我将重点放在弗罗斯特等人（Frost，2012；Frost，Siegelman，Narkiss，& Afek，2013）关于统计学习能力的一项新倡议上，因为它与本章关于双语阅读中语言间互动的主题相关。单语单词识别的联结主义模型（例如，Seidenberg & McClelland，1989）假设熟练的单词阅读需要学习语言的统计特性，实证研究支持这一假设（例如，Jared，McRae，& Seidenberg，1990；Treiman，Mullenix，Bijeljac Babic，& Richmond Welty，1995）。统计关系包括印刷体中字母在语言中的共现关系、字母与读音的关系以及表示词素和语义表征的字母簇之间的关系。弗罗斯特（2012）指出，这些统计关系在语言之间是不同的。一个母语熟练的读者会对该语言的统计特性产生敏感度。在第二语言习得中，他们必须隐式地学习一套新的统计规律。在这种观点下，学习一种新语言阅读的难易程度在一定程度上取决于两种语言统计特性的相似性和个人的统计学习能力。后者被认为是一个领域的一般认知能力。弗罗斯特等人（2013）在一项对英国成年人的希伯来语学习者的研究中，为这一观点寻找证据，希伯来语和英语具有非常不同的统计特性。参与者被赋予视觉统计学习任务，评估他们的检测能力，即发现嵌入在连续视觉图形流中的内隐过渡概率的能力，并且他们在希伯来语课程的第一学期和第二学期完成了三项希伯来语阅读任务。视觉统计学习任务的得分与希伯来语阅读任务的改善程度相关。作者认为，环境中共现现象的提取能力是视觉统计学习任务和希伯来语结构性质学习的共同基础能力。这一有趣的假设，以及两种语言统计特性的相似性影响第二语言学习的观点，都值得进一步研究。

儿童双语发展

越来越多的孩子正在学习第二语言，部分原因是移民的增加，但也有许多家长希望他们的孩子准备好参与全球经济。直到最近，绝大多数关于阅读发展的文献都是对说英语的单语者进行的调查（Share，2008）。然而，现在有接触多种语言的儿童，他们的阅读发展引起了研究者越来越浓的研究兴趣。

阅读结果

研究人员已经解决的一个问题是，学习第二语言（或同时使用两种语言）阅读的学生的阅读结果是否与观察到的单语学生的结果不同。研究表明，学习新语言阅读的儿童通常会以与母语儿童相似的速度发展单词阅读技能（相关评述参见 Lesaux，Koda，Siegel & Shanahan，2006）。然而，文本阅读技能的发展存在很大的差异（如 Nakamoto，Lindsey & Manis，2007，2008；Siegel，2011），这主要是由于第二语言口语技能的发展存在差异（相关评述见 Leider，Proctor，Silverman & Harring，2013）。与母语同龄人互动有助于第二语言口语技能的习得，但如果学习环境中的许多其他孩子说同一母语，则可能会延迟习得（例如，Oller，Jarmulowicz，Pearson & Cobo Lewis，2010）。

第二语言阅读能力预测

大量的研究探索了第二语言阅读结果中的个体差异是否可以通过认知和语言能力的各种测试来预测（见 August & Shanahan，2006 年的一篇评论）。本研究的一个实际目的是找出第二语言阅读困难的

学生。研究母语测量对第二语言儿童阅读发展的预测能力，与当前关注一种语言的知识如何影响另一种语言的阅读最为相关（相关评
175 论见 Genese & Geva，2006；Genese，Geva，Dressler & Kamil，2006）。三个纵向研究的例子，首先测试了一级幼儿园的儿童，然后评估了二级英语的阅读能力，第一个由曼尼斯和西班牙语 / 英语双语者的同事们进行的研究（Lindsey, Manis, & Bailey, 2003; Manis, Lindsey, & Bailey, 2004; Nakamoto, Lindsey, & Manis, 2007，2008），第二个是 Jared、Cormier、Levy 和 Wade Woolley（2011）对英 / 法双语者的研究，第三个是潘敬儿等人对汉 / 英双语者的研究（2011）。接下来讨论的结论得到了这些和其他短期研究的支持。

在单语英语儿童的研究中，与单词阅读能力密切相关的技能比与阅读理解相关的技能提供了更清楚的跨语言关系的证据。一个反复被证明是跨语言单词阅读技能的预测因子是语音意识。一旦孩子们理解了，语言可以根据一种语言的经验被分割成更小的单元，那么这种理解就会延续到一种新的语言中，并有助于学习新语言中印刷单词和口语单词之间的关系。同样，对有关母语的拼写 - 声音相呼应的了解，被认为是跨语言词汇阅读能力的预测因素。尽管字母 - 声音的对应在不同语言之间可能有所不同，但儿童似乎能够跨语言传递更为普遍的理解，即字母对应于口语中的声音。这种理解将有助于发展有效的解码技能。还有一些其他方法被认为是单词阅读能力的跨语言预测指标，它们是快速自动命名（rapid automatized naming，RAN）、快速命名字母数字字符序列的能力、和形态学意识（如 Deacon, Wade-Woolley, & Kirby，2007），以及对部分单词可以分解成词素的知识。母语词汇和语法技能与第二语言阅读理解的关系比第二语言词汇识别的关系更为密切，其中母语语法技能与第二语言阅读理解的关系比母语词汇知识的关系更为密切。后一项发现表明，

理解语法结构的能力有一个方面不是特定于某一种语言，而是更具普遍性的，这样，能够较好理解母语语法结构的儿童更容易学习理解第二种语言。一个可能的潜在联系是统计学习的能力。总之，对第二语言阅读能力的母语预测因素的研究表明，一种语言的知识有助于学习另一种语言的阅读。一旦在第二语言中进行了阅读发展，有证据表明，在第二语言中测试的技能能够更好地预测随后的第二语言阅读技能（Leider et al.，2013；Mancilla Martinez & Lesaux，2010；Manis et al.，2004；Nakamoto et al.，2008）。

有确凿的证据表明，至少一些有助于学习阅读单词的技能不是特定于语言的，这是双语儿童两种语言中单词阅读能力之间相当强的相关性。曼尼斯及其同事（Lindsey et al.，2003；Nakamoto et al.，2007）发现西班牙语和英语单词识别分数在一年级的相关性为 .66，在三年级的相关性为 .68，在贾里德等人（2011）的研究中，英语和法语单词识别的相关性为一年级 .65，至三年级 .66。在潘敬儿等人（2011）对汉语 / 英语读者的研究中，8 岁时的相关性为 .37，10 岁时的相关性为 .51（另见 Jared & Kroll，2011，表 1）。

双语发展模型

只有相对较少的研究调查了年轻双语读者的学习机制和心理表征。前面讨论过的 BIA+ 是一个成熟双语者的单词识别模型，不包括任何学习机制。在 BIA+ 模型中，双语者的两种语言被集成到每种表示类型的单个存储中，允许一种语言的阅读受另一种语言表示的影响。这一理论没有解决发展的问题，即这些存储究竟是从阅读习得开始就整合起来的，还是随着时间的推移变得更加整合，以及整合表征是否会在所有的第二语言学习情境中出现？双语单词识别的发展模式需要从双语儿童在各种学习环境中的数据和使用各种语言对子中获得信息。

帕拉迪斯（1981，2004）的双语语言处理模型（非阅读专用）确实假设了一个发展过程。帕拉迪斯提出双语者在同一语言系统中有两个神经连接子集，每种语言一个。一个子集中的单元之间的连接是由它们在语言输入中的共现形成的。也就是说，属于某一特定语言的单词的表示变得紧密相连，因为它们通常在语音和印刷体中一
176 起出现。这两个子系统的相互联系和它们之间的抑制程度被认为取决于习得第二语言的年龄、学习语言的方式以及个体参与语言混合的程度。几个小规模的连接模型（French，1998；Li & Farkas，2002；Thomas，1997）已经表明，一个系统可以从两种语言的输入中开发语言子集（关于这些模型的讨论，请参见 De Groot，2011；French & Jaquet，2004 和 Thomas & Van Heuven，2005）。赵晓巍和李平（2010，2013）提出了一个更大规模的、自组织的双语口语理解发展神经网络模型。有趣的是，该模型根据第二语言的引入时间产生了不同的表征图。当第二语言与第一语言同时学习或在短暂的延迟后学习时，该模型为两种语言中的单词开发了相当独立的表示。然而，当第二语言在较长延迟之后被引入时，翻译对等词的表达更加紧密。赵晓巍和李平声称这些发现是由于第二语言习得时网络可塑性的差异。当早期引入第二语言时，网络具有足够的可塑性，可以重组词汇空间，将资源奉献给第二语言。当第二语言较后被引入时，系统已经组织了基于母语的空间，因此第二语言不得不使用为母语建立的现有结构和关联连接。该模型预测，跨语言交际在后双语者中比在早期双语者中更容易发生，而在后双语者中，母语对第二语言加工的影响比后者更大。虽然这是口语发展的一种模式，但同样的原则也适用于阅读模型中的字形和音韵词汇的组织。

双语发展的第一个计算模型模拟了英语和汉语阅读的学习

（Yang，Shu，McCandless & Zevin，2013）。其目的是表明这两种完全不同的书面语言可以在同一个联结主义架构中学习，并使用相同的学习原则。杨静等人的观点是"阅读技能是通过应用统计学习规则来获得印刷体、语音和意义之间的映射，而写作系统之间典型的和无序的阅读技能获得的差异是由写作系统本身的统计模式的差异驱动的，不是学习者认知结构的差异"（第354页）。与汉语相比，英语在印刷体和语音之间有更可靠的映射，而汉语有语义部首，它们提供的印刷体到意义映射的信息比英语自由词素词要多。研究者认为语言之间的这些差异导致了两种语言中单词命名的正字法－语音和正字法－语义－语音路径之间的不同分工。该计算模型与哈姆和塞登伯格（1999，2004）的英语阅读发展的联结主义模型相似，只是它还包括汉语的第二正字法输入层和语音层中能够编码汉语发音的更多单元。两种语言的培训是交叉进行的，每种语言的呈现频率都是一样的。这个模型学习正确的英语发音，比汉语更快，这反映了孩子们学习每种语言的速度的差异。为了模拟阅读障碍，对从正字法到音韵学的隐藏单元或从正字法到语义的隐藏单元进行衰减。语音障碍对英语模型的准确性影响较大，而语义障碍对汉语模型的准确性影响较大。这一结果为杨静等人的假设提供了支持。英汉两种阅读方式之间存在着不同的分工。该模式是双语习得领域的一个重要进展。下一步将是探索一种语言的阅读是如何受到另一种语言知识的影响的，并开发一个在两种语言中共享相同字母表的双读能力习得模型，并将该模型的行为与杨静等人的模型进行比较。

相关的量化研究

对于双语儿童的研究，很少有人能与成人双语词汇识别系统的研究相比，为双语阅读习得的发展模式提供参考。只有少数研究调查了一种语言中的单词阅读是否受到另一种语言知识的影响。

针对使用过跨语言词汇的儿童的两项研究提供了证据，证明两种语言中的表征在一种语言中阅读时被激活，并表明这种跨语言效应在第二语言阅读中尤其明显。布伦德斯等人（Brenders, Van Hell,
177 and Dijkstra, 2011）要求荷兰的英语学习者在第五、第七和第九年级进行词汇判定任务，其中包括荷兰英语同源词和匹配的控制词。当参与者决定刺激词是否是英语单词时，他们对同源词的反应比对英语对照词的反应更快。在荷兰语版的任务中，对同源词和荷兰语对照词的反应没有差异。随后的一项英语实验发现，语际同形词的反应比对照词慢。贾里德等人（Jared，Cormier，Levy & Wade Woolley，2012）在一项针对较年轻的第二语言学习者的研究中，让三年级的英语母语儿童处于法语沉浸式教学中，用英语或法语说出同源词、语际同形词、语际同音词和匹配的对照词。当命名任务是法语（第二语言）时，有助于同源词和语际同音词效应和抑制性语际同形词效应。当命名任务是英语时，只有语际同形词效应存在。这些研究结果表明，年轻双语者的单词识别系统是相互关联的。由于跨语言共享意义，同源词有助于单词阅读；由于跨语言共享语音，语际同音词有助于命名；由于跨语言的意义和发音冲突，语际同形词有助于单词阅读。即使在较年幼的读者中，母语词汇识别过程也已经建立得很好，除了具有最大跨语言冲突的同形词外，对第二语言的影响很小。

谢尔关于阅读发展的一个重要理论（1995）提出，特定于单词的正字法表示是在成功的解码过程中建立起来的。施瓦茨等人（Schwartz，Kahn-Horwitz & Share，2014）最近提供了证据，证明以一种新的语言来习得这种表述是由于能够用类似的正字法阅读。这三组六年级的英国学习者在学习中都能阅读和说希伯来语。其中两个小组也讲俄语，但只有一个小组能读。研究人员假设，由于俄语正字法与英语正字法比希伯来语更为相似，能够阅读俄语的参与者在英语正字法学习方面应该比其他两组有优势。包括一个会说俄语但不会读俄语的小组，他们都有把握地认为，能读俄语的小组的任何优势都可以具体归因于俄语拼字法知识，而不是一般语言知识。参与者阅读短文，每个短文都包含一个假词；一周后，他们被展示了很多假词对子，其中一个是他们看到过的，另一个是目标词的同音词，他们必须选择他们看到过的。所有的参与者都表现出高于随机水平，但是阅读俄语的参与者明显比其他两组更准确，那两组没有什么区别。研究结果表明，学习者的母语和第二语言之间的正字法距离影响他们在第二语言中学习单词正字法的难易程度。

学习两种使用相同字母表的语言的孩子需要学习每种语言中出现的字母顺序。例如，虽然英语和法语都有字母顺序为 *ain* 的单词（例如，*main*，*pain*），但法语单词 *beurre* 包含英语中看不到的字母序列 *eurre*，而英语单词 *lawn* 包含法语中找不到的字母序列 *awn*。研究表明，到一年级结束时，单语儿童对其语言中字母的同时出现很敏感（Cassar & Treiman，1997；Pacton，Perruchet，Fayol，& Cleeremans，2001）。帕克顿等人认为这种敏感性来自于一个统计学习过程，在这个过程中，孩子们从他们所接触的印刷材料中隐含地提取有关字母的频率和共现的信息。学习两种语言阅读的儿童感兴趣的一个问题是，一种语言的学习过程是否受到接触另一种语言的影响。

在单语中，通常通过给参与者一对假词（如 *filv-filk*）并让他们选择可以接受的词来评估对正字法模式的敏感性（Siegel，Share，& Geva，1995）。凡德雷叶（Van der Leij，Bekebrede & Kotterink，2010）比较了两组三年级荷兰儿童在荷兰语和英语任务中的表现，其中一组接受荷兰语和英语阅读教学，另一组只学习荷兰语阅读。双语组的英语成绩优于单语组，但在荷兰语任务上没有差异。这些发现表明，双语组已经开始学习典型的英语正字法模式，接触英语正字法并不妨碍他们学习荷兰语字母模式。

178 迪肯等人（Deacon，Commissaire，Chen & Pasquarella，2013）表明，在一年级结束时，法语沉浸式课程中的英语母语者可以区分英语和法语中具有非法字母模式的假单词和这些语言中具有合法字母模式的假单词，当字母模式在两种语言中都合法，而非一种时，它们会更加准确。这一项发现表明，接触一种语言中的字母共现现象或有助于学习另一种语言中的字母共现现象，抑或儿童尚不会区分这两种语言中的字母共现现象。贾里德等人（Jared，Cormier，Levy & Wade-Woolley，2013）在另一项针对法语沉浸式学习者的研究中表明，二年级的儿童能够以高于偶然准确率的方式区分具有英语特定拼写模式和法语特定拼写模式的假词，并且任务的准确率在三年级时有所提高。然而，大多数儿童在接触印刷品三年后仍然远不如双语成人准确，这表明学习每种语言的单词特定字母模式是一个漫长的过程。辨别能力与每种语言中的单词识别能力密切相关，而与非语言智商测试（包括模式的显性分析）无关，这为从印刷品中获得内隐学习提供了一些证据。统计学习观点的更有力证据是，儿童对正字法模式的知识与他们在每种语言中接触到的文本中出现的模式的频率有关，统计学习能力测试的表现（如 Frost et al., 2013）与辨别表现有关。这种学习机制与连接主义模型（例如，Yang et al.，2013）一致，事实上，儿童对共现字母模式敏感性发展的数据将有助于此类模型的发展。

小结

目前，只有一小部分文献能够为认知模型提供关于双语儿童阅读能力发展过程中所涉及的表征和过程的信息。当孩子们学会阅读和理解两种语言的句子和语篇时，他们的认知表征和发展过程更是鲜为人知。例如，如果第二语言的语法结构与第一语言的结构相似，那么孩子们是否发现第二语言中的句子更容易阅读？如果是这样，那么第一语言语法知识的影响会持续多久？孩子们在阅读一种语言的文本时形成的心理表征中有多少语言特有的信息？这一领域现在需要超越本节开始时回顾的相关研究类型，并产生更多的研究，阐明一个正在成为双语儿童的头脑中正在发生的事情。

结论

本章回顾了近十年来，双语阅读和双语习得的研究取得了很大进展，并突显了认知加工的复杂性。现在很明显，双语者不是“一个头脑中的两种单语”（Grosjean，1998），也就是说，双语者的两种语言之间并不是孤立的。随着全球人与人之间交流的增加，人们阅读多种语言的需求也在增加。了解新语言中获得识字能力的学习机制可能有助于更多的人成功地成为双语者。除了母语之外，另一种语言的识字能力不仅对未来的就业有好处，而且可以打开一个人对另一种文化的视野。

参考文献

Abutalebi, J. (2008). Neural aspects of second language representation and language control. *Acta Psychologica, 128,* 466–478.

Abutalebi, J., Cappa, S. F., & Perani, D. (2005). What can functional neuroimaging tell us about the bilingual brain? In J. F. Kroll & A. M. B. de Groot (Eds.), *Handbook of bilingualism: Psycholinguistic approaches* (pp. 497–515). New York, NY: Oxford University Press.

Altarriba, J., & Basnight-Brown, D. M. (2007). Methodological considerations in performing semantic- and translation-priming experiments across languages. *Behavior Research Methods, 39,* 1–18.

Altarriba, J., & Basnight-Brown, D. M. (2009). An overview of semantic processing in bilinguals: Methods and findings. In A. Pavleko (Ed.), *The bilingual mental lexicon: Interdisciplinary approaches* (pp. 79–98). Buffalo, NY: Multilingual Matters.

Ando, E., Matsuki, K., Sheridan, H., & Jared, D. (2015). The locus of Katakana-English masked phonological priming effects. *Bilingualism: Language and Cognition, 18,* 101–117.

August, D., & Shanahan, T. (Eds.). (2006). *Developing literacy in second-language learners: Report of the national literacy panel on language-minority children and youth*. Mahwah, NJ: Erlbaum.

Basnight-Brown, D. M., & Altarriba, J. (2007). Differences in semantic and translation priming across languages: The role of language direction and language dominance. *Memory & Cognition, 35,* 953–965.

Bick, A., Goelman, G., & Frost, R. (2011). Hebrew brain vs English brain: Language modulates the way it is processed. *Journal of Cognitive Neuroscience, 23,* 2260–2270.

Brenders, P., Van Hell, J. G., & Dijkstra, T. (2011). Word recognition in child second language learners: Evidence from cognates and false friends. *Journal of Experimental Child Psychology, 109,* 383–396.

Brysbaert, M., Van Dijk, G., & Van de Poel, M. (1999). Visual word recognition in bilinguals: Evidence from masked phonological priming. *Journal of Experimental Psychology: Human Perception and Performance, 25,* 137–148.

Cao, F., Tao, R., Liu, L., Perfetti, C. A., & Booth, J. R. (2013). High proficiency in a second language is characterized by greater involvement of the first language network: Evidence from Chinese learners of English. *Journal of Cognitive Neuroscience, 25,* 1649–1663.

Cao, F., Vu, M., Chan, D. H. L., Lawrence, J. M., Harris, L. N., Guan, Q., . . . Perfetti, C. A. (2012). Writing affects the brain network of reading in Chinese: A functional magnetic resonance imaging study. *Human Brain Mapping, 34,* 1670–1684.

Carrasco-Ortiz, H., Midgley, K. J., Frenck-Mestre, C. (2012). Are phonological representations in bilinguals language specific? An ERP study on interlingual homophones. *Psychophysiology, 49,* 531–543.

Cassar, M., & Treiman, R. (1997). The beginnings of orthographic knowledge: Children's knowledge of double letters in words. *Journal of Educational Psychology, 89,* 631–644.

Clahsen, H., & Felser, C. (2006). Grammatical processing in language learners. *Applied Psycholinguistics, 27,* 3–42.

Coltheart, M., Rastle, K., Perry, C., Langdon, R., & Ziegler, J. C. (2001). DRC: A dual route cascaded model of visual word recognition and reading aloud. *Psychological Review, 108,* 204–256.

Cummins, J. (1991). Interdependence of first- and second-language proficiency in bilingual children. In E. Bialystok (Ed.), *Language processing in bilingual children* (pp. 70–89). Cambridge, England: Cambridge University Press.

Das, T., Padakannaya, P., Pugh, K. R., & Singh, N. C. (2011). Neuroimaging reveals dual routes to reading in simultaneous proficient readers of two orthographies. *NeuroImage, 54,* 1476–1487.

Deacon, S. H., Commissaire, E., Chen, X., & Pasquarella, A. (2013). Learning about print: The development of orthographic processing and its relationship to word reading in first grade children in French immersion. *Reading and Writing: An Interdisciplinary Journal, 26,* 1087–1109.

Deacon, S. H., Wade-Woolley, L., & Kirby, J. (2007). Crossover: The role of morphological awareness in French Immersion children's reading. *Developmental Psychology, 43,* 732–746.

De Groot, A. M. B. (2011). *Language and cognition in bilinguals and multilinguals*. New York, NY: Psychology Press.

De Groot, A. M. B., Delmaar, P., & Lupker, S. J. (2000). The processing of interlexical homographs in a bilingual and a monolingual task: Support for nonselective access to bilingual memory. *Quarterly Journal of Experimental Psychology, 53,* 397–428.

Dewaele, J.-M. (2009). Individual differences in second language acquisition. In W. C. Ritchie & T. K. Bhatia (Eds.), *The new handbook of second language acquisition* (pp. 623–646). Bingley, England: Emerald.

Dijkstra, T. (2005). Bilingual visual word recognition and lexical access. In J. F. Kroll & A. M. B. de Groot (Eds.), *Handbook of bilingualism: Psycholinguistic approaches* (pp. 179–201). New York, NY: Oxford University Press.

Dijkstra, T., Grainger, J., & Van Heuven, W. J. B. (1999). Recognition of cognates and interlingual homographs: The neglected role of phonology. *Journal of Memory and Language, 41,* 496–518.

Dijkstra, T., Hilberink Schulpen, B., & Van Heuven, W. J. B. (2010). Repetition and masked form priming within and between languages using word and nonword neighbors. *Bilingualism: Language and Cognition, 13,* 341–357.

Dijkstra, T., Miwa, K., Brummelhuis, B., Sappelli, M., & Baayen, H. (2010). How cross-language similarity and task demands affect cognate recognition. *Journal of Memory and Language, 62,* 284–301.

Dijkstra, T., & Van Heuven, W. (1998). The BIA model and bilingual word recognition.

In J. Grainger & A. M. Jacobs (Eds.), *Localist connectionist approaches to human cognition* (pp. 189–225). Mahwah, NJ: Erlbaum.

Dijkstra, T., & Van Heuven, W. (2002). The architecture of the bilingual word recognition system: From identification to decision. *Bilingualism: Language and Cognition, 5,* 175–197.

Dijkstra, T., Van Jaarsveld, H., & Ten Brinke, S. (1998). Interlingual homograph recognition: Effects of task demands and language intermixing. *Bilingualism: Language and Cognition, 1,* 51–66.

Dimitropoulou, M., Dunabeitia, J. A., & Carreiras, M. (2011). Phonology by itself: Masked phonological priming effects with and without orthographic overlap. *Journal of Cognitive Psychology, 23,* 185–203.

Dunabeitia, J. A., Perea, M., & Carreiras, M. (2010). Masked translation priming effects with highly proficient simultaneous bilinguals. *Experimental Psychology, 57,* 98–107.

Dussias, P. E, & Sagarra, N. (2007). The effect of exposure on syntactic parsing in Spanish-English bilinguals. *Bilingualism: Language and Cognition, 10,* 101–116.

Duyck, W. (2005). Translation and associative priming with cross-lingual pseudohomophones: Evidence for nonselective phonological activation in bilinguals. *Journal of Experimental Psychology: Learning, Memory, and Cognition, 31,* 1340–1359.

Duyck, W., Van Assche, E., Drieghe, D., & Hartsuiker, R. J. (2007). Visual word recognition by bilinguals in a sentence context: Evidence for nonselective lexical access. *Journal of Experimental Psychology: Learning, Memory, and Cognition, 33,* 663–679.

Finkbeiner, M., Forster, K. I., Nicol, J., & Nakamura, K. (2004). The role of polysemy in masked semantic and translation priming, *Journal of Memory and Language, 51,* 1–22.

French, R. M. (1998). A simple recurrent network model of bilingual memory. In M. A. Gernsbacher & S. J. Derry (Eds.), *Proceedings of the twentieth annual conference of the cognitive science society* (pp. 368–373). Mahwah, NJ: Erlbaum.

French, R. M., & Jaquet, M. (2004). Understanding bilingual memory: Models and data. *Trends in Cognitive Science,* 8, 87–93.

Frenck-Mestre, C. (2002). An on-line look at sentence processing in the second language. In R. R. Heredia & J. Altarriba (Eds.), *Bilingual sentence processing* (pp. 217–236). Amsterdam, the Netherlands: Elsevier.

Frenck-Mestre, C. (2005a). Ambiguities and anomalies: What can eye movements and event-related potential revel about second language sentence processing? In J. F. Kroll & A. M. B. de Groot (Eds.), *Handbook of bilingualism: Psycholinguistic approaches* (pp. 268–281). New York, NY: Oxford University Press.

Frenck-Mestre, C. (2005b). Eye-movement recording as a tool for studying syntactic processing in a second language: A review of methodologies and experimental findings. *Second Language Research, 21,* 175–198.

Friesen, D. C., & Jared, D. (2007). Cross-language message and word-level transfer effects in bilingual text processing. *Memory & Cognition, 35,* 1542–1556.

Friesen, D. C., & Jared, D. (2012). Cross-language phonological activation of meaning: Evidence from category verification. *Bilingualism: Language and Cognition, 15,* 145–156.

Frost, R. (2012). Towards a universal model of reading. *Behavioral and Brain Sciences, 35,* 263–279.

Frost, R., Siegelman, N., Narkiss, A., & Afek, L. (2013). What predicts successful literacy acquisition in a second language? *Psychological Science, 24,* 1243–1252.

Genesee, F., & Geva, E. (2006). Cross-linguistic relationships in working memory, phonological processes, and oral language. In D. August & T. Shanahan (Eds.), *Developing literacy in second-language learners: Report of the national literacy panel on language-minority children and youth* (pp. 175–195). Mahwah, NJ: Erlbaum.

Genesee, F., Geva, E., Dressler, C., & Kamil, M. (2006). Synthesis: Cross-linguistic relationships. In D. August & T. Shanahan (Eds.), *Developing literacy in second-language learners: Report of the national literacy panel on language-minority children and youth* (pp. 153–174). Mahwah, NJ: Erlbaum.

Gollan, T. H., Forster, K. I., & Frost, R. (1997). Translation priming with different scripts: Masked priming with cognates and noncognates in Hebrew-English bilinguals. *Journal of Experimental Psychology: Learning, Memory, and Cognition, 23,* 1122–1139.

Grainger, J., & Dijkstra, T. (1992). On the representation and use of language information in bilinguals. In R. J. Harris (Ed.), *Cognitive processing in bilinguals* (pp. 207–220). Amsterdam, the Netherlands: Elsevier.

Grosjean, F. (1998). Studying bilinguals: Methodological and conceptual issues. *Bilingualism: Language and Cognition, 1,* 131–149.

Grainger, J., & Jacobs, A. M. (1996). Orthographic processing in visual word recognition: A multiple read-out model. *Psychological Review, 103,* 518–565.

Haigh, C. A., & Jared, D. (2007). The activation of phonological representations by bilinguals while reading silently: Evidence from interlingual homophones. *Journal of Experimental Psychology: Learning, Memory, and Cognition, 33,* 623–644.

Harm, M. W., & Seidenberg, M. S. (1999). Phonology, reading acquisition, and dyslexia: Insights from connectionist models. *Psychological Review, 106,* 491–528.

Harm, M. W., & Seidenberg, M. S. (2004). Computing the meanings of words in reading: Cooperative division of labor between visual and phonological processes.

Psychological Review, 111, 662–720.

Heredia, R. R., & Altarriba, J. (Eds.). (2002). *Bilingual sentence processing*. Amsterdam, the Netherlands: Elsevier. Hoshino, N., Midgley, K. J., Holcomb, P. J., & Grainger, J. (2010). An ERP investigation of masked cross-script translation priming. *Brain Research, 1344,* 159–172.

Jamal, N. I., Piche, A. W., Napoliello, E. M., Perfetti, C. A. & Eden, G. F. (2012). Neural basis of single-word reading in Spanish-English bilinguals. *Human Brain Mapping, 33,* 235–245.

Jared, D., Cormier, P., Levy, B. A., & Wade-Woolley, L. (2011). Early predictors of biliteracy development in children in French immersion: A 4-year longitudinal study. *Journal of Educational Psychology, 103,* 119–139.

Jared, D., Cormier, P., Levy, B. A., & Wade-Woolley, L. (2012). Cross-language activation of phonology in young bilingual readers. *Reading and Writing: An Interdisciplinary Journal, 25,* 1327–1343.

Jared, D., Cormier, P., Levy, B. A., & Wade-Woolley, L. (2013). Discrimination of English and French orthographic patterns by biliterate children. *Journal of Experimental Child Psychology, 114,* 469–488.

Jared, D., & Kroll, J. F. (2001). Do bilinguals activate phonological representations in one or both of their languages when naming words? *Journal of Memory and Language, 44,* 2–31.

Jared, D., & Kroll, J. F. (2011). Cognitive processes in bilingual reading. In P. McCardle, B. Miller, J. R. Lee, & O. J. L. Tzeng (Eds.), *Dyslexia across languages* (pp. 262–280). Baltimore, MD: Brookes.

Jared, D., McRae, K., & Seidenberg, M. S. (1990). The basis of consistency effects in word naming. *Journal of Memory and Language, 29,* 687–715.

Jared, D., & Szucs, C. (2002). Phonological activation in bilinguals: Evidence from interlingual homograph naming. *Bilingualism: Language and Cognition,* 5, 225–239.

Jouravlev, O., & Jared, D. (2014). Reading Russian-English homographs in sentence contexts: Evidence from ERPs. *Bilingualism: Language and Cognition, 17,* 153–168.

Jouravlev, O., Lupker, S. J., & Jared, D. (2014). Cross-language phonological activation: Evidence from masked onset priming and ERPs. *Brain and Language, 134,* 11–32.

Kerkhofs, R., Dijkstra, T., Chwilla, D. J., de Bruijn, E. R. (2006). Testing a model for bilingual semantic priming with interlingual homographs: RT and N400 effects. *Brain Research, 1068,* 170–183.

Kim, J., & Davis, C. (2003). Task effects in masked cross-script translation and phonological priming. *Journal of Memory and Language, 49,* 484–499.

Kintsch, W., & van Dijk, T. A. (1978). Toward a model of text comprehension and

production. *Psychological Review, 85,* 363–394.
Kroll, J., Gullifer, J. W., & Rossi, E. (2013). The multilingual lexicon: The cognitive and neural basis of lexical comprehension and production in two or more languages. *Annual Review of Applied Linguistics, 33,* 102–127.
Kroll, J. F., Van Hell, J. G., Tokowicz, N., & Green, D. W. (2010). The revised hierarchical model: A critical review and assessment. *Bilingualism: Language and Cognition, 13*, 373–381.
Lam, K. J., & Dijkstra, T. (2010). Word repetition, masked orthographic priming, and language switching: Bilingual studies and BIA+ simulations. *International Journal of Bilingual Education and Bilingualism, 13*, 487–503.
Leider, C. M. Proctor, C. P., Silverman, R. D., & Harring, J. R. (2013). Examining the role of vocabulary depth, cross-linguistic transfer, and types of reading measures on the reading comprehension of Latino bilinguals in elementary school. *Reading and Writing: An Interdisciplinary Journal, 26,* 1459–1485.
Lemhofer, K., & Dijkstra, A. (2004). Recognizing cognates and interlingual homographs: Effects of code similarity in language specific and generalized lexical decision. *Memory & Cognition, 32,* 533–550.
Lesaux, N., Koda, K., Siegel, L. S., & Shanahan, T. (2006). Development of literacy. In D. August & T. Shanahan (Eds.), *Developing literacy in second-language learners: Report of the national literacy panel on language-minority children and youth* (pp. 75–1122). Mahwah, NJ: Erlbaum.
Li, P., & Farkas, I. (2002). A self-organizing connectionist model of bilingual processing. In R. R. Heredia & J. Altarriba (Eds.), *Bilingual sentence processing* (pp. 58–85). Amsterdam, the Netherlands: Elsevier.
Libben, M. R., & Titone, D. A. (2009). Bilingual lexical access in context: Evidence from eye movements during reading. *Journal of Experimental Psychology: Learning, Memory, and Cognition, 35,* 381–390.
Lindsey, K. A., Manis, F. R., & Bailey, C. E. (2003). Prediction of first-grade reading in Spanish-speaking English-language learners, *Journal of Educational Psychology, 95,* 482–494.
MacWhinney, B. (1997). Second language acquisition and the competition model. In A. M. B. de Groot & J. F. Kroll (Eds.), *Tutorials in bilingualism: Psycholinguistic perspectives* (pp. 113–142). Mahwah, NJ: Erlbaum.
MacWhinney, B. (2005). A unified model of language acquisition. In J. F. Kroll & A. M. B. de Groot (Eds.), *Handbook of bilingualism: Psycholinguistic approaches* (pp. 49–67). New York, NY: Oxford University Press.
Mancilla-Martinez, J., & Lesaux, N. K. (2010). Predictors of reading comprehension

for struggling readers: The case of Spanish-speaking language minority learners. *Journal of Educational Psychology, 102,* 701–711.

Manis, F. R., Lindsey, K. A., & Bailey, C. E. (2004). Development of reading in Grades K-2 in Spanish-speaking English-language learners. *Learning Disabilities Research and Practice, 19,* 214–224.

McClelland, J. L., & Rumelhart, D. E. (1981). An interactive activation model of context effects in letter perception: Part 1. An account of basic findings. *Psychological Review, 88,* 375–407.

Midgley, K. J., Holcomb, P. J., Van Heuven, W. J. B., Grainger, J. (2008). An electrophysiological investigation of cross-language effects of orthographic neighborhood. *Brain Research, 1246,* 123–135.

Misra, M., Guo, T., Bobb, S. C., & Kroll, J. F. (2012). When bilinguals choose a single word to speak: Electrophysiological evidence for inhibition of the native language. *Journal of Memory and Language, 67,* 224–237.

Nakamoto, J., Lindsey, K. A., & Manis, F. R. (2007). A longitudinal analysis of English language learners' word decoding and reading comprehension. *Reading and Writing: An Interdisciplinary Journal, 20,* 691–719.

Nakamoto, J., Lindsey, K. A., & Manis, F. R. (2008). A cross-linguistic investigation of English language learners' reading comprehension in English and Spanish. *Scientific Studies of Reading, 12,* 351–371.

Nakayama, M., Sears, C. R., Hino, Y., & Lupker, S. J. (2012). Cross-script phonological priming for Japanese-English bilinguals: Evidence for integrated phonological representations. *Language and Cognitive Processes, 27,* 1563–1583.

Oller, D. K., Jarmulowicz, L., Pearson, B. Z., & Cobo-Lewis, A. B. (2010). Rapid spoken language shift in early second-language learning: The role of peers and effects on the first language. In A. Y. Durgunoğlu & C. Goldenberg (Eds.), *Language and literacy development in bilingual settings* (pp. 94–120). New York, NY: Guilford.

Pacton, S., Perruchet, P., Fayol, M., & Cleeremans, A. (2001). Implicit learning out of the lab: The case of orthographic regularities. *Journal of Experimental Psychology: General, 130,* 401–426.

Pan, J., McBride-Chang, C., Shu, H., Liu, H., Zhang, Y., & Li, H. (2011). What is in the naming? A 5-year longitudinal study of early rapid naming and phonological sensitivity in relation to subsequent reading skills in both native Chinese and English as a second language. *Journal of Educational Psychology, 103,* 897–908.

Paradis, M. (1981). Neurolinguisitic organization of a bilingual's two languages. In J. E. Copeland & P. W. Davis (Eds.), *The seventh LACUS Forum* (pp. 486–494). Columbia, SC: Hornbeam.

Paradis, M. (2004). *A neurolinguistic theory of bilingualism*. Philadelphia, PA: Benjamins. Paulmann, S., Elston-Guttler, K. E., Gunter, T. C., & Kotz, S. A. (2006). Is bilingual lexical access influenced by language context? *NeuroReport, 17,* 727–731.

Peeters, D., Dijkstra, T., & Grainger, J. (2013). The representation and processing of identical cognates by late bilinguals: RT and ERP effects. *Journal of Memory and Language, 68,* 315–332.

Perea, M., Dunabeitia, J. A., & Carreiras, M. (2008). Masked associative/semantic priming effects across languages with highly proficient bilinguals. *Journal of Memory and Language, 58,* 916–930.

Perea, M., & Lupker, S. J. (2006). Does *jugde* prime COURT? Transposed-letter similarity effects in masked associative priming. *Memory & Cognition, 31,* 829–841.

Plaut, D. C., McClelland, J. L., Seidenberg, M. S., & Patterson, K. (1996). Understanding normal and impaired word reading: Computational principles in quasi-regular domains. *Psychological Review, 103,* 56–115.

Raney, G. E. (2003). A context-dependent representation model for explaining text repetition effects. *Psychonomic Bulletin & Review, 10,* 15–28.

Raney, G. E., Obeidallah, S. M., & Miura, T. K. (2002). Text comprehension in bilinguals: Integrating perspectives on language representation and text processing. In R. R. Heredia & J. Altarriba (Eds.), *Bilingual sentence processing* (pp. 165–183). Amsterdam, the Netherlands: Elsevier.

Schoonbaert, S., Duyck, W., Brysbaert, M., & Hartsuiker, R. J. (2009). Semantic and translation priming from a first language to a second and back: Making sense of the findings. *Memory & Cognition, 37,* 569–586.

Schwartz, A. I., & Kroll, J. F. (2006). Bilingual lexical activation in sentence context. *Journal of Memory and Language, 55,* 197–212.

Schwartz, A. I., Kroll, J. F., & Diaz, M. (2007). Reading words in English and Spanish: Mapping orthography to phonology in two languages. *Language and Cognitive Processes, 22,* 106–129.

Schwartz, A. I., & Van Hell, J. G. (2012). Bilingual visual word recognition in sentence context. In J. Adelman (Ed.), *Visual word recognition: Vol. 2. Meaning, context, individuals and development* (pp. 131–150). New York, NY: Psychology Press.

Schwartz, A. I., Yeh, L., & Shaw, M. P. (2008). Lexical representation of second language words: Implications for second language vocabulary acquisition and use. *The Mental Lexicon, 3,* 309–324.

Schwartz, M., Kahn-Horwitz, J., & Share, D. (2014). Orthographic learning and self-teaching in a bilingual and biliterate context. *Journal of Experimental Child Psychology, 117,* 45–58.

Seidenberg, M. S. & McClelland, J. L. (1989). A distributed, developmental model of word recognition and naming. *Psychological Review, 96,* 523–568.

Share, D. L. (1995). Phonological recoding and self-teaching: *Sine qua non* of reading acquisition. *Cognition, 55,* 151–218.

Share, D. L. (2008). On the Anglocentricities of current reading research and practice: The perils of overreliance on an "outlier" orthography. *Psychological Bulletin, 134,* 584–615.

Siegel, L. S. (2011). Reducing reading difficulties in English L1 and L2: Early identification and Intervention. In P. McCardle, B. Miller, J. R. Lee, & O. J. L. Tzeng (Eds.), *Dyslexia across languages* (pp. 294–304). Baltimore, MD: Brookes.

Siegel, L. S., Share, D., & Geva, E. (1995). Evidence for superior orthographic skills in dyslexics. *Psychological Science, 6,* 250–254.

Smits, E., Martensen, H. E., Dijkstra, A. F. J., & Sandra, D. (2006). Naming interlingual homographs: Variable competition and the role of the decision system. *Bilingualism: Language and Cognition, 9*, 281–297.

Thomas, M. S. C. (1997). Distributed representations and the bilingual lexicon: One store or two? In J. Bullinaria, D. Glasspool, & G. Houghton (Eds.), *Proceedings of the fourth annual neural computation and psychology workshop* (pp. 240–253). London, England: Springer.

Thomas, M. S. C., & Van Heuven, W. J. B. (2005). Computational models of bilingual comprehension. In J. F. Kroll & A. M. B. de Groot (Eds.), *Handbook of bilingualism: Psycholinguistic approaches* (pp. 202–225). New York, NY: Oxford University Press.

Tokowicz, N., & MacWhinney, B. (2005). Implicit and explicit measures of sensitivity to violations in second language grammar: An event-related potential investigation. *Studies in Second Language Acquisition, 27,* 173–204.

Tolentino, L. C., & Tokowicz, N. (2011). Across languages, space, and time: The role of cross-language similarity in L2 (morpho)syntactic processing as revealed by fMRI and ERP. *Studies in Second Language Acquisition, 33,* 91–125.

Treiman, R., Mullinnex, J., Bijeljac-Babic, R., & Richmond-Welty, E. D. (1995). The special role of rimes in the description, use, and acquisition of English orthography. *Journal of Experimental Psychology, General, 124,* 107–136.

Van der Leij, A., Bekebrede, J., & Kotterink, M. (2010). Acquiring reading and vocabulary in Dutch and English: The effect of concurrent instruction. *Reading and Writing: An Interdisciplinary Journal, 23,* 415–434.

Van Hell, J. G., & de Groot, A. M. B. (2008). Sentence context affects lexical decision and word translation. *Acta Psychologica, 128,* 431–451.

Van Hell, J. G., & Dijkstra, T. (2002). Foreign language knowledge can influence native language performance in exclusively native contexts. *Psychonomic Bulletin & Review, 9*, 780–789.

Van Hell, J. G., & Tanner, D. S. (2012). Effects of second language proficiency on cross-language activation. *Language Learning, 62* (Issue Supplement s2), 148–171.

Van Hell, J. G., & Tokowicz, N. (2010). Event-related potentials and second language learning: Syntactic processing in late L2 learners at different proficiency levels. *Second Language Research, 26*, 43–74.

Van Heuven, W. J. B., Dijkstra, T., & Grainger, J. (1998). Orthographic neighborhood effects in bilingual word recognition. *Journal of Memory and Language, 39*, 458–483.

Van Heuven, W. J. B., Schriefers, H., Dijkstra, T., & Hagoort, P. (2008). Language conflict in the bilingual brain. *Cerebral Cortex, 18*, 2706–2716.

Van Wijnendaele, I., & Brysbaert, M. (2002). Visual word recognition in bilinguals: Phonological priming from the second to the first language. *Journal of Experimental Psychology: Human Perception and Performance, 28*, 616–627.

Voga, M., & Grainger, J. (2007). Cognate status and cross-script translation priming. *Memory & Cognition, 35*, 938–952.

Von Studnitz, R. E., & Green, D. W. (2002). Interlingual homograph interference in German-English bilinguals: Its modulation and locus of control. *Bilingualism: Language and Cognition, 5*, 1–23.

Wartenburger, I., Heekeren, H. R., Abutalebi, J., Cappa, S. F., Villringer, A., & Perani, D. (2003). Early setting of grammatical processing in the bilingual brain. *Neuron, 37*, 159–170.

Williams, J. N. (1994). The relationship between word meanings in the first and second language: Evidence for a common, but restricted, semantic code. *European Journal of Cognitive Psychology, 6*, 195–220.

Wu, Y. J., & Thierry, G. (2010). Chinese-English bilinguals reading English hear Chinese. *Journal of Neuroscience, 30*, 7646–7651.

Yang, J., Shu, H., McCandliss, B. D., & Zevin, J. D. (2013). Orthographic influences on division of labor in learning to read Chinese and English: Insights from computational modeling. *Bilingualism: Language and Cognition, 16*, 354–366.

Zhao, X., & Li, P. (2010). Bilingual lexical interactions in an unsupervised neural network model. *International Journal of Bilingual Education and Bilingualism, 13*, 505–524.

Zhao, X., & Li, P. (2013). Simulating cross-language priming with a dynamic computational model of the lexicon. *Bilingualism: Language and Cognition, 16*, 288–303.

Zhou, H., Chen, B., Yang, M., & Dunlap, S. (2010). Language nonselective access to phonological representations: Evidence from Chinese-English bilinguals. *Quarterly Journal of Experimental Psychology, 63*, 2051–2066.

第三部分

句子与文本阅读

第 13 章　默读过程中声音的作用 185

亚历山大·波拉塞克

摘　要：本章讨论熟练默读单词和文本的过程是否涉及语音，如果是，语音在其中扮演什么角色。本章使用的术语“语音编码”包括许多现象，例如脑内语音和亚语音化现象。词汇编码的研究焦点主要放在音素编码的层面上，而该领域的主要争论点在于读者是用一套规则进行音素编码，还是通过学习发音和符号之间的关联来进行音素编码。本章还回顾了使用眼动方法（包括显示变化技术）研究阅读句子和文本过程中音素编码的大量文献。语音编码的研究方向还包括重音的作用及语音编码在短期记忆中的作用。此外，本章试图阐明语音编码与亚语音化之间的关系。

关键词：语音编码、亚声化、音素、重音、眼动、显示变化技术

本章重点关注熟练的成人读者的阅读，以及在阅读过程中读者在多大程度上将文本信息转化为声音，这个问题存在相当大的争议，例如，什么行为属于将文本编码转化为语音？关于这一点，学界到目前还没有统一的定义；另一个争议点在于阅读过程中将文本编码转化为语音的行为是好还是坏。显然，如果该行为导致读者花费和朗读文本同样的精力，那么大多数情况下，文本编码到语音的转化都不是一件好事，因为熟练读者正常默读速度是每分钟约 300 字，而朗读速度则远远低于该数值。然而，默读过程中的许多阶段存在听觉和语音系统的参与。为了让读者熟悉这个话题，下面描述一下笔者在自己身上进行的阅读本章第一段草稿的简单的实验。

笔者将这一段话读了三次：(1) 大声朗读（但不像要读给听众听

一样）;（2）以近乎无声的耳语读；和（3）无声默读，但保证脑海中每个单词的发音都出现过。实验的结果是，我在条件（1)、(2）和（3）中的阅读速度分别为每分钟 137、205 和 326 个单词。当然，该实验欠严谨，例如阅读速度异乎寻常地高，因为读者已经知道文本的内容。但该实验反映了几个重要的事实。第一，条件（1）中大声朗读减缓了阅读的速度，即使是在（2）的情况中，语音参与阅读过程的程度虽然极小但仍然明显减慢了阅读速度。第二，令人惊讶的是，当笔者要求自己在脑海中发出每一个单词的声音时，阅读速度相当地快（在笔者进行的一项对照实验中，笔者进行了完全无声默读，阅读速度达到每分钟 500 单词，但笔者不能确定自己是否真的阅读了
186 每个细节）。笔者在实验中的行动可以称为语音编码或亚语音化，此类行为还包括微微运动嘴唇和发出近似读音，笔者将用相对中性的词“语音编码”来指代读者的这类有意识或无意识地将视觉信息转化为语音信息的行为。但笔者的非正式实验清楚地表明，成人的流利阅读过程中不可能存在任何像大声朗读这类行为。

学界使用不同的范式探讨过阅读中的语音编码问题，甚至该问题可能是正常成人读者词汇处理方面被探讨得最多的问题，通常学者们会使用简短表达范式或快速分类任务来研究该课题，他们也在患有不同阅读障碍的人群身上尝试了类似的研究。本章重点讨论简短表达范式和快速分类任务之外的第三种研究范式：针对成人读者阅读句子或短文过程进行的眼动跟踪实验范式。这也许是在实验室条件下研究正常熟练读者最贴近现实的做法，并且该范式能够对阅读过程进行即时记录和控制（Rayner & Pollatsek, 1989; Rayner, Pollatsek, Ashby, & Clifton, 2012；另见 Schotter & Rayner，本书）。

本章的主要目标是回顾针对熟练读者在阅读文本时的语音编码行为的研究，语音编码不仅帮助熟练读者识别单个单词，而且在帮

助读者理解句子和语篇方面也起着很大的作用。语音编码对于促进高等级理解过程发挥着两个相关但不同的作用：第一记忆功能，相对于书面文字编码，语音信息编码的记忆时间更持久（比如 Craik & Lockhart, 1972），文本的语音编码能够帮助读者对文本信息进行短期记忆，有助于阅读；第二记忆功能（可能比第一记忆功能更为活跃）可以帮助读者重现口语韵律，帮助读者确定短语和从句边界，有助于文本理解。第二记忆功能可能不是严格意义上的听觉记忆，但也可能涉及默读过程相对于朗读过程被抑制的运动成分。下一节的重点是视觉文字编码的语音处理，大部分关于阅读中语音编码的研究都在该领域取得了一定成就。此外，在讨论语音编码在短期记忆中的作用和某种内在言语在阅读中的作用时，语音短时记忆和内在言语的问题常常与视觉文字编码过程中的语音处理问题交织在一起。

读音中的语音编码

也许这个话题的绝佳切入点是回顾关于单词识别任务的文献，因为单词识别的语音编码研究绝大多数都是从这类研究开始的。

单词识别任务中的语音编码研究

关于单词识别中语音编码的作用的研究大部分关注音素的编码，主要原因可能是字母语言的书面代码主要是为了传达音素信息而设计的（Kessler & Treiman，本书）。当然，关键的问题是如何通过书面的字母获得这些音素信息，最初人们使用一个相对简单的双路径模型来描述这个过程（Coltheart, 1981），在这个模型中，其中一个路径是组合音素学路径，（英语和其他欧洲字母语言）是从左到右拼读构词的，并且人们认为这个过程基本上与上下文无关，应该是严格按照从左到右，一个字母一个音素地整合出音素信息，但实际上这个过程并非如此，因为常常有字母组合与一个音素间形成映射关系；另一条路径是寻址音素学路径，这是一个回忆过程，人们假设读者的脑海中存在一个心理词汇库用以存储已知单词的音素信息，每当读者看到该单词时就可以快速回忆（寻址）该词。这种文字处理的概念促使文字识别文献中广泛出现了一种观点，即认为文字可以很大
187 程度上被分为规则词（也就是说其发音符合一套规则的词）和不规则词（也就是说其发音不符合一套规则的词）。

学术界关于语言中是否存在一套简单的发音规则存在争论。然而，从直观的角度来看，像“bat”一词这样的拼写发音似乎很正常，因为这些字母在几乎所有包含它们的三字母单词中的发音都是相同的。相比之下，“have”一词似乎不规则，因为它不符合简单、广泛适用的发音规则（也就是说，以“ave”结尾的大多数单音节单词发音与“save”一词的尾韵相同）。简单来说，根据双路径理论，规则词的语音信息可以通过拼读或回忆获得，而不规则词的语音信息只能通过回忆获得。这就导致了这样一种预测：如果读者的实际识别单词情况符合双路径理论，那么读者识别不规则单词的正确语音信息的速度比获得规则单词的正确语音信息的速度更慢，此外，该理论还存在第二种预测：规则与单词频率对读者的影响存在相互作用。如果我们假设读者处理高频词的回忆路径速度很快，那么该词的处理过程中，回忆路径会胜过拼读路径成为读者的实际处理策略，于是，高频词的读音规则程度通常不会影响读者的词汇识别速度。另一方面，低频词的识别过程中，两条路径的速度可能相似，那么低频词的发音是否规则对单词的识别速度会有较大影响，而且读者是选择通过拼读还是通过回忆读取目标词也会对读者的单词识别准确度产生影响。

在本章的讨论范围中，我将继续假设词语分为规则词和不规则词，并介绍在两种研究范式的框架下，学者们进行的快速词汇识别研究，这两种范式是快速命名任务（测量读者从看见单词到能够命名单词之间的时长），词汇判定任务（Meyer, 1970），读者需要判定所看见的词是否是正确的词汇，测试词通常是正确的词和可以被拼读但不属于某语言中词汇的人造词（Yap & Balota，本书）。许多实验的大致方案设计是对单词的规则性和频率进行控制变量。快速命名任务体现出词频和规则性读者影响的相互影响（即高频词的规则效应很小，低频词的规则效应很大），而词汇判定任务也隐约体现了类似的模式，但不如快速命名任务中的那么明显，因为该任务结果受音韵学的影响不如快速命名任务（Balota, Cortese, Sergent-Marshall, Spieler, & Yap, 2004）。

在这些实验中，有两个相关却又彼此独立的问题：(1) 对书面编码信息的早期分析如何影响读者的语音形成？(2) 对书面编码信息的早期分析如何影响读者对该单词的正字法理解以及对其的意义理解？人们推测，命名任务能够解决第一个问题，而词汇判定任务则更倾向于回答第二个问题。两个实验的研究人员都认为，对书面编码信息的早期分析与激活词的语音信息有关，而语音信息又反过来激活了它的正字法信息和意义信息。

本章到目前为止的讨论都简化了通过印刷文字获取音素信息的过程，但我认为前面讨论的研究都是研究人员根据某个模型的理论或者为了收集与某个模型相关的数据而设计的实验。从某种意义上说，可以认为许多文献都是根据柯尔特哈特（1981）原始模型中相对简单的假设而设计的。而柯尔特哈特（1981）模型和类似模型（例如 Coltheart, Davelaar, Jonasson, & Besner, 1977）的整个框架遭到其后的许多模型的质疑，这些模型的显著特点是没有视觉或听觉词汇。最初，这些模型被认为是单过程模型（例如，Seidenberg，Waters，Barnes & Tanenhaus，1984），因为它们没有明显的能够到达语音词汇的查找路径。取而代之的是，模型中有许多低层的单词成分检测器并行工作。这些单词成分检测器（同时有视觉和听觉的检测器）不一定对应于任何特定的语言实体，如音素、音节或字形（尽管它们可以检测这些单位）。相反，它们是读者随着时间的推移而学习到的视觉符号和听
188 觉信号之间的联系。这些模型中较新的一些模型（例如，Seidenberg & McClelland，1989；Plaut，McClelland，Seidenberg，& Patterson，1996）通常被称为三角形模型（见 Woollams，本书，Yap & Balota，本书），因为它们明确表明语义符号与正字法和音素学信息之间存在相互联系，在这种相互关系的作用下，读者能够获得某个单词或人造词的读音。总之，这些模型的本质是认为人们没有将正字法信息转换为音韵学信息的固定规则，读者学习的是书写系统的正字法结构和口语系统的语音结构之间的关系，（更新的模型认为）并且有可能还包括口语系统的语义信息。

其他建模者并没有对柯尔特哈特（1981）的模型做出如此彻底的突破。相反，他们的观念明显有别于简单的基于规则的字形–音素转换理念。这在一定程度上是因为他们怀疑阅读像英语这样的不规则语言无法依赖字母和音素之间的对应规则。因为即使在西班牙语这样的规则语言中，也并非是一个字母对应一个发音，例如字母 ‹c› 在字母 ‹e› 或 ‹i› 前发 /s/，而其他情况下则发 /k/（英语的发音规律很相似，尽管它的规则度没有西班牙语那么高）。因此，即使在字母音素层面上，发音规则也无法脱离上下文。这些模型与柯尔特哈特最初的概念之间最主要的不同点是，它们强调音节以及其亚单位，如头韵，尾韵都应视为发音单位（例如，Treiman & Baron, 1983; Treiman, Kessler, & Bick, 2003）。一个相关的观点是，也许将单词归类为规则或

不规则并不科学，相反，将它们归类为一致或不一致更加符合实际（Cortese & Simpson, 2000）。例如，在音节和头韵层次上分析单词时，字母簇（ake）的发音在所有包含它的单词（如 bake、cake、lake）中的发音相同，则称其为完全一致。相反，像“ave”这样的字母簇在不同单词 / 音节中的发音不一致（例如 gave、have、save）。然而，这个术语主要体现了统计学意义，因为如果一个词的大部分同形词发音相同，那么这个词就会被归类为一致的；如果同音词的大部分发音不同（但彼此相似），那么这个词就会被归类为不一致的。特雷曼等人（2003）的研究发现了支持将一致性作为参数的重要证据，他们的命名任务研究发现元音发音的一致性受元音前后音素的影响。注意，这是一个比较复杂的一致性定义，因为它需要同时考虑元音前后的音素。尽管各个模型的具体量化描述有区别，但各个模型都发现命名一个单词的时间（或是判断一串字母是否是一个单词的时间）可以通过其拼写模式的特性来预测，有些人认为变量是规律性，而另一些人认为变量是一致性。第三类模型认为这主要是由系统学习的正字法语音相关性决定的。无论如何解释，该现象说明书面文字的编码涉及从正字法代码到语音代码的自动转换（然而，还应注意的是，这类研究大多局限于研究相对较短的单音节单词）。此外，几乎所有的实验（例如 Seidenberg, 1985; Seidenberg et al., 1984）都操纵了一个变量（例如，规则性、一致性）来证明在印刷体单词命名时间中的作用，在低频单词中获得的声韵效果明显大于高频单词。然而，至少有一份文献报告高频词具有显著的一致性效应（Jared, 2002）。另一方面，如前所述，词汇决定时间的一致性效应较弱，通常只在具有高度不寻常拼写模式的某些低频词中可以观察到该效应（Seidenberg et al., 1984）。

有人可能会认为，高频词的语音效应很小，这意味着词汇的语

音编码可能在很大程度上仅限于低频词。然而，另一项研究表明，一
189 个词的语音编码与其意义激活的密切相关的这一点不仅局限于低频词。在这个范式（Van Orden, 1987）中，受试者被要求判断单词是否属于某个语义类别，比如食物类。令人惊讶的是，人们错误地将该类别的同音词（如 meet 和 meat）归入该类别率相当高（约 30%），但对照词（melt）的错误率很低（约 5%），对照词（melt）也与该类别的真正成员（meat）相差一个字母。受试者更正自己的错误的反应时间也很长，再次表明受试者强烈地受到了语音编码的影响。在随后的实验中，凡奥登等人（Van Orden，Johnston & Hale，1987）使用人造词进行实验发现了同样的效应。如，sute 被误认为是一件衣服的概率与前面实验中的错误率相当。这种分类判断范式体现出语音影响之大，无法被忽略。该范式也有力地证明了语音编码在单词编码和阅读中的重要地位，因为实验任务的目的是获取意义，而不是判断单词或字母串的发音。尽管有人可能会说，这项任务的响应时间有点慢（通常在 500—600 毫秒左右），而且可能与熟练读者在默读过程中快速进行的文字处理无关，该任务的反应时间接近于人们对人造词的词汇判定时间（通常接近 500 毫秒）。重要的是，这些实验清楚地表明，人们的思维不会直接从书面文字转到正字法词汇；否则，受试者不会在语义判断任务中对相当常见的词进行错误分类，甚至会对伪词进行错误分类。

最后一组在语音编码文献中很重要的单字研究是针对有严重阅读障碍（习得性阅读障碍）的成年人（Marshall & Newcombe, 1973, 1981）。有两种阅读障碍受到了研究人员的特别关注，这两类人群分别是柯尔特哈特（1981）所述双路径模型中的其中一条路径失去作用，而另一条路径则能够正常工作。其中一组患者是语音障碍，他们基本上能正确阅读当前词汇表中的几乎任何单词，但却很难阅读任

何生词或伪词。也就是说，如果一个字母串与他们的心理词典中的一个字母串相匹配，他们似乎可以找到它的发音（例如，通过类似于Coltheart[1981]的地址路径）；如果没有，他们则会“迷路”。另一组，表面阅读障碍，可以拼读生词和伪词的发音，然而，他们拼读不规则单词的发音往往是错误的。例如，他们会将island发音为/ɪzlænd/。类似地，这些患者似乎完全依赖于类似于组合路径的东西来实现单词的发音，而词汇路径很少（如果有的话）被用来纠正自己的读音。

尽管这些研究数据肯定能够揭示思维中词汇读取的这两条独立的路径（回忆和拼读）的作用，但学界对于文献给出的解释是否最贴切地解释了这些临床数据存在着相当大的争议，这一争论背后是双路径模型是否是描述单词频率和规则度对正常读者单词命名时间的作用的最贴切模型。首先，从局部层面来看，前文中描绘的情形是对两种综合征的极端化和简单化。其次，必须强调的是，还有许多其他获得性阅读障碍与这两个群体完全不同（见本书Woollams）。因此，双路径模型或三角形模型之类的模型是否是解释这些习得性阅读障碍综合征的最佳方法，学界仍然存在相当大的争议（Plaut et al., 1996; Woollams，本书），同样存在争议的还有使用单词命名时间作为指标解释单词频率和规律性是否合适。

使用眼动研究范式研究词的语音编码

本章截至目前主要集中讨论了人们孤立地命名或判断单个单词的文献。这些单字实验的优点是可以非常严格地控制目标刺激（即目标词）的各方面属性，如词频、词长和发音规则度，因为研究人员可以在一个1小时的实验中使用许多不同的词。然而，如果一个人想知道声音编码和音韵学在阅读中的作用，那么似乎也应该用更接近自然阅读的范式来研究它。因此，本章余下的人部分内容将讨论依

190 赖于眼动技术的研究，眼动技术的基础知识将在肖特和雷纳（本书）中介绍，这里将简要介绍眼动实验中使用的术语和测量方法。

阅读与观看任何静态显示图形一样，大部分时间眼睛都静止不动且双眼定焦于同一个位置，我们称该状态为注视，在阅读中，每次注视的持续时间大约为200到300毫秒。眼睛从一个注视点移动到下一个注视点的动作非常迅速，称为扫视，在扫视期间看不到任何有功能的信息。大多数眼动都是向文本的后方移动的（除非另有说明，否则涉及方位的词都是以注视点为参照物）。阅读中最重要的眼动参数如下:（1）第一次注视持续时长：对目标词的第一次注视持续时长；（2）注视持续时长：读者注视该词开始到注视点从单词右侧离开之间的持续时长；和（3）总注视时长，也就是说读者第一次注视目标单词后的所有注视次数持续时间的总和。以上参数只针对未被跳读的单词。其他措施还有：第一次浏览文本时跳过单词的概率、回读的概率（也就是说视线往前移动从而重新注视某词）和扫视距离。

许多实验只是让人们阅读文本，文本中的关键词或区域被指定为目标（例如，目标词要么是同音词，要么是对照词）。然而，其他实验使用了肖特和雷纳（本书）描述的复杂的文本显示改变技术，其中计算机显示器上显示的文本在读者移动注视点时改变。这种技术帮助我们非常详细地理解阅读过程中事件的时间过程。其中该技术的好处是读者不知道这些变化，因此有理由相信实验者没有干扰阅读过程。理想情况下，让人们在完全自然的环境下阅读段落或整个故事来研究阅读是最自然的，但考虑到运行实验的时间限制，这通常是不可能的。因此，本章描述的大多数研究都让人们在每次试验中读一两句话。

单字研究并没有真正解决的一个问题是阅读中语音编码的时间过程（以及更普遍的处理时间过程）。对命名任务（尤其是词汇判定任务）中规则性和一致性的交互作用模式的一种认识是，语音编码在词汇获取中所起的作用相对较小，而且主要局限于低频词。先前回顾的分类实验否定了这种观点；然而，这类研究的响应时间相对较长。以眼动测量为变量的阅读实验有助于研究音韵学参与阅读过程的时间过程，以确定人们在阅读时音韵学信息是否影响所有单词的早期处理阶段。我们从一个控制视觉显示的范例开始说起，这类范式允许人们对语音处理时间做出更精确的描述。

边界研究

阅读研究使用的一个重要范式是雷纳（1975a, 1975b）提出的边界范式，该范式用于研究连续眼动过程中的副中央凹区预览（Rayner, McConkie, & Ehrlich, 1978）。中央凹区是视网膜上图像清晰可见的区域，在解剖学上有明确的定义（视网膜中心点向各个方向延伸1度）；而副中央凹区虽然没有明确的物理分界，但通常用于描述中央凹区之外各方向上延伸5度左右的区域（由于本章讨论的是阅读水平书写或印刷的语言，我们将副中央凹区的定义确定为自中央凹区开始向水平方向的两边延伸5度）。在边界实验中，有一个目标区域，通常是一个目标单词，该单词可以变化，变化的时间点是当它从副中央凹区视野进入中央凹区视野时，这个单词最多只改变一次。

这项技术在运用中产生了许多变体，但本文将重点关注以下几点（见图13. 1）：有一个看不见的边界存在于句中，读者的注视点越过边界之前（假设读者从左向右阅读）文本以某种形式显示（见图13. 1第1行）；读者的眼睛越过该界限时，文本变为第二种形式（见图13.1第2行），并且一直保持这种状态，直到阅读结束，受试者按下一个键表示句子已经被阅读。眼睛的扫视运动跨越边界的过程是非常迅速的，因为在扫视期间什么也看不到，读者几乎不会觉察到副中央凹区预览的内容有任何变化。但在某些情况下，如果改变前的注视点距离边界太近（显示改变可能在扫视期间没有成功地进行），读者可能会意识到文本改变，这类数据通常不纳入分析（Schotter & Rayner，本书）。

191

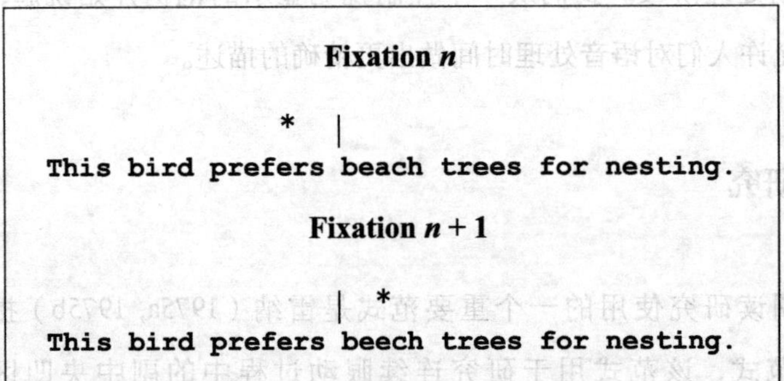

Fixation *n*
*
This bird prefers beach trees for nesting.
Fixation *n* + 1
*
This bird prefers beech trees for nesting.

图 13.1　第一行和第二行的星号表示显示发生变化前后受试者注视的单词，垂直线表示（不可见）边界的位置，当注视点穿过边界时触发显示更改。其预览词可以是相同的预览（beech）、对照词（bench）或不同的预览（stock）

如图 13.1 所示，预览试验与前文所述的针对单个单词的实验有类似的假设，即读者在注视目标词之前有可能已经对该词有一部分加工。以同音词预览为例，研究人员使用同音词以及（与同音词和目标词之间区别相同的）对照词进行实验。研究的主要发现是在同音预览条件下，读者注视目标词的时间比控制组条件下要短。此处比较的注视时间（除非另有说明）指读者对目标词的第一次注视时间和总注视时间都较短。E-Z 阅读器模型（Pollatsek, Reichle, & Rayner, 2006; Reichle, Pollatsek, Fisher, & Rayner, 1998）有力地证明了为什么这两个参数都能够反映文字处理过程，或者说至少能够反映不同文字处理过程之间的差距。

这些预览实验表明，单词的语音编码在单词被注视之前就已经开始了，因为读者能够在单词被注视之前将语音信息从预览中提取出来。但是，由于相关的注视时间参数仅表示单词被注视后的处理情况，这些实验无法帮助人们判断语音信息是完全从副中央凹区的一瞥中提取出来的，还是与后来注视的视觉信息中提取的语音信息结合使用，也就是说预览过程中的语音信息编码是否不受限于读者是否认识该词。前面讨论的模型中的音系水平就像柯尔特哈特（1981）模型中的拼读路径。三角模型的观点是，非预存词汇拼读系统是听觉词汇识别系统中感觉器官和反应之间的连接（因为这些模型中没有假设读者拥有听觉词汇库）。也就是说，如果副中央凹区预览的词汇已经被完全识别，那么就不能排除副中央凹区语音编码仅仅是某种查找过程的假设。另一方面，如果数据表明预览词只被部分识别，那么许多单独应用于单个词的复杂的语音编码过程也必然应用于被读者预览的词。

雷纳（1975a）采用了一种不同的边界范式，在读者的副中央凹区视野中只有一个单词或伪单词，而在注视点只有一个标示注视位置的十字。读者向副中央凹区扫视过程中的显示变化与图 13.1 所示的边界实验相同。然而，在这些实验中，通常考虑的衡量参数是目标词的命名时间（几乎总是一个词）。在英语中，这类研究范式的结果反映了实际阅读中出现的情况，包括预览效应的大小。之所以提到这种单字边界范式，是因为它是第一个被用于研究汉语中同音字副中央凹区预览效应的范式（Pollatsek, Tan, & Rayner, 2000），该研究办法在中文中的应用体现了显著的预览效应，也就是说即使是在非字母语言中，读者也能够通过副中央凹区预览提取语音编码信息。然而，在使用句子阅读范式（如图 13. 1 所示）的边界实验中，汉语的预览效应变得不那么明显。刘伟明等人（Liu，Inhoff，Ye & Wu, 2002）的研究发现了同音副中央凹区预览效应；但是，预览效应不体现在对目标词的注视时长，而是在读者回读目标词区域的次数上。192 另一方面，后来的一个实验（Tsai, Lee, Tzeng, Hung, & Yen, 2004）表明汉字同音预览对注视时长存在影响。

对于这种差异，有两种可能的解释，一种是汉语音韵学信息存在延迟效应，另一种是英语音韵学信息存在直接效应。第一种解释有点牵强，第一种解释产生的原因是由于中文单词往往很短（平均两个字符），并且中文文本中没有任何标记表示单词或短语的边界，所以中国读者根据单词确定注视点的可能性很小（Wei, Li, & Pollatsek, 2013）。第二个解释可能更有趣，它认为两种语言之间的差异源于正字法的本质，汉语的正字法信息在很大程度上不能代表汉字的发音，而字母语言的拼字法信息在很大程度上代表单词的发音。因此，语音代码在英语或其他字母语言中的激活速度可能比在汉语中更快。

副中央凹区快速显示变化技术

另一个相关的研究范式关注阅读中语音编码的下一个阶段：副中央凹区快速显示变化范式（Lee, Binder, Kim, Pollatsek, & Rayner, 1999; Lee, Rayner, & Pollatsek, 1999; Rayner, Sereno, Lesch, & Pollatsek, 1995）。该范式的做法是在读者的注视点跨越边界时变化目标区域的显示，在注视点越过边界之前，目标区域是无意义字符串（随机字母序列）；当注视点越过边界后，前 35 毫秒显示不变，然后直到实验结束该区域都显示目标词（见图 13.2）。这个范式与福斯特和戴维斯（1984）设计的经典快速显示变化范式非常相似，只是福斯特和戴维斯的研究范式中目标词出现前目标区域显示的是一排 X，大约一秒钟后短暂地显示预览词，接下来一直显示目标词（但受试者可能没有移动眼睛)。在其他显示变化实验中，受试者实际上从来没有意识到第一个显示变化，但是，在福斯特和戴维斯范式中，受试者通常能够意识到从预览词到目标词的变化，看起来就像文本在闪烁。然而，他们实际上没有识别出预览词。该范式评估副中央凹区的语音效应时，研究人员使用了与前一节描述的副中央凹区预览实验相似的预览词(即相同词、不同词和对照词)。结果是相似的，当预览词是目标词的同音词时，读者对目标词的注视时间比当预览词是对照词时更短。

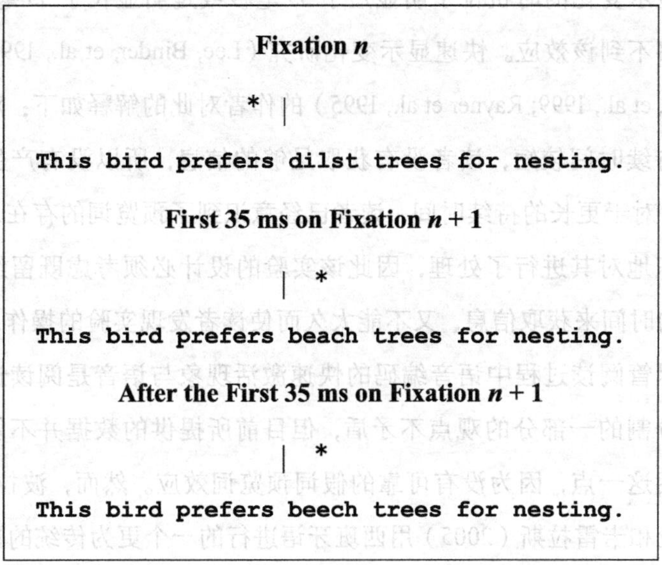

Fixation *n*
This bird prefers dilst trees for nesting.
First 35 ms on Fixation *n* + 1
This bird prefers beach trees for nesting.
After the First 35 ms on Fixation *n* + 1
This bird prefers beech trees for nesting.

图 13.2　星号表示第一次显示改变前后被注视的单词，第一次显示改变发生在读者注视点跨越垂直线所示的边界时，第二次显示改变发生在读者注视目标单词时。其预览词可能是相同的词(beech)、对照词(bench)或不同的词(stock)。

快速显示变化实验表明，语音信息的提取在单词被注视后的前 35 毫秒内开始。学者们关于快速显示变化实验得到的数据的解释比较复杂，实验中变化前的预览不一定在注视的前 35 毫秒内被完全处理，然后读者才开始处理目标词；相反，同音预览的实验结果可能表明词语处理的早期存在复杂的交互作用，同音预览词的某些信息激活了读者对目标词的认识，然而，副中央凹区预览范式和副中央凹区快速显示变化范式都表明，语音编码的激活是在阅读过程早期发生的，属于单词编码的组成部分。具体地说，这种激活在单词被注视之前和注视的前35毫秒期间开始，即使文本的显示中断时也是如此。这里的35毫秒是一个近似值，因为实验中当眼睛越过边界并且在几毫秒后开始注视时，显示改变。应注意的是，尽管在几次实验中可靠地观察到了大约35毫秒的时间内存在前面描述的快速显示变化效应，但当显示变化的时机位于明显短于35毫秒或是明显长于35毫秒时，
193 则观察不到该效应。快速显示变化研究（Lee, Binder, et al., 1999; Lee, Rayner, et al., 1999; Rayner et al., 1995）的作者对此的解释如下：对于预览词持续时间较短，读者没有获取足够的信息，所以没有产生预览效应；对于更长的持续时间，读者已经意识到了预览词的存在，因此有意识地对其进行了处理，因此该实验的设计必须考虑既留给读者足够的时间来获取信息，又不能太久而使读者发现实验的操作。

尽管阅读过程中语音编码的快速激活现象与语音是阅读过程中不可分割的一部分的观点不矛盾，但目前所提供的数据并不能有力地证明这一点，因为没有可靠的假词预览词效应。然而，波拉塞克、佩利亚和卡雷拉斯（2005）用西班牙语进行的一个更为传统的预览实验很好地说明了语音编码在单词识别中的早期参与。下面实验使用几个伪词来做目标词的预览词。例如，“Cinal”和“Conal”是目标词“Canal”的预览词（在卡斯蒂利亚西班牙语中，‹c›在‹e›或‹i›前发/θ/音，而在其他字母前发/k/音）。当预览词的第一个音和目标词一样时，读者的词汇决定反应时间更快。该结果表明，预览词的语音编码一定是在目标词出现之前的30毫秒左右发生的（实验使用类似拼写的对照词以确保差异不是由于元音字母的形式不同造成的）。

人们没有使用类似方法研究过西班牙语句子的阅读，但是阿什比等人（Ashby，Treiman，Kessler & Rayner，2006）针对英语的句子阅读使用边界范式进行了类似的操作。他们不是通过改变辅音后的元音来改变辅音的发音，而是通过改变音节的最后一个或多个辅音（尾韵）来改变音节中的元音。一个例子是，用 ‹raff› 或 ‹rall› 作为目标词 ‹rack› 的两个预览，其中 ‹raff› 的元音发音更倾向于和 ‹rack› 的一致，而 ‹rall› 中的元音发音则更倾向于和 ‹rack› 不一致。结果在一致的情况下，读者对目标词的注视时间更短。这证明了早期阅读处理过程中存在一个需要语音编码参与的过程。

离散的视觉信息以某种形式整合在一起，以达到对单词的识别，而离散的视觉信息不可能在信息整合的全过程都以视觉信号的形式被读者记忆，那么被整合的信息必然是以抽象字母形式、语音形式或两者兼而有之的方式被记忆的。再者，语音形式的信息是理想的短期记忆载体（Baddeley, 1979），很难想象这个过程中会没有语音形式信息的参与。

音素以上层面

迄今为止，人们对词语识别中语音编码的讨论主要集中在音素层面上。这是因为大部分的研究都是关于音素的。然而现在已经有一些研究探索阅读中音节是否参与语音编码的早期阶段。为了回答这个问题，阿什比和雷纳（2004）进行了副中央凹区预览实验，其中读者预览的是一个单词的初始音节，其长度与目标单词的初始音节长度匹配或不匹配，该实验和前文所述的所有实验一样，研究人员要求受试者默读句子，并在句子结束时按键。例如，实验设计中有两个目标词 ‹magic› 或者 ‹magnet›。‹magic› 的预览可以是“maxxx”或

“magxx”，而 ‹magnet› 的预览可以是“maxxx”或“magxxx”。在第一种情况下，‹magic› 的预览“magxx”可以归类为不匹配预览，因为预览的字母数比目标词的第一个音节字母数更多，而在第二种情况下，‹magnet› 的预览“maxxx”则是不匹配预览，因为预览中的字母数比目标词第一个音节的字母少。阿什比和雷纳（2004）发现，当预览匹配时，目标词的注视时间比不匹配时要短。这个实验的另一个变体使用了单个单词和快速预览范式进行词汇判定（Ashby, 2010），该变体实验表明，音节匹配效应最早发生在事件相关电位（ERP）记录中目标词出现后的 100 毫秒。事件相关电位（ERP）记录是受试者自然完成实验任务的情况下，在头皮上不同点测量的电信号。

194 除了音节之外，单词编码中音位编码的另一个方面是重音。例如，有些单词有不同的重音读法，而音位则基本不变，不同重音表示词性改变但语义不变（例如，increase 的名词或动词形式），或者表示不同的意义（例如，entrance 的名词和动词形式）。重音将在下一节中讨论。

语音编码与短期记忆

我们现在已经确定，在阅读中单词的编码涉及某种语音编码。语音编码还可以在阅读过程中发挥其他作用。本节重点介绍一个方面：帮助读者进行短期记忆。语音编码在阅读中总是与语音短时记忆交织在一起。认知心理学的大量研究表明，短期记忆的大部分是以语音信号储存的（Baddeley, 1979）。很明显，任意符号（如印刷文字或字母）的视觉代码可以被存储为短期记忆（Craik & Lockhart, 1972），因此，在语音短期记忆库中保存单词的声音似乎是一个很好的记忆方式。正如我们即将看到的，有许多证据表明，读者确实对单词进行语音短期记忆编码，即使有时可能引发不良后果。

多音词

在评估语音短时记忆码在阅读中的作用的实验中，特别是使用连续语篇作为实验材料的实验中，常常使用具有语音歧义性质的词作为目标词。具体做法是：使用同形异义词或一个对照词作为目标词插入一个句子中。然后，当读者遇到目标词时记录他的眼动参数，同形异义词情况下句子存在歧义，而对照词情况下句子不存在歧义。语音短时记忆导致了一种后时效应，这表明这个词的语音编码已经存储在读者的短时记忆中。

福尔克和莫里斯（1995）的实验比较了几个带有歧义的词（每个词都有对照词），其中最重要的是比较同形异音多义词（也就是说两个不同意思对应两个不同发音，但拼写相同的单词），如句子（1a）中的“tear”和句子（2a）中的同形同音多义词（也就是说，有两个不同意思但只有一个发音且拼写相同的词），如 calf。如下成组所示的句子中，第一个句子是实验所用的含歧义词的句子，而第二个句子在实验中不出现。对照组的句子则类似于（1b）和（2b）所示的句子，使用只有一种读音的多义词替换目标词。该实验受试者只能看到一个句子，不能同时看见（a）句和（b）句，此外，这个实验和大多数本章中提到的眼动实验都没有显示改变，读者阅读文本以获取理解的过程中的眼动被记录下来。

人们关心的是，异音多义词 tear 和同音多义词 calf 对阅读过程的影响有什么区别。实验结果表明区别相当大，读者注视同音多义词的注视持续时间相对于控制组几乎没有增加，而异音多义词获得的注视时间则比前者长 81 毫秒！多音歧义词和单音歧义词插入的句子的语境帮助读者通过猜测能够猜出正确的目标词发音以及词义的概率是 50%（但实际上，受试者倾向于选择更频繁的词义）。此外，当读者读到消除目标词词义的词时，在多音条件下，读者回读目标词区域的次数是对照条件下的两倍，而同音条件与其对照条件之间的回读次数几乎没有差别。

195 (1a) There was a tear in Jim's shirt after he caught his sleeve on a thorn［多音歧义词，吉姆的袖子被荆棘刺伤后，衬衫上有一处裂痕。］

(1b) There was a hole in Jim's shirt after he caught his sleeve on a thorn.［多音歧义情况的对照组，吉姆的袖子被刺后，他的衬衫上有一个洞。］

(2a) When Ann hurt her calf after she fell down the stairs, she cried.［同音歧义词，安从楼梯上摔下来后伤了小腿，她哭了。］

(2b) When Ann hurt her shin after she fell down the stairs, she cried.［同音歧义情况的对照组，安从楼梯上摔下来后伤了小腿，她哭了。］

福尔克和莫里斯（1995）的发现表明，多音歧义词的语音和语义编码至少在某个阶段被激活，它们之间的冲突减缓了阅读过程。此外，回读次数的增加表明错误的语音编码至少会持续一段时间，需要读者进行修正，说明语音编码在维持短期记忆中信息方面起着相当重要的作用，而读者利用短期记忆将文本的意义连贯地组合起来。

布林与克里夫顿（2011, 2013）利用重读材料进行的实验重现了类似的结果，他们使用了类似句子（3A）和（3B）中使用的歧义词，当这些词的重音在第一个音节上时是名词，而当重音在第二个音节上时是动词；后一个句子则消除了前句中可能存在的歧义。句子（3c）和（3d）中同样使用了如 report 这样既可以作名词也可以作动词，并且词语的名词意义和动词意义相近的词，但是不同词性读音的重音相同。此外，这些句子中目标词的前词是一个形容词，这就强烈地引导读者将这个词解释为名词意义，结果重音不同的情况中，读者注视目标词的时间比重音相同的情况中的时间少25毫秒。由此可见，福尔克和莫里斯（1995）的实验结果说明会导致单词阅读时间增加的不是语义或句法歧义，而是语音歧义。布林与克里夫顿的研究发现的效应量稍小，因为他们使用的实验词的意义差异远小于福尔克和莫里斯所使用的词（多为意义完全无关的词）。

(3a) The brilliant abstract |the best ideas from the things they read.

(3b) The brilliant abstract |was accepted at the prestigious conference.

(3c) The brilliant report |the best ideas from the things they read.

(3d) The brilliant report |was accepted at the prestigious conference.

正如福尔克和莫里斯（1995）的研究，布林与克里夫顿（2011，2013）研究了错误的重音对阅读的后期成本产生的影响。如果读者将句子（3a）中的abstract误以为是名词而将重音放在第一个音节上，那么当读者发现abstract原来是动词时，需要花费一定的成本将该词从名词改为动词；而句子（3c）中的目标词report无论是作名词还是作动词，在重音和发音上都没有区别，所以读者不需要花费任何成本来修正该词的词性。而两次阅读实验的注视时长和回读数据也确实反映了这一点。

口语预览

另一个表明语音编码可以干扰阅读的范式是口语预览范式（Inhoff, Connine, Eiter, Radach, & Helter, 2004; Inhoff, Connine, & Radach, 2002）。在这个范例中，受试者默读一个句子，研究人员记录其眼动情况，当读者注视目标词时播放一个词的音频，这个词要么与目标词相同，要么与其在语音上相似，要么与目标词不同。英霍夫和同事发现，在口语音频和目标词相同的情况下，读者对目标词的注视时间要比在其他两种情况下少，而其他两种情况彼此没有区别。由此可见，听到实际的单词读音加强了语音编码。而更有趣的是在读者注视目标词后产生的干扰效应，例如，在语音相似的条件下，读者对目标词后一词的注视持续时间要比在语音不相似的条件下长，也就是说在语音相似的情况下，和目标词相近但却有偏差的听觉信息似乎无法被忽略，它在音系短期记忆中的存在使读者产生了疑惑，必须加以处理（Eiter and Inhoff, 2010）。

196

绕口令

有一些实验使用类似于绕口令的材料来证明读者对内部言语的依赖，这些实验是默读实验，而不是口语实验。受试者需要阅读很难发音的材料，研究人员从中确定阅读这些材料的困难程度是否高于一般材料。该模式的一种变体是句子中连续出现同一种音位序列，如“Crude rude Jude ate stewed prunes”。另一种变体是在句子中使用拼写相似但发音规律不同的词，例如“nasty”和“hasty”。在这两种情况下，受试者阅读实验组句子目标区域的速度都比阅读控制句慢（Ayres, 1984; Haber, & Haber, 1982; McCutchen & Perfetti, 1982）。同样的结果也出现在使用重复同一个声母的实验材料的研究中，这种绕口令相对比较简单。肯尼森和同事（Kennison, 2004; Kennison, Sieck, & Briesch, 2003）使用了一种由读者自定步调的阅读方法，在该方法中，读者每按一个键就会看到句子的下一个单词，结果发现如果单词第一个辅音重复出现，阅读速度会变慢，但效果是延迟的，仅仅出现在需要回读的时候（这一点在某种程度上与眼动记录中的回读记录一致）。这种回读中出现的效应通常不会被解释为初始编码过程难度受到了影响；相反，回读中的效应通常被认为与文本的重新分析有关，例如文本在听觉短期记忆中的存储。然而，沃伦和莫里斯（2009）在随后的一项使用眼动技术的研究中，让受试者阅读类似的绕口令材料，并发现绕口令对阅读时间存在直接影响，也就是说，读者对关键单词的注视时间更长而且句子的整体阅读时间也更长，整体阅读时间涉及回读阶段。人们可能会担心绕口令材料的阅读和实际的阅读存在差异，有些受试者可能会将实验视为一种游戏。这个问题的解决可以通过在阅读任务中增加填空任务来缓解，尽管如此，问题仍然存在。

内部言语编码文本中的停顿

在口语中，词段之间（通常是词与词之间）的停顿能够表达出强调。停顿不仅有助于强调某些音节，而且有助于标记短语和从句的界限，表达疑问语气，传达情感以及发挥其他功能。本章的有限篇幅无法涵盖所有这些主题。但停顿可以用来记录口语的某些特征（如短语和从句的边界）的事实暗示了语音编码的另一个作用是帮助读者记忆这些特征，显然也属于重要的短期记忆功能。书面文字只能够提供一些线索来帮助读者了解哪些部分应该被强调（例如不同的演员在演绎莎士比亚戏剧时有不同的表现）。这一点还表明，内部言语并不是被动地将语音进行存储，而是类似于对文本材料进行口语的再创作。与口语中的停顿相关的一个书面语信号是逗号，因此我们有必要明白读者的眼动情况受逗号的影响如何用内部言语进程来解释。然而，逗号除了用于标记口语语篇中的停顿之外，还可以用于其他功能，例如枚举。当读者知道文本中的逗号的功能时，逗号的存在有利于阅读（Hirotani, Frazier, & Rayner, 2006）。例如（4a）和（4b），斯陶布（2007）发现当句子中存在逗号时，句子的总阅读时间更短。另一方面，有逗号的区域比没有逗号的区域的注视时间稍长，这可能是由于额外的字符造成的。

(4a) When the dog arrived(,) the vet and his assistant went home.

(4b) When the dog arrived at the clinic(,) the vet and his assistant went home

广谷昌子等人（2006）和斯陶布 (2007) 的发现中有两点令人感兴趣，首先，例句中的逗号在逻辑上是多余的，因为从句子结构来看，从句的边界是清楚的。其次，对于较长的句子（4b），虽然逗号的存在更加多余，但是对阅读的促进作用是相同的。读者似乎只要
197 看见逗号就会在内部言语中添加停顿。尽管加上停顿会稍微花点时间，但利用停顿标记词组的界限有助于整个阅读过程。这一点也表明内部言语不是一种附属物，而是阅读的一个具有实在功能的部分。

内部言语与外部言语的关系

这就留下了一个难题：究竟什么是内部言语，它与外部言语是什么关系。解决这个问题的前提是明确内部言语的定义，我希望我在本章开头进行的实验能说明这一点。极端地说，它可能意味着某种头脑中的声音，接近人们所说的语音编码。然而，也许更常见的内部言语的含义是某种形式的默读，它可能涉及声道的实际振动，也可能涉及嘴巴的运动（也许有点像自言自语的状态）。但通常意义的内部言语都是除了读者之外，没有任何听众能够读取其信息的言语。涉及运动的默读可能会减慢阅读速度。我们还有一个问题就是是否真的存在真正的不涉及实际声道运动内部言语。

亚语音化

肌电图（EMG）记录是用于研究亚语音化的主要范式之一。一般做法是在与言语有关的器官（如嘴唇、舌头、喉咙、喉部）上放置电极或在与言语有关的肌肉内放置针状电极连续记录肌肉中的电活

动，通常精确到毫秒级。然后，将这些肌肉在阅读过程和非阅读活动过程的活动差异与这些肌肉和与语言无关的肌肉（如肱二头肌）在活动过程中的差异进行比较。

学界常使用这项技术研究的问题是，熟练的读者在完全无声的默读中是否存在亚语音化行为，研究人员普遍认为结果是肯定的（McGuigan, 1970），该领域有两个常见的课题。第一个问题是，亚语音化行为是否是熟练阅读的必要组成部分。也就是说，有一种观点认为亚语音化行为可能是熟练阅读中不应该存在的坏习惯，甚至既不能帮助理解又会减慢阅读速度，而另一种观点认为，亚语音化行为（在某些人看来等同于音位编码）是熟练阅读的必要功能部分。第二个问题是，熟练读者的亚语音化进程是均衡地处理整个文本还是重点针对某些地方进行。也就是说，是否有可能熟练读者仅在遇到文本中困难的、需要强调、标记词组界限等位置或遇到某些特定的材料时才进行亚语音化处理。

在实验的初始阶段，研究人员使用肌电图设备监测亚语音化是否是熟练阅读的一个必要组成部分。然后，在实验的训练阶段，研究人员监控读者的阅读，当读者出现亚语音化行为时会给他们一个反馈（通常是一个声音），从而抑制他们的亚语音化行为。最后，在测试阶段，将他们的阅读成绩与对照组或实验初期的阅读成绩进行比较。麦克吉甘（1970）的文献综述报告说这类实验的结果较为接近，训练阶段可以有效抑制读者的亚语音化行为，但这种抑制效果的持续时间不长，该类研究亚语音化对阅读和理解的影响的实验中，最有名的是哈迪克和佩特里诺维奇（1970）完成的实验，该实验清楚地表明，当阅读材料为较通俗的读物时，抑制亚语音化行为几乎不影响读者的理解能力，而当材料为难以理解的读物时，读者的理解则有显著下降（读者的理解通过询问读者文章的客观细节来衡量）。

总之，抑制亚语音化行为的研究表明：（1）熟练的读者确实在某些情况中会运用亚语音化行为，但（2）可能只在遇到困难的阅读材料的时候。这项技术具体抑制了什么亚语音化进程仍然是一个悬而未决的问题：被抑制的是实际的运动，如轻声低语，还是更为隐蔽的语音进程？这个问题远未得到解决。此外，该实验还存在一个问题，
198 就是抑制亚语音化行为的操作可能会导致读者的精力被分散。由于实验中被抑制的行为是读者已经非常习惯并且已经几乎达到自动程度的行为，那么，抑制该行为本身可能会要求读者将一部分注意力转移到阻止自己出现亚语音化行为，并可能影响阅读任务所需的认知资源。抑制效应主要出现在难语篇上，证明了亚语音化行为主要出现在较难语篇的假设，可能难语篇中存在更多的短语边界和更难的短语。但实验的结果无法排除由于读者需要将注意力分配到抑制亚语音化行为而妨碍阅读的假设（Garrity, 1977）。

如本节开头所述，语音编码和内部言语的概念在逻辑上似乎并不完全相同：前者只意味着文本语音的一些心理表征已经参与了阅读过程，而后者则涉及更多与言语系统相关的心理表征（可能还有肢体的运动）。

然而，我们似乎确实可以区别内部言语和脑内的声音的不同，例如当我们听见某个声音之后，脑海中会继续保持这个声音的回响。目前尚不清楚是否有人能够成功地将这两个概念清晰地分离出来（也就是说，证明语音编码的发生没有任何明显或隐蔽的语音系统的参与）。尽管如此，正如本章的初衷，我们需要明白语音编码是阅读过程中发生的一项重要活动，接下来的内容将重点描述语音编码的性质。

回到语音编码

人们常常认为，语音编码并不是它所代表的口语的完整编码。

也就是说，如果正常的熟练成人阅读率大约是正常口语的两倍，那么语音编码不可能完全还原口语中的所有语音信息。虽然该论点是合理的，但未必正确。值得讨论的是，是否真的有确凿的证据，如果有的话，是哪些信息被遗漏了，而这些信息有助于使语音编码更快、更有效。

佩尔菲蒂和麦卡琴（1982; see also McCutchen & Perfetti, 1982）提出了一个假设，一个单词的语音编码侧重单词的初始音素与该单词的一般语音轮廓（主要为辅音的语音特征）而几乎没有元音信息。人们可以用省略大部分元音信息的方法进行速记，因为元音的持续时间比口语中的大多数辅音持续时间要长得多。佩尔菲蒂和麦卡琴（1982）还认为，关于虚词（即冠词、介词、代词）的信息很少保留在语音代码中。他们的提议似乎符合某些书写系统，如阿拉伯语和希伯来语，这些语言只表示辅音。然而，尽管在大多数书面语言中，元音中的信息可能比辅音中的信息少，但并非完全没有元音信息，特别是在较短的单词中（例如，bat、bit、bet、beet、bait、boat）。因此，如果不使用实验来证明读者将元音信息排除在语音编码之外，该提议似乎是不可信的，因为有可能读者在处理短单词时保留元音信息，而在较长的单词中仅使用佩尔菲蒂和麦卡琴（1982）所提议的信息类型。然而，这种主动进行判定的阅读机制看起来似乎不太可能。功能词在语音短时记忆中会被省略的假设似乎更为合理，但迄今为止仍然没有确凿的证据证明这一点。这就引出了一个问题，除了前面讨论的同音效应外，是否还有其他证据表明语音编码时间直接影响阅读效率。阿布拉姆森和戈尔丁杰（1997）的一项词汇判定研究比较了
像 game 这样元音的阅读时间较长的单词和像 tape 这样元音的阅读时 199
间因其后跟着短暂辅音而变得较短的单词之间的阅读区别。他们发现元音阅读时间长的单词，词汇判定所需的时间明显更长，并由此

得出结论，认为内部言语中与该单词相关的表征需要更长的时间才能形成。词汇判定时间不一定是衡量阅读中语音编码时间的理想指标。一种更直接的测量方法是眼动记录技术。研究人员观察一个词的音节属性是否影响读者在阅读句子时花在这个词上的时间。结果却正反参半。阿什比和克里夫顿（2005）发现，字符数相同的双音节单词和单音节单词阅读时间相同。然而，有两个重读音节的单词（例如 RAdiAtion）比只有一个重读音节的单词（如 geOMetry）发音时间更长，而且前者的注视持续时间确实更长。两个重读音节词和一个重读音节词之间的差异对于单词的第一次注视持续时间的影响并不显著，但因为它们是长单词，所以可能有很多原因导致该结果（包括第一次注视时未对目标单词进行处理）。

总之，根据现有的研究证据，除了在音位层面上，文本的语音特征与阅读速度之间不存在明显的关系。首先，有证据表明，当插入逗号时，即使它们是多余的，阅读速度也会减慢，这可能意味着逗号使得内部言语流中出现更大的中断或停顿（Hirotani et al., 2006; Staub, 2007）。其次，有证据表明，有两个重读音节的单词比有一个重读音节的单词获得更长的注视时间（Ashby & Clifton, 2005）。然而，也有令人费解的"零效应"，例如双音节单词获得的注视时间不比单音节单词长，即使它们的发音时间更长（Ashby & Clifton, 2005）。显然，我们还远未完全理解语音编码的性质及其与外部语音的关系。

总结

尽管我们对于熟练阅读中的语音编码及其与亚语音化的关系还有很多需要继续深入探索的地方，但目前学术界已经有了一些明确的发现对指导今后成人阅读和儿童阅读的研究思考都具有相当重要的意义。其中最重要的发现或许是，语音编码是一种普遍存在的现象，几乎可以肯定是阅读过程中一个重要的功能部分。（这与关于亚语音化抑制的文献相反，后者认为只有困难篇章的阅读才需要语音编码或亚语音化。）阅读教师应该知道，看似无声的默读其实不是无声的。也就是说，因为熟练的读者在阅读过程中会在某种意义上读出单词，所以学习读出单词显然是学习阅读的一部分。语音编码是单词编码过程的一部分，也可能起到短期记忆的作用。使用眼动技术有助于确定无声阅读过程中是否直接存在语音的参与。眼动技术的成果中有一点是，语音编码过程在单词识别过程的早期就开始了：因为它是在读者注视单词之前进行的。

参考文献

Abramson, M., & Goldinger, S. D. (1997). What the reader's eye tells the mind's ear: Silent reading activates inner speech. *Perception & Psychophysics, 59*, 1059–1068.

Ashby, J. (2010) Phonology is fundamental in skilled reading: Evidence from ERPs. *Psychonomic Bulletin & Review, 17*, 95–100.

Ashby, J., & Clifton, C., Jr. (2005). The prosodic property of lexical stress affects eye movements during silent reading. *Cognition, 96*, B89–B100.

Ashby, J., & Rayner, K. (2004). Representing syllable information in word recognition during silent reading: Evidence from eye movements. *Language and Cognitive Processes, 19*, 391–426.

Ashby, J., Treiman, R., Kessler, B., & Rayner, K. (2006). Vowel processing during silent reading: Evidence from eye movements. *Journal of Experimental Psychology: Learning, Memory, and Cognition, 32*, 416–424.

Ayres, T. J. (1984). Silent reading time for tongue-twister paragraphs. *American Journal of Psychology, 97*, 605–609.

Baddeley, A. D. (1979). Working memory and reading. In P. A. Kolers, M. E. Wrolstad, & H. Bouma (Eds.), *Processing of visible language* (Vol. 1, pp. 355–370). New York,

NY: Plenum.

Balota, D. A., Cortese, M. J., Sergent-Marshall, S. D., Spieler, D. H., & Yap, M. J. (2004). Visual word recognition of singlesyllable words. *Journal of Experimental Psychology: General, 133*, 283–316.

Breen, M., & Clifton, C. Jr. (2011). Stress matters: Effects of anticipated lexical stress on silent reading. *Journal of Memory and Language, 64*, 153–170.

Breen, M., & Clifton, C., Jr. (2013). Stress matters revisited: A boundary change experiment. *Quarterly Journal of Experimental Psychology, 66*, 1896–1909.

Coltheart, M. (1981). Disorders of reading and their implications for models of normal reading. *Visible Language, 15*, 245–286.

Coltheart, M., Davelaar, E., Jonasson, J., & Besner, D. (1977). Access to the internal lexicon. In S. Dornic (Ed.), *Attention and performance Vol. 6*, (pp. 535–555). Hillsdale, NJ: Erlbaum.

Cortese, M. J., & Simpson, G. B. (2000). Regularity effects in word naming: What are they? *Memory & Cognition, 28*, 1269–1276.

Craik, F. I. M., & Lockhart, R. S. (1972). Levels of processing: A framework for memory research. *Journal of Verbal Learning and Verbal Behavior, 11*, 671–684.

Eiter, B. M., & Inhoff, A. W. (2010). Visual word recognition in reading is followed by subvocal articulation. *Journal of Experimental Psychology: Learning, Memory, and Cognition, 36*, 457–470.

Folk, J. R., & Morris, R. K. (1995). Multiple lexical codes in reading: Evidence from eye movements, naming time, and oral reading. *Journal of Experimental Psychology: Learning, Memory, and Cognition, 21*, 1412–1429.

Forster, K. I., & Davis, C. (1984). Repetition priming and frequency attenuation in lexical access. *Journal of Experimental Psychology: Learning, Memory, and Cognition, 10*, 680–698.

Garrity, L. I. (1977). Electromyography: A review of the current status of subvocal speech research. *Memory & Cognition, 5*, 615–622.

Haber, R. N., & Haber, L. R. (1982). Does silent reading involve articulation? Evidence from tongue-twisters. *American Journal of Psychology, 95*, 409–419.

Hardyck, C. D., & Petrinovich, L. F. (1970). Subvocal speech and comprehension level as a function of the difficulty level of reading material. *Journal of Verbal Learning and Verbal Behavior, 9*, 647–652.

Hirotani, M., Frazier, L., & Rayner, K. (2006). Punctuation and intonation effects on clause and sentence wrap-up: Evidence from eye movements. *Journal of Memory and Language, 54*, 425–443.

Inhoff, A. W., Connine, C., Eiter, B., Radach, R., & Heller, D. (2004). Phonological representation of words in working memory during sentence reading. *Psychonomic Bulletin & Review, 11*, 320–325.

Inhoff, A. W., Connine, C., & Radach, R. (2002). A contingent speech technique in eye movement research on reading. *Behavior Research Methods, Instruments, & Computers, 3*, 471–480.

Jared, D. (2002). Spelling-sound consistency and regularity effects in word naming. *Journal of Memory and Language, 46*, 723–750.

Kennison, S. M. (2004). The effect of phonemic repetition on syntactic ambiguity resolution: Implications for models of working memory. *Journal of Psycholinguistic Research, 33*, 493–516.

Kennison, S. M., Sieck, J. P., & Briesch, K. A. (2003). Evidence for a late-occurring effect of phoneme repetition in silent reading. *Journal of Psycholinguistic Research, 32*, 297–312.

Lee, Y., Binder, K. S., Kim, J., Pollatsek, A., & Rayner, K. (1999). Activation of phonological codes during eye fixations in reading. *Journal of Experimental Psychology: Human Perception and Performance, 25*, 948–964.

Lee, H., Rayner, K., & Pollatsek, A. (1999). The time course of phonological, semantic, and orthographic coding in reading: Evidence from the fast priming technique. *Psychonomic Bulletin & Review, 5*, 624–634.

Liu, W., Inhoff, A. W., Ye, Y., & Wu, C. (2002). Use of parafoveally visible characters during the reading of Chinese sentences. *Journal of Experimental Psychology: Human Perception and Performance, 28*, 1213–1227.

Marshall, J. C., & Newcombe, F. (1973). Patterns of paralexia: A psycholinguistic approach. *Journal of Psycholinguistic Research, 2*, 175–199.

Marshall, J. C., & Newcombe, F. (1981). Lexical access: A perspective from pathology. *Cognition, 10*, 209–214.

McCutchen, D., & Perfetti, C. A. (1982). The visual tonguetwister effect: Phonological activation in silent reading. *Journal of Verbal Learning and Verbal Behavior, 21*, 672–687.

McGuigan, F. J. (1970). Covert oral behavior during the silent performance of language tasks. *Psychological Bulletin, 74*, 309–326.

Meyer, D. E. (1970). On the representation and retrieval of stored semantic information. *Cognitive Psychology, 1*, 242–300.

Perfetti, C. A., & McCutchen, D. (1982). Speech processes in reading. In N. Lass (Ed.), *Speech and language: Advances in basic research and practice* (Vol. 7, pp. 237–269). New York, NY: Academic Press.

Plaut, D. C., McClelland, J. L., Seidenberg, M. S., & Patterson, K. (1996).

Understanding normal and impaired word reading: Computational principles in quasi-regular domains. *Psychological Review, 103*, 56–115.

Pollatsek, A., Perea, M., & Carreiras, M. (2005). Does conal prime CANAL more than cinal? Masked phonological priming effects with the lexical decision task. *Memory & Cognition, 33*, 557–565.

Pollatsek, A., Reichle, E. D., & Rayner, K. (2006). Tests of the E-Z Reader model: Exploring the interface between cognition and eye-movement control. *Cognitive Psychology, 52*, 1–52.

Pollatsek, A., Tan, L.-H., & Rayner, K. (2000). The role of phonological codes in integrating information across saccadic eye movements in Chinese character identification. *Journal of Experimental Psychology: Human Perception and Performance, 26*, 607–633.

Rayner, K. (1975a). The perceptual span and peripheral cues in reading. *Cognitive Psychology*, 7, 65–81.

Rayner, K. (1975b). Parafoveal identification during a fixation in reading. *Acta Psychologica, 39*, 271–282.

Rayner, K., McConkie, G. W., & Ehrlich, S. F. (1978). Eye movements and integrating information across fixations. *Journal of Experimental Psychology: Human Perception and Performance, 4*, 529–544.

Rayner, K., & Pollatsek, A. (1989). The psychology of reading. *Englewood Cliffs*, NJ: Prentice Hall.

Rayner, K., Pollatsek, A., Ashby, J., & Clifton, C., Jr. (2012). *Psychology of reading (2nd ed.)*. New York, NY: Taylor and Francis.

Rayner, K., Sereno, S. C., Lesch, M. F., & Pollatsek, A. (1995). Phonological codes are automatically activated during reading: Evidence from an eye movement priming paradigm. *Psychological Science*, 26–32.

Reichle, E. D., Pollatsek, A., Fisher, D. L., & Rayner, K. (1998). Towards a model of eye movement control in reading. *Psychological Review, 105*, 125–157.

Seidenberg, M. S. (1985). The time course of phonological code activation in two writing systems. *Cognition, 19*, 1–30.

Seidenberg, M. S., & McClelland, J. L. (1989). A distributed, developmental model of word recognition and naming. *Psychological Review, 96*, 523–568.

Seidenberg, M. S., Waters, G. S., Barnes, M. A., & Tanenhaus, M. K. (1984). When does irregular spelling or pronunciation influence word recognition? *Journal of Verbal Learning and Verbal Behavior, 23*, 383–404.

Staub, A. (2007). The parser doesn't ignore intransitivity, after all. *Journal of Experimental Psychology: Learning, Memory, and Cognition, 33*, 550–569.

Treiman, R., & Baron, J. (1983). Individual differences in spelling: The Phoenician-Chinese distinction. *Topics in Learning & Learning Disabilities, 3*, 33–40.

Treiman, R., Kessler, B., & Bick, S. (2003). Influence of consonantal context on the pronunciation of vowels: A comparison of human readers and computational models. *Cognition, 88*, 49–78.

Tsai, J., Lee, C., Tzeng, O. J. L., Hung, D. L., & Yen, N. (2004). Use of phonological codes for Chinese characters: Evidence from processing of parafoveal preview when reading sentences. *Brain and Language, 91*, 235–244.

Van Orden, G. C. (1987). A rose is a rows: Spelling, sound, and reading. *Memory & Cognition, 15*, 181–198.

Van Orden, G. C., Johnston, J. C., & Hale, B. L. (1987). Word identification in reading proceeds from spelling for sound to meaning. *Journal of Experimental Psychology: Learning, Memory, and Cognition, 14*, 371–386.

Warren, S., & Morris, R. K. (2009, August). Phonological similarity effects in reading. *Paper presented at the meeting of the European Conference on Eye Movements*, Southampton, England.

Wei, W., Li, X., & Pollatsek, A. (2013). Properties of fixated words affect outgoing saccade length in Chinese reading. *Vision Research, 22*, 1–6.

202

第14章 句子阅读：句法分析与语义解释

阿德里安·斯陶布

摘　要：读者理解文章需要理解每个句子的句法结构和意义，这些过程背后复杂的认知操作往往是在读者的潜意识层面完成的。研究人员通过对阅读过程进行事件相关电位记录（event-related potentials；ERPs）以及眼睛跟踪等方法，已经掌握很多关于这些认知操作的知识。本章概述该领域的一些主要理论问题和实证结论，重点关注以下问题：我们在阅读过程中如何快速地进行句法和语义分析？我们是否同时进行多个句法分析？句法分析总是先于语义解释吗？记忆在句子处理中扮演什么角色？最后，句子层面的这些认知过程与视觉单词识别之间有什么关系？

关键词：句子处理、分析、语义解释、眼动、事件相关电位

本手册中回顾的大部分研究是关于读者如何识别单词的。但是，识别每个单词只是读者必须完成的许多事件中的一部分，读者还必须分析每个句子的语法结构，并确定每个单词在这个结构中的位置，这个过程称为句法分析。此外，读者必须结合单词和短语的含义来理解句子的整体意义，确定句子中的各种表达指什么以及句子各结构的相互关系。我们将此过程称为语义解释。

一般来说，解析和解释在阅读和口语处理中都是快速、自动且轻松的。实际上，我们甚至往往没有意识到这些过程正在发生。但在某些案例中，简单的句子处理无法顺利进行，通过这些案例，我们可以了解认知系统如何工作。举一个例子，通过视觉感知出现问题的案例，我们可以了解视觉系统的工作原理，同样，人们也可以通过句

子处理失效的案例来认识人类句子处理机制。

考虑句子（1），它可能是心理语言学史上最著名的例子：

(1) The horse raced past the barn fell. (Bever, 1970)［跑过谷仓的马摔了］

如果你以前从未见过这句话，那么可能在你看来，这句话不符合英语的语法。但事实上，它完全符合语法。请考虑以下两句话，它们的结构类似于（1）：

(2) The story told by the scout leader scared everyone.

(3) The toy bought at the store broke.

你可能发现这两个句子更容易理解。现在试着把句子（2）（3） 203
的结构类推到句子（1）上。你现在明白（1）了吗？

根据大多数理论，（1）的问题在于“raced”一词的句法归属是模棱两可的：“raced”可能是动词过去式，也可能是过去分词后置定语结构的开头。读者通常倾向于将“raced”视为动词过去式；为什么读者有这种倾向的问题得到学术界的广泛关注，学者们试图研究并将该问题理论化。但一旦读者将“raced”视为动词过去式，就无法将单词“fell”加入到句子中。当读者阅读到“fell”时，读者似乎难以返回前文并修改最初的句法分析。此外，为什么句法的重新分析如此困难的问题也得到了学术界的广泛关注（Fodor & Ferreira，1998）。相比之下，读者阅读（2）和（3）时，要么倾向于将关键部分视为从句（Trueswell, Tanenhaus, & Garnsey, 1994），要么在一开始句法分析错误之后，重新分析的速度比（1）的情况更快（Clifton et al.，2003）。

句（1）是一个特别麻烦的句子，即所谓的花园小径句子。之所以将该句子比喻为花园小径，是因为读者在阅读这个句子时似乎是“沿着花园的道路”找到了一个有吸引力但不正确的句法分析方案。但事实上，句法歧义无处不在。例如，句子（4）整体的句法是模糊的：该句子至少有五种不同的句法分析可能，对应五种不同的含义。你能认出来吗？

（4）Put the block in the box on the table in the kitchen. (Church & Patil，1982）［把木块放在厨房桌子上的盒子里；把盒子里的木块放在厨房的桌子上；把桌子上的盒子里的木块放在厨房里；把桌子上的盒装木块放到厨房去；把盒装木块然后放到厨房的桌子上］

即使是看似简单的句子，读者有时候也必须在多个句法分析可能性中进行选择。

现在思考句子（5a 和 5b）：

（5）

a. The doctor that the nurse that the administrator knows hates resigned.［管理人员认识的护士讨厌的医生辞职了］

b. The doctor that everyone I know hates resigned.［我认识的每个人都讨厌的医生辞职了］

对于大多数人而言，（5a）句是非常难理解的，甚至可能是完全无法理解的句子。但事实上，这句话的语法完美地符合英语语法，比较（5b）就可以知道。从结构上来说，（5b）和（5a）是一样的，但（5b）更容易理解。与（1）句不同的是，（5a）句的困难似乎与歧义无关，这种句子称为双中心嵌入式句子，这个结构完全占据了读者在句子处理中运用的脑力资源或阅读能力（例如，Gibson，1998）。（5b）使用不同种类的名词替换原句名词（使用 everyone［每个人］代替 nurse［护士］，I［我］代替 administrator［管理人员］）后，这个问题得到了解决（Warren & Gibson，2002）。

从这些案例中很容易看出，在阅读过程中有复杂的认知机制参与句子理解，即使我们通常不知道这些机制的运作原理。本章将讨论关于这些机制的研究中最前沿的几个问题。首先，我们要明确一下本章的讨论范围，本章的讨论关注的是阅读流利的成人读者如何进行句法处理；不考虑儿童或患有获得性或发展性语言障碍的读者的句法处理，虽然这两个方面的课题都有值得一提的研究工作（例如 Snedeker, 2013; Caplan, 2013）。此外，本章主要针对讨论英语和其他欧洲语言的研究，世界上绝大多数的句法处理研究都是在针对这些语言进行的，但当前也存在一些有趣的研究比较了不同语言的句法处理（例如，Bornkessel & Schlesewsky, 2006）。口语和书面语的研究之间存在许多相似之处，但因为本手册的重点是阅读，所以我们将主要讨论以书面语料作为研究材料的研究。最后，本章对认知神经科学讨论仅涉及使用事件相关电位（ERP）方法的研究，因为一些新兴方法，如功能磁共振成像和脑磁图（MEG），在研究实时句法处理的研究中得到应用的时间还不长。

本章涉及的主题如下。第一，本章讨论在阅读过程中读者进行句法和语义分析的速度有多快：读者是在阅读某词的同时就完成一个句法分析和一个语义解释，还是在阅读某个特定词语之后才进行句法分析和语义分析？第二，本章讨论读者是一次只进行一个句法分析，还是同时进行多个句法分析。第三，本章探讨句法分析和语义分析之间的相互关系，读者是先完成句法分析，还是在进行句法分析的同时进行部分语义解释，甚至在完成句法分析之前就完成了语 204
义解释？第四，本章讨论记忆在句子处理中的作用。最后，本章还会讨论阅读过程中句子级别的语料处理与单词的视觉识别之间的关系。单词的视觉识别系统是否将信息输出给专门处理句子的系统，抑或是不同级别信息的处理系统时间存在交互，使读者能够根据单词的句法身份或者上下文的语义以不同的方式识别单词？

句子处理的递增性

有哪些证据证明读者是逐词完成句法分析和语义解释，而不是等到读完一个从句或者一个句子之后才进行句法或语义分析？福多尔等人（Fodor，Bever & Garrett，1974；另见 Marcus，1980）认为句法分析和语义解释是以从句为单位，而非以单词为单位的，读者的句子处理系统为了避免歧义，推延句法和语义解释的时机等到读者阅读完一个从句之后才完成分析，但最近数十年来的研究已经证明这种观点是不正确的。从直觉上我们也可以了解到，阅读过程中我们确实在一定程度上以单词为单位做句法和语义分析，所以我们才会难以理解句子（1），读者在遇到"fell"这个单词之前，已经在头脑中形成了句法划分和语义解释。这一点也得到了行为分析和电生理实验证据的证明，这些实验没有发现单词的识别和句法 / 语义解释之间存在时间间隔。

最好的证据可能来自于对读者眼动进行监测的研究。弗雷泽和雷纳（Frazier & Rayner，1982）在其开创性研究中，向读者展示了（6a-b）等句子：

（6）

a. Since Jay always jogs a mile this seems like a short distance to him.［杰伊总是慢跑一英里这段路在他看来很短］

b. Since Jay always jogs a mile seems like a short distance to him.［杰伊总是慢跑一英里在他看来很短］

弗雷泽（1978，1987）的花园小径理论是第一批明确解释句法分析的理论之一，根据花园小径理论，读者最初将短语"a mile"作为慢跑的宾语，而不是将其视为其后句子的主语，在（6a）中，如此分析的结果是正确的，但在（6b）中，如此分析的结果是错误的。弗雷泽和雷纳发现，读者阅读（6b）时，一遇到“seems”这个词，读者的注视时长增加，并且回读（即注视点向左移动）的概率增加。该现象表明，当读者遇到“seems”这个词的时候，读者已经完成了对这个句子的句法分析，而在（6b）的情况中，这个分析恰好是错误的。数十项研究都发现将关键词错误地划分到先前的句子成分的句法分析将会导致注视时长和回读概率增加的现象（Clifton, Staub, & Rayner, 2007）。

大量文献直接研究了在没有句法歧义的情况下，单词作为句子处理单位影响读者眼动的可能性（Cohen & Staub, 2014; Filik, 2008; Rayner, Warren, Juhasz, & Liversedge, 2004; Staub, Rayner, Pollatsek, Hyönä, & Majewski, 2007; Warren & McConnell, 2007）。除非读者已经构建了错误的句法分析，否则读者的眼动不会出现上文所述的异常特点；根据这些研究的结果，读者将个别单词整合到句义中花费的时间存在一个上限。在这些研究的第一个阶段，雷纳等人（2004）将关键词（如 carrots［胡萝卜］）分别放置在两个句子中，根据上下文，其中一个句子符合常理，而另一个句子则不合理。

（7）

a. John used a knife to chop the large carrots for dinner.［约翰用刀把大胡萝卜切碎作晚餐］

b. John used a pump to inflate the large carrots for dinner.［约翰用打气筒给大胡萝卜充气做晚餐］

总体而言，许多研究表明从读者第一次注视不合理的句子中的关键词开始，读者处理该词语的早期过程的时间增加（Staub et al., 2007; Warren & McConnell, 2007）。此外，语义越离谱的句子对读者阅读产生影响的速度越快（Rayner et al., 2004；Warren & McConnell, 2007）。

综上所述，这些研究表明，在读者第一次开始注视一个词之后的一小段时间（通常小于300毫秒）内，读者不仅从注视词中读取了大量词汇信息，而且至少已经开始将该词与其他词进行整合，并且至少在某些情况下，词间整合过程出现错误的信号会影响读者第一次注视该词的时长（Reichle, Warren, & McConnell，2009，提出明确的机制计算模型）。

几十年来，使用事件相关电位（ERPs）的研究也发现了逐词句法分析和语义解释存在的证据。事件相关电位法是脑电图（EEG）法的一种形式，研究人员在脑电图中检查特定刺激对头皮电位模式的影响。在本例中，研究人员使用脑电图记录读者遇到句中关键词时的表现，眼动会导致脑电图记录中出现伪影，实验通常在计算机屏幕中央一次显示一个单词，使用一种称为快速串联视觉显示（RSVP）的方法呈现句子。本研究的一个基本发现是，读者阅读的词和上下文之间的联系速度可以达到几百毫秒级别。单词语义与上下文相矛盾的情况通常会导致脑电波图N400分量的振幅增加（Kutas & Hillyard, 1980），在单词出现后约400毫秒波形负偏转达到峰值（Kutas & Federmeier, 2007）。当一个词和其上下文出现句法结构上的矛盾时，脑电波图的变化就更加复杂了，研究已经证实句法结构矛盾会导致一个相对较晚出现的正偏斜，称为P600 (Osterhout & Holcomb, 1992)，和一个出现相对较早的负偏斜，类似于N400潜伏期的形式，但出现在头皮的不同部位，称为左前负性（LAN）（Kutas & Federmeier，2007）。一些研究人员报告了一个特别早期版本的左前负性，称为ELAN(Friederici, Hahne, & Mecklinger, 1996; Neville, Nicol, Barss, Forster, & Garrett, 1991)，该波形的出现条件目前仍存在争议。

综上所述，眼动和事件相关电位研究确定了句法分析和语义解释都是逐词渐进的，至少大多数时候是这样。读者阅读每个单词时都试图将这个单词整合到句子的句法和意义中。如果这个过程遇到困难，几百毫秒内眼动和脑电图记录就会出现特殊规律。

然而，最近的一些结果表明，至少在某些时候，读者整合进句子的句法和意义的信息可能和当前处理的单词的信息存在出入，或者存在一定程度的模糊。例如，当读者无法纠正最初的错误句法分析时（Christianson, Hollingworth, Halliwell, & Ferreira, 2001），他们可能会采取相对肤浅的阅读策略，避免对含糊不清的句子进行解释（Swets, Desmet, Clifton, & Ferreira, 2008）。有时读者解析句子整体的方式和解析其中一系列相邻单词的方式也可能不同（Tabor，Galantucci & Richardson，2004）。虽然这些发现的适用范围和背后的运作机制还存在一些重要问题悬而未决，但它们确实引起了句法解析研究者的极大兴趣。

我们已经得出结论，句子的解析是逐词递增的。但事实上，有证据表明解析的增量可能在读词前就已经完成了：读者不仅在阅读某词时输入信息，而且还积极地预测即将到来的信息。支持该观点的证据之一来自于针对被称为长距离依赖关系的结构的句子研究，在这种结构中，出现在句子某一点的元素在句子的后一点接受其主题角色（例如，代理、病人）。考虑皮克林和特雷克斯勒（2003）的句子（8a-b）：

(8)

a. That's the truck that the pilot landed carefully behind in the fog.

b. That's the plane that the pilot landed carefully behind in the fog.

在这些句子中，最初的名词短语（truck［卡车］/plane［飞机］；在心理语言学术语中被称为 filler［填充词］）在语义上和（根据某些理论）句法上，和单词 behind［后］的位置（称为 gap 间隙）存在联系，填充词在间隙位置上有句法意义。在阅读这样的一个句子时，读

者首先遇到填充词，然后遇到间隙。但有证据表明，读者实际上并不是单纯地被动等待间隙位置的出现，而是主动预测间隙可能出现的
206 位置（Crain & Fodor, 1985; Frazier & Clifton, 1989; Garnsey, Tanenhaus, & Chapman, 1989; Stowe, 1986; Traxler & Pickering, 1996）。当读者发现第一个认为可能存在间隙的位置不存在间隙时，读者的句法处理会出现中断。皮克林和特雷克斯勒（2003）对此作出了一个巧妙的示范。在（8a）和（8b）中，读者首先预测在 landed［着陆］一词后存在间隙，正如 That's the plane that the pilot landed on runway number three.［那架飞机就是飞行员降落在第三跑道上的飞机］这句话中将 plane 作为 landed 的宾语的情况。但在皮克林和特雷克斯勒（2003）提出的句子中，间隙不在这个位置，而是在 behind 的后面。皮克林和特雷克斯勒（2003）发现，与（8b）相比，读者阅读（8a）的"landed carefully［小心着陆］"的阅读时间更长。读者阅读（8a）时，知道间隙不可能存在于 landed 之后，因为飞行员不可能让卡车着陆。然而，在（8b）中，在"behind"一词出现之前，间隔存在于"landed"一词之后的可能性都是存在的；实际上，皮克林和特雷克斯勒（2003）发现，和（8a）相比，读者阅读句子（8b）后半部分的时长更长，可能的原因是读者更改间隔位置的过程需要花费一定时间。

除了长距离依赖关系之外，还可能存在其他对于主动预测语法而言必要的元素。例如，斯陶布和克里夫顿（2006）证明，读者在阅读"either"［要么］一词后会预料到其后将会出现二选一的情况，例如斯陶布和克里夫顿让受试者读"The team took the train or the subway to get to the game"［队伍乘坐火车或者地铁去参赛］和"The team took either the train or the subway to get to the game"［队伍要么乘坐火车要么乘坐地铁去参赛］，结果读者阅读"either"之后注视"or the subway"的时长缩短。最近的一些模型更为明确地体现了读者阅读过程中存

在的预测或预期现象（Hale, 2001; Levy, 2008）。这些模型认为读者根据自身积累的语料库中的规律预测正在阅读的句子的下文，读者对语料库中出现概率越大的语言成分的预期越大。这些模型还提出，读者对下文的期望值由自身语料库的统计规律决定，而读者对下文的预测准确性决定了处理实际遇到的材料的难度。

串联与并联阅读处理

我们已经知道，句子处理系统以高频递增的方式增加句法分析和语义解释。但是，它一次仅仅构造一个句法分析和解释吗？还是说，句子处理系统在遇到歧义的情况下同时进行多个分析？用认知心理学的说法，这是关于阅读处理系统是串联还是并联进行的问题。串联模型认为，在任何时候，句子处理系统一次只进行一个句子的分析，如果这个分析被证明是不正确的，句子处理系统将会替换这个分析，串联模型的一个例子是弗雷泽（1978, 1987）的花园路径模型；最新的串联模型包括刘易斯和瓦西斯特（2005）的基于 ACT-R 的句法解析模型，以及黑尔的左角句子分析器模型（2011）。另一方面，并联模型则认为读者可以同时进行多个句法分析，但这些分析的激活程度不同，也就是说，读者的句子处理系统将对句法尚不明确的材料进行不止一次的分析，并将所有这些分析都视为候选项，直到遇到决定性证据明确地消除歧义为止。该观点的代表模型是基于约束的句子理解模型（MacDonald, Perlmutter, & Seidenberg, 1994; McRae, Spivey-Knowlton, & Tanenhaus, 1998）和最近出现的列维的 surprisal 模型（2008）。凡贡佩尔及其同事（Traxler, Pickering, & Clifton, 1998; van Gompel, Pickering, Pearson, & Liversedge, 2005; van Gompel, Pickering, & Traxler, 2000, 2001）的 unrestricted race 模型则是包涵串并联观点的混合模型，该模型认为，在歧义解决之前，多个分析方案形成，相互之间存在速度竞争，最先完成的分析方案将会被读者采纳，因此，读者一次只接受一个完整的分析方案。

在心理语言学发展初期，福多尔等人（1974）就指出了一个关键的经验事实，这一事实或许能够区分串联模型和并联模型。

实际上，只要是并联模型，它与串联模型之间就一定存在重要的区别：并联理论认为句子的处理难度应该随着未解决歧义的可能解的数量的增加而增加，而并联理论则没有这种说法。因为并联理论认为，每当读者遇到一个句子的模糊成分存在 n 种分析可能时，我们必须计算并存储 n 个分析方案，只有遇到消除歧义的材料时，n 才会减少 1 个。然而，在串联模型中，只有当读者对模糊部分的第一
207 个分析方案被证实是错误的分析时，处理负担才会增加；即当后续输入的信息与第一个分析不符时，读者才需要承担额外的工作（第 362 页）。

实际上，并没有证据表明读者需要更多的时间才能阅读句法分析方面存在歧义的句子；克里夫顿和斯陶布（2008；另见 Lewis, 2000）详细地回顾了文献数据。大量证据支持串联处理模型的预测，如果读者要求自己第一时间必须完成正确的句法分析，那么时间成本将会大大上升，如（1）和（6b）的例子，而且眼动研究表明这样的要求通常导致读者更多地进行回读。但是句法模糊本身并不会干扰阅读。事实上，凡贡佩尔及其同事（Traxler et al., 1998; van Gompel et al., 2005 2000, 2001; van Gompel et al.,）发现，读者阅读一些模棱两可的句子比阅读没有歧义的句子速度更快。请考虑 9a_c：

(9)

a. The driver of the car with the moustache was pretty cool.［那留胡子的轿车司机很帅］

b. The car of the driver with the moustache was pretty cool. [那留胡子的司机的轿车很帅]

c. The son of the driver with the moustache was pretty cool. [留胡子的司机的儿子很帅]

在（9c）中，读者可以将胡子视为司机或司机儿子的修饰语；但在（9a）和（9b）中，读者可以通过合理性判断被修饰词。在实际上，特雷克斯勒等人（1998）发现，读者阅读（9c）这类句子的速度比（9a）和（9b）这类的句子速度更快。

与句法歧义形成鲜明对比，词汇歧义对读者造成的负担更大，如果一个词有两个不同含义，读者所需阅读时间就会增加，增加的阅读时长取决于这些词各个意义的相对频率和句子上下文（Duffy, Morris, & Rayner, 1988; Rayner & Duffy, 1986）。因此，视觉词识别模型可以假定读者并联处理单词含义，多个含义相互竞争读者注意力。词汇歧义造成阅读时间成本上升，而句法歧义则不会导致明显的时间成本增加的现象对并联句子处理模型提出了挑战。格林和米切尔（2006）认为并联句子处理模型实际上不需要预测句子歧义对时间成本的影响，而克里夫顿和斯陶布（2008）则反对这一论点。

学界对于阅读处理的串联性与并联性的辩论持续了多年，侧重并联限制的阅读模型最初于 20 世纪 80 年代和 20 世纪 90 年代提出，与当时占据主导地位的串联模型，弗雷泽的花园路径模型（1978, 1987）形成了对比。与花园路径模型不同，基于限制的模型假设多个非结构因素影响初始分析决策。例如，动词 remember [记得] 往往后面跟着一个直接的对象，例如 he remembered the story [他记得那个故事]，而动词 suspect [怀疑] 往往后跟一个从句成分 he suspected the story is false [他怀疑这个故事是假的]。几项研究（例如 Trueswell, Tanenhaus, & Kello, 1993）表明，词法特征能够迅速帮助读者进行句法分析。另一个例子，根据花园路径模型预测，“She'll implement the plan she proposed tomorrow”［明天她提出的计划她会完成的］这个句子的句法分析难度很大，因为人们倾向于将“tomorrow”［明天］与最近的结构相结合。然而，阿特曼等人（Altmann，van Nice，Garnham & Henstra，1998）发现，在实际阅读时，读者受到语境的影响会改变这种倾向。基于限制的模型除了假设非结构因素在初始分析决策中发挥作用外，还假设此类决策存在不确定性，读者根据实际情况进行不同的分析。实证证据证明了模型的假设至少在某些类型的句法分析中是成立的（Carreiras & Clifton, 1999）。

然而，必须指出，模型假设的成立与否取决于读者是否同时处理多个句法分析任务，但这一点不容易在文献中得到体现。文献中体现的并联的结构处理与非结构分析的结合运用契合基于限制模型的框架，但实际情况并非总是如此，凡贡佩尔及其同事（van Gompel et al., 2005; van Gompel et al., 2000, 2001）、刘易斯和瓦西斯特（2005）认为，当句法分析存在歧义时，读者只完成一个句法分析，并且同时考虑各种非结构因素。此外，他们认为句法分析的最终决定是概率性的，而不是绝对的。因此，他们的模型考虑了非结构因素对句法分析的影响，但也（正确地）避免了预测歧义成本。

208 ## 语义处理的独立性

本章的主题是两个明显相关的过程：句法分析和语义解释。本节将讨论这两个过程之间的相互关系，句法分析必须先于语义解释的理论原因以及一些有趣的经验证据。

从语义学角度而言，句子的含义的建模为它所包含的单词的含义以及这些词在语法上结合方式的函数。句子的含义是句子各部分的组合，其特定的组合模式称为组合性的观点最初是由逻辑学家弗雷格（详见 Heim and Kratzer，1998）提出的。举个简单的例子，（10a）和（10b）意义大致相当，（10c）与（10a）含义不同，虽然这两个句子中“the dog”［狗］都是主语，但谓语动词一个是主动结构，一个是被动结构。

(10)

a. The dog bit the man.［狗咬了那个人］

b. The man was bitten by the dog.［那人被狗咬了］

c. The dog was bitten by the man.［狗被那个人咬了］

该观点认为，语义解释无论是时间上还是逻辑上都接续于句法分析，对于读者而言，句法分析的结果决定了如何将单个单词的含义整合成为句意，输入词的句法信息加入句子的语义解释的时机应该先于任何该单词和前文之间的语义关系分析，并且语义解释应受此句法分析的约束。但事实上，许多心理语言学家认为，情况可能并非如此（Bornkessel & Schlesewsky, 2006; Kuperberg, 2007；Townsend & Bever，2001）。相反，这些理论家提出了一种观点，也就是说至少在某些情况下，语义解释不需要等待句法分析，而是依靠快速、自动的非句法方式组合单词意义。例如，理解者最初可能得出一种解释，该解释虽然没有句法分析的支持，但在给定背景世界知识的前提下是合理的。

金和欧斯特霍特（2005）的事件相关电位研究为这一说法提供了支持证据。如前所述，合理性冲突出现时，事件相关电位记录中会出现振幅增加的 N400 波形，而句法冲突（如主谓不一致、短语结构冲突或不正确的动词形态）出现时，事件相关电位记录中会出现 P600。金和欧斯特霍特使用了如（11a-c）这类快速联觉显示格式的句子：

(11)

a. The hearty meal was devouring the kids. [丰盛的一餐正在吞噬孩子们]

b. The hearty meal was devoured by the kids. [丰盛的饭菜被孩子们吞噬]

c. The hungry boy was devouring the cookies. [饥饿的男孩正在吞噬饼干]

句子（11a）在句法上完全正确，但不符合常理：一顿饭不能吞噬任何东西。但事实上，与（11b）和（11c）中的相关词语相比，读者阅读（11a）中的“吞噬”一词时出现 P600 波形，而不是 N400 波形。大脑对这个词的反应好像是将其识别为一种语法异常，而不是语义异常。为什么会这样？金和欧斯特霍特指出，在阅读像（11a）这样的句子时，我们利用我们的知识，即丰盛的饭菜很可能被吞噬，从而初步构建了一种语义解释，即丰盛的饭菜是吞噬这个动词的受动者而非施动者，当读者阅读到丰盛的饭菜这个主语时，我们期望看到“被吞噬”，而不是“吞噬”，因此，该词的问题在读者看来似乎是形态问题（应该是 -ing 而不是 -ed）；也就是说，这是一个句法错误。金和欧斯特霍特的结论是，“至少在某些情况下，语义处理独立于甚至控制句法分析”（第 210 页）。他们还在第二个实验中证明，只有当主谓组合形成一个有吸引力的主题时，例如 “The dusty tabletops were devouring” [尘土飞扬的桌面正在吞噬] 中才会出现 N400，而不是 P600。该结果与初始语义解释基于真实世界背景知识合理性的假设一致。这项工作引起了许多讨论和若干后续研究（Kuperberg, Caplan, Sitnikova, Eddy, & Holcomb, 2006; Kuperberg, Kreher, Sitnikova, Caplan, & Holcomb, 2007; Stroud & Phillips, 2012; Van Herten, Kolk, & Chwilla, 2005）。

209 另一方面，另一系列事件相关电位研究通过调查读者遇到语法异常并形成语义冲突的单词的情况，了解语义解释中可能存在的独立性问题（Bornkessel-Schlesewsky & Schlesewsky, 2009, Friederici，2002）。以下是哈恩与弗里德里奇（2002）的德语研究的例子，关键词是斜体字：

(12)

a. Das Brot wurde *gegessen*. ［面包被吃了］

b. Das Vulkan wurde *gegessen*. ［火山被吃了］

c. Das Eis wurde im *gegessen*. ［冰激凌是被吃的］

d. Das Turschloß wurde im *gegessen*. ［门锁被吃了］

从（12b）到（12d）句分词前的部分都是不可接受的。在（12b）中，这个词在语义上是不可能的，与（12a）相比，读者阅读（12b）时N400波形应该会增加。在（12c）中，此单词前面紧接一个介词，导致短语结构冲突，与（12a）相比，应该出现早期波形负偏转以及P600波形。问题在于该情况下（12d）（两种矛盾情况加在一起）是否仍会导致N400波形。如果是这样，就表明读者注意到吃门锁的语义不可能性，虽然在任何情况下分词在语法上都不能附加到前面的介词。但实际结果是，虽然（12d）导致了早期的波形负偏转和P600波形，但却没有出现N400波形效应。其他几项研究也得到了类似的结果，表明短语结构冲突的存在有效地阻止了读者语义解释的任何尝试。

张亚旭、喻婧和波兰德（2010）以及王穗萍、莫德圆、向明、徐瑞平和陈烜之（2013）在最近的研究中发现，中国读者的情况可能有所不同。两项研究发现，即使关键词也构成句法冲突，语义冲突也会引发N400效应。这些研究人员指出汉语使用者可能采用与其他语言（德语、荷兰语和法语）使用者完全不同的阅读处理策略。汉语句子缺乏句法结构的明文线索，这可能导致读者在阅读第一时间首先依赖语义处理。

总之，尽管使用事件相关电位方法的大量研究尝试解决语义解释能否在没有完整的句法分析的情况下进行的问题，但目前不可能对这一问题提供明确的答案。该问题很可能仍将是今后研究的沃土。

记忆的作用

理解句子的意义需要记忆的参与，试考虑（13）：

(13) Which horse did Mary think that her daughter wanted to ride? [玛丽认为她女儿想骑哪匹马？]

这个句子很容易理解。在阅读这个句子的过程中，在几个节点上读者必须从记忆中检索一些前文内容。也就是说，在从左到右阅读句子的过程中，当前输入的词必须与先前（但非直接相邻）的词语相结合考虑：

· 代词“her”必须与先行词“Mary”相结合；

· 动词“ride”必须与其主语“her daughter”相结合；

· 动词“ride”必须与其宾语“Which horse”相结合；

语种并不会改变读者对语言的记忆能力以及再检索能力，再对比考虑（13）句的变体，该句中，读者阅读“ride”时，读者必须回忆出“which horse”一词：

(14) Which horse did the woman who got out of the gray Mercedes behind the house think that her daughter wanted to ride? [从房子后面的灰色奔驰车里出来的女人认为她的女儿想骑哪匹马？]

虽然这个句子比较困难，但仍然是可以理解的。显然，当我们阅读或听到这个句子时，会暂时记忆语义内容，然后在适当的时候再检索。

但是，记忆语义成分并在其后再检索需要花费一定时间精力成本。加德纳和吉布森（2005）的研究之后，巴塔克等人（Bartek,

Lewis，Vasishth & Smith，2011）最近进行了眼动追踪研究暗示了记忆信息存在成本。巴塔克等人的研究中使用的句子如（15）：

a. The nurse supervised the administrator while. . .［护士监督着行政人员，当……］ 210

b. The nurse from the clinic supervised the administrator while...［诊所的护士监督着行政人员，当……］

c. The nurse who was from the clinic supervised the administrator while. . .［就职于那家诊所的那名护士监督着行政人员，当……］

在这些句子中，动词“supervised”［监督］与主语“the nurse”［护士］之间的距离不同。巴塔克等人的关键发现是，当动词与主语不相邻时，阅读动词时长稍长，阅读动词的时长随着主语和动词之间的距离增加略微增长。他们认为，阅读时间的延长反映了在遇到动词时读者需要回忆主语，而且读者的记忆随着干预材料的增加而衰减（Lewis & Vasishth, 2005; Lewis, Vasishth, & Van Dyke, 2006）。然而，这个结论与其他实验的发现不一致，另外一些类似实验未能发现干扰材料影响读者阅读时长的现象（Martin & McElree, 2008）。

我们也有理由相信记忆对更复杂的语言结构的处理存在一定作用。前文已经指出（5a）这样的句子是极难理解的：

（5）

a. The doctor that the nurse that the administrator knows hates resigned.［管理员知道的护士讨厌的医生辞职了］

读者阅读这句话时，同时将三个名词短语（the doctor［医生］，the nurse［护士］，the administrator［管理员］）存储在记忆中，然后快速连续检索它们，并且将三个动词和其主语对应起来（例如，将护士作为恨的主语，以及医生作为辞职的主语）是相当困难的。如果该句子只有一个后置定语从句，那么该句的阅读几乎不存在难度，因为句中只有两个名词和两个动词，例如：

(16) The doctor that the nurse hates resigned.［护士讨厌的医生辞职了］

许多年前的研究观察到，随着后置定语从句数量从一个增加到两个，句子的阅读难度急剧增加（Miller & Chomsky, 1963; Yngve, 1960）。吉布森（1998, 2000）将这一困难归因于在（5a）中主语医生和其动词辞职之间的干扰信息的增加，导致读者必须在记忆中存储所有干扰信息，包括护士、管理员和两个动词。沃伦和吉布森（2002）发现，当嵌入的干扰材料中没有引入新的概念（5b）时，难度会大大降低：

(5) b. The doctor that everyone I know hates resigned.［我认识的每个人都讨厌的医生辞职了］

戈登和同事（Gordon, Hendrick, Johnson, & Lee, 2006; Gordon, Hendrick, & Levine, 2002）也提出，像（5a）这样的句子之所以难，很大程度上是由于句中名词短语所属类型都很接近，因此在记忆中相互干扰，而这个问题在（5b）中有所缓解。

心理语言学发展历史中最早的发现之一（Wanner & Maratsos, 1978）是宾语相对从句（ORCs；例如 17b）比主语相对从句（例如 SRCs; 17a）更难理解，即使两个句子所包含的名词成分完全相同。这个现象常被归因为读者记忆的限制。

(17)

a. The reporter that attacked the senator admitted the error.［攻击参议员的记者承认了错误］

b. The reporter that the senator attacked admitted the error.［参议员攻击的记者承认了错误］

两个句子的关键含义区别是，在（17a）中，定语从句修饰的名词“reporter”[记者]在后置定语中做主语，而在（17b）中，这个名词在定语从句中做宾语。许多学者（Gibson, 1998; Gordon et al., 2006; Grodner & Gibson, 2005; Lewis & Vasishth, 2005）提出，宾语相对从句句型的处理难点在于工作记忆，具体而言，在（17b）中，读者在读到“attacked”[攻击]一词前都必须将“reporter”存储在记忆中，并在读到“attacked”时激活“reporter”，那么，“attacked”和“reporter”之间距离越远读者的工作记忆负担更大；而且两词之间的干预材料与目标词越相似，对读者记忆的破坏性越大，如（17b）中“reporter”和“senator”[参议员]都是表示职业的名词。与该说法一致，戈登等人（2006）发现，当关键词变成人名时，读者阅读（17b）这样的句子的阅读时间缩短。

最近，斯陶布（2010）调查了读者阅读类似于（17b）句子的过 211
程中最先会在何处遇到困难，他们发现实际的情况与基于记忆模型的预测不一致。读者阅读（17b）的动词“attacked”一词的时间确实比（17a）的“attacked”长，这一点与基于记忆模型的预测一致，然而，在读者回忆前文内容之前，（17b）中的“senator”一词的处理难度更大。斯陶布（2010）指出，宾语相对从句型处理难点可能在于当读者遇到“that”时，第一反应是在脑海中建立一个主语相对从句结构。罗兰等人（Roland，Mauner，O’Meara & Yun，2012）的研究结论使问题变得更加复杂，他们发现在真实的语境中，（17b）这种类型的句子的阅读难度并不一定很大，因为关键词“senator”可能已经在前文中被提起过。总之，记忆限制在宾语相对从句句型阅读困难中扮演的角色仍处于争论之中。

研究人员还提出了一个更为广泛的问题，在句子理解中使用的记忆系统是一个单独的系统，还是与其他任务，如在认知心理学研究中使用的其他语言记忆任务，共用一个系统？卡普兰和沃特斯

（1999）根据几项证据判断这个系统和其他语言任务所使用的记忆系统不能是同一个系统。首先，他们指出人们对口头语料的工作记忆存在个体差异，例如，阅读跨度任务（Daneman & Carpenter, 1980）等实验要求受试者记住一连串句子的最后一个单词，结果读者的表现和其理解宾语相对从句或花园路径句子的表现并不一致。思普劳斯、瓦格斯和菲利普斯（2012）也有类似的发现，他们的研究未能证明个体在明确记忆任务中的表现与其处理不同类型的复杂句子的能力之间存在关联。其次，卡普兰和沃特斯认为，在读者处理句子时如果给他们施加额外的记忆负荷并不会明显妨碍其对句子类别的识别，而读者对句子类别的识别被认为需要工作记忆的参与。第三，他们还提出，工作记忆障碍患者对复杂句子的理解能力并没有受损。

前文三条理由中的第二条最近受到了费多伦科、吉布森和罗德（2006, 2007）的质疑。费多伦科等人进行了实验，受试者根据自己的节奏阅读不同复杂度的句子（也就是说读者可以自主地按下一个按钮来阅读句子中的下一个单词），与此同时，他们需要记住几个单词或进行算术或执行空间认知任务，结果显示，如果受试者必须同时记住与句子中的词意义相关的单词联或者需要进行算术任务时，阅读速度会减慢。该实验最关键的发现是记忆任务对读者阅读句子的影响和句子复杂性的影响存在相互作用，句子越复杂，记忆任务对读者的影响更大。费多伦科等人根据这些结果认为，理解复杂句子所涉及的工作记忆也涉及其他记忆任务，包括算术等非语言任务。然而，最近埃文斯、卡普兰和沃特斯（2011）认为，费多伦科等人的双重任务实验方法可能涉及特殊的处理策略，因此他们的结论普适性较低。

本节只是蜻蜓点水地涉及了许多与记忆在句子理解中的作用相关的实证辩论、方法论和理论框架。该研究领域相当活跃，将来可能也是如此。

句子处理和视觉词识别

本手册中的许多章节从这样或那样的角度，涉及了视觉词识别这一主题（Yap & Balota, Taft, and Andrews）。这些章节通常孤立地讨论读者对单个词的识别。但关键的问题是，单词识别的自动程度以及在不考虑出现单词的句法和语义上下文的情况下讨论这个主题是否有意义。我们是否可以假设有一个单独的（或根据 Fodor，1983 的说法：模块化的）单词视觉识别系统，并且单词视觉识别系统将信息传输给执行语法解析和语义分析的系统？还是单词识别本身受到单词的句法和语义上下文的影响？显然，词汇歧义的解决需要上下文的信息（Duffy et al., 1988），例如读者需要上下文的帮助才能判断“bank”一词是“银行”之意还是“河岸”之意。当一个词容易与不同的词相混淆时，上下文似乎也会影响单词的识别，例如，当两个词只差一个字母时（例如 trial 和 trail）（Johnson, 2009; Slattery, 2009）。但是，单词只有一个意义而不存在歧义的情况更为常见，对无歧义单 212
词的识别情况如何呢？在这种情况下，识别单词的过程是否也受上下文的影响？几十年前，斯坦诺维奇（1980）在研究了优秀的读者和差劲的读者之间的差异之后断言，优秀的读者特别擅长不根据上下文进行单词识别（第 32 页）。但是该说法是正确的吗？

试看句子（18a–b）：

(18)

a. The woman took the warm cake out of the oven and frosted it.［女人把热乎乎的蛋糕从烤箱拿出来撒上糖霜］

b. The woman walked over to the oven and opened it.［女人走到烤箱

前打开它]

在（18a）中，根据上下文很容易预测出“烤箱”一词，而在（18b）中则没那么容易。这一点可以通过完形填空任务来证明（Taylor, 1953）。对比实验已经证明读者注视在一个单词上的时间受到单词可预测性的影响（Ehrlich & Rayner, 1981; Rayner & Well, 1996）。此外，史密斯和列维（2013）最近通过大量眼动数据发现了词汇可预测性和阅读时间之间普遍存在的对数关系。事件相关电位研究中N400波形的振幅也受到词汇可预测性的影响（Federmeier & Kutas, 1999; Kutas & Hillyard, 1984）。这些证据似乎表明一个词的可预测性越强，越容易被读者识别。读者可能会根据自身的背景知识库（Altmann & Kamide, 1999; van Berkum, Brown, Zwitserlood, Kooijman, & Hagoort, 2005），或是对该语言的词频统计学规律（Smith & Levy, 2013），预测句子中接下来可能会出现什么词，这些预测可能促进单词识别或是减少词汇识别所需的来自直观层面的信息量（Norris, 2006）。

然而，可预测性对读者阅读速度的影响却未必等于可预测性对词汇识别过程产生了影响。正如本书（Yap & Balota）所述，在各种研究范式中都发现单词频率对单词识别难度存在稳定的影响。如果可预测性也影响单词识别，那么单词频率的影响和单词可预测性的影响可能会相互作用，因为这两个因素都会影响同一个处理阶段（McDonald & Shillcock, 2003）。更具体地说，许多理论家发现，当某单词在特定上下文中可预测性很大时，此时的单词频率效应较小或不存在。一些眼动研究也证实了这一说法，研究中目标词的频率和可预测性都不同。更令人惊讶的是，单词频率和单词可预测性对诸如第一次注视持续时间（读者注视单词的第一眼持续时间）和注视总持续时间（读者所有注视该单词时长的总和）的影响是相互叠加的，而不是相互作用的（Altarriba, Kroll, Scholl, & Rayner, 1996; Ashby,

Rayner, & Clifton, 2005; Gollan et al., 2011; Hand, Miellet, O'Donnell, & Sereno, 2010; Rayner, Ashby, Pollatsek, & Reichle, 2004)。也就是说，即使可预测性提高，字频的影响也不会减弱。频率和可预测性之间缺乏相互作用，这对于可预见性和频率影响同一进程的建模任务是一项挑战。

如前所述，当一个单词与上下文不匹配时（可能是句法上的分歧或是句意上的不合理），读者阅读该单词的时间更长。由于这些影响产生速度极快，人们容易将它们视为读者对单词识别难度的反应。然而，最新版本的 E-Z 读者模型对阅读中眼动控制过程的解释（Reichle et al., 2009）表达了一种观点，认为词频和词汇可预测性的影响实际上是在一个词被识别后产生的。斯陶布（2011）通过在几个实验中检查读者的眼动，包括使用类似（19）中的句子，检测了该模型的具体预测。在这些实验中，研究人员改变关键词的频率，并将其放在花园路径歧义句子中（19c 和 19d），或者另有一对可以通过逗号消除歧义的花园路径句子（19a 和 19b）：

(19)

a. While the professor lectured, the students walked across the quad. [教授讲课时，学生们走过四边形]

b. While the professor lectured, the students ambled across the quad. [教授讲课时，学生们走过四边形]

c. While the professor lectured the students walked across the quad. [教授讲课时，学生们走过四边形 / 教授给学生讲课时走过四边形]

d. While the professor lectured the students ambled across the quad [教授讲课时，学生们走过四边形 / 教授给学生讲课时走过四边形]

这些实验证实了模型的核心预测。在（19c）和（19d）这样的句 213
子中，读者回读关键词的概率更高。然而，词频影响回读的次数，而不影响回读的概率。当词频和可预测性都影响阅读次数时，它们具有叠加效果而非交互效果。综上所述，语境词汇识别的研究现状可以给众多研究单词识别的研究者一点安慰，虽然一个词所处的上下文确实会影响早期阅读指标，但事实上，在具体语境中此类影响是否作用于词汇识别过程本身还远未明确。同时，句子处理研究者也可以得到一点安慰，因为他们认为完整的词汇信息来自于句法分析和语义解释。

结论

本章的主要目的是介绍句子处理研究的特点和该领域的争论。我们认为，根据目前的研究情况，我们可以得出以下结论：第一，句法分析和语义解释都是逐词递增的，读者在阅读时会逐字更新句法和语义信息。第二，读者似乎一次只进行一个句法分析，必要时进行重新分析；学界尚未发现令人信服的平行句法分析证据。第三，一些研究结果表明，读者可能在句子句法分析之前在遇到矛盾之处时进行语义解释，而另一些文献则没有在这一点上明确表态。第四，理解句子对短期记忆提出了要求，但具体情况尚不清楚，也不清楚句子理解中使用的记忆是否与其他任务共享。第五，迄今为止都没有证据表明模块化结构的假设不能成立，模块化结构假设就是认为视觉单词识别在功能上与句子理解过程是分开的假设。

这些结论可能给人一种该领域的开放性问题都有答案的印象。但事实并非如此。我们对单词识别的了解尚未涉及实际情况下读者的表现，目前已知的只涉及读者如何识别单个单词。在近三十年内，我们才真正开始出现针对实际情况下书面句子处理的研究方法（以Frazier和Rayner, 1982为起点），总体而言，最近三十年的时间内取得的科学发现相当丰富。

参考文献

Altarriba, J., Kroll, J. F., Sholl, A., & Rayner, K. (1996). The influence of lexical and conceptual constraints on reading mixed language sentences: Evidence from eye fixation and naming times. *Memory & Cognition, 24*, 477–492.

Altmann, G. T. M., & Kamide, Y. (1999). Incremental interpretation at verbs: Restricting the domain of subsequent reference. *Cognition, 73*, 247–264.

Altmann, G., van Nice, K. Y., Garnham, A., & Henstra, J. A. (1998). Late closure in context. *Journal of Memory and Language, 38*, 459–484.

Ashby, J., Rayner, K., & Clifton, C. (2005). Eye movements of highly skilled and average readers: Differential effects of frequency and predictability. *Quarterly Journal of Experimental Psychology, 58A*, 1065–1086.

Bartek, B., Lewis, R. L., Vasishth, S., & Smith, M. R. (2011). In search of on-line locality effects in sentence comprehension. *Journal of Experimental Psychology: Learning, Memory, and Cognition, 37*, 1178–1198.

Bever, T. G. (1970). The cognitive basis for linguistic structures. In J. R. Hayes (Ed.), *Cognition and the development of language* (pp. 279–352). New York, NY: Wiley.

Bornkessel, I., & Schlesewsky, M. (2006). The extended argument dependency model: A neurocognitive approach to sentence comprehension across languages. *Psychological Review, 113*, 787–821.

Bornkessel-Schlesewsky, I., & Schlesewsky, M. (2009). Processing syntax and morphology: A neurocognitive perspective. Oxford, England: Oxford University Press.

Caplan, D. (2013). Sentence processing and comprehension in atypical populations. In R. P. G. van Gompel (Ed.), *Sentence processing* (pp. 247–268). Hove, England: Psychology Press.

Caplan, D., & Waters, G. S. (1999). Verbal working memory and sentence comprehension. *Behavioral and Brain Sciences, 22*, 77–126.

Carreiras, M., & Clifton, C. (1999). Another word on parsing relative clauses: Eyetracking evidence from Spanish and English. *Memory & Cognition, 27*, 826–833.

Christianson, K., Hollingworth, A., Halliwell, J. F., & Ferreira, F. (2001). Thematic roles assigned along the garden path linger. *Cognitive Psychology, 42*, 368–407.

Church, K., and R. Patil. 1982. Coping with syntactic ambiguity, or how to put the block in the box on the table. *American Journal of Computational Linguistics, 8*, 139–149.

Clifton, C., Jr., & Staub, A. (2008). Parallelism and competition in syntactic ambiguity resolution. *Language and Linguistics Compass, 2*, 234–250.

Clifton, C., Jr., Staub, A., & Rayner, K. (2007). Eye movements in reading words and sentences. In R. P. G. van Gompel (Ed.), Eye movements: A window on mind and brain (pp. 341–372). Amsterdam, the Netherlands: Elsevier.

Clifton, C., Jr., Traxler, M. J., Mohamed, M. T., Williams, R. S., Morris, R. K., & Rayner, K. (2003). The use of thematic role information in parsing: Syntactic processing autonomy revisited. *Journal of Memory and Language, 49*, 317–334.

Cohen, A., & Staub, A. (2014). On-line processing of novel noun-noun compounds: Eye movement evidence. *Quarterly Journal of Experimental Psychology, 67*, 147–165.

Crain, S., & Fodor, J. D. (1985). How can grammars help parsers? In D. R. Dowty, L. Karttunen, & A. Zwicky (Eds.), *Natural language parsing* (pp. 94–128). Cambridge, England: Cambridge University Press.

Daneman, M., & Carpenter, P. A. (1980). Individual differences in working memory and reading. *Journal of Verbal Learning and Verbal Behavior, 19*, 450–466.

Duffy, S. A., Morris, R. K., & Rayner, K. (1988). Lexical ambiguity and fixation times in reading. *Journal of Memory and Language, 27*, 429–446.

Ehrlich, S. F., & Rayner, K. (1981). Contextual effects on word perception and eye movements during reading. *Journal of Verbal Learning and Verbal Behavior, 20*, 641–655.

Evans, W. S., Caplan, D., & Waters, G. (2011). Effects of concurrent arithmetical and syntactic complexity on self-paced reaction times and eye fixations. *Psychonomic Bulletin & Review, 18*, 1203–1211.

Federmeier, K. D., & Kutas, M. (1999). A rose by any other name: Long-term memory structure and sentence processing. *Journal of Memory and Language, 41*, 469–495.

Fedorenko, E., Gibson, E., & Rohde, D. (2006). The nature of working memory capacity in sentence comprehension: Evidence against domain-specific working memory resources. *Journal of Memory and Language, 54*, 541–553.

Fedorenko, E., Gibson, E., & Rohde, D. (2007). The nature of working memory in linguistic, arithmetic, and spatial integration processes. *Journal of Memory and Language, 54*, 246–269.

Filik, R. (2008). Contextual override of pragmatic anomalies: Evidence from eye movements. *Cognition, 106*, 1038–1046.

Fodor, J. A. (1983). The modularity of mind. Cambridge, MA: MIT Press.

Fodor, J. A., Bever, T. G., & Garrett, M. F. (1974). The psychology of language: An introduction to psycholinguistics and generative grammar. New York, NY: McGraw Hill.

Fodor, J. D., & Ferreira, F. (Eds.). (1998). Reanalysis in sentence processing. Dordrecht, the Netherlands: Kluwer.

Frazier, L. (1978). On comprehending sentences: Syntactic parsing strategies. *Doctoral dissertation*, University of Connecticut, Storrs.

Frazier, L. (1987). Sentence processing: A tutorial review. In M. Coltheart (Ed.), *Attention and performance: Vol. 12. The psychology of reading* (pp. 559–586). Hillsdale, NJ: Erlbaum.

Frazier, L., & Clifton, C., Jr. (1989). Successive cyclicity in the grammar and the parser. *Language and Cognitive Processes, 28*, 331–344.

Frazier, L., & Rayner, K. (1982). Making and correcting errors during sentence comprehension: Eye movements in the analysis of structurally ambiguous sentences. *Cognitive Psychology, 14*, 178–210.

Friederici, A. D. (2002). Towards a neural basis of auditory sentence processing. *Trends in Cognitive Sciences, 6*, 78–84.

Friederici, A. D., Hahne, A., & Mecklinger, A. (1996). Temporal structure of syntactic parsing: Early and late event-related brain potential effects. *Journal of Experimental Psychology: Learning, Memory, and Cognition, 22*, 1219–1248.

Garnsey, S. M., Tanenhaus, M. K., & Chapman, R. M. (1989). Evoked potentials and the study of sentence comprehension. *Journal of Psycholinguistic Research, 18*, 51–60.

Gibson, E. (1998). Linguistic complexity: Locality of syntactic dependencies. *Cognition, 68*, 1–76.

Gibson, E. (2000). The dependency locality theory: A distance-based theory of linguistic complexity. In A. Marantz, Y. Miyashita, & W. O'Neil (Eds.), *Image, language, brain* (pp. 95–126). Cambridge, MA: MIT Press.

Gollan, T. H., Slattery, T. J., Goldenberg, D., van Assche, E., Duyck, W., & Rayner, K. (2011). Frequency drives lexical access in reading but not in speaking: The frequency lag hypothesis. *Journal of Experimental Psychology: General, 140*, 186–209.

Gordon, P. C., Hendrick, R., Johnson, M., & Lee, Y. (2006). Similarity-based interference during language comprehension: Evidence from eye tracking during reading. *Journal of Experimental Psychology: Learning, Memory, and Cognition, 32*, 1304–1321.

Gordon, P. C., Hendrick, R., & Levine, W. H. (2002). Memoryload interference in syntactic processing. *Psychological Science, 13*, 425–430.

Green, M. J., & D. C. Mitchell. 2006. Absence of real evidence against competition during syntactic ambiguity resolution. *Journal of Memory and Language, 55*, 1–17.

Grodner, D. J., & Gibson, E. A. F. (2005). Consequences of the serial nature of linguistic input for sentential complexity. *Cognitive Science, 29*, 261–291.

Hahne, A., & Friederici, A. D. (2002). Differential task effects on semantic and syntactic processes as revealed by ERPs. *Cognitive Brain Research, 13*, 339–356.

Hale, J. (2001, June). A probabilistic Earley parser as a psycholinguistic model. Proceedings of the second meeting of the North American Chapter of the Association for Computational Linguistics on Language technologies, pp. 1–8, Association for Computational Linguistics.

Hale, J. T. (2011). What a rational parser would do. *Cognitive Science, 35*, 399–443.

Hand, C. J., Miellet, S., O'Donnell, P. J., & Sereno, S. C. (2010). The frequency-predictability interaction in reading: It depends on where you're coming from. *Journal of Experimental Psychology: Human Perception and Performance, 36*, 1294–1313.

Heim, I., & Kratzer, A. (1998). Semantics in generative grammar. Malden, MA: Blackwell.

Johnson, R. L. (2009). The quiet clam is quite calm: Transposedletter neighborhood effects on eye movements during reading. *Journal of Experimental Psychology: Learning, Memory, and Cognition, 35*, 943–969.

Kim, A., & Osterhout, L. (2005). The independence of combinatory semantic processing: Evidence from event-related potentials. *Journal of Memory and Language, 52*, 205–225.

Kuperberg, G. R. (2007). Neural mechanisms of language comprehension: Challenges to syntax. *Brain Research, 1146*, 23–49.

Kuperberg, G. R., Caplan, D., Sitnikova, T., Eddy, M., & Holcomb, P. J. (2006). Neural correlates of processing syntactic, semantic, and thematic relationships in sentences. *Language and Cognitive Processes, 21*, 489–530.

Kuperberg, G. R., Kreher, D. A., Sitnikova, T., Caplan, D. N., & Holcomb, P. J. (2007). The role of animacy and thematic relationships in processing active English sentences: Evidence from event-related potentials. *Brain and Language, 100*, 223–237.

Kutas, M., & Federmeier, K. D. (2007). Event-related brain potential (ERP) studies of sentence processing. In G. Gaskell (Ed.), *The Oxford handbook of psycholinguistics* (pp. 385–406). Oxford, England: Oxford University Press.

Kutas, M., & Hillyard, S. A. (1980). Reading senseless sentences: Brain potentials reflect semantic incongruity. *Science, 207*, 203–205.

Kutas, M., & Hillyard, S. A. (1984). Brain potentials during reading reflect word expectancy and semantic association. *Nature, 307*, 161–163.

Levy, R. (2008). Expectation-based syntactic comprehension. *Cognition, 106*, 1126–1177.

Lewis, R. L. (2000). Falsifying serial and parallel parsing models: Empirical conundrums and an overlooked paradigm. *Journal of Psycholinguistic Research, 29*, 241–248.

Lewis, R. L., & Vasishth, S. (2005). An activation-based model of sentence processing as skilled memory retrieval. *Cognitive Science, 29*, 375–419.

Lewis, R. L., Vasishth, S., & Van Dyke, J. A. (2006). Computational principles of working memory in sentence comprehension. *Trends in Cognitive Science, 10*, 447–454.

MacDonald, M. C., Perlmutter, N. J., & Seidenberg, M. S. (1994). The lexical nature of syntactic ambiguity resolution. *Psychological Review, 101*, 676–703.

Marcus, M. P. (1980). A theory of syntactic recognition for natural language. Cambridge, MA: MIT Press.

Martin, A. E., & McElree, B. (2008). A content-addressable pointer mechanism underlies comprehension of verb-phrase ellipsis. *Journal of Memory and Language, 58*, 879–906.

McDonald, S. A., & Shillcock, R. C. (2003). Eye movements reveal the on-line computation of lexical probabilities during reading. *Psychological Science, 14*, 648–652.

McRae, K., Spivey-Knowlton, M. J., & Tanenhaus, M. K. (1998). Modeling the influence of thematic fit (and other constraints) in on-line sentence comprehension. *Journal of Memory and Language, 38*, 283–312.

Miller, G. A., & Chomsky, N. (1963). Finitary models of language users. In D. Luce (Ed.), *Handbook of mathematical psychology* (pp. 419–491). Hoboken, NJ: Wiley.

Neville, H. J., Nicol, J. L., Barss, A., Forster, K. I., & Garrett, M. (1991). Syntactically based sentence processing classes: Evidence from event-related brain potentials. *Journal of Cognitive Neuroscience, 3*, 151–165.

Norris, D. (2006). The Bayesian reader: Exploring word recognition as an optimal Bayesian decision process. *Psychological Review, 113*, 327–357.

Osterhout, L., & Holcomb, P. J. (1992) Event-related brain potentials elicited by syntactic anomaly. *Journal of Memory and Language, 31*, 785–806.

Pickering, M. J., & Traxler, M. J. (2003). Evidence against the use of subcategorisation frequencies in the processing of unbounded dependencies. *Language and Cognitive Processes, 18*, 469–503.

Rayner, K., & Duffy, S. (1986). Lexical complexity and fixation times in reading: Effects of word frequency, verb complexity, and lexical ambiguity. *Memory & Cognition, 14*, 191–201.

Rayner, K., & Well, A. D. (1996). Effects of contextual constraint on eye movements in reading: A further examination. *Psychonomic Bulletin & Review, 3*, 504–509.

Rayner, K., Ashby, J., Pollatsek, A., & Reichle, E. D. (2004). The effects of frequency and predictability on eye fixations in reading: Implications for the E–Z Reader model. *Journal of Experimental Psychology: Human Perception and Performance, 30*, 720–732.

Rayner, K., Warren, T., Juhasz, B. J., & Liversedge, S. P. (2004). The effect of plausibility on eye movements in reading. *Journal of Experimental Psychology: Learning, Memory, and Cognition, 30*, 1290–1301.

Reichle, E. D., Warren, T., & McConnell, K. (2009). Using E-Z Reader to model the effects of higher-level language processing on eye movements during reading. *Psychonomic Bulletin & Review, 16*, 1–21.

Roland, D., Mauner, G., O'Meara, C., & Yun, H. (2012). Discourse expectations and relative clause processing. *Journal of Memory and Language, 66*, 479–508.

Slattery, T. J. (2009). Word misperception, the neighbor frequency effect, and the role of sentence context: Evidence from eye movements. *Journal of Experimental Psychology: Human Perception and Performance, 35*, 1969–1975.

Smith, N. J., & Levy, R. (2013). The effect of word predictability on reading time is logarithmic. *Cognition, 128*, 302–319.

Snedeker, J. (2013). Children's sentence processing. In R. P. G. van Gompel (Ed.), Sentence processing (189–220). Hove, England: Psychology Press.

Sprouse, J., Wagers, M., & Phillips, C. (2012). A test of the relation between working-memory capacity and syntactic island effects. *Language, 88*, 82–123.

Stanovich, K. E. (1980). Toward and interactive-compensatory model of individual differences in the development of reading fluency. *Reading Research Quarterly, 16*, 32–71.

Staub, A. (2010). Eye movements and processing difficulty in object relative clauses. *Cognition, 116*, 71–86.

Staub, A. (2011). Word recognition and syntactic attachment in reading: Evidence for a staged architecture. *Journal of Experimental Psychology: General, 140*, 407–433.

Staub, A., & Clifton, C., Jr. (2006). Syntactic prediction in language comprehension: Evidence from either . . . or. *Journal of Experimental Psychology: Learning, Memory, and Cognition, 32*, 425–436.

Staub, A., Rayner, K., Pollatsek, A., Hyönä, J., & Majewski, H. (2007). The time course of plausibility effects on eye movements in reading: Evidence from noun-noun compounds. *Journal of Experimental Psychology: Learning, Memory, and Cognition, 33*, 1162–1169.

Stowe, L. A. (1986). Parsing WH-constructions: Evidence for on-line gap location.

Language and Cognitive Processes, 1, 227–245.

Stroud, C., & Phillips, C. (2012). Examining the evidence for an independent semantic analyzer: An ERP study in Spanish. *Brain and Language, 120*, 108–126.

Swets, B., Desmet, T., Clifton, C., & Ferreira, F. (2008). Underspecification of syntactic ambiguities: Evidence from self-paced reading. *Memory & Cognition, 36*, 201–216.

Tabor, W., Galantucci, B., & Richardson, D. (2004). Effects of merely local syntactic coherence on sentence processing. *Journal of Memory and Language, 50*, 355–370.

Taylor, W. L. (1953). "Cloze procedure": A new tool for measuring readability. *Journalism Quarterly, 30*, 415–433.

Townsend, D. J., & Bever, T. G. (2001). Sentence comprehension: The integration of habits and rules. Cambridge, MA: MIT Press.

Traxler, M. J., & Pickering, M. J. (1996). Plausibility and the processing of unbounded dependencies: An eye-tracking study. *Journal of Memory and Language, 35*, 454–475.

Trueswell, J. C., Tanenhaus, M. K., & Garnsey, S. M. (1994). Semantic influences on parsing: Use of thematic role information in syntactic disambiguation. *Journal of Memory and Language, 33*, 285–318.

Trueswell, J., Tanenhaus, M. K., & Kello, C. (1993). Verb specific constraints in sentence processing: Separating effects of lexical preference from garden-paths. *Journal of Experimental Psychology: Learning, Memory, and Cognition, 19*, 528–533.

Van Berkum, J. J. A., Brown, C. M., Zwitserlood, P., Kooijman, V., & Hagoort, P. (2005). Anticipating upcoming words in discourse: Evidence from ERPs and reading times. *Journal of Experimental Psychology: Learning, Memory, and Cognition, 31*, 443–467.

van Gompel, R. P. G., Pickering, M. J., Pearson, J., & Liversedge, S. P. (2005). Evidence against competition during syntactic ambiguity resolution. *Journal of Memory and Language, 52*, 284–307.

van Gompel, R. P. G., Pickering, M. J., & Traxler, M. J. (2000). Unrestricted race: A new model of syntactic ambiguity resolution. In A. Kennedy, R. Radach, D. Heller, & J. Pynte (Eds.), *Reading as a perceptual process* (pp. 621–648). Oxford, England: Elsevier.

van Gompel, R. P. G., Pickering, M. J., & Traxler, M. J. (2001). Reanalysis in sentence processing: Evidence against current constraint-based and two-stage models. *Journal of Memory and Language, 45*, 225–258.

Van Herten, M., Kolk, H. H., & Chwilla, D. J. (2005). An ERP study of P600 effects elicited by semantic anomalies. *Cognitive Brain Research, 22*, 241–255.

Wang, S., Mo, D., Xiang, M., Xu, R., & Chen, H. C. (2013). The time course of semantic and syntactic processing in reading Chinese: Evidence from ERPs.

Language and Cognitive Processes, 28, 577–596.

Wanner, E., & Maratsos, M. (1978). An ATN approach to comprehension. In M. Halle, J. Bresnan, & G. A. Miller (Eds.), *Linguistic theory and psychological reality* (pp. 119–161). Cambridge, MA: MIT Press.

Warren, T., & Gibson, E. (2002). The influence of referential processing on sentence complexity. *Cognition, 85*, 79–112.

Warren, T., & McConnell, K. (2007). Investigating effects of selectional restriction violations and plausibility violation severity on eye-movements in reading. *Psychonomic Bulleting & Review, 14*, 770–775.

Yngve, V. H. (1960). A model and an hypothesis for language structure. *Proceedings of the American Philosophical Society, 104*, 444–466.

Zhang, Y., Yu, J., & Boland, J. E. (2010). Semantics does not need a processing license from syntax in reading Chinese. *Journal of Experimental Psychology: Learning, Memory, and Cognition, 36*, 765–781.

第 15 章 话语理解的各种模式 217

爱德华·J. 奥布赖恩　安妮·E. 库克

摘　要：尽管语篇理解模型共享许多局部一致的处理假设，但这些模型的主要区别在于读者如何获得对非活动记忆部分的访问。基于策略的模型的假设之一是读者主动搜索长期记忆中用于表示文本信息的内容，以获取与工作记忆内容相关的信息。相反，在基于记忆存储的模型中，与神经电流输入相关的非活动信息是通过被动共振机制激活的。本章将从三个层面回顾基于策略和基于记忆的阅读理解模型的预测之间的不同：必要的推理、精细的推理和整体连贯性。这一章表明绝大多数实证证据支持基于记忆的观点，本章还提出新的深入研究阅读理解涉及的问题。

关键词：理解、记忆模型、策略模型、推理、全文连贯性

本手册已多次指出，阅读涉及多个复杂的过程，而所有过程的最终目标都是理解文本中陈述或暗示的信息与含义。为了能够理解文本，读者必须首先成功地识别、解码和认出单词并理解它们的含义，然后将这些单词联系到一起，形成既符合规定又有意义的句法结构。在本章中，我们将重点讨论这些过程的结果以及如何与驱动和影响读者阅读的主要原因——理解的机制进行反馈和交互。

理解研究的基本假设

现有的语篇理解模型假设读者至少有两个层次的文本表示。第一层被称为文本模型，即实际的文本本身，文本中的单词以及单词之间的关系。文本模型通常被假定为一系列符号的整合，这些符

号表示某个客观事物或是某个简单、基本的思想。一系列符号的整合方式主要为文意重叠（Kintsch & van Dijk, 1978; Kintsch & Vipond, 1979）和因果关系（Keenan, Baillet, & Brown, 1984; O'Brien & Myers, 1987; Trabasso, Secco, & van den Broek, 1984）。第二层是情境模型（Johnson Laird，1983；Johnson Laird & Garnham，1980；van Dijk & Kintsch，1983）。情境模型是文本内容的一种表示，它包含文本中明
218 确说明的信息，以及利用读者相关的背景知识可以推测的内容。如果读者能准确地构建文本理解，该理解应该反映对文本所描述的字面意义以及作者希望读者得出的理解。接下来，我们将完成连贯情境心理模型的发展作为成功理解文本的最低要求，本章的讨论将集中在这一层次的理解上。

表达的发展必然需要一个过程，一个需要考虑的重要问题是，文本的连贯表达的形成过程，或者说理解的发展过程有几个部分？该问题在过去二十年中占据了话语处理研究的大部分。金茨奇和凡戴克（1978; van Dijk & Kintsch, 1983）的模型首先解释了所有理解模型所共有的一些基本假设。在他们的框架内，理解是一个在有限能力系统约束下运行的循环过程。在每个新的输入循环中，命题被编码，并根据文意重叠或因果关系与工作记忆中的其他命题相联系。这些命题的一个子集保存在工作记忆中，以便与下一个输入周期相结合；其余的命题则与长期记忆中的整体文本文意相联系。只要每个编码的命题都可以与工作记忆中的内容相联系，就可以保持文意理解连贯性。而当不能达成联系时，理解连贯性便出现中断；当发生这种情况时，读者必须进行额外的处理（例如，搜索长期记忆中的相关信息修复连贯性，或者通过推理创建一个新的理解连贯性）。然而，这就提出了一个问题，即连贯性是什么意思。一个简单的答案是，只要输入的信息可以很容易地与以前提供的信息结合，就可以

保持连贯性。然而，连贯性分为两个层次：局部连贯性和全文连贯性。只要输入的信息可以很容易地与当前驻留在活动记忆中的信息结合，就可以保持局部连贯性。全文连贯性则是传入的信息和非活动记忆中的文意信息之间的联系。不同的话语理解模型对维持全文连贯性的解释将在下一节中讨论。

在两种常见的情况中，读者为了保持连贯性必须访问记忆中的非活动信息。第一种情况是局部连贯性中断时。当工作记忆中的内容不足以维持局部连贯性时，读者必须使用长期记忆中的信息（非活动记忆中存储的文意内容或背景知识）从而重建理解连贯性。该过程通常包括激活必要的推理（例如桥接推理或回指推理），以重新建立或新建文意之间的联系。第二种读者必须利用非活动记忆中的信息的情况维护全文连贯性。另外还有一种情况，读者虽然不是为了维持局部连贯性或全局连贯性，但仍需要访问非活跃记忆；读者通过相关的不活跃记忆，以明确陈述的文意作为基础，展开精细推理。

理解模式之间的区别

虽然许多语篇理解模型对连贯性的假设有许多相似之处，但这些模型的主要区别在于读者如何获得记忆中不活跃的部分，然后利用这些记忆来重建局部连贯性、维持全局连贯性或整合推理信息。关于读者如何获得对非活动部分记忆的访问，理解模型通常分为两类：基于策略的模型和基于记忆的模型。基于策略的模型的例子有根斯巴彻（1990）的结构构建框架模型；格拉瑟尔、辛格和特拉巴索（1994）的结构主义框架（Singer, Graesser & Trabasso，1994）；以及兹万（Zwaan，1999）的事件索引模型（参见 Zwaan & Radvansky,

1998）。这些基于策略的模型在不同程度上都有一个共同的假设，也就是说读者不断地、积极地搜索长期记忆中的解释，以指导当下理解，并尝试将当前信息与所有先前的相关信息完全集成。这些模型
219 还假设，为了确保全面理解，读者必须不断积极地进行必要的和精细的推理。相反，基于记忆的模型在不同程度上否定了主动搜索记忆过程的概念；这些模型假设只有通过被动激活过程，读者才能获得建立局部和全文连贯性或进行精细推理所需的信息。基于记忆的模型的例子有桑福德和加洛德（1998, 2005）场景映射焦点模型；金茨奇（1988, 1998）构建整合模型；梅耶斯和奥布赖恩（1998; O'Brien & Myers，1999）的共振模型；凡登布鲁克等人（van den Broek, Risden, Fletcher & Thurlow，1996）俯瞰模型。此外，基于记忆模型的强大版本（例如，Myers & O'Brien，1998；O'Brien & Myers，1999）也否定主动推理过程的存在，这类模型认为读者仅在被动记忆激活过程进行推理。

当然，任何完整的理解过程模型都应该包括基于记忆（即自下而上）的模型和基于策略（即自上而下）的模型。然而，现实中并不存在这样完整的模型。下文将会回顾许多关于信息推理激活的实证经验（包括必要推理和精细推理），然后回顾关于为维持全文连贯性而激活信息的实证经验。我们从基于记忆的模型角度来回顾这些实证经验，尝试建立以记忆为基础的过程在理解过程中占主导地位的边界条件；同时，我们试图定义基于策略的模型中的必要过程。最后，我们总结出一个框架用于概述综合阅读理解模型的必要因素，包括基于记忆的模型和基于策略的模型。

基于记忆的模型中，读者对记忆中非活动信息的访问有一个关键前提是工作记忆容量有限；读者不能在活动记忆中激活文本中的每个单词（或命题）。但是，读者通常需要随时访问非工作记忆中的

信息，不断地搜索长期记忆是一项耗时和耗力的工作，而且文本越长，搜索过程的要求就越高。因此，读者应该有一个方法能够轻松地访问长期记忆中存储的大量信息。最简单的对这个方法的设想是假设阅读过程中的记忆激活是通过一种快速、被动的检索机制进行的（Gillund & Shiffrin, 1984; Hintzman, 1988; Murdock, 1982; Ratcliff, 1978）。

阅读研究中被动记忆激活模型的一个实例是共振模型（Myers & O'Brien，1998；O'Brien & Myers，1999），该模型体现了基于记忆的模型的激活机制（Gerrig & Mckoon，1998；Gerrig & O'Brien，2005；Mckoon & Ratcliff，1992, 1998）。共振模型基于这样一个假设：从当前正在处理的句子中派生的概念（以及来自前文的已经存储于活动记忆中的概念）作为所有长期记忆的信号；包括文意以及背景知识。信号的强度取决于读者对工作记忆中当前处于焦点的信息的关注程度，但信号的产生是自动进行的，并且不受限制。记忆中存储的前文内容以及背景世界知识根据与新输入的信息的匹配程度产生不同程度共鸣，匹配程度取决于概念之间的语义重叠程度，新信息与先前的记忆元产生共振。在共振过程中，记忆中的信息被激活，过程稳定后最活跃的元素进入工作记忆。理解共振过程的一个关键特征在于它自主且不受限制。充分共振的信息一定会被返回到工作记忆中，无论信息最终是否会促进或阻碍理解进程。

必要推理

共振模型的基础工作集中在探明文本中先前陈述但未激活的概念是如何（重新）激活以响应新输入的信息的，新旧信息之间的响应分为参考推理或回指推理。回指推理被认为是达成理解的必要条件，因为如果不把回指词或短语与以前阅读的信息联系起来，将导致局部连贯性中断。早期基于记忆的回指推理研究解决了以下问题：

220 （1）当给定回指的先行词当前未被激活时，该先行词如何重新激活？

（2）影响重新激活的因素是什么？

麦克库恩和拉特克里夫（1980；O'Brien, Duffy & Myers, 1986）证明，在遇到回指词时，读者搜索长期记忆以及相关的命题信息以解读回指词的所指（Dell, McKoon, & Ratcliff, 1983）。在共振模型的奠基研究中，奥布赖恩及其同事（Albrecht & O'Brien, 1991; O'Brien, 1987; O'Brien, Albrecht, Hakala, & Rizzella, 1995; O'Brien & Myers, 1987; O'Brien, Plewes, & Albrecht, 1990; O'Brien, Raney, Albrecht, & Rayner, 1997）调查了每一个记忆相关变量对回指推理的作用。在最初的一组实验中，奥布赖恩（1987）发现，当文本中有两个候选先行词时，回指短语的阅读时间很快，因为读者会首先回忆出文本中较为靠后出现的较新的先行词，因为当回指词与先行词的距离较近时，读者的阅读速度更快。据推测，回指短语发出的信号会更快地到达最近的先行词。在随后的一项研究中（O'Brien et al., 1990, 1995），文本中出现的两个先行词与回指短语同属一个类别，例如方框 15. 1 中的段落，第一个先行词是火车，后一个先行词是公共汽车，回指短语是马克的邻居问他怎么去他 parent's/brother's 家的。当回指短语包含 parent 时，正确的先行词是第一个先行词（train），而当回指短语包含 brother 时，正确的先行词是第二个先行词（bus）。奥布赖恩等人（1990）发现当两个
221 可能的先行词属于同一个类别时，回指到这两个先行词的时间都会缩短。然而，当文本结构保持不变，但较靠后的先行词发生变化，使得两个先行词不再从属同一类别时，前一个先行词的存在不再缩短回指后一个先行词的时长。此外，读者精细处理前一个先行词（增加该词的激活次数）之后，激活前一个先行词的速度比激活后一个先行词的速度更快，奥布赖恩和梅耶斯（1987）表明，先行词和回指词

之间的逻辑联系对读者的回忆速度的影响大于先行词和回指词之间的距离。

Box 15.1 Example Passage From O'Brien, Plewes, and Albrecht (1990)

Introduction

Mark had grown up in the city but he had always wanted to live in the country. The first chance he got, he bought some land and moved there. It made him very happy not having to live in the crowded and noisy city.

Establish and Elaborate Early Antecedent

On holidays he would travel by train into the city to visit his parents. While riding in it he liked to watch the countryside as it raced passed him. Sometimes, the clackety-clack it made on the tracks would put him to sleep. He'd wake up quickly, though, when they came to a crossing and it sounded the horn.

Intervening Sentences

Mark couldn't understand why people like his parents preferred to live in the city. He loved all the open spaces and the clean fresh air. His brother had also moved out of the city and was now living in Colorado.

Establish Late Antecedent

Last summer Mark had traveled by bus to visit him. He had loved looking out of it at the countryside as it passed by. Mark enjoyed seeing the ruggedness of the West, but he really preferred the rolling hills of home.

Background

He thought the people who lived near him were among the nicest he had ever met. On Saturdays, he played golf with his neighbor, and on weekends their families would get together for cookouts. One night while they were talking,

Reinstatement Early / Late

Mark's neighbor asked him how he had traveled to his parents'/brother's.

从基于策略的观点来看，读者会策略性地回忆起适当的先行词，并且忽略其他的候选词，即使其他候选词和回指词之间存在很强的因果关系。当读者已经回忆了一个距离较近的（在文章中位置更靠后）合理的先行词时，他一定不会再激活一个距离更远的较早的先行词。总而言之，这些研究一致发现影响读者回忆先行词的因素都与记忆有关（例如，先行词与回指词之间的距离和是否精细回忆先行词）。

在基于记忆的阅读模型（尤其是共振框架）中，读者通过被动的无交互的过程回忆先行词。读者遇到回指词时，记忆中的任何相关概念都可能被激活并且可能干扰读者找到正确的回指词（Cook,

2014; Corbett & Chang, 1983; O'Brien et al., 1995; see also Klin, Guzmán, Weingartner, & Ralano, 2006; Klin, Weingartner, Guzmán, & Levine, 2004; Levine, Guzmán, & Klin, 2000)。此外，由于激活过程不受限制，所以干扰概念的来源可能在文本之外。例如，奥布赖恩和阿尔布莱希特（1991）使用不同的段落进行实验，他们所选这些段落中的回指词根据语境可能是回指前文明确提及的先行词（如 cat）或回指前文未提及的概念（如 skunk）。例如，一个段落中使用“a small black cat with a long furry tail”［一只有着长毛尾巴的小猫］明确提及的“cat”［猫］这一概念，且与“skunk”［臭鼬］无关；另一个段落中使用“a small black cat with a white stripe down its tail”［一只黑白条纹的小猫］，明确地提到了“cat”，但与未提及的概念“skunk”有着强烈的关联。两个段落之后都跟着一个包含回指短语的句子，并且也分为两种情况，一种是回指到文中明确出现的先行词（例如，cat），另一种是回指到文中未提及的概念（例如，skunk），奥布赖恩和阿尔布莱希特评估两种情况下的回指速度，并与对照组相比较（对照组中回指词在紧接着先行词出现）。研究人员发现虽然文本中出现的是“cat”而非“skunk”，但是“skunk”依然在读者记忆中被激活。此外，在快速检索任务中，参与者经常回答未提及的概念（skunk）；但是，当检索任务强调准确性而不是速度时，参与者则不会回答从未提及的概念。利用基于策略的模型很难解释这一现象，因为在这里，文本中明确表述的先行词被读者忽略，而上文中暗示的概念却被读者回忆。

另一种必要推理是读者必须推断出文本中的前因与后果之间的联系。这种类型的推理通常被称为反向因果桥接推理。基南等人（1984；另见 Albrecht & O'Brien, 1995；Myers，Shinjo & Duffy，1987）证明，根据一般常识判断出的前因与后果之间的因果联系程度可以预测反向因果桥接推理的容易程度。辛格及其同事（Singer, 1993;

Singer & Ferreira, 1983; Singer & Halldorson, 1996; Singer, Halldorson, Lear, & Andrusiak, 1992）进行了扩展研究，他们证明，即使前因后果被几个句子分开，读者也能够激活因果联系推理。他们得出的结论是，读者积极地为文本之后发生的事件寻求原因解释。此外，利泽拉和奥布赖恩（1996）发现，即使在活动记忆中有足够的原因解释，读者也会激活更加遥远的原因解释，例如方框 15. 2 中的研究示例。在这个例子中，结果是当比利的父亲回家时，他会遇到麻烦。这篇文章前后分别包含了两个可能的原因解释（即桥接推论）。出现在文章靠后位置的第二个原因是比利打破了一扇窗户，该原因为事件提供了充分 222
的解释。但文章的更前面还有第一个可能的原因解释，即比利丢失了钥匙，也足以解释随后发生的事件，但当读者读取随后的事件后，第一个原因解释在记忆中并不活跃。尽管第二个原因解释在记忆中既活跃又充分，但读者阅读结果事件能够导致这两个原因解释的重新激活，其检测方式是快速命名时间法：改变关键词，使其要么对应第一个原因解释（关键）要么对应后一个原因解释（窗口），结果显示，第一个原因解释的命名时间比第二个原因解释的命名时间更长。然而，如果对第一个原因解释进行详细阐述（见方框 15. 2），第一个原因解释的命名时间比第二个原因解释的命名时间要快，当我们对第二个原因解释进行补充说明时，也可以发现相同的模式。尽管第二个原因解释足够引发结果事件，但读者对第一个原因解释的记忆依然会被激活。因此，利泽拉和奥布赖恩认为原因解释的激活与否主要基于记忆因素（即阐述的详细程度），而不是逻辑的充分性（另见 Albrecht & Myers, 1995, 1998; Myers, Cook, Kambe, Mason, & O'Brien, 2000）。根据基于策略的阅读模型，当一个充分的原因解释充分而且活跃时，读者没有寻求（和激活）更遥远的原因解释的动机。

本节中描述的研究侧重于必要推理，也就是说如果这些推论失败可能会破坏局部的连贯性。不借助策略模型，仅使用基于记忆的模型就可以解释必要推理被激活与否以及激活的速度，可以作为依据的因素包括语义重叠、文本距离、因果关系、阐述详细程度。接下来我们将探讨这些变量对于激活精细推理的作用，精细推理与保持文本理解连贯性无关。

精细推理

与必要推理相反，精细推理不是为了维持理解连贯性而进行的，而是在此基础上补充的进一步的详细信息，精细推理源于读者背景世界知识的激活（Cook & Guéraud, 2005）。基于读者在记忆中能够获取信息数量有限的假设，20 世纪 90 年代的阅读研究人员（Graesser et al., 1994; Singer et al., 1994）认为，除非读者的阅读处理是以策略为基础的，否则不会进行精细推理。然而，正如杰里格和奥布赖恩（2005）所指出的，读者可以通过被动共振过程轻松获得大量信息；此外，无论这些信息与保持局部理解连贯性是否有关，共振过程都会通过文本或者背景世界知识激活这些信息。

Box 15.2 Example passage from Rizzella and O'Brien (1996)

Early Causal Explanation (Experiments 1 and 2)

Billy was walking home from school after playing a game of basketball. Billy looked for his keys to unlock the front door of his house. He searched everywhere but couldn't find the keys.

Early Causal Explanation Elaborated (Experiments 1 and 2)

He realized there was a big hole in his pocket. Now, he had no idea where to look. Billy shuddered when he recalled the warning his father gave him about being more responsible. His father told him that if he was not more responsible, he would ground Billy for an entire month.

Late Causal Explanation (Experiments 1 and 2)

Billy needed to find another way to unlock the door. In order to unlock the door, Billy broke a small window. The window fell in pieces on the ground.

Filler (Experiment 2)

Billy walked into the house and cleaned up the mess. Then he went into the kitchen for something to eat. Then he went into the living room to watch TV.

Consequent Event

He knew that once his father came home he would be in trouble.

奥布赖恩等人（O'Brien，Shank，Myers & Rayner，1988；另见 223
Garrod, O'Brien, Morris, & Rayner, 1990）发现了被动激活的精细推理。他们记录阅读高语境或低语境段落过程中参与者的眼动，实验本文中可能明确提出或只是暗示的相关信息（见方框 15. 3）。同样是发现了蜘蛛（或昆虫），高语境文本中的两个角色正在穿过鬼屋，而低语境文本中的角色正在探索一座新房子，目标概念的提出在这两个文本中分为明确指出或暗示提及的两种情况，读者不必要知道昆虫是蜘蛛才能保持局部或全文连贯性。在文本最后一句话中出现了单词 "spider"［蜘蛛］。奥布赖恩等人发现，在高语境文本中无论前文是否明确提出目标词，读者对单词 "spider" 的凝视持续时间不变，这表明读者在高语境条件下推断并编码 "spider" 的概念，无论 "spider" 是否已明确提及。

Box 15.3 Example from O'Brien, Shank, Myers, and Rayner (1988)

High Context (Explicit/Implicit)

Chris and Randy were sneaking through a haunted house, brushing away cobwebs as they went. Suddenly, a fat, hairy eight-legged (spider/insect) dropped on Randy's shoulder.

Low Context (Explicit/Implicit)

Chris and Randy were exploring a house in a new development. They were taking notice of all the room sizes when Randy spotted a strange (spider/insect) in the corner.

Filler

He was so startled that he jumped in the air.

Reinstatement Sentence

He thought that the spider looked like a black widow.

精细推理通过被动共振过程激活，对此的最有力的检验来自于一项检查预测推理激活的工作。由于阅读过程中读者会对下文进行预测，许多研究人员认为这些推论很可能与相关文本的阅读并非同时发生。然而，麦克库恩和拉特克里夫（1986）认为预测推理与必要的推理没有什么不同：如果上下文给予读者足够线索，读者记忆中的相关信息得到激活并引发预测推理。

以他们的经典例子为例：

The director and the cameraman were ready to shoot close-ups when suddenly the actress fell from the fourteenth story. [导演和摄影师准备拍摄特写镜头时，女演员突然从十四楼坠落]

受试者读完这段文本后，研究人员要求参与者回答段落中是否出现预测推理概念对应的词（例如“death”[死亡]）。文本中没有出现“death”一词，但麦克库恩和拉特克里夫认为，参与者很难正确地做出否定判断，因为死亡的概念在读者记忆中会很活跃。实验结果与麦克库恩和拉特克里夫的预测一致，阅读上述文本的实验组参与者的回答比控制组更慢、更不准确，但这一现象仅在读者结束阅读句子后立即进行测试时才会出现。麦克库恩和拉特克里夫认为上述文本使读者预测推理出“死亡”的概念，但是这个概念的编码程度很低，因此，在读者阅读之后立即进行测试时，读者记忆中还残留足够的“死亡”概念，但一段时间后，读者记忆中留下的信息变得模糊（例如，记得文本中发生了不好的事件）。

库克、利姆伯和奥布赖恩（2001）表明，能够引发预测推理的
224 不仅仅是前文（引发预测的句子），也包括整体上下文以及读者的背景知识（Cook & Guéraud, 2005）。由于文本知识和背景知识的结合过程是通过被动记忆激活过程引发的，因此，无论前因和后果之间在文本中的距离是近还是远，读者都会激活预测推理。库克等人发现在大多数情况下，读者不会以具体的词语作为编码的单位来记忆文本信息或对下文进行预测推理。例如，当读者阅读的文本为“一个小男孩扔出一块岩石砸到了汽车的侧面造成凹痕”时，读者不会以词汇为单位（例如“造成凹痕”）进行记忆编码，而是以更为普遍的概念进行记忆编码（例如，“发生了某种损坏”）。拉森德和奥

布赖恩（2009）的研究证明推断的具体程度与上下文的具体程度直接正相关，也就是说，上下文的描述越具体，读者的预测推断也越具体。

Box 15.4 Example from Peracchi and O'Brien (2004) and Guéraud, Tapiero, and O'Brien (2008)

Consistent Condition

Carol was known for her short temper and her tendency to act without thinking. She never thought about the consequences of her actions, so she often suffered negative repercussions. She refused to let people walk all over her. In fact, she had just gotten a ticket for road rage. She decided she would never put up with anyone who was not nice to her.

Inconsistent Condition

Carol was known for her ability to peacefully settle any confrontation. She would never even think to solve her problems with physical violence. She taught her students and her own children how to solve problems through conversation. She believed this was an effective way to stop the increasing violence in the schools. Carol also helped other parents learn to deal with their anger.

Alternative Trait Condition

Carol had just come back to work after having had shoulder surgery. She needed to be careful whenever raising anything from a customer's table. Every time she did it, it would hurt so much that she thought she might faint. If she raised something too high, she was extremely uncomfortable all night. But usually, she asked for help when she needed to clear a table.

Filler

One particular night, Carol had an extremely rude customer. He complained about his spaghetti and yelled at Carol as if it was her fault.

Inference-Evoking Sentence

Carol lifted the spaghetti above his head.

Baseline Sentence

She lifted the spaghetti and walked away.

因为人们发现除了推理引发句还有整体上下文也会影响读者的预测推理，所以，学者们进行了数项针对整体上下文以及推理引发句子对预测推理的影响的研究，以探明这两个因素如何相互作用以影响推理激活。例如，在佩拉琪和奥布赖恩（2004）的实验中，文本描述的几个主角特征与读者进行预测推理有关，这些特征要么一致，要么不一致，要么无关联，如方框 15.4 中的段落所示，卡洛尔被描述为脾气暴躁、行事冲动（一致描述），或是反对肢体暴力崇尚和平（不一致描述）。然后，文本中出现一个事件（例如，粗鲁的顾客抱怨他

的食物）在这个事件后是一句引发推理的句子或一句中性句子。佩拉琪和奥布赖恩发现当描述一致时，读者阅读了引发推理的句子后，
225 识别推理词所用时长更短（也见 Rapp, Gerrig & Prentice, 2001)。吉罗、塔皮罗和奥布赖恩（2008）发现，当上下文不同时，同样的推理引发句可以激活完全不同的推理。例如，如果上下文指出卡罗尔脾气暴躁且容易采取暴力行为，然后读者读到卡罗尔将意大利面盘举过粗鲁的客人的头，则读者推测“dump”［倒］；然而，如果上下文指出卡罗尔有肩部问题（见方框 15.4 中的替代特征状况），然后卡罗尔端起意大利面盘，则读者推测“pain”［疼痛］。

鉴于上述研究结果，人们可能会以为读者在推理激活过程中有意识地借鉴前文与推理引发句之间的信息相关性。然而，库克等人（2014）发现，驱动推理激活的系统不会向外界反馈信息。他们使用的段落与佩拉琪和奥布赖恩（2004）使用的段落相似，除了一点不一样，也就是说关于角色的不一致描述特征已经是过去的情况（也见 O’Brien, Cook, & Guéraud, 2010; O’Brien, Cook, & Peracchi, 2004)。例如，文本描述卡罗尔曾经脾气暴躁且容易轻率行事，但现在不再如此，现在她已经是一个性格温和的人了。库克等人发现，即使主角的特征描述已经过时，读者依然会预测卡罗尔会将意大利面倒在客人头上（也就是说，读者阅读推理引发句后识别预测词的速度更快）。这些发现证实了早先的研究结论，即读者根据上下文和推理引发句，通过一个与外界无反馈的激活机制进行预测推理。而且，这种预测无法用基于策略的模型来解释，因为如果读者的推理激活是基于一定的策略，那么读者就不会根据不正确或过时的信息主动产生错误的推理。迄今为止，描述推理激活最简洁的解释是基于记忆的模型。本文将在讨论完基于战略和基于记忆的模型对全文理解连贯性的解释之后，继续讨论基于记忆的模型的不足以及面临的

问题。

保持全文理解连贯性

如前所述，为了保持全文连贯性，读者需要将目前正在处理的文本与先前阅读但不再活跃在记忆中的文本之间建立联系。基于策略的模型假设，读者主动且有策略性地搜索记忆中的信息以查找与前文相关的联系；相反，基于记忆的模型认为读者不会主动搜索记忆，全文信息的重新激活只能通过被动、无反馈且不受限制的共振过程进行。

如果在较近的前文中已经提供了足够的信息可以帮助读者理解的情况下读者的理解仍受到更远的前文中信息的影响的话，就说明读者的全文理解连贯性是由一个被动激活系统维持的。因此没有必要。一系列实验的结果（Albrecht & O'Brien, 1993; Cook, Halleran, & O'Brien, 1998; Cook & O'Brien, 2014; Hakala & O'Brien, 1995; Kendeou, Smith, & O'Brien, 2013; O'Brien & Albrecht, 1992; O'Brien et al., 2010; O'Brien et al., 2004; O'Brien, Rizzella, Albrecht, & Halleran, 1998）证明读者在能够保持局部理解连贯性的情况下依然会通过被动共振过程激活其他相关背景信息。例如方框 15. 5 中的段落描述的人物有一些特征（例如“Mary was a strict vegetarian or Mary enjoyed junk food and ate at McDonald's”［玛丽是一个严格的素食者或者玛丽喜欢垃圾食品，常常在麦当劳吃东西］）。读者在阅读到目标句（“Mary ordered a cheeseburger and fries”［玛丽点了奶酪汉堡和薯条］）（Myers, O'Brien, Albrecht, & Mason, 1994）时，对特征的描述在读者的记忆中并不活跃，并且局部文本的语义连贯，这样的情况下，文意不一致组别的读者将目光停留在目标句子的时间更长。正如被动共振过程的假设，读者对目标句子进行编码会导致信号发送给所有记忆，与玛丽的饮食习惯相关的记忆痕迹在响应中产生共鸣。当读者的记忆中“玛丽是素食者”的信息被这个过程重新激活时，会导致全文连贯性中断，中断过程干扰了阅读，因为读者必须试图重新建立连贯性。库克和奥布赖恩（2014）发现，记忆的重新激活过程受制于目标句子与背景知
226 识中关于主角特征之间的重叠程度。他们发现，当主角特征与目标句子的内容重叠程度高时，读者的记忆激活速度更快。

在奥布赖恩（1998；另见 O’Brien et al., 2010）的研究中可以找到记忆激活过程向外界无反馈的证据。研究人员在实验中设置几个组，其中一组告诉读者玛丽不再是素食者或者玛丽从来就不是素食者（见方框 15. 5）。如果读者是通过主动的搜索过程回忆前文相关信息，他们不应重新激活玛丽的素食主义，因为前文已经有详细阐述指出玛丽不再是（或从来不是）素食者，同时读者对目标句子的理解也不应该会中断；相反，如果记忆激活过程是被动的，那么前文中不再适用
227 的信息应该会得到共鸣，因为这些信息与目标句之间有关联。实验结果符合后一种观点，因为即使已经有描述说明人物特征已经失效，读者阅读目标句的时间仍然更慢。

库克等人（1998）的实验表明记忆的激活过程不受限制。他们重写了介绍部分，同样的特征不再是主角的特征，而是另一名角色的特征（例如，琼被描述为素食者而不是玛丽）。当文本描述琼是素食者时，读者阅读目标句的时间（玛丽点了奶酪汉堡和薯条）并没有减慢；然而随后的一项调查研究表明，目标句依然会导致现在归于琼的特征的重新激活，原因是当前琼的行动与玛丽一致（点餐）。阅读回忆激活的策略模型不能解释读者主动访问不相关的背景信息的现象。

Box 15.5 Sample Passage Used by Albrecht and O'Brien (1993); Kendeou, Smith, and O'Brien (2013); and O'Brien, Rizzella, Albrecht, and Halleran (1998)

Introduction

Today, Mary was meeting a friend Joan for lunch. She arrived early at the restaurant and decided to get a table. After she sat down, she started looking at the menu.

Consistent Elaboration

This was Mary's favorite restaurant because it had fantastic junk food. Mary enjoyed eating anything that was quick and easy to fix. In fact, she ate at McDonalds at least three times a week. Mary never worried about her diet and saw no reason to eat nutritious foods.

Inconsistent Elaboration

This was Mary's favorite restaurant because it had fantastic health food. Mary, a health nut, had been a strict vegetarian for ten years. Her favorite food was cauliflower. Mary was so serious about her diet that she refused to eat anything that was fried or cooked in grease.

Qualified Elaboration

Mary remembered that at a recent party, Joan played a joke by telling people that Mary had been a strict vegetarian for ten years. Joan told everyone that Mary's favorite restaurant had fantastic health food. She said that Mary was a health nut and wouldn't eat anything that was fried or cooked in grease. She also claimed that Mary's favorite food was cauliflower.

One- (and Three-) Sentence Causal Explanation

This was Mary's favorite restaurant because it had fantastic health food. Mary, a health nut, has been a strict vegetarian for ten years. Her favorite food was cauliflower. Mary was so serious about her diet that she refused to eat anything which was fried or cooked in grease. She wasn't getting enough vitamins because of her diet so her doctor said she had to start eating meat. (Mary recently had blood work done. Her lack of iron was causing her to become anemic.)

Filler

After about ten minutes, Mary's friend Joan arrived. It had been a few months since they had seen each other. Because of this Mary and Joan had a lot to talk about and chatted for over a half hour. Finally, they signaled the waiter to come take their orders. They checked the menu one more time. Mary and Joan had a hard time deciding what to have for lunch.

Critical Sentences

Mary ordered a cheeseburger and fries.
She handed the menu back to the waiter.

Closing

Her friend didn't have as much trouble deciding what she wanted. She ordered and they began to chat again. They didn't realize there was so much for them to catch up on.

最后，如上所述的研究结果可能表明，一旦对特定信息进行编码（例如，玛丽是素食者），该信息就不可避免地会对后文的理解产生影响，无论文段再提供什么信息都不能完全消除这一影响；但是，读者必须要有一个机制来抑制这种影响，否则，读者的理解总是会因为已经失效的信息而中断。此外，消除不一致信息影响的条件应与被动激活机制保持一致。肯迪欧等人（2013）针对该问题进行了测试，他们使用一段额外因果解释使得前文中出现的人物特征不再有效，额外因果解释分为一句或三句两种情况，说明为什么这一特征不再适用（见方框 15. 5 中的额外因果解释），额外因果信息本与不一致的信息相互竞争，与被动激活过程一致，并非所有相关信息都是平等的，只有一部分相关信息能够充分产生共鸣并返回到读者的活跃记忆中。相关度更高或内容更丰富的相关信息会得到更多激活。这反过来又会抑制其他相关信息的激活（即干扰其他相关信息的激活）。肯迪欧等人发现，当他们添加一句额外因果解释时，不一致信息的影响就减少了：不一致的信息被重新激活，但并没有干扰阅读；当他们添加三句原因解释时，不一致信息的影响几乎被消除：不一致的信息甚至没有被激活。因此，额外的因果解释增加相关信息的数量，从而形成了丰富、相互关联又相互竞争的信息网络，因此，不一致信息的影响和激活的减少体现出系统性。

总结与今后的挑战

总结前文所述，基于战略和基于记忆的文本理解模型在读者如何维持局部连贯性方面的基本假设相同。区别两类模型的关键因素是读者获得当前记忆中未激活的信息的过程和条件，这些信息一旦被激活就会对理解过程产生影响。两类模型的区别主要体现在两个方面：推理的激活（必要推理和精细推理）和根据当前文本联系前文信息保持全文连贯性的过程。

针对读者必要推理与精细推理的研究结果支持基于记忆的理解模型。读者当前阅读的文本激活了文本记忆中的前文信息以及背景知识信息。正如杰里格和奥布赖恩（2005）所指出的，由于两种推理的激活过程相同，区分推理类别的必要性并不明显，如果活动记忆中的信息与文本前文中已经编码进非活动记忆中的信息或背景世界知识中的相关信息重叠，则会引发推理活动。我们认为，这种简单、被动的推理激活机制（即共振）是所有推理活动的基础，这个过程不需要读者进行任何主动的策略处理。

但是，基于记忆的模型在描述推理的过程方面存在严重缺陷。首先，基于记忆的模型通常只能描述简单单一概念的推理或一种因果联系的激活。然而实际阅读过程中读者进行的推理往往要复杂得多。其次，基于记忆的模型以片面静止的态度看待许多高等级因素［例如，读者的目标、读者的生活经历、读者解释和理解文本的需要、 228
读者阅读动机中娱乐动机的占比，这些因素一定会影响读者进行推理的能力和深入程度。格拉瑟、李海英和封晨（2015）认为这些高等级阅读因素需要策略性推理过程才能够解决（包括策略性记忆搜索）］。事实上，格拉瑟等人提出，每当读者遇到认知不平衡时，他们都会进行推理、解决问题或进行其他主动认知活动来恢复认知平衡。我们认为这个说法理论上是正确的，但是，要支持这一说法需要开发能够解释认知恢复平衡的过程和规则的模型。然而迄今为止尚不存在这种模型，建立这一模型就是基于策略模型的支持者面临的最严峻的挑战。

最后，戈德曼、麦卡锡和波克特（2015）指出，大多数关于推理的研究证据——特别是以基于记忆的模型为基础的研究——其实都假定读者的阅读目的是为了理解文本的字面意思，而缺少假定读者的阅读目的是为了解读文本，理解文本字面意思之外的衍生含义的研究。这类文本的一个很好的例子是带有寓意性的叙述。此类文本的阅读要求读者将文本的内容与背景知识相结合，包括人类行为动机、文本流派、情节结构、道德和哲学系统的了解以及对文本的语用学认识。要进行旨在了解读者采取解释性立场时所涉及的推断过程的研究非常有趣但执行难度极高，不过，这类研究也能证明仅仅是基于记忆的模型不足以清晰地描述推理过程。

学界围绕基于记忆和基于策略模型的作用的争论极大地推动了我们对读者进行推理的条件以及推理对于信息理解的作用的认识（Cook & O'Brien, 2015）。然而，这些研究的结果没有一个能够真正告诉我们基于记忆的理解模型和基于策略的理解模型之间的决定性区别是什么。学界之所以用基于记忆的模型来解释阅读推理的引发，原因主要是为了方便，而不是因为有证据直接反驳基于策略进行处理的可能性。另外，即使是极有可能由策略性机制引发的推理行为也可以使用基于记忆的模型进行解释。我们认为，基于记忆的模型与基于策略的模型之间的主要区别在于读者从记忆中获取信息的程度。在基于记忆的模型中，信息只能通过快速、被动和无反馈的激活机制获得；相反，在基于策略的模型中，读者不断积极地搜索记忆，以搜索能够促进理解的解释，并试图将当前信息与所有以前的相关信息完全整合。迄今为止的研究证据都强烈支持基于记忆的模型。

对记忆访问纯属被动过程的一个批评是，它没有考虑到读者的目标。基于记忆的模型（特别是共振机制）提供了一种机制，可以在不需要读者主动搜索（比如对语义的搜索）的情况下，对读者的目标进行感知。一旦读者获取了语义信息，读者就能够将注意力集中于与其主观目标最一致的那部分信息。读者对于聚焦的信息活动记忆的信号强度将更大，这反过来又增加了与焦点信息相关的信息最终可用的可能性。这一周期性过程一直持续到读者获得足够的信息能够维持阅读的连贯性。也就是说，对意义的搜索实际上不是对记忆的搜索，而是一个注意力改变的过程，针对的是被动激活过程提供的信息。事实上，基于记忆的模型的绝对版本否定任何形式的对活动记忆的主动搜索。主动搜索信息包括有意识地和实际运动眼睛回顾文本，或从文本以外寻找其他信息来源（例如，从书架上的另一本书中获取相关信息）。

基于策略的理解模型面临的挑战是证明读者在阅读过程中即使不为了保持文本局部理解的连贯性，也会主动对特定文本特征（例如时间、空间）进行搜索。即使我们有强有力的证据证明策略性搜索的存在，我们仍然需要能够描述策略搜索过程的特征和限制因素。 229
例如，这种搜索是被动的还是有针对性的？如果策略性搜索是被动的，则它具有被动激活机制的许多特征。另一方面，如果这类搜索是有针对性的，则很难在不假设一个指导搜索过程的系统的前提下，找出一个可能的认知机制来解释这种搜索的产生。如果不假设一个指导系统，则该模型没有预测或解释能力。

学界曾尝试开发记忆搜索过程的混合模型，它假定初始记忆搜索过程为被动过程，如果被动过程不能产生足够的信息，记忆将切换到主动搜索模式（Long & Lea, 2005; van den Broek et al., 1996）。我们看不出这种两阶段被动 / 主动搜索机制的价值，因为无法确定读者何时可以从被动搜索切换到策略搜索。如果我们承认这种切换的存在，那么该模型中控制主动策略搜索的机制和控制被动记忆搜索的就是同一个执行区域。尽管这些模型在基于记忆的模型和基于战略的模型之间达成了妥协，但不幸的是，添加第二个策略搜索阶段会削弱模型的预测价值。

结论

前文所述的模型根据其将理解过程中发生的过程视为被动还是策略性的过程可以分为两类；学界尝试将被动解释和策略性解释整合到单一模型中的尝试基本上没有实现。毫无疑问，一个完整的理解模式应该同时涉及被动和策略性的过程。然而，迄今为止，被动识别模型的发展更为成功，被动模型的描述、解释和测试更加成熟（主要集中于推理激活和记忆访问）。这可能是因为设计针对被动记忆系统的实验要容易得多，尤其是许多基础记忆研究已经为被动记忆系统的研究提供了先例。当研究结果不能轻易用被动过程来解释时，研究人员才考虑使用策略视角进行处理（Long & Lea, 2005; Singer et al. 1994）。我们认为，之所以有时不得不采取策略视角，是因为学界尚不清楚哪些过程或因素推动理解从被动转向主动。

我们不否认学界已经进行了一些系统的实验工作以探明读者的策略推理过程（Magliano & Radvansky, 2001; Rapp & Gerrig, 2002）。然而，该领域的现状是我们对理解中涉及的被动过程和策略过程知之甚少。未来对被动过程的研究可能只会进一步完善我们已知的大部分内容。另一方面，我们认为未来研究中最有趣的问题是了解策略处理的机制和局限（Goldman et al., 2015）。然而不幸的是，这些问题也可能是最具挑战性的问题。

参考文献

Albrecht, J. E., & Myers, J. L. (1995). Role of context in accessing distant information during reading. *Journal of Experimental Psychology: Learning, Memory, and Cognition, 21*, 1459–1468.

Albrecht, J. E., & Myers, J. L. (1998). Accessing distant text information during reading: Effects of contextual cues. *Discourse Processes, 26*, 87–107.

Albrecht, J. E., & O'Brien, E. J. (1991). Effects of centrality on retrieval of text-based concepts. *Journal of Experimental Psychology: Learning, Memory, and Cognition, 17*, 932–939.

Albrecht, J. E., & O'Brien, E. J. (1993). Updating a mental model: Maintaining both local and global coherence. *Journal of Experimental Psychology: Learning, Memory, and Cognition, 19*, 1061–1070.

Albrecht, J. E., & O'Brien, E. J. (1995). Goal processing and the maintenance of global coherence. In R. F. Lorch & E. J. O'Brien (Eds.), *Sources of coherence in reading* (pp. 263–278). Hillsdale, NJ: Erlbaum.

Cook, A. E. (2014). Processing anomalous anaphors. *Memory & Cognition, 42*, 1171–1185.

Cook, A. E., & Guéraud, S. (2005). What have we been missing? The role of general world knowledge in discourse processing. *Discourse Processes, 39*, 265–278.

Cook, A. E., Halleran, J. G., & O'Brien, E. J. (1998). What is readily available during reading? A memory-based view of text processing. *Discourse Processes, 26*, 109–129.

Cook, A. E., Lassonde, K. A., Splinter, A. F., Guéraud, S., Stiegler-Balfour, J. J., & O'Brien, E. J. (2014). The role of relevance in activation and instantiation of predictive inferences. *Language, Cognition, and Neuroscience, 29*, 244–257.

Cook, A. E., Limber, J. E., & O'Brien, E. J. (2001). Situationbased context and the availability of predictive inferences. *Journal of Memory and Language, 44*, 220–234.

Cook, A. E., & O'Brien, E. J. (2014). Knowledge activation, integration, and validation during narrative text comprehension. *Discourse Processes, 51*, 26–49.

Cook, A. E., & O'Brien, E. J. (2015). Passive activation and instantiation of inferences during reading. In E. J. O'Brien, A. E. Cook, & R. F. Lorch (Eds.), *Inferences during reading*. Cambridge, England: Cambridge University Press.

Corbett, A. T., & Chang, F. R. (1983). Pronoun disambiguation: Accessing potential antecedents. *Memory & Cognition, 11*, 283–294.

Dell, G. S., McKoon, G., & Ratcliff, R. (1983). The activation of antecedent information during the processing of anaphoric reference in reading. *Journal of Verbal Learning and Verbal Behavior, 22*, 121–132.

Garrod, S., O'Brien, E. J., Morris, R. K., & Rayner, K. (1990). Elaborative inferencing as an active or passive process. *Journal of Experimental Psychology: Learning, Memory, and Cognition, 16*, 250–257.

Gernsbacher, M. A. (Ed.). (1990). Language comprehension as structure building. Hillsdale, NJ: Erlbaum. Gerrig, R. J., & McKoon, G. (1998). The readiness is all: The functionality of memory-based text processing. *Discourse Processes, 26*, 67–86.

Gerrig, R. J., & O'Brien, E. J. (2005). The scope of memorybased processing. *Discourse Processes, 39*, 225–242.

Gillund, G., & Shiffrin, R. M. (1984). A retrieval model for both recognition and recall. *Psychological Review, 91*, 1–67.

Goldman, S. R., McCarthy, K., & Burkett, C. (2015). Interpretive inferences in literature. In E. J. O'Brien, A. E. Cook, & R. F. Lorch, Jr. (Eds.). *Inferences during reading*. Cambridge, England: Cambridge University Press.

Graesser, A. C., Li, H., & Feng, S. (2015). Constructing inferences in naturalistic reading contexts. In E. J. O'Brien, A. E. Cook, & R. F. Lorch, Jr. (Eds.), *Inferences during reading*. Cambridge, England: Cambridge University Press.

Graesser, A. C., Singer, M., & Trabasso, T. (1994). Constructing inferences during narrative text comprehension. *Psychological Review, 101*, 371–395.

Guéraud, S., Tapiero, I., & O'Brien, E. J. (2008). Context and the activation of predictive inferences. *Psychonomic Bulletin & Review, 15*, 351–356.

Hakala, C. M., & O'Brien, E. J. (1995). Strategies for resolving coherence breaks in reading. *Discourse Processes, 20*, 167–185.

Hintzman, D. L. (1988). Judgments of frequency and recognition memory in a multiple-trace memory model. *Psychological Review, 95*, 528–551.

Johnson-Laird, P. N. (1983). Mental models: Towards a cognitive science of language, inference, and consciousness (Vol. 6). Cambridge, MA: Harvard University Press.

Johnson-Laird, P. N., & Garnham, A. (1980). Descriptions and discourse models. *Linguistics and Philosophy, 3*, 371–393.

Keenan, J. M., Baillet, S. D., & Brown, P. (1984). The effects of causal cohesion on comprehension and memory. *Journal of Verbal Learning and Verbal Behavior, 23*, 115–126.

Kendeou, P., Smith, E. R., & O'Brien, E. J. (2013). Updating during reading comprehension: Why causality matters. *Journal of Experimental Psychology: Learning, Memory, and Cognition, 39*, 854–865.

Kintsch, W. (1988). The role of knowledge in discourse comprehension: A construction-integration model. *Psychological Review, 95*, 163–182.

Kintsch, W. (1998). Comprehension: A paradigm for cognition. Cambridge, England: Cambridge University Press.

Kintsch, W., & Van Dijk, T. A. (1978). Toward a model of text comprehension and production. *Psychological Review, 85*, 363–394.

Kintsch, W., & Vipond, D. (1979). Reading comprehension and readability in educational practice and psychological theory. In L. G. Nilsson (Ed.), *Perspectives on memory research* (pp. 329–365). Hillsdale, NJ: Erlbaum.

Klin, C. M., Guzmán, A. E., Weingartner, K. M., & Ralano, A. S. (2006). When anaphor resolution fails: Partial encoding of anaphoric inferences. *Journal of Memory and Language, 54*, 131–143.

Klin, C. M., Weingartner, K. M., Guzmán, A. E., & Levine, W. H. (2004). Readers' sensitivity to linguistic cues in narratives: How salience influences anaphor resolution. *Memory & Cognition, 32*, 511–522.

Lassonde, K. A., & O'Brien, E. J. (2009). Contextual specificity in the activation of predictive inferences. *Discourse Processes, 46*, 426–438.

Levine, W. H., Guzmán, A. E., & Klin, C. M. (2000). When anaphor resolution fails. *Journal of Memory and Language, 43*, 594–617.

Long, D. L., & Lea, R. B. (2005). Have we been searching for meaning in all the wrong places? Defining the "search after meaning" principle in comprehension. *Discourse Processes, 39*, 279–298.

Magliano, J. P., & Radvansky, G. A. (2001). Goal coordination in narrative comprehension. *Psychonomic Bulletin & Review, 8*, 372–376.

McKoon, G., & Ratcliff, R. (1980). The comprehension processes and memory structures involved in anaphoric reference. *Journal of Verbal Learning and Verbal Behavior, 19*, 668–682.

McKoon, G., & Ratcliff, R. (1986). Inferences about predictable events. *Journal of Experimental Psychology: Learning, Memory, and Cognition, 12*, 82–91.

McKoon, G., & Ratcliff, R. (1992). Inference during reading. *Psychological Review, 99*, 440–466.

McKoon, G., & Ratcliff, R. (1998). Memory-based language processing: Psycholinguistic research in the 1990s. *Annual Review of Psychology, 49*, 25–42.

Murdock, B. B., Jr. (1982). A theory for the storage and retrieval of items and associative information. *Psychological Review, 89*, 187–203.

Myers, J. L., Cook, A. E., Kambe, G., Mason, R. A., & O'Brien, E. J. (2000). Semantic and episodic effects on bridging inferences. *Discourse Processes, 29*, 179–199.

Myers, J. L., & O'Brien, E. J. (1998). Accessing the discourse representation during reading. *Discourse Processes, 26*, 131–157.

Myers, J. L., O'Brien, E. J., Albrecht, J. E., & Mason, R. A. (1994). Maintaining global coherence during reading. *Journal of Experimental Psychology: Learning, Memory, and Cognition, 20*, 876–886.

Myers, J. L., Shinjo, M., & Duffy, S. A. (1987). Degree of causal relatedness and memory. *Journal of Memory and Language, 26*, 453–465.

O'Brien, E. J. (1987). Antecedent search processes and the structure of text. *Journal of Experimental Psychology: Learning, Memory, and Cognition, 13*, 278–290.

O'Brien, E. J., & Albrecht, J. E. (1991). The role of context in accessing antecedents in text. *Journal of Experimental Psychology: Learning, Memory, and Cognition, 17*, 94–102.

O'Brien, E. J., & Albrecht, J. E. (1992). Comprehension strategies in the development of a mental model. *Journal of Experimental Psychology: Learning, Memory, and*

Cognition, 18, 777–784.

O'Brien, E. J., Albrecht, J. E., Hakala, C. M., & Rizzella, M. L. (1995). Activation and suppression of antecedents during reinstatement. *Journal of Experimental Psychology: Learning, Memory, and Cognition, 21*, 626–634.

O'Brien, E. J., Cook, A. E., & Guéraud, S. (2010). Accessibility of outdated information. *Journal of Experimental Psychology: Learning, Memory, and Cognition, 36*, 979–991.

O'Brien, E. J., Cook, A. E., & Peracchi, K. A. (2004). Updating situation models: A reply to Zwaan and Madden (2004). *Journal of Experimental Psychology: Learning, Memory, and Cognition, 30*, 289–291.

O'Brien, E. J., Duffy, S. A., & Myers, J. L. (1986). Anaphoric inference during reading. *Journal of Experimental Psychology: Learning, Memory, and Cognition, 12*, 346–352.

O'Brien, E. J., & Myers, J. L. (1987). The role of causal connections in the retrieval of text. *Memory & Cognition, 15*, 419–427.

O'Brien, E. J., & Myers, J. L. (1999). Text comprehension: A view from the bottom up. In S. R. Goldman, A. C. Graesser, & P. van den Broek (Eds.), *Narrative comprehension, causality, and coherence: Essays in honor of Tom Trabasso* (pp. 35–53). Hillsdale, NJ: Erlbaum.

O'Brien, E. J., Plewes, P. S., & Albrecht, J. E. (1990). Antecedent retrieval processes. *Journal of Experimental Psychology: Learning, Memory, and Cognition, 16*, 241–249.

O'Brien, E. J., Raney, G. E., Albrecht, J. E., & Rayner, K. (1997). Processes involved in the resolution of explicit anaphors. *Discourse Processes, 23*, 1–24.

O'Brien, E. J., Rizzella, M. L., Albrecht, J. E., & Halleran, J. G. (1998). Updating a situation model: A memory-based text processing view. *Journal of Experimental Psychology: Learning, Memory, and Cognition, 24*, 1200–1210.

O'Brien, E. J., Shank, D. M., Myers, J. L., & Rayner, K. (1988). Elaborative inferences during reading: Do they occur online? *Journal of Experimental Psychology: Learning, Memory, and Cognition, 14*, 410–420.

Peracchi, K. A., & O'Brien, E. J. (2004). Character profiles and the activation of predictive inferences. *Memory & Cognition, 32*, 1044–1052.

Rapp, D. N., & Gerrig, R. J. (2002). Readers' reality-driven and plot-driven analyses in narrative comprehension. *Memory & Cognition, 30*, 779–788.

Rapp, D. N., Gerrig, R. J., & Prentice, D. A. (2001). Readers' trait-based models of characters in narrative comprehension. *Journal of Memory and Language, 45*, 737–750.

Ratcliff, R. (1978). A theory of memory retrieval. *Psychological Review, 85*, 59–108.

Rizzella, M. L., & O'Brien, E. J. (1996). Accessing global causes during reading.

Journal of Experimental Psychology: Learning, Memory, and Cognition, 22, 1208–1218.

Sanford, A. J., & Garrod, S. C. (1998). The role of scenario mapping in text comprehension. *Discourse Processes, 26*, 159–190.

Sanford, A. J., & Garrod, S. C. (2005). Memory-based approaches and beyond. *Discourse Processes, 39*, 205–224.

Singer, M. (1993). Causal bridging inferences: Validating consistent and inconsistent sequences. *Canadian Journal of Experimental Psychology/Revue Canadienne de Psychologie Expérimentale, 47*, 340–359.

Singer, M., & Ferreira, F. (1983). Inferring consequences in story comprehension. *Journal of Verbal Learning and Verbal Behavior, 22*, 437–448.

Singer, M., Graesser, A. C., & Trabasso, T. (1994). Minimal or global inference during reading. *Journal of Memory and Language, 33*, 421–441.

Singer, M., & Halldorson, M. (1996). Constructing and validating motive bridging inferences. *Cognitive Psychology, 30*, 1–38.

Singer, M., Halldorson, M., Lear, J. C., & Andrusiak, P. (1992). Validation of causal bridging inferences in discourse understanding. *Journal of Memory and Language, 31*, 507–524.

Trabasso, T., Secco, T., & van den Broek, P. W. (1984). Causal cohesion and story coherence. In H. Mandl, N. L. Stein, & T. Trabasso (Eds.), *Learning and comprehension of text* (pp. 83–111). Hillsdale, NJ: Erlbaum.

van den Broek, P., Risden, K., Fletcher, C. R., & Thurlow, R. (1996). A "landscape" view of reading: Fluctuating patterns of activation and the construction of a stable memory representation. In B. K. Britton & A. C. Graesser (Eds.), *Models of understanding text* (pp. 165–187). Hillsdale, NJ: Erlbaum.

van Dijk, T. A., & Kintsch, W. (1983). Strategies of discourse comprehension. New York, NY: Academic Press.

Zwaan, R. A. (1999). Five dimensions of narrative comprehension: The event-indexing model. In S. R. Goldman, A. C. Graesser, & P. van den Broek, (Eds.), *Narrative comprehension, causality, and coherence: Essays in honor of Tom Trabasso* (pp. 93–110). Hillsdale, NJ: Erlbaum.

Zwaan, R. A., & Radvansky, G. A. (1998). Situation models in language comprehension and memory. *Psychological Bulletin, 123*, 162–185.

第16章 中文阅读中词语的作用

李兴珊 臧传丽 西蒙·P.里弗塞奇 亚历山大·波拉塞克

摘 要：汉语的书写系统（以及汉语本身）在许多方面不同于欧洲各国的书面语系统（以及欧洲各国的语言）。最明显的区别在于汉语书面语不是拼音文字，此外，在词汇、语法和语音表达的形式上也存在差异。本章主要讨论书面汉语由于不是拼音文字而具有的特点以及书面汉语不采取分词连写的现象。尽管汉语在正字法上与欧洲语言存在表面差异，但有相当多的证据表明，汉语读者将词作为主要阅读单位。词语的属性（如词语频率）以及汉字的属性（如汉字频率）会影响阅读时间，也会影响读者在阅读文章获取文意过程中眼动的注视位置。

关键词：词切分、词空格、注视位置、眼动、中文阅读

与其他许多语言的书写系统不同，汉语在书写过程中没有用间隔将词语分开的习惯。汉语文本由一系列间隔相等的方块汉字组成（当今汉语的阅读习惯是从左到右）。汉语词语之间没有间隔的现象使得汉语与大多数有间隔的语言区分开来，对于不熟悉汉语的人来说这种现象可能会显得有些奇怪，然而事实上，许多拼音文字（如英语）也是直到公元1000年左右才开始使用间隔来划分单词边界（Boorstin，1983）。一般观点认为，在词与词之间设置间隔作为词语边界提示读者词的开始与结束有助于阅读（Rayner, 1998, 2009; Zang, Liversedge, Bai, & Yan, 2011）。分词连写还有助于避免文本中相邻的词彼此遮罩而影响阅读（Rayner, 1998, 2009; Zang et al., 2011）。出于这些原因，分词连写被认为有利于阅读（实际上，如果从英语文本中删除空格，那么阅读效率就会大大降低；Rayner, Fischer, & Pollatsek,

1998）。本章开头将会简要地描述汉语文本非拼音文字的这一特点以及汉语书写不采取分词连写的现象。然后，本章将会回顾一些针对汉语读者在阅读汉语文本时如何确定词语边界以及汉语的以上特点如何影响读者眼动的研究。

一个有趣的问题是，为什么汉语书写系统没有采取分词连写？对于这个问题，人们尚未得出明确答案，只能够推测一些可能的原因。汉语书写材料的发展历史或许是一个比较现实的原因，在古代中国，文字通常写在竹子上或刻在石头上，中国古人不分词可以避免空间浪费从而最大限度地利用材料。另一个历史原因是，汉字自古以来就习惯以单字表意，在阅读汉语文本时人们是一个字一个字 233
地读取文意。事实上，直到20世纪初从西方引进“word”这个概念之后，汉语中才有了“词”这个字（Packard, 1998）。此外，古代汉语书写系统中也没有标点符号来把文本划分成句或者段。最后还有一个因素可能解释了为什么汉语没有分词连写，以组成词语的汉字来计算汉语中的词语通常很短，此外，和拼音文字相比，汉语的词语长度相对稳定（拼音文字的单词长度以组成单词的字母数量计算）。汉语中约97%的词语由一到两个字组成（token frequency [标记频率]；《现代汉语常用词表》，2008）。由此可见，将一串汉语文本拆分成词并不会出现太多排列组合的可能性，与英语等语言相比，决定在何处分词对汉语读者来说可能不是什么挑战。因此，分词连写对于提高汉语阅读效率的意义不大。

即使没有明确的词间隔，汉语读者阅读汉语似乎也没有什么困难。如果词在汉语阅读中是重要语言学单位（这一点将在本章进行证明），那么汉语读者在阅读过程中一定有其他机制来进行词切分。在介绍关于汉语分词机制的研究之前，我们需要注意汉语并非唯一一个不进行分词连写的语言。例如，日语和泰语同样不用空格标记词的边界，因此，关于分词机制的研究也会以日语和泰语作为参考对象。此外，一些拼音语言如德语和芬兰语有较长的多语素复合词没有将各个语素进行分隔，这些语言的读者在阅读时可能会使用类似的机制来处理这些词。

汉语中字词的定义是什么?

中国语言学家把汉语中的一个词定义为最小的语言单位，它具有特定的意义和发音，可以单独用来构成一个句子或语法成分（Hoosain, 1992）。但是一个汉语词可以由一个或多个语素组成。阅读时词语由汉字组成，每个汉字对应一个语素。公开资料（《现代汉语常用词表》，2008）显示，调查对象56008个词语中，6%是一个字，72%是两个字，12%是三个字，10%是四个字。少于0.3%的汉语单词长度超过四个字符（基于词频计算）；若是以字符计算，70.1%的词语是一个字，27.1%的词语是两个字，1.9%的词语是三个字，0.8%的词语是四个字，0.1%的词语超过四个字。其中涉及超过5000个汉字（Hoosain, 1992），且这些汉字的复杂程度不同（从一个笔画到二十个笔画不等）。同一个汉字可以与其他许多汉字组合成词语。大多数汉字组成不同的词时发音相同，但有些汉字在不同词中发不同的音。

由于汉语书写体系中没有明确的分词标志，汉语读者在阅读文本时对于如何分词可能产生不同意见（Hoosain, 1992; Liu, Li, Lin, & Li, 2013）。某些词语的分词方式较为统一，但人们对于某些词语则有许多不同的分词意见。这些意见分歧给设计理解汉语的人工智能研究带来不少困难。为解决分词问题给人工智能设计带来的困难，中国建立了一套国家标准对人工智能如何分词进行了规范。这套分词规范类似于汉语对词语的定义标准，信息处理用现代汉语分词规范

（National Standard GB/T 13715–92, 1992）列出了一些汉语文本的分词规则。然而中国人的实际分词习惯与这套国标常有出入。刘萍萍等人（2013）请读者用斜线给汉语文本分词，然后，他们计算每个字符后斜线的出现率。这里需要说明一点，如果在某个字后面每一位 234
受调查者都加了斜线或都没加斜线，那么此处的分词率就是 1 或 0。研究发现，汉语阅读者在实际阅读中进行分词时，并不总是与国家标准一致。受调查者的实际分词活动受到词语在句法所属类别的影响。具体来说，受调查读者更倾向于将功能词（例如，助词“的”或“地”）与内容词（例如，名词、动词、形容词或代词）结合起来形成一个词语。此外，大多数受调查读者都将数词和量词合为一词，或者将动词（如“躺”）和介词（如“在”）合为一词。另外，受调查读者通常将复合名词（例如，短语“森林公园”）视为一个词语。总而言之，汉语读者更喜欢将传达同一个信息的多个相邻词语归为一个词语。尽管刘萍萍等人的实验（2013）是人为规定的词切分任务，未必能够准确反映受试者在自然状态下阅读时如何将文本分割成词语，但和语言学家的理论判断相比仍然具有现实意义。

汉语读者处理词语时的思维

由于汉语文本中的词语没有明确起始标志，词语的界线是模糊的（Hoosain, 1992），阅读汉语时，词语是否被读者视为信息的单位？此外，汉语读者阅读过程中的眼动是否像英文读者一样主要受到词语的影响？最早的有力证明了英语单词是阅读过程中重要的视觉单位的证据来自于对单词优先效应的研究（Reicher, 1969; Wheeler, 1970），比较字母在单词中出现以及字母单独出现两种情况下的识别度之后发现，字母在单词中识别度更高。同样，对汉语的研究

（Reicher, 1969; Wheeler, 1970）表明，汉字出现在一个简短的词语中时识别准确度比出现在不构成词语的字串中更高。该现象表明，词语中的汉字可以被读者更加有效地识别出来。李兴珊、雷纳和凯夫（2009）进一步研究了词语的边界标志如何影响汉语阅读过程中的汉字识别，并发现了词语的边界效应。研究人员向参与者简短地展示横向排列的四个汉字，并要求参与者尽可能多地说出看到的汉字。这四个字要么是一个四字词，要么是两个双字词。李兴珊等人的这一研究发现，参与者通常能够完整说出四字词，但只能说出两个双字词中的前者。这一结果表明，分词对汉字识别有影响：参与者遇到两个词时是用串行思维进行阅读，而遇到一个四字词时则采用平行思维。总之，证据表明分词过程是汉语阅读中必要而且重要的一步。

低级分词线索有利于阅读

近年来涌现了许多针对汉语读者如何使用低级分词线索（如空格）来划分和识别词语的研究（Zang et al., 2011）。考虑到汉语读者可能会在词语的划分上出现分歧，研究者只使用字典中出现的词语作为研究材料，避免使用在划分上存在争议的词语。此外，在挑选完材料之后，为了确认参与者对词语边界的理解是一致的，会先进行预筛选测试。白学军、闫国利、里弗塞奇、臧传丽和雷纳（2008）发现，当成人汉语读者阅读词语之间插入空格的句子（或使用突出显示来划分词语的句子）和阅读没有空格的汉语文本一样容易。但是，当在组成一个词的几个字中间插入空格（或使用突出显示）或者随机在汉字中插入空格时，会减慢读者的阅读速度。根据这一现象，研究者推测在汉语文本的词语与词语之间加入空格有助于提升阅读速度，然而由于在词语之间加入空格的做法对汉语读者而言前所未见，读者对词间空格的不适应抵消了词语间空格对阅读速度的正面作用。后来的研究表明，在词语之间插入空格有助于汉语初学者更有效地阅读和学习新的汉字（Blythe et al., 2012; Zang, Liang, Bai, Yan, 235
& Liversedge, 2013）。布莱恩等人记录了成人和二年级儿童（年龄范围 7 至 10 岁，平均年龄 8. 3 岁）在阅读陌生双字词语时的眼动（受试者认识组成双字词的两个汉字，但它们的组合形成了一个陌生词汇，其含义不能从组成汉字的含义中得出）。这些词汇被安排在释义句中。其中一半的受试者在词语之间有间隔的句子中学习新词汇，另一半则在词语之间没有空格的句子中学习新词汇。几天后，对受试者们重新进行测试，让他们在另一组句子中重新阅读这些词汇，这次测试的文本全部都没有词语空格。在第二次测试中，空格组相比无空格组在阅读这些新词汇时的速度更快，而且，孩子（而非成人）的阅读速度受到词空格的利好作用得到了保留。布莱恩等人认为，给词语添加空格能够帮助孩子们在组成双字词语的两个汉字的字义与双字词词义之间形成更强烈的联系，或者对这个双字词形成更为具象的认识（也就是说将新词的特定字音字形和第一次测试所提供的词义联系起来；Perfetti, Liu, & Tan, 2005）。后续研究还表明，词空格对于将汉语作为第二语言的初学者也可以起到帮助阅读的作用（Bai et al., 2013; Shen et al., 2012）。

其他研究（Li, & Shen, 2013; Liu, & Li, 2014）探讨了在汉语词语前或后插入空格是否有助于读者在阅读过程中处理该词。当读者识别出一个汉语词汇（n）时，就知道了该词的两边边界。因此，在该词右边（词 n+1）插入一个空格不会提供额外的词边界信息，因为当单词 n 被识别时，它的左边边界已经被确定。但是，在单词 n+1 后面插入空格可以提供有关其右边界的信息，这有助于读者在识别它之前就将其从文本中提取出来。李兴珊和他的同事的研究证实了以上假设，在某词的后面插入一个空格有助于该词的处理，但在某词前插入一个空格并不能促进读者对该词的处理，研究受试者的阅读时长发现，词前空格甚至可能干扰该词的阅读。因此，插入空格的位置可能影响词语识别的难易程度。

词的属性影响阅读

到目前为止，我们的研究指标仅仅包括国际常见指标，如阅读理解得分或阅读时长。但是，我们在本节中讨论的大多数研究都采用了更为详细的眼动测量，从而反映动态过程阅读中的静态表现。眼动测量采用几种注视时长数据，其中三个最常见的是第一次注视持续时间，即第一次注视在某文本区域的持续时间；第一次通过时间，即视线聚焦点通过某文本区域所用时长；以及总注视时长，即视线聚焦点停留在某一文本区域的总时长（包括回读时的注视时长）。前提假设为读者的阅读顺序是从左到右，聚焦点从左侧进入文本区域，然后向右读取信息。其他常见的眼动测量指标是相邻两次注视之间的跳跃（扫视）方向和跳跃尺度。向后扫视称为回读。

汉语阅读的眼动研究表明，词的属性（研究人员人为地控制了测试所用汉字的属性之后，测试词的使用频率和可预测性）会影响该词所接受的注视数和注视时长（见 Zang et al., 2011, for a review）。例如，高频词的第一次注视持续时间明显短于低频词（Liversedge et al., 2014; Yan, Tian, Bai, & Rayner, 2006; Yang, & McConkie, 1999），不可预测词的第一次注视持续时间明显长于可预测词（Rayner, Li, Juhasz, & Yan, 2005; Wang, Pomplun, Chen, Ko, & Rayner, 2010）；此外，读者更频繁地跳过可预测词（Rayner et al., 2005）和高频词（Yan et al., 2006）。闫国利等人还发现汉字频率效应受到词语频率的影响，只有当词频较低时字频效应才明显，而当词频较高时字频效应则可以忽略不计。一个可能的原因是，当一个词经常被使用时，读者会将其记忆为一

个独立的单元，相反，如果这个词不经常使用，那么组成该词的汉字 236
的使用频率会影响这个词语，相应地，一个词的属性也在一定程度上影响其组成汉字。

除词语的属性外，大量的研究表明，汉语词的低层次视觉信息，如视觉复杂性（Liversedge et al., 2014; Yang, & McConkie, 1999）和长度（Li, Liu, & Rayner, 2011; Li, & Shen, 2013），会影响词的识别和读者的视线。在这些研究中所选用作为材料的词语是受到设计人员人为控制的。例如，李兴珊等人（2011）报告说，视线扫视四字词语的通过时间长于双字词，该结果表明，特定词的长度影响了眼睛的扫视动作。综上所述，这些研究表明，无论是较低水平的词汇属性还是较高水平的词汇属性，都会影响汉语阅读过程中的眼动。进一步证明了汉语阅读中词语的处理是重要的一环。

组成词的字符作为一个整体来处理

李兴珊等人（2013）的研究办法是移动文本的可读区域，以此比较同时展示一个词语的所有组成汉字和先后展示一个词语的一部分这两种情况下读者的阅读表现。移动可读区域（Schotter, & Rayner, 本书）中，读者注视的目标文本区域的汉字显示是正常的，而其他文本都被乱码所取代。当视线移动时，正常显示的汉字也跟随着注视点移动。该实验中所用文本的所有词语都是双字词，因此每次正常显示的也是两个字。这样，读者每一眼能够读取的只有两个汉字，除了这两个字以外的所有汉字都被符号※屏蔽。在实验1中，整词可读条件下，可读区域是完整的词语，而非整词可读条件下读者不能同时看见一个词的两个组成字（见图16.1）。李兴珊等人发现，当读者不能同时看见完整的词语时目光的停留时间更长。也就是说读者不能同时看见一个词的两个组成字时需要花费更多的精力才能理解文意。

在正常的汉语文本中，当一个词的组成汉字出现在不同的行上时，读者就不能把它们当作一个词来处理这几个字。李兴珊等人（2012）研究了将一个词分成两行是否会干扰汉语阅读。他们做了一个实验，将一个词的第一个字放在一行中的最后然后将另一个字放在下一行的开头。实验还设置了对照组，对照组的阅读文本则将相关词语完整地放在一行的末尾，并且没有任何词被拆成两行。李兴珊等人发现词被分成两行时阅读所需时间更长。这一结果说明，当一个词语被拆成两行时，比一个词语完整地出现在一行中更不利于阅读。这些发现再次证明了词语在汉语阅读中通常是作为一个单位来处理的。

237

Sentence	观众正在台下耐心等待演员出场
Experiment 1	
	Word-window condition
Example 1	※※※※※※耐心※※※※※※ *
Example 2	※※※※※※耐心※※※※※※ *
	Nonword-window condition
Example 1	※※※※※下耐※※※※※※※ *
Example 2	※※※※※下耐※※※※※※※ *

图 16.1 李兴珊等人（2013）在研究中使用的句子示例。

最后，李兴珊等人（2014）评估了汉语阅读过程中各种词的属性对眼动的影响，以确定这些词的属性对阅读产生的效应是否超过其组成汉字的属性对阅读产生的效应。李兴珊等人研究的词语属性包括该词、前词、后词的长度、频率和可预测性，汉字属性包括注视点周围一系列汉字的频率和复杂性。研究人员记录参与者在阅读句子时的眼动。李兴珊等人的研究发现，在一系列眼动测量中，汉语中该词、前词、后词这三个词的属性对阅读产生的效应与在拼音文字类似的眼动测量试验中所观察到的结果有着惊人的相似性。此外，李兴珊等人发现汉字的属性对阅读可能产生多种效应。去掉汉字属性对阅读的影响之后，词语的频率、长度和可预测性对阅读产生的效应最稳定。并且，一旦消除这些词语属性，该研究预测的数据则不再准确。这些发现表明无论是汉语还是拼音语言，词语都在阅读中发挥着核心作用。

虽然如此，以上研究结论并不等于说汉语读者只关注注视焦点的词语，相反，有大量证据表明汉语读者也会提取近窝区文本信息，即视觉关注点附近区域内出现的词语的信息（Zang et al., 2011）。所有语言的读者都会提取注视词以外的近窝区词汇，这有助于读者连贯阅读后续的内容。颜乃欣、蔡介立、曾志朗和洪兰（2008）使用边界范式（boundary paradigm, Rayner, 1975；见 Schotter, & Rayner，本书）来研究汉语阅读中读者是否也关注近窝区词汇。在该研究中，目标词的左边有一个隐形边界，在读者的视线注视点越过边界之前，目标词被另一个词（预览词）遮挡，当视线越过边界时，预览词将被目标词替换。如果该目标词与预览一致，目标词的阅读时间明显较短，如果目标词与预览词不同，阅读时间明显较长。通过对预览词和目标词的对应属性进行控制变量，然后观察到读者在眼动行为上的差异就可推断出在近窝区预览词的哪一属性特征在预览阶段对阅读起了作用（见图 16. 2）。颜乃欣等人分别使用真实存在的词汇和不存在的词汇作为预览词。他们发现，若某目标词汇的预览词是真实存在的词，即使这个预览词与文意毫不相关或者不合时宜，也比那些以虚构词作为预览词的情况更容易被读者跳过。这一现象被称为近窝区预览效益（Liversedge, & Findlay, 2000; Rayner, 1998, 2009）。这个结果说明副窝区视线将真词预览词识别为文中词汇，而伪词预览词则没有。

崔磊和德里格等人（2013）进一步研究了汉语阅读过程中读者对不同词汇结构近窝区视觉加工。实验包括三种类型的双字词：单语素词、复合词和形容词－名词词对。实验中的双字词的第二个字的预览（例如，玫瑰中的瑰）要么是正确的（即瑰），要么是错误的字（例如，柆）。这些伪字与原字非常相似，但实际上是无意义的字。崔
238 磊、德里格等人分析了读者目光停留在词语第一个字上的时长后发现，当读者遇到有错字的词语时，若该词是单语素词（而非复合词或者短语），那么读者的目光停留在第一个字上的时间更久。这一结果表明，汉语读者运用平行思维处理单语素词，并且词语的词义结构，以及组成词语的第二个字的可预测性会影响这个字的阅读（Cui, Yan, et al., 2013）。

Sentence	老师教导我们永远不要**忘记**这段历史
Before the boundary	老师教导我们永远不要**界料**这段历史
	* * * * * |
Cross the boundary	老师教导我们永远不要**忘记**这段历史
	| *
After the boundary	老师教导我们永远不要**忘记**这段历史
	| * *

图 16.2　边界范例。符号＊表示注视点。触发显示更改的不可见边界用竖线标记。当读者的眼睛越过边界时，预览词（例如，在此的示例是“界料”）更改为目标单词（“忘记”）。

以上的实验研究都表明词语在汉语阅读中起着重要作用，如果读者不能同时处理完整词汇，那么读者的阅读效率将会下降。研究结果证明汉语阅读过程中词汇影响着读者的思维活动，词汇在书面

语理解过程中起着重要的作用。这样看来，汉语阅读过程和字母语言的阅读过程有着本质的相似性。甚至雷纳、李兴珊和波拉塞克将原本运用于字母语言的基于词汇的E-Z阅读眼动模型（word-based E-Z Reader model of eye movement control, Pollatsek, Reichle, & Rayner, 2006; Reichle, Pollatsek, Fisher, & Rayner, 1998）运用到汉语阅读中后发现该模型能够很好地解释汉语阅读过程中的注视时间规律和跳词规律。

分词机制

总结以上实验结果，我们可以发现在汉语阅读中词语扮演着重要的角色，然而汉语词汇不使用空格标记词语界线。没有空格，汉语读者如何分词？这个问题看起来像是先有鸡还是先有蛋的问题。一方面，为了进行分词，需要读取词语，另一方面，要识别词语，读者又必须先进行分词。

佩尔菲蒂和谭力海（1999）提出汉语读者倾向于将每两个汉字分割成一个词汇的假设，因为汉语中的大多数词汇都是两个字。为了验证该问题，他们研究了汉语读者阅读用字相互重叠干扰的文本时的表现。他们将用字重叠相邻词语嵌入句子中，根据上下文意，该句子的分词为a-bc，例如，在实验例句“经理同意照顾客的想法来设计产品”中，“照顾客”这三个字正确的分词应该是“照-顾客”，而“照”又可以与“顾”组成词语“照顾”。在对照组中，“照”字被替换成与后文没有用字重叠干扰的“按”（经理同意按顾客的想法来设计产品），对照组所用句子与实验组意义相同。佩尔菲蒂和谭力海发现，实验组读者阅读文本所需时间比对照组长。因此，他们得出的结论是汉语读者的第一反应是将先遇到的两个字作为一个词进行分割。如果读者确实将先遇到的两个词分割成一个词，随后发现这是不正确的，那么他们将需要纠正前面的错误，这就花费了读者额外的时间，因此实验组的阅读时间比对照组长。因此，佩尔菲蒂和谭力海认为该实验结果支持前面他们提出的假设。

英霍夫和吴清麟（2005）反对分词是严格按照从左往右顺序的说法，他们的实验使用含有由两个双字词组成的四字词的句子，并记录读者的眼动，例如，给实验组的文本含有“专科学生”，这一四字词是由“专科”和“学生”这两个双字词组成的，而这个词中又含有“科学”这个词可以造成歧义；而给对照组的文本则把“专科学生”替换成“专业学生”这一无歧义的四字词。英霍夫和吴清麟发现，读者阅读有歧义的文本所花的时间比阅读无歧义文本花费更多的时间，而且目光停留在四字词中间的“科学”两个字上的时间更长。他们得出的结论是，汉语读者阅读文本的分词顺序并不是严格地按照
239 从左往右的顺序进行的。相反，在汉语阅读过程中，读者将视线范围内所有可能组成词语的情况在脑海中形成选项，选项越多就需要越长的时间来决定，从而造成上述实验中有多种分词可能时阅读所需时间更长的情况。值得注意的是，词频也可能对读者分词产生重要的影响。这一点稍后将会讨论。

李兴珊等人（2009）提出将基于思维概念激活的分词模型（McClelland, & Rumelhart, 1981）运用于汉语，根据该模型，读者在自己的思维中平行地处理所有视线范围内的汉字，这些汉字的处理顺序取决于字离注视点的距离以及读者的视觉注意焦点。读者不断地读取汉字并在脑海中激活已知词汇，当某一词汇的概念得到激活，读者的思维开始反过来在视线范围内搜索该词的组成汉字，这样一来，属于被激活词语的汉字会得到更快的认知。如此循环反复，读者思维中词汇的候选项相互“竞争”，直到某一词汇“胜出”为止，这就完成了词汇识别和分词。根据这一模型的解释，词汇识别与分词

是同时发生的。

该分词模型中的一些说法随后得到了证明。李兴珊和波拉塞克（2011）证明了汉语阅读中的词汇读取是一个双向互利的活动，因为读者识别了词汇之后对于读者识别汉字等较低等级的阅读活动会产生正面效应。在他们的研究中，受试者需要观看两个汉字，其中一个汉字可见，另一个汉字则隐藏在一个矩形的雪花画面中，随着时间流逝，这个字逐渐从雪花画面中浮现出来（如图16.3），在其中一个实验组中，这两个字可以组成一个词语，而另一个组中这两个字不能组词，受试者需要按键回答这个字在矩形的上半部分还是在下半部分（受试者不需要说出这个汉字是什么）。两个字可以组词的实验组反应时间短于不可组词的对照组。两个字是否能够组成词语和隐藏字的位置之间没有逻辑关联，那么，这一数据就说明了词语的识别有助于较低等级的阅读活动，如判断汉字的位置。这一实验结果支持了李兴珊等人提出的双向互惠阅读结构（2009）。

图 16.3　实验示例（目标汉字位于右侧）。图中显示的对比度是实验显示的最大对比度。

长度不确定词语的分词

正如前面所讨论的，有一些词汇的边界是模糊的。第一种情况称为渐进模糊（Li et al., 2009），指的是多汉字单词的前一个或两个汉字也构成另一个词语的情况。例如，在词语“老板娘”中，“老板”是一个词，“老板娘”也是一个词。在本例中，“老板娘”一词受到三个字的激活，而“老板”一词仅受到两个字的激活。因此，李兴珊等人提出的模型（2009）预测较长的汉语词语被第一时间识别和选择的可能性更大。根据这一假设，读者看见“老板娘”这三个字的时候将它识别为三字词“老板娘”而不是双字词“老板”的可能性更高，因为读者阅读“老板娘”一词时，思维同时得到了三个汉字的激活。

第二种情况是汉字相互重叠干扰造成的模糊（Ma, Li, & Rayner, 2014），也就是说，由于某个汉字既可以和它前面的字组成词语又可以和后面的汉字组成词语而导致的分词歧义，该情况称为重叠模糊。比如说，在“照顾客”中，“顾”可以组成“照顾”和“顾客”，但这三个字却不能组成一个词。马国杰等人（2014）用实验探究了汉语读
240 者如何处理重叠模糊。在实验 1 中，研究人员向受试者展示构成重叠模糊的三个汉字，然后要求受试者读出中间的汉字，中间的汉字可以分别和前后两个字组成词语，但是在这两个词语中，中间的汉字的读音是不同的，两个词语的词频不同。结果是，无论高频词是前两个字组合还是后两个字组合，受试者都倾向于将中间汉字读成高频词中的读音。该结果表明，汉语读者并不总是将重叠模糊的三个字的前两字组词，而是倾向于找出其中的高频词（至少在有时间限制时会出现这个倾向）。

在马国杰等人（2014）进行的实验 2 中，实验文本中包括两个重叠模糊三字串（甲乙丙和甲乙丁），其中甲乙、乙丙和乙丁都是词语，

但乙丙是高频词汇，乙丁是低频词汇，实验人员记录受试者的眼睛移动轨迹。结果是，遇到甲乙丙时，受试者的注视点停留在甲乙这个词上面的时间长于当受试者遇到甲乙丁时注视点停留在甲乙上面的时间。这一结果表明，在重叠模糊的三字串中，前两字组的词和后两字组的词相互争夺读者的注意力。实验 3 的目的是调查重叠模糊三字串组成的两个词的词频和上下文意如何影响读者分词。研究发现，当高频词刚好与上下文意吻合时，读者回读该词的次数减少，回读时间也更短，该结果支持上述的“竞争论”，也就是说，当读者看见重叠模糊的三字串时，这三个字能够组成的词都浮现在读者的脑海中，读者根据上下文意确定任一选项为最终答案。这一现象的可能原因是，分词至少是两个阶段的过程。在第一阶段，分词主要由相对词频等线索决定，接下来的阶段，如果第一阶段确定的分词不能顺应句子上下文，则读者会调整分词结果。

汉语阅读过程中读者在何处注视

在前面的章节中，诸多实验已经证明了视线范围内词汇的视觉属性和语言学属性会影响阅读过程中的眼动控制，这就说明词汇是汉语阅读的基本信息单位。而针对汉语阅读过程中首选注视位置（preferred viewing location, PVL）的研究同样支持这一结论。首选注视位置（Rayner, 1979）指的是读者在第一次扫视文本时，视线首先停留的位置（见 Schotter, & Rayner，本书）。首选注视位置的研究结果可以在平面直角坐标系中显示，柱状图的 x 轴是视线停留的位置（字母或汉字），y 轴是视线停留概率，数据形成的曲线称为 PVL 曲线。Rayner(1979）报告说，对于从左到右阅读的语言，如英语和法语，首选注视位置位于单词中心的偏左侧；但是，对于从右到左阅读的语言，如希伯来语（见 Deutsch, & Rayner, 1999），首选注视位置位于单词中间字母和最右边的字母（即单词的开头）之间，而不是在单词左侧（如英语）。针对这一现象最普遍的解释是读者原本想要将目光投向一个词的中心，却由于某种原因，目光的注视点在还没有达到词中心之前就停了下来（Engbert, & Krügel, 2010; McConkie, Kerr, Reddix, & Zola, 1988）。这些研究表明，词可能不仅是每个知觉编码的基本单位，而且也是扫视的功能目标。

目前已有充分证据表明拼音文字的阅读过程中读者每一次视线的停留基本都是以词为目标，然而学界关于汉语读者是否以词语为视线的停留单位则有着不同的观点。如果说汉语读者在阅读时，先在视线范围内大致确定词语的位置，然后再将目光注视在词语上，那么读者视线停留在词语中的哪个位置应该有一个规律，也就是说首选的注视点应该是词语的同一个位置。然而杨宪明和麦康奇（1999）的实
241 验记录显示，阅读双字词时读者的首选注视点随机落在整个词语所在区域，其中并没有规律，因此，读者阅读两个字符的词语时没有首选的注视位置。此外，蔡介立和麦康奇（2003）提出中文中的双字词和英语中的七字母单词之间存在对等关系，他们的研究结果与杨宪明和麦康奇的研究结果类似，也就是说，汉语文本的 PVL 曲线比英语文本的 PVL 曲线更为平坦，因此可以认为没有证据证明汉语阅读中视线扫视的停留规律以词语为基准。

然而，阎鸣等人（Yan，Kliegl，Richter，Nuthmann & Shu，2010）却报告说汉语读者的视线更多地停留在词语的开头部位。他们的研究分别分析了在汉语文本中的双字、三字和四字词中的视线首选停留位置，他们进一步将情况细分为读者的第一次注视和回读时的注视，结果是第一次注视的情况中 PVL 曲线的峰值在词语中心。同样的结果也出现在舒华、周蔚、闫鸣和克里格尔的另一项调查中（Shu,

Zhou, Yan, & Kliegl, 2011），而在回读时，PVL 曲线的峰值在词语前部。阎鸣等人认为，如果能够将视线范围内的汉字都分好词，那么读者的注视目标应该停留在词语的中心；然而，如果汉语读者无法事先完成分词工作，那么他们就会采取更为谨慎的扫视策略：将注视点瞄准目标词语的头部，同时寻找当前词语的结束点。因此，闫鸣等人认为汉语读者的视线停留规律以词语为基准。

闫鸣等人的观点似乎有道理，但是实际情况却比这更复杂。李兴珊等人（2011）的实验数据否定了这个模型。他们分别把两个双字词和一个四字词放到同一句话的同一个位置。此时两句话的目标区域大小相同。李兴珊等人指出，假如汉语读者选择词的中心位置作为他们的注视目标，那么这两句话的变量区域的 PVL 曲线峰值应该表现为在四字词中比在双字词中更靠右。然而，结果是在两种情况下 PVL 曲线几乎相同。另一项分析（Rouder, Speckman, Sun, Morey, & Iverson, 2009）表明中文读者的扫视注视点选择策略不受后文词长的影响。

李兴珊等人（2011）的实验还分别研究了仅一次注视和多次注视两种情况下的视线注视位置，他们的实验方法与结果都与闫鸣等人（2010）一样。他们得出的 PVL 峰值在一次注视的情况下位于词中心，而在多次注视的情况下位于词语头部。但是李兴珊等人（2011）声称这些 PVL 曲线不能说明汉语阅读的注视策略和词语有关。视线注视于单词中心有可能是偶然的，因为眼睛盯着这个位置可以更有效地处理词汇信息（O'Regan, 1981; O'Regan, & Lévy-Schoen, 1987），李兴珊等人还使用不基于词语的扫视策略模型（例如注视扫视间距模型）进行模拟，也发现非常相似的规律，这就说明没有令人信服的证据表明中国读者的注视位置固定于一个词的任何具体位置。

臧传丽、梁菲菲等人最近的一项研究（2013）用证据证明了闫鸣等人（2010）的假说，也就是说当汉语读者能够将视线范围内的文本分词时，他们的视线会注视于词的中心，而当他们不能分词时，会注视词的开头。闫鸣等人的假说可以通过记录汉语读者阅读已用空格分词的文本时的注视情况来验证，因为已用空格分词的文本自带分词信息。臧传丽、梁菲菲等人（2013）便研究了在汉语文本中添加词间空格是否会改变阅读过程中的注视模式。他们发现词间空格对儿童和成人受试者产生类似的影响，一次扫视和多次扫视的情况不同。臧传丽、梁菲菲等人（2013）的结果和闫鸣等人一样，在一次注视的情况下，读者注视于词语的中部，而在多次注视的情况下，读者初次注视部位位于词语前部（类似结果可见 Zang, Meng, Liang, Bai, & Yan, 2013）。再次提醒，当词间间隔已经明确标出时，词的开始和结束被清楚地划分，因此读者不需要对近凹区视野内文本进行分词。我们可以看出臧传丽等人的结果与闫鸣等人的预测背道而驰。

如果说汉语读者在阅读时使用的扫视策略不是纯粹基于词语，
242 那么汉语读者在扫视过程中是如何确定视线应该在何处停留呢？魏子晗、李兴珊和波拉塞克(2013）提出，汉语读者可能会事先估计接下来处理多少个汉字最有效，然后再将视线向右移动。他们把这种可能性称为基于处理的扫视策略。如果读者真的使用这种扫视策略，那么一个词语的处理难度会影响到读者的扫视视线从该词开始的长度：词语越容易处理，读者扫视其后的词语的路程越远。魏子晗等人设计了两个实验分别对照词语长度与词频为变量，在第一个实验中，目标区域额是四个汉字的字串，一组参与者看到的是一个四字词语，另一组看到的是由两个双汉字词语组成的短语，实验证明前者比后者更容易处理。在第二个实验中，一组参与者看到的句子中有一个高频双字词语，另一组则是一个低频双字词语，两组句子除了目标词语以外其他相同。魏子晗等人发现，遇到四字词和遇到高频词语时，读者扫视其后词语的路程越远。这些实验结果表明了被凝视词语的属性会影响读者其后的扫视路程长度。李兴珊和比克内尔等人（2014）也得出了类似结果，他们分析了一组眼动研究数据，发现后文的可预测性、后文词语的频率以及当前凝视词的长度都会影响读者向后扫视的目光移动距离，这一结果证实了基于处理的扫视策略的可能性，并且还证实了前文所述的扫视距离受被注视词特征影响的说法。此外，李兴珊和比克内尔等人词语被注视的概率和注视该词时目光焦点落于词中的位置无关，证实了李兴珊等人（2011）提出的中文阅读中不存在PVL规律的说法。

综上所述，与大多数拼音语言相比，阅读汉语扫视过程中的注视目标搜索模式有很大不同，也更为复杂。正如臧传丽、梁菲菲等人所提出的："单词的可预测性、副中央凹区熟悉程度、词内汉字的排列概率、词语间的过渡概率以及其他信息都可能影响汉语阅读者的视线目标选择"（2013, p. 731）。今后还需要更多的工作来探明这个问题。

总结

汉语和其他许多语言在书写系统上的一个重要区别是，汉语词语之间没有标记词语边界的空间。由于汉字是显著的阅读单位，汉字的处理在汉字阅读过程中可能起着重要的作用。然而，这并不意味着词汇在汉语阅读中并不重要。正如前文所述，大量的研究表明，词汇具有思维现实性，在汉语阅读中起着重要作用。近年来，学界对汉语阅读过程中影响眼动的因素有了相当大的了解。这项工作大部分关注点集中在与汉语中汉字的作用有关的研究以及在汉语正常阅读过程中如何进行分词。最近的研究进展从中外语言区别和汉语书写系统本身特点两个方面加深了我们对汉语阅读机制的理解。本章中实验的研究结果很可能也适用于其他没有明确词界的书写系统。

致谢

这项工作得到了国家自然科学基金（31100729）、天津千人计划和勒弗胡姆信托基金（Leverhulme Trust Grants F/00 180/AN and RPG-2013-205）的资助。

参考文献

Bai, X., Liang, F., Blythe, H. I., Zang, C., Yan, G., & Liversedge, S. P. (2013). Interword spacing effects on the acquisition of new vocabulary for readers of Chinese as a second language. *Journal of Research in Reading, 36(S1)*, S4–S17.

Bai, X., Yan, G., Liversedge, S. P., Zang, C., & Rayner, K. (2008). Reading spaced and unspaced Chinese text: Evidence from eye movements. *Journal of Experimental Psychology: Human Perception and Performance, 34*, 1277–1287.

Blythe, H. I., Liang, F., Zang, C., Wang, J., Yan, G., Bai, X., & Liversedge, S. P. (2012). Inserting spaces into Chinese text helps readers to learn new words: An eye movement study. *Journal of Memory and Language, 67*, 241–254.

Boorstin, D. J. (1983). The discoverers. New York, NY: Random House. Cheng, C. (1981). Perception of Chinese characters. *Act Psychological Taiwanica, 23*, 137–153.

Cui, L., Drieghe, D., Yan, G., Bai, X., Chi, H., & Liversedge, S. P. (2013). Parafoveal processing across different lexical constituents in Chinese reading. *Quarterly Journal of Experimental Psychology, 66*, 403–416.

Cui, L., Yan, G., Bai, X., Hyönä, J., Wang, S., & Liversedge, S. P. (2013). Processing of compound-word characters in reading Chinese: An eye-movement–contingent display change study. *Quarterly Journal of Experimental Psychology, 66*, 527–547.

Deutsch, A., & Rayner, K. (1999). Initial fixation location effects in reading Hebrew words. *Language and Cognitive Processes, 14,* 39–421.

Engbert, R., & Krügel, A. (2010). Readers use Bayesian estimation for eye-movement control. *Psychological Science, 21,* 366–371.

Hoosain, R. (1992). Psychological reality of the word in Chinese. In H. C. Chen & O. J. L. Tzeng (Eds.), *Language processing in Chinese* (pp. 111–130). Amsterdam, the Netherlands: North-Holland.

Inhoff, A., & Wu, C. (2005). Eye movements and the identification of spatially ambiguous words during Chinese sentence reading. *Memory & Cognition, 33,* 1345–1356.

Lexicon of Common Words in Contemporary Chinese Research Team. (2008). *Lexicon of common words in contemporary Chinese*. Beijing, China: The Commercial Press.

Li, X., Bicknell, K., Liu, P., Wei, W., & Rayner, K. (2014). Reading is fundamentally similar across disparate writing systems: A systematic characterization of how words and characters influence eye movements in Chinese reading. *Journal of Experimental Psychology: General, 143,* 895–913.

Li, X., Gu, J., Liu, P., & Rayner, K. (2013). The advantage of word-based processing in Chinese reading: Evidence from eye movements. *Journal of Experimental Psychology: Learning, Memory, and Cognition, 39,* 879–889.

Li, X., Liu, P., & Rayner, K. (2011). Eye movement guidance in Chinese reading: Is there a preferred viewing location? *Vision Research, 51,* 1146–1156.

Li, X., & Pollatsek, A. (2011). Word knowledge influences character perception. *Psychonomic Bulletin & Review, 18,* 833–839.

Li, X., Rayner, K., & Cave, K. R. (2009). On the segmentation of Chinese words during reading. *Cognitive Psychology, 58,* 525–552.

Li, X., & Shen, W. (2013). Joint effect of insertion of spaces and word length in saccade target selection in Chinese reading. *Journal of Research in Reading, 36*(S1), S64–S77.

Li, X., Zhao, W., & Pollatsek, A. (2012). Dividing lines at the word boundary position helps reading in Chinese. *Psychonomic Bulletin & Review, 19,* 929–934.

Liu, P., Li, W., Lin, N., & Li, X. (2013). Do Chinese readers follow the national standard rules for word segmentation during reading? *PLoS ONE, 8,* e55440.

Liu, P., & Li, X. (2014). Inserting spaces before and after words affects word processing differently: Evidence from eye movements. *British Journal of Psychology, 105,* 57–68.

Liversedge, S. P., & Findlay, J. M. (2000). Saccadic eye movements and cognition. *Trends in Cognitive Science, 4,* 6–14.

Liversedge, S. P., Zang, C., Zhang, M., Bai, X., Yan, G., & Drieghe, D. (2014). The effect of visual complexity and word frequency on eye movements during Chinese reading. *Visual Cognition, 22,* 441–457.

Ma, G., Li, X., & Rayner, K. (2014). Word segmentation of overlapping ambiguous strings during Chinese reading. *Journal of Experimental Psychology: Human Perception and Performance, 40,* 1046–1059.

McConkie, G. W., Kerr, P. W., Reddix, M. D., & Zola, D. (1988). Eye movement control during reading: I. The location of initial fixations in words. *Vision Research, 28,* 1107–1118.

McClelland, J. L., & Rumelhart, D. E. (1981). An interactive activation model of context effects in letter perception: Part 1. An account of basic findings. *Psychological Review, 88,* 375–407.

National Standard GB/T 13715–92. (1992). *Contemporary Chinese language word segmentation specification for information processing*. Beijing, China: China Standards Press.

O'Regan, J. K. (1981). The "convenient viewing position" hypothesis. In D. F. Fisher, R. A. Monty, & J. W. Senders (Eds.), *Eye movements: Cognition and visual perception* (pp. 289–298). Hillsdale, NJ: Erlbaum.

O'Regan, J. K., & Lévy-Schoen, A. (1987). Eye movement strategy and tactics in word recognition and reading. In M. Coltheart (Ed.), *Attention and performance: Vol. 12. The psychology of reading* (pp. 363–383). Hillsdale, NJ: Erlbaum.

Packard, J. L. (1998). Introduction. In J. L. Packard (Ed.), *New approaches to Chinese word formation: Morphology, phonology and the lexicon in modern and ancient Chinese* (pp. 1–34). Berlin, Germany: Mouton de Gruyter.

Perfetti, C. A., Liu, Y., & Tan, L. H. (2005). The lexical constituency model: Some implications of research on Chinese for general theories of reading. *Psychological Review, 112,* 43–59.

Perfetti, C. A., & Tan, L. H. (1999). The constituency model of Chinese word identification. In W. J. & I. A. W. (Eds.), *Reading Chinese script: A cognitive analysis* (pp. 115–134). Hillsdale, NJ: Erlbaum.

Pollatsek, A., Reichle, E. D., & Rayner, K. (2006). Tests of the E-Z Reader model: Exploring the interface between cognition and eye-movement control. *Cognitive Psychology, 52,* 1–52.

Rayner, K. (1975). The perceptual span and peripheral cues in reading. *Cognitive Psychology, 7,* 65–81.

Rayner, K. (1979). Eye guidance in reading: Fixation locations within words. *Perception, 8,* 21–30.

Rayner, K. (1998). Eye movements in reading and information processing: 20 years of research. *Psychological Bulletin, 124,* 372–422.

Rayner, K. (2009). The thirty-fifth Sir Frederick Bartlett Lecture: Eye movements and attention in reading, scene perception, and visual search. *Quarterly Journal of Experimental Psychology, 62,* 1457–1506.

Rayner, K., Fischer, M. H., & Pollatsek, A. (1998). Unspaced text interferes with both word identification and eye movement control. *Vision Research, 38,* 1129–1144.

Rayner, K., Li, X., Juhasz, B. J., & Yan, G. (2005). The effect of word predictability on the eye movements of Chinese readers. *Psychonomic Bulletin & Review, 12,* 1089–1093.

Rayner, K., Li, X., & Pollatsek, A. (2007). Extending the E-Z Reader model of eye movement control to Chinese readers. *Cognitive Science, 31,* 1021–1033.

Reicher, G. M. (1969). Perceptual recognition as a function of meaningfulness of stimulus material. *Journal of Experimental Psychology, 81,* 275–280.

Reichle, E. D., Pollatsek, A., Fisher, D. L., & Rayner, K. (1998). Towards a model of eye movement control in reading. *Psychological Review, 105,* 125–157.

Rouder, J. N., Speckman, P. L., Sun, D., Morey, R. D., & Iverson, G. (2009). Bayesian *t* tests for accepting and rejecting the null hypothesis. *Psychonomic Bulletin & Review, 16,* 225–237.

Shen, D., Liversedge, S. P., Tian, J., Zang, C., Cui, L., Bai, X., . . . Rayner, K. (2012). Eye movements of second language learners when reading spaced and unspaced Chinese text. *Journal of Experimental Psychology: Applied, 18,* 192–202.

Shu, H., Zhou, W., Yan, M., & Kliegl, R. (2011). Font size modulates saccade-target selection in Chinese reading. *Attention, Perception & Psychophysics, 73,* 482–490.

Tsai, J. L., & McConkie, G. W. (2003). Where do Chinese readers send their eyes? In J. Hyönä, R. Radach, & H. Deubel (Eds.), *The mind's eye: Cognitive and applied aspects of eye movement research* (pp. 159–176). Oxford, England: Elsevier.

Wang, H., Pomplun, M., Chen, M., Ko, H., & Rayner, K. (2010). Estimating the effect of word predictability on eye movements in Chinese reading using latent semantic analysis and transitional probability. *Quarterly Journal of Experimental Psychology, 63,* 1374–1386.

Wheeler, D. D. (1970). Processes in word recognition. *Cognitive Psychology, 1,* 59–85.

Wei, W., Li, X., & Pollatsck, A. (2013). Word properties of a fixated region affect outgoing saccade length in Chinese reading. *Vision Research, 80,* 1–6.

Yan, G., Tian, H., Bai, X., & Rayner, K. (2006). The effect of word and character frequency on the eye movements of Chinese readers. *British Journal of Psychology, 97,* 259–268.

Yan, M., Kliegl, R., Richter, E. M., Nuthmann, A., & Shu, H. (2010). Flexible saccade target selection in Chinese reading. *Quarterly Journal of Experimental Psychology,*

63, 705–725.

Yang, H., & McConkie, G. W. (1999). Reading Chinese: Some basic eye-movement characteristics. In J. Wang, A. W. Inhoff, & H.-C. Chen (Eds.), *Reading Chinese script* (pp. 207–222). Hillsdale, NJ: Erlbaum.

Yen, M. H., Tsai, J. L., Tzeng, O. J. L., & Hung, D. L. (2008). Eye movements and parafoveal word processing in reading Chinese. *Memory & Cognition, 36,* 1033–1045.

Zang, C., Liang, F., Bai, X., Yan, G., & Liversedge, S. P. (2013). Interword spacing and landing position effects during Chinese reading in children and adults. *Journal of Experimental Psychology: Human Perception and Performance, 39,* 720–734.

Zang, C., Liversedge, S. P., Bai, X., & Yan, G. (2011). Eye movements during Chinese reading. In S. P. Liversedge, I. D. Gilchrist, & S. Everling (Eds.), *Oxford handbook of eye movements* (pp. 961–978). New York, NY: Oxford University Press.

Zang, C., Meng, H., Liang, F., Bai, X., & Yan, G. (2013). Is there a vertical component to saccade targeting in Chinese reading? *Journal of Research in Reading, 36*(S1), S78–S93.

第17章 阅读注视过程中信息是如何跨点整合的?

245

迈克尔·G.贡特　丹尼斯·德里格　西蒙·P.里弗塞奇

摘　要：本章回顾边界范式研究，探讨阅读过程中多个凝视节点获得的信息是如何整合的，整合的信息包括当前凝视词的结尾、当前凝视词的右一词和当前凝视词的右二词中提取的信息。文献综述表明，这三种不同类型的预览信息在不同的注视点之间得到整合的量是不同的。从副中央凹区词语中提取的大量信息被整合到注视的词的信息中，包括拼写、音素学和意义信息。本章考虑了各语言中的整合现象，以理解在特定语言中，语言特征的书写和编码方式如何影响副中央凹区处理。结果表明，读者优先整合最有助于词汇识别的信息。

关键词：预览效益、副中央凹区信息处理、眼动、阅读、正字法、音素学、语义学、形态学、跨语言差异

在阅读过程中，读者运动眼睛的目的是为了将视线固定于一个词，以便尽可能高效地处理该词。视网膜中央凹区视野是从眼睛出发角度为2°的锥形区域，中央凹区视野能够囊括的范围取决于字体大小和视物距离，通常情况下能够容纳六个汉字，在中央凹区周围是副中央凹区视野，副中央凹区视野的清晰度远不如中央凹区，副中央凹区视野范围为中央凹区锥形向外延伸4°(Balota, & Rayner, 1991)。读者的扫视动作是眼睛从一个点快速移动到另一个点的转动运动，扫视过程中的停顿称为凝视，信息的读取就发生在凝视阶段，大量的研究表明，凝视一个单词的时长与该单词的处理紧密相关（Schotter, & Rayner，本书）。虽然大部分信息处理工作发生在中央凹

区，但并不是说只有当读者凝视某词语之后信息处理的工作才开始，而是在读者凝视某词前面一个词语的时候，针对该词的处理就已经开始了，读者凝视前一词语时提取的来自副中央凹区视野的信息随后与凝视该词时提取的中央凹区视野信息相整合。并且，读者有时可能会多次凝视同一词语，那么多次凝视提取的信息必须整合到一起。本章重点讨论多次凝视提取的信息的整合机制。

使用移动窗口范式的研究表明一个词的处理是通过整合多次凝视节点提取的信息完成的（McConkie, & Rayner, 1975）。在这个范例中，实验者围绕读者的凝视点设置了一个可视窗口。在该窗口内的文本可见，而窗口外的文本被屏蔽。窗口随着读者视线移动而移
246 动（Martin, 1974）（见图 17. 1），这项操作通常在扫视结束前完成，因此，参与者通常没有觉察到这个窗口的存在（如 Martin，1974），改变窗口的大小，不影响读者正常阅读的最小窗口范围被称为“感知范围”。移动窗口范式研究能够大致测量出读者每次注视提取的信息量，但不能调查出提取信息的形式。英语阅读的感知范围为左 3 至 4 字母到右 14 至 15 字母（McConkie, & Rayner, 1975, 1976a）。虽然读者通常能够读取副中央区视野中的 14 至 15 个字母，平均扫视路程则向后移动 7 至 9 个字母（Rayner, 1998）。因此，读者两次注视点的感知范围往往存在重叠，也就是说，同一个词重复出现在多个注视节点，读者显然会对多个节点提取的信息进行整合，因为当窗口小于正常感知范围时（当原本应该出现在感知范围的词语被屏蔽时），读者的阅读会受到干扰。

虽然移动窗口范式可以用来证明扫视提取的信息存在跨点处理，但不能帮助我们推断信息跨点整合是如何完成的，也无法帮助我们得知有哪些信息得到了跨点整合。窗口小于副中央区视野时阅读速度下降的原因有几个可能的解释。一个较早的解释认为，读者暂时

记忆从副中央凹区获得的信息，然后将接下来获得的信息整合进记忆中（McConkie, & Rayner, 1976b）。对此，波拉塞克等人（Pollatsek，Lesch，Morris & Rayner，1992）提出了一种假设：文字以读音形式储存在暂时记忆中，文字的读音信息在无声阅读中起着重要作用，根据这一原理，读者提取副中央区视野范围内的文字读音信息，整个扫视期间借助这个读音信息记住词汇。第三种可能性是副中央区视野的文本激活读者脑海中与所见词汇相关的一系列特征信息（例如，正字法、音素学、形态学和语义学信息），读者一边记忆被激活的这一系列信息一边继续扫视，记忆中储存的这些信息能够帮助读者在凝视相关词语时更快地识别该词。该说法解释了为什么窗口遮挡了副中央区视线后阅读速度会下降。

247

```
                 *
Lbo dhr quickly jumped over lfa pameo ez bg pem tvoq
                            *
Lbo dhr pvlsziv jumped over the feneo ez bg pem tvog
                                 *
Lbo dhr pvlsziv fbtyed over the fence az bg pem tvog
```

图 17.1　移动窗口范式的图示。注视点用星号表示。
在当前示例中，注视点左侧 4 个字符，右侧 14 个字符是可见的。

```
              *
The man quickly| lvnqod over the fence as he ran away
               |  *
The man quickly| jumped over the fence as he ran away
```

图 17.2　边界范式的图解。注视点用星号表示。不可见的边界用黑线表示。
在注视点穿过此边界之前，目标单词被非词汇预览遮盖。
当注视点越过边界时，目标词将替换预览。

为了验证上述几种假设，我们需要对副中央凹区视野范围内的某个词语的一些属性进行控制变量，探知这些属性如何影响读者凝视该词的时长。研究该问题的方式是再视随机变化法，即边界范式（Rayner, 1975）。在边界范式中，一个不可见的边界（通常）设置在一个目标词前面（见图 17.2）。在眼睛越过边界之前，目标词的位置显示的是预览字符串而不是目标词。此预览可能是目标单词本身（同位预览）、其他单词或非单词乱码。当视线跨过边界的瞬间，预览词变更为目标单词。边界范式的应用相当广泛，并且边界范式实验的结果都显示同位预览能够帮助读者更快速地识别目标词语，该现象称为预览效益。读者在凝视目标词语之前就已经收集并处理了这个词汇的信息，并且将此信息整合到之后的凝视（通常是凝视目标词时）获取的信息中。通过改变预览的类型，我们就能够知道有哪些信息在扫视全过程中得到提取和整合并认识信息跨点整合的本质，例如，如果预览效益完全是因为预览词语和目标词语在视觉上的相似产生的，就说明整合机制取决于将数个视觉信息组合成单个知觉；又如果对副中央凹区视觉的短期记忆完全基于语音信息，那么，读音与目标词语相同的预览词应该也能够带来预览效益。再如果预览效益是由该词的综合信息驱动的（包括拼写、音素学、形态学和语义学信息），那么，整合机制应该涉及所有这些信息在读者头脑中的激活。正如本章将讨论的，大量的研究支持第三个假设，下述研究发现预览效益的驱动因素远不止词语的视觉和读音信息。

在本章中，我们会探讨副中央凹区中信息的跨点整合的不同方面。首先，读者扫视过程中多次提取的同一个词语的信息是如何整合在一起的；其次，读者读取了注视点右侧词语的什么信息；第三，注视点之后的两个词的信息是否也得到提取；最后，还将简要讨论影响信息整合程度的因素。本章讨论的研究所选取的实验对象都是正常阅读水平的成年人。虽然本章讨论的大部分研究是针对英语和其他类似英语的有词间间隔的字母语言进行的，但我们也将简要讨论与英语在正字法、语音、形态或语义特征上存在较大差异的语言，以及不同语言间差异如何影响文本信息在扫视过程中的跨点整合。

在进一步讨论之前，有必要简要介绍一些普遍的能够体现预览效益的眼动测量指标，一些指标不仅反映读者对某词的第一次注视情况，还反映了多次注视的综合情况，其中有第一次注视持续时间（初始注视单词的持续时间）、注视持续时间（第一次注视单词和目光离开单词之间的时间）和总注视时间（读者注视一个词的总时长，包括词被重读时的注视时长）。

注视之间的信息整合

扫视的方向并不总是顺着阅读方向，人在阅读时一般会回读约15%的单词（Rayner, 1998），被回读的词汇往往比较长。最常见的回读模式是，读者第一次注视某词时注视点位于词首，而回读的时候则位于词尾（Rayner, Sereno, & Raney, 1996），之所以回读会呈现这样的模式，很可能是因为回读的时候，词尾部分更接近视觉中心。那么，回读时获取的单词词尾信息是如何与先前获取的该词的词首信息相整合的呢？德里格等人（Drieghe，Pollatsek，Juhasz & Rayner, 2010）检验了单语素词语（如 fountain［喷泉］）和由两个语素组成的复合词（如 bathroom［浴室］）。西奥纳等人（2004）首创了一种边界 248
范式，该范式中的边界位于词中，而非词间。在德里格等人的研究中，研究人员分别将边界置于复合词的两个组成语素之间以及长度一样的单语素词中的同一个位置，复合词与单语素词的长度、词频、开头二至三个字母出现的频率相同。在非同位预览情况中，替换边界后的目标词的最后字母与原词不同（例如，fountaom, bathroan）。这种预览操作对读者的阅读产生了很大的影响，遇到非同位预览时，读者的注视时间比正常情况长了151毫秒（单语素词）和146毫秒（双语素复合词），多出来的时间主要用于凝视边界后面的变换部分。这说明读者第一次遇到某词时就已经读取过该词的词尾信息，当这个词被数次凝视时，多次凝视读取的词尾信息需要经过整合处理。虽然单语素词与复合词的后半部分的预览效益相差无几，但单语素词和复合词后半部分的预览对读者凝视该词语前半部分的时长存在不同影响。也就是说，单语素词的后半部分如果是不正确的拼写，读者凝视前半部分的时间更长，但遇到后半部分拼写不正确的复合词，读者凝视前半部分时间不会改变。这种副中央凹区视野内信息影响中央凹区停留时长的现象被称为副中央凹区－凹区效应（Drieghe, 2011）。副中央凹区－凹区效应的存在说明了副中央凹区视野内的信息与中央凹区视野内的信息在读者脑海中是平行地处理的。否则副中央凹区的信息来不及影响中央凹区的运动。而副中央凹区－凹区效应只出现在读者阅读单语素词时而不出现在读者阅读复合词时说明了至少在某种程度上读者将单语素词作为一个整体处理，而复合词则是作为两个部分来处理。这一点影响中央凹区信息的整合速率。海基奥、伯特兰和西奥纳（2010）还研究了词素之间不隔开的复合词中第二个语素的信息整合情况（芬兰语中复合词都是不隔开语素的），实验中，研究人员用位于词中的边界范式进行对比研究同位预览以及从第三个字母开始出现错误的非同位预览。结果发现，预览的正误明显影响读者凝视单词后部的时长，而且研究还表明，复合词的预览效益取决于该复合词的词频（高频复合词的错误预览会导致读者凝视该词边界前部分的时间更长）。海基奥等人认为，读者将高频复合词识别为一个词素，而将低频复合词识别为两个词素的组合。因此，不正确的预览与前半部分平行处理从而影响前半部分处理的情况只发生在高频复合词身上。

西奥纳、伯特兰和波拉塞克（2004）表明复合词第一个词素的频率也影响读者在扫视过程中对第二个词素的整合处理。研究人员对复合词第一个词素的频率进行控制变量，第二个词素的预览变化则选定在第二个词素的前两个字母，当视线从第一个词素转到第二个词素时，第二个词素的前两个字母由预览转为原词。实验结果是，当第一个词素是低频词时，该复合词的预览效益更高。然而却没有证据能够表明第二个词素出现错误时对读者凝视第一个词素的时长有影响。这暗示了第二个词素预览效应之所以会不同，不是因为读者将第二个词素视为整个复合词的一部分来处理。西奥纳等人提出，之所以存在高低频词汇影响复合词预览效益的情况，是因为低频词能够组成的复合词更少，因此，当读者看到该复合词中含有某低频词时，脑海中被激活的选项更少，这样一来，这些包含低频词的复合词进入中央区视野之后会被视为单独的语素得到更快速的处理（Cui et al., 2013，汉语复合词同理）。西奥纳等人（2004）、德里格等人（2010）和海基奥等人（2010）的观点总结就是复合词第二个组成语素的信息的整合受许多因素影响。此外，复合词本身的词频影响着 249
复合词对整合过程产生明显影响的速度。还需要进行其他一些研究才能进一步确定复合词的第二个组成词素在副中央凹区视野内的处理受到哪些因素的影响。

怀特、伯特兰和西奥纳（2008）进行芬兰语实验研究扫视过程中无间隔复合词的第二个语素的语义信息是如何跨点整合的。在这项实验中，目标词为芬兰语的“香草酱”（vaniljakastike[vanilla sauce]），在读者阅读该词语前半部分“香草”时，后半部分用预览代替，预览分为四种：同位预览“香草酱”（vaniljakastike [vanilla sauce]）、近义预览“香草末”（vaniljasinappi[vanilla sauce]），歧义预览“香草牧师”

(vaniljarovasti[vanilla sauce]),以及一个可以发音的非词汇预览“香草哩”(vaniljaseoklii)。同位预览中,读者目光停留在第二个词素以及整个复合词上的时间最短;相对于歧义预览和非词汇预览这两种情况来说,近义预览对读者目光停留在第二个词素以及整个复合词上的第一次注视时长和总注视时长没有正面影响,但对读者目光在词内的往返扫视总时长有正面影响。近义预览的延迟效益说明读者确实从复合词的第二个词素中提取语义信息,但并不是读者一注视目标词素就立刻完成整合,读者在处理目标复合词的过程中,信息的整合发生在比较靠后的阶段。

总而言之,若读者多次注视一个词,多次注视获取的该词信息会被跨点整合,无论是单语素词还是复合词都是如此。因为针对这两种类型的词所进行的实验都发现了预览效益(Drieghe et al., 2010)。复合词内部信息整合程度取决于整个复合词的频率(Häikiö et al., 2010),第一个词素的词频制约着第二个词素的整合(Hyönä et al., 2004)。

n+1 词后信息的整合

在下面的章节中,我们将探讨从 n+1 词后各类型信息的整合。首先是相对较低层次的信息(如纯视觉信息、字母标识)的处理,然后是较为抽象的信息(如形态、语义)的处理。

正字法信息

关于跨点信息整合有一个基本问题,整合的信息是完全基于单词的视觉形式,还是基于从单词的正字法派生的抽象语言信息。针对该问题的研究方法是保持字母信息不变,改变文本视觉特征。麦康奇和佐拉(1979)让实验参与者阅读文本,文本中每个字母的大小写在扫视过程中都会发生变化（例如 ReD -> rEd）。这样，读者的多次注视之间，文本的视觉信息改变但字母依旧是原来的字母。研究发现，相对于文本保持不变的情况，这种情况下读者的阅读速度并没有减慢，这就意味着信息的整合并不严格受限于视觉形式。同理，雷纳、麦康奇和佐拉（1980）的研究结果显示，像这样改变文本大小写也不会减慢受试者辨别目标词的速度。

虽然改变字母的大小写对阅读没有明显的影响，但其他研究工作已经证明了预览和目标词之间的视觉相似性对阅读存在影响。西奥纳等人（2004）使用边界范式对英语文本进行的研究表明，使用视觉上相似的字母（例如，b 和 d）作为两组预览，相比使用视觉上不相似的字母（例如，p 和 s）的预览效果更好；读者注视前者的平均时间是 15 毫秒，读者注视后者的平均时间是 41 毫秒。这些结果表明，跨点整合过程中正字法信息是以由文本的低等级视觉信息激活的较为抽象的字母概念的形式存在的，因为形态相似的字母的共同特征可以激活读者头脑中所有带有此类特征的词（例如，英文字母 d、b、h 中都带有竖线），带有相似字母的预览比不带有相似字母的预览更 250
能激活读者脑海中的目标词，这也解释了为什么扫视过程中的大小写变化不会影响阅读。虽然变化了大小写之后，文本的低等级视觉特征在发生变化，但字母的身份却没有变化。因此，（独立于大小写的）字母身份概念可以被该字母的任一大小写形式激活。只要读者头脑中被激活的字母的身份不变，不管每次注视时激活这一概念的低等级视觉特征是否一致，阅读都可以正常进行。

有证据表明，一个词中不同位置的字母在信息跨点整合时的重要性不尽相同。英霍夫（1989a）对六个字母的单词进行预览阅读实验，预览分为以下四种情况：整个单词与原词一致（如 survey）、前三个字母与原词一致（如 surxxx）、后面三个字母与原词一致（如

xxxvey）或完全不一致（如 xxxxxx）。此外，该实验还要求受试者用从左往右和从右往左这两种阅读方向分别阅读镜像文本，例如，a recent survey 和 survey recent a，参与者在后一种情况下从右向左阅读，以确保任何字母位置的影响不是由视力引起的。无论是从右往左读还是从左往右读，单词的首字母比词尾字母对阅读的作用重要性略强（初次注视时间分别是 16 毫秒和 12 毫秒）但并不显著。此外，如果用视觉上不相似的字母代替“xxx”，英霍夫发现后三个字母一致的预览不再给读者带来显著的预览效益，但是前面三个字母一致的预览仍能带来 6 毫秒的预览效益。布里尔和英霍夫（1995）通过改变预览中与原词相等的字母数量及其在单词中的位置，发现当词两边的字母与原词一致时带来的预览效益大于单词中间字母一致的预览。一个可能的原因是单词两边的字母比较接近空格，没有词中字母那么拥挤，因此更容易辨认。布里尔和英霍夫还发现，词首与词尾都与原词一致的预览带来的预览效益并不大于词首与原词一致的预览，也就是说词尾字母在跨点整合过程中不起特别重要的作用。这两项研究还表明，整个词语的预览效益的量并非简单地将每个字母的预览效益量加总，这表明一个词的所有组成字母是作为一个完整单词的一部分进行处理的，并且所有字母相同时还有集体加成。

虽然英语中的词首信息在跨点信息整合过程中得到了优先处理，但这一规律并不适用于汉语。汉字不是由表示语音信息的一串字母组成，而是由许多笔画组成，这些笔画形成了被称为部首的亚单位。很多汉字由多个部首组成，其中大多数汉字包含一个带有语音信息的部首和一个带有语义信息的部首。虽然这些部首包含这些抽象信息，但汉字与其部首之间的关系并不总是很强，比如只有 30% 的完整汉字的语音按其表音部首发音（Zhou, & Marslen-Wilson, 1999）。因此，两个具有相同表音部首的汉字其发音可能不同。显然，汉字编码语音的正字法与英语截然不同，因此汉语的跨点整合模式与英语也可能截然不同。刘伟民等人（Liu，Inhoff，Ye & Wu，2002）进行了一项边界研究，其中预览词和目标词的正字法信息的关系有四种：（1）表意部首相同，（2）表音部首相同，（3）笔画相同，但部首不同，（4）正字法信息没有联系。刘伟民等人研究发现，表音部首相同的预览给受试者一个正面的预览效益，而其他情况则没有预览效益。表音部首相同的汉字即使实际汉字发音不同也可以给读者带来预览效益。表音部首通常出现在汉字的右边。因此汉语与英语的预览效益从正字法来看存在的区别就在于汉语的预览效益产生于词尾，而英语的预览效益产生于词首。一个可能的原因是，副中央凹区视野获得的正字法信息用来激活词语，而每个语言的相关信息在不同的语言中是不同的。在英语中，单词开头的几个字母可能更重要，部分原因是它们对于单词的读音起着决定性作用，刘伟民等人认为在汉语中，表音部首更为重要，原因有以下两点：首先，刘伟民等人认为表音部首是汉字的编码体系中最小的正字法单位，因为它可以单独形成汉字。他们还认为，表音部首为读者提供了更多的可识别信息。虽然不同的语言拥有不同的正字法规则，但文本处理的时长似乎主要 251
受到单词识别要素的影响。

除了研究字母的识别信息是如何跨点整合的，研究人员还研究了副中央凹区视野中的字母位置信息（Frost，关于字母位置编码的讨论）。约翰逊、佩利亚和雷纳（2007）进行的副中央凹区预览实验中，预览词中两个字母的顺序对调（例如 Loewr 作为 Lower 的预览）或被其他字母替换（例如 Loner），结果发现读者阅读顺序对调的预览比替换字母的预览更容易。约翰逊（2007）发现，即使将不相邻的字母对调（例如，flower to flewors），也会得到类似的结果。约翰逊和邓恩（2012）向受试者展示了三种预览词：字母被对调或替换、预览词是错误的单词或一个与目标词在正字法上相似的单词（例如，Besat和Beats作为对调字母预览，Berut和Beach作为目标词Beast的替换字母预览）。结果显示，读者遇到换位预览时注视目标单词上的时间比遇到替换预览时更短，预览是否是正确的词语对结果影响不显著，说明预览效益完全取决于预览词和目标词之间的正字法相似性。这项研究进一步证明了阅读过程中存在一种换位字母效应。此外，研究还表明，副中央凹区信息处理通常不会带进词汇处理的后期阶段，在词汇处理的后期阶段，读者在脑海中选取被激活的多个拼写相近的词语中的一个作为最终选项，如果副中央凹区信息带入这一阶段，那么预览词是正确单词应该比不正确的情况带来的预览效果更小。总之，这些研究表明，一个错位的字母也能够帮助读者识别词语。但这并不是说字母的位置不重要，这一点显而易见，因为在所有这些研究中，完全与目标词一致的预览总是比字母位置对调的预览更有利于阅读。我们在本节中讨论的研究字母的身份信息和字母的位置信息是如何跨点整合的实验表明，字母身份信息与字母在单词中的位置信息在整个阅读过程中都得以整合到读者的思维中，并且在不同的正字法规则下，这一整合机制是不同的（见本书Frost，对不同语言的正字法编码差异的深入讨论）。

表音符号

单词首字母产生预览效益更为重要的一个原因可能是首字母是重要的表音符号。因此可以推断，该词进入副中央凹区时给读者提供的读音信息与该词被注视时提供给读者的读音信息相整合。下一节介绍的一系列研究检验了读音信息是否被跨点整合并探究了表音符号的本质（Pollatsek，深入了解阅读中的表音符号）。

研究采用的一种方法是使用同音词作为预览，同音词是两个拼写不同但发音相同的词。波拉塞克等人（1992）使用边界范式给实验组提供同音预览（例如，beach 作为 beech 的预览），给对照组提供拼写上相似的预览（例如，bench）。与对照组相比，实验组获得的预览效果更好。这些结果表明，表示相同读音的符号得到了跨点整合。查斯、雷纳和威尔（2005）针对大学年龄段的读者进行的研究也证实了这一点，但他们发现这一实验结果仅出现在阅读技巧掌握得比较好的人身上。贝朗格、梅伯里和雷纳（2013）在此基础上研究了同音预览词的频率对实验结果的影响，他们将同音的一组高频词和低频词互换位置（同音词对的高频词是一组受试者的预览词，另一组受试者的目标词），高频预览词给参与者带来了预览效益，但低频预览词没有给参与者带来预览效益。

虽然前面的研究表明读者在阅读过程中跨点整合了语音信息，但还不清楚读者如何读取语音信息，是看到了一个字母排列就读取了相应语音信息，还是通过使用相对应的拼写规则在脑海中拼读出一个读音。米勒特和斯帕罗（2004）用法语研究了该问题，他们给实验组提供了不是词的同音词预览（例如，maizon 作为 maison 的预览），给参照组一个形态相近的词作为预览（例如，mailon）。尽管预览不
是一个词，它依旧给读者带来了预览效益。非文字预览也能带来预 252
览效益的现象，表明预览效益之所以产生，是因为读者在脑海中拼读预览词，因为读者脑海中并没有存储这个非词汇预览（有关英语读者从非文字同音预览获得预览效益的证据，详见 Ashby, Treiman, Kessler, & Rayner, 2006）。然而，贝朗格等人（2013）观察到同音词频率对预览效果有影响，表明读者有时确实会不经过拼读就从预览中读取到语音信息，因为从高频单词中提取这一信息的速度比从低频单词中更快。也就是说，实际上读者既可以直接从文本获取读音信息，也可以通过拼读获取读音信息。需要进一步的研究才能确定影

响读者获取副中央凹区视野语音信息的因素。

到目前为止，本节所讨论的研究都在完整的单词级别上对预览词和目标词的发音相似度进行控制变量研究。下面介绍的研究从更加具体细致的角度了解单词内部的语音信息整合。阿什比和雷纳（2004）对音节的作用进行了研究，方法是给参与者预览开头音节为辅音-元音-辅音结构（例如 concave）或辅音-元音结构（例如 device）的单词。此外，实验组还用控制变量的方法改变音节，例如去掉目标词中间的某个字母从而改变词首的音节（例如，保留 device 词首音节“de”的辅音-元音结构，用 de_pxw 做 device 的预览词）或去掉某个字母后改变其词首音节（例如，用 dev_px 做 device 的预览词，使得目标词的词首音节变为“辅音-元音-辅音”结构）。当预览词的词首音节与目标词一样时（虽然在上述例子中，dev_px 的词首部分更长，但它破坏了词首的音节），参与者注视该词时间更短。因此，音节级别的发音信息是被跨点整合在一起的，并且这些音节如果在副中央凹区得到清晰的视觉分隔，可能比破坏音节但保留更多的字母的情况更容易进行后续处理。这表明单词的首字母对于读者识别词语来说更加重要，部分原因是它们对于读者确定单词发音起着重要作用。非兹西蒙斯和德里格（2011）证明，副中央凹区视野范围内单词的音节必须迅速得到识别才有意义，在非兹西蒙斯和德里格的实验中，一对长度、频率、可预测性、字母数量以及平均字母出现频率都一样的单音节词和双音节词分别嵌入同一句子中，结果读者跳过单音节词的概率大于双音节词。如果副中央凹区单词的音节确实影响读者确定下一个注视位置，这就说明单词的音节在副中央凹区视野中被识别的时机非常靠前。阿什比等人（2006）还研究了预览词的元音与目标词是否相同对于语音信息跨点整合的影响（如 cherg 和 chorg），与目标词拥有相同元音的预览效益更高，即使该元音字母的读音受到其后字母的影响（例如，用 raff 而不是 rall 作为 rack 的预览）。这项研究表明，单个元音信息也得到跨点整合。

字母语言的性质决定了词语的拼写和发音之间存在着相对直接的联系，因为字母语言中字母和发音之间存在对应关系。但像汉语这样的象形文字却不是这样。在汉语中，相似的汉字通常有不同的发音，同音字在视觉上可能完全不同（Hoosain，1991）。此外，如前所述，汉字包含一个表音部首，有时候汉字读音与表音部首读音一样，但有时候却不同。蔡介立、李佳颖、曾志朗、洪兰和颜乃欣（2004）研究了汉语读者是否有更深层正字法方法来整合语音信息，以及表音部首与整个汉字之间的关系是否影响了该过程。测试词中一半的词发音和其他拥有该表音部首的词发音相同（高一致性词），另一半则不是（即低一致性词）。对于高一致性词，研究人员观察到读者注视该词的第一次注视时长和注视总时长存在语音预览效果，而对于低一致性词，仅在注视总时长观察到语音预览效果。很明显，汉语的读者将语音信息跨点整合，而这些信息是从整个汉字和标音部首中提取出来的。

我们观察到英语阅读和汉语阅读中都存在读音信息的跨点整合，虽然汉语的正字法与音素学之间的联系不如英语紧密。此外，读音信息既可以从整个字、整个词中获取，也可以从部首、音节中获取。 253
先前已经提及，英语的正字法和音素学之间的联系比汉语等语言更加紧密，但却比不上许多其他的字母语言。因此，针对副中央凹区语音信息处理的研究，将来的重点或许应该更多地集中在拼读规则更加有规律的语言上，在这些语言（如西班牙语）中，即使是阅读技能较低的读者也可能表现出将语音信息进行跨点整合的行为，而英语就存在受试者阅读技能干扰结果的现象（Chace et al., 2005）。

形态学信息

另一种可能得到跨点整合的信息可能与词的形态有关。一个单词可能由多个语素组成，因此一个单词的组成语素都可能帮助读者识别目标词（例如，cowboy 可以通过 cow 和 boy 这两个语素来识别）。鉴于此，读者有可能将副中央凹区视野中的词分解为其构成语素，并将这些信息进行跨点整合。如果确实是这种情况，那么副中央凹区视野内的一个明确形态单位可能会影响读者随后的眼动（Lima, 1987），一些针对英语的研究已经证实了该可能性（Inhoff, 1989b; Juhasz, White, Liversedge, & Rayner, 2008; Kambe, 2004; Lima, 1987）。研究人员使用边界范式给多语素词（如“revive”、“cowboy”）和单语素参照词（如“rescue”、“carpet”）提供预览，预览只显示了该词的部分语素单位（如“rexx”、“carxxx”）。该操作背后的逻辑是：一个形态学亚单位可能帮助读者识别相关单词，如果这一假说成立，由于多语素词的组成词素（其形态亚单位）是目标词形态结构的一部分，而单语素对照词的形态亚单位除了为读者提供一部分拼写信息以外没有别的作用，那么多语素词的部分词素预览应该能够给读者带来更大的预览效益。然而最终的研究结果表明，读者不从副中央凹区视野提取形态学信息，因为多语素词和单语素词对照词的预览效果没有差异。利马（1987）和卡姆贝（2004）的实验结果显示，含前缀的词的前缀没有预览效益。利马发现给读者提供含有前缀的单词（如 revive 和 dislike）的前缀作为预览（如使用 disxxxx 作为 dislike 的预览）不能产生预览效益，卡姆贝的实验则分别给出前缀或后缀作为预览（例如 xxxlike 作为 dislike 的预览），都不能产生预览效果。因此，英语阅读过程中前缀后缀的信息似乎没有得到跨点整合。英霍夫（1989b）发现了由两个语素组成的复合词（这两个语素都是完整单词，例如

cowboy）的前后半语素预览也不产生预览效益。最后，尤哈斯等人（2008）从复合词（如 sawdust［锯末］）和单语素词（如 lettuce［莴苣］）中各删除一个字母，删除字母后要么保留（如 saw ust, let uce）要么破坏（如 sawd st, lett ce）该词的语素边界。结果读者读保留语素边界的预览不会比读破坏边界的预览速度更快，无论单词类型是复合词还是单语素词都是如此，这表明，在读者注视目标词之前，读者没有对该词的单个语素进行处理。根据这些研究的结果，我们可以说，没有证据证明英语读者将副中央凹区视野中的单词分解成其构成语素。类似地，针对芬兰语的实验也表明了类似结果，芬兰语中有许多词素之间不分开的复合词。伯特兰和西奥纳（2007）给受试者提供芬兰语复合词的预览，这些复合词平均长度为 12 个字母，第一个构成词素有长（8 至 11 个字母）有短（3 至 4 个字母），预览分为全部预览（整个词作为预览）和部分预览（只有词首的三到四个字母作为预览）。第一个构成词素如果是长词素，预览只给读者看到第一个词素的一部分，如果第一个构成词素是短词素，则读者可以在预览中看见完整的第一个词素。如果形态亚单位（例如词素）被跨点整合，那么第一个构成词素是短词素的词应该有更好的预览效益，因为读者可以看见一个完整的形态亚单位——词素。然而，实验结果显示预览效益和第一个词素的长度无关，这表明副中央凹区视野获得的形态亚单元信息对读者识别词语没有帮助。虽然在英语和芬兰语中，形态信息可能没有得到跨点整合，但在希伯来语中却发现了形态学信息带来的预览效益（Deutsch, Frost, Pelleg, Pollatsek, & Rayner, 2003; Deutsch, Frost, Pollatsek, & Rayner, 2000, 2005）。在希伯来语中，所有动词和大多数名词和形容词都由两个语素组成。一个语素是词根，它代表了单词的语义性质，由三个辅音组成。另一个语素是词型，它规定了该词的词性（名词、动词或形容词）和其他信息。在这两个语素 254

中，词根对于规定词语的意义更加重要，因此希伯来语词汇中，有三个字母提供的信息比其他字母更加重要。希伯来语的词根词型相互交叉在一起，例如，词根 חבר 和词型 ת--מ 组成单词是 תחברמ 而不是 תמחבר。希伯来语构词法对字母顺序有严格的规定，例如只有某些字母可以做单词的首字母，或者某个字母后面只能接哪些字母。因此，希伯来语读者可以判断出哪些字母属于词型，哪些属于词根。简而言之，在希伯来词语中，有一些字母比其他字母更重要，而且这些字母的位置也更容易确定和识别。由于这个原因，希伯来读者可以迅速地将副中央凹区视野中的一个单词分解为词素，并将词素信息跨点整合。多伊奇等人（2000）使用识词范式研究了希伯来语阅读过程中词素的整合机制。在这项研究中，目标词在进入读者副中央凹区视野时，读者只能看到它的预览，这一预览可能是：目标词本身（如 תחברמ）、三个词根字母（如 חבר）、拼写相似词（如 מבת）和 X 组成的乱码。字根预览给读者带来的预览效益大于拼写相似词给读者带来的预览效益，因为遇到前者时，读者的识读速度更快。多伊奇等人（2003）在此研究的基础上，进一步使用边界范式表明，当词根词素的字母放在单词中时比作为一个独立的单元呈现时的形态预览效益更大。实验组的预览与目标词的词根相同而词型不同，控制组的预览与目标词字母数量相同但词根不同，结果实验组的预览效益更高。这显然说明读者从副中央凹区视野中获取词语的语素信息，从而识别词语。

多伊奇等人（2005）进一步检验了希伯来语单词的词型信息是否得到跨点整合，他们的实验分别使用动词词型（即与词根结合形成动词的词型）和名词词型（即与词根结合形成名词的词型）进行了实验。结果发现，动词词型能够帮助读者在头脑的词汇库中检索词汇，而名词词型却不能。

具体地说，名词词型不能没有精确的语义特征，而且大多数名词词型的出现频率与动词词型的出现频率相比比较低。多伊奇等人的结果表明在希伯来语中，拥有相同词型的词作为预览词时，若该词型为动词词型，则预览可以给读者带来预览效益，若该词型为名词词型，则不能带来预览效益。总之，希伯来语读者在副中央凹区视野内的单词分解成语素，然后（通常）将这些信息整合到接下来扫视获得的信息中，从而辨别词汇。显然，希伯来语读者和英语和芬兰语读者的副中央凹区视觉对语素的处理存在差异。这一现象最有可能的原因是不同语言中语素的提取速度不同。在希伯来语中，有严格的规则规定单词中的哪些字母属于哪个语素，但在英语中却不是这样，因为英语中限制语素的起点和终点的因素相对较少。英语中拥有同一个字母组合的词有可能是单语素词也有可能是多语素词，例如，英语中 re 可以是前缀，也可以是单语素词的两个字母。因此，与英语读者相比，希伯来语读者具有更可靠的线索来将词语分解成语素，不同语言词素构词法的不同可能是导致不同语言读者对副中央凹区视野的语素信息有不同反应的原因。

语义信息

由于早期的语言研究主要是用英语进行的，所以在过去的几十年中，主流观点认为不存在语义信息的跨点整合。雷纳、巴罗塔和波拉塞克（1986）的实验中，目标词（如 father [父亲]）和预览词要么在语义上相关（如母亲），要么正字法上相似（如 Fatlon）要么完全无关（如圆圈）。语义相关的预览没有产生任何效益，这表明语义信息 255
在扫视过程中没有得到传递（Rayner, Schotter, & Drieghe, 2014）。在凝视命名研究中发现了类似的结果（Rayner et al., 1980）。阿尔塔里巴等人（Altariba, Kambe, Pollatsek & Rayner, 2001）发现了进一步

的证据，否定语义信息的跨点整合。他们邀请了英语、西班牙语的双语使用者阅读带预览的文本，其中某目标词的预览可能是 1. 其在另一种语言中的翻译，且预览与对照词在拼写上相似（例如 crema 作为 cream 的预览），2. 其在另一种语言中的翻译，且预览与对照词在拼写上不相似（例如 fuerte 作为 strong 的预览），3. 不是其在另一种语言中的翻译，但预览与对照词在拼写上相似（例如 grasa 作为 grass 的预览），4. 不是其在另一种语言中的翻译，且预览与对照词在拼写上不相似（例如 torre 作为 cream 的预览）。在这项研究中，由于翻译预览与目标词携带了相同的语义信息，因此，假设如果语义信息跨点整合存在，翻译预览可能比拼写相似的非翻译预览有更大的预览效益。但是，实验结果是翻译预览并没有缩短读者注视目标词的时间，这说明预览效益的主要驱动因素是拼写而不是语义。这项研究不支持语义信息跨点整合。对芬兰语语义预览效益的研究也表明，语义信息没有得到跨点整合。西奥纳和海基奥（2005）的实验中，目标词（如 pentu ‘cub’）的预览可能是：同样令人不悦的词（如 penis），不引起人反感的中性词（如 penni ‘penny’）。研究人员假设，如果读者从这些预览中提取语义信息，那么他们的阅读会受到令人不悦的词语的干扰，但实验结果显示，令人不悦的预览词对读者没有产生影响，这项研究表明，语义信息不是跨点整合的，然而最近又出现了不同的研究结果，针对中文进行的实验结果表明语义预览效益的存在。

在汉语中，大多数汉字都含有语义词根——表意部首，因此，中文的正字法和语义之间的联系比字母语言更为紧密。这使得汉语的语义信息更容易在副中央凹区视野得到提取，然后整合到接下来读取到的信息中。闫鸣、周蔚、舒华和克里格尔（2012）研究了部首和汉字级别的语义信息是否得到跨点整合。受试者看到一个不相关的预览词和两种不同类型的语义相关的预览字。其中一个语义相关的预览字在语义上是显明的，因为该汉字的含义与其表意部首的含义一致，而另一个则是不显明的。所有的预览字都没有包含与目标汉字相同的表意部首，从而排除正字法信息的干扰。闫鸣等人发现这两种类型的语义相关预览字的读者都比不相关的预览字读者注视目标字的时间更短。这些实验结果表明，汉语读者能读取副中央凹区视野内的汉字或者其部首的语义信息，并将这些信息整合到注视目标词时获取的语义信息中，依据就是当预览字和目标字存在语义联系时读者注视目标字的时间更短。此外，闫鸣等人观察到读者注视边界前词汇的时间越长，读者获得的语义预览效益越大。当固定时间较长时，观察到更大的语义预览效果（荷亨斯坦和克里格尔讨论了这种预览效果，2014）。针对德语进行的语义预览实验表明，德语中也存在语义预览效益。荷亨斯坦等人（Hohenstein, Laubrock & Kliegl, 2010）使用副中央凹区快速变换初始预览边界范式技术进行的研究，发现德语中存在语义预览效益。这项技术的具体做法是，目标词先是被一个不是词语的预览词取代，当读者视线到达目标词的前一个词时，目标词先是变成一个初始预览词，然后再变成目标词。荷亨斯坦等人（2010）的实验中，初始预览分为与目标词语义相关的或拼写相似两种情况，并且从非词语预览转变为初始预览开始，到初始预览转变为目标词结束的时长也是不同的，研究表明，初始预览持续的时间比较短时（如 35 毫秒、60 毫秒和 80 毫秒）不会产生语义预览效益，而当初始预览持续时间较长（125 毫秒）时，产生了 24 毫秒的语义预览效益。此外，当目标词用粗体显示时，80 毫秒的初始预览产生 18 毫秒的语义预览效益，但 125 毫秒的初始预览反而没 256
有产生效益。实验人员分析认为，这是由于语义信息在某一特定时刻才能促进阅读，超过了这个时间节点，读者就开始意识到拼写的不同从而抵消了促进作用。这些实验结果最终该如何解释尚需谨慎为之，因为还不完全清楚快速变换初始预览边界范式技术的视觉变化如何影响阅读过程中的注意力分配。

荷亨斯坦和克里格尔（2014）使用标准边界范式技术进一步证明德语中存在语义预览效益。他们发现，语义相关预览（例如，Schädel［头盖骨］作为 Knochen［骨头］的预览）比与目标词拼写接近但语义无关的预览词（例如，stiefel［靴子］）产生的预览效果更强，能产生 26 毫秒的预览增益（经过三次检测后取平均值）。此外，不管目标名词是否首字母大写（德语规定名词的首字母大写），预览增益都存在。这一点很重要，因为在德语中，提取副中央凹区视野中的名词的信息可能更容易，因为读者只要注意到大写的首字母就可以知道这是名词，从而节省读者处理该名词的精力。此外，闫鸣等人（2012）发现读者注视目标词前词的时长也会产生类似的效应，就是读者注视目标词前面一个词的时间越长，那么目标词的语义预览效益就越强。

本章介绍的最后一项研究是肖特于 2013 年进行的对美式英语的调查，目标词是 curlers，一组受试者看到的预览词（rollers）与目标词联系紧密（根据满分为 9 分的标准化研究 norming study 的评分，预览词与目标词的近似程度可以得 7. 5 分），预览词与目标词即使互换也不会影响文意（得分为 7. 2 分），另一组受试者看到 styling 作为预览词，语义与目标词的差别较大（5. 6 分），用预览词替换目标词后文意的差别也更大（4. 9 分），还有一组看到完全不相关的预览词 suffice（词意接近程度 2. 4 分，替换后文意接近程度 1. 9 分）。这三组预览词与目标词在正字法上的近似程度相当。与无关的预览词相比，高度相关的预览词使读者注视目标词时间缩短（两次实验中的注视时间分别缩短 16 毫秒和 19 毫秒），语义差别较大的预览词没有给读者带来任何增益，此外，根据预览词改变句子意义的程度可以预测读者注视目标词的时长。肖特认为，这说明在先前针对英语的研究中，之所以没有观察到语义预览效益，是因为预览词和目标词之间虽然有语义上的联系，但两个词意义完全不同，例如在雷纳等人（1986）的研究中，预览词和目标词分别是 father-mother, ocean-river 和 sick-well，这些词虽然在语义上有联系，但是意义完全不同。

总而言之，关于语义信息是否跨点整合，学界有不同的观点。一些研究发现了明显的语义跨点整合，而也有许多研究没有发现。目前，学界还没有人对语义的跨点整合提出一套自圆其说的解释，为了获得更清晰的理论还需要进一步的研究。

n+2 词信息的跨点整合

前面提及的研究关注的是 n+1 词的信息的跨点整合，但最近许多研究已经开始调查 n+2 词的信息是否也在不同程度上得到跨点整合（Angele & Rayner，2011；Angele，Slattery，Yang，Kliegl, & Rayner，2008；Kliegl，Risse, & Laubrock，2007；Rayner，Juhasz, & Brown，2007；Risse & Kliegl，2012）。为了研究 n+2 词信息的跨点整合，研究人员利用边界范式给位于目标词右侧第二个词提供了预览，做法是，先用预览词替换目标词（n+2 词），当读者的目光移动到 n+1 词时，将预览词更改为目标词。如果能够观察到预览效益，则说明读者会提取 n+2 词的信息并进行跨点整合。雷纳等人（2007）向受试者展示了与目标词一致或不一致的预览词，并且改变边界的位置，一组放在目标词之前，另一组放在目标词前一词之前。这样也等于将不正确的预览设置为 n+1 词或 n+2 词。结果显示，只有当预览词为 n+1 词时才有预览效益，也就是说，雷纳等人没有观察到有关 n+2 词信息得到跨点整合的证据。克里格尔（2007）进一步调查了这个问题。在他们的研究中，单词 n+1 的长度总是三个字母，从而确保位于 n+2 的预

257 览词尽可能接近视觉中心。此外，他们还检测了 n+2 预览词对读者注视 n+1 词和 n+2 词的时长的影响。虽然 n+2 预览不影响读者注视单词 n+2 上的时间，但它确实影响读者注视单词 n+1 上的时间，这意味着读者确实从单词 n+2 中提取信息（见 Risse, & Kliegl, 2012，讨论和测试了为什么单词 n+2 的预览影响读者注视单词 n+1 的时长）。Angele et al.(2008）用拼写相似的预览替代单词 n+1 和 n+2，并确保单词 n+1 都是四个字母的长度。他们发现，虽然能持续观察到 n+1 词存在预览效益，但没有观察到 n+2 词的预览效益。两个研究出现不同结果的主要原因是 n+1 的长度和处理难度。当单词 n+1 超过三个字母时，处理起来比较困难，读者的目光跨过边界之前，单词 n+2 不太可能得到处理。此外，即使 n+2 词得到处理，信息提取的效率也比较低，因为它离视觉中心更远。

安杰勒和雷纳（2011）用原词和非单词的乱码作为三个字母的单词 n+1 和平均长度为七个字母的单词 n+2 的预览词，当单词 n+1 是原词作预览时，发现 n+2 词产生预览效益；而当单词 n+1 不是单词时，没有观察到效益。因此，当读者无法处理单词 n+1 时（由于它不是单词），来自单词 n+2 的信息似乎得不到整合。最近卡特、德里格和里弗塞奇（2014）的研究中，虽然单词 n+1 超过三个字母，也观察到了 n+2 词产生的预览效益。在这项研究中，单词 n+1（例如，teddy）平均长 5. 65 个字母，并与单词 n+2（例如，bear）形成一个用空格隔开的复合词（例如，teddy bear）。参加者要么得到两个词的正确预览，要么只得到第一个词的正确预览，要么只得到第二个词的正确预览，要么看到的两个词的预览都不正确。当读者的副中央凹区视野出现第一个词的正确预览时，对 n+2 词可以产生 27 毫秒的预览效益。然而，当读者的副中央凹区视野无法获取第一个词的正确预览时，n+2 词没有预览效益。这表明，虽然单词 n+1 过长时通常观察不到 n+2 词的预览效益，但如果单词 n+2 与单词 n+1 形成一个多单词整词（例如用空格隔开的复合词），就可以缓解 n+1 词的长度对 n+2 词的预览效益的抑制。此外，该实验还表明，在先前的研究中，之所以没有观察到 n+2 词的预览效益不是由于视野上的限制。

总而言之，我们得到了证据，表明读者可以获取副中央凹区视野中的 n+2 词的信息。可以说，在英语中这些信息能够得到跨点整合，但要符合某些特定条件，根据我们所回顾的研究，这些条件包括：单词 n+1 必须简短且易于处理，以便读者有足够精力从单词 n+2 中提取信息，并进行跨点整合；此外，与 n+1 词的预览效益量（例如 20—50 毫秒）相比，即使出现 n+2 词预览效益，其效益量也很小（例如 7—20 毫秒），唯一的例外是当单词 n+2 和 n+1 组成带间隔的复合词时，后文将继续讨论这个问题。

影响因素

到目前为止的实验以一种静态的视线观察信息如何跨点整合，没有对能够影响信息整合程度的因素进行控制变量。有几个因素被证明可以影响信息的跨点整合，第一个是中央凹区视野负荷，第二个是中央凹区词汇和副中央凹区词汇之间的整体关联程度。中央凹区视野负荷是指读者注视的词语的处理难度。当前注视的词语越难处理，则中央凹区视野负荷越高。有人认为，增加中央凹区视野加工负荷会抑制读者对副中央凹区视野信息的加工（Henderson, & Ferreira, 1990; White, Rayner, & Liversedge, 2005），即减少得到跨点整合的信息量。亨德森和费雷拉改变中央凹区视野负荷，从而降低了信息在整个扫视过程中的整合程度，他们通过改变词频或句法改变中央凹区视野载荷，并使用边界范式向参与者呈现正确或错误的预览词。只有当中央凹区视野载荷较低时，才观察到显著的预览效益。怀特等人（2005）也观察到中央凹区视野词汇的频率对预览效益的影响。但德里格、雷纳和波拉塞克（2005）的研究表明，情况并非总是如此。他们进行的研究使用的研究方法与早期研究方法相同，即通过改变中央凹区视野词汇词频来改变中央凹视野负荷，目标词长度为三个字母。但是，无论中央凹区视野载荷高低，预览效益量却是相同的。德里格等人提出，之所以没能观察到预览效益量的改变，是因为针对不同长度的副中央凹区视野词语时读者采取不同的加工策略。然而，副中央凹区视野词汇的长度如何影响读者对该词的处理方式的机理尚未明了，还需要进一步的工作才能探明其中奥秘。

258 第二个影响副中央凹区视野信息提取与整合的因素是中央凹区视野词汇和副中央凹区视野词汇在位置和语言上联系得有多紧密。关于位置的问题是贯穿本章的问题，预览被注视词语的词尾产生的预览效益（Drieghe et al., 2010，观测到 151 毫秒的预览效益）大于预览被注视词语后一词产生的预览效益（Hyönä et al., 2004，观测到 41 毫秒的预览效益）。预览单词 n+2 产生的预览效益更少，学界进行的研究仅发现 7 到 20 毫秒的预览效益。只有一个例外是克特等人（Cutter et al.，2014）的研究，他们发现当单词 n+2 与单词 n+1 形成带空格的复合词时，n+2 词预览能够使读者注视单词 n+1 的时长缩短 27 毫秒。这一结果表明，用空格隔开的两个位于副中央凹区视野内的单词是否形成复合词会影响跨点整合的信息量。几项研究结果表明，被注视词汇的词内信息是否统一也影响着词尾信息的整合程度和速度。正如 Withinford Integration 一节中所讨论的，读者整合无间隔复合词和单语素词的词尾信息的程度不同（Drieghe et al., 2010）。海基奥等人的研究（2010）提出，根据读者是将无间隔的复合词视为一个整体词汇还是视为两个单词的组合，读者跨点整合词尾信息的模式是不同的。海基奥等人证明，当无间隔复合词被读者看作一个整体词汇时，第二个词词尾的错误信息可以得到及时整合，从而影响读者注视第一个词语的时长；但是，当读者将这由两个单词组成的复合词视为两个单词时，则不会产生这一现象。因此，根据本研究的结果可以推测，信息跨点整合的速度受到中央凹区视野词汇与副中央凹区视野词汇是否被读者当作一个整体词汇处理的影响。也有证据表明，当读者将这两个区域的词汇视为一个整体时，得到跨点整合的 n+1 词信息量更大（Inhoff, Starr, & Shindler, 2000; Juhasz, Pollatsek, Hyönä, Drieghe, & Rayner, 2009）。英霍夫等人还发现带空格的复合词（例如 traffic light, fairy tale, video tape）的第二个词的预览效益（91 毫秒）比无关的前后词预览效益（平均为 41 毫秒）更大。此外，复合词之间的预览效益模式类似于单语素词的词内预览效益模式（Drieghe et al., 2010），也类似于常见的无间隔复合词的预览效益模式（Häikiö et al., 2010）。尤哈斯等人也发现了无间隔复合词第二个组成成分的预览效益比通常情况下的预览效益更大（实验组 34 毫秒，对照组 7 毫秒），同时发现无间隔复合词和形容词 - 名词词对的预览效益没有显著区别（都是 21 毫秒）。英霍夫等人和尤哈斯等人的发现都表明副中央凹区视野内词汇与中央凹区视野内词汇形成有关联的整体时，预览效益更明显，此外，英霍夫等人的发现还表明该情况下副中央凹区视野信息的整合可能早于一般情况。

综上所述，实验已经发现了几个影响副中央凹区视野信息跨点整合程度的因素，一是中央凹区视野负荷，被注视的词语处理难度越大，预览效益越低。第二个因素是副中央凹区视野词汇与中央凹区视野词汇联系的紧密程度。

结论

我们已经看到，在读者扫视文档的过程中有大量的信息得到跨点整合，这些信息包括单个单词的词尾信息和副中央凹区视野中的其他单词的信息。单词 n+1 被整合的信息包括单词的抽象信息（如拼写法、音素学、语义学信息）和（如希伯来语中的）形态学进行的。在信息整合的优先顺序上存在着几个有趣的跨语言差异。例如，英语读者优先整合单词词首字母信息，汉语读者优先整合副中央凹区视野汉字的后半部首，希伯来语读者优先整合语素信息。这些差异的根本原因很可能是不同的语言中读者主要依靠不同类型的信息来识别词汇，对于英语读者来说，词首字母表达的语音信息可能是最
259 有用的，而在希伯来语中，词根可能提供更多有用的信息，最后，汉语词语的后半部首更能帮助读者认出汉字。因此，研究表明信息跨点整合的基础是特定语言中对于帮助读者识词最重要的信息的整合。诸多研究表明 n+1 词的大量信息得到跨点整合，而 n+2 词的信息则并非如此，因为改变 n+2 词的预览对读者产生的预览效益极小，只有在非常理想的情况下才能够观察到 n+2 词的预览效益。最后，读者的信息跨点整合行为还受限于中央凹区视野负荷以及中央凹区视野词汇与副中央凹区视野（甚至更远的地方的）词汇之间的关联程度。

参考文献

Altarriba, J., Kambe, G., Pollatsek, A., & Rayner, K. (2001). Semantic codes are not used in integrating information across eye fixations in reading: Evidence from fluent Spanish-English bilinguals. *Perception & Psychophysics, 63*, 875–890.

Angele, B., & Rayner, K. (2011). Parafoveal processing of word n + 2 during reading: Do the preceding words matter? *Journal of Experimental Psychology: Human Perception and Performance, 37*, 1210–1220.

Angele, B., Slattery, T. J., Yang, J., Kliegl, R., & Rayner, K. (2008). Parafoveal processing in reading: Manipulating n + 1 and n + 2 previews simultaneously. *Visual Cognition, 16*, 697–707.

Ashby, J., & Rayner, K. (2004). Representing syllable information during silent reading: Evidence from eye movements. *Language and Cognitive Processes, 19*, 391–426.

Ashby, J., Treiman, R., Kessler, B., & Rayner, K. (2006). Vowel processing during silent reading: Evidence from eye movements. *Journal of Experimental Psychology: Learning, Memory, and Cognition, 32*, 416–424.

Balota, D. A., & Rayner, K. (1991). Word recognition processes in foveal and parafoveal vision: The range of influences of lexical variables. In D. Besner & G. W. Humphreys (Eds.), *Basic processes in reading* (pp. 198–232). Hillsdale, NJ: Erlbaum.

Bélanger, N. N., Mayberry, R. I., & Rayner, K. (2013). Orthographic and phonological preview benefits: Parafoveal processing in skilled and less-skilled deaf readers. *Quarterly Journal of Experimental Psychology, 66*, 2237–2252.

Bertram, R., & Hyönä, J. (2007). The interplay between parafoveal preview and morphological processing in reading. In R. P. G. van Gompel, M. H. Fisher, W. S. Murray, & R. L. Hill (Eds.), *Eye movements: A window on mind and brain* (pp. 391–407). Oxford, England: Elsevier.

Briihl, D., & Inhoff, A. W. (1995). Integrating information across fixations during reading: The use of orthographic bodies and exterior letters. *Journal of Experimental Psychology: Learning, Memory, and Cognition, 21*, 55–67.

Chace, K. H., Rayner, K., & Well, A. D. (2005). Eye movements and phonological preview: Effects of reading skill. *Canadian Journal of Experimental Psychology, 59*, 209–217.

Cui, L., Yan, G., Bai, X., Hyönä, J., Wang, S., & Liversedge, S. P. (2013). Processing of compound-word characters in reading Chinese: An eye-movement-contingent display change study. *Quarterly Journal of Experimental Psychology, 66*, 527–547.

Cutter, M. G., Drieghe, D., & Liversedge, S. P. (2014). Preview benefit in English spaced compounds. *Journal of Experimental Psychology: Learning, Memory, and Cognition, 40*, 1778–1789.

Deutsch, A., Frost, R., Pelleg, S., Pollatsek, A., & Rayner, K. (2003). Early morphological effects in reading: Evidence from parafoveal preview benefit in Hebrew. *Psychonomic Bulletin & Review, 10*, 415–422.

Deutsch, A., Frost, R., Pollatsek, A., & Rayner, K. (2000). Early morphological effects in word recognition in Hebrew: Evidence from parafoveal preview benefit. *Language and Cognitive Processes, 15*, 487–506.

Deutsch, A., Frost, R., Pollatsek, A., & Rayner, K. (2005). Morphological preview benefit effects in reading: Evidence from Hebrew. *Language and Cognitive Processes, 20*, 341–371.

Drieghe, D. (2011). Parafoveal-on-foveal effects on eye movements during reading. In S. Liversedge, I. Gilchrist, & S. Everling (Eds.), *The Oxford Handbook of Eye Movements* (pp. 839–855). Oxford, England: Oxford University Press.

Drieghe, D., Pollatsek, A., Juhasz, B. J., & Rayner, K. (2010). Parafoveal processing during reading is reduced across a morphological boundary. *Cognition, 116*, 136–142.

Drieghe, D., Rayner, K., & Pollatsek, A. (2005). Eye movements and word skipping during reading revisited. *Journal of Experimental Psychology: Human Perception and Performance, 31*, 954–969.

Fitzsimmons, G., & Drieghe, D. (2011). The influence of number of syllables on word skipping during reading. *Psychonomic Bulletin & Review, 18*, 736–741.

Häikiö, T., Bertram, R., & Hyönä, J. (2010). Development of parafoveal processing within and across words in reading: Evidence from the boundary paradigm. *Quarterly Journal of Experimental Psychology, 63*, 1982–1998.

Henderson, J. M., & Ferreira, F. (1990). Effects of foveal processing difficulty on the perceptual span in reading: Implications for attention and eye movement control. *Journal of Experimental Psychology: Learning, Memory, and Cognition, 16*, 417–429.

Hohenstein, S., & Kliegl, R. (2014). Semantic preview benefit during reading. *Journal of Experimental Psychology: Learning, Memory, and Cognition, 40*, 166–190.

Hohenstein, S., Laubrock, J., & Kliegl, R. (2010). Semantic preview benefit in eye movements during reading: A parafoveal fast-priming study. *Journal of Experimental Psychology: Learning, Memory, and Cognition, 36*, 1150–1170.

Hoosain, R. (1991). Psycholinguistic implications for linguistic relativity: A case study of Chinese. Hillsdale, NJ: Erlbaum. Hyönä, J., Bertram, R., & Pollatsek, A. (2004). Are long compound words identified serially via their constituents? Evidence from an eye movement-contingent display change study. *Memory & Cognition, 32*, 523–532.

Hyönä, J., & Häikiö, T. (2005). Is emotional content obtained from parafoveal words during reading? An eye movement analysis. *Scandinavian Journal of Psychology, 46*, 475–483.

Inhoff, A. W. (1989a). Parafoveal processing of words and saccade computation during eye fixations in reading. *Journal of Experimental Psychology: Human Perception and Performance, 15*, 544–555.

Inhoff, A. W. (1989b). Lexical access during eye fixations in reading: Are word access codes used to integrate lexical information across interword fixations? *Journal of Memory and Language, 28,* 441–461.

Inhoff, A. W., Starr, M., & Shindler, K. L. (2000). Is the processing of words during eye fixations in reading strictly serial? *Perception & Psychophysics, 62,* 1474–1484.

Johnson, R. L. (2007). The flexibility of letter coding: Nonadjacent letter transposition effects in the parafovea. In R. P. G. van Gompel, M. H. Fisher, W. S. Murray, & R. L. Hill (Eds.), *Eye movements: A window on mind and brain* (pp. 425–440). Oxford, England: Elsevier.

Johnson, R. L., & Dunne, M. D. (2012). Parafoveal processing of transposed-letter words and nonwords: Evidence against parafoveal lexical activation. *Journal of Experimental Psychology: Human Perception and Performance, 38,* 191–212.

Johnson, R. L., Perea, M., & Rayner, K. (2007). Transposedletter effects in reading: Evidence from eye movements and parafoveal preview. *Journal of Experimental Psychology: Human Perception and Performance, 33,* 209–229.

Juhasz, B. J., Pollatsek, A., Hyöna, J., Drieghe, D., & Rayner, K. (2009). Parafoveal processing within and between words. *Quarterly Journal of Experimental Psychology, 62,* 1356–1376.

Juhasz, B. J., White, S. J., Liversedge, S. P., & Rayner, K. (2008). Eye movements and the use of parafoveal word length information in reading. *Journal of Experimental Psychology: Human Perception and Performance, 34,* 1560–1579.

Kambe, G. (2004). Parafoveal processing of prefixed words during eye fixations in reading: Evidence against morphological influences on parafoveal preprocessing. *Perception & Psychophysics, 66,* 279–292.

Kliegl, R., Risse, S., & Laubrock, J. (2007). Preview benefit and parafoveal-on-foveal effects from word n+2. *Journal of Experimental Psychology: Human Perception and Performance, 33,* 1250–1255.

Lima, S. D. (1987). Morphological analysis in sentence reading. *Journal of Memory and Language, 26,* 84–99.

Liu, W., Inhoff, A. W., Ye, Y., & Wu, C. (2002). Use of parafoveally visible characters during the reading of Chinese sentences. *Journal of Experimental Psychology: Human Perception and Performance, 28,* 1213–1227.

Martin, E. (1974). Saccadic suppression: A review and an analysis. *Psychological Bulletin, 81,* 899–917.

McConkie, G. W., & Rayner, K. (1975). The span of effective stimulus during a fixation in reading. *Perception & Psychophysics, 17,* 578–586.

McConkie, G. W., & Rayner, K. (1976a). Asymmetry of the perceptual span in reading.

Bulletin of the Psychonomic Society, 8, 365–368.
McConkie, G. W., & Rayner, K. (1976b). Identifying the span of the effective stimulus in reading: Literature review and theories of reading. In H. Singer & R. B. Ruddell (Eds.), *Theoretical models and processes of reading* (pp. 137–162). Newark, NJ: International Reading Association.
McConkie, G. W., & Zola, D. (1979). Is visual information integrated across successive fixation in reading? *Perception & Psychophysics, 25,* 221–224.
Miellet, S., & Sparrow, L. (2004). Phonological codes are assembled before word fixation: Evidence from boundary paradigm in sentence reading. *Brain and Language, 90,* 299–310.
Pollatsek, A., Lesch, M., Morris, R. K., & Rayner, K. (1992). Phonological codes are used in integrating information across saccades in word identification and reading. *Journal of Experimental Psychology: Human Perception and Performance, 18,* 148–162.
Rayner, K. (1975). The perceptual span and peripheral cues in reading. *Cognitive Psychology, 7,* 65–81.
Rayner, K. (1998). Eye movements in reading and information processing: 20 years of research. *Psychological Bulletin, 124,* 372–422.
Rayner, K., Balota, D. A., & Pollatsek, A. (1986). Against parafoveal semantic preprocessing during eye fixations in reading. *Canadian Journal of Psychology, 40,* 473–483.
Rayner, K., Juhasz, B. J., & Brown, S. J. (2007). Do readers obtain preview benefit from word *n*+2? A test of serial attention shift versus distributed lexical processing models of eye movement control in reading. *Journal of Experimental Psychology: Human Perception and Performance, 33,* 230–245.
Rayner, K., McConkie, G. W., & Zola, D. (1980). Integrating information across eye movements. *Cognitive Psychology, 12,* 206–226.
Rayner, K., Schotter, E. R., & Drieghe, D. (2014). Lack of semantic parafoveal preview benefit in reading revisited. *Psychonomic Bulletin & Review, 21,* 1067–1072.
Rayner, K., Sereno, S. C., & Raney, G. E. (1996). Eye movement control in reading: A comparison of two types of model. *Journal of Experimental Psychology: Human Perception and Performance, 22,* 1188–1200.
Risse, S., & Kliegl, R. (2012). Evidence for delayed parafoveal-on-foveal effects from word *n*+2 in reading. *Journal of Experimental Psychology: Human Perception and Performance, 38,* 1026–1042.
Schotter, E. R. (2013). Synonyms provide semantic preview benefit in English. *Journal of Memory and Language, 69,* 619–633.

Tsai, J., Lee, C., Tzeng, O. J. L., Hung, D. L., & Yen, N. (2004). Use of phonological codes for Chinese characters: Evidence from processing of parafoveal preview when reading sentences. *Brain and Language, 91,* 235–244.

White, S. J., Bertram, R., & Hyönä, J. (2008). Semantic processing of previews within compound words. *Journal of Experimental Psychology: Learning, Memory, and Cognition, 34,* 988–993.

White, S. J., Rayner, K., & Liversedge, S. P. (2005). Eye movements and the modulation of parafoveal processing by foveal processing difficulty: A re-examination. *Psychonomic Bulletin & Review, 12,* 891–896.

Yan, M., Zhou, W., Shu, H., & Kliegl, R. (2012). Lexical and sublexical semantic preview benefits in Chinese reading. *Journal of Experimental Psychology: Learning, Memory, and Cognition, 38,* 1069–1075.

Zhou, X., & Marslen-Wilson, W. (1999). Sublexical processing in reading Chinese. In J. Wang, H.-C. Chen, R. Radach, & A. Inhoff (Eds.), *Reading Chinese script: A cognitive analysis* (pp. 37–64). Hillsdale, NJ: Erlbaum.

261

第18章 阅读过程中影响注视时长的词性因素与非词性因素

埃亚尔·M.莱因戈尔德 希瑟·谢里丹 埃里克·D.雷赫尔

摘 要：本章重点是阅读过程中的视觉－思维关系链，或者说感知和认知过程如何影响人们阅读时眼睛的移动时机和位置。该章节分为四个部分，第一部分是回顾早期关于视觉－思维关系链的理论，并讨论了理论模型与实际发现之间的不一致。视觉－思维关系链的时间限制因素分为行为因素和神经生理学因素，本章的讨论范围涵盖这两方面的限制因素的研究，以及这些限制因素在目前的阅读眼动控制模式中的体现。接下来，本章还将介绍一系列研究，这些研究使用分布分析和生存分析检验了知觉和／或词汇变量对阅读过程中读者注视时长的影响。最后，本章总结过往研究成果并展望未来的研究方向。

关键词：视觉－思维关系链、词汇加工、分布分析、时长、眼动控制、注视持续时间

阅读技能较为熟练的读者往往认为自己阅读过程中的目光移动是平滑且连续的。然而135年前，埃弥尔·贾瓦尔（见Huey, 1908/1968）观察到读者的目光移动在阅读过程中并非平滑地扫过文本，而是快速地从一个点跳到另一个点，也就是说扫视过程是眼睛的一连串移动与短暂注视组成的，这抑制了眼睛的连贯运动，注视文本的短暂时间内视觉信息得到整合。为了能够实现视觉信息的精细提取，在阅读过程中，读者将视觉系统的高视敏度区域（也就是中央凹区视野，距离视觉中心2°的锥形范围）与正在编码的文本部分对齐。之所以这样做是因为离视觉中心越远，视敏度就会急速下降，中央凹区视野和副中央凹区视野（视觉中心向外1°至5°之间）的视

敏度与边缘视野（5° 以外）的视敏度有着本质区别。

一个多世纪以来的研究运用眼动测量技术发现，熟练读者对阅读的主观体验掩盖了阅读过程中眼动其实是复杂的过程这一事实，阅读过程中的眼动是与知觉、词汇、语言和认知相联系的错综复杂的过程（见 Rayner, 1998, 2009; Schotter & Rayner，本书）。事实上，越来越多的眼动跟踪方法涌现出来，因为人们相信通过研究阅读过程中的眼动（注视位置、注视时长）可以探明阅读这一现象背后的原 262
理。因此，学者们为了建立眼动的控制模型做出了许多实证研究和理论探索。这些模型的目的是确定眼睛移动的时机（即注视的持续时间）以及眼睛移动的位置（即注视位置）。学界在认知对眼睛移动方式有何影响的问题上存在相当大的争议。毫无疑问，读者观察文本与理解文意这两个行为之间一定存在着某种联系，从而使读者能够更有效地阅读。虽然从行为心理学角度来说，试图从眼动数据推断心理过程不是非常科学，但事实已经证明这两者之间的联系。例如可以称得上是眼动阅读研究领域最突出的研究者廷克（Tinker, 1958）曾指出："读者在注视时间内除了要将文本看清楚，还需要理解文意以及上下文的关联，因此注视时长包括了理解和思考的时间"（第 218 页）。通过比较正常阅读与眼动和思维不同步的无心阅读之间的区别，可以看出眼动与阅读理解之间确实存在重要的联系。现在有相当多的证据表明，虽然正常阅读和无心阅读之间存在许多相似的眼动参数，但两者之间存在着重要的质与量的差异（例如，Reichle, Reineberg, & Schooler, 2010; Schad, Nuthmann, & Engbert, 2012）。例如，正常阅读过程中的注视时长与被读取的文本的属性特征有较强关联（例如，被注视词汇的词频，Inhoff & Rayner, 1986; Just & Carpenter, 1980），而在无心阅读中，注视时长与文本属性特征之间的关联不那么明显（例如，词频效应的减弱；Reichle et al., 2010; Schad

et al., 2012)。

认识到视觉-思维联系在阅读中的重要性之后，我们的主要目标是检验词汇直接控制假说 (Rayner & Pollatsek, 1981) 是否成立，该假说认为词汇和语言层面的因素对阅读过程中的每次注视时长起着决定作用。最近，莱因戈尔德等人 (Reingold, Reichle, Glaholt & Sheridan, 2012) 提出了适用于一般情况的注视时长机制猜想，本章将对该猜想深入开展探讨，从该猜想的核心观点、相关术语以及前提假设，到测量眼动直接控制因素所必要的指标以及各指标所对应的含义，最后到能够有力地证明视觉与词汇加工过程与注视时长之间存在密切联系的实证证据为顺序，由浅入深地进行讨论。希望大家注意的是，本章所涉及的眼动研究均使用欧洲的字母语言为语料。

阅读中的眼动控制：简史与基本概念

阅读中的眼动控制模型试图解释扫视幅度 (平均 7—9 个字母间距；上下限 1—20 字母间距) 和注视时间 (平均 200—250 毫秒；上下限 50—1000 毫秒) 的变化原因。在 20 世纪 70 年代之前，人们对认知过程是否对眼动产生影响持有强烈怀疑态度 (评论见 Rayner, 1978; Rayner & McConkie, 1976)，部分原因来自于认知-滞后假设：人们普遍认为认知过程过于缓慢以至于无法对眼动产生影响 (例如，Kolers, 1976)。因此，人们通常认为掌握熟练阅读技巧的读者的眼动应该始终稳定地向后文推进，偶尔出现回读和重读。早期对阅读过程中的眼动控制 (雷纳称之为最低控制模型，1978) 的认识是扫视角度或注视时长是随机的，或者只是与思维因素有关，眼动与文本特征之间不存在关联。

最低控制模型无法解释困难的文本会导致读者注视时间更长或者扫视幅度更小的现象。于是间接控制模型随之产生，该模型认为，全文处理难度和语境因素（读者的阅读任务）可以对注视时长和扫视幅度产生延迟（非即时）影响。例如，增益控制模型（Kolers, 1976）认为，注视时间和扫视幅度在一定的范围内随机变化，使读者有足够时间可以对文本进行解读，在此基础上，对文本的认知变成反馈信息传达到动眼神经系统，从而调整整体阅读速度。同样，缓冲控制模型（Bouma & DeVoogd, 1974）认为，每当读者的认知缓冲区空闲下来，他们的眼动速度就会增加，反之，当读者的认知缓冲区繁忙时，他们的眼动速度就会降低，从而保证最佳阅读速率。间接控制模 263
型不需要假设认知的即时影响就可以解释文本的困难程度对眼动速度的影响。

然而有趣的是，早在间接控制模型出现的五十年前，巴斯韦尔（1922）就曾报告过一个以上各模型都无法解释的现象，巴斯韦尔观察到读者注视不熟悉的词语的时长大于注视其他词语的时长。由于间接控制模型前提假定被注视单词的属性不能影响注视时长，该模型不能解释巴斯韦尔的发现。这一发现的理论意义虽然在当时可能被低估，但后来却促成了另一类眼动控制模型的发展——直接控制类模型。间接控制模型前提假定文本整体处理难度对注视时长有延迟影响，与此形成鲜明对比的是，直接控制模型假定读者的注视时长受到当前注视阶段的视觉刺激（被注视词）的即时调节。因此，纵观有关阅读过程眼动控制的文献，直接 / 间接的二分法经常结合了即时 / 延迟影响和局部文本 / 全文的区别。例如，贾斯特和卡彭特（1980）提出的读者模型中有两个关键前提假定：（1）即时性假定，假定读者每遇到一个单词就理解一个单词，虽然一开始的理解有时被后文的其他（如词汇、语义或句法）信息否定；以及（2）视觉 – 思维假定，当前注视的单词在眼睛移动到下一个单词之前就得到完全处理。因此，根据该模型的前提，影响眼动的因素是即时即处（也就是读者在某词上注视的时长反映且仅仅反映读者对当前词汇的处理情况）。问题是，各处文献对于直接控制模型定义中"即时"和"即处"这两个关键词的理解不同。例如，读者对某词的处理是否以读者第一次注视该词为起点还没有定论。我们早已经了解到（见 Rayner, 1978）早在某词进入读者副中央凹区视野时，对于该词的信息处理就已经开始。类似的，关于即处词语是仅仅指被注视词语还是也包括被注视词语的前后词（n+1 或 n-1 词），也没有统一论调。为了避免由"即时"和"即处"这两个词语的定义不明确产生的问题，莱因戈尔德等人（2012）将直接控制定义为：在结束对某词的注视前，该词的属性影响读者的扫视行为的情况为直接控制，无论对该词的处理是开始于注视该词之前（例如注视于 n-1 词时）还是注视该词之后。

早期的直接控制模型对于读者当前正在进行的词汇和语言处理程序如何控制阅读中的眼动做出了截然不同的假设（请参阅 Rayner, 1998，2009）。动眼模型（例如，McConkie, Kerr, Reddix, & Zola, 1988; McConkie, Kerr, Reddix, Zola, & Jacobs, 1989; O'Regan, 1990）假定非词汇、低水平的信息决定了阅读过程中眼睛的运动；相反，加工模型（例如，Henderson & Ferreira, 1990; Just & Carpenter, 1980; Morrison, 1984; Pollatsek & Rayner, 1990; Rayner & Pollatsek, 1981, 1989）主张词汇因素和有意识的加工对于控制阅读眼动有着重要作用。这场辩论的性质在最近几年变得更加复杂，因为一些混合控制模型将直接控制模型和间接控制模型结合在了一起。莱因戈尔德等人（2012）提出的眼动控制机制基于两个相关的维度：假定的眼动控制类型（是直接还是间接）以及控制信息的类型（词性还是非词汇）。莱因戈尔德等人进一步提出了两种不互斥的一般直接控制机制：（1）触发机制，文本得到顺利处理产生某些指标，触发结束注视的动作；（2）干扰机制，文本处理遇到困难时产生的某些指标，延迟结束注视的动作（见图 18.1）。

以前文提及的分类法来看，词汇加工进入特定阶段将引发扫视动作的假设（例如 Reichle, Pollatsek, Fisher, & Rayner, 1998）是基于词汇信息的直接眼动行为引发机制的一个例子；相反，词汇加工遇到困难将推迟扫视动作的假设（例如 Engbert, Nuthmann, Richter, & Kliegl, 2005）则是基于词汇信息的直接眼动行为干扰机制的一个例子。基于词汇信息的直接眼动行为影响机制的例子包括上述引发机制（例如 McDonald, Carpenter, & Shillcock, 2005）和干扰机制（例如 Reilly & Radach, 2006）。此外，基于词汇信息的非直接眼动行为影响机制包括认知缓冲假设（例如 Bouma & DeVoogd，1974）和眼动行为在启动时是匀速，其后为支持词汇处理而改变速度的假设，与此相对，认为扫视行为是随机开始的假设（例如 Engbert et al., 2005）则是与词汇信息无关的非直接控制机制的一个例子。 264

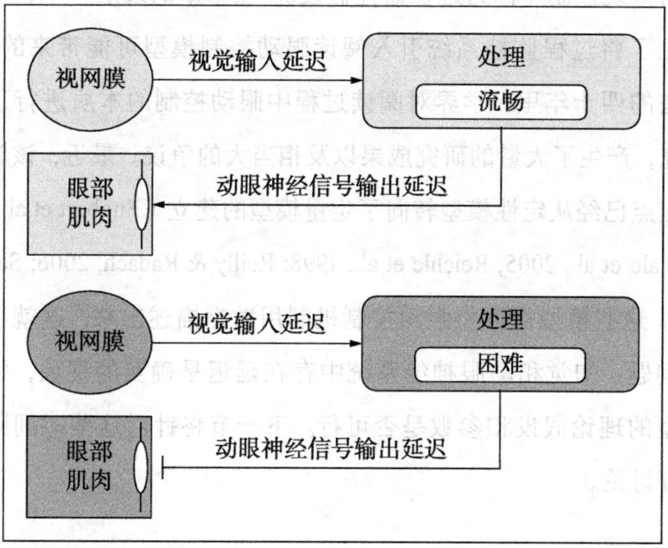

图 18.1　表示两种普遍的直接控制机制的示意图：1. 触发机制，被注视单词处理流畅触发扫视程序。2. 干扰机制，被注视单词处理困难抑制扫视程序。3. 在触发或干扰机制中，限制注视处理程度对指令的促进 / 干扰作用的因素有：最小视觉输入延迟、动眼神经信号输出和加工延迟。

需要强调的是，莱因戈尔德等人提出的分类维度（2012）是将眼动机制分门别类的基础，我们应该以莱因戈尔德提出的维度为分类标准，而不是将已分类的模型作为标准对新的模型进行比较归类，因为一个模型有可能包含多个机制。有趣的是，目前大多数眼动控制模型都倾向于触发或干扰机制中的一方，但不是两者兼而有之（见 Reingol et al., 2012）。现有模型的另一个奇怪的方面是，它们基本上忽略了（除 Ehrlich & R ayner, 1983; Kennedy, 1998; Kennedy, Pynte & Ducrot, 2002; Reingold et al., 2012; Risse & Kliegl, 2012）雷纳和麦康奇（1976）提出的一个问题：由这些不同过程的结果驱动的眼动控制模式与基于监控这些过程的系统的眼动控制模式之间的重要区别（后者被称为过程监控假说）。雷纳和麦康奇（1976）指出，眼动控制一方面可能是由各种指令的输出驱动，也可能是基于一个监控各种认知过程进展的系统控制（称为过程监控假设）。在本章的最后一节，我们简要讨论了将过程监控系统引入阅读眼动控制模型可能带来的好处。在过去的四十年里，学界对阅读过程中眼动控制的本质进行了深入的研究，产生了大量的研究成果以及相当大的争议。最近，该领域的理论焦点已经从定性模型转向了定量模型的建立（Engbert et al., 2005; McDonald et al., 2005; Reichle et al., 1998; Reilly & Radach, 2006; Salvucci, 2001）。这些模型需要将眼动控制机制用数据描述出来，这就引发了一个问题：知觉和动眼神经系统中存在延迟是确实的现象，那么引入模型的理论假设和参数是否可行。下一节将针对这些时间限制因素展开讨论。

265 阅读中的时间限制因素与直接控制模型

阅读中注视时长的直接控制模型必须遵循一些时间限制因素导

致的规律。如图 18.1 所示，无论是触发机制还是干扰机制，速度都是固定的。从第 n 字的性质得到处理到眼睛移动到下一个注视点之间的时长应该是以下时长的总和:（1）最小输入延迟，即某词的信息达到读者大脑皮层所需的时间;（2）处理延迟，即视觉、词汇等处理系统或过程监测系统所需的时间，过程监测系统的任务是确定词 n 的解读进展良好（处理流畅）还是进展停滞（处理困难）;（3）最小输出延迟，即将触发或抑制信号传送至最终响应的动眼神经系统和脑干电路所需的时间。在本节中，我们简要地总结从使用两种生理电测量方法的研究中了解到的关于直接眼动控制系统所受的时间限制的知识。这两种生理电测量方法是事件相关电位测量法（event-related potentials, ERPs）和脑磁造影技术（megnetoencephalography, MEG）。

雷赫尔和莱因戈尔德（2013）回顾了使用事件相关电位和脑磁造影方法进行的研究评估视觉信息从眼睛传播到大脑的最快时间（即视网膜－脑滞后）以及为了处理视觉信息和词汇信息产生的处理延迟。如前面所解释的，阅读过程中眼运控制的几种模型都假设眼睛和大脑之间存在着紧密联系，其中词汇的处理直接决定了眼动的时机。然而这一假设可能存在的问题是它没有考虑神经生理学上的限制，因为从第一次看见某词到完成一定量的词汇处理再到启动一次眼动行为之间需要一个时间量，这个问题其实只是前面讨论过的认知滞后假说的重申。雷赫尔和莱因戈尔德（2013）回顾的研究结果总结在 18.2 中。这些研究得出的估计值是保守的，因为它们参考的是第一项具有统计学意义的神经影像学研究结果，图 18.2 显示了每个估值的最小值、平均值和最大值。从这些数字可以看出，视网膜－脑平均延迟时间为 60 毫秒、平均视觉编码时间为 92 毫秒和词汇平均处理时间为 148 毫秒。

假设词汇处理时间约为 150 毫秒，那么 200 到 250 毫秒的平均注视时间减去词汇处理时间的剩余时间（即 50—100 毫秒）不足以应付眼睛从一处注视转到下一处注视所必需的所有操作。因为眼动实验（e. g., Becker & Jürgens, 1979; Rayner, Slowiaczek, Clifton, & Bertera, 1983）表明，眼动行为需要 120 至 200 毫秒才能启动。此外莱因戈尔德等人（2012）还发现词频效应（词汇加工的一个标志）的影响。目标词可以正常得到旁读加工（正常显示在副中央凹区视野内）时的情况比人为阻止该词得到旁读加工的情况，处理速度快 100 毫秒以上。雷赫尔和莱因戈尔德（2013）考虑了以上现象之后提出，词 n 的平均注视时间约为 250 毫秒，视觉处理时间和扫视指令编码所需要的时间已经占去了一大半，如果没有旁读加工（即注视词 n-1 时对词 n 进行的预处理），时间肯定不允许注视行为直接受词汇因素控制的模型的成立。

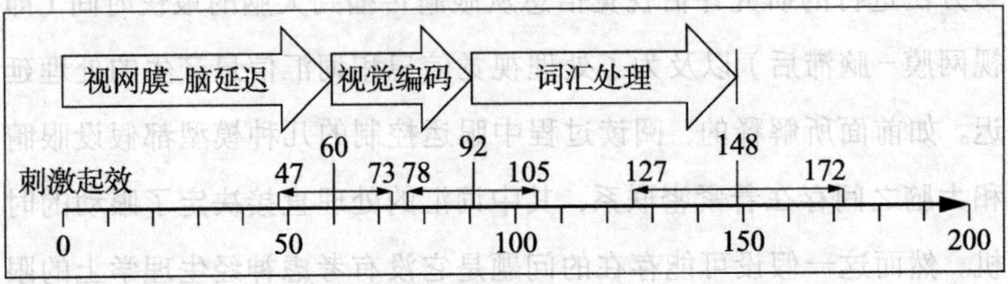

图 18.2 Reichle 和 Reingold(2013）对采用 ERP 和 MEG 方法的研究的审查，显示文本信息到皮质处理中心（视网膜 – 大脑延迟）、视觉编码和词汇处理各阶段时长。

266 前面从事件相关电位和脑磁造影研究中得出的数据对于直接控制触发模型具有更深的意义，其中最重要的意义是，这些数据强调了触发机制的基础是对词 n 进行浅显、局部和快速的处理，这个观点是学界的主流趋势。前文提到的贾斯特和卡彭特（1980）提出的读者模型假设了一个完全由词 n 的词汇信息触发眼动行为的机制。最近，提倡这种触发机制的学者们重新定义了引发眼动行为所需的词汇处理量。例如，在 EMMA 模型（Salvucci, 2001）中，将眼睛从单词 n 移到单词

n+1 的指令是由词 n 的编码（而非其后续程序）触发的。同样，E-Z 读者模型（Reichle et al., 1998；另见 Reichle & Sheridan，本书）假定词汇处理过程中一个较为浅显的阶段引发了眼动行为，这一较为浅显的阶段被部分学者界定为读者对词语的熟悉程度决定的快速认知阶段（Reichle & Perfetti, 2003）或正字法处理阶段（Reichle Tokowicz, Liu, & Perfetti, 2011）。无论是哪种界定方式，完成这一阶段都紧随着对单词 n 的意义的理解，因此读者可以运动眼睛开始对下文进行扫视，便将眼睛移动到单词 n+1（另请参见 Reingold & Rayner, 2006; Sheridan & Reingold, 2013)。根据假设，引发眼动行为所需的认知阀值在 SERIF 模型（McDonald et al.，2005）和 Glencore 模型（Reel & Radach，2006）中进一步降低，这些模型认为眼睛的移动发生在读者读取了词汇的视觉信息之后，甚至不需要等到对信息进行处理。

最后一个很重要的研究点是抑制型直接控制模型受到的时间制约因素。虽然文献中有一些模型属于抑制型直接控制模型（例如 Engbert et al., 2005; Nuthmann & Henderson, 2012; Reingold et al., 2012; Yang & McConkie, 2001），但其中最完整地体现了这种机制的是 SWIFT 模型（例如，Engbert et al., 2005）。根据这个模型，扫视过程注视点的跳跃节奏是无规律的，由读者自己控制的（这可以算得上非直接控制机制的一个例子），与某种认知过程的完成无关。当读者的词汇加工遇到困难时读者可以自主地改变跳跃节奏，从而抑制扫视动作的推进，模型在此处假设，通过抑制扫视动作的推进，注视时间将被延长，从而为词汇的处理留出更多的时间。为了避免不必要的阅读中断，监测系统作出阅读遇到困难的判断的阀值和反应时间可能需要比作出阅读进展顺利的判断的阀值和反应时间。然而，使用视觉干扰范式（例如 Reingold & stanpe，1999，2000，2002，2003，2004）的阅读实验表明，一旦读者的阅读监测系统判断阅读已经遇到困难。通过直接控制抑制扫视产生的延迟至少应该在20到30毫秒左右（见 Reingold & Stanpe，2000，2002，行为学和神经生理学研究中出现的扫视抑制证据）。此外，诸如SWIFT一类模型，由于其假定多个词得到读者的同时处理（读者会在注视单词n-1和n-2的时候对词n进行处理），这些模型中的时间限制因素也更加宽松。

直接控制机制的实证案例

人们普遍认为，阅读过程中的注视时长受词汇因素和非词汇因素的影响。只有对读者在单词n上所用的第一次注视时长进行分析，才能够直观地对直接控制注视时长的因素进行研究（见 Reingold, Yang，& Rayner，2010），这是因为对单词的再次注视（无论是目光一离开该词就马上进行回读还是过了一段时间之后进行回读）可能有许多其他原因，例如为了对先前的中央凹分析进行修正。对第一次注视时长产生影响的非词汇性因素包括字长（Just & Carpenter, 1980; Rayner, Sereno, & Raney, 1996）和初始注视位置（Kliegl, Nuthmann, & Engbert, 2006; McDonald et al., 2005; Nuthmann, Engbert, & Kliegl, 2005, 2007; Vitu et al., 2001, 2007）；对第一次注视时长产生影响的词汇性因素包括词频（Inhoff & Rayner, 1986; Rayner & Duffy, 1986; Reingold et al.,
267 2012; see White, 2008）、词间联系或后词的可预测性（Ehrlich & Rayner, 1981; Rayner, Ashby, Pollatsek, & Reichle, 2004; Rayner & Well, 1996; Sheridan & Reingold, 2012a）、词汇歧义（Duffy, Morris, & Rayner, 1988; Rayner & Duffy, 1986; Sheridan & Reingold, 2012b; Sheridan, Reingold, & Daneman, 2009; Duffy, Kambe, & Rayner, 2001）和受试者年龄（Juhasz & Rayner, 2006）。然而，仅是定性地找出一个能够影响平均第一次注视时长的变量并不能很好地演示直接控制机制，因为一个变量之所以

对平均第一次注视时长产生影响可能是由于该变量在某个情况下对注视时长产生了较大影响，但是这种影响不适用于普遍情况。

研究某变量对第一次注视时长影响的分布情况在本质上比研究该变量对平均时长产生的影响更为合适。相应地，在这一节内容中，我们主要回顾最近采用分布分析方法以研究直接控制机制的实验。具体来说，我们总结了由斯陶布等人（Staub，White，Drieghe，Hollway & Rayner，2010）进行的指数高斯拟合和莱因戈尔德等人（2012）进行的生存分析，这些研究的结果与早先进行的文本起始延迟范式研究（Dambacher, Slattery, Yang, Kliegl, & Rayner, 2013; Hohenstein, Laubrock, & Kliegl, 2010; Inhoff, Eiter, & Radach, 2005; Luke et al., 2013; Morrison, 1984; Nuthmann & Henderson, 2012; Rayner & Pollatsek, 1981）和文本消失范式研究（Blythe, Liversedge, Joseph, White, & Rayner, 2009; Ishida & Ikeda, 1989; Liversedge et al., 2004; Rayner, Inhoff, Morrison, Slowiaczek, & Bertera, 1981; Rayner, Liversedge, & White, 2006; Rayner, Liversedge, White, & Vergilino-Perez, 2003; Rayner, Yang, Castelhano, & Liversedge, 2011）的结论是一致的。

直接控制机制与分布分析研究的实证

最近，指数高斯拟合（Staub et al.,2010）和生存分析技术（Reingold et al., 2012）的结果为研究影响读者注视时长的词汇和非词汇因素提供了有价值的证据。注视时长的经验分布函数曲线的特征类似于高斯正态分布，但曲线的右半部分略有倾斜。因此，作为高斯正态分布和指数分布的卷积的指数高斯分布似乎是给注视时长的经验分布建模的理想选项。先前建立指数高斯分布是为了模拟反应时间的分布（见 Balota & Yap, 2011），而斯陶布等人（2010）首先证明了指数高斯函数有巨大的潜力，可以为阅读过程中的注视时长建模，参数设定为：μ（与高斯分布的平均值相对应），σ（与高斯分布的标准偏差对应），和 τ（表示斜率的指数分量）。指数高斯分布 μ 参数和 τ 参数之和等于实际观察到的注视时长分布平均值，并且，比较最佳 μ 值和 τ 参数可以揭示变量对平均经验注视时间的影响是否是由于分布位置的整体变化和/或倾斜程度的变化所致。移位效应（也就是说不同条件下 μ 值的差异）表明变量在早期对大多数注视时长具有影响，而偏斜效应（也就是说不同条件下 τ 值的差异）表明这一变量主要影响长时间的注视。

根据这一逻辑，斯陶布等人（2010）分别用指数高斯分布函数拟合低频词和高频词的第一次注视时长分布。结果显示低频词的分布函数比高频词的分布函数偏右，而且低频词分布函数的正偏斜大于高频词。词频能够改变分布的发现表明词性变量对较长和较短的注视行为都有影响（Rayner, 1995）；这印证了词汇因素直接控制假说。然而，低频词分布曲线更明显的正偏斜也较长的注视行为受到词频影响的程度是不一样的。莱因戈尔德（2012）介绍了另一种检查注视时长分布的方法。该方法的目的是精确地估计一个变量对注视时长
268 第一时间产生的影响，莱因戈尔德等人（2012）使用一种新的生存分析技术探索了词汇变量（词频：高频与低频）和非词汇变量（初始注视位置：词中心与词边缘）对第一次注视时长的影响如何发生。在此过程中，给定一个时长 t，大于 t 的第一次注视时长出现比例作为时间 t 存活率。因此，当 t 等于零时，存活率为 100%，但随着 t 的增加而下降。对于每个变量和条件，莱因戈尔德等人（2012）计算的生存曲线 s 和计算置信区间的方法（Efron & Tibshirani, 1994），用于检验高频词－低频词以及注视位置偏中央－偏外部的生存曲线的最早点。莱因戈尔德等人（2012）认为这些数据体现了单词频率和初始注视位置对第一次注视持续时间的最早影响，检验词性因素和非词性因素控

制机制的可行性。

此外，为了测试平行加工在直接控制第一注视时间方面的作用，莱因戈尔德等人（2012）采用连续注视边界范式（Rayner，1975）来对比无效和有效的预览。如图 18. 3 所示，无效预览是一串无序字母作为预览占据目标单词的位置，当读者的注视点穿越位于该单词左侧的不可见边界时，预览被替换为目标单词；对照组中预览始终就是目标词，代表正常阅读情况。最后，为了检验和发展斯陶布等人（2010）报告的研究结果，莱因戈尔德等人（2012）除了使用生存分析，还采用了指数高斯拟合法，考察了正常预览和替换预览条件下词频和初始注视位置对注视时长的影响。

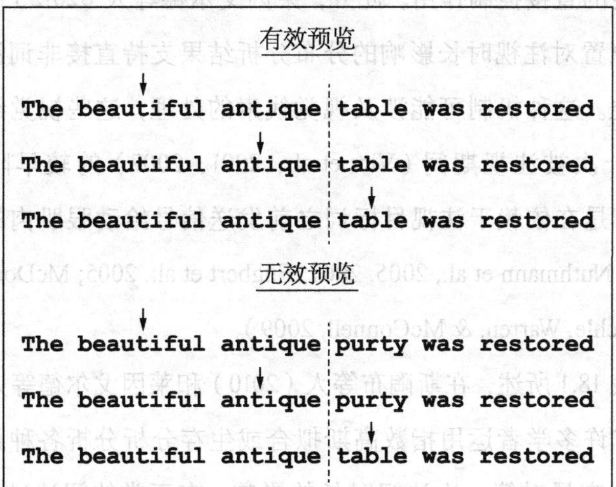
有效预览
The beautiful antique table was restored
The beautiful antique table was restored
The beautiful antique table was restored
无效预览
The beautiful antique purty was restored
The beautiful antique purty was restored
The beautiful antique table was restored

图 18. 3　是莱因戈尔德等人使用的有效和无效预览条件的图示（2012）。在每个条件中都显示了三个连续的定位符（每个句子上方的箭头）表示注视的位置。在无效的预览试验中，一个不相关的字母字符串（例如，purty）占据了目标单词（例如，表）的位置。视线越过可视边界（由虚线表示）时目标字代替不相关的字母串。相反，在表示正常阅读的有效预览条件下，目标词全程可见了。

图 18.4 展示莱因戈尔德等人（2012）报告的一些主要研究结果。如在正常阅读条件下（即如图中前两个例子所示的句子），词频和初

始注视位置对第一次注视时间（离散点145毫秒）产生的影响速度相同。相反，阻止目标词的副中央凹处理（即底部两个句子中显示的无效预览）对词频率效应（离散点256毫秒）的起始时间有显著影响，但不影响初始注视位置效应的时间（离散点142毫秒）。同样，指数高斯分析的结果表明预览有效性对词频率有很强的影响。在有效预览条件下，低频分布呈现右移（即 μ 效应）和较大的歪斜（即 τ 效应），而在无效预览条件下，仅获得 τ 效应。此外，初始注视位置的模式不同，在有效和无效的预览条件下都有一个 μ 效应，但不是 τ 效应。莱因戈尔德等人（2012）认为，综上所述，对知觉和动眼神经系统中的神经延迟进行了严格的控制之后，副中央凹加工对注视时长有明显的直接控制作用。此外，莱因戈尔德等人（2012）认为，初始注视位置对注视时长影响的分布分析结果支持直接非词汇控制机制的成立。这种机制可能涉及视觉线索的处理，这些视觉线索是在单词第一次被注视期间（Vitu et al.，2001，2007）的较早阶段提取的，或者是在依赖于注视目标词之前发送信号给动眼肌肉的内部监
269 测系统（Nuthmann et al., 2005, 2007; Engbert et al., 2005; McDonald et al., 2005; Reichle, Warren, & McConnell, 2009）。

如表18.1所述，在斯陶布等人（2010）和莱因戈尔德等人（2012）之后，有许多学者运用指数高斯拟合或生存分析分析各种词汇变量和非词汇变量对第一次注视时长的影响。在正常的阅读过程中，所有被研究过的变量都对第一次注视持续时间有快速影响，因为表中所有情况中都出现 μ 变量移位效应；通过生存分析结果表明这些影响的起效时间在注视后112毫秒到146毫秒之间。综合而言，指数高斯拟合或生存分析结果为直接控制提供了强有力的支持，证明了各种变量可以对长时间和短时间的注视都产生快速的影响。

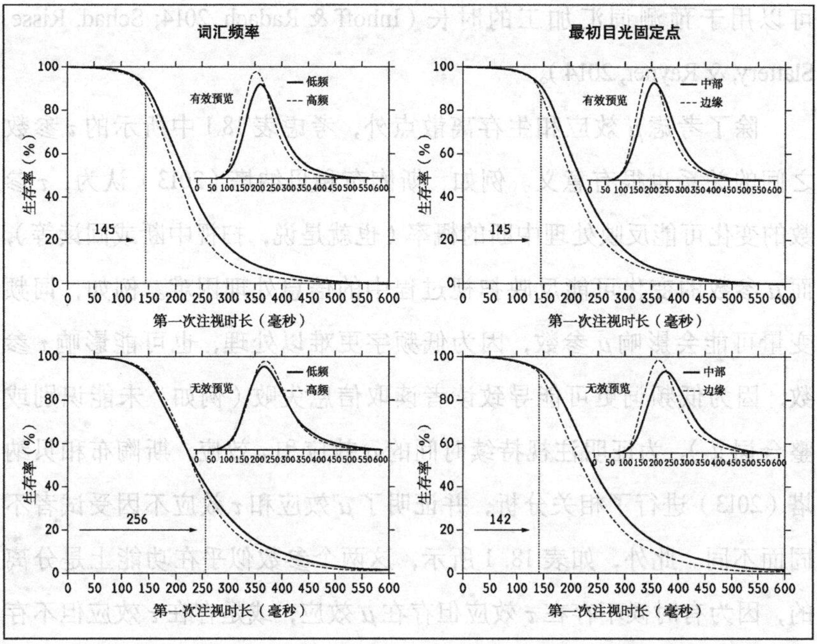

图 18.4　莱因戈尔德等人报告的结果（2012）如上图显示有效预览（顶部图）和无效预览（底部图）、字频（左部图）或初始注视位置（右部图）的注视时长和生存率的函数，散度点用垂直虚线标记，并显示指数高斯分析情况。

生存分析技术也可以用来比较不同阅读条件下各种变量的时间历程。如前所述，莱因戈尔德等人（2012）的研究结果表明，当读者无法进行副中央凹区预览时，词频效应显著延迟。同样，谢里丹、雷纳和莱因戈尔德（2013）的研究检验了去掉词间空格会导致词汇读取速度减缓的假设（Rayner, Fischer, & Pollatsek, 1998）。为了做到这一点，谢里丹等人进行了一项实验，分别将高频和低频的单词嵌入正常的英语文本中和词间空格被随机数字替换的文本中。谢里丹等人显示词频离散点延迟（23—40 毫秒）。在使用符号替代空格的文本的研究中，谢里丹等人发现词频效应的起效时间延迟（约为 23—40 毫秒）。综上所述，这些研究结果表明，词汇处理能够快速进行，得益于副中央凹区视野预览以及词间空格，这些发现还证明了生存分析技术可以用于预测词汇加工的时长（Inhoff & Radach, 2014; Schad, Risse, Slattery, & Rayner, 2014）。

除了考虑μ效应和生存离散点外，考虑表 18.1 中所示的τ参数之间的关系也很有意义。例如，斯陶布和贝纳塔（2013）认为，τ参数的变化可能反映处理中断的概率（也就是说，扫视中断或回读等），而μ参数的变化可能反映扫视过程中的信息处理困难。例如，词频变量可能会影响μ参数，因为低频字更难以处理，也可能影响τ参数，因为低频词更可能导致读者读取信息失败（例如，未能识别或整合词义）。为证明注视持续时间的μ效应和τ效应，斯陶布和贝纳塔（2013）进行了相关分析，并证明了μ效应和τ效应不因受试者不同而不同。此外，如表 18. 1 所示，这两个参数似乎在功能上是分离的，因为有时候不存在τ效应但存在μ效应，或是存在τ效应但不存在μ效应。尽管无效预览条件下词频导致τ效应，但不导致μ效应（Reingold et al.，2012），但在无效预览条件下，其他各种变量都导致μ效应，但不导致τ效应（Reingold et al.，2012）。

270

变量	参考文献	注视时长	Mu (μ)	Sigma (σ)	Tau (τ)	离散度
词频（高－低）	Staub et al. (2010) Exp.1	25***	16***	$8^{\dagger}$	$10^{\dagger}$	—
	Staub et al. (2010) Exp.2	27***	13*	4	15*	—
	Reingold et al. (2012) Valid Preview	20***	9**	2	11**	145 (9%)
	Reingold et al. (2012) Invalid Preview	9**	−8	−2	16***	256 (60%)
	Sheridan et al. (2013) Exp.1A, Unsegmented	20***	7**	3	13***	112 (5%)
	Sheridan et al. (2013) Exp.1a, Unsegmented	20***	7*	4*	13***	152 (9%)
	Sheridan et al. (2013) Exp.1B, Normal	19***	9**	4	9**	146 (10%)
	Sheridan et al. (2013) Exp.1B, Unsegmented	20***	7*	6**	12***	169 (15%)

续表

变量	参考文献	注视时长	Mu (μ)	Sigma (σ)	Tau (τ)	离散度
可预测性（高－低）	Staub (2011)	16***	14***	5	3	—
	Sheridan & Reingold (2012a)	8**	8*	−1	1	140 (10%)
词意明确程度（高－低语境）	Sheridan & Reingold (2012b)	12***	8**	0	5	139 (8%)
预览（有效－无效）	Reingold et al. (2012) High Frequency	37***	24***	6*	13*	133 (5%)
	Reingold et al. (2012) Low Frequency	25***	10*	3	14**	172 (20%)
最初目光固定位置（词中心－词边缘）	Reingold et al. (2012) High Frequency	19***	14***	5*	3	141 (8%)
	Reingold et al. (2012) Low Frequency	26***	21***	12***	4	144 (8%)
	Reingold et al. (2012) Valid Preview	14***	11***	6**	2	145 (10%)
	Reingold et al. (2012) Invalid Preview	25***	20***	8*	2	142 (6%)
刺激物特征（特殊－正常）	White & Staub (2012)	20***	19***	4	1	—
	White & Staub (2012)	52***	47***	24***	3	—
	Glaholt et al. (2014)	50***	32***	17***	18**	141 (10%)

备注：表格中的常数取值为：† p < . 1, * p < . 05, ** p < . 01, *** p < . 001.
所有的离散度都有意义（p < . 001），注视时长短于离散值的注视次数的比例在离散值后用括号标出。详情可见原始研究。

因此，总而言之，表 18. 1 列出了许多不同的指数高斯分析结果， 271
包括 μ 效应和 τ 效应同时存在的情况、存在 μ 效应但不存在 τ 效应的情况以及不存在 μ 效应但存在 τ 效应的情况。正如斯陶布和贝纳塔所讨论的（2013），关于 τ 参数和 μ 参数反映不同的信息处理过程的争议一直存在（关于这个问题的进一步讨论见 Matzke & Wagenmakers，2009），需要今后进行深入研究，进一步探讨该问题。然而，使用该研究方法得到的证据与快速生存差异研究的证据相结合，支持词性因素和非词性因素对眼动的直接控制，因为研究中多个重要的阅读相关变量对注视时长都会产生快速影响。

直接控制和文本起效延迟范式与文本消失范式

采用分布分析方法的研究结果与先前所得支持词性因素和非词性因素直接控制的研究证据一致，先前研究使用了文本起效延迟范式（Dambacher et al., 2013; Hohenstein et al., 2010; Inhoff et al., 2005; Luke et al., 2013; Morrison, 1984; Nuthmann & Henderson, 2012; Rayner & Pollatsek, 1981）与文本消失范式（Blythe et al., 2009; Ishida & Ikeda, 1989; Liversedge et al., 2004; Rayner et al., 1981; Rayner et al., 2006; Rayner et al., 2003; Rayner et al., 2011）。本节简要叙述使用这两种技术的研究得到的结果。

人们通常认为，文本起效延迟范式提供了最直接的方法，证明读者注视过程中提取的信息对注视时长产生影响（即对注视时长产生直接控制）。如图 18.5 所示，此范例的做法是，每次注视开始时的一段时间内屏蔽文本的一部分文字，实际操作过程中是用一块不可见的区域覆盖这部分文字，一段时间后去掉这个不可见区域使文字慢慢可见，实验中研究人员将这段时间设定为 0—350 毫秒。那么，如果直接控制模型符合现实，那么我们可以预测注视结束的时间应该被推迟，并且推迟的时长应该与不可见区域覆盖持续时长成正比。相反，间接控制模型假定被注视词汇的性质对注视时长没有影响，那么实验中起效延迟对注视时长应该没有影响。最初由雷纳和波拉塞克（1981）以及莫里森（1984）报告的关键结果为眼动直接和间接混合控制模型提供了支持证据。大部分注视时长都受到起效延迟的正比影响，这一结果证实了直接控制机制的存在，然而，实验结果也显示有相当一部分注视动作的时长短于延迟（尤其是较长时间的延迟）。这部分注视动作通常在屏蔽区域被移除之前结束，这可能反映了间接控制机制和/或先前的旁读加工对动眼指令编码的影响（Dambacher et al., 2013; Hohenstein et al., 2010; Inhoff et al., 2005，使用文本起效延迟范式调查副中央凹区视野信息处理地位的研究）。解释研究结果的一个潜在的复杂因素是使用文本起始延迟范例导致的扫视抑制有可能是因为文本在视觉上的变化导致的（例如，Regingold & Stampe，1999，2000，2002，2003，2004）。尽管扫视抑制明显会延长注视持续时间，但研究观察到的结果不能完全使用扫视受到抑制来解释（Luke, Nuthmann, & Henderson, 2013; Nuthmann & Henderson, 2012; Slattery, Angele, & Rayner, 2011），因此我们只能说使用文本开始延迟范式的研究结果支持阅读注视时间的直接控制模型。 272

消失文本范式（见图 18.5 中的一个例子）本质上是文本起效范式的反义词，因为文本在读者注视后的一段时间后被移除或遮蔽（Blythe et al., 2009; Ishida & Ikeda, 1989; Liversedge et al., 2004; Rayner et al., 1981; Rayner et al., 2006; Rayner et al., 2003; Rayner et al., 2011）。研究发现，只要文本在注视过程中的前 50 毫秒到 60 毫秒是可见的，阅读进程相对不受影响，另一个重要规律是，单词的注视持续时间受到单词的频率的影响极大，这表明词性因素直接影响注视持续时间。雷纳等人（2006）进一步研究证明了副中央凹区信息处理的重要性，证明同时去除注视词（n 词）和注视右边的词（n+1 词）会阻碍阅读。

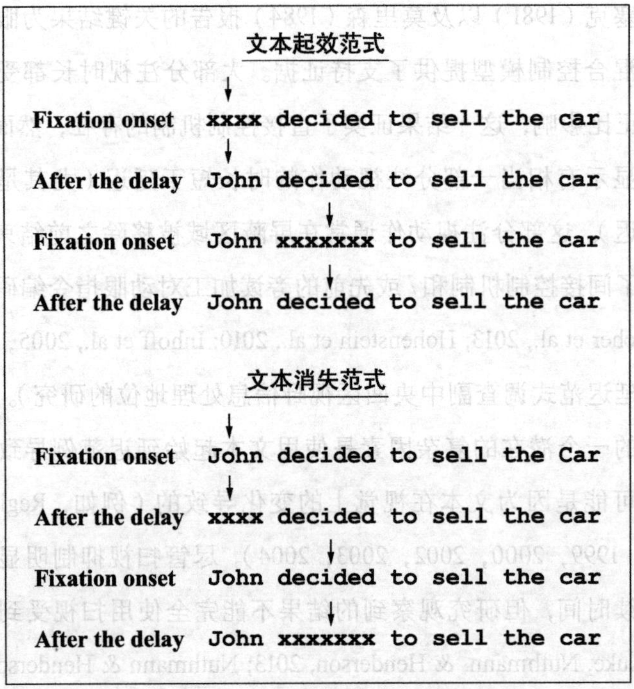
文本起效范式
Fixation onset xxxx decided to sell the car
After the delay John decided to sell the car
Fixation onset John xxxxxxx to sell the car
After the delay John decided to sell the car
文本消失范式
Fixation onset John decided to sell the Car
After the delay xxxx decided to sell the car
Fixation onset John decided to sell the car
After the delay John xxxxxxx to sell the car

图 18.5　文本起始延迟范式和消失文本范式的图示。每个句子上方的箭头表示注视的位置。在这两种范式中文本都会变化，在文本起效延迟范式中，在注视后一段时间内目标词逐渐显现，在文本消失范式中，在注视后一段时间内目标词逐渐消失。

结论与未来方向

本章尝试简要叙述一个世纪以来在针对阅读注视时长应使用直接控制模型还是间接控制模型来描述的论战。我们强烈认为目前已经到了可以通过计算模型和诸多研究经验在这个问题上达成共识的时刻。具体地说，直接词性因素和非词性因素影响读者注视时
273 间的决定性研究证据以及相关文献越来越多，所以现在的问题已经不再是词性因素和非词性因素对阅读扫视是否存在直接影响这样的定性问题，而是存在怎样的影响，影响的量有多大这样的定量问题。

人们普遍开始怀疑词汇和语言处理速度太慢而无法对注视时间产生实时影响的说法（即认知滞后假设）。具体而言，只要考虑到副中央凹区词汇处理的存在，神经延迟带来的时间限制因素就不再与直接词法控制阅读注视时间的假设相矛盾。根据我们的回顾，我们认为将眼动控制机制纳入当前的模型可能有些过于简单化。被注视词的处理情况可能会对控制继续扫视的肌肉产生促进作用和抑制作用。此外，模型可能需要包括词汇和非词汇直接控制机制（可能结合直接控制的触发和干扰两个版本），以及各种间接控制影响机制。事实上，眼动控制模型需要一种以上的机制才能解释一个单词的处理过程如何影响读者花在看这个单词上的时间，这表明“眼心联系”这个词可能是一个严重的误称，不能完全表现读者的扫视模式，因为扫视过程受到多种认知系统的相互作用的影响。

采用这种更为复杂的观点来看待大脑如何与眼睛交互的直接好处是以此建立的模型可以通过对各种组成机制的深入研究来进行改进。现有的模型可能只是该模型的一小部分，探索现有模型未能涉及的部分也许能够帮助我们更好地认识从前忽视的内容。特别是，正如我们早些时候所说的，我们认为四十年前雷纳和麦康奇提出的过程监控机制值得更多研究关注。考虑该模型可能非常复杂，所以我们大可以假设眼动控制过程中存在多重机制，影响注视时间的机制可能覆盖低于词汇的因素、词性因素和高于词汇的因素，阅读全程的流畅性也可能受到读者监控并影响扫视模式。我们还可以使用过程监控模型作为模板解释其他对动眼神经系统产生影响的因素。很明显，为了加深对阅读中眼动控制机制的理解，学界还需要进行进一步的探索。

致谢

本章的撰写得到了加拿大自然科学和工程研究会（NSERC）对埃亚尔·莱因戈尔德的赠款，这是授予希瑟·谢里丹的博士后研究金。同时感谢南安普敦大学视觉和认知中心的支持。

参考文献

Balota, D. A., & Yap, M. J. (2011). Moving beyond the mean in studies of mental chronometry: The power of response time distributional analyses. *Current Directions in Psychological Science, 20*, 160–166.

Becker, W., & Jürgens, R. (1979). An analysis of the saccadic system by means of double step stimuli. *Vision Research, 19*, 967–983.

Blythe, H. I., Liversedge, S. P., Joseph, H. S. S. L., White, S. J., & Rayner, K. (2009). Visual information capture during fixations in reading for children and adults. *Vision Research, 49*, 1583–1591.

Bouma, H., & DeVoogd, A. H. (1974). On the control of eye saccades in reading. *Vision Research, 14*, 273–284.

Buswell, G. T. (1922). Fundamental reading habits: A study of their development. Chicago, IL: University of Chicago Press.

Dambacher, M., Slattery, T. J., Yang, J., Kliegl, R., & Rayner, K. (2013). Evidence for direct control of eye movements during reading. *Journal of Experimental Psychology: Human Perception and Performance, 39*, 1468–1484.

Duffy, S. A., Kambe, G., & Rayner, K. (2001). The effect of prior disambiguating context on the comprehension of ambiguous words: Evidence from eye movements. In D. Gorfein (Ed.), *On the consequences of meaning selection: Perspectives on resolving lexical ambiguity* (pp. 27–43). Washington, DC: American Psychological Association.

Duffy, S. A., Morris, R. K., & Rayner, K. (1988). Lexical ambiguity and fixation times in reading. *Journal of Memory and Language, 27*, 429–446.

Efron, B., & Tibshirani, R. J. (1994). An introduction to the bootstrap. Boca Raton, FL: Chapman & Hall. Ehrlich, S. E, & Rayner, K. (1981). Contextual effects on word perception and eye movements during reading. *Journal of Verbal Learning and Verbal Behavior, 20,* 641–655.

Ehrlich, K. & Rayner, K. (1983). Pronoun assignment and semantic integration during reading: Eye movements and immediacy of processing. *Journal of Verbal Learning and Verbal Behavior, 22,* 75–87.

Engbert, R., Nuthmann, A., Richter, E. M., & Kliegl, R. (2005). SWIFT: A dynamical model of saccade generation during reading. *Psychological Review, 112,* 777–813.

Glaholt, M. G., Rayner, K., & Reingold, E. M. (2014). A rapid effect of stimulus quality on the durations of individual fixations during reading. *Visual Cognition, 22,* 377–389.

Henderson, J. M., & Ferreira, F. (1990). Effects of foveal processing difficulty on the perceptual span in reading: Implications for attention and eye movement control. *Journal of Experimental Psychology: Learning, Memory, and Cognition, 16,* 417–429.

Hohenstein, S., Laubrock, J., & Kliegl, R. (2010). Semantic preview benefit in eye movements during reading: A parafoveal fast-priming study. *Journal of Experimental Psychology: Learning, Memory, and Cognition, 36,* 1150–1170.

Huey, E. B. (1968). *The psychology and pedagogy of reading*. Cambridge, MA: MIT Press (Original work published 1908).

Inhoff, A. W., Eiter, B. M., & Radach, R. (2005). Time course of linguistic information extraction from consecutive words during eye fixations in reading. *Journal of Experimental Psychology: Human Perception and Performance, 31,* 979–995.

Inhoff, A. W., & Radach, R. (2014). Parafoveal preview benefits during silent and oral reading: Testing the parafoveal information extraction hypothesis. *Visual Cognition, 22,* 354–376.

Inhoff, A. W., & Rayner, K. (1986). Parafoveal word processing during eye fixations in reading: Effects of word frequency. *Perception & Psychophysics, 40,* 431–439.

Ishida, T., & Ikeda, M. (1989). Temporal properties of information extraction during reading studied by a text-mask replacement technique. *Journal of Optical Society A: Optics and Image Science, 6,* 1624–1632.

Juhasz, B. J., & Rayner, K. (2006). The role of age of acquisition and word frequency in reading: Evidence from eye fixation durations. *Visual Cognition, 13,* 846–863.

Just, M. A., & Carpenter, P. A. (1980). A theory of reading: From eye fixations to comprehension. *Psychological Review, 87,* 329–354.

Kennedy, A. (1998). The influence of parafoveal words on foveal inspection time: Evidence for a processing trade-off. In G. Underwood (Ed.), *Eye guidance in reading and scene perception* (pp. 149–179). Oxford, England: Elsevier.

Kennedy, A., Pynte, J., & Ducrot, S. (2002). Parafoveal-onfoveal interactions in word recognition. *Quarterly Journal of Experimental Psychology, 55A,* 1307–1337.

Kliegl, R., Nuthmann, A., & Engbert, R. (2006). Tracking the mind during reading: The influence of past, present, and future words on fixation durations. *Journal of Experimental Psychology: General, 135,* 12–35.

Kolers, P. A. (1976). Buswell's discoveries. In R. A. Monty & J. W. Senders (Eds.), *Eye movements and psychological processes* (pp. 373–395). Hillsdale, NJ: Erlbaum.

Liversedge, S. P., Rayner, K., White, S. J., Vergilino-Perez, D., Findlay, J. M., & Kentridge, R. W. (2004). Eye movements when reading disappearing text: Is there a gap effect in reading? *Vision Research, 44,* 1013–1024.

Luke, S. G., Nuthmann, A., & Henderson, J. M. (2013). Eye movement control in scene viewing and reading: Evidence from the stimulus onset delay paradigm. *Journal of Experimental Psychology: Human Perception and Performance, 39,* 10–15.

Matzke, D., & Wagenmakers, E.-J. (2009). Psychological interpretation of the ex-Gaussian and shifted Wald parameters: A diffusion model analysis. *Psychonomic Bulletin & Review, 16,* 798–817.

McConkie, G. W, Kerr, P. W., Reddix, M. D., & Zola, D. (1988). Eye movement control during reading: I. The location of initial eye fixations in words. *Vision Research, 28,* 1107–1118.

McConkie, G. W., Kerr, P. W., Reddix, M. D., Zola, D., & Jacobs, A. M. (1989). Eye movement control during reading: II. Frequency of refixating a word. *Perception & Psychophysics, 46,* 245–253.

McDonald, S. A., Carpenter, R. H. S., & Shillcock, R. C. (2005). An anatomically-constrained, stochastic model of eye movement control in reading. *Psychological Review, 112,* 814–840.

Morrison, R. E. (1984). Manipulation of stimulus onset delay in reading: Evidence for parallel programming of saccades. *Journal of Experimental Psychology: Human Perception and Performance, 10,* 667–682.

Nuthmann, A., Engbert, R., & Kliegl, R. (2005). Mislocated fixations during reading and the inverted optimal viewing position effect. *Vision Research, 45,* 2201–2217.

Nuthmann, A., Engbert, R., & Kliegl, R. (2007). The IOVP effect in mindless reading: Experiment and modelling. *Vision Research, 47,* 990–1002.

Nuthmann, A., & Henderson, J. M. (2012). Using CRISP to model global characteristics of fixation durations in scene viewing and reading with a common mechanism. *Visual Cognition, 20,* 457–494.

O'Regan, J. K. (1990). Eye movements and reading. In E. Kowler (Ed.), *Eye movements and their role in visual and cognitive processes* (pp. 395–453). Amsterdam, the Netherlands: Elsevier.

Pollatsek, A., & Rayner, K. (1990). Eye movements and lexical access in reading. In D. A. Balota, G. B. Flores d'Arcais, & K. Rayner (Eds.), *Comprehension processes in reading* (pp. 143–164). Hillsdale, NJ: Erlbaum.

Rayner, K. (1975). The perceptual span and peripheral cues in reading. *Cognitive Psychology, 7,* 65–81.

Rayner, K. (1978). Eye movements in reading and information processing. *Psychological Bulletin, 85,* 618–660.

Rayner, K. (1995). Eye movements and cognitive processes in reading, visual search, and scene perception. In J. M. Findlay, R. Walker, & R. W. Kentridge (Eds.), *Eye movement research: Mechanisms, processes and applications* (pp. 3–22). Amsterdam, the Netherlands: North Holland.

Rayner, K. (1998). Eye movements in reading and information processing: 20 years of research. *Psychological Bulletin, 124,* 372–422.

Rayner, K. (2009). The Thirty-Fifth Sir Frederick Bartlett lecture: Eye movements and attention in reading, scene perception, and visual search. *Quarterly Journal of Experimental Psychology, 62,* 1457–1506.

Rayner, K., Ashby, J., Pollatsek, A., & Reichle, E. D. (2004). The effects of frequency and predictability on eye fixations in reading: Implications for the E-Z Reader model. *Journal of Experimental Psychology: Human Perception and Performance, 30,* 720–732.

Rayner, K., & Duffy, S. A. (1986). Lexical complexity and fixation times in reading: Effects of word frequency, verb complexity, and lexical ambiguity. *Memory & Cognition, 14,* 191–201.

Rayner, K., Fischer, M. H., & Pollatsek, A. (1998). Unspaced text interferes with both word identification and eye movement control. *Vision Research, 38,* 1129–1144.

Rayner, K., Inhoff, A. W., Morrison, R. E., Slowiaczek, M. L., & Bertera, J. H. (1981). Masking of foveal and parafoveal vision during eye fixations in reading. *Journal of Experimental Psychology: Human Perception and Performance, 7,* 167–179.

Rayner, K., Liversedge, S. P., & White, S. J. (2006). Eye movements when reading disappearing text: The importance of the word to the right of fixation. *Vision Research, 46,* 310–323.

Rayner, K., Liversedge, S. P., White, S. J., & Vergilino-Perez, D. (2003). Reading disappearing text: Cognitive control of eye movements. *Psychological Science, 14,* 385–389.

Rayner, K., & McConkie, G. W. (1976). What guides a reader's eye movements? *Vision Research, 16,* 829–837.

Rayner, K., & Pollatsek, A. (1981). Eye movement control during reading: Evidence for direct control. *Quarterly Journal of Experimental Psychology, 33A,* 351–373.

Rayner, K., & Pollatsek, A. (1989). *The psychology of reading.* Englewood Cliffs, NJ: Prentice Hall.

Rayner, K., Sereno, S. C., & Raney, G. E. (1996). Eye movement control in reading: A comparison of two types of models. *Journal of Experimental Psychology: Human Perception and Performance, 22,* 1188–1200.

Rayner, K., Slowiaczek, M. L., Clifton, C., & Bertera, J. H. (1983). Latency of sequential eye movements: Implications for reading. *Journal of Experimental Psychology: Human Perception and Performance, 9,* 912–922.

Rayner, K., & Well, A. D. (1996). Effects of contextual constraint on eye movements in reading: A further examination. *Psychonomic Bulletin & Review, 3,* 504–509.

Rayner, K., Yang, J., Castelhano, M. S., & Liversedge, S. P. (2011). Eye movements of older and younger readers when reading disappearing text. *Psychology and Aging, 26,* 214–223.

Reichle, E. D., & Perfetti, C. A. (2003). Morphology in word identification: A word experience model that accounts for morpheme frequency effects. *Scientific Studies of Reading, 7,* 219–237.

Reichle, E. D., Pollatsek, A., Fisher, D. L., & Rayner, K. (1998). Toward a model of eye movement control in reading. *Psychological Review, 105,* 125–157.

Reichle, E. D., Reineberg, A. E., & Schooler, J. W. (2010). Eye movements during mindless reading. *Psychological Science, 21,* 1300–1310.

Reichle, E. D., & Reingold, E. M. (2013). Neurophysiological constraints on the eye-mind link. *Frontiers in Human Neuroscience, 7,* 361.

Reichle, E. D., Tokowicz, N., Liu, Y., & Perfetti, C. A. (2011). Testing an assumption of the E-Z Reader model of eyemovement control during reading: Using event-related potentials to examine the familiarity check. *Psychophysiology, 48,* 993–1003.

Reichle, E. D., Warren, T., & McConnell, K. (2009). Using E-Z Reader to model the effects of higher level language processing on eye movements during reading. *Psychonomic Bulletin & Review, 16,* 1–21.

Reilly, R., & Radach, R. (2006). Some empirical tests of an interactive activation model of eye movement control in reading. *Cognitive Systems Research, 7,* 34–55.

Reingold, E. M., & Rayner, K. (2006). Examining the word identification stages hypothesized by the E-Z Reader model. *Psychological Science, 17,* 742–746.

Reingold, E. M., Reichle, E. D., Glaholt, M. G., & Sheridan, H. (2012). Direct lexical control of eye movements in reading: Evidence from a survival analysis of fixation durations. *Cognitive Psychology, 65,* 177–206.

Reingold, E. M., & Stampe, D. M. (1999). Saccadic inhibition in complex visual tasks. In W. Becker, H. Deubel, & T. Mergner (Eds.), *Current oculomotor research: Physiological and psychological aspects* (pp. 249–255). London, England: Plenum.

Reingold, E. M., & Stampe, D. M. (2000). Saccadic inhibition and gaze contingent research paradigms. In A. Kennedy, R. Radach, D. Heller, & J. Pynte (Eds.), *Reading as a perceptual process* (pp. 119–145). Amsterdam, the Netherlands: Elsevier.

Reingold, E. M., & Stampe D. M. (2002). Saccadic inhibition in voluntary and reflexive saccades. *Journal of Cognitive Neuroscience, 14,* 371–388.

Reingold, E. M., & Stampe, D. M. (2003). Using the saccadic inhibition paradigm to investigate saccadic control in reading. In J. Hyönä, R. Radach, & H. Deubel (Eds.), *The mind's eye: Cognitive and applied aspects of eye movements* (pp. 347– 360). Amsterdam, the Netherlands: Elsevier.

Reingold, E. M., & Stampe D. M. (2004). Saccadic inhibition in reading. *Journal of Experimental Psychology: Human Perception and Performance, 30,* 194–211.

Reingold, E. M., Yang, J., & Rayner, K. (2010). The time course of word frequency and case alternation effects on fixation times in reading: Evidence for lexical control of eye movements. *Journal of Experimental Psychology: Human Perception and Performance, 36,* 1677–1683.

Risse, S., & Kliegl, R. (2012). Evidence for delayed parafovealon-foveal effects from word *n* + 2 in reading. *Journal of Experimental Psychology: Human Perception & Performance, 38,* 1026–1042.

Salvucci, D. D. (2001). An integrated model of eye movements and visual encoding. *Cognitive Systems Research, 1,* 201–220.

Schad, D. J., Nuthmann A., & Engbert, R. (2012). Your mind wanders weakly, your mind wanders deeply: Objective measures reveal mindless reading at different levels. *Cognition, 125,* 179–194.

Schad, D. J., Risse, S., Slattery, T., & Rayner, K. (2014). Word frequency in fast priming: Evidence for immediate cognitive control of eye movements during reading. *Visual Cognition, 22,* 390–414.

Sheridan, H., Rayner, K., & Reingold, E. M. (2013). Unsegmented text delays word identification: Evidence from a survival analysis of fixation durations. *Visual Cognition, 21,* 38–60.

Sheridan, H., & Reingold, E. M. (2012a). The time course of predictability effects in reading: Evidence from a survival analysis of fixation durations. *Visual Cognition, 20,* 733–745.

Sheridan, H., & Reingold, E. M. (2012b). The time course of contextual influences during lexical ambiguity resolution: Evidence from distributional analyses of fixation durations. *Memory & Cognition, 40,* 1122–31.

Sheridan, H., & Reingold, E. M. (2013). A further examination of the lexical processing stages hypothesized by the E-Z Reader model. *Attention, Perception, & Psychophysics, 75,* 407–414.

Sheridan, H., Reingold, E. M., & Daneman, M. (2009). Using puns to study contextual influences on lexical ambiguity resolution: Evidence from eye movements. *Psychonomic Bulletin & Review, 16,* 875–881.

Slattery, T. J., Angele, B., & Rayner, K. (2011). Eye movements and display change detection during reading: *Journal of Experimental Psychology: Human Perception and Performance, 37,* 1924–1938.

Staub, A. (2011). The effect of lexical predictability on distributions of eye fixation durations. *Psychonomic Bulletin & Review, 18,* 371–376.

Staub, A., & Benatar, A. (2013). Individual differences in fixation duration distributions in reading. *Psychonomic Bulletin & Review, 20,* 1304–1311.

Staub, A., White, S. J., Drieghe, D., Hollway, E. C., & Rayner, K. (2010). Distributional effects of word frequency on eye fixation durations. *Journal of Experimental Psychology: Human Perception and Performance, 36,* 1280–1293.

Tinker, M. A. (1958). Recent studies of eye movements in reading. *Psychological Bulletin, 55,* 215–231.

Vitu, F., Lancelin, D., & d'Unienville, V. M., (2007). A perceptual-economy account for the inverted-optimal viewing position effect. *Journal of Experimental Psychology: Human Perception and Performance, 33,* 1220–1249.

Vitu, F., McConkie, G. W., Kerr, P., & O'Regan, J. K. (2001). Fixation location effects on fixation durations during reading: An inverted optimal viewing position effect. *Vision Research, 41,* 3511–3531.

White, S. J. (2008). Eye movement control during reading: Effects of word frequency and orthographic familiarity. *Journal of Experimental Psychology: Human Perception and Performance, 24,* 205–223.

White, S. J., & Staub, A. (2012). The distribution of fixation durations during reading: Effects of stimulus quality. *Journal of Experimental Psychology: Human Perception and Performance, 38,* 603–617.

Yang, S.-N., & McConkie, G. W. (2001). Eye movements during reading: A theory of saccade initiation times. *Vision Research, 41,* 3567–3585.

第19章　E-Z读者模型：模型概况及两处最新应用 277

埃里克·D. 雷赫尔　希瑟·谢里丹

摘　要：本章回顾了目前学界对阅读过程中眼动的认识，描述了模拟知觉、认知和运动系统如何引导读者眼动的计算模型——E–Z阅读模型。本章讨论如何使用该模型来解释与阅读有关的两个基本问题：(1) 是什么促成了阅读技能的发展？(2) 词汇处理过程有时间历程？使用该模型进行的模拟表明，对于熟练的阅读来说，快速处理词汇是必需的，对词汇的处理必须与知觉、认知和运动系统持续保持高度协调。因此，读者对某一个单词的处理有很大一部分是在它还处于副中央凹区视野时（读者注视在该词前面一词时）完成的。本章将讨论这些问题的结论以及该模型的未来发展方向——运用该模型来解释认知过程对眼动行为的控制。

关键词：注意力、计算模型、发展、眼动、E–Z读者模型、词汇处理、时间因素

表面上看来，读者的眼睛只转动了几毫米，但从深层次来看，这其中包含了一连串复杂的事件。很明显，这一连串事件必然是一个复杂的信息处理系统的产物，这个系统必须以惊人的速度和精确的内部协作完成这个复杂的任务。

——《金枝》(1972，第341页)

E-Z读者模型是阅读过程中眼动控制的计算模型，它正式描述阅读过程中的知觉和认知之间的相互作用以及产生现实阅读过程中观察到的眼动模式的编码与执行程序（Pollatsek, Reichle, & Rayner, 2006; Rayner, Ashby, Pollatsek, & Reichle, 2004; Reichle, Pollatsek, Fisher, &

Rayner, 1998; Reichle, Rayner, & Pollatsek, 1999, 2003; Reichle, Warren, & McConnell, 2009)。该模型在这方面做得非常成功，可以模拟与读者眼动相关的各种基准现象，之所以称其为基准现象，是因为能否模拟这些现象是评估眼动模型成立与否的标准（Reichle，2011），该模型还可以用作分析框架，以研究与阅读有关的各种理论问题（例如，阅读过程的眼动控制与其他视觉认知任务中的眼动控制的不同点，Reichle, Pollatsek, & Rayner, 2012）。然而也许更重要的是，该模型证明了阅读过程中多个单词平行处理现象的存在，并且多个单词平行处理可以成为推动目光继续向前的动力。这帮助我们理解许多因为原理过于复杂而原本难以被解释的行为。

本章接下来先简要回顾阅读过程中眼动行为的基本特征，解释为
287 什么理解和模拟读者眼动具有重要性。然后介绍E-Z阅读模型以及该模型最近如何被运用于阅读研究的两个关键领域：一是某语言的初学者成为熟练的读者过程中发生的发展变化，二是在自然的阅读情况下词汇处理过程中的时间历程。最后，我们将讨论E-Z读者模型的局限性，以及包括E-Z读者模型在内的眼动控制模型的研究方向。

阅读过程中的眼动

阅读过程中发生的眼动主要由两个基本组成部分组成，也就是说眼睛从一个注视点到下一个注视点之间的扫视运动部分，以及注视时眼睛相对静止的部分。大多数扫视动作的方向是向前移动，大约10%到15%的扫视动作是向后的回读。文本中通常注视的位置。因为我们的眼睛只能在视网膜的一个叫作中央凹区的区域获得精细的视觉，所以读者必须逐字注视文本中的字，一篇文章中通常有70%到80%的字得到读者注视，并且有些字被注视数次。注视时长变化

区间从50到1000毫秒不等，大多数注视时长在200到250毫秒之间。有大量的证据表明，词汇因素和与高等级的语言处理相关的各种因素都会影响注视的时长和位置，所以我们可以利用一些眼动行为的生理指标来检查读者的认知系统如何理解语篇含义（Rayner, 1998; Schotter & Rayner，本书）。由于眼动反映了阅读过程中不断进行的词汇和其他高级语言信息的处理，我们需要了解视觉处理和眼动神经系统与这两种类型的信息的加工有何联系。

为了理解这种视觉–思维的联系，人们提出了一些眼动控制的计算模型，本章重点讨论的E-Z读者模型只是其中一个示例（Reichle et al., 2003），这些模型常常被称为眼动模型，而不是阅读模型（Rayner & Reichle, 2010）。这些模型尝试解释基本的知觉、认知和运动过程如何动态地相互作用，形成阅读过程中出现的眼动模式，因此，这些模型为解释阅读过程中的眼动现象以及产生这些现象的背后的原因提供了理论框架。本章最后将会再介绍两个其他模型的例子，现在先对E-Z进行一个详细的介绍。

E-Z读者模型

该模型有两个核心假设，第一是词汇的处理是按照完全的先后顺序进行处理的，没有平行处理，每个特定的时刻读者都只处理一个词。在该模型的框架下，这一假设意味着读者处理词汇所需的注意力（例如，将一个单词的各项特征组合在一起从而识别单词）以严格的先后顺序分配给每一个词，而且每次只分配给一个词。与认为读者可以并联处理多个单词的模型（Glenmore: Reilly & Radach, 2006; SWIFT: Engbert, Nuthman, Richter, & Kliegl, 2005）相对，这个模型是认为注意力被串联分配的模型的一个典型例子（Reichle, 2011）。

E-Z 读者模型的第二个核心假设是读者完成所谓对单词的“熟悉度检查”的词汇预处理阶段后会将眼睛移动到下一个单词。这种假设可以启发我们认识熟练读者如何获取最大阅读效率：在读取单词意思之前就将目光移动到下一个词上，那么读者的眼睛在扫视指令的编码和指令传递的这段时间不会让眼睛等在这个单词上导致不必要的注视时间（关于这种探索的讨论，见 Reichle & Laurent, 2006）。然而，读者一旦完成对一个单词的读取，就会马上关注下一个词的现象，说明读者的潜意识和显意识之间相对独立，接下来将会解释这种相对独立性使得该模型能够解释目光所注视的内容与思维正在处理的内容之间不完全一致的现象，例如，当单词可以在副中央凹区视野得到预览时，该词得到的注视时间更短的现象（Rayner, 1975; Reingold, Reichle, Glaholt, & Sheridan, 2012; Schotter, Angele, & Rayner, 2012）。

279 该模型的这两个核心假设结合其他更为具体的、关于阅读过程中眼动行为受到哪些因素相互作用的影响的假设，形成该模型的理论框架，如图 19. 1A 所示。图中展示了模型的各个组成部分（用灰色框表示），以及信息的流向和各处理过程之间的协调（用箭头表示）。现在我们详细解释这个模型。

在该模型中，根据视觉 – 思维滞后时长估计，信息从眼睛传播到大脑需要 50 毫秒（Reichle & Reingold, 2013）。这一阶段的视觉信息处理（在模型中标记为 V）被假定为读者已经通过旁读加工对该信息进行过预处理，因为无论读者的注视点在哪里，整个视野中的内容都会成为读者所读取的视觉信息。但是根据图 19.1A 所示，两种类型的信息用于不同的目的：低空间频率信息（周边视野中的视觉信息，分辨率较低）用于对即将到来的词进行分段以确定接下来的注视目标；而较小的一部分高空间频率信息（通过中心视野获得的视觉信息）用于识别词汇。

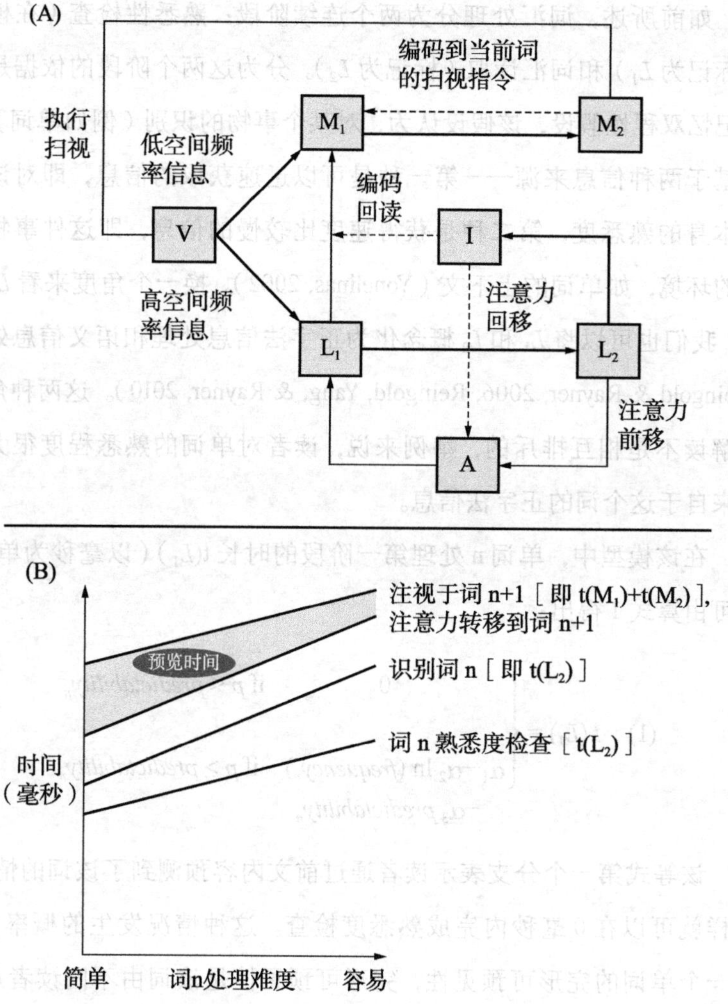

图 19.1A 是阅读期间眼动控制的 E-Z 读者模型的示意图。模型各部分为：V 视觉预处理；L_1 熟悉检查；L_2 词汇识别；A 注意力转移；I 后词汇信息集成；M_1 可撤销扫视指令编程阶段；M_2 不可撤销扫视指令编程阶段。粗箭头表示信息的流向，细实线箭头表示模型各部分之间必然发生的相互作用，而细虚线箭头表示模型各部分之间可能发生的相互作用。

图 19.1B 表示词 n 的处理难度对词 n+1 的副中央凹区处理情况的影响。X 轴表示单词 n 的相对处理难度，y 轴表示关键过程的平均时长，以及目光转移到单词 n+1 和注意力转移到单词 n+1 时之间的间隙读者对词 n+1 的预览（即眼－脑延迟产生的预览时间，但为了方便起见，图中忽略了这一点），它的持续时间是一个常数。

250 如前所述，词汇处理分为两个连续阶段：熟悉性检查（在模型中标记为 L_1）和词汇读取（标记为 L_2）。分为这两个阶段的依据是一个记忆双程性假设，该假设认为，对某个事物的识别（例如单词）可能基于两种信息来源——第一种是可以迅速获取的信息，即对该事物本身的熟悉度，第二种是获得速度比较慢的信息，即这件事物所处的环境，如单词的上下文（Yonelinas, 2002）。换一个角度来看 L_1 和 L_2，我们也可以将 L_1 和 L_2 概念化为正字法信息处理和语义信息处理（Reingold & Rayner, 2006; Reingold, Yang, & Rayner, 2010）。这两种角度的解读不是相互排斥的，举例来说，读者对单词的熟悉程度很大程度来自于这个词的正字法信息。

在该模型中，单词 n 处理第一阶段的时长 $t(L_1)$（以毫秒为单位）由可由算式 1 得出：

$$(1)\quad t(L_1)=\begin{cases}0 & \text{if } p < \mathit{predictability}_n\\ \alpha_1-\alpha_2 \ln(\mathit{frequency}_n) & \text{if } p \geq \mathit{predictability}_n\\ \quad -\alpha_3\,\mathit{predictability}_n & \end{cases}$$

该等式第一个分支表示读者通过前文内容预测到了该词的情况，这样就可以在 0 毫秒内完成熟悉度检查。这种情况发生的概率 p 等于一个单词的完形可预见性，完形可预见性是该词由不同读者从其上文中猜测出该词的平均时间比例（Taylor, 1953）。之所以作出单词可以通过上文被猜测的假设，是因为研究者在眼动实验中发现，当只有被注视的单词是可见的时候（例如，未被注视的单词中的字母被随机字母替换），读者有时候依然会完全跳过可预测性很高的单词（例如高频虚词定冠词 the; Rayner, Well, Pollatsek, & Bertera, 1982）。这些词被跳过的原因被认为是语义和句法的限制因素使得这些词的识别只需要极少的视觉信息（例如词长）。

然而，除了这些可预测的单词外，完成熟悉度检查所需的时间被假定为单词 n 在印刷文本中出现频率（根据大量语料统计；例如，Francis & Kučera, 1982）的对数的线性函数及其完形可预见性，由算式 1 底部分支所示的三个自由参数调节：α_1=104，α_2=3.4，α_3=39（这些和其他参数值能用以优化模型与经验数据之间的拟合度），因此，平均来说，频繁的或可预测的词的熟悉检查只需要更少的时间就可以完成。

由于处理单词所需的时间差异极大，等式 1 所指定的时间只是完成熟悉度检查所需的平均时间。在 Monte-Carlo 模型的模拟运行期间完成对某词的熟悉检查的实际时间与理论值之间存在随机偏差，符合伽马分布（在模型中完成几个过程所需的时间是随机偏离的，这些偏差是从具有指定均值的伽马分布中取样的，并且标准偏差 $\sigma\gamma$ 等于该平均值乘以 0.22）。然后将完成熟悉检查所需的时间用以调节注视点与正在处理的单词的每一个字母之间的平均偏心度的函数，如等式 2 所述：

$$(2)\quad t(L_1) \leftarrow t(L_1) \cdot \varepsilon^{\sum_{i=1}^{N} \left| fixation\text{–}letter_i \right| / N}$$

在等式 2 中，自由参数 $\varepsilon = 1.15$ 确定视觉敏锐度的限制对处理的减慢效果的绝对量，其中 i 表示被注视单词中每一个字母的指数。因此，根据等式 1 和 2，在其他所有相等的情况下，频繁的、可预测的、短的或接近注视点的单词需要的注视时间更少，而不常见的、不可预测的、长的或远离注视点的词语需要的注视时间更长，这一点与 281
通常观察到的情况一致（Rayner，1998；Schootter & Rayner，本书）。

至于词汇识别，完成单词 n 识别所需的时间，$t(L_2)$（以毫秒为单位）与完成熟悉性检查所需时间的注视时间比例（Δ=0. 34）。用等式 3 表示：

$$(3) \quad t(L_2) = \Delta \begin{bmatrix} \alpha_1 - \alpha_2 \ln(frequency_n) \\ -\alpha_3\, predictability_n \end{bmatrix}$$

与有可能不需要时间就能完成熟悉度检查不同的是，词汇识别总是需要一些时间来完成，因为有一个假设是当读者需要识别一个单词时，读者必须花一点时间激活这个单词的意义，无论是什么单词，也无论单词的意义是根据前文语境激活的，还是从视觉信息激活的，亦或是两者的某种结合，都一样。与熟悉度检查一样，词义识别需要的时间在模型的 Monte-Carlo 模拟运行过程中是一个随机偏差，符合伽马分布。

如图 19.1A 所示，词汇识别完成的同时发生两个事件。首先，注意力从刚刚被识别的单词移至下一个单词，从而进行下一个单词的词汇处理（即熟悉度检查）。然而，注意力的转移不是瞬时的；转移注意力所需的时间 t(A）是从伽马分布加上随机偏差值确定的值，其平均值根据自由参数 A=25 毫秒确定。

第二个事件是，当一个词被识别时，这个词汇的词义整合（在模型中标记为 I）就开始了，I 表示识别词的意义是否符合正在阅读的句子的语义和句法框架所需要的最少时间。因为单词的后置词法处理通常以正在进行的词汇处理为背景完成，因此对眼睛通过文本的过程没有明显的影响，并且后置词法处理对于本章讨论的两个模型没有太大影响，因此，这里将不对其作详细描述。但需要注意的是，词义集成失败会导致眼睛和注意力回移至集成失败的位置（Reichle et al., 2009），从而再次尝试集成句法上模糊之处（Frazier & Rayner, 1982）或者语义上模糊之处（Warren & McConnell, 2007），这一点斯陶布在本书中有更详细的描述。

E-Z 读者模型的其余假设都与扫视指令的编码和执行有关。这些假设中的第一个是：扫视指令的编码由两个连续的过程组成，一个是可变阶段（在模型中标记为 M_1），可以由随后的扫视程序取消；M_1 之后是一个不可变阶段（标记为 M_2），该阶段不可取消。这一假设基于一个重要的实验，在该实验中，受试者被指示尽可能快地将眼睛从一个提示位置移动到另一个提示位置。这些实验的视觉信息较为简单但情况较为复杂，读者可能需要作出促进或抑制眼睛移动的指令（Becker & Jürgens, 1979），这个实验表明移动眼睛的指令编程分为两个连续的阶段。

在 E-Z 读者模型中，完成这两个阶段所需的时间是伽马分布的随机偏差值，两个阶段的平均时间分别为 $t(M_1)$=125 毫秒和 $t(M_2)$=25 毫秒，这就允许模型解释单词被跳读的现象。举例解释，当眼睛和注意力在单词 n 上时，对这个单词的熟悉度检查即将完成时，启动扫视程序，将眼睛移到单词 n+1。然而，单词 n 的词汇识别过程继续进行，直到识别单词 n（即完成 L_2 阶段）为止。此时注意力移到单词 n+1，并开始对该单词的副中央凹区处理。此时可能发生两种情况。第一种情况是将视线转移到下一个词的指令的可变扫视编码程序在对单词 n+1 的熟悉度检查完成之前完成；在这种情况下，可变编码程序已到达一个不可更改的点，而进入不可改变阶段，视线被强制地指向单词 n+1。第二种可能的情况是，在可变的编码程序发出将眼睛移到单词 n+1 的指令之前，先完成对单词 n+1 的熟悉度检查。在第二种情况下，不可变阶段编码指令（将眼睛移到单词 n+2）发出，从而取消前一个阶段，最终导致眼睛被移动到词 n+2，导致单词 n+1 被跳过。用这种程序替换假设解释单词被跳过的现象导致人们预测跳词成本的存在或者跳词前会出现注视时间延长现象，这一预测已被部分证实（Kliegl & Engbert, 2005; see also Reichle & Drieghe, 2013）。 282

模型还假设注视点总是在单词的中心，但是任何扫视长度是三个量相加的结果，如等式 4 所示：

$$(4)\quad \textit{saccade length} = \textit{intended saccade length} + \textit{systematic error} + \textit{random error}$$

预定的扫视长度是当前注视位置与目标之间的实际距离（以字符计算）（假设注视点是任何单词的中心）。

如等式5所示，系统误差（以字符计算）是目标扫视长度与最佳扫视长度（Ψ=7）之间的差和注视时长LS的函数。因此，长/短于七个字符的扫视距离往往会比预定目标超过/低约半个字符。注视时长也会影响系统误差（Ω_1=6和Ω_2=3是两个用于调整系统误差的自由参数）。

$$(5)\quad \textit{systematic error} = (\Psi - \textit{intended saccade length}) \cdot \{[\Omega_1 \ln(\textit{fixation}_{LS})]/\Omega_2\}$$

最后，等式4中的随机误差分量是由$\mu = 0$字符的高斯分布采样的随机偏差，并且σ由等式6计算可得。在等式6中，自由参数（η_1=0.5，η_2=0.15）控制，扫视距离越远随机误差越大。

$$(6)\quad \sigma = \eta_1 + \eta_2 \cdot \textit{intended saccade length}$$

综合起来，等式4—6计算出来的注视点分布模式与文献报道的分布相似——这些分布在坐标轴上标出后形状上近似于高斯分布，注视点在单词中心附近。但是曲线的尾部缺失，反映了当注视点未能到达其目标位置的情况以及注视时间缩短导致的扫视强度增加（McConkie, Kerr, Reddix, & Zola, 1988）。

为了简单起见，模型假设扫视执行时间至少相当于一个常数S=25毫秒。虽然视觉处理在实际的扫视过程中停止（Matin, 1974），但词汇处理仍在继续。正在处理的字的属性（也就是说，它的频率和可预测性；参见等式1和3）决定了词汇处理的速率以及下一个实际注视点与注视目标之间的差距（见等式2）。然后，在眼睛注视新的位置之后，词汇处理以副中央凹区预读的速度继续进行 50 毫秒（也就是说模型计算的眼脑滞后的时间）。因为完成词汇识别所需的时间和完成熟悉检查所需的时间成一定比例（见等式 3），并且因为完成扫视指令编程、执行扫视指令、转移注意力并且视觉信息从眼睛传播到大脑的（平均）时间是常数，经常有相当多的时间可用于对单词 n+1 进行副中央凹区处理，但是该时间长短和单词 n 的处理难度之间存在函数关系，如图 19.1B 所示。图中，字词 n 的处理难度以 x 轴表示，加工时长以 y 轴表示，注视词 n 时对词 n+1 进行预览处理的可用时间由灰度阴影表示。可以看出，词 n+1 的预览受词 n 的处理困难所影响。随着词 n 处理难度的增加，对词 n+1 进行并行处理的时间减少（Henderson & Ferreira, 1990）。

E-Z 读者模型的最后一个假设是自动重新定位假设，就是说当目光第一次注视于单词边缘后，读者的目光会快速移动到一个新的观察位置。因为人们假设单词的首尾位置是一个较差的观察位置，因此当读者目光第一次注视该词时如果落于词汇边缘，会导致目光快速移动到单词的中心，以便获得能够更快速和准确的进行词汇处理的注视位置（O'Regan & Lévy-Schoen, 1987）。根据该模型，这个假设的根据是读者的目光优先选择落于单词的中央的现象得出的（Carpenter，2000）；然而根据该模型我们可以得知，读者的目光注视位置常常偏离词语的中心（见等式 4—6），根据等式 7 我们可以得到矫正扫视的概率。发起纠正的可能性 VE 扫视（也就是说，重新注视）随着初始注视位置和原始扫视目标之间的绝对距离（以字符计算） 283
增加（也就是说，单词的中心为 TARGE），但是受自由参数 λ=0. 16 调节。实际初始注视位置和目标位置（即目标词的中心）之间的绝对距离（以字符数计算）越大，纠正注视位置动作的发生概率越大，但受自由参数 λ=0. 16 的调节。

$$(7)\quad p(refixation) = \max(\lambda \,|\, landing\ position - saccade\ target \,|, 1)$$

该模型的模拟符合评估眼动控制模型所用的所有基准结果（Reichle et al., 2012），例如，图 19. 2 显示了 Schling、Rayner 和 Chumbley(1998）所用句子语料库中的词可以分为五种频率，他们检验了六种常用的与词汇处理有关的眼动参数:（1）第一注视持续时间;（2）单次注视持续时间;（3）多次注视总时间;（4）一个单词被注视一次的概率;（5）一个单词被注视两次或多次的概率;（6）单词被跳过的概率。所有这些数据都是单次目光通过参数，就是说，这些参数反映了目光第一次离开该词前的情况，不包括读者阅读其他单词后回读该词的情况。如图 19. 2 所示，当词频增大时，读者的平均注视持续时间就会减少，平均注视次数也会减少。

多次研究发现，单词被注视次数和注视时长由单词词频决定（Inhoff & Rayner, 1986; Just & Carpenter, 1980; Rayner et al., 2004; Schilling et al., 1998），并证明单词的处理难度（也就是词频）决定了读者的眼动时机。如图 19. 2 所示，E-Z 读者模型在模拟阅读中的单词频率效应方面表现相当好，因此，虽然该模型认为读者对词汇进行串行处理，但仍然可以模拟阅读过程中的眼动情况。

两个模型最新应用

如前所述，E-Z 读者模型已大量应用于研究与阅读相关的理论问题（Reichle，2011）。在这一节中，我们将回顾最近使用该模型对阅读技能发展进行研究的两个领域，从而更好地理解词汇处理过程中的时间历程。

阅读技能的发展

一些研究检查了某语言的入门读者——8 到 10 岁的儿童的眼动特征，他们受过 2 至 4 年的正规阅读教育，认识词，能够默读完整的句子，但速度比成年人慢，即使在阅读适龄的课文时也是如此。这些比较研究的主要结果非常一致：相对于阅读技能成熟的成人读者，儿童通常每分钟阅读更少的单词，有更长的注视时间和更短的扫视距离，有较大比例的回读（Blythe & Joseph, 2011）。

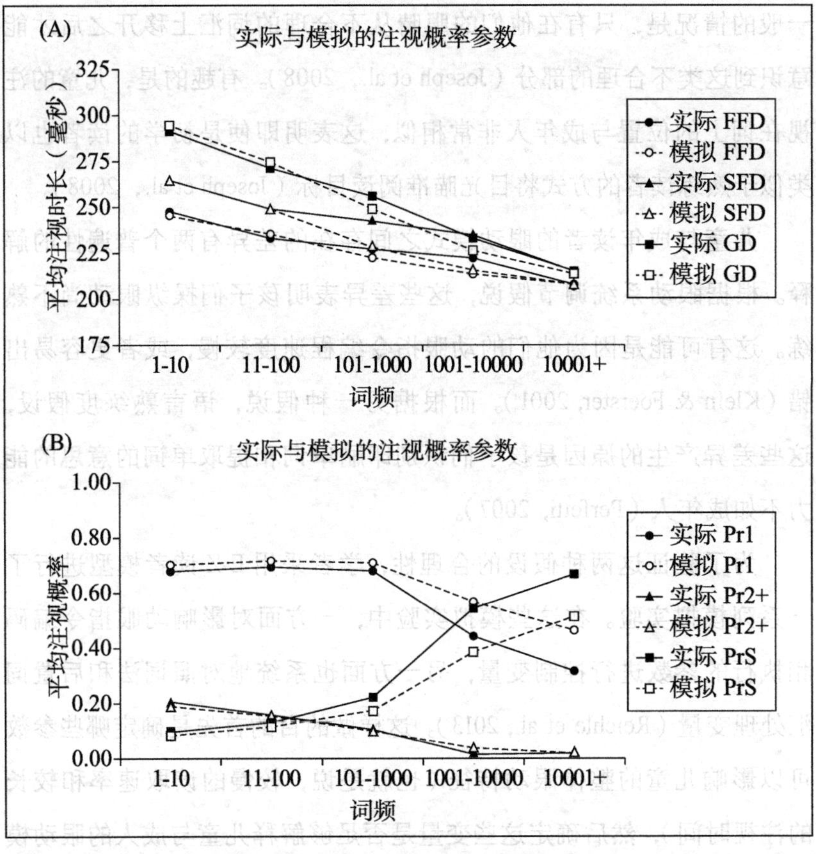

图 19.2A　显示了五种词频平均实际（实线）和模拟（虚线）第一次注视（FFD）、单次注视（SFD）和注视持续总时长（GD）。图 19.2B 显示了平均对单词实际（实线）和模拟（虚线）注视一次（Pr1）、两次或多次（Pr2）和跳过（PrS）的概率。

儿童与成年读者的眼动之间也有其他差异。例如，相对于成人，儿童的眼睛感知跨度较小，也就是有效视野更小，与成年人相比使用副中央凹区识别字母、字母特征和单词之间空格的能力更弱（Häikiö, Bertram, Hyönä, & Niemi, 2009）。孩子的注视时长受单词频率（Blythe, Liversedge, Joseph, White, & Rayner, 2009）和单词长度（Joseph, Liversedge, Blythe, White, & Rayner, 2009）的影响比成年人更为显著。孩子们发现语义不合逻辑的地方的速度比成年人慢（例如，Robert used a hook to catch the horrible mouse，这句话中“mouse”一词不合理），一般的情况是，只有在他们的眼睛从不合理的词汇上移开之后才能意识到这类不合理的部分（Joseph et al.，2008）。有趣的是，儿童的注视在词上的位置与成年人非常相似，这表明即使是初学的读者也以类似于熟练读者的方式将目光瞄准阅读目标（Joseph et al.，2008）。

儿童与成年读者的眼动模式之间存在的差异有两个普遍性的解释。根据眼动系统调节假说，这些差异表明孩子们操纵眼动尚不熟练。这有可能是因为他们的动眼指令编程速度较慢，或者更容易出错（Klein & Foerster, 2001）。而根据另一种假说，语言熟练度假设，这些差异产生的原因是孩子们识别印刷单词和提取单词的意思的能力不如成年人（Perfetti, 2007）。

为了验证这两种假设的合理性，学者采用E-Z读者模型进行了一系列模拟实验。在这些模拟实验中，一方面对影响动眼指令编码和执行的参数进行控制变量，另一方面也系统地对照词法和后置词汇处理变量（Reichle et al., 2013）。这样做的目的首先是确定哪些参数可以影响儿童的整体眼动特征（也就是说，较慢的读取速率和较长的注视时间），然后确定这些变量是否足够解释儿童与成人的眼动模式之间的相似性（也就是说，相似的注视位置）和其他不同点（儿童对语义错误的识别速度比成人慢）。这些控制变量实验的结果非常直接但是出人意料，改变对照词法整体处理速度的一个参数（例如将 α_1=104 改为 α_1=208；见等式 1）就可以产生上述这些变化，除了一个例外。这个例外就是儿童发现语义不合理比成年人更慢的现象，285 而且儿童意识到语义不合理的速度通常是非常慢的，从儿童第一次注视的特征（如注视时长）不受不合理的语义的影响，但他们的第二次注视特征（例如，总注视时间）受到影响（Joseph et al.，2008）的现象可以看出这一点。为了解释这一结果，有必要假设孩子需要比成人更多的时间来完成后置词汇整合。这一假设再加上儿童的词汇处理速度总体比成人慢，使这一模型能够模拟儿童第一次注视时长不受语义不合理的影响，而第二次注视时长受到影响的现象。因此，在这些模拟的基础上，人们可能会得出结论，入门读者和熟练读者眼动特征存在差异的主要原因是他们的词汇处理和后置词汇处理（虽然后者可能不如前者重要）的熟练程度不同。虽然这一结论显然是暂时性的，但有趣的是它与先前的说法一致，即词汇处理的速度和准确性受到个人阅读技能差异的影响（Ashby, Rayner, & Clifton, 2005; Perfetti, 2007; Shilling et al., 1998）。讨论到这里，让我们运用 E-Z 读者模型来检查阅读过程中的词汇处理各过程的时间历程。

词汇加工的时间历程

鉴于词汇加工的速度差异体现了阅读技能的发展程度和个体差异这一普遍接受的假设，词汇加工过程中究竟有哪些历程，这些历程又在读者的阅读技能发展过程中和不同读者之间有什么变化或不同？在过去的几十年中，这个问题一直是大量实证研究的主题（Reichle, Tokowicz, Liu, & Perfetti, 2011; Reingold et al., 2012; Schilling et al., 1998），这在很大程度上是因为各个实验都采取不同的方式估计词汇加工所需时间。例如，估计词法处理速度的一种方法是用行为任务（例如命名任务和定词任务）来记录读者的反应时间。这些任务中读者的反应时间大约为500到700毫秒（Schilling et al., 1998），但需要注意的是，这其中的时间也包括非词汇处理过程的时间，包括运动系统、判定系统确定词汇的过程或者发声系统对单词进行命名的过程。同样，阅读过程中的注视时长也不是词汇处理速度的一个纯粹的度量，因为注视时长也可能包括其非词性过程的时间，例如后置词汇整合时长。

为了对阅读过程中的词汇处理速度进行更精确的估计，最近的研究采用了分布分析，如指数高斯拟合（Staub, White, Drieghe, Hollway, & Rayner, 2010）和生存分析（Reingold et al., 2012），用来表明词汇变量（如词频）可以快速地对注视时长产生影响。其他一些使用神经成像方法来研究词汇变量的实验也产生了一致的结果，词汇因素的影响发生在看到该词汇之后的110—170毫秒之间（Assadollahi & Pulvermüller, 2001, 2003; Hauk, Davis, Ford, Pulvermüller, & Marslen-Wilson, 2006; Penolazzi, Hauk, & Pulvermüller, 2007; Reichle et al., 2011; Sereno, Brewer, & O'Donnell, 2003; Sereno, Rayner, & Posner, 1998; for a review, 见 Reichle & Reingold, 2013）。虽然学界对词汇处理时间的估计相差很大，但很明显，词汇处理至少需要进行到100至150毫秒才有可能对注视时长产生影响（Reichle & Reingold, 2013），然而，注视时长通常只有200到250毫秒，所以这里存在一个重要的争议点，词汇处理的速度是否快到足以影响眼睛的运动（Reingold et al.，本书）。词汇因素对眼动行为的影响受到严重的时间限制，其中的道理显而易见，因为读者的注视时长要从前面减去50毫秒的视觉－思维延迟，从后面减去编码结束该注视的指令所需的100到150毫秒，剩下的才是词汇因素的影响发生的时间。因为这些时间限制，历史上学界一直认为单词的识别太慢，对眼动没有影响（Bouma & de Voogd，1974;

Kolers，1976）。因此，目前的一些眼动控制模型仍然认为词汇处理在控制眼动方面所起的作用很小（Feng, 2006; Yang, 2006）。

因此，鉴于 E-Z 读者模型假设词汇处理的早期阶段（即 L_1）驱动了眼动行为的发生，那么我们有必要明白词汇加工的速度为何快到 286
能够影响读者注视时长。例如，E-Z 读者模型假设读者通常会花费大量的时间处理被注视词语右侧的词语，产生大量的旁读加工信息（见图 19.1B）。具体来说，该模型预测，在许多情况下，读者一旦读取完单词 n（即 L_2），在读者的眼睛实际移动到单词 n+1 之前，读者的注意力已经转移到单词 n+1 了，也就是说，读者在注视单词 n 的时候就开始处理单词 n+1，保证了读者有足够的时间来处理单词 n+1。对单词 n+1 的处理时间可能穿插于注意力第一次转移到单词 n+1 到注视单词 n+1 时获得的视觉信息实际抵达读者大脑之间的任何可用时间。这段预览时间（即注意力第一次转移到单词 n+1 之后到注视单词 n+1 后产生的视觉－思维滞后结束之前的间隔）为读者提供可观的时间来启动对单词 n+1 的词汇处理。

为了检验 E-Z 读者模型的假设，最近肖特、雷赫尔和雷纳（2014）完成了一项模拟，以确定这一预览时间的持续时长是否够长并足以解释两个有趣但有争议的现象：语义预览效益和单词 n+2 的预览。关于前者的争论是读者能否在注视单词 n 时获得关于单词 n+1 的语义信息（也就是说语义预览效应是否存在），还是说只能获得该词的正字法或者语音信息。虽然许多研究未能成功展示英语语言中的语义预览效益（Rayner, Balota, & Pollatsek, 1986; Rayner & Schotter, 2014; Rayner, Schotter, & Drieghe, 2014），但是肖特（2014）最近的一项研究成功地展示了语义预览效果。这项研究使用了一种被称为边界范式（Rayner，1975）的文字注视前后变换技术。例如，在读者注视目标词（例如，“begin［开始］”）之前，该词被预览代替，预览分为同词预览（例如，“begin［开始］”）、近义词（例如“start［启动］”）、语义相关的词（例如，“ready［准备］”）或不相关的词（例如，“check［检查］”）。当读者的眼睛越过位于目标词左边一个看不见的边界时，预览立即被替换为目标词。使用这一边界范式，肖特发现当预览与目标词相同或者是近义词时，读者对目标词的注视时间大致相同，都比不相关的预览情况下注视时间短。因此，结果表明读者从副中央凹区视野中提取语义信息，从而允许单词同义词的含义以某种方式被跨点整合。

前面提到的第二个争议是关于读者注视词 n 时是否有对词 n+2 进行副中央凹区信息加工（即单词 n+2 预览效果）的问题，尽管许多研究未能显示单词 n+2 预览效果（Angele & Rayner, 2011; Angele, Slattery, Yang, Kliegl, & Rayner, 2008; Rayner, Juhasz, & Brown, 2007），但某些情况确实可以证明词 n+2 的预览效应的存在，例如当单词 n+1 足够短且频率足够高时（Kliegl, Risse, & Laubrock, 2007; McDonald, 2006; Radach, Inhoff, Glover, & Vorstius, 2013）。

虽然语义预览效果和词 n+2 预览效果在直觉上似乎与 E-Z 读者模型等模型不一致（因为它强调读者的注意力一次只集中于一个词），但肖特等人报道的模拟实验结果（2014）表明，这两种效应未必与模型矛盾，模拟实验使用了标准的该模型以及模型的预设值进行模拟（Reichle et al., 2012），检查模型对副中央凹区视野信息加工的预测情况。

肖特等人（2014）使用了平均长度、频率和可预测性类似的一对目标词和同义词作为预览，检验该模型对语义预览效果的预测情况。模拟的结果是对预览单词 n+1（即目标单词后面的单词）进行预览的概率是 94%，平均预览时间为 177 毫秒。预览进入词汇处理的 L_2 阶段的平均概率为 8%。因为第二阶段被假设包含语义处理过程，所以这一模拟结果表明，该模型预测了一定数量的语义预览，这与肖特（2014）的研究结果部分相似。

为了检查词 n+2 的预览效果，肖特等人（2014）的第二次模拟通 287
过同时改变单词 n 和 n+1 的长度、频率和可预测性研究注视词 n 时预览单词 n+2 的概率和时间，第二次模拟中 20% 的模拟表明，E-Z 读者模型预测了读者对词 n+2 存在一定量的预览处理，但这一预览处理并不延伸至 L_2 阶段（即语义阶段）中，这说明词 n+2 预览效果仅限于正字法信息（并且可能有一定数量的语音信息）的处理，但不包括语义加工。第二次模拟结果与第一次模拟结果相结合，表明 E-Z 读者模型可以实现对一定量的语义预览和词 n+2 预览的预测，原因是根据模型的假设读者有足够的时间（但不是太多的时间）对即将到来的单词进行副中央凹区处理。

E-Z 读者模型强调并行处理，那么模型关于预览时间的预测是否与实证经验一致？我们将模型与莱因戈尔德等人（2012）报告的实验得出的数据进行比对。在本研究中，使用边界范式（Rayner，1975）来改变目标词的频率（也就是说，高 vs. 低）和预览可用性（也就是说，可用 vs. 不可用），使读者看到目标词的预览（即有效的预览）或可发音的非词（即无效的预览），利用生存分析来估计在有效和无效预览条件下词频对注视时间产生影响的最早时间点。研究发现，在有效的预览条件下，词频的影响最早出现在注视后（平均）145 毫秒，而在无效预览条件下，词频效应发生在注视后 256 毫秒，这表明，无效预览对词汇的预览效应产生 111 毫秒的减慢作用（即 256−145=111 毫秒）。

此外，我们还需要了解莱因戈尔德等人使用的材料（2012）是否会产生同样长的预览时间，如果可以，就能够解释为什么词汇处理在有效的情况下比无效的预览条件下要快得多。我们复刻莱因戈尔德等人（2012）使用的预览词和目标词的长度、频率和可预测性同时使用谢林等人（1998）的句子完成我们的模拟（目标词总是句子中的第六个词）。此外，我们还希望调查阅读技能对预览时间的影响，所以，我们使用两种词汇完成模拟，即使用 α_1 参数的两个等值（参见等式 1）进行模拟，模拟初学者和熟练读者的情况（例如，成人的 α_1=104 毫秒，儿童的 α_1=208 毫秒；见 Reichle et al.，2013)。这个模拟使用了模型中所有的预设参数值（见 Reichle et al., 2012)，每个模拟条件下设置1000 名虚拟参与者。

实验中，熟练读者的平均预览时间为158 毫秒（即 α_1=104 毫秒），不熟练读者的预览时间为125毫秒（α_1=208 毫秒），结果与肖特等人（2014）的模拟实验结果类似，更重要的是，我们的模拟结果表明词法处理速度和可用预览时间之间有联系，就是词汇处理速度越慢，可用于预览的时间量越低。换句话说，如果单词 n 的词汇处理的速度较慢，需要更多的时间来处理（可能因为单词的频率较低；Henderson & Ferreira，1990)，那么就必然会导致对词 n+1 的预览时间减少（见图 19.1B)。此外，阅读技巧也显著影响预览的时间，阅读水平较低的读者预览时间比别人少33 毫秒（即 158—125 毫秒），如果从 158 毫秒预览时间减去眼脑延迟的时间（即50 毫秒），可以得出预览时间估计值（108 毫秒），与莱因戈尔德等人（2012）基于注视时间生存分析得出的 111 毫秒估计值非常接近。

E-Z 读者模型原本不是为了计算预览时间而设计的模型，但模拟结果表明预览时间约为100 毫秒，这是根据模型假设所得的数据。这个模型竟然能够得出符合实际研究结果的数据，而且还是在模型设计时未曾考虑的领域，这一点令人叹服，这些领域包括语义预览效
288 益、词 n+2 预览效益以及注视时长生存分析结果。此外，我们的模拟运行低估了实际运行对检测模型预测的重要性，我们不应该简单地

假设模型能或不能解释与人们想当然的结果不一致的发现（Rayner, Pollatsek, & Reichle, 2003)。因此我们以为，今后学界应该继续审查模型对于阅读技能的差异（引起的词汇处理速度差异）导致副中央凹区信息处理时间不同的假设（以词汇率的差异为索引)。可以影响阅读过程中可用于并行处理的时间。

结语

在过去的十年里，人们使用 E-Z 读者模型进行了大量新的实证研究（Inhoff, Eiter, & Radach, 2005; Kennedy, 2008; Mitchell, Shen, Green, & Hodgson, 2008; Reichle et al., 2011; Reingold & Rayner, 2006; Reingold et al., 2010; Staub, 2011; White, Warren, & Reichle, 2011)。我们认为，这在很大程度上是因为这个模型为读者阅读过程中眼动控制机制提供了一个简单的理论框架，该模型的前提是（正常情况下）读者按照顺序一次一个识别单词，并且移动眼睛的决定与单词识别的早期阶段相联系。尽管如此，我们同样需要承认该模型未能对许多眼动控制机制（注意，词汇处理，对此的讨论见 Rayner et al., 2003; Reichle et al., 2009）的细节进行深入解释。因此，我们也相信未来的眼动控制模型将变得更加具体，因为将来的模型将会对阅读过程中眼动所涉及的各种细节（例如，注意力和词汇处理）进行更加明确的解释，将来的模型可能是在当前的模型框架下添加细节。

致谢

本章得到加拿大自然科学和工程研究理事会（NSERC）授予 H. S. 的博士后研究金（PDF）和南安普敦大学视觉与认知中心的支持。

参考文献

Angele, B., & Rayner, K. (2011). Parafoveal processing of word n + 2 during reading: Do the preceding words matter? *Journal of Experimental Psychology: Human Perception and Performance, 37,* 1210.

Angele, B., Slattery, T. J., Yang, J., Kliegl, R., & Rayner, K. (2008). Parafoveal processing in reading: Manipulating *n* + 1 and *n* + 2 previews simultaneously. *Visual Cognition, 16,* 697–707.

Ashby, J., Rayner, K., & Clifton, C., Jr. (2005). Eye movements of highly skilled and average readers: Differential effects of frequency and predictability. *Quarterly Journal of Experimental Psychology, 58A,* 1065–1086.

Assadollahi, R., & Pulvermüller, F. (2001). Neuromagnetic evidence for early access to cognitive representations. *Neuroreport, 12,* 207–213.

Assadollahi, R., & Pulvermüller, F. (2003). Early influences of word length and frequency: A group study using MEG. *Neuroreport, 14,* 1183–1187.

Becker, W., & Jürgens, R. (1979). An analysis of the saccadic system by means of double step stimuli. *Vision Research, 19,* 967–983.

Blythe, H. I., & Joseph, H. S. S. L. (2011). Children's eye movements during reading. In S. P. Liversedge, I. D. Gilchrist, & S. Everling (Eds.), *The Oxford handbook of eye movements* (pp. 643–662). Oxford, England: Oxford University Press.

Blythe, H. I., Liversedge, S. P., Joseph, H. S. S. L., White, S. J., & Rayner, K. (2009). Visual information capture during fixations in reading for children and adults. *Vision Research, 49,* 1583–1591.

Bouma, H., & de Voogd, A. (1974). On the control of eye saccades in reading. *Vision Research, 14,* 273–284.

Carpenter, R. H. S. (2000). The neural control of looking. *Current Biology, 10,* R291–R293.

Engbert, R., Nuthmann, A., Richter, E., & Kliegl, R. (2005). SWIFT: A dynamical model of saccade generation during reading. *Psychological Review, 112,* 777–813.

Feng, G. (2006). Eye movements as time-series random variables: A stochastic model of eye movement control in reading. *Cognitive Systems Research, 7,* 70–95.

Francis, W. N., & Kučera, H. (1982). *Frequency analysis of English usage: Lexicon and grammar*. Boston, MA: Houghton Mifflin.

Frazier, L., & Rayner, K. (1982). Making and correcting errors during sentence comprehension: Eye movements in the analysis of structurally ambiguous sentences. *Cognitive Psychology, 14,* 178–210.

Gough, P. B. (1972). One second of reading. In J. F. Kavanagh & I. G. Mattingly (Eds.), *Reading by ear and eye* (pp. 331–358). Cambridge, MA: MIT Press.

Häikiö, T., Bertram, R., Hyönä, J., & Niemi, P. (2009). Development of the letter identity span in reading: Evidence from the eye movement moving window paradigm. *Journal of Experimental Child Psychology, 102,* 167–181.

Hauk, O., Davis, M. H., Ford, M., Pulvermüller, F., & Marslen-Wilson, W. D. (2006). The time course of visual word recognition as revealed by linear regression analysis of ERP data. *NeuroImage, 30,* 1383–1400.

Henderson, J. M., & Ferreira, F. (1990). Effects of foveal processing difficulty on the perceptual span in reading: Implications for attention and eye movement control. *Journal of Experimental Psychology: Learning, Memory, and Cognition, 16,* 417–429.

Inhoff, A. W., Eiter, B. M., & Radach, R. (2005). Time course of linguistic information extraction from consecutive words during eye fixations in reading. *Journal of Experimental Psychology: Human Perception and Performance, 31,* 979–995.

Inhoff, A. W., & Rayner, K. (1986). Parafoveal word processing during eye fixations in reading: Effects of word frequency. *Perception & Psychophysics, 40,* 431–439.

Joseph, H. S. S. L., Liversedge, S. P., Blythe, H. I., White, S. J., Gathercole, S. E., & Rayner, K. (2008). Children's and adults' processing of anomaly and implausibility during reading: Evidence from eye movements. *Quarterly Journal of Experimental Psychology, 61,* 708–723.

Joseph, H. S. S. L., Liversedge, S. P., Blythe, H. I., White, S. J., & Rayner, K. (2009). Word length and landing position effects during reading in children and adults. *Vision Research, 49,* 2078–2086.

Just, M. A., & Carpenter, P. A. (1980). A theory of reading: From eye fixations to comprehension. *Psychological Review, 87,* 329–354.

Kennedy, A. (2008). Parafoveal-on-foveal effects are not an artifact of mislocated saccades. *Journal of Eye Movement Research, 2,* 1–10.

Klein, C., & Foerster, F. (2001). Development of prosaccade and antisaccade task performance in participants ages 6 to 26 years. *Psychophysiology, 38,* 179–189.

Kliegl, R., & Engbert, R. (2005). Fixation duration before word skipping in reading. *Psychonomic Bulletin & Review, 12,* 132–138.

Kliegl, R., Risse, S., & Laubrock, J. (2007). Preview benefit and parafoveal-on-foveal effects from word *n* + 2. *Journal of Experimental Psychology: Human Perception and Performance, 33,* 1250–1255.

Kolers, P. A. (1976). Buswell's discoveries. In R. A. Monty & J. W. Senders (Eds.), *Eye movements and psychological processes* (pp. 371–395). Hillsdale, NJ: Erlbaum.

Matin, E. (1974). Saccadic suppression: A review. *Psychological Bulletin, 81,* 899–917.

McConkie, G. W., Kerr, P. W., Reddix, M. D., & Zola, D. (1988). Eye movement control during reading: I. The location of initial fixations on words. *Vision Research, 28,* 1107–1118.

McDonald, S. A. (2006). Parafoveal preview benefit in reading is only obtained from the saccade goal. *Vision Research, 46,* 4416–4424.

Mitchell, D. C., Shen, X., Green, M. J., & Hodgson, T. L. (2008). Accounting for regressive eye-movements in models of sentence processing: A reappraisal of the Selective Reanalysis hypothesis. *Journal of Memory and Language, 59,* 266–293.

O'Regan, J. K., & Lévy-Schoen, A. (1987). Eye-movement strategy and tactics in word-recognition and reading. In M. Coltheart (Ed.), *Attention and performance: Vol. 12. The psychology of reading* (pp. 363–384). Hillsdale, NJ: Erlbaum.

Penolazzi, B., Hauk, O., & Pulvermüller, F. (2007). Early semantic context integration and lexical access as revealed by event-related brain potentials. *Biological Psychology, 74,* 374–388.

Perfetti, C. A. (2007). Reading ability: Lexical quality to comprehension. *Scientific Studies of Reading, 11,* 357–383.

Pollatsek, A., Reichle, E. D., & Rayner, K. (2006). Tests of the E-Z Reader model: Exploring the interface between cognition and eye-movement control. *Cognitive Psychology, 52,* 1–56.

Radach, R., Inhoff, A. W., Glover, L., & Vorstius, C. (2013). Contextual constraint and $n + 2$ preview effects in reading. *Quarterly Journal of Experimental Psychology, 66,* 619–633.

Rayner, K. (1975). The perceptual span and peripheral cues in reading. *Cognitive Psychology, 7,* 65–81.

Rayner, K. (1998). Eye movements in reading and information processing: 20 years of research. *Psychological Bulletin, 124,* 372–422.

Rayner, K., Ashby, J., Pollatsek, A., & Reichle, E. D. (2004). The effects of frequency and predictability on eye fixations in reading: Implications for the E-Z Reader model. *Journal of Experimental Psychology: Human Perception and Performance, 30,* 720–732.

Rayner, K., Balota, D. A., & Pollatsek, A. (1986). Against parafoveal semantic processing during eye fixations in reading. *Canadian Journal of Psychology, 40,* 473–483.

Rayner, K., Juhasz, B. J., & Brown, S. J. (2007). Do readers obtain preview benefit from word $n + 2$? A test of serial attention shift versus distributed lexical processing models of eye movement control in reading. *Journal of Experimental Psychology: Human Perception and Performance, 33,* 230–345.

Rayner, K., Pollatsek, A., & Reichle, E. D. (2003). Eye movements in reading: Models and data. *Behavioral and Brain Sciences, 26,* 507–518.

Rayner, K., & Reichle, E. D. (2010). Models of the reading process. *WIREs Cognitive Science, 1,* 787–799.

Rayner, K., & Schotter, E. R. (2014). Semantic preview benefit in reading English: The effect of initial letter capitalization. *Journal of Experimental Psychology: Human Perception and Performance, 40,* 1617–1628.

Rayner, K., Schotter, E. R., & Drieghe, D. (2014). Lack of semantic parafoveal preview benefit in reading revisited. *Psychonomic Bulletin & Review, 21,* 1067–1072.

Rayner, K., Well, A. D., Pollatsek, A., & Bertera, J. H. (1982). The availability of useful information to the right of fixation during reading. *Perception & Psychophysics, 31,* 537–550.

Reichle, E. D. (2011). Serial attention models of reading. In S. P. Liversedge, I. D. Gilchrist, & S. Everling (Eds.), *The Oxford handbook of eye movements* (pp. 767–786). Oxford, England: Oxford University Press.

Reichle, E. D., & Drieghe, D. (2013). Using E-Z Reader to examine word skipping during reading. *Journal of Experimental Psychology: Learning, Memory, and Cognition, 39,* 1311–1320.

Reichle, E. D., & Laurent, P. A. (2006). Using reinforcement learning to understand the emergence of "intelligent" eye-movement behavior during reading. *Psychological Review, 113,* 390–408.

Reichle, E. D., Liversedge, S. P., Drieghe, D., Blythe, H. I., Joseph, H. S. S. L., White, S. J., & Rayner, K. (2013). Using E-Z Reader to examine the concurrent development of eye-movement control and reading skill. *Developmental Review, 33,* 110–149.

Reichle, E. D., Pollatsek, A., Fisher, D. L., & Rayner, K. (1998). Toward a model of eye movement control in reading. *Psychological Review, 105,* 125–157.

Reichle, E. D., Pollatsek, A., & Rayner, K. (2012). Using E-Z Reader to simulate eye movements in non-reading tasks: A unified framework for understanding the eye-mind link. *Psychological Review, 119,* 155–185.

Reichle, E. D., Rayner, K., & Pollatsek, A. (1999). Eye movement control in reading: Accounting for initial fixation locations and refixations within the E-Z Reader model. *Vision Research, 39,* 4403–4411.

Reichle, E. D., Rayner, K., & Pollatsek, A. (2003). The E-Z Reader model of eye movement control in reading: Comparisons to other models. *Behavioral and Brain Sciences, 26,* 445–476.

Reichle, E. D., & Reingold, E. M. (2013). Neurophysiological constraints on the eye-mind link. *Frontiers in Human Neuroscience, 7,* 361.

Reichle, E. D., Tokowicz, N., Liu, Y., & Perfetti, C. A. (2011). Testing an assumption of the E-Z Reader model of eye-movement control during reading: Using event-related potentials to examine the familiarity check. *Psychophysiology*, *48*, 993–1003.

Reichle, E. D., Warren, T., & McConnell, K. (2009). Using E-Z Reader to model the effects of higher-level language processing on eye movements during reading. *Psychonomic Bulletin & Review*, *16*, 1–21.

Reilly, R., & Radach, R. (2006). Some empirical tests of an interactive activation model of eye movement control in reading. *Cognitive Systems Research*, *7*, 34–55.

Reingold, E. M., & Rayner, K. (2006). Examining the word identification stages hypothesized by the E-Z Reader model. *Psychological Science*, *17*, 742–746.

Reingold, E. M., Reichle, E. D., Glaholt, M. G., & Sheridan, H. (2012). Direct lexical control of eye movements in reading: Evidence from survival analysis of fixation durations. *Cognitive Psychology*, *65*, 177–206.

Reingold, E. M., Yang, J., & Rayner, K. (2010). The time course of word frequency and case alternation effects on fixation times in reading: Evidence for lexical control of eye movements. *Journal of Experimental Psychology: Human Perception and Performance*, *36*, 1677–1683.

Schilling, H. E. H., Rayner, K., & Chumbley, J. I. (1998). Comparing naming, lexical decision, and eye fixation times: Word frequency effects and individual differences. *Memory & Cognition*, *26*, 1270–1281.

Schotter, E. R. (2013). Synonyms provide semantic preview benefit in English. *Journal of Memory and Language*, *69*, 619–633.

Schotter, E. R., Angele, B., & Rayner, K. (2012). Parafoveal processing in reading. *Attention, Perception, & Psychophysics*, *74*, 5–35.

Schotter, E. R., Reichle, E. D., & Rayner, K. (2014). Re-thinking parafoveal processing in reading: Serial-attention models can explain semantic preview benefit and N + 2 preview effects. *Visual Cognition*, *22*, 309–333.

Sereno, S. C., Brewer, C. C., & O'Donnell, P. J. (2003). Context effects in word recognition: evidence for early interactive processing. *Psychological Science*, *14*, 328–333.

Sereno, S. C., Rayner, K., & Posner, M. I. (1998). Establishing a time-line of word recognition: Evidence from eye movements and event-related potentials. *Cognitive Neuroscience*, *9*, 2195–2200.

Staub, A. (2011). Word recognition and syntactic attachment in reading: Evidence for a staged architecture. *Journal of Experimental Psychology: General*, *140*, 407–433.

Staub, A., White, S. J., Drieghe, D., Hollway, E. C., & Rayner, K. (2010). Distributional effects of word frequency on eye fixation durations. *Journal of Experimental*

Psychology: Human Perception and Performance, 36, 1280–1293.

Taylor, W. L. (1953). Cloze procedure: A new tool for measuring readability. *Journalism Quarterly, 30,* 415–433.

Warren, T., & McConnell, K. (2007). Investigating effects of selectional restriction violations and plausibility violation severity on eye movements in reading. *Psychonomic Bulletin & Review, 14,* 770–775.

White, S. J., Warren, T., & Reichle, E. D. (2011). Parafoveal preview during reading: Effects of sentence position. *Journal of Experimental Psychology: Human Perception and Performance, 37,* 1221–1238.

Yang, S.-N. (2006). An oculomotor-based model of eye movements in reading: The competition/interaction model. *Cognitive Systems Research, 7,* 56–69.

Yonelinas, A. P. (2002). The nature of recollection and familiarity: A review of 30 years of research. *Journal of Memory and Language, 46,* 441–517.

第四部分

阅读与拼写的发展

第20章 儿童如何学会阅读单词 293

林妮·C.埃利

摘　要：初学者在学习单词阅读时最主要的工作是检查单词的拼写是否符合发音规律和记忆中的意义，通过该方法迅速识别单词。这个过程需要正字法映射技巧，该技巧是利用字母和读音之间的联系进行拼读，并将拼读获得的发音与拼写一起记忆下来。当读者运用解码、类推或预测策略来处理陌生的拼写时，会激活记忆中的发音与拼写之间的联系从而从记忆中读取单词，当读者在许多不同语义的句子中阅读到同一个单词时，拼写和意义之间的联系在记忆中得到积累。发展分为四个阶段，区分四个阶段的依据是记忆中拼写与发音的联系类型，这些联系的类型分为视觉／上下文类、部分字母类、完整的音素字母组合(graphophonemic)类，多音节与音素字母－声音拼写规律类。

关键词：字形映射、视觉单词学习、单词拼写、单词阅读的发展阶段、词汇学习、解码、类推、字形音素关系、联系理论

当孩子们学会阅读时，书面语言就会与他们日益增长的口头语言联系起来。在字母书写系统中，书面语言与口头语言之间稳定的相互联系的单位是单词，因此在阅读和理解文本时，儿童所掌握的语言知识与印刷文本之间最初的联系是在词汇层面上（Perfetti, & Stafura, 2014)。大量研究旨在阐明儿童词汇阅读能力的习得过程。本章的重点是英语字母书写系统，同时也提及其他字母语言，所讨论的主题包括书面单词特别是单词拼写的习得；儿童学习阅读的各种方法，以及儿童通过音素映射记忆单词的机制。此外，还讨论了拼写和意义之间的联系，特别是那些关于需要上下文才能够推断其含义的词（例如介词、连词、动词）。

读词的方法

英语字母系统由字母组合组成，字母组合在单词中表示音素。字母组合是单字母或双字母的组合（例如 ‹S›、‹OU›、‹TH›），音素是单词中最小的表音单位（例如，‹SOUTH› 有三个音素）。字母组合和音素之间的联系是儿童学习单词阅读的基础。英语中比字母组合更大的是闭音音素组合（指词的后半部分一个元音和其后的辅音组成的音节，比如 ‹SOUTH› 中的 /aʊθ/）、音节和语素（即最小的意义单位，包括词根和词缀）。英语拼写和发音不是一一对应，一个音素可能由几种字母组合发出，一个字母组合可能发几种音。当一些单词的发
294 音不符合主要的拼读规则时，它们的拼读就被认为是不规则的。英文中常有的拼读不唯一以及拼读不规则现象降低了英语的拼读规则性，因此，英语与其他拼读更为规则的字母语言（如西班牙语）相比，阅读习得的速度要慢得多（Seymour, Aro, & Erskine, 2003）。

儿童以多种方式学习阅读单词（Ehri，1998，2014）。如果读者以前从未读过这些单词，他们可能会采用三种策略之一：第一，解码策略，也就是说将字母转换为声音并将声音拼读成为可识别的单词。字母组合可表示音素，多个字母组合可以组成音节或语素；第二，类推策略包括在一个陌生单词的拼写中检索出与已知的单词类似的字母组合模式（例如，‹JUMP› 中的 ‹UMP›），并将其发音与其他字母组合的发音拼读在一起，从而发出陌生单词的音；第三，预测策略，包括利用单词中的某一部分或上下文猜测单词的意义。这些策略可以用于预测一个陌生单词的意义，也可以用来拼读一个已知单词，还可以用来学习新词。遇到没有见过的词语时，如果孩子已经知道这个词在口语中的发音和意义的话，阅读理解就更容易、更准确。

如果孩子已经阅读过某单词，并且记住了它的拼写，那么这些

单词就可以在读者看到该词时直接从记忆中调出。根据埃利（1992, 1998, 2014）的说法，这涉及记忆中存储的拼写、发音和意义之间的联系。只要练习充分，所有的单词都可以通过视觉信息直接读取，并且只需要一点点精力就能快速且自然地被读懂（LaBerge, & Samuels, 1974），并且读者将其视为整体，而不再逐个字母地去读它（Ehri & Wilce，1983）。能够利用记忆直接识别单词，使单词的阅读变得更加便捷，使读者能够将注意力集中在文本的意义上，而不必再逐个理解单词。尽管此时读者已经不再需要运用单词阅读策略来识别单词，但这些策略仍然作为一种阅读方法，读者可以用这些策略验证单词是否拼写正确并适合上下文文意。

解码

解码单词需要知识和技巧。英语读者从左到右处理字母，他们必须了解字母组合和音素之间的关系，懂得如何将音素拼读成为可发音的整体，运用词汇知识读取单词的意思。每个读者都需要一段时间的学习才能够学会如何将字母组合转换成音素，并将发音保存在记忆中，直到将它们按正确的顺序拼读。系统语音课程会将这些技能教授给初学者（Adams, 1990; Ehri, Nunes, Stahl, & Willows, 2001）。解码能力的评估方式通常是让学生读一些假词，但该方法只能评估发音和拼读能力，而忽略语义方面的认知能力。

在开始学习阅读的时候，孩子会遇到许多口语中已经学会的单词。应用解码策略可以在脑海中生成许多个音素的集合，这个集合与已知的词汇可能匹配，也可能不匹配。这一点在拼写不规则的单词上体现得尤为明显，如 ‹SAID› 和 ‹COME›，这两个词的词尾闭音音素组合可能被解码成与 ‹PAID› 或者 ‹HOME› 的一样。滕莫和查普曼（2012）的研究结果表明，学生通过用近似词测试来解码不规则单词，直到找到符合上下文的正确单词。一个例子是读者将 ‹STOMACH› 解码为“stomatch”，然后“stomack”，然后“stumk”，读者尝试拼读单词的过程中使用各种候选词，读者拥有越大的词汇量就越容易成功接近正确单词。埃尔伯罗等人（Elbro，de Jong，Houter & Nielsen，2012）发现拥有候选词库不仅对于识别不规则单词很重要，而且对于识别拼写规律的单词也很重要，特别是当字母组合对应多个音素时（例如 ‹GEM› 中的 ‹G› 发音 /dʒ/，‹GET› 中的 ‹G› 发音 /g/，‹TALL› 中的 ‹A› 发音 /æ/，‹PAL› 中的 ‹A› 发音 /æ/)。

拼读过程的复杂之处还在于当读者发出爆破音（例如，/b/，/d/，/t/，/p/ 等通过短暂地停止气流来发音的辅音时，必须先加上一个元音，通常是中性元音（例如 /bə/)，然后再删除该元音才能产生混合音（例如，/bə//æ//tə/ 混合成“BAT”）(Liberman, Shankweiler, Fisher, & Carter, 1974)。但不必通过停顿来发音的连续辅音（例如 /s/, /m/, /n/, /f/）则不需要在拼读的时候加上元音，比较 /bə-æ-tə/‹bat›
295 和 /mmænn/‹man›。当需要加上中性元音进行拼读的爆破辅音只出现在单词的末尾时，这个辅音对于拼读和单词识别的干扰比较小（例如 /ssopə/‹soap›)。这表明，初学者使用连续辅音学习解码更容易，这样各个音素之间可以避免添加会引起发音中断的辅助元音而发音和拼读。

随着初学者越来越多地认识正字法规则，更多的拼写模式被读者记忆下来，包括辅音簇、出现率极高的词尾音节组合 ‹ACK› 和 ‹UMP›，高频单词如 ‹on›、‹it› 和既可以单独成为一个词又常常出现在其他单词中的 ‹up›、常见音节、黏着语素例如 ‹ING›、‹ED› 和 ‹EST›。英语初级词汇的词尾音节组合只有 37 种，例如 ‹ICK›、‹AIN›、‹ELL›、‹OKE› 和 ‹UG›，这表明了这些音节组合对于单词解码过程具有重要价值（Mayzner, & Tresselt, 1965）。特雷曼等人（Treiman,

Goswami & Bruck，1990）证明了闭音音节组合在解码过程中具备的价值。他们用辅音－元音－辅音音节组合（CVC）测试读者，其中一些比较常见（如 ‹TAIN›、‹GOACH› 的词尾），另一些不太常见（如 ‹GOAN›、‹TAICH› 的词尾）。两种情况下，测试单词都包含相同的字音单元。无论是儿童还是成人拼读包含常见音节组合的词都比那些不常见的词发音更准确。读者积累的字母组合越多，解码多音节词的效率越高，当单词包含许多字母时，发音和拼读单独的字母组合－音素单位就更加复杂，因为很难记住所有的读音然后拼读。

能够将多个字母看作一个单元进行解码能简化解码任务，提升词单词阅读速度，因为需要拼读的音变少了（Juel, 1983)，这一点在英语中体现得尤为明显。英语书写系统由 100 多个字母或字母组合构成，它们代表着包括 15 个元音音素在内的 40 多个音素（Moats, 2000)。用更多的拼写单元进行解码更为准确，因为字母和音素之间的对应可能是不规则的，而将字母组合也看作拼写单元就能够发现更多重复出现的规律，例如 ‹SIGHT›、‹LIGHT› 和 ‹MIGHT› 中的 ‹IGHT› 或者 ‹WHISTLE›、‹CASTLE› 和 ‹WRESTLE› 中的元音 +‹STLE›。

一旦一串字母序列被记忆成一个拼写单元，它就可以作为表示多个发音的符号；例如，‹BEAD›、‹READ›、‹BREAD› 和 ‹HEAD› 的词尾音节组合 ‹EAD›，可以发音 /id/ 或者 /ɛd/，虽然这个音节组合的 /id/ 发音符合拼读规范，因为 ‹EA› 发 /i/ 音符合大多数情况，但 ‹EAD› 发 /ɛd/ 音的出现频率也很高，所以也可以视为符合拼读规则的情况。同一串字母有多种发音的极端例子是 ‹OUGH›，它在 ‹COUGH›、‹TOUGH›、‹THROUGH›、‹THOUGH› 和 ‹BOUGH› 五个词中有五种不同发音。这些例子揭示了虽然字母组合模板未必能够预测该词的读音，但即使发音不规则，这些重复出现的拼写模板也能够帮助读者学会单词的拼写。

根据滕莫和尼科尔森（2011）的说法，虽然读者的解码技巧可能得益于对字形音素关系和拼写模板的积累，然而，所有的字形音素关系或者拼读模板数量太多——根据高夫和希林格（1980）统计可能有上百个——不可能全部教给学生。因此他们提出，孩子们学会基础的拼读规则之后会自然而然地积累拼读知识，并建立一套视读词汇库。有了这套视读词汇库，孩子们就能够根据已有的知识归纳出拼读规律（Thompson, Fletcher-Flinn, & Cottrell, 1999)。这解释了为什么读者实际掌握的英语书写系统知识超过他们在课堂上明确学习的。

读者运用解码可以实现许多目的，首先，通过解码能够拼读以前从未读过的单词，其次，解码帮助读者确定当前看见的单词中包含与其他单词相同的音素，其三，解码策略还可以帮助读者检验阅读中遇到的词是否符合记忆中的发音，最重要的是，解码策略帮助读者将记住的单词转化为视读词。谢尔（2004b, 2008）将解码过程看作自学机制。通过单词解码，读者们可以自己学会如何从记忆中提取单词。

类推

能够把生词类推成熟悉单词的学生在脑海中一定有一个词汇库。
296 学生拥有越多视读词汇就越能够使用类推技巧（Leslie, & Calhoon, 1995)。此外，学生需要能够辨识书面和口头形式的单词的成分，例如闭音音节组，以便使用已知单词的成分来类推阅读未知单词。

这种类推策略的存在已经得到多方面证明。其中一种证明方法是让学生阅读与某拼写不规范的真实单词类似的非单词，例如与‹BUSY›类似的‹DUSY›、与‹GUITAR›类似的‹BUITAR›或者与‹TONGUE›类似的‹MONGUE›，该情况下，使用解码策略与使用类推策略产生的结果不同（例如，这两种策略分别会产生 /dusi/ 和 /dɪzi/、

/bʌtar/ 和 /bɪtar/、/mɑngu/ 和 /tʌŋ/ 的发音)。另一种证明办法是通过拼写任务寻找类推策略的痕迹。坎贝尔(1983)发现如果先让学生阅读熟悉的真实单词(例如,‹BRAIN› 或者 ‹CRANE›)会影响他们对类似的非单词的拼读方式(例如,将 ‹PRAIN› 或者 ‹PRANE› 读成 /pren/)。

高斯瓦米(1986)研究了阅读初学者如何使用类推策略。她向孩子们展示并拼读了一个线索词(例如 ‹BEAK›),然后要求孩子们阅读可类推词和不可类推词(例如 ‹BEAN›、‹BEAL›、‹PEAK›、‹NEAK›、‹LAKE› 和 ‹PAKE›),孩子拼读可类推词的正确率高于不可类推词,尤其是当测试词和线索词有一样的闭音音节组合时,孩子更容易读对。埃利和罗宾斯(1992)研究了根据存储在记忆中而不是在单词阅读任务中直接提供的线索词进行的类推行为。研究人员先教某语言初学者几个线索词的读音,然后向他们展示含有相同的字母和读音的测试词并要求他们拼读。测试词分为两组,其中一组的闭音音节组与线索词相同,另一组则不同,随机向受试者展示其中一组,结果显示孩子阅读可以通过类推拼读的单词准确度比阅读不可以通过类推拼读的单词要高。然而,这种效益仅仅体现在有能力解码非词语测试词的孩子身上,这说明,利用记忆中的线索词类推出测试词的读音需要一定的解码能力。不能解码的孩子往往将测试词错误地读成一开始教给他的线索词的读音,这说明这些孩子由于只记得线索词的一些字母,他们将测试词误以为是线索词。

读者采取类推策略可能不是以一个单词为基准,而是以许多具有相同拼写模式和组成成分的已知单词为基准,这一点已经被证明确实会影响单词的阅读。卡纳、柯特斯和比奇伍德(2010)的研究探索了教儿童阅读一组拼读不规则但类似的单词的词尾闭音音节组能否加强孩子的类推能力(‹DEAF› 和 ‹STROLL› 中的元音与 ‹LEAF› 和 ‹DOLL› 中的元音不同)。将一组拼写和发音都相同的闭音音节组组成的单词（例如 ‹FIND›、‹BLIND›、‹KIND›、‹MIND›）教给学生让他们练习，并且向学生解释这些词语的拼写如何偏离了正常的字形和音素的对应规则；此外还向学生教授一组拼写规则的单词（例如，‹GLOBE›、‹LOBE›、‹PROBE›、‹ROBE›)。在教导前后分别对学生进行测试，测试词汇是可以通过教导的词汇类推出来的捏造词，结果无论测试词的闭音音节组发音是符合规则还是不符合规则，学生们在学习后的测试成绩都显著提高。

教育家已经开发了一些教育方法来教初学者通过类推阅读单词。其中一个例子是示范学校开发的关键词法（Gaskins et al.，1988)，该方法能够帮助有阅读障碍的学生。在一年的课程中，项目组教导学生们阅读 120 个包含常见拼写模式的高频单词，并用它们类推阅读陌生的单词。几年后，该项目得到了进一步优化，因为依旧有一些学生无法记住关键词的拼写（Gaskins et al., 1996–97)。解决办法是教导孩子关键词中字母组合和音素之间的对应关系，让学生练习计数口语中出现了几次该音素，然后给孩子们看拼写，将音素与拼写对应起来，然后训练孩子们认识既包含该字母组合又有其他字母的词（例如，词尾的 ‹E› 发长元音 digraphs such as ‹SH›)。最后让孩子们练习默写或背诵单词。这个过程有望帮助学生加强对关键词的记忆（Ehri, 1992)。纵向比较改良前后的方法（Ehri, Satlow, & Gaskins, 2009）发现，通过改良后的教育方法教出来的学生在两年内的读写成绩优于使用原法学生，但是到了第三四年，使用原法学习的学生成绩追上使用改良法学习的学生，两个群体的差异减小。

预测

应用预测策略在文本中阅读生词有多种方式，读者可以调动自己的背景知识，利用上下文信息进行推测，尝试拼读单词首字母或

者用已经熟悉的单词来匹配该词，又或者浏览插画。预测虽然不一 297
定准确，但却是阅读发展过程中较早出现的最简单的词汇阅读策略。如果儿童误解了一个词，这个误解符合句子结构和上下文意，这说明他们是在用语境来进行预测；如果儿童的误解在读音上与原词有关联，这表明预测受单词拼写的影响（Biemiller, 1970）。要求读者填写文本中缺失单词的完形填空能够评估读者运用预测策略的情况。

在阅读文本时进行预测可能有几个目的：1. 阅读难以解码的生词；2. 加快熟悉单词的阅读速度；3. 用于检验实际的词语是否符合上下文意，如果实际词语与预测的不符合，则回头检查（Clay, 1985）。对于解码能力弱的读者来说，预测提高了他们在文本中阅读单词的能力。戈德曼（1967）称阅读为一种在心里对语言进行解谜的游戏。他声称，优秀的读者使用上下文来预测文本中的单词，并且只在必要时才会注意字母。然而，斯坦诺维奇（2000）进行的许多研究表明，依赖上下文和预测来弥补解码能力不足的读者水平较差。优秀的读者掌握熟练解码技巧，能够准确、快速地识别出文本中的单词，因此不需要依赖上下文。尼科尔森（1991）的发现支持该问题，初学者和水平较差的读者在上下文中阅读单词要比单独阅读单词效果更好，但阅读能力优秀的八岁孩子的阅读表现不受语境明显的影响。

教育工作者在如何教育阅读初学者的问题上出现了激烈的分歧。其中一个分歧在于预测和解码究竟谁更重要，在阅读初学者的教育中侧重哪一方更有效（Stanovich, 2000）。语言全面教学法的支持者认为，容易预测的书籍最适合初学者，这些书中，文本中的单词可以使用上下文、图片或者重复的词干来预测和阅读。在一些教学项目中，例如阅读恢复项目（Clay, 1985; Tunmer, & Hoover, 1993），预测是一种主要的阅读策略，受重视程度甚至比解码策略更高。相比之下，系统的读音规则教育指导初学者首先注意字母与声音之间的关系，以便对书中的单词进行解码，根据他们积累的词汇库来识别单词。

滕莫和胡佛（1993）进行了一项实验对标准的阅读恢复项目和附带解码教导的修正版阅读恢复项目进行比较。参与者是阅读学习存在困难的一年级学生，阅读恢复项目虽然没有教孩子们朗读和拼读单词，但确实教授孩子们如何读出单词的声音。等到孩子们的能力已经达到熟练掌握的水平可以停止这两个项目时，这两组学生的读写成绩相当，然而附带解码教导的项目组学生完成项目所用的课时数更少，只用了42课时，而另一组则花费了57课时。换句话说，标准阅读恢复项目的效率比附带解码教导的阅读恢复项目的效率低37%。这些发现表明，在阅读中综合使用预测和解码策略十分重要。

利用记忆词汇库进行单词的视读

一旦读者熟悉单词的书写形式并将其牢牢存储在记忆中，这些词就可以被视读。有一个普遍的观点认为，只有高频词和不规则词才能被人视读，然而，事实似乎并非如此。相反，有证据表明，只要读者熟练，所有的单词都可以被视读。

斯特罗普的实验结果（Stroop, 1935）引人注目。实验中，读者阅读表示颜色的单词，但字体的颜色与单词所表示的颜色不一致（例如，单词红色‹RED›是用绿色字母打印的）。实验要求受试者说出字母的颜色，忽略单词所表示的颜色。在另一种形式的任务中，读者可以看到一幅图，图中显示一个物体，物体上显示一个与物体不符的名称，例如马的图片上面印着牛‹COW›，或一个苹果上面印着橙子‹ORANGE›。读者被要求尽快说出图片所示物体，忽略单词。

研究表明，读者发现他们根本不可能忽略这些词。不管他们如何调动注意力，不一致的词的存在会减缓他们命名颜色或图片的速度（作为比较的对照组用非单词字母作干扰源，Rosinski，Gollinoff, &

Kukish，1975)。当图片所示物体和单词处于相同的语义范畴时，读者的反应尤其慢，就像在马牛和苹果橙子的例子中一样。对这一现象的解释是，读者看到熟悉的单词时会迅速自动激活脑海中存储的它们的发音和含义，速度比识别实际颜色或者物体的名字还要快，这 298
种竞争阻碍了读者说出颜色和图片中物体的名称。视读词干扰现象最早可以发生在一年级学生的身上 (Guttentag, & Haith, 1978)。

视读词的另一个重要特点是，整个单词的发音作为单个单位，字母或单词组成部分之间没有停顿，这种特点称为单元化。研究表明，读者能像读单个音节一样快速阅读包含多个字母的单词。埃利和威尔斯 (1983) 在一项测量儿童反应时间的研究中用幻灯片向儿童展示许多词，结果发现二年级、四年级的优秀读者读到熟悉的词 (如 ‹MAN›、‹CAR›、‹DOG›、‹BALL›、‹HAT› 等) 时，反应速度和阅读数字 (如 2、6、3、5、4、9) 时一样。这表明读者们将这些词看成一个整体单元读出来，而不是逐个字母去读。然而，当孩子们读到陌生的捏造词 (如 ‹JAD›、‹TUK›、‹NEL›、‹FUP›、‹MIG›) 时，反应速度比阅读熟悉词更慢，这表明视读比解码更有优势。相同的调查结果在学习葡萄牙语阅读的孩子中更为突出，葡萄牙语的拼读规则更为规范。尽管熟悉的词也可以通过解码策略准确地读出来，因为字形与音素之间有稳定的联系，但儿童更倾向于利用记忆将这些词当作整体来视读 (Defior, Cary, & Martos, 2002)。

利用记忆阅读单词比运用阅读策略更有效。当读者阅读文本时，他们的注意力集中在理解文本的意义上。如果此时他们不得不停下来解码或者类推才能识别单词，他们的注意力就会从意义上转移。然而，如果能从记忆中抽取这个单词，就不会对阅读产生干扰。所以能够利用记忆来阅读单词对于提高文本阅读技能而言是必不可少的。

正字法映射

研究改变了关于视觉词汇如何学习的解释。早期的观点是，读者使用视觉信息记忆词汇的形状以及发音（Barron, 1981; Henderson, 1980)。然而，有几个原因导致视觉信息无法解释视觉词汇的学习，读者脑海中存储了几千个单词，单词的形状和视觉特征之间的区别还没有明显到可以区别所有这些词汇。读者们会把单词误认成与它形状相近的单词，不过证据却表明单词阅读是非常准确的，即使是同样拼写的单词也不会经常混淆。

如果视觉线索是记忆单词的基础，那么读者就需要大量的练习才能够达到视读水平，因为英文中拼写和发音之间的联系比较随意，并不系统。然而，现实是读者不需要多少练习就可以利用记忆视读单词，而且速度非常快（Ehri，1980；Ehri & Saltmarsh，1995)。在一项研究中，一年级学生需要四次接触某单词之后，阅读该词的速度才会比阅读从未见过的同音异形词的速度快（Reitsma，1983)。在另一项研究中（Share，2004b)，三年级学生只需要接触一次某词就能记忆单词的字母信息。他们大声朗读包含新词的故事，每个单词都包含一个目标音，该目标音有两种拼写方式。三天、七天或三十天后，让孩子们写出他们看到过的新词，直至30天之后，孩子们仍然保留着对这些字母的记忆。单词的学习如此简单的原因一定是人需要拥有一个强大的助记符号系统，它的工作原理就像强劲的胶水，可以将单词的拼写粘在记忆中。

埃利（1992）假设读者记忆单词的拼写和发音（语音符号）之间的联系来记忆视觉词。读者的正字法映射系统就是帮助读者记忆单词的“胶水”，正字法映射是将字母组合与读音之间的关系存储下来，在记忆中形成拼写的字母组合与单词发音中的音素之间的联系

（字音联系）。例如，‹STOP› 一词中有四个字音联系，即 s 对 /s/、t 对 /t/、o 对 /ɑ/、p 对 /p/，‹CHECK› 一词中有三个字音联系，要注意，字音联系是符合规律的，不是随意的，如果 ‹BOT› 被读成 /tʃ/-/ɛ/-/k/，则字音联系不会形成。

由于使用字音联系的主要目的是将单词的拼写记在脑海中，因此经常出现的字母组合可以合并成为更大的字母序列，这些序列是由许多字母音素单元组成的，这些音素单元由长到短，可分为闭音音节组、音节或语素（例如，‹ED›、‹ION›、‹ING›、‹CON›、‹ENT›、‹MENT›）。这些单元就能够帮助读者在记忆中将拼写与发音联系起来，单个单元越 299
长，读者需要记忆的单元数就越少。例如，‹AD MIN IS TER› 一词被分成四个字音组合，而不是九到十个字母组合。意义也是与拼写联系在一起的，音形意组合被读者记忆于脑海中。埃利（1992，2014）所描述的这一观点类似于其他理论家的观点（Perfetti, & Hart, 2002; Rack, Hulme, Snowling, & Wightman, 1994; Share, 2008）。这个观点不容易被人接受，因为它违反人的直觉。该观点认为，人通过语音手段将视觉形式保存在记忆中，这与传统的观点相冲突，传统观点认为视觉记忆与语音记忆是分离的，然而功能磁共振成像研究的结果支持这一看法。核磁共振成像显示，当孩子们学习阅读时，与单词的视觉相关的大脑区域与语音相关的大脑区域之间存在联系（Frost et al., 2008）。

反对该观点的人认为，拼写不规则的单词字形音素之间的关联不规律，而规律的字形音素之间有规律的关联是利用读音记住单词拼写的基础，那么拼写不规则的单词一定是用其他方式记忆的。然而，事实并非如此。拼写不规则的单词中，大多数字母与发音之间的联系都是规则的，符合映射系统，无论是字母级别（例如，‹FRIEND› 中除了 ‹I› 以外的所有字母或者 ‹ANSWER› 中除了 ‹W› 以外的所有字母），还是在字母组合级别（例如 ‹DEAD› 中的 ‹EAD›）。根据联结主义的理论，拼写不规则的单词在记忆中的存储方式与拼写规则的单词相同。

读者需要一些知识和技能才能形成记忆中发音与拼写的联系并记忆单词拼写。初学读者需要运用分词技巧将发音分析成音素。他们首先需要关于书写系统的知识，主要是文字和音素之间的对应关系，他们需要运用字音知识把拼写中的字母和发音中的音素联系起来，然后存储在记忆中，称为字母组合发音映射或正字法映射。此外，这些词的发音的表达式也必须足够精确，使图形符号与它们所象征的音素能够相互联系（Elbro, 1997）。例如，发音“going to”和文字‹GOING TO›之间的联系比和‹GONNA›之间的联系更精确。此外，读者还需要知道单词的含义，这样读者才能将含义与记忆中的拼写和发音联系起来。一旦读者了解了字音对应规则，他们甚至不需要看到一个单词就能够知道这个单词的拼写，也就是说，仅仅听到这个词就会激发关于其拼写的记忆（Stuart & Coltheart, 1988）。

掌握足够知识的读者可以将视觉词保留在记忆中，这些视觉词有几种来源：通过发音和拼读解码的单词；通过类推认识的单词等，许多阅读策略都能够激活字音联系并帮助读者记忆单词的拼写。如果学生看到陌生的拼写时有人告诉他发音，字音联系就可以在记忆中被激活（Rosenthal, & Ehri, 2008）。如果学生使用上下文加上部分字母来预测生词，那么只要读者知道拼读规则就可以将单词的拼写、发音和意义联系起来。

不仅是阅读，拼写单词也能够让读者在记忆中形成正字法映射。阅读与拼写密切相关（Ehri, 1997）。一项调查研究了阅读训练能否改善读者的拼写成绩，得到的结果是肯定的。在相关研究中，阅读和拼写这两种技能之间的关联度非常高，通常在 0. 70 以上。阅读和拼写技能都与正字法系统有关，都运用了正字法知识形成音形意联系并且记忆。这表明了将阅读和拼写一起教授的重要性，因为这两种技能可以相互加强。

学习运用记忆来视读单词是有阅读障碍的读者难以逾越的一道坎，这些读者身上存在的一个问题是发音困难（Shankweiler et al., 1995)。研究表明，有阅读障碍的学生对音素的意识较差，对发音的记忆力较弱，并且他们拼读单词时的发音也可能不准确（Elbro, Borstrøm, & Petersen, 1998)。另一个问题是，这些学生还没有掌握主要的字形音素对应关系，这就限制了他们对陌生单词进行语音解码的能力(Rack, Snowling, & Olson, 1992)。因此，他们无法将拼写和发音完整地联系到一起并存储在记忆中，他们掌握的音形联系是不完整的，当他们在文本中遇到生词时往往会使用部分字母和上下文的线索来预测单词，从而弥补自身解码技巧的不足（Stanovich, 2000; Rosenthal, & Ehri, 2011)，结果，他们不能在记忆中存储一个单词的完整音形意联系，这就使得他们无法准确地视读这些单词。

发展阶段理论 300

埃利（2005a，2005b）将儿童学习运用记忆视读单词的学习过程分为四个阶段，每个阶段以一个重要的进展为标志，这四个阶段是前字母阶段、部分字母阶段、全字母阶段和拼读字母阶段。每一个阶段都反映了该阶段中主导音形联系建立的字母信息类型。在前字母阶段，读者关注图形或环境信息，不涉及字母读音；在部分字母阶段，单词中的部分字母以语音信息被读者记忆；在全字母阶段，读者形成了更完整的字形音联系；在拼读字母阶段，更大的拼写单位，例如音节和音素，成为形成联系的基础。从一个阶段到下一个阶段的转变是渐进的，不是独立的，无法绝对地判断孩子处于哪个阶段。在任何时候，孩子可能使用不止一种类型的字母信息来建立联系，只是其中有一种类型占主导地位。儿童视读技能发展取决于儿童对字母书写系统的知识的掌握程度及使用熟练度，年龄或年级不是儿童视读技能发展阶段的决定性因素。

表20.1概述了从阅读入门到流利阅读的发展过程，罗列了阅读发展过程中重要的知识、技能、视读记忆的特点、阅读和拼写陌生单词的策略。

301 表20.1　孩子学习阅读和拼写过程的四个阶段：
前字母、部分字母、全字母和字母发展阶段中出现的知识、技能和策略

前字母阶段	部分字母阶段	全字母阶段	拼读字母阶段
需获得的知识或技能			
关于字母的知识极少或没有	知道大部分字母的名字和部分字母组合与音素之间的联系（字形音素关系）	知道主要的字形音素关系和部分较大的拼写单位	知道许多音节字母组合以及音素拼写单元
缺乏音素级别的拆分能力	掌握一部分音素级别的拆分能力	掌握全部的音素级别的拆分能力	
完全不掌握字形音素关系；口语知识不断增长：包括发音、句法和词义	掌握一部分字形因素关系；知道正确的阅读顺序；口语知识不断增长	完全掌握字形音素关系；口语知识不断增长	掌握音素与音节之间、音素与字母之间的对应关系以及正字法映射；口语知识不断增长
视读词记忆			
根据显眼的视觉或上下文线索阅读单词；识词过程易出现语义错误；不知道字母和发音之间的对应关系；对除了人名以外的书面文本没有记忆	根据一部分正字法映射阅读单词；易混淆拼写相近的单词	根据完整的正字法映射来阅读单词；视读开始变得准确、不假思索并且开始将视读词视为一个整体	根据包括正字法映射在内的较大拼写单位的发音规则阅读单词；已知的词可以准确、不假思索地视读，并且将视读词看作一个整体
阅读生词的策略			
完全不掌握单词解码能力；不会类推；根据生词首字母和上下文预测生词	完全不掌握单词解码能力；不会类推；根据视觉线索、上下文线索或插图来预测生词	逐渐掌握利用字形音素关系解码生词的能力；类推能力受限于视觉词汇量	具备利用字形音素关系解码生词的能力；随着视觉词汇量的扩增，类推能力也增强；预测

前字母阶段

儿童刚接触阅读时，他们还不会朗读或者拼读单词中的字母，也无法独立阅读文本，他们不会运用字母和声音之间的联系来猜测单词拼写，更不会使用这些单词，虽然他们可能知道一些字母，在书写的时候，他们会写下一些随机的字母、错误的字母或者记忆中仅有的字母来组成“单词”。这时候，孩子们通常已经知道自己的名字中包含哪些，但是这个阶段孩子们所使用的字母都是通过死记硬背记住的，不是通过声音和文字的联系掌握的。孩子们能够假装朗读自己反复听过的书，但其实只是在背诵自己听过的内容，因为当有人要求他们读出文章中的某一个词时，他们就无能为力了（Ehri, & Sweet, 1991; Morris, 1983)。等到孩子们开始能够读懂单词，他们所依靠的就不再是记忆，而是显而易见的视觉语义线索，例如 ‹LOOK› 这个单词中间两个像眼睛一样的 ‹O›(Gough，Juel，& Griffith，1992)，或者某个单词所处的环境给出的线索，例如看到麦当劳的金拱门说出 ‹McDONALDS› 这个单词，这个阶段，孩子们阅读单词仍然不依靠单词中的字母。

在一项研究中，我们选择了幼儿可以通过环境中存在的线索阅读的熟悉的商标或标志（Masonheimer，Drum，& Ehri，1984)，然后更改了其中的几个字母：例如，将 ‹PEPSI› 中的 ‹P› 替换成 ‹X›，则 ‹PEPSI› 变成了 ‹XEPSI›，处于前字母阶段的儿童没有注意到首字母的变化，即使问孩子们拼写是否有错误，大多数孩子仍然把这个标志读成“Pepsi”。虽然这些孩子知道大约 60% 的字母的名称，但他们并没有实际使用字母。这表明他们阅读依靠的是环境线索，而不是印刷文字。

生活环境中出现的印刷字被环境线索所包围，这可能分散了前字母阶段读者的注意力以至于他们注意不到字母的变化。使用人名进行的研究表明，前字母阶段读者确实能够使用字母来读他们自己的名字和一些同学的名字，即使这个人的名字没有出现在教室的储物柜上，而是独立地出现在孩子眼前，他们仍然能够认出这些名字（Levin, & Ehri, 2009; Share, & Gur, 1999; Treiman, & Broderick, 1998)。然而，这些字母是以视觉形式被孩子们记住，而不是通过它的发音。

处于前字母阶段的儿童本质上还没有达到使用字母的水平，他们还不会运用字母和声音之间的对应系统实现阅读。为了能够达到下一阶段，孩子们需要掌握字母。儿童对字母的掌握程度可以预测他们进入幼儿园和一年级之后的阅读水平（Share, Jorm, Maclean, & Matthews, 1984)。罗伯茨（2003）发现，教学龄前儿童字母的名字有助于他们使用字母的发音朗读记住的单词。皮亚斯塔、佩茨彻和加斯提斯（2012）研究了学龄前儿童的字母知识以及他们的一年级阅读成绩，并确定出获得优秀阅读成绩所需掌握的字母数：幼儿园毕业时，掌握 18 个大写字母和 15 个小写字母的孩子在小学一年级可以获得优秀的阅读成绩。

许多字母的名称包含了字母的发音，例如，字母 ‹B› 的名字包含 /b/ 的发音。如果孩子们知道字母名字，他们就可以更容易地学习听出字母名字中所包含的发音（Share, 2004a)。嵌入式图像记忆法是一种行之有效的字母发音关系教学法（Ehri, Deffner, & Wilce, 1984; Shmidman, & Ehri, 2010)。该方法将单词与单词的组成字母所近似的物体结合成一幅图画，例如首字母是 ‹S› 的单词可以用一条蛇的图画表示该词的首字母，首字母为 ‹T› 的单词用桌子的图案表示该词首字母，还有首字母为 ‹M› 的单词以山峰作它的首字母。这些比较具体的联想更能够帮助孩子们学习字母。

部分字母阶段

从前字母阶段进入部分字母阶段，孩子们不仅需要掌握字母的名称和读音知识，还需要意识到口语中的声音可以用书面语来表达，孩子们首先关注的往往是单词的词首发音。孩子们需要认识到口语中的声音与组成单词的字母之间的对应关系，但因为他们的知识有限，所以他们阅读和拼写的单词往往只有残缺的一部分。当他们默 302
写单词时，只能够写出部分听见的声音（通常是单词的首尾发音）。

由于不熟悉拼写规则，孩子们很难记住词汇的正确拼写。并且孩子们还没有学会拼读单词，只能通过部分字母和上下文提供的线索猜测单词。他们能记得一些字母和发音之间的关联（例如单词的首尾字母和首尾音），并以此为线索记住单词的读音，基本就像是自己编造的拼写，例如，要记住 ‹SOUP› 的读音，孩子们可能会先记住首尾字母 ‹S› 和 ‹P› 和首尾发音，之所以可能记住这些字母的发音，是因为这些发音存在于字母的名字中，而其他字母则被孩子们遗忘，即使被记住，也不是通过字音联系记住的。其中一个原因是将单词分割成音素的过程不完整，例如，辅音簇中的两个辅音（例如 ‹STOP› 中的 /st/）很难被孩子听出来，所以这两个单词都可能被遗忘；另一个原因是元音的拼写更复杂，使得孩子们不能直观地看出来。由于孩子只知道部分字音联系，他们读写单词都不能十分准确，而且容易将拼写相近的单词混淆。

埃利和威尔斯（1985）对处于前字母阶段和部分字母阶段的儿童的单词阅读情况进行了比较，研究两组儿童是否会使用不同类型的提示线索来阅读单词。处于前字母阶段的孩子只知道几个字母的声音，不能读任何单词。处于部分字母阶段的孩子知道大部分字母的发音，能读几个简单的单词，但是不会解码单词。这些孩子接受了几次练习以学习阅读两种简化拼写，其中一种拼写的字母具有鲜明的视觉特征，但字母和单词的音形之间没有关联（例如，‹wBc› 对应 elephant［大象］，‹FO› 对应 arm［手臂］)。另一种拼写的字母名称和字母发音与单词之间有联系（例如，‹LFT› 对应 elephant［大象］，‹RM› 对应 arm［手臂］)。处于前字母阶段的儿童学习前一种拼写比学习后一种拼写更快，而部分字母阶段的孩子学习后一种拼写比学习前一种拼写更快。其他研究人员的重复实验同样得出这样的结果（de Abreu, & Cardoso-Martins, 1998; Roberts, 2003; Treiman, & Rodriguez, 1999)。这些研究表明：当孩子们学会字母的名字或声音时，他们能够以一种更有效的方式来阅读单词，即使用字音对应规则来单词。

关于部分字母阶段的描述指出：该阶段读者了解一部分字母书写系统知识，在一定程度上知道如何运用字母书写系统知识进行阅读与拼写，但他们缺乏在记忆中解码单词和存储完整单词所需的能力。阅读障碍学生的阅读拼写表现类似于部分字母阶段读者。

从部分字母阶段过渡到全字母阶段，读者的视读能力经历了三个方面的进步：字母读音知识的长进、能够将单词分割成音素、掌握了字母和声音之间的映射关系。埃利和威尔斯（1987b）指出，学习过如何将单词分割成音素并找出相应的字母的学生，其视读能力超过只学习字母音素对应关系的学生。博耶和埃利（2011）显示，部分字母阶段读者如果同时学习字母对应音素发音的特点和字母的发音就能够更好地学习视读，其效果优于仅仅学习字母发音而不学习字母对应的音素发音。音素发音训练是让儿童使用镜子观察他们的嘴在发音时的移动，此外还让儿童们借助口型图片学习单词发音，例如，给孩子展示一张嘴唇闭合的图片，然后一张嘴左右咧开的图片，让他们学习 /mi/ 中的两个音素。博耶和埃利根据言语感知的运动理论（Liberman，1992)，提出音素的定义比其声学特征更为重要，这表明在语音教学中，教会学生如何运动自己的口腔与教会学生发出什么声音同样重要。

系统语音教学的目的是将从部分字母阶段进入全字母阶段所必需的知识和技能传授给孩子。埃利等人（2001）分析发现系统的语音学教育对学生学习视读、解码和阅读理解的促进作用要大于单一的单词教学或者语言教学等其他类型的教学。幼儿园和一年级时进行系统语音教学的效果尤其突出，此时学生们刚开始学习阅读。研究表明，和 303
只接受过单词层面教育的初学者相比，接受过语音训练的初读者不太容易根据部分字母或上下文线索猜出陌生的单词，因为他们更倾向于使用解码策略（Barr, 1974–1975; Carnine, Carnine, & Gersten, 1984）。

全字母阶段

当孩子们完全掌握如何依靠拼写中的字母和发音中的音素之间的联系来视读词汇时，他们就进入了全字母阶段。因为他们学会了主要的字音对应关系，所以他们可以将发音分割为音素，而当读者将这一知识运用到具体的某个单词上时，该词的拼写、意义以及发音被结合在一起作为一个整体储存在读者记忆中。在全字母阶段，孩子们通过语音课程学会了拼读和拼读陌生的单词，这种解码策略是激活相应的字音联系，使目标词成为视读词写入记忆。

埃利和威尔斯（1987A）研究了部分字母阶段和全字母阶段中读者词汇学习方面的差异，他们将处于部分字母阶段的幼儿园儿童分为两组，其中一组学习单词中所有的字形音素联系，使其能够达到全字母阶段的读者水平，这一组孩子练习反复阅读 12 组类似的单词和非单词，例如 ‹BAP›、‹DAT›、‹LAB›、‹PAM›、‹RAS›、‹SAN›、‹TAD›。另一组分别学习相同的音素和字母组合，不学习音素和字母组合之间的联系，结果在学习结束后，该组孩子依旧停留在部分字母阶段。

学习的最后，两组孩子都练习阅读十五个词，他们依次读词，如果读错则有人纠正他们，如此反复几次，这些词拼写相近，所以很难通过部分线索记住发音，例如‹BEND›、‹BIB›、‹BLAST›、‹BLOND›。第一组孩子前三次尝试能够读对平均90%的单词；第二组孩子前三次尝试平均只能读对30%的单词，第二组孩子的主要问题是容易混淆拼写类似的单词，这体现出了利用部分字母线索读词的局限性。这些发现说明了学会完整的音形联系对于发展视读技能的重要性。

全字母阶段的读者还有一些先前阶段所不具备的能力（见表20.1)。全字母阶段读者读词比部分字母阶段读者读词更加准确；他们的视读词汇迅速增长；很快，他们能下意识地更快地识别单词。随着视觉词的存储量的增加，他们可以通过熟词类推策略阅读生词；他们能够根据读音更完整地拼出单词；他们更容易记住读音规则单词的正确拼写；他们可以独立阅读难度合适的文本（用词大多数是已知词或者可以通过解码、类推和预测知道的词)。

几年前，学界争论阶段理论是否适用于描述儿童学习读音更规则的语言的过程，因为读音更规则的语言更容易解码。维默和赫默（1990）测试德语初学者的解码能力，发现没有人处于部分字母阶段，于是他们认为在发音规则的语言中没有这一阶段。然而，他们的研究对象已经接受了为期六个月的系统语音教学，观察这些儿童的时期可能太晚，无法证明这些儿童在更早的时期是否出现过可能比较短暂的部分字母阶段。卡尔多索和马丁斯（2001）也研究了该问题，他们的研究对象是巴西的葡萄牙语初学者，研究对象被分为两组，其中一组接受词汇层面的学习，另一组则接受发音层面的学习。入学三月后，前一组学生处于部分字母阶段，他们能够读熟词但不会解码虚构词。相比之下，第二组学生接受过解码训练，能够读真实和虚构的单词，处于完整字母阶段。这一结果显示即使是发音规范的语言的初学者，在尚未学习解码技巧的早期也存在部分字母阶段。

谢尔（2008）将解码作为一种在记忆中存储视觉词的自学机制，他和其他人已经证明，学生们会记住读到过的陌生单词的拼写，不会将他们与类似的拼写混淆起来。谢尔（2004B）发现，三年级的学生只需要接触一次生词就足以记住一个月。斯图尔特和柯尔特哈特（1988）提出一个可能的原因是完整地掌握了发音技巧的初学者只需要接触一个单词一小段时间就可以将其保存为视读词。他们认为学 304
生学习字形音素知识有助于预测口语发音和书面文本之间的对应关系，这有助于记忆新词的拼写。埃利和威尔斯（1979）的实验证明了读者可以通过预测已知口语词和未知书面文本之间的关联来学习新词。他们对二年级的学生进行了几次测试，让他们听见辅音-元音-辅音形式的真实单词与虚构单词，这些单词以数字标号，一部分学生听见单词后，实验人员要求他们猜测单词的拼写，另一部分学生仅仅复述听见的单词而不猜测单词拼写，结果前一组学生学习这些单词的情况比前一组更好。

拼读字母阶段

当读者记忆越来越多的视觉词汇时，他们就进入了拼读字母阶段。该阶段的孩子已经相当熟悉词汇中出现频率较高的字母组合，例如‹CAMP›、‹DAMP›、‹LAMP›、‹CHAMP›中的‹AMP›。此外，孩子们还掌握了其他许多较大的拼写模块，例如闭音节词尾（由一个元音和一个辅音组成的词尾）、音节、词根、前缀和后缀等。熟悉这些拼写模块对于学生学习多音节词汇有较大帮助，例如，‹IN TER ES TING›可以根据音节拆分成4组字母组合，然后读者将该词的音、形、意结合成一个整体存储在记忆中。

为了研究拼读字母阶段中的视读词汇学习，巴塔恰亚和埃利

(2004) 研究了年龄较大的阅读困难读者 (平均年龄为13.8岁), 他们的阅读水平根据标准的词汇阅读测试显示为小学三年级水平。他们研究了通过教授孩子们音节层面的音形联系能否帮助他们阅读多音节单词, 如‹SUBSTITUTION›、‹CONFERENCE›、‹DEMOCRATIC›。学生根据单词发音将100个多音节单词分成音节并将发音与拼写相匹配, 音节拆分的标准是只要将元音分开, 发音与拼写匹配即可。实验设置一个对照组练习阅读相同的单词, 但他们不拆分音节而是将完整的单词作为整体来阅读, 对照组朗读单词的次数多于实验组。学习结束后, 两个组接受已学单词的发音、解码和拼写测试, 结果实验组的表现优于对照组。这一结果不仅证明了阅读学习过程中存在拼读字母阶段, 而且还表明将单词的发音与拼写联系起来学习能够提高学生的阅读技巧并加强他们对单词拼写的记忆。

为了比较小的字音单位和较大的语素单位对单词的阅读和理解的作用, 努恩斯、布赖恩特和巴罗斯 (2012) 对8岁和9岁的英语学生进行了测试。该年龄的孩子大体已经进入拼读字母阶段。该测试让孩子们阅读和拼写真实单词和虚构的单词从而检验对字母组合和音素单位的使用情况。分级结果的回归分析显示, 在控制年龄与IQ不变的条件下, 字音联系和语素因素对读者的视读表现、篇章阅读流畅性和理解能力都有明显影响。但是, 语素知识对读者这些方面表现的影响更大。这些结果表明, 音形因素无论大小都会帮助读者建立正字法联系从而帮助读者记忆词汇, 而在拼读字母阶段的孩子受到较大的音形因素的影响更大。

语境在词汇学习中的作用

阶段理论描述了在儿童从不识字发展到能够独立且流利地阅

读文本的熟练读者过程中词汇阅读学习的发展历程。阅读是否流利的判断标准是学生能否以足够的速度、合理的停顿和情感朗读文本(Kuhn, & Stahl, 2003)。能够达到流利阅读水平的读者具备的一个重要素质是能够在看见一个单词的瞬间自动想起该词的发音和词义。读者能够视读词汇的部分原因是正字法映射的存在，正字法映射帮助读者牢记单词的拼写和发音，读者可以一眼识别通过正字法映射记住的词汇。但是，另一个重要素质是记忆中词间联系的迅速激活。根据埃利(1978, 1980)的融合理论以及其他学者提出的关系论，当词与词在文本中被组合到一起时，词的句法含义和语义含义就会得到彰显，这样一来读者就能够理解文意，也只有当词与词组合在一起时才能够搭建起句法功能与句意。研究人员对儿童如何学习拼写、句法功能和单词意义之间的联系的关注较少，但儿童在这方面的学习是其语言发展过程中相当重要的一部分。

并不是所有的词都是一样的。教初学者阅读单词的一个常见方法是用单词卡片让他们练习阅读单独的单词。虽然该方法可能能够
训练儿童记忆字母组合和音素之间的联系，但它忽略了拼写和句法 305
功能或者语义之间的联系。当初学者学习的词语语义较为明显时，这个方法不会有什么问题，因为这些词的发音足以激活其意义(例如‹TABLE›、‹GHOST›、‹HORSE›)，然而，许多词依赖于其他词的存在(即依赖于语境)来激活它们的句法功能和意义，包括动词不规则过去式(例如‹SAID›、‹WENT›、‹DID›、‹CAME›)、冠词、介词(例如‹FROM›、‹WITH›、‹IS›、‹ARE›、‹AND›、‹FOR›、‹THE›)和其他功能词。像这样需要联系上下文才能获取句法和语义信息的词汇必须放在语境中学习，这对于提高阅读流利性尤其重要，因为高语境词能够像胶水一样将单词凝聚在一起。此外，与语境有关的单词也是孩子们最先学会阅读的词汇之一，它们在学前儿童和小学生学习列表

中属于高频单词。

杜夫和休姆（2012）的一项研究结果表明，对于初学者来说，与上下文相关的单词在单独练习时可能比语义丰富的单词更难学习。他们把具象单词和抽象单词教给5岁和6岁的孩子六次。孩子们读这些单词，但没有被告知单词的意思，孩子们更容易学会具象单词。不过目前尚不清楚单词的具体性是否是导致这一现象的原因。所有的具象单词都是常见的名词（如 ‹LADDER›、‹RIVER›、‹JACKET›、‹KNIFE›)，而许多抽象单词都依赖于上下文且不是名词（即 ‹HIDDEN›、‹LOOKED›、‹NEVER›、‹BETTER›、‹BECAUSE›)。未学习阅读的孩子单独听见一个虚词时往往不能将其识别为一个单词，但如果有语境和其他功能词就可以组成有意义的句子。赫滕洛克（1964）以及霍尔登和麦金蒂（1972）发现，即使孩子们能够读懂某句话，但不意味着孩子们认识这句话中的每一个单词，他们能够辨认出实词但不能识别虚词。他们常常将冠词和介词和与其相邻的单词看成一个整体。埃利（1975）让孩子们阅读一些含有虚词的句子，并要求孩子们说出虚词的意思。孩子们常常难以识别诸如“ran”和“and”之类的词，但像“wagon”［旅行车］这样的词，孩子们可以轻松识别。有一些孩子将“ran”当作“run”或者当作一个人的名字。研究人员让孩子们说出一个包含单词“and”的句子，如“The boy and his dog walked home”，有一个孩子说出了句子的大致意思但是没用使用目标词，他说“The girl is walking home with a cat”，当要求孩子将句子分割成单词时，孩子们会忽略诸如“the”、“to”、“is”、“my”、“has”、和“of”这样的虚词。未学习阅读的孩子往往对虚词没有概念，但与此形成对比的是开始学习阅读不久的读者能够完整地将书面形式或口语形式的句子拆分成单词，也可以准确地使用虚词组成有意义的句子。在另一项研究中，埃利（1976）找来幼儿园和一年级的学生以及从未学过阅读的儿童，向他们展示一些无意义的线条，每当他们看见一种线条，儿童会听见熟悉的实词和虚词，例如“milk”、“small”、“came”、“of”、“and”。随后，所有的孩子都接受测试，在看到线条的同时说出线条对应的单词，所有的孩子记忆名词和形容词的速度都快于动词、介词和连词，但是，未学习阅读的读者学习动词过去式和虚词的速度远比学习实词的时间更长，他们学习任何词的速度都明显比学习过阅读的孩子更慢，尽管这两组儿童年龄相仿。埃利（1976）对这些结果的解释是当孩子学习阅读文本中的单词并记忆这些单词的拼写时，他们会更敏感地识别听见的词汇的结构并且更快地识别听见的词，特别是高语境词汇，例如听见“Gimme apiecea cake”能够将其识别为“Give me a piece of cake”。看见单词的拼写能够帮助孩子们巩固对这个词的记忆，从而在阅读和写作中运用该词，尤其是高语境词汇。学习单词的拼写，能够将这些词从短暂的、不可见的、易混淆的口语形式转换成具有准确的正字法、音系和句法特征的独立的、具体的可视形式，使其具有语义身份；单词在句子中的 306
出现激活了词的句法功能；句子中和文本中的其他词激活了单词的词间意义。

研究表明，在句子中学习高语境词汇比单独学习单词更有利于孩子们形成单词拼写、句法和语义之间的联系。例如，埃利和威尔斯（1980）让一年级学生学习十个不熟悉的单词，如‹MIGHT›、‹WHICH›、‹ENOUGH›、‹GAVE›。一部分学生在句子中学习该词，另一部分学生先单独学习该词，然后听见上下文。在随后的测试中，前者比后者更擅长用高语境词组成的有意义的完整句子，也更擅长在听力中辨别出四个高语境词中哪一个出现在了句子中（例如在句子“The green frog gave vegetables to the hungry rabbit”中辨别出“gave”）。

根据融合理论（Ehri, 1978, 1980），当孩子们在语境中学习高语境词汇时，这些词语的句法功能和意义能够得到激活并与其拼写关联。举例来说，当孩子们在有意义的句子中读到‹FOR›、‹BY›、‹TO›、‹THROUGH›、‹WOULD›等词时，孩子们能够把词和其句法和语义关联起来，不把它们与拼写相近的词混淆在一起，如‹FOUR›、‹BUY›、‹TWO›、‹THREW›、‹WOOD›。埃利和罗伯茨（1979）研究了阅读初学者的这一学习过程。一部分一年级学生学习在句子中的八对同音词，研究人员预计这些学生能够更好地学习单词的句法和语义功能；另一部分孩子学习同一些单词，他们先学习单独地写在卡片上的这些单词，然后听见一段包含目标词的话，研究人员预计这些学生学习单词的句法和语义功能的效果应该较差，因为单独学习单词不能激活这些词的句法和语义功能。该实验使用的同义词组有‹WHICH›-‹WITCH›、‹CHOOSE›-‹CHEWS›、‹BALD›-‹BAWLED›等。孩子们学习完词语后，让他们用所学的词造句，结果前一组孩子比后一组孩子造句用词准确度更高，后一组孩子常将同音词与目标词混淆。实验结果表明，使用单词卡片教孩子学习词汇的方式是有缺陷的，通过这种方式学习单词的学生不能很好地将单词与其句法语义联系起来，尤其是对于高语境词，如‹WHICH›，学生容易把它和‘witch’混淆，因为后者的语义即使没有上下文也非常明显。在前面的两项研究中，比较了在句子上下文中学习单词和单独学习单词的效果，测试结果显示不依靠上下文单独学习单词的阅读初学者对单词的拼写掌握得更好。产生这一结果的原因可能是当孩子不依靠上下文学习单词时能够形成更加彻底的正字法映射，因为孩子没有上下文线索可以预测单词，只能使用解码策略来学习，并且牢牢记住该词的每一个字母，并且，孩子们注视单独出现的单词的时长可能长于在上下文中出现的该词。这两项研究（Ehri, & Roberts, 1979; Ehri, & Wilce, 1980）的结果表明，利用语境学习单词和单独学习单词都能够在不同的层面帮助阅读初学者记忆单词。单独学习单词更有利于学生记忆单词拼写，而在语境中学习单词可能更有利于学生学习单词的句法功能和语义。查尔（1983）在她的发展模式中提出文本阅读练习是提高流利度的最重要的途径。根据她的说法，孩子们学习单词使用的材料应该意思相近，使孩子们能够将注意力集中在单词上（通常是在高频词上），并将这些词和对语言和对世界的知识相联系，这样一来，初学者能够将高频、高语境词与他们已掌握的语言知识联系起来，以便将它们作为单独的有意义的词汇单元来识别和阅读。

构建书面词汇库

孩子们不仅通过听单词，而且通过阅读课文来学习新的词汇。随着孩子们进入高年级，他们越来越多地通过阅读而非听力来学习生词。孩子们阅读的书籍中包含的冷僻词比例高于成人的口语对话（前者每1000词中平均出现31个冷僻单词，而后者每1000词中平均出现17个冷僻单词）(Cunningham，2005)。通过阅读学习词汇的一个优点是，当单词的拼写被解码时学生能够将其拼写与记忆中的发音 307
和意义联系在一起。

罗森塔尔和埃利（2008）进行了一项研究，以确定向学生展示新词汇的拼写是否会提高他们对单词及其意义的记忆。研究人员教二年级和五年级学生几个陌生的低频名词的发音和意义。五年级学生学习十个多音节单词，例如‹VIBRISSA›［猫的胡须］和‹Tamarack›［大树］，而二年级的学生则学习六个较短的单词，如‹SOD›［潮湿的草地］和‹PAP›［婴儿用软糊状食物］。两组孩子都学习单词的发音、定义、听到用该词组成的句子以及相应的图。随后，孩子们接受带有反馈的几次测试来学习单词的发音和意义。其中一组孩子在学习和反馈期间能够看写有单词的卡片，但测试时不能看，另一组孩子始终不能看单词的拼写，为了两组平衡，后一组孩子能够多听几次单词的发音。实验结果清楚地显示，看见单词拼写的二年级和五年级的学生们，无论平时阅读成绩好坏，都能够更快地学习单词的发音和意义，但平时阅读成绩较好的孩子学习的速度更快。其他学者也通过实验证明了能够看见单词拼写对于词汇学习的好处（Ricketts, Bishop, & Nation, 2009）。

加特科尔（2006）认为这些实验的结果表明了阅读成绩较好的学生之所以取得好成绩是因为他们对新单词的语音的工作记忆力更强，这有利于这些学生记忆更多词汇量。对语音的工作记忆力指的是对单词语音的暂时记忆，但是，前面一项实验的结果表明正字法知识可能比语音记忆力更重要，因为当孩子们不能看见单词的拼写时，平时阅读成绩好的学生比平时阅读成绩不好的学生记忆单词发音的表现并没有高出太多，这说明对发音的记忆力对于词汇量的建立影响有限；然而，当学生能够看见单词的拼写时，平时成绩好的学生比成绩不好的学生记忆发音的表现明显高出一截，这表明这些学生的阅读成绩更多地得益于通过正字法映射将拼写和记忆中的发音联系起来的能力，而非得益于更强大的语音工作记忆力。

结论

关于单词学习的研究非常多，这一章涉及的仅仅是这方面研究的一部分。本章讨论的重点是理解单词学习的基本理论和这些理论之间的区别。孩子们学习单词的方法是多样的，拼写陌生单词的策略包括解码、类推和预测。当孩子们对某一单词足够熟悉时，该词就可以被孩子视读。正字法映射是解释读者如何记忆单词的拼写并且视读单词的关键概念。正字法映射包括将拼写单位（如字母组合或者音节、多音节字母组合）视为发音单位（例如音素、音节、多音节组合如闭音节音素组合和语素等），这种音与形之间的映射关系的形成基础是读者对于拼写系统的一般知识，建立了正字法映射后，读者即使看见陌生单词也可以发音，并且正字法映射有助于读者检验所看见的单词拼写与记忆中的发音是否一致。

发展四阶段理论描述了视读词的习得过程，这四个阶段分别是前字母阶段、部分字母阶段、全字母阶段和拼读字母阶段。每一个阶段都以该阶段读者联系拼写与发音的方式类型为标志，联系拼写与发音的方式类型的变化从与字母无关的视觉线索、上下文线索开始到部分字母与发音的联系，再到更为完整的字母组合与发音之间的联系再到多个字母组合与发音之间的联系。一旦读者形成了正字法映射，读者的词汇量就能迅速增加。在学习新单词时能够看到单词的拼写能够加强读者对于该词的发音和意义的记忆，并且读者也会给该词的拼写注入句法功能和语义信息。当读者在文中阅读新词时，读者就能将该词的句法功能和语法信息与其拼写联系起来，尤其是介词、助动词和连词，这些词的功能是标志词与词之间的句法关系。同时，在文中阅读新词也有助于读者将语义信息与单词拼写相联系，因为阅读文本时，该词的拼写与其他单词以及文本意义被共同记忆下 308
来，拼写和语义之间的联系在读者的记忆中组成语义候选库，等待下次阅读时得到特定语境的激活。读者的词汇量越大，阅读就越流畅，因为读者可以自动地识别大部分单词的拼写、意义和词间关系。

未来方向：有待解决的问题

根据四阶段理论，初学者进入全字母阶段后必须能够将单词拼写中的字母组合与发音中的音素联系起来从而记忆视读词。但儿童如何运用字母的名词与发音信息有效地记忆视觉词的机制还需要更多的研究才能探明。孩子们学习将拼写与发音联系起来的最初阶段需要许多练习，在此过程中，什么样的训练最有利于帮助孩子度过这一阶段？音节分割对于发音的帮助有多大？根据本章的词汇学习观点，当孩子们学会一个单词时，孩子们会给该词的拼写注入许多备选的句法功能和语义，这些备选的句法功能和语义都是孩子们通过平时的阅读从语境中获取并积累的，孩子接触的语境越多，相关词的句法和语义信息就越丰富，所以还需要更多的研究来探明词汇的习得过程，例如什么样的语境最有利于词汇学习？通过语境学习效果最好的是哪一类词？英语作为外语的习得过程中最难掌握的就是功能词的正确用法，在此运用语境学习能够带来多大裨益？

了解字母和发音之间的对应规则能够帮助读者记忆单词，然而运用发音规则记忆英文单词的拼写并不容易，因为英文单词的发音并不十分规律，英文使用者究竟是如何记忆单词的拼写的？哪些知识能够帮助读者记忆英文单词？如何优化英文拼写教育？这些问题都亟待今后的研究讨论。

参考文献

Adams, M. (1990). *Beginning to read: Thinking and learning about print*. Cambridge, MA: MIT Press. Barr, R. (1974–1975). The effect of instruction on pupil reading strategies. *Reading Research Quarterly, 10,* 555–582.

Barron, R. (1981). Development of visual word recognition: A review. In G. Mackinnon & T. Waller (Eds.), *Reading research: Advances in theory and practice* (pp. 119–158). New York, NY: Academic Press.

Bhattacharya, A., & Ehri, L. (2004). Graphosyllabic analysis helps adolescent

struggling readers read and spell words. *Journal of Learning Disabilities, 37,* 331–348.
Biemiller, A. (1970). The development of the use of graphic and contextual information as children learn to read. *Reading Research Quarterly, 6,* 75–96.
Boyer, N., & Ehri, L. (2011). Contribution of phonemic segmentation instruction with letters and articulation pictures to word reading and spelling in beginners. *Scientific Studies of Reading, 15*, 440–470.
Campbell, R. (1983). Writing nonwords to dictation. *Brain and language, 19,* 153–178.
Cardoso-Martins, C. (2001). The reading abilities of beginning readers of Brazilian Portuguese: Implications for a theory of reading acquisition. *Scientific Studies of Reading, 5,* 289–317.
Carnine, L., Carnine, D., & Gersten, R. (1984). Analysis of oral reading errors made by economically disadvantaged students taught with a synthetic phonics approach. *Reading Research Quarterly, 19,* 343–356.
Chall, J. (1983). *Stages of reading development*. New York, NY: McGraw Hill.
Clay, M. (1985). *The early detection of reading difficulties*. Auckland, New Zealand: Heinemann.
Cunningham, A. (2005). Vocabulary growth through independent reading and reading aloud to children. In E. Hiebert & M. Kamil (Eds.), *Teaching and learning vocabulary: Bringing research to practice* (pp. 45–68). Mahwah, NJ: Erlbaum.
de Abreu, M., & Cardoso-Martins, C. (1998). Alphabetic access route in beginning reading acquisition in Portuguese: The role of letter-name knowledge. *Reading and Writing: An Interdisciplinary Journal, 10,* 85–104.
Defior, S., Cary, L., & Martos, F. (2002). Differences in reading acquisition development in two shallow orthographies: Portuguese and Spanish. *Applied Psycholinguistics, 23,* 135–148.
Duff, F., & Hulme, C. (2012). The role of children's phonological and semantic knowledge in learning to read words. *Scientific Studies of Reading, 16,* 504–525.
Ehri, L. (1975). Word consciousness in readers and prereaders. *Journal of Educational Psychology, 67,* 204–212.
Ehri, L. (1976). Word learning in beginning readers and prereaders: Effects of form class and defining contexts. *Journal of Educational Psychology, 68,* 832–842.
Ehri, L. (1978). Beginning reading from a psycholinguistic perspective: Amalgamation of word identities. In F. Murray (Ed.), *The recognition of words* (pp. 1–33). Newark, DE: International Reading Association.
Ehri, L. (1980). The development of orthographic images. In U. Frith (Ed.), *Cognitive processes in spelling* (pp. 311–338). London, England: Academic Press.
Ehri, L. (1992). Reconceptualizing the development of sight word reading and its

relationship to recoding. In P. Gough, L. Ehri, & R. Treiman (Eds.), *Reading Acquisition* (pp. 107– 143). Hillsdale, NJ: Erlbaum.

Ehri, L. (1997). Learning to read and learning to spell are one and the same, almost. In C. Perfetti, L. Rieben, & Fayol, M. (Eds.), *Learning to spell: Research, theory and practice across languages* (pp. 237–269). Mahwah, NJ: Erlbaum.

Ehri, L. (1998). Grapheme-phoneme knowledge is essential for learning to read words in English. In J. Metsala & L. Ehri (Eds.), *Word recognition in beginning literacy* (pp. 3–40). Mahwah, NJ: Erlbaum.

Ehri, L. (2005a). Development of sight word reading: Phases and findings. In M. Snowling & C. Hulme (Eds.), *The science of reading: A handbook* (pp. 135–154). Oxford, England: Blackwell.

Ehri, L. (2005b). Learning to read words: Theory, findings and issues. *Scientific Studies of Reading, 9,* 167–188.

Ehri, L. (2014). Orthographic mapping in the acquisition of sight word reading, spelling memory, and vocabulary learning. *Scientific Studies of Reading, 18,* 5–21.

Ehri, L. C., Deffner, N. D., & Wilce, L. S. (1984). Pictorial mnemonics for phonics. *Journal of Educational Psychology, 76,* 880–893.

Ehri, L., Nunes, S., Stahl, S., & Willows D. (2001). Systematic phonics instruction helps students learn to read: Evidence from the National Reading Panel's meta-analysis. *Review of Educational Research, 71,* 393–447.

Ehri, L., & Robbins, C. (1992). Beginners need some decoding skill to read words by analogy. *Reading Research Quarterly, 27,* 12–26.

Ehri, L., & Roberts, K. (1979). Do beginners learn printed words better in contexts or in isolation? *Child Development, 50,* 675–685.

Ehri, L., & Saltmarsh, J. (1995). Beginning readers outperform older disabled readers in learning to read words by sight. *Reading and Writing: An Interdisciplinary Journal, 7,* 295–326.

Ehri, L., Satlow, E., & Gaskins, I. (2009). Grapho-phonemic enrichment strengthens keyword analogy instruction for struggling readers. *Reading and Writing Quarterly, 25,* 162–191.

Ehri, L., & Sweet, J. (1991). Fingerpoint-reading of memorized text: What enables beginners to process the print? *Reading Research Quarterly, 26,* 442–462.

Ehri, L., & Wilce, L. (1979). The mnemonic value of orthography among beginning readers. *Journal of Educational Psychology, 71,* 26–40.

Ehri, L., & Wilce, L. (1980). Do beginners learn to read function words better in sentences or in lists? *Reading Research Quarterly, 15,* 451–476.

Ehri, L., & Wilce, L. (1983). Development of word identification speed in skilled and less skilled beginning readers. *Journal of Educational Psychology, 75,* 3–18.

Ehri, L., & Wilce, L. (1985). Movement into reading: Is the first stage of printed word learning visual or phonetic? *Reading Research Quarterly, 20,* 163–179.

Ehri, L., & Wilce, L. (1987a). Cipher versus cue reading: An experiment in decoding acquisition. *Journal of Educational Psychology, 79,* 3–13.

Ehri, L., & Wilce, L. (1987b). Does learning to spell help beginners learn to read words? *Reading Research Quarterly, 22,* 47–65.

Elbro, C. (1997). Early linguistic abilities and reading development: A review and a hypothesis about underlying differences in distinctiveness of phonological representations of lexical items. *Reading and Writing: An Interdisciplinary Journal, 8,* 453–485.

Elbro, C., Borstrom, I., & Petersen, D. (1998). Predicting dyslexia from kindergarten: The importance of distinctness of phonological representations of lexical items. *Reading Research Quarterly, 33,* 36–60.

Elbro, C., de Jong, P., Houter, D., & Neilsen, A. (2012). From spelling pronunciation to lexical access: A second step in word decoding? *Scientific Studies of Reading, 16,* 341–359.

Frost, S., Sandak, R., Mencl, W., Landi, N., Moore, D., Della Porta, G., . . . Pugh, K. (2008). Neurobiological and behavioral studies of skilled and impaired word reading. In E. Grigorenko & A. Naples (Eds.), *Single-word reading: Biological and behavioral perspectives* (pp. 355–376). Mahwah, NJ: Erlbaum.

Gaskins, I., Downer, M., Anderson, R., Cunningham, P., Gaskins, R., & Schommer, M. (1988). A metacognition approach to phonics: Using what you know to decode what you don't know. *Remedial and Special Education, 9,* 36–41.

Gaskins, I. W., Ehri, L. C., Cress, C., O'Hara, C., & Donnelly, K. (1996–1997). Procedures for word learning: Making discoveries about words. *The Reading Teacher, 50,* 312–328.

Gathercole, S. (2006). Non-word repetition and word learning: The nature of the relationship. *Applied Psycholinguistics, 27,* 513–543.

Goodman, K. (1967). Reading: A psycholinguistic guessing game. *Journal of the Reading Specialist, 6,* 126–135.

Goswami, U. (1986). Children's use of analogy in learning to read: A developmental study. *Journal of Experimental Child Psychology, 42,* 73–83.

Gough, P., & Hillinger, M. (1980). Learning to read: An unnatural act. *Bulletin of the Orton Society, 30,* 179–196.

Gough, P., Juel, D., & Griffith, P. (1992). Reading, spelling and the orthographic cipher. In P. Gough, L. Ehri, & R. Treiman (Eds.), *Reading acquisition* (pp. 35–48).

Hillsdale, NJ: Erlbaum.
Goswami, U. (1986). Children's use of analogy in learning to read: A developmental study. *Journal of Experimental Child Psychology, 42,* 73–83.
Guttentag, R., & Haith, M. (1978). Automatic processing as a function of age and reading ability. *Child Development, 49,* 707–716.
Henderson, L. (1980). Wholistic models of feature analysis in word perception: A critical examination. In P. Kolers (Ed.), *Processing of visible language* (Vol. 2, pp. 207–218). New York, NY: Plenum.
Holden, M., & MacGinitie, W. (1972). Children's conceptions of word boundaries in speech and print. *Journal of Educational Psychology, 63,* 551–557.
Huttenlocher, J. (1964). Children's language: Word-phrase relationship. *Science, 143,* 264–265.
Juel, C. (1983). The development and use of mediated word identification. *Reading Research Quarterly, 18,* 306–327.
Khanna, M., Cortese, M., & Birchwood, K. (2010). Learning new words affects nonword pronunciation in children. *Scientific Studies of Reading, 14,* 407–439.
Kuhn, M., & Stahl, S. (2003). Fluency: A review of developmental and remedial practices. *Journal of Educational Psychology, 95,* 3–21.
LaBerge, D., & Samuels, S. J. (1974). Toward a theory of automatic information processing in reading. *Cognitive Psychology, 6,* 293–323.
Leslie, L., & Calhoon, J. (1995). Factors affecting children's reading of rimes: Reading ability, word frequency, and rime neighborhood size. *Journal of Educational Psychology, 87,* 576–586.
Levin, I., & Ehri, L. (2009). Young children's ability to read and spell their own and classmates' names: The role of letter knowledge. *Scientific Studies of Reading, 13,* 249–273.
Liberman, A. (1992). The relation of speech to reading and writing. In R. Frost & L. Katz (Eds.), *Orthography, phonology, morphology, and meaning* (pp. 167–177). Amsterdam, the Netherlands, North-Holland.
Liberman, I., Shankweiler, D., Fisher, F., & Carter, B. (1974). Reading and the awareness of linguistic segments. *Journal of Experimental Child Psychology, 18,* 201–212.
Masonheimer, P., Drum, P., & Ehri, L. (1984). Does environmental print identification lead children into word reading? *Journal of Reading Behavior, 16,* 257–272.
Mayzner, M., & Tresselt, M. (1965). Tables of single-letter and digram frequency counts for various word-length and letter position combinations. *Psychonomic Monograph Supplements, 1,* 13–32.

Moats, L. (2000). *Speech to print: Language essentials for teachers*. Baltimore, MD: Brookes.

Morris, D. (1983). Concept of word and phoneme awareness in the beginning reader. *Research in the Teaching of English, 17,* 359–373.

Nicholson, T. (1991). Do children read words better in context or in lists? A classic study revisited. *Journal of Educational Psychology, 83,* 444–450.

Nunes, T., Bryant, P., & Barros, R. (2012). The development of word recognition and its significance for comprehension and fluency. *Journal of Educational Psychology, 104,* 959–973.

Perfetti, C., & Hart, L. (2002). The lexical quality hypothesis: In L. Verhoeven, C. Elbro, & P. Reitsma (Eds.), *Precursors of functional literacy* (pp. 67–86). Amsterdam, the Netherlands: Benjamins.

Perfetti, C., & Stafura, J. (2014). Word knowledge in a theory of reading comprehension. *Scientific Studies of Reading, 18,* 22–37.

Piasta, S., Petscher, Y., & Justice, L. (2012). How many letters should preschoolers in public programs know? The diagnostic efficiency of various preschool letter-naming benchmarks for predicting first-grade literacy achievement. *Journal of Educational Psychology, 104,* 945–958.

Rack, J., Hulme, C., Snowling, M., & Wightman, J. (1994). The role of phonology in young children's learning to read words: The direct mapping hypothesis. *Journal of Experimental Child Psychology, 57,* 42–71.

Rack, J., Snowling, M., & Olson, R. (1992). The nonword reading deficit in developmental dyslexia: A review. *Reading Research Quarterly, 27,* 28–53.

Reitsma, P. (1983). Printed word learning in beginning readers. *Journal of Experimental Child Psychology, 75,* 321–339.

Ricketts, J., Bishop, D., & Nation, K. (2009). Orthographic facilitation in oral vocabulary acquisition. *Quarterly Journal of Experimental Psychology, 62,* 1948–1966.

Roberts, T. (2003). Effects of alphabet letter instruction on young children's word recognition. *Journal of Educational Psychology, 95,* 41–51.

Rosenthal, J., & Ehri, L. (2008). The mnemonic value of orthography for vocabulary learning. *Journal of Educational Psychology, 100,* 175–191.

Rosenthal, J., & Ehri, L. (2011). Pronouncing new words aloud during the silent reading of text enhances fifth graders' memory for vocabulary words and their spellings. *Reading and Writing: An Interdisciplinary Journal, 24,* 921–950.

Rosinski, R., Golinkoff, R., & Kukish, K. (1975). Automatic semantic processing in a picture-word interference task. *Child Development, 46,* 243–253.

Seymour, P., Aro, M., & Erskine, J. (2003). Foundation literacy acquisition in European orthographies. *British Journal of Psychology, 94,* 143–174.

Shankweiler, D., Crain, S., Katz, L., Fowler, A., Liberman, A., Brady, S. , . . . Shaywitz, B. (1995). Cognitive profiles of reading-disabled children: Comparison of language skills in phonology, morphology and syntax. *Psychological Science, 6,* 149–156.

Share, D. L. (2004a). Knowing letter names and learning letter sounds: A causal connection. *Journal of Experimental Child Psychology, 88,* 213–233.

Share, D. L. (2004b). Orthographic learning at a glance: On the time course and developmental onset of self-teaching. *Journal of Experimental Child Psychology, 87,* 267–298.

Share, D. L. (2008). Orthographic learning, phonological recoding, and self-teaching. In R. Kail (Ed.), *Advances in child development and behavior* (pp. 31–81). New York, NY: Elsevier.

Share, D. L., & Gur, T. (1999). How reading begins: A study of preschoolers' print identification strategies. *Cognition and Instruction, 17,* 177–213.

Share, D. L., Jorm, A. F., Maclean, R., & Matthews, R. (1984). Sources of individual differences in reading acquisition. *Journal of Educational Psychology, 76,* 1309–1324.

Shmidman, A., & Ehri, L. (2010). Embedded picture mnemonics to learn letters. *Scientific Studies of Reading, 14,* 159–182.

Stanovich, K. (2000). *Progress in understanding reading: Scientific foundations and new frontiers*. New York, NY: Guilford.

Stroop, J. (1935). Studies of interference in serial verbal reactions. *Journal of Experimental Psychology, 18,* 643–662.

Stuart, M., & Coltheart, M. (1988). Does reading develop in a sequence of stages? *Cognition, 30,* 139–181.

Thompson, B., Fletcher-Flinn, C., & Cottrell, D. (1999). Learning correspondences between letters and phonemes without explicit instruction. *Applied Psycholinguistics, 20,* 21–50.

Treiman, R., & Broderick, V. (1998). What's in a name? Children's knowledge about the letters in their own names. *Journal of Experimental Child Psychology, 70,* 97–116.

Treiman, R., Goswami, U., & Bruck, M. (1990). Not all nonwords are alike: Implications for reading development and theory. *Memory & Cognition, 18,* 559–567.

Treiman, R., & Rodriguez, K. (1999). Young children use letter names in learning to read words. *Psychological Science, 10,* 334–338.

Tunmer, W., & Chapman, J. (2012). Does set for variability mediate the influence of vocabulary knowledge on the development of word recognition skills? *Scientific Studies of Reading, 16,* 122–140.

Tunmer, W., & Hoover, W. (1993). Phonological recoding skill and beginning reading. *Reading and Writing: An Interdisciplinary Journal, 5,* 161–179.

Tunmer, W., & Nicholson, T. (2011). The development and teaching of word recognition skill. In M. Kamil, P. Pearson, E. Moje, & P. Afflerbach (Eds.), *Handbook of reading research* (Vol. 4, pp. 405–431). New York, NY: Routledge.

Wimmer, H., & Hummer, P. (1990). How German-speaking first graders read and spell: Doubts on the importance of the logographic stage. *Applied Psycholinguistics, 11,* 349–368.

311

第21章 儿童的拼写发展：理论与证据

S. 埃莱娜·迪肯 埃林·斯帕克斯

摘　要：本章回顾了有关儿童拼写学习发展的研究和发现，这些研究的关注重点是字母书写系统。本章描述了三个主要的拼写发展模型：音素学模型、建构主义模型和统计学习模型及其主要实证依据。在这一框架内，本章对模型的评估会从以下两个方面出发：模型对儿童整个拼写发展过程描述的契合程度；模型能否具体说明儿童拼写发展过程中各方面变化的发生机制。本章对拼写发展模型的评估深入洞察了学界多年来对儿童拼写发展的实证研究，加深了我们对儿童音素学、形态学和正字法方面敏感性发展规律的理解。同时，本章的内容也强调了进一步研究的必要性，以便澄清现有模式之间的分歧，学界也需要更多针对不同语言的拼写发展研究。

关键词：拼写、音素学、形态学、正字法、统计学、建构主义

在这本关于阅读的书中，我们很荣幸受邀撰写一章关于拼写，特别是关于拼写的发展的内容。拼写往往被认为比阅读更困难(Mommers, 1987)，其中一个原因是，拼写需要按正确的顺序记忆一个单词中的所有字母，而不仅仅是根据整个单词或单词的一部分识别这个单词。学界之所以关注儿童拼写能力的发展，正是因其能够帮助我们了解儿童如何看待语言的书面表达形式。与早期学界对拼写的看法相反(例如，Hillerich, 1977; Horn, 1960)，当今学界不再将拼写的学习过程看作是死记硬背的过程。

本章将围绕关于拼写发展较为核心的理论模型展开，这些核心理论模型描述和解释了典型的拼写学习发展过程，也为不断涌现的拼写学习实证研究提供了理论框架。本章评估拼写发展模型的标准

是该模型能否实现两个重要的目标，这两个目标是所有描述发展的模型共同的目标。首先，发展模型必须能够准确描述目标在不同发展阶段的表现，具体到儿童拼写能力的发展，就意味着模型需要准确描述儿童的拼写能力从最初的尝试到完成复杂单词近乎完美转录的过程中的发展变化。其次，一个有效的模式不仅能够描述现象，还应该有效解释导致发展变化的原因，明确发展机制。我们将实证研究的结果与核心模型的描述和预测进行比较，以便深入了解学界对儿童拼写发展的认识现状。

本章的关注点与大多数拼写发展模型的关注点一致，集中在儿童学习字母语言书面语拼写系统的过程。当然，无论学习的是什么 312
语言的书面语，学生都面临着将口语以书面形式表现出来的任务。在许多语言的书面形式中，音素学因素是将口语形式语言信息转换成书面形式语言信息的一个重要方面，各个语言的语音编码系统存在相当大的差异。像英语这样的字母书写系统使用字母来表示音素（一种语言中最小的声音单位），而像孟加拉语这样的音节书写系统使用音节符号来表示整个音节。在像汉语这样的语素书写系统中，汉字是意义单位，不是表音单位，但大多数汉字都包含表音部首，这些表音部首能够在一定程度上体现汉字的读音。发音较为规则的书面语言（例如芬兰语，芬兰语的书面语拼读系统极为规则，其发音与字母一一对应）的读者只需要严格根据规则拼读单词。然而，在许多语言中（例如英语），书写符号和读音之间的映射并不完美，一部分原因是这些语言不仅反映读音规律，还反映了一些非音素规律，例如，英语拼写系统体现了形态学规律，反映了语素这一语言中最小的意义单位，例如动词过去时后缀 -ed 在“jumped”和“played”中的拼写相同，而发音不同（分别为 /t/ 和 /d/）。英语拼写系统还反映英语正字法的规律性，在字母书写系统中，正字法的规律明确了字母的允许组合模式及其允许出现的上下文；例如，英语辅音双写更有可能出现在单词的末尾（例如，full），而不是在单词的开头（例如，fful）。确定这些不同的规律性如何体现在一个书写系统中是学习英文阅读和拼写的一个主要障碍。对儿童拼写的研究，特别是他们的拼写错误的研究，为我们提供了一个难得的窗口以了解英语学习者学习拼写的思路和拼写能力的发展规律。

音素学视角

从音素学视角解读儿童拼写能力的发展，即以儿童的声形映射能力的发展作为基准描述儿童的拼写发展，该视角的研究表明儿童的拼写学习并不仅仅是死记硬背。在音素学视角之下，字母与音素的对应是核心，儿童学习字母语言的拼写过程中遇到的最大挑战在于掌握字母与语音中的音素之间的对应关系。当儿童明白字母和发音之间存在对应关系之后，就可以开始运用音形规律来学习拼写。该观点下的模型预测儿童最终会使用除字母以外的其他拼写单位与发音之间的对应规律记忆单词拼写，但明白字母和发音之间的对应关系是这类模型的关键，这一点与音素学视角对字母书写系统的拼写学习过程的关注点是一致的。

数名学者以不同的形式提出了基于音素学视角的理论（Ehri, 1997，本书；Frith, 1985; Gentry，1982; Henderson, 1985）。尽管他们对拼写发展的描述略有不同，但有一个实质性的共同点在于他们的理论对儿童拼写发展的过程预测存在一系列非常相似的阶段。最初，儿童的拼写与发音系统无关，他们的拼写甚至使用自创符号，他们将熟悉的词拼写成不加分析的整体（Frith, 1985）或者一连串随机的字母（Gentry, 1982）。从根本上来说，孩子初学拼写时所使用的符号与词语的发音之间没有联系，随后儿童逐渐学会运用音素学规律完成拼写，先是了解部分拼写规律，然后完全掌握拼写规律。这些模型都预测到达最后阶段时儿童将能够完全掌握拼写规律，不仅能够运用音素学规律，而且还能够掌握形态学和正字法原则，最后儿童能够成功拼写复杂的单词（Ehri, 1997，本书；Gentry, 1982）。因此，基于音素学视角的拼写模型记录了从儿童最早尝试拼写到完全胜任拼写任务的全过程中拼写能力的进展。在本章对拼写模型的回顾中，我们重点讨论两个基于音素学视角的拼写模型（Ehri，1997; Gentry, 1982）。根据这些模型，儿童最初的拼写尝试并不注意字母与音素的对应，这些模型的描述包括孩子最初这种不注重字母音素对应的前音素拼写阶段，埃利（1997）将该阶段称为前字母拼写阶段；金特里(1982）称之为前交流拼写阶段。具体举例而言，金特里(1982）在其模型中描述了一名4岁的儿童将英文短语“welcome home”拼写成‹SSHIDCA›；凯斯勒和同事（2013）描述了一名幼童将葡萄牙语单词“bicicleta”（自行车）拼写成‹ORP›。这些例子都说明了儿童意识到词语可以用字母来表示，但他们所选用的字母尚未与单词发音存在联系。证明前音素拼写阶段存在的更有力的证据来自于一项针对巴西学龄前儿童（平均年龄4岁零3个月，Kessler，Treiman, & Cardoso- 313
Martins，2013）的研究，研究人员要求孩子们拼写一些简短的单词，列举出每一个单词的所有可能拼写，即使用常见葡萄牙语字母组合表达单词中每个音素。儿童的拼写与这些候补词进行比较，接近度越高孩子的得分越高，将每个单词的得分相加即得到这名儿童的总得分，接下来，研究人员通过随机排列得出完全偶然的拼写的得分，并将孩子的得分与偶然拼写得分进行比较，这就排除了随机因素对孩子成绩的影响。样本中几乎一半的儿童（约45%）的得分没有高于偶然得分（Kessler et al.，2013；另见 Polo, Kessler, & Treiman，2009）。

语音视角的支持者将这些早期的前语音拼法描述为“字母表字母的随机排列组合”（Gentry，1982，第 193 页）。正如我们稍后将讨论的那样，该时期儿童拼写并不完全是随机的（Kessler et al.,2013)。然而，似乎许多幼儿的拼写缺乏系统性，与读音之间的联系也不强。

当儿童开始理解字母与音素的对应时，他们身上发生了一个重大转变，也就是说，他们不仅意识到书面的拼写对应着口语中的词汇（这一点在前音素拼写阶段就已经体现出来），而且更为关键的是，他们还认识到特定的词汇代表特定的发音，这就意味着儿童开始进入部分字母拼写阶段（Ehri, 1997）或称半语音拼写阶段（Gentry, 1982)。正如阶段名称所示，儿童关于字母-发音对应知识的了解和运用正在迅速发展，但尚未完全。金特里（1982）提供了一个示例，一个年幼的孩子将“telephone”拼写为 ‹TLEFN›，也就是说该阶段的孩子能够拼写出一个单词的大部分字母，但还不能将单词拼写完全。一些刚进入音素拼写阶段的儿童会借鉴字母的名称猜测词中字母的发音，一个例证是：由于 L 的发音是 /ɛl/，所以前例中的孩子将“telephone”拼写为 ‹TLEFN›，只用了一个“L”，而没有在“T”和“L”之间添加表示元音的字母。事实上，无论是自然主义还是实证主义的拼写研究都表明，许多不同语言社会的孩子在很小的时候就已经学习了字母的名称，并且运用于早期的拼写学习中利用字母名字的发音尝试拼写单词（Treiman, & Kessler, 2003)。例如，当元音听起来与字母名称相同时，刚开始学习英语拼写的孩子更容易在他们的自然拼写中添加元音（Treiman，1993)。类似地，当学前幼儿和小学一年级儿童被要求书写一个听起来像 /vɑr/ 的非单词时，儿童经常会写出像 ‹VR› 这样的字母组合，省略元音而直接使用字母 ‹R› 来表示 /ɑr/ 的音，但是如果一个测试词的发音听起来和任何一个字母的名称都不同，儿童通常不会省略元音（Treiman, 1994)，类似的使用字母名称当作发音来拼写单词的错误也常出现在使用希伯来语（Levin, Patel, Margalit, & Barad, 2002）和葡萄牙语（Pollo, Kessler, & Treiman, 2005）的儿童身上。从这些儿童创造出来的拼写中可以看出儿童在其拼写学习的早期，也就是半语音拼写阶段，常常使用字母的名称进行拼写（Gentry，1982)。然而，越来越多关于儿童在拼写学习过程中使用字母名称的证据表明，儿童使用字母名称来拼写的现象并非理论预测的那样广泛（Pollo et al., 2005; Treiman, 1994)，使用字母的名称进行拼写是出现在儿童拼写学习的早期阶段的不成熟的音素学拼写策略。

在这一不成熟的拼写策略的基础上，音素学拼写理论认为儿童接下来会进入一个能够更加完整地拼出单词发音的阶段，埃利（1997）称之为全字母拼写阶段，而金特里（1982）则称之为语音拼写阶段。举例来说，那名曾经将“telephone”拼写成‹TLEFN›的孩子进入这一阶段后将“telephone”拼写成‹TALAFON›(Gentry，1982)，他将该词中每一个元音都尝试用自己的方式表示了出来。这个例子可以用来佐证大量的研究（例如，Read，1975)，表明儿童自创的拼写在很大程度上是为了表示单词的语音特征，根据单词的发音自己发明拼写的现象可以在许多字母语言社会的儿童身上发现，包括英语（例如，Lombardino, Bedford, Fortier, Carter, & Brandi, 1997; Read, 1975)、希腊语（Porpodas, 2001)、斯瓦希里语（Alcock, & Ngorosho, 2003）和中文拼音（Shen, & Bear, 2000)。孩子自创的拼写即使乍看之下毫无章法，实际上都体现着符合逻辑的表音规律，而且通常能够细致地反映出 314
单词发音的变化，例如有孩子将龙‹DRAGON›拼写为‹JRAGON›，这样的拼写反映了儿童努力运用了字母的名称知识，映射到他们所听见的内容中，在这个例子中，儿童听见单词首音是/dʒ/，就忠实地用字母表现了出来（Treiman, 1985)，表明孩子尝试在字母知识和听见的发音之间形成映射。这个阶段的孩子严格按照听见的发音拼写单词，对其他拼写规则不多加考虑，例如孩子听见“jumped”后缀-ed时，不是按照动词过去式的构词法而是按照听见的读音将其拼写成了‹JUPT›(Gentry，1982)。

音素学拼写模型的最后阶段，儿童在使用拼写体现读音的基础上，还综合考虑其他拼写规则，金特里（1982）的模型中的过渡拼写阶段和正确拼写阶段、埃利（1997）的合并字母拼写阶段都描述了儿童的这一进步。从这一节点开始，音素学拼写模型描述儿童的拼写反映出形态学和正字法的规律。例如金特里（1982）指出，正确拼写阶段的孩子能够正确地搭建单词结构，包括前后缀（反映形态学规律）和不发音或双写辅音（反映正字法规律）。孩子的拼写能力到这个最后阶段时就达到了熟练的程度。

音素学视角的分析对学界理解儿童学习字母语言拼写的发展历程的许多方面产生了深远的影响，这其中音素学分析最突出的贡献或许在于它指出了儿童学习拼写的过程中运用了音素学知识，该问题不仅推动了理论发展，而且还影响了教育实践。作为拼写发展的描述性模型，这些基于语音学的模型有其优点：如前所述，一旦儿童理解了字母和语音之间存在映射，他们自创的拼写往往基于发音。

从模型对现象的解释能力来看，学习字母和发音之间的对应是儿童拼写发展过程中可能存在的机制，至少在从前字母拼写阶段到部分和完整字母拼写的过渡中存在这一机制。事实上，纵向证据表明，字母发音对应知识在幼儿早期的拼写发展过程中发挥着重要作用：儿童掌握字母发音对应知识的程度能够用于预测他们随后根据发音正确拼写单词的能力，从而能够预测儿童其后的总体拼写准确性（Caravolas, Hulme, & Snowling, 2001)。此外，对儿童进行字母发音对应知识的教学似乎能够促进他们拼写能力的发展：一年级的孩子中，接受过更多字母发音对应知识教育的孩子，相对而言拼写速度提高得更快（Foorman, Francis, Novy, & Liberman, 1991)。

从儿童最早期的前音素拼写阶段的拼写尝试来看，虽然‹SSHIDCA›之类的错误拼写如果以严格的音素学标准分析起来似乎完全是随机的字母组合（根据音素学拼写模型的标准；Gentry，1982)，因为这些字母和单词的发音之间毫无关联，但从非音素角度来分析，这一拼写并非完全随机。下文我们将会详细讨论，其实儿童的拼写反映了音素学以外的许多规律，而这些规律来自于他们所接触过的书面语言中（Treiman, Kessler, & Bourassa, 2001)，事实上，凯斯勒等人（2013）研究报告的一个关键结论是，许多儿童根据语音所做的拼写反映了书面语言的统计学规律，换句话说，儿童不是随机选择字母，他们选择的字母反映出他们语言中的字母频率。这一点强调了语音视角发展理论反复出现的一个问题：虽然语音因素对儿童的拼写发展很重要，但语音视角拼写发展理论往往忽视其他因素。

这类模型的关注焦点存在限制，不仅体现在儿童拼写学习的早期阶段，也体现在模型对儿童拼写学习后期阶段表现的解释。许多学习字母语言的孩子在掌握了发音规则之后也还需要学习许多非音素拼写规则。许多语言，如英语，有大量的单词的拼写取决于非音素规则。埃利和金特里都在各自模型的最后阶段体现了这一点，他们指出，儿童开始应用形态学和正字法原则。然而，不同于这些模型对儿童拼写学习过程中音素学因素的细致描述和解释，这些模型对于 315
影响儿童拼写学习的其他因素的描述和解释相当模糊，音素学拼写模型将其他因素的影响描述为儿童在不断接触新词的过程中，逐渐认识并记忆常见的字母组合，例如正字法拼写模板（例如闭音节字母组合模板）和形态学拼写模板（例如后缀)，音素学拼写模型对于这两种模板没有分别讨论。虽然字母发音对应规则可能推动了儿童拼写的早期发展，但不可能完全解释拼写发展全程中儿童对形态学或正字法规律性的学习。

音素学拼写模型对儿童拼写发展的研究做出了不容忽视的重要贡献。然而，似乎很明显，孩子的拼写发展不仅仅由音素学因素驱动。在下一节中评论的其他模型能够更好地描述儿童早期拼写发展中出现的非随机性质，并对儿童学习非音素拼写规律做出明确的预测。

建构主义拼写发展研究方法

建构主义方法在建立适用于儿童所有领域的学习和发展机制方面具有关键的优势，因为该方法关注思维的建构。让·皮亚杰（1950，1954）在他的经典著作中提出，儿童通过提出和检验假设的方式主动构建知识体系，然后结合对现实的观察实践构建新的、更复杂的体系。这种学习的特点在于它是分阶段的，孩子的思维在每个阶段都被该阶段的建构规则所主导。在这里，我们回顾了两个主要的模型，它们应用建构主义方法解释儿童学习拼写字母语言的发展过程。

费莱罗的通用假说

在皮亚杰派的理论基础上，费莱罗研究了儿童关于书写系统的假设（Ferreiro，1978; Ferreiro, & Teberosky，1982)。费莱罗使用“书写系统”这个词以强调儿童对语言书写系统的一般运作模式的理解，而不仅仅关注他们对单个单词的拼写的看法，因为费莱罗预测，儿童对语言书写系统的一般运作模式的理解未必适用于单个单词的拼写法，例如，费莱罗和特博洛斯基(1982）指出，未学习过阅读的孩子认为一个单词必须包含数个不同的字母，即多字母假设和词内字母变化假设，费莱罗和特博洛斯基认为，随着儿童接触的词汇量越来越大，他们会发现一个单词的字母数量或者类型与该词的含义无关，于是儿童开始采取音素学方法来学习拼写，自此，儿童进入音节拼写阶段，该阶段的儿童认为每一个字母都代表了音节。研究表明包括西班牙语、葡萄牙语和意大利语（Ferreiro, & Teberosky，1982; Nunes Carraher, & Rego，1984; Rego，1999）在内的字母语言的儿童使用者都存在这一音节拼写阶段。音节拼写阶段的孩子采用音素学拼写策略完成拼写，因为处于该阶段的儿童认为书写系统的原则是用字母来反映声音；然而处于该阶段的孩子还不明白在他们正在学习的特定书写系统中，一个字母代表的声音单位小于一个音节。在意识到了字母的数量与音节数量之间存在不对等的关系之后，儿童从音节拼写策略转向字母拼写策略，字母拼写策略即将一个字母映射一个音素上。根据这一理论，儿童的拼写学习过程是验证和否定假设的过程。

费莱罗的建构主义方法具有突出价值，最重要的可能在于该方法鼓励研究人员和教育工作者探究儿童早期拼写错误中的规律性，以及早期拼写与其后的拼写发展之间的关联（Gentry，1982)。这一理论也被认为普遍适用于学习拼写任何字母书写系统的儿童（Ferreiro, Pontecorvo, & Zucchermaglio, 1996)。

尽管有这些明显的理论优势，但缺乏支持这一理论的实证数据，即使在相关研究最丰富的罗曼语系中相关的实验也尚不足。例如，最近的研究表明，即使是完全不懂字母和发音之间的对应规则的儿童，使用一个或者两个字母表示一个单词的情况也低于随机概率。事实上，葡萄牙语和英语使用儿童自创的单字母或双字母单词的出现频率与真实文本中出现单字母和双字母单词的频率非常接近（约20%, Pollo et al.，2009)，有更多的证据证明词内字母变化假说，最近 316

的一项研究表明，使用葡萄牙语和英语的儿童连续使用相同的两个字母来书写一个单词的概率低于随机概率，这表明他们确实倾向于避免在拼写中重复相同的字母（Pollo et al.，2009)，然而，学习葡萄牙的儿童比学习英语的儿童表现出更大的双写字母倾向，反映了这两种语言重复字母的相对频率（Polo et al.，2009)。因此可以看出，该假设在不同情况下并非一成不变，儿童所学习的语言本身的特点会影响儿童的表现。

关于较大的儿童所经历的拼写阶段，已有数项研究结果不支持英语（Kamii, Long, Manning, & Manning, 1990; Pollo et al., 2009）和葡萄牙语（Cardoso-Martins, Corrêa, Lemos, & Napoleão, 2006; Pollo et al., 2005, 2009; Treiman, Pollo, Cardoso-Martins, & Kessler, 2013）拼写学习中存在音节拼写阶段的可能性。葡萄牙语中未能找到音节拼写阶段的存在证据是最令人惊讶的，因为此前的研究曾报告学习使用这种语言的儿童的音节拼写阶段（Nunes Carraher, & Rego, 1984; Rego, 1999)。事实上，儿童在葡萄牙语拼写中使用音节被认为至少在一定程度上反映了罗曼语系是基于音节的拼读语言（Kamii et al.，1990)。例如，罗曼语系中元音后面只跟一个辅音，而不像英语中元音后面可以跟数个辅音，这就表明了罗曼语系语言中音节的地位比英语中音节的地位更为突出（Blevins，1995)。然而，在波罗等人（2009）的研究中，无论是使用葡萄牙语还是英语的儿童，拼写单音节单词所用的字母数量和拼写双音节词所用字母数量没有区别。另一种可能性是，幼童学习罗曼语系语言时可能会用两个元音来表示双音节词汇（Rego，1999)，因为字母名称经常出现在他们的语言中（Pollo et al., 2005; Cardoso-Martins, & Batista, 2003; Treiman, & Kessler, 2003)。然而，最近针对该假设的检验研究表明，事实并非如此（Treiman et al.，2013)。这个问题将会在统计学习模型的讨论中再谈，目前我们只需要知道没有什么实证证据支持音节拼写阶段的存在。

回顾前文，费莱罗的模型尚未得到切实的实证经验支持，费莱罗的通用假说的支撑证据也不够充分，于是学者们开始探索其他能够解释在儿童早期拼写发展过程中出现的现象的理论。此外，这些假设显然无法被照搬到每一门语言的学习过程中；目前尚不清楚如何将它们应用于学习非字母语言书写系统（如日语和汉语）的拼写学习过程中。在众多需要描述的语言面前，人们对现有的学习机制理论持怀疑态度，然而，下文将会提及将儿童的学习过程是验证和推翻假设的过程这一概念运用于描述和解释儿童的拼写发展的尝试。

努恩斯和布莱恩特的拼写阶段模型

费莱罗专注于孩子对书写系统的早期认识的研究，而努恩斯和布莱恩特的模型（Bryant, & Nunes, 1998; Bryant, Nunes, & Aidinis, 1999; Nunes, Bryant & Bindman, 1997a, 1997b）关注的范围超过了儿童学习拼写的早期阶段（Nunes, & Bryant, 2009, p.1)，该模型预测了儿童如何学习音素学以外的拼写规则，并在儿童的语素拼写方面进行了针对性测试。

努恩斯和布莱恩特将皮亚杰的知识构建模型运用于儿童的字母语言拼写学习发展的分析中（2009; Nunes et al., 1997a, 997b)，并提出儿童的拼写发展过程是分阶段的，一开始儿童的拼写没有规则，随后，儿童似乎开始假设拼写对应着单词的读音，经过自己的阅读和拼写尝试逐渐熟悉单词的拼写后，儿童发现字母语言（如英语和法语）中大量的单词的拼读是不规则的。于是，儿童开始给已经掌握的以读音为基础的拼写规则添加例外，在总结了这些例外之后，儿童发现这些例外其实也遵循某些规律，从而发现拼写的原则不仅与音素有关，还与语素有关。根据努恩斯和布莱恩特的理论，儿童学习完整的拼写规则的过程是通过自己的读写时间和主动的尝试，而不是通过外界的明确教导。

针对儿童学习英语中的过去式的拼写的研究（Nunes et al.，1997b）为该问题提供了证据。如果一个动词的原形和过去式的词根相同（例
317 如 walk 和 walked)，那么该单词就是规则动词，该词一定以 -ed 结尾；如果词根不同（例如 keep 和 kept)，那么该动词是不规则动词，词尾应该是 -t 或者 -d，由于这条规则并没有在学校的课堂上讲授，所以学生必然是自己将该规律构建入自己的知识体系。

努恩斯和布莱恩特（Nunes et al.，1997b）在近两年的时间里，追踪了一群 6 岁、7 岁和 8 岁儿童学习拼写过去时态动词和参照词的情况。研究人员将大多数儿童的拼写发展过程大致分为五个阶段。第一阶段是非语音拼写阶段，该阶段的儿童似乎没有系统地拼写单词的结尾。这个阶段的特点是儿童会出现漏拼和脱离发音的拼写。第二阶段是语音拼写阶段，过去式动词的结尾的拼写以其发音为基础（例如儿童用字母 -t 表示发音 /t/，用字母 -d 表示发音 /d/)。在第三阶段，儿童拼写单词结尾所用的规则又不一致：有时用 -ed，有时根据发音拼写。该阶段的关键特点是，儿童有时拼写正确（例如 ‹kissed›）有时却又出错（例如 ‹feled› 和 ‹sofed›)。努恩斯和布莱恩特认为，该阶段儿童调整学过的规则以适应不规则拼写，但他们还没有完全掌握不规则拼写词汇的规律。在第四阶段，儿童只用 -ed 来做过去式动词的词尾，而且无论是规则动词还是不规则动词一律用 -ed 结尾，努恩斯和布莱恩特认为，该阶段的儿童明白应该将动词过去式的结尾拼写为 -ed，但还没不懂如何区别处理规则动词和不规则动词。进入第五阶段后，儿童能够准确地拼写规则动词和不规则动词的过去式（另见 Nunes et al., 1997a)。努恩斯和他的同事认为，在这最后阶段，儿童已经建立了一套拼写动词过去式的形态学规则。努恩斯和布莱

恩特的实验数据从多个方面支持他们的模型。第一，90% 的孩子可以被归入模型中的某个阶段。第二，处于较高级阶段的儿童比处于较低阶段的儿童年龄更大、阅读能力更强。第三，研究过程中，儿童的阅读水平从第一阶段向第五阶段移动。因此可以说该模型反映了大多数儿童学习过去时态后缀的过程。支持该模型最有力的证据或许来自于针对使用其他语言的儿童的形态学（尤其是词缀）学习的研究，其他这类研究针对的语言有希腊语（Bryant, Nunes, & Aidinis, 1999; Chliounaki, & Bryant, 2007）、法语（Fayol, Thenevin, Jarousse, & Totereau, 1999; Totereau, Thenevin, & Fayol, 1997）和荷兰语（Notenboom, & Reitsma, 2007）。这些研究的实验设计虽然不同，但结果都指向同一个结论：年龄较小的儿童的拼写依据主要是词的发音，年龄较大的儿童依据糅杂的拼写规则，年龄更大的儿童拼写后缀具有一定准确性。努恩斯和布莱恩特认为这些实验（至少关于后缀的实验是如此）的结果反映儿童对形态规则的习得规律。

齐利欧纳基和布莱恩特（2007）最近的实证研究直接检验了努恩斯和布莱恩特关于读写经验驱动规则构建的假设。他们设计了一个实验研究儿童拼写真实词汇的屈折词缀的经验能否被运用到虚构词汇屈折词缀的拼写中。希腊语的词尾元音拼写有形态学规律，研究人员对此设计了实验，例如，希腊语阳性或中性名词或形容词词尾的 /o/ 音拼写为 ‹ο›（例如 ‹νερο›［水］），第一人称单数现在时动词词尾的 /o/ 音拼写为 ‹ω›（例如 ‹γραω›［我写］；Harris, & Giannouli, 1999）。因此，识别词中的语素能够帮助拼写者从众多可能表达该音的拼写选项中挑出正确合适的拼写。齐利欧纳基和布莱恩特（2007）通过纵向研究发现，通过儿童拼写真实单词中屈折词缀的准确度，能够预测他们拼写虚构词中的屈折词缀的准确度，但这是与其未学习屈折词缀拼写的早期阶段表现进行纵向比较得出的结论，因此不能通过儿童拼写虚构词中屈折词缀的准确度来预测其拼写真实词汇屈折词缀的准确度，这一规律也不适用于词干的拼写。研究者认为："儿童通过实践学习明白自己需要建构一套形态拼写规则"（p. 1370）。

努恩斯和布莱恩特提出的建构主义方法全面描述了儿童拼写学习从依赖发音进行拼写到准确掌握复杂对象（如后缀）的拼写的发展过程（Nunes et al.，1997b)，这就是该模型的一个明显优势：它能够解释儿童拼写学习在经历了最初阶段之后的发展（Nunes, & Bryant,
318 2009，p. 1)。有证据表明，该模型能够反映儿童掌握形态学和正字法拼写特征的机制（Chliounaki, & Bryant，2007)，这表明该模型不仅能够描述现象，而且还具有预测能力。此外，该模型描述的机制具有普遍性，能够适用于描述儿童构建他们对整个世界的知识体系的机制(例如，Piaget, 1950, 1954)。

然而，儿童拼写发展的某些方面与该模型的预测不一致，以努恩斯、布莱恩特和宾德曼（1997b）对儿童拼写过去时态动词的全面研究为例，作者认为，阶段理论有几个关键的评价指标，其中之一是，能否在测试过程中任何时间点将绝大多数儿童归入某一个阶段，如前文所述，这一点已经得到证实，实验中 90% 的儿童的拼写表现符合模型的预测，只有 10% 的儿童的拼写表现无法根据模型的定义进行分类。不过，根据努恩斯、布莱恩特和宾德曼的说法，判断该模型是否有效的一个关键指标是儿童的能力在研究过程中是否按照从第一阶段向第五阶段前进的方向发展。在测试期间，有相当多的儿童表现出逆向发展，实验中，处于第四第五阶段的儿童中有四分之一表现出逆向发展，虽然这种逆向发展有可能是因为随机因素导致的，但根据努恩斯、布莱恩特和宾德曼自己的定义，逆向发展现象的存在着实威胁着阶段学习模型的可靠性。

下一节将会提到，其他研究人员的数据显示影响幼儿拼写学习的因素不仅只有努恩斯和布莱恩特在其模型中规定的那些。幼儿早期的拼写表现并非毫无逻辑（例如，Treiman et al., 2001)。此外，即使儿童开始以语音因素作为拼写依据，他们的拼写也并非完全遵照发音规律，有诸多证据表明，幼儿的拼写反映了形态学和正字法的规律（例如，Treiman, & Kessler, 2006)。最近努恩斯和布莱恩特（2009）提出他们模型中对儿童拼写表现的描述或许是特定条件下的表现，首先，幼儿拼写的策略应该是多样化的，但是实验的环境设置会导致幼儿更多地采用语音拼写策略，因为完成后缀的拼写最佳的策略是语音策略（如 Gentry, 1982)，而且有证据表明，即使是幼儿在拼写时也会在一定程度上采取形态学和正字法策略（Treiman, & Cassar, 1996)，然而，这样解释阶段模型或许与传统的解释存在出入，传统的解释重点在于各个阶段之间的定性差异，因为它们区分了儿童在不同阶段的思维。最后，努恩斯和布莱恩特的建构主义模型预测，儿童主动构建自己的一套拼写规则，然而实证数据在这一点上却存在着较大分歧，例如，许多研究人员提供了很好的证据证明儿童实现语素的准确拼写可以用规则来描述（比如用 -ed 拼写的规则段式动词；例如，Bryant, Nunes, & Snaith, 2000)。

然而，有明确的证据表明，儿童和成人的拼写受到上下文的影响（例如 Kemp, & Bryant, 2003)。当然，儿童依赖于他们遇到的每种音素法或正字法规则，但这并不证明儿童学会了相关的抽象规则，规则应当是独立于表面特征的抽象体系（例如，Anderson, 1993)。这些研究对这一模式中提出的发展机制提出了质疑。

统计学习模型

从广义上讲，统计学习是指学习某特征的出现频率和多个特征共同出现的频率。萨夫兰与其团队创造统计学习这个术语来描述他们针对词汇学习的开创性研究（1996），该研究中，研究人员发现8个月大的婴儿能够利用音节共现的概率从人造语言中提取“单词”。在不到二十年的时间里，统计学习研究方法改变了针对儿童发展的研究。该方法的优势部分体现在其适用广度，它可以被应用于多个领域，例如听力（Saffran et al., 1999; Saffran et al., 2005）、视力（Fiser, & Aslin, 2001, 2002）以及触觉（Conway, & Christiansen, 2005）、刺激（Perruchet, & Pacton, 2006）。统计学习研究的思路是无论儿童学习的是什么书写系统，儿童的拼写学习都应该反映儿童接触到的数据所体现出来的规律，这导致他们同时对多种信息具有敏感性。在此我们
319 将会回顾应用该方法来解释儿童字母语言书写系统学习发展的理论（Pollo，Treiman, & Kessler，2007）。

幼儿早期反复接触的学习对象是他们自己的名字。接触自己名字的次数越多，儿童越能够成功地识别出自己名字中出现的单词，这个规律已被证实存在于多门语言，包括英语（Treiman, & Broderick, 1998）、希伯来语（Leevin, & Aram, 2004）和葡萄牙语（Polloo et al., 2009）。而儿童早期的拼写，虽然在其他学者眼中看来是随机的（Gentry, 1982），但其实儿童会更多地使用自己名字中的字母（Bloodgood, 1999; Treiman et al., 2001）。随着儿童接触的字母和单词越来越多（例如 Robins, Treiman, & Rosales, 2014; Roy-Charland, Saint-Aubin, & Evans, 2007），他们的拼写中会逐渐出现其他的拼写规律。最近研究表明，字母的名字对儿童拼写的影响（在得到音素学拼写模型的肯定的同时 [Levin et al., 2002; Treiman, 1994]）也受到该语言中该字母出现频率以及该字母在词中发自己名字的发音的概率的影响。例如，在葡萄牙语中，字母在词中发自己原本名字的音的概率比英语更大，葡萄牙语词中元音的比例也比英语大，波罗等人（2005）的研究要求4至

6岁说英语和说葡萄牙语儿童拼写单词，所有单词都包含两个元音，这些测试词中有一部分词的其中一个元音发其字母的名称，另一部分词的两个元音都发其字母的名称（例如bunny中的/i/和pony中的/o/和/i/)，受试儿童拼读包含两个发字母名称元音的单词使用的元音种类更多，而且也拼读得更加准确。这说明，使用这两个语言的儿童在拼读单词时都会借鉴字母的名称，但是他们的拼读策略受到母语特征的影响。说葡萄牙语的儿童比说英语的儿童更倾向于使用字母的名称来拼读单词（即使拼写的单词结构相似)，这与葡萄牙语元音就是字母名称的情况更普遍的特点是一致的（Pollo et al.，2005)。幼儿的拼写特点似乎会受到母语特征的影响。儿童还对一门语言中经常共同出现的字母组合具有敏感性。举例而言，即使是非常年幼的儿童（说英语和法语）也会对能够双写的字母具有敏感性。凯撒和特雷曼（1997）的研究表明，说英语的6岁儿童在看到有双写字母的虚构词时，会根据该字母在母语中能否双写来判断这个词是否是真实词，如果一个虚构词的双写字母是其母语中允许双写的字母，儿童更容易将其视为真实词，这一点适用于双写元音（例如heek和haak）和双写辅音（例如yill和yihh)。Pacton和同时报告在学习法语的儿童中存在这一规律(Pacton, Perruchet, Fayol, & Cleeremans, 2001)。类似地，年幼的儿童拼写元音会受到元音前后辅音的影响（Hayes, Treiman, & Kessler, 2006; Treiman, & Kessler, 2006)。这说明儿童拼写时遵循语境规则，无论如何解释这一现象，儿童学习早期就体现出对正字规则的敏感性与音素学和建构主义模型的预测形成了直接的对比，后两者预测儿童的早期拼写应该以音素学规则为主（例如Ehri，1997; Frith, 1985)。

帕克顿和同事（2001）也许提供了判断儿童对正字法特征的敏感性是否符合建构主义所说的“儿童从经历中学习和提取一般规则”

(Bryant, Nunes, & Snaith, 2000) 的最直接的检验标准。法语中有一条拼写规定：双写辅音字母只能够出现在词中，而不能出现在词首或词尾，而儿童的确更容易将词中字母双写的虚构词看作真实词 (例如，null 与 nnulor)。不过，关键是儿童对词语的判断受双写字母的影响这一现象的存在，如果儿童完全依赖一种拼写规则，那么儿童的拼写表现不应该受到双写字母种类的影响 (例如 Smith, Langston, & Nisbett, 1992)。儿童更容易将包含常见双写辅音字母的虚构词看作真实词，而将包含从不双写的辅音字母的虚构词当作假词 (例如 tummet versus tukket)。虽然儿童有可能根据经验总结出一条规律明确哪一些辅音字母可以在词中双写，但这一规律的影响范围很小。此外，它有可能不符合传统的对规则中心论学习法的定义，规则中心论学习法有一条定义是现象的频率不会影响学习表现 (例如 Smith et al., 1992)，因此，儿童拼写中的正字法特征或许并不能反映儿童是否从经验中总结出了一条规则，至少不是一条适用于普遍语境的规则。

320 统计学习方法针对儿童学习形态学特征拼写发展的解释或许是该理论中争议最大的一部分。学者们认为，形态学特征拼写的学习应该是以规则为中心的 (例如 Bryant et al., 2000)，因为规则中心论学习法的提出正是基于将语素视为离散单元处理的经典模型 (Taft, & Forster，1975)，然而新兴的形态学概念却认为语素可以分级描述：语素反映了声音、字母和意义的统计共现或音素学、正字法和语义学的统计共现 (Seidenberg, & Gonnerman, 2000)。例如，“teach” 和 “teacher” 常常在文本中共现，并且两个词的语义相近 (根据潜在语义分析法等研究方法；Landauer, Laham, & Foltz, 1998)，而且两个词共同的首字母以及发音与“指示”的含义一起，能够在两个词之间形成强有力的联系。类似地，儿童反复接触意为“做某事的人”的词尾 -er。这些统计规律共现能够帮助孩子正确完成拼写 (teach 和 -er)。

因此，儿童学习这些形态学规律的过程可能符合统计学习法的解释。

支持统计学习方法能够解释形态学规律学习的一条证据是幼儿拼写中存在的形态学效应。数项研究表明5岁和6岁儿童的拼写似乎受到单词形态学结构的影响（Turnbull, Deacon, & Kay-Raining Bird, 2011），和非语素字母组合相比，儿童拼写部分语素（Kemp, 2006; Treiman, 1993; Treiman, & Cassar, 1996; Treiman, Cassar, & Zukowski, 1994; Treiman, & Cassar, 1996; Walker, & Hauerwas, 2006; see also Byrne, 1996; Levin, & Korat, 1993）和整个语素（Deacon, & Bryant, 2006）的准确性似乎更高。而最近的一项研究指出正字法和语义学频率对幼儿拼写中的形态效应存在影响。迪肯和龙（2013）发现对于同一个词尾（例如 -er），当该词尾是语素时幼儿的拼写准确率较高，而当该词尾不是语素时幼儿的拼写准确率较低（例如 painter 相比于 corner），尤其是当该词尾可作常见的语素时，而当该词尾是非常见语素时，这一形态效应不太明显（例如 actor 相比于 alligator）。此外，同一字母组合是派生语素时产生的形态效应能够在6—7岁的儿童身上观察到（例如 painter versus corner），而当它是屈折语素时产生的形态效应只能在8—9岁的儿童身上观察到（例如 shorter versus corner）。我们将这些形态效应出现的时间上的这种差异归因于语义频率，根据英语儿童读物的年级统计，派生词素出现频率远远高于屈折词素（Zeno, 1995）。由此可见，即使儿童的初期拼写主要体现出音素学拼写规律（Gentry, 1982），儿童的拼写中也存在形态学规律，并且反映了母语整体形态学规律。

另一个统计学习方法能够解释形态规律学习的证据是即使是成年人在拼写时也不仅是依赖简单的抽象规则。正如前文所述，对规则的传统定义认为规则的运作相对独立于上下文（例如，Anderson, 1993）。如果儿童确实依赖于这样的规则，那么他们只会用 -s 拼写可数名词的复数，但实际情况并非如此。肯普和布莱恩特（2003）的研究表明，成人和儿童将虚构词拼写成复数时（例如听见“those smees”），当虚拟词的倒数第二个发音是辅音时拼写成 -s 词尾的概率比当虚拟词的倒数第二个发音是元音时的概率高一倍（例如 preens 相对于 smees; see Pacton，Fayol, & Perruchet，2005，for similar French data)。上下文对拼写存在明显影响的现象，说明拼写不是基于一套抽象规则的活动。拼写作为一种信息输出活动，其输出的信息与输入的信息是统一的；在英语中，-s 作为复数词缀，跟在辅音后面出现的概率远大于出现在长元音后面出现的概率。很显然，拼写者对于复数名词以 -s 结尾的现象具有敏感性；接受过高等教育的成人以及拼写能力较强的孩子都倾向于将复数语境下以长元音结尾的虚构词拼写成以 -s 结尾，而不将单数语境下的该虚构词拼写成以 -s 结尾（例如“those smees”和“that smeese”；Mitchell, Kemp, & Bryant, 2011)。

语境对拼写的影响说明了拼写活动并非像传统观点认为的那样，总是按照拼写规则开展，至少在实验所选择的范式中体现了这
321 一点。同音词的存在、上下文语义以及句法学特征都会影响儿童的拼写（Hupet, Fayol, & Schelstraete, 1998; Largy, Fayol, & Lemaire, 1996; Notenboom, & Reitsma, 2007; Pacton, 2004; Sandra, 2010; Sandra, Frisson, & Daems, 1999)。举例而言，无论是成人还是儿童，相比于没有同音异义的单词（例如 nuage［云］，只能作名词，且只有一种复数形式）拼写有同音异义词的单词时更容易出错（例如 timbre［印章］，可以做名词和动词，并且复数形式有两个，分别为 timbres 和 timbrentnuages; Largy et al., 1996)。此外，单词的前文会影响读者拼写该词的正确率（Pacton, 2004)，前文发音以及上下文对拼写产生影响的现象说明，即使是成人在拼写的时候也并非按照独立于具体文本特征的拼写规则完成单词的拼写。

前文已经回顾了证明母语特征对儿童的拼写存在影响的实证数据。一些细致的实验研究已经表明了即使是非常年幼的儿童，他们的拼写也存在规律性（例如 Pollo et al., 2009)，并且儿童的拼写体现着正字法和形态学规律（例如 Deacon, & Leung, 2013)，而在此之前，某些学者认为儿童的拼写根据是音素学规律（例如 Gentry, 1982)。此外，即使是了解拼写规则的熟练语言使用者，在拼写时也表现出正字特征敏感性（Kemp, & Bryant，2003)。统计学习方法认为，儿童和成人的拼写输出受到母语的影响。统计学习方法提出的学习机制存在较大优势，该机制不仅适用于各个领域的学习发展，而且适用于学习发展的各个时期，因此，基于统计学习方法的解释较为谨慎，针对拼写的学习，统计学习方法指出儿童的拼写输出体现了母语的特征（例如 Perruchet, & Pacton, 2006)。但与其他许多研究方法一样，统计学习方法也面临着一些问题，例如不可否认儿童的拼写表现在前期确实体现出随机性，并且随后体现出基于语音规律的特点（Gentry, 1982; Read, 1986)，这点与音素学模型和努恩斯和布莱恩特的模型的预测是一致的。指出统计学习模型这一问题的学者不否认儿童的早期拼写体现着正字法与形态学规律（例如 Treiman, & Cassar, 1996)，并且肯定了统计学习模型在描述儿童拼写真实词语的实际表现时非常有效。其次，也许最艰巨的挑战在于模型如何为教育工作者提供明确的指导思想。新的研究开始涉及理论在教育界的应用，最近的一项研究表明，如果儿童早期拼写不符合所学语言的拼写规范，那么他们以后更容易出现拼写困难（Kessler et al., 2013)。幼儿拼写中的无序性或规律性可能是学习拼写的早期进展的指标之一。然而，除此之外，尽管有明确的证据表明儿童有很多东西需要学习，统计学习研究方法在教育界的明确应用很少（Nunes et al., 1997b; see also Bryant, Devine, Ledward, & Nunes, 1997)。统计学习方法关注内隐学习，而目前尚不清楚如何通过显性教学来加强内隐学习，甚至不清楚这样做是否合适。统计学习模式的最后一个挑战在于实验中儿童表现出的元语言技能，如形态学意识，能够预测儿童学习特定形态学特征拼写的情况（例如 Nunes et al., 1997b; da Mota, 1996），儿童元语言技能对其拼写发展的影响很难与统计学习模型中认为决定学习结果的主要因素是输入的信息中特征出现频率和共现频率的预测相协调。总而言之，如何应用于教育以及调和元语言技能对拼写学习的影响是统计学习方法今后需要继续发展的两个领域。

结论

综合来看，迄今提出的模型在描述和解释儿童学习字母语言书写系统拼写的发展方面都有各自的优点和缺点。音素学模型（Ehri, 1997; Gentry, 1982）强调了在拼写发展的早期阶段学习字母声音之间对应规律的重要性。费莱罗（Ferreiro, & Teberosky, 1982）、努恩斯和布莱恩特（Nunes et al., 1997a）的构建主义模型分别详细地描述了音素学拼写阶段前后的发展特点。新的实验证据显示，处于通常被认为是无序拼写阶段或音素学拼写阶段的儿童在拼写时体现出对母语规律的敏感性，而统计学习方法解释了该现象背后的机制。后面这两套模型可以解释许多领域（包括拼写领域）的学习发展机制。

322 然而，每一种模型都面临着各自的挑战，这或许也说明了目前我们对拼写发展的理解仍然存在不足。最明显的问题在于主要拼写学习发展模型的研究范围相对有限，几乎所有的模型都将重点放在儿童学习字母与音素的映射关系上，而这种映射关系的可靠度有待商榷。因此，各个模型对儿童拼写学习发展的描述与预测受到所选语言的限制较大，很难得到跨语种运用。但这些模型中，有部分在跨语种运用方面的表现较佳，例如统计学习研究方法关于语言特征出现频率对儿童拼写发展的影响的预测的适用范围不受该语言特征本身的影响，证据就是儿童更倾向于使用频繁接触的自己名字中的字母进行拼写的现象：与前文中学习字母语言拼写的儿童一样，学习普通话的4岁儿童书写自己的名字中包含的汉字的准确度高于其他汉字（Yin, & Treiman, 2013; but see also Treiman, & Yin, 2011）。其他模型在多大程度上可以应用于非字母语言的书写学习尚不明确。例如，汉语中的映射系统主要体现在语素级别而非音素级别（Shu, Chen, Anderson, Wu, & Xuan, 2003）；因此，使用音素学相关的特征作为划分学习中文的儿童的拼写发展阶段的依据很可能会造成偏差。事实上，已有初步研究证据表明确实如此。最近一项研究表明，学习汉语书写的孩子的主要错误是把汉字错写成其同义字或者直接漏写汉字（这两种错误占所有错误的70%至90%；Tong, McBride-Chang, Shu, & Wong, 2009），这类错误属于形态学层面的错误；而音素学层面的错误，例如将汉字写成其同音字的情况相对较少（占所有错误的3%至4%；见 Shen, & Bear, 2000）。这几个例子突出了在建立模型时考虑跨语言多样性的重要性，测试拼写学习模型的跨语言适用性是今后模型的发展模式之一（见 Caravolas, & Samara，本书；Ho, Yau, & Au, 2003）。

本章开头我们回顾了研究儿童拼写发展的许多发现，而本章的最后，我们希望鼓励学者继续对此进行实证研究。进一步研究儿童的拼写发展不仅能够促进我们对拼写发展的理解，而且对于澄清模型之间的分歧点也是至关重要的，其中跨语言研究将会是关键驱动力，包括针对非字母语言（如中文）的书写习得的研究，由此我们便能够在前人的基础上再接再厉，并检测各个拼写发展模型的普适性。

参考文献

Alcock, K. J., & Ngorosho, D. (2003). Learning to spell a regularly spelled language is not a trivial task—patterns of errors in Kiswahili. *Reading and Writing: An Interdisciplinary Journal, 16,* 635–666.

Anderson, J. R. (1993). *Rules of mind.* Hillsdale, NJ: Erlbaum. Blevins, J. (1995). The syllable in phonological theory. In J. A. Goldsmith (Ed.), *The handbook of phonological theory* (pp. 206–244). Cambridge, MA: Blackwell.

Bloodgood, J. W. (1999). What's in a name? Children's name writing and literacy acquisition. *Reading Research Quarterly, 34,* 342–367.

Bryant, P., Devine, M., Ledward, A., & Nunes, T. (1997). Spelling with apostrophes and understanding possession. *British Journal of Educational Psychology, 67,* 91–110.

Bryant, P., & Nunes, T. (1998). Learning about the orthography: A cross-linguistic approach. In S. G. Paris & H. M. Wellman (Eds.), *Global perspectives for education: Development, culture and schooling* (pp. 171–192). Washington, DC: American Psychological Association.

Bryant, P., Nunes, T., & Aidinis, A. (1999). Different morphemes, same spelling problems: Cross-linguistic developmental studies. In M. Harris, & G. Hatano (Eds.), *Learning to read and write: A cross-linguistic perspective* (pp. 112–133). Cambridge, England: Cambridge University Press.

Bryant, P., Nunes, T., & Snaith, R. (2000). Children learn an untaught rule of spelling. *Nature, 403,* 157–158.

Byrne, B. (1996). The learnability of the alphabetic principle: Children's initial hypotheses about how print represents spoken language. *Applied Psycholinguistics, 17,* 401–426.

Caravolas, M., Hulme, C., & Snowling, M. J. (2001). The foundations of spelling ability: Evidence from a 3-year longitudinal study. *Journal of Memory and Language, 45,* 751–774.

Cardoso-Martins, C., & Batista, A. C. E. (2003, April). *The role of letter name knowledge in learning to connect print to speech: Evidence from Brazilian Portuguese-speaking children.* Paper presented at the meeting of the Society for Research in Child Development, Tampa, FL.

Cardoso-Martins, C., Correa, M. F., Lemos, L. S., & Napoleao, R. F. (2006). Is there a syllabic stage in spelling development? Evidence from Portuguese-speaking children. *Journal of Educational Psychology, 98,* 628–641.

Cassar, M., & Treiman, R. (1997). The beginnings of orthographic knowledge:

Children's knowledge of double letters in words. *Journal of Educational Psychology, 89,* 631–644.

Chliounaki, K., & Bryant, P. (2007). How children learn about morphological spelling rules. *Child Development, 78,* 1360–1373.

Conway, C. M., & Christiansen, M. H. (2005). Modalityconstrained statistical learning of tactile, visual, and auditory sequences. *Journal of Experimental Psychology: Learning, Memory, and Cognition, 31,* 24–39.

da Mota, L. (1996). *The role of grammatical knowledge in spelling.* Unpublished doctoral dissertation, University of Oxford, Oxford, UK.

Deacon, S. H., & Bryant, P. (2006). Getting to the root: Young writers' sensitivity to the role of root morphemes in the spelling of inflected and derived words. *Journal of Child Language, 33,* 401–417.

Deacon, S. H., & Leung, D. (2013). Testing the statistical learning of spelling patterns by manipulating semantic and orthographic frequency. *Applied Psycholinguistics, 34,* 1093–1108.

Ehri, L. (1992). Review and commentary: Stages of spelling development. In S. Templeton & D. R. Bear (Eds.), *Development of orthographic knowledge and the foundations of literacy: A memorial festschrift for Edmund H. Henderson* (pp. 307–332). Hillsdale, NJ: Erlbaum.

Ehri, L. (1997). Learning to read and learning to spell are one and the same, almost. In C. A. Perfetti, L. Reiben, & M. Fayol (Eds.), *Learning to spell: Research, theory, and practice across languages* (pp. 237–269). Mahwah, NJ: Erlbaum.

Fayol, M., Thenevin, M. G., Jarousse, J. P., & Totereau, C. (1999). From teaching to learning French written morphology. In T. Nunes (Ed.), *Learning to read: An integrated view from research and practice* (pp. 43–64). Dordrecht, the Netherlands: Kluwer.

Ferreiro, E. (1978). What is written in a written sentence? A developmental answer. *Journal of Education, 160,* 25–39.

Ferreiro, E., Pontecorvo, C., & Zucchermaglio, C. (1996). *Pizza* or *piza*? How children interpret the doubling of letters in writing. In C. Pontecorvo, M. Orsolini, B. Burge, & L. Resnick (Eds.), *Children's early text construction* (pp. 145–163). Mahwah, NJ: Erlbaum.

Ferreiro, E., & Teberosky, A. (1982). *Literacy before schooling.* Portsmouth, NH: Heinemann.

Fiser, J., & Aslin, R. N. (2001). Unsupervised statistical learning of higher-order spatial structures from visual scenes. *Psychological Science, 12,* 499–504.

Fiser, J., & Aslin, R. N. (2002). Statistical learning of higherorder temporal structure from visual shape sequences. *Journal of Experimental Psychology: Learning, Memory and Cognition, 28,* 438–467.

Foorman, B. R., Francis, D. J., Novy, D. M., & Liberman, D. (1991). How letter-sound instruction mediates progress in first-grade reading and spelling. *Journal of Educational Psychology, 83,* 456–469.

Frith, U. (1985). Beneath the surface of developmental dyslexia. In K. Patterson, M. Coltheart, & J. Marshall (Eds.), *Surface dyslexia* (pp. 301–330). London, England: Erlbaum.

Gentry, J. R. (1982). An analysis of developmental spelling in GNYS AT WRK. *The Reading Teacher, 36,* 339–363.

Harris, M., & Giannouli, V. (1999). Learning to read and spell in Greek. In M. Harris, & G. Hatano (Eds.), *Learning to read and write: A cross-linguistic perspective* (pp. 51–70). Cambridge, England: Cambridge University Press.

Hayes, H., Treiman, R., & Kessler, B. (2006). Children use vowels to help them spell consonants. *Journal of Experimental Child Psychology, 94,* 27–42.

Henderson, E. (1985). *Teaching spelling*. Boston, MA: Houghton Mifflin.

Hillerich, R. L. (1977). Let's teach spelling—not phonetic misspelling. *Language Arts, 54,* 301–307.

Ho, C. S.-H., Yau, P. W.-Y., & Au, A. (2003). Development of orthographic knowledge and its relationship with reading and spelling among Chinese kindergarten and primary school children. In C. McBride-Chang & H.-C. Chen (Eds.). *Reading development in Chinese children* (pp. 51–71). London, England: Praeger.

Horn, E. (1960). Spelling. In C. W. Harris (Ed.), *Encyclopedia of educational research* (3rd ed., pp. 1337–1354). New York, NY: Macmillan.

Hupet, M., Fayol, M., & Schelstraete, M. (1998). Effects of semantic variables on the subject-verb agreement processes in writing. *British Journal of Psychology, 89,* 59–75.

Kamii, C., Long, R., Manning, M., & Manning, G. (1990). Spelling in kindergarten: A constructivist analysis comparing Spanish-speaking and English-speaking children. *Journal of Research in Childhood Education, 4,* 91–97.

Kemp, N. (2006). Children's spelling of base, inflected, and derived words: Links with morphological awareness. *Reading and Writing: An Interdisciplinary Journal, 19,* 737–765.

Kemp, N., & Bryant, P. (2003). Do beez buzz? Rule-based and frequency-based knowledge in learning to spell plural -s. *Child Development, 74,* 63–74.

Kessler, B., Pollo, T. C., Treiman, R., & Cardoso-Martins, C. (2013). Frequency analyses of prephonological spellings as predictors of later success in conventional spelling. *Journal of Learning Disabilities, 46*, 252–259.

Landauer, T., Laham, D., & Foltz, P. (1998). *Latent semantic analysis*. http://lsa.colorado.edu.

Largy, P., Fayol, M., & Lemaire, P. (1996). The homophone effect in written French: The case of verb-noun inflection errors. *Language and Cognitive Processes, 11*, 217–255.

Levin, I., & Aram, D. (2004). Children's names contribute to early literacy: A linguistic and a social perspective. In D. Ravid & H. Bat-Zeev Shyldkrot (Eds.), *Perspectives on language and language development* (pp. 219–239). Dordrecht, the Netherlands: Kluwer.

Levin, I., & Korat, O. (1993). Sensitivity to phonological, morphological, and semantic cues in early reading and writing in Hebrew. *Merrill-Palmer Quarterly, 39*, 213–232.

Levin, I., Patel, S., Margalit, T., & Barad, N. (2002). Letter names: Effect on letter saying, spelling, and word recognition in Hebrew. *Applied Psycholinguistics, 23*, 269–300.

Lombardino, L. J., Bedford, T., Fortier, C., Carter, J., & Brandi, J. (1997). Invented spelling: Developmental patterns in kindergarten children and guidelines for early literacy intervention. *Language, Speech, and Hearing Services in Schools, 28*, 333–343.

Mitchell, P., Kemp, N., & Bryant, P. (2011). Variations among adults in their use of morphemic spelling rules and word-specific knowledge when spelling. *Reading Research Quarterly, 46*, 119–133.

Mommers, M. J. C. (1987). An investigation into the relation between word recognition skills, reading comprehension and spelling skills in the first two years of primary school. *Journal of Research in Reading, 10*, 122–143.

Notenboom, A., & Reitsma, P. (2007). Spelling Dutch doublets: Children's learning of a phonological and morphological spelling rule. *Scientific Studies of Reading, 11*, 133–150.

Nunes, T., & Bryant, P. (2009). *Children's reading and spelling: Beyond the first steps*. Oxford, England: Wiley-Blackwell.

Nunes, T., Bryant, P., & Bindman, M. (1997a). Learning to spell regular and irregular verbs. *Reading and Writing: An Interdisciplinary Journal, 9*, 427–449.

Nunes, T., Bryant, P., & Bindman, M. (1997b). Morphological spelling strategies: Developmental stages and processes. *Developmental Psychology, 33*, 637–649.

Nunes Carraher, T., & Rego, L. R. B. (1984). Desenvolvimento cognitivo e alfabetizacao [Cognitive development and alphabetization]. *Revista Brasileira de Estudos Pedagógicos, 63*, 38–55.

Pacton, S. (2004, July). *Children's use of syntactic information in spelling.* Paper presented at the meeting of the Society for the Scientific Study of Reading, Amsterdam, the Netherlands.

Pacton, S., Fayol, M., & Perruchet, P. (2005). Children's implicit learning of graphotactic and morphological regularities. *Child Development, 76,* 324–339.

Pacton, S., Perruchet, P., Fayol, M., & Cleeremans, A. (2001). Implicit learning out of the lab: The case of orthographic regularities. *Journal of Experimental Psychology: General, 130,* 401–426.

Perruchet, P., & Pacton, S. (2006). Implicit learning and statistical learning: One phenomenon, two approaches. *Trends in Cognitive Sciences, 10,* 233–238.

Piaget, J. (1950). *The psychology of intelligence*. New York, NY: Harcourt, Brace.

Piaget, J. (1954). *The construction of reality in the child*. New York, NY: Basic Books.

Pollo, T. C., Kessler, B., & Treiman, R. (2005). Vowels, syllables, and letter names: Differences between young children's spelling in English and Portuguese. *Journal of Experimental Child Psychology, 92,* 161–181.

Pollo, T. C., Kessler, B., & Treiman, R. (2009). Statistical patterns in children's early writing. *Journal of Experimental Child Psychology, 104,* 410–426.

Pollo, T. C., Treiman, R., & Kessler, B. (2008). Three perspectives on spelling development. In E. J. Grigorenko & A. Naples (Eds.), *Single-word reading: Cognitive, behavioral, and biological perspectives* (pp. 175–189). Mahwah, NJ: Erlbaum.

Porpodas, C. D. (2001). Cognitive processes in first grade reading and spelling of Greek. *Psychology: The Journal of the Hellenic Psychological Society, 8,* 384–400.

Read, C. (1975). *Children's categorization of speech sounds in English.* (NCTE Research Report No. 17). Urbana, IL: National Council of Teachers of English.

Read, C. (1986). *Children's creative spelling.* London, England: Routledge and Kegan Paul.

Rego, L. R. B. (1999). Phonological awareness, syntactic awareness and learning to read and spell in Brazilian Portuguese. In M. Harris & G. Hatano (Eds.), *Learning to read and write: A cross-linguistic perspective* (pp. 71–88). Cambridge, England: Cambridge University Press.

Robins, S., Treiman, R., & Rosales, N. (2014). Letter knowledge in parent-child conversations. *Reading and Writing: An Interdisciplinary Journal, 27,* 407–429.

Roy-Charland, A., Saint-Aubin, J., & Evans, M. A. (2007). Eye movements in shared book reading with children from kindergarten to grade 4. *Reading and Writing: An Interdisciplinary Journal, 20,* 909–931.

Saffran, J. R., Aslin, R. N., & Newport, E. L. (1996). Statistical learning by 8-month-old infants. *Science, 274,* 1926–1928.

Saffran, J. R., Johnson, E. K., Aslin, R. N., & Newport, E. L. (1999). Statistical learning of tone sequences by human infants and adults. *Cognition, 70,* 27–52.

Saffran, J. R., Reeck, K., Niebuhr, A., & Wilson, D. (2005). Changing the tune: The structure of the input affects infants' use of absolute and relative pitch. *Developmental Science, 8,* 1–7.

Sandra, D. (2010). Homophone dominance at the whole-word and sub-word levels: Spelling errors suggest full-form storage of regularly inflected verb forms. *Language and Speech, 53,* 405–444.

Sandra, D., Frisson, S., & Daems, F. (1999). Why simple verb forms can be so difficult to spell: The influence of homophone frequency and distance in Dutch. *Brain and Language, 68,* 277–283.

Seidenberg, M. S., & Gonnerman, L. M. (2000). Explaining derivational morphology as the convergence of codes. *Trends in Cognitive Sciences, 4,* 353–361.

Shen, H. H., & Bear, D. R. (2000). Development of orthographic skills in Chinese children. *Reading and Writing: An Interdisciplinary Journal, 13,* 197–236.

Shu, H., Chen, X., Anderson, R. C., Wu, N., & Xuan, Y. (2003). Properties of school Chinese: Implications for learning to read. *Child Development, 74,* 27–47.

Smith, E. E., Langston, C., & Nisbett, R. E. (1992). The case for rules in reasoning. *Cognitive Science, 16,* 1–40.

Taft, M., & Forster, K. I. (1975). Lexical storage and retrieval of prefixed words. *Journal of Verbal Learning and Verbal Behavior, 14,* 638–647.

Tong, X., McBride-Chang, C., Shu, H., & Wong, M.-Y. (2009). Morphological awareness, orthographic knowledge, and spelling errors: Keys to understanding early Chinese literacy acquisition. *Scientific Studies of Reading, 13,* 426–452.

Totereau, C., Thenevin, M. G., & Fayol, M. (1997). The development of the understanding of number morphology in written French. In C. A. Perfetti, L. Rieben, & M. Fayol (Eds.), *Learning to spell: Research, theory and practice across languages* (pp. 97–114). Mahwah, NJ: Erlbaum.

Turnbull, K., Deacon, S. H., & Kay-Raining Bird, E. (2011). Mastering inflectional suffixes: A longitudinal study of beginning writers' spellings. *Journal of Child Language, 38,* 533–553.

Treiman, R. (1985). Phonemic awareness and spelling: Children's judgments do not always agree with adults'. *Journal of Experimental Child Psychology, 39,* 182–201.

Treiman, R. (1993). *Beginning to spell: A study of first-grade children*. New York, NY: Oxford University Press.

Treiman, R. (1994). Use of consonant letter names in beginning spelling. *Developmental Psychology, 30,* 567–580.

Treiman, R., & Broderick, V. (1998). What's in a name: Children's knowledge about the letters in their own name. *Journal of Experimental Child Psychology, 70,* 97–116.

Treiman, R., & Cassar, M. (1996). Effects of morphology on children's spelling of final consonant clusters. *Journal of Experimental Child Psychology, 63,* 141–170.

Treiman, R., Cassar, M., & Zukowsi, A. (1994). What types of linguistic information do children use in spelling? The case of flaps. *Child Development, 65,* 1318–1337.

Treiman, R., & Kessler, B. (2003). The role of letter names in the acquisition of literacy. In R. Kail (Ed.), *Advances in child development and behavior* (Vol. 31, pp. 105–135). San Diego, CA: Academic Press.

Treiman, R., & Kessler, B. (2006). Spelling as statistical learning: Using consonantal context to spell vowels. *Journal of Educational Psychology, 98,* 642–652.

Treiman, R., Kessler, B., & Bourassa, D. (2001). Children's own names influence their spelling. *Applied Psycholinguistics, 22,* 555–570.

Treiman, R., Pollo, T. C., Cardoso-Martins, C., & Kessler, B. (2013). Do young children spell words syllabically? Evidence from learners of Brazilian Portuguese. *Journal of Experimental Child Psychology, 116,* 873–890.

Treiman, R., & Yin, L. (2011). Early differentiation betweendrawing and writing in Chinese children. *Journal of Experimental Child Psychology, 108,* 786–801.

Walker, J., & Hauerwas, L. B. (2006). Development of phonological, morphological, and orthographic knowledge in young spellers: The case of inflected verbs. *Reading and Writing, 19,* 819–843.

Yin, L., & Treiman, R. (2013). Name writing in Mandarinspeaking children. *Journal of Experimental Child Psychology, 116,* 199–215.

Zeno, S. (1995). *The educator's word frequency guide.* Brewster, NJ: Touchstone Applied Science Associates.

第22章 不同语言的词汇读写学习 326

马克塔·卡拉沃拉斯 安娜·萨马拉

摘 要：可靠证据表明，英语中单词阅读和拼写能力建立在三个核心技能之上，即对字母表中字母的知识、对口语中音素的认知以及快速识别视觉刺激的能力（RAN）。这些能力代表了认知结构中构成所有语言读写能力的三重基础。本章回顾了针对不同语言书写系统进行的研究，评估如何在此三重基础上构建出一个使用于不同语言的早期读写学习发展模型。本文综合正字法因素考量实验证据，特别是语言的字符－读音映射一致性的影响。本文认为以（1）充分认识该语言正字法符号，（2）意识到正字法符号与音素单元之间存在映射关系以及（3）充分认识正字法符号与音素单元之间的映射为三重基础的读写学习模型，能够描述不同语言早期识字发展过程中的认知结构。

关键词：阅读、拼写、跨语言、基础模型、预测模型、字母语言、非字母语言、正字法、音素意识

了解识字过程对所有语言社会而言都很重要。阅读和拼写发展的跨语言研究揭示了识字过程中既存在具有跨语言普遍性的部分，又存在与特定语言的特征密切相关的部分，推动了学界对识字过程的全面了解。从广义层面看，识字能力的发展取决于学习者的认知能力与正在学习的写作系统性质之间的相互作用。虽然学习阅读和拼写所需的认知能力与所学的语言或所处的文化关系不大（例如 Samuelsson et al., 2005），但不同语言的正字法之间存在着一些重要区别，例如正字法符号的类型、数量和书写复杂性，这些区别可能会对读写学习过程产生不同影响（例如 Kessler, & Treiman，本书；Perfetti, & Dunlap, 2008; Seidenberg, 2011; Ziegler, & Goswami, 2005)。举一个显

而易见的例子，学习汉语的数千个汉字肯定比学习英语字母表的二十六个字母需要更长的时间。然而，阅读和书写是复杂的活动，研究读写习得的重点在于了解各种语言识字学习是否会受到语言之间的差异和正字法之间的差异的影响。本章通过文献回顾，探究不因正字法的区别而改变的识字所需的普遍认知能力，并尝试确定特定语言独有的正字法特征对读写学习的影响。本章优先收录直接采用跨语言研究方法的实验。

327 读写学习的研究涉及儿童从没有阅读或拼写技能的阶段发展到能够独立读写单词和简单文本（可能不完美）的阶段。对于研究人员和教育工作者来说，研究的关键是确定哪些认知技能是学会读写的必备技能。我们将在三重基础模型（对后面一节中我们讨论的伯恩（1998）双基础模型的阐述）的理论框架内讨论这些研究证据。根据这种观点，无论学的是哪一门语言，该语言的特征如何，读写学习的关键在于三种核心能力：能够分辨并使用口语中的语音单位（例如音素、音节、语素最终到一整个正字法单位所对应的语音单位）、掌握足够正字法单位（例如字母、音节、字符）、以及迅速根据语音单位联想正字法单位的能力（见图 22.1）。

本章收录与三重基础模型相关的针对不同语言和正字法的研究，检验研究成果与理论模型之间的契合程度，并考虑这些模型的后续发展问题。三重基础模型预测了早期读写学习发展背后的驱动因素，检测此类理论模型的相关性研究（往往是纵向研究）通常使用统计建模技术，例如路径分析、结构方程建模和生长曲线分析。相应地，本章综述涉及的相关性和纵向研究主要侧重于研究适用于不同正字法的读写能力预测因素，而非实验性研究或干预研究。实验性研究或干预研究常被应用于研究书面语（和口语）的语言输入与输出（即读写表现，例如阅读和拼写中出现的错误类型、错误率）之间的关系上，或是应用于各语言的读写策略研究（例如，音素学主导的阅读阶段比对语义学或词汇学主导的阅读阶段；短阅读单元与长阅读单元之间的比较等），这些内容超出了本章的讨论范围，将在其他章节加以介绍（例如 Caravolas, 2005; Perfetti, Liu, & Tan, 2005; Share, 2008; Ziegler, & Goswami, 2005）。

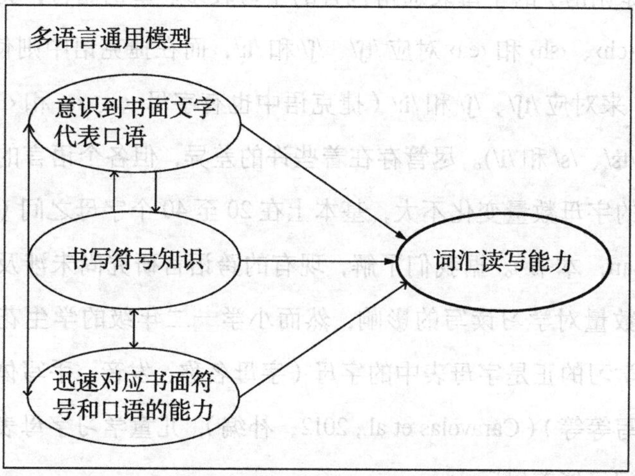

图 22.1　三重基础模型对早期识字发展的解释包括两个符号系统，语音符号系统（语音或语素符号）和正字法符号（即书写符号，包括字母、音节、字符等），两个系统相互促进，两个系统之间有一套映射机制（映射机制的效率体现在快速自动命名）。每个组成部分对早期阅读和拼写技能的发展都极为重要。

早期读写学习研究领域的许多实验针对字母语言的书写系统（例如许多使用拉丁字母的欧洲语言），特别是英语的读写（Share, 2008）。 328
因此，本章的第一部分侧重介绍的是针对英语和其他字母语言拼写学习的实证结果；第二部分则会涉及当下正不断涌现的针对非字母语言（例如中文等象形文字和韩语、卡纳达语等音节拼音文字）的早期识字学习过程进行的研究。之后，本章将在总结所述研究结果的同时，讨论适于解释各种语言早期识字学习基础的理论。

字母语言的读写学习——字母语言的正字法特征

字母表是一套简单书面符号集合，通常相对较小，这些符号对应着音素，频繁使用多个字母来表示一个音素的语言（如英语）的字母表通常包含字母较少，而基本上使用一个字母对应一个音素的语言（如捷克语）的字母表通常包含的字母较多。举例而言，英语中分别使用 ‹ch›、‹sh› 和 ‹ea› 对应 /tʃ/、/ʃ/ 和 /iː/，而在捷克语中则使用 ‹č›、‹š› 和 ‹í› 来对应 /tʃ/、/ʃ/ 和 /iː/（捷克语中也有字母 ‹c›、‹s› 和 ‹i›，分别对应了 /ts/、/s/ 和 /i/）。尽管存在着些许的差异，但各个语言的字母表中包含的字母数量变化不大，基本上在 20 至 40 个字母之间（Kessler, & Treiman，本书）。据我们了解，现有的跨语言研究尚未涉及字母表中字母数量对学习读写的影响，然而小学一二年级的学生花费大部分时间学习的正是字母表中的字母（字母名称、发音、手写体和印刷体的书写等等）（Caravolas et al., 2012，补编），儿童学习字母表的成绩彼此之间可能差异巨大。

尽管各个语言字母表所含字母数量相似，但不同语言的字母的音形关系（发音－字母对应关系）和形音关系（字母－发音对应关系）的规则性不同。具体而言，不同语言中同一个发音对应多种拼写方法和同一个拼写对应多种发音的可能性不同。字母－声音映射不一致的产生原因有很多。例如，许多字母在拼写中为了保留单词形态信息而牺牲了发音－字母对应关系的统一。例如，英语中 ‹ea› 字母组合在 ‹steal› 和 ‹stealth› 这两个单词内分别发音 /i/ 或 /ɛ/，这就是为了保留单词形态信息而牺牲音形对应的统一性的例子。另一个重要的例子是重音对读音的影响，例如英文单词中非重读音节中的元音字母常常读成中性元音 /ə/（例如 ‹scallop› 读成 /**skæləp**/、‹cactus› 读成 /**kæktəs**/、‹rocket› 读成 /**rɒkət**/），或是直接省略不发音（例如 ‹mason›

读成 /meɪsn̩/、‹hammer› 读成 /hæmr̩/)(Treiman, Berch, & Weatherston, 1993)；此外，外来词往往保留其在源语言中的拼写（例如 /ʃæmpeɪn/ 在英语中拼写成 ‹champagne›)；还有一些单词保留了古体的拼写（例如 ‹knee› 中的 ‹k› 在古英语中原本是发音的字母，现在虽然已经不发音，但依然保留了下来）。如果一门语言中常有单词包含不发音的字母，那么该语言的拼写规则性就会大打折扣，近代没有经历过改革的语言，例如英语和法语，是这类语言的典型。这些情况越多，该语言的音形对应规则性或形音对应规则性都会降低。针对一门语言中此类不规则的对应情况，语言学习者可以通过针对性的学习记住这些例外，或者通过平时的积累潜移默化地掌握这些例外（例如 Cassar & Treiman, 1997; Pacton, Fayol, & Perruchet, 2002; Samara, & Caravolas, 2014)。然而从初学者的角度来看，当其他条件相同时，其字母或字母序列只有一种发音的词汇更规则且更容易学习；相对地，只有一种可能拼写的发音比那些有几种可能拼写的发音更规则、更容易学会其拼写。

如果将字母语言的正字法规则性制作成数轴，一端是正字法高度规则的语言（这一端有芬兰语和土耳其语等），这些语言基本只有一套音形对应以及形音对应关系，另一端是正字法极不规则的语言（如法语和英语等），这些语言的音形对应或形音对应关系常常不止一种。有许多种方式可以计算一种语言的正字法规则度，例如可以简单地计算该语言中音素的拼写种类（例如英语中的元音 /ɒ/ 可以 329
拼写成 ‹o›、‹a›、‹ough›、‹aw› 或其他字母组合，而在捷克语中，元音 /ɒ/ 只能拼写成 ‹o›)。判断正字法规则度还有一些更加具体详尽的方法，其中包括计算闭音音节组（元音加上其后的辅音组成的音节）的拼写方式（Peereman, & Content, 1999; Ziegler, Jacobs, & Stone, 1996）和计算字母组合和音素的拼写方式（Kessler, & Treiman, 2001; Peereman, Lété, &

Sprenger-Charolles, 2007)。在字母–读音层面估计值反映出给定的字母–读音或读音–字母的对应关系。皮尔曼等人（2007）针对法语的研究和凯斯勒和特雷曼（2001）针对美式英语的研究选用语料包括儿童读物，他们发现单词中字母位置排列和发音的规律。凯斯勒和特雷曼（2001）的研究表明，在英语中，当某个字母（或音素）的前后字母（或音素）以及该字母（或音素）在词中所处位置已知时，预测该字母的发音（或预测该音素的拼写）会更为容易。例如，如果已知音素 /iː/ 的后面跟着音素 /t/，那么音素 /iː/ 的拼写就更容易预测。然而，刚开始学习读写的儿童会更多地关注小单元拼写单元（字母–发音组），之后才开始掌握较大的拼写单元并开始考虑字母的上下文环境（Caravolas, Kessler, Hulme, & Snowling, 2005; Hayes, Treiman, & Kessler, 2006; Pacton et al., 2002; Rittle-Johnson, & Siegler, 1999）。

迄今为止，只有少数语言建立了针对儿童读物的成熟正字法规则性估测数据库，其他语言的数据库有一些还处于发展阶段（West Slavic lexical database; Kessler, & Caravolas, 2011），有一些语言则完全没有相关的正字法规则性估测数据库。在许多跨语种研究中得到运用的一种较为简单的规则性估测法是起始熵测量法（例如 Borgwaldt, Hellwig, & deGroot, 2005; Ziegler et al., 2010），该办法仅考虑一个单词的词首字母的发音，数算其所有可能的发音。只有一种发音可能的词首字母起始熵记为 0；发音可能性越多，起始熵数值越大。使用起始熵测量法将语言按照正字法规律性排序非常有用（例如 Ziegler et al., 2010）。

前文提到正字法规律性是确定某字母语言正字法复杂程度的一个因素。然而，其他的语言变量，如音节结构，也可能在不同的语言中存在较大差异，并且此类差距必然会在字母语言的单词拼写中体现出来。第一批比较 14 种不同语言学习者早期识字率的跨语言研究中有一项由西摩尔、阿罗和厄斯金（2003）进行的研究指出，有两个主要因素决定了一门语言阅读和拼写的学习难易度：音节复杂性和正字法规则程度（包括字母－发音对应规则程度和正字法受形态学因素影响的程度）。开音音节（以辅音－元音的结构组成的音节）占大多数并且词首的辅音簇较少的语言通常被归类为音节结构较为简单的语言，大多数罗曼语系语言属于这一类；闭音音节（以辅音－元音－辅音结构组成的音节）占多数，词首和词尾都含有辅音簇的语言通常被归类为音节结构较为复杂的语言，日耳曼语系往往符合这一种情况。然而，虽然一些关于音素辨识能力以及音素拼写的测验结果显示音节结构对儿童的表现有影响，因为儿童拼写自己母语中常出现的音节结构时表现得更好（例如 Caravolas & Bruck, 1993; Durgunoğlu, & Öney, 1999），但正字法的规则程度似乎对儿童早期读写学习的影响更大。例如，西摩尔等人（2003）的数据显示音节结构并非影响读写学习总体难度的决定性因素，因为他们以同样的标准进行测试发现，一些罗曼语（葡萄牙语、法语）学习者的读写表现在实验所涉及语言的学习者中处于下游水平，而日耳曼语（如德语、瑞典语、荷兰语）的学习者成绩则处于上游水平，与音节结构最简单的语言（如芬兰语、希腊语、意大利语）情况相近。通过比较音节结构复杂程度相近而正字法规则程度差别较大的语言更能够说明这一点。例如，学习同一组真实词和虚构词（Wimmer, & Goswami, 1994）或同源词（Landerl, Wimmer, & Frith, 1997），说英语的小学生表现不如说德语的小学生。德费奥、马托斯和卡里（2002）指出，即使两门语言的 330
背景文化非常接近，正字法规则程度上的一点点区别仍然会在读写学习中体现出来，西班牙语和葡萄牙语就是一组例子，这两门语言的音节结构非常接近，然而，葡萄牙语的正字法比西班牙语的正字法规则程度稍低。德费奥等人（2002）发现，阅读同一组词语（例如从数字词演变而来的虚构词：从‹cinco›，数字“五”，演变而来的‹ninco›）时，一至四年级说葡萄牙语的儿童表现不如说西班牙语的同龄儿童；一至二年级说葡萄牙语的儿童准确率比说西班牙语的同龄儿童低，到了三年级，前者的正确率追赶上后者，直至两者相当。由此可见，当音节结构相似，发音体系也类似，但正字法较不规则的语言使用者读写学习速度更慢，出错率更高。与此相对，卡拉沃拉斯和兰德尔（2010）在一年级学年开始和结束时对说捷克语和奥地利德语的小学一年级学生进行了测试，测试内容包括音素辨识、阅读和拼写。捷克语的词首音节结构复杂但编码结构（主要特点是开放）简单；奥地利德语的词首音节结构相对复杂。这两门语言的正字法中音形对应非常规则，实验对象的社会与教育背景也相当，但他们的读写学习表现存在明显的区别。这两种语言拼写法规则程度相对较高。虽然两国学生（人口特征和教育背景接近）在口头音素意识任务中表现出明显区别，但每个群体对于他们接触得更多的复杂单元的读写表现都更好，两国学生整个学年取得的成绩进步相差无几。因此，拼写的规则程度似乎不影响学生的启蒙期读写成绩进步（Share, 2008, p. 585）。

总而言之，语素－字母组合规则度、词汇的重音、历史拼写以及外来语拼写都会对一门语言的字母－发音规则度和发音－字母规则度产生影响。虽然有可能儿童学习这些不规则情况的速度比其他的更快，但在最初的读写学习阶段，这类不规则性会影响儿童读写的学习进展。事实上，研究已经表明这种不规则性是决定该语言学习者学习该语言读写过程中的学习表现的主要因素，尤其是决定了一门语言的读写学习速度（例如 Seymour et al., 2003）。然而，字母－发音规则度对认知构架的影响受到学界的关注不多，而认知构架是不同语言早期读写发展的基础和动力。我们将通过分析关于英语的实验来探明这一点。

英语读写基础

对英语进行的研究提供了大量证据表明，在读写发展的早期阶段，儿童学习运用字母原则。字母原则是指阅读文本时，儿童通过识别字母，在大脑中激活其全部可能的读音，然后选择最合适读音来完成文本阅读的任务；相对应地，当英语初学者听见一段话时，他也会在脑海中激活该读音对应的全部可能字母，并选择最合适的字母来完成拼写任务（Ehri, 1997, 2014; Treiman, 1993)。这些发现最初由布里安－伯恩（1998）在其早期识字的双重基础模型中提出，该模型认为对字母表中字母的知识和分辨（口语发音中）音素的能力是分别出现的两项技能，而这两项技能的发展相互促进，又分别对个体的读写能力发展产生各自的影响（例如 Hulme, Caravolas, Málková, & Brigstocke, 2005)，对小学一至三年级儿童单词阅读能力发展（例如 Muter, Hulme, Snowling, & Stevenson, 2004）和拼写能力发展（如 Caravolas, Hulme, & Snowling, 2001）的决定因素进行的纵向研究证实了英语学习符合该模式的描述。这些研究中，儿童在入学初期接受字母知识、音素意识以及自动校准能力（预测读写技能发展的早期衡量参数）的检测，其后两年内儿童的读写能力的差异与这三项成绩存在着约 66. 7% 的联系。此外，数项研究表明，训练孩子的音素意识和字母知识能够提高儿童的读写能力（Ball & Blachman, 1991; Bradley & Bryant, 1983; Hatcher, Hulme, & Ellis, 1994)。鲍耶－克雷恩等人（2008）近期进行了一项针对英国小学新生口语技能的干预实验，实验所选小学生的口语能力不足，甚至影响其识字能力发展，实验人员每天对其进行字母知识、音素意识以及基础阅读技巧的教育，持续 20 周之后，这些小学生的读写成绩有了提高。作为对照，这些 331

小学生的同学接受了20周的口语、词汇以及阅读理解教育，同学的读写成绩没有显著提高。休姆等人（Hulme，Bowyer-Crane，Carroll，Duff & Snowling，2012）对这些学生进行跟踪调查之后报告说，实验组儿童在干预实验结束六个月之后依然受益于音素学阅读训练。前文所述纵向研究以及干预实验证明了字母知识和音素意识在早期字母语言读写学习中的重要作用。我们已经了解了双重基础模型能够适用于描述英语，而如今更有证据表明本章开篇提到的三种技能之三：快速自动命名（RAN）视觉刺激（包括图片、颜色、数字或字母）的能力也是预测读写学习成绩的一个可靠因子（Denckla, & Rudel, 1976; Schatschneider, Fletcher, Francis, Carlson, & Foorman, 2004)。当实验对象是过于年幼尚不能自动识别字母或数字的儿童时，实验常用图片和颜色等非字母数字类视觉刺激物（例如 Caravolas et al., 2012; Kirby, Parrila, & Pfeiffer, 2003; Lervåg, & Hulme, 2009）；当实验对象是更为年长，能够自动识别数字和字母的儿童时，实验采用字母数字类视觉刺激物。无论实验采用哪一种刺激物，结果都显示视觉刺激快速识别能力与读写能力密切相关（Kirby, Georgiou, Martinussen, & Parrila, 2010; Norton, & Wolf, 2012)。此外，又有研究发现阅读能力不能预测快速自动命名技能的增长（Lervåg, & Hulme, 2009)，这就说明快速自动命名技能不仅仅是衡量阅读能力的组成指标（例如，迅速识别字母的能力可以被视为阅读能力的一个基本方面），还是涉及面更广的与读写发展相关的技能之一。

学界对快速自动命名技能进行了广泛的研究，以了解如何据此估计普通儿童和有障碍的儿童的阅读发展（Kirby et al., 2010; Norton, & Wolf, 2012)。对此，学界存在两派观点，一派认为快速自动命名标志着音系学处理进程，而另一派则将它与正字法处理进程联系起来（不同学者对正字法处理进程的定义各有不同 [Burt, 2006; Kirby et al.,

2010]，将正字法处理定义为“将一组字母或整个单词作为单个单元而不是作为一系列字母-音素对应组来处理的过程”[第343页])。例如，托格森等人(Torgesen, Wagner, Rashotte, Burgess & Hecht, 1997)将快速自动命名解释为衡量从记忆中提取语音信息的速度参数；而鲍尔斯和沃尔夫(1993)则将快速自动命名定义为激活和形成正字法标志(字母和单词拼写)的速度参数；根据行为和神经成像研究实验提出的一项假设认为，快速自动命名任务旨在研究正字法和音素学标志之间的联系机制，该联系机制反映在神经成像学上正好与负责物体识别和命名的大脑区域重合(例如Price, & McCrory, 2005; Vaessen, Gerretsen, & Blomert, 2009; Wimmer, & Schurz, 2010)。Lervåg和Hulme(2009)推测，从本质上来说，快速自动命名任务体现的是读者识别视觉刺激(包括字母和单词拼写)的身份、意义和发音的速度。然而这一类假设仍有待直接的实证数据支持。将后面这个假设与双重基础框架结合，我们提出：在识字发展的基础阶段，字母知识和音素意识是字母原则的两个前提，快速自动命名参数可以用于估计儿童对字母(起初是单个字母，最终是字母串)及其对应的音素之间的对应的熟识度。因此，快速自动命名参数是衡量读写发展的第三个重要参数(见图22.1)。

几项纵向英语研究的结果证实，快速自动命名在读写能力衡量方面具有独特的优势，而且也能够用于衡量学生的音素意识和字母知识(Georgiou, Torppa, Manolitsis, Lyytinen, & Parrila, 2012; Kirby et al., 2003; Schatschneider et al., 2004)。这些研究结果支持三重基础模型。此外，在这三个核心指标之外，学者们还检验了包括智力、语言短期记忆、词汇量、形态学意识、行动力和视觉注意力在内的其他技能，却没有发现这些因素对学生的读写表现产生系统性的影响。这表明，早期读写能力最可靠、最贴合的衡量参数确实是音素意识、字母知

332 识和快速自动命名。本章的另一个关键问题是，读写模型的跨（字母）语言描述能力，以及如何根据某语言的正字法对模型进行调整。

其他字母语言的读写基础

本节将讨论根据正字法规则度高低针对其他语言的相关研究，关于正字法规则度的研究并不排除正字法系统的其他属性对读写的影响。跨语言研究文献中的一个主要观点是字母-发音之间的规则度对读写学习有深远的影响，它不仅影响学习速度，而且还影响着早期读写认知结构的各个方面（Share, 2008; Wimmer, Mayringer, & Landerl, 2000)。有人认为，虽然音素意识是英语阅读的重要预测指标，但它对于拼写规则的语言的学习影响不大，主要原因是这些语言的字母-发音对映学习可以通过系统的语音教学完成，这种教育模式在大多数欧洲国家都很典型，儿童进入学校教育后的第一年或两年内，音素意识的个体差异就可以通过语音教学消除。对德语和荷兰语等正字法相对规则的语言进行的调查显示，在解释个体间阅读差异方面，音素意识的作用在这些语言中不如在英语中重要，而且起作用的时间也更短（de Jong, & van der Leij, 1999, 2002; Wesseling, & Reitsma, 2000; Wimmer et al., 2000)。因此另一方面，人们认为快速自动命名在拼写规则的语言中的重要性大于在英语中的重要性。这是因为阅读能力的个体差异主要表现为阅读流利程度而非准确度，阅读准确度通常在一年级结束或二年级时达到上限值；而快速自动命名参数被认为是能够反映阅读流畅性的重要指标（Wimmer et al., 2000)。威默等人（2002；也见 Wolf & Bowers，1999）进一步提出，快速自动命名技能是使学习者能够建立明确的正字法机制的基础。因此，识别正字-音系对应关系较慢的个体最终在学习比字母更大的正字法单位时表现会更差，甚至会表现出拼写困难。根据该问题，音素意识和快速自动命名能力都很可能是预测学生拼写成绩的有力参数。

与前面的观点不同的是，三重基础模型预测，儿童建立字母原则所需的核心认知技能以及早期阅读和拼写技能在不同的语言学习中应该发挥同样的作用，对学习表现的影响的权重应该相当。该预测建立在这样的前提之上：语种及其正字法不可能影响学习者识字认知前体技能的发展（例如 Samuelsson et al., 2005）以及任何字母语言的读写学习都要求学习者掌握字母或字母串与音素单元之间的联系，这样一来，任何语种的学习都要求学生具备掌握这种联系所需要的基本认知结构（另见 Norris, & Kinoshita, 2012; Perfetti, & Dunlap, 2008; Seidenberg, 2011)。由于该模型主要描述读写学习的基础阶段，因此它没有对识字技能的后期发展做出强有力的预测。

学者们针对不同正字法规则度的语言进行了大量研究，调查这三个阅读和拼写的核心预测因子的相对权重、有效时段和持续时长，并与英语进行直接或间接比较（见 Share 的综述，2008)。在儿童正式接受读写教学之前与开始接受时进行字母知识测试的研究一致认为，字母知识是读写发展的独立重要预测指标，其预测作用超过智商、音素意识和快速自动命名等指标。字母知识对读写发展的直接或间接影响已经在英语、法语、希腊语、挪威语、荷兰语、德语和芬兰语等多种语言的二三年级学生身上被观察到（Bruck, Genesee, & Caravolas, 1997; Caravolas et al., 2001; de Jong, & van der Leij, 1999; Furnes, & Samuelsson, 2011; Georgiou et al., 2012; Lervåg, Bråten, & Hulme, 2009; Muter et al., 2004; Wagner, Torgesen, & Rashotte, 1994; Wimmer, Landerl, Linortner, & Hummer, 1991)。因此，字母表中字母的名称和声音的学习难度会对学生早期读写学习成绩造成巨大影响。

然而，各项跨语言研究的结果并没有就音素意识和快速自动命

333 名的作用达成一致，这些研究的结论也不都支持主导观点。例如，针对学习正字法规则度较高的荷兰语（Patel, Snowing, & de Jong, 2004）、挪威语、瑞典语（Furnes, & Samuelsson, 2009）和捷克语（Caravolas et al., 2005）的小学生的研究显示，学习这些语言的小学生的识字能力也受到音素意识的影响，并且这种影响一直持续到高年级。其中，卡拉沃拉斯等人（2005）提出，根据同一音素意识衡量标准，学习捷克语读写和学习英语的儿童的读写成绩受到音素意识影响的程度相当。此外，能够证明在学习正字法规则的语言时快速自动命名技能对读写的影响大于音素意识的证据（Mann, & Wimmer, 2002; Wimmer et al., 2002）被证明并不绝对，近来有数项多语言研究直接与这个问题有关，我们随后会予以讨论。

齐格勒等人（2010）在欧洲进行的实验比较了音素意识、快速自动命名和言语短期记忆力预测二年级儿童单词和非单词阅读速度和准确性的贴合度。实验研究了五种语言，这五种语言的正字法规则度差别较大，根据博格瓦尔特等人（2005）提出的熵估计法，这五种语言从不规则到规则的排序为：法语、葡萄牙语、荷兰语、匈牙利语、芬兰语。排除智商因素，音素意识是主要的读写成绩预测因素，它能够适用于所有语言，并且在四种预测措施中位居最佳地位，音素意识的预测能力在任何情况下都优于快速自动命名。此外，快速自动命名在任何分析研究中都没有体现出对阅读准确性的预测能力，而且快速自动命名预测阅读速度的能力在正字法规则度最高的语言（芬兰语中）没有得到体现。这些结果与占主导地位的认为音素意识对于正字法不规则的英语的读写学习更加重要的假设相矛盾，而快速自动命名最能预测拼写的一致性（例如 de Jong, & van der Leij, 2002; Wimmer et al., 2000, 2002），但这些研究的缺点在于各项测试之间关联度过低，因此我们无法确定语言之间的区别是否是因为具体实验方式之间的差异造成的，所有的实验都没有提供可靠性报告，并且每项实验都只检测一种技能（单一技能检测实验的可靠性低于多技能检测实验）。除了对三重基础模型的全面测试以外，其他实验都没有检测字母知识对读写的预测作用。

另一项横向研究比较了一至四年级学习葡萄牙语、荷兰语和匈牙利语的儿童阅读流利程度的预测因素（Vaessen et al., 2010），该研究中的各项测试更加成熟，涵盖了字母知识、音素意识和快速自动命名技能的可靠测量数据。回归分析显示三种语言的检测结果之间存在可比性。在这三种语言的学习者身上，字母知识是预测一至二年级儿童读写能力的主要因素，随着儿童进入高年级，字母知识的重要性逐渐下降，而快速自动命名能力的重要性逐渐上升；音素识别准确性和速度对各年级儿童的读写表现影响变化不大，但音素识别准确性对正字法较不规则语言的读写学习影响更大，而音素识别速度对正字法较规则语言的读写学习影响更大。这项研究的主要局限在于该实验是横向比较学生表现。在为数不多的纵向比较中，乔治奥等人（2012）跟踪调查了学习英语、希腊语和芬兰语的儿童从幼儿园到小学二年级的学习表现，这些孩子幼儿园期间，研究人员测试他们的字母知识、语音意识和快速自动命名技能，当这些孩子结束小学二年级的教育时，研究人员再次对他们的虚构词拼读准确度、文本阅读流利度和拼写能力进行测试。多路径分析显示，字母知识是每种语言识字能力的重要而稳定的预测指标。音素意识只能预测英语中的虚构词解码能力，而快速自动命名能够预测英语中的虚构词解码能力、希腊语和英语的拼写以及希腊语的流利阅读。令人惊讶的是，无论是音素意识还是快速自动命名能力都无助于芬兰语阅读或拼写的学习发展。这项研究的一个局限是两项测试之间存在两年间隔，实验对象在进入小学后的头两年内经历了许多快速的变化，尤其是学习了母语的正字法，因此乔治奥等人的研究可能错过了儿童读写发展中的重要转变期，此外，每个变量只检测了一次，在第一次测试中没有针对读写能力进行检测，没有进行回归控制。

以往研究（其中许多是针对单一语种）的方法差异和缺点导致该领域研究结果不一的现状，但学界逐渐就音素意识是所有字母语言读写学习的重要预测指标达成共识（例如 Caravolas et al., 2005; Vaessen et al., 2010; Ziegler et al., 2010)，虽然有些研究显示在正字法较
334 规则的语言读写学习过程中，音素意识的影响持续时间较短（Lervåg, & Hulme, 2009; Vaessen et al., 2010; Ziegler et al., 2010)，而快速自动命名技能的重要性随着阅读技能的提高而增加。与三重基础模型一致的是上述研究几乎没有提供证据表明识字学习规律在正字法规则度不同的语言中有什么区别。最根本的一点是，为了研究读写发展的基础，需要研究多种语言，在儿童正式接受读写教育前和接受一至两年教育之后这两个时间点，在控制其他变量的情况下进行测试。这样做能够发现在这期间发展的读写智能并研究读写所需技能之间的关系。

该实验设计已经被卡拉沃拉斯和其同事（Caravolas et al., 2012）运用到一项针对四种语言的纵向研究中，该研究纵向比较了音素意识、字母知识和快速自动命名对儿童读写学习发展的作用，并测试儿童的词汇、非语言能力和语言记忆力，这些能力都是阅读和拼写技能变化的预测指标，他们对学习西班牙语、捷克语、斯洛伐克语的儿童进行教育前测试、对学习英语的儿童进行教育后测试。所有阅读核心技能的评估标准都高度可靠。相对于英语而言，西班牙语、捷克语和斯洛伐克的正字法规则度较高，字母－声音之间的映射非常稳定，这一点可以通过去上下文估计法检验（例如 Kessler, & Caravolas, 2011)。根据调查问卷和其他四种语言的补充资料，我们可以发现，各个语言的学校识字教育非常相似，包括学前读写教育、小

学读写教育和其他的相关教育。预测读写能力的多语言结构等效模型给出了非常明确的结论：教育前阅读技能、音素意识、字母知识和快速自动命名能力都能够反映儿童在正式接受语言教育的十个月内发展变化的纵向预测指标。这两种模型得到了实证数据的有力支持，这就说明了这三项指标对各个语言的初期读写学习发展都能够起到很好的预测作用，并且都非常重要，这两种模型都表明，该三项指标对读写发展的影响占三分之二以上。这些发现与最近出现的另一个跨语言比较研究的结论类似，该研究将英语读写学习发展模式与更为规则的瑞典语和挪威语的读写学习发展模式进行比较（Furnes, & Samuelsson, 2011）。

总而言之，不断涌现的关于各语言早期识字发展的研究表明，音素意识、字母知识和快速自动命名技能是字母语言读写能力的基础技能。在识字发展的类似时期进行的跟踪研究揭示了非常相似的跨语言模式，也就是说，这三个核心预测因素的影响贯穿阅读 / 拼写系统建立始终，这些因素的重要性在各种语言中都差不多，其影响效果至少能够从读写学习开始一直持续到小学一年级（Caravolas et al., 2012; Furnes, & Samuelsson, 2011）。然而，这些研究不能直接证明快速自动命名能够解释字母知识和因素之间形成有效映射的机制。这一点可以在今后的研究中加以检验，例如，将快速自动命名加入字母知识和音素意识之间纵向互惠关系的建模，早期实验已经发现快速自动命名存在于字母知识和音素意识的互惠关系之中（Caravolas et al., 2001; Muter et al., 2004）。该模型中，良好的快速自动命名技能能够加强这两个能力之间的互惠作用。前文所述的研究也不能说明正字法规则度会影响这些预测指标在读写学习发展后期的重要性，纵向实验能够更好地解决这一问题。据我们所知，目前关于读写学习早期发展阶段的只有一项直接跨语言研究（见下文所述）。

跨语言识字学习研究的结果表明，学习英语识字的孩子比使用正字法更为规则的字母语言的儿童达到特定阅读能力的速度更慢。西摩尔等人（2003）表明，学习正字法规则度更高的语言，包括芬兰语和西班牙语，孩子在一年级结束前就能够流利地掌握大部分（>80%）单词阅读，而学习英语的儿童的单词阅读准确性最低，只有34%。这一模式已在许多较小规模的研究中反复出现（见 Share, 2008; Ziegler, & Goswami, 2005)。然而，很少有研究使用增长曲线建模技术
335 直接进行阅读技能发展速度的纵向跨语言比较，因此，我们尚无法确定英语与其他更为规则的语言的读写学习发展之间存在的典型差异是否源于个体的成长差异或读写能力衡量标准的差异。

增长曲线建模技术可以用于展现技能的发展速度、发展模式（例如个体的技能突然增长、稳定增长或者减速增长；或特定群体的增长模式）（例如 Francis, Shaywitz, Stuebing, Shaywitz, & Fletcher, 1996; Lervåg, & Hulme, 2010)。少数侧重于读写学习最初阶段的研究报告了非线性增长模式适于形容英语读写学习发展（Compton, 2003; Skibbe, Grimm, Bowles, & Morrison, 2012; Torgesen et al., 1999)、芬兰语读写学习发展（Leppänen, Niemi, Aunola, & Nurmi, 2004; Parrila, Aunola, Leskinen, Nurmi, & Kirby, 2005）和荷兰语读写学习发展（Verhoeven, & van Leeuwe, 2011)。

针对英语（Skibbe et al., 2012）和芬兰语（Leppänen et al., 2004; Parrila et al., 2005）读写学习早期阶段发展的研究表明，虽然学龄前儿童也可能掌握一定阅读能力，但当儿童开始接受正式的识字教育时会出现一个增长特别迅速的时期，美国学习英语的学生的读写迅速增长时期似乎从幼儿园开始一直持续到小学一年级；而学习更为

规则的芬兰语的学生的迅速增长时期主要是小学一年级（正好是系统识字教学开始的时期）。在比较英语和其他更为规则的字母语言的读写学习的实验中也能够观察到这一现象（例如 Seymour et al., 2003）。

我们所知针对早期读写学习发展的唯一一项跨语言研究是卡拉沃拉斯等人（2013）的比较学习英语、捷克语和西班牙语的儿童单词阅读能力增长情况的研究（此外还有 Caravolas et al., 2012）。该实验中，所有的学生都接受一年两次的测试，从正式接受学校教育前（捷克语、西班牙语）或刚开始接受学校教育（英语）到小学二年级结束，测试的内容是各语言之间难度相当的默读效率检测，实验人员还在研究开始时根据学生的阅读能力对其进行分组。研究结果显示，学生的读写发展分为两个阶段最为贴切。如同研究人员预测的一样，这三组学生在正式阅读教学开始时都经历了突飞猛进的增长。然而，虽然英国儿童一开始的读写发展速度较快（同时期学习捷克语和西班牙语的孩子还在幼儿园），但在接下来两年内，英国儿童的读写能力增长率相对缓慢和稳定。相比之下，捷克和西班牙儿童在一年级开始时阅读能力经历了巨大的成长，但这种优势仅限于一年级：一年级期间，捷克和西班牙儿童的读写学习领先于英国儿童，但进入二年级之后，前者的读写能力增速趋于稳定和减速。与卡拉沃拉斯等人先前的研究（2012）一样，这些孩子群体读写方面的学前教育和早期小学教育背景类似，这就排除了不同教育经历产生的影响（见 Caravolas et al., 2012, online supplement）。

进一步的分析考察了哪些核心基础技能（如果有的话）能够预测儿童的读写能力发展，这些基础技能包括音素意识、字母知识和快速自动命名，即初始单词阅读水平（即起始点截距）、前期进步速率（即斜率）和后期增长的加速度（即二次分量）。与他们之前的发现（Caravolas et al., 2012）一致，这三项基础技能都能够预测实验所涉三种语言的个体初始阅读水平。此外，在所有语言中，音素意识和字母知识能够预测早期读写学习发展的个体差异，而快速自动命名能够预测一年级学生读写学习发展速度的变化。二年级学生的读写发展只能通过早期的读写发展来预测。无论是跨语言研究还是以往的单语言研究，都表明儿童在接受正规学校教育初期会经历读写能力的快速发展，但学习更为规则的语言的儿童在这一快速发展阶段的读写能力增长曲线更陡峭且更短。

结论

迄今为止的跨语言研究揭示了正字法规则度不同的语言的早期识字发展之间的共性和差异。我们回顾的研究和三重基础模型一致表明，当使用统一标准来衡量和比较各个语言学习者的读写技能发展时，可以发现各个语言的读写发展都以类似的方式且基于类似的基础。在各语言中，读写发展的各个预测因素的重要性相似，这表明各个语言学习者存在相同的认知结构。音素意识和字母知识能够预
336 测儿童在阅读和拼写方面的表现，快速自动命名能力与一年级结束前的阅读发展存在着更密切的联系。尽管英语的读写发展增长率相比正字法更规则的语言存在差异，但似乎从二年级开始，预测单字阅读能力最好的指标是之前的阅读成绩——因此从二年级开始，所有基础技能对于进一步读写技能发展只有间接影响。

总结弗恩斯和萨缪尔森（2011）的观点，在早期的读写学习阶段，虽然各语言存在正字法上的区别，但各个语言的读写发展模式依然十分相似，字母语言的读写系统都有类似的技能基础。此外，该阶段发展模式的统计模型似乎适用于各种程度的正字法规则度的字母语言。更进一步说，字母读写能力的三重基础模型总结性地描述了各种规则程度的字母语言的早期读写学习发展模式。这其中的重点是，

尽管字母发音映射和发音字母映射的规则度对识字学习速度有影响，但实证经验证明各个字母语言的早期读写学习发展都有同样的基础。

非字母语言的读写学习

下一节将回顾关于象形文字（汉语）和音节拼音语言（韩语、卡纳达语）的识字基础背后的认知过程的最相关的研究。我们总结了针对三重基础模型中考虑的读写预测因素（即音素意识、字母知识和快速自动命名）进行的横向研究和纵向研究（如有），这些实验研究这些预测因素的同时考虑了书写符号的数量和复杂性，这一因素在先前提到的实验中很少得到重视，因为字母语言的字母表很少超过三十到四十个字母。非字母语言的研究结果与三重基础模型的贴合度有多高？我们首先考虑汉语的研究结果，针对汉语的研究数据在全部非字母语言研究数据中占多数。

汉语的象形字

与以字母代表音素的英语和其他字母语言不同的是，汉语中的基本书写单位汉字同时代表一个音节和一个语素。中文的正字法是一个庞大的系统，完成全面识字需要掌握3000至4000个汉字（Li, Shu, McBride-Chang, liu, & Peng, 2012)。汉字的书写非常复杂，大量的笔画是横平竖直的。大多数汉字（现代汉语中的80%至90%; Shu, Chen, Anderson, Wu, & Xuan, 2003）由两个部首组成。表意部首在一定程度上提供了一个字的语义信息但不提供其读音信息；表音部首可以在一定程度上反映这个字的读音（Shu et al., 2003; Zhou, 1978)。

总体而言，音素意识在中文学习的早期并不是一个强有力的预测指标。麦克布莱德等人（McBride-Chang，Bialystok，Chong & Li,

2004）发现幼儿园儿童和一年级学生的汉字读写最好的预测指标是音节意识，无论他们是通过拼音系统（中国西安）还是通过看和说的方法（香港）来学习中文阅读。

对单个音素的感知并不能预测两组儿童在汉字读写学习上的差异，然而在一群加拿大英语初学者中，音素意识是英语单词识别的重要预测指标，其重要性超过音节意识。除了音系学之外，语素意识（对词汇中最小意义单位的识别能力）被认为是中文阅读另一个可靠的元语言预测指标。由于汉语独特的构词法以及大量同音字的存在，使得依靠语音信息识别汉字的方法不可靠（Shu, McBride-Chang, Wu, & Liu, 2006），有人认为汉字的识别需要很好的语素意识，甚至可能超过音节意识或音素意识（Perfetti, & Dunlap, 2008; Ziegler, & Goswami, 2005）。麦克布莱德和同事的数项研究证实了这一点。例如，麦克布莱德等人（McBride-Chang，Shu，Zou，Wat & Wagner，2003）发现，
337 语素意识（能够测量儿童对同音语素的敏感性和评估儿童合成词语的能力的指标）是汉字阅读中一个独特的预测指标，在控制了年龄和其他与阅读有关的能力（语言技能、视力、语音意识和快速自动命名技能）之后，语素意识在预测幼儿园和二年级学生的阅读能力方面发挥着重要作用。

在随后对来自香港、北京、韩国和美国的二年级学生进行的多语言研究中，麦克布莱德等人（2005）调查了与语言知识和文本阅读有关的知识（例如，汉字字形的差异和汉语教学的地域文化差异）在多大程度上会影响汉字和汉语口语的识别。尽管这两种知识结构都与实验涉及群体的词汇知识有着相似的联系，但它们影响单词识别的程度不同。首先，虽然形态意识能够用于预测儿童汉语或韩语单词识别的能力，但不适合运用于预测英语单词识别的模型。另一方面，音素意识是韩语和英语单词识别能力的重要预测指标，但在

预测中文（北京、香港）识别时并不重要。三重基础模型的第二个基础技能，即字母系统的字母知识，在汉语中应该对应于汉字知识以及相应的汉字属性以及视觉与语义组分（例如笔画部首的顺序和位置、组词的可能性等）。然而，早期关于汉语读写学习发展的文献很少将汉字知识作为一种单独的基础技能来处理，反而经常将其与视觉处理技能（包括视力、视觉记忆力等内容的更为广泛的一种技能）。虽然视觉技能与中文的阅读能力明显有关（Ho, & Bryant, 1997; Huang, & Hanley, 1995），却一直找不到证据可以表明视觉技能对于中文阅读的重要性强于其他技能，可能的一个原因，视觉方面的技能可能只在汉语阅读学习发展的早期阶段才能预测阅读表现，因为汉语阅读发展很快从视觉（象形识别）阶段发展到音系识别阶段（Ho, & Bryant, 1997; Siok, & Fletcher, 2001）。最近关于汉语读写学习的纵向调查（例如 Tong, McBride-Chang, Shu, & Wong, 2009; Yeung et al., 2011）将汉字知识（例如对汉字内部结构的认识或关于其组成部首的功能的知识）视为汉语阅读中的一个重要组成部分，与音素意识、形态意识和快速自动命名的重要性进行比较研究。这些研究表明，虽然控制其他变量之后，通过音节和删除音素的方法来测量音素意识的实验结果显示音素意识与阅读之间没有单独的关系，其他统计模型所涉及的基础技能（关于汉字的正字法知识、快速自动命名和形态意识）对阅读都产生着即时与历时影响。应当指出的是，音素意识和形态意识之间存在一定的相关性，这或许可以解释为什么音节意识与阅读之间没有独立的关联。与阅读类似，汉字听写也受到形态意识和汉字正字法知识的即时影响。在纵向预测中，当对实验对象一开始的文字书写能力进行控制变量时，只有快速自动命名技能对汉字书写存在影响。谈到三重基础模型的第三个组成部分，快速自动命名，它似乎是预测早期中文读写学习表现最系统、最有效的指标（例如 Georgiou, Parrila, & Liao, 2008; McBride-Chang, & Ho, 2000; Tong et al., 2009)。麦克布莱德和凯尔（2002）比较了快速自动命名（以及其他认知过程）对汉字识别的影响和对英语单词识别的影响之间的区别，报告说快速自动命名对于在美国和香港的儿童读写学习最初阶段的重要性最为突出（另见 McBride-Chang, & Ho, 2000)。乔治奥（2008）的研究包括年龄较大的（四年级）儿童，他们学习的语言有英语（加拿大）、中文（台湾）或希腊语（塞浦路斯），该研究进一步证明了快速自动命名对阅读的影响在各种语言中都有体现。有趣的是，后一项研究表明，当实验设计和评估标准一致时，快速自动命名对于各语言阅读的影响程度没有显著差异，但需要注意的是该实验的样本不够大，还不能将其结果视为公理。

字母音节

与象形文字汉语不同，韩语采用了一种叫作韩文的字母音节书写系统（Taylor, & Taylor, 1995, Kessler, & Treiman，本书，详细描述了
338 韩文的字母音节文字特征)。韩文字母代表音素，组合成一个个表示音节的韩文，韩文字母一共有 24 个，然而，早期阶段的韩语培训强调音节识别，据说韩语字母的发音和名字在韩语课堂上没有被明确教授（Cho, McBride-Chang, & Park, 2008; Kim, 2007)。韩文字母组字时以非线性的方式排列，而是从左到右或从上到下组成方块结构，从而形成清晰的音节边界。虽然韩语字母表中只有 24 个字母，但朝鲜语符的数量却有数千。韩语在保留了一定语素特征的同时，具有相对较高的图形－音素一致性，韩语的早期读写学习发展的相关预测性研究或纵向研究相对较少，这意味着我们必须谨慎对待这些研究发现与三重基础模型之间的契合度。到目前为止，这些研究中与三重基础模型之间契合度最高的发现是，儿童对音素单元（音节和音

素）的认识水平可以预测儿童的读写学习发展。例如，赵和麦克布莱德（2005）的一项纵向研究发现，幼儿园至二年级各年龄层儿童在音素删除和音节删除任务中的表现对于预测其即时阅读成绩有着明显且独特的作用。赵等人（Cho et al., 2008）针对4—5岁幼儿园儿童的研究表明，音素意识和音节意识都对儿童学习韩语读写有影响。有趣的是，虽然儿童的音素和音节意识能够预测他们的规则单词识别能力，但他们识别不规则单词的能力的最佳预测指标则是口语形态意识（词汇复合能力）。这表明，儿童识别韩语中的规则单词和不规则单词时分别调用了不同的认知过程。

这些结论表明，至少对于韩国人来说，以词汇复合形式出现的形态意识对于早期不规则的单词阅读有着重要影响，而且这种影响独立于音素意识对阅读的影响。可能的原因是对语素结构的了解能够帮助韩国儿童识别不规则的单词，因为这种知识有助于儿童使用类推策略、根据已知的语素来认识新单词。语素知识也可能帮助儿童确定词的发音，因为某些语素的不同衍生形式可能有不同的发音（例如英语中的know/knowledge; photo/photography)。这些涉及形态学的发音变化在韩语中不存在，因为韩语的发音非常规则，韩语字完全根据其组成韩语字母的拼读结果来发音。例外词学习的特殊性体现在需要学习额外的语义知识上。

金的两项研究（2009, 2010）直接说明了韩语中字母知识是读写学习的重要组成部分。虽然音素和音节意识对于4至5岁的韩国学龄前儿童的识字技能（单词阅读、虚构词阅读、拼写）都有独特的贡献——这与赵等人（2005, 2008）的研究结果一致——字母名称知识与三项阅读能力的关联程度最高，超过了音素意识和年龄对阅读能力的影响。关于拼写技巧，韩语字母知识被证明高度预测规则韩语词拼写能力，超过其他的因素，即形态意识、语音意识和正字法意识

(Kim, 2010)。赵和同事的实验考虑了快速自动命名技能的影响，早期（2005）的研究未能发现快速自动命名技能对阅读有独立影响，但后来（2008）的研究发现了快速自动命名通过语音意识对阅读产生影响。

关于卡纳达语的研究提供了更多与三重基础模型有关的第一手证据，卡纳达语是南亚的字母音节语言，其文字是音素符号组成的音节块（aksharas）（更多关于卡纳达语的细节请见 Nag, Treiman, & Snowling, 2010)。卡纳达语的使用者是印度南部卡纳塔克邦的四千万人口。简单地说，卡纳达语的 aksharas（基础符号与上方或下方划线的组合）的形态、非线性空间布局（例如，辅音后元音可以放在辅音的右侧、顶部或底部以及超过 400 种的 aksharas 符号是卡纳达语与字母语言的三个主要不同点（Nag, 2007)。与韩国字类似，卡纳达语字符的规则度很高。纳格和斯诺林（2012）检验了四至六年级 9 至 12
339 岁儿童的语音（音素和音节）意识、akshara 知识和快速自动命名技能与其卡纳达语阅读能力（准确性和速度）之间的即时关联。预测儿童阅读能力的最佳指标为 askhara 知识，占阅读准确性评估度的大约一半，音节和音素意识以及快速自动命名对阅读能力也有一定影响。纳格和斯诺林（2012）的研究显示卡纳达语阅读能力受音节意识（根据三重基础模型的预期）影响其实不大，但音素意识和快速自动命名对阅读能力的预测效果是非常显著的。

总结

关于非字母语言正字法的研究主要是针对汉语的研究，这方面研究表明广义的三重基础模型很好地解释了汉语读写的基础。快速自动命名显然是一种可靠的读写能力预测指标，最近的研究也突出了汉字知识的重要性。汉语中元语言成分（对应于字母语言中的音素意识）比字母语言的更为复杂，因此在分析汉语时需要扩大这一部分内容。对语素的认识似乎是汉语的关键元语言成分，尽管一些研究表明语音意识（特别是音节意识）也可能对汉语学习起到一定的作用，尽管这一作用较弱，而且可能持续时间较短（例如 McBride-Chang et al., 2004, 2005)。针对字母音节语言的研究结果与字母语言研究结果类似。韩语中字母知识、卡纳达语中 akshara 知识以及快速自动命名被发现是早期读写的有力预测指标。音素意识和音节意识被发现是重要的元语言技能预测因子，反映了这些语言中书写单位的二元性（音素和音节)。这些语言的研究表明，三重基础模式充分描述了早期识字的基础，只是在某些情况下需要将音素意识部分扩大到音素和音节意识。针对字母音节语言的几项研究和最近的针对汉语的研究表明一点，字符知识可能是三重基础模型中的最关键的技能。如果直接检验这一假设的研究能够得出肯定的答案，那么将会进一步表明正字法符号集合的大小，也就是一种语言的正字符号的数量会影响语言初学者的读写学习架构（Nag, 2007)。然而，目前尚未明确象形文字语言中更为重要的字符知识的权重是否与字母语言中字母知识的相对权重成比例，因为字母语言中字母知识的权重也是最重要的早期识字发展的稳定预测指标。

类似地，被称为视觉能力的广泛的技能在学习阅读和书写方面也发挥着作用，视觉技能对于字母音节语言和象形文字语言的学习可能更为重要，因为这些语言包含书写起来烦琐而复杂的符号（Nag, & Snowling, 2012；Perfetti, & Dunlap, 2008)。然而，本章的文献综述表明，有关视觉技能的研究数据较为混乱，因为有一些研究可能将视觉技能与字符知识混为一谈。我们认为，广义的视觉技能对阅读技能的影响可能与更为广泛的语言技能（如词汇知识、句法技能和听力理解）对阅读的影响更相似，因为这些技能常被学者们证明与早期读写技能密切相关。因此，人们经常发现这些技能与早期单词读写有关，但很少出现这些技能能够作为读写表现的独立预测指标运用的情况。

结论

对字母语言读写能力早期发展的研究指出，学习者需要三种关键认知能力来完成语言的读写学习：字母表字母知识、音素意识和视觉刺激快速自动命名（RAN）。我们称之为三重基础模型，三重基础模型建立在拜恩（1998）的双重基础模型的基础上。在这次综述中我们探讨了单语言和跨语言研究，这些研究检验了三重基础模型对各个语言初始学习阶段发展的适用程度。针对字母语言进行的大量研究表明了该模型极强的通用性。不仅字母知识、音素意识和快速自动命名能预测许多语言的早期读写学习情况，而且变量控制良好的研究（例如 Caravolas et al., 2012, 2013; Furnes, & Samuelsson, 2011）也表明读写的早期学习预测模型所涉及的预测关系在正字法规则度不同的语言中基本是相同的。

虽然本章回顾针对各种语言和正字法的研究证据，但在世界所
340 有语言中，这些语言只是一个小小的样本（Share, 2008)，迄今为止的研究已经表明各语言的读写学习都需要非常相似的一套认知基础，包括三种核心认知技能。我们认为这三种基础技能在各个语言的读写学习过程中发挥的作用类似，并且与三重基础模型所描述的差不多。总而言之，单词读写的初期学习阶段中的个体差异取决于个体的正字符号知识（例如汉语的汉字知识、卡纳达语的 akshara 字符知识或英文字母知识）的差异、语音意识（例如，语素、音节、音素）以及能够快速有效地将书面符号与语音联系起来的能力，这一能力可以通过快速自动命名来测定。我们期待今后的研究针对这一假设

进行直接和全面的检验，同时又能够对更多语言进行检验，并将特定语言现象与一般语言现象区分开来。

参考文献

Ball, E. W., & Blachman, B. A. (1991). Does phoneme awareness training in kindergarten make a difference in early word recognition and developmental spelling? *Reading Research Quarterly, 26,* 49–66.

Borgwaldt, S. R., Hellwig, F. M., & De Groot, A. M. (2005). Onset entropy matters — letter-to-phoneme mappings in seven languages. *Reading and Writing: An Interdisciplinary Journal, 18,* 211–229.

Bowers, P. G., & Wolf, M. (1993). Theoretical links between naming speed, precise timing mechanisms and orthographic skill in dyslexia. *Reading and Writing: An Interdisciplinary Journal, 5,* 69–85.

Bowyer-Crane, C., Snowling, M. J., Duff, F. J., Fieldsend, E., Carroll, J. M., Miles, J., . . . Hulme, C. (2008). Improving early language and literacy skills: Differential effects of an oral language versus a phonology with reading intervention. *Journal of Child Psychology and Psychiatry, 49,* 422–432.

Bradley, L., & Bryant, P. E. (1983). Categorizing sounds and learning to read—A causal connection. *Nature, 301,* 419–421.

Bruck, M., Genesee, F., & Caravolas, M. (1997). A cross-linguistic study of early literacy acquisition. In B. A. Blachman (Ed.), *Foundations of reading acquisition and dyslexia: Implications for early intervention* (pp. 145–162). Mahwah, NJ: Erlbaum.

Burt, J. S. (2006). What is orthographic processing and how does it relate to word identification in reading? *Journal of Research in Reading, 29,* 400–417.

Byrne, B. (1998). *The foundation of literacy: The child's acquisition of the alphabetic principle*. Hove, England: Psychology Press.

Caravolas, M. (2005). The nature and causes of dyslexia in different languages. In M. J. Snowling & C. Hulme (Eds.), *The science of reading: A handbook* (pp. 336–356). Oxford, England: Blackwell.

Caravolas, M., & Bruck, M. (1993). The effect of oral and written language input on children's phonological awareness: A cross-linguistic study. *Journal of Experimental Child Psychology, 55,* 1–30.

Caravolas, M., Hulme, C., & Snowling, M. (2001). The foundations of spelling ability: Evidence from a 3-year longitudinal study. *Journal of Memory and Language, 45,* 751–774.

Caravolas, M., Kessler, B., Hulme, C., & Snowling, M. (2005). Effects of orthographic consistency, frequency, and letter knowledge on children's vowel spelling development. *Journal of Experimental Child Psychology, 92,* 307–321.

Caravolas, M., & Landerl, K. (2010). The influences of syllable structure and reading ability on the development of phoneme awareness: A longitudinal, cross-linguistic study. *Scientific Studies of Reading, 14,* 464–484.

Caravolas, M., Lervag, A., Defior, S., Malkova, G. S., & Hulme, C. (2013). Different patterns, but equivalent predictors, of growth in reading in consistent and inconsistent orthographies. *Psychological Science, 24,* 1398–1407.

Caravolas, M., Lervag, A., Mousikou, P., Efrim, C., Litavisky, M., Onochie-Quintanilla, E., . . . Hulme, C. (2012). Common patterns of prediction of literacy development in different alphabetic orthographies. *Psychological Science, 23,* 678–686.

Cassar, M., & Treiman, R. (1997). The beginnings of orthographic knowledge: Children's knowledge of double letters in words. *Journal of Educational Psychology, 89,* 631–644.

Cho, J.-R., & McBride-Chang, C. (2005). Correlates of Korean hangul acquisition among kindergartners and second graders. *Scientific Studies of Reading, 9,* 3–16.

Cho, J.-R., McBride-Chang, C., & Park, S. (2008). Phonological awareness and morphological awareness: Differential associations to regular and irregular word recognition in early Korean Hangul readers. *Reading and Writing: An Interdisciplinary Journal, 21,* 255–274.

Compton, D. L. (2003). Modeling the relationship between growth in rapid naming speed and growth in decoding skill in first-grade children. *Journal of Educational Psychology, 95,* 225–239.

Defior, S., Martos, F., & Cary, L. U. Z. (2002). Differences in reading acquisition development in two shallow orthographies: Portuguese and Spanish. *Applied Psycholinguistics, 23,* 135–148.

de Jong, P. F., & van der Leij, A. (1999). Specific contributions of phonological abilities to early reading acquisition: Results from a Dutch latent variable longitudinal study. *Journal of Educational Psychology, 91,* 450–476.

de Jong, P. F., & van der Leij, A. (2002). Effects of phonological abilities and linguistic comprehension on the development of reading. *Scientific Studies of Reading, 6,* 51–77.

Denckla, M. B., & Rudel, R. G. (1976). Rapid "automatized"naming (RAN): Dyslexia differentiated from other learning disabilities. *Neuropsychologia, 14,* 471–479.

Durgunoğlu, A. Y., & Oney, B. (1999). A cross-linguistic comparison of phonological awareness and word recognition. *Reading and Writing: An Interdisciplinary Journal, 11,* 281–299.

Ehri, L. C. (1997). Learning to read and learning to spell are one and the same, almost. In C. Perfetti, L. Rieben, & M. Fayol (Eds.), *Learning to spell: Research, theory and practice* (pp. 237–269). Mahwah, NJ: Erlbaum.

Ehri, L. C. (2014). Orthographic mapping in the acquisition of sight word reading, spelling memory, and vocabulary learning. *Scientific Studies of Reading, 21,* 5–19.

Francis, D. J., Shaywitz, S. E., Stuebing, K. K., Shaywitz, B. A., & Fletcher, J. M. (1996). Developmental lag versus deficit models of reading disability: A longitudinal, individual growth curves analysis. *Journal of Educational Psychology, 88,* 3–17.

Furnes, B., & Samuelsson, S. (2009). Preschool cognitive and language skills predicting kindergarten and grade 1 reading and spelling: A cross-linguistic comparison. *Journal of Research in Reading, 32,* 275–292.

Furnes, B., & Samuelsson, S. (2011). Phonological awareness and rapid automatized naming predicting early development in reading and spelling: Results from a cross-linguistic longitudinal study. *Learning and Individual Differences, 21,* 85–95.

Georgiou, G. K., Parrila, R., & Liao, C. H. (2008). Rapid naming speed and reading across languages that vary in orthographic consistency. *Reading and Writing: An Interdisciplinary Journal, 21,* 885–903.

Georgiou, G. K., Torppa, M., Manolitsis, G., Lyytinen, H., & Parrila, R. (2012). Longitudinal predictors of reading and spelling across languages varying in orthographic consistency. *Reading and Writing: An Interdisciplinary Journal, 25,* 321–346.

Hatcher, P. J., Hulme, C., & Ellis, A. W. (1994). Ameliorating early reading failure by integrating the teaching of reading and phonological skills: The phonological linkage hypothesis. *Child Development, 65,* 41–57.

Hayes, H., Treiman, R., & Kessler, B. (2006). Children use vowels to help them spell consonants. *Journal of Experimental Child Psychology, 94,* 27–42.

Ho, C. S.-H., & Bryant, P. (1997). Phonological skills are important in learning to read Chinese. *Developmental Psychology, 33,* 946–951.

Huang, H. S., & Hanley, J. R. (1995). Phonological awareness and visual skills in learning to read Chinese and English. *Cognition, 54,* 73–98.

Hulme, C., Bowyer-Crane, C., Carroll, J. M., Duff, F. J., & Snowling, M. J. (2012). The causal role of phoneme awareness and letter-sound knowledge in learning to read: Combining intervention studies with mediation analyses. *Psychological Science, 23,* 572–577.

Hulme, C., Caravolas, M., Malkova, G., & Brigstocke, S. (2005). Phoneme isolation ability is not simply a consequence of letter-sound knowledge. *Cognition, 97,* B1–B11.

Kessler, B., & Caravolas, M. (2011). *Weslalex: West Slavic lexicon of child-directed printed words*. http://spell.psychology.wustl. edu/weslalex/

Kessler, B., & Treiman, R. (2001). Relationships between sounds and letters in English monosyllables. *Journal of Memory and Language, 44,* 592–617.

Kim, Y.-S. (2007). Phonological awareness and literacy skills in Korean: An examination of the unique role of body-coda units. *Applied Psycholinguistics, 28,* 67–93.

Kim, Y.-S. (2009). The foundation of literacy skills in Korean: The relative contribution of letter-name knowledge and phonological awareness and their interrelationship in Korean. *Reading and Writing: An Interdisciplinary Journal, 22,* 907–931.

Kim, Y. S. (2010). Componential skills in early spelling development in Korean. *Scientific Studies of Reading, 14,* 137–158.

Kirby, J. R., Georgiou, G. K., Martinussen, R., & Parrila, R. (2010). Naming speed and reading: From prediction to instruction. *Reading Research Quarterly, 45,* 341–362.

Kirby, J. R., Parrila, R. K. & Pfeiffer, S. L. (2003). Naming speed and phonological awareness as predictors of reading development. *Journal of Educational Psychology, 95,* 453–464.

Landerl, K., Wimmer, H., & Frith, U. (1997). The impact of orthographic consistency on dyslexia: A German-English comparison. *Cognition, 63,* 315–334.

Leppänen, U., Niemi, P., Aunola, K., & Nurmi, J. E. (2004). Development of reading skills among preschool and primary school pupils. *Reading Research Quarterly, 39,* 72–93.

Lervåg, A., Braten, I., & Hulme, C. (2009). The cognitive and linguistic foundations of early reading development: A Norwegian latent variable longitudinal study. *Developmental Psychology, 45,* 764–781.

Lervåg, A., & Hulme, C. (2009). Rapid automatized naming (RAN) taps a mechanism that places constraints on the development of early reading fluency. *Psychological Science, 20,* 1040–1048.

Lervåg, A., & Hulme, C. (2010). Predicting the growth of early spelling skills: Are there heterogeneous developmental trajectories? *Scientific Studies of Reading, 14,* 485–513.

Li, H., Shu, H., McBride-Chang, C., Liu, H., & Peng, H. (2012). Chinese children's character recognition: Visuoorthographic, phonological processing and morphological skills. *Journal of Research in Reading, 35,* 287–307.

Mann, V., & Wimmer, H. (2002). Phoneme awareness and pathways into literacy:

A comparison of German and American children. *Reading and Writing: An Interdisciplinary Journal, 15,* 653–682.

McBride-Chang, C., Bialystok, E., Chong, K. K. Y., & Li, Y. (2004). Levels of phonological awareness in three cultures. *Journal of Experimental Child Psychology, 89,* 93–111.

McBride-Chang, C., Cho, J.-R., Liu, H., Wagner, R. K., Shu, H., Zhou, A., . . . Muse, A. (2005). Changing models across cultures: Associations of phonological awareness and morphological structure awareness with vocabulary and word recognition in second graders from Beijing, Hong Kong, Korea, and the United States. *Journal of Experimental Child Psychology, 92,* 140–160.

McBride-Chang, C., & Ho, C. S.-H. (2000). Developmental issues in Chinese children's character acquisition. *Journal of Educational Psychology, 92,* 50–55.

McBride-Chang, C., & Kail, R. (2002). Cross-cultural similarities in the predictors of reading acquisition. *Child Development, 73,* 1392–1407.

McBride-Chang, C., Shu, H., Zhou, A. B., Wat, C. P., & Wagner, R. K. (2003). Morphological knowledge uniquely predicts young children's Chinese character recognition. *Journal of Educational Psychology, 95,* 743–751.

Muter, V., Hulme, C., Snowling, M. J., & Stevenson, J. (2004). Phonemes, rimes and grammatical skills as foundations of early reading development: Evidence from a longitudinal study. *Developmental Psychology, 40,* 665–681.

Nag, S. (2007). Early reading in Kannada: The pace of acquisition of orthographic knowledge and phonemic awareness. *Journal of Research in Reading, 30,* 1–17.

Nag, S., & Snowling, M. (2012). Reading in an alphasyllabary: Implications for a language-universal theory of learning to read. *Scientific Studies of Reading, 16,* 404–423.

Nag, S., Treiman, R., & Snowling, M. J. (2010). Learning to spell in an alphasyllabary: The case of Kannada. *Writing Systems Research, 2,* 41–52.

Norris, D., & Kinoshita, S. (2012). Reading through a noisy channel: Why there's nothing special about the perception of orthography. *Psychological Review, 119,* 517–545.

Norton, E. S., & Wolf, M. (2012). Rapid automatized naming (RAN) and reading fluency: Implications for understanding and treatment of reading disabilities. *Annual Review of Psychology, 63,* 427–452.

Pacton, S., Fayol, M., & Perruchet, P. (2002). The acquisition of untaught orthographic regularities in French. In L. Verhoeven, C. Erlbro & P. Reitsma (Eds.), *Precursors of functional literacy* (pp. 121–137). Dordrecht, the Netherlands: Kluwer.

Parrila, R., Aunola, K., Leskinen, E., Nurmi, J. E., & Kirby, J. R. (2005). Development of individual differences in reading: Results from longitudinal studies in English and Finnish.*Journal of Educational Psychology, 97,* 299–319.

Patel, T. K., Snowling, M. J., & de Jong, P. F. (2004). A cross-linguistic comparison of children learning to read in English and Dutch. *Journal of Educational Psychology, 96,* 785–797.

Peereman, R., & Content, A. (1999). Lexop: A lexical database with orthography-phonology statistics for French monosyllabic words. *Behavior Research Methods, Instruments, and Computers, 31,* 376–379.

Peereman, R., Lete, B., & Sprenger-Charolles, L. (2007). Manulex-infra: Distributional characteristics of graphemephoneme mappings, and infralexical and lexical units in child-directed written material. *Behavior Research Methods, 39,* 579–589.

Perfetti, C. A., & Dunlap, S. (2008). Learning to read: General principles and writing system variations. In K. Koda & A. Zehler (Eds.), *Learning to read across languages* (pp. 13–38). Mahwah, NJ: Erlbaum.

Perfetti, C. A., Liu, Y., & Tan, L. H. (2005). The lexical constituency model: Some implications of research on Chinese for general theories of reading. *Psychological Review, 112,* 43–59.

Price, C. J., & McCrory, E. (2005). Functional brain imaging studies of skilled reading and developmental dyslexia. In M. J. Snowling & C. Hulme (Eds.), *The science of reading: A handbook* (pp. 473–496). Oxford, England: Blackwell.

Rittle-Johnson, B., & Siegler, R. S. (1999). Learning to spell: Variability, choice, and change in children's strategy use. *Child Development, 70,* 332–348.

Samara, A., & Caravolas, M. (2014). Statistical learning of novel graphotactic constraints in children and adults. *Journal of Experimental Child Psychology, 121,* 137–155.

Samuelsson, S., Byrne, B., Quain, P., Wadsworth, S., Corley, R., DeFries, J., . . . Olson, R. (2005). Environmental and genetic influences on prereading skills in Australia, Scandinavia, and the United States. *Journal of Educational Psychology, 97,* 705–722.

Schatschneider, C., Fletcher, J. M., Francis, D. J., Carlson, C. D., & Foorman, B. R. (2004). Kindergarten prediction of reading skills: A longitudinal comparative analysis. *Journal of Educational Psychology, 96,* 265–282.

Seidenberg, M. S. (2011). Reading in different writing systems: One architecture, multiple solutions. In P. McCardle, J. Ren, & O. Tzeng (Eds.), *Dyslexia across languages: Orthography and the gene-brain-behavior link* (pp. 146–168). Baltimore, MD: Brookes.

Seymour, P. H., Aro, M., & Erskine, J. M. (2003). Foundation literacy acquisition in European orthographies. *British Journal of Psychology, 94,* 143–174.

Share, D. L. (2008). On the Anglocentricities of current reading research and practice: The perils of overreliance on an "outlier" orthography. *Psychological Bulletin, 134,* 584–615.

Shu, H., Chen, X., Anderson, R. C., Wu, N., & Xuan, Y. (2003). Properties of school Chinese: Implications for learning to read. *Child Development, 74,* 27–47.

Shu, H., McBride-Chang, C., Wu, S., & Liu, H. (2006). Understanding Chinese developmental dyslexia: Morphological awareness as a core cognitive construct. *Journal of Educational Psychology, 98,* 122–133.

Siok, W. T., & Fletcher, P. (2001). The role of phonological awareness and visual-orthographic skills in Chinese reading acquisition. *Developmental Psychology, 37,* 886–899.

Skibbe, L. E., Grimm, K. E., Bowles, R. P., & Morrison, F. J. (2012). Literacy growth in the academic year versus summer from preschool through second grade: Differential effects of schooling across four skills. *Scientific Studies of Reading, 16,* 141–165.

Taylor, I., & Taylor, M. (1995). *Writing and literacy in Chinese, Korean, and Japanese.* Amsterdam, the Netherlands: Benjamins.

Tong, X., McBride-Chang, C., Shu, H., & Wong, A. M. (2009). Morphological awareness, orthographic knowledge, and spelling errors: Keys to understanding early Chinese literacy acquisition. *Scientific Studies of Reading, 13,* 426–452.

Torgesen, J. K., Wagner, R. K., Rashotte, C. A., Burgess, S., & Hecht, S. (1997). Contributions of phonological awareness and rapid automatic naming ability to the growth of wordreading skills in second-to fifth-grade children. *Scientific Studies of Reading, 1,* 161–185.

Torgesen, J. K., Wagner, R. K., Rashotte, C. A., Rose, E., Lindamood, P., Conway, T., & Garvan, C. (1999). Preventing reading failure in children with phonological processing difficulties: Group and individual responses to instruction. *Journal of Educational Psychology, 81,* 579–593.

Treiman, R. (1993). *Beginning to spell: A study of first-grade children.* New York, NY: Oxford University Press.

Treiman, R., Berch, D., & Weatherston, S. (1993). Children's use of phoneme-grapheme correspondences in spelling: Roles of position and stress. *Journal of Educational Psychology, 85,* 466–477.

Vaessen, A., Bertrand, D., Toth, D., Csepe, V., Faisca, L., Reis, A., & Blomert, L. (2010). Cognitive development of fluent word reading does not qualitatively differ between transparent and opaque orthographies. *Journal of Educational Psychology, 102,* 827–842.

Vaessen, A., Gerretsen, P., & Blomert, L. (2009). Naming problems do not reflect a second independent core deficit in dyslexia: Double deficits explored. *Journal of Experimental Child Psychology, 103,* 202–221.

Verhoeven, L., & van Leeuwe, J. (2011). Role of gender and linguistic diversity in word decoding development. *Learning and Individual Differences, 21,* 359–367.

Wagner, R. K., Torgesen, J. K., & Rashotte, C. A. (1994). Development of reading-related phonological processing abilities: New evidence of bidirectional causality from a latent variable longitudinal study. *Developmental Psychology, 30,* 73–87.

Wesseling, R., & Reitsma, P. (2000). The transient role of explicit phonological recoding for reading acquisition. *Reading and Writing: An Interdisciplinary Journal, 13,* 313–336.

Wimmer, H., & Goswami, U. (1994). The influence of orthographic consistency on reading development: Word recognition in English and German children. *Cognition, 51,* 91–103.

Wimmer, H., Landerl, K., Linortner, R., & Hummer, P. (1991). The relationship of phonemic awareness to reading acquisition: More consequence than precondition but still important. *Cognition, 40,* 219–249.

Wimmer, H., Mayringer, H., & Landerl, K. (2000). The double- deficit hypothesis and difficulties in learning to read a regular orthography. *Journal of Educational Psychology, 92,* 668–680.

Wimmer, H., & Schurz, M. (2010). Dyslexia in regular orthographies: Manifestation and causation. *Dyslexia, 16,* 283–299.

Wolf, M., & Bowers, P. G. (1999). The double-deficit hypothesis for the developmental dyslexias. *Journal of Educational Psychology, 91,* 415–438.

Yeung, P. S., Ho, C. S. H., Chik, P. P. M., Lo, L. Y., Luan, H., Chan, D. W. O., & Chung, K. K. H. (2011). Reading and spelling Chinese among beginning readers: What skills make a difference? *Scientific Studies of Reading, 15,* 285–313.

Zhou, Y. G. (1978). To what extent are the "phonetics" of present-day Chinese characters still phonetic? *Zhongguo Yuwen, 146,* 172–177.

Ziegler, J. C., Bertrand, D., Toth, D., Csepe, V., Reis, A., Faisca, L., . . . Blomert, L. (2010). Orthographic depth and its impact on universal predictors of reading: A cross-language investigation. *Psychological Science, 21,* 551–559.

Ziegler, J. C., & Goswami, U. (2005). Reading acquisition, developmental dyslexia, and skilled reading across languages: a psycholinguistic grain size theory. *Psychological Bulletin, 131,* 3–29.

Ziegler, J. C., Jacobs, A. M., & Stone, G. O. (1996). Statistical analysis of the bidirectional inconsistency of spelling and sound in French. *Behavior Research Methods, Instruments, & Computers, 28,* 504–515.

第 23 章　儿童的阅读理解与理解困难　344

简·V. 奥克希尔　莫莉·S. 贝伦豪斯　凯特·凯恩

摘　要：本章思考儿童阅读理解的正常发展、个体差异以及阅读理解困难。这方面的大多数研究围绕着字母语言的阅读展开，因此本章所收录的大部分研究都是针对字母语言。本章概述了阅读理解早期学习发展的各个阶段。还考虑了这些阶段与阅读理解能力之间的关系。本章最后回顾了对刚进入学校教育的儿童进行的研究实践。

关键词：阅读理解、词汇、干预、理解跟踪监控、文本结构、理解

阅读理解的过程是综合运用许多不同的技能、策略、知识库和认知能力的过程。在大多数情况下，阅读初学者已经具备了流利的口语技能，并能够将其应用到书面文本的阅读理解中。尽管口语理解技能是文本阅读理解的基础，但只是具备良好的口语技能这一点并不能保证文本阅读的流利性：一部分儿童虽然掌握了良好的单词阅读技巧，但是在阅读理解方面却存在问题，因为他们的单词阅读技能虽然过关，但在理解方面（阅读和听力理解）存在问题。在本章中，我们讨论阅读理解的正常发展和阅读出现困难的情况。欧克希尔和凯恩（2007）以及凯恩和奥克希尔（2007）的研究对阅读理解以及相关技能的发展进行了更长时间的跟踪调查。本章最后简要概述今后关于阅读理解初学者的研究的发展方向，以及如何提高有阅读困难的孩子的阅读理解能力。

良好的文本理解的标志

我们首先给良好的文本理解下一个定义，并根据这个定义展开讨论。文本阅读是一个建设性进程，是持续地将新获取的文本信息整合起来从而了解文本正在描述的状况，被整合的文本信息通常被称为心理模式（Johnson-Laird, 1983）或情况模式（Kintsch, 1998）（见O’Brien and Cook，本书，成人文本阅读理解模型）。无论是通过倾听文本的朗读来理解（听力理解），还是通过阅读理解（文本理解）获取文本信息，所获取的信息都是一致的，而阅读理解需要额外的技巧，就是对书面文字的识别能力。

345 在整合文本信息的过程中，读者经历着许多阶段，首先是理解每个词的意义，然后整合词的意义得到句子和段落的意义，并明确整篇文章的中心思想和主题。例如，要理解一个故事需要确定主要人物及其动机，以及故事的情节；必须猜测作者未写明的隐含的信息；需要调用背景知识或信息来辅助理解文意。此外，熟练的读者还会一边阅读一边对所读的信息进行思考（例如，要点是什么，新出现的文本模式是否有意义），这就是阅读理解跟踪监控，读者通过对自己的理解进行监控，确定什么时候需要推断策略来补足填写缺失的细节，并随时采取纠正措施，比如在理解失败的时候重新阅读相关文本，以上的过程中有许多可能是平行进行的，从而达到有效的文意理解。本章的重点是读者将文本意义的表达进行解读和构建的能力的发展，这种能力涉及词汇、句法、推理、理解监控以及理解和使用文本结构和相应的认知能力，如工作记忆。

阅读理解的发展和理解问题

在本节中我们概述了阅读理解必需的主要技能、策略和知识类型，并讨论了它们是如何发展的。如前所述，儿童通常在开始学习阅读之前就已经能够非常熟练地使用语言。因此，一旦掌握了文本解码技能，大多数孩子能够利用他们已有的口语理解技能来理解文本。事实上，一旦儿童学会了解码单词，他们的听力理解和阅读理解之间就开始产生较强的联系（检测的方式是让儿童听读的文本而不是阅读文本再回答问题），并且这种联系的强度会随着年龄增加，因为儿童对于文本阅读越来越熟练（Catts, Hogan, & Adlof, 2005）。阅读的简单定义（Gough, & Tunmer, 1986; Hoover, & Gough, 1990）将阅读理解视为单词解码和听力理解的产物。然而，尽管口语技能对阅读很重要，但日常口语互动和文本理解之间存在着巨大的差异，例如，口语会话的环境为听者理解意义提供了许多线索（例如，说话者的面部表情、声调和语调），在阅读文本时则不存在这样的提示。此外，书面文本的语言比口头交流的语言更正式、更复杂（Garton, & Pratt, 1998）。尤其是书面语言通常会使用幼儿可能不熟悉的句法结构和词汇（见 Scott, 2004），文本阅读过程中，读者不能像在口语交际中那样问询说话者。因此，特别是文本阅读的初学者可能会在书面文本的阅读理解上产生问题（即使他们是一边听一边读），这是因为他们不熟悉书面语言，特别是在他们没有进行定期阅读训练的学龄前阶段。对孩子进行阅读和听力理解测试的材料通常是标准的书面语，即符合书面行文规范而非口头化的语言，测试时要么向孩子们朗读这些文本，要么要求他们自己阅读。听力和文本理解的比较研究（Cain, Oakhill, & Bryant, 2000; Stothard, & Hulme, 1992）针对已经结束了单词解码初始阶段的儿童有了以上发现。

阅读初学者面临的另一个问题是他们很可能会发现单词解码要求相当高而自己没有足够的认知能力来完成基本的理解过程。因此，随着儿童年龄的增长和解码技能的提高，他们可以调动更多注意力来理解文意（另见 Goldman, & Snow，本书，小学阅读中的挑战)。事实上，虽然早期阅读理解能力可能受到单词阅读熟练度的限制，但在小学高年级，其他因素也在起作用（例如 Curtis, 1980)。本章讨论的许多理解过程都是指常见的书面文本和口语交流中常见的理解过程。

对阅读理解的简单定义强调了语言理解的一般能力对阅读理解的贡献，这方面的一些研究（Cutting, Materek, Cole, Levine, & Mahone, 2009; Goff, Pratt, & Ong, 2005）探讨了语言技能之间的关系（包括词汇和语法，有时还包括推理技能或听力理解）以及阅读理解的正常发
346 展或阅读出现困难的情况。然而，我们需要从理论和实践的层面了解这些不同的语言技能如何帮助儿童阅读理解书面文本，以及这些技能之间是如何相互相辅相成地发展的。从实践层面而言，重要的是要了解阅读理解的发展受到哪些语言技能和认知能力的影响，以及如何通过教育提高这些技能或能力，因此为了给阅读教育提供指导思想，学界需要更多了解不同的过程与阅读理解之间的关系。

许多不同的能力都与理解技能相关，但并非所有的能力都与理解能力的发展和提高有因果关系。为了确定哪些技能与阅读理解有因果关系，研究人员采用了三种设计：纵向研究（纵向研究的优势见 de Jong, & van der Leij, 2002; Oakhill, & Cain, 2012)、培训研究和综合匹配研究。培训研究的逻辑是显而易见的：如果相对于对照组而言，接受培训的实验组理解能力得到提高，那么说明训练技能的提高导致了理解力的提高，也就是说该技能和阅读理解之间存在因果关系。综合年龄匹配研究背后的逻辑更为复杂，年龄匹配研究将理解力较

差（就其年龄而言）的读者与同年龄理解能力较强的读者进行比较，而且还与一组年纪较小而理解能力一般的读者进行比较（较年轻读者的理解能力绝对值与年龄较大理解能力较差的读者理解力的绝对值相同），后一项比较是该实验设计的关键。如果年龄较小的孩子在一些与语言有关的任务上比那些年龄较大而理解能力较差的孩子表现得更好（绝对理解水平相同），那么这种差异产生的原因就不是因为特定群体的绝对阅读优势，而语言测试中更好的表现很可能（虽然尚未得到证明）意味着更强的阅读理解能力，可以使用其他方法（如培训研究）进一步研究两者之间的联系。

在以下各节中，我们将考虑与阅读理解具体过程相关的证据，我们首先介绍阅读理解能力的发展过程，然后讨论能力较强和较弱的读者在该过程的表现是否有不同，我们还会讨论是否有证据表明这些过程与阅读理解之间存在因果关系。

字句级别技能

词义和句意是文本意义建构的根本依据。一些研究探讨了词汇级别的语义（典型词汇）技能与阅读理解之间的关系，还有一些研究主要探讨了句法技巧，也有人探讨了这个两方面。本节涵盖了这些不同焦点的研究。

词汇知识

词汇知识是阅读理解能力的最佳即时检测指标之一（Carroll, 1993; Thorndike, 1973）。例如，桑代克发现词汇知识和阅读理解之间的相关性在66%至75%之间。一些纵向研究表明，词汇在阅读理解的发展中有着因果关系。这项研究工作表明，在刚进入学校接受教育时，儿童的词汇知识能够预测其今后的阅读理解成绩（Bast, & Reitsma, 1998; de Jong, & van der Leij, 2002; Roth, Speece, & Cooper, 2002; Torgesen, Wagner, Rashotte, Burgess, & Hecht, 1997)。然而，词汇与阅读理解之间的联系并不是单向的，有证据表明，在整个阅读发展过程中，阅读理解和各语言能力技能之间有双向预测关系。例如，调查阅读能力对语言技能的预测作用的研究表明，阅读理解能力能够预测其后的词汇能力，至少在阅读理解学习的早期阶段（7—8 岁）是这样（Eldredge, Quinn, & Butterfield, 1990)。这大概是因为学生可以通过上下文来推断陌生词汇的含义从而学会新词。通过阅读学习新词的说法可以追溯到休伊 (1908/1968）和桑代克 (1917)。大量研究工作表明，一旦孩子成为相对流利的读者，书面文本就成为了他们词汇习得的重要来源（Cunningham, 2005; Echols, West, Stanovich, & Zehr, 1996; Nagy, & Scott, 2000)。其中一个原因是，书籍中的词汇往往比日常谈话中使用的词汇更难、要求更高（Cunningham, & Stanovich, 1998)。

347 词汇知识的评估可以分为广度和深度这两个方面，词汇知识的广度是指掌握的单词数量，可以通过解释词义和找同义词的能力来评估；深度指的是对某一词的熟悉度，对其词义的深度认知和使用该词的能力。词汇知识的深度是衡量理解能力的重要预测指标，其重要性甚至超过了词汇的广度（Ouellette, 2006)，一个可能的原因是，将单词联系起来的能力更多地依赖于词汇知识的深度，词汇知识的深度对于推理的重要性可能高过广度，因为词汇之间丰富而紧密相连的词义表达不仅会快速激活一个词的意义，还可以快速激活与该词的意义相关的概念，这为文本的连贯性提供了基础。事实上，最近的一项研究（Cain, & Oakhill，出版中）表明，词汇知识的深度而非广度是判断文本连贯性（将文本中的想法和主题联系起来的推断）的重要因素，即使使用统计分析的办法考虑了阅读技巧和文本记忆力之后，这一关系依旧成立。关于理解问题，人们常认为理解能力差的人的特点是词汇量不足，因为尽管他们可能能够解码单词，但并不理解它们的含义。然而，情况不一定如此。判断理解能力强弱的办法是使用阅读理解测试和针对特定能力（如推理能力）的测试，研究人员发现，在这些测试中表现得好和表现得差的人的书面语和口语词汇量相差无几（Cain, Oakhill, & Lemmon, 2004)，这就说明，尽管词汇知识和阅读理解能力通常高度相关，但即使在拥有良好词汇知识的情况下阅读理解问题也会出现，然而，此类实验考虑的通常是与词汇广度相关的指标，而最近的研究表明，词汇知识的深度可能对阅读理解更为重要（Ouellette, 2006; Tannenbaum, Torgesen, & Wagner, 2006)。

培训研究直接测试因果关系，如果在接受词汇等组成部分技能的训练后，受试者的阅读理解能力提高，那么就充分说明该部分技能和阅读理解能力之间有因果关系。然而，几乎没有证据表明词汇知识和理解能力之间存在直接的因果关系，这说明理解单词含义可能是阅读理解的必要不充分条件。例如，培训可以有效地提高一个人的词汇知识（Jenkins, Pany, & Schreck, 1978)，但通常不会导致理解能力的提高。一个例外是贝克、佩尔菲蒂和麦基欧（1982）的一项研究，证明了词汇训练能够帮助阅读理解能力的提高。他们认为，如果要通过词汇教学来提高阅读理解能力，不仅需要非常密集的教学，而且要增加所学词汇的数量并且全面介绍每个词的含义。

意义的自动获取对于阅读的重要性早已经得到公认。早期的阅读模式（Laberge, & Samuels, 1974）强调了阅读流畅性和自动获取单词含义的重要性。其他相关研究证明了理解力强和理解力弱的读者在语义流畅性上有显著区别，例如针对某类事物迅速举例的能力（Nation, & Snowling, 1998)。最近奥克希尔等人（Oakhill，Cain，McCarthy &

Field, 2012）发现读者在词汇任务（同义词和上义词[1]判断任务）中的表现与阅读理解（标准化阅读任务）的成绩之间存在着密切而且具体的联系。首先，阅读能力并不完全由文字阅读技能或单词知识（通过同义词和上义词判断任务进行评估）决定，也不是单纯地由理解技能或反应速度（通过在控制任务中测量响应时间来测定，该反应时间的长短反映了读者迅速识别两个词的正字法是否一致的速度，而非识别两个词的语义是否一致的速度）决定。这些发现表明，仅仅知道单词的含义还不足以理解全部文本，对单词之间的相互关系的
348 了解和对单词语义的快速提取对于理解也很重要。理解是实时发生的，如果读者不能迅速地提取正确的意义或者联想单词的速度不很迅速，读者往往会错过重要的语义信息。

句法技巧

儿童的句法技能在刚开始学习阅读时通常会经历一次快速发展，并在接下来的几年内继续缓慢发展（Chomsky, 1969; Garton, & Pratt, 1998)。儿童的语法技能通常是用句法意识、元语言技能来评估的，而不是通过检测语法知识的方法来评估。语法知识对于提取句法意义而言非常重要（例如，理解主动和被动结构之间的区别依赖的是语法），而这种知识可能是隐含的。相反，句法意识是对句法形式的明确认识，这种意识包括对语言的主动反思，可以用于判断一句话的句法结构是否正确。

显然，读者需要具备一定的语法知识才能理解句意，而理解句

① 上义词是指在分类上包括特定词汇的更高级别的词，例如 *rain/weather, dog/mammal, and chair/furniture*。

意是理解文意的关键步骤，因为句子是文本的组成部分。然而，研究句法意识与阅读理解之间关系的许多研究没有得出一致的结论。虽然有一些研究表明句法知识与阅读理解之间存在直接关系（Willows, & Ryan, 1981），另一些研究则没有发现句法知识和阅读理解之间的关系（Bowey, & Patel, 1988）。解释相关研究结果的难点在于衡量语法意识的指标与词汇和记忆之间有着不同的关系（Cain, 2007）。事实上，其他一些研究表明，工作记忆力可能会限制句法结构的解析，尤其是复杂句子的解析（Gottardo, Stanovich, & Siegel, 1996; Smith, Marcaruso, Shankweiler, & Crain, 1989）。我们在后面的章节会更加深入地讨论处理能力和理解力之间的关系。

对句法技巧和阅读理解的纵向研究很少，但现有的研究表明两者之间的联系相当薄弱。现有研究将读者阅读理解的初始水平控制变量后发现，句法意识充其量是阅读理解的一个薄弱的预测指标（Demont, & Gombert, 1996; Oakhill, & Cain, 2012）。以年轻读者为重点的短期跟踪研究发现，入学新生的句法意识预测了该学生一年后的阅读理解水平（Muter, Hulme, Snowling, & Stevenson, 2004; Tunmer, 1989）。然而，这些研究的成果有限，因为实验初期学生的阅读理解能力没有得到控制。因此，尽管有一些证据表明句法意识和阅读理解能力的发展有关，但似乎句法意识并不发挥主要的影响作用，特别是与后面讨论的其他技能和能力相比。由于对书面和口头文本的理解取决于对该文本中句子的理解，我们可以预期，掌握句法知识的程度必然会对阅读理解能力产生影响，一些研究证实了这一点（Stothard, & Hulme, 1992）。然而，其他研究的结果几乎都没有支持这一点（Cain, Patson, & Andrews, 2005; Yuill, & Oakhill, 1991）。这些研究都使用了同样的标准来评估受试者的语法能力，即语法接受测试（Bishop, 1983）。造成实验之间差异的原因可能是由于实验群体选择标准的差异，也可能是因为并非所有存在阅读理解困难的儿童的阅读技能都具有相同的特征。有关受试者句法意识的研究表明，阅读理解力低的读者在句法意识上存在困难（Gaux, & Gombert, 1999; Nation, & Snowling, 2000)。然而，与词汇技能一样，几乎没有证据表明句法技能与阅读理解之间存在直接的因果关系。例如，莱顿、罗宾逊和劳森（1998）使用适合该年龄段的句子训练并提高了8至10岁儿童的句法意识，然而，句法意识的提高并没有使阅读能力较强或较弱的读者在阅读理解能力方面得到提高。

总之，尽管研究表明句法技能的发展（特别是句法意识）与阅读理解能力有关，因为理解能力强的读者和理解能力弱的读者在句法能力方面表现不同，但研究结果通常表明句法技能并不像我们在本章其余部分讨论的其他话语能力一样，能够有力地预测个体的阅读理解发展或个体之间的差异。

349 **语篇技能**

阅读理解不仅要求读者理解单词和句子，还要求读者将文本中各个级别的信息整合起来，并且经常还需要进行推断，以便理解形成整个文本的一致表示。为此，读者需要不断理解新的文本内容并监视其理解进度。这两个进程都要求工作记忆的参与，充分理解文本的衔接（如“因为”、“因此”等连词和代词等照应词）将有助于读者对整个文本的理解整合。理解整个文本需要对文本结构的了解。

工作记忆与记忆更新

形成连贯理解的心理活动涉及许多技能，如理解监测整合以及推理取义，都取决于记忆中信息的存储和协调。阅读和听力理解模型在很大程度上借鉴了巴德雷和希契（1974）工作记忆经典模型的两个组成部分：语音循环（口头信息的短期存储）和中央执行者（操纵短期记忆和长期存储的信息），尤其是工作记忆更新过程中涉及中央执行者的部分被认为是成功进行阅读理解（Carretti, Cornoldi, De Beni, & Romanò, 2005）。

工作记忆更新过程指修改记忆内容以适应新的信息，例如，如果读者推断文本涉及的概念是蝴蝶（因为它飞起来离开玫瑰丛），但后来改变了他们的推断，因为文本介绍的概念更接近鸟（因为它有羽毛而且会唱歌），读者需要更新自己的工作记忆，用正确的推断（鸟）取代不正确的推断（蝴蝶）（Advansky & Copeland, 2001）。衡量概念更新的一个经典任务是修改单词跨度任务，在这个任务中，参与者会看见一组单词，并被要求回忆最简单的X个单词（Belacchi, Caretti, & Cornoldi, 2010; Carretti, 2005）。例如，受试者看见一串单词pen，dog，shoe，chair，pea，其中最简单的两个词是pen和pea。当受试者被要求回忆最简单的单词时，他需要在听到“pea”时将记忆清单中的“show”更新为“shoe”（另见Radvansky, & Copeland, 2001，关于文本理解中概念更新的讨论）。读者必须不断地修改和更新他们的工作记忆，有时需要删除先前编码的信息，这些信息要么是不准确的，要么是无关信息。

虽然人从小就有工作记忆，但童年阶段是短期记忆力和工作记忆容量大幅提高的阶段，这一发展在整个童年都是显而易见的（Gathercole, Pickering, Ambridge, & Wearing, 2004）。利用中央执行过程和涉及口语信息的操作和存储的工作记忆测量，与只需要被动存储信息或操纵视觉空间信息的记忆任务相比，与儿童和成人的阅读理解更密切相关（Carretti, Borella, Cornoldi, & De Beni, 2009; Deneman, & Merikle, 1996）。独立的工作记忆衡量标准涉及话语层面的技能，特别是推理和整合、理解监测以及关于文本结构的知识和运用（Cain, Oakhill, & Bryant, 2004）。阅读理解能力差的儿童通常不是因为短期记忆力不佳，短期记忆力的测量可以通过让受试者记忆和回忆一串单词或数字的任务来评估（Cain, 2006; Carretti et al., 2009; Oakhill, Yuill, & Parkin, 1986; Stothard, & Hulme, 1992；此外，关于词类测定记忆力的研究可见 Nation, Adams, Bowyer-Crane, & Snowling, 1999）。相反，当任务涉及语言信息的存储和操作时，阅读理解能力较差的读者表现弱于同龄人，而这些任务是利用工作记忆的中央执行者完成的。阅读理解能力差的读者面对不同的任务或材料（包括数字、单词和句子）时的表现类似（Cain, 2006; de Beni, & Palladino, 2000; Oakhill, Yuill, & Garnham, 2011; Yuill, Oakhill, & Parkin, 1989）。卡雷蒂等人 (2009）进行的元分析证实了阅读理解与短期记忆力和记忆信息处理之间分离的关系。需要注意的是，即使需要同时存储和处理信息，阅读理解能力较差的读者在与视觉空间技能相关的任务中也不会表现得很差。因此，阅读理解能力差的读者之所以在工作记忆任务中表现不佳，可能是因为阅读任务对工作记忆力的要求更高。

350 他们在工作记忆任务中遇到的问题在于这些任务要求他们在理解任务文本之后将信息存储在工作记忆中。当记忆力差的读者需要在阅读理解过程中分出一部分工作记忆来存储理解后获取的信息时，理解困难就会产生，而记忆力强的人则能够较轻松地将记忆力分配给阅读理解过程中的多个任务（Cain, Oakhill, & Bryant, 2004; Oakhill, Hartt, & Samols, 2005）。

如前所述，学者们已经开发出一些实验设计专门测试参与者分配工作记忆的能力。理解能力差的读者将记忆中不相关的信息替换为合适的信息的能力较弱（Cain, 2006; Carretti et al., 2005; de Beni, & Palladino, 2000）。例如，卡雷蒂等人发现，8 至 11 岁阅读能力差的读者不仅在工作记忆任务中回忆出的单词少于理解力强的读者，而且还犯了更多的错误，误记不符合条件的项目。

总之，某些工作记忆任务可以成功地区分理解力强的读者和理解力弱的读者，特别是那些涉及口头语言的任务和涉及复杂处理程序的任务。此外，这些工作记忆上的问题可能是一些人理解能力差的原因。

推理与整合

熟练的成人读者几乎总是快速而轻松地将阅读的文本连贯地整合起来（无论是局部还是全局的连贯性都是如此）并且进行推理，但年龄较小的儿童和理解力较差的读者可能会因为各种原因而难以产生完成推理的任务。虽然发展研究表明，年龄较小的儿童（6至7岁）能够作出推理，但他们自发地推理的可能性低于年龄较大的儿童和成人，而且只有在受到提示或询问时才可能作出推理（Casteel & Simpson, 1991; Omanson, Warren, & Trabasso, 1978; Paris, & Lindauer, 1976)。一些研究表明，作出各种推理的能力随着年龄的增长而增加（Ackerman, 1986, 1988; Paris & Lindauer, 1976; Paris, Lindauer, & Cox, 1977)。阿克曼（1986）认为，自发推理能力随年龄增长而加强的原因可能是由于年龄较小的儿童未能体会文本的连贯性，并且不清楚推理在阅读理解中的必要性。

巴恩斯等人（Barnes，Dennis & Haefele-Kalvaitis，1996）的一项研究直接探讨了推理技能与背景知识之间的发展关系。研究人员将一系列全新的背景知识（关于人造行星）教授给6至15岁的儿童，他们必须学习到完全掌握。然后告诉他们一些故事并向他们提出问题，其中一些问题要求他们将新学到的知识与文本中的信息结合起来才能够推理出答案。尽管所有的孩子都已经具备了相关的背景知识，但推理的正确率还是与年龄相关。笔者自己在这一领域的工作（Oakhill & Cain, 2012）表明推理能力对于读者 7 至 11 年后的理解能力的影响甚至超过了词汇、语言方面的智力和初始理解力的影响（自回归效应）。这种模式表明，在发展过程中推理技能和阅读理解之间可能存在因果关系（另见 Cain & Oakhill, 1999)。

调查个体差异的研究发现，理解力差的孩子作出建设性推理的概率低于理解力强的孩子。一个例子是需要结合文本中两个不同句子的信息后作出推理：“男孩在追女孩。”“女孩跑进操场。”根据这两句话可以作出一个合理的推断：“男孩跑进操场”（Oakhill, 1982）。然而理解力较差的孩子作出这种推断的比较少，而原因似乎并不是因为他们的文本记忆力更差，他们能够回忆文本中的细节，而且对细节的回忆与理解力强的读者相当（Oakhill, 1982)，此外，即使他们能够看着文本进行推理，推理的结论依然不佳（Oakhill, 1984)。理解力差的读者在推理方面存在困难的另一个证据来自于对理解力强和理解力弱的读者回答不同类型的推理问题的研究。鲍耶－克雷恩和斯诺林 (2005）发现，理解力差的读者在作出需要背景知识或者阐释性
351 推理时存在困难，但在推理字面信息或者文本直接给出的信息的表现与普通读者相比是差不多的。

运用前面提到的巴恩斯等人（1996）的范式研究理解能力较差的读者的总体知识水平与推理困难之间的关系，该范式在调查群体之间差异时保持了受试者的知识库稳定性。研究结果表明，即使以这种非常严格的方式掌握知识，技能较低的理解所产生的推断也比技术较熟练的同行（Cain，Oakhill，Barnes & Bryant, 2001）少。当然，产生群体差异的一个重要原因可能是孩子激活和识别相关信息的速度不同。正如前文所述，识别词汇的速度与阅读理解能力有关，巴恩

斯等人（1996）发现，获取关键信息的速度影响了这些信息被用于推理的可能性。这对未来的研究而言是一个关键问题，有助于调查理解力弱的读者在推理方面存在困难的原因。

还有证据表明，有效地利用背景知识对推理至关重要。埃尔伯罗和布克－以弗森（2013）发现理解力的问题可能是读者不知道如何将背景知识与文本结合起来造成的。这项研究的重点是全文的连贯性推理，需要将背景知识与文本中的信息结合起来形成一个连贯的心理模式（例如："银行没有为欧勒提供贷款来购买一艘新船。""欧勒开始寻找一份业余工作。" 问："欧勒为什么要找业余工作？"）。培训 9 至 10 岁的儿童如何利用背景知识辅助文本阅读，能够提高儿童完形推理的能力，因此，不会推理的儿童可能是因为不会适当利用背景知识。

能够探明因果关系的研究（见前面的讨论）也表明了推理技能和阅读理解之间的因果关系，通过标准化的阅读测试（综合年龄匹配群体设计）可以发现理解力弱的读者推理行为弱于年龄较小而绝对理解力水平相同的孩子，这表明推理技能和阅读理解之间存在因果关系（Cain & Oakhill, 1999）。跟踪研究结果支持这一结论，表明推理技能和词汇知识和语言智商能够预测随后的阅读理解力水平（Oakhill & Cain, 2012）。

衔接手段

语言技能的一个方面可能在构建工作记忆方面特别重要，那就是理解衔接的手段，例如指代词和连接词，这些词的存在有利于句内和句间的连贯，指代词是回指前文中的人物或概念的词，因此需要借助前文才能够理解指代词的意义。例如，"迈克尔向简介绍了自己的新望远镜。她认为那很酷，所以也想要一个。”连接词是提高文本连贯性的另一个手段，“before”和“ after”是表示时间顺序的连接词，而“because”和“ so”是表示因果关系的连接词，例如“蒂姆迟到了，所以/因为他给女友打电话”这句话中就存在因果关联。

阅读理解能力差的孩子在理解指代词时存在问题，他们不擅长推理和整合的原因很可能是因为不能理解指代语的意义。例如，理解力差的7岁孩子不太能够区别或使用代名词的性别(例如，她、他)(Megherbi & Ehrlich, 2005; see also Oakhill & Yuill, 1986; Yuill & Oakhill, 1988)。针对成年人的研究表明，将代名词与前文中出现的概念联系起来的能力与工作记忆力有关(Daneman & Carpenter, 1983)，儿童的情况可能也是如此。当指代语和被指代的概念之间隔着其他文本时，就会产生理解困难(Ehrlich & Rémond, 1997; Yuill & Oakhill, 1988)，而理解力差的读者产生这方面困难的概率更大。

阅读理解能力差的儿童使用和理解连接词的能力也较差。在叙事过程中，这些孩子使用连接词表达因果关系的情况少于同龄儿童(Cain, 2003)。他们在完型任务中也更少使用恰当的连接词填空。例
352 如在句子“所有雌长颈鹿都躲在树荫里，太阳晒得厉害”(Cain et al., 2005)。正如指代词一样，连接词的问题和推理整合的问题关系密切，因为连接词在整合文意和提高文本连贯性方面有重要意义(Sanders & Maat, 2006)。

理解监控

理解监控包括几种不同的能力，它可以被描述为对前文内容的反思能力(即元认知技能)。因此，监测理解可包括反思文本是否有意义、是否令人愉快、从文本学到了什么以及要点是什么。在阅读理

解研究中，对理解监控的测验通常使用文意不一致的文本，检测读者发现这些文本信息不一致的能力。比如“鼹鼠看得不是很清楚，但它们的听觉和嗅觉都很好。鼹鼠很容易为它们的孩子找到食物，因为他们的视力非常好”。有两种方式可以确定读者是否发现了文意上的不一致，一是通过直接询问读者，而是通过阅读时间和追踪眼动轨迹。理解监控很可能与阅读理解密切相关，因为只有当读者积极参与建设性的阅读过程时才能发现文本的不一致之处。因此，理解监控过程可能与理解和维持文本连贯性所需的其他过程（构建一个连贯的工作记忆-更新该模型-从模型中激活信息）有重叠之处。

一般来说，年龄较小的孩子不太可能意识到一个文本意义不连贯，即使他们真的意识到了，他们也不太可能知道该怎么做（Baker & Brown, 1984; Markman, 1981）。马克曼的精算研究表明，6至7岁的孩子意识不到游戏或魔术表演的说明中存在的严重不足（Markman, 1977），或者前文所述的文本前后矛盾的状况（Markman, 1979）。这类任务的表现随着年龄增长而改善，并且当提示孩子说明中的问题后，孩子的表现会在一定程度上得到加强。但即使是六年级的学生也不能完美地发现缺失或错误信息（另见 Baker, 1984）。年龄较小的孩子在这类理解监测任务中表现不佳的原因可能是当他们的精力资源被调动用于认知时，他们的理解监测会受到影响（Baker, 1984; Ruffman, 1996）。事实上，理解监测问题的出现仅仅是因为儿童不记得信息不一致的前文（Vosniadou, Pearson, & Rogers, 1988）。信息处理能力随着年龄的增长而提高（见 Oakhill, 1988），儿童在理解监测方面的能力很可能随之提高。

总之，孩子们进入小学后开始培养反思自己的理解的能力。年龄较小的儿童的问题至少在一定程度上可以归咎于他们缺乏一套用于评估自己对文本的理解是否连贯的标准。然而，理解监测能力和理解能力之间的确切因果关系仍不清楚。例如，马克曼（1981）认为，反思自己的理解的能力正是理解能力的根本，而其他人也同样认为，理解监测能力和更普遍的元语言意识是阅读理解发展背后的驱动力（Donaldson, 1978; Vygotsky, 1962)。然而也有人的观点正好相反，他们认为理解能力才是理解监测能力的根本（Perfetti, Marron, & Folz, 1996)。

要了解监测和理解之间的关系，我们需要进行纵向研究，探索一段时间内的两者关系，但很少有研究这样做。钱尼（1998）的研究表明，句子层面的早期元语言技能（句法结构意识，包括纠正句法错误的能力）预测了阅读能力（词汇阅读和理解的综合度量）四年后的发展，超越了其他语言能力。在我们自己的纵向研究（Oakhill & Cain, 2012）中，我们发现，即使在考虑到了理解的自回归效应之后，7至8岁儿童的理解监测能力也明显预测了四年后的阅读理解能力，这为早期理解监测和后期阅读理解之间的因果联系提供了证据（见
353 de Jong & van der Leij, 2002)。但早期阅读理解技能对后期理解监测和元语言技能是否有影响仍有待进一步研究检验。

前面所述的文意不一致检测范式已被广泛用于理解的性质和程度的研究中，探明理解力强的读者和理解力弱的读者在理解检测方面的差异。例如，埃利希和同事们通过比较理解力强和理解力弱的读者（12至15岁）发现文本中意义不一致的能力来探索其理解监测能力。例如，后文中的名词性代词和前文的意义相矛盾，埃利希（1996）使用了这种操作：在文意一致的文本中重复一个名词短语，如“The protection of existing reserves. . . This protection”，而在文意矛盾的版本中，照应词“protection”被“wastage”所取代，研究结果发现理解力强的读者比理解力弱的读者更能探知照应词的问题。在一项后续研究中，埃利希、雷蒙和塔尔丢（1999）使用阅读时间范式表明，

理解力强的读者阅读文意不一致的文本所花费的时间比理解力差的读者更多。当遇到文意不一致的文本时，理解力强的读者也更有可能回读前文。因此，理解力强的读者不仅更有可能发现不一致之处，而且还会启动其他认知程序使文本有意义。

奥克希尔等人（2005）用两种文意不一致的文本比较了 9 至 10 岁的理解力强和理解力弱的读者的表现，第一种文本中的两处不一致距离较近，第二种文本中两处不一致距离较远。他们发现，虽然理解力差的读者在两种情况下发现的不一致都比理解力强的读者少，但在文本距离较远时差异最明显。因此我们可以得出结论，理解力差的读者能够发现文本中的信息不一致，但是当不一致的两处文本相距较远时，他们的阅读理解会遇到问题。

理解故事结构

儿童在理解故事和其他文本中的思想如何关联的过程中，一个重要方面是他们对文本结构的认识，文本的这些特性可以帮助读者理解文意，因为它们可以激活相关的背景知识，为理解提供一个框架，并可以指导读者进行推理。由于前面所述的原因，该领域的大部分研究工作都集中在叙述客观现象上。文本结构的标志有些是明确的（例如标题、小标题、摘要），而另一些是隐含的（例如，主要角色的介绍往往位于故事的开头）。例如，如果一个故事的标题是“Pip’s first day at school”，读者就能够对故事的来龙去脉有一定预期，并可以在对 Pip 的经历进行一些合理的假设之后开始这个故事的阅读。更广泛地说，即使是很简单的故事也会有开始（介绍）、经过（某种危机或重大事件）和结束（解决经过中发生的事件之后的结局）。经过中的事件在很大程度上是由主角的目标和动机推动的。同样，

这类信息也会给读者带来一定的期望，并搭建起故事的初步框架，

在许多情况下，儿童阅读结构完整的故事越多，就越熟悉故事的一般结构，一些人认为，叙事文本的角色相当于口头语言和书面文本之间的过渡（Westby, 1991)。因此，语言发展的一般模式是从口头对话到口头叙事再到文字阅读。事实上，口头叙事和书面叙事之间有许多共同特征，包括较为复杂的句法和较为抽象的词汇，因此，儿童对叙事性话语的接触可能会对他们的阅读理解发展产生影响。评估儿童对叙事结构理解程度的一个方法是让他们自己口头讲述故事并评估他们所讲的故事。一般来说，随着年龄的增长，儿童的叙事会变得越来越连贯（Baker & Stein, 1981，研究了儿童判断一个故事是好是坏的敏感性）。儿童通常还会认为某些类型的信息一定会出现在故事中，因为如果要求他们复述一篇他们听过的短故事，而这些短故事的关键信息缺失，他们往往会在复述故事时添加这些信息。类似地，如果一个故事的叙事顺序和正常顺序不一致，儿童在复述的
354 时候往往会将叙事线恢复到一个更正常的顺序（Stein，1979)，孩子年龄越大，越有可能对故事进行更改。

我们自己的一些研究表明对故事结构的理解对阅读理解的重要贡献（Oakhill & Cain, 2012)。在这项研究中，孩子对故事结构的理解程度（衡量的办法是让孩子们将句子重新排序形成一个通顺的故事）可以很好地预测孩子 7 至 11 年后的阅读理解能力，预测效果超过词汇技能和一般口语表达能力。

凡登布罗克和同事还探讨了儿童理解文本因果结构的能力的发展，以及这种能力如何影响后来的阅读理解（van den Broek, 1997)。他们发现，在这一发展过程中存在三个主要趋势：孩子对因果结构的敏感性提高；更加注重隐喻事件，如角色的目标，同时减少关注角色的行动等外部事件；更加注重事件之间的关联而不仅仅是关注单

个事件隐喻的关联。这些研究表明，即使是年龄较小的孩子，也能够欣赏故事的因果结构，但他们会将注意力更多地分配给非结构性特征，例如某一事件有多生动（无论该事件在叙事中的重要性如何）。然而，随着年龄的增长，孩子对结构特征的关注也在增加。至于第二个趋势（儿童变得更为注重角色目标而不是角色行动），年龄较小的儿童往往侧重于可观察到的具体行动而不是角色目标等隐喻事件。关于第三个趋势（建立事件之间的联系），年龄较小的孩子更擅长理解事件隐喻的联系，但往往无法将文本中的不同事件联系起来（Trabasso & Nickels, 1992），因此他们常常会错过文本的主题，不能理解文本整体的语义。总的来说，随着年龄的增长，儿童的阅读理解会出现这三个方面的发展趋势（Bourg, Bauer, & van den Broek, 1997）。

还有人研究了孩子在尚未学习阅读之前对口语叙事的理解如何映射到后来的阅读理解上。因此帕里斯等人（2003）使用图片，凡登布罗克等人（van den Broek，Lorch & Thurlow，1996）使用视频演示故事，来评估未学习阅读的读者对叙述的理解。这些办法似乎能够有效地评估儿童理解叙事的能力，因为无论采取何种叙事手段，叙述都有类似的结构。有证据表明，儿童推理技能的发展在不同信息媒体上的体现是一致的（例如 van den Broek, 1989）。

凡登布罗克和同事（例如 Kendeou, van den Broek, White, & Lynch, 2007）采用纵向研究，不仅表明儿童的理解技能运用于理解不同媒介（听故事或者看图画）承载的信息时是一致的，而且还表明 4 岁和 6 岁儿童的理解能力能够预测其两年后对叙述的理解能力。这类现象不仅仅归因于一般的语言技能：理解叙述的表现与语言理解的其他方面有关，如口语词汇量，但与支持单词阅读的语言技能无关（例如，语音意识和字母知识）。综合来看，这些结果表明儿童在开始学习阅读之前就已经发展了一定程度的叙事语言技能，并且理解过程和跨不同演示媒介（文字、图片、视频）的能力存在共性。然而，这些实验没有控制口语表达技能这一变量，而实验在衡量儿童早期口语理解能力和后期的文本阅读理解能力时，往往要求儿童复述信息，口语表达能力在复述的过程中发挥着重要作用。

总之，有很好的证据表明，儿童在学习阅读之前对故事结构没有了解，随着阅读经验的积累和年龄的增加，儿童逐渐掌握叙事结构的一般规律。有研究证据表明，儿童通过各种不同媒体理解故事结构的能力和阅读理解能力之间存在着因果关系。

儿童回忆他们听到的故事的能力与一般阅读能力有关（Smiley, Oakley, Worthen, Campione, & Brown, 1977）。特拉巴索和尼科尔斯（1992）对阅读理解提出了更具体的说法，他们认为儿童的故事理解和故事创作受到其对故事结构的掌握的影响，佩尔菲蒂（1994）提出理解问题至少在一定程度上可能是由于对文本结构的了解不足造成的。

笔者自己也曾比较理解力强的读者和理解力弱的读者在理解故事结构上的差异。例如，于尔和欧克希尔（1991）发现，理解力差的
355 读者通过四选项选择题选择文章主旨时表现弱于理解力强的读者。这些故事是大声念给孩子听，还是以一系列图片呈现，所得到的结果不同。理解力差的读者对故事的位置（如故事标题、开头和结尾）和信息类别之间的联系也了解甚少。例如，凯恩（1996）调查了理解力强的读者和理解力弱的读者对故事特定部位的特点的了解程度。当询问受试者故事标题的意义，例如“故事的标题能告诉我们什么”时，大多数理解力强的读者可以提供故事标题中包含的有用信息，例如故事的主题是什么，主角是谁等。然而，理解力差的读者中只有不到 25% 的人能够给出合适的回答，他们更容易回答说标题“告诉你是否喜欢这个故事”，甚至可能会告诉你标题“根本不告诉读者任何信息”。即使向儿童提供具体的示例，理解力强和理解力弱的读者

之间的差异依旧显而易见的（Cain & Oakhill, 2006）。

凯恩和欧克希尔（1996）还使用故事复述任务来比较理解力强的读者和理解力弱的读者复述故事的结构连贯性。给儿童一个简单的话题，如“假期”，理解力强的读者能够更好地组织故事，使故事具备一个主要的中心点，并包括一系列有前因后果的事件。另一项研究中，给儿童一个简单话题提示，如“海盗”，理解力差的读者可以以主题提示（标题）中获益，例如“海盗如何失去了他们的宝藏”。克拉格和内申（2006）的一项研究也得出了类似的结论，该研究表明，理解力差的读者在编写书面故事时的表现比理解力强的读者更差。

有人试图培养孩子对故事结构的理解，但取得的成果有限。史蒂文斯等人（Stevens，van Meter & Warcholak，2010）报告了一项研究，在该研究中，实验人员向5岁和6岁孩子的教师提供了课程训练，帮助他们在儿童日常听故事时训练孩子分析叙事结构的能力。培训持续一年，期间用提问和讨论技巧告诉孩子如何识别重要的故事组成部分，如主角、故事的背景、主要矛盾以及矛盾的解决。和比较组的儿童相比，接受过故事结构分析教育的儿童能够记住更多新听见的故事的细节，并能够回答出更多有关故事结构要素的问题（例如谁是主角）。

结论和启发

随着儿童的语言技能的发展，他们逐渐掌握会话话语、叙事话语，然后掌握一定程度的读写能力。然而，阅读理解技能的发展并不完全依托于语言技能。记忆力，特别是工作记忆、记忆更新速度和从长期记忆中有效检索信息的能力在阅读理解中非常重要。此外，阅读策略（例如，如何阅读以获得特定信息以及判断文本中的哪些部分是重点）也是阅读理解能力的重要预测指标（Wilson & Rupley, 1997）。

本节内容中我们概述了一些对阅读理解相当重要的技能和过程。然而，在阅读理解发展过程中，不同技能的相对重要性可能会发生变化（Scarborough, 1998）。除了阅读的初始阶段之外，非语音语言技能对阅读理解的影响越来越大（关于元分析，见 Gough, Hoover, & Peterson, 1996）。

尽管许多不同的技能和能力或多或少对阅读理解产生影响，但大多数研究都是相关性研究，不能体现特定技能与阅读理解能力之间的因果联系。本章已经介绍了该领域的因果关系研究，即培训研究。从广义上讲，有证据表明一些高等级理解技能，如推理和整合、理解监控和故事结构理解对阅读理解的发展有促进作用，然而，也有可能出现反方向的推动作用。这是因为，一旦儿童掌握了一定程度的阅读理解技能，他们的阅读经验将帮助他们获得和阅读理解相关的能力和其他技能（见 Stanovich, 1986）。

布罗克和同事对学龄前儿童的研究表明，理解技能与基本语言技能同时发展，而这些理解技能的根源在于早期对叙事的理解。他
356 们的发现对关于早期阅读理解的认识产生了一定积极意义，其中一个重要的发现是口语技能，如词汇、句法、意义推理和理解监控应该在早期学校教育阶段就和解码技能一同教授。口语技能不仅与有助于单词阅读发展的解码技能有关联，而且还为阅读理解发展所需的更高级的语言技能奠定了基础。

已有大量的证据表明，早期音素意识训练会对后期阅读产生影响，但很少有研究工作会进行早期句法 / 叙事技能和后期理解能力的比较研究。显然，还需要做更多的工作来探讨什么类型的早期教育能够提高幼儿对叙事结构的欣赏能力，但凡登布罗克的工作表明，

对儿童的早期教育可以利用视频或口头讲述的故事，而帕林斯卡和布朗（1984）的研究确实表明，多听口头讲述的故事可以提高儿童的理解能力。

本章回顾的其他研究表明，有特定阅读理解能力缺陷的儿童在一系列语言和识字技能方面存在困难，而且这类困难甚至延伸到对口语的理解。然而，尽管许多技能都与理解力差有关，但只有一些技能被证实与阅读和听力理解之间存在因果关系，这方面的研究仍处于发展之中。本章回顾的部分干预研究表明，许多技能的培训对提高阅读理解能力是有效的，一些关于此类技能的培训研究（例如 Clarke, Snowling, Truelove, & Hulme, 2010; Carretti, Caldarola, Tencati, & Cornoldi, 2013）已证明这些技能的培训能够有效地提高阅读理解能力（另见 Connor, & Al Otaiba，本书）。今后，更全面的阅读和听力理解发展模式有望带来更有效的干预措施以帮助有特殊理解困难的儿童。

参考文献

Ackerman, B. P. (1986). Referential and causal coherence in the story comprehension of children and adults. *Journal of Experimental Child Psychology, 41,* 336–366.

Ackerman, B. P. (1988). Reason inferences in the story comprehension of children and adults. *Child Development, 59,* 1426–1442.

Baddeley, A. D., & Hitch, G. J. (1974). Working memory. *The Psychology of Learning and Motivation, 8,* 47–90.

Baker, L. (1984). Spontaneous versus instructed use of multiple standards for evaluating comprehension: Effects of age, reading proficiency, and type of standard. *Journal of Experimental Child Psychology, 38,* 289–311.

Baker, L., & Brown, A. I. (1984). Metacognitive skills and reading. In P. D. Pearson (Ed.), *Handbook of reading research* (Vol. 1, pp. 353–394). New York, NY: Plenum Press.

Baker, L., & Stein, N. (1981). The development of prose comprehension skills. In C. M. Santa & B. L. Hayes (Eds.), *Children's prose comprehension: Research and practice* (pp. 7–43). Newark, DE: International Reading Association.

Barnes, M. A., Dennis, M., & Haefele-Kalvaitis, J. (1996). The effects of knowledge availability and knowledge accessibility on coherence and elaborative inferencing in children from six to fifteen years of age. *Journal of Experimental Child Psychology, 61,* 216–241.

Bast, J., & Reitsma, P. (1998). Analyzing the development of individual differences in terms of Matthew effects in reading: Results from a Dutch longitudinal study. *Developmental Psychology, 34,* 1373–1399.

Beck, I. L., Perfetti, C. A., & McKeown, G. (1982). Effects of long-term vocabulary instruction on lexical access and reading comprehension. *Journal of Educational Psychology, 74,* 506–521.

Belacchi, C., Carretti, B., & Cornoldi, C. (2010). The role of working memory and updating in Coloured Raven Matrices performance in typically developing children. *European Journal of Cognitive Psychology, 7,* 1010–1020.

Bishop, D. V. M. (1983). *Test for the reception of grammar.* Manchester, England: Chapel Press.

Bourg, T., Bauer, P., & van den Broek, P. (1997). Building the bridges: The development of event comprehension and representation. In P. van den Broek, P. Bauer, & T. Bourg (Eds.), *Developmental spans in event comprehension and representation: Bridging fictional and actual events* (pp. 385–407). Hillsdale, NJ: Erlbaum.

Bowey, J. A., & Patel, R. K. (1988). Metalinguistic ability and early reading achievement. *Applied Psycholinguistics, 9,* 367–383.

Bowyer-Crane, C., & Snowling, M. J. (2005). Assessing children's inference generation: What do tests of reading comprehension measure? *British Journal of Educational Psychology, 75,* 189–201.

Cain, K. (1996). Story knowledge and comprehension skill. In C. Cornoldi & J. Oakhill (Eds.), *Reading comprehension difficulties: Processes and remediation* (pp. 167–192). Mahwah, NJ: Erlbaum.

Cain, K. (2003). Text comprehension and its relation to coherence and cohesion in children's fictional narratives. *British Journal of Developmental Psychology, 21,* 335–351.

Cain, K. (2006). Individual differences in children's memory and reading comprehension: An investigation of semantic and inhibitory deficits. *Memory, 14,* 553–569.

Cain, K. (2007). Syntactic awareness and reading ability: Is there any evidence for a special relationship? *Applied Psycholinguistics, 28,* 679–694.

Cain, K., & Oakhill, J. V. (1996). The nature of the relationship between comprehension skill and the ability to tell a story. *British Journal of Developmental Psychology, 14,* 187–201.

Cain, K., & Oakhill, J. V. (1999). Inference making and its relation to comprehension failure. *Reading and Writing: An Interdisciplinary Journal, 11,* 489–503.

Cain, K., & Oakhill, J. V. (2006). Profiles of children with specific reading comprehension difficulties. *British Journal of Educational Psychology, 76,* 683–696.

Cain, K., & Oakhill, J. V. (2007). Reading comprehension difficulties: Correlates, causes, and consequences. In K. Cain & J. Oakhill (Eds.), *Children's comprehension problems in oral and written language: A cognitive perspective* (pp. 41–75). New York, NY: Guilford Press.

Cain, K., & Oakhill, J. V. (in press). Reading comprehension and vocabulary: Is vocabulary more important for some aspects of comprehension? *L'Année Psychologique/Topics in Cognitive Psychology.*

Cain, K., Oakhill, J. V, Barnes, M., & Bryant, P. E. (2001). Comprehension skill, inference-making ability, and their relation to knowledge. *Memory & Cognition, 29,* 850–859.

Cain, K., Oakhill, J. V., & Bryant, P. E. (2000). Investigating the causes of reading comprehension failure: The comprehension-age match design. *Reading and Writing: An Interdisciplinary Journal, 12,* 31–40.

Cain, K., Oakhill, J. V., & Lemmon, K. (2004). Individual differences in the inference of word meanings from context: The influence of reading comprehension, vocabulary knowledge, and memory capacity. *Journal of Educational Psychology, 96,* 671–681.

Cain, K., Oakhill, J. V., & Bryant, P. E. (2004). Children's reading comprehension ability: Concurrent prediction by working memory, verbal ability, and component skills. *Journal of Educational Psychology, 96,* 31–42.

Cain, K., Patson, N., & Andrews, L. (2005). Age- and abilityrelated differences in young readers' use of conjunctions. *Journal of Child Language, 32,* 877–892.

Carretti, B., Borella, E., Cornoldi, C., & De Beni, R. (2009). Role of working memory in explaining the performance of individuals with specific reading comprehension difficulties: A meta-analysis. *Learning and Individual Differences, 19,* 246–251.

Carretti, B., Caldarola, N., Tencati, C., & Cornoldi, C. (2013). Improving reading comprehension in reading and listening settings: The effect of two training programmes focusing on metacognition and working memory. *British Journal of Educational Psychology, 84,* 1–17.

Carretti, B., Cornoldi, C., De Beni, R., & Romano, M. (2005). Updating in working memory: A comparison of good and poor comprehenders. *Journal of Experimental Child Psychology, 91,* 45–66.

Carroll, J. B. (1993). *Human cognitive abilities: A survey of factor-analytic studies*. New York, NY: Cambridge University Press.

Casteel, M. A., & Simpson, G. B. (1991). Textual coherence and the development of inferential generation skills. *Journal of Research in Reading, 14,* 116–129.

Catts, H. W., Hogan, T. P., & Adlof, S. M. (2005). Developmental changes in reading and reading disabilities. In H. W. Catts & A. G. Kamhi (Eds.), *The connections between language and reading disabilities* (pp. 25–40). Hillsdale, NJ: Erlbaum.

Chaney, C. (1998). Preschool language and metalinguistic skills are links to reading success. *Applied Psycholinguistics, 19,* 433–446.

Chomsky, C. (1969). *The acquisition of syntax in children from 5 to 10.* Cambridge, MA: MIT Press Clarke, P. J., Snowling, M. J., Truelove, E., & Hulme, C. (2010). Ameliorating children's reading-comprehension difficulties: A randomized controlled trial. *Psychological Science, 21,* 1106–1116.

Cragg, L., & Nation, K. (2006). Exploring written narrative in children with poor reading comprehension. *Educational Psychology, 26,* 55–72.

Cunningham, A. E. (2005). Vocabulary growth through independent reading and reading aloud to children. In E. H. Hiebert & M. L. Kamhi (Eds.), *Teaching and learning vocabulary: Bringing research to practice* (pp. 45–68). Hillsdale, NJ: Erlbaum.

Cunningham, A. E., & Stanovich, K. E. (1998). What reading does for the mind. *American Educator, 22,* 8–15. Curtis, M. E. (1980). Development of components of reading skills. *Journal of Educational Psychology, 72,* 656–669.

Cutting, L. E., Materek, A., Cole, C. A. S., Levine, T. M., & Mahone, M. E. (2009). Effects of fluency, oral language, and executive function on reading comprehension performance. *Annals of Dyslexia, 59,* 34–54.

Daneman, M., & Carpenter, P. (1983). Individual differences in integrating information between sentences. *Journal of Experimental Psychology: Learning, Memory, and Cognition, 9,* 561–584.

Daneman, M., & Merickle, P. M. (1996). Working memory and language comprehension: A meta-analysis. *Psychonomic Bulletin & Review, 3,* 422–433.

De Beni, R., & Palladino, P. (2000). Intrusion errors in working memory tasks. Are they related to reading comprehension ability? *Learning and Individual Differences, 12,* 131–143.

De Jong, P. F., & van der Leij, A. (2002). Effects of phonological abilities and linguistic comprehension on the development of reading. *Scientific Studies of Reading, 6,*

51–77.

Demont, E., & Gombert, J. E. (1996). Phonological awareness as a predictor of recoding skills and syntactic awareness as a predictor of comprehension skills. *British Journal of Educational Psychology, 66,* 315–332.

Donaldson, M. (1978). *Children's minds*. Glasgow, England: Collins.

Echols, L. D., West, R. F., Stanovich, K. E., & Zehr, K. S. (1996). Using children's literacy activities to predict growth in verbal cognitive skills: A longitudinal investigation. *Journal of Educational Psychology, 88,* 296–304.

Ehrlich, M. F. (1996). Metacognitive monitoring in the processing of anaphoric devices in skilled and less skilled comprehenders. In C. Cornoldi & J. V. Oakhill (Eds.), *Reading comprehension difficulties: Processes and remediation* (pp. 221–249). Hillsdale, NJ: Erlbaum.

Ehrlich, M.-F., & Remond, M. (1997). Skilled and less skilled comprehenders: French children's processing of anaphoric devices in written texts. *British Journal of Developmental Psychology, 15,* 291–309.

Ehrlich, M. F., Remond, M., & Tardieu, H. (1999). Processing of anaphoric devices in young skilled and less skilled comprehenders: Differences in metacognitive monitoring. *Reading and Writing: An Interdisciplinary Journal, 11,* 29–63.

Elbro, C., & Buch-Iversen, I. (2013). Activation of background knowledge for inference making: Effects on reading comprehension. *Scientific Studies of Reading, 17,* 435–452.

Eldredge, J. L., Quinn, B., & Butterfield, D. D. (1990). Causal relationships between phonics, reading comprehension, and vocabulary achievement in the second grade. *Journal of Educational Research, 83,* 201–214.

Gaux, C., & Gombert, J. E. (1999). Implicit and explicit syntactic knowledge and reading in pre-adolescents. *British Journal of Developmental Psychology, 17,* 169–188.

Garton, A., & Pratt, C. (1998). *Learning to be literate: The development of spoken and written language* (2nd ed.). Oxford, England: Blackwell.

Gathercole, S. E., Pickering, S. J., Ambridge, B., & Wearing, H. (2004). The structure of working memory from 4 to 15 years of age. *Developmental Psychology, 40,* 177–190.

Goff, D., Pratt, C., & Ong, B. (2005). The relations between children's reading comprehension, working memory, language skills and components of reading decoding in a normal sample. *Reading and Writing: An Interdisciplinary Journal, 18,* 583–616.

Gottardo, A., Stanovich, K. E., & Siegel, L. S. (1996). The relationships between phonological sensitivity, syntactic processing and verbal working memory in the reading performance of third-grade children. *Journal of Experimental Child Psychology, 63,* 563–582.

Gough, P. B., Hoover, W. A., & Peterson, C. L. (1996). Some observations on a simple view of reading. In C. Cornoldi & J. Oakhill (Eds.), *Reading comprehension difficulties: Processes and interventions* (pp. 1–13). Hillsdale, NJ: Erlbaum.

Gough, P. B., & Tunmer, W. (1986). Decoding, reading and reading disability. *Remedial and Special Education, 7,* 6–10.

Hoover, W. A., & Gough, P. B. (1990). The simple view of reading. *Reading and Writing: An Interdisciplinary Journal, 2,* 127–160.

Huey, E. (1968). *The psychology and pedagogy of reading.* Cambridge, MA: MIT Press (Original work published 1908).

Jenkins, J. R., Pany, D., & Schreck, J. (1978). Vocabulary and reading comprehension: Instructional effects. *Technical Report No. 100*. Urbana-Champaign, IL: Center for the Study of Reading.

Johnson-Laird, P. N. (1983). *Mental models: Towards a cognitive science of language, inference, and consciousness*. Cambridge, MA: Harvard University Press.

Kendeou, P., van den Broek, P., White, M. J., & Lynch, J. (2007). Comprehension in preschool and early elementary children: Skill development and strategy interventions. In D. S. McNamara (Ed.), *Reading comprehension strategies: Theories, interventions, and technologies* (pp. 27–45). Hillsdale, NJ: Erlbaum.

Kintsch, W. (1998). *Comprehension: A paradigm for cognition*. New York, NY: Cambridge University Press.

Laberge, D., & Samuels, S. J. (1974). Toward a theory of automatic information processing in reading. *Cognitive Psychology, 6,* 293–323.

Layton, A., Robinson, J., & Lawson, M. (1998). The relationship between syntactic awareness and reading performance. *Journal of Research in Reading, 21,* 5–23.

Markman, E. M. (1977). Realizing that you don't understand: A preliminary investigation. *Child Development, 48,* 986–992.

Markman, E. M. (1979). Realizing that you don't understand: Elementary school children's awareness of inconsistencies. *Child Development, 50,* 643–655.

Markman, E. M. (1981). Comprehension monitoring. In W. P. Dickson (Ed.), *Children's oral communication skills* (pp. 61–84). London, England: Academic Press.

Megherbi, H., & Ehrlich, M. F. (2005). Language impairment in less skilled comprehenders: The on-line processing of anaphoric pronouns in a listening situation. *Reading and Writing: An Interdisciplinary Journal, 18,* 715–753.

Muter, V., Hulme, C., Snowling, M., & Stevenson, J. (2004). Phonemes, rimes, vocabulary and grammatical skills as foundations of early reading development:

Evidence from a longitudinal study. *Developmental Psychology, 40,* 665–681.
Nagy, W. E., & Scott, J. (2000). Vocabulary processes. In M. Kamil, P. Mosenthal, P. D. Pearson, & R. Barr (Eds.), *Handbook of reading research* (Vol. 3, pp. 269–284). Hillsdale, NJ: Erlbaum.
Nation, K., Adams, J. W., Bowyer-Crane, C. A., & Snowling, M. J. (1999). Working memory deficits in poor comprehenders reflect underlying language impairments. *Journal of Experimental Child Psychology, 73,* 139–158.
Nation, K., & Snowling, M. J. (1998). Semantic processing and the development of word-recognition skills: Evidence from children with reading comprehension difficulties. *Journal of Memory and Language, 39,* 85–101.
Nation, K., & Snowling, M. J. (2000). Factors influencing syntactic awareness in normal readers and poor comprehenders. *Applied Psycholinguistics, 21,* 229–241.
Oakhill, J. V. (1982). Constructive processes in skilled and lessskilled comprehenders' memory for sentences. *British Journal of Psychology, 73,* 13–20.
Oakhill, J. V. (1984). Inferential and memory skills in children's comprehension of stories. *British Journal of Educational Psychology, 54,* 31–39.
Oakhill, J. V. (1988). The development of children's reasoning ability: Information-processing approaches. In K. Richardson and S. Sheldon (Eds.), *Cognitive development to adolescence: A reader* (pp. 169–188). Hillsdale, NJ: Erlbaum.
Oakhill, J. V., & Cain, K. (2007). Introduction to comprehension development. In K. Cain & J. V. Oakhill (Eds.), *Children's comprehension problems in oral and written language* (pp. 41–75). New York, NY: Guilford Press.
Oakhill, J. V., & Cain, K. (2012). The precursors of reading ability in young readers: Evidence from a four-year longitudinal study. *Scientific Studies of Reading, 16,* 91–121.
Oakhill, J. V., Cain, K., McCarthy, D., & Field, Z. (2012). Making the link between vocabulary knowledge and comprehension skill. In A. Britt, S. Goldman, & J.-F. Rouet (Eds.), *From words to reading for understanding* (pp. 101–114). New York, NY: Routledge.
Oakhill, J. V., Hartt, J., & Samols, D. (2005). Levels of comprehension monitoring and working memory in good and poor comprehenders. *Reading and Writing: An Interdisciplinary Journal, 18,* 657–686.
Oakhill, J. V., & Yuill, N. M. (1986). Pronoun resolution in skilled and less skilled comprehenders: Effects of memory load and inferential complexity. *Language and Speech, 29,* 25–37.
Oakhill, J. V., Yuill, N. M., & Garnham, A. (2011). The differential relations between verbal, numerical and spatial working memory abilities and children's reading

comprehension. *International Electronic Journal of Elementary Education, 4,* 83–106.
Oakhill, J. V., Yuill, N. M., & Parkin, A. (1986). On the nature of the difference between skilled and less-skilled comprehenders. *Journal of Research in Reading, 9,* 80–91.
Omanson, R. C., Warren, W. M., & Trabasso, T. (1978). Goals, inferences, comprehension and recall of stories by children. *Discourse Processes, 1,* 337–354.
Ouellette, G. P. (2006). What's meaning got to do with it: The role of vocabulary in word reading and reading comprehension. *Journal of Educational Psychology, 98,* 554–566.
Palincsar, A. S., & Brown, A. L. (1984). Reciprocal teaching of comprehension-fostering and comprehension-monitoring activities. *Cognition and Instruction, 1,* 117–175.
Paris, S. G., & Lindauer, B. K. (1976). The role of inference in children's comprehension and memory for sentences. *Cognitive Psychology, 8,* 217–227.
Paris, S. G., Lindauer, B. K., & Cox, G. L. (1977). The development of inferential comprehension. *Child Development, 48,* 1728–1733.
Paris, A. H., & Paris, S. G. (2003). Assessing narrative comprehension in young children. *Reading Research Quarterly, 38,* 36–76.
Perfetti, C. A. (1994). Psycholinguistics and reading ability. In M. A. Gernsbacher (Ed.), *Handbook of psycholinguistics* (pp. 849–894). San Diego, CA: Academic Press.
Perfetti, C. A., Marron, M. A., & Foltz, P. W. (1996). Sources of comprehension failure: Theoretical perspectives and case studies. In C. Cornoldi & J. V. Oakhill (Eds.), *Reading comprehension difficulties: Processes and remediation* (pp. 137–165). Hillsdale, NJ: Erlbaum.
Roth, F. P., Speece, D. L., & Cooper, D. H. (2002). A longitudinal analysis of the connection between oral language and early reading. *Journal of Educational Research, 95,* 259–272.
Radvansky, G. A., & Copeland, D. E. (2001). Working memory and situation model updating. *Memory & Cognition, 29,* 1073–1080.
Ruffman, T. (1996). Reassessing children's comprehension-monitoring skills. In C. Cornoldi and J. V. Oakhill (Eds.), *Reading comprehension difficulties: Processes and intervention* (pp. 33–67). Hillsdale, NJ: Erlbaum.
Sanders, T., & Maat, P. (2006). Cohesion and coherence: Linguistic approaches. In K. Brown (Ed.), *Encyclopedia of language and linguistics* (2nd ed., pp. 591–595). London, England: Elsevier.
Scarborough, H. S. (1998). Early identification of children at risk for reading disabilities: Phonological awareness and some other promising predictors. In P. Accardo, A. Capute, & B. Shapiro (Eds.), *Specific reading disability: A view of the*

spectrum (pp. 75–119). Timonium, MD: York Press.

Scott, C. M. (2004). Syntactic contributions to literacy learning In C. A. Stone, E. R. Silliman, B. J. Ehren, & K. Apel (Eds.), *Handbook of learning and literacy: Development and disorders* (pp. 340–362). New York, NY: Guilford Press.

Smiley, S. S., Oakley, D. D., Worthen, D., Campione, J., & Brown, A. L. (1977). Recall of thematically relevant material by adolescent good and poor readers as a function of written versus oral presentation. *Journal of Educational Psychology, 69,* 381–387.

Smith, S. T., Macaruso, P., Shankweiler, D., & Crain, S. (1989). Syntactic comprehension in young poor readers. *Applied Psycholinguistics, 10,* 420–454.

Stanovich, K. E. (1986). Matthew effects in reading: Some consequences of individual differences in the acquisition of literacy. *Reading Research Quarterly, 21,* 360–406.

Stein, N. L. (1979). How children understand stories: A developmental analysis. In L. G. Katz (Ed.), *Current topics in early childhood education* (Vol. 2, pp. 261–291). Norwood, NJ: Ablex.

Stevens, R. J., van Meter, P., & Warcholak, N. D. (2010). The effects of explicitly teaching story structure to primary grade children. *Journal of Literacy Research, 42,* 159–198.

Stothard, S. E., & Hulme, C. (1992). Reading comprehension difficulties in children: The role of language comprehension and working memory skills. *Reading and Writing: An Interdisciplinary Journal, 4,* 245–256.

Tannenbaum, K. R., Torgesen, J. K., & Wagner, R. K. (2006). Relationships between word knowledge and reading comprehension in third-grade children. *Scientific Studies of Reading, 10,* 381–398.

Thorndike, E. L. (1917). Reading as reasoning: A study of mistakes in paragraph reading. *Journal of Educational Psychology, 8,* 323–332.

Thorndike, R. L. (1973). *Reading comprehension education in fifteen countries*. New York, NY: Wiley.

Torgesen, J. K., Wagner, R. K., Rashotte, C. A., Burgess, S., & Hecht, S. (1997). Contributions of phonological awareness and raid automatic naming ability to the growth of wordreading skills in second- to fifth-grade children. *Scientific Studies of Reading, 1,* 161–185.

Trabasso, T., & Nickels, M. (1992). The development of goal plans of action in the narration of a picture story. *Discourse Processes, 15,* 249–275.

Tunmer, W. E. (1989). The role of language-related factors in reading disability. In D. Shankweiler & I. Y. Liberman (Eds.), *Phonology and reading disability: Solving the puzzle* (pp. 91–131). Ann Arbor: University of Michigan Press.

Van den Broek, P. W. (1989). The effects of causal structure on the comprehension of narratives: Implications for education. *Reading Psychology: An International Quarterly, 10,* 19–44.

Van den Broek, P. (1997). Discovering the cements of the universe: The development of event comprehension from childhood to adulthood. In P. van den Broek, P. Bauer, & T. Bourg (Eds.), *Developmental spans in event comprehension: Bridging fictional and actual events* (pp. 321–342). Hillsdale, NJ: Erlbaum.

Van den Broek, P., Lorch, E. P., & Thurlow, R. (1996). Children's and adult's memory for television stories: The role of causal factors, story-grammar categories, and hierarchical level. *Child Development, 67,* 3010–3028.

Vosniadou, S., Pearson, P. D., & Rogers, T. (1988). What causes children's failures to detect inconsistencies in text? Representation versus comparison difficulties. *Journal of Educational Psychology, 80,* 27–39.

Vygotsky, L. S. (1962). *Thought and language.* Cambridge, MA: MIT Press.

Westby, C. E. (1991). Learning to talk—talking to learn: Oral-literate language differences. In C. Simon (Ed.), *Communication skills and classroom success: Therapy methodologies for language learning disabled students* (pp. 181–218). San Diego, CA: College-Hill Press.

Willows, D. M., & Ryan, E. B. (1981). Differential utilisation of syntactic and semantic information by skilled and less skilled readers in the intermediate grades. *Journal of Educational Psychology, 73,* 607–715.

Willson, V. L., & Rupley, W. H. (1997). A structural equation model for reading comprehension based on background, phonemic and strategy knowledge. *Scientific Studies of Reading, 1,* 45–63.

Yuill, N., & Oakhill, J. (1991). *Children's problems in text comprehension: An experimental investigation*. New York, NY: Cambridge University Press.

Yuill, N. M., & Oakhill, J. V. (1988). Understanding of anaphoric relations in skilled and less skilled comprehenders. *British Journal of Psychology, 79,* 173–186.

Yuill, N. M., Oakhill, J. V., & Parkin, A. J. (1989). Working memory, comprehension skill and the resolution of text anomaly. *British Journal of Psychology, 80,* 351–361.

第 24 章 阅读障碍的发展

布鲁斯·F. 彭宁顿 罗宾·L. 彼得森

摘 要：本章通过回顾关于阅读障碍的发展历程，解释与阅读有关的生理和心理因素，阅读障碍的发展历程从病因（基因和环境及两者的相互作用）开始的各个层次上对阅读进行分析。目前的研究支持的观点是，存在阅读困难的读者在大脑发育的早期阶段左半球白质连接点数量减少，进而影响阅读技能发展所需的认知过程的发展。

关键词：阅读障碍、基因、白质、病因、发育、大脑发育

我们如何才能完全了解阅读的典型发展和非典型发展历程？本章的一个重要前提是，对阅读的理解需要进行多层次的分析，首先是考虑早期的基因和环境对大脑发育的影响，再考虑大脑发育过程中的变化如何影响神经系统中涉及学习阅读的认知过程的网络，然后讨论这些认知过程如何影响阅读发展，最后考虑后期环境影响，包括语言和书写系统的培训学习如何影响阅读发展。如果要研究以行为定义的障碍，就必须从行为入手，再进行更深层次的分析，本章内容将以大致相反的顺序分析各个级别的研究。

在此之前必须澄清一些基本问题和术语。阅读障碍是进化的行为（语言）和文化发明（识字）之间相互作用的一个有趣的例子。虽然不太可能存在控制阅读或其他相对较新的文化发明（农业、银行和足球）的基因，但进化的认知和行为特征中确实存在遗传的影响。因此，尽管阅读是一项文化发明，但阅读发展中依然存在生物学规律。

由于“病因”一词的方式使用时有不同，在此我们有必要准确地定义这个词的含义。本文中使用的病因是指一个物种内部个体之间产生差异的最初因素或远端因素，这些早期因素改变了个体某些器质性功能的发展轨迹，从而造成了种群中的个体差异。因此，各种健康方面的表现，包括好的表现和不好的表现（例如，既包括长寿和身体健康，也包括心脏病、癌症、肥胖和囊性纤维化）都有病因，同样，各种心理表现（如智力、个性和本书涉及的阅读技能）以及心理障碍（如智力残疾、焦虑症和阅读障碍）。有些疾病，如囊性纤维化，是绝对的（一个人要么有该疾病，要么没有该疾病），这类疾病往往有一个独立的病因，例如某个单一的基因突变，这类疾病包括囊性
362 纤维化、苯酮尿症（PKU）和亨廷顿痴呆（HD)。许多其他疾病，特别是通过行为定义的疾病，并不是绝对的，而是处于某个连续分布的两端，一端是健康，另一端是病态，整个分布的基本机制是相似的。例如，许多被定义为智力障碍的个体其实是在智力分布轴上位于病态一端，而阅读困难或阅读障碍也是同样道理。尽管各种形式的智力残疾都有一个已知的遗传病因，如苯酮尿症、唐氏综合征或X染色体脆弱综合征等等，而许多非绝对性质疾病由于其背后有许多病因共同作用，致病原因往往非常复杂。

病因学涉及遗传因素、环境因素、预防措施以及其相互作用，这些因素在个体的发展发育过程中对个体产生影响，从而导致群体内部成员之间的差异。即使某一问题是由行为定义的，其病因一般也是以某种方式影响了大脑的发育之后，由大脑产生了特定行为。由此产生的大脑解剖特征、生理特征和认知过程的变化构成了行为的近端因素，因此根据本章的定义，这类近端因素并不是我们所说的“病因”。

然而，确定病因，特别是遗传性病因，可以为我们了解个体发展

过程中的差异提供非常丰富的信息，因为不同的基因在不同的发展阶段对大脑发育产生不同的作用。即使是确定一个对结果影响很小的基因，也能大大加快寻找其他基因的进展，因为在发育过程中有一系列的基因共同作用，下文将会介绍，许多可能导致阅读障碍的基因似乎都从属于该基因系列。

因此，由行为定义的疾病的病理学研究可以为个体发展发育和人类群体的发展指明研究方向，同样，从基因和文化实践的角度入手确定导致语言和社会行为等行为方面的差异的病因，也是一条行之有效的途径。

正是这层双向相互促进的关系使病因学研究对于基础科学和应用科学而言都十分重要。例如，FOXP2 基因的突变是在一个家族（KE 家族）中发现的，该家族存在罕见的运动协调障碍（呼吸困难）的遗传病，这影响了他们的语言学习和使用（Fisher, Vargha-Khadem, Watkins, Monaco, & Pembrey, 1998; Lai, Fisher, Hurst, Vargha-Khadem, & Monaco, 2001)。随后的影像学研究发现如下现象:（1）这种基因似乎作用于大脑的基底神经节，这是运动控制的一个重要神经结构（Lai, Gerrelli, Monaco, Fisher, & Copp, 2003）;（2）该基因是最近才进化出来的（Enard, 2011）;（3）这种基因的早期形式在鸟类通过鸣叫进行的交流中非常重要（Scharff, & Haesler, 2005)。可以看出，针对这种罕见疾病的病因研究带来了突破性的发现，对我们理解人类语言的演变具有广泛的意义。

因此，研究典型或非典型症状背后病因的长期目标是追踪从进化到病因再到大脑机制最后到行为发展的因果路径，一旦确定了某个特定症状的因果路径，就能够对所有症状的神经科学研究产生重要影响。本章将回顾目前为止的研究，以及我们离实现这一长期目标还有多远。

阅读障碍的定义

根据彼得森和彭宁顿（2012）的定义，存在发育性阅读障碍的人虽然智力正常，接受了足够的教育，并且感官功能完整，他们在准确或流利地识别和拼写单词方面仍旧存在困难（Lyon, Shaywitz, & Shaywitz, 2003)。阅读的终极目标是理解，这需要解码能力和口头语言理解能力的协同作用（Hoover, & Gough, 1990)。阅读障碍通常是因解码困难产生的，相对而言，存在阅读障碍的读者在进行听力理解时通常更省力。因此，虽然解码能力非常有限的个体（即幼儿或有严重阅读障碍的人）在阅读时会遇到理解困难，但解码问题相对较不
363 严重的个体仍然可以完整且充分地理解口头信息（Bruck, 1990, 1992, 1993)。这与理解力差的个体形成显明的对比，即理解力差的个体具备解码技能，但很难理解正在阅读的信息，所以很自然地，理解能力差的个体在口语理解方面存在缺陷，而这种状况有时被认为是一种阅读障碍（Nation, Cocksey, Taylor, & Bishop, 2010)。

尽管以前的一些诊断系统将阅读障碍和阅读理解能力差归为一类（*Diagnostic and Statistical Manual of Mental Disorders* [DSM]，2000），但本章内容仅涉及阅读障碍。许多类型的学习障碍（或语言紊乱）会影响阅读能力，而本章所说的阅读障碍（dyslexia）的群体在单词阅读方面存在困难（Rodgers, 1983; Shaywitz, Escobar, Shaywitz, Fletcher, & Makuch, 1992)，由于阅读障碍代表了单词阅读能力的正态分布的低端，因此为了诊治这种障碍，必须在一个连续变量上设置一个有点任意的阈值。

阅读障碍的诊断阈值是否应与年龄或智商（IQ）相关？低智商和高智商个体出现阅读障碍的原因可能不同。具体而言，人们认为智商是个体在各个领域取得成就的限制因素，因此，智商低的孩子很

可能不单单出现阅读困难，而在各个领域的学习都面临困难。高智商个体出现阅读障碍的原因中基因所占比重更大（Wadsworth, Olson, & DeFries, 2010）。相关调查研究表明，社会经济地位较高家庭的儿童出现阅读障碍的原因中基因的比重更大（Friend et al., 2009）。总之，这些结果表明，具有较强认知能力的儿童在阅读方面表现优秀的概率更高，除非他们有特定的基因妨碍他们的解码。另一方面，其他孩子在阅读方面面临问题的原因是多方面的，这些原因包括与低社会经济地位相关的环境因素，经济社会地位较低家庭出身的儿童阅读不良的情况更为普遍。虽然相同的基因对不同社会经济地位的儿童影响程度相当，但相对于智商因素和经济社会环境因素，基因因素对阅读的影响较小。我们还不知道哪些近端环境因素最可能导致阅读能力的低下，但"环境影响"一节内容将会讨论一些合理的可能因素。

尽管有证据表明高智商儿童和低智商儿童的阅读障碍病因中遗传因素和环境因素的权重不同，但从神经心理学或疾病治疗角度出发来看，已发表的研究报告并不支持将阅读障碍按照年龄或智商进行分类的做法，尤其是针对所有语言能力水平都很差，而且在语音处理（听力技能）方面表现特别差的读者。这一点将会在"阅读障碍的神经心理学"一节中进一步讨论。从群体的角度来看，有阅读障碍的儿童对着重进行听力指导的培训反应最明显。虽然有阅读障碍的个体对这类培训的反应存在个体差异，但这些差异似乎并不仅仅与智商相关（Jimenez, Siegel, O'Shanahan, & Ford, 2009; Silva, McGee, & Williams, 1985; Stuebing, Barth, Molfese, Weiss, & Fletcher, 2009）。

这两个定义存在相互重叠，但一些临床阅读问题严重的患者的阅读能力只是与他们的智商或者年龄不匹配。前一版《精神障碍诊断和统计手册》（*Diagnostic and Statistical Manual of Mental Disorders*,

2000）将阅读障碍定义为阅读能力低于同龄人和同智商人群的正常水平；而现行版本将阅读障碍定义为阅读能力低于同龄人正常水平。虽然更新后的定义将更多具有认知困难的儿童归入阅读困难人群，有助于发现和帮助这部分群体，但问题在于该定义依然没有包括阅读能力虽然表现得较强，但实际上阅读能力有临床损害的儿童，这部分儿童如果能够接受阅读干预治疗是可以获益的，具有讽刺意味的是，正如前文所述，反而是那些因遗传病因出现阅读问题的儿童可能会被归类为阅读障碍。因此，出于研究和临床实际的考虑，我们认为将阅读能力与其智商或者年龄不匹配的儿童都归为阅读障碍更为合理。

阅读障碍的神经心理学

关于阅读障碍病因的科学研究建立在对其神经心理学的了解之
364 上。神经心理学是指针对特定的大脑思维过程（如注意力、记忆或语言技能）的研究，这些过程不能直接被观察到，被认为是行为定义疾病的病因。事实证明，与发育障碍相关的神经心理学缺陷往往比相关症状本身更稳定且可遗传，并且整个家族的成员虽然未必完全符合障碍诊断标准，但是往往会具有相关缺陷。就阅读障碍而言，阅读障碍患者的亲属或许阅读技能正常，但在一些特定的语音处理能力上存在缺陷。换句话说，神经心理学结构可以视为行为定义的疾病的内表型（*endophenotypes*）。我们对阅读障碍遗传学的了解大多依赖于几十年来对其神经心理学的研究，因为这方面的研究为阅读障碍病因研究提供了最佳的内表型。病因学研究也有助于对神经心理学的研究，因为病因学和神经心理学之间存在紧密关联，科学家可以通过病因和发病机制的联系推进神经心理分析，尤其是在分析确定哪些大脑神经系统和认知变化和疾病之间存在联系方面尤为有效。由于神经心理学对病因研究的重要性，我们将简要回顾阅读障碍神经心理学方面的研究。

许多研究表明，阅读障碍是一种语言障碍，阅读障碍的背后是语音处理（即口头语言中的语音处理）缺陷导致的对书面语言的处理障碍。在阅读障碍的语音学理论中，识别和运用声音形成语言的能力对于字母－读音映射的建立和自动识别至关重要，而字母－读音映射又是准确流畅识别单词的基础，因为书面文字是对口头语音的编码，下文将进一步论述，语音解码能力不仅对学习字母语言（书面文字代表口语中的音素）的阅读非常重要，而且对学习表音的象形文字（书面文字代表形态或者口语中的音节）的阅读也具备相当意义，无论各个语言中表音单元的大小（Perfetti, Zhang, & Berent, 1992）。需要注意的是，语音技能（特别是语音识别能力）与阅读能力之间的关系是双向的，随着时间的推移，阅读能力差的个体语音识别力也会越来越差（Castles, Wilson, & Coltheart, 2011; Morais, Cary, Alegria, & Bertelson, 1979）。学界普遍认为，阅读障碍者的语音缺陷是由于对表音符号的认识不足导致的，其特点是发音的节奏错误、发音不准确或其他方面的问题（Elbro, Borstrøm, & Petersen, 1998; Manis, McBride-Chang, Seidenberg, & Keating, 1997）。支持这种观点的研究结果表明，患有阅读障碍的儿童在默读语音处理任务（儿童不能听见或朗读单词发音）中表现不佳。例如，与阅读能力正常的对照组相比，有阅读障碍的儿童需要听到更完整的单词才能识别或者作出反应（Boada, & Pennington, 2006）。

任何关于阅读障碍的神经心理学理论都必须解释这样一个事实，即患有阅读障碍的幼儿早在学习书面文字之前就已经表现出口语上的理解问题。后来出现阅读障碍的孩子在婴儿时期对言语刺激的脑电波反应就与正常婴儿不同（Guttorm et al., 2005)。这些儿童在幼儿时期的词汇、句法和语法就落后于同龄人，学龄前时期，这些儿童的语音识别存在困难（Scarborough, 1990; Torppa, Lyytinen, Erskine, Eklund, & Lyytinen, 2010)。针对正常儿童语言发展的研究表明，儿童一开始将口语发音看作一个模糊的整体，随着时间的推移，儿童对口语发音的认识逐渐变得细致和具体。婴儿一开始时可能将大多数单词识别为单个模块，然后注意到单个的音节，然后注意到小于单个音节的发音单位，最后能够识别单个音素（Fowler, 1991)。针对成年文盲（认知水平正常，但没有受过正规教育）的研究表明，识别音素的能力不是自然而然产生的，很可能是在学习字母语言书写的过程中习得的（Castro-Caldas, Petersson, Reis, Stone-Elander, & Ingvar, 1998; Morais et al., 1979)。因此，阅读障碍患者语音识别上的问题不应该局限于音素层面或者音节层面，而在于整个语流中的其他层面。

多年来，阅读障碍的单一语音缺陷理论受到学界主流认可，然而，越来越多的证据表明，尽管阅读障碍患者都有语音缺陷，但仅
365 在语音方面存在缺陷可能不足以造成阅读障碍。其他造成阅读障碍的缺陷和语音缺陷之间的关系有如下几种可能：第一种可能，其他缺陷和语音缺陷无关，多种语言能力上的缺陷共同导致了阅读障碍（Pennington, 2006）；第二种可能，其他缺陷和语音缺陷都可能导致阅读障碍，因此阅读障碍根据其成因可以分为语音缺陷阅读障碍型和非语音缺陷阅读障碍型（Bosse, Tainturier, & Valdois, 2007; Hadzibeganovic et al., 2010）；第三种可能，语音缺陷是由其他感官障碍或者普遍的学习障碍导致的（Buchholz, & Davies, 2007; Nicolson, & Fawcett, 2007）；第四种可能，语音缺陷导致阅读障碍，而其他缺陷导致其他障碍（Ramus, 2004)。

家族遗传假设（跟踪根据家族史有阅读障碍遗传风险，但因年

龄太小还无法进行阅读障碍诊断的儿童）的纵向研究结果与多重缺陷假设的研究结果一致；而另有研究表明，一些在学龄前有语音缺陷，而且严重程度与最终患上阅读障碍的儿童同时期表现相似的儿童仍能习得正常的识字技能（Bishop, McDonald, Bird, & HayiouThomas, 2009; Peterson, Pennington, Shriberg, & Boada, 2009; Snowling, Gallagher, & Frith, 2003)。这类孩子之所以没有患上阅读障碍，是因为他们除了语音认知以外的其他阅读相关认知水平较高，另一方面，有多重认知缺陷的儿童患上阅读障碍的概率更高。许多不同国家说不同语言的儿童中，具备某些语言相关认知能力特征的儿童后来会患上阅读障碍，这些特征体现在语音意识、连续快速识别能力（快速识别熟悉的对象、颜色、字母或数字矩阵）、口头短期记忆、词汇量和其他口语技能以及图形运动处理速度等方面（McGrath et al., 2011; Pennington et al., 2012; Scarborough, 1998; Wolf, & Bowers, 1999)。不同的年龄段儿童，预测阅读障碍最有效的指标不同。幼儿阶段，一般语言能力和其后来的阅读能力联系最紧密；到 4 岁或 5 岁时，语音意识是其长大后阅读表现的主要预测指标；随着儿童接受越来越多的识字教育。识别速度（即连续快速识别能力和信息处理速度）变得越来越重要，这可能是因为识别速度与阅读流畅性的关系比其与单词识别准确度的关系更加密切（Pennington, & Lefly, 2001; Puolakanaho et al., 2007, 2008; Scarborough, 1990; Snowling et al., 2003; Torppa et al., 2010)。纵向研究表明，这些缺陷和阅读障碍之间存在因果关联，而且这些缺陷不是由于阅读障碍并发症（其他经常伴有阅读障碍的疾病）或阅读障碍的累积效应造成的。

多年来的研究已经表明，阅读障碍并不是由基本视觉感知障碍造成的（Vellutino, 1979; Ramus et al., 2003)。然而，近来的研究刷新了人们的认识，阅读障碍可能与视觉注意力缺陷有关（Facoetti, Corradi,

Ruffino, Gori, & Zorzi, 2010)。视觉注意力可以通过多种手段测量，例如连续字符检索任务、定向任务或线索任务，这些任务要求受试者在不同混乱程度的场景中识别目标，在该任务中运用到的技能可能与阅读有关。最近的一项研究表明，在控制阅读相关语音处理技能情况下，学龄前儿童的视觉注意力高低可以预测其两年后的阅读能力（Franceschini、Gori、Ruffino, Pedroll, & Facoetti, 2012)。初步证据表明，这一规律在拼写规则度不同的语言（即意大利语和法语）中都有类似的体现（Zorzi et al., 2012)。虽然视觉注意力的缺陷并不容易解释学龄前儿童早期的语言表现，但视觉注意力的缺陷可能与认知能力有关，在语言问题的共同作用下导致这些孩子阅读能力低下。针对这一问题，还需要进行进一步研究。

跨语言研究

针对阅读障碍的研究最初主要集中在英语上，但最近人们对跨语言阅读障碍的性质给予了极大的关注。该部分内容将简要总结关于阅读障碍在不同语言中的表现，语言之间的区别主要分为两种：第一种是拼写规则程度不同的字母语言之间的区别；第二种是字母语言和象形文字语言之间的区别。

同样是阅读能力处于下游水平的儿童，母语是拼写较为规则的语言（如意大利语或芬兰语）的儿童的阅读问题比母语为拼写较不规则的语言（如英语）的儿童身上的问题较为缓和，至少在准确性方面如此（Landerl, Wimmer, & Frith, 1997)，而阅读流利程度或速度则不受母语拼写规则度的影响，在不同语言中似乎相似（Caravolas, &
366 Samara，本书；Caravolas, Volin, & Hulme, 2005)。许多研究表明，使用不同语言的儿童的识字发展特征存在重要的共同特点。欧洲五门语言（芬兰语、匈牙利语、荷兰语、葡萄牙语和法语）的早期阅读相关预测因子和英语相似，其中，语音意识是所有语言的主要阅读能力预测指标，语音意识对于拼写法更为规则的语言预测效果更好。其他预测因素，如快速连续识别能力、词汇量和口头短期记忆力，比语音意识的预测效果更小，除了芬兰语（拼写规则度最高），芬兰语中词汇量对阅读能力的预测效果至少和语音意识同样明显（Ziegler et al., 2010）。

象形文字（如汉语）之间似乎也存在跨文化相似性。和字母语言书写系统（用字母表示音素）不同的是，汉语中最小的书写单位是表示单音节语素的字符（并且也是表意单位）。但同时，音素学因素在汉语阅读学习中也发挥着作用，因为汉字包含表音元素（Kessler, & Treiman，本书），熟练的汉语读者在识别汉字时表现出语音效应（Pollatsek，本书）。语音意识在汉语阅读中也是关键的预测因素，然而与音位意识至关重要的字母语言相比，在汉语阅读中，形态学意识和音节意识的作用更大（见 Caravolas, & Samara，本书），这一区别的原因在于汉语和字母语言在拼写法上的差异。

阅读障碍的大脑原因

因为阅读是一种语言技能，所以可以假设阅读涉及与口头语言处理相关的大脑结构，以及与视觉信息处理和建立视觉–语言映射相关的大脑结构。事实上，脑电波功能成像研究的结果表明，患有阅读障碍的个体的脑电波图显示患者使用大脑左半球处理语言（Demonet, Taylor, & Chaix, 2004; Richlan, Kronbichler, & Wimmer, 2009）。据报道，患者的左后半球区域的激活不足，该颞叶区域被认为对音素处理、形音对应关系和视读技能（整字识别）至关重要。研究常发现，患者左下额叶回出现异常激活，大脑结构成像研究显示，相关大脑结构中灰质减少。最近的一项家族遗传研究表明，这些灰质在识字教学开始之前就出现减少的现象，因此导致灰质减少的原因并不仅仅是阅读障碍（Raschle, Chang, & Gaab, 2011）。

有阅读障碍的个体在大脑语言结构网络的前部和后部都显示出功能异常，这导致了阅读障碍是一种分离综合征（一种由白质损伤引起的神经综合征的假设，因此，大量的研究利用扩散张量成像技术探讨了阅读障碍的白质相关性。其中一项研究出现了肯定结论，该研究中，患有阅读障碍的儿童和成人左颞叶区域和左内侧额回出现局部白质变化（通过分数各向异性技术检测）（Deutsch et al., 2005; Dougherty et al., 2007; Klingberg et al., 2000; Rimrodt, Peterson, Denckla, Kaufmann, & Cutting, 2010）。大量研究表明，白质完整性（轴突外面的髓鞘的完整程度）与语音技能之间存在相关性。

拼写规则程度不同的各门字母语言使用者中，阅读障碍患者的大脑神经成像明显一致（Paulesu et al., 2001; Silani et al., 2005），甚至字母语言和象形文字使用者中，阅读障碍患者的大脑神经成像也体现出相似之处（Hu et al., 2010），尽管中文和英文熟练阅读的神经基础至少有部分不同（Hu et al., 2010），但与拼写规则度低的语言使用者相比，规则度高的语言的使用者出现严重临床阅读问题的概率更低（可能是因为即使是患有阅读问题的人仍然可以缓慢地阅读拼写规则度高的语言）。总之，跨文化研究工作表明阅读障碍的神经生物学和神经认知基础具有普遍性，但不同语言使用者之间略有区别，即使是同一个大脑神经构造，学习某些语言出现阅读障碍的可能性也会高于其他语言。

可能病因机制

在讨论可能的病因机制之前，我们要先搞清楚基因或环境因素都不是导致阅读障碍的直接原因。正如奥耶马（1985）所说，无论是 367 支持基因决定论还是支持环境决定论的人都有同样的错误假设，即认为决定行为的因素在基因组或环境中都预先存在然后加给发育中的生物体。然而事实并非如此，遗传因素和环境因素都对个体的行为产生一定影响，影响程度的大小取决于这些因素在相关过程中和个体各方面生理机能的相互作用，因此，将基因组称为蓝图或认为基因编码行为是一种误导。对基因组的一个更好的比喻是：基因组是一个菜谱——即一系列程序。但即使这个比喻也有误导性，因为没有厨师会遵循这个菜谱。基因只是编码蛋白质结构或调节其他基因，在特定的发育环境中，特定蛋白质结构的变化可能会推动行为向某个方向发展。因此，遗传和环境因素在个体行为差异的发展中的作用像是概率调节因子，升高或降低个体罹患某疾病的风险，其作用是概率性而非确定性的。接下来，我们从行为遗传学到分子遗传学角度考虑可能的病因机制。

ACE 模型

行为遗传学家记录了人类认知和个性的大多数维度特征的遗传性（通常是 50%）(Plomin, Haworth, Meaburn, Price, & Davis, 2013)，其中包括正常阅读能力和阅读障碍。展开讨论之前，我们需要明确“遗传性”这一技术术语的含义。遗传性是指在特定种群中由于遗传原因而产生的差异的比例，其他的差异则可归因于环境影响、基因与环境的相互作用或仅仅是测量误差。遗传性估计并不能显示个体的表现，因为遗传性估计针对特定群体，所以体现的是群体之间的差异。下文将介绍用于估计这些方差分量的 ACE 模型。与所有行为定义的障碍一样，阅读障碍的成因是多方面的，并与多个基因和环境风险因素有关。阅读障碍是家族性的，有一定遗传性（Pennington, & Olson, 2005)。在彭宁顿和奥尔森 (2005）得出这一结论之后，美国和英国的三项大型双胞胎研究证实了该结论（Christopher et al., 2013; Harlaar et al., 2005; Logan et al., 2013)。这些纵向实验能够检验阅读技能的遗传性如何随着年龄而改变。例如，罗根等人 (2013）的实验表明，阅读技能个体差异的遗传性从 6 岁时的 22% 稳步上升到 12 岁时的 82%。遗传性的增加可能反映了儿童进入正规教育后接受标准的阅读课程，因此所有个体受环境影响的区别不大，而基因型与环境之间的相关性不断增加，因为孩子们的阅读技能水平会影响其学习习惯（例如，优秀的读者倾向于更多地进行阅读，因此阅读能力进一步增强，而阅读能力差的读者则避免阅读)。这两种解释都是基因与环境相互作用的例子，本文稍后将对此进行讨论。

其他以行为定义的神经发育障碍，如注意力缺陷多动症（ADHD)、语音障碍（SSD）和语言损害（LI)，也表现出类似的遗传性，而这些都与阅读障碍有关。这些结果主要来自发达国家的中产阶级双胞胎样本，所以可能对其他人群并不适用（Hensler, Schatschneider, Taylor, & Wagner, 2010，他们发现了多种族和各经济状况群体样本中存在阅读障碍的遗传性 >50%)。

遗传性估计的获取方法通常是将一个非常简单的方差分量模型应用于双胞胎或领养的样本中。此 ACE 模型估计了基因额外作用（A)、共同和共享环境影响（C）和非共享环境影响（E)。共享环境影响是同一家庭中的兄弟姐妹共同承受的影响（例如家庭中的书籍数量)，且因家庭而异，而共同环境影响是所有家庭共有的环境影响，如光和重力，对个体发展至关重要但不会产生个体差异；非共享环境影响是同一家庭中的兄弟姐妹受到的不同的影响（例如某个个体从学校图书馆找书或去找阅读导师），在非共享环境影响中还包括测量误差以及潜在的目前未知的影响因素，这些未知因素称为表观遗传干扰源（Molenaar, Boomsma, & Dolan, 1993）。因此，非共享环境影响（E） 368
不一定是环境影响因素。因为ACE模型只包括这三个主要影响，所以基因－环境相互作用没有被归入ACE模型的讨论范围内。接下来我们将讨论这个问题。

ACE模式未涉及的基因－环境相互作用

除了ACE模型所涉及的基因和环境因素外，我们还需要考虑遗传和环境因素如何相互作用造成包括阅读障碍在内的异常行为。正如鲁特（2006）所说，基因（G）和环境（E）因素之间存在多种相互作用关系，其中的两种常见类别是GxE相互作用和G-E相关性。在GxE相互作用理论中，单个遗传或环境因素之间是协同作用，相互之间没有加强或促进效果。GxE相互作用有三种亚型：二分应力、生物生态和敏感性。在二分应力GxE相互作用中，风险基因型的影响会因环境风险因素而增加，反之亦然；在生物生态GxE相互作用中，观察到相反的模式，在保护性环境中，风险基因型对个体的影响比在风险环境中更大；在易感性GxE相互作用中，易感性基因型会导致个体面临风险环境时患病概率高于正常水平，但面临保护性环境时患病概率低于正常水平，同理，非易感性基因型会导致个体受到环境影响的程度降低。

在这三种类型的GxE相互作用中，目前为止发现阅读障碍对应的作用关系只有生物生态相互作用（Friend et al., 2009）。相关研究发现，随着家长教育的增加，阅读障碍的遗传性增大。这一结果表明，平均而言，如果父母对儿童施以足够的识字教育，儿童所接触的识字环境因素就会越来越有益而且稳定，这使得遗传风险因素成为导致儿童阅读障碍更重要的因素；相反，如果家长对儿童的识字教育不足，孩子接触的识字环境因素更不利、更不稳定，使得环境风险因素成为导致儿童阅读障碍更重要的因素。

越来越多的证据表明，基因和环境的相互作用对于异常发展的个体产生重要影响，儿童自身特征和其所处环境随着时间的推移相互影响，基因－环境相关性就是这种相互影响的一个例子，由于儿童对环境作出不同反应（Scarr, & McCartney, 1983）并为自己选择不同环境，而影响个体对环境作出不同反应和选择的特征受到基因影响。G-E 相关性有三种亚型：被动型、激发型和主动型（Scarr, & McCartney, 1983)。阅读发展的被动型 G-E 相关性的一个例子是父母的阅读技能与家庭书籍数量之间的关系。家长的阅读能力高低在一定程度上归因于基因，而平均而言，阅读能力越高的家长拥有的书更多，因此平均而言，儿童的识字环境和他们与阅读有关的基因型之间存在联系，这与儿童的行为无关。相对地，当儿童的长辈注意到他们的阅读兴趣和才能并培养他们的阅读能力时，就会引发激发型 G-E 相关性，例如，父母或亲戚带着一个喜欢阅读的孩子到图书馆。最后，当儿童主动寻求或避免某种环境时就引发主动型 G-E 相关性。阅读障碍提供了一个明显的 G-E 相关性的例子。即使在正式的识字教学之前，有阅读障碍基因的孩子也会避免听别人朗读书籍或者独立阅读书籍（Scarborough, Dobrich, & Hager, 1991)。随着年龄的增长，有阅读障碍的学龄儿童每年的阅读量通常远少于正常的孩子（Cunningham, & Stanovich, 1998)，阅读量的减少对他们的阅读流利程度和口语词汇量都会产生负面影响（Stanovich, 1986; Torgesen, 2005)。

分子基因学

分子研究方法依赖于测量个体之间的DNA变异，直接测试基因对表现型的影响，这种研究方法超越了本文之前讨论的经典行为遗传学中使用的间接方法。运用分子基因学研究方法还能够直接检验通过行为确定基因的研究结果是否正确。简单地说，分子遗传学研究方法根据基因组的两个关键点研究疾病或综合征的病因。第一个关键点是，DNA阶梯中的一些梯级（这些梯级由四个化学碱基，腺嘌呤（A）、胞嘧啶（C）、鸟嘌呤（g）和胸腺胺（T）的配对组成）在一个物种中的个体之间存在差异，例如一个个体的某一DNA梯级是AG对，而另一个个体的该DNA梯级是CT（在人类基因中，平均约 369
每1000个碱基对中有一对碱基对表现出个体间差异，人类基因组总共约有30亿对碱基对）。第二个关键点是，染色体上的DNA片段（例如SNPs）在减数分裂产生单个精子和卵细胞的过程中重新分配，因此，只有在同一染色体上紧密相连的DNA片段才会共同遗传或者在遗传过程中存在联系。因此，一个物种中不同个体拥有不同的DNA序列（同卵双胞胎除外），其中一些DNA差异导致行为和其他特征的差异。通过性状和DNA之间的关系，我们最终可以确定哪些DNA对应哪些性状。

通过分子基因学方法发现与阅读障碍有关的DNA梯级有九个（分别被编号为DYX1至DYX9，DYX代表阅读障碍，数字代表该梯级被发现的顺序）（Fisher, & DeFries, 2002; McGrath, Smith, & Pennington, 2006），也有其他的研究出现不同的结果（Ludwig et al., 2008; Meaburn, Harlaar, Craig, Schalkwyk, & Plomin, 2008）。米本等人（2008）调查了包括超过十万组SNPs的基因池来定位决定个体阅读能力水平高低的基因位点。他们发现，对个体阅读能力水平存在影响的位点中的每一个都对个体的表现型产生不大的一点影响，在该研究中没有找到对阅读障碍起决定性影响的位点。

另一研究使用更为精确的映射研究方法确定了在这 9 个位点中的六个候选基因（标记为 C 加数字，C 表示 candidate［候选基因］，数字表示发现顺序）（风险位点的编号方式是：首先是其染色体在人类的 23 条染色体中的编号；由于每条染色体有两条手臂，分别为短臂（p）和长臂（q），在染色体编号之后是位于长臂还是短臂的编号；最后是用数字表示在该染色体臂上的位置）。这六个候选基因分别是 15q21 染色体 DYX1 位点上的 *DYX1C1*；6p21 染色体 DYX2 位点上的 *DCDC2* 和 *KIAA0319*；2p16–p15 染色体 DYX3 位点上的 *C2Orf3* 和 *MRPL19*；3p12–q12 染色体 DYX5 位点上的 *ROBO1*，针对这些基因在啮齿类动物大脑发展过程中作用的研究（Kere, 2011）显示 *DYX1C1*、*DCDC2*、*KIAA0319* 和 *ROBO1* 影响胚胎阶段的大脑发育，特别是神经元迁移（未成熟神经元从最初的位置移动到其在大脑中的最终位置的过程）和神经元间连接的形成。早期大脑发育过程中的这两个环节都是由通过分子信号相互作用的家族或基因网络控制的。相比之下，我们对 DYX3 位点上的两个候选基因的功能了解甚少。另外两项研究在 18 号染色体上确定了三个新的阅读障碍候选基因（*MC5R*、*DYM* 和 *NEDD4L*)(Scerri et al., 2010）和一个与语言障碍（*CMIP*）有关的基因（Scerri et al., 2011)，但这些研究结果仍有待检验。

回顾最近针对阅读障碍的分子遗传学研究，卡里翁等人（2013）讨论了与阅读障碍发展有关的三个分子信号网络：神经元迁移、神经元外生长和引导以及纤毛生物学。纤毛是细胞表面微小的毛状结构，它们有节奏的运动在早期大脑发育中起到了一定的作用。卡里翁等人还详细讨论了在各种阅读障碍候选基因的样本研究中发现的和先前结论不一致的结果，出现不一致的部分原因是，阅读障碍相关的基因突变并不直接编码蛋白质，而是处于影响编码基因表达水平的非编码区域，这些基因的影响有时非常小。此类研究中有许多采用的样本太小，后文将会讨论这一点。

尽管如此，这些候选基因之间确实存在相互作用，并且在相同的分子信号通路上发挥作用，这标志着使用生物学方法研究疾病产生的工作有了一个很好的开端。接下来，我们将讨论复杂表现型背后的分子遗传学研究进展，这些进展对未来研究阅读障碍的病因具有重要意义。

遗传性缺失

行为遗传学的一个潜在问题（Wahlsten, 2012）是分子级别的研究只能确定双胞胎研究中控制智商、阅读能力或身高等特征遗传性相关的许多基因中的极少数（Manolio et al., 2009)，这个问题被称为遗传性的缺失。一旦我们的研究能够轻松覆盖包含大量SNPs的基因片段，研究人员就能够对复杂的表现型特征（如身高、智商和常见疾病）进行全基因组关联（GWA）研究。

在全基因组关联研究刚起步时，常见病、常见变异假说曾一度流行，这一假设预测有一种流行范围很广的遗传变异导致常见疾病的发生。然而，许多全基因组关联研究表明与正被研究的表现型产生显著联系的SNPs极少，而且这几个SNPs对表现型的贡献比例很 370
小（最多占1%—3%)。针对自闭症、精神分裂症和糖尿病等常见病的研究都出现该结果，否定了常见病、常见变异假说。

双胞胎行为遗传学研究结果显示，无论正常的还是异常的特征都表现出明显的遗传性，然而全基因组关联研究的结果却显示特征的遗传性极小。例如，双胞胎研究结果显示，人类身高的遗传性在0.90左右，智商的遗传性在0.50左右。前后两种研究方法产生的特征遗传性结果之间的巨大差别被称为缺失的遗传性。

对于遗传性缺失现象，人们有几种解释。(1) 基因变异的可能性（即等位基因）很多，但每一种变异类型产生的效应很小（也就是说，变异基因对数量足够多才导致疾病）;（2）某一对基因变异对疾病的形成影响较大，但该变异在诸多 SNP 中极难被发现;（3）基因对数量的变化导致疾病，基因对数量变化是核苷酸（DNA 碱基对）数量的变异;（4）基因和基因之间的相互作用极强（称为上位效应）;（5）行为基因学的研究高估了遗传的重要性。第五种可能性威胁着有着数十年历史的行为遗传学研究的地位，但受到许多学者的欢迎（例如 Wahlsten, 2012），他们甚至断言，关于人类特征和疾病的遗传性的研究结论根本就是错误的。下文将会提到后来的实证研究表明第五种解释的可能性相当低，而第一种解释则符合在连续数轴上分布的特质的现实，例如身高、智商，甚至可能包括阅读障碍；第二三四种解释则符合严重发展型综合征的现实，例如自闭症和精神分裂症等。

在讨论为何目前的全基因组关联研究未能定位影响智商和身高以及人类常见疾病等特征的基因之前，我们首先需要了解影响人类常见特质和常见疾病的等位基因的效应大小与其频率之间的关系。模拟该关系的一个重要模式被称为突变选择模型（Keller, 2008），该模型解释了为什么精神分裂症和自闭症等疾病的患者在人口中所占的比率相当高（约 1%）。这两种疾病都会降低个人的生殖成功率（即患者拥有的孩子数量），因此自然选择应迅速消除携带相关等位基因的个体才对。 370

因此，在基因库中持续存在相关疾病的高风险等位基因是一种反常现象。我们需要解释为什么自然选择没有消除精神分裂症等常见有害特征的风险等位基因。突变选择模型认为，新的突变平衡替代此类疾病旧的风险等位基因，导致此类疾病的发病率相对稳定。

因此，根据突变选择模型的解释，基因库中不可能存在对常见疾病起决定性影响的基因型（该观点得到当前全基因组关联研究结果的支持），并且基因型的致病效应大小与其频率之间成负相关，如图24.1所示，纵轴是风险基因的致病效应，横轴是拥有该基因型人口的比例。如图24.1所示，大多数影响人类性状的相关基因型都位于两条虚线之间。致病效应大的基因型（如PKU或HD的基因）的出现概率小，而那些影响适应性特征（如身高或智商）的常见基因型的影响效应则比较小。苯酮尿症和亨廷顿舞蹈症是典型的孟德尔遗传病的（也就是说由单个基因的突变引起的疾病，突变的基因可以是隐性的，如PKU，也可以是显性的，如亨廷顿舞蹈症）。相比之下，影响常见疾病的高频基因型很少，因为自然选择会消除这些基因型。因此，突变选择假说与全基因组关联研究中缺失的遗传性的第一种解释相符。米本等人（2008）对不同阅读技能水平的个体的研究表明，

371

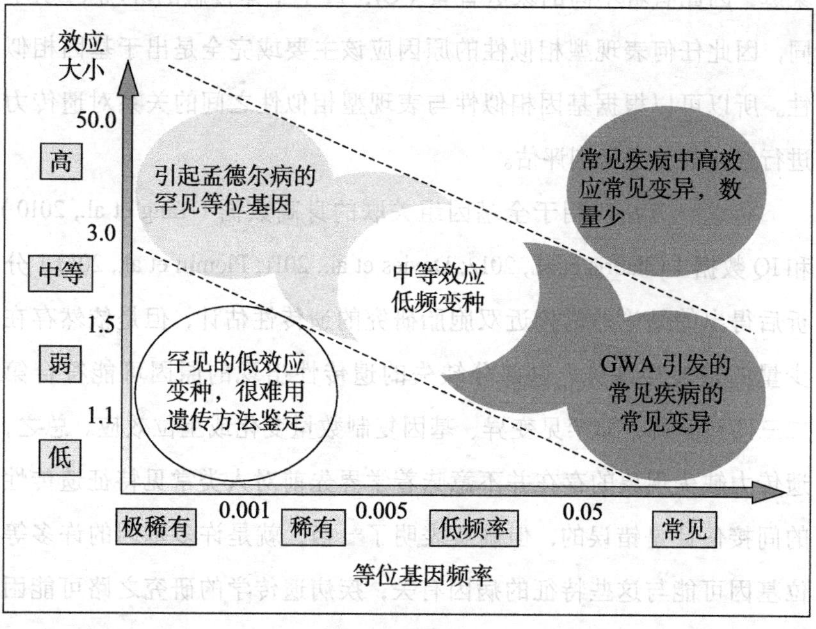

图24.1　基因频率和遗传效应强度之间的关联性

同样的结论也适于阅读障碍的情况，因为迄今已经发现的少数 SNP 对于阅读障碍的影响非常之小。如果突变选择假设是正确的，那么大多数现有全基因组关联研究检测单个对疾病产生较小影响的等位基因的能力应该比人们所认为的更大。全基因组关联研究设置了非常严格的有意义阈值（例如，$p<10^{-8}$），因此，除非样本大小为数万人或数十万人，否则只能检测到效果大小相对较大（约为方差的 0.5% 至 1.0%）的 SNPs。

为了测试先前的双胞胎研究是否高估了遗传性的实际大小（即遗传性缺失的原因是因为先前的行为遗传学研究高估了遗传性的大小），需要不同的方法来分析全基因组关联研究数据，估计所有 SNP 的累积性和正向遗传效应大小。该分析方法基于同一个全基因组关联研究数据库中来自不同家庭的个体单核苷酸多态性的一致性存在较大差别。值得注意的是，这些个体之间没有关联，他们来自不同的家庭，因此有着不同的家庭背景（C），每个个体接触的环境（E）不同，因此任何表现型相似性的原因应该主要或完全是出于基因相似性。所以可以根据基因相似性与表现型相似性之间的关系对遗传力进行直接的分子级别评估。

将这一方法应用于全基因组关联的身高数据（Yang et al., 2010）和 IQ 数据（Chabris et al., 2012; Davies et al., 2011; Plomin et al., 2013）分析后得出的结论非常接近双胞胎研究的遗传性估计，但是依然存在少量的遗传性缺失。这部分缺失的遗传性出现的原因可能符合第二三四种解释，即罕见变异、基因复制数量变化或上位效应。总之，遗传力缺失现象的存在并不意味着学界先前对人类常见特征遗传性的间接估计是错误的，但确实表明了一点，就是许多基因的许多等位基因可能与这些特征的病因有关，疾病遗传学的研究之路可能困难重重。

遗传性的缺失和阅读障碍病因这两个议题之间存在紧密的联系。目前还没有关于阅读障碍的全基因组关联研究，因此，正常人和阅读障碍症患者之间的基因差异问题在很大程度上仍有待探讨。阅读能力或者阅读障碍的决定基因是否和其他病症存在区别，例如有一个遗传效应较大的相关基因型？这种可能性是存在的，因为阅读障碍并不明显影响生殖成功率，因此阅读障碍症患者面临的基因选择淘汰压力比其他病症更小。然而，米本等人（2008）的研究结果否定了这种可能性，因为这项研究没有发现遗传效应大的阅读障碍基因型。

目前的研究尚未涉及导致非加性遗传力的阅读障碍相关基因之 372
间的相互作用（即上位效应）。最近的一项研究发现了这种上位效应（Powers et al., 2013），研究人员研究了阅读（以及相关神经心理活动）和 DCDC2 监管区域以及 KIAA0319 风险区域内的基因之间的关系，他们发现，某一个体的 DCDC2 监管区域以及 KIAA0319 风险基因同时符合触发阅读障碍条件时，该个体患上阅读障碍的风险大于将两处风险相加的总和。

环境影响

阅读障碍的遗传性远小于 100%，阅读障碍在实际的发展过程中会受到环境因素的影响。然而，测试环境是否会影响阅读障碍的发展的方法有限，阅读的发展会产生影响的环境因素包括父母为孩子提供的读写相关的学前教育环境，然而这方面的大部分研究都使用了相关性研究设计，而不是基于基因敏感的研究设计（比如双胞胎和收养研究）。由于前面讨论的 G-E 相关性，携带阅读障碍遗传风险基因的父母可能会减少对孩子的识字教育，因此无法确定导致孩子的阅读障碍的原因究竟是出于环境还是出于基因因素。随机分配的治疗研究避免了这种情况。这类研究的结果表明，对家长进行各种家庭识字培训可以促进幼儿的词汇量增长（正式教育前的读写发展；Lonigan, & Whitehurst, 1998）以及早期的识字技能发展（Sénéchal，本书；Sylva, Scott, Totsika, Ereky-Stevens, & Crook, 2008）。该研究结论与双胞胎研究结论大体一致，表明在学龄前阶段，儿童的词汇量和其他一些早期读写技能受家庭环境的影响大于受基因的影响（Byrne et al., 2009; Hayiou-Thomas, Dale, & Plomin, 2012）。然而，这项工作也表明，随着时间的推移，多个病因的相对重要性发生着变化，到学龄后
332 期，遗传因素对儿童口语和读写的影响占主导地位。我们还需要进一步研究才能确定家庭的读写教育环境对文字阅读的影响是否持续到正式读写教学开始之后。

相关研究使用随机对照试验来研究教学类型对字母语言读写系统阅读学习发展的影响。此类研究结果一致表明，直接传授字母–发音显性知识的语音的教学优于强调视读词的其他形式的阅读教学（例如整词教学）或听力教学，尤其是在促进患有阅读障碍的孩子掌握词汇相关的技能方面（Brown & Felton, 1990; Snowling & Hulme, 2011; Vellutino, Scanlon, Small, & Fanuele, 2006）。由于各国的读写课程各不相同，有时同一个国家境内各处的读写课程也各不相同，读写教学类型会影响对儿童阅读障碍的检测。

今后的工作

尽管目前相关研究已经取得了许多重要进展，但要充分了解阅读障碍的病因仍有许多工作要做。首先，正如前文所述，学界对阅读障碍还没有进行过全基因组关联研究（其中最接近的研究是米本等人于 2008 年完成的研究），研究已经涉及的基因位点并没有解释在双

胞胎研究中发现的阅读障碍的遗传性，即所谓遗传性缺失问题。其次，尽管我们对阅读障碍综合征的病因学研究取得了一定进展，但要确定阅读障碍综合征的病因与多动症、语音损害和语音障碍的病因之间的异同，仍有许多工作要做。第三，阅读障碍的成病过程是否类似于其他神经发育障碍中存在的遗传性成病机制——例如，基因复制数变异、来源效应和上位效应——目前还尚未可知。迄今为止，基因复制数的变化对阅读障碍的影响似乎不如其对其他更为严重的神经发育障碍中的影响（Girirajan, 2011)。另外两个遗传机制，来源效应（即基因对后代的影响取决于该基因的传递者是父亲还是母亲）或上位效应（即基因表达的变化不是由于DNA 代码本身）对阅读障碍的影响还没有得到学者的探讨（Smith，2011，了解上位效应可能对阅读障碍和其他语言障碍产生重要影响的原因）。第四，关于环境因素和遗传基因之间的相互作用对阅读障碍的影响在很大程度上还处于未知状态。最后，尽管对阅读障碍的跨文化研究较为丰富，但相关实验在经济社会地位较低的群体、非白人血统群体和有着双语使用者群体（例如，西班牙裔美国儿童）中进行得比较少。这部分群体 373
中阅读能力正常和不正常的个体的情况有待调研。

致谢

这项研究得到了 NICHD 学习障碍研究中心的资助（HD027802)。

参考文献

Bishop, D. V., McDonald, D., Bird, S., & Hayiou-Thomas, M. E. (2009). Children who read words accurately despite language impairment: Who are they and how do they do it? *Child Development, 80,* 593–605.

Boada, R., & Pennington, B. F. (2006). Deficient implicit phonological representations in children with dyslexia. *Journal of Experimental Child Psychology, 95,* 153–193.

Bosse, M. L., Tainturier, M. J., & Valdois, S. (2007). Developmental dyslexia: The visual attention span deficit hypothesis. *Cognition, 104,* 198–230.

Brown, I. S., & Felton, R. H. (1990). Effects of instruction on beginning reading skills in children at risk for reading disability. *Reading and Writing: An Interdisciplinary Journal, 2,* 223–241.

Bruck, M. (1990). Word-recognition skills of adults with childhood diagnoses of dyslexia. *Developmental Psychology, 26,* 439–454.

Bruck, M. (1992). Persistence of dyslexics' phonological deficits. *Developmental Psychology, 28,* 874–886.

Bruck, M. (1993). Word recognition and component phonological processing skills of adults with childhood diagnosis of dyslexia. *Developmental Review, 13,* 258–268.

Buchholz, J., & Davies, A. (2007). Attentional blink deficits observed in dyslexia depend on task demands. *Vision Research, 47,* 1292–1302.

Byrne, B., Coventry, W. L., Olson, R. K., Samuelsson, S., Corley, R., Willcutt, E. G., . . . Defries, J. C. (2009). Genetic and environmental influences on aspects of literacy and language in early childhood: Continuity and change from preschool to grade 2. *Journal of Neurolinguistics, 22,* 219–236.

Caravolas, M., Volin, J., & Hulme, C. (2005). Phoneme awareness is a key component of alphabetic literacy skills in consistent and inconsistent orthographies: Evidence from Czech and English children. *Journal of Experimental Child Psychology, 92,* 107–139.

Carrion-Castillo, A., Franke, B., & Fisher, S. E. (2013). Molecular genetics of dyslexia: An overview. *Dyslexia, 19,* 214–240.

Castles, A., Wilson, K., & Coltheart, M. (2011). Early orthographic influences on phonemic awareness tasks: Evidence from a preschool training study. *Journal of Experimental Child Psychology, 108,* 203–210.

Castro-Caldas, A., Petersson, K. M., Reis, A., Stone-Elander, S., & Ingvar, M. (1998). The illiterate brain. Learning to read and write during childhood influences the functional organization of the adult brain. *Brain, 121,* 1053–1063.

Chabris, C. F., Hebert, B. M., Benjamin, D. J., Beauchamp, J., Cesarini, D., van der Loos, M., . . . Laibson, D. (2012). Most reported genetic associations with general intelligence are probably false positives. *Psychological Science, 23,* 1314–1323.

Christopher, M. E., Hulslander, J., Byrne, B., Samuelsson, S., Keenan, J. M.,

Pennington, B. F., . . . Olson, R. K. (2013). The genetic and environmental etiologies of individual differences in early reading growth in Australia, the United States, and Scandinavia. *Journal of Experimental Child Psychology, 115,* 453–467.

Cunningham, A. E., & Stanovich, K. E. (1998). The impact of print exposure on word recognition. In J. L. Metsala & L. C. Ehri (Eds.), *Word recognition in beginning literacy* (p. 235–262). Mahwah, NJ: Erlbaum.

Davies, G., Tenesa, A., Payton, A., Yang, J., Harris, S. E., Liewald, D., . . . Deary, I. J. (2011). Genome-wide association studies establish that human intelligence is highly heritable and polygenic. *Molecular Psychiatry, 16,* 996–1005.

Demonet, J. F., Taylor, M. J., & Chaix, Y. (2004). Developmental dyslexia. *Lancet, 363,* 1451–1460.

Deutsch, G. K., Dougherty, R. F., Bammer, R., Siok, W. T., Gabrieli, J. D., & Wandell, B. (2005). Children's reading performance is correlated with white matter structure measured by diffusion tensor imaging. *Cortex, 41,* 354–363.

Diagnostic and Statistical Manual of Mental Disorders. (2000). (4th-TR ed.) Arlington, VA: American Psychiatric Association.

Dougherty, R. F., Ben-Shachar, M., Deutsch, G. K., Hernandez, A., Fox, G. R., & Wandell, B. A. (2007). Temporal-callosal pathway diffusivity predicts phonological skills in children. *Proceedings of the National Academy of Sciences, 104,* 8556–8561.

Elbro, C., Borstrom, I., & Petersen, D. (1998). Predicting dyslexia from kindergarten: The importance of distinctness of phonological representations of lexical items. *Reading Research Quarterly, 33,* 36–60.

Enard, W. (2011). FOXP2 and the role of cortico-basal ganglia circuits in speech and language evolution. *Current Opinion in Neurobiology, 21,* 415–424.

Facoetti, A., Corradi, N., Ruffino, M., Gori, S., & Zorzi, M. (2010). Visual spatial attention and speech segmentation are both impaired in preschoolers at familial risk for developmental dyslexia. *Dyslexia, 16,* 226–239.

Fisher, S. E., & DeFries, J. C. (2002). Developmental dyslexia: Genetic dissection of a complex cognitive trait. *Nature Reviews Neuroscience, 3,* 767–780.

Fisher, S. E., Vargha-Khadem, F., Watkins, K. E., Monaco, A. P., & Pembrey, M. E. (1998). Localization of a gene implicated in a severe speech and language disorder. *Nature Genetics, 18,* 168–170.

Fowler, A. E. (1991). How early phonological development might set the stage for phoneme awareness. In S. A. Brady & D. P. Shankweiler (Eds.), *Phonological processes in literacy: A tribute to Isabelle Y. Liberman* (pp. 97–117). Mahwah, NJ: Erlbaum.

Franceschini, S., Gori, S., Ruffino, M., Pedroll, K., & Facoetti, A. (2012). A causal link between spatial attention and reading acquisition. *Current Biology, 22,* 814–819.

Friend, A., DeFries, J. C., Olson, R. K., Pennington, B., Harlaar, N., Byrne, B., . . . Keenan, J. M. (2009). Heritability of high reading ability and its interaction with parental education. *Behavioral Genetics, 39,* 427–436.

Girirajan, S., Brkanac, Z., Coe, B. P., Baker, C., Vives, L., Vu, T. H., . . . Eichler, E. E. (2011). Relative burden of large CNVs on a range of neurodevelopmental phenotypes. *PLoS Genetics, 7,* e1002334.

Guttorm, T. K., Leppanen, P. H., Poikkeus, A. M., Eklund, K. M., Lyytinen, P., & Lyytinen, H. (2005). Brain event-related potentials (ERPs) measured at birth predict later language development in children with and without familial risk for dyslexia. *Cortex, 41,* 291–303.

Hadzibeganovic, T., van den Noort, M., Bosch, P., Perc, M., van Kralingen, R., Mondt, K., & Coltheart, M. (2010). Crosslinguistic neuroimaging and dyslexia: A critical view. *Cortex, 46,* 1312–1316.

Harlaar, N., Butcher, L. M., Meaburn, E., Sham, P., Craig, I. W., & Plomin, R. (2005). A behavioural genomic analysis of DNA markers associated with general cognitive ability in 7-year-olds. *Journal of Child Psychology and Psychiatry, 46,* 1097.

Hayiou-Thomas, M. E., Dale, P. S., & Plomin, R. (2012). The etiology of variation in language skills changes with development: A longitudinal twin study of language from 2 to 12 years. *Developmental Science, 15,* 233–249.

Hensler, B. S., Schatschneider, C., Taylor, J., & Wagner, R. K. (2010). Behavioral genetic approach to the study of dyslexia. *Journal of Developmental and Behavioral Pediatrics, 31,* 525–532.

Hoover, W. A., & Gough, P. B. (1990). The simple view of reading. *Reading and Writing: An Interdisciplinary Journal, 2,* 127–160.

Hu, W., Lee, H. L., Zhang, Q., Liu, T., Geng, L. B., Seghier, M. L., . . . Price, C. J. (2010). Developmental dyslexia in Chinese and English populations: Dissociating the effect of dyslexia from language differences. *Brain, 133,* 1694–1706.

Jimenez, J. E., Siegel, L. S., O'Shanahan, I., & Ford, L. (2009). The relative roles of IQ and cognitive processes in reading disability. *Educational Psychology, 29,* 27–43.

Keller, M. C. (2008). The evolutionary persistence of genes that increase mental disorders risk. *Current Directions in Psychological Science, 17,* 395–399.

Kere, J. (2011). Molecular genetics and molecular biology of dyslexia. *Wiley Interdisciplinary Review of Cognitive Science, 4,* 441–448.

Klingberg, T., Hedehus, M., Temple, E., Salz, T., Gabrieli, J. D., Moseley, M. E., & Poldrack, R. A. (2000). Microstructure of temporo-parietal white matter as a basis for reading ability: Evidence from diffusion tensor magnetic resonance imaging.

Neuron, 25, 493–500.

Lai, C. S. L., Fisher, S. E., Hurst, J. A., Vargha-Khadem, F., & Monaco, A. P. (2001). A forkhead-domain gene is mutated in a severe speech and language disorder. *Nature, 413,* 519–523.

Lai, C. S. L., Gerrelli, D., Monaco, A. P., Fisher, S. E., & Copp, A. J. (2003). FOXP2 expression during brain development coincides with adult sites of pathology in a severe speech and language disorder. *Brain, 126,* 2455–2462.

Landerl, K., Wimmer, H., & Frith, U. (1997). The impact of orthographic consistency on dyslexia: A German-English comparison. *Cognition, 63,* 315–334.

Logan, J. A. R., Cutting, L., Schatschneider, C., Hart, S. A., Deater-Deckard, K., & Peterill, S. (2013). Reading development in young children: Genetic and environmental influence *Child Development, 84,* 2131–2144.

Lonigan, C. J., & Whitehurst, G. J. (1998). Relative efficacy of parent and teacher involvement in a shared-reading intervention for preschool children from low-income backgrounds. *Early Childhood Research Quarterly, 13,* 263–290.

Ludwig, K. U., Schumacher, J., Schulte-Korne, G., Konig, I. R., Warnke, A., Plume, E., . . . Hoffmann, P. (2008). Investigation of the DCDC2 intron 2 deletion/compound short tandem repeat polymorphism in a large German dyslexia sample. *Psychiatry Genetics, 18,* 310–312.

Lyon, G. R., Shaywitz, S. E., & Shaywitz, B. A. (2003). A definition of dyslexia. *Annals of Dyslexia, 53,* 1–14.

Manis, F. R., McBride-Chang, C., Seidenberg, M. S., & Keating, P. (1997). Are speech perception deficits associated with developmental dyslexia? *Journal of Experimental Child Psychology, 66,* 211–235.

Manolio, T. A., Collins, F. S., Cox, N. J., Goldstein, D. B., Hindorff, L. A., Hunter, D. J., . . . Visscher, P. M. (2009). Finding the missing heritability of complex diseases. *Nature, 461,* 747–753.

McGrath, L., Pennington, B. F., Shanahan, M. A., Santerre- Lemmon, L. E., Barnard, H. D., Willcutt, E. G., . . . Olson, R. K. (2011). A multiple deficit model of reading disability and attention-deficit/hyperactivity disorder: Searching for shared cognitive deficits. *Journal of Child Psychology and Psychiatry, 52,* 547–557.

McGrath, L., Smith, S. D., & Pennington, B. F. (2006). Breakthroughs in the search for dyslexia candidate genes. *Trends in Molecular Medicine, 12,* 333–341.

Meaburn, E. L., Harlaar, N., Craig, I. W., Schalkwyk, L. C., & Plomin, R. (2008). Quantitative trait locus association scan of early reading disability and ability using pooled DNA and 100K SNP microarrays in a sample of 5760 children. *Molecular Psychiatry, 13,* 729–740.

Molenaar, P. C., Boomsma, D. I., & Dolan, C. V. (1993). A third source of developmental differences. *Behavior Genetics, 23,* 519–524.

Morais, J., Cary, L., Alegria, J., & Bertelson, P. (1979). Does awareness of speech as a sequence of phones arise spontaneously? *Cognition, 7,* 323–331.

Nation, K., Cocksey, J., Taylor, J. S., & Bishop, D. V. (2010). A longitudinal investigation of early reading and language skills in children with poor reading comprehension. *Journal of Child Psychology and Psychiatry, 51,* 1031–1039.

Nicolson, R. I., & Fawcett, A. J. (2007). Procedural learning difficulties: Re-uniting the developmental disorders? *Trends in Neurosciences, 30,* 135–141.

Oyama, S. (1985). *The ontogeny of information*. Cambridge, England: Cambridge University Press.

Paulesu, E., Demonet, J. F., Fazio, F., McCrory, E., Chanoine, V., Brunswick, N., . . . Frith, U. (2001). Dyslexia: Cultural diversity and biological unity. *Science, 291,* 2165–2167.

Pennington, B. F. (2006). From single to multiple deficit models of developmental disorders. *Cognition, 101,* 385–413

Pennington, B. F., & Lefly, D. L. (2001). Early reading development in children at family risk for dyslexia. *Child Development, 72,* 816–833.

Pennington, B. F., & Olson, R. K. (2005). Genetics of dyslexia. In M. Snowling & C. Hulme (Eds.), *The science of reading: A handbook* (pp. 453–472). Oxford, England: Blackwell.

Pennington, B. F., Santerre-Lemmon, L., Rosenberg, J., MacDonald, B., Boada, R., Friend, A., . . . Olson, R. K. (2012). Individual prediction of dyslexia by single versus multiple deficit models. *Journal of Abnormal Psychology, 121,* 212–224.

Perfetti, C. A., Zhang, S., & Berent, I. (1992). Reading in English and Chinese: Evidence for a "universal" phonological principle. In R. Frost (Ed.), *Orthography, phonology, morphology, and meaning* (pp. 227–248). Amsterdam, the Netherlands: North-Holland.

Peterson, R. L., & Pennington, B. F. (2012). Developmental dyslexia. *Lancet, 379,* 1997–2007.

Peterson, R. L., Pennington, B. F., Shriberg, L. D., & Boada, R. (2009). What influences literacy outcome in children with speech sound disorder? *Journal of Speech, Language and Hearing Research, 52,* 1175–1188.

Plomin, R., Haworth, C. M., Meaburn, E. L., Price, T. S., & Davis, O. S. (2013). Common DNA markers can account for more than half of the genetic influence on cognitive abilities. *Psychological Science, 24,* 562–568.

Powers, N. R., Eicher, J. D., Butter, F., Kong, Y., Miller, L. L., Ring, S. M., . . . Greuen,

J. R. (2013). Alleles of a polymorphic ETV6 binding site in DCDC2 confer risk of reading and language impairment. *American Journal of Human Genetics, 93,* 19–28.

Puolakanaho, A., Ahonen, T., Aro, M., Eklund, K., Leppanen, P. H., Poikkeus, A. M., . . . Lyytinen, H. (2007). Very early phonological and language skills: Estimating individual risk of reading disability. *Journal of Child Psychology and Psychiatry, 48,* 923–931.

Puolakanaho, A., Ahonen, T., Aro, M., Eklund, K., Leppanen, P. H., Poikkeus, A. M., . . . Lyytinen, H. (2008). Developmental links of very early phonological and language skills to second grade reading outcomes: Strong to accuracy but only minor to fluency. *Journal of Learning Disabilities, 41,* 353–370.

Ramus, F. (2004). Neurobiology of dyslexia: A reinterpretation of the data. *Trends in Neurosciences, 27,* 720–726.

Ramus, F., Rosen, S., Dakin, S. C., Day, B. L., Castellote, J. M., White, S., & Frith, U. (2003). Theories of developmental dyslexia: Insights from a multiple case study of dyslexic adults. *Brain, 126,* 841–865.

Raschle, N. M., Chang, M., & Gaab, N. (2011). Structural brain alterations associated with dyslexia predate reading onset. *Neuroimage, 57,* 742–749.

Richlan, F., Kronbichler, M., & Wimmer, H. (2009). Functional abnormalities in the dyslexic brain: A quantitative metaanalysis of neuroimaging studies. *Human Brain Mapping, 30,* 3299–3308.

Rimrodt, S. L., Peterson, D. J., Denckla, M. B., Kaufmann, W. E., & Cutting, L. E. (2010). White matter microstructural differences linked to left perisylvian language network in children with dyslexia. *Cortex, 46,* 739–749.

Rodgers, B. (1983). The identification and prevalence of specific reading retardation. *British Journal of Educational Psychology,53,* 369–373.

Rutter, M. (2006). *Genes and behavior: Nature-nurture interplay explained.* Oxford, England: Blackwell.

Scarborough, H. S. (1990). Very early language deficits in dyslexic children. *Child Development, 61,* 1728–1743.

Scarborough, H. S. (1998). Early identification of children at risk for reading disabilities: Phonological awareness and some other promising predictors. In B. K. Shapiro, P. J. Accardo, & A. J. Capute (Eds.), *Specific reading disability: A view of the spectrum* (pp. 75–119). Timonium, MD: York Press.

Scarborough, H. S., Dobrich, W., & Hager, M. (1991). Preschool literacy experience and later reading achievement. *Journal of Learning Disabilities, 24,* 508–511.

Scarr, S., & McCartney, K. (1983). How people make their own environments: A theory of genotype-environment effects. *Child Development, 54,* 424–435.

Scerri, T. S., Morris, A. P., Buckingham, L. L., Newbury, D. F., Miller, L. L., Monaco, A. P., . . . Paracchini, S. (2011). DCDC2, KIAA0319 and CMIP are associated with readingrelated traits. *Biological Psychiatry, 70,* 237–245.

Scerri, T. S., Paracchini, S., Morris, A., MacPhie, I. L., Talcott, J., Stein, J., . . . Richardson, A. J. (2010). Identification of candidate genes for dyslexia susceptibility on chromosome 18. *PLoS One, 5,* e13712.

Scharff, C., & Haesler, S. (2005). An evolutionary perspective on FoxP2: Strictly for the birds? *Current Opinion in Neurobiology, 15,* 694–703.

Shaywitz, S. E., Escobar, M. D., Shaywitz, B. A., Fletcher, J. M., & Makuch, R. (1992). Evidence that dyslexia may represent the lower tail of a normal distribution of reading ability. *New England Journal of Medicine, 326,* 145–150.

Silani, G., Frith, U., Demonet, J. F., Fazio, F., Perani, D., Price, C., . . . Paulesu, E. (2005). Brain abnormalities underlying altered activation in dyslexia: A voxel based morphometry study. *Brain, 128,* 2453–2461.

Silva, P. A., McGee, R., & Williams, S. (1985). Some characteristics of 9-year-old boys with general reading backwardness or specific reading retardation. *Journal of Child Psychology and Psychiatry, 26,* 407–421.

Smith, S. D. (2011). Approach to epigenetic analysis in language disorders. *Journal of Neurodevelopmental Disorders, 3,* 356–364.

Snowling, M. J., Gallagher, A., & Frith, U. (2003). Family risk of dyslexia is continuous: Individual differences in the precursors of reading skill. *Child Development, 74,* 358–373.

Snowling, M. J., & Hulme, C. (2011). Evidence-based interventions for reading and language difficulites: Creating a virtuous circle. *British Journal of Educational Psychology, 81,* 1–23.

Stanovich, K. E. (1986). Matthew effects in reading: Some consequences of individual differences in the acquisition of literacy. *Reading Research Quarterly, 21,* 360–406.

Stuebing, K. K., Barth, A. E., Molfese, P. J., Weiss, B., & Fletcher, J. M. (2009). IQ is not strongly related to response to reading instruction: A meta-analytic interpretation. *Exceptional Children, 76,* 31–51.

Sylva, K., Scott, S., Totsika, V., Ereky-Stevens, K., & Crook, C. (2008). Training parents to help their children read: A randomized control trial. *British Journal of Educational Psychology, 78,* 435–455.

Torgesen, J. K. (2005). Recent discoveries on remedial interventions for children with dyslexia. In M. J. Snowling & C. Hulme (Eds.), *The science of reading: A handbook* (pp. 521–537). Oxford, England: Blackwell.

Torppa, M., Lyytinen, P., Erskine, J., Eklund, K., & Lyytinen, H. (2010). Language development, literacy skills, and predictive connections to reading in Finnish children with and without familial risk for dyslexia. *Journal of Learning Disabilities, 43,* 308–321.

Vellutino, F. R. (1979). *Dyslexia: Theory and research*. Cambridge, MA: MIT Press.

Vellutino, F. R., Scanlon, D. M., Small, S. G., & Fanuele, D. P. (2006). Response to intervention as a vehicle for distinguishing between children with and without reading disabilities: Evidence for the role of kindergarten and first-grade interventions. *Journal of Learning Disabilities, 39,* 157–169.

Wadsworth, S. J., Olson, R. K., & DeFries, J. C. (2010). Differential genetic etiology of reading difficulties as a function of IQ: An update. *Behavior Genetics, 40,* 751–758.

Wahlsten, D. (2012). The hunt for gene effects pertinent to behavioral traits and psychiatric disorders: From mouse to human. *Developmental Psychobiology, 54,* 475–492.

Wolf, M., & Bowers, P. G. (1999). The double-deficit hypothesis for the developmental dyslexias. *Journal of Educational Psychology, 91,* 415–438.

Yang, J., Benyamin, B., McEvoy, B. P., Gordon, S., Henders, A. K., Nyholt, D. R., . . . Visscher, P. M. (2010). Common SNPs explain a large proportion of the heritability for human height. *Nature Genetics, 42,* 565–569.

Ziegler, J. C., Bertrand, D., Toth, D., Csepe, V., Reis, A., Faisca, L., . . . Blomert, L. (2010). Orthographic depth and its impact on universal predictors of reading: A cross-language investigation. *Psychological Science, 21,* 551–559.

Zorzi, M., Barbiero, C., Facoetti, A., Lonciari, I., Carrozzi, M., Montico, M., . . . Ziegler, J. C. (2012). Extra-large letter spacing improves reading in dyslexia. *Proceedings of the National Academy of Sciences, 109,* 11455–11459.

377 # 第25章 阅读学习对语言和认知的影响①

雷金·科林斯基

摘　要：正如本手册所言，现在有大量的研究工作正在试图探明哪些因素和机体功能影响阅读习得和阅读能力，以及涉及大脑的哪些区域，但是反过来，关注哪些机体功能和大脑区域受到识字的影响的研究却少得多，原因可能是因为阅读习得对口语和视力的影响需要许多年才能显明，也因为成年文盲与学习阅读的成人之间的比较研究难度较大，但本章将会说明阅读学习对口语和超语言领域，特别是对非语言视觉感知有着深远的影响。本章讨论了针对成人识字学习的研究，包括拼写知识对言语感知的影响。本章内容还包括针对成年文盲和学习阅读的成人的研究。

关键词：文盲、阅读习得、识字效果、语言、视觉、认知、大脑、可塑性

弗里思（1998, p. 1011）认为识字是“改变大脑结构的过程”、“文化对大脑的基本解剖形态的改变”，与识字有关的活动，例如阅读书籍、杂志等，肯定会增加知识。但识字的本质、读写能力会诱发其他更根本的变化。本章讨论的主要问题是识字是否会改变除了单词的识别以外的认知系统，也就是说，识字的习得是否改变了个体知识库的本质和结构。

学习阅读使得个体的口语知识和书面语知识之间形成关联机制（Grainger, Tydgat, & Isselé, 2010），并使个体的大脑结构（Cohen et al.,

① 由于本章审查的大多数数据涉及字母书写系统，除非另有规定，*literate* 和 *literacy* 这两个术语指字母识字（alphabetic literacy）。除非另有说明，*illiterate* 指从未学会任何语言读写的成年人。

2000）调整至适应口语和书面字符关联处理的状态。学者们猜测识字学习也会促使个体的语义、推理和执行功能直接或间接地联系起来，因此，阅读习得原则上可能影响所有这些功能。最近有人提出，学习阅读的过程不仅包括新的功能链接的建立（例如拼写法和音系学之间的联系），而且还包括通过神经元回收改变个体的功能组织从而调节其他系统的过程（Dehaene & Cohen, 2007)。根据该观点，识字前参与视觉对象识别和口语处理的大脑回路必须适应新的阅读任务。本章回顾的研究首先是采取将识字学习视为语言现象的视角，然后发展到以超越语言学、涉及视觉和一些更高层次的认知领域的视角来看待该问题。

显然，阅读习得对个体的影响的效果必须结合个体年龄、大脑成熟程度、个体接受的正规教育的程度和个体的文化背景进行综合 378
考量。正确评估阅读习得对个体产生的影响需要将研究对象根据年龄或认知能力进行分层比较，虽然大部分人都上过学并且接受过学校教育，但也有部分成人在幼年时期由于社会经济原因未能接受完整学校教育，以至于成人之后才开始学习识字，或一直处于不识字的文盲状态，后面这两类群体的比较研究能够帮助我们更深入地了解识字学习对人的影响。许多成年文盲受雇主或上级的鼓励参加由政府、军队或行业组织的特殊扫盲班，这部分人群童年从未上过学，成人后才开始学习识字，我们称他们为晚识字者。由于文盲和晚识字者具有相同的社会经济背景，他们之间的任何表现或大脑的差异都不属于社会文化因素导致的结果。学者们采取的研究方法是观察阅读方向性或读音分段和拼写之间关系受识字教育的影响。

阅读习得对口语的影响

文字方向性对听力的影响

第一个利用听觉调查阅读习得对个体影响的研究表明，阅读方向会影响个体对噪声在口语句中所处位置的判断。先前的研究已经表明，噪声位置受噪声和听觉空间中句子的相对位置的影响：听者判断噪声的发生时间时常认为该噪声的发生时间位于句子的前部，也就是说位于早于其实际位置的地方，噪声在听觉空间中的位置容易被误判为实际位置的左边（Bertelson & Tisseyre, 1972; Fodor & Bever, 1965）。Bertelson(1972）发现，如果实验语料使用希伯来语，测试对象为以色列人，而不是像以前的实验那样使用英语或法语，则会得到相反的实验效果。此外，如果参加这项研究的以色列人（能够阅读法语）接受的是法语测试，测试结果则与以英语为母语的人相同。因此，当听见口语句子时，识字的人会在听觉空间上"从左听到右到从右听到左"（Bertelson, 1972），听觉的方向性和特定语言的阅读方向性一致。随后几年的数项实验研究表明，阅读习得也会改变言语特征的本质。

阅读习得诱导新的言语表征的出现

书面语言没有口头语言所特有的语境限制，因此可以被反复阅读、提炼和重组，比口头语言更利于反思（例如，Donald, 1993; Ong, 1982）。因此，识字有利于个体对语言进行去语境化（Denny, 1991）或客观化（Olson, 1991），从而有利于元语言能力的发展，也就是说认识到现实中的事物和该事物在语言中的反映之间的关系。例如，识字者明白语言与语言所代表的事物之间没有逻辑关系，语言是人为规定的任意的表征符号。这对于幼儿（Berthoud-Papandropoulou, 1978）以及成年文盲（Kolinsky, Cary, & Morais, 1987）来说是很难理解的，例如，他们可能会认为“猫”反映在语言中的表征符号应该比“蝴蝶”长。

在元语言能力中，语音意识（或元语音能力）指口语中的发音可以分解成更小的组成部分的意识。该技能存在等级，因为发音分为许多等级。音素级别的语音意识仅在字母语言的识字学习后才会产生，这是因为只有在字母语言的书写系统中，才会使用单个印刷字符表示音素（Kessler & Treiman，本书）。识字前的儿童（Liberman, Shankweiler, Fisher, & Carter, 1974）和从未学过字母的成年人（完全的文盲，Morais, Cary, Alegria, & Bertelson, 1979, Morais, Bertelson, Cary, & Alegria, 1986，或者是使用非字母语言的文盲，Read, Zhang, Nie, & Ding, 1986）都无法说出“cab”一词中存在三个音素，并且很难正确地去掉单词的某个音素（例如 /kæb/ 变成 /æb/；在所有研究中，类似测试中的文盲和母语为非字母语言的读者平均正确率约为 20%，而字母语言的读者的正确率高达 70% 以上）、将词的音素反转（例如 /kæb/ → /bæk/）或指出某个音素（例如指出 /kæb/ 中的 /k/）。对音节或尾韵等更高等级的语音单位的意识受识字教育的影响较小，因为较高等级的语音单位差异小于音素，但更高等级的语音意识可以通过识字教育来提高。莫赖斯等人（Morais et al.，1986）的研究发现晚识 379
字者的音节删除准确率高于文盲（分别为 85% 对 55% 正确）并且晚识字者的尾韵识别准确率同样高于文盲（分别为 92% 对 67%）。值得注意的是，元语言任务中涉及的语言表征与感知表征不同：音素意识任务中表现不佳的文盲却可以几乎完美地区分音节对，如 /ta–sa/ 和 /pa–ba/(Adrián, Alegria, & Morais, 1995; Scliar-Cabral, Morais, Nepomuceno, & Kolinsky, 1997)。

因为元语音表征与阅读习得之间关系密切（例如，Adams, 1990; Ehri et al., 2001），所以正字知识影响纯听觉元语音学任务的表现。语音处理中存在各种正字法效果，其原理是在许多字母语言书写系统中，字母和音素之间的关系往往不是一一对应，其详细原因可见 Kessler 和 Treiman 在本书中的讨论。除了从拼写到读音映射存在不规则现象，例如英语中 ‹OUGH› 在 cough, through, tough 中的发音都不同，影响着人们的阅读表现，也有读音到拼写的不规则映射，即多种拼写映射到同一个特定的发音例如 toast 和 ghost(Stone, Vanhoy, & Van Orden, 1997)。后一种现象主要影响听觉处理（Ziegler, Petrova, & Ferrand, 2008)。

在元语言任务中，读音拼写映射中的不一致会导致多种效果，其中包括正字法重叠效应，当正字法和音系学规律一致时，读者的反应更快、更好。例如，塞登伯格和塔嫩豪斯（1979）报告说，识字的成年人在拼写正字法和音系学规律一致的词对（如 toast–roas）时比拼写两方面规律不一致的词（如 toast–ghost）所需的时间更少，但在听力任务中结果正好相反（例如，听见 leaf–ref 的反应时间比听见 leaf–deaf 的反应时间更短）。

此外，音素的正字不一致现象会产生正字法一致性效应。事实上，在音素识别任务中（该任务对元语言能力要求极高，因为该任务对成年文盲而言难度极大；Morais et al., 1986)，识字的成人受试者识别拼写规则的音素比不规则的音素更快（Frauenfelder, Seguí, & Dijkstra, 1990)，因为拼写规则的音素对应的拼写只有一个，而拼写不规则的音素对应的拼写不止一个（例如，法语中的 /k/ 可以拼写成 ‹c›, ‹k›, ‹cq›, or ‹qu›)。元语言技能也受音素与表示音素的字母之间对应关系的复杂性的影响：当音素之间存在一对一的关系时，受试者完成音素删除和音素反转任务的表现更好，例如删除 dentist 中的 /d/ 音比删除 queen 中的 /k/ 音更容易（Castles, Holmes, Neath, & Kinoshita, 2003）。甚至字母名称也会影响元语音判断：在音素计数任务中，当音节发音和字母名称一致时，人们往往会判断其包含的“声音”更少（Treiman & Cassar, 1997）。

对音节结构的判断任务也受到正字法符号影响。当要求读者将两个辅音字母-元音字母-辅音字母结构（CVC）的单音节词混合起来读成一个新的 CVC 词（参见 Treiman, 1983）时，母语为葡萄牙语的成人更倾向于将元音发音结尾的词混合成 C/VC 结构，如 *bar-mel*，而将以不发音的 e 结尾的词混合成 CV/C 结构，如 cure-pele, /kur pɛl/(Ventura, Kolinsky, Brito-Mendes, & Morais, 2001)。此外，一项针对泰国人的研究表明，拼写知识的重要性超过次词汇单位，泰语的音调直接标注在词汇上，但实际音调受到前后文的影响可能和标注不同。泰国识字者阅读时表现出正字法重叠效应，读者的阅读表现在实际音调和音调标记一致的情况中比在不一致的情况中更好（Pattamadilok, Kolinsky, Luksaneeyanawin, & Morais, 2008）。

因此，泰国人学会识字后，他们应对元语音任务的方式改变并在纯听力任务中使用拼写知识。其中一个重要的问题是，他们使用正字法知识是结合语音知识还是替代了语音知识。这个问题一直被学界热议，因为后一种可能性可能导致研究人员重新审视语音意识在阅读习得中的作用，一些研究人员认为，语音意识并不代表一套与阅读习得直接相关的独特的口语技能。相反，口语能力和识 380
字能力之间的关联可能反映了具备读写能力的人会使用正字法知识完成听力任务。如此看来，语音意识与识字能力之间存在联系的原因是这两种能力或多或少都与正字法技能有关（例如，Castles et al., 2003; Castles & Coltheart, 2004；此外见 Hulme, Caravolas, Malkova,

& Brigstocke, 2005，利用实证经验反驳语音操控能力完全是正字知识——即字母－声音对应关系的产物）。这个问题与借语音对正字法知识的自动激活问题有关：拼写知识与语音知识不可分割，还是仅在战略上有用的时候才使用？

一些研究报告说，即使正字法对阅读无益，读者也会使用正字法。例如，在卡斯尔斯等人（2003）进行的音素删除任务中（删除 knuckle 中的 /n/)，即使将测试音素放在单音节中呈现而非放在多音节中呈现，成人读者的表现也不会有改善，但是如果测试音素放在单音节中呈现，读者本可以避免拼读整个目标词从而提高效率，但只有当测试词需要参与者注意其拼写时，才会体现出产生几种正字法效果。例如，音素检测中的正字法一致性效应（Frauenfelder et al., 1990）或者测试词都是拼读不规则词（Cutler, Treiman, & van Ooijen, 2010)，当没有出现拼写相似的非押韵词（leaf–deaf）或者词间有许多填空项时，结果也是一样（Damian & Bowers, 2010)。此外，利用事件相关脑电位（Erp）进行的元生物学研究表明，正字法一致性效应在处理过程中出现得比较晚，比语音效应晚得多（韵律判断任务：Patamadilok, Perre, & Ziegler, 2011; Yuncheva, Maurer, Zevin, & McCandliss, 2013；最初的音素是否相同的判断任务：Lafontaine，Chetail，Colin, Kolinsky & Patamadilok, 2012)。

然而，阅读习得改变着大脑神经网络，其中包括负责语音的大脑区域。一项功能性磁共振成像（fMRI）研究（Brennan, Cao, PedroarenaLeal, McNorgan, & Booth, 2013）显示，在字母语言的尾韵听力辨识任务中，成人的大脑被激活的区域大于 8 至 12 岁儿童（但该现象不存在于中文使用者身上；见 Kessler & Treiman，本书，进一步讨论中文书写系统），尤其是当遇到拼写不规则的词时（例如 pint–mint）。被额外激活的部分不仅涉及下额部区域（这部分通常参与语音辨别任务，Burton, Small, & Blumstein, 2000; Zatorre, Meyer, Gjedde, & Evans, 1996)，还涉及左半球语音区域（颞上回），随后两节内容将会讨论拼写知识对语音处理的影响其实比最初人们设想的要深刻得多。

正字法知识对口语识别的影响

单词听力识别任务中稳定存在正字法效应。齐格勒和费兰德（1998）最先报告了（判断听到的项目是否为一个词的）听觉词汇判定中存在正字法一致性效应：当受试者听到的词中的尾韵的发音有多种拼写可能时（如 deep 的尾韵和 heap 的尾韵发音相同），受试者的反应更慢，准确率也更低。正字法一致性效应已被证实存在于多种语言（例如，法语：Pattamadilok, Morais, Ventura, & Kolinsky, 2007；葡萄牙语：Ventura, Morais, Pattamadilok, & Kolinsky, 2004；英语：Ziegler et al., 2008）和语言任务（语义和阴阳性判断：Padamadilok、Perre、Dufau、& Ziegler, 2009; Peereman, Dufour, & Burt, 2009）中。

拼写影响在识别任务中的影响与在听力判断任务中的影响相反，识别任务中的正字效果在信息处理过程中迅速发生，并且在单词识别的全程中持续发挥作用。该结论有诸多支持证据，其中包括 ERP 数据。在语义判断任务（Pattamadilok et al., 2009）和词汇判定任务（Perre, Pattamadilok, Montant, & Ziegler, 2009; Perre & Ziegler, 2008）中， 381
ERP 正字法一致性效应与正字法不一致现象的出现之间的时间间隔极短，并且发生在频率效应产生之前。

然而，正字法知识影响语音处理的原理目前还在争论中。根据联动假说（Ziegler & Ferrand, 1998)，听见口语词汇时相应的拼写就被激活，激活的方式是通过口语（语音）和视觉（正字）系统之间的双向连接。双峰互动激活模型（Grainger & Ferrand, 1996）中有更确切的解释：在词汇和次词汇（如韵律）层面都存在口语和拼写两方面的联系。因此，拼写规则的单词受益于正字法和音系学两个方面的一致反馈，而拼写不规则词在次词汇层面上几种可能的拼写之间存在冲突，因此阻碍了从正字法到音系学的反馈。或者，根据分离假说，正字法效果存在于语音系统本身，反映了在学习阅读过程中对拼写的学习永久性地改变了个体对发音的认识（Muneaux & Ziegler, 2004; Taft, 2006, 2011）。

分离假说与词汇重构假说（例如，Garlock, Walley, & Metsala, 2001; Metsala, 1997）之间存在相似之处，分离假说认为学生对音系学符号的认识在整个语言发展过程中持续发生着变化。随着儿童口语词汇的增长，儿童对词汇的认识变得更加详细（将一个词中更多的音素记忆为该词的识别标志），因为他们遇到更多需要从一堆近音词中挑选出目标词的任务。例如，随着儿童认识了“bad, pad, mad, did...”，他们需要更加细致地认识“dad”一词的发音。词汇重构不仅取决于词汇量的大小，还取决于词汇的特点：高频词一般比低频词更早被学习，因此进行重构的时间也更早。在后者中，只有近音词多的词需要更精细的展示，这就造成了单词识别任务中的词频和近音词数量之间的双向作用。例如，梅特萨拉（Metsala，1997）使用一种句长上限任务，在该任务中，受试者需要辨别某一口语词汇，向受试者展示的包含该词汇的片段会越来越完整，也就是越来越长。她发现 7 至 11 岁的儿童和成人辨别近音词少的高频词以及近音词多的词中的低频词表现较好（即需要较少的时间就可以识别该词）。识字学习的发展过程中，儿童识别近音词多的高频词的进步最小，识别近音词少的低频词的进步最大，辨别这些词所需的片段更长并且经历分段重组的时机更靠后，这一现象支持儿童辨识单词需要更多信息以及随着词汇量的增长词的分段变得更细的观点。虽然在词汇重组假说中没有明确提到阅读习得，但有人认为，学习字母－发音对应关系并学习音素，可以使字母语言使用者的词汇表达更加详细（例如，Goswami, 2000)。另一派相反观点认为，成年文盲具有一套和识字者类似的听觉词汇，类似之处在于听觉词汇中单词频率和近音词数量之间的关系（Ventura, Kolinsky, Fernandes, Querido, & Morais, 2007)。因此，词汇的语音重组现象即使在没有读写能力的人身上也存在。文图拉等人的研究结果否定了词汇结构的调整和发展主要受正字法因素的影响，但没有否定正字法对语音系统存在影响。

直到最近，支持分离假说的数据仍然很有限而且存在争议，因为这些数据是在涉及音素意识（近音词联想任务，Muneaux & Ziegler, 2004; Ventura et al., 2007）或书面文字（Taft, 2006）的情况下收集的，这可能会产生不同于口语语音的音素学代码。但最近有研究表明，词汇判定任务中出现的正字法一致性效应发生在语音系统本身：事件相关电位效应对应的皮质兴奋区位于左听觉皮层附近（Perre et al., 2009)，并且当将颅磁刺激应用于一个参与语音处理的大脑区域(左上边缘回）时，正字法一致性效应消失（Pattamadilok, Knierim, Duncan, & Devlin, 2010)。

功能性磁共振成像研究表明，联动假说和分离假说都有实际
可能性，实际情况更偏向于哪一种假说取决于具体任务。一项针
对文盲与晚识字者进行的比较研究揭示了这两种假说都是成立的
(Dehaene, Pepado, et al., 2010)。主动识别听力任务中的词汇，而非被
动听句子，能够激活大脑中负责处理视觉词形区（VWFA, Cohen et 382
al., 2000)，即负责书面文字处理的左腹侧枕颞皮层区域（位于纺锤形
回)。该激活由正字法因素产生，和语义因素无关，因为它发生在年
幼识字者以及成年识字者身上，但在文盲身上不存在。当识字者处
理其他需要对复杂语音刺激的音系学因素进行选择性关注和分析的
语音任务时，也发现了处理视觉词形区的出现（例如，对音调重叠的

词进行尾韵判断时；Yuncheva, Zevin, Maurer, & McCandliss, 2010)。另一方面，在被动听口语句子或辨别听到的词汇时，识字者与文盲相比，颞平面的功能性磁共振成像激活量大幅增加（将识字儿童和不识字的适龄儿童进行对比研究得出类似结果；Monzalvo & Dehaene-Lambertz, 2013)。大脑颞平面和周围的上颞叶皮层可能包含相对抽象的音素表示，因为该部位编码对于语音的分类感知至关重要的声学变化（Chang et al., 2010; Mesgarani, Cheung, Johnson, & Chang, 2014)，在无声唇读时也有反应（Calvert et al., 1997)。因此，与成年文盲相比，识字者颞平面的激活程度增加，这一发现表明，阅读习得可能增强了这种抽象的语音编码活动。

然而，识字的影响可能并不像弗里思（Frith，1998, p. 1011）所认为的那样“像病毒一样感染所有语音处理机能”，有许多感知机能不受识字教育的影响。成年文盲和识字者一样能够进行精细的语音鉴别（Adrián et al., 1995; Scliar-Cabral et al., 1997)，而且他们与识字者一样，也会出现辅音音素错听失误，这揭示了两者具有类似的语音感知机制（Morais & Kolinsky, 1994；也见 Morais, Castro, Scliar-Cabral, Kolinsky, & Content, 1987，语音特征类失误）。然而，一项调查语音分类感知力的研究指出，文盲和识字成年人之间可能存在细微差异（Serniclaes, Ventura, Morais, & Kolinsky, 2005)。对语音的分类感知是指仅区分已识别音素类别之间的差异（例如，被标识为 /b/d/)，而不能区分同一个类别内的变体（例如，同样被标示为 /b/ 的两个物理上不同的声音，Liberman, Harris, Hoffman, & Griffith, 1957)。通过辨识任务（后天习得的技能，通过说出听见的发音的名字）和区分任务（例如，判断两个音是否相同）之间的关联，可以测定分类感知能力，无论在文盲还是识字的成年人身上，这两种任务的表现都存在关联，但识字者的识别斜率比文盲更陡。虽然在赛尼克拉斯等人的研究中，这种影响可归因于选词偏颇（因为连续轴的终点之一是一个词），但据报告，针对成人和6至8岁儿童的比较研究也出现了类似的结果（Hoonhorst et al., 2011）。年龄对两种任务表现之间的关联没有影响，但边界精度随年龄的增长而增加，且与阅读水平有关。因此，尽管数据并不能证实语音的感知分类能力取决于阅读习得（Burnham, 2003），但学者们提出识字教育能够帮助读者找到细微差异的边界从而提高音素识别的精度。

阅读习得对短期记忆编码和短期记忆力的影响

学界普遍认为口语记忆力和识字能力有此消彼长的关系（例如，Cole, Gay, Glick, & Sharp, 1971）。柏拉图首先阐述了该问题，他在《斐多篇》中阐述了书写存在反人类特征的观点，指出书面文字对人类记忆会产生破坏性影响（参见 Ong, 1982）。然而，事实是成年文盲往往有着糟糕的语言短期记忆（STM），他们能够记忆单词和数字的长度较短（例如，Kosmidis, Zafiri, & Politimou, 2011; Morais et al., 1986），这一现象的原因尚不清楚。虽然这在一定程度上可能归因于正规教育而不是识字教育，因为晚识字者的字数记忆长度也短于从小就识字的人（Morais et al., 1986）。识字对个体记忆力似乎确实存在益处，例如，从未自己上学但在家与子女一起学习阅读的晚识字者的数字记忆长度比文盲更高（Kosmidis et al., 2011），目前尚未观察到非口头材料的记忆情况受到识字影响（根据正向空间跨度判断，Kosmidis et al., 2011）。

第二种观点如阿迪拉等人(2010）所言，文盲的记忆力较差可能反映出文盲编码和检索策略效率低下或对即将要学习的材料组织不力的事实，因为回忆过程需要较强的主动执行能力。该观点的支撑 383
证据如下：文盲在单词识别测试方面表现相当好，听一串不同的词，然后指出哪些词是先前已经提到过的，阿迪拉等人（Ardila, Ostrosky-Solis, & Mendoza, 2000）。事实上，文盲的短期记忆表现不佳的原因可能是因为相关测试通常要求受试者有序回忆测试材料，识字是否提高了对秩序而非个别项目的记忆力还有待调查。然而，另有研究报道了一个相反的情况：幼儿园儿童有序（而非对个别项目的）短期记忆表现预测该儿童一年级结束时的非文字解码能力（Martinez Perez, Majerus, & Poncelet, 2012）。识字能力可以通过两种方式提高个体的编码能力。首先，识字能力使得个体对语音的认识更为精细，从而改善语音存储能力。成年文盲自发地在短期记忆测试中使用语音编码，这一点和识字者一致（Baddeley, 1966; Conrad & Hull, 1964），在有序回忆单词列表时，文盲和识字者表现出类似的语音效应，他们记忆押尾韵的词列的表现弱于记忆不押尾韵的词列的表现（Morais et al., 1986）。然而，成年文盲和识字者在更精细的语音层面的记忆表现似乎不同（关于音素界线见 Serniclaes et al., 2005），因此文盲的音素识别可能不准确，至少在没有足够词汇量支持的情况下如此。当要求受试者立刻重复听见的词时，成年文盲面对虚构词时表现不佳，并且他们的大脑中被激活的区域和识字者的不同；但成年文盲面对实际存在的单词时表现良好，大脑的活跃区域和识字者没有差异（Castro-Caldas, Petersson, Reis, Stone-Elander, & Ingvar, 1998）。另一个支持识字改善语音储存能力的实证证据是第 6 年的阅读能力可以预测个体接下来 6 至 7 年间的非单词重复任务表现的进步（Nation & Hulme, 2011）。此外，识字者的拼写知识有助于帮助短期记忆任务中遇到的口语字符串。这一点已在连续回忆测试中得到证明，连续回忆测试中，正字法因素能够调节语音相似效应（Pattamadilok, Lafontaine, Morais, & Kolinsky, 2010）。对于识字者而言，记忆发音和拼写都不押韵的词列难度最小，记忆发音押韵但拼写不同的词列的难度较大（例如法语单词 laine、gêne、traîne 等词的词尾发音相同而拼写不同），而记忆在词尾上拼写和发音都相同的词列难度最大（如法语词 classe, brasse, chasse 的词尾发音和拼写都相同）。由此可见，当词列的同一部分拼写不同时，即使发音相同，记忆难度也会降低。

阅读习得引发的生理解剖学改变

识字除了在个体的语音表示和正字法表示之间建立功能联系外，还导致大脑神经元连接结构的变化。几项研究已经确定了晚识字者、早识字者与文盲的大脑结构差异。功能连接分析表明，识字似乎造成半球间功能连接的增加（表现为或黄体地峡增厚，Carreiras et al., 2009; Castro-Caldas et al., 1999; Petersson, Silva, Castro-Caldas, Ingvar, & Reis, 2007）和大脑中负责视觉和语音的处理区域之间的功能对偶联系的增加（表现为灰质密度的增加，Thiebaut de Schotten, Cohen, Amemiya, Braga, & Dehaene, 2014）。另有研究表明，参与阅读的多个大脑区域的灰质密度在识字习得后有所增加（Carreiras et al., 2009; Castro-Caldas et al., 1999; Petersson et al., 2007）。这些数据有力地支持了识字会改变基础大脑解剖结构的观点。

浅谈阅读习得对口语的影响

识字影响许多口语过程，不仅包括元语音技能，还包括单词识别和语言记忆过程，甚至还可能包括一些感知过程。其中一些效应似乎支持了正字法和元语音表示之间的联动假说，而另一些效应则似乎支持分离假说中的词汇表示重构。如果说这些效应同时涉及联动假说和分离假说，则被重构的词汇可能存在多种类型的语音表示，包括拼写法（或元语音）表示（Ranbom & Connine, 2011; Taft, 2011）。在上述情况中，个体大脑的结构都经历了改变，体现在白质和灰质密度的变化上。这些改变强化了视觉和听觉之间的双向联系（声音到视线和视觉到声音），识字者面对口语和书面语时左颞叶区和额下区域的语言网络激活程度几乎相同（Dehaene, Pegado, et al., 2010）。由此可见，识字能力的习得使得人们的视觉系统和听觉系统之间建立了联系，而口语听力信息处理也会受到识字的影响。

384 虽然识字能力迟于口语能力数年才出现并且依赖于专门的显性教育，但识字对口语有着显著且深刻的影响。弗里思（1998, p. 1012）想知道学习阅读对视觉感知的处理和思维产生同等程度的改变作用。接下来的几节内容将阐述识字的影响范围明显超越了听觉能力和语言领域。

阅读习得对视觉处理的影响

阅读习得的一个主要效果是其改变了大脑结构以适应书面字符串的处理（Cohen et al., 2000），从而在视觉信息和语言输入之间搭建了解释的桥梁，这一点与前文一致。阅读习得也改变了视觉处理过程的本质，字母相同而顺序不同的字母字符串的阅读辨识度低于某一字母被其他字母替换的字符串，例如 ‹NTDF›–‹NDTF› 的区分难度大于 ‹NSBF›–‹NDTF›(Duñabeitia, Dimitropoulou, Grainger, Hernández, & Carreiras, 2012)，这种现象仅出现在识字者身上，在文盲身上则观察不到（Duñabeitia, Orihuela, & Carreiras, 2014）。此外，字母字符串处理还涉及一个专门的视觉信息处理系统，该系统可减少文字中字母间拥挤程度，从而限制来自邻近字母的刺激，避免错误的分段（Grainger et al., 2010）。当一个图形外围被几何形状包围时，观察者读取该图形信息的量变少，并且当被几何形状包围的图形是字母是，信息减少得比非字母时更多（Van Leeuwen & Lachmann, 2004），尤其是当几何形状与目标图形的外廓相似时（见图 25.1)。该现象在对字母有一定了解的文盲成年人身上也可以观察到（Fernandes、Vale、Martins、Morais & Korinsky, 2014)。值得注意的是，识字也改变了非语言的视觉过程。

文字方向对视觉扫描和空间联想的影响

文字的方向不仅影响文本的视觉扫描（Pollatsek, Bolozky, & Rayner, 1981)，还影响其他非语言符号的视觉扫描（Chokron, Kazandjian, & De Agostini, 2009; Bramαo et al., 2007，文盲与识字者的比较研究)。与文本和数字相关的阅读方向习惯也会影响数字的空间表示：从左到右读取单词和数字的人将小数字与空间的左侧联系起来，将大数字与空间的右侧（SNARC 效应，Dehaene, Bossini, & Giraux, 1993)，而从右到左阅读的人则显示出相反的效应（Shaki, Fischer, & Petrusic, 2009)。书写系统的方向甚至会影响个体对时间轴的理解，例如要求受试者按照时间顺序将标有事件（如鸡蛋、小鸡、鸡）或画着动作的卡片排序，排序的方向受到受试者阅读方向的影响（Bergen & Chan Lau, 2012)，并且这种效应仅存在于识字者身上，不存在于文盲身上，个体对空间的理解受到其阅读方向的影响（Dobel, Enriquez-Geppert, Zwitserlood, & Bölte, 2014)。

阅读习得诱导左侧梭形回的神经竞争

由于视觉词形区域参与了书面文字处理（Cohen et al., 2000)，因此在习得阅读技能之前这个大脑区域发挥什么作用是值得一问的。成年文盲的视觉词形区并非不活跃，当成年文盲面对非语言画面，特别是面孔时，该区域会出现强烈的反应，随着识字程度的提高，个体看到面孔时左侧纺锤形回的皮质反应缩小，而右纺锤形回的皮质

385 反应增大（Dehaene, Pegado, et al., 2010)。因此，阅读习得会引起书面文字和其他视觉刺激（尤其是面孔）之间的神经竞争，从而使识字者在识别面孔时右侧大脑的神经活动比成年文盲更强。使用功能磁共振成像（Monzalvo, Fluss, Billard, Dehaene, & Dehaene-Lambertz, 2012)、ERP 记录（Li et al., 2013）和行为相关大脑半球侧向化（Dundas, Plaut, & Behrmann, 2013）的发育研究也观察到了面孔识别区域向大脑右半球转移的趋势，这意味着发生时期较早的词汇相关大脑半球侧化现象可能对其后发生的面孔识别大脑半球侧化起着推动作用。

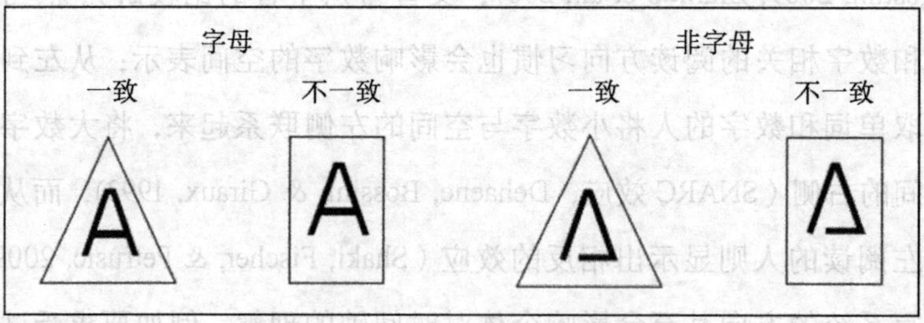

图 25.1 Fernandes、Vale、Martins、Morais 和 Kolinsky 使用的材料示例（2014；在 Van Leeuwen & Lachmann，2004 年之后）。

目前的研究旨在确定书面文字处理和面孔处理之间的神经竞争在行为上体现出来的后果。事实上，人脸处理在识字者身上偏向于右半球侧化的现象可能意味着阅读习得使人脸处理变得更全面，因为全面的人脸处理过程主要是在右侧纺锤形回内完成的（Rossion et al., 2000)，然而，最近关于复合面部效应的研究数据并不支持该问题。复合面部效应反映了对面部的整体处理，也就是说面部的各个部分不能被分离独立处理，必须在整张脸中被感知。复合面部效应是指，当将属于两个人的两半脸组合在一起时，组合而成的复合脸会使观众产生错觉（Young, Hellawell, & Hay, 1987)，例如，当同一张脸的下半部分和两张不同的脸的上半部分组合起来时，观众会认为同样的下半脸属于两张不同的脸，但当复合脸的结合部位发生错位时，这种错觉会消失。人们猜测识字者的复合脸效应会大于文盲，但实际观察结果恰恰相反：识字者辨识复合脸下半张脸是否相同的能力更强，更不易受到上半张脸的干扰（Ventura et al., 2013)，这说明识字改善了个体对图片的分析策略，同样的结果在使用房屋的照片作为实验材料的研究中也可以观察到，它可能没有反映出面部处理侧向化的变化，但反映了识字能力的总体影响，这可能在减少整体处理的影响方面带来更大的灵活性，至少在整体处理不利于这项工作的情况下。

拉丁文的阅读习得逐渐抑制镜像信息不变性

大多数自然物对称变换之后外形几乎不变，因此自然物侧向反转几乎不存在或者只存在很少的信息差别，由此可见，大脑腹侧视觉[1]皮层存在一个对镜像画面进行调整的识别系统，使镜像画面的信息能够等同起来（例如，Dehaene, Nakamura et al., 2010; Pegado, Nakamura, Cohen, & Dehaene, 2011)。然而，学习包含镜像字符的文本（例如英语中存在‹p› ‹q› 和‹b› ‹d› 这两对镜像对称的字符）需要考虑镜像的对比，它推动这些文字的读者忘却镜像的不变性。在大脑层面，这反映在视觉词形区，视觉系统的位置对于熟悉的对象具有最强的镜像不变性，使其不会对单词（Dehaene, Nakamura et al., 2010）或字母（Pegado et al., 2011）进行镜像概括。从行为上讲，这个忘却镜像不变性的过程推及非语言材料。与使用包含镜像字符语言的识字者相比，成年文盲（Kolinsky et al., 2011）或是使用不包含镜像字符语言的

① 腹侧视觉通路参与识别物体，包括书写的字符串，被组织成一个区域层次。从后（枕）到更前面的区域，神经元的感受野的大小随着对复杂模式（从线段到特征组合和整个物体）的敏感性增加和对物理变化（如大小、位置或视角）的敏感性降低而平行增加。

识字者（Danziger & Pederson, 1998），区别几何形的镜像符号（例如↙和↘）或熟悉的物像的能力更弱（Fernandes & Kolinsky, 2013）。因此，阅读包含侧面镜像的文字可提高辨别这些对比的能力，即使是非语言材料。

识别镜像的能力会干扰其他视觉信息的处理，例如，佩加多等人（2014）使用了不考虑左右方向的判断两个物体是否是同一物体的任务，也就是说，只要是同一个物体，即使是镜像画面，受试者也需要作出相同反应。佩加多等人（2014）发现，对于能够阅读拉丁语言文本的成人（无论是早识字者还是晚识字者）而言，识别物体的镜像图像的难度大于识别与原物体完全一致的图像。因此，将物体的镜像图像识别为其他不同的物体是包含镜像对称字符语言的识字的副效应。

识字的这些影响发生在视觉信息处理水平相对较高的任务中，而成年文盲在处理水平较低的任务中也会体现出镜像识别能力：向

386

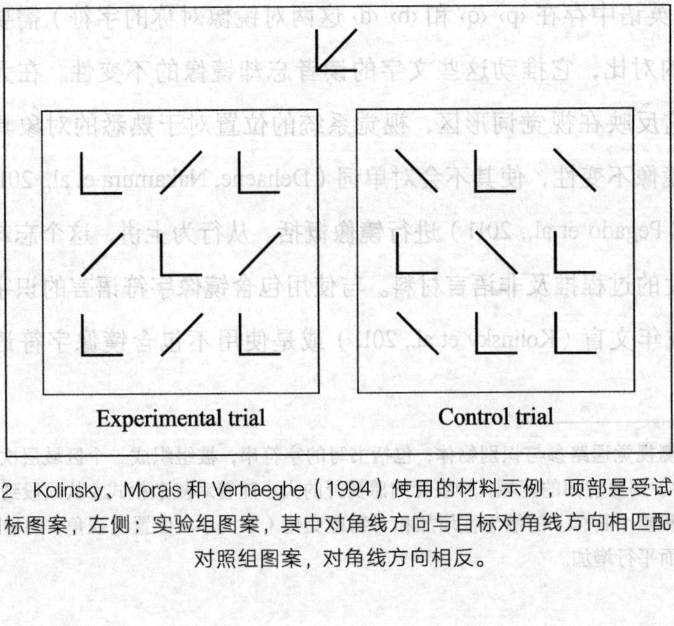

图 25.2 Kolinsky、Morais 和 Verhaeghe（1994）使用的材料示例，顶部是受试者要找出的目标图案，左侧：实验组图案，其中对角线方向与目标对角线方向相匹配。右边：对照组图案，对角线方向相反。

受试者迅速展示材料（见图 25.2），成年文盲和晚识字者都出现误判（见图 25.2），也就是将对角线方向相反的图形误判为目标图形（Kolinsky, Morais, & Verhaeghe, 1994）。然而，许多其他数据显示，识字习得还改变了其他早期视觉处理进程，下文将会对此展开讨论。

阅读习得改变早期视觉处理进程

在德哈恩和佩加多等人（2010）的功能磁共振成像研究证明，阅读习得可以提高所有视觉（语言和非语言）任务大脑枕部反应区活跃程度，包括非常简单的任务（在画面中找到一颗位置随机的星星）。研究发现，就连负责视觉信息处理最初阶段的大脑区域（V1 区域）的活动都得到了识字习得的增强，相比较文盲而言，识字者面对书面句子和棋盘时，功能磁共振成像反应更为强烈。并且，识字者对横向的棋盘的反应比纵向棋盘的反应更为强烈，由于关于图形的空间排列信息是存储于 V1 区域的（视野中相邻的刺激也和视觉皮层中的相邻位置对应），针对横向书写文字的密集训练使得识字者的相应反应区更加敏感，能够作出更为精细的反应。

拉丁字母文字的阅读习得过程包括反复熟悉一组视觉上简单的图形符号，这为感性学习提供理想的刺激源。区分这些符号需要观众对线条（由 V1 区域负责）和图形（由二级视觉信息处理皮层 V2 区域负责）具备相当的敏感性。一项研究结果表明，熟练的字母语言识字者面对文字时 V1/V2 区域的功能磁共振成像活跃程度大于其面对类似复杂程度的符号时该区域的活跃程度（Szwed et al., 2011; Szwed, Qiao, Jobert, Dehaene, & Cohen, 2014）。耐人寻味的是，该结果在中文读者中身上并没有发现（Szwed et al., 2014），这或许是因为汉字的数量和复杂程度远超过字母语言的字母，为了区分数千个包含多个笔画的汉字，汉语使用者需要调用更高层次的视觉处理机制，实际上，中文熟练读者的中间视觉区域（负责提取更为复杂视觉特征的 V3/V4 区域）的活动更为活跃，而这一现象在字母语言使用者身上是不存在的。

这些早期效应可能有益于阅读之外的一些视觉任务。例如，拉丁字母语言读者的视觉整合能力得到了阅读习得的增强，因为识字者将分离的图形组合成整体的能力强于文盲（Szwed, Ventura, Querido, Cohen, & Dehaene, 2012）。此外，拉丁字母语言阅读习得也可能构成了形成视觉信息分析战略的基础，有利于其分析图像信息（Ventura et al., 2013）。标准现代汉语的阅读初学者对包括非语言材料在内的画面也有更敏锐的视觉识别能力，标准现代汉语在 20 世纪 50 年代曾被
387 简化，并在中国大陆普遍使用，而传统的繁体字则在香港地区和台湾地区使用（McBride-Chang, Chow, Zhong, Burgess, & Hayward, 2005）。这一结果违反人的直觉，因为人们可能猜测学习更复杂的文本的读写会使人获得更敏锐的视觉识别能力。复杂文本的阅读习得是否会对负责视觉处理中间阶段的大脑区域产生更大的影响还有待调查（Szwed et al., 2014）。

简单总结阅读习得对视觉处理的影响

总之，阅读习得改变了个人的信息处理模式以适应书面字符串的处理，包括视觉扫描习惯以及对数字、操作和事件的顺序与空间上的排序之间关系的认识，并通过与其他视觉任务（主要是面部识别）之间的神经竞争重组负责视觉处理的大脑腹侧区域通路。阅读习得还可以改变早期的视觉过程，增强精细视觉识别能力，推动包含镜像符号的文字的读者放弃镜像的不变性。下一节将会讨论识字对更高层面的机能的影响。

阅读习得对高层面机能的影响

语义知识与组织

无论是在课堂上学习阅读，还是参与识字有关的活动（阅读书籍、杂志等）都无疑会使一个人的语义知识变得更加丰富和准确，这一点可以通过语义任务进行检验，例如，要求受试者尽可能多地说出某一类别（例如动物）的单词。结果成年文盲能举出来的例子远少于从小识字者（Ratcliff et al., 1998），类似的结果还出现在年龄相同的识字儿童和未识字儿童身上（Matute et al., 2012）。然而，这一发现并不意味着识字习得改变了记忆存储现实概念的方式，包括将概念进行分类或回忆的机制。在语义任务中，当参与者必须说出某类事物时，他们往往会列举属于同一子类的单词（如要举例的类别是动物时，受试者说出来的都是宠物、昆虫或鸟类等），反映出记忆的存储和检索是按子类别进行的（Gruenewald & Lockhead, 1980），这一点在文盲身上也有体现（Kosmidis, Tsapkini, Folia, Vlahou, & Kiosseoglou, 2004）。可见，虽然知识的丰富性和精确性得益于识字，但分类记忆和根据语义进行检索并不十分依赖于识字。即尽管未受过教育的文盲在分类举例任务中倾向于列举相互之间有关系的物体（例如裤子和腿而不是裤子和手臂，Luria, 1976），但如果明确告诉他们要根据分类来举例或者建议他们将例子归类，那么他们确实会使用分类学的方法来组织例子（Scribner & Cole, 1981）。

工作记忆和任务执行功能

人们需要学会管理工作记忆中的多个（包括内部和外界的）数据库并掌握多种信息编码形式（语音、正字法或元语言方式）才能够利用外界的符号存储系统（书籍和电脑等），在此过程中，个体的任务执行功能可能会适应性地作出改变（Donald, 1993）。检验该观点是困难的，因为任务执行功能构成了一套相关但明显不同的职能（Miyake et al., 2000）。截至目前尚未有研究涉及识字对个体在多重任务或标准之间转换的影响，或对个体故意抑制常见反映的影响以及对个体计划和组织信息输出顺序的影响（此外见 Morais & Kolinsky, 2002 审查的初步成果，提示是正规教育而不是识字本身的作用）。

但确有研究证据表明，识字对工作记忆任务产生影响，该研究中，受试者不仅需要记住一系列单词，还需要随时根据需要更新或删除已经记忆的信息，该任务与选择、更新和监测的任务执行功能密切相关（例如，Miyake et al., 2000; Bledowski, Kaiser, & Rahm, 2010），根据科斯米迪斯等人（Kosmidis et al.，2011）的研究报告，识字可以加强工作记忆，但工作记忆或许可以通过正规教育得到进一步加强，尤其是在制定学习战略的过程中。事实上，在倒序回忆任务（按照从后往前的顺序回忆）中，文盲以及晚识字者的表现都不如早识字者。

388 但识字确实会对记忆产生影响。在另一个听力记忆实验（受试者听一系列句子，并记住每一句的最后一个词）中，文盲表现比晚识字者差，晚识字者与早识字者无显著差异。然而，对于短期记忆而言，识字对工作记忆的影响仅限于口头任务或是在口头任务中体现得比非口头任务中更为明显。研究中所报告的识字对工作记忆的影响与正规教育的影响之间可能存在混淆的情况，早识字者在倒叙记忆任务中的表现优于上学时间很短的功能性文盲（Kosmidis et al., 2011）。

推理能力、智商和认知风格：受正规教育还是识字的影响？

鉴于书面材料具有语境独立性和持久性，识字能力往往被认为能够促进形式思维和抽象思维（Donald, 1993; Harris, 2009; Ong, 1982）。

古迪（Goody, 1968）和卢里亚（Luria, 1976）认为，识字能力是演绎推理的先决条件，因为识字能力在三段论法中得到应用（即推断能力，举例来说：苏格拉底终有一死的前提是：所有的人都有一死，苏格拉底是一个人），卢里亚的研究报告说成年文盲在推理任务中表现不佳。事实上，成年文盲的推理能力常被经验偏见所干扰（Scribner, 1977）：当他们面对不熟悉的前提时，他们会利用自己的经验来补充、歪曲甚至拒绝这些前提（Cole et al., 1971; Luria, 1976; Scribner & Cole, 1981)。例如，问题如下：在遥远的北方有雪，所有的熊都是白色的，新地岛位于北方，那里的熊是什么颜色的？一位文盲参与者回答："我不知道。我见过一只黑熊。我从来没见过其他熊……每个地方都有自己的动物"（Luria, 1976, pp.108–109）。然而，未受过教育的人擅长基于个人熟悉的信息的三段论（Scribner & Cole, 1981），而且对于不熟悉的信息，如果这些信息与受试文盲的经验距离极远，例如涉及遥远星球的知识，文盲就能够将自身的经验放到一边，准确适当地利用三段论法得出正确的结论（Dias, Roazzi, & Harris, 2005)。然而，迪亚斯等人（2005）的研究中，文盲参与者总体表现不如早识字者。斯克里布纳和科尔（1981）关于西非瓦伊人的观察表明，在西方类型的学校接受正规教育（由受过训练的教师提供长期教学，课程表中包括识字和识字以外的各种课程，如数学和其他必修课）会导致识字能力对个体的逻辑推理产生影响，但在其他类型的学校接受教育的学生并不会展现出特别明显的识字-逻辑间关联性，例如家庭教育和古兰经学校（学习内容仅限于阅读和写出已知的《古兰经》段落或经常使用的祈祷文)。

正规教育甚至能够影响智商。尽管智商得分通常与识字能力有关联，但文盲和晚识字者的智商得分之间要么没有差别，要么只有很小的差别，两者的得分都远远低于早识字者（Verhaeghe & Kolinsky,

2006；纵向研究可见 Landgraf et al., 2011，研究对象涉及先前几乎从未接受过正规学校教育，成年后才参加识字课程的成人）。正规教育而非仅限于识字教育，似乎也会造成所谓认知风格的差异。先前的信念对推理的影响以及由此产生的跨文化差异会造成来自不同文化背景的个体在推理时运用不同的认知程序。例如尼斯贝特（Nisbett, 2003）认为东方推理更注重整体和辩证，而西方推理更注重分析和逻辑。类似地，东方人更加关注视觉画面中整体环境和主体之间的关系，而西方人则将关注点放在一个突出的对象上，而忽略背景和整体信息（Nisbett & Miyamoto, 2005)。文图拉等人（2008）则强调了西方学校教育作为其文化的一部分，是造成个体相关改变的关键因素，而识字教育本身并不一定会对个体产生相关改变，针对母语为葡萄牙语的群体进行的研究表明，早识字者的个体表现出不考虑上下文的分析处理风格，而葡萄牙语文盲和晚识字者（类似的还有泰国文盲和早识字者和晚识字者）表现出一种依赖上下文的整体处理思维风格。

总结

目前为止积累的许多行为和大脑成像证据都证实弗里思（1998）的断言，即识字能力正在改变大脑，甚至包括大脑的解剖结构。至于
389 口语方面，除了一些不受影响的领域（语音区分、分类感知、词汇表达的语音重构、隐式音素代码）外，识字能力确实改变了口语的处理方式。识字者处理口语的方式与文盲不同，口语处理方式拼写知识的影响比最初学界设想的要深。

同样的结论也适用于视觉感知：阅读习得使得大脑结构和处理程序改变到适应于处理书面字符串的状态，并引发神经竞争效应从

而改变了其他类型的视觉信息的处理方式。此外，识字能力还改变了大脑的解剖结构，包括视觉（正字法）处理区域和语音处理区域之间的联系。

虽然学界对包括阅读在内的文化工具如何改变我们的大脑的兴趣颇大（Ansari, 2012; Donald, 1993; Wilson, 2010)，但识字对高等级职能是否会产生影响的证据目前尚缺，为了了解个体的大脑从发育至成熟的普遍原则，仍有许多工作有待完成（Wilson, 2010, p. 186)。

未来方向

除了前面提到的关于识字对高级功能的影响缺少实证调查之外，识字如何改变大脑功能和结构的机制依然仍处于未知状态。我们不仅需要详细的模型解释文化如何影响大脑功能（Anderson, 2010; Dehaene & Cohen, 2007)，而且还需要更多的数据来确定行为对大脑产生改变这一现象（例如书面文字处理和面部处理之间的神经竞争，Dehaene, Pegado, et al., 2010）是否存在，以及大脑和行为之间产生联系的具体类型。

另外还有一个重要的问题，就是关于识字是否对一个人的一生持续产生影响。成年人能像孩子一样有效地完成扫盲然后识字吗？还是像 Abadzi(2012）所认为的那样成年人在学习新语言的阅读方面比儿童面临更多的困难，显示所谓的新阅读障碍？一个相关的问题是，阅读对大脑和认知的影响是否存在一个关键期，包括神经竞争。这些问题的答案对教育的实施时间和内容有重要意义，但它们取决于具体的人群特点。例如，单词认知和面孔识别之间的神经竞争只在早识字者身上能够观察到，而在晚识字者身上则观察不到（Dehaene, Pegado, et al., 2010)，这一事实或许反映了晚识字者的阅读水平不能够得到充分发展的原因可能是成年后个体的可塑性降低，或可能是学习年限过少，抑或是个人目标不同导致成人和儿童学习识字的动机不同。

更广泛地说，只要我们了解哪些认知过程和大脑网络会被识字改变，我们就能够更好地优化识字教育，这对于阅读学习存在障碍的孩子而言意义重大，尽管他们有机会接受正常的阅读教育并且具备足够的智力和完整的感知能力，但是在阅读学习方面的表现却不理想，即出现阅读障碍。针对同龄儿童（Monzalvo & Dehaene-Lambertz, 2013）或扫盲班中之前未受过教育的成年人的纵向研究（Landgraf et al., 2011）以及训练研究（Brem et al., 2010)，显示受试者的行为过程以及大脑皮层活跃情况的改变，为该方面的研究带来了希望。研究识字的影响应该能够帮助我们更好地了解阅读障碍的发病机制（或发病近因 Pennington & Peterson，本书）。例如，语言障碍患者一边看字母一边听音素或是单纯听音素的过程中，颞平面的活跃程度不如正常人（Blau et al., 2010; Monzalvo et al., 2012)。学者们认为这是阅读出现障碍的直接原因（Blau et al., 2010)。另一方面，和识字者相比，成年文盲（Dehaene, Pegado et al., 2010）和尚未学习的儿童（Monzalvo & Dehaene-Lambertz, 2013）对语言刺激的大脑皮层反映更不明显，因此，阅读水平可能是阅读障碍出现的真正原因。今后我们应该更好地将识字障碍相关研究的结论和关于识字障碍的理论认识结合起来，深入探索识字障碍的发病机制和补救方案。在这方面，比较法突破了对某个人类社会独有的领域的关注，例如 WEIRD［西方、文化、教育、工业化、财富和民主］（Henrich, Heine, & Norenzayan, 2010），目前亟待进行的是同时涉及文盲和晚识字者的研究，因为找到能够代表这些人群的典型样本的难度越来越高。

致谢

本章的编写工作得到了由 FNRC 2.4515.12 投资的“科学研究基金 390
会”和 Interuniversity Attraction Poles(IAP) Belspo7/33 基金的支持。

参考文献

Abadzi, H. (2012). Can adults become fluent readers in newly learned scripts? *Education Research International, 2012*, 1–8.

Adams, M. J. (1990). *Beginning to read: Thinking and learning about print*. Cambridge, MA: MIT Press.

Adrian, J. A., Alegria, J., & Morais, J. (1995). Metaphonological abilities of Spanish illiterate adults. *International Journal of Psychology, 30*, 329–353.

Anderson, M. L. (2010). Neural reuse: A fundamental organizational principle of the brain. *Behavioral and Brain Sciences, 33*, 245–313.

Ansari, D. (2012). Culture and education: New frontiers in brain plasticity. *Trends in Cognitive Sciences, 16*, 93–95.

Ardila, A., Bertolucci, P. H., Braga, L. W., Castro-Caldas, A., Judd, T., Kosmidis, M., . . . Rosselli, M. (2010). Illiteracy: The neuropsychology of cognition without reading. *Archives of Clinical Neuropsychology, 25*, 689–712.

Ardila, A., Ostrosky-Solis, F., & Mendoza, V. U. (2000). Learning to read is much more than learning to read: A neuropsychologically-based learning to read method. *Journal of the International Neuropsychological Society, 6*, 789–801.

Baddeley, A. D. (1966). Short-term memory for sequences as a function of acoustic, semantic and formal similarity. *Quarterly Journal of Experimental Psychology, 18*, 362–365.

Bergen, B. K., & Chan Lau, T. T. (2012). Writing direction affects how people map space onto time. *Frontiers in Psychology, 3*.

Bertelson, P. (1972). Listening from left to right versus right to left. *Perception, 1*, 161–165.

Bertelson, P., & Tisseyre, F. (1972). Lateral asymmetry in the perceived sequence of speech and nonspeech stimuli. *Perception & Psychophysics, 11*, 356–362.

Berthoud-Papandropoulou, I. (1978). An experimental study of children's ideas about language. In A. Sinclair, R. J. Jarvella, & W. J. M. Levelt (Eds.), *The child's conception of language* (pp. 55–65). Berlin, Germany: Springer.

Blau, V., Reithler, J., van Atteveldt, N., Seitz, J., Gerretsen, P., Goebel, R., & Blomert, L. (2010). Deviant processing of letters and speech sounds as proximate cause of reading failure: A functional magnetic resonance imaging study of dyslexic children. *Brain, 133,* 868–879.

Bledowski, C., Kaiser, J., & Rahm, B. (2010). Basic operations in working memory: Contributions from functional imaging studies. *Behavioural Brain Research, 214,* 172–179.

Bramα ~ o, I., Mendonca, A., Faisca, L., Ingvar, M., Petersson, K. M., & Reis, A. (2007). The impact of reading and writing skills on a visuo-motor integration task: A comparison between illiterate and literate subjects. *Journal of the International Neuropsychological Society, 13,* 359–364.

Brem, S., Bach, S., Kucian, K., Guttorm, T. K., Martin, E., Lyytinen, H., . . . Richardson, U. (2010). Brain sensitivity to print emerges when children learn letter-speech sound correspondences. *Proceedings of the National Academy of Sciences, 107,* 7939–7944.

Brennan, C., Cao, F., Pedroarena-Leal, N., McNorgan, C., & Booth, J. R. (2013). Reading acquisition reorganizes the phonological awareness network only in alphabetic writing systems. *Human Brain Mapping, 34,* 3354–3368.

Burnham, D. K. (2003). Language specific speech perception and the onset of reading. *Reading and Writing: An Interdisciplinary Journal, 16,* 573–609.

Burton, M. W., Small, S. L., & Blumstein, S. E. (2000). The role of segmentation in phonological processing: An fMRI investigation. *Journal of Cognitive Neuroscience, 12,* 679–690.

Calvert, G. A., Bullmore, E. T., Brammer, M. J., Campbell, R., Williams, S. C. R., McGuire, P. K., . . . David, A. S. (1997). Activation of auditory cortex during silent lipreading. *Science, 276,* 593–596.

Carreiras, M., Seghier, M., Baquero, S., Estevez, A., Lozano, A., Devlin, J. T., & Price, C. J. (2009). An anatomical signature for literacy. *Nature, 461,* 983–986.

Castles, A., & Coltheart, M. (2004). Is there a causal link from phonological awareness to success in learning to read? *Cognition, 91,* 77–111.

Castles, A., Holmes, V. M., Neath, J., & Kinoshita, S. (2003). How does orthographic knowledge influence performance on phonological awareness tasks? *Quarterly Journal of Experimental Psychology, 56A,* 445–467.

Castro-Caldas A., Cavaleiro Miranda, P., Carmo, I., Reis, A., Leote, F., Ribeiro, C., &

Ducla-Soares, E. (1999). Influence of learning to read and write on the morphology of the corpus callosum. *European Journal of Neurology, 6,* 23–28.

Castro-Caldas, A., Petersson, K. M., Reis, A., Stone-Elander, S., & Ingvar, M. (1998). The illiterate brain: Learning to read and write during childhood influences the functional organization of the adult brain. *Brain, 121,* 1053–1063.

Chang, E. F., Rieger, J. W., Johnson, K., Berger, M. S., Barbaro, N. M., & Knight, R. T. (2010). Categorical speech representation in human superior temporal gyrus. *Nature Neuroscience, 13,* 1428–1432.

Chokron, S., Kazandjian, S., & De Agostini, M. (2009). Effect of reading direction on visuospatial organization: A critical review. In A. Gari, & K. Mylonas (Eds.), *Quod erat demonstrandum: From Herodotus' ethnographic journeys to cross-cultural research* (pp. 104–114). Athens, Greece: Pedio Books.

Cohen, L., Dehaene, S., Naccache, L., Lehericy, S., Dehaene-Lambertz, G., Henaff, M. A., & Michel, F. (2000). The visual word form area: Spatial and temporal characterization of an initial stage of reading in normal subjects and posterior split-brain patients. *Brain, 123,* 291–307.

Cole, M., Gay, J., Glick, J. A., & Sharp, D. W. (1971). *The cultural context of learning and thinking: An exploration in experimental anthropology*. New York, NY: Basic Books.

Conrad, R., & Hull, A. J. (1964). Information, acoustic confusion and memory span. *British Journal of Psychology, 55,* 429–432.

Cutler, A., Treiman, R., & Van Ooijen, B. (2010). Strategic deployment of orthographic knowledge in phoneme detection. *Language and Speech, 53,* 307–320.

Damian, M. F., & Bowers, J. S. (2010). Orthographic effects in rhyme monitoring tasks: Are they automatic? *European Journal of Cognitive Psychology, 22,* 106–116.

Danziger, E., & Pederson, E. (1998). Through the looking-glass: Literacy, writing systems and mirror-image discrimination. *Written Language and Literacy, 1,* 153–164.

Dehaene, S., Bossini, S., & Giraux, P. (1993). The mental representation of parity and number magnitude. *Journal of Experimental Psychology: General, 122,* 371–396.

Dehaene, S., & Cohen, L. (2007). Cultural recycling of cortical maps. *Neuron, 56,* 384–398.

Dehaene, S., Nakamura, K., Jobert, A., Kuroki, C., Ogawa, S., & Cohen, L. (2010). Why do children make mirror errors in reading? Neural correlates of mirror invariance in the visual word form area. *Neuroimage, 49,* 1837–1848.

Dehaene, S., Pegado, F., Braga, L. W., Ventura, P., Nunes, G., Jobert, A., . . . Cohen, L. (2010). How learning to read changes the cortical networks for vision and language.

Science, 330, 1359–1364.

Denny, J. P. (1991). Rational thought in oral culture and literate decontextualization. In D. R. Olson, & N. Torrance (Eds.), *Literacy and orality* (pp. 66–89). New York, NY: Cambridge University Press.

Dias, M., Roazzi, A., & Harris, P. L. (2005). Reasoning from unfamiliar premises: A study with unschooled adults. *Psychological Science, 16,* 550–554.

Dobel, C., Enriquez-Geppert, S., Zwitserlood, P., & Bolte, J. (2014). Literacy shapes thought: The case of event representation in different cultures. *Frontiers in Psychology, 5,* 290.

Donald, M. W. (1993). Precis of *Origins of the modern mind: Three stages in the evolution of culture and cognition*. *Behavioral and Brain Sciences, 16,* 737–791.

Dunabeitia, J. A., Dimitropoulou, M., Grainger, J., Hernandez, J. A., & Carreiras, M. (2012). Differential sensitivity of letters, numbers, and symbols to character transposition. *Journal of Cognitive Neuroscience, 24,* 1610–1624.

Dunabeitia, J. A., Orihuela, K., & Carreiras, M. (2014). Orthographic coding in illiterates and literates. *Psychological Science, 25,* 1275–1280.

Dundas, E. M., Plaut, D. C., & Behrmann, M. (2013). The joint development of hemispheric lateralization for words and faces. *Journal of Experimental Psychology: General, 142,* 348–358.

Ehri, L. C., Nunes, S. R., Willows, D. M., Schuster, B. V., Yaghoub-Zadeh, Z., & Shanahan, T. (2001). Phonemic awareness instruction helps children learn to read: Evidence from the National Reading Panel's meta-analysis. *Reading Research Quarterly, 36,* 250–287.

Fernandes, T., & Kolinsky, R. (2013). From hand to eye: The role of literacy, familiarity, graspability, and vision-for-action on enantiomorphy. *Acta Psychologica, 142,* 51–61.

Fernandes, T., Vale, A. P., Martins, B., Morais, J., & Kolinsky, R. (2014). The deficit of letter processing in developmental dyslexia: Combining evidence from dyslexics, typical readers, and illiterate adults. *Developmental Science, 17,* 125–141.

Fodor, J., & Bever, T. G. (1965). The psychological reality of linguistic segments. *Journal of Verbal Learning and Verbal Behavior, 4,* 414–420.

Frauenfelder, U. H., Segui, J., & Dijkstra, T. (1990). Lexical effects in phonemic processing: Facilitatory or inhibitory? *Journal of Experimental Psychology: Human Perception and Performance, 16,* 77–91.

Frith, U. (1998). Editorial: Literally changing the brain. *Brain, 121,* 1011–1012.

Garlock, V. M., Walley, A. C., & Metsala, J. L. (2001). Age-ofacquisition, word frequency, neighborhood density effects on spoken word recognition by children and adults. *Journal of Memory and Language, 45,* 468–492.

Goody, J. (1968). *Literacy in traditional societies*. Cambridge, England: Cambridge University Press. Goswami, U. (2000). Phonological representations, reading development and dyslexia: Towards a cross-linguistic theoretical framework. *Dyslexia, 6,* 133–151.

Grainger, J., & Ferrand, L. (1996). Masked orthographic and phonological priming in visual word recognition and naming: Cross-task comparisons. *Journal of Memory and Language, 35,* 623–647.

Grainger, J., Tidgat, I., & Issele, J. (2010). Crowding affects letters and symbols differently. *Journal of Experimental Psychology: Human Perception and Performance, 36,* 673–688.

Gruenewald, P. J., & Lockhead, G. R. (1980). The free recall of category examples. *Journal of Experimental Psychology: Human Learning and Memory, 6,* 225–240.

Harris, R. (2009). *Rationality and the literate mind*. New York, NY: Routledge.

Henrich, J., Heine, S. J., & Norenzayan, A. (2010). The weirdest people in the world? *Behavioral and Brain Sciences, 33,* 61–135.

Hoonhorst, I., Medina, V., Colin, C., Markessis, E., Radeau, M., Deltenre, P., & Serniclaes, W. (2011). Categorical perception of voicing, colors and facial expressions: A developmental study. *Speech Communication, 53,* 417–430.

Hulme, C., Caravolas, M., Malkova, G., & Brigstocke, S. (2005). Phoneme isolation ability is not simply a consequence of letter-sound knowledge. *Cognition, 97,* B1–B11.

Kolinsky, R., Cary, L., & Morais, J. (1987). Awareness of words as phonological entities: The role of literacy. *Applied Psycholinguistics, 8,* 223–232.

Kolinsky, R., Morais, J., & Verhaeghe, A. (1994). Visual separability: A study on unschooled adults. *Perception, 23,* 471–486.

Kolinsky, R., Verhaeghe, A., Fernandes, T., Mengarda, E. J., Grimm-Cabral, L., & Morais, J. (2011). Enantiomorphy through the looking-glass: Literacy effects on mirror-image discrimination. *Journal of Experimental Psychology: General, 140,* 210–238.

Kosmidis, M. H., Tsapkini, K., Folia, V., Vlahou, C. H., & Kiosseoglou, G. (2004). Semantic and phonological processing in illiteracy. *Journal of the International Neuropsychological Society, 10,* 818–827.

Kosmidis, M. H., Zafiri, M., & Politimou, N. (2011). Literacy versus formal schooling: Influence on working memory. *Archives of Clinical Neuropsychology, 26,* 575–582.

Lafontaine, H., Chetail, F., Colin, C., Kolinsky, R., & Pattamadilok, C. (2012). Role and activation time course of the phonological and orthographic information during phoneme judgment. *Neuropsychologia, 50,* 2897–2906.

Landgraf, S., Beyer, R., Pannekamp, A., Schaadt, G., Koch, D. Foth, M., & Meer, E. (2011). Dissociating improvement of attention and intelligence during written language acquisition in adults. *International Journal of Intelligence Science, 1,* 17–24.

Li, S., Lee, K., Zhao, J., Yan, Z., He, S., & Weng, X. (2013). Neural competition as a developmental process: Early hemispheric specialization for word processing delays specialization for face processing. *Neuropsychologia, 51,* 950–959.

Liberman, A. M., Harris, K. S. Hoffman, H. S., & Griffith, B. C. (1957). The discrimination of speech sounds within and across phoneme boundaries. *Journal of Experimental Psychology, 54,* 358–368.

Liberman, I. Y., Shankweiler, D., Fischer, F. W., & Carter, B. (1974). Explicit syllable and phoneme segmentation in the young child. *Journal of Experimental Child Psychology, 18,* 201–212.

Luria, A. R. (1976). *Cognitive development: Its cultural and social foundations.* Cambridge, MA: Harvard University Press. Martinez Perez, T., Majerus, S., & Poncelet, M. (2012). The contribution of short-term memory for serial order to early reading acquisition: Evidence from a longitudinal study. *Journal of Experimental Child Psychology, 111,* 708–723.

Matute, E., Montiel, T., Pinto, N., Rosselli, M., Ardila, A., & Zarabozo, D. (2012). Comparing cognitive performance in illiterate and literate children. *International Review of Education, 58,* 109–127.

McBride-Chang, C., Chow, B. W.-Y., Zhong, Y., Burgess, S., & Hayward, W.G. (2005). Chinese character acquisition and visual skills in two Chinese scripts. *Reading and Writing: An Interdisciplinary Journal, 18,* 99–128.

Mesgarani, N., Cheung, C., Johnson, K., & Chang, E. F. (2014). Phonetic feature encoding in human superior temporal gyrus. *Science, 343,* 1006–1010.

Metsala, J. L. (1997). An examination of word frequency and neighborhood density in the development of spoken-word recognition. *Memory & Cognition, 25,* 47–56.

Miyake, A., Friedman, N. P., Emerson, N. J., Witzki, A. H., Howerter, A., & Wager, T. D. (2000). The unity and diversity of executive functions and their contributions to complex "frontal lobe" tasks: A latent variable analysis. *Cognitive Psychology, 41,* 49–100.

Monzalvo, K., & Dehaene-Lambertz, G. (2013). How reading acquisition changes children's spoken language network. *Brain and Language, 127,* 356–365.

Monzalvo, K., Fluss, J., Billard, C. Dehaene, S., & Dehaene-Lambertz, G. (2012). Cortical networks for vision and language in dyslexic and normal children of variable socioeconomic status. *NeuroImage, 61,* 258–274.

Morais, J., Bertelson, P., Cary, L., & Alegria, J. (1986). Literacy training and speech segmentation. *Cognition, 24,* 45–64.

Morais, J., Cary, L., Alegria, J., & Bertelson, P. (1979). Does awareness of speech as a sequence of phones arise spontaneously? *Cognition, 7,* 323–331.

Morais, J., Castro, S.-L., Scliar-Cabral, L., Kolinsky, R., & Content, A. (1987). The effects of literacy on the recognition of dichotic words. *Quarterly Journal of Experimental Psychology, 39A,* 451–465.

Morais, J., & Kolinsky, R. (1994). Perception and awareness in phonological processing the case of the phoneme. *Cognition, 50,* 287–297.

Morais, J., & Kolinsky, R. (2002). Literacy effects on language and cognition. In L. Backman, & C. von Hofsten (Eds.) *Psychology at the turn of the millenium: Vol. 1. Cognitive, biological, and health perspectives* (pp. 507–530). Hove, England: Psychology Press.

Muneaux, M., & Ziegler, J. C. (2004). Locus of orthographic effects in spoken word recognition: Novel insights from the neighbour generation task. *Language and Cognitive Processes, 19,* 641–660.

Nation, K., & Hulme, C. (2011). Learning to read changes children's phonological skills: Evidence from a latent variable longitudinal study of reading and nonword repetition. *Developmental Science, 14,* 649–659.

Nisbett, R. E. (2003). *The geography of thought: How Asians and Westerners think differently . . . and why*. New York, NY: Free Press.

Nisbett, R. E., & Miyamoto, Y. (2005). The influence of culture: Holistic versus analytic perception. *Trends in Cognitive Sciences, 9,* 467–473.

Olson, D. (1991). Literacy as metalinguistic activity. In D. R. Olson, & N. Torrance (Eds.), *Literacy and orality* (pp. 251–270). Cambridge, England: Cambridge University Press.

Ong, W. J. (1982). *Orality and literacy: The technologizing of the word.* New York, NY: Methuen. Pattamadilok, C., Knierim, I. N., Duncan, K. J., & Devlin, J. T. (2010). How does learning to read affect speech perception? *Journal of Neuroscience, 30,* 8435–8444.

Pattamadilok, C., Kolinsky, R., Luksaneeyanawin, S., & Morais, J. (2008). Orthographic congruency effects in the suprasegmental domain: Evidence from Thai. *Quarterly Journal of Experimental Psychology, 61,* 1515–1537.

Pattamadilok, C., Lafontaine, H., Morais, J., & Kolinsky, R. (2010). Auditory word serial recall benefits from orthographic dissimilarity. *Language and Speech, 53,* 321–341.

Pattamadilok, C., Morais, J., Ventura, P., & Kolinsky, R. (2007). The locus of the orthographic consistency effect in auditory word recognition: Further evidence from French. *Language and Cognitive Processes, 22,* 700–726.

Pattamadilok, C., Perre, L., Dufau, S., & Ziegler, J. C. (2009). On-line orthographic influences on spoken language in a semantic task. *Journal of Cognitive Neuroscience, 21,* 169–179.

Pattamadilok, C., Perre, L., & Ziegler, J. C. (2011). Beyond rhyme or reason: ERPs reveal task-specific activation of orthography on spoken language. *Brain and Language, 116,* 116–124.

Peereman, R., Dufour, S., & Burt, J. S. (2009). Orthographic influences in spoken word recognition: The consistency effect in semantic and gender categorization tasks. *Psychonomic Bulletin & Review, 16,* 363–368.

Pegado, F., Nakamura, K., Braga, L., Ventura, P., Nunes, G., Jobert, A., . . . Dehaene, S. (2014). Literacy breaks mirror invariance for visual stimuli: A behavioral study with adult illiterates. *Journal of Experimental Psychology: General, 143,* 887–894.

Pegado, F., Nakamura, K., Cohen, L., & Dehaene, S. (2011). Breaking the symmetry: Mirror discrimination for single letters but not for pictures in the Visual Word Form Area. *NeuroImage, 55,* 742–749.

Perre, L., Pattamadilok, C., Montant, M., & Ziegler, J. C. (2009). Orthographic effects in spoken language: On-line activation or phonological restructuring? *Brain Research, 1275,* 73–80.

Perre, L., & Ziegler, J. C. (2008). On-line activation of orthography in spoken word recognition. *Brain Research, 1188,* 132–138.

Petersson, K. M., Silva, C., Castro-Caldas, A., Ingvar, M., & Reis, A. (2007). Literacy: A cultural influence on functional left-right differences in the inferior parietal cortex. *European Journal of Neuroscience, 26,* 791–799.

Pollatsek, A., Bolozky, S., Well, A. D., & Rayner, K. (1981). Asymmetries in the perceptual span for Israeli readers. *Brain and Language, 14,* 174–180.

Ranbom, L. J., & Connine, C. M. (2011). Silent letters are activated in spoken word recognition. *Language and Cognitive Processes, 26,* 236–261.

Ratcliff, G., Ganguli, M., Chandra, V., Sharma, S., Belle, S., Seaberg, E., & Pandav, R. (1998). Effects of literacy and education on measures of word fluency. *Brain and Language, 61,* 115–122.

Read, C., Zhang, Y., Nie, H., & Ding, B. (1986). The ability to manipulate speech sounds depends on knowing alphabetic reading. *Cognition, 24,* 31–44.

Rossion, B., Dricot, L., Devolder, A., Bodart, J. M., Crommelinck, M., De Gelder, B., & Zoontjes, R. (2000). Hemispheric asymmetries for whole-based and part-based face processing in the human fusiform gyrus. *Journal of Cognitive Neuroscience, 12,*

793–802.
Scliar-Cabral, L., Morais, J., Nepomuceno, L., & Kolinsky, R. (1997). The awareness of phonemes: So close—so far away. *International Journal of Psycholinguistics, 13,* 211–240.
Scribner, S. (1977). Modes of thinking and ways of speaking: Culture and logic reconsidered. In P. N. Johnson-Laird & P. C. Wason (Eds.), *Thinking: Readings in cognitive science* (pp. 483–500). New York, NY: Cambridge University Press.
Scribner, S., & Cole, M. (1981). *The psychology of literacy*. Cambridge, MA: Harvard University Press.
Seidenberg, M. S., & Tanenhaus, M. K. (1979). Orthographic effects on rhyme monitoring. *Journal of Experimental Psychology: Human Learning and Memory, 5,* 546–554.
Serniclaes, W., Ventura, P., Morais, J., & Kolinsky, R. (2005). Categorical perception of speech sounds in illiterate adults. *Cognition, 98,* B35–B44.
Shaki, S., Fischer, M. H., & Petrusic, W. M. (2009). Reading habits for both words and numbers contribute to the SNARC effect. *Psychonomic Bulletin & Review, 16,* 328–331.
Stone, G. O., Vanhoy, M., & Van Orden, G. C. (1997). Perception is a two-way street: Feedforward and feedback phonology in visual word recognition. *Journal of Memory and Language, 36,* 337–359.
Szwed, M., Dehaene, S., Kleinschmidt, A., Eger, E., Valabregue, R., Amadon, A., & Cohen, L. (2011). Specialization for written words over objects in the visual cortex. *Neuroimage, 56,* 330–344.
Szwed, M., Qiao, E., Jobert, A., Dehaene, S., & Cohen, L. (2014). Effects of literacy in early visual and occipitotemporal areas of Chinese and French readers. *Journal of Cognitive Neuroscience, 26,* 459–475.
Szwed, M., Ventura, P., Querido, L., Cohen, L., & Dehaene, S. (2012). Reading acquisition enhances an early visual process of contour integration. *Developmental Science, 15,* 139–149.
Taft, M. (2006). Orthographically influenced abstract phonological representation: Evidence from non-rhotic speakers. *Journal of Psycholinguistic Research, 35,* 67–78.
Taft, M. (2011). Orthographic influences when processing spoken pseudowords: Theoretical implications. *Frontiers in Psychology, 2,* 140.
Thiebaut de Schotten, M., Cohen, L., Amemiya, E., Braga, L. W., & Dehaene, S. (2014). Learning to read improves the structure of the arcuate fasciculus. *Cerebral Cortex, 24,* 989–995.
Treiman, R. (1983). The structure of spoken syllables: Evidence from novel word

games. *Cognition, 15,* 49–74.
Treiman, R., & Cassar, M. (1997). Can children and adults focus on sound as opposed to spelling in a phoneme counting task? *Developmental Psychology, 33,* 771–780.
Van Leeuwen, C., & Lachmann, T. (2004). Negative and positive congruence effects in letters and shapes. *Perception & Psychophysics, 66,* 908–925.
Ventura, P., Fernandes, T., Cohen, L., Morais, J., Kolinsky, R., & Dehaene, S. (2013). Literacy acquisition reduces the automatic holistic processing of faces and houses. *Neuroscience Letters, 554,* 105–109.
Ventura, P., Kolinsky, R., Brito-Mendes, C., & Morais, J. (2001). Mental representations of the syllable internal structure are influenced by orthography. *Language and Cognitive Processes, 16,* 393–418.
Ventura, P., Kolinsky, R., Fernandes, S., Querido, L., & Morais, J. (2007). Lexical restructuring in the absence of literacy. *Cognition, 105,* 334–361.
Ventura, P., Morais, J., Pattamadilok, C., & Kolinsky, R. (2004). The locus of the orthographic consistency effect in auditory word recognition. *Language and Cognitive Processes, 19,* 57–95.
Ventura, P., Pattamadilok, C., Fernandes, T., Kolinsky, R., Klein, O., & Morais, J. (2008). Schooling in Western culture promotes context-free processing. *Journal of Experimental Child Psychology, 100,* 79–88.
Verhaeghe, A., & Kolinsky, R. (2006). *O que os iletrados nos ensinam sobre os testes de inteligência* [What illiterate people teach us about intelligence tests]. Lisbon, Portugal: Fundacao Calouste Gulbenkian- Fundacao para a Ciencia e a Tecnologia.
Wilson, M. (2010). The re-tooled mind: How culture re-engineers cognition. *Social Cognitive and Affective Neuroscience, 5,* 180–187.
Yoncheva, Y. N., Maurer, U., Zevin, J. D., & McCandliss, B. D. (2013). Effects of rhyme and spelling patterns on auditory word ERPs depend on selective attention to phonology. *Brain and Language, 124,* 238–243.
Yoncheva, Y. N., Zevin, J. D., Maurer, U., & McCandliss, B. D. (2010). Auditory selective attention to speech modulates activity in the visual word form area. *Cerebral Cortex, 20,* 622–632.
Young, A. W., Hellawell, D., & Hay, D. C. (1987). Configurational information in face perception. *Perception, 16,* 747–759.
Zatorre, R., Meyer, E., Gjedde, A., & Evans, A. (1996). PET studies of phonetic processing of speech: Review, replication and reanalysis. *Cerebral Cortex, 6,* 21–30.
Ziegler, J. C., & Ferrand, L. (1998). Orthography shapes the perception of speech: The consistency effect in auditory recognition. *Psychonomic Bulletin & Review, 5,* 683–689.

Ziegler, J. C., Petrova, A., & Ferrand, L. (2008). Feedback consistency effects in visual and auditory word recognition: Where do we stand after more than a decade? *Journal of Experimental Psychology: Learning, Memory, and Cognition, 34,* 643–661.

第五部分

阅读教学

第 26 章　幼儿的家庭识字教育

莫尼克·塞内沙尔

397

摘　要：本章重点介绍能够促进早期识字和口语能力发展的亲子互动。本章第一部分介绍了两类解释家庭识字教育活动与儿童识字能力之间关联的经验模型。第二部分介绍亲子活动影响早期识字能力的准实验综合研究，经验模型和准实验综合研究证据符合家庭识字模型（Sénéchal，2006；Sénéchal，& LeFevre，2002），该模型认为朗读等非正式识字教育活动是儿童提升口语能力的重要渠道。最重要的是，如果儿童要从家庭环境中习得读写技能，那么包括家长的教育在内的正式教育似乎是必要的读写习得途径。

关键词：早期识字、亲子互动、家庭识字环境、阅读、儿童、教学

幼儿可以自己尝试的阅读和书写、观察榜样以及与识字者进行互动来学习识字（Teale, & Sulzby, 1986)。父母为孩子提供书籍和绘本等资源，方便孩子自己的阅读探索，父母自身的阅读行为以及写笔记、信件或购物清单会成为孩子可以模仿的范本，家长指着文本中的字母给孩子读绘本也是重要的识字互动教育。了解家庭识字教育对幼儿阅读能力发展的影响很重要，其原因有二：首先，儿童阅读技能的个体差异很早就出现，而且随着时间的推移保持相当稳定的状态（Butler, Marsh, Sheppard, & Sheppard, 1985)。例如，一年级时出现阅读学习困难的孩子，以后更容易在其他领域的学习上出现学习困难，并且有更大概率从高中退学或是高中毕业之后不再继续求学（Alexander, Entwisle, & Horsey, 1997; Entwisle, Alexander, & Olson, 2005)。其次，探索幼儿阅读教育很重要，因为学龄前儿童和早期学龄儿童

对环境影响特别敏感（Hart, & Petrill, 2009; Landry, Smith, Swank, & Guttentag, 2008）。

本章分两个部分介绍促进早期识字技能发展的亲子活动。第一部分介绍了两类家庭识字类亲子活动与儿童阅读成绩关系的经验模型，该模型已得到最新研究的评估。第二部分是测试亲子活动对幼儿早期识字习得的影响的实验和准实验综合研究。这两部分研究涉及的
398 儿童年龄分别为4岁和5岁，即学龄前儿童。文章中的家庭识字教育活动的类型和频率指的是北美和南美、欧洲、澳大利亚和亚洲地区的记录，但是，除非另有说明，大多数记录所涉及的语言都是英语。

家庭识字模型

许多有儿童的家中都存在着识字教育，家庭识字教育可能以几种形式存在。本章探讨父母与子女之间的互动，这些互动可以促进语言和阅读能力。塞内沙尔和勒斐伏尔（2002）以及塞内沙尔（2006）采用纵向研究，阐述了家庭识字教育与儿童阅读能力之间的联系。根据他们提出的模型，早期的家庭识字教育的主要内容为带领孩子更多地关注书面文本。塞内沙尔和勒斐伏尔将家庭识字教育分为两类，即非正式和正式的家庭识字教育。非正式识字教育的重点是让孩子重视书面文本所承载的信息。相反，正式的家庭识字活动则将文字的特点作为教育重点，以字母语言为例，文字的特点即文字的使用、组合、阅读和拼写。正式识字教育指学习文本读写的亲子活动，虽然名为“正式教育”，但其实并不一定非得是有规划的教育活动，这类亲子活动也可以是为了娱乐、传递信息或启发教育。在家长给孩子阅读绘本的过程中，只要家长指着字母给孩子阅读或是教孩子如何阅读文本中的特定单词，就可以让孩子得到正式的识字教育。

因此，非正式识字教育和正式识字教育的区别在于，互动的重点是文字所承载的意义还是文字本身的形式。

根据家庭识字模型，这两种家庭识字教育与口语和早期识字能力有不同的联系。具体而言，非正式识字教育主要促进口语技能的发展，而正式识字教育则促进了早期识字技能的获得，如字母知识和最初的读写尝试（见 Ehri，本书）。塞内沙尔和勒斐伏尔（2002）认为应该将阅读的关键预测指标，儿童的音素意识和口语技能以及早期阅读习得区别开来。这样做就可以看出儿童的口头和书面语言技能之间的联系是否受到儿童口语和书写能力的调节。接下来本章将会对上述预测进行逐个检验。

在家庭识字模型中，父母与子女亲子阅读的频率和种类被用来对非正规识字体验进行索引。在亲子阅读的过程中，家长和儿童可以一起欣赏儿童读物的语言和内容以及随附的插图。我们采访家长得知，家长认为给四五岁儿童阅读书籍的最主要目的是为了娱乐以及与孩子度过高品质亲子时间（Audet，Evans，Mitchell，& Reynolds，2008)。在亲子阅读过程中，孩子可以学习知识。塞内沙尔等人（Sénéchal，LeFevre，Hudson & Lawson，1996）描述了亲子阅读的三个特点：它可以促进孩子对世界和语言的了解，因为书籍中使用的语言比谈话中通常使用的语言更为复杂（Hayes, & Ahrens, 1988)。另外，母亲在亲子阅读中使用的语言比自由说话或者回忆信息期间更加复杂（Crain-Thoreson, Dhalin, & Powell, 2001)。因此，通过亲子阅读孩子可能会接触到新的句法、语法和词汇。亲子阅读的第二个特点是，孩子得到一个成年人的全部关注，这个成年人可以为孩子定义、解释和解疑，从而促进孩子理解或强化新知识。当然，关于对话阅读（即成年人和孩子之间进行的包括交谈的阅读）的大量文献资料已经显示，亲子阅读在儿童表达词汇习得方面的重要价值（Mol, Bus, de Jong, & Smeets, 2008)。亲子阅读的第三个特点是书籍可以反复被阅读，从而为孩子提供反复接触新知识的机会。关于亲子阅读的研究表明，反复接触新词能够帮助孩子理解新词（Sénéchal, 1997)。由于这些特点，亲子阅读是儿童家庭识字环境中被研究得最多的一个方面。在本章中，亲子阅读仅指父母给孩子读书的活动。

许多研究人员和教育工作者认为，亲子分享阅读也是家长和孩子讨论文本的重要机会。然而，对亲子互动的观察表明，亲子阅读过程中父母很少评论文本。例如，兴德曼等人（Hindman，Connor，Jewkes & Morrison，2008）的研究发现，美国父母读书给 4 岁儿童听的过程中，父母的大多数评论（85%）与词义有关（例如指出、总结和讨论新单词)，而只有其中的 15% 与单词的形式有关（例如教孩子字母的名字或发音以及解码单词)。此外，兴德曼等人（Hindman，Skibbe & Foster，2013）的研究发现只有 1% 的母亲在亲子阅读过程 399 中指出字母名字或声音，而 85% 的母亲则是直接解释词义。其他观察研究也报告了类似的发现（Audet et al., 2008; Deckner, Adamson, & Bakeman, 2006; Stadler, & McEvoy, 2003)。观察研究还表明，4 至 5 岁的儿童往往在分享阅读过程中看插图而不看文字（Evans, & Saint-Aubin, 2005)，除非父母将他们的注意力引导到文字上（Justice, Pullen, & Pence, 2008)。既然亲子阅读往往不是激发儿童早期识字发展的环节，而且儿童在亲子阅读时倾向于不看文字，那么究竟哪些活动为父母提供了对孩子进行早期识字知识教育的机会（Sénéchal, & LeFevre, 2002)？马蒂尼和塞内沙尔最近的一项研究可能有助于解决这一明显的矛盾现象。

马蒂尼和塞内沙尔（2012）的研究记录了父母用来帮助子女学习阅读知识的活动和环境材料。环境材料包括使用熟悉的家庭用品、路牌、游戏、学校的信件、邮件和报纸以及儿童读物。他们发现，家长通常报告自己使用各种各样的环境材料对孩子进行教育，在问卷所提供的18种环境材料中，所有的父母平均选择了14种不同的环境材料，是他们平时至少偶尔使用到的。此外，马蒂尼和塞内沙尔还发现，越是重视对子女的识字教育的父母往往越善于利用环境材料。马蒂尼和塞内沙尔得出结论，认为父母主要使用身边自然存在的事物向孩子传授有关字母、书写和词汇阅读的知识。参与人员报告的家庭识字教学频率以及所使用的众多背景材料也表明这些教学活动每一次的持续时间并不长。家庭识字教学之所以频率高而持续时间短，是因为家长知道幼儿的注意力不能持续很长时间，而且能够处理的任务难度有限。以字母表中字母的学习为例，儿童需要学会区分不同的字母并且意识到字母是代表语音的符号，学会不同字母代表的发音可能相同，也可能不同。

尽管马蒂尼和塞内沙尔（2012）的调查结果源于调查问卷，但另有针对日常亲子对话的观察分析研究支持“父母利用各种环境激发孩子识字知识的发展”这一观点，这些研究发现，父母有时候会和孩子谈论字母的形状和由此产生的联想（Robins, & Treiman, 2009; Robins, Treiman, & Rosales, 2014; Robins, Treiman, Rosales, & Otake, 2012)。

由于家长用来教识字的活动和材料种类繁多，研究人员需要设计更为普适性的问题来调查家长进行家庭识字教育的频率，包括家长向孩童传授识字知识的尝试，研究人员使用过许多不同的词语来指代亲子识字教育活动，例如亲子识字训练（Edwards, 1991)，亲子识字辅导（Aram, & Levin, 2004）和亲子识字帮助（Evans, Moretti, Shaw, & Fox, 2003)。在本章中，亲子识字“教育”和亲子识字“训练”等词的意义相同，虽然偶尔使用诸如“教育”、“训练”等词，但实际所指活动并不一定是有组织的教学活动，而是父母使用自然发生的活动来刺激孩子识字。同样，这些活动的目的常常是娱乐（例如要求孩子尽快找出文本中所有的字母 O)、传递信息（例如，指出有两个字母 O 的单词）或教育（例如鼓励孩子写出字母 O，告诉孩子像画一个圆圈一样写 O)。

研究人员似乎忽视了家长对孩子的识字教学，或许是因为有一种观点认为，孩子的早期识字启蒙主要源于自身对识字的探索以及亲子阅读。对 1970 年至 2013 年发表的 70 篇关于家庭扫盲的文章进行的文献回顾表明，这些文章除了研究亲子阅读外，只有 34%(24 篇）记录了向家长询问他们的家庭教学实践，其中大部分（54%）也没有分别分析家长的教学与亲子阅读。然而，对家庭识字教育研究不够细化或忽视家长教学的重要性可能会就某教育活动与儿童早期识字能力之间的关系得出错误的结论。例如，人们可能会认为亲子阅读与早期识字能力密切相关，能预测早期识字能力。

家长的识字教育似乎比学界以前设想的更普遍地存在于家庭识字教育中。表 26. 1 列举了五个国家进行的 12 项相关研究中家长提供的关于家庭识字教学频率的信息，其中 8 项研究使用的语言是英语，总分为 5 分的评价标准下，教学频率的中位数为 3.5，其中 5 分表示非常频繁或超过每天一次。研究结果表明，说英语的家长更多地教年幼的孩子识字，因为使用英语的家庭识字教学的频率通常高于使用芬兰语和希腊语的家庭。而我们又知道芬兰语和希腊语的拼写比英语更加规则，这就带来一种可能性，即识字学习的难度决定了家长的识字教育频率。

表 26.1 表明，受试者的回答分布在整个选择范围，个体之间的回答存在一定的差异，而另一方面，社会环境往往鼓励家长重视对孩子的识字教育，这表明社会氛围对父母答复这些调查问卷的影响并不过分明显。

表 26.1 父母报告的家庭语言识字教学的平均频率（12 项研究）

作者	年份	儿童特征				研究特征					
		级别	社会经济地位	国家	语言	N	家长教育	M	分值	评分标准	分离分析（d）
Boudreau	2005	PS	Middle	US	E	37	Letters	3.3	1–5	1: Infrequently—5: Frequently	No
Foy and Mann	2003	PS	Middle	US	E	40	Reading	3.4	1–5	1: Never—5: Very Often	Yes
							Writing	3.5	1–5	1: Never—5: Very Often	No
Hood et al.	2008	PS	Low/Middle	AUS	E	143	Letters	4.3[a]	2–5	1: Never—5: Very Often	Yes
							Write name	4.3[a]	2–5	1: Never—5: Very Often	No
							Reading	3.8[a]	1–5	1: Never—5: Very Often	No
Martini and Sénéchal	2012	K	High	CA	E	108	Letter names	4.4	2–5	1: Never—5: Very Often	Yes
							Letter sounds	3.7	1–5	1: Never—5: Very Often	Yes
							Letter printing	3.7	1–5	1: Never—5: Very Often	Yes
							Name printing	4.4	2–5	1: Never—5: Very Often	Yes
							Word printing	4.2	1–5	1: Never—5: Very Often	Yes
							Word reading	3.5	1–5	1: Never—5: Very Often	Yes
Phillips and Lonigan	2009	PS	Mixed	US	E	1044	Letters	4.3	0–6	0: Never—7: Daily	No
Sénéchal and LeFevre	2014	K	High	CA	E	110	Reading	3.5	1–5	1: Never—5: Very Often	Yes
Sénéchal et al.	1998	K	Middle/High	CA	E	110	Writing	3.1	1–5	1: Never—5: Very Often	No
							Reading	3.1	1–5	1: Never—5: Very Often	No
Stephenson et al.	2008	K	Mixed	CA	E	61	Letters	3.3	0–5	0: Never—5: More than once/day	Yes
							Letter sounds	2.8	0–5	0: Never—5: More than once/day	No
							Reading	1.9	0–5	0: Never—5: More than once/day	No

400

续表

作者	年份	儿童特征					研究特征				
		级别	社会经济地位	国家	语言	N	家长教育	M	分值	评分标准	分离分析（d）
Sénéchal	2006	K	High	CA	F	90	Letters	4.0^{b}	2–5	1: Never—5: Very Often	Yes
							Reading	3.0^{b}	1–5	1: Never—5: Very Often	Yes
							Writing	4.0^{b}	1–5	1: Never—5: Very Often	Yes
Manolitsis et al.	2011	K	–	GRE	G	70	Letters	2.4	0–5	0: Never—5: More than once/day	Yes
							Letter sounds	2.5	1–5	0: Never—5: More than once/day	No
							Reading	1.7	1–5	0: Never—5: More than once/day	No
Silinskas, Leppänen, et al.	2010	K	Mixed	FIN	Fi	207	Letters (mother)	2.7^{c}	1–4	1: Not at all—4: Many times/week	Yes
							Letters (father)	2.4^{c}	1–4	1: Not at all—4: Many times/week	Yes
Silinskas, Parrila, et al.	2010	K	Mixed	FIN	Fi	1529	Letters	2.9	1–5	1: Not at all/rarely—5: Very often/daily	No
							Reading	2.2	1–5	1: Not at all/rarely—5: Very often/daily	No

注释：年级 = 样本中给出的各年级与年龄；PS= 学龄前或者 4 岁，K= 幼儿园或 5 岁

国家：AUS= 澳大利亚　CA= 加拿大　GRE= 希腊　FIN= 芬兰　US= 美国

Lang. = 语言：E= 英语　F= 法语　Fi= 芬兰语　G= 希腊语

N= 总样本大小

使用研究中给出的百分比计算平均值。

b 中位数

c 儿童在幼儿园时的家长教学实践平均值

d 与其他家庭扫盲活动分开分析的教学问题

表 26.1 同样值得我们注意的是研究人员提问的多样化，从字母 402
教学到阅读教学。鉴于各个研究之间问题各异，我们需要考虑是否每个问题都具有相同的预测价值。马蒂尼和塞内沙尔（2012）发现，中产阶级的大多数父母表示自己经常教 5 岁的孩子字母的名字和发音以及如何书写字母和单词。此外，大多数家长报告自己教孩子读单词。

由此可见，早期识字教育在中产阶级家庭中普遍存在，进一步的研究表明，家庭识字教育可以分为两类，一类是传授字母的名字和发音，另一类是教孩子写自己的名字以及更高级的读词技巧。虽然两类教育之间的区别显而易见，但在描述不同家庭、社会经济背景和文化的家庭识字教育时必须考虑这些因素，原因是塞内沙尔和勒斐伏尔（2002）发现，更高级的教学是中产阶级儿童特有的早期识字能力预测因素，而相比之下，由于法裔加拿大群体的社会经济分布更加多样化，塞内沙尔（2006）发现在该群体中更有力的预测因素是更基础的识字教学。

在确定了高级和基础家庭识字教育的区别之后，可以比较它们与儿童能力的关系。家庭识字模型的核心猜想是非正式和正式识字教育与儿童的口语能力、早期识字能力和音素意识有着不同的关系。具体而言，非正式识字教育提供的各种丰富的语言体验和幼儿的口语能力紧密挂钩；而正式识字教育提供的以文本为重点的互动与儿童的阅读和写作知识有关；最后，正式和非正式的识字教育通过影响儿童的口头词汇量和早期识字能力与儿童的音素意识间接挂钩。接下来本文将验证所有这些预测。

家庭识字教育和儿童识字能力

要了解家庭识字教育对儿童识字表现的影响，就需要对幼儿的

402 识字启蒙进行明确定义。本章所言早期识字能力是指儿童关于阅读和书写的知识，包括他们对字母的认识以及他们对解码和书写的初步尝试。口语能力是指儿童的词汇量和听力理解。此外，儿童的音素意识是一种元语言技能，与口头语言和书面语言都有关联。塞内沙尔等人（Sénéchal，LeFevre，Smith-Chant & Colton，2001）证明这些能力之间存在着复杂的相互作用，因此本章将单独讨论这些能力中的每一种能力。例如，儿童 4 岁时的口语词汇量及对字母表的知识预测了该儿童 5 岁时的音素意识。5 岁时儿童的字母表知识和音素意识是一年级单词阅读的有力预测指标，而 5 岁时的词汇量则是三年级时阅读理解的有力预测指标。下一节介绍了家庭识字教育与以上每一种能力之间的联系。

口语

接触复杂的口语或是在儿童读物中阅读各种叙事形式或许有益于儿童发展多方面的语言能力。在塞内沙尔的研究中，家长报告了
403 亲子阅读能够有效预测幼儿园和一年级讲英语（Sénéchal, & LeFevre, 2002, 2014; Sénéchal et al., 1996; Sénéchal, LeFevre, Thomas, & Daley, 1998; Sénéchal, Pagan, Lever, & Ouellette, 2008）或法语（Sénéchal, 2000, 2006）的儿童被动词汇量（能够理解的词汇量）和表达词汇量（能够使用的词汇量）。相关研究使用了数项亲子阅读指标，包括家长的自评信息（亲子阅读频率、家庭书籍数量）和亲子阅读过程中家长采用的措施（Sénéchal et al., 1996）。综合亲子阅读的各方面参数来进行分析研究是必要的，因为塞内沙尔等人（1998）发现研究过程中父母自评的亲子阅读频率较为相近，并不总是预测儿童词汇量（Roberts, Jurgens, & Burchinal, 2005; Weigel, Martin, & Bennett, 2006）。可能的原因是家长的

自评受到社会鼓励亲子阅读的潮流的影响，至少在北美，社会上兴起了许多鼓励亲子阅读的公共运动。相反，综合考虑多方面因素进行分析的研究始终表明，在控制儿童智力、父母阅读习惯和孕产妇教育变量后，亲子阅读对儿童词汇量的影响程度约为 8% 至 10%。与家庭识字模型的预测一致，家长的教育与儿童口语能力并没有可靠的关联。

在大多数将亲子阅读和儿童词汇量联系起来的研究中，家长和孩子的行为是同时评估的，这就无法确定活动因果关系的方向。例如，词汇量较大的孩子可能会更频繁地要求父母给他们读书。然而，在最近的工作中 (Sénéchal & LeFevre, 2014)，父母报告的亲子阅读情况能够预测孩子从幼儿园到一年级的词汇量。研究人员找来一群词汇量相近的幼儿园儿童，并比较亲子阅读与一年级儿童词汇的纵向关系，发现两者之间存在关联，这一结果与国家早期扫盲小组的干预研究的结果相一致（2008；关联程度为 60%）。

亲子阅读还与幼儿理解形态复杂词汇的能力有关（Sénéchal, 2008），在排除儿童智力、父母的识字能力和教育等因素之后，亲子阅读和儿童理解形态复杂词汇的能力之间的联系仍然十分明显。相反，亲子阅读与儿童理解复杂句子的能力之间的关联程度完全是由家长的识字能力决定的，原因可能是儿童对句法的理解得益于家长在亲子阅读过程中对句法进行的分解和分析。也就是说，阅读量更大的家长也可能在与孩子进行亲子阅读过程中以及与孩子的其他互动中使用更复杂的句法。塞内沙尔等人还审查了叙事知识与亲子阅读之间的关系。他们猜测平时进行亲子阅读更多的孩子更能够通过了解各种书籍中的人物、事件和背景获得叙事的条理。塞内沙尔的结果出乎他们的预料，实验并未发现亲子阅读的频率与叙事能力（如词汇多样性、平均长度话语）和连贯性（即叙述故事时的语法）之间存在统计学关联。这一发现可能表明，儿童文学中的故事不足以帮助4岁儿童提升叙事能力。另一种可能的情况是，如果父母在亲子阅读过程中额外地辅导孩子如何叙事，那么孩子的叙事能力能够得到更大的提高（Reese, & Cox, 1999)。例如，一项研究通过提高家长和孩子亲子阅读时的互动质量，发现对儿童的叙事能力有着积极影响（Lever and Sénéchal, 2011; Zevenbergen, Whitehurst, & Zevenbergen, 2003)。还有一种可能是成人的阅读水平会影响家庭识字教学的频率，但在亲子阅读的相关研究中尚未得到检验。

早期识字能力

塞内沙尔对家庭识字模型的测试检验了三个早期识字技能，即字母知识、早期阅读能力和自创拼写，因为这三个技能能够预测儿童进入小学阶段后的阅读能力（Ouellette, & Sénéchal, 2008; Sénéchal et al., 2001)。早期阅读能力的测量方法是要求儿童阅读熟悉的三字母单词。儿童看不懂该词时，实验者会提供帮助，引导儿童把每个字母都
404 读出来，然后拼读字母的读音。自创拼写是指幼儿利用有限的字母知识将单词的发音用字母表示出来（例如，拼写“rough”一词)。研究人员要求儿童尽可能地拼写熟悉的单词，然后给他们的拼写打分，该得分能够体现他们的拼写知识（Deacon, & Sparks，本书)。当孩子正确地拼写出单词时，得分最高（例如正确拼写出“rough”)，当孩子用合适的字母表示了该词的发音时，得分次之（例如将“rough”拼写成“ruf”)，以此类推。通常发现家长自评报告的频率与三种早期扫盲措施之间存在正相关关系。最重要的是，在将儿童词汇和音素意识、儿童非语言智力、家长教育和收入或家长识字能力控制变量后，家长自述的教学对儿童早期识字能力的影响约为4%至

19%(Martini, & Sénéchal, 2012; Sénéchal, 2006; Sénéchal et al., 1998)。研究结果与教学频率的家长报告和儿童早期识字之间的纵向关系保持不变（Sénéchal, & LeFevre, 2014)。相比之下，根据这些研究，亲子阅读并不是早期识字的统计意义预测指标。

音素意识

儿童在幼儿园时期的音素意识是预测其一年级单词阅读水平最重要的指标之一。虽然观点各有不同，但大多数研究人员都认为，对口语中音素结构（而非尾韵）的认识为儿童掌握阅读技能提供了便利。将塞内沙尔等人（1998）的研究结果与塞内沙尔和勒斐伏尔（2002）的研究结果进行比较可以发现，将音素意识与其他变量分开考虑是十分重要的。塞内沙尔等人（1998）将音素意识、词汇量和听力理解能力视为一个整体，作为语言能力的衡量因素，他们发现亲子阅读能够预测这一整体口语衡量因素。然而，塞内沙尔和勒斐伏尔的分析显示，当音素意识被独立分析时，它与亲子阅读或家长对孩子的识字教育无关。随后的研究证实，家庭识字教育和音素意识之间的任何关联都是通过儿童词汇量和早期识字技能实现的（Hood, Conlon, & Andrews, 2008; Sénéchal, 2006; Sénéchal, & LeFevre, 2014)，当控制儿童词汇量和早期识字能力之后，亲子互动能否直接提高音素意识还有待进一步研究。

小学阶段与其他阶段之识字能力的纵向联系

纵向研究的结果表明，儿童在一年级之前的家庭识字环境和最终的阅读能力存在间接和直接的关联。例如，亲子阅读与儿童幼儿园期间的词汇量有关，而幼儿园时的表现又能够预测儿童三年级（Sénéchal, & LeFevre, 2002）和四年级（de Jong, & Leseman, 2001; Sénéchal, 2006）的阅读能力。家长关于早期识字教学的报告与儿童早期识字有关，而儿童早期识字又预测了一年级的单词阅读能力。一年级的单词阅读能力又能够预测三年级和四年级的阅读理解能力。值得注意的是，塞内沙尔（2006）发现，在排除儿童一年级时的阅读能力和四年级的阅读理解能力的干扰后，家长自述的关于识字教学的情况（而非读故事书的情况）直接影响四年级时儿童的阅读流利程度。相比之下，排除家长教育、孩子词汇量、单词阅读能力和阅读能力因素的干扰后，父母自述的在儿童5岁时进行亲子阅读的情况预测了孩子自述的四年级时进行娱乐性阅读的频率。这些早期的识字教育经历如何对儿童产生了如此深远的影响？或许早期家庭识字教育是另一种衡量儿童阅读习得的重要指标（Evans, Fox, Cresmaso, & McKinnon, 2004; Lynch, Anderson, Anderson, & Shapiro, 2006)。例如，在孩子五岁时频繁进行亲子识字教育的父母可能会通过听孩子朗读持续帮助孩子，并帮助孩子最终流利地阅读（Sénéchal, & LeFevre, 2014)，而且分享阅读可能会培养孩子的阅读兴趣。

家庭识字模型的核心前提（Sénéchal & LeFevre, 2002）是非正式识字教育和正式识字教育与儿童的口语、早期识字能力和音素意识之间有着不同的联系，这一预测先在英语研究中得到证实（Bingham, 2009; Hood et al., 2008)，后扩大到加拿大法语（Sénéchal, 2006)、韩语（Lee, sung, 2009）和西班牙语（Farver & Lonigan, 2009)。两项加拿大
405 英语研究表明该模型的另一项预测，家长的识字教育而非亲子阅读，预测了孩子的字母知识（Evans, Shaw, & Bell, 2000; Stephenson, Parrila, Georgiou, & Kirby, 2008)。另一项加拿大英语研究表明，亲子阅读情况预测的是孩子的词汇量而不是字母知识（Frijters, Barron, & Brunello,

2000)。最后，在智利进行的一项研究发现，家长教学与儿童的字母知识有关（Strasser & Lissi, 2009）。

观察研究表明，父母对5岁子女进行教育的质量预测了孩子一年级时的阅读和书写水平（Aram, Korat, & HassunahArafat, 2013）。针对阿拉伯家庭进行的观察研究同样表明促进儿童早期识字能力发展的是亲子之间关于文本的互动和交流。然而，并非所有调查结果都支持家庭识字模型的成立。例如，针对希腊家庭进行的研究表明家长自述的家庭识字教育并不是儿童字母知识的重要预测指标（Manolitsis, Georgiou, & Parrila, 2011）。此外，一项旨在提升低收入家庭学龄前儿童的认知、社交和情绪发展水平的名为Head Start项目，家长自述的教学情况与儿童对文本的概念无关（Sparks, & Reese, 2012）。这些研究中家长自述的教学平均频率较低。另一项没有收集家长教学信息的研究表明，在说荷兰语的儿童身上，儿童的故事书知识影响着亲子阅读与该儿童的词汇量和字母知识之间的联系（Davidse, de Jong, Bus, Huijbregts, & Swaab, 2011）。故事书知识指的是儿童从流行的儿童读物中回忆人物和故事情节的能力（相关英语研究见Sénéchal et al., 1996）。这项研究提出了一个问题，即儿童关于书籍的知识能否体现孩子从与父母的互动中进行学习的能力。

总之，家庭识字模型的关键意义在于，它有助于我们厘清家庭识字教育环境与儿童能力之间的复杂关系。如果不考虑整个关系模型，我们可能会得出错误的结论，以为儿童阅读的故事书量或识字教育与阅读有更广泛的关联，而不是在某一些点上产生针对性的影响（Burgess, Hecht, & Lonigan, 2002; de Jong, & Leseman, 2001; Mol et al., 2008）。

本节讨论的研究结果是关联性结果，家长的教学情况是基于问卷调查。尽管对潜在的干扰因素进行了严格的分析，但研究并没有解决变量之间的因果关系，因此该研究结果还有待实验或准实验研究的验证才能够评估亲子识字活动是否对孩子的学习有积极的影响。家长与子女亲子阅读的干预研究表明了亲子阅读在促进词汇习得方面的作用（元分析见 National Early Literacy Panel, 2008)。下一节将介绍关于儿童早期识字的干预研究。

家长教学对早期识字影响的元分析

要探明儿童早期识字发展中父母作用的成因，需要进行干预研究。塞内沙尔和扬（2008）对父母对儿童识字的影响进行了元分析。最初的文献搜索于 2004 年至 2006 年期间进行，入选文献必须满足以下条件：干预研究的对象是从幼儿园阶段开始到小学三年级的儿童，该年龄层大多数儿童的阅读已经足够流利，可以利用阅读来进行其他领域的学习（Indrisano, & Chall, 1995)。本节介绍的文献则是更新版的元分析，始于 2013 年秋季，根据本章要求，入选文献仅限于以学龄前儿童（5 项研究）和幼儿园（14 项研究）儿童为对象的研究。

元分析的重点是早期识字（字母知识、早期阅读能力、自创拼写）以及阅读能力（解码、流畅性、理解）和拼写。在某些情况下，研究人员还会测量已知的能够预测阅读能力的其他元语言能力（例如音素意识)。元分析不涉及口头语言的量度或关于文本的概念（例如知道人们阅读书籍时是阅读其中的文本而非图片)，不考虑关于文本的概念的原因是目前尚未有证据表明该概念能够稳定地预测阅读能力（Sénéchal et al., 2001)。塞内沙尔和扬（2008）使用了标准的元分析
406 析程序。下文将简要介绍何为标准的元分析程序。

方法论概述

为了搜索相关的研究，研究者对电子数据库进行了指定的关键词搜索，并对选中文章的参考文献进行了搜索，搜索了电子信息库中的所有文章。除了根据文献中研究对象的年龄和识字措施进行筛查之外，入选的研究还必须符合以下标准：(1) 检验了父母的参与影响儿童阅读的假设；(2) 采用实验或准实验设计（研究对象的情况不是随机安排的）；(3) 发表在同行评审期刊上；(4) 参与者至少为五名；(5) 量化报告了效果大小或能够用于计算或估计效果大小的统计数据。

更新了塞内沙尔和扬（2008）对 4 岁和 5 岁儿童的元分析后，文献范围新增了 15 篇文章。在其中四篇文章中，研究设计包括四个情景条件，其中有两个情景条件引人注意（Baker, Plotrkowski, & Brooks-Gunn, 1998; Chow, McBride-Chang, Cheung, & Chow, 2008; Harper, Platt, & Pelletier, 2011; Levin, & Aram, 2012)，这两个情景条件被标记为实验条件，随机分配其他两个条件（控制条件）中的一个。每个实验－控制条件组合分别被标记为研究 1 和研究 2。该方法为分析增加了四个独立的样本。

用于整合和比较 19 项研究的主要统计数据是均数比较，均数比较是衡量效果大小的指标。均数比较是实验组和对照组之间的标准化差异（或差异的估计）。因此，效果大小为 1 表示实验组和对照组之间的一个标准偏差的差异。例如，如果一项研究使用的标准化测试的平均值为 100，标准差为 15，则效果大小为 1 表示实验组比对照组得分高 15 分。同样，0.5 的效果大小表示实验组比对照组得分高 7.5 分。效果大小为 0 表示实验组和对照组之间没有差异。效果大小也可能是负值，表明对照组的平均分优于实验组。本报告用试验中实验组和对照组的得分差描述影响效果的大小。

在 2013 年文献更新之后，有两项研究包括两个对照组，其中一组接受了替代干预，另一组没有接受任何干预。在这些情况下，使用替代干预组的效果大小作为对照可以控制潜在的光环效应。此外，有两项研究无法直接计算均数比较值，因为实验组和对照组的处理手段和标准差未被报告。对于这些研究本文根据 F 数据分析法（St. Clair, & Jackson, 2006）或 Mann-Whitney U 数据分析法（Drouin，2009）估计了效果大小。

在包含多种结果度量的研究中，对项研究的效果大小进行了单独估算以确保效果大小数据的独立性。对每项研究的效果大小进行单独估算的过，程包括五个步骤：(1) 对于同时涉及标准化和实验性设计的研究，只考虑其标准化措施从而优化研究的比较；(2) 对于报告同一标准化考试的综合分数和各科考试成绩的研究，只考虑综合分数；(3) 对于包括即时测试和纵向测试的研究，只考虑即时测试的结果从而优化与只包括即时测试的研究的比较；(4) 在包括多语言家庭在内的研究中，只考虑干预措施对目标语言的影响；(5) 计算剩下的每一项措施的效果大小，并将效应中值作为每项研究的参数。

使用标准的元分析程序来综合分析各研究效果大小（Cooper, & Hedges, 1994; Hedges, & Olkin, 1985)。在所有情况下，平均效应大小都是加权的，研究所用样本越多在最终分析时加权越大（Hedges, & Olkin, 1985)。对于每个效果大小都设置了 95% 的置信区间以评估根据统计学原理判断该变量是否产生显著影响。对于 19 项研究和每种类型的干预都计算了变异性统计指数 Q，以评估研究中的效果大小
407 的变异性是否大于偶然预期（即，$p \le 0.05$)。当出现显著 Q 值时，应该进行进一步的分析以确定变异性的轨迹。当出现异常的变异数据时必须谨慎解释结果。

结果

初步分析显示，没有出现异常的研究结果（Hedges, & Olkin, 1985)。纳入元分析的19项研究见表26.2。综合分析涉及1342家庭的这19项干预研究结果，可以发现父母的参与对儿童的阅读习得产生了积极影响。效应大小加权平均值较大，为0.36，从统计上讲，0.36显著大于零，表明效应明显存在，95% CI的区间为[0.24, 0.47]。与对照儿童相比，这种效果大小对应于标准化测试的5.4点分数增益（标准偏差为15)。然而，如表26.2所示，各研究发现的影响大小有相当大的差异，分别从-0.04的最低值到1.37的最高值不等。研究间差异大小已经超过偶然区间，统计学上的变异性正常值为Q=48.00，$p < 0.05$。因此，可以认为干预措施的类型差异可能导致了这种变异性的异常。

塞内沙尔和扬（2008）一开始选择研究时并没有考虑亲子识字活动的类型。在收集和分析文献之后，他们发现干预研究涉及的亲子识字活动大致可以分为三类：要求家长给孩子读书；要求家长听孩子朗读；对家长进行亲子识字活动的培训，使家长具备辅导孩子进行识字学习的能力。由于我们关注的是尚未接受正式学校阅读教育的儿童（即学龄前儿童），这部分研究中未发现任何要求家长听孩子朗读的研究，因此，本文将不进一步讨论这一类别的干预研究。在这次更新中，我们发现了5项研究要求家长在其他活动的过程中给孩子读书并辅导他们，这些研究被分开归类于一个新的类别，标记为其他活动过程中的阅读辅导。下面介绍每个相关类别的研究。

父母朗读给孩子听

这一类的比例最高，2008年文献中的9项研究和2013年更新后的 7 项研究都采取要求父母朗读给子女听的措施进行干预。其中一项研究中，研究人员指导了家长如何有效地朗读给孩子听，包括选择合适的书籍、选择安静的环境和一天中的最佳时间，并确保孩子对书籍的兴趣（Foster, & Bitner, 1998）。在其中 3 项研究中，研究人员培训了家长如何使用对话辅导孩子进行阅读（Chow, & McBride-Chang, 2003; Chow et al., 2008, Study 1; Chow, McBride-Chang, & Cheung，2010）。使用对话进行亲子阅读的含义是家长在阅读过程中引导孩子谈论故事，评价孩子的回答，对孩子的回答重新表达或增补信息，并再次引导孩子谈论故事然后评估孩子的回答。在另一项研究中，母亲向孩子阅读了一本故事书并提出了互动讨论的问题（Levin, & Aram, 2012, Study 1)。在这两项研究中，研究人员训练家长如何在亲子阅读过程中围绕着文本与孩子进行互动，例如要求孩子找出某个字母或一页中最长的单词（Justice, & Ezell, 2000; Justice, Skibbe, McGinty, Piasta, & Petrill, 2011)。最后，一项针对学龄前儿童，名为 HIPPY 的阅读指导计划在两项研究中得到了运用（Baker et al., 1998, Study 1 and Study 2)。该指导计划是帮助家长在家庭识字教学中更多地阅读和参与。

采取家长读给孩子听的研究中平均加权效应较小，仅为 0. 09，在置信区间 95% CI [–.08, 27] 中可信度并不算高，如表 26. 2 所示，涉及 509 个家庭的这些研究表明的影响效应大小从 –0. 05 至 0. 28 不等，并且集合分布均匀，$Q = 1.33, p > 0.05$。总体而言，这 9 项研究表明，培训家长给孩子读书并没有显著提高孩子的早期识字能力。

家长通过具体阅读活动辅导孩子

这一类研究包括 2008 年的一项研究和 2013 年更新的 5 项研究。在这些研究中，家长接受了关于亲子阅读以及教授孩子具体识字技能的培训。在其中一项研究中，研究人员鼓励家长参与带剧本的亲子活动以及和孩子针对书籍进行拓展讨论，且每个月按照特定的主题与子女完成亲子阅读，主题包括8项语言主题、3项叙述主题以及一个字母知识主题（Jordan, Snow, & Porche, 2000)。这项具体研究是2008年文献中唯一增加亲子阅读活动的研究，因此，塞内沙尔和扬（2008）将其列入了父母向孩子阅读书籍的类别，在2013年的更新中，这项研究从该类别中移除。在两项研究中，研究人员培训家长如何在亲子阅读过程中与孩子对话并教授孩子字母知识（Fielding-Barnsley, & Purdie, 2003）或字形意识（汉语阅读能力的早期指标，Study 2, Chow et al., 2008)。在哈珀等人（2011）的研究1和研究2中，研究人员对家长进行了培训，他们能够在亲子阅读过程中系统地教导孩子字母名称和读音。在另一项研究中，家长学习了在亲子阅读过程中教孩子字母读音、阅读、写自己名字和音韵拼读（Drouin, 2009)。

家长通过阅读活动指导孩子的研究结果显示影响效应的加权平均数为0.33，具有统计学意义，在置信区间的中部，95% CI [0.09, .57]。如表26.2所示，涉及551个家庭的研究显示效应大小从0.20到0.57不等，集合同质性强，$Q = 2.33$，$p > 0.05$，在标准化测试中，这一影响效应量相当于使实验组儿童平均分高出对照组儿童平均分5分（标准偏差为15)。综合来看，这一系列研究表明训练家长在亲子阅读过程中为孩子提供文本或解码知识的教育能够提升亲子阅读的效果。

表 26.2　不同研究的影响大小、干预手段、儿童特征和研究特征

	干预手段				儿童			研究						置信区间
	训练时间	是否辅助家长	时长	语言	年级	发展程度	家庭背景	随机分配	N	测试时间	标准测试	成绩指标	国籍	
家长阅读给孩子听（9 项研究　509 家庭　置信区间　d=0.09）														
Baker et al. Study 1(1998)	0.3	No	12	E	PS	2	1	No	69	I/D	Yes	3	US	0.28
Baker et al. Study 2 (1998)	0.3	No	12	E	PS	2	1	No	113	I/D	Yes	3	US	0.09
Chow and McBride-Chang (2003)	4	Yes	2	C	K	1	3	Yes	58	I	Yes	3	HK	0.18
Chow et al. (2010)	–	No	3	E[a]	K	1	2	No	34	I	Yes	1, 2, 3	CHI	–0.05
Chow et al. Study 1 (2008)	1	No	3	C	K	1	2	No	74	I	Yes	1, 2	CHI	0.03
Foster and Bitner (1998)	–	No	3	E	K	2	1	Yes	35	I	Yes	1	US	0.07
Justice and Ezell (2000)	0.25	No	1	E	PS	1	3	No	28	I	No	1	US	0.20
Justice et al. (2011)	–	Yes	3	E	PS	3	4	Yes	36	I	No	1	US	–0.04
Levin and Aram Study 1 (2012)	3	Yes	1.75	H	K	1	1	No	62	I/D	No	5	ISR	0.01
家长阅读图书并通过活动向孩子传授具体识字技能（6 项研究　551 家庭　置信区间　d=0.33）														
Fielding-Barnsley and Purdie (2003)	–	No	2	E	K	2	–	No	49	I/D	No	1	AUS	0.54*
Chow et al. Study 2 (2008)	–	No	3	C	K	1	2	No	74	I	Yes	1, 2	CHI	0.25
Drouin (2009)	–	No	1	E	PS	1	–	No	48	I/D	No	3, 4	UK	0.57*
Harper et al. Study 1 (2011)	13.5	Yes	9	E	K	1	–	No	55	I	Yes	1, 3, 4	CA	0.22
Harper et al. Study 2 (2011)	13.5	Yes	9	E[a]	K	2	–	No	77	I	Yes	1, 3, 4	CA	0.57
Jordan et al. (2000)	5	No	5	E	K	1	2	No	248	I	Yes	1	US	0.20

续表

	干预手段				儿童			研究						置信区间
	训练时间	是否辅助家长	时长	语言	年级	发展程度	家庭背景	随机分配	N	测试时间	标准测试	成绩指标	国籍	
Parents Tutor Specific Literacy Skills with Activities (N = 4 studies; 282 families; d = .94*)														
Kraft et al. (2001)	2	Yes	4	E	K	1	2	No	43	I	Yes	3	US	0.41
Levin and Aram Study 2 (2012)	3	Yes	1.75	H	K	1	1	No	62	I/D	No	5	ISR	0.39
Niedermeyer (1970)	1.5	Yes	3	E	K	1	2	No	148	D	No	5	US	1.37*
St. Clair and Jackson (2006)	12.5	No	12	E[a]	K	2	1	No	29	I/D	Yes	5	US	1.18*

备注：年级 = 样本中给出的各年级与年龄；PS= 学龄前或者 4 岁，K= 幼儿园或 5 岁

国家：AUS= 澳大利亚　CA= 加拿大　CHI= 中国　HK= 中国香港　ISR= 以色列　UK= 英国　US= 美国

Lang. = 语言：C= 粤语，E= 英语　F= 法语　Fi= 芬兰语　G= 希腊语

N= 总样本大小

使用研究中给出的百分比计算平均值。

B 中位数

c 儿童在幼儿园时的家长教学实践平均值

d 与其他家庭扫盲活动分开分析的教学问题

第三类实验包括 4 项研究（2008 年 2 项，2013 年 2 项），这 4 项研究中研究人员培训父母如何教孩子具体识字技能。4 项研究的实验对象都是幼儿园儿童，研究中家长接受了以下方面的培训：（1）教授孩子字母的发音和拼读多个字母（Kraft, Findlay, Major, Gilberts, & Hofmeister, 2001）；（2）辅导孩子学习字母名称、发音和视读单词（St. Clair, & Jackson, 2006）；（3）辅导孩子书写（Levin, & Aram, 2012 研究 2）；（4）练习读单音节词（Niedermeyer, 1970）。

该类别研究结果的平均加权效应大小为 0. 94, 95% CI [0.70, 1.19]，这相当于能够使实验组在标准化测试中多得 14 分（标准偏差为 15)。如表 26. 2 所示，涉及 282 个家庭的研究显示的效果大小从 0.39 到 1.37 不等，由于范围较广，研究集合的效果大小同质性低，Q = 13.45，p <0.05，因此，我们需要谨慎解释家长通过阅读活动辅导具体识字技巧对儿童阅读能力增益产生的原因。

比较干预类型

各干预类型中，培训家长用具体的阅读活动辅导孩子产生的影响效果最大，为 0.94，家长辅导孩子具体的识字技巧的效果明显大于家长通过阅读活动辅导孩子（ES =0.33）的效果，z =4.73, 95% CI [0.35, 84]。这一结果表明如果在家长也接受过培训的干预项目中增加一个项目，让亲子通过具体活动进行阅读教学并不能提高干预措施对儿童早期识字的影响。相反，要求家长给孩子读书的研究产生的效果较小（0.09)，在统计上相当于零。根据巴斯等人（Bus，van Ijzendoorn & Pellegrini’s，1995）的建议，这种早期识字干预类型之间的比较很重要，因为早期的元分析研究认为亲子阅读是儿童早期识字习得的来源，但这种多干预措施比较的元分析研究却不支持这一说法。

结论

本章搜集了家庭识字相关实验和准实验的研究证据，研究证据证实家庭识字模型（Sénéchal, 2006; Sénéchal, & LeFevre, 2002)。非正式识字教育，如亲子阅读，有助于儿童学习口头语言，而亲子之间以印刷文本为重点互动似乎是提高早期识字能力所必需的活动。

未来的研究方向

亲子阅读

本章第一节证明父母为孩子读书是为了享受，也是为了获得高质量的亲子互动。还解释了为什么分享阅读是学习口头语言（以及世界观知识）的机会。支持这一点的相关证据表明，亲子阅读的频率与儿童词汇量之间存在联系。此外，实验和准实验研究综合表明，家长可以通过接受培训提高亲子互动的质量，增加孩子的表达词汇。与这些积极影响形成鲜明对比的是，第二节表明，亲子阅读并不是儿童早期识字能力的来源，因此，似乎家长在亲子阅读过程中不过 411
多关注文本的特征是有道理的。这个问题有待研究人员以及希望将亲子阅读作为早期识字教育一环的人士考量。

关于亲子阅读，仍有许多问题需要解决。例如，分享阅读可能会提高孩子的阅读兴趣而不是提高孩子的识字能力。在塞内沙尔（2006）中发现了该迹象：5 岁儿童的亲子阅读频率预测了四年后儿童为了兴趣而进行阅读的频率。

家长识字培训

本章第一节表明家长在家中普遍会对孩子进行阅读和书写教育。根据父母自述，教学频率较高的家庭中的孩子往往比教学频率较低的家庭中的孩子具备更强的早期识字能力。此外，父母还会利用环境向儿童传授字母、阅读和书写方面的知识。第二节表明，如果父母接受如何对孩子进行识字教育的培训，他们的孩子的表现要好于其他孩子。因此，我们可以说家长确实能够帮助孩子学习早期的识字技能。需要考虑的问题是家长是否必须接受培训。家庭识字模型旨在描述家长在家做什么，准确地呈现父母的行为与孩子的表现之间的关系。然而，这一模型并不是指令性的。另外，元分析的结果是否等于鼓励家长辅导年幼的孩子识字也是值得商榷的。也许现在是时候把我们的注意力转向研究如何在家庭和学校之间建立强有力的伙伴关系，从而向幼儿提供最好的早期识字教育。

研究

回顾家庭识字教育的研究过程，我们惊讶地发现研究所涉对儿童的识字教育措施常常没有发挥出应有的效果。在元分析之下这一点变得尤为明显。在最初选择的文献中，60% 的实验没有为对照组的家庭提供替代干预措施，87% 的研究没有随机分配条件给各个家庭。此外，由于没有对照组或者研究报告没有提供足够的信息来计算效果大小，有一些研究不得不被排除在考虑范围之外。最后，表 26.2 中 12% 的研究没有进行描述性报告。研究人员面临的挑战之一是找到最佳的方法论和报告标准对已有研究结果进行检验。

致谢

作者感谢 Melissa Malette 在本章撰写过程中所给予的宝贵帮助。

参考文献

* 星号指在荟萃分析中包括的文章

Audet, D., Evans, M. A., Mitchell, K., & Reynolds, K. (2008). Shared book reading: Parental goals across the primary grades and goal-behavior relationships in junior kindergarten. *Early Education and Development, 19*, 113–138.

Alexander, K. L., Entwisle, D. R., & Horsey, C. (1997). From first grade forward: Early foundation of high school dropout. *Sociology of Education, 70*, 87–107.

Aram, D., Korat, O., & Hassunah-Arafat, S. (2013). The contribution of early home literacy activities to first grade reading and writing achievements in Arabic. *Reading and Writing: An Interdisciplinary Journal, 26*, 1517–1536.

Aram, D., & Levin, I. (2004). The role of maternal mediation of writing to kindergartners in promoting literacy achievements in school: A longitudinal perspective. *Reading and Writing: An Interdisciplinary Journal, 17*, 387–409.

*Baker, A., Plotrkowski, C. S., & Brooks-Gunn, J. (1998). The effects of the Home Instruction Program for Preschool Youngsters on children's school performance at the end of the program and one year later. *Early Childhood Research Quarterly, 13*, 571–588.

Bingham, G. (2009, April). *Maternal literacy beliefs, joint book reading, home literacy environment, and children's early literacy development.* Poster presented at the biennial meeting of the Society for Research in Child Development, Denver, CO.

Boudreau, D. (2005). Use of a parent questionnaire in emergent and early literacy assessment of preschool children. *Language, Speech, and Hearing Services in Schools, 36*, 33–47.

Burgess, S. R., Hecht, S. A., & Lonigan, C. J. (2002). Relations of the home literacy environment (HLE) to the development of reading-related abilities: A one-year longitudinal study. *Reading Research Quarterly, 37*, 408–426.

Bus, A. G., van IJzendoorn, M. H., & Pellegrini, A. D. (1995). Joint book reading makes for success in learning to read: A meta-analysis on intergenerational transmission of literacy. *Review of Educational Research, 65*, 1–21.

Butler, S. R., Marsh, H. W., Sheppard, M. J., & Sheppard, J. L. (1985). Seven-year longitudinal study of the early prediction of reading achievement. *Journal of Educational Psychology, 77*, 349–361.

*Chow, B. W., & McBride-Chang, C. (2003). Promoting language and literacy development through parent-child reading in Hong Kong preschoolers. *Early Education and Development, 14*, 233–248.

*Chow, B. W.-Y., McBride-Chang, C., & Cheung, H. (2010). Parent-child reading in English as a second language: Effects on language and literacy development of Chinese kindergarteners. *Journal of Research in Reading*, *33*, 284–301.

*Chow, B. W., McBride-Chang, C., Cheung, H. & Chow, C. S. (2008). Dialogic reading and morphology training in Chinese children: Effects on language and literacy. *Developmental Psychology*, *44*, 233–44.

Cohen, J. (1988). *Statistical power analysis for the behavioral sciences* (2nd ed.). Hillsdale, NJ: Erlbaum. Cooper, H., & Hedges, L. V. (1994). *The handbook of research synthesis*. New York, NY: Russell Sage Foundation.

Crain-Thoreson, C., Dhalin, M. P., & Powell, T. A. (2001). Parent-child interaction in three conversational contexts: Variations in style and strategy. In J. Brooks-Gunn & P. Rebello (Eds.) *Sourcebook on emergent literacy* (pp. 23–37).San Francisco, CA: Jossey-Bass.

Davidse, N. J., de Jong, M. T., Bus, A. G., Huijbregts, S. C. J., & Swaab, H. (2011). Cognitive and environmental predictors of early literacy skills. *Reading and Writing: An Interdisciplinary Journal*, *24*, 395–412.

de Jong, P. F., & Leseman, P. P. M. (2001). Lasting effects of home literacy on reading achievement in school. *Journal of School Psychology*, *39*, 389–414.

Deckner, D. F., Adamnson, L. B., & Bakeman, R. (2006). Child and maternal contributions to shared reading: Effects on language and literacy development. *Applied Developmental Psychology*, *27*, 31–41.

*Drouin, M. (2009). Parent involvement in literacy intervention: A longitudinal study of effects on preschoolers' emergent literacy skills and home literacy environment. *Early Childhood Services*, *3*, 1–18.

Edwards, P. A. (1991). Fostering early literacy through parent coaching. In E. H. Hiebert (Ed.), *Literacy for a diverse society: Perspectives, practices, and policies* (pp. 199–213). New York, NY: Teachers College Press.

Entwisle, D. R., Alexander, K. L., & Olson, L. S. (2005). First grade and educational attainment by age 22: A new story. *American Journal of Sociology*, *110*, 1458–1502.

Evans, M. A., Fox, M., Cresmaso, L., & McKinnon, L. (2004). Beginning reading: The views of parents and teachers of young children. *Journal of Educational Psychology*, *96*, 130–141.

Evans, M. A., Moretti, S., Shaw, D., & Fox, M. (2003). Parent scaffolding in children's oral reading. *Early Education and Development*, *14*, 363–388.

Evans, M. A. & Saint-Aubin, J. (2005). What children are looking at during shared storybook reading: Evidence from eye movements. *Psychological Science*, *16*, 913–920.

Evans, M. A., Shaw, D., & Bell, M. (2000). Home literacy activities and their influence on early literacy skills. *Canadian Journal of Experimental Psychology, 54*, 65–75.
Farver, J. M., & Lonigan, C. J. (2009, April). *The development of ELL children's early reading skills in Spanish and English: What can immigrant families do?* Poster presented at the meeting of the Society for Research in Child Development, Denver, CO.
*Fielding-Barnsley, R., & Purdie, N. (2003). Early intervention in the home for children at risk of reading failure. *Support for Learning, 18*, 77–82.
*Foster, S. M., & Bitner, T. R. (1998). A read-aloud project for at-risk kindergarten children and their parents. *Indiana Reading Journal, 30*, 50–55.
Foy, J. G., & Mann, V. (2003). Home literacy environment and phonological awareness in preschool children: Differential effects for rhyme and phoneme awareness. *Applied Psycholinguistics, 24*, 59–88.
Frijters, J. C., Barron, R. W., & Brunello, M. (2000). Direct and mediated influences of home literacy and literacy interest on prereaders' oral vocabulary and early written language skill. *Journal of Educational Psychology, 92*, 466–477.
*Harper, S., Platt, A., & Pelletier, J. (2011). Unique effects of a family literacy program on the early reading development of English language learners. *Early Education and Development, 22*, 989–1008.
Hart, S. A., & Petrill, S. A. (2009). The genetics and environments of reading: A behavioral genetic perspective. In Y. Kim (Ed.), *Handbook of behavior genetics Part II* (pp. 113–123). New York, NY: Springer.
Hayes, D. P., & Ahrens, M. (1988). Vocabulary simplification for children: A special case of motherese? *Journal of Child Language, 15*, 395–410.
Hedges, L. V., & Olkin, O. (1985). *Statistical methods for meta-analysis*. Orlando, FL: Academic Press.
Hindman, A. H., Connor, C. M., Jewkes, A. M., & Morrison, F. J. (2008). Untangling the effects of shared book reading: Multiple factors and their associations with preschool literacy outcomes. *Early Childhood Research Quarterly, 23*, 330–350.
Hindman, A. H., Skibbe, L. E., & Foster, T. D. (2013). Exploring the variety of parental talk during shared book reading and its contributions to preschool language and literacy: Evidence from the Early Childhood Longitudinal Study-Birth Cohort. *Reading and Writing: An Interdisciplinary Journal, 27*, 287–313.
Hood, M., Conlon, E., & Andrews, G. (2008). Preschool home literacy practices and children's literacy development: A longitudinal analysis. *Journal of Educational Psychology, 100*, 252–271.
Indrisano, R., & Chall, J. (1995). Literacy development. *Journal of Education, 177*,

63–83.
*Jordan, G. E., Snow, C. E., & Porche, M. V. (2000). Project EASE: The effect of a family literacy project on kindergarten students' early literacy skills. *Reading Research Quarterly, 35*, 524–546.
*Justice, L. M., & Ezell, H. K. (2000). Enhancing children's print and word awareness through home-based parent intervention. *American Journal of Speech-Language Pathology, 9*, 257–269.
Justice, L. M., Pullen, P. C., & Pence, K. (2008). Influence of verbal and nonverbal references to print on preschoolers' visual attention to print during storybook reading. *Developmental Psychology, 44*, 855–866.
*Justice, L. M., Skibbe, L. E., McGinty, A. S., Piasta, S. B., & Petrill, S. A. (2011). Feasibility, efficacy, and social validity of home-based storybook reading intervention for children with language impairment. *Journal of Speech, Language, and Hearing Research, 54*, 523–538.
*Kraft, B. L., Findlay, P., Major, J., Gilberts, G., & Hofmeister, A. (2001). The association between a home reading program and young children's early reading skill. *Journal of Direct Instruction, 1*, 117–136.
Landry, S. H., Smith, K. E., Swank, P. R., & Guttentag, C. (2008). A responsive parenting intervention: The optimal timing across early childhood for impacting maternal behaviors and child outcomes. *Developmental Psychology, 44*, 1335–1353.
Lee, K., Sung, M., & Chang, Y. E. (2009, April) *Relations of home literacy environments to preschoolers' vocabulary and reading*. Poster presented at the meeting of the Society for Research in Child Development, Denver, CO.
Lever, R., & Senechal, M. (2011). Discussing stories: On how a dialogic reading intervention improves kindergartners' oral narrative construction. *Journal of Experimental Psychology, 108*, 1–24.
*Levin, I., & Aram, D. (2012). Mother-child joint writing and storybook reading and their effects on kindergartners' literacy: An intervention study. *Reading and Writing: An Interdisciplinary Journal, 25*, 217–249.
Lynch, J., Anderson, J., Anderson, A., & Shapiro, J. (2006). Parents' beliefs about young children's literacy development and parents' literacy behaviors. *Reading Psychology, 27*, 1–20.
Manolitsis, G., Georgiou, G. K., & Parrila, R. (2011). Revisiting the home literacy model of reading development in an orthographically consistent language. *Learning and Instruction, 24*, 496–505.
Martini, F., & Senechal, M. (2012). Learning literacy skills at home: Parent teaching, expectations, and child interest. *Canadian Journal of Behavioural Science, 44*,

210–221.

Mol, S. E., Bus, A. G., de Jong, M. T., & Smeets, D. J. H. (2008). Added value of dialogic parent-child book readings: A meta-analysis. *Early Education and Development, 19*, 7–26.

National Early Literacy Panel. (2008). *Developing early literacy: Report of the National Early Literacy Panel.* Washington, DC: National Institute for Literacy.

*Niedermeyer, F. C. (1970). Parents teach kindergarten reading at home. *Elementary School Journal, 70*, 438–445.

Ouellette, G., & Senechal, M. (2008). Pathways to literacy: A study of invented spelling and its role in learning to read. *Child Development, 79*, 899–913.

Phillips, B. M., & Lonigan, C. J. (2009). Variations in the home literacy environment of preschool children: A cluster analytic approach. *Scientific Studies of Reading, 13*, 146–174.

Reese, E., & Cox, A. (1999). Quality of adult book reading affects children's emergent literacy. *Developmental Psychology, 35*, 20–28.

Roberts, J., Jurgens, J., & Burchinal, M. (2005). The role of home literacy practices in preschool children's language and emergent literacy skills. *Journal of Speech Language and Hearing Research, 48*, 345–359.

Robins, S., & Treiman, R. (2009). Talking about writing: What we can learn from conversations between parents and their young children. *Applied Psycholinguistics, 30*, 463–484.

Robins, S., Treiman, R., & Rosales, N. (2014). Letter knowledge in parent-child conversations. *Reading and Writing: An Interdisciplinary Journal, 27*, 407–429.

Robins, S., Treiman, R., Rosales, N., & Otake, S. (2012). Parent-child conversations about letters and pictures. *Reading and Writing: An Interdisciplinary Journal, 25*, 2039–2059.

Senechal, M. (1997). The differential effect of storybook reading on preschooler's expressive and receptive vocabulary acquisition. *Journal of Child Language, 24*, 123–138.

Senechal, M. (2000). Morphological effects in children's spelling of French words. *Canadian Journal of Experimental Psychology, 54*, 76–86.

Senechal, M. (2006). Testing the home literacy model: Parent involvement in kindergarten is differentially related to grade 4 reading comprehension, fluency, spelling, and reading for pleasure. *Scientific Study of Reading, 10*, 59–87.

Senechal, M., & LeFevre, J. (2002). Parental involvement in the development of children's reading skill: A 5-year longitudinal study. *Child Development, 73*, 445–460.

Senechal, M., & LeFevre, J. (2014). Continuity and change in the home literacy environment as predictors of growth in vocabulary and reading. *Child Development, 85*, 1552–1559.

Senechal, M., LeFevre, J.-A, Hudson, E., & Lawson, P. (1996). Knowledge of picture-books as a predictor of young children's vocabulary development. *Journal of Educational Psychology, 88*, 520–536.

Senechal, M., LeFevre, J., Smith-Chant, B. L., & Colton, K. (2001). On refining theoretical models of emergent literacy: The role of empirical evidence. *Journal of School Psychology, 39*, 439–460.

Senechal, M., LeFevre, J.-A., Thomas, E., & Daley, K. (1998). Differential effects of home literacy experiences on the development of oral and written language. *Reading Research Quarterly, 32*, 96–116.

Senechal, M., Pagan, S., Lever, R., & Ouellette, G. (2008). Relations among the frequency of shared reading and 4-year-old children's vocabulary, morphological and syntax comprehension, and narrative Skills. *Early Education and Development, 19*, 28–45.

Senechal, M., & Young, L. (2008). The effect of family literacy interventions on children's acquisition of reading from kindergarten to grade 3: A meta-analytic review. *Review of Educational Research, 78*, 880–907.

Silinskas, G., Leppanen, U., Aunola, K., Parrila, R., & Nurmi, J.-E. (2010). Predictors of mothers' and fathers' teaching of reading and mathematics during kindergarten and Grade 1. *Learning and Instruction, 20*, 61–71.

Silinskas, G., Parrila, R., Lekkanen, M.-K., Poikkeus, A.-M., Niemi, P., & Nurmi, J.-E. (2010). Mothers' reading-related activities at home and learning to read during kindergarten. *European Journal of Psychology of Education, 25*, 243–264.

Sparks, A., & Reese, E. (2012). From reminiscing to reading: Home contributions to children's developing language and literacy in low-income families. *First Language, 33*, 89–109.

Stadler, M. A., & McEvoy, M. A. (2003). The effect of text genre on parent use of joint book reading strategies to promote phonological awareness. *Early Childhood Research Quarterly, 18*, 502–512.

*St. Clair, L., & Jackson, B. (2006). Effect of family involvement training on the language skills of young elementary children from migrant families. *School Community Journal, 16*, 31–41.

Stephenson, K. A., Parrila, R. K., Georgiou, G. K., & Kirby, J. R. (2008). Effects of home literacy, parents' beliefs, and children's task-focused behavior on emergent literacy and word reading skills. *Scientific Studies of Reading, 12*, 24–50.

Strasser, K., & Lissi, M. R. (2009). Home and instruction effects on emergent literacy in a sample of Chilean kindergarten children. *Scientific Studies of Reading, 13*, 175–204.

Teale, W. H., & Sulzby, E. (1986). Emergent literacy as a perspective for examining how young children become writers and readers. In W. H. Teale & E. Sulzby (Eds.), *Emergent literacy: Writing and reading* (pp. vii–xxv). Norwood, NJ: Ablex.

Weigel, D. J., Martin, S. S., & Bennett, K. K. (2006). Mothers' literacy beliefs: Connections with the home literacy environment and preschool children's literacy development. *Journal of Early Childhood Literacy, 6*, 191–211.

Zevenbergen, A., Whitehurst, G., & Zevenebergen, J. (2003). Effects of a shared-reading intervention on the inclusion of evaluative devices in narratives of children from low-income families. *Applied Development Psychology, 24*, 1–15.

415 # 第27章 美国的基础阶段阅读教学

卡罗尔·麦克唐纳·康诺 斯蒂芬·奥尔·奥泰巴

摘 要：本章回顾了美国最近针对幼儿园至五年级儿童识字教育的政策和研究。讨论了四个主题：相关政策和重点研究、解码型多层次教学系统、阅读理解和个性化或差异化教学。文献综述重点收录针对阅读能力不足、有阅读障碍或阅读障碍风险的学生以及英语作为外语的学习者进行的研究。研究表明，多层次的教学系统虽然主要关注解码能力而不是理解能力，但其重要性不容小觑。就理解能力教学而言，多策略教学可能比单一策略更有效。然而，各研究的结果分歧较大——教学手段的影响根据不同的研究结果显示为积极影响、无影响和消极影响——这表明今后还需要进一步研究。根据学生的表现对学生提供个性化教学似乎可以提高学生解码和理解能力。本章还讨论了今后的政策和研究方向。

关键词：阅读、识字、理解、教学、干预、解码、以意义为中心的教学、基本技能、差异化教学、个性化教学

教会孩子阅读和写作可能是识字社会面临的最困难但最重要的课题之一——尤其是在当今社会，识字已经成为一项权利而不是一种特权。文字阅读是人类的发明，人脑中处理文字阅读的部分可能挤占了处理其他任务的部分，例如口语。为了学习阅读，大多数幼儿需要接受详细且高度技术性的指导。如果幼儿学习的是字母语言书写系统，如英语，他们就必须掌握字母原理——字母代表音素，而音素又结合在一起形成单词（National Reading Panel, 2000)。不同字母语言的书写系统的音素和字母对应的规则程度不相同，英语是拼写和发音之间对应较不规则的语言，这对一些孩子来说是一个很大的

问题。儿童还必须学会将解码后的词与特定意义联系起来（Kintsch, 1998; Rapp, & van den Broek, 2005)。这就对他们的口头语言能力、对世界的认识水平和其他认知系统，如工作记忆和注意力提出了要求。本章的目的是回顾美国关于初级阅读教学的研究。

在本章中，我们将阅读定义为对书面单词进行解码并将单词和句子与意义联系起来，以形成文本的连贯的心理表达的能力。能否建立连贯的心理表达取决于学生能否准确、流畅地解码单词、使用文本中的其他信息和关于世界的一般性知识推断意义、监控他们对文本的理解以及使用元认知和其他策略来获取意义。理解也取决于课文的难度和学生的阅读动力，即为什么阅读以及读懂文本有多重 416
要（Snow, 2001)。本章重点介绍了关于初等阅读教学的四个课题:（1）美国国内的阅读教学以及对美国阅读教学造成影响的政策和报告;（2）解码干预;（3）将文本和意义联系起来的教学以及阅读理解教学;（4）以提高学生的解码和理解能力为目的个性化（或差异化）阅读教学。最后，我们针对包括美国学校在内的更多初等教育机构提出对未来研究、政策和实践的展望和建议。

美国初级阅读教学现状

影响课堂阅读教学的研究报告与政策

在美国和许多国家，大多数儿童学习阅读是在幼儿园到二年级或三年级，或从 5—6 岁到 8—9 岁。有证据表明，到二年级结束（8岁左右）还没有掌握熟练阅读的孩子可能一直都无法很好地掌握阅读技能（Spira, Bracken, & Fischel, 2005）; 从一年级到三年级对孩子进行持续的高质量的阅读指导能够提高孩子的阅读成绩（Connor et al.,

2013)；早期高质量的阅读教学对孩子一生的阅读能力具有持久影响(Konstantopoulos, & Chung, 2011)。这里描述的大部分研究的动机是探明社会经济地位较低和社会经济地位较高家庭出身的儿童之间、多数族裔群体与少数族裔群体的儿童之间以及将英语作为母语学习的儿童和将英语作为第二语言学习的儿童之间识字能力持续存在差距的原因；英语是第一语言的孩子和英语是第二语言的孩子之间的关系。将英语作为第二语言学习的人通常被称为英语学习者(ELLs)(Chatterji, 2006; Duncan et al., 2007)。

根据2000年和2001年发表的两份开创性报告以及州和联邦政策，我们了解了美国各地学校如何进行阅读教育。国家阅读小组的报告(2000)的写作目的是为了审查已有研究并找出公认的最有效的小学阅读教学方法。报告收录的专题都是已得到足够研究的主题。报告指出，有效的阅读教学方法包括：(1)语音意识的显性教学；(2)系统的语音辅导；(3)能够提高流畅性的方法；(4)包括词汇教学和阅读策略教学在内的能够提高理解力的方法(www.nichd.nih.gov/research/supported/Pages/nrp. aspx#overview)。

第二份开创性的报告，由RAND报告的《阅读理解》(*Reading for Understanding*)(Snow, 2001)提出的阅读理解教学方法富有启发性，如今已被广泛使用。它将阅读理解描述为文本意义的主动提取和建构，受读者的阅读目的和阅读动机以及文本本身的难易度、内容和体裁等方面因素的影响，而所有这些因素都受到社会文化背景的制约。因此，有效的阅读教育应该考虑阅读过程的所有方面。这两份报告——特别是国家阅读小组报告——都影响了联邦和州的政策，例如“阅读第一”政策(Gamse, Jacob, Horst, Boulay, & Unlu, 2008)，该政策为各州提供财政支持，用于指导、评估学生阅读能力发展并帮助阅读方面存在困难的学生。

从2005年起，由于政府出台新政策防止学生出现阅读困难，美国国内开始广泛采用多层次的干预支持或反应系统（RTI），该系统由多层教学措施组成，第一层基础措施是保证普通课堂中教师向所有儿童提供有效和高质量的阅读教学，如果有学生在接受这一层教学措施后表现不佳，普通教师或其他专家将对其提供更有针对性和更频繁的教学。多层系统的一个关键方面是评估学生表现。首先，教师采用普遍筛查方式对所有儿童进行评估，以了解哪些儿童的表现弱于同龄人。然后，这些掉队的儿童将接受进一步的测试评估并持续接受跟踪评估以监测其阅读能力的发展，确定他们是否需要更多的补充教学或是增加教学强度（例如，小班化、更频繁且更多、更个性化的课堂）(Connor, Alberto, Compton, & O'Connor, 2014)。额外增加的阅读辅导被称为第2级和第3级措施，一般情况下，第2级和第3级措施被提供给一小部分有需要的小学生。一般来说，第3级措施比 417
第2级更有针对性。美国所有50个州现在都鼓励学校采用干预支持或反应系统，预防学生出现阅读困难，且有越来越多的州允许使用干预支持或反应系统筛查有学习障碍的学生（Fuchs & Vaughn, 2012)。

美国没有国家统一的课程，50个州都为自己州的学生制定学习大纲，各州的教学标准差别很大。为了使美国各地的英语学习（阅读、写作、听力和口语）情况更加统一，美国各州教育部门、政府决策层和其他有关方面协力发展统一的共同核心国家标准（www.corestandards.org），许多州已于2014开始通过并实施这一标准。国家标准规定了幼儿园、小学五个年级、中学和高中各年级的英语学习标准。例如，阅读的重点是理解关键的文意和细节，理解文本结构，在阅读时将文意和背景知识联系起来（Goldman, & Snow，本书)。

本章接下来将会回顾针对国家阅读标准的研究报告，先讨论有关编码教学的研究，然后讨论涉及阅读理解教学以及一般的教学策略的研究，然后是针对差异化或个性化阅读教学的研究。下文将指出干预支持或反应系统迄今为止的研究大多关注有阅读困难的学生和以编码为中心的识字技能，而阅读理解教学不仅涉及有阅读困难的读者，也与更广泛的学生群体相关。最后我们总结研究结果和启示。

解码：以编码为中心的阅读教学和多层教学系统

最近以编码为关注重点的干预研究大多针对在普通课堂学习中掉队的学生，这些学生虽然接受了和同龄人一样的教育，但阅读成绩弱于同龄人。学生学会阅读需要接受一定量明确且系统的字母和语音教学，而有些学生需要的教学量比其他学生更多（National Reading Panel, 2000）。

有大量证据表明向有阅读困难的小学生提供额外教学干预是有效果的（例如，Benner, Nelson, Ralston, & Mooney, 2010; Cavanaugh, Kim, Wanzek, & Vaughn, 2004; Ehri, Nunes, Stahl, & Willows, 2001; National Reading Panel, 2000; Wanzek, & Vaughn, 2007），相关综合研究表明，小班化的显性系统语音与语音意识教学能够提高学生单词阅读能力。在这些研究中，教师向所有学生提供了一致的基础识字教育，研究人员则向研究对象提供额外教学干预措施，但是，如果由经过认证的教师或训练有素且有专家监督的助教或志愿者对研究对象实施额外教学干预似乎也是有效的。

最近的一份综合研究报告（Connor et al., 2014）回顾了关于阅读障碍的学生或因家族阅读困难史或语言技能薄弱等原因而面临此风险的学生的研究文献。分四个方面：（1）评估——普遍筛选、进展监测、英语学习者评估和为阅读障碍学生提供的帮扶措施；（2）基本认知过程对阅读的贡献；（3）干预——提高教学强度、提高学生语言流利度和学前语言教育，促进学生之间的互帮互助；（4）专业发展——专业知识发展、多种战略结合。学界达成共识，认为在上述各个领域都取得了进展。例如研究表明，对所有学生进行普遍筛查，然后对成绩较差的学生进行有针对性的诊断评估，能够确定需要更密集和更有针对性的阅读教学的学生群体。读者可自行查阅该综合研究报告以获取更多信息。

《教育科学研究所干预支持或反应系统实践指南》（Gersten et al., 2008）回顾了支持多层次干预措施的文献。他们根据实证证据和专业知识提出了五项建议，其中包括：（1）进行普遍筛选；（2）提供高质量的差异化一级核心阅读教育；（3）经常进行进度监测，即时常评估学生的阅读技能；（4）提供更多层次的教学措施；（5）确保分级教学的切实实施。这五个建议很快被吸收进干预支持或反应系统相关的州法律或准则中（Berkeley, Bender, Gregg Peaster, & Saunders, 2009; 418
Zirkel, & Thomas, 2010）。

万泽克和沃恩（2007）撰写的综合报告被高频度引用，该报告回顾了密集的阅读教学干预措施，他们将该“密集”一词定义为总数超过 100 次（第 2 级和第 3 级的教学措施）。这些干预措施是向有阅读障碍或有阅读障碍风险的学生提供的，接受干预之后孩子的阅读成绩得到提高。一般来说，规模越小的班级教学效果越好（3 至 8 人）。还有证据表明，在幼儿园和一年级提供干预比在二年级和三年级提供干预效果更好。

大多数学生能够从额外的干预措施中获益，但 3% 至 7% 的学生可能需要更密集的干预（Al Otaiba, & Torgesen, 2007），这群儿童即使得到了优质的课堂教学和补充干预也不能取得足够的进步，人们对其中的原因所知甚少。据我们所知，9 项实验或准实验研究对接受额外教学干预最为密集的儿童进行了调查（Al Otaiba et al.，印刷中；Beach, & O'Connor, 2013; Denton, Fletcher, Anthony, & Francis, 2006; Denton et al., 2013; Gilbert et al., 2013; Vaughn, Wanzek, Linan-Thompson, & Murray, 2007; Vellutino, Scanlon, Zhang, & Schatschneider, 2008)。研究结果表明，学生的成绩进步存在很大的个体差异。与流利度或理解能力相比，单词阅读技能受到的影响似乎更显著。在干预措施的类型方面，只有少数研究审查了课堂阅读教学的效果（Hill, King, Lemons, & Partanen, 2012），只有三项研究在研究当年对学生提供了更为密集的干预（Beach, & O'Connor, 2013），另一个更常见的研究方法是向研究对象提供为期一年的 2 级干预，然后在下一年向那些学习表现低于预期的学生提供更密集的干预教学。

人们普遍认为，阅读能力最差的学生可能需要接受最密集的教学干预，特别是最近有文献描述了长期存在阅读困难且接受的教学干预不够密集的儿童的特点（Lam, & McMaster, 2014）。兰姆和麦克马斯特提出了前人描述孩子对多层次干预措施的反应的综合报告（Tran, Sanchez, Arellano, & Swanson, 2011）。根据他们的报告，学生最初的单词识别能力、对字母读音对应关系的认识、音素意识和口语阅读流利程度能够预测他们对第 2 级和第 3 级干预措施的反应。

出于对能力最弱的学生的关注，我们探索了两种不同的干预支持或反应系统模式——典型干预支持或反应系统和动态干预支持或反应系统（Al Otaiba et al., 2014）。在典型干预支持或反应系统探索中，我们对一年级学生的阅读能力进行了普遍筛选，学生接受了为期八周的一级干预。如果存在阅读能力落后于同龄人的学生，那么，他们将在一年级的整个学年得到更多的教学干预。相比之下，动态干预支持或反应系统探索中根据最初的筛选结果，立即对落后的学生实施第 2 级或第 3 级干预，也就是说，阅读技能最差的学生一旦被确定，就可以在学年开始时接受 3 级干预。该实验共有 34 个一年级班级，522 名一年级学生参加，参加的学生就读于 10 所社会经济和文化背景不同的学校。除了干预之初，各组学生接受的小班教学干预是相同的。阅读评估包括字母发音、单词阅读和段落阅读，并收集教师对学生的阅读困难程度的评价。与典型干预支持或反应系统实验相比，动态干预支持或反应系统实验中的学生表现出了立竿见影的进步，全年积累的效果也越来越明显。在实验结束时，动态干预支持或反应系统实验中接受第 2 级和第 3 级干预的学生阅读分数明显高于典型干预支持或反应系统实验中的学生。

先前针对接受干预支持或反应系统的一年级学生的两项跟踪研究（Gilbert et al., 2013; Vellutino, Scanlon, Small, & Fanuele, 2006）报告说，当学生从二年级进入三年级时，阅读成绩得分低于 90 分（典型平均值 =100，SD=15）的学生数量明显增加，具体而言，吉尔伯特等人报告说，一年级学生进入三级学位后，有 46% 的学生的单词阅读和理解成绩低于 90 分的标准分。韦卢提诺等人发现，该节点约有三分之一的学生阅读成绩难以补救，他们的基本阅读技能得分低于 90 分的标准分。奥尔·奥泰巴等人（2014）的调查结果令人鼓舞，他们根据一年级干预支持或反应系统成绩将儿童归类为毫无阅读障碍风险、补救难度较小或需要进行持续干预三类。即使是需要持续干预的儿
童，在二年级和三年级的学年结束时，也分别仅有 8.7% 和 7.9% 的学 419
生单词阅读成绩低于 90 分标准分。而一年级时被归类至补救难度较小的学生到三年级结束时，单词阅读分数全部超过 90 分标准分。

总之，新的证据表明，干预支持或反应系统可以提高学生的解码能力和单词阅读能力，降低阅读能力薄弱的学生比例。然而，对干预支持或反应系统干预反应感受不明显的学生可能需要持续的强化干预。阅读理解是多层教学系统的关键部分，但除了个别例外（Al Otaiba et al., 2014)，大多数关于第 2 级和第 3 级干预措施的研究都侧

重于编码技能（主要是由于阅读存在困难的学生编码技能薄弱）。“阅读促进理解”系统研究人员的未刊研究表明，以口语和理解为重点的第2级和第3级干预也能有效提高学生的阅读理解能力（http://ies.ed.gov/ncer/projects/program. asp?ProgID=62）。因此，将阅读理解教学干预纳入多层次的教学体系，可以进一步提高学生的阅读能力。

文本和意义之间的联系：阅读理解教学

教孩子们理解文本比预想的要困难得多。人们曾认为，一旦解码问题得到解决，随着学生阅读流利度的提高，理解能力自然而然也会提高（如 Rayner, Foorman, Perfetti, Pesetsky, & Seidenberg, 2001）。然而，根据已得到实证的简单阅读定义（Hoover, & Gough, 1990），良好的阅读理解能力是读者流畅地解码文本的能力和足够的口语能力（听力理解）协同产生的结果。如果其中任何一项能力薄弱，那么，学生的阅读理解能力也可能同样薄弱。许多学生没有足够的语言能力，即使解码技能足够，他们的阅读理解水平也会受到限制。多项研究发现，具备足够解码技能的学生中有人存在理解困难（Compton, Fuchs, Fuchs, Elleman, & Gilbert, 2008; Oakhill, & Yuill, 1996）。加西亚和凯恩（2014）的文献回顾发现，根据110项研究，解码能力和阅读理解能力之间的相关性约为0.74，低于人们的预期，这表明一些孩子可能有很强的解码能力，但理解能力较弱。解码和理解之间的联系与学生的年龄有关（在10岁及以下儿童的身上，解码能力与阅读理解的联系更强），更与儿童的口语技能有关，听力较弱的儿童一般而言阅读理解能力较差。

最近出现了一批关注重点为理解性阅读任务以及阅读理解能力的研究（Block, Parris, Reed, Whiteley, & Cleveland, 2009; Shanahan et al., 2010; Swanson et al., 2011）、关注如何满足以英语为第二语言的学生需要的研究（Melby-Lervåg, & Lervåg, 2014; Slavin, & Cheung, 2005）以及研究对象为面临阅读困难威胁的学生群体的研究，这些学生包括来自贫穷地区的学生（Benner et al., 2010；Berkeley, Scruggs, & Mastropieri, 2010; Weiser, & Mathes, 2011)。本文概述了这些文献并补充了最近公布的研究结果（Oakhill, & Berenhaus，本书，进一步讨论理解问题）。

教育科学研究所《幼儿园到三年级的改进阅读理解项目》（Shanahan et al., 2010）的研究人员回顾了阅读理解相关文献，并提出五个建议，这些建议的依据可靠程度不同。可靠性强的依据是对大量人群进行研究后得到的一致结果。可靠性中等的依据是随机对照试验（RCT）的结果，但研究结果可能不适用于大量人群。可靠性最弱的依据可能是相关研究的结果，或者是没有进行过随机对照试验或出于现实和道德考虑而无法进行随机对照试验的研究结果。作者根据阅读理解研究为二年级和三年级学生的阅读提出建议并对幼儿园和一年级学生的听力和阅读理解提出建议。

第一个建议是教学生如何使用六种理解策略（可靠性较强证据支持：联系前文并对下文进行预测；针对文章自问自答；将故事形象化；随时审查和更正理解；推断、总结和复述。这些策略可以单独或一起教授给学生。研究小组还建议教师逐步培养学生独立使用这些策略的能力。

第二个建议是“教学生识别文章的结构，并利用对结构的认识
帮助文意理解和记忆”（p.17，可靠性中等证据支持）。学生了解了记 420
叙文和说明文的结构（例如，记叙文有开始、过程和结束），能够更好地理解所读的内容。关于文本结构的教学可以在幼儿园就开始，一直持续到小学年级及以后的学习（Swanson et al., 2011)。帮助孩子认识叙事文本的人物、设定、目标、矛盾、情节、矛盾的解决和主题似乎都有助于学生的理解。

第三个建议是通过对文本含义进行有重点、高质量的讨论来指导学生（Goldman, & Snow，本书）。研究人员鼓励教师根据文本、教学目的、学生的阅读能力和年级与学生开展讨论，并让学生分组、在组长的领导下展开讨论。尽管在提出建议时，依据还不充足，但最近的一项元分析研究（Murphy, Wilkinson, Soter, Hennessey, & Alexander, 2009）证明了讨论可以提高学生的理解能力，但需要注意，大部分研究都是针对四年级或四年级以上的学生进行的。另外，虽然通过讨论文本提高了学生对文意的理解，但该方法对学生的推理、理解能力以及批判性思维影响不大或根本没有影响。卡莱尔等人（Carlisle, Dwyer & Learned，2013）也指出，讨论可以帮助学生学习推理，提高阅读和分析性写作能力，这些能力都是美国共同核心国家标准（Common Core State Standards）所要求学生掌握的关键技能。

第四个建议得到指导项目组（Shanahan et al., 2010）的证实：有目的地为孩子选择理解教学文本。他们认为这一条建议必须结合其他建议，并且需要对阅读个体差异包括不同个体感兴趣的文章类型（Snow, 2001）展开进一步研究。该小组鼓励教师使用多种类型的文本、高质量的文本、符合学生阅读能力的文本以及符合教学目的的文本。其他研究（Hiebert, & Fisher, 2007; McNamara, 2013）强调教学过程中需要考虑文本复杂性和学生的阅读水平。

该小组的第五个也是最后一个建议是营造引人入胜的课堂气氛并及时激励学生（可靠性中等依据）。这项建议是基于有研究表明，积极主动理解文本的学生更容易理解课文的含义，而如果学生带着明确目的进行理解阅读，他们就更有可能积极主动理解文本（Guthrie, Anderson, Aloa, & Rinehart, 1999; McNamara, 2013)。专案组提出了一些教学策略，他们同时还指出这些策略几乎没有可靠性高的依据：这些策略包括教师向学生传达课程的目的，解释理解策略能够帮助学生学习，为学生提供选择并让同学互帮互学。

新的研究结果证实上述这五项建议的现实意义，此外，一项元分析（Berkeley et al., 2010）表明，这些策略对阅读障碍学生也有帮助，平均效应大小（d）为0.70。元分析发现，以编码为中心的阅读教学和问题/解决策略教学能够帮助阅读障碍儿童获得更强的阅读理解能力。针对24项研究的另一项元分析表明，有效的阅读教学策略对行为障碍学生也是有效的（Benner et al., 2010)。各种有效的教学干预方法之间存在一个共同点，这些方法都是帮助学生更专注自己正在阅读的内容，更系统地思考文本。

非母语英语学习者

在家里说英语以外的语言的人或者说非母语英语学习者的人数在不断增加。1979年，大约9%的美国学生是非母语英语学习者，2005年这一人数增加到17%(Slavin, & Cheung, 2005)，到2008年这一人数增加到21%，也就是说，近1100万学生是非母语英语学习者（Melby-Lervåg, & Lervåg, 2014)，英语不熟练的学生辍学的可能性更大，成绩也比英语熟练的学生和仅说英语的学生要差（Melby-Lervåg, & Lervåg, 421
2014)。

斯拉文和车恩（1999）回顾了关于非母语英语学习者阅读教学的研究，他们比较了仅使用英语单语课堂和双语课堂的区别，在仅使用英语单语课堂中，非母语英语学习者仅能够使用英语进行学习，不能够使用自己的母语，而在双语课堂中，学生可以使用母语，尤其是社会研究和科学领域的学习。他们最重要的发现是“高质量的研究太少”（第273页），他们呼吁学界进行更多跟踪调查和随机对照研究。在他们审查的研究中，有17项表明双语教育似乎比研究中其他的70%的纯英语沉浸式课程的教学效果更好（效应大小d =0.33）；而其余的研究并没有发现这两种类型的课堂之间存在差别。值得注意的是，没有任何研究表明纯英语教学课堂比双语课堂更有优势。笔者认为，母语阅读可能像桥梁一样为孩子学习阅读英语提供便利。值得注意的是，1991年的元分析研究倾向于双语方案，并不是今天美国学校通常使用的课程，1991年元分析中描述的双语方案大多是在学校课表的不同时段教授英语和母语。相比之下，今天的双语课程往往由双语教师或使用另一语言的助教进行，课程持续整个授课日而不是半天。如今双语课程的数量远远不如仅使用英语的沉浸式课程，一些州甚至禁止双语课程。在美国境外，单语教学和双语教学的矛盾甚至延伸到其他国家的母语教学，特别是在发展中国家，有一些语言没有书面文字。

与单语同学相比，非母语英语学习者的识字能力如何？梅尔比-勒瓦格和勒瓦格（2014）对美国和加拿大所做的研究进行了元分析，将非母语英语学习者和其使用单语的同龄人的阅读理解能力进行了比较，在所有82项研究中，非母语英语学习者的阅读理解比单语学生更弱（d=0.62）。然而，该差异会被学生的语言理解和解码技能缓解。学生的社会经济背景并不是导致非母语英语学习者与单语同龄人之间的阅读差异的直接原因。研究人员还观察到单语学生比非母语英语学习者的解码能力和语音能力更强，他们在解码能力方面的差异大于在阅读理解方面的差异，加拿大学生之间的差异小于美国学生之间的差异。

总而言之，有明确的证据表明，与单语学生相比非母语英语学习者的阅读理解成绩较为落后。在美国，应该如何教导不精通英语的学生学习英语阅读一直是争议不断的课题之一。一些州的政策与现有研究或新出现的研究都不一致（Jared，本书，讨论双语使用者的识字发展)。尽管双语教学（两种语言分别在一天中的不同时段使用）的效果比只使用英语的课程效果更好，但美国的一些州现在只允许学校开设纯英语教学课程。

理解教学研究近况

我们对阅读理解文献的综述揭示了自2009年以来发表的十项研究，这些研究使用实验或设计良好的准实验研究来探索有效的阅读理解教学方法，我们认为这些文献的参考价值超过其他元分析研究报告。

阅读理解干预研究

其中三项研究的重点是提高学生对议论文或说明文的阅读理解能力（Guthrie et al., 2009; Wijekumar, Meyer, & Lei, 2012; Williams, Stafford, Lauer, Hall, & Pollini, 2009)。格思里和同事通过对156名阅读 422
成绩有高有低的五年级学生进行的准实验研究，测试了概念导向阅读教学（CORI）的有效性。概念导向阅读教学课堂的教学重点是推理和理解监控，课程的其中一个目标是提高和保持学生的积极性。课程持续12周，每天的教学时间为90分钟。其中，老师每周授课3天，阅读专家每周授课2天。与接受传统教学的学生相比，接受概念导向阅读教学课程的学生在阅读理解测试、单词阅读测试、流利程度测试和内容领域（科学）测试中的得分普遍较高。无论学生阅读成绩好或差，学生接受概念导向阅读教学课程后这些科目的成绩提高的效果是一样的。而在推理测试中，原本成绩优异的学生成绩小幅超过了原本成绩较差的学生，这可能在大多数人的预料之中。动机干预对学生没有产生效果。戈德曼和斯诺（本书）提供了有关这一干预的更多信息。

威廉斯等人（2009）的实验研究了向二年级学生教授说明文文本结构的教学的有效性（实验由215名学生和15名教师完成）。教师使用动物百科全书、普及版书籍和专为研究撰写的文本，教学生如何使用提示词、图形符号（例如，圈出主要思想并划出支持细节的辐射线）、总结和比较策略，同时注重词汇教学和详细分析文本，每节课结束时也进行了复习。对照组学生接受了相同内容的科学指导，但没有关于文本结构和针对说明文阅读的指导。实验历时两个月，22节内容，总共12节45分钟的课。学生接受教学干预后在研究人员开发的评估测试中成绩提升明显，这表明显性的理解教学对二年级学生是有效的（而从前的大部分相关研究针对的是年龄较大的学生），理解教学可以在不影响学生学习内容的情况下，作为科学教学进行。这项研究的一个问题是实验在干预结束后没有对学生的阅读理解能力进行标准化评估，因此，我们无法得知该干预对阅读标准化评估成绩的影响。

卫叶库玛等人（2012）使用智能辅导系统（ITSS）评估了对131个班级的四年级学生进行阅读理解文本结构教学的有效性。他们指出，“结构策略是指读者在阅读非小说（解释说明性文本）过程中使用文本结构的信号（即提示词）辅助文意获取以及对文本的记忆”（第989页）。此外，信号词能够帮助学生识别五种不同的文本结构（比较－对比、矛盾－解决方法、因果关系、顺序和描述）。智能辅导系统的设计只是在一定程度上取代了教师提供的语言教学。该系统的前提假设是科技可以补充和强化学校或地区规定的传统教学。作者指出，该技术能够提高教学一致性、辅助教学实践、帮助教师评估学生表现并进行反馈。研究人员在6个月的时间里每周30到45分钟利用计算机实验室使用智能辅助系统。使用智能辅助系统的学生在标准化阅读理解测试中的分数明显高于对照组学生，但差别不大（d=0.10）；而在研究人员开发的测试题中分数差别较大（d=0.49）。研究人员开发的测试题要求学生说出刚刚阅读的文章的主要思想。无论学生原本的阅读成绩是较低或中等/高，接受智能辅助系统后成绩的提高量一致。这一结果表明，这一技术能够帮助学生学习识字。

这三项研究共同证明了使用多种教学干预措施能够提高学生的内容理解，包括阅读能力和提取信息的能力。研究还强调了阅读策略指导的重要性，包括针对文本结构和图像思考辅助工具的教学，这类指导能够帮助学生更好地理解说明类文本和信息类文本。同时，所有三项教学干预措施都有较强针对性，在一定程度上允许学生选择教材（Guthrie et al., 2009）或使用特定技术（Wijekumar et al., 2012）。此外，这些干预措施在一定程度上侧重于通过讨论培养学生对文本的理解。

然而，并不是所有包括阅读策略指导在内的阅读理解干预措施都是有效的。詹姆斯－布达米等人（2012）对四年级和五年级学生的四种不同的补充阅读理解干预措施进行了大规模随机对照研究。这项为期两年的研究测试了四项干预措施，这些干预措施旨在补充而非取代阅读、科学或社会知识的常规教学。这些干预措施有一定实证依据，它们是 CRISS 计划、ReadAbout，Read for Real 和 Reading for Knowledge，这些项目都现实可行，都使用了本文所说的“显性理解教学”（第 347 页），其中包括明确的策略教学。教师可自行掌控对每种教学策略的使用程度，例如，每种干预措施都向学生教授了总结技巧。四项干预措施之间也存在差异。例如使用计算机技术使得学 423
生能够即时收到反馈。根据教育部门的教学大纲实施干预措施 2 年。第一年结束时干预效果并不显著，甚至 Reading for Knowledge 对学生成绩产生了负面影响。第二年，由于各校不愿意继续使用 Reading for

Knowledge，该项目被叫停；ReadAbout 产生了积极影响，但仅限于社会知识方面。以计算机技术为基础的 ReadAbout 是四个项目中唯一向学生提供即时反馈的干预措施。这些结果表明，仅靠阅读策略教学不可能使学生的阅读理解明显提高。另一方面，今后可以对阅读能力不足以应对科学和社会研究等领域教学的学生使用科技手段辅助教学（例如，电子阅读器、带语音的电子书）。

这些结果的一个可能原因是，仅仅教授阅读理解策略是不够的，为验证该问题，麦基农、贝克和布莱克（2009）进行了一项随机对照实验，以研究三种不同教学方法对五年级学生阅读理解的影响。这项研究针对 116 名学生，这些学生被随机分班，教学侧重文意理解、理解策略和核心识字教材，笔者称之为基础条件。文意理解教学鼓励学生讨论文章中心思想。理解策略教学包括理解监控、总结和预测策略。教师在课文的指定段落对学生进行特定辅导（类似于上文所述詹姆斯－布达米等人 2012 年的干预）。基础条件使用了核心课程中注重阅读理解的材料，但没有使用以单词阅读和其他以编码为重点的部分。结果显示，三个组的理解能力都有提高，文意理解组的学生比其他组的学生理解进步更大。作者指出，学生在阅读的同时积极地获取文意的前提并不是了解或使用具体的阅读策略，而是将注意力集中于文本内容，关注文本的中心思想，在文意之间建立联系（第 245 页）。

我们现在转向另外两项研究，它们也使用了多种策略来提高学生的阅读理解。布洛克和同事（2009）评估了 6 种被广泛使用的教学干预策略的有效性。研究对象包括 5 所学校 30 个班级的 660 名二至六年级的学生。实验包括给学生布置与具体阅读策略有关的书面练习、个性化学习（即教师陪伴下的默读以及讨论）、阅读期间的策略指导和实践（称为情境实践）、概念学习和协同学习（学生独立默读材料之后小组讨论）。这些实践随机安排给不同班级。这与传统的教学形成对比，这些干预措施作为传统教学形式的补充，每天增加阅读理解教学 20 分钟。所有学生无论成绩如何都接受了指导。接受干预后，学生在标准化测试中阅读理解和词汇量成绩有了提高。无论使用哪种策略，实验组学生的阅读理解分数都高于对照组的学生。对六种教学策略的比较表明，协同学习能够更好地增强学生的总结能力，概念学习有助于学生更好地把握文章主要思想，结构关键词学习帮助学生更好地回忆文本细节。情境学习和书面练习不如其他类型的理解教学有效。

克拉克、斯诺林、特鲁洛夫和休姆（2010）使用对照试验，比较了三种不同的阅读理解干预措施的作用：文本理解干预、口语培训干预以及两者的结合。这项研究的对象是 84 个有阅读理解困难的四年级学生，研究持续 20 周，每次课 30 分钟。文本理解干预的重点是教导理解策略（与前面讨论的其他干预措施非常相似）。口语干预的重点是提高学生的听力理解和词汇量。联合干预使用了这两种干预措施，总时长与其他两种干预措施相同。三个干预组的学生在阅读理解的标准化评估测试中的成绩都优于对照组。实验组学生口语成 424
绩也高于控制组学生。就口语干预和综合干预组的情况而言，词汇量的提高促进了阅读理解的提高。也就是说，这两组学生的阅读理解成绩较高，原因是他们的口语能力强于文本理解干预组学生的能力。文本理解干预对词汇量没有影响，接受口语干预的学生的长期收益最大。

这些研究的结果并不统一，因此，我们需要进一步的研究才能探明理解教学的各种组成部分哪一些是有效的，对谁是有效的。此外，还需要更多地了解本文提到的一些变量如何影响干预效果。一般来说，包括口语（另见 Goldman, & Snow，本书）和阅读策略的多成分干预措施和战略指导比单一战略干预更有效。纠正性反馈——无论是显性的还是隐式的——都能够帮助学生提高理解能力。一些干预措施是专门为理解能力薄弱的学生设计的，因此很容易应用于多层次的教学系统。将成绩较高和成绩较低的学生一并纳入研究范围的研究一般都表现出显著的干预效果（如果有干预效果的话），且干预效果大小与学生原本成绩好坏无关。然而，几乎所有的干预都是在小班中进行的，学生人数较少的情况下教师更能够照顾到每个学生的个人学习需求。

为提高学生解码和阅读理解的个性化阅读教学

为了适应学生需求的个体间差异，学界实施了两种不同的阅读教学研究方法。第一种方法（Reis, McCoach, Little, Muller, & Kaniskan, 2011）是全校充实阅读模式（SEM-R），该模式旨在增加学生对阅读的兴趣和参与，并为有天赋的学生的识字过程和许多建构主义原则提供了阅读模型（Dahl, & Freppon, 1995)。构建主义原则最先由皮亚杰（1960）提出，他认为儿童的经历与他们的想法相互作用从而使儿童形成自己的知识。作者将全校充实阅读模式描述为“为了充实学生的阅读经验，旨在激发人们对阅读的兴趣和享受，从而提高阅读成绩，使学生能够自主选择和阅读感兴趣的书籍。学生选择的书籍会略高于该学生的水平，教师每周会对学生提供个性化辅导”（第464页）。教师利用测试数据来“根据学生的准备程度、兴趣和学习情况进行个性化辅导”。

赖斯和同事在一项实验中调查了全校充实阅读模式的有效性，该实验针对五所学校的1192名二年级至五年级学生进行。研究结果显示，全校充实阅读模式在各校之间的效果差别较大。各校的效果从-0.11到0.27不等，只有一所学校报告全校充实阅读模式有显著效果。口语阅读流利程度的结果相似。教师报告说，参与全校充实阅读模式的学生对阅读的兴趣与参与都有提高，并将此归因于全校充实阅读模式的实施。目前尚不清楚为什么该方案在一所学校有效，而在其他学校效果不大，也不清楚为什么让孩子自主挑选感兴趣的书籍和教师进行个性化辅导的做法未能帮助学生提高学习成绩。

关于差异化阅读教学的第二种研究为个性化识字教学的有效性提供了有力的证据（Connor et al., 2013; Connor, Morrison, Fishman, et al., 2011)。这项研究遵循了生物生态和交易发展理论（Bronfenbrenner, & Morris, 2006; Morrison & Connor, 2009)。这些理论认为个体所受的影响有多种来源，并且源头因素之间相互作用。人们认为内在来源包括儿童本身特征（如遗传、气质、能力），外在来源会影响这些内在来源的发展，包括近端外源（如教育、家庭环境）和远端外源（国家教育政策）。一般来说，远端外源通过影响近端外源来间接影响个体表现。干预还参考了阅读教学的认知发展方法（Morrison & Connor, 2002)，包括阅读的简单定义（Hoover & Gough，1990)。

这种教学框架被称为阅读的个性化学生阅读指导（ISI-R)，基于教师主导的小组教学，叫作弹性学习小组。干预的一个重要方面是教学技术评估（A2i)。每一周，教学技术评估利用特定算法计算出应该给孩子安排的四种教育活动类型的比例，四种教育活动分别为教师/学生互动（教师和学生都参与学习活动)、学生/同伴互动（学 425
生学习或与同龄人一起学习)、根据阅读的简单定义进行的以编码为中心或以意义为中心的教学（每类活动的例子见表 27.1)。教学技术评估使用了有效且可靠的三项评估指标：单词阅读或解码能力、理解能力、词汇量和单词知识。四类教学活动都使用教师熟悉的材料，只是改变教学方式以适应学生学习需求。教学技术评估的另一个组成部分是教师专业发展，这部分内容是课堂教育质量的保证。教学技术评估中用于计算教学类型安排的算法主要利用了逆向计算多级模型，模型结合分析了四种类型的教学和三项评估分数（Connor, Morrison, & Katch, 2004; Connor, Morrison, Schatschneider, et al., 2011 Connor, Morrison, & Underwood, 2007)，根据学生的春季阅读成绩设定目标，目标至少是该年级结束时学生的标准阅读水平。在考虑该目标的同时，根据三项评估的成绩，以每天或每周多少分钟为单位计算四种教育类型的时长。教学技术评估软件将四类教育建议时长、进度监测图表、教育实施方案和专业发展材料一起提供给师生。

在两个不同学区的7个实验中，康诺和他的同事证实了个性化学生阅读指导能够提高幼儿园（Al Otaiba et al., 2011）至三年级（Connor et al., 2013）孩子的解码和阅读理解能力。在第一项研究（Connor, Morrison, Fishman, et al., 2011）中，8所学校的33名教师及其448学生被随机分组接受个性化学生阅读指导干预或词汇干预(Beck, McKeown, & Kucan, 2002)，每位学生接受的干预是一样的。大约一半的学生来自低社会经济地位家庭。教师使用小班灵活教学进行教学技术评估辅导。专业发展教学注重课堂管理，运用考核指导教学并有效开展研究性阅读教学活动。通过课堂观察，研究人员发现个性化学生阅读指导组教师比对照组教师更多地根据学生具体情况提供个性化指导。个性化学生阅读指导组的学生在阅读理解标准化测试中的表现要好于接受词汇干预的对照组学生（d=0.20)。另一项针对一年级学生的研究揭示了单词阅读干预的显著效果（Connor, Morrison, Schatschneider, et al.，2011)。最后，每种教学的实际实施情况越接近教学技术评估的推荐，学生的理解进步就越大。调查人员指出，学生的语言和阅读技能与推荐的教学量之间的联系是非线性的，比预期更复杂，而这有助于解释为什么教师常发现照着测试结果来指导学生有时是行不通的（Roehrig, Duggar, Moats, Glover, &

Mincey, 2008)。

表 27.1　教师 / 儿童互动和儿童 / 同学互动的教学例子和以意义为重点的教学

	教师 / 儿童互动	儿童 / 同学互动
以编码为中心	老师和一小群学生以语音意识为中心互动，学生们通过改变一个音素（例如，/k/f/h/hp/）将单词（例如 "hat"）改为新单词 cat。	学生们在计算机教室内，每个人都在电脑上使用语音软件。
以意义为中心	老师正在给全班同学读《石头汤》(*Stone Soup*)[1] 一书。她停下来问："你认为镇上的人为什么帮忙做石汤。" 然后，全班同学讨论了主角和镇民的动机。	学生们在课桌上安静阅读自己选择的书。还有一些人正在合作写课堂每周通讯。

1.《石头汤》是一个经典的故事，一个流浪的小贩（或士兵）一开始用水和石头做石头汤。村民们认为其他的食材会使石汤味道更好，因此开始将肉和蔬菜添加到汤中。然后小贩让村民们与他分享食物。

在另一项实验中，康诺等人（2013）进行跟踪调查，将一年级教 426
师及其学生随机分配到个性化学生阅读指导组或对照组，调查了从一年级到三年级期间个性化学生阅读指导的影响是否会被积累。当学生升入二年级时，他们的二年级教师被随机分配到各组，同样，当学生升入三年级时，他们的三年级教师也被随机分配到各组。在这项涉及 95 名教师和 882 名学生的研究中，45% 以上的学生来自低社会经济地位家庭。结果表明，个性化学生阅读指导组学生标准化单词阅读和阅读理解测试的分数有显著提高。结果还表明，个性化学生阅读指导效应会积累。

所有三个年级个性化学生阅读指导组的学生都比对照组学生进步更大（d=0.73)。值得注意的是，一年级学生中，接受个性化学生阅读指导干预是实验组学生的阅读分数高于对照组学生分数的必要不充分条件。例如，一年级和二年级都参加个性化学生阅读指导组的学生在三年级结束时的阅读分数明显高于对照组。然而，二年级和三年级都参加个性化学生阅读指导组的学生的表现并不比对照组学生好。

全校充实阅读模式和个性化学生阅读指导都是为了支持教师为学生提供差异化的阅读教学而涉及的，但两者体现的理念截然不同。全校充实阅读模式干预体现的是建构主义原则以及生物生态和交易理论（Bronfenbrenner & Morris, 2006），而个性化学生阅读指导则建立在阅读的认知理论之上。在全校充实阅读模式中，学生可以自主选择学习内容，构建自己的知识库，教师也会注重为不同学生个体提供最适合的学习辅导。个性化学生阅读指导的重点是教学内容（以编码或意义为重点）、特定类型教学的量（其中包括教师提供的明确教学以及自主学习和分组学习的时间量）以及细致的评估以确定每个学生接受的教育量和难度。

直到本章完成之前，这两个类别的研究都没有引用对方的例证（尽管我们确实引用了 McCoach，O'Connell，Reis, & Levitt 的例子）。事实上，赖斯等人声称，虽然康诺和同事在 2007 年发表了他们的第一个实验（Connor，Morrison，Fishman，Schatschneider & Undwood, 2007），但是可以说差异化教学几乎没有实验证据。我们希望看到这两条不同的研究线有朝一日被结合研究（Wilson, 1998），将相互排斥的两类理论融合在一项研究中，改变迄今两类研究各自为政的局面以改进阅读学习理论和教学模式。

研究结论以及今后政策与研究的方向

本章的最后，我们希望总结关于美国初级阅读教学的政策和研究的较为重要的发现，并讨论政策、研究和教学实践的未来方向。1998 年以来，低社会经济地位家庭的儿童与非母语英语学习者和普通美国学生的识字成绩差距有所缩小（NAEP，2013），但没有达到可接受的水平，低社会经济地位家庭的儿童与非母语英语学习者和普通美国学生的识字成绩差距是一个复杂的问题且令人困惑，在全球范围内都很明显。政府的政策越来越注重课堂教育并要求教师对学生的成绩负责。美国共同核心国家标准（CCSS）已经对小学年级的阅读教学产生了深远的影响并将持续影响初等教育。美国共同核心国家标准认为以解码为重点的技能至关重要，特别是在学校教育的最初几年，它的目标是在学科内容的学习中更多地使用解释和信息类文本。我们今后需要思考许多问题，美国共同核心国家标准对美国的学生成绩会产生什么影响，特别是对最脆弱的学生——那些有阅读障碍、生活贫困或英语是第二语言的学生？当我们更多地了解美国共同核心国家标准的影响后该如何改进它？美国的教育有一种不幸的趋势，那就是遵循最新的时尚，而不是依靠研究来制定教学规范，逐步改善学生成绩。

过去几十年的研究表明，几乎所有学习字母语言书写系统（如 427
英语）阅读的学生，至少需要接受一些明确和系统的字母原则和语音方面的教学才能学会阅读，而其中有一些学生需要的教学量更多一些。虽然对编码的研究较少，但现有的研究表明编码和解码可能会协同发展。注重编码和写作以改善阅读结果的研究思路很可能带来巨大成效（Kessler & Treiman，Deacon & Sparks，and Caravolas & Samara，本书）。

尽管研究证据一致表明，反应－干预法可以降低阅读技能薄弱的学生的比例，但校方和教师需要研究人员的额外指导。特别是，我们如何确定提高学生阅读水平的最佳做法？虽然目前有一些数据分析方法，但尚未有统一的定义来判断是什么构建了对指导和干预的适当/不适当的反应。显然，即使接受了强化且个性化的三级教学，仍然有阅读困难的学生需要持续的帮助才能保持单词阅读技能，并提高流畅程度和理解力。因此，随着美国共同核心国家标准的提高，跟不上第1级普通教学的学生的落后程度也在扩大，我们亟需找到更好的帮助有阅读困难的学生提高成绩的方法（Goldman & Snow，本书），使他们能够完成知识领域（即科学、社会研究）学习，确保有阅读障碍的学生能够顺利接受高等教学并完成职业准备。将第2级和第3级阅读理解干预措施纳入多层次教学系统可能会对提高学生成绩产生更好的效果，但这一点还有待今后实证研究的检验。相对来说，重要的是确保所有学生，特别是同样接受母语教学的学生，在核心科目和教学干预方面保持一致。

阅读理解教学的有效方法都有一个共同点，就是教育学生更专注他们正在阅读的内容，更系统地思考文本的含义。越来越多的研究表明，更复杂的语言技能和推理策略在阅读中十分重要，也有越来越多的研究提出，具备足够解码技能的学生其阅读理解也可能失灵的原因。帮助孩子获得足够阅读技能使他们能够应对科学、社会研究的学习以及理解叙事文本语言，对老师来说是一个挑战。

越来越多证据表明，多成分教学干预措施能有效提高学生对文本内容知识的掌握，包括阅读和学习信息文本的能力。研究揭示了阅读策略教学，特别是关于文本结构的教学能够提高学生阅读理解能力和阅读信息文本的效率。有效的干预措施往往包括注重通过讨论培养学生对文本的理解（Goldman & Snow，本书）。然而，针对阅读理解干预措施的研究结果有好有坏，这表明要充分理解阅读理解干预的多重组成部分中哪一些是有效的，我们还需要进行许多研究，而学生之间的个体差异也可能影响研究结果。一般而言，既包括口头语言技能，又包含文本含义理解策略的指导和讨论，比单一的阅读策略干预更有效。即时的纠正反馈，不管是显性的还是隐性的反馈，都能够帮助学生提高理解力，然而这一点还有待检验。

尽管差异化阅读教学的设计、实施和评价方面存在相互竞争的理论，但我们希望看到不同领域的研究能够汇集在一起，共同研究如何满足不同能力的学生的需求。有证据表明，从幼儿园到三年级有效的阅读教学的效果会得到积累。有效的阅读教学侧重意义的教学，包括以编码为中心和以意义为中心的教学。一般来说，个性化阅读教学采用小组评估——以评估和互动为基础的教师主导的教学来满足学生的个人学习需求，学生可以独立学习或与同龄人合作学习，提升学生的阅读兴趣，并帮助教师做出关键的教学决策。这些教学 428
制度如果应用于学生学习成绩不佳、更为贫困的学校，效果应该很好。虽然进行个性化阅读教学对教师来说具有一定困难，但如果有适当的外界专业支持，个性化阅读教学还是可行的。那么，我们如何将这些做法普及到各个学校？

截至本文撰写时，Reading for Understanding Network（http://ies.ed.gov/whatsnew/newsletters/july10.asp? index=roundncer）正在系统研究促进和评估从幼儿园到高中的学生的阅读能力的有效方法，他们的研究仍在进行之中，研究成果被本书大量引用。探索提高学生阅读理解能力的有效方法将是这十年的重要课题。在美国乃至全世界，在应对教育挑战方面的研究投资有望加快寻找改进小学阅读教学的方法，从而确保所有学生达到最高水平的阅读能力。在本章中，我们强调了一些最紧迫的研究需要。这些措施包括确保开发所有儿童的阅读潜力、利用政策确保目前已知的最有效阅读教学能够进入课堂，开发更有效的反应-干预法多层教育体系，包括解码和理解干预、提高学生的口语水平，包括内容领域的知识、提高理解能力并想办法满足学生在通识教育课堂上的多样化需求。学界有不少有价值的研究结果，但不幸的是，学术研究和实际课堂之间存在脱节现象。我们需要寻找更好的方法将研究结果纳入课堂，了解如何与学校和地区有效合作并使教师、教育领导者和决策者得知研究结果。

致谢

这一章的写作得到了美国国家儿童健康和人类发展研究所、佛罗里达阅读研究中心、学习障碍研究中心（P50 HD052120）和美国教育部、教育科学研究所，Reading for Understanding（R305F100027）的支持。

参考文献

Al Otaiba, S., Connor, C. M., Folsom, J. S., Greulich, L., Meadows, J., & Li, Z. (2011). Assessment data-informed guidance to individualize kindergarten reading instruction: Findings from a cluster-randomized control field trial. *Elementary School Journal*, *111*, 535–560.

Al Otaiba, S., Connor, C. M., Folsom, J. S., Greulich, L., Wanzek, J., Schatschneider, C., & Wagner, R. K. (2014). To wait in Tier 1 or intervene immediately: A randomized experiment examining first grade response to intervention (RTI) in reading. *Exceptional Children*, *8*, 11–27.

Al Otaiba, S., & Torgesen, J. K. (2007). Effects from intensive standardized kindergarten and first grade interventions for the prevention of reading difficulties. In S. R. Jimerson, M. K. Burns, & A. M. VanDerHeyden (Eds.), *Handbook of response to intervention: The science and practice of assessment and intervention* (pp. 212–222). New York, NY: Springer.

Beach, K. D., & O'Connor, R. E. (2013). Early response-to-intervention measures and criteria as predictors of reading disability in the beginning of third grade. *Journal of Learning Disabilities*, *44*, 67–183.

Beck, I. L., McKeown, M. G., & Kucan, L. (2002). *Bringing words to life: Robust vocabulary instruction*. New York, NY: Guilford.

Benner, G. J., Nelson, J. R., Ralston, N. C., & Mooney, P. (2010). A meta-analysis of the effects of reading instruction on the reading skills of students with or at risk of behavioral disorders. *Behavioral Disorders*, *35*, 86–102.

Berkeley, S., Bender, W. N., Peaster, L. G., & Saunders, L. (2009). Implementation of response to intervention: A snapshot of progress. *Journal of Learning Disabilities*, *42*, 85–95.

Berkeley, S., Scruggs, T. E., & Mastropieri, M. A. (2010). Reading comprehension instruction for students with learning disabilities, 1995–2006: A meta-analysis. *Remedial and Special Education*, *31*, 423–436.

Block, C. C., Parris, S. R., Reed, K. I., Whiteley, C. S., & Cleveland, M. D. (2009). Instructional approaches that significantly increase reading comprehension. *Journal of Educational Psychology*, *101*, 262–281.

Bronfenbrenner, U., & Morris, P. A. (2006). The bioecological model of human development. In R. M. Lerner & W. Damon (Eds.), *Handbook of child psychology: Theoretical models of human development* (6th ed., Vol. 1, pp. 793–828). Hoboken, NJ: Wiley.

Carlisle, J. F., Dwyer, J., & Learned, J. (2013). Discussion as a means of learning to reason, read, and write analytically. In P. B. Miller, P. McCardle, & R. Long (Eds.), *Teaching reading and writing: Improving instruction and student achievement* (pp. 83–92). Baltimore, MD: Brookes.

Cavanaugh, C. L., Kim, A.-H., C. L., Wanzek, J., & Vaughn, S. (2004). Kindergarten reading interventions for at-risk students: Twenty years of research. *Learning Disabilities: A Contemporary Journal*, *2*, 9–21.

Chatterji, M. (2006). Reading achievement gaps, correlates, and moderators of early reading achievement: Evidence from the Early Childhood Longitudinal Study (ECLS) kindergarten to first grade sample. *Journal of Educational Psychology*, *98*, 489–507.

Clarke, P. J., Snowling, M. J., Truelove, E., & Hulme, C. (2010). Ameliorating children's reading-comprehension difficulties: A randomized controlled trial. *Psychological Science*, *21*, 1106–1116.

Compton, D. L., Fuchs, D., Fuchs, L. S., Elleman, A. M., & Gilbert, J. K. (2008). Tracking children who fly below the radar: Latent transition modeling of students with late-emerging reading disability. *Learning and Individual Differences*, *18*, 329–337.

Connor, C. M., Alberto, P. A., Compton, D. L., & O'Connor, R. E. (2014). Improving reading outcomes for students with or at risk for reading disabilities: A synthesis of the contributions from the Institute of Education Sciences Research Centers. http://ies.ed.gov/ncser/pubs/20143000/

Connor, C. M., Morrison, F. J., Fishman, B., Crowe, E. C., Al Otaiba, S., &

Schatschneider, C. (2013). A longitudinal cluster-randomized controlled study on the accumulating effects of individualized literacy instruction on students' reading from first through third grade. *Psychological Science, 24*, 1408–1419.

Connor, C. M., Morrison, F. J., Fishman, B., Giuliani, S., Luck, M., Underwood, P. S., . . . Schatschneider, C. (2011). Testing the impact of child characteristics × instruction interactions on third graders' reading comprehension by differentiating literacy instruction. *Reading Research Quarterly, 46*, 189–221.

Connor, C. M., Morrison, F. J., Fishman, B. J., Schatschneider, C., & Underwood, P. (2007). The early years: Algorithm-guided individualized reading instruction. *Science, 315*, 464–465.

Connor, C. M., Morrison, F. J., & Katch, E. L. (2004). Beyond the reading wars: The effect of classroom instruction by child interactions on early reading. *Scientific Studies of Reading, 8*, 305–336.

Connor, C. M., Morrison, F. J., Schatschneider, C., Toste, J., Lundblom, E. G., Crowe, E., & Fishman, B. (2011). Effective classroom instruction: Implications of child characteristic by instruction interactions on first graders' word reading achievement. *Journal for Research on Educational Effectiveness, 4*, 173–207.

Connor, C. M., Morrison, F. J., & Underwood, P. (2007). A second chance in second grade? The independent and cumulative Impact of first and second grade reading instruction and students' letter-word reading skill growth. *Scientific Studies of Reading, 11*, 199–233.

Dahl, K. L., & Freppon, P. A. (1995). A comparison of inner city children's interpretations of reading and writing instruction in the early grades in skills-based and whole language classrooms. *Reading Research Quarterly, 30*, 50–74.

Denton, C. A., Fletcher, J. M., Anthony, J. L., & Francis, D. J. (2006). An evaluation of intensive intervention for students with persistent reading difficulties. *Journal of Learning Disabilities, 39*, 447–466.

Denton, C. A., Tolar, T. D., Fletcher, J. M., Barth, A. E., Vaughn, S., & Francis, D. J. (2013). Effects of tier 3 intervention for students with persistent reading difficulties and characteristics of inadequate responders. *Journal of Educational Psychology, 105*, 633–648.

Duncan, G. J., Dowsett, C. J., Claessens, A., Magnuson, K., Huston, A. C., & Klebanov, P. (2007). School readiness and later achievement. *Developmental Psychology, 43*, 1428–1446.

Ehri, L. C., Nunes, S. R., Stahl, S. A., & Willows, D. M. (2001). Systematic phonics instruction helps students learn to read: Evidence from the National Reading Panel's meta-analysis. *Review of Educational Research, 71*, 393–447.

Fuchs, L. S., & Vaughn, S. (2012). Responsiveness-to-intervention: A decade later. *Journal of Learning Disabilities, 45,* 195–203.

Gamse, B. C., Jacob, R. T., Horst, M., Boulay, B., & Unlu, F. (2008). *Reading First Impact Study final report (NCEE 2009- 4038)*. Washington, DC: National Center for Education Evaluation and Regional Assistance, Institute of Education Sciences, US Department of Education.

Garcia, J. R., & Cain, K. (2014). Decoding and reading comprehension: A meta-analysis to identify which reader and assessment characteristics influence the strength of the relationship in English. *Review of Educational Research, 84,* 74–111.

Gersten, R., Compton, D., Connor, C. M., Dimino, J., Santoro, L., Linan-Thompson, S., & Tilly, W. D. (2008). *Assisting students struggling with reading: Response to intervention and multi-tier intervention for reading in the primary grades. A practice guide. NCEE 2009-4045*. Washington, DC: National Center for Education Evaluation and Regional Assistance, Institute of Education Sciences, U.S. Department of Education. URL: http://ies.ed.gov/ncee/wwc/PracticeGuide .aspx?sid=3

Gilbert, J. K., Compton, D. L., Fuchs, D., Fuchs, L. S., Bouton, B., Barquero, L. A., & Cho, E. (2013). Efficacy of a first-grade responsiveness-to-intervention prevention model for struggling readers. *Reading Research Quarterly, 48,* 135–154.

Guthrie, J. T., Anderson, E., Aloa, S., & Rinehart, J. (1999). Influences of concept-oriented reading instruction on strategy use and conceptual learning from text. *Elementary School Journal, 99,* 343–366.

Guthrie, J. T., McRae, A., Coddington, C. S., Klauda, S. L., Wigfield, A., & Barbosa, P. (2009). Impacts of comprehensive reading instruction on diverse outcomes of low- and high-achieving readers. *Journal of Learning Disabilities, 42,* 195–214.

Hiebert, E., & Fisher, C. W. (2007). Critical word factor in texts for beginning readers. *Journal of Educational Research, 101,* 3–11.

Hill, D. R., King, S. A., Lemons, C. J., & Partanen, J. N. (2012). Fidelity of implementation and instructional alignment in response to intervention research. *Learning Disabilities Research and Practice, 27,* 116–124.

Hoover, W. A., & Gough, P. B. (1990). The simple view of reading. *Reading and Writing: An Interdisciplinary Journal, 2,* 127–160.

James-Burdumy, S., Deke, J., Gersten, R., Lugo-Gil, J., Newman-Gonchar, R., Dimino, J., . . . Liu, A. Y.-H. (2012). Effectiveness of four supplemental reading comprehension interventions. *Journal of Research on Educational Effectiveness, 5,* 345–383.

Kintsch, W. (1998). *Comprehension: A paradigm for cognitions*. New York, NY: Cambridge University Press.

Konstantopoulos, S., & Chung, N. (2011). The persistence of teacher effects in elementary grades. *American Educational Research Journal, 48*, 361–386.

Lam, E. A., & McMaster, K. L. (2014). Predictors of responsiveness to early literacy intervention: A 10-year update. *Learning Disabilities Quarterly, 37*, 134–147.

McCoach, B., O'Connell, A. A., Reis, S. M., & Levitt, H. A. (2006). Growing readers: A hierarchical linear model of children's reading growth during the first 2 years of school. *Journal of Educational Psychology, 98*, 14–28.

McKeown, M. G., Beck, I. L., & Blake, R. G. K. (2009). Rethinking reading comprehension instruction: A comparison of instruction for strategies and content approaches. *Reading Research Quarterly, 44*, 218–253.

McNamara, D. S. (2013). The epistemic stance between the author and reader: A driving force in the cohesion of text and writing. *Discourse Studies, 15*, 1–17.

Melby-Lervag, M., & Lervag, A. (2014). Reading comprehension and its underlying components in second-language learners: A meta-analysis of studies comparing first- and second-language learners. *Psychological Bulletin, 140*, 409–433.

Morrison, F. J., & Connor, C. M. (2002). Understanding schooling effects on early literacy. *Journal of School Psychology, 40*, 493–500.

Morrison, F. J., & Connor, C. M. (2009). The transition to school: Child-instruction transactions in learning to read. In A. Sameroff (Ed.), *The transactional model of development: How children and contexts shape each other* (pp. 183–201). Washington, DC: American Psychological Association.

Murphy, P. K., Wilkinson, I. A. G., Soter, A. O., Hennessey, M. N., & Alexander, J. F. (2009). Examining the effects of classroom discussion on students' comprehension of text: A meta-analysis. *Journal of Educational Psychology, 101*, 740–764.

NAEP. (2013). *National Assessment of Educational Progress: The nation's report card.* http://nces.ed.gov/nationsreportcard/.

National Reading Panel. (2000). *Teaching children to read: An evidence-based assessment of the scientific research literature on reading and its implications for reading instruction*. Washington, DC: National Institutes of Health.

Oakhill, J., & Yuill, N. (1996). Higher order factors in comprehension disability: Processes and remediation. In C. Cornoldi & J. Oakhill (Eds.), *Reading comprehension difficulties: Processes and interventions* (pp. 69–92). Hillsdale, NJ: Erlbaum.

Piaget, J. (1960). *The psychology of intelligence*. Paterson, NJ: Littlefield, Adams. Rapp, D. N., & van den Broek, P. (2005). Dynamic text comprehension: An integrative view of reading. *Current Directions in Psychological Science, 14*, 276–279.

Rayner, K., Foorman, B. R., Perfetti, C. A., Pesetsky, D., & Seidenberg, M. S. (2001).

How psychological science informs the teaching of reading. *Psychological Science in the Public Interest, 2*, 31–74.

Reis, S. M., McCoach, D. B., Little, C. A., Muller, L. M., & Kaniskan, R. B. (2011). The effects of differentiated instruction and enrichment pedagogy on reading achievement in five elementary schools. *American Educational Research Journal, 48*, 462–501.

Roehrig, A. D., Duggar, S. W., Moats, L. C., Glover, M., & Mincey, B. (2008). When teachers work to use progress monitoring data to inform literacy instruction: Identifying potential supports and challenges. *Remedial and Special Education, 29*, 364–382.

Shanahan, T., Callison, K., Carriere, C., Duke, N. K., Pearson, P. D., Schatschneider, C., & Torgesen, J. K. (2010). *Practice guide: Improving reading comprehension in kindergarten through 3rd grade*. (NCEE 2010-4038). Washington, DC: Department of Education.

Slavin, R. E., & Cheung, A. (2005). A synthesis of research on language of reading instruction for English Language Learners. *Review of Educational Research, 75*, 247–284.

Snow, C. E. (2001). *Reading for understanding*. Santa Monica, CA: RAND Education and the Science and Technology Policy Institute.

Spira, E. G., Bracken, S. S., & Fischel, J. E. (2005). Predicting improvement after first-grade reading difficulties: The effects of oral language, emergent literacy, and behavior skills. *Developmental Psychology, 41*, 225–234.

Swanson, E., Vaughn, S., Wanzek, J., Petscher, Y., Heckert, J., Cavanaugh, C., . . . Tackett, K. (2011). A synthesis of read-aloud interventions on early reading outcomes among preschool through third graders at risk for reading difficulties. *Journal of Learning Disabilities, 44*, 258–275.

Tran, L., Sanchez, T., Arellano, B., & Swanson, L. H. (2011). A meta-analysis of the RTI literature for children at risk for reading disabilities. *Journal of Learning Disabilities, 44*, 283–295.

Vaughn, S., Wanzek, J., Linan-Thompson, S., & Murray, C. (2007). Monitoring response to supplemental services for students at risk for reading difficulties: High and low responders. In S. R. Jimerson, M. K. Burns & A. VanDerHeyden (Eds.), *Handbook of response to intervention: The science and practice of assessment and intervention* (pp. 234–243). New York, NY: Springer.

Vellutino, F. R., Scanlon, D. M., Small, S., & Fanuele, D. P. (2006). Response to intervention as a vehicle for distinguishing between children with and without reading disabilities: Evidence for the role of kindergarten and first-grade interventions. *Journal of Learning Disabilities*, *39*, 157–169.

Vellutino, F., Scanlon, D., Zhang, H., & Schatschneider, C. (2008). Using response to kindergarten and first grade intervention to identify children at-risk for long-term reading difficulties. *Reading and Writing: An Interdisciplinary Journal*, *21*, 437–480.

Wanzek, J., & Vaughn, S. (2007). Research-based implications from extensive early reading interventions. *School Psychology Review*, *36*, 541–561.

Weiser, B., & Mathes, P. (2011). Using encoding instruction to improve the reading and spelling performances of elementary students at risk for literacy difficulties: A best-evidence synthesis. *Review of Educational Research*, *81*, 170–200.

Wijekumar, K. K., Meyer, B. J. F., & Lei, P. (2012). Large-scale randomized controlled trial with 4th graders using intelligent tutoring of the structure strategy to improve nonfiction reading comprehension. *Educational Technology Research and Development*, *60*, 987–1013.

Williams, J. P., Stafford, K. B., Lauer, K. D., Hall, K. M., & Pollini, S. (2009). Embedding reading comprehension training in content-area instruction. *Journal of Educational Psychology*, *101*, 1–20.

Wilson, E. O. (1998). *Consilience: The unity of knowledge*. New York, NY: Alfred A. Knopf.

Zirkel, P. A., & Thomas, L. B. (2010). State laws and guidelines for implementing RTI. *Teaching Exceptional Children*, *43*, 60–73.

第 28 章　非裔美国人英语及其与阅读进步的关系 431

霍利 · K. 克雷格

摘　要：非裔美国人英语是一种主要的美国方言。最近的研究主要集中在非裔美国学生的英语特征，并发现非裔美国人英语的出现与阅读成绩之间的重要联系。本章讨论方言的性质，然后重点介绍非裔美国人英语，明确影响儿童话语的非裔美国人英语的主要特征；学生话语中的非裔美国人英语特征受到学生内在因素和外在因素的影响，这种影响也在本文讨论范围之内。非裔美国人英语特征受到的主要影响之一是风格转变：说话人根据沟通环境的差异对其说话模式所做的改变。本章讨论了最近的研究发现学生话语中非裔美国人英语特征出现的频率与其阅读成绩之间的反比关系，并且越来越多的证据表明，学生摆脱非裔美国人英语风格转向使用标准美国英语是提高阅读成绩的条件之一。本章最后一节讨论未来的研究方向。

关键词：非裔美国人英语、美国方言、阅读成绩、风格转换、识字、话语特色的出现、小学生、双方言现象

所有语言都有方言，而美式英语是许多方言的总和，所有美国人都在某种程度上说着美式英语方言。美国英语的方言是由地域和社会文化因素决定的。学者们提出，美式英语的方言和标准美式英语之间存在数以千计的差异（Dictionary of American Regional English [DARE]，2014）。本章的关注重点是非裔美国人英语，本章将描述非裔美国人英语对学生阅读成绩的重大影响。非裔美国人英语是一种主要的社会文化方言，是美国使用最广泛的方言之一。受益于最近激增的相关研究，儿童非裔美国人英语越来越多地被学界所理解。学界对非裔美国人英语的兴趣在一定程度上是由于全国测试和问责运

动显示非裔美国学生和其他种族群体的考试成绩存在重大差异。

最近的研究具有一定的实际和理论意义，学生话语特征的非裔美国人英语特征出现量与其阅读分数成反比。这些新信息应适用于其他语言社区方言的研究，并为探索其他国家的方言阅读习得指明方向。本章主要是非裔美国人英语的概述，特别是儿童使用的非裔美国人英语方言，并探讨非裔美国人英语与阅读成绩之间存在关系的证据，最后讨论未来研究所需的方向。

美国方言

大多数方言的特征模式可追溯到其地区或社会文化群体的定居者的历史。然而，方言不是静态而是动态的，其功能也在不断变化，因此，今天的方言用法与过去几代人在过去几个世纪间的用法明显
432 不同。一个社区内的共同说话模式对于说话者对自我身份的看法以及界定社区内的成员身份很重要（Wolfram, 2004)。此外，了解不止一个社区的说话模式有实实在在的好处，例如，对于讲非裔美式英语的学生来说，灵活使用非裔美国人英语发音和标准英语发音能够带来较高的阅读成绩。对于讲非裔美式英语的成年人来说，双方言的流利使用能够带来更高的工资（Grogger, 2011)。

在描述美国方言时，学者们通常使用标准美式英语作为参考框架，他们通过描述方言和标准美式英语之间的区别来描述方言的具体特征。非裔美国人英语与标准美式英语一样具有规则性和复杂性，在发音模式、语法、单词选择以及音高和节奏等发声特征方面与标准美式英语有明显的系统性差异。

方言的变异受规则制约，而不是随机地与标准语发生区别。一种方言与另一种方言的区别主要是系统性的声音和单词的差异。例

如，在马里兰州及其周围地区使用的中大西洋方言（Labov, 2007）在元音 /a/ 之后添加了一个 /ɹ/，因此，对于不熟悉该区域方言的人而言，“Washington” 听起来更像 “Warshington”。划分更细的区域方言之间也存在差异，例如，漏掉 /ɹ/ 声是波士顿市居民的方言的特点。方言的特征可能相当复杂。以 “Park the car” 为例，波士顿人可能会省略 /ɹ/，说成：“Pa _ k the ca_”，但如果后面跟着一个以元音开头的词，则又会恢复发音：“Pa_k the car over there”。某区域居民都很熟悉的同义词也存在，在美国，“长约翰” 一词指的是一种内衣，在我的家乡密歇根州，人们像在其他州一样使用 “长约翰” 指代这种内衣，但密歇根州人也会用 “长约翰” 指一个长方形的有果冻填充的冰糕（DARE, 2014）。区域和社会文化方言之间不是相互排斥，而是表现出交叉影响。例如，非裔美国人英语是一种社会文化方言，但如果非裔美国人英语使用者来自底特律，他的英语就会和其他地区的非裔美国人的英语不同。其他方言的使用者通常将重音放在后面一个音节的双音节单词，底特律居民通常将重音放在第一个音节。因此，底特律的非裔美国人说 “police” and “Detroit”，将重音放在前面，而其他州的非裔美国人说 “police” and “Detroit”，则将重音放在后面。随着全国范围乃至全球范围内越来越容易的信息交流，一些曾经仅仅由特定的语音社区使用的方言形式已经被普及和广泛使用。你现在可以在各种场合听到 “Detroit” 的发音。较为正式的语境中通常使用标准的美式英语，而且标准美式英语发音与书面英语的对应更为紧密。使用标准美式英语的人通常会被人认为受过良好的教育。许多国家和语言中都将一个人使用的语言是更接近标准语还是方言作为判断其出身、所属社会经济地位等背景的标准。例如，与标准美式英语一样，经典阿拉伯语（或现代标准阿拉伯语）是阿拉伯语中在学术和公共场合中具有较高重要性的方言。

方言反映了使用者所处的社会文化背景，因此会被人根据声望高低进行排序。在美国，标准美式英语是一种高声望方言。声望较低的方言的使用者可能会发现自己是语言偏见的受害者。通常情况下，听众会根据说话人的方言使用情况对他或她的教育水平和智力做出判断。使用的方言与标准美式英语有许多实质性差异的人，可能会因为他们的说话方式而被贬低或污名化。

美国非裔美国人的社会政治历史以及非裔美国人英语和标准美式英语之间特征差异较大，这两个因素导致了美国社会对非裔美国人巨大的语言偏见，这种偏见至今仍然挥之不去。黑人和白人都认为非裔美国人英语使用者的社会地位、社会经济福祉、智力甚至个人吸引力较低（Koch, Gross, & Kolts, 2001; Rodriguez, Cargile, & Rich, 2004)。住房歧视与语言偏见有关（Masey, & Lundy, 2001; Purnell, Idsardi, & Baugh, 1999)。格罗格 (2011）计算出“听起来像黑人”的非裔美国人支付更多经济处罚，并且收入比被认为不那么有非裔特色的非裔美国人减少了约10%。在控制个人技能和家庭背景后，非裔美
433 国人英语特征较不明显的非裔美国人工人的收入与具有相似工作技能水平的白人的工资相当。

非裔美国人在小时候就可能受到语言上的偏见。例如，教师对非裔学生的学术期望往往低于其他学生，包括对其阅读水平的期待（Cecil, 1988)。教师更倾向于纠正非裔美国学生在阅读过程中出现的偏差（Cunningham, 1976/1977; Markham, 1984)，即使这些偏差本质上是方言而非错误。教师认为，非裔美国人英语是一种地位较低的方言，这可能会导致教师将讲非裔美国人英语的学生判断为阅读困难（Goodman, & Buck, 1973)。阅读技能是课堂学习的基础，因此，消极的师生互动会阻碍阅读技能的获得，并有碍于所有其他学科的学习发展。

非裔儿童英语

儿童开始接受正规教育时通常都讲他们自己社区的方言。这意味着许多非裔美国学生在入学时讲的是非裔美国人英语。直到最近，对非裔美国人英语的了解大多来自对年龄较大的学生和成年人的研究。但在过去20年左右的时间里出现了许多关于非裔美国青年学生使用的方言的研究。尽管方言和标准语之间的差异是在发音、语法、词汇和韵律等所有语言范畴上的系统性差异，但对儿童非裔美国人英语的研究主要集中在其形态结构和语音特征上。

表28.1根据奥廷和麦克唐纳（Oetting & McDonald，2002）在路易斯安那州、雷恩和特里（2009）在北卡罗来纳州以及克雷格等人（Craig, Thompson, Washington, & Potter，2003）在密歇根州的研究，列举了常见的非裔美国人英语形态句法和语音特征。非裔美国孩子的话语中偶尔会出现一些错误的语法，例如，非裔美国孩子常使用不加助动词的"been"表达过去完成时，针对居住在北卡罗来纳州的非裔美国学生的纵向研究经常观察到孩子漏掉助动词以及主谓不一致的情况（见表28.1），这类错误之所以会产生，深层原因是非裔学生的方言特征（van Hofwegen, & Wolfram, 2010）。非裔孩子语言的共同模式以及偶尔出现的偏差应被视为该群体方言的核心特征，而不仅仅是区域性特征。

语音知识是学习阅读的基础（Ehri，本书）。学生对单词发音的知识是他们认识这些单词的书面形式的基础。非裔美国学生对标准美式英语单词的读音有大致的了解。在阅读习得过程中，非裔美国人英语和标准美式英语之间的差异似乎不会干扰或混淆非裔美国人拼写英语单词。具体而言，语言中方言特征明显的学生在拼写标准美式英语单词时的正确率能够和方言特征不那么明显的学生一样（Terry, 2014; Terry & Scarborough, 2011）。阅读成就与元语言意识有关，而不受方言和标准语发音区别的影响。特里（2006）发现，方言使用者和标准美式英语使用者在屈折词缀拼写方面的差异是由其形态结构意识导致的。特里和斯卡伯勒（2011）还发现，语音意识充分弥补了方言差异对阅读的影响。克雷格等人（Craig, Kolenic & Hensel, 2014）发现，语音意识、形态结构意识和语用意识预测了阅读分数。总之，这些最近的研究表明，方言使用者和标准语使用者之阅读成绩出现差异的原因不是关于标准美式英语的知识。非裔美语使用者对语言形式的认识、对语境差异的敏感性以及使其语言形式适应语境的能力都会影响其阅读习得。

方言特征的变异性

非裔美国人的英语特点在说话者中差别很大，并非所有非裔美国人都讲非裔美国人英语，而且根据语境的不同，非裔美国人英语说话者的具体语言特征也不同。例如，克雷格和格罗格（2012）对居住在芝加哥地区的 50 名成年人进行的抽样调查发现，两名参与者在简短的访谈中完全没有出现任何非裔美国人英语特征，而另一些参与者在 4 分钟的访谈中出现了多达 35 次非裔美国人英语特征。

434 表 28.1　非裔美国人儿童语言的常见形态学和语音学特征

形态学特征	例子
Ain't, a negative auxiliary for *is* + *not*, *are*+*not*, *do*+*not*, *have* + *not*	"nope is ain't down there"
Invariant "be," used to express habitual states	"I be watchin' a lot of reality series"
Multiple Negation, where more than one negative form is used to express a negative meaning	"she didn't have nowhere to go"

续表

形态学特征	例子
Subject-verb Agreement Variations, where "-s" is not added to present tense verb forms	"the sign say danger"
Zero Copula, copula and auxiliary forms of the verb "to be" are variably included and excluded	"I don't know what she _ doing"
Zero Modal Auxiliary, "can," "will," "do," and "have" are variably included and excluded	"his grades and stuff _ been dropping"
Zero Past Tense "-ed," where the simple past tense form "-ed" is variably included and excluded	"the frog jump_ out and is was gone"
Zero Possessive "-s," the "-s" possessive form is variably included and excluded	"he yelled out the window and called the frog_ name"
语言学特征	例子
Consonant Cluster Reduction, the deletion of phonemes from consonant clusters	"the little /lɪl/ girl dropped her papers"
"g" Dropping / Nasal fronting, the substitution of /n/ for /ŋ/ in final word position	"and he blowing /bloʊn/ a whistle to stop the cars"
Monophthongization of Diphthongs, the neutralization of diphthongs	"and kids walking on the sidewalk /sɑdwɔk/"
Postvocalic Consonant Reduction, the deletion of consonant singles following vowels	"and they had /hæ/ fell in the puddle"
Substitution for /θ/ and /ð/, where /t/ and /d/ substitute for /θ/ and /ð/ in prevocalic positions and /f, t/ and /v/ substitute for /θ/ and /ð/ in intervocalic and postvocalic positions	"they /deɪ/ making fire" "both /bouf/ of these boys had done it"

影响非裔美国人的语言中非裔美语特征出现频率的因素主要有四项，语言学环境是其中一项重要因素。例如，动词一般过去时形式一般是在动词原形的词尾加"-ed"，当该动词以辅音结尾时，受试者更容易丢掉词尾的"-ed"（"he check_ under his boots"）；但是，当单词以元音结尾（"we hurried"）时，或是加上的"-ed"后单词的发音出现变化时（"he started walking"），受试者更不容易丢掉词尾"-ed"。类

似地，英语中将名词变为复数是在单词词尾加“-s”，当名词的结尾是辅音 /t/、/d/、/b/、/p/、/k/ 和 /g/(“two wonderful cake_”) 时，受试者更容易丢掉复数名词的“-s”，但当名词以元音结尾（“my shoes”）时，受试者更不容易漏掉词尾“-s”。此外，当名词前有数词或表示复数的形容词性代词时，词尾“-s”更不容易被漏掉（“those two cupcake_”）。

另一种主要影响因素来自说话者的外在社会特征，特别是他们的社区、社会经济地位、性别和教育程度。查理蒂（2007）研究了 5 至 8 岁非裔学生的英语特征的地区差异，这些学生分别来自路易斯安那州新奥尔良、华盛顿特区和俄亥俄州克利夫兰。他们发现新奥尔良市学生的拼写和发音中出现非裔美语的特征的频率较高。查理蒂认为地理、社会和历史因素可能会影响或促进非裔美国人在说英语时出现方言特征，尤其是当地地区方言特征与非裔美国人英语更加接近的时候。

435 不同地理区域的居民所使用的非裔美国人英语也可能存在巨大差异。区域方言差异的产生原因值得调查，特别是地理上的距离在多大程度上促成了语言的差异。此外，只接触非裔美国人英语的学生和同时也接触标准美式英语的学生的语言特征可能也有所不同。Bountress(1983）发现，在综合学校就读的非裔学生使用的语言非裔特征较不明显，而在非裔美国人学生占学生总数 99% 的学校就读，学生的语言非裔特征更明显。在下密歇根州东南部社区的调查表明，不同区域非裔居民的语言中非裔特征平均出现率差异明显。虽然社区数量不多，但我们的数据表明，在非裔与非非裔交流程度较高的社区，学生在话语中使用的非裔英语特征较少，而交流程度较低的非裔美国人学生则表现出更多非裔英语特征，这一点体现在表 28. 2 中。表中报告了方言密度度量值（Ddm)，也就是说体现非裔美国人英语特征的词数与样本总单词数的比率。

据报道，来自低收入家庭的非裔美国人语言中出现的非裔英语特征频率高于中等收入家庭的孩子（Horton-Ikard, & Miller, 2004; Washington, & Craig, 1998）。值得注意的是，非裔美国人来自低收入家庭的可能性是高加索人的三倍（Brooks-Gunn, Kkebanov, & Duncan, 1996）。在性别对比研究中，非裔美国男孩的话语中非裔英语特征出现的频率高于非裔美国女孩（Charity, 2007; Washington, & Craig, 1998）。然而，随着入学时间和接受标准美式英语教育的增加，非裔美国人的语言特征逐渐摆脱社会经济背景和性别的影响（Craig, & Washington, 2004）。

学生的学习成绩与学生语言中非裔美语特征出现率有关。克雷格和格罗格（2012）观察到，高中以下或同等学力的成年人语言中出现非裔美语形态特征的频率大约是大学毕业生的五倍。这一联系的产生原因仍不清楚，有可能不是因果关系或直接关联。与白种人相比，非裔美国人的家庭更有可能是社会经济地位较低的家庭，而低社会经济地位家庭出身的人有一些共同的特征，如代际文盲、不容易接受高质量的学校教育或社区资源、健康不良和医疗保健有限。然而，高等教育提供了更多学习标准美式英语的机会，可能使受教育者更有能力、也更有兴趣减少非裔美语的使用，并采用标准美式英语，因为标准美语是教育和专业语境中使用的语言（Mufwene, 2001）。这些外在社会影响使得方言模式的解释更为复杂。

学生的语言发展状况对于描述非裔美国人英语或标准美式英语方言的使用具有重要意义。不同年级的小学生方言特色出现率显著不同。当学校要求大家使用标准美式英语说话时，大部分非裔美国学生减弱了语言中非裔英语方言的特征（Bountress, 1983; Craig, & Washington, 2004; Isaacs, 1996; Ivy, & Masterson, 2011）。在一项针对400名非裔美国学生的研究中，学龄前儿童和幼儿园的非裔美语特征出现率是一年级至五年级学生的两倍还多（Craig, & Washington, 2004）。

一年级是学生的语言风格出现实质性变化的时候，因为此时学生开始接受全日制公立学校教育。

表 28.2　密歇根州东南部某社区幼儿园儿童四种方言特征的平均（标准差）出现率

城市	城市特征	城市偏僻程度	方言特征平均出现率	相对于词语数量出现率
Ann Arbor ($n = 56$)	中等大小	33.4 较不偏远	0.053 (0.043)	1 次 /19 词
Flint ($n = 79$)	中等大小	74.6 非常偏远	0.073 (0.043)	1 次 /14 词
Jackson ($n = 17$)	小	46.6 不偏远	0.075 (0.046)	1 次 /13 词
Oak Park ($n = 80$)	大村	45.6 不偏远	0.095 (0.058)	1 次 /11 词

436 克雷格和华盛顿（2004）报告说，非裔美国人英语中的非裔特征在一年级时显著减少，从学前和幼儿园时的每十个单词大约出现一次下降到一年级到五年级时的每 26 个单词出现一次。一年级至五年级，68% 的非裔学生的语言中非裔美语特征处于低频率水平。然而，大约三分之一的一年级至五年级学生的语言中非裔特征出现频率依然处于中等至高水平。同样，凡霍夫维根和沃尔夫拉姆（2010）发现，非裔儿童从 48 个月到一年级期间，语言中非裔特征频率大幅下降。

语言特征的年级相关差异显示在表 28. 3 中，表中记录了一个非裔美国男孩“阅读”无字绘本《青蛙，你在哪里》(Mayer, 1969）的情况。无字读物是适合来自各种背景的年幼孩子的读物（Muñoz, Gillam, Peña, & Gulley-Faehnle, 2003; Schachter, & Craig, 2013)。受试学生和研究人员一起翻阅一本故事书，故事的主角是一个男孩、一只狗和一只逃跑的青蛙，男孩和狗正在寻找青蛙。表 28. 3 中的部分是同一名学生分别在幼儿园、一年级和二年级时受试的结果。表中的结果是男孩读完故事后的表现，体现了他对句子知识和叙事结构的知识随着时间的推移而增长以及他的方言使用的变化。男孩的成绩表明他的语言从幼儿园时期的非裔美语向一二年级的标准美式英语的转变。

在48个月至10岁的年龄段，凡霍夫维根和沃尔夫拉姆（2010）将非裔美国人方言的使用情况形容为过山车轨迹，表示在整个发展过程中可以观察到儿童语言中方言特征的非线性增减。在3岁之前，非裔美国人的方言特征已经明显下降（Craig, Thompson, Washington, & Potter, 2004)。然而，凡霍夫维根和沃尔夫拉姆观察到，从6岁到8岁非裔美国人方言特征出现率显著增加，然后从8岁10岁大幅下降。研究结果之所以形成这一轨迹，在一定程度上归因于测试的分析方法是针对群体总体的分析还是针对个体的分析。非裔方言总比率往往随着年龄和年级的增长而下降，但最常见的方言特征的比率保持相对不变。

表28.3 一名非裔美国男学生阅读一本无字绘本之后的总结

幼儿园	一年级	二年级
and they felled off into the water	and he almost fell	and then they fell into a pond
and they fell in water with their heads down	he heard the frog	then he heard the frogs
and the dog _ on his head	the dog was being loud	the boy told the dog to be quiet
he _ telling the dog to be quier	and he was telling him to be quiet	they saw two frogs
and they got on this tree	and they looked over the bridge	then they saw little frogs
_ dog found some frogs	and they found him	the boy took one of the frogs home with him
he found a lot of frogs	he said bye and took the little frog with him	that's the end
it's done	the end	

小学低年级学生的语言系统仍在进行实质性的发展。儿童语言系统的主要语音和语法规则是在入学前习得的。但词汇量的积累、
437 韵律和更高级的语法知识则是在小学期间习得的。为了说明这一点，笔者将引用在密歇根州社区进行的研究结果，结果显示非裔美国人英语形态学特征中三种有趣模式，这些模式导致了学生语言中非裔美语特征的变化，这些模式将在下面进行讨论。

首先，一些更复杂的动词形式，尤其是完成时态的“done”、双重助词以及过去完成时的“been”，直到学生长大之后才能够学会并使用。这些复杂的动词形式本身传达了多种含义（例如，助动词加上完成时动词表示已经完成的动作：then the dog done run away）。主谓一致、动词单复数、动词一般现在时第三人称单数形式、动词过去式或进行时词尾的用法在孩子的早期学习过程中常被误用。孩子容易简化这些复杂动词的用法从而产生错误，例如，“and the bees _ tryin’ to get him”。

儿童幼年时期语言中存在高频率非裔特征，也就是说儿童年幼时在各种语境中都使用非裔美语，而成人之后，儿童使用非裔方言的语境变得越来越少。以被动式过去完成时动词“been”为例，小学低年级的学生使用“been”表达过去发生的事情（The dog been running because the bee coming）而成人则是使用“been”表达遥远的过去发生的事情（“and the dog had his nose in a jar looking at it”）。另一个例子是研究人员发现非裔儿童不仅将“had”一词用于简单过去时（“and the dog had his nose in a jar looking at it”），在非裔美国人儿童学会简单的过去时和不规则动词之前，他们使用“had”描述复杂的行动（Ross, Oetting, & Stapleton, 2004; Schachter & Craig, 2013）（例如“and the boy had saved him before he got to hurt hisself”）。格林（2011）观察到，在非裔孩子幼年使用的英语中，常出现将过去完成时态的助动词“had”与现在时动词结合在一起的情况，而且我们发现，小学低年级

学生将“had”和一般现在时态动词合用时，描述的行动不一定复杂（“and then he had say what you doin’ in the tub with your dog”）。我们实验中涉及的动词主要是不规则动词，以此凸显孩子尚不能熟练分辨规则和不规则的动词的不成熟的语言状态。在成年人使用的非裔美国人英语中，使用双情态动词，如“would”、“might”、“could”组合，例句：“we might could go there”。但是，小学低年级儿童常常会错误地在一句话中使用两个谓语动词，例如“I'm is making footprints”。虽然成人非裔方言中也存在该现象，但由于儿童对辅助动词的认识不足，这一问题在儿童身上更加明显。

文体因素是影响非裔美国人英语特征出现频率的另一个主要因素，说话者根据话语语境的特征调整其方言模式（Preston, 1991），该现象叫作风格转换、方言转换或用词转换，其中不仅涉及语音特征，还频繁地涉及语法特征（Wolfram, 2004）。本章下一节将讨论，针对语境差异而改变说话风格的能力大大影响着非裔美国人学生的阅读成绩。

常见的语法规则更有可能在风格转换过程中发生变化（Bell, 1984; Craig, & Grogger, 2012）。成年人知道如何根据谈话的主题改变非裔美国人英语表达的比例，休闲、亲密或非裔种族同伴更多的语境中，非裔美国人使用非裔英语方言的频率高于更为正式的场合（Baugh, 1983; Craig, & Grogger, 2012; Labov, 1972; Rickford, & McNair-Knox, 1994）。克雷格和格罗格（2012）发现，成年非裔美国人在公共场合（Blom, & Gumperz, 1972）、正式场合（Baugh, 1983; Labov, 1972）以及工作、会议和具体信息的传递等以信息交流为基础的场合（Linnes, 1998; Rickford, & McNair-Knox, 1994），非裔英语方言特征下降。较为个人的非裔英语方言特征在正式和非正式场合之间的变化最为明显。

虽然针对儿童非裔美国人英语特征风格转换的研究仍然有限，

438 但孩子身上确实存在风格转换现象。根据话语类型，方言特征出现率存在差异。例如，三年级学生大声朗读和书写叙述文时与口头叙述时使用的语言风格存在显著差异（Thompson, Craig, & Washington, 2004)，甚至早在学前阶段的儿童身上就观察到了风格转变（Connor, & Craig, 2006)。

总之，非裔美国人英语使用者与标准美式英语使用者存在许多不同。然而，标准美式英语在学术话语中占主导地位。影响学生的话语中非裔美国人英语特征的因素有许多。下一节将讨论形态学特征从非裔美国人英语到标准美式英语的风格转变。

儿童的非裔美语与阅读成绩的关系

本章已经讨论了儿童非裔美语的特点以及它对阅读的影响。

黑白族裔学术成就的差距

在美国，有许多学生的阅读无法达到正常水平。少数族裔群体学生以及社会经济处境不利家庭出身的学生，水平低下尤为明显（National Center for Education Statistics [NCES], 2011, 2012)。非裔美国学生是美国的少数族裔群体，长期以来，黑人学生和白人学生之间的考试成绩差距正是学龄非裔和美国非西班牙裔白人学生之间持续存在的差异（Jencks, & Phillips, 1998)。在美国，人们使用国家教育发展评估系统（National Assessment of Educational Progress，NAEP）来评估和跟踪儿童从一年级到十二年级的学习成绩。例如，2013 年国家教育发展评估系统测试结果显示四年级白人学生中的 79% 的阅读水平都超过该系统要求达到的基本水平，而能够达到这一要求的黑人学生只有 50%。只有 46% 的白人学生的阅读水平达到或超过熟练水平，即阅读能力能够完成更有挑战性的科目；但能够达到这一条件的黑人学生只有 18%（美国教育部，2013）。学生早在入学时就已经展现出考试成绩上的种族差距，并在所有科目一直存在到十二年级（美国教育部，2009）。不幸的是，这些差距影响到大多数科目的学习成绩，因此非裔美国学生更有可能被留级、停学或退学，大学入学率和毕业率较低（Hoffman, & Llagas, 2003）。

许多因素已被确定为造成这一差距的可能原因，包括种族隔离造成的教育机会不平等、教师期望低、该人口的高贫困率、低认知能力、家庭低识字水平和方言干扰识字技能的学习等（Washington, & Craig, 2001, and Washington, 2001，对此有更多讨论）。许多非裔美国人家庭所遭受的高贫困率是非裔学生学习成绩不佳的一个常见解释，非裔美国学生生活贫困的可能性是非西班牙裔白人学生的三倍（Aud, Fox, & Kewal Ramani, 2010）。当一个家庭无法获得足够的食物、衣服、住所和医疗服务时，儿童的健康和认知就会受到损害（Bradley, & Corwyn, 2002）。此外，当监护人无法为其子女提供足够的照料时，家庭可能会出现巨大的压力并导致社会情感问题（McLoyd, 1990）。所有这些因素都会对学习产生负面影响。高质量的学校教育可以减轻贫穷对非裔美国学生的一些影响（Craig, Connor, & Washington, 2003）。遗憾的是，贫困家庭出身的儿童可能居住在低社会经济地位社区，导致他们在低质量学校就读。贫穷直接和间接地影响学生的阅读成绩（Craig et al., 2003; Nievar, & Luster, 2006）。贫困对低年级学生的影响最大（Lee, & Burkham, 2002）。一年级之后，口头语言能力，特别是非裔方言出现率对学生在标准化阅读测试中取得的分数的影响大于社会经济地位背景对其产生的影响（Craig，Zhang，Hensel & Quinn, 2009）。

贫困不是学校可以解决的问题，但也许还有其他可以由学校解决的与贫困有关的问题。随着人们越来越明白阅读能力对各个科目的重要性，研究的重点从种族和贫穷对阅读的影响转移到了语言差异，尤其是方言对阅读的影响。

439 ### 非裔美语的角色

早期的口语技能有助于孩子的阅读习得（Snow, Burns, & Griffin, 1998; Storch & Whitehurst, 2002)，因此，非裔美国人和非西班牙裔白人的口语差异被认为是造成两个群体之间成绩差距的原因。对非裔美语与阅读成绩之间潜在关系的探讨最初采用的研究策略是对比孩子的某些特定的形态学或语音特征与其阅读分数之间的统计学关联。这些研究没有发现两者之间存在明显关系（Goodman & Buck, 1973; Harber, 1977; Seymour & Ralabate, 1985)。后来的研究设计考虑的因素更为全面，并采用了基于概率的 DDMs 语音特征和形态特征分析。

今天的统计学研究方法揭示了非裔美语特征出现的频率与阅读成绩之间呈反比关系。同时控制社会经济地位、口语和写作技巧之后，非裔美语特征越多的学生阅读分数越低（Craig et al., 2009)。非裔美语特征的频率也与字母识别、单词和非单词阅读能力（Charity, Scarborough, & Griffin, 2004; Connor & Craig, 2006)，与口语阅读的准确性（Craig et al., 2004)、段落理解（Charity et al., 2004)，屈折变化和非单词的拼读准确性（Kohleret al., 2007)、认知词汇量（Craig, & Washington, 2004）以及书写能力（Ivy & Masterson, 2011）呈反比。

出身于中等至高度隔离社区的非裔美国学生入学后口语和书写中出现的非裔美国人英语特征可能高达 40 个（Craig & Washington, 2004, 2006)。据推测，这些差异可能导致他们的口语和单词拼写不匹配（Labov, 1995; LeMoine, 2001)，阅读过程中出现混乱和错误。同样，在其他语言中，易卜拉欣（Ibrahim, 1983）和阿拉巴（Alrabaa, 1986）提出，口语化的阿拉伯语方言和古典阿拉伯语之间的不匹配可能导致学生阅读能力不足。萨耶格–哈达德（Saiegh-Haddad, 2003）发现讲巴勒斯坦北部方言的以色列北部学生学习阅读和书写古典阿拉伯语更加困难。总体而言，当家庭的方言和教室的语言不一致时，学生学习阅读可能会受到负面影响。

方言转换–阅读成绩假说

学生在学习语言的过程中会发现，在不同的语境中人们说话的方式不同。非裔美国人英语的方言特征与语境有关。有人猜想，非裔美国人的方言问题可能不是缺乏对标准美语，也不是非裔美语方言与标准美语的区别本身对说话者产生了干扰。相反，对于本身说方言的学生来说，能否学好阅读的关键在于学生在多大程度上了解到，当阅读任务需要使用标准美语时，她或他必须进行风格转变（Craig et al., 2014; Terry, 2014)。克雷格等人（2009）研究了两种情况下学生非裔美语特征的出现率：写一段简短的叙述和讲述一段简短的叙述，学生在完成这两个任务的过程中分别或多或少会出现非裔美语特征，两个任务之后，学生进行标准化阅读测试，研究发现，学生在口头叙述时出现非裔美语特征的概率与标准化阅读成绩无明确关联，而同样的学生在写作环境中的非裔美语特征出现率越低，其在标准化测试中获得的成绩越好。

学生们早在学龄前就开始表现出对体裁的敏感。康诺尔和克雷格（2006）发现，学龄前儿童在模仿标准美语句子时会减少非裔美语方言特征的出现——比较对象是儿童根据无文字绘本讲故事时的叙述，前一个任务相对于后一个任务而言无形中更加要求儿童使用标准美语。表 28.4 中的语言样本说明了按体裁划分的非裔美语特征出现模式。其中一名学生在写作任务中避免了非裔美语，而采取了其他语言形式，表明他并未适应书面语言语境。因为形态句法特征是说话人在语体转换时会改变的方言系统的组成部分。分析的重点是学生所用语言的词形句法特征，因为词形句法特征是说话人在语体转换时改变的方言系统的组成部分（Wolfram，2004）。

非裔美国人英语方言特征出现率可能不仅对学生的阅读成绩有影响，还可能对学生的写作成绩有影响。Ivy 和 Masterson(2011）审查了六名非裔美国学生口语和书写中使用非裔英语的情况，他们发现三年级学生在口语和书写中出现了相似频率的非裔美国人英语特征。然而，八年级学生书写过程中非裔美国人英语方言的出现概率更低。

440 表 28.4 两名三年级男生的口头和书面叙述

第一名学生在写作中显示出风格转变，第二名学生没有显示出风格转变。

学生 1	
根据滑冰图片进行口头描述	根据一名玩篮球的男孩的图片进行书面描述，显示出风格转变
there's a danger sign that says danger-thin-ice and umm there's cuts in the ice and there's two boys tryin' to grab each other and one's falling in the water and somebody _ fallin' and it's a fire and it's a snowman and it's a shovel	Ounce upon a time there was a boy named Jack. He liked to play basketball every day. One day when he came from school he road his bike to the store to by his mom some stuff to cook. The next day he was at school playing basketball with his friends from a derfrent class. Then he took his fawlshot and made for one point
学生 2	
根据交通事故图片进行口头描述	书面描述拜访表亲家的情况，没有显示出风格转变
it's he, he um _ wrapped up in some covers and a police _ tellin' cars to stop and it's a car right there that's already in a accident and this one, and these people they umm _ feelin' sad for this little boy gettin' hit by the car and they _ takin' him in a trunk, in a truck	On Sunday I went to my cousin_ house and played his game. We went to the store and we had walked. I had a little cousin to he's is sometimes bad. We was playing basketball down staris. I was playing in my little cousin_ power wheel it go_ relly fast

最近，为了证实和探讨在以前的横向研究设计中观察到的阅读 440
和非裔方言之间的关系，学界出现了少量纵向研究。由于参与者的自然退学率很高，对这一学生群体进行纵向研究的难度极高。许多少数族裔入学人数较多的学区都是经济问题严重的社区。例如，密歇根州的弗林特多年来一直与我们合作开展多项研究。弗林特的主要企业是汽车业，而该行业的衰退也影响了公立学校系统。在我们的研究中，自然退学的主要原因往往是学生的监护人失业或学校关闭，抑或是由于学校行政人员的减员使得实验组与实验对象失去联系（Craig et al., 2014)。

虽然纵向研究数量有限，但至少学界开始对方言和识字成绩的纵向研究开始有报道，并且纵向研究在这一时间点尤为重要，因为纵向研究可以根据个别学生的情况检验横向研究的数据结果，而每一个学生的话语都受到许多内部和外部学科的复杂的影响。特里和同事（Terry & Connor, 2012; Terry, Connor, Petscher, & Conlin, 2012）研究了语言发展典型和非典型的学生的方言和识字成绩之间的关系，其中大多数学生是非裔美国人。

这些研究证实，语言更接近标准美式英语的学生阅读水平增长更快。在密歇根州的研究项目中，我们跟踪了 102 名典型的成绩不高且来自低社会经济地位的学生从幼儿园到二年级的非裔美语的出现率、一般口语和认知能力并阅读能力，测试频率是一年三次（Craig et al., 2014)。在本研究中，我们建立了一个风格转换系统模拟学生的方言特征随时间和语境而改变的情况。我们发现风格转变与年级无关，此外，学生在任何年级出现风格转变，其在下一个年级的阅读成绩都会变得更好。

441 **当前教育环境**

美国各地广泛采用的美国共同核心国家标准（National Governors Association Center for Best Practices，Council of Chief State School Officers，2010）的发展历史表明，美国社会对学生和教师的要求发生着重大变化。目前，在小学结束时，学生必须掌握标准英语的书写、口语、阅读或听力能力。学生还必须了解语言在不同语境中的运作方式，并能够针对特定语境的意义和风格做出有效选择。

向非裔学生教授正式和传统形式的英语，对教师来说可能是巨大的挑战，原因有很多，其中之一是，许多教师不了解非裔美国学生的文化，也不了解非裔美国学生英语。2011 年，84% 的美国教师是白种人（国家教育信息中心），而 30.6% 的学生是非裔美国人（美国人口普查局）。许多对非裔美国人英语几乎没有知识或经验的教师被要求教非裔美国学生，在课堂上改变他们的方言用法，这些教师不具备必要的技能或语言知识，无法帮助讲非裔美语的学生学会灵活使用标准语和方言，特别是如何适应学习任务而使用标准美式英语（Fogel & Ehri，2000）。

目前教师对待非裔美语的两种态度占主导地位，美国各地少数族裔学生入学率较高的学校中，不了解非裔美国人英语的教师通常将其方言形式归类为错误。这可能导致学生和教师之间的负面互动（Cunningham, 1976/1977; Washington & Miller-Jones, 1989），这可能会阻碍学生的学习。或者，教师有时对非裔方言采取根除主义的方法，认为非裔美语方言不如标准美式英语，因此试图将其完全从学生的话语中剔除（Lippi-Green, 1997; Smitherman, 1974, 2000）。同样，阿拉伯课堂也不接受双方言主义，学生必须放弃方言形式，学习古典阿拉伯语的形式（Maamouri, 1998）。这些根除主义者的做法是很有问题的，无论教师对学生进行矫正的根源是无知还是故意歧视，这些教学策略都贬低了学生的文化语言背景（Green, 2002；Rickford，1998)。此外，频繁的负面课堂互动使得学生对课堂和学习产生抵触情绪（Fordham, 1999; Wolfram, Adger, & Christian, 1999)，从而学术成绩不佳（Erikson, 1987)。根除主义者的做法带来负面影响，说明非裔美语并不是错误，而是有一个更有利于学习的标准的替代语言，需要尊重学生并为学生提供有建设性的教育指导。

未来研究

一些非裔美国人学生接受教育后自然在课堂上减少了非裔美语的使用（Adler, 1992; Battle, 1996; Craig, & Washington, 2004; Isaacs, 1996)。研究关心的一个关键问题是，是否可以通过明确的教育教会孩子在课堂上选择标准美式英语。越来越多的证据表明，学生如果能够在课堂上灵活使用非裔方言和标准美式英语进行学习，就可以获得更好的阅读和写作成绩，因此，方言的可塑性已成为一个重要的问题。从理论上讲，学会灵活地使用方言和标准语接近于学习新的语言能力。在美国，五十多年的交流障碍和第二语言学习领域研究经验表明，结构语言行为和语用语言行为是可以教授的。然而，塞浦路斯的教师发现，反复更正希族塞人方言并不能取得很好的结果，他们很难学会用标准的现代希腊语进行学习，在使用现代希腊语进行的测试中，他们的标准化考试成绩依然很低（Pavlou, & Papapavlou, 2004; Papapavlou, & Pavlou, 2007)。

值得注意的是，关于标准美式英语教育的研究报告虽然数量不多，但显示了标准美语教育非裔美国学生取得了成功。研究对象包括三年级和四年级学生（Fogel & Ehri, 2000）；四年级、五年级和六年级学生（Sweetland, 2007）；以及幼儿园和一年级学生（Craig, 2014）。一些教育项目使用方言编写的故事书能够帮助学生适应标准美式英语的阅读（Labov, 1995），一些教育项目强调元语言意识（LeMoine, 2001; Wheeler, & Swords, 2010; Wolfram, 1999）。另有一些项目将方言意识教学与非裔美语特征结合起来进行教学（Craig, 2014; Sweetland,
442 2007）。这些教学计划确定了一套核心原则，这些原则对其有效性至关重要，或许可以为将来的教育提供参考，这些原则将在下文进行讨论。

在正式开始标准语言的教学之前，需要先教会孩子识别方言，学生需要学会在积极且有建设性的课堂互动中分辨非裔美语和标准美式英语形式，并区分在当前的语境中使用哪种方言。当学生的方言不被老师理解时，学生的自我认同也会下降（Fogel & Ehri, 2000），然而，如果将方言意识纳入教学干预，学生的自信就会增加（Sweetland, 2007）。

较年长的学生和成人的教学通常是在大家都意识到种族差异的背景下提出方言差异的概念，这样的环境下，非裔美语被认为是许多非裔美国人使用的方言（Sweetland, 2007; Wheeler & Swords, 2006）。“正式”和“非正式”这两个词很容易被赋予具体的现实意义，如果直接使用这样的词来形容非裔美语与非正式的日常语言（非正式）以及标准美式英语与正规学校语言（非正式），容易造成人们对非裔方言产生偏见。在我们的研究计划中（Craig, 2014），我们利用教学方法、活动和材料，使学生将着装（例如，玩耍时穿的是非正式服装，制服是正式服装）、地点（如，家庭是非正式场合，学校是正式场合）和不同类型的语言（随意的语言是非正式语言，礼貌的语言是正式语言）分出正式和非正式，该做法有效地帮助了学生。

对比分析方法将学生的母语与标准美式英语进行对比，并教导学生选择标准美式英语进行会话。对比分析的主要教学环境分为两方面组成部分：教学活动（不同类型和内容的对比分析课程）和教学语篇（教师的描述和反馈）。

为了教会非裔学生在非裔美国人英语和标准美式英语这两种语言风格灵活转换，教学项目需要修改和调整传统的课堂活动，使其适应双方言学习。大多数英语课堂本身就适合风格转换教学。修改后的课程仍然可以满足原本的目标，如词汇量的获得，但同时又可以教会学生认识到非裔美语和标准美式英语的差异，而且不会给教师增加负担。

对比分析课程教学中教师的话语的特点是建设性的评论和尊重的态度。教师的话语以提供建议和反馈为主，不贬低学生的出身社区的语言形式，但鼓励学生使用标准美式英语替代非裔方言。教师的反馈强调方言是适应某些语境而使用的话语风格，而不是将非裔方言和标准语方言区分成本质上的好坏。教师的反馈的语气不是批评的，而是积极和肯定的（Craig, 2014; Wheeler & Swords, 2006）。

以前试图进行对比分析项目时，获得教师的支持和遵守是一大难题（如，Ai, 2002）。然而，如果方言教学课程可以纳入正规的课堂教学，避免为教师创造额外的工作量，保证教学时长和课程内容不变，项目就能够被广泛接受（Craig, 2014）。英语课程包括词汇量增长、句子学习、故事书阅读等活动，是应用对比分析的理想语境。

目前尚不清楚教师需要具备怎样的语言能力才能教会学生向标准美式英语的风格转变。惠勒和索兹（2004）为教师提供了一个评估学生使用方言程度的策略，并为3至6年级的学生提供用于教授标准美式英语的书面形式的语法课程。这些措施强有力地帮助教师教会学生从非裔美语转换为标准美式英语。或者教师可以在未深入了解特定方言或非裔美国人英语规则的情况下，应用高度结构化和脚本化的课程进行教学（Craig, 2014）。

虽然该领域已出版的文献不多，但它表明所有年级的学生的方言都可以通过教育被转换为标准英语。标准美式英语可以教授给小学高年级、中学和年龄较大的学生，从而提高他们的阅读成绩（Sweetland, 2007; Wheeler & Swords, 2006）。直到最近，这些教学方法还只适合辅导认知成熟的年龄较大的学生对自己的语言形式进行抽象思考，并
443 将非裔美语的语法和标准英语的语法进行明确的比较。现在已经可以用对比教育来辅导幼儿园和一年级非裔学生，为他们的正式阅读和写作课程做好准备（Craig, 2014）。方言教学可以纳入年幼的学生的日常课堂活动，而不是等到学生年龄较大，在学业上体现出落后之势时才开始补救。早期的教学计划可以建立在将初中生社会化到课堂社区和学术学习的过程中。

研究表明，能掌握标准美式英语的学生可以取得更好的阅读成绩。不足的是，这一系列的研究没有连贯调查方言的变化和学生阅读和写作成绩变化之间的联系。今后还需要进行随机对照试验来确定方言教学项目的有效性，并制定全面的措施来评价方言教学后非裔美国人英语特征的变化。

总结

居住在与其他社区隔离程度较高的大城市中心的许多非裔美国学生，在刚开始接受正规公立学校教育时，都会使用非裔美国人英语方言。在小学阶段未能掌握标准美式英语能力的学生比能够灵活使用两种方言的同龄人在阅读和其他学校科目的学习方面表现出更大的困难。学生话语中非裔方言特征越明显，阅读分数就越低。许多变量会影响孩子的语言在非裔美语和标准美式英语之间转换。最近

的研究表明，擅长从非裔美国人英语到标准美式英语的风格转变的学生比那些无法适应的同龄人成绩更好。人们越来越关注方言教学的发展，以帮助教师辅导学生完成语言风格的转变。这些新的研究方向有相当大的希望能够得出积极的成果，解决黑白人种之间学习成绩的明显差距。

参考文献

Adler, S. (1992). *Multicultural communication skills in the classroom*. Boston, MA: Allyn & Bacon. Ai, X. (2002). *Academic English Mastery Program 2000–2001 evaluation report* (Planning, Assessment, and Research Division Publication No. 111). Los Angeles, CA: Los Angeles Unified School District, Program Evaluation and Research Branch.

Alrabaa, S. (1986). Diglossia in the classroom: The Arabic case. *Anthropological Linguistics*, *28*, 73–79.

Aud, S., Fox, M. A., & KewalRamani, A. (2010). *Status and trends in the education of racial and ethnic groups* (NCES 2010–015). Washington, DC: US Department of Education, National Center for Education Statistics.

Battle, D. E. (1996). Language learning and use by African American children. *Topics in Language Disorders*, *16*, 22–37.

Baugh, J. (1983). *Black Street English: Its history, structure, and survival.* Austin: University of Texas Press.

Bell, A. (1984). Language style as audience design. *Language in Society*, *13*, 145–204.

Blom, J., & Gumperz, J. J. (1972). Social meaning in linguistic structures: Code-switching in Norway. In J. Gumperz & D. Hymes (Eds.), *Directions in sociolinguistics: The ethnography of communication* (pp. 407–434). New York, NY: Holt, Rinehart, and Winston.

Bountress, N. G. (1983). Effect of segregated and integrated educational settings upon selected dialectal features. *Perceptual and Motor Skills*, *57*, 71–78.

Bradley, R. H., & Corwyn, R. F. (2002). Socioeconomic status and child development. *Annual Review of Psychology*, *53*, 371–399.

Brooks-Gunn, J., Klebanov, P., & Duncan, G. (1996). Ethnic differences in children's

intelligence test scores: Role of economic deprivation, home environment, and maternal characteristics. *Child Development 67*, 396–406.
Cecil, N. L. (1988). Black dialect and academic success: A study of teacher expectations. *Reading Improvement, 25*, 34–38.
Charity, A. H. (2007). Regional differences in low SES African-American children's speech in the school setting. *Language Variation and Change, 19*, 281–293.
Charity, A. H., Scarborough, H. S., & Griffin, D. M. (2004). Familiarity with School English in African American children and its relation to early reading achievement. *Child Development, 75*, 1340–1356.
Connor, C. M., & Craig, H. K. (2006). African American preschoolers' language, emergent literacy skills, and use of African American English: A complex relation. *Journal of Speech, Language, and Hearing Research, 49*, 771–792.
Craig, H. K. (2014). *ToggleTalkTM:Bi-dialectal fluency for young children*. Sun Prairie, WI: Ventris Learning.
Craig, H. K., Connor, C. M., & Washington, J. A. (2003). Early positive predictors of later reading comprehension for African American students: A preliminary investigation. *Language, Speech, and Hearing Services in Schools, 34*, 31–43.
Craig, H. K., & Grogger, J. T. (2012). Social and style constraints on adult usage of African American English variants. *Journal of Speech, Language, and Hearing Research, 55*,1274–1288.
Craig, H. K., Kolenic, G. E., & Hensel, S.L. (2014). African American English speaking students: A longitudinal examination of style shifting from kindergarten through second grade. *Journal of Speech, Language, and Hearing Research, 57*, 143–157.
Craig, H. K., Thompson, C. A., Washington, J. A., & Potter, S. L. (2003). Phonological features of child African American English. *Journal of Speech, Language, and Hearing Research, 46*, 623–635.
Craig, H. K., Thompson, C. A., Washington, J. A., & Potter, S. L. (2004). Performance of elementary grade African American students on the Gray Oral Reading Tests. *Language, Speech, and Hearing Services in Schools, 35*, 141–154.
Craig, H. K., & Washington, J. A. (2004). Grade-related changes in the production of African American English. *Journal of Speech, Language, and Hearing Research, 47*, 450–463.
Craig, H. K., & Washington, J. A. (2006). *Malik goes to school: Examining the language skills of African American students from preschool–5th grade*. Mahwah, NJ: Erlbaum.
Craig, H. K., Zhang, L., Hensel, S. L., & Quinn, E. J. (2009). African American English speaking students: An examination of the relationship between dialect

shifting and reading outcomes. *Journal of Speech, Language, and Hearing Research, 52*, 839–855.

Cunningham, P. M. (1976/1977). Teachers' correction responses to black-dialect miscues which are non-meaning-changing. *Reading Research Quarterly, 12*, 637–653.

Dictionary of American Regional English online (2014). http:// dare.wisc.edu/ Erikson, F. (1987). Transformation and school success: The politics and culture of educational achievement. *Anthropology and Education Quarterly, 18*, 335–356.

Fogel, H., & Ehri, L. (2000). Teaching elementary students who speak Black English Vernacular to write in standard English: Effects of dialect transformation practice. *Contemporary Educational Psychology, 25*, 212–235.

Fordham, S. (1999). Dissin' "the Standard": Ebonics and guerilla warfare at Capitol High. *Anthropology and Education Quarterly, 30*, 272–293.

Goodman, K. S., & Buck, C. (1973). Dialect barriers to reading comprehension revisited. *The Reading Teacher, 27*, 6–12.

Green, L. J. (2002). *African American English: A linguistic introduction*. Cambridge, England: Cambridge University Press.

Green, L.J. (2011). *Language and the African American Child*. Cambridge: Cambridge University Press. Grogger, J. (2011). Speech patterns and racial wage inequality. *Journal of Human Resources, 46*, 1–25.

Harber, J. R. (1977). Influence of presentation dialect and orthographic form on reading performance of Black, inner-city children. *Educational Research Quarterly, 2*, 9–16.

Hoffman, K., & Llagas, C. (2003). *Status and trends in the education of Blacks* (NCES 2003-034). Washington, DC: US Department of Education, National Center for Education Statistics.

Horton-Ikard, R. & Miller, J. F. (2004). It is not just the poor kids: The use of AAE forms by African-American school-aged children from middle SES communities. *Journal of Communication Disorders, 37*, 467–487.

Ibrahim, M. H. (1983). Linguistic distance and literacy in Arabic. *Journal of Pragmatics, 7*, 507–515.

Isaacs, G. J. (1996). Persistence of non-standard dialect in school-age children. *Journal of Speech and Hearing Research, 39*, 434–441.

Ivy, L. J., & Masterson, J. J. (2011). A comparison of oral and written English styles in African American students at different stages of writing development. *Language, Speech, and Hearing Services in Schools, 42*, 31–40.

Jencks, C., & Phillips, M. (Eds.). (1998). *The black–white test score gap*. Washington, DC: Brookings Institution Press.

Koch, L. Gross, A., & Kolts, R. (2001). Attitudes toward Black English and code switching. *Journal of Black Psychology*, *27*, 29–42.

Kohler, C. T., Bahr, R. H., Silliman, E. R., Bryant, J. B., Apel, K., & Wilkinson, L. C. (2007). African American English dialect and performance on nonword spelling and phonemic awareness tasks. *American Journal of Speech-Language Pathology*, *16*, 157–168.

Labov, W. (1972). *Language in the inner city*. Philadelphia: University of Pennsylvania Press.

Labov, W. (1995). Can reading failure be reversed? A linguistic approach to the question. *Literacy Among African-American Youth*, 39–68.

Labov, W. (2007). Transmission and diffusion. *Language*, *83*, 344–387.

Lee, V. E., & Burkham, D. T. (2002). *Inequality at the starting gate: Social background differences in achievement as children begin school*. Washington, DC: Economic Policy Institute.

LeMoine, N. (2001). Language variation and literacy acquisition in African American students. In J. L. Harris, A. G. Kamhi, & K. E. Pollock (Eds.), *Literacy in African American communities* (pp. 169–194). Mahwah, NJ: Erlbaum.

Lewis Mumford Center for Comparative Urban and Regional Research. (2002). Segregation of whole population, Census 2000 data. http://mumford.albany.edu/census

Linnes, K. (1998). Middle-class AAVE versus middle-class bilingualism: Contrasting speech communities. *American Speech*, *73*, 339–367.

Lippi-Green, R. (1997). *English with an accent*. New York, NY: Routledge.

Long John. (n.d.). In *Dictionary of American Regional English online*. http://dare.news.wisc.edu/state-by-state/Michigan/

Maamouri, M. (1998). *Language education and human development: Arabic diglossia and its impact on the quality of education in the Arab region*. Discussion paper prepared for the World Bank. Philadelphia: International Literacy Institute, University of Pennsylvania.

Markham, L. R. (1984). "De dog and de cat": Assisting speakers of Black English as they begin to write. *Young Children*, *39*, 15–24.

Massey, D. & Lundy, G. (2001). Use of Black English and racial discrimination in urban housing markets: New methods and findings. *Urban Affairs Review*, *36*, 452–469.

Mayer, M. (1969). *Frog Where Are You??* New York, NY: Dial. McLoyd, V. C. (1990). The impact of economic hardship on black families and children: Psychological distress, parenting, and socioemotional development. *Child Development*, *61*, 311–346.

Mufwene, S. (2001). *The ecology of language evolution*. Cambridge, England: Cambridge University Press.
Munoz, M. L., Gillam, R. B., Pena, E. D., & Gulley-Faehnle, A. (2003). Measures of language development in fictional narratives of Latino children. *Language, Speech, and Hearing Services in Schools, 34*, 332–342.
National Center for Education Information. (2011). Profile of teachers in the US. www.ncei.com/Profile_Teachers _US_2011.pdf.
National Center for Education Statistics. (2011). *The nation's report card: Reading 2011* (NCES 2012-457). Institute of Education Sciences, US Department of Education, Washington, DC.
National Center for Education Statistics. (2012). *The nation's report card: Writing 2011* (NCES 2012–470). Institute of Education Sciences, US Department of Education, Washington, DC.
National Governors Association Center for Best Practices, Council of Chief State School Officers. (2010). *Common core state standards English Language Arts standards*. National Governors Association Center for Best Practices, Council of Chief State School Officers, Washington, DC.
Nievar, M. A., & Luster, T. (2006). Developmental processes in African American families: An application of McLoyd's theoretical model. *Journal of Marriage and Family, 68*, 320–331.
Oetting, J. B., & McDonald, J. L. (2002). Methods for characterizing participants' nonmainstream dialect use within studies of child language. *Journal of Speech, Language, and Hearing Research, 45*, 505–518.
Papapavlou, A., & Pavlou, P. (2007). The interplay of bidialectalism, literacy and educational policy. In A. Papapavlou & P. Pavlou (Eds.), *Sociolinguistic and pedagogical dimensions of dialects in education* (pp. 101–121). Newcastle, England: Cambridge Scholars.
Pavlou, P., & Papapavlou, A. (2004). Issues of dialect use in education from the Greek Cypriot perspective. *International Journal of Applied Linguistics, 14*, 243–258.
Preston, D. (1991). Sorting out the variables in sociolinguistic theory. *American Speech, 66*, 33–56.
Purnell, T., Idsardi, W., & Baugh, J. (1999). Perceptual and phonetic experiments on American English dialect identification. *Journal of Language and Social Psychology, 18*, 10–30.
Renn, J., & Terry, J. M. (2009). Operationalizing style: Quantifying the use of style shift in the speech of African American adolescents. *American Speech, 84*, 367–390.
Rickford, J. R. (1998). The Creole origins of African-American vernacular English:

Evidence from copula absence. In S. S. Mufwene, J. R. Rickford, G. Bailey, & J. Baugh (Eds.), *African-American English: Structure, history and use* (pp. 154–200). London, England: Routledge.

Rickford, J. R., & McNair-Knox, F. (1994). Addressee- and topic-influenced style shift: A quantitative sociolinguistic study. In D. Biber & E. Finegan (Eds.), *Sociolinguistic perspectives on register* (pp. 235–276). New York, NY: Oxford University Press.

Rodriguez, J., Cargile, A., & Rich, M. (2004). Reactions to African-American vernacular English: Do more phonological features matter? *Western Journal of Black Studies, 28*, 407–414.

Ross, S. H., Oetting, J. B., & Stapleton, B. (2004). Preterite *had* + V-*ed*: A developmental narrative structure of African American English. *American Speech, 79*, 167–193.

Saiegh-Haddad, E. (2003). Linguistic distance and initial reading acquisition: The case of Arabic diglossia. *Applied Psycholinguistics, 24*, 431–451.

Schachter, R., & Craig, H. K. (2013). Students' production of narrative and AAE features during an emergent literacy task. *Language, Speech, and Hearing Services in Schools, 44*, 227–238.

Seymour, H. N., & Ralabate, P. K. (1985). The acquisition of a phonologic feature of Black English. *Journal of Communication Disorders, 18*, 139–148.

Smitherman, G. (1974). Soul 'n style. *English Journal, 63*, 14–15.

Smitherman, G. (2000). *Blacktalk: Words and phrases from the hood to the amen corner* (2nd ed.). Boston, MA: Houghton Mifflin.

Snow, C. E., Burns, M. S., & Griffin, P. (1998). *Preventing reading difficulties in young children*. Washington, DC: National Academy Press.

Storch, S. A., & Whitehurst, G. J. (2002). Oral language and code-related precursors to reading: Evidence from a longitudinal structural model. *Developmental Psychology, 38*, 934–947.

Sweetland, J. (2007). Teaching writing in the African American classroom: A sociolinguistic approach. *Dissertations Abstracts International, 67* (09). UMI No. 3235360.

Terry, N. P. (2006). Relations between dialect variation, grammar, and early spelling skills. *Reading and Writing: An Interdisciplinary Journal, 19*, 907–931.

Terry, N. P. (2014). Dialect variation and phonological knowledge: Phonological representations and metalinguistic awareness among beginning readers who speak nonmainstream American English. *Applied Psycholinguistics, 35*, 155–176.

Terry, N. P., & Connor, C. M. (2012). Changing nonmainstream American English use and early reading achievement from kindergarten to first grade. *American Journal of*

Speech-Language Pathology, 21, 78–86.
Terry, N. P., Connor, C. M., Petscher, Y., & Conlin, C. R. (2012). Dialect variation and reading: Is change in nonmainstream American English use related to reading achievement in first and second grades? *Journal of Speech, Language, and Hearing Research, 55*, 55–69.
Terry, N. P., & Scarborough, H. S. (2011). The phonological hypothesis as a valuable framework for studying the relation of dialect variation to early reading skills. In S. A. Brady, D. Braze, & C. A. Fowler (Eds.), *Explaining individual differences in reading: Theory and evidence* (pp. 97–120). New York, NY: Taylor & Francis.
Thompson, C. A., Craig, H. K., & Washington, J. A. (2004). Variable production of African American English across oracy and literacy contexts. *Language, Speech, and Hearing Services in Schools, 35*, 269–282.
United States Census Bureau. (2011). *School enrollment* [data file]. www.census.gov/hhes/school/data/cps/2011/tables.html US Department of Education, Institute of Education Sciences, National Center for Education Statistics, National Assessment of Educational Progress (NAEP), 2009 Science Assessments. US Department of Education, Institute of Education Sciences, National Center for Education Statistics, National Assessment of Educational Progress (NAEP), 2013 Reading Assessments.
Van Hofwegen, J., & Wolfram, W. (2010). Coming of age in African American English: A longitudinal study. *Journal of Sociolinguistics, 14*, 427–455.
Washington, J. A. (2001). Early literacy skills in African-American children: Research considerations. *Learning Disabilities Research and Practice, 16*, 213–221.
Washington, J. A., & Craig, H. K. (1998). Socioeconomic status and gender influences on children's dialectal variations. *Journal of Speech, Language, and Hearing Research, 41*, 618–626.
Washington, J. A., & Craig, H. K. (2001). Reading performance and dialectal variation. In J. Harris, A. Kamhi, & K. Pollock (Eds.), *Literacy in African American Communities* (pp. 147–168). Mahwah, NJ: Erlbaum.
Washington, V. M., & Miller-Jones, D. (1989). Teacher interactions with nonstandard English speakers during reading instruction. *Contemporary Educational Psychology, 14*, 280–312.
Wheeler, R. S., & Swords, R. (2004). Codeswitching: Tools of language and culture transform the dialectally diverse classroom. *Language Arts, 81*, 470–480.
Wheeler, R. S., & Swords, R. (2006). *Code-switching: Teaching Standard English in urban classrooms*. Urbana, IL: National Council of Teachers of English.
Wheeler, R., & Swords, R. (2010). *Code-switching lessons : Grammar strategies for linguistially diverse writers*. Portsmouth, NH: Firsthand.

Wolfram, W. (2004). Social varieties of American English. In E. Finegan & J. R. Rickford (Eds.), *Language in the USA: Themes for the twenty-first century* (pp. 58–75). Cambridge, England: Cambridge University Press.

Wolfram, W. (1999). Repercussions from the Oakland Ebonics controversy—The critical role of dialect awareness programs. In C. Adger, D. Christian, & O. Taylor (Eds.), *Making the connection: Language and academic achievement among African American students* (pp. 61–80). Mahwah, NJ: Erlbaum.

Wolfram, W., Adger, C. T., & Christian, D. (1999). *Dialects in schools and communities*. Mahwah, NJ: Erlbaum.

第 29 章 教师关于阅读进步与阅读教学的知识 447

安妮·E. 坎宁安　科琳·瑞安·奥唐奈

摘　要：本章重点介绍为幼儿提供高质量的初级阅读教学所需的学科知识和教学知识。从历史的角度审视了优质识字教学的定义，回顾了关于高质量阅读教学的科学研究，探讨了为什么教师无法坚持以最佳方式持续进行阅读启蒙教育，列举说明教师需要哪些知识以提高学生阅读成绩。目标是加强阅读启蒙领域教师专业发展，并为将来该领域的研究提供建议。

关键词：教师知识、教师教育、专业发展、阅读、单词识别。

Those who can, do; those who understand, teach.

会的人，做；懂的人，教。

——舒尔曼 1986

就大多数学科而言，即使是外行人也能说出为什么教师需要学科能力才能有效地教导学生，例如，大多数人都会理解，如果不对物理原理和概念有深入的了解和理解，就很难提供关于物理原理和概念的高质量教学。物理教师必须能够指导学生创建详细的概念框架，回答学生的询问，并提供细致入微的说明——如果对该领域没有深入的了解，这些任务是不可能完成的。然而，阅读教学对教师特定学科的知识或能力的要求可能不那么明显。人们很容易以为，只要一个人自己的阅读能力足够好，就等于拥有了足够的知识库对别人进行阅读指导，但实际上在阅读和拼写、书写等相关技能的教学中，还有一些知识特别重要（Brady, & Moats, 1997; Wong-Fillmore, & Snow,

2003)。一项可靠的实证研究有力地证明，教授阅读的教师需要具备高度专业化的技能和知识——这些技能类似于物理教师所需要的技能，只不过是关于识字能力的（Connor, Son, Hindman, & Morrison, 2005）。

阅读教学的质量部分取决于教师是否具备必需的知识为学生提供有效的教学（Snow, Burns, & Griffin, 1998; National Early Literacy Panel, 2008; National Reading Panel, 2000）。研究表明，与物理教师一样，阅读教师需要特定领域的知识和专长——例如语言方面的专业知识、
448 关于阅读发展及其组成技能的知识，以及在教育儿童时使用这些知识的能力（Connor et al., 2005; Cunningham, Etter, Platas, Wheeler, & Campbell, 2015; Cunningham, & Zibulsky, 2009; Foorman, & Moats, 2004）。

高质量的阅读教学要求教师具备英语拼写系统的知识。英语是一种语素语言，有一套复杂的字母拼写法（Venezky, 1999），这意味着英语的拼写既表示意义（如 magician［魔术师］）又表示发音（如 magic［魔术］）。尽管大部分单词，尤其是初学者接触的单词在拼写和发音的对应上规则度相当高，但也有很多单词的拼写是复杂和可变的。教师必须了解相当复杂的一套知识才能够向学生完整而且明确地解释规则和不规则的拼写－发音关系（为了保留词义而改变发音－拼写规则的情况只是不规则拼写产生的原因之一）（Moats, 1994; Wong-Fillmore & Snow, 2003），解码问题是大多数小学生产生阅读问题的根源（Catts, Hogan, & Adlof，2005），因此，阅读教育应该包括明确、准确的单词解码教学。关于发音和符号之对应的教学尤其重要，频率较高的不规则单词（如 was 和 from）的教学也特别重要。关于拼写系统的知识以及其他已知的有效教学方法是教师的基本背景知识。因此，教师如要提供高质量的阅读启蒙教学，必须理解阅读的发展、语言概念以及英语拼写知识。舒尔曼（1987）将这类专门学科知识称

为教学内容知识，识字启蒙的教学内容知识涵盖了有效教授识字等技能所需的学科知识和教学方法。

既然我们已经明确了优质识字教育的先决条件是具备特定的知识，接下来的问题是普通教师是否认识到具备这些能力的必要性、是否具备所需的知识以及是否重视对这些知识的追求。本章的目的是回顾有关幼儿英语阅读启蒙所需的学科知识和教学知识的文献（Goldman & Snow，本书，讨论青少年的阅读教育），关于教师具备的知识、缺乏的知识以及他们需要的知识培训。我们首先从历史的角度来了解高质量阅读教学，回顾相关的科学研究，然后界定和阐述阅读学习并讨论教师所需要的关于美式英语拼写系统的知识。本章概述高质量识字教学所需的知识库，探讨为什么教师不能坚持以最佳的方式持续教授阅读，并就如何帮助教师获得提高学生阅读成绩所需的知识提供建议。

定义高质量阅读教学

高质量的阅读教学对学生的识字发展和成绩至关重要，本节讨论这类教学的性质。

从历史视角论高质量阅读教学

为了对我们讨论当前对优质阅读教学的理解提供背景，简要回顾美国传统上推动阅读教学的诸因素可能会有所帮助。20 世纪的大部分时间，教育界的知名人士针对儿童阅读启蒙的最有效教学方式进行了激烈的辩论（Chall, 1967, 1992; Stanovich & Stanovich, 1995）。理论工作者和教育工作者关于儿童如何学习阅读以及语言的哪些单位（即句子、单词或音素）应成为教学重点形成两派观点。一派主张全语言方法，认为学习阅读类似于学习说话，教孩子阅读的最有效方法是让他们全面沉浸在书面语言中，期间避免采用分析方法（Goodman, 1986; Smith, 1971）。另一派则赞同以技巧为基础，采取更多的语音分析方法，该方法涉及字母的直接教学、字母-发音对应规则以及字母组合-发音对应规则，这一派的支持者强调向儿童提供
449 直接指导字母原则的重要性。根据字母原则，字母和字母组合是用来表示该语言的语音的符号，其基础是书面字母、符号和口语之间系统且可预测的关系（Adams, 1990; Bond & Dijkstra, 1967; Chall, 1967; Ehri，本书）。

高质量阅读教学的科学定义

由于20世纪70年代和80年代的教育领域尚未兴起教育应以科学探索和综合经验证据为指导的观点，美国的教育工作者很容易被传统的固有观点、观察和个人经验所左右（Stanovich, 2000）。斯坦诺维奇的大部分著作（例如，Stanovich，1993）认为，依靠政治或意识形态而不是科学模式来制定教学策略，给阅读教育带来了许多问题。他认为，通过为教师提供科学的决策模式可以避免阅读教育所特有的极端钟摆式波动。同时，20世纪末全美对学生的学习成绩极其关注，尤其关注那些学习成绩不佳的学生（Lyon, 1999a; National Assessment of Educational Progress, 1995）。因此有人希望结束关于阅读教育的这场论战，从科学的角度确定最有效的阅读教学方法。

高质量阅读课程的关键特征研究

美国最著名的大规模调查之一由国家研究委员会（NRC）于1998年进行（Snow, Burns, & Griffin, 1998），国家研究委员会的建立是因为美国教育部和美国卫生与公众服务部注意到技术先进的现代社

会对公民识字能力的要求不断提高，他们向美国国家科学院提出申请，建立一个委员会，从实证的角度确定最好的儿童阅读启蒙教育方案，防止儿童阅读困难。该委员会回顾了关于阅读发展和教学的研究，总结学生阅读失败的原因以及已知的干预措施和教学方法，以防止阅读困难的出现并帮助学生获得最佳阅读成绩。在总结其研究成果时，该委员会发现，必须更加注重提高有阅读困难的学生和阅读初学者的阅读教学质量。他们指出，虽然存在阅读困难的学生的需求因其能力而异，但我们至少应该利用循证策略制定教学方案，为每个学生创造适当的学习机会。国家研究委员会的报告认为，为了设计出理想的阅读课程，教师需要对阅读发展有深入的了解并熟悉和具备已知的重要教学策略。

阅读的习得以及阅读困难的矫正需要先掌握多种技能，其中包括语音意识（对某语言中的音素进行辨识和发音的能力）、对书面文字的知识（字母知识、文字概念和早期解码能力）、流畅性（快速有效地处理文本的能力）、词汇、背景知识和理解力（从书面文本中获得意义的能力）。关于开始阅读习得，国家研究委员会的报告（Snow et al., 1998）强调了准确单词识别以及明确教学能够帮助儿童培养对语言结构的健全的认识，并促进解码能力的发展。其中包括对字母和发音之间关系的认识、常见的拼写组合和高频不规则单词。此外，根据国家研究委员会的报告，反复练习默读和朗读高质量文本能够促进阅读流利程度。此外，对孩子们进行明确的理解策略指导能够促进孩子对文本的理解。最后，让孩子接触各种主题的阅读材料能够促进儿童流利地阅读理解多种文本，并进一步促进儿童的词汇量增长和知识储备。

针对有效教学方法的研究

国家阅读小组的报告（Snow et al., 1998）提供了更多的阅读教学

理论方法。该报告提出，教师必须对阅读发展有深刻的理解，并能够
450 提供五个方面的优质教学：语音意识、发音、流利度、理解力和口语能力，包括词汇量。尽管国家研究委员会的报告（Snow et al., 1998）分析了获得阅读能力所需的基础技能、环境和经验，但委员会没有讨论最有效的具体教学方法。因此，国会请国家儿童健康与人类发展研究所（NICHD）和教育部长合作召集一个专家小组，名为国家阅读小组（NRP），调查关于儿童阅读教育有效教学方法的研究。国家阅读小组（NRP, 2000）基于国家研究委员会的普查结果，对有可能影响学生阅读能力的主要变量进行了全面调查，变量包括语音意识、通过语音指导学习字母原则、词汇、流畅性和理解能力。这项工作与国家研究委员会的报告不同之处在于对关于阅读教学的实验和准实验研究进行元分析。元分析是总结特定领域研究的有效工具，因为元分析是对多个个别研究结果的统计分析，比传统的叙述或描述性评论更严格地整合了研究结果（Glass, 1976）。

国家阅读小组（2000）的结论是，大量研究表明单词识别对阅读发展具有导向作用。元分析表明，在学生的阅读能力发展过程中必须掌握具体技能，并非所有的教学策略或教学形式对处于各个发展水平的所有学生都有效。例如国家阅读小组发现，教孩子使用单词中的音素能够非常有效地提高孩子的阅读能力，教授孩子音素意识的阅读教学的效果优于不教授孩子如何拆分单词音节和拼读的阅读教学，这一结论适用于不同年级和年龄的学生。同样，在回顾了38项关于语音教学的独立研究后，国家阅读小组（2000）发现，阅读学习存在困难的幼儿园至六年级学生在接受了系统的语音教学后成绩有所提高。然而，语音教学对幼儿园至二年级的学生影响最大。国家阅读小组认为，许多研究综合表明显性、系统的语音意识的教学是阅读启蒙课程的重要组成部分。

除了单词识别之外，国家阅读小组（2000）还调查了关于阅读流利程度和理解力教学的研究数据。他们发现在老师系统而明确的指导和反馈下指导学生反复朗读文本是非常有效的教学方法。国家阅读小组回顾了关于该教学方法的16项研究，发现反复朗读教学对各年级学生的单词识别能力、流畅性和理解能力的发展有显著的好处（加权效应大小平均值为0.41）。此外，该结果适用于所有学生，包括有阅读困难的学生。国家阅读小组还回顾了205项专门针对理解力的研究，发现当学生能够积极地将文本中的思想与自己的背景知识联系起来时，对文本的理解能力就比较高。有大量证据表明，文本理解策略教学需要教师对学生进行直接指导，例如提问、用文字和图片总结、绘制故事大纲、小组讨论和要求学生反思自己的理解。研究表明，综合理解教学策略是最有效的。通过扩大学生词汇量来帮助学生更好地进行阅读理解——包括词汇的显性教学和词汇的日常接触——也被认为是至关重要的教学程序。

在许多领域，国家阅读小组（2000）总结了哪些教学策略和具体的阅读技能的发展对于哪个发展水平的学生更有效（通常是对阅读水平不高甚至有阅读困难的孩子以及第二语言学习者更有效）。这些细致的发现突出表明教师拥有深厚的知识基础非常重要，教师所掌握的知识基础可以巧妙地融入教学活动中——教师掌握的知识越多，越能够明确地根据学生情况进行解释、类推以及选择合适的阅读材 451
料。相反，阅读教学能力需要更多的因素。在单词识别方面，本章的重点是美国教师指导阅读必须具备良好的美国英语拼写系统知识，才能提供这种水平的教学（Moats, 1994; Brady, & Moats, 1997）。

深入了解美国英语拼写系统的必要性

专业阅读教学需要语言结构的知识，本节我们讨论美国英语拼写的本质和教师对它的认识。

复杂的美国英语拼写系统

英语被认为是一种拼写不规则的语言，因为它的字母和发音的对应程度——与其他许多字母语言书写系统相比较低（Besner, & Smith, 1992)。字母和发音的不规则对应导致英语拼写系统成为一个复杂的系统，这是英语初学者面临的主要障碍。而由于英语的拼写规则对于初学者而言并不直观，这就要求教师明确讲授复杂的英语字母发音规则。虽然本章的讨论范围不包括英语拼写系统的每个规则，但其中两个主要概念将在下面讨论。

康明斯（1988）认为，拼写规则至少有两种类型，策略规则和程序规则。策略规则涵盖了字母发音对应规则以及上下文约束规则。例如，/k/ 音的拼写方式根据上下文有很多种，例如 ‹c›、‹k›、‹ck›、‹ch›、‹q› 以及 ‹cq›。程序规则规定前缀、词根和后缀的组合规则。换句话说，程序规则是形态学拼写的基础。例如，“running”是 run+n+ing 而不是 run+ing，之所以要双写 n，是为了保证第一个音节是闭音节（run)，而不是开音节（ru)，康明斯指出，这些策略上和程序性的规则的重要产物是发音与其拼写之间的常见对应关系（第 10 页)，这些关系有助于初学者学习新单词，教导这些规则的教师自身必须具备扎实的基础（Kessler & Treiman，本书，and Kessler, Treiman, & Evans, 2007，对拼写系统的进一步讨论)。

拼写系统的知识对教师而言不直观

对于熟练的读者而言，实施早期识字课程所需的知识和技能未必是直观的。一旦读者成为熟练的读者，注意力就会从解码转向理解（Oakhill, Berenhaus, & Cain，本书）。绝大多数教师掌握熟练阅读技能太久，对于语音学和拼写法知识的记忆已经模糊，而且对拼写规则的熟识可能会忽略单词的发音，例如，教师可能认为“music”一词的第三个因素是 /s/ 而不是 /z/。因此，具有讽刺意味的是，教师需要对词的结构具备精细的认识才能够指导学生阅读学习，而教师对词的精细认识往往被老师的个人阅读能力所干扰。

牟茨在她的开创性研究（1994）中发现教师的语音学、拼写法和形态学知识“太贫乏”。她是最早提出许多教师“对口头和书面语言的结构了解太少，无法在这些领域提供足够的指导”的人之一（第 81 页）。这并不意味着教师缺乏阅读和拼写能力，相反，她的初步研究结果表明，教师虽然具备足够阅读能力，但缺少对语音学、拼写法和形态学的详细了解。例如，莫茨（Moats, 1994）使用选择题测试教师发现只有 27% 的教师能够成功地计算一个单词中包含的语素的数量（例如 salamander = 1，pies = 2，unbelievable =3）。此外，只有 10% 的教师可以识别辅音群（即，两个或三个辅音连在一起，形成一个独特的辅音群落，如 scratch 中的 /skr/ 和 first 中的 /st/），并且没有一位教师能够从始至终识别出双字母辅音（即，两个辅音字母在一起发出一个单一的声音，如 think 中的 /θ/）。另有大量的证据表明，许多有经验的教师对字母－音素对应的原理有误解，例如拼写 /k/ 的方法数量，在 comment 和 commitment 等词语中需要双写 m 的原因，以及 god、gem 和 rouge 中的字母 g 的发音是 /g/、/dʒ/ 或 /ʒ/ 的原因。

随后的研究一致证明，教师普遍对教授阅读初学者所必须的语 452

言学概念缺乏充分了解（Bos, Mather, Dickson, Podhajski, & Chard, 2001; Cunningham, Zibulsky, & Callahan 2009; Cunningham, Perry, Stanovich, Stanovich, & Chappell, 2001; Piasta, Connor, Fishman, & Morrison, 2009)。这些研究同样表明，教师很难计算单词中的音素和语素、识别语音不规则的单词、对音节进行分类（hi 是开音节、him 是闭音节、bird 中包括 r- 型音节、mate 以不发音的 -e 结尾、bread 中包括元音群、类似 little 中的辅音加 -le 结构），并理解音节划分如何影响发音（例如，元音－辅音－元音（VCV）可以有两种划分方式并产生不同的音节类型——第一种是 VC/V，例如 wom/an，第一个音节是闭音节；第二种是 V/CV，例如 hu/man，第一个音节是开音节），这就意味着教师无法解释和回应学生的错误、选择适当的例子进行解码和拼写、有效地组织教学、使用形态学原理来解释拼写的各个方面并整合识字教学的各个组成部分（Cunningham, Zibulsky, Stanovich, & Stanovich, 2009; Moats, 1999)。

教师需要深入了解美国英语拼写系统的理由

为了说明对上述概念了解有限可能导致教学质量的低下，我们可以考虑一个例子，一个不能准确计算单词中的音素的老师可能会误认为将 exit 拼写成 ‹eksit› 的孩子没有正确地表示出该词语的每一个发音。如果老师误认为 /θ/ 是 /t/ 和 /h/ 的混合体，老师可能会忽略孩子将 thin 拼读成 /t/ /h/ /ɪ/ /n/ 的错误，不知道 ‹c› 在字母 ‹e›、‹i› 和 ‹y› 前的 ‹c› 应该发音为 /s/ 的老师就没有能力去帮助学生运用 /k/ 和 /s/ 去解码，又或者教师不能完全分辨发音不规则的单词，可能会造成混乱，例如将 give 作为开音节单词的示例，或者让学生根据发音规则读出 was，而这些做法是有问题的，因为如前文所述，单词的解码正是许多阅读初学者产生困难的根源（Catts et al., 2005; Cunningham, & Stanovich, 1997）。没有专门的培训，许多教师无法向学生解释英语拼写系统的基本规则。

教师对识字教学的认识

与数学和社会研究等学科相比，对识字领域的教师的陈述性知识的相关研究并不丰富。除了少数例外，该领域的大多数研究都是在过去 20 年内进行的（Bos et al., 2001; Brady et al., 2009; Cunningham et al., 2001; Mather, Bos, & Babur, 2001; McCutchen et al., 2002; Moats, 1994）。最近涌现了许多关于教师知识与课堂实践之关联的研究（Cheesman, McGuire, Shankweiler, & Coyne, 2009; Cunningham, Perry, Stanovich, & Stanovich, 2004; Mather et al., 2001; Lopes, Spear-Swerling, Gabriela Velasquez, & Zibulsky, 2014; Spear-Swerling, Brucker, & Alfano, 2005）。

例如马瑟等人（2001）考察了多年的经验对教师对有效的课堂实践的态度和影响。他们探讨了教师对直接、明确、以解码为中心的识字教学的重视程度及其关于语音术语的知识，如辅音混合、双元音、双字母辅音和中性元音。具体而言，研究要求 293 名还未获得教师执业资格证书的在校大学生和 131 名阅读启蒙教学领域的在职教师完成一个评级表格，询问他们对表格中各种教学方法的态度，同时也检查了他们对语言结构的了解。研究结果表明，越有经验的教师越认可基于解码能力的明确教学能够提升儿童阅读能力。马瑟和她的同事推测，这一发现可能表明，教育阅读初学者和有阅读困难的学生的经历，增强了教师对解码教学的重要性的认识。令人遗憾的是，受试教师都没有清楚地认识到字母 - 发音对应规则是准确识别单词的
基础。相反，绝大多数教师认为，根据上下文进行推测是认识未知词 453

的最佳策略。此外，根据莫茨（1994）的调查结果，在校和在职教师都不具备足够的英语语音、正字和形态结构知识来有效地讲授解码级别的基础阅读能力。换言之，虽然教学经验可以帮助教师认识到解码级别的教学的重要性，但不能保证教师成功进行教学。

教师知道自己的知识欠缺吗?

人们通常不会想到，虽然教师可能认识到某一教学方法的重要性，但由于自身能力所限而无法提供该教学方法的情况。然而，对教学方法的重视是教师努力发展这方面技能的前提，因此有必要调查教师是否知道自己能力上的欠缺（Cunningham et al., 2004)。坎宁安等人认为，只有认识到自己知识欠缺时，人们才会倾向于关注和学习他们所不具备的知识。正确认识自己的知识储备的意义重大，正确认识自己的人能够通过针对薄弱领域的钻研而提高教学质量。

为了调查教师对自身知识储备的认识，坎宁安和她的同事（2004）调查了722名幼儿园至三年级学生教师的实际相关科目知识以及他们的自评。研究人员直接测试了他们的音素意识（例如exit和sun中有几个发音），以及关于语音的概念（例如音节和口语发音）。教师自评问题包括：根据自身的经验描述你目前的技能水平；评价你对儿童阅读教学的了解程度；向学生提供音素意识指导的能力；向学生提供发音指导的能力。老师的自评分为4档：没有经验、能力较差、熟练或专家。该研究结果与以往的研究一致，表明受试教师在所有这些领域的知识有限。然而，这项研究的额外发现是大多数教师高估了自己在单词识别方面的知识水平，而没有高估自己对儿童阅读教学的了解程度。教师关于音素意识和语音等基本领域知识的掌握程度特别差，大多数幼儿园至三年级的教师没有认识到他们缺乏识字教学中必要的技能和知识。斯皮尔－斯威林等人（2005）检验了这项研究，研究对象包括一般教育工作者和特殊教育工作者，他们的研究取得了类似的结果。

有限的知识储备并非小学阶段教师所独有的特征，但鉴于3至5岁是儿童语言发展的关键时期，此时教师与儿童接触的能力对学生的重要性不言而喻，他们可能是儿童认识语言要素的启蒙老师。随着学校教育和识字需求的增加，学龄前教师越来越多地被要求提供明确和系统的指导，以帮助学生预备今后进行单词识别学习所需的语音技能。坎宁安等人（Cunningham, Zibulsky & Callahan, 2009）调查了幼儿教育工作者的知识储备，以确定他们是否具备识字启蒙的必要能力。与调查小学教师知识库的研究结果类似，他们发现，学前教师缺乏识字启蒙所需的学科知识，而且高估了他们的知识储备。研究人员认为，对自身能力过度自信的识字启蒙教师不会主动寻求获取更多专业知识或培训。

对语音教学的态度

语言最基本概念的模糊性可能会导致教师忽略这些最基本概念的教学。坎安宁，兹布尔斯基和斯坦诺维奇等人（2009）调查了一年级教师在一开始阅读教学时，安排教学内容的优先级和偏好，发现一年级教师首选的教学内容通常不符合国家阅读小组报告（2000）推荐的顺序。兹布尔斯基和斯坦诺维奇等人发现，教师更愿意把阅读教学时间花在以文学为基础的活动和独立的阅读和写作上。尽管 454
掌握更多字母知识的教师相比之下更倾向于花时间教授发音，但大多数教师并没有按照研究所推荐的方式分配时间给各教学任务。令人惊讶的是，即使是特殊教育的教师所掌握的内容知识也相当低，他们不赞成为阅读有困难的学生提供密集的解码教学。洛佩斯等人（2014）的研究结果与此类似。

教师的知识对教学实践和学生成绩的影响

为了证明教师缺乏提供高质量早期识字教育的知识，研究工作的重心转向了调查教师知识、课堂实践和学生成绩之间的关系。麦卡琴等人（2002）认为，既然语音学知识对儿童的识字学习至关重要（Adams, 1990; Cunningham, & Stanovich, 1997; National Reading Panel, 2000)，那么，该领域的知识对识字启蒙老师而言也同样重要。他们调查了 6 至 9 岁儿童的教师的语音学知识，评估了教师的知识水平和其所教授的年级和班级（即普通班和学生有特殊需要的班级）之间的对应程度；调查了教师知识对学生学习成绩的影响。

这项研究的结果进一步证明各级教师普遍缺乏足够的语音学知识（McCutchen et al., 2002)。此外，教师掌握的内容知识与教学实践之间也存在显著的关系。在针对所有三个年级的研究中都可观察到教师的阅读相关内容知识与其教学实践有关。例如，教师掌握的语音学知识影响授课过程中强调字母－发音对应关系的程度。然而，在分析教师内容知识与学生成绩之间的关系时，只观察到幼儿园教师的语音学知识与学生的阅读成绩之间存在显著关系（即老师掌握的语音学知识越丰富，学生的成绩就越好）。在一二年级教师中没有发现这种联系。研究人员认为，出现这一结果的原因可能是研究方法的问题。他们还指出，幼儿园教师的语音知识与学生的阅读成绩之间的较强联系令人感到不安，因为总体来说幼儿园教师掌握的语音知识相当薄弱。

斯皮尔－斯威林和布鲁克（2004）进行了一项研究，其中涉及

147 名特殊教育学校的年轻教师。他们调查了强调基本语言概念的教师培训对教师知识的影响以及学生基本阅读能力和拼写能力的发展情况。教师培训的重点是系统、明确的单词解码教学对阅读初学者、有阅读困难的儿童的重要性。培训还教导教师关于书写系统的语言特征，例如音素、字母拼写和语素。培训涉及的其他核心内容包括音素意识、正字法知识和语素单位在阅读和拼写中的作用、英语中常见的音节类型、多音节单词和常见的语音不规则单词。研究结果表明，接受过关于英语拼写系统的直接指导的教师比没有接受相应指导的教师更了解书面文字是如何反映语言的。麦卡琴等人（McCutchen，Green，Abbott & Sanders，2009）对年龄较大的学生（10—12 岁）的教师进行了抽样调查，也观察到了类似的结果模式。他们发现，教师的语言知识尤其能够预测成绩较低的学生在学年结束时阅读、拼写、写作和词汇的成绩。

尽管一些研究数据表明教师的知识与学生的成绩之间存在联系，但也有类似调查表明二者不存在联系。例如卡莱尔和同事进行的两项实验研究（Carlisle, Correnti, Phelps, & Zeng, 2009; Carlisle, Kelcey, Rowan, & Phelps, 2011）仅表明教师关于初级识字知识与学生在解码、单词识别和阅读理解测试中的表现之间存在微小和不显著关联。在解释这些结果时，研究人员指出，这类研究在统计教师知识的不足时所使用方式存在弱点，同时，对教师获取知识产生影响的因素较为复杂，卡莱尔和同事强调教师具备知识（如语言学知识）的方法有可能。如何有效地将这些信息嵌入他们的阅读教学中（例如，了解如 455
何有效地利用语言学知识指导学生，Shulman, 1987 称之为内容知识）。

皮亚斯塔等人（2009）考察教师知识、课堂实践和学生成绩之间的联系，考察了一年级教师对早期识字概念（如语音意识和字母原理）的了解，教师进行解码教学的频率和类型以及学生的成绩。皮亚斯塔等人假设教师的知识会影响教师的教学类型从而影响学生的成绩。他们的研究结果表明，教师的知识决定了学生能够接受的显性解码教学频率，最终会预测学生成绩。同样的教学时间，知识更丰富的教师所教授的学生进步更大；相反，即使提供了明确的解码教学课程，知识水平较低的教师教出来的学生成绩较低。皮亚斯塔等人坚信，他们的数据可以证明，在明确的解码教育中有足够知识的教师是不可或缺的。

教师知识差距产生的原因

随着阅读教育在过去三十年间逐渐成熟，儿童阅读教学的最佳方案的研究得出了许多可靠数据，表明许多教师不具备提供高质量的早期阅读教学所需的知识和技能。在许多方面，教师在教育领域的储备没有跟上阅读发展和教学的需要，因此我们开始关注大学一级的教师培训可以对教师的学科内容知识储备发挥怎样的作用。

十多年来，研究人员和教育工作者一直在探究实习教师所能获取的培训类型。莱昂（Lyon，1999b）提醒说，大多数教师在本科学习期间没有得到足够的阅读发展和阅读障碍方面的正规教育，具体而言，普通教师在获得学位之前只能完成一两个阅读课程。莱昂提供的统计数据虽然还不够庞大，但他提出了一个问题，即师范学校向教师提供的或他们自己参加的课程是否符合最佳阅读教学方法的要求。此外，我们尚不清楚这些课程的内容是否包括了关于阅读发展、阅读启蒙教学以及英语语言的必要知识（Walsh, Glaser, & Wilcox, 2006）。

2001 年，美国教育部教育科学研究所国家教育评价和区域援助中心下令对教师培训方案进行研究（《不让一个儿童掉队法》，2002）。

除了直接对早期阅读教学阶段教师的基本知识进行测评之外，这项研究还包括一项调查，让教师自己评价培训课程对阅读基本内容知识的侧重度。来自 99 家机构的 2237 名教师填写问卷，回答自己接受的教师培训有多重视有效阅读教学的五个基本组成部分：音素意识的教学、语音的教学、流利程度的教学、词汇的教学和理解教学（National Reading Panel, 2000）以及相应的现场实践情况。教师评价自己接受的培训中阅读教学的基本组成部分的重视程度为很低或极有限。有趣的是，教师报告在实地教学经历中阅读的基本成分更受重视，但教师培训课程的侧重点却不在该领域。

全国教师素质委员会（NCTQ)(2006）还调查了教师本科课程中有关阅读教学的内容。该研究的分析并不局限于受训教师对其课程的看法，在全国教师素质委员会（2006）调查的美国 1271 个初等教育方案中的 72 个针对 6 至 12 岁儿童小学的教育方案，对教学大纲和文本进行了分析，以评估有效阅读教学的五个基本组成部分所提供的指导的范围。研究结果表明，师范学院并没有持续按照研究证明的有效原则和做法进行教学。在随机选择的 72 所学校中，85% 的学
校阅读教学不及格。这一发现值得注意，即使师范学院开设的阅读 456
相关课程专门关于阅读的内容不到 20%，学校也能获得及格分数。此外，及格的要求是课程涉及阅读教学的五个基本组成部分，而不必要准确或充分的阅读教学。也许更令人关切的是，许多研究都讨论了没有科学基础的阅读启蒙教学，并且发现这些方法与研究所主张的方法似乎一样有效。全国教师素质委员会（2006）的报告还指出，大多数候补教师没有接受科学的阅读教学方法培训，他们往往有自己独特的阅读教学方法。

教师培训课程之所以不充分，可能原因是师范学院的讲授对阅读发展的这些关键要素缺乏足够的认识或了解。在 2009 年的一项

调查中，乔希等人调查了培训教员是否对阅读发展、语言概念以及英语语言和拼写系统的特点有足够的了解。结果发现，尽管教员可以分辨和发出音节，但许多教师对音素和与语素有关的概念了解不足。此外，许多教员不明白语音意识的含义（误以为语音意识就是字母发音之间的对应），也无法认识到语音教学是开始阅读教学的理想方法。乔希等人的结论是，师范学院的教授和教员可能需要更专业的深造机会，以确保其能够对小学教师进行适当培训（另见 Binks-Cantrell, Washburn, Joshi, & Hougen, 2012）。

教师不能提供高质量阅读启蒙教育不仅是因为教师培训课程存在缺陷。根据美国制定的法律，如小学初中教育法《不让一个孩子掉队》(2002)的要求，教师不仅必须拥有4年制大学的学位，还必须获得所在州的职业认证或许可，并具备所教授的学术科目的充分能力。因此，教师准备课程并不是孤立运作的。职业资格证考试也必须严格核实教师是否有足够的能力。尽管在美国，教师资格证考试和必须参加的阅读培训课程各州要求存在差异，但斯托茨基（Stotsky, 2009）的研究表明，总体而言，许可证考试并不能充分评估教师是否掌握有效教授阅读所必须的关键知识（Wayne & Youngs, 2003）。

今后应该进行的工作

我们已经知道许多教师缺乏提供优质阅读指导所必须的技能，现在我们必须解决教师内容知识方面的缺陷。教师培训是第一个对策，师范学院应该将识字教学的基本要素和英语语言知识的高度明确的培训纳入教师培训课程。然而，调整培训教师的方案只能有效地确保未来的教师掌握足够的学科知识和概念，但目前从事教育工作的人（其中一些人可能会继续执教三四十年）却无法从中获益。此外，单纯针对候补教师的教育方案进行改革无法保证所有人对阅读教学的理解能够继续深入，因此，我们还必须通过持续的专业发展，依赖现任教师的教育。

制定有效的专业发展干预措施

专业发展指为了个人发展和职业发展而获得技能和知识。专业发展有许多模式，包括外部专家提供的培训，如咨询和辅导、实践合作（教育工作者合作提高学生的学习成绩）、课程学习（探索型的小组学习）指导和反思监督（Kennedy，2005）。因为研究表明，孤立的专业发展经验，如由外部专业人员举行为期 1 天的研讨会并不能 457
深刻影响教师所教学生的成绩（Joyce, & Showers, 1995; Lonigan, Farver, Phillips, & Clancy-Menchetti, 2011）。我们必须探索专业发展的多种方法。虽然深入探讨该主题超出了本章范围，但最近成人学习和教师发展的综合报告确定了有效专业发展的几个关键特征：（1）密集且持续；（2）包括一系列积极的学习经验，如向同行说明自己学到的东西以及参加协同实践教学活动；（3）明确目标，具体的目标优于泛泛的目标；（4）提供应用和实践新获得的知识和技能的机会；（5）向参与者提供反馈意见以及参与者的自我反思和评估（Darling-Hammond, Wei, Andree, Richardson, & Orphanos, 2009; Fukkink, & Lont, 2007）。

随着阅读启蒙教学领域对熟练教师需求的增长，我们需要系统和持续的包括上述所有组成部分的专业发展模式，检查目前的专业发展模式以确定教师的目标能力发展，以提高孩子的学前能力。教师专业发展领域的研究人员呼吁教师的专业发展模式从单独、个人或短期的讲习班或培训班转变为更持续的发展模式，例如以关系为基础的专业发展模式（Bowman, Donovan, & Burns, 2001; Fukkink, & Lont, 2007）。以关系为基础的专业发展是指利用人际关系来提高成人学习的质量，并可以采取教师辅导、专业小组学习和咨询的形式。以关系为基础的专业发展的目标是利用专家的技能，为经验不足的人提供支持和学习机会，促进专业发展变革，并支持提高专业知识教学质量（National Council on Compensation Insurance [NCCI], 2008）。基于关系的职业发展根据关系的类型、活动的目的以及专家和教师之间如何分享信息分为许多类型（NCCI, 2008）。研究表明，基于关系的职业发展方法可以促进教师认识和运用有效的课堂实践（Cunningham et al., 2015；Hepburn et al., 2007; Isner et al., 2011; Neuman, & Cunningham, 2009; Powell, Diamond, Burchinal, & Koehler, 2010）。

除了有效的专业发展这些普遍特征之外，研究还表明识字教育和语言技能的专业发展还有其他特点。在最近对37项研究的分析中，扎思洛夫（Zaslow, Tout, Halle, Whittaker & Lavelle, 2010）对幼儿园前和幼儿园年龄学生的专业发展方案进行了评估，确定了几项有效教学方法。基于研究的实践建议鼓励教师根据研究结论制定自己的教学实践方案并进行自我反思。提供教学资源是另一个关键因素。向教师提供有用的、便利的材料，如活动指南、扩展阅读的参考资料以及关键原则的摘要可能会增强可持续性和参与者的忠诚度。有效的专业发展项目的另一个共同目标是建立一个教育工作者群体，这个群体往往是由来自同一所学校的教师组成，他们为共同的长期目标进行合作、相互学习。

教师研究学习小组模型

教师研究学习小组模型为整合上述有效专业发展的特点提供了一个框架：符合以关系为基础的专业发展原则，一小群教师定期与训练有素、知识渊博的主持人会面，目标是合作深化内容知识，将基于研究来从事教学实践。参加学习小组的小学教师报告说，他们对协同合作的专业学习环境抱着积极的态度，并相信小组学习能够帮助他们获得以研究为基础的战略知识，促进儿童阅读启蒙教育的发展（Foorman, & Moats, 2004; Gersten, Dimino, Jayanthi, Kim, & Santoro, 2010）。

教师对这一方法反应积极，教师的小组学习能够增加教师的内容知识和教学知识，发展教师课堂教学实践，并对儿童成绩产生积 458
极影响（Cunningham et al., 2015; Foorman, & Moats, 2004; Gersten et al., 2010; Saunders et al., 2001）。例如，坎宁安等人（2015）对教师专业发展学习小组模式进行了研究，他们的目标是帮助教师提升知识和教学方法，促进儿童在学前课堂上的识字学习效果。19 名教师分为三组接受了为期一年的干预措施，没有设立比较组，每月举行两次两小时的会议，全学年共举行 16 次会议。在双周会议中教师探讨口头语言、语音意识和书面知识的学科知识和教学知识。成果评测措施包括测试教师对教学实践的了解、实践观察措施以及 101 名随机抽取的学龄前儿童的成绩。与以往的研究一致，在干预措施开始前，教师对语音意识的初始知识水平较低，在课堂上的语音意识教学频率和质量都很低。进行干预措施后，教师自身的语音意识能力、内容知识和教学内容知识发生了重大变化。教室里语音意识教学活动的数量和质量也有所增加。对学龄前儿童进行的标准语音意识评估，即学龄前早期识字测试（TOPEL; Lonigan, Wagner, Torgesen, & Raschotte, 2007），干预前，64% 的孩子得分低于平均水平，根据 TOPEL 测试开发人员的描述，成绩处于这一范围内的儿童至少在阅读和书写方面低于预期的发展要求（Lonigan et al., 2007, p. 20）。干预后，得分低于平均水平的儿童人数下降到 36%。比较测试前和测试后标准化 TOPEL 分数的测试结果表明，儿童的语音意识显著提高（干预前 $m = 86.42$, $SD = 11.58$；干预后 $m = 91.99$, $t(100) = 5.12$, $p < 0.001$）。平均变化从

23% 提升到 34%。虽然这项研究缺乏对照组，但研究结果初步证明了在阅读启蒙教学领域运用基于关系的职业发展模式的有效性。

迄今为止，大多数旨在进行教育改革的立法都侧重于通过提高教学质量来提高学生的成绩。决策者现在必须将注意力转向更为基础的措施以帮助在校和在职教师的提高，确保他们具备提供高质量教学所需的知识（Aaron, Joshi, & Quatroche, 2008)。

结论

萧伯纳在《人与超人》(1903）的附录中写道："会的人，做，不会的人，教。"我们不知道萧伯纳写这段话是何意，但自从这样的话被提出以来，教师们就受其困扰，因为它似乎在说能力和教学是完全分离的。

近一个世纪后，李·舒尔曼（1986）改动了萧伯纳的话："会的人，做；懂的人，教。"（第 14 页）这句话中，知识和教学之间不再是完全分离的，因为正如舒尔曼所说的，为了进行教学，人们必须懂得所教的知识。舒尔曼（1986）提出了教学和教师知识的概念，其中包括内容知识、一般教学知识、课程知识、教学内容知识、学习者知识发展特点、知识教育背景（即课堂、地区环境、社会文化背景）以及对教育目的和价值观的了解。知识和教学之间的分裂终于被弥合了，教师必须懂。我们正在持续进行研究了解提高学生成绩所需的教育方式。同样，我们在理解教师必须知道的内容方面也取得了长足进步。尽管取得了这些进展，但我们仍有许多工作要做。2013 年国家教育发展阅读评估报告指出，只有 34% 的美国学生能够达到相应年龄层应达到的熟练水平。

459 看来，我们还需要进行许多工作以确保我们的研究能够最终为实践提供帮助。人们可以通过改变教育决策中采用的度量或方法来解决研究和实践之间的鸿沟。第一步可能需要让教师在执教期间或在职业培训中接触阅读科学研究（Spear-Swerling, & Sternberg, 2001）。普及科学的评价度量和方法——例如通过系统观测和测试收集证据，并多方面分析——为教育决策者提供强有力的工具。正如斯坦诺维奇（1993）所指出的，基于政治或意识形态而不是基于科学的决策模式阻碍了阅读教育领域的发展。为教师提供科学的阅读研究结论能够帮助教师更好地确定教学决策。

联系理论和实践的第二步是确保美国所有教师都能接触到本章讨论的语言能力方面。我们应该对现有的专业发展活动进行重新规划。我们发现当前学界围绕最有效的教学内容和方法的证据远远不如阅读发展和教学的证据。但有一个新兴的研究机构发现，与阅读教学有关的语言某些方面对许多教师来说是难以捉摸的概念。我们还发现，针对教师的语言书写系统知识的研究大多是在美国进行的（Lopes et al., 2014)。教师对较为规则的语言（如西班牙语、德语、土耳其语）的拼写法的了解与儿童阅读成绩发展之间的关系可能不同于在较不规则的英语拼写系统中观察到的情况。

第三，必须探索如何向教师传达研究结论。许多以研究为基础的专业发展项目告诉教师该做什么，但往往忽视了告诉教师为什么要做或怎么做——有效的阅读教学所需的关键背景知识。人们逐渐认识到，教师需要辅导才能掌握有效阅读教育所需的概念。正如师生关系对学生学习有着重要性（Curby, Rimm-Kaufman, & Ponitz, 2009; Mashburn et al., 2008)，以关系为基础的专业发展模式可以解决本文所述的诸多挑战，认识成人学习的普遍性质并促进合作对等的专业学习环境的建立，可以帮助教师了解以研究为基础的策略，并最终促进儿童的识字发展。

正如莫茨在她的开创性著作《阅读教学是高端科学》(1999)中所指明的一样，该领域从业人员已经认识到阅读教师的知识和能力的复杂性。正如我们理解物理教师需要知识渊博并得到名师培训才能取得教学成功一样，我们也应该理解阅读教师同样需要此类培训。现在必须努力确保这些重要信息能够进入负责提供高质量具备识字教育的人即教师手中。

致谢

这项研究得到了美国教育部教育科学研究所对加州大学伯克利分校的安妮·坎宁安的 Goal 2 发展创新基金(编号 R305A090183)的支持。本章所表达的观点是作者的个人观点，并不代表美国教育部的观点。感谢 Ruth Nathan 博士、Jamie Zibulsky 博士和陈一睿博士为本文所做的调查工作。

参考文献

Aaron, P. G., Joshi, R. M., & Quatroche, D. (2008). *Becoming a professional reading teacher: What to teach, how to teach, why it matters*. Baltimore, MD: Brookes.

Adams, M. (1990). *Beginning to read: Learning and thinking about print*. Cambridge, MA: MIT Press.

Besner, D., & Smith, M. C. (1992). Basic processes in reading: Is the orthographic depth hypothesis sinking? In R. Frost & L. Katz (Eds.), *Orthography, phonology, morphology, and meaning* (pp. 45–66). Amsterdam, the Netherlands: North-Holland.

Binks-Cantrell, E., Washburn, E. K., Joshi, R. M., & Hougen, M. (2012). Peter effect in the preparation of reading teachers, *Scientific Studies of Reading*, *16*, 526–536.

Bond, G. L., & Dijkstra, R. (1967). The cooperative research program in first-grade reading. *Reading Research Quarterly*, *2*, 5–42.

Bos, C., Mather, N., Dickson, S., Podhajski, B., & Chard, D. (2001). Perceptions and knowledge of preservice and inservice educators about early reading instruction. *Annals of Dyslexia, 51*, 97–120.

Bowman, B. T., Donovan, M. S., & Burns, M. S. (Eds.). (2001). *Eager to learn: Educating our preschoolers*. Washington, DC: National Academy Press.

Brady, S., Gillis, M., Smith, T., Lavalette, M., Liss-Bronstein, L., Lowe E., . . . Wilder, T. D. (2009). First grade teachers' knowledge of phonological awareness and code concepts: Examining gains from an intensive form of professional development and corresponding teacher attitudes. *Reading and Writing: An Interdisciplinary Journal, 22*, 425–455.

Brady, S., & Moats, L. (1997). *Informed instruction for reading success: Foundations for teacher preparation*. Baltimore, MD: International Dyslexia Association.

Carlisle, J. F., Correnti, R., Phelps, G., & Zeng, J. (2009). Exploration of the contribution of teachers' knowledge about reading to their students' improvement in reading. *Reading and Writing: An Interdisciplinary Journal, 22*, 457–486.

Carlisle, J. F., Kelcey, B., Rowan, B., & Phelps, G. (2011). Teachers' knowledge about early reading: Effects on students' gains in reading achievement. *Journal of Research on Educational Effectiveness, 4*, 289–321.

Catts, H. W., Hogan, T. P., & Adlof, S. M. (2005). Developmental changes in reading and reading disabilities. In H. W. Catts & A. G. Kamhi (Eds.), *The connections between language and reading disabilities* (pp. 25–40). Hillsdale, NJ: Erlbaum.

Chall, J. S. (1967). *Learning to read: The great debate*. New York, NY: McGraw-Hill.

Chall, J. S. (1992). The new reading debates: Evidence from science, art, and ideology. *The Teachers College Record, 94*, 315–328.

Cheesman, E. A., McGuire, J. M., Shankweiler, D., & Coyne, M. (2009). First-year teacher knowledge of phonemic awareness and its Instruction. *Teacher Education and Special Education, 32*, 270–289.

Connor, C. M., Son, S., Hindman, A. H., & Morrison, F. J. (2005). Teacher qualifications, classroom practices, family characteristics, and preschool experience: Complex effects on first graders' vocabulary and early reading outcomes. *Journal of School Psychology, 43*, 343–375.

Cummings, D. W. (1988). *American English spelling*. Baltimore, MD: John Hopkins University Press.

Cunningham, A. E., Etter, K., Platas, L., Wheeler, S., & Campbell, K. (2015). Professional development in emergent literacy: An examination of teacher study groups. .

Cunningham, A. E., Perry, K. E., Stanovich, K. E., & Stanovich, P. J. (2004).

Disciplinary knowledge of K-3 teachers and their knowledge calibration in the domain of early literacy. *Annals of Dyslexia*, *54*, 139–167.

Cunningham, A. E., Perry, K. E., Stanovich, K. E., Stanovich, P. J., & Chappell, M. (2001, June). *Is teachers' knowledge of important declarative knowledge of reading well calibrated?* Poster presented at the 8th Annual meeting of the Society for the Scientific Study of Reading, Denver, CO.

Cunningham, A. E., & Stanovich, K. E. (1997). Early reading acquisition and its relation to reading experience and ability 10 years later. *Developmental Psychology*, *33*, 934–945.

Cunningham, A. E., & Zibulsky, J. (2009). Perspectives on teachers' disciplinary knowledge of reading processes, development, and pedagogy. *Reading and Writing: An Interdisciplinary Journal*, *22*, 375–378.

Cunningham, A. E., Zibulsky, J., & Callahan, M. (2009). Starting small: Building preschool teacher knowledge that supports early literacy development. *Reading and Writing: An Interdisciplinary Journal*, *22*, 487–510.

Cunningham, A. E., Zibulsky, J., Stanovich, K. E., & Stanovich, P. J. (2009). How teachers would spend their time teaching language arts: The mismatch between self-reported and best practices. *Journal of Learning Disabilities*, *42*, 418–430.

Curby, T. W., Rimm-Kaufman, S. E., & Ponitz, C. C. (2009). Teacher–child interactions and children's achievement trajectories across kindergarten and first grade. *Journal of Educational Psychology*, *101*, 912–925.

Darling-Hammond, L., Wei, R. C., Andree, A., Richardson, N., & Orphanos, S. (2009). *Professional learning in the learning profession*. Washington, DC: National Staff Development Council.

Foorman, B. R., & Moats, L. C. (2004). Conditions for sustaining research-based practices in early reading instruction. *Remedial and Special Education*, *25*, 51–60.

Fukkink, R. G., & Lont, A. (2007). Does training matter? A meta-analysis and review of caregiver training studies. *Early Childhood Research Quarterly*, *22*, 294–311.

Gersten, R., Dimino, J., Jayanthi, M., Kim, J. S., & Santoro, L. E. (2010). Teacher study group: Impact of the professional development model on reading instruction and student outcomes in first grade classrooms. *American Educational Research Journal*, *47*, 694–739.

Glass, G. V. (1976). Primary, secondary, and meta-analysis of research. *Educational Researcher*, *5*, 3–8.

Goodman, K. (1986). *What's whole in whole language?* Portsmouth, NH: Heinemann.

Hepburn, K. S., Kauffman, R. K., Perry, D. F., Allen, M. D., Brennan, E. M., & Green, B. L. (2007). *Early childhood mental health consultation: An evaluation tool kit.*

Washington, DC: Georgetown University Press.

Isner, T., Tout, K., Zaslow, M., Soli, M., Quinn, K., Rothenberg, L., & Burkhauser, M. (2011). *Coaching in early care and education programs and quality rating and improvement systems (QRIS): Identifying promising features*. Washington, DC: Children's Services Council of Palm Beach County.

Joshi, R. M., Binks, E., Graham, L., Ocker-Dean, E., Smith, D. L., & Boulware-Gooden, R. (2009). Do textbooks used in university reading education courses conform to the instructional recommendations of the National Reading Panel? *Journal of Learning Disabilities*, *42*, 458–463.

Joshi, R. M., Binks, E., Hougen, M., Dahlgren, M., Ocker-Dean, E., & Smith, D. (2009). Why elementary teachers might be inadequately prepared to teach reading. *Journal of Learning Disabilities*, *42*, 392–402.

Joyce, B., & Showers, B. (1995). *Student achievement through staff development* (2nd ed.). New York, NY: Longman.

Kennedy, A. (2005). Models of continuing professional development: A framework for analysis. *Journal of In-Service Education*, *31*, 235–250.

Lonigan, C. J., Farver, J. M., Phillips, B. M., & Clancy-Menchetti, J. (2011). Promoting the development of preschool children's emergent literacy skills: A randomized evaluation of a literacy-focused curriculum and two professional development models. *Reading and Writing: An Interdisciplinary Journal*, *24*, 305–337.

Lonigan, C. J., Wagner, R. K., Torgesen, J. K., & Rashotte, C. A. (2007). *The test of preschool early literacy (TOPEL)*. Austin, TX: PRO-ED.

Lopes, J., Spear-Swerling, L., Oliveira, C., Velasquez, M. G., & Zibulsky, J. (2014). Actual disciplinary knowledge, perceived disciplinary knowledge, teaching experience and teacher' training for reading instruction: A study with primary Portuguese and American teachers. *Revista de Psicodidactica*, *19*, 45–65.

Lyon, G. R. (1999a, July, 27). Hearing on Title I (Education of the Disadvantaged) of the Elementary and Secondary Education Act and the Workforce United States House of Representative. Electronic mailing list message. hearings/106th/fc/esea72799/lyon.htm

Lyon, G. R. (1999b). In celebration of science in the study of reading development, reading difficulties, and reading instruction: The NICHD perspective. *Issues in Education: Contributions from Educational Psychology*, *5*, 85–115.

Mashburn, A. J., Pianta, R. C., Hamre, B. K., Downer, J. T., Barbarin, O. A., Bryant, D., . . . Howes, C. (2008). Measures of classroom quality in prekindergarten and children's development of academic, language, and social skills. *Child Development*, *79*, 732–749.

Mather, N., Bos, C., & Babur, N. (2001). Perceptions and knowledge of preservice and inservice teachers about early literacy instruction. *Journal of Learning Disabilities*, *34*, 472–482.

McCutchen, D., Green, L., Abbott, R. D., & Sanders, E. A. (2009). Further evidence for teacher knowledge: Supporting struggling readers in grades three through five. *Reading and Writing: An Interdisciplinary Journal*, *22*, 401–423.

McCutchen, D., Harry, D. R., Cunningham, A. E., Cox. S., Sidman, S., & Covill, A. E. (2002). Reading teachers' knowledge of children's literature and English phonology. *Annals of Dyslexia*, *52*, 207–228.

Moats, L. C. (1994). The missing foundation in teacher education: Knowledge of the structure of spoken and written language. *Annals of Dyslexia*, *44*, 81–101.

Moats, L. C. (1999). *Teaching reading is rocket science: What expert teachers of reading should know and be able to do.* Washington, DC: American Federation of Teachers.

National Assessment of Educational Progress. (1995). *NAEP Facts: Listening to children read aloud: Oral fluency.* Washington, DC: National Center for Education Statistics.

National Center for Education Statistics. (2013). *National Assessment of Educational Progress (NAEP), various years, 1990–2013 Mathematics and Reading Assessments.* http://nationsreportcard.gov/reading_math_2013/#/ student-groups.

National Council on Compensation Insurance (NCCI). (2008). *State requirements for minimum preservice qualifications for child care center teachers and master teachers in 2007*. National Child Care Information and Technical Assistance Center. Washington, DC.

National Council on Teacher Quality (NCTQ). (2006). *What education schools aren't teaching about reading and what elementary teachers aren't learning*. Washington, DC: National Council on Teacher Quality.

National Early Literacy Panel (NELP). (2008). *Developing early literacy: Report of the national early literacy panel*. Washington, DC: National Institute for Literacy.

National Reading Panel (NRP). (2000). *Teaching children to read: An evidence-based assessment of the scientific research literature on reading and its implications for reading instruction*. Washington, DC: National Institutes of Health.

Neuman, S. B., & Cunningham, L. (2009). The impact of professional development and coaching on early language and literacy instructional practices. *American Educational Research Journal*, *46*, 532–566.

No Child Left Behind. (2002). *No child left behind act*. Washington, DC: US Department of Education.

Piasta, S. B., Connor, C. M., Fishman, B. J., & Morrison, F. J. (2009). Teachers' knowledge of literacy concepts, classroom practices, and student reading growth.

Scientific Studies of Reading, 13, 224–248.

Powell, D. R., Diamond, K. E., Burchinal, M. R., & Koehler, M. J. (2010). Effects of an early literacy professional development intervention on head start teachers and children. *Journal of Educational Psychology, 102*, 299–312.

Saunders, B., O'Brien, G., Hasenstab, K., Marcelletti, D., Saldivar, T., & Goldenberg, C. (2001). Getting the most out of school-based professional development. In P. Schmidt & P. Mosenthal (Eds.), *Reconceptualizing literacy in the new age of pluralism and multiculturalism* (pp. 289–320). Greenwich, CT: Information Age.

Shaw, G. B. (1903). *Man and superman: Maxims for revolutionists*. London, England: Penguin

Shulman, L. (1986). Those who understand: Knowledge growth in teaching. *Educational Researcher, 15*, 4–14.

Shulman, L. (1987). Knowledge and teaching: Foundations of the new reform. *Harvard Educational Review, 57*, 1–21.

Smith, F. (1971). *Understanding reading*. New York, NY: Holt, Rinehart, & Winston.

Snow, C. E., Burns, M. S., & Griffin, P. (Eds.). (1998). *Preventing reading difficulties in young children*. Washington, DC: National Academy Press.

Spear-Swerling, L., & Brucker, P. (2004). Preparing novice teachers to develop basic reading and spelling skills in children. *Annals of Dyslexia, 54*, 332–364.

Spear-Swerling, L., & Sternberg, R. J. (2001). What science offers teachers of reading. *Learning Disabilities Research and Practice, 16*, 51–57.

Spear-Swerling, L., Brucker, P. O., & Alfano, A. M. (2005). Teachers' literacy-related knowledge and self-perceptions in relation to preparation and experience. *Annals of Dyslexia, 55*, 266–296.

Stanovich, K. E. (1993). Romance and reality. *Reading Teacher, 47*, 280–280.

Stanovich, K. E. (2000). *Progress in understanding reading: Scientific foundations and new frontiers*. New York, NY: Guilford.

Stanovich, K. E., & Stanovich, P. J. (1995). How research might inform the debate about early reading acquisition. *Journal of Research in Reading, 18*, 87–105.

Stotsky, S. (2009). Licensure tests for special education teachers: How well they assess knowledge of reading instruction and mathematics. *Journal of Learning Disabilities, 42*, 464–474.

Treiman, R., Kessler, B., & Evans, R. (2007). Anticipatory conditioning of spelling-to-sound translation. *Journal of Memory and Language, 56*, 229–245.

Venezky, R. L. (1999). *The American way of spelling: The structure and origins of American English orthography*. New York, NY: Guilford.

Walsh, K., Glaser, D., & Wilcox, D. D. (2006). *What education schools aren't teaching about reading and what elementary teachers aren't learning*. Washington, DC: National Council on Teacher Quality.

Wayne, A. J., & Youngs, P. (2003). Teacher characteristics and student achievement gains: A review. *Review of Educational Research*, *73*, 89–122.

Wong-Fillmore, L., & Snow, C. E. (2003). What teachers need to know about language. In C. T. Adger, C. E. Snow, & D. Christian (Eds.), *What teachers need to know about language* (pp. 7–54). McHenry, IL: Delta System.

Zaslow, M., Tout, K., Halle, T., Whittaker, J. V., & Lavelle, B. (2010). *Toward the identification of features of effective professional development for early childhood educators: Literature review*. Washington, DC: Office of Planning, Evaluation and Policy Development, US Department of Education.

第 30 章　青少年读写能力：进展与教学 463

苏珊 · R. 戈德曼　凯瑟琳 · E. 斯诺

摘　要：当学生掌握了准确、自动阅读的基础知识后，阅读要求发生了明显变化。10 岁左右的儿童通过阅读获取信息、理解各种观点、判断立场和进行推理。全球范围以及美国国内的研究结果表明，许多学生在低年级时尚能够成功完成当年龄段所要求的阅读任务，但升入高年级后在新的要求面前却也需要一段时间的努力才能赶上进度。在小学高年级阶段常用的阅读理解教学方法，如阅读理解策略的教学，不能充分帮助青少年读者应付学业和生活的挑战。其中一个挑战是特定学科的阅读、写作和思考，许多教师往往未充分意识到阅读文献的差异（例如科学或历史）。本章认为，在教学中应适当注意特定学科的文本阅读方法，坚持指定识字任务的真实目的，发挥重点讨论作为阅读教学的核心元素的作用，有助于提高阅读效果，彻底改变目前关于阅读理解本质的理论。

关键词：青少年读写能力、理解、学科素养、理解干预、历史、科学、文学、教学对话、发展、教学

随着新技术和互联网的发展，21 世纪的公民可以获得的信息是前所未有的丰富，从气候变化到移民政策、医疗和财务管理等等主题的信息都可以轻易为人所取得，这种便利的代价是信息不再由教师、图书和传统出版商过滤。因此，确定一篇信息是否可靠和有用的任务落在了读者身上，当各种信息彼此不一致甚至相互矛盾时，要判断信息的可靠性和实用性就变得更加复杂（Rouet, & Britt, 2011; Stadtler, & Bromme, 2007）。此外，工作场所对劳动者的信息分析、理解和判断能力的要求也在不断提高，即使是不需要受过大学教育的工作岗位（例如驾驶卡车、修理通风系统）也是如此。阅读理解的定

义必须包括这些新的、21 世纪的识字技能和识字教学，而 10 至 18 岁的青少年应得此先机。

因此，我们采用了与国家和国际学术成绩标准相一致的阅读观（National Assessment Governing Board, 2008; Organization for Economic Cooperation and Development [OECD], 2006)。这些标准将熟练阅读定义为通过阅读获取有助于回答开放式问题、解决问题或制定决策的内容知识。传统的理解概念包括找出文本陈述的事实并识别有关事实的信息，从单一的文本来源作出简单的推论。相反，新的标准规
464 定：学生应能够分析、解释、整合、批判和评论单一文本或多个文本的信息（National Assessment of Educational Progress [NAEP], 2009)。阅读学习的关键包括文本和背景知识的结合、修辞和符号手段传达的意义、以及各学科领域常见的论证、批评和评价的手段和惯例。研究数据表明全球范围内只有约 10% 的青少年掌握了上述阅读理解技能（Carnegie Council on Advancing Adolescent Literacy [CCAAL], 2010; NAEP, 2009; OECD, 2013)。因此，学界需要探究如何提高青少年的阅读能力。

阅读教学

传统阅读研究和教学的大部分注意力都集中在早期阅读上。事实上，青少年阅读作为学术领域直到最近才得到承认（CCAAL, 2010; Goldman, 2012; Lee, & Sprately, 2010; Snow, & Moje, 2010)。尽管熟练的单词阅读和基本的阅读流利程度在孩子的长期阅读发展过程中至关重要（见 Connor, & Al Otaiba，本书)，但这些技能不足以确保青少年应对更具挑战性的阅读理解任务（Wanzek et al., 2012)。此外，人们曾经以为早期阅读和后期阅读之间的主要不同是文本的难度，而现在已经明白了主要不同点在于阅读任务的变化，阅读任务类型的变化比单纯的文本难度提高更为根本。人们普遍认识到，阅读教学需要

在整个学校教育过程中持续进行，并且将教育重点从书面文本阅读的机制转向语言、话语和论证结构。

大量的阅读研究针对的语言是英语，由于英语是拼写较不规则的语言，因此研究结论常侧重于早期阅读教学的重要性。学习阅读那些拼写更加规则的语言（即音素-字母映射是一对一而不是多对多的语言）的学生，能够在学校教育的第一年内掌握单词识别和基本的自动阅读能力（Aro, & Wimmer, 2003)。这些学生会在更早的时期体现出由于缺乏词汇量和相关背景知识以及不熟悉文学、科学与历史文本的信息组织知识而产生的理解缺陷，英语的读者则在更晚的时期才开始体现知识不足导致的理解缺陷：美国的评估测试表明，在10至12岁的年龄段，理解能力差的读者的比例有所增加（国家教育统计中心，2013)。随着美国许多州采用新的、更高的师范学院和职业培训标准，新的阅读能力评估无疑更加严格（Council of Chief State School Officers [CCSSO]，2010)，这些标准称为国家共同核心标准，他们对阅读、书写、口语和听力设定了更高的要求，要求读者选择合适的识字技能对文本进行分析、整合和评判，并要求教师在教学和测试中增加非文学文本和复杂文本的比例。这些规范不仅限于文学课，还延伸到历史和科学与其他科目。在教育政策和标准的制定过程中，像这样制定一项全国性的教育政策也许是第一次。通过制定这样的政策，政府呼吁社会各界关注文学以外学科的独特阅读和写作规律，这对青少年产生深远影响，因为他们的学校教育通常以学科为基础。

小学以上阶段的阅读挑战

青少年阅读中需要与阅读启蒙发展或教学分开处理的特殊问题分为以下层次：学习者、任务、文本、教育学和语境。

学习者

青少年阅读教学需要人们关注的原因有许多，有些青少年不能准确、流利、自动地阅读单词，这成为他们的长期阅读道路上一个不可逾越的障碍，尤其是三年级，8 岁左右的学生需要阅读更长、更复杂的文本，其中包含更多不熟悉的单词；许多基本阅读技能良好的青少年也需要有针对性的指导，因为他们需要阅读的文本中开始出现更多的生词、更多的背景知识，要求读者具备更强的耐力和更大的主动性；与此同时，该阶段学生的学业任务加大，要求学生具备更多知识、技能和更强的毅力；学生的自我认同感和同龄人压力加大，
465 在学术上和认知上的竞争也开始加大，这导致学生阅读的内在动力普遍下降（Gottfried, 1985）。

任务

直到三年级快结束的时候，如果孩子们能够基本正确地大声阅读相应年级的课文，回答诸如“狼想对红帽做什么”等不需要过多推理的阅读理解问题，就可以算作阅读能力优秀的学生。在小学阶段，孩子们进行阅读的主要目的是学习阅读技能以及使用文本表达口头语言。而更高年级的学生必须能够通过阅读学习新的信息；在阅读过程中筛选出大量文本中的相关信息；分析文学文本（Chall, 1983）；在考试中取得更高的分数，例如国际学生评估计划（PISA；OECD, 2006），学生必须能够分析文本找到支撑论点的证据，比较文本找出信息和观点上的差异，根据上下文意学习新词，整合多个文本信息等等（Goldman et al., 2011; Lee, & Spratley, 2010; Shanahan, & Shanahan, 2008），目前教学需要改进和深化才能够帮助学生成功应对这些任务。

文本

向年龄较大的学生讲授文本的语言结构和词汇知识比在小学阶段更加复杂。此外，出现比例较高的是解释性文本，解释性文本与叙

述文本或文学文本在信息组织和呈现方式上完全不同，特定类型的信息组织和呈现方式被称为话语结构。此外，词汇和话语结构根据文本内容的领域不同而不同，因此阅读历史文本和科学文本需要类似但不完全相同的技能（Lee, & Spratley, 2010; Moje, 2008）。

教育学

小学高年级的教学重点从阅读技能转移到文本内容阅读理解，因此，中学和高中的文学、历史、科学和数学教师都不认为自己有责任教授阅读，他们也不具备指导学生如何阅读他们所教授的文本的能力（Heller, & Greenleaf, 2007）。随之而来的有两个可能的后果，要么阅读能力差的学生没有机会学习内容，要么学生通过教师的讲解而非阅读获取学科内容知识，从而在大家不知情的情况下损害了学生通过阅读获取文本内容得到进步的机会。

语境

由于青少年读者独特的阅读需求最近才得到广泛承认，大多数学校和教师缺乏满足青少年阅读学习需求的资源（CCAAL, 2010）。教师培训和专业发展很少注意提供特定学科的阅读教学或将开放式问题和讨论纳入课堂。学校的课程设置以及学校本身也不注重这一问题。此外，为潜在阅读困难学生（例如来自低收入家庭、不讲学校语言的家庭、小学学校没有提供充分指导的学生）服务的学校通常缺乏更有能力的教师而且缺乏良好的课程和教学方法。

鉴于这些问题，下文将会讨论当前学界对小学高年级阅读发展和阅读教育的了解。我们关注的问题包括：当前主流理解策略教学的不足；文本和理解任务在不同内容领域的差异（我们称之为学科文学）；青少年写作、讨论和阅读之间的相互依存关系；以及关注青少年阅读的目的和改进教学活动的价值。本章中使用的“文本”包括静态和动态的多媒体信息和口头交流方式，以及传统的印刷文本。

在我们讨论的范围之外，青少年在校外接触阅读和书写机会越来越多，许多调查报告显示青少年越来越多地使用社交媒体、兴趣小组、网络游戏和其他线上场所（Lenhart, 2013; Madden, Lenhart,
466 Duggan, Cortesi, & Gasser, 2013)。迄今为止，此类校外阅读写作活动与学生的学习成绩之间几乎没有发现什么积极的联系（Moje, Overby, Tysvaer, & Morris, 2008; Purcell, Buchanan, & Friedrich 2013)。学校教育面临的挑战之一是如何利用学生对网络读物的兴趣及其相关的知识，帮助青少年参与学校提供的活动以及提升学习成绩。

理解策略教学：一个大问题的小补丁

查尔（Chall, 1983）指出，孩子接受了数年正规学校教育之后，阅读教学的重点发生了重大转变，从一开始的学习阅读到后来的通过阅读来学习。到目前为止，应对这种转变最常见的方法是明确的理解策略教学（Oakhill, Berenhaus, & Cain，本书）。实验研究确实表明了阅读策略指导具有积极效果（全国阅读小组，2000)。然而，在教学理解方面存在许多挑战，而单纯的阅读策略教学无法解决这些挑战。

其中一个挑战涉及读者需要从文本中获取知识。四年级到十二年级的理解教学通常适用于虚构叙事文本，即使年轻读者也有足够丰富的知识可以应对这些文本，了解这些故事的核心事件和主要矛盾，这类知识可以被认为是关于人类心理学的背景知识，比如人物是谁？背景是什么？首先发生了什么事？接下来发生了什么？为什么主角悲伤 / 疯狂 / 高兴？ (Duke, & Martin, 2008)

然而，这类问题并不适用于科学或社会领域的文本（Alvermann & Wilson, 2011; McKeown, Beck, & Blake, 2009; Palincsar & Brown, 1984; Pressley, 2002)，事实上，这些问题可以帮助学生阅读教科书和类似教科书上文本的材料，这些材料与通用的阅读策略相匹配。例如，关键词汇加粗，用小节标题表明新主题，标题下的第一句通常是对该部分的一个很好的概括。这样的策略很难适用于学生阅读的所有文本——报纸文章、历史文件、有关研究的新闻报道、社论、政治演讲等等。这些文本的组织方式各不相同，标志信息组织方式的信号也不同，这些丰富的信息组织特征都无法通过学校教育获得（Goldman & Bisanz, 2002; Goldman & Rakestraw, 2000）。由于缺乏这些重要的有关信息组织方式的暗示，学生学习这类信息（例如总结中心思想）的难度就更高，可以教导青少年利用文本结构来独立理解新信息（Meyer & Wijekumar, 2007）。

课堂之所以选择教授现行的理解策略，是因为经验证据表明，优秀的读者和学生使用这些策略（Goldman & Saul, 1990; Pressley, 2002; RAND, 2002）。人们认为，如果能将阅读能力强的读者所采取的手段教给阅读能力差的读者，那么后者的理解和学习能力就会提高。但优秀的读者使用的策略，如理解监测、自我提问以及有选择的重读策略，是因为他们能够在一定程度上理解文意。好的读者在选择深度阅读的内容、浏览的内容以及跳读的内容方面也有策略。阅读策略的选择取决于读者对特定策略能否帮助当前阅读任务的判断（Goldman, Braasch, Wiley, Graesser, & Brodowinska, 2012; Goldman, Lawless, et al., 2012）。

随着学界对优秀读者的特征的研究深入，过去四五十年来的理解策略教育从单一战略干预发展到多种战略干预（Pressley, 2002），从自主学习转变为成对或小团体学习，通常小组成员每一人都分配一个战略性角色（提问、总结、监控等）。在小组中，学生会得到同学关于自己思考的反馈并了解关于文本的其他解读方式。多策略干预包括监测理解和选择阅读策略的元认知策略干预。多战略干预措施针对信息类文本，很少注重具体内容领域（如科学、历史或文学）所 467

需的技能和知识。很少有干预措施针对多个内容领域为学生提供多学科对比阅读。

通用理解策略作为理解教学的基础，之所以不那么成功，与所面临的任务和作为理解力表现的行为发生变化有关。例如，10岁的孩子在阅读解释性文本后只需要总结或定义一个新词，但青少年则需要推断作者的观点，判断论据的可信度以及综合各种信息得出结论(Alvermann & Wilson, 2011; Lee & Spratley, 2010; Shanahan & Shanahan, 2008; Snow & Biancarosa, 2004)。这些技能对于阅读互联网上的各种文本（文章、博文、评论、帖子、推文）的阅读特别重要（Stadtler & Bromme, 2007)。这些任务要求青少年对他们所阅读的信息进行推理和判断，这就要求学生具备一定推理能力以及相应的背景知识，将文本中的信息与背景信息进行协调。他们还需要了解评估信息的适当标准、对信息进行推理的知识。

因此，青少年遇到的文本和阅读任务都对他们的背景知识量产生很高的要求，这就是为什么研究普遍表明孩子的背景知识量会影响他们学习新的知识——开始对某一话题有更多了解的学生通常比了解较少的学生在记忆和学习任务上表现更好（Alexander & Jetton, 2002; Kintsch, 1994; McNamara & Kintsch, 1996)。有证据表明，阅读理解的一个主要障碍是缺乏相关的背景知识，这使得一些方法忽视了一般阅读技能（自我监测、推理）的作用或改善读者的思考过程。据观察，如果读者具备的背景知识达不到文本要求，即使优秀读者也很难理解自己所不熟悉的话题（例如让美国人读板球比赛报告或让南非人读棒球比赛报告)。虽然最好能直接比较背景知识与战略指导对阅读的影响，但目前我们未能找到任何此类研究。相反，背景知识通常被视为个体差异变量，用于参照对比、预测指标或作为研究人员所控制的协变量。

然而，还有一个问题是：读者如何理解他们缺乏背景知识的文本？学界对此的解释是：阅读类似于一个调查过程，读者能够通过字面意思理解文本；课堂讨论重点是信息的内容以及信息的呈现方式（Schoenbach, Greenleaf, & Murphy, 2012）。在被称为元认知对话的互动中（Schoenbach et al., 2012），读者互相讨论他们能理解和不理解的内容、他们如何确定一个不熟悉的词的含义的、文本的哪些部分使他们感到困惑及其原因、他们有什么问题等等。以这种方式将阅读过程外化，即使遇到理解困难，也鼓励学生深入阅读文本，这类干预措施通过关注于文本提出的问题，鼓励读者积极研读而不是摆脱复杂的文本。

麦基欧等人（McKeown et al., 2009）回顾了对五年级学生进行的研究之后发现，以文本为重点的问题讨论比策略指导更有助于理解和记忆文本。这项研究结果证实了很多研究的结论：了解理解过程对于准确地弄清楚文本意义以及在不具备背景知识的情况下理解文本非常重要。

科学、历史、数学与文学：学知识，培养读写能力

除少数例外（参见 Greenleaf et al., 2011），大多数理解教学方法都经过了一般叙述性文本的检验。然而，不同的学科要求的阅读方法不同，不同学科对文本的理解要求也不一样。阅读诗歌和散文等文学的熟练读者会将他们阅读的内容与同一作者和同一时期的其他作品联系起来。他们对同一文本的多重解释很敏感，并深入探索文学作品所呈现的人类经验（Graves, & Frederiksen, 1996; Langer, 2010; Lee, 468
2007）。而阅读历史和科学文本的熟练读者通常对多种证据进行分析、比较、选择和整合（Chinn & Malhotra, 2002; Shanahan & Shanahan,

2008; Wineburg, 1991)。然而，历史学家和科学家对该领域的文本的处理方式不同。例如，化学家使用多种符号来表示化学知识，水分子可以用符号表示为H_2O，也可以用图形表示为和两个氢原子连接的氧原子。阅读化学类文本前，读者需要先学习化学元素符号。另一方面，历史学家首先花时间思考文本的写作时间、原因和对象。在大多数情况下，某领域的新手，包括青少年都不属于该领域的熟练读者（Britt & Aglinskas, 2002; Goldman, Braasch, et al., 2012; Greene, 1994; Rouet, 2006; Rouet, Britt, Mason, & Perfetti, 1996; Seixas, 1994; Smith, 1991; Wineburg, 1991)。有趣的是，专家在阅读不同专业领域的文本时使用的策略也不相同（Bazerman, 1985, 1998)。这强调了主题知识和学科特定任务影响着读者的阅读行为，且明确指出，青少年需要接受如何阅读每个内容领域的文本的指导，学习在每个领域如何应用阅读技能作为获得知识的途径。

中学和高中课程中基本上没有学科文学阅读，这并不奇怪，原因有几个：首先，在大多数学校，学科内容教学主要是传播已知的东西，而不是教孩子如何自主了解学科知识，也就是说，学科学习通常不要求学生通过探索获取知识。类似概要的教科书呈现了已知的内容，学生只需要学习，但不一定要了解事实，对教育的批评比比皆是。如前所述，学生努力学习学科内容和学科规律的学习对于学生的发展而言是极重要的（Bransford, Brown, & Cocking, 2000; Donovan, & Bransford, 2005; Duschl, Schweingruber, & Shouse, 2007; Langer, 2010; Lee, 2007; Moje, 2008; Wineburg, 2001)。其次，大多数某一学科的专家，包括青少年的教师，通常都没有意识到自己是如何通过阅读了解学科规律的。他们通常也没有意识到自己学科的阅读和解释方式不同于其他学科的教师的阅读和解释方式（Grossman, Wineburg, & Woolworth, 2001)。换句话说，教师对自己的学科文献阅读方法的认识是不言自明的，因此他们更不知道有必要向学生明确解释学科文本的阅读方法。最后，我们缺乏关于学科阅读发展的时间历程和轨迹的信息。例如，我们不了解如何以及何时引入或深化通过文本构建内容知识的学科研究方法，无论是一学年还是跨学年。我们也不知道如何帮助学生认识不同学科有效论点的性质的差异以及这些差异如何体现在书面语和口语中。

不同学科中真实的阅读任务通常要求读者阅读多个信息来源来研究问题或解决问题。在文学上，可能是探究比较文体和主题，在科学上是为了证实某些主张，构建对物理世界现象的解释，在史学上是为了了解对事件的不同观点和解释。在学校里，青少年很少被要求阅读多种来源文本或者综合他们所读的内容来解决问题。在这个因信息技术而导致信息无限膨胀的时代，筛选、分类和综合信息的能力——Bråten 和 Strømsø(2010）所说的多信息素养——至关重要（Bromme & Goldman, 2014; Goldman & Scardamalia, 2013; Rouet, 2006)。由于认识到特定学科使用特定的阅读方法来阅读多种来源信息的重要性，研究人员已开始通过实验室和课堂研究来开发教学方法，下文将分历史、科学和文学来进行描述。

历史学科知识与学科素养

历史学家通过阅读事件发生时期的文献、考古发现以及事件发
生之后的历史叙述来构建历史事件的记述。利用三种历史研究方法：
文献溯源、背景分析和确证对这些信息来源进行批判性分析、综合
和评价（Wineburg, 1991)。读者需要了解信息的来源、写作目的、写 469
作时间以确定自己应该采取什么态度对待信息中反映的视角或观点；
文献溯源查问谁制作了文献（文档，工件），出于什么目的和何时，

以便确定信息中反映的观点。背景分析考虑的是在一个特定的来源出现时发生的大量情况和事件。确证检验同一时间段或事件的多个来源是否一致。历史文本阅读需要运用以上这些做法。举例而言，希特勒撰写的关于二战起因的文件反映他的个人观点和他的生活背景；丘吉尔关于二战起因的著作同样反映了他的观点和背景，在某些基本的方面与希特勒的观点不一致。

一些基于课堂的干预措施试图教育青少年在阅读历史文件时使用这三种历史研究方法（De La Paz, 2005; Nokes, Dole, & Hacker, 2007; Reisman, 2012），这三种方法都通过一系列问题引导学生根据一组历史文件获取信息、提取背景和互相佐证。其中一项针对 13、14 岁儿童的研究（De la Paz, 2005）教导学生根据信息的来源和佐证来评估他们所阅读的内容，利用这些信息撰写历史论文。与对照组学生相比，实验组学生写的论文更长、更有说服力。口头审查表明，实验组学生比对照组学生的理解能力更强，更接近历史学家的推理方式，并且他们能够理解为什么不同的人对历史事件会有不同的看法。

于斯曼（2012）在一项针对 16 岁和 17 岁儿童的研究中采取了与德拉帕斯（2005）类似的做法，并发现了类似的积极影响。除了促进这三种历史调查实践的问题外，于斯曼还给美国史课程的每一个话题设置了一个需要学生综合了解多种文本解读才能回答的问题。此外，为了帮助学生理解历史论点，于斯曼向学生提出了一些问题，引导他们将关注点放在作者的论点和论据上，让学生认为作者对信息的使用是适当的。这一计划在 5 所高中实施了 6 个月后，对所传授的事实知识产生了积极影响，学生的历史思维能力有了发展并且能够将这些策略应用于时事及一般的阅读理解。

德拉帕斯（2005）和于斯曼（2012）表明，像历史学家一样，适当的阅读形式对青少年的读写能力和内容学习具有积极影响，在这两种情况下，这些方法都是在研究人员的大力支持下实施的。READI项目（学科教学中的阅读、求证和辩论；Goldman et al., 2009）正在探索教师采用这种方法所需的各种经验和支持。一个关键问题是在各年级（从 10 岁到 12 岁，一直延伸到青少年期后期）实施能够让孩子的学科阅读取得进步的措施。另一个关键问题是具体说明例如 12 岁儿童与 18 岁儿童相比获取知识的能力。对于这项工作来说，尤其重要的是，教师对特定文本和任务的分析对学生的潜在挑战（例如，不熟悉的概念、弃用的语言、上下文信息），以及这些挑战对他们需要提供的教学支持的影响。

科学学科知识与学科素养

美国近来越来越重视引进科学办法促进学生取得更好的成绩，鼓励研究人员及时研究有意义课题，基于实证数据向其他研究人员和公众报告研究结果（Achieve, 2013; Bromme & Goldman，2014)。一些教学干预措施说明了如何将科学的阅读方法与观察和实验科学的实践经验结合起来。例如，马格努森和帕林斯卡（Magnusson & Palincsar，1995）提出了阅读探究实践（hands-on），用于构建他们称之为“科学家笔记本”的教学方法。该方法虚构了一名物理学家莱斯利，以莱斯利为第一人称，在笔记本上记下了一系列实验，关于物理世界的问题（例如，影响运动的变量）、数据收集计划、以不同方式（图表、表格）呈现的数据、她发现的类型、结论和备注。四年级和五年级的学生（9—11 岁）利用这些笔记本，进行拓展阅读，在 470
莱斯利的信息基础上提出自己的分析和判断。围绕笔记本和相关文本的教学对话的大量文档以及学生的工作表明，批判性科学素养实践在不断增强，包括综合各种形式的信息和文本的能力（Hapgood,

Magnusson, & Palincsar, 2004)。

罗曼斯和瓦伊塔尔（Romance and Vitale，2001）还报告说，9至11岁儿童参加了深入拓展科学应用科学（IDEAS）项目，科学理解和阅读成绩有所增加。教学包括实际研究体验，问学生"如果……会发生什么"来测试学生的预测和观察能力，学生学会了仔细阅读科学文本以便根据课本的理论解释他们从实践调查中获得的结果。学生还进行拓展阅读和写作活动，将他们目前的理解与他们最初的理解进行比较，并将他们学到的知识应用到新的环境。与普通的将阅读和科学分离的教学方法相比，参加深入拓展应用科学的学生在科学、阅读成绩和学习态度上的表现要好得多，科学成绩领先同龄人一年，阅读成绩领先同龄人四个月。罗曼斯和瓦伊塔尔还发现，IDEAS对学生带来的帮助在项目结束后持续三年有效。

赛维蒂等人（Cervetti，Barber，Pearson & Goldschmidt，2012）设计了针对9至12岁儿童的课程，"科学的种子/阅读的根本"（Seeds of Science/Roots of Reading），深化了"科学家笔记本"和"深入拓展应用科学"项目的设计特点。学生进行调查（观察和实验），同时也阅读比较自己的发现与其他人在不同条件下收集的数据和得出的结论。他们还阅读解释因果关系基础的机制的文章，这些因果关系如图所示。例如，用箭头来表示事件之间的因果关系（例如，水循环、光合作用），但并不作出解释，例如在水循环图中，雨水在云中形成并落在地上。课堂上有关数据的讨论以及学生为理解数据差异所做的努力，为学生提供了分享推理、经历和解释的机会，并通过交换意见更正自己的理解和解释。在16个校区进行的实地调查表明，该学习方法对科学文本、词汇和内容知识的学习的益处大于普通教学方法。

事实证明，科学和阅读结合学习的方法对14至16岁年龄段的青少年也是有效的。特别是阅读学徒（RA）项目要求教师引导学生动脑筋仔细阅读科学文本，在探究科学知识的同时还明确注意到自己的阅读内容、阅读方式和阅读理由，并对自己的理解进行监控（Schoenbach et al., 2012)。在一项大型随机实地考察（约5000名学生参与）中，参加过阅读学徒项目的十年级生物学生和教师的英语语言能力成绩、阅读理解成绩和生物学成绩超过了接受普通课程的学生。研究结束后，获益学生的效果持续时间为一年左右（Greenleaf et al., 2011)。因此，阅读学徒项目的基本原理已被纳入READI项目（Goldman et al., 2009)。学生从事以文本为基础的研究，目的是构建基于交叉概念的科学现象的解释模型（例如模式、因果、结构和功能）(Greenleaf，Brown，Goldman, & Ko, 2013)。例如，在一个实验中，学生们在阅读生物稳态的资料之后解释为什么喝太多水和脱水一样危险。

文学教学与解读实践

在阅读文学作品时，文学专家的分析会建构关于人类状况的内涵和主题推理的解释，而高中生和大学生等文学新手则做不到(Graves & Frederiksen, 1996)。这些发现与研究结果一致，即很少有高中生能够成功地超越文学文本的字面意义（NAEP, 2009)。事实上，研究表明，典型的文学教学强调对情节的文字理解和对人物塑造的关注，高度依赖教师的指导（Nystrand, Gamoran, Kachur, & Prendergast, 1997），也许是因为老师发现很难帮助学生从字面理解转到文学理解的阐释策略（Marshall, Smagorinsky, & Smith, 1995)。文学解读实践帮 471
助青少年探索其他人的观念、能力、情感和观点，并与自己进行比较(Applebee, Burroughs, & Stevens, 2000; Langer, 2010; Lee, 2011; Olshavsky,

1976; Rosenblatt, 1978)，文学文本中的观点是通过许多要素来传达的，包括事件、事件的顺序、人物、矛盾、解决方案、叙事中传递的情绪，以及如何使用语言和结构来传达这些元素（Hillocks & Ludlow, 1984; Rabinowitz, 1987; Scholes, 1985)。

文学解读教学强调对文本的细读以及课堂讨论，学生在课堂上找出主题、象征意义和字面意义（Langer, 2010; Lee, 2006; Schoenbach et al., 2012)。这要求学生的理解超出故事中文字明确叙述的事件或观点，例如，《饥饿游戏》主角的悲剧源于她对家庭的忠诚，读者要解读出这一点不仅需要读懂文本，还需要了解其他文本、个人信仰、信仰体系（社会、政治、哲学或宗教）或文学理论（Appleman, 2000; Lee, 2014; Schoenbach et al., 2012)。文学分析需要将人性知识与文本和修辞结合起来，例如，作者对情节结构做出有意选择（例如，故事事件的讲述顺序可以是顺时顺序或者通过回忆倒叙等）、人物类型（如反英雄、骗子）和修辞手段（如讽刺、对话、第一人称叙述）以传达特定信息（Applebee et al., 2000; Lee, 2011, 2014; Olshavsky, 1976; Rabinowitz, 1987; Smith & Hillocks, 1988)。因此，文学分析教学本质上需要让学生意识到这些写作惯例，并利用文本中的证据和推理提出与论证自己的观点。

有许多描述性说明致力于建立以探究为主的文学课堂，包括朗格 (2010)、李 (2001, 2007) 以及史密斯和希洛克 (1988)。最近，READI 项目的文学课堂设计团队设计并实施了一种教学方法，包括反复细读文学文本、分析语言运用（例如，特定单词或短语的重复）、主题和动机的适用标准（例如，什么是英雄主义？什么是犬儒主义？）以及文学惯例和修辞手法（例如，为什么我们认为这是文学象征？它象征着什么？）(Lee et al., 2014; Sosa, Hall, Goldman, & Lee, under review)。该方法包括李·卡罗尔的文化建模方法，作为为青少年提供文学分析切入点的一种手段（Lee, 2007）。教师从流行文化库中选择文本，这些文本包含学生在学校学习过的故事或小说中常见的修辞手法。学生们讨论对文本的解读，明确他们如何知道例如某首歌曲的歌词并不是字面意义（例如，奥斯卡奖获奖歌曲“Let It Go.”），通过对文化数据集的“元”处理，让学生了解业已使用的解读方法，并运用于学校的课文中。

总结

在上文讨论的每一门学科中，教学的重点都包括听、说、读和写。虽然我们在本节中强调了学科的特殊性，但实践也证明了各学科的有效教学方法之间存在共同点。下文将进一步阐述让学生积极参与文本阅读和课堂任务的必要性以及讨论如何培养青少年学科阅读能力并帮助他们获得学科知识。通过讨论，学生可以交流想法，听取不同的意见并互相辩论，扩大他们的知识，调整思维适应社会。

识字不仅为了阅读：讨论的作用

尽管人们常认为“读者”就是一个孤独的人蜷缩在一本书中，但实际上阅读理解能力的提高需要依靠讨论。讨论在美国教室中并不常见（Nystrand & Gamoran, 1991），但大量证据表明讨论能够帮助学生获得较高的阅读能力（Lawrence & Snow, 2010）。此外，讨论技巧本身 472
是大学和职场的重要组成部分（CCSSO, 2010）。人们认为，通过以下几种途径，课堂讨论能够提高学生的识字技能：即增强课堂参与度，通过文本来建构知识内容，向学生提供教师和同学的不同观点和解释，并为学生提供口头表达思想的机会，培养他们的语言能力和思维能力。

最近学界针对教学干预措施进行的元分析，专注于幼儿园至五年级学生的课堂讨论情况，考察了基于讨论的各种干预措施对文本理解和文本学习的影响（Murphy, Wilkinson, Soter, Hennessey, & Alexander, 2009)。研究所涉的课堂讨论强调双向的讨论交流而非单向的思想灌输（Nystrand et al., 1997)。墨菲等人（2009）的元分析表明，在使用讨论法的课堂上，学生与教师的对话比例增加，学生参与程度提高。元分析揭示了讨论的可行性和实用性，甚至对于青春期前的学生也适用。

通过比较初高中成绩低或高的青少年（分布在大约80所学校），阿普尔比等人（Applebee, Langer, Nystrand & Gamoran, 2003）发现，课堂讨论要求学生理解作品的实际含义而非字面意义。朗格（2010）强调，这种类型的讨论需要学生从寻找故事的要点转向对文学作品进行多种可能的探索。换句话说，文学作为一种载体，对它的解读不再是找出一个绝对的答案，而是探索其多种可能性。让青少年参与对话讨论前，教师提醒学生自由地去解读文本，认真倾听他人的想法，从多种视角丰富解读文学作品。对讨论的提示旨在推动学生通过一系列的方向或立场解读文本：最初的理解（例如，阅读时哪些意象引起你的注意？)、发展的想法和多视角观点（例如，你注意到什么？)、从文本中学习（例如，这个故事有助于你了解角色的文化吗？它如何帮助你了解你的世界？)、表达明确观点（例如，关于文本的风格你注意到什么？）以及超越文本的字面意义（例如，从这个故事你知道了什么，你能推测什么？)。显然，这类讨论要求学生能够应对足够复杂、具有挑战性和有趣的文学作品。

课堂讨论是实施李（2007）的文化建模方法的主要手段。正如前面所讨论的，文化建模是为了让学生明确意识到他们对文本的理解，帮助学生突破字面意义的限制从而加深对文本的理解。明确了这一过程，学生可以学会将其应用于对学校课本的理解和解释。课堂讨论最初由教师主导，但逐渐被学生接管（Lee, 2001）。

课堂讨论在数学和科学的概念知识学习中也大有用处。奥康纳和同事检验了讨论以及朗格和李提出的对话教学在数学概念学习上的作用，当然，讨论的议题的设计都适合数学的学习，学生年龄为10—14 岁（Chapin & O'Connor, 2012; O'Connor, Michaels, & Chapin，刊印中）。具体而言，鼓励学生对问题提出多个答案，同时解释他们是如何得到答案的，为什么该方法是合理的。如果答案一致，但使用的方法不同，则要求学生思考为什么不同的方法能得出一致的结论；如果答案有冲突，老师会引导学生对答案进行数学合理性分析。教师有时重复学生的回答，有时引入恰当的数学语言（例如，关联和分配原则）。奥康纳和同事的实验结果是，实验组学生的成绩超过了对照组，甚至超过本州成绩最好的班（Chapin & O'Connor, 2012; O'Connor & Michaels, 2011）。

在中小学课堂上推广探索性科学的努力中，也发现了类似的课堂讨论的好处。当这些互动和会话惯例规范建立后，学生的科学论 473
证能力得到了明显的发展（Osborne, Erduran, & Simon, 2004; Ryu & Sandoval, 2012）。

字词生成（Word Generation）是专门为提高学生在所有学科内容领域的论证技能而设计的项目。该项目设置了引人入胜的主题，并引导有关这些主题的小组讨论，帮助学生进行更有针对性的阅读和写作。该项目采用的文本为讨论提供了学术语言模式（精确的选词、紧凑的句子结构、多名词、避免评价等；Snow, 2010）。此外，还要求学生分析文本以了解说话者或人物的观点。该方案能有效促进学生的词汇量发展（Snow, Lawrence, & White, 2009），项目对低分学生的阅读理解和词汇方面的影响大于预期（Lawrence, Snow, & Francis，审稿中)。其效果取决于全班同学参与的讨论的质量(Lawrence, Paré-Blagoev, Crosson, & Snow,刊印中)。也就是说,该项目的效果是由讨论产生的。

值得注意的是,我们先前关于学科阅读的讨论所强调的教学方法在很大程度上依赖于以文本为重点的讨论。例如,14至18岁学生的生物课堂讨论使他们将学科内容知识和读写能力相结合(Greenleaf et al., 2011; Schoenbach et al., 2012),此外,讨论在READI项目的教学设计、科学家笔记本以及历史课堂上也发挥着重要作用。

课堂讨论有效性数据往往很难获得,因为讨论通常涉及多种教学策略、各种任务和文本。然而,讨论的重要性其实显而易见,因为讨论使思维变得明晰。讨论为学生创造了机会将自己的理解与同学的理解进行比较并使老师能够评估学生的理解。

目标和学生参与

迄今讨论的将阅读教学与学科科目教学结合起来的方法都旨在促进学生积极参与学习过程,这符合当代对有效的学习环境(Bransford et al., 2000)的认识。正如我们所讨论的,读者试图解释文本时需要依靠多种类型的知识(例如,单词、概念、句子结构、文本结构、体裁等等)并积极研读文本,读者还需要监测自己的理解并使用一系列策略来应对未能理解的内容(Goldman, & Saul, 1990; Palincsar, & Brown, 1984; Pressley, 2002; RAND, 2002)。他们将文本和自己的想法相互联系起来并结合相关的背景知识,提出问题并解释文本观点和逻辑(Coté, Goldman, & Saul, 1998; Magliano, & Millis, 2003)。

积极研读文本的要求与许多教室的传统阅读氛围形成鲜明对比,传统阅读课堂中,学生常会出现这样的疑问:“为什么我们必须学习这个？”和“这点知识会考吗？”这些问题反映了许多课堂设计没有明确学习目的，除了最努力的学生以外，其他学生都不愿学习。学生将历史和科学学科视为需要熟记的一系列事实，这些信息对现实影响不大，印在厚厚的教科书中。尽管这一趋势将动手科学引入从幼儿园至十二年级的课堂，但这些努力因鼓励不动脑的科学而受到诟病：学生经过一套程序得到了正确答案，却不知道为什么。其他课程的情况也类似。因此，21世纪的年轻人对课堂的兴趣不大就不足为奇了。

为了应对这种情况，人们制定了许多对策，其中许多方法开始出现成果。这些方法的具体细节各不相同，下一个十年的研究任务之一应该是探讨其相对优点。

其中一套方法的重点是确保学生在开始学习一个话题之前对该话题感兴趣。例如，以概念为导向的阅读教学通过介绍性视频建立学生的兴趣，这一做法对阅读和科学内容学习产生了积极影响，即 474
阅读前先进行观察实践以及为学生提供选择文本的机会（Guthrie et al., 1999, 2004），CREATE项目组专门为来自没有使用学校语言的家庭的12至14岁儿童制定了类似的教学方案进行科学和社会研究的教学（August, BranumMartin, Cardenal-Hagan, & Francis, 2009），各门课程都配备相应教学视频，让学生协作学习，并在教学内容中明确教授第二语言结构。这些学生与其他接受传统科学（August et al., 2009）或社会研究（Vaughn et al., 2013）教育的学生相比，在语言能力和内容知识方面要出色得多。

另一套方法利用学生自身的兴趣点和自我表达的欲望，将讨论置于教学的中心。基于讨论的教学方法旨在解决课堂由教师主导而学生很少有机会说话的情况。此外，以综合理解为导向的讨论教学，如字词生成项目所采用的方法，反映出学生为了捍卫自己对某一主题或问题的观点会主动进行的信息搜索的倾向（Snow, Lawrence, & White, 2009)。字词生成能够有效促进中学生的课堂参与热情并帮助学生扩大词汇量，特别是讨论质量越高，教学效果越好（Lawrence, Paré-Blagoev, Crosson, & Snow，刊印中）。讨论对阅读理解的影响尚未得到证实，但许多基于讨论的教学方式对理解都产生了显著影响（参见 Murphy et al., 2009）。

第三套方法的出发点是真实的、特定学科的探究任务会提高青少年的关注和兴趣，激起学生的好奇心，吸引他们进入严谨、富有挑战性的、类似于成人进行的真实任务。正如前文所述，该方法中，阅读学习被嵌入探究中，学习目的是解决问题或回答一些与学科内容相关的问题，使学生真正有兴趣进行学习，阅读因此成为一种获取信息的工具，学生的探索动机来自于实实在在的任务。这种做法假定挑战和严谨是激励而不是阻碍。

这些不同的方法嵌入了从策略教学和文本处理研究以及小型课堂研究中学习到的原则。青少年读者显然从教学中受益匪浅，使他们接触到容易理解的话题、引人入胜的问题和真实的任务。这些真实的任务应该包含类似于学科专家的工作过程（Gee, 1992; Lave, & Wenger, 1991)，教学形式符合青少年的发展需要。有效的教学是内容教育和师生交流的和谐交织（Moje, 2008)。举例而言，当青少年学生遇到需要根据多个信息叙述历史事件的任务时，他们会学会更严谨地思考自己阅读的内容并更深入地探究资料的来源（Hartman, & Hartman, 1993; VanSledright, 2002; Wolfe, & Goldman, 2005)。当四至八年级的学生遇到社会科学或自然科学的问题时，他们会有目的地阅读以找到支持自己在辩论中的立场的证据（Snow et al., 2009)。在科学探究中，青少年学生（12—15 岁）学习利用多种信息来源的证据来支持自己的立场，他们的推理能力和科学知识得到了提高（Geier et al.,

2008; Greenleaf et al. 2013; Linn, Clark, & Slotta, 2003)。至于文学学习，当青少年学会运用课堂学习的知识来理解和赏析日常世界中的文本（如说唱歌曲），并能够理解现实文本和特定的文学现象（例如象征）的关联，他们就能够更好地赏析复杂的文学作品（Lee, 2001, 2007; Levine, & Horton, 2013; Sosa et al.，审查中）。

结论

本章中，我们概述了需要将青少年读写能力作为一个单独的话题来讨论的理由，既是因为青少年在学习环境中面临的挑战有自己的特征，也是因为现代学校教育给青少年提了新的任务和挑战。本章没有涉及青少年阅读的整个领域。相反，我们选择把重点放在四个具体的问题上：

1. 理解策略教学在课堂上得到普遍运用，尤其是三年级后的阅读教学，但仅仅进行阅读策略教学远远不能解决青少年阅读的挑战。 475

2. 青春期少年主要的新的挑战是学习应对不同内容领域独特的阅读需求，传授知识的教师往往未予足够的指导，但是实践证明，将读写教育纳入学科教育的教学方案对知识的学习和读写能力的发展是有效的。

3. 读写能力不仅通过阅读，而且通过讨论得到提高。结构良好、重点突出的课堂讨论有助于学生准备好应对更多阅读需求，让他们对同一个主题产生更多不同的看法并提供练习学术语言和推理的机会。讨论也有助于教师让学生公开发表自己的看法，增进了解。

4. 由于青春期阅读的内在动机在下降，我们需要提高学生的参与程度，并且在教学设计中明确阅读目的。如果学生能够通过阅读学习知识，并且将阅读任务与个人生活相结合，学生能够学到更多，读写能力进步也更大。

适当注意这四点能够革新我们的识字发展理论以及阅读理解过程。充分重视学科素养的挑战会改变我们的读写发展理论从单一的文字阅读转向成功的文本理解，以及随着后来主题、学科和任务的不断变化，取代童年期的形象的东西。认识到讨论对于理解和学习的作用，我们不再认为阅读是纯粹的认知活动，而给阅读赋予了社会文化和情感的维度。通过研究青少年读者和他们的学习规律，我们发现了阅读与思考和认知的紧密联系，了解了成功的理解在很大程度上依赖于了解文化和学科训练。

致谢

本章的写作得到了美国教育部教育科学研究所的部分支持，其资助如下：6 至 12 年级的阅读理解：基于证据的学科学习论证（R305F100007）；字词生成项目：效果试验（R305A090555），通过讨论和辩论促进阅读理解（R305F100007）。本章所表达的观点是作者的意见，并不代表研究所或美国教育部的意见。

参考文献

Achieve (2013). *The next generation science standards.* Washington, DC: Achieve.

Alexander, P. A., & Jetton, T. L. (2002). Learning from text: A multidimensional and developmental perspective. In M. L. Kamil, P. Mosenthal, P. D. Pearson, & R. Barr (Eds.), *Handbook of reading research* (Vol. 3, pp. 285–310). Mahwah, NJ: Erlbaum.

Alvermann, D., & Wilson, A. (2011). Comprehension strategy instruction for multimodal texts in science. *Theory Into Practice, 50,* 116–124.

Applebee, A. N., Burroughs, R., & Stevens, A. S. (2000). Creating continuity and coherence in high school literature curricula. *Research in the Teaching of English, 34,* 396–429.

Applebee, A. N., Langer, J. A., Nystrand, M., & Gamoran, A. (2003). Discussion-based approaches to developing understanding: Classroom instruction and student performance in middle and high school English. *American Educational Research Journal, 40,* 685–730.

Appleman, D. (2000). *Critical encounters in high school English: Teaching literacy theory to adolescents.* New York, NY: Teachers College Press and National Council of Teachers of English.

Aro, M., & Wimmer, H. (2003). Learning to read: English in comparison to six more regular orthographies. *Applied Psycholinguistics, 24,* 621–635.

August, D., Branum-Martin, L., Cardenas-Hagan, E., & Francis, D. (2009). The impact of an instructional intervention on the science and language learning of middle grade English language learners. *Journal of Research on Educational Effectiveness, 2,* 345–376.

Bazerman, C. (1985). Physicists reading physics: Schema-laden purposes and purpose-laden schema. *Written Communication, 2,* 3–23.

Bazerman, C. (1998). Emerging perspectives on the many dimensions of scientific discourse. In E. J. Martin & R. Veel (Eds.), *Reading Science* (pp. 15–30). New York, NY: Routledge.

Bransford, J. D., Brown, A. L., & Cocking, R. R. (2000). *How people learn.* Washington, DC: National Academy Press.

Braten, I., & Stromso, H. I. (2010). When law students read multiple documents about global warming: Examining the role of topic-specific beliefs about the nature of knowledge and knowing. *Instructional Science, 38,* 635–657.

Britt, M. A., & Aglinskas, C. (2002). Improving students' ability to use source information. *Cognition and Instruction, 20,* 485–522.

Bromme, R., & Goldman, S. R. (2014). The public's bounded understanding of science. *Educational Psychologist, 49,* 59–69.

Carnegie Council on Advancing Adolescent Literacy (CCAAL). (2010). *Time to act: An agenda for advancing adolescent literacy for college and career success.* New York, NY: Carnegie Corporation of New York.

Cervetti, G., Barber, J., Dorph, R., Pearson, P. D., & Goldschmidt, P. (2012). The impact of an integrated approach to science and literacy in elementary school classrooms. *Journal of Research in Science Teaching, 49,* 631–658.

Chall, J. (1983). *Stages of reading development.* New York, NY: McGraw-Hill.

Chapin, S., & O'Connor, C. (2012). Project Challenge: Using challenging curriculum and mathematical discourse to help all students learn. In C. Dudley-Marling & S. Michaels (Eds.) *Places where all children learn* (pp. 113–127). New York, NY: Teachers College Press.

Chinn, C. A., & Malhotra, B. A. (2002). Epistemologically authentic reasoning in schools: A theoretical framework for evaluating inquiry tasks. *Science Education, 86*, 175–218.

Cote, N., Goldman, S. R., & Saul, E. U. (1998). Students making sense of informational text: Relations between processing and representation. *Discourse Processes, 25*, 1–53.

Council of Chief State School Officers (CCSSO). (2010). *Common Core State Standards.* Washington, DC: National Governors Association Center for Best Practices, Council of Chief State School Officers.

De La Paz, S. (2005). Effects of historical reasoning instruction and writing strategy mastery in culturally and academically diverse middle school classrooms. *Journal of Educational Psychology, 97*, 39–156.

Donovan, S. M., & Bransford, J. D. (Eds.) (2005). *How students learn: History, mathematics and science in the classroom.* Washington, DC: National Academies Press.

Duke, N. K., & Martin, N. M. (2008). Comprehension instruction in action: The elementary classroom. In C. C. Block & S. Paris (Eds.), *Comprehension instruction: Research-based best practices* (pp. 241–257). New York, NY: Guilford.

Duschl, R. A., Schweingruber, H. A., & Shouse, A. W. (Eds.). (2007). *Taking science to school: Learning and teaching science in grades K-8.* Washington, DC: National Academies Press.

Gee, J. P. (1992). *The social mind: Language, ideology, and social practice.* New York, NY: Bergin and Garvey.

Geier, R., Blumenfeld, P. C., Marx, R. W., Krajcik, J. S., Fishman, B., Soloway, E., & Clay-Chambers, J. (2008). Standardized test outcomes for students engaged in inquiry-based science curricula in the context of urban reform. *Journal of Research in Science Teaching, 45*, 922–939.

Goldman, S. R. (2012). Adolescent literacy: Learning and understanding content. *Future of Children, 22*, 89–116. Goldman, S. R., & Bisanz, G. (2002). Toward a functional analysis of scientific genres: Implications for understanding and learning processes. In J. Otero, J. A. Leon, & A. C. Graesser (Eds.), *The psychology of science text comprehension* (pp. 19–50). Mahwah, NJ: Erlbaum.

Goldman, S. R., Braasch, J. L. G., Wiley, J., Graesser, A. C., & Brodowinska, K. (2012).

Comprehending and learning from internet sources: Processing patterns of better and poorer learners. *Reading Research Quarterly*, *47*, 356–381.

Goldman, S. R., Lawless, K. A., Pellegrino, J. W., Braasch, J. L. G., Manning, F. H., & Gomez, K. (2012). A technology for assessing multiple source comprehension: An essential skill of the 21st century. In M. Mayrath, J. Clarke-Midura, & D. H. Robinson (Eds.), *Technology-based assessments for 21st century skills: Theoretical and practical implications from modern research* (pp. 171–207). Charlotte, NC: Information Age.

Goldman, S. R., Ozuru, Y., Braasch, J., Manning, F., Lawless, K. Gomez, K., & Slanovits, M. (2011). Literacies for learning: A multiple source comprehension illustration. In N. L. Stein & S. W. Raudenbush (Eds.), *Developmental science goes to school: Implications for policy and practice* (pp. 30–44). New York, NY: Routledge.

Goldman, S. R., & Rakestraw, J. A. Jr. (2000). Structural aspects of constructing meaning from text. In M. L. Kamil, P. Mosenthal, P. D. Pearson, & R. Barr (Eds.), *Handbook of reading research* (Vol. 3, pp. 311–335). Mahwah, NJ: Erlbaum.

Goldman, S. R., & Saul, E. U. (1990). Flexibility in text processing: A strategy competition model. *Learning and Individual Differences*, *2*, 181–219.

Goldman, S. R., & Scardamalia, M. (2013). Managing, understanding, applying, and creating knowledge in the information age: Next-generation challenges and opportunities. *Cognition and Instruction*, *31*, 255–269.

Goldman, S. R., Britt, A., Greenleaf, C., Griffin, T., Lawless, K., Lee, C. D., . . . Wiley, J. (2009). *Reading for understanding across grades 6 through 12: Evidence-based argumentation for disciplinary learning.* Funded July, 2010 by the Institute of Education Sciences, US Department of Education, Grant # R305F100007.

Gottfried, A. E. (1985). Academic intrinsic motivation in elementary and junior high school students. *Journal of Educational Psychology*, *77*, 631–645.

Graves, B., & Frederiksen, C. H. (1996). A cognitive study of literary expertise. In R. J. Kruez & M. S. MacNealy (Eds.), *Empirical approaches to literature and aesthetics* (pp. 397–418). Norwood, NJ: Ablex.

Greene, S. (1994). The problems of learning to think like a historian: Writing history in the culture of the classroom. *Educational Psychologist*, *29*, 89–96.

Greenleaf, C. L., Brown, W., Goldman, S. R., & Ko, M. L. (2013, December). *READI for science: Promoting scientific literacy practices through text-based investigations for middle and high school science teachers and students*. Presented at Workshop on Literacy for Science. Washington, DC: National Research Council.

Greenleaf, C. L., Litman, C., Hanson, T. L., Rosen, R., Boscardin, C. K., Herman, J., & Schneider, S. A. (2011). Integrating literacy and science in biology: Teaching and learning impacts of Reading Apprenticeship Professional Development. *American Educational Research Journal*, *48*, 647–717.

Grossman, P., Wineburg, S., & Woolworth, S. (2001). Toward a theory of teacher community. *Teachers College Record*, *103*, 942–1012.

Guthrie, J. T., Anderson, E., Alao, S., & Rinehart, J. (1999). Influences of concept-oriented reading instruction on strategy use and conceptual learning from text. *Elementary School Journal*, *99*, 343–366.

Guthrie, J. T., Wigfield, A., Barbosa, P., Perencevich, K. C., Taboada, A., Davis, M. H., . . . Tonks, S. (2004). Increasing reading comprehension and engagement through Concept-Oriented Reading Instruction. *Journal of Educational Psychology*, *96*, 403–423.

Hapgood, S., Magnusson, S. J., & Palincsar, A. S. (2004). Teacher, text, and experience mediating children's learning of scientific inquiry. *Journal of the Learning Sciences*, *13*, 455–506.

Hartman, D. K., & Hartman, J. M. (1993). Reading across texts: Expanding the role of the reader. *The Reading Teacher*, *47*, 202–211.

Heller, R., & Greenleaf, C. (2007). *Literacy instruction in the content areas: Getting to the core of middle and high school improvement.* Washington, DC: Alliance for Excellent Education.

Hillocks, G., & Ludlow, L. H. (1984). A taxonomy of skills in reading and interpreting fiction. *American Educational Research Journal*, *21*, 7–24.

Kintsch, W. (1994). Text comprehension, memory, and learning. *American Psychologist*, *49*, 294–303.

Langer, J. A. (2010). *Literature: Literary understanding and literature* . New York, NY: Teachers College Press.

Lave, J., & Wenger, E. (1991). *Situated learning: Legitimate peripheral participation.* New York, NY: Cambridge University Press.

Lawrence, J., Pare-Blagoev, J., Crosson, A., & Snow, C. (in press). Word generation randomized trial: Discussion mediates the impact of program treatment on academic word learning. *American Educational Research Journal.*

Lawrence, J., & Snow, C. (2010). Oral discourse and reading. In M. Kamil, P. D. Pearson, E. Moje, & P. Afflerbach (Eds.), *Handbook of reading research* (Vol. 4, pp. 320–338). New York, NY: Routledge.

Lee, C. D. (2001). Is October Brown Chinese? A cultural modeling activity system for underachieving students. *American Educational Research Journal*, *38*, 97–141.

Lee, C. D. (2006). "Every good-bye ain't gone": Analyzing the cultural underpinnings of classroom talk. *International Journal of Qualitative Studies in Education*, *19*,

305–327.
Lee, C. D. (2007). *Culture, literacy, and learning: Taking bloom in the midst of the whirlwind.* New York, NY: Teachers College Press.
Lee, C. D. (2011). Education and the study of literature. *Scientific Study of Literature, 1*, 49–58.
Lee, C. D., Goldman, S. R., Levine, S., Sosa, T., George, M. A., Magliano, J., . . . Burkett, C, (2014, April). *Literary reasoning and argumentation: Reconceptualizing pedagogical implications of the domain.* Presented in the Symposium *Expanding pedagogical understandings of literary reasoning and argumentation in middle and high schools: Project READI.* Philadelphia, PA: American Educational Research Association.
Lee, C. D., & Spratley, A. (2010). *Reading in the disciplines: The challenges of adolescent literacy.* New York, NY: Carnegie Corporation of New York.
Lenhart, A. (2013). *Teens, smartphones & texting.* Washington, DC: Pew Research Center. http://pewinternet.org/ Reports/2012/Teens-and-smartphones.aspx.
Levine, S., & Horton, W. S. (2013). Using affective appraisal to help readers construct literary interpretations. *Scientific Study of Literature, 3*, 105–136.
Linn, M. C., Clark, D., & Slotta, J. D. (2003). WISE design for knowledge integration, *Science Education, 87*, 517–538.
Madden, M., Lenhart, A., Duggan, M., Cortesi, S., & Gasser, U. (2013). *Teens and technology 2013.* Washington, DC: Pew Research Center. www.pewinternet.org/ Reports/2013/Teens-and-Tech.aspx.
Magliano, J. P., & Millis, K. K. (2003). Assessing reading skill with a think-aloud procedure and latent semantic analysis. *Cognition and Instruction, 21*, 251–283.
Magnusson, S., & Palincsar, A. S. (1995). Learning environments as a site of science education reform: An illustration using interdisciplinary guided inquiry. *Theory Into Practice, 34*, 43–50.
Marshall, J., Smagorinsky, P., & Smith, M. W. (1995). *The language of interpretation.* Urbana, IL: National Council of Teachers of English.
McKeown, M. G., Beck, I. L., & Blake, R. G. K. (2009). Rethinking reading comprehension instruction: A comparison of instruction for strategies and content approaches. *Reading Research Quarterly, 44*, 218–253.
McNamara, D. S., & Kintsch, W. (1996). Learning from texts: Effects of prior knowledge and text coherence. *Discourse Processes, 22*, 247–288.
Meyer, B. J. F., & Wijekumar, K. (2007). A web-based tutoring system for the structure strategy: Theoretical background, design, and findings. In D. S. McNamara (Ed.), *Reading comprehension strategies: Theories, interventions, and technologies* (pp.

347–375). Mahwah, NJ: Erlbaum.

Moje, E. B. (2008). Foregrounding the disciplines in secondary literacy teaching and learning: A call for change. *Journal of Adolescent and Adult Literacy, 52*, 96–107.

Moje, E. B., Overby, M., Tysvaer, N., & Morris, K. (2008). The complex world of adolescent literacy: Myths, motivations, and mysteries. *Harvard Educational Review, 78*, 107–154.

Murphy, P. K., Wilkinson, I. A. G., Soter, A. O., Hennessey, M. N., & Alexander, J. F. (2009). Examining the effects of classroom discussion on students' high-level comprehension of text: A meta-analysis. *Journal of Educational Psychology, 101*, 740–764.

National Assessment of Educational Progress (NAEP). (2009). *NAEP 2008 trends in academic progress (NCES 2009–479)*. Prepared by Rampey, B. D., Dion, G. S., & Donahue, P. L. for the National Center for Education Statistics, Institute of Education Sciences. Washington, DC: US Department of Education.

National Assessment Governing Board. (2008). *Reading Framework for the 2009 National Assessment of Educational Progress*. Washington, DC: American Institutes for Research.

National Center for Education Statistics. (2013). *The nation's report card: A first look: 2013 mathematics and reading (NCES 2014-451)*. Washington, DC: Institute for Education Sciences.

National Reading Panel. (2000). *Teaching children to read: Anevidence-based assessment of the scientific research literatureon reading and its implications for reading instruction*. Washington, DC: National Institutes of Health.

Nokes, J. D., Dole, J. A., & Hacker, D. (2007). Teaching high school students to use heuristics while reading historical texts. *Journal of Educational Psychology, 99*, 492–504.

Nystrand, M., & Gamoran, A. (1991). Instructional discourse, student engagement, and literature achievement. *Research on the Teaching of English, 25*, 261–290.

Nystrand, M., Gamoran, A., Kachur, R., & Prendergast, C. (1997). *Opening dialogue: Understanding the dynamics of language and learning in the English classroom*. New York, NY: Teachers College Press.

O'Connor, C., & Michaels, S. (2011, September). *Scaling back to look forward: Exploring the results of an in vivo study of Accountable Talk*. Socializing Intelligence Through Academic Talk and Dialogue—an AERA Research Conference. LRDC, University of Pittsburgh.

O'Connor, C., Michaels, S., & Chapin, S. (in press). "Scaling down" to explore the role of talk in learning: From district intervention to controlled classroom study. In L. B.

Resnick, C. Asterhan, & S. N. Clarke (Eds.), *Socializing intelligence through talk and dialogue*. Washington, DC: American Educational Research Association.
Olshavsky, J. E. (1976). Reading as problem solving: An investigation of strategies. *Reading Research Quarterly, 12*, 654–674.
Organization for Economic Co-operation and Development (OECD). (2006). *Assessing scientific, reading and mathematical literacy: A framework for PISA 2006*. Paris, France: Author.
Organization of Economic and Cultural Development. (2013). *PISA 2012: Results in focus*. Paris, France: Organization for Economic Co-operation and Development.
Osborne, J., Erduran, S., & Simon, S. (2004). Enhancing the quality of argument in school science. *Journal of Research in Science Teaching, 41*, 994–1020.
Palincsar, A. S., & Brown, A. L. (1984). Reciprocal teaching of comprehension-fostering and monitoring activities. *Cognition and Instruction, 1*, 117–175.
Pressley, M. (2002). Comprehension strategies instruction. In C. Collins Block & M. Pressley (Eds.), *Comprehension instruction: Research-based practices* (pp. 11–27). New York, NY: Guilford.
Purcell, K., Buchanan, J., & Friedrich, L. (2013, July). *The impact of digital tools on student writing and how writing is taught in schools*. Washington, DC: Pew Research Center. www.pewinternet.org/2013/07/16/
Rabinowitz, P. J. (1987). *Before reading: Narrative conventions and the politics of interpretation*. Ithaca, NY: Cornell University Press.
RAND Reading Study Group (Snow, C., Chair). (2002). *Reading for understanding, Toward an R & D program in reading comprehension*. Santa Monica, CA: RAND.
Reisman, A. (2012). Reading like a historian: A documentbased history curriculum intervention in urban high schools. *Cognition and Instruction, 30*, 86–112.
Romance, N. R., & Vitale, M. R. (2001). Implementing an in-depth expanded science model in elementary schools: Multi-year findings, research issues, and policy implications. *International Journal of Science Education, 23*, 373–404.
Rosenblatt, L. (1978). *The reader, the text, the poem: The transactional theory of the literary work*. Carbondale, IL: Southern Illinois University Press.
Rouet, J.-F. (2006). *The skills of document use: From text comprehension to web-based learning*. Mahwah, NJ: Erlbaum.
Rouet, J.-F., & Britt, M. A. (2011). Relevance processes in multiple document comprehension. In M. T. McCrudden, J. P. Magliano, & G. Schraw (Eds.), *Relevance instructions and goal-focusing in text learning* (pp. 19–52). Greenwich, CT: Information Age.
Rouet, J.-F., Britt, M. A., Mason, R. A., & Perfetti, C. A. (1996). Using multiple sources

of evidence to reason about history. *Journal of Educational Psychology*, *88*, 478–493.
Ryu, S., & Sandoval, W. A. (2012). Improvements to elementary children's epistemic understanding from sustained argumentation. *Science Education*, *96*, 488–526.
Schoenbach, R., Greenleaf, C. L., & Murphy, L. (2012). *Reading for understanding: How reading apprenticeship improves disciplinary learning in secondary and college classrooms*. New York, NY: Jossey-Bass.
Scholes, R. (1985). *Textual power, literary theory and the teaching of English*. New Haven, CT: Yale University Press.
Seixas, P. (1994). Students' understanding of historical significance. *Theory and Research in Social Education*, *22*, 281–304.
Shanahan, T., & Shanahan, C. (2008). Teaching disciplinary literacy to adolescents: Rethinking content-area literacy. *Harvard Educational Review*, *78*, 40–59.
Smith, M. (1991). *Understanding unreliable narrators: Reading between the lines in the literature classroom*. Urbana, IL: National Council of Teachers of English.
Smith, M. W., & Hillocks, G. (1988). Sensible sequencing: Developing knowledge about literature text by text. *English Journal*, *77*, 44–49.
Snow, C. E. (2010). Academic language and the challenge of reading for learning. *Science*, *328*, 450–452.
Snow, C. E., & Biancarosa, G. (2004). *Reading next: A vision for action and research in middle and high school literacy.* A report to the Carnegie Corporation of New York. Washington, DC: Alliance for Excellent Education.
Snow, C., Lawrence, J., & White, C. (2009). Generating knowledge of academic language among urban middle school students. *Journal of Research on Educational Effectiveness*, 2, 325–344.
Snow, C. E., & Moje, E. (2010). What is adolescent literacy? Why is everyone talking about it now? *Phi Delta Kappan*, *91*, 66–69.
Sosa, T., Hall, A, Goldman, S, R., & Lee, C. D. (under review). Developing symbolic interpretation through literary argumentation. *Journal of the Learning Sciences*.
Stadtler, M., & Bromme, R. (2007). Dealing with multiple documents on the WWW: The role of metacognition in the formation of documents models. *International Journal of Computer Supported Collaborative Learning*, *2*, 191–210.
VanSledright, B. A. (2002). Confronting history's interpretive paradox while teaching fifth graders to investigate the past. *American Educational Research Journal*, *39*, 1089–1115.
Vaughn, S., Swanson, E. A., Roberts, G., Wanzek, J., Stillman-Spisak, S. J., Solis, M., & Simmons, D. (2013). Improving reading comprehension and social studies knowledge in middle school. *Reading Research Quarterly*, *48*, 77–93.

Wanzek, J., Vaughn, S., Scammacca, N. K., Metz, N., Murray, C. S., Roberts, G., & Danielson, L. (2012). Extensive reading interventions for students with reading difficulties after grade 3. *Review of Educational Research*, *83*, 163–195.

Wineburg, S. (1991). Historical problem solving: A study of the cognitive processes used in the evaluation of documentary and pictorial evidence. *Journal of Educational Psychology*, *83*, 73–87.

Wineburg, S. (2001). *Historical thinking and other unnatural acts: Charting the future of teaching the past*. Philadelphia, PA: Temple University Press.

Wolfe, M. B., & Goldman, S. R. (2005). Relationships between Adolescents' text processing and reasoning. *Cognition and Instruction*, *23*, 467–502.

人名索引

（所标页码为原书页码，请参考本书边码；页码为斜体的也出现在文后的参考文献中）

Aaron, P. G., P. G. 艾伦，458, *459*

Abadzi, H., H. 阿巴兹，389, *390*

Abbott, R. D., R. D. 阿伯特，454, *461*

Abliz, W., W. 阿布利兹，84, *87*

Abramson, M., M. 阿布拉姆森，198, *199*

Abu Mallouh, R., R. 阿布马卢赫，79, *86*, 92, *97*

Abutalebi, J., J. 阿布塔勒比，173, *178*, *182*

Acha, J., J. 阿卡，72, *75*, 78, 79, 80, 82, 83, *84*, *85*, *86*, 89, 90, *96*

Ackerman, B. P., B.P. 阿克曼，350, *356*

Acosta-Cabronero, J., J. 阿科斯塔－卡布洛，155, *162*, *163*

Adams, J. W., J.W. 亚当斯，349, *358*

Adams, M. J., M.J. 亚当斯，294, *308*, 379, *390*, 449, 454, *459*

Adamson, L. B., L.B. 亚当森，399, *412*

Adelman, J. S., J.S. 阿德尔曼，*32*, 38, *40*, 66, 70, *73*

Adger, C. T., C.T. 阿杰，441, *446*

Adlam, A. L. R., A.L. 阿德拉姆，155, *162*

Adler, S., S. 阿德勒，441, *443*

Adlof, S. M., S.M. 阿德洛夫，345, *357*, 448, 452, *460*

Adrian, J. A., J.A. 阿德里安，379, 382, *390*

Afek, L., L. 阿夫克，174, 178, *180*

Aglinskas, C., C. 阿格林斯卡斯，468, *476*

Agosta, F., F. 阿格斯塔，151, 157, *164*

Aguilera, L., L. 阿圭勒拉，34, *42–43*

Ahonen, T., T. 阿赫能，365, *375*

Ahrens, M., M. 阿伦斯，398, *412*

Ai, X., 艾小夏（音），442, *443*

Aicher, K. A., K.A. 艾克，108, *112*

Aidinis, A., A. 艾迪尼斯，316, *322*

Alao, S., S. 阿劳，474, *476*

Alario, F.-X., F.-X. 阿拉里奥，38, *40*

Alberto, P. A., P.A. 阿尔贝托，416, 417, *429*

Albrecht, J. E., J.E. 阿尔布莱希特，220, 221, 222, 225, 226, *229*, *230*, *231*

Alcock, K. J., K.J. 阿尔科克，313, *322*

Alegria, J., J. 阿勒格利亚，364, *374*, 378, 379, 382, 383, *390*, *392*

Alexander, J. F., J.F. 亚历山大，397, *412*, 420, *430*, 474, *477*

Alexander, K. L., K.L. 亚历山大，397, *411*

Alexander, M., M. 亚历山大，150, *163*

Alexander, P. A., P.A. 亚历山大，467, *475*

Alfano, A. M., A.M. 阿尔法诺，452, 453, *461*

Allen, M., M. 艾伦，107, *111*

Allen, M. D., M. D. 艾伦，457, *460*

Aloa, S., S. 阿洛厄，420, *429*

Al Otaiba, S., S. 阿尔奥泰巴，416, 418, 419, 424, 425, 426, *428*, *429*

Alrabaa, S., S. 阿拉巴，439, *443*

Altarriba, J., J. 阿尔塔里巴，168, *178*, *180*, 212, *213*, 255, *259*
Altmann, G. T. M., G.T.M. 阿尔特曼，207, 212, *213*
Alvarez, C. J., C.J. 阿尔瓦雷斯，78, *85*
Alvermann, D., D. 阿尔弗曼，466, 467, *475*
Amadon, A., A. 阿玛登，386, *393*
Ambridge, B., B. 阿姆布里齐，349, *358*
Amemiya, E., E. 阿美米亚，383, *393*
Amenta, S., S. 阿门塔，116, *127*
Andersen, E. S., E.S. 安德森，36, *41*, 101, 102, 107, 108, *112*
Anderson, A., A. 安德森，404, *413*
Anderson, B., B. 安德森，150, *162*
Anderson, E., E. 安德森，420, *429*, 474, *476*
Anderson, J., J. 安德森，404, *413*
Anderson, J. R., J.R. 安德森，318, 320, *322*
Anderson, M. L., M.L. 安德森，389, *390*
Anderson, R., R. 安德森，296, *309*
Anderson, R. C., R.C. 安德森，322, *324*, 336, *342*
Ando, E., E. 安多，168, *178*
Andree, A., A. 安德里，457, *460*
Andrews, G., G. 安德鲁斯，404, *412*
Andrews, L., L. 安德鲁斯，348, 352, *357*
Andrews, S., S. 安德鲁斯，33, *40*, 77–78, 78, 79, 80, *84*, *85*, 103, *111*, 117, 118, *127*, *128*, 129, 130, 131, 134, 135, 136, 137, 138, 139, 140, 141, 142, 143, 144, 145, *146*, *147*
Andrusiak, P., P. 安德鲁夏克，221, *231*
Angele, B., B. 安杰勒，47, 48, 49, 50, 52, *54*, *57*, *58*, 256, 257, *259*, 272, *275–276*, 278, 286, *288*, *290*
Ans, B., B. 安斯，29, *40*
Ansaldo, A. I., A.I. 安萨尔多，151, 157, *164*
Ansari, D., D. 安萨里，389, *390*
Anthony, J. L., J.L. 安东尼，418, *429*
Apel, K., K. 阿佩尔，439, *444*
Applebee, A. N., A.N. 阿佩尔比，471, 472, *475*
Appelman, I. B., I.B. 阿佩尔曼，27, *40*
Appleman, D., D. 阿佩尔曼，471, *475*
Aram, D., D. 阿拉姆，319, *323*, 399, 405, 406, 407, 408, 409, 410, *411*, *413*
Araujo, V., V. 阿劳荷，82, *86*
Ardasinski, S., S. 阿达辛斯基，110, *112*
Ardila, A., A. 阿迪拉，382, 383, 387, *390*, *392*
Arellano, B., B. 阿雷拉诺，418, *430*
Armstrong, B., B. 阿姆斯特朗，93, 96, *97*
Aro, M., M. 阿洛，21, *25*, 294, *310*, 329, 330, 334, 335, *342*, 365, *375*, 464, *475*
Ashby, J., J. 阿什比，35, *41*, 45, 49, 52, *54*, *57*, 64, *75*, 131, 135, 136, *146*, 193, 199, *199*, *200*, 204, 212, *213*, *215*, 252, *259*, 267, *274*, 277, 283, 285, *288*, *289*
Aslin, R. N., R.N. 阿斯灵，318, *323*, *324*
Assadollahi, R., R. 阿萨多拉西，285, *288*
Au, A., A. 奥，322, *323*
Aud, S., S. 奥德，438, *443*
Audet, D., D. 奥德特，398, 399, *411*
August, D., D. 奥古斯特，174, *178*, 474, *475*
Aunola, K., K. 奥诺拉，335, *341*, *342*, 355, 401, *413*
Ayres, T. J., T.J. 艾尔斯，196, *199*

Baayen, R. H., R.H. 巴 彦，64, *74*, 95, *96*, 102, 105, 109, 110, *111*, *112*, 117, 120, 121, *127*, *128*, 136, *146*, 166, *179*
Babur, N., N. 巴布尔，452, *461*
Bach, S., S. 巴赫，389, *390*
Baddeley, A. D., A.D. 巴德雷，193, 194, *199*, 349, *356*, 383, *390*
Badecker, W., W. 巴德克，107, *111*
Bahr, R. H., R.H. 巴尔，439, *444*
Bai, X.，白 学 军，51, 52, *54*, *59*, 234, 235, 236, 237, 238, 241, *242*, *243*, *244*, 248, *259*
Bailey, C. E., C.E. 贝雷，175, *181*
Baillet, S. D., S.D. 拜列，217, 221, *230*
Bakeman, R., R. 贝克曼，399, *412*
Baker, A., A. 贝克，406, 407, 408, *411*
Baker, C., C. 贝克，372, *373*
Baker, L., L. 贝克，352, *352*, 353, *356*
Baldasare, J., J. 巴尔达萨尔，110, *112*
Ball, E. W., E.W. 巴尔，330, *340*
Balota, D. A., D.A. 巴罗塔，31, 33, 34, 35, 36, 37, 38, 39, *40*, *41*, *43*, 49, 52, *54*, *57*, 63, 64, *74*, *75*, 79, 82, *85*, *87*, 130, 131, 135, 136, 141, 142, *146*, *148*, 187, *199*, 245, 254, 256, *259*, *260*, 267, *273*, 286, *289*
Bammer, R., R. 巴默尔，366, *373*
Baquero, S., S. 巴克罗，383, *390*
Barad, N., N. 巴拉，313, 319, *323*
Barbarin, O. A., O.A. 巴巴林，459, *461*
Barbaro, N. M., N.M.巴巴罗，382, *390*
Barber, J., J. 巴伯，470, *476*
Barbiero, C., C. 巴碧罗，365, *376*
Barbosa, P., P. 巴博萨，421, 422, *429*, 474, *476*
Barnard, H. D., H.D. 巴纳德，365, *374*
Barnes, M., M. 巴恩斯，350, 351, 351, *356*, *357*
Barnes, M. A., M.A. 巴恩斯，153, *163*, 187, 188, *201*
Baron, J., J. 巴伦，149, 153, *162*, 188, *201*
Barquero, L. A., L.A. 巴克罗，418, *429*
Barr, R., R. 巴尔，303, *308*
Barron, R. W., R.W. 巴伦，298, *308*, 405, *412*
Barros, R., R. 巴洛斯，304, *310*
Barss, A., A. 巴斯，205, *215*
Bartek, B., B. 巴特克，209, 210, *213*
Barth, A. E., A.E. 巴特，363, *375*, 418, *429*
Basnight-Brown, D. M., D.M. 巴思奈－布朗，168, *178*
Bast, J. , J. 巴斯特，346, *356*
Bateman, D., D. 贝特曼，151, *162*
Batista, A. C. E., A.C.E. 巴 蒂 斯 塔，316, *322*
Battle, D. E., D.E. 巴特尔，441, *443*
Bauer, P., P. 鲍尔，354, *356*
Baugh, J., J. 鲍，432, 437, *443*, *445*
Bazerman, C., C. 巴泽曼，468, *475*
Beach, K. D., K.D. 比奇，418, *428*
Bear, D. R., D.R. 别尔，313, 322, *324*
Beauchamp, J., J. 博尚，371, *373*
Beaucousin, V., V. 博克森，159, *164*
Beauvillain, C., C. 博威兰，109, 110, *111*
Beauvois, M. F., M.F. 波伏瓦，151, 152, 157, *162*
Beck, I. L., I.L. 贝克，347, *356*, 23, 425, *428*, *430*, 466, 467, *477*
Becker, C. A., C.A. 贝克，32, 37, *40*
Becker, W., W. 贝克，265, *273*, 281, *288*
Bedford, T., T. 贝德福，313, *323*
Beeson, P. M., P.M. 比森，150, 151, 158, 159, *163*

Behrmann, M., M. 贝赫曼，151, *162*, *163*, 385, *391*
Bekebrede, J., J. 贝克布莱德，177, *182*
Belacchi, C., C. 贝拉齐，349, *356*
Belanger, N. N., N.N. 贝朗格，48, 49, *54*, *57*, 251, 252, *259*
Bell, A., A. 贝尔，437, *443*
Bell, M., M. 贝尔，405, *412*
Belle, S., S. 贝勒，387, *393*
Belleville, S., S. 贝勒维尔，151, 157, *164*
Benatar, A., A. 贝纳塔，269, 271, *276*
Bender, W. N., W.N. 本德，417–418, *428*
Benjamin, D. J., D.J. 本杰明，371, *373*
Benner, G. J., G.J. 本纳，417, 419, 420, *428*
Bennett, K. K., K.K. 本内特，403, *414*
Ben-Shachar, M., M. 本－沙卡尔，366, *373*
Bentin, S., S. 本汀，94, *96*, *97*
Benyamin, B., B. 本雅明，371, *376*
Berch, D., D. 伯奇，333, *342*
Berent, I., I. 贝伦特，364, *374–375*
Bergen, B. K., B.K. 伯根，384, *390*
Berger, M. S., M.S. 博哥，382, *388*
Berkeley, S., S. 伯克利，417–418, 419, 420, *428*
Berry, R. W., R.W. 贝利，49, *58*
Bertelson, P., P. 波特尔森，364, *374*, 378, 379, 382, 383, *390*, *392*
Bertera, J. H., J.H. 博特拉，47, 48, 49, 53, *57*, 115, *128*, 265, 267, 271, 272, *275*, 280, *289*
Berthoud-Papandropoulou, I., I. 波特豪－帕潘得罗波罗，378, *390*
Bertolucci, P. H., P.H. 贝特鲁奇，382, *390*
Bertram, R., R. 贝特兰，48, 50, 51, *55*, *58*, 109, 110, *111*, 116, 117, 118, 119, 120, 121, 122, 123, 124, 125, 126, *127*, *128*, 248, 249, 253, 258, *259*, *260*, 283, *288*
Bertrand, D., D. 贝特兰，70, *75*, 329, 333, 334, *342*, *343*, 366, *376*
Besner, D., D. 贝斯纳，33, 37, *40*, 76, 77, *85*, 187, *200*, 451, *459*
Betjemann, D., D. 贝叶曼，136, *147*
Bever, T. G., T.G. 比佛，202, 204, 208, *213*, *214*, *215*, 378, *391*
Beyer, R., R. 比叶，388, 389, *391–392*
Beyersmann, E., E. 贝叶斯曼，89, *96*
Bhattacharya, A., A. 巴塔恰亚，304, *308*
Bi, H. Y.，毕鸿燕，84, *86*
Bialystok, E., E. 比亚路斯托克，336, 339, *341*
Biancarosa, G., G. 卞卡洛萨，467, *478*
Bick, A., A. 比克，169, *179*
Bick, S., S. 比克，23, *43*, 134, *147*, 188, *201*
Bicknell, K., K. 比克内尔，50, 52, 53, *57*, *58*, 236, 237.236, *243*
Biedermann, B., B. 比德曼，154, 158, *163*
Biemiller, A., A. 比叶米勒，297, *308*
Bijeljac-Babic, R., R. 比耶利亚克－巴比克，37, *43*, 174, *182*
Billard, C., C. 比拉德，385, 389, *392*
Binder, K. S., K.S. 宾德，52, *57*, 80, *86*, 192, 193, *200*
Bindman, M., M. 宾德曼，316, 317, 318, 321, *323*
Bingham, G., G. 宾厄姆，404, *411*
Bingushi, K., K. 宾谷使，51, *58*
Binks, E., E. 宾克斯，456, *460*
Binks-Cantrell, E., E. 宾克斯－坎特雷尔，456, *459*
Birchwood, K., K. 比奇伍德，296, *309*
Bird, S., S. 伯德，365, *373*

Bisanz, G., G. 比散兹，466, *476*
Bishop, D. V., D.V. 毕晓普，307, *310*, 348, *356*, 363, 365, *373*, *374*
Bitner, T. R., T.R. 比特纳，407, 408, *412*
Blachman, B. A., B.A. 布拉克曼，330, *340*
Blake, R. G. K., R.G.K. 布莱克，423, *430*, 466, 467, *477*
Blau, V., V. 布劳，389, *390*
Blazely, A. M., A.M. 布拉泽里，156, *162*
Bledowski, C., C. 布雷多夫斯基，387, *390*
Blevins, J., J. 布雷文斯，316, *322*
Block, C. C., C.C. 布洛克，419, 423, *428*
Blom, J., J. 布罗姆，437, *443*
Blomert, L., L. 布罗默特，329, 331, 333, 334, *342*, *343*, 366, *376*, 389, *390*
Bloodgood, J. W., J.W. 布拉德古德，319, *322*
Blumenfeld, P. C., P.C. 布鲁门菲尔德，474, *476*
Blumstein, S. E., S.E. 布拉姆斯坦，380, *390*
Blythe, H. I., H.I. 布莱思，45, 53, *55*, *56*, 235, *242*, 267, 271, 272, *273*, 283, 284, 285, 287, *288*, *289*
Boada, R., R. 博安达，364, 365, *373*, *374–375*, *375*
Bobb, S. C., S.C. 鲍勃，171, *181*
Bodart, J. M., J.M. 博达特，385, *393*
Boland, J. E., J.E. 波兰德，209, *216*
Bolozky, S., S. 博罗斯基，46, 47, 48, *56*, 384, *393*
Bolte, J., J. 博尔特，384, *391*
Bonatti, L., L. 博纳蒂，82, *86*
Bond, G. L., G.L. 邦德，449, *459*
Bond, R., R. 邦德，136, 140, *146*
Bonin, P., P. 博宁，38, *41*, 64, *74*
Booij, G., G. 布以，124, 125, *127*
Boomsma, D. I., D.I. 布姆斯马，368, *374*
Boorstin, D. J., D.J. 波斯廷，232, *242*
Booth, J. R., J.R. 布特，37, *42*, 169, *179*, 380, *390*
Borella, E., E. 伯雷拉，349, *357*
Borghese, N. A., N.A. 博格斯，157, 159, *162*
Borgwaldt, S. R., S.R. 博格瓦尔特，329, 333, *340*
Bornkessel, I., I. 伯恩克瑟尔，203, 208, *213*
Bornkessel-Schlesewsky, I., I. 伯恩克瑟尔－斯莱休斯基，209, *213*
Borowsky, R., R. 波罗斯基，37, *40*
Borstrom, I., I. 博斯特罗姆，299, *309*, 364, *373*
Bos, C., C. 博思，452, *459*, *461*
Boscardin, C.K., C.K. 博思卡丁，467, 470, 473, *476*
Bosch, P., P. 博施，365, *374*
Bosse, M. L., M.L. 波塞，365, *373*
Bossini, S., S. 博斯尼，384, *391*
Botvinick, M., M. 博特威尼克，145, *147*
Boudreau, D., D. 布德罗，400, *411*
Boulay, B., B. 布雷，416, *429*
Boulware-Gooden, R., R. 布尔瓦尔－谷登，456, *460*
Bouma, H., H. 布玛，262, 264, *273*, 285, *288*
Bountress, N.G., N.G. 伯恩特雷斯，435, *443*
Bourassa, D., D. 布拉萨，314, 318, 319, *324*
Bourg, T., T. 布尔格，354, *356*

Bouton, B., B. 布顿，418, *429*
Bowers, J. S., J.S. 鲍尔斯，38, *40*, 70, *73*, *74*, 81, *85*, 380, *391*
Bowers, P. G., P.G. 鲍尔斯，331, 332, *340*, *343*, 365, *376*
Bowes, R. P., R.P. 鲍斯，335, *342*
Bowey, J. A., J.A. 鲍韦，348, 349, *356*
Bowman, B. T., B.T. 鲍曼，457, *460*
Bowyer-Crane, C. A., C.A. 鲍耶－克雷恩，330, *340*, *341*, 349, 350, *356*, *358*
Boyer, N., N. 博耶，133, *146*, 302, *308*
Bozeat, S., S. 博泽阿特，155, *162*
Bozic, M., M. 柏奇克，108, *112*
Braasch, J. L. G., J.L.G. 布拉施，465, 466, 468, *476*
Bracken, S. S., S.S. 布拉肯，416, *430*
Bradley, L., L. 布拉德雷，330, *340*
Bradley, R. H., R. H. 布拉德雷，438, *443*
Brady, S., S. 布雷迪，299, *310*, 447, 451, 452, *460*
Braga, L. W., L. W. 布拉加，132, *146*, 381–382, 382, 383, 385, 386, 388, 389, *390*, *391*, *392*, *393*
Bramao, I., I. 布拉莫，384, *390*
Brambati, S. M., S.M. 布拉姆巴蒂，151, 157, *164*
Brammer, M. J., M. J. 布拉默，382, *390*
Brandi, J., J. 布兰迪，313, *323*
Bransford, J. D., J.D. 布兰斯福德，468, 473, *475*, *476*
Branum-Martin, L., L. 布拉诺姆－马丁，474, *475*
Braten, I., I. 布拉滕，332, *341*, 468, *475*
Breen, M., M. 布林，195, *199*, *200*
Brem, S., S. 布雷姆，389, *390*
Brenders, P., P. 布伦德斯，176, *179*
Brennan, C., C. 布伦南，380, *390*
Brennan, E. M., E.M. 布伦南，457, *460*
Brewer, C. C., C.C. 布鲁尔，285, *290*
Briesch, K. A., K.A. 布里施，196, *200*
Brigstocke, S., S. 布里格斯托克，330, *341*, 380, *391*
Briihl, D., D. 布里尔，250, *259*
Brito-Mendes, C., C. 布里托－门德斯，379, *393*
Britt, M. A., M.A. 布利特，463, 468, *476*, *478*
Brkanac, Z., Z. 布卡纳克，372, *373*
Broadbent, D. E., D.E. 布洛本特，4, *9*
Broderick, V., V. 布罗德里克，300, *310*, 319, *324*
Brodowinska, K., K. 布罗多温斯卡，466, 468, *476*
Bromme, R., R. 布罗姆，463, 467, 468, 469, *476*, *478*
Bronfenbrenner, U., U. 布龙芬布莱纳，424, 426, *428*
Brooks-Gunn, J., J. 布鲁克斯－古恩，406, 407, 408, *411*, 435, *443*
Brown, A. L., A.L. 布朗，137, *352*, 354, 356, *356*, *359*, 466, 468, 473, *475*, *478*
Brown, C. M., C.M. 布朗，212, *216*
Brown, G. D., G.D. 布朗，32, *40*, 66, *73*
Brown, I. S., I.S. 布朗，372, *373*
Brown, J. I., J. I. 布朗，137, *146*
Brown, P., P. 布朗，217, 221, *230*
Brown, S. J., S. J. 布朗，256, *260*, 286, *289*
Brown, W., W. 布朗，470, 474, *476*
Bruck, M., M. 布鲁克，295, *310*, 329, 332, *340*, 363, *373*
Brucker, P., P. 布鲁克，452, 453, 454, *461*
Brugaillere, B. E., B.E. 布吕加利埃，

51, *56*
Brummelhuis, B., B. 布吕梅尔于斯，166, *179*
Brunello, M., M. 布鲁奈罗，405, *412*
Bruner, J. S., J.S. 布鲁纳，78, *85*
Brunswick, N., N. 布伦斯维克，366, *374*
Bryant, D., D. 布莱恩特，459, *461*
Bryant, J. B., J.B. 布莱恩特，439, *444*
Bryant, P. E., P.E. 布莱恩特，304, *310*, 316, 317, 318, 319, 320, 321, *322*, *323*, *324*, 330, 337, *340*, *341*, 345, 349, 351, *357*
Brysbaert, M., M. 布莱斯巴尔特，32, 33, 35, 38, 39, *40*, *41*, *42*, 52, *55*, *56*, 64, 66, 67, *74*, *75*, 78, *85*, 167, 168, *179*, *181*, *182*
Bub, D. N., D.N. 巴布，154, *162*
Buchanan, E., E. 布坎南，38, *41*
Buchanan, J., J. 布坎南，466, *478*
Buchholz, J., J. 巴克霍尔兹，365, *373*
Buch-Iversen, I., I. 布克－以弗森，351, *358*
Buck, C., C. 布克，433, 439, *444*
Buckingham, L. L., L.L. 白金汉，369, *375*
Bullis, D. P., D.P. 布利斯，150, *163*
Bullmore, E. T., E.T. 布尔摩尔，382, *390*
Burani, C., C. 布拉尼，94, *97*, 105, *111*
Burchinal, M. R., M.R. 伯奇纳尔，403, *413*, 457, *461*
Burgess, C., C. 伯吉斯，64, *74*
Burgess, S. R., S.R. 伯吉斯，331, *342*, 346, *359*, 387, *392*, 405, *411*
Burkett, C., C. 波克特，228, 229, *230*, 471, *477*
Burkham, D. T., D.T. 伯克汉姆，438, *444*
Burkhauser, M., M. 伯克豪瑟，457, *460*
Burnham, D. K., D.K. 伯纳姆，382, *390*
Burns, M. S., M.S. 彭斯，5, *9*, 439, *445*, 447, 449, 450, 457, *460*, *461*
Burroughs, R., R. 伯勒，471, *475*
Burt, J. S., J.S. 伯特，331, *340*, 380, *392*
Burton, M. W., M.W. 伯顿，380, *390*
Bus, A. G., A.G. 布斯，398, 405, 410, *411*, *412*, *413*
Buswell, G. T., G.T. 巴斯韦尔，45, *54*, 263, *273*
Butcher, L. M., L.M. 布彻，367, *374*
Butler, S. R., S.R. 巴特勒，397, *411*
Butter, F., F. 巴特，372, *375*
Butterfield, D. D., D.D. 巴特菲尔德，346, *358*
Byrne, B., B. 比尔恩，130, 131, 143, *146*, 320, *322*, 326, 327, 330, 332, 339, *340*, *342*, 363, 367, 368, 372, *373*

Caccappolo-van Vliet, E., E. 卡卡波罗－维列特，158, *162*
Cain, K., K. 凯恩，345, 346, 347, 348, 349, 350, 351, 352, 354, 355, *356*, *357*, *358*, 419, *429*
Caldarola, N., N. 卡尔达罗拉，356, *357*
Calhoon, J., J. 卡洪，296, *309*
Callahan, M., M. 卡拉汉，453, *460*
Callison, K., K. 卡利森，419, 420, *430*
Calvert, G. A., G.A. 卡尔佛特，382, *390*
Campbell, K., K. 坎贝尔，457, 458, *460*
Campbell, R., R. 坎贝尔，296, *308*, 382, *390*
Campione, J., J. 坎姆皮奥纳，354, *359*
Cancelliere, A., A. 康瑟利耶，154, *162*
Cao, F., 曹凡，169, *179*, 380, *390*
Capasso, R., R. 卡帕索，82, *85*
Caplan, D. N., D.N. 卡帕兰，203, 208,

211, *213*, *214*
Cappa, S. F., S.F. 卡帕，173, *178*, *182*
Caramazza, A., A. 卡拉马扎，82, *85*, 105, *111*, 152, *163*
Caravolas, M., M. 卡拉沃拉斯，314, *322*, 327, 328, 329, 330, 331, 332, 333, 334, 335, 339, *340*, *341*, *342*, 365, *373*, 380, *391*
Carbonnel, S., S. 卡博奈尔，29, *40*
Cardenas-Hagan, E., E. 卡德纳斯－黑根，474, *475*
Cardoso-Martins, C., C. 卡多索－马丁斯，302, 303, *308*, 312, 313, 314, 316, 321, *322*, *323*, *324*
Cargile, A., A. 卡吉尔，432, *445*
Carlisle, C. D., C.D. 卡莱尔，331, *342*
Carlisle, J. F., J.F. 卡莱尔，420, *428*, 454, *460*
Carmo, I., I. 卡莫，383, *390*
Carnine, D., D. 卡宁，303, *308*
Carnine, L., L. 卡宁，303, *308*
Carpenter, P. A., P.A. 卡朋特，53, *56*, 211, *214*, 262, 263, 266, *274*, 283, *289*, 351, *357*
Carpenter, R. H.S., R. H. S. 卡朋特，264, 266, 269, *274*, 282, *288*
Carr, T. H., T.H. 卡尔，131, *146*
Carrasco-Ortiz, H., H. 卡拉斯科－奥蒂斯，167, *179*
Carreiras, M., M. 卡雷拉斯，32, *40*, 53, *56*, 70, *74*, 78, 79, 81, 82, *85*, *86*, 89, 90, 91, 92, 94, *96*, *97*, *98*, 168, *179*, *181*, 193, *200*, 207, *213*, 383, 384, *390*, *391*
Carretti, B., B. 卡雷蒂，349, 350, 356, *356*, *357*
Carriere, C., C. 卡里埃尔，419, 420, *430*
Carrion-Castillo, A., A. 卡利昂－卡斯蒂罗，369, *373*
Carroll, J. B., J.B. 卡罗尔，346, *357*
Carroll, J. M., J.M. 卡罗尔，330, *340*, *341*
Carroll, P., P. 卡罗尔，52, *54*
Carrozzi, M., M. 卡洛齐，365, *376*
Carter, B., B. 卡特，294, *310*, 389, *392*
Carter, J., J. 卡特，313, *323*
Carter, R., R. 卡特，67, *74*, 81, *85*, 89, *97*, 138, *147*
Cary, L., L. 卡里，298, *308*, 329, 330, *340*, 364, *374*, 378, 379, 382, 383, *391*, *392*
Casey, B. J., B.J. 凯西，156, *162*
Cassar, M., M. 卡萨，177, *179*, 318, 319, 320, 321, *322*, *324*, 328, *340*, 379, *393*
Casteel, M. A., M.A. 卡斯蒂尔，350, *357*
Castelhano, M. S., M.S. 卡斯特哈诺，47, 48, 53, *57*, *58*, 267, *275*
Castellote, J. M., J.M. 卡斯特罗特，365, *375*
Castles, A., A. 卡斯尔斯，76, 83, *85*, 134, 135, 137, *146*, 156, 158, *162*, *163*, 364, *373*, 379, 380, *390*
Castro, S.-L., S.-L. 卡斯特罗，382, *392*
Castro-Caldas, A., A. 卡斯特罗－卡尔达斯，364, *373*, 382, 383, *390*, *392–393*
Cattell, J. M., J.M. 卡特尔，4, *9*, 27, *40*
Cattinelli, I., I. 卡提奈里，157, 159, *162*
Catts, H. W., H.W. 卡茨，345, *357*, 448, 452, *460*
Cavaleiro Miranda, P., P. 卡瓦雷罗 · 米兰达，383, *390*
Cavalot, P., P. 卡瓦洛特，83, *85*, 134, 137, *146*
Cavanaugh, C. L., C. 卡瓦诺，417, 419, 420, *428*, 430

Cave, K. R., K.R. 卡弗，44, 51, *56*, *57*, 239, *243*
Cecil, N. L., N.L. 塞西尔，433, *443*
Centelles, A., A. 森特里斯，83, *86*
Cervetti, G., G. 赛维蒂，470, *476*
Cesarini, D., D. 塞萨利尼，371, *373*
Chabris, C. F., C.F. 卡布里斯，371, *373*
Chace, K. H., K.H. 查斯，49, *55*, 251, 253, *259*
Chafetz, J., J. 查菲茨，103, *112*
Chaffin, R., R. 查芬，52, *55*
Chaix, Y., Y. 柴科斯，366, *373*
Chall, J., J. 查尔，306, *308*, 405, *412*, 448, 449, *460*, 466, *476*
Chambers, S. M., S.M. 钱伯斯，78, *85*, 149, 152, 153, *162*
Chan, D. H. L., D.H.L. 陈浩梁，169, *179*
Chan, D. W. O., D.W.O. 查恩，337, *343*
Chandra, C., C. 钱德拉，387, *393*
Chaney, C., C. 钱尼，352, *357*
Chang, E. F., 张复伦，382, *390*, *392*
Chang, F. R., 弗里德里希·R. 张，221, *230*
Chang, M., 玛利亚·D. 张，366, *375*
Chang, Y. E., Y.E. 张，404, *413*
Changizi, M. A., M.A. 占纪兹，11, 22, *24*
Chan Lau, T. T., 陈刘婷婷，384, *390*
Chanoine, V., V. 查诺瓦恩，366, *374*
Chapin, S., S. 查宾，472, *476*, *478*
Chapman, J., J. 查普曼，294, *310*
Chapman, R. M., R.M. 查普曼，206, *214*
Chappell, M., M. 查培尔，452, *460*
Chard, D., D. 查德，452, *459*
Charity, A. H., A.H. 查理蒂，434, 435, 439, *443*
Chatterji, M., M. 查特里，416, *428*
Cheesman, E. A., E.A. 齐斯曼，452, *460*
Chen, B., 陈宝国，168, *182*
Chen, B. G., 陈宝国，84, *86*
Chen, H. C., 陈烜之，209, *216*
Chen, M., 陈明蕾，235, *244*
Chen, X., 陈曦，178, *179*, 322, *324*, 336, *342*
Cheng, C., 郑昭明，234, *242*
Chetail, F., F. 彻泰尔，380, *391*
Cheung, A., A. 车恩，419, 420, *430*
Cheung, C., C. 车恩，382, *392*
Cheung, H., H. 车恩，406, 407, 408, 410, *412*
Chi, H., H. 池，237, 238, *243*
Chialant, D., D. 查朗，82, *85*
Chik, P. P. M., P.P.M. 奇克，337, *343*
Chinn, C. A., 克拉克·A. 钦，468, *476*
Chliounaki, K., K. 池里欧纳吉，317, 318, *322*
Cho, Eunsoo., 赵银秀，418, *429*
Cho, H. 赵玄硕，151, 158, 159, *163*
Cho, Jeung-Ryeul J.-R., J.-R. 赵，337, 338, 339, *340*, *341*
Chokron, S., S. 丘克伦，384, *390*
Chomsky, C., C. 乔姆斯基，348, *357*
Chomsky, N., N. 乔姆斯基，4, *9*, 21, *24*, 210, *215*
Chong, K. K. Y., K.K.Y. 钟凯伦，336, 339, *341*
Chow, B. W., 周詠妍，406, 407, 408, 387, *392*, 410, *412*
Chow, Celia Sze-Lok., C.S. 周思乐，406, 407, 408, 410, *412*
Christian, D., D. 克里斯蒂安，441, *446*
Christiansen, M. H., M.H. 克里斯蒂安森，318, *322*
Christianson, K., K 克里斯蒂安森，

70, *74*, 89, *96*, 205, *213*
Christopher, M. E., M.E. 克里斯托弗，367, 373, *373*
Chumbley, J. I., J.I. 尚布雷，33, *40*, 52, *58*, 64, *75*, 283, 285, 287, *290*
Chung, K. K. H., K.K.H. 钟，337, *343*
Chung, N., N. 钟，416, *429*
Church, J., J. 丘奇，203, *213*
Chwilla, D. J., D.J. 奇维拉，166, *180*, 208, *216*
Ciaghi, M., M. 齐亚希，161, *162*
Cipolotti, L., L. 齐波罗蒂，150, 156, *162*, *164*
Claessens, A., A. 卡拉森斯，416, *429*
Clahsen, H., H. 卡拉森，171, *179*
Clancy-Menchetti, J., J. 克兰西－曼彻提，457, *460*
Clark, D., D. 克拉克，474, *477*
Clarke, P. J., P.J. 克拉克，356, *357*, 423, *429*
Clay, M., M. 克雷，297, *308*
Clay-Chambers, J., J. 克雷－钱伯斯，474, *476*
Cleeremans, A., A. 克利尔曼斯，177, *181*, 319, *324*
Cleveland, M. D., M.D. 克利夫兰，419, 423, *428*
Clifton, C., Jr., C. 小克里夫顿，48, 52, 53, *54*, *56*, *57*, 131, 135, 136, *146*, 195, 199, *199*, *200*, 203, 204, 205, 206, 207, 212, *213*, *214*, *215*, 265, *275*, 285, *288*
Cobo-Lewis, A. B., A.B. 考博－刘易斯，174, *181*
Coccia, M., M. 考齐亚，155, *162*
Cocking, R. R., R.R. 考金，468, 473, *475*
Cocksey, J., J. 考克西，363, *374*
Coddington, C. S., C.S. 考丁顿，421, 422, *429*
Coe, B. P., B.P. 可伊，372, *373*
Cohen, A., A. 科恩，204, *214*
Cohen, J., J. 科恩，406, *412*
Cohen, L., L. 科恩，68, *74*, 90, *96*, 131, 132, *146*, 151, 156, *162*, 377, 381–382, 382, 383, 384, 385, 386, 387, 388, 389, *390*, *391*, *392*, *393*
Cohen-Shikora, E. R., E.R. 科恩－石克拉，38, *41*
Cole, C. A. S., C.A.S. 科尔，345, *357*
Cole, M., M. 科尔，382, 387, 388, *391*, *393*
Cole, P., P. 科尔，109, 110, *111*
Colin, C., C. 柯林，380, 382, *391*
Collins, A., A. 柯林斯，37, *40*
Collins, F. S., F.S. 柯林斯，369, *374*
Coltheart, M., M. 柯尔特哈特，33, 34, *40*, *42*, 63, 65, 67, *74*, 76, 77, *85*, 103, 106, 107, 108, 109, 110, *111*, 130, 133, 144, *146*, 152, 153, 154, 156, 157, 158, 159, 161, *162*, *163*, *164*, 167, 171, *179*, 186, 187, 188, 189, 191, *200*, 299, 303, *310*, 364, 365, *373*, *374*, 380, *390*
Colton, K., K. 科尔顿，402, 403, 405, *413*
Comesana, M., M. 科萨纳，82, 83, *86*
Commissaire, E., E. 科米赛尔，178, *179*
Compton, D. L., D.L. 康普顿，335, *340*, 416, 417, 418, 419, *429*
Conlin, C. R., C.R. 康林，440, *445*
Conlon, E., E. 康龙，404, *412*
Connine, C., C. 康宁，195, *200*, 383, *393*
Connor, C. M., C.M. 康诺，385, 386, *393*, 398, *412*, 416, 417, 418, 419, 424, 425, 426, *428*, *429*, *430*, 438, 439, 440, *443*, *445*, 447, 448, 452, 455, *460*, *461*
Connor, L. T., L.T. 康诺，34, *40*

Conrad, R., R. 康拉德，383, *391*
Content, A., A. 康滕特，329, *342*, 382, *392*
Conway, C. M., C.M. 康威，318, *322*
Conway, T., T. 康威，335, *342*
Cook, A. E., A.E. 库克，52, 53, *57*, 221, 222, 223, 224, 225, 226, 227, 228, *229*, *230*, *231*
Cooper, A. C. G., A.C.G. 库珀，150, *162*
Cooper, D. H., D.H. 库珀，346, *359*
Copeland, D. E., D.E. 科普兰，349, *359*
Copp, A. J., A.J. 科普，362, *374*
Corbett, A. T., A.T. 科贝特，221, *230*
Corley, R., R. 柯雷，131, *146*, 326, 332, *342*, 372, *373*
Cormier, P., P. 柯米尔，175, 177, 178, *180*
Cornelissen, P., P. 柯奈利森，90, *98*
Cornoldi, C., C. 柯诺尔迪，349, 350, 356, *356*, *357*
Corradi, N., N. 柯拉迪，365, *373*
Correa, M. F., M.F. 柯利亚，316, *322*
Correnti, R., R. 科伦蒂，454, *460*
Cortese, M. J., M.J. 柯特斯，31, 34, 37, 38, *40*, *41*, 64, *74*, 82, *85*, 135, 142, 146, 187, 188, *199*, *200*, 296, *309*
Cortesi, S., S. 科特斯，465, *477*
Corwyn, R. F., R.F. 柯温，438, *443*
Cote, N., N. 科特，473, *476*
Cottrell, D., D. 科特雷尔，295, *310*
Coventry, W. L., W.L. 考文垂，131, *146*, 372, *373*
Covill, A. E., A.E. 柯维尔，452, 454, *461*
Cox, A., A. 科克斯，403, *413*
Cox, G. L., G.L. 科克斯，350, *359*
Cox, N. J., N.J. 科克斯，369, *374*
Cox, S., S. 科克斯，452, 454, *461*
Coyne, M., M. 柯恩，452, *460*
Cragg, L., L. 克拉格，355, *357*
Craig, H. K., H.K. 克莱格，433, 435, 436, 437, 438, 439, 440, 441, 442, *443*, *444*, *445*
Craig, I. W., I.W. 克莱格，367, 369, 370, 371, 372, *374*
Craik, F. I. M., F.I.M. 克莱克，186, 194, *200*
Crain, S., S. 克雷恩，205, *214*, 299, *310*, 348, *359*
Crain-Thoreson, C., C. 克雷恩－托雷森，398, *412*
Cree, G. S., G.S. 科里，34, *41*
Cremaso, L., L. 克里马森，404, *412*
Crepaldi, D., D. 克雷帕尔迪，106, 107, 108, 109, 110, *111*, 116, *127*
Cress, C., C. 克莱斯，296, *309*
Crisp, J., J. 克里斯普，151, 158, 159, 160, 161, *162*, *164*
Crivello, F., F. 科里维洛，159, *164*
Crommelinck, M., M. 科洛姆林克，385, *393*
Crook, C., C. 克鲁克，372, *375*
Crosson, A., A. 克洛森，473, 474, *477*
Crowe, E. C., E.C. 克劳，416, 424, 425, 426, *429*
Csepe, B., B. 赛普，333, 334, *342*
Csepe, V., V. 赛普，329, 333, 334, *343*, 366, *376*
Cui, L., 崔磊，235, 237, 238, *243*, *244*, 248, *259*
Cumming, T. B., T.B. 库明，150, *162*
Cummings, D. W., D.W. 康明斯，451, *460*
Cummins, J., J. 康明斯，173, *179*
Cunningham, A. E., A.E. 坎宁安，306, *308*, 346, *357*, 368, *373*, 448, 452, 453, 454, 457, 458, *460*, *461*

Cunningham, L., L. 坎宁安，457, *461*
Cunningham, P. M., P.M. 坎宁安，296, *309*, 433, 441, *444*
Curby, T. W., T.W. 科尔贝，459, *460*
Curtis, M. E., M.E. 柯蒂斯，345, *357*
Cutler, A., A. 科特勒，384, *391*
Cutter, M. G., M.G. 克特，257, 258, *259*
Cutting, L. E., L.E. 克汀，130, 131, *146*, 345, *357*, 366, 367, *374*, *375*

Daems, F., F. 达厄姆斯，321, *324*
Dahl, K. L., K.L. 达尔，424, *429*
Dahlgren, M., M. 达赫格伦，456, *460*
Dakin, S. C., S.C. 达金，365, *375*
Dale, P. S., P.S. 戴尔，365, 372, *374*
Daley, K., K. 戴利，400, 403, 404, *413*
Dambacher, M., M. 单巴克，54, *55*, 267, 271, *273*
Damian, M. F., M.F. 达米安，380, *391*
da Mota, L., L. 达莫塔，321, *323*
Daneman, M., M. 达纳曼，211, *214*, 267, *275*, 349, 351, *357*
Danielson, L., L. 达尼尔森，464, *478*
Danziger, E., E. 丹齐格，385, *391*
Darling-Hammond, L., L. 达令－哈蒙德，457, *460*
Das, T., T. 达斯，169, *179*
Davelaar, E., E. 戴夫拉尔，33, *40*, 77, *85*, 187, *200*
David, A. S., A.S. 戴维，382, *390*
Davidse, N. J., N.J. 达维德斯，405, *412*
Davies, A., A. 戴维斯，365, *373*
Davis, C., C. 戴维斯，89, *97*, 134, 137, 138, *146*, *147*, 156, *163*, 168, *180*, 192, *200*
Davis, C. J., C.J. 戴维斯，38, *40*, 63, 67, 69, 70, 71, *73*, *74*, *74–75*, *75*, 76, 78, 79, 80, 81, 82, 83, *85*, *86*, 90, 91, *96*, 133, 134, 137, 138, 140, 144, *146*, *147*
Davis, G., G. 戴维斯，371, *373*
Davis, M., M. 戴维斯，134, *147*
Davis, M. H., M.H. 戴维斯，36, 39, *40*, *42*, *43*, 103, 105, 108, 109, *111*, *112*, 122, *128*, 141, *147*, 157, 159, *164*, 285, *288*, 474, *476*
Davis, O. S., O.S. 戴维斯，367, 371, *375*
Day, B. L., B.L. 戴，365, *375*
de Abreu, M., M. 德阿布鲁，302, *308*
Deacon, S. H., S.H. 迪肯，175, 178, *179*, 320, 321, *323*, *324*
De Agostini, M., M. 德阿戈斯蒂尼，384, *390*
de Almeida, R. G., R.G. 德阿尔美达，125, *128*
Deary, I. J., I.J. 第厄里，371, *373*
Deater-Deckard, K., K. 第厄特－德卡德，367, *374*
De Baecke, C., C. 德巴克，52, *55*
De Beni, R., R. 德本尼，349, 350, *357*
de Bruijn, E. R., E.R. 德布鲁伊恩，166, *180*
Deckner, D. F., D.F. 德克纳，399, *412*
Deffner, N. D., N.D. 德芙纳，300, *309*
Defior, S., S. 德费奥，298, *308*, 329, 330, 335, 339, *340*
DeFries, J. C., J.C. 德弗里斯，130, 131, 143, *146*, 326, 332, 342, 363, 368, 369, 372 *373*, *375*
De Gelder, B., B. 德戈尔德，385, *393*
De Groot, A. M. B., A.M.B. 德格鲁特，166, 168, 176, *179*, *182*, 329, 333, *340*
De Haan, B., B. 德哈恩，150, *163*
Dehaene, C. J., C.J. 德哈恩，130, 131, 132, *146*

Dehaene, S., S. 德哈恩，68, *74*, 90, *96*, 130, 131, 132, *146*, 151, 156, *162*, 377, 381–382, 382, 383, 384, 385, 386, 387, 388, 389, *390*, *391*, *392*, *393*
Dehaene-Lambertz, G., G. 德哈恩－朗博兹，377, 382, 384, 385, 389, *390*, *392*
de Jong, M. T., M.T. 德戎，398, 405, *412*, *413*
de Jong, P. F., P.F. 德戎，294, *309* 332, 333, *340*, *342*, 346, 352, *357*, 404, 405, *412*
Deke, J., J. 德科，422, 423, *429*
De La Paz, S., S. 德拉帕兹，469, *476*
Dell, G. S., G.S. 戴尔，109, *111*, 220, *230*
Della Porta, G., G. 德拉波塔，299, *309*
Delmaar, P., P. 戴尔马尔，166, *179*
del Prado Martin, F. M., F.M. 戴尔普拉多・马丁，36, *40*
Deltenre, P., P. 德尔藤尔，382, *391*
Demonet, J. F., J.F. 德莫纳特，366, *373*, *374*, *375*
Demont, E., E. 德蒙特，348, *357*
De Moor, W., W. 德摩尔，78, *85*
Denckla, M. B., M.B. 登克拉，331, *340*, 366, *375*
Dennis, M., M. 德尼斯，350, 351, *356*
Denny, J. P., J.P. 德尼，378, *391*
Denton, C. A., C.A. 登顿，418, *429*
Derouesne, J., J. 德鲁斯尼，151, 152, 157, *162*
Desmet, T., T. 德斯么特，52, *55*, 205, *215*
D'Esposito, M., M. 德埃斯坡丝图，150, *163*
Deutsch, A., A. 多伊奇，50, *55*, 72, 73, *75*, 92, 93, *96*, *97*, *98*, 240, *243*, 253, 254, *259*
Deutsch, G. K., G.K. 多伊奇，366, *373*
de Vega, M., M. 德维加，78, *85*
Devine, M., M. 德文，321, *322*
Devlin, J. T., J.T. 德福林，381, 383, *390*, *392*
Devolder, A., A. 德沃尔德，385, *393*
de Voogd, A. H., A. H. 德伍各德，262, 264, *273*, 285, *288*
Dewaele, J.-M., J.-M. 德瓦勒，174, *179*
Dhalin, M. P., M.P. 达哈林，398, *412*
Diamond, K. E., K.E. 戴蒙德，457, *461*
Dias, M., M. 迪亚斯，388, *391*
Diaz, M., M. 迪亚兹，166, *181*
Dickson, S., S. 迪克森，452, *459*
Diependaele, K., K. 迪彭达尔，36, 38, *40*, *41*, 64, *74*, 105, 106, 109, 110, *111*, 144, *146*
Dijkstra, A., A. 迪克斯特拉，166, 167, *181*, *182*
Dijkstra, R., R. 迪克斯特拉，449, *459*
Dijkstra, T., T. 迪克斯特拉，83, *85*, 102, 105, 109, 110, *111*, 166, 167, 169, 170, 171, 176, *179*, *180*, *181*, *182*, 379, 380, *391*
Dimino, J.，迪米诺，J.417, 422, 423, *429*, 457, 458, *460*
Dimitropoulou, M., M. 迪米特洛普罗，168, *179*, 384, *391*
Ding, B.，丁宝庆，378, *393*
Di Pietro, M., M. 迪皮特罗，150, *163*
Dobel, C., C. 多贝尔，384, *391*
Dobrich, W., W. 多布里奇，368, *375*
Dodge, R., R. 道奇，4, *9*
Dolan, C. V., C.V. 多兰，368, *374*
Dole, J. A., J.A. 多尔，469, *477*
Donald, M. W., M.W. 唐纳德，378, 388, 389, *391*
Donaldson, M., M. 唐纳德森，352, *357*

Donnelly, K., K. 唐纳里，296, *309*
Donovan, M. S., M.S. 多诺万，457, *460*
Donovan, S. M., S.M. 多诺万，468, *476*
Dorph, R., R. 多夫，470, *476*
Dougherty, R. F., R.F. 多尔蒂，366, *373*
Douiri, A., A. 多伊利，156, *163*
Downer, J. T., J.T. 多纳，459, *461*
Downer, M., M. 多纳，296, *309*
Dowsett, C. H., C.H. 多赛特，416, *429*
Dressler, C., C. 德莱斯勒，175, *180*
Dricot, L., L. 德里克特，385, *393*
Drieghe, D., D. 德里格，50, 52, 53, *55*, *56*, *58*, 125, *128*, 168, *179*, 235, 236, 237, 238, *243*, 247, 248, 249, 252, 255, 257, 258, *259*, *260*, 267, 268, 269, 270, *276*, 282, 284, 285, 286, 287, *289*, *290*
Drouin, M., M. 德鲁因，406, 408, 410, *412*
Drum, P., P. 德鲁姆，300, *310*
Ducla-Soares, E., E. 杜克拉－苏亚雷斯，383, *390*
Ducrot, S., S. 杜克劳，264, *274*
Dufau, S., S. 杜法奥，27, 38, *40*, *41*, 79, *85*, 96, *98*, 380, *392*
Duff, F. J., F.J. 杜夫，305, *308*, 330, *340*, *341*
Duffau, H., H. 杜法奥，159, *164*
Duffy, S. A., S.A. 杜菲，52, 53, *55*, *57*, 207, 211, *214*, *215*, 220, 221, *230*, *231*, 266, 267, *273*, *274*
Dufour, S., S. 杜夫奥，380, *392*
Duggan, M., M. 杜甘，465, *477*
Duggar, S.W., S.W. 杜加，426, *430*
Duke, N. K., N.K. 杜克，419, 420, *430*, 466, *476*
Dumais, S. T., S.T. 杜麦斯，39, *41*
Dunabeitia, J. A., J.A. 杜纳贝提亚，38, *40*, 70, *74*, 79, 81, 82, *85*, 89, 91, *96*, 168, *179*, *181*, 384, *391*
Duncan, G. J., G.J. 邓肯，416, *429*, 435, *443*
Duncan, K. J., K.J. 邓肯，381, *392*
Dundas, E. M., E.M. 邓达斯，385, *391*
d'Unienville, V. M., V.M. 德'尤尼维尔，266, 268, *276*
Dunlap, S., S. 邓拉普，168, *182*, 326, 330, 332, 336, 339, *342*
Dunne, M. D., M.D. 顿纳，49, *55*, 251, *260*
Durdevic, D. F., D.F. 德德维科，95, *96*
Durgunoğlu, A. Y., A.Y. 德古诺格鲁，329, *341*
Duschl, R. A., R.A. 杜旭尔，468, *476*
Dussias, P. E., P.E. 杜西亚斯，172, *179*
Duyck, W., W. 杜义克，167, 168, *179*, *181*, 212, *214*
Dwyer, J., J. 德怀尔，420, *428*

Eason, S. H., S.H. 伊森，130, 131, *146*
Echols, L. D., L.D. 埃克尔斯，346, *357*
Eddy, M., M. 埃迪，208, *214*
Eden, G. F., G.F. 伊顿，169, *180*
Edwards, P. A., P.A. 爱德华兹，399, *412*
Efrim, C., C. 埃芙琳姆，328, 331, 334, 335, 339, *340*
Efron, B., B. 埃福朗，268, *273*
Eger, E., E. 埃格，386, *393*
Ehri, L., L. 埃利，133, 134, *146*, 294, 296, 298, 299, 300, 302, 303, 304, 305, 306, 307, *308*, *309*, *310*, 312, 313, 314, 315, 319, 321, *323*, 330, *341*, 379, *391*, 417, *429*, 441, 442, *444*
Ehrlich, M. F., M.F. 埃利希，351, 353, *357*, *358*

Ehrlich, S. F., S.F. 埃利希，52, *55*, 190, *200*, 212, *214*
Eicher, J. D., J.D. 埃切尔，372, *375*
Eichler, E. E., E.E. 埃奇勒，372, *373*
Eiter, B. M., B.M. 埃特，53, *55*, 195, *200*, 267, 271, 272, *274*, 288, *288*
Eklund, K., K. 埃科伦德，364, 365, *374*, *375*
Elbro, C., C. 埃尔伯罗，294, 299, *309*, 351, *358*, 364, *373*
Eldredge, J. L., J.L. 埃尔德莱奇，346, *358*
Elleman, A. M., A.M. 埃勒曼，419, *429*
Ellis, A. W., A.W. 艾丽斯，330, *341*
Ellison, T. M., T.M. 艾利森，67, *75*
Elston-Guttler, K. E., K.E. 埃尔斯顿－古特勒，166, *181*
Emerson, N. J., N.J. 艾默生，387, *392*
Enard, W., W. 埃那德，362, *373*
Engbert, R., R. 恩戈贝特，52, 54, *55*, *56*, *58*, 240, *243*, 262, 264, 266, 268, 269, *274*, 275, 278, 282, *288*, *289*
Enriquez-Geppert, S., S. 恩里克兹－葛泊特，384, *391*
Entwisle, D. R., D.R. 恩特威斯勒，397, *411*, *412*
Erdmann, B., B. 厄德曼，4, *9*
Erduran, S., S. 厄杜兰，473, *478*
Ereky-Stevens, K., K. 厄莱基－史蒂文斯，372, *375*
Erikson, F., F. 埃里克森，441, *444*
Erskine, J. M., J.M. 厄斯金，21, *25*, 294, *310*, 329, 330, 334, 335, *342*, 364, 365, *375*
Escobar, M. D., M.D. 埃斯科巴，363, *375*
Estes, Z., Z. 埃斯特斯，35, *41*
Estevez, A., A. 埃斯特维兹，383, *390*
Estudillo, A., A. 埃斯涂迪罗，83, *85*
Etter, K., K. 埃特，457, 458, *460*
Evans, A., A. 埃文斯，380, *393*
Evans, A. J., A.J. 埃文斯，11, *24*
Evans, K. H., K.H. 伊万斯，45, *54*
Evans, M. A., M.A. 埃文斯，319, *324*, 398, 399, 404, 405, *411*, *412*
Evans, R., R. 埃文斯，451, *461*
Evans, W. S., W.S. 埃文斯，211, *214*
Evett, L. J., L.J. 伊维特，89, *97*
Ezell, H. K., H.K. 埃泽尔，407, 408, *412*

Facoetti, A., A. 法克蒂，365, *373*, *376*
Fagot, J., J. 法戈特，79, *85*, 96, *98*
Faisca, L., L. 法伊斯卡，329, 333, 334, *342*, *343*, 366, *376*, 384, *390*
Faizal, S. S. B., S.S.B. 法伊扎尔，38, *43*
Fanuele, D. P., D.P. 法努埃尔，372, *375–376*, 418, *430*
Farioli, F., F. 法里奥利，68, 69, *74*, 89, 90, *97*
Farkas, I., I. 法卡斯，176, *181*
Farver, J. M., J.M. 法维，404, *412*, 457, *460*
Faust, M., M. 福斯特，137, *147*
Fawett, A. J., A.J. 福艾特，365, *374*
Fayol, M., M. 法约尔，177, *181*, 317, 319, 320, 321, *323*, *324*, 328, 329, *342*
Fazio, F., F. 法齐奥，366, *374*, *375*
Federmeier, K. D., K.D. 费德梅尔，205, 212, *214*
Fedorenko, E., E. 费多伦科，211, *214*
Fehrenbacher, D. E., D.E. 费伦巴克，3, *9*
Feldman, L. B., L.B. 费尔德曼，36, *40*, 92, *96*, 109, *111*, 141, *146*
Felser, C., C. 费尔瑟，171, *179*

Felton, R. H., R.H. 菲尔顿，372, *373*
Feng, G.，冯时，54, *55*, 228, *230*, 285, *288*
Fernandes, S., S. 费南德斯，381, *393*
Fernandes, T., T. 费南德斯，11, *24*, 384, 385, 386, 388, *391*, *393*
Ferrand, L., L. 费兰德，33, 38, *41*, *42*, 64, *74*, 88, *97*, 379, 380, 381, *391*, *393*
Ferraro, F. R., F.R. 菲拉罗，34, *40*
Ferre, P., P. 菲尔，151, 157, *164*
Ferreira, F., F. 费莱拉，48, *55*, 203, 205, *213*, *214*, *215*, 221, *231*, 257, *259*, 263, *274*, 282, 287, *288*
Ferreiro, E., E. 费莱罗，315, 321, *323*
Field, Z., Z. 菲尔德，347, *358*
Fielding-Barnsley, R., R. 菲尔丁－巴恩斯累，408, 410, *412*
Fieldsend, E., E. 菲尔德森德，330, *340*
Filho, G., G. 菲尔和，132, *146*
Filik, R., R. 菲利克，204, *214*
Findlay, J. M., J.M. 费恩德雷，52, 53, *56*, 237, *243*, 267, 271, 272, *274*
Findlay, P., P. 费恩德雷，409, 410, *412*
Fine, E. M., E.M. 费恩，48, *55*
Finkbeiner, M., M. 芬克班纳，168, *179*
Fischel, J. E., J.E. 费切尔，416, *430*
Fischer, F. W., F.W. 费切尔，378, *392*
Fischer, M. H., M.H. 费切尔，47, 51, 52, *57*, 232, *243*, 269, *275*, 384, *393*
Fischler, I., I. 菲希勒，36, *41*
Fiser, J., J. 费瑟，318, *323*
Fishco, V. V., V.V. 费史克，137, *146*
Fisher, C. A., C.A. 费歇尔，161, *164*
Fisher, C. W., C.W. 费歇尔，420, *429*
Fisher, D. F., D.F. 费歇尔，52, *55*
Fisher, D. L., D.L. 费歇尔，54, *58*, 63, *75*, 186, 191, *200*, 238, *243*, 264, 266, *275*, 277, *289*
Fisher, F., F. 费歇尔，294, *310*
Fisher, S. E., S.E. 费歇尔，362, 369, *373*, *374*
Fishman, B. J., B.J. 费希曼，416, 424, 425, 426, *429*, 452, 455, *461*, 474, *476*
Fitzsimmons, G., G. 菲兹西蒙斯，252, *259*
Fleri, A., A. 弗雷里，80, *86*
Fletcher, C. R., C.R. 弗雷彻，219, 229, *231*
Fletcher, J. M., J.M. 弗雷彻，331, 335, *341*, *342*, 363, *375*, 418, *429*
Fletcher, P., P. 弗雷彻，337, *342*
Fletcher-Flinn, C., C. 弗雷彻－芙琳，295, *310*
Fluss, J., J. 弗拉斯，385, 389, *392*
Fodor, J. A., J.A. 福多尔，204, 206, *214*, 378, *391*
Fodor, J. D., J.D. 福多尔，203, 206, *214*
Foerster, F., F. 福斯特，284, *289*
Fogel, H., H. 福格尔，441, 442, *444*
Folia, V., V. 福利亚，387, *391*
Folk, J. R., J.R. 福尔克，*23*, *24*, 52, *55*, 194, 195, *200*
Folsom, J. S., J.S. 福尔索姆，418, 419, 425, *428*
Foltz, P. W., P.W. 福尔兹，320, *323*, 352, *359*
Foorman, B. R., B.R. 福尔曼，314, *323*, 331, *342*, 419, *430*, 448, 457, 458, *460*
Foote, W. E., W.E. 福特，77, 78, *85–86*
Ford, L., L. 福特，363, *374*
Ford, M., M. 福特，285, *288*
Fordham, S., S. 福德姆，441, *444*
Forster, K. I., K.I. 福斯特，32, 35, 36, *41*, *42*, *43*, 67, 69, 71, *74*, 76, 78, 80, 81, 83,

85, *86*, 89, 92, *96*, *97*, 100, *111–112*, *112*, 116, 123, *128*, 133, 134, 137, 138, 141, 142, *146*, *147*, 149, 152, 153, *162*, 168, *179*, *180*, 192, *200*, 205, *215*, 320, *324*
Fortier, C., C. 福提尔，313, *323*
Foster, S. M., S.M. 福斯特，407, 408, *412*
Foster, T. D., T. D. 福斯特，399, *412*
Foth, M., M. 福特，388, 389, *391–392*
Fowler, A. E., A.E. 福勒，299, *310*, 364, *373*
Fox, G. R., G.R 福克斯，366, *373*
Fox, M., M. 福克斯，399, 404, *412*
Fox, M. A., M.A. 福克斯，438, *443*
Fox, N. C., N.C. 福克斯，156, *163*
Fox, P. T., P.T. 福克斯，26, *42*
Foy, J. G., J.G. 福意，400, *412*
Frackowiak, R. S. J., R.S.J. 弗莱克维克，151, 161, *163*
Fraga, I., I. 弗拉加，79, *86*
Franceschini, S., S. 福兰瑟斯切尼，365, *373*
Francis, D. J.，D.J. 弗兰西斯，314, *323*, 331, 335, *341*, *342*, 418, *429*, 474, *475*
Francis, W. N., W.N. 弗兰西斯，64, 66, *74*, 280, *288*
Franke, B., B. 弗兰克，369, *373*
Frauenfelder, U. H., U.H. 弗劳恩菲尔德，379, 380, *391*
Frazier, L., L. 弗雷泽，52, 53, *55*, *57*, 196, 199, *200*, 204, 206, 207, 213, *214*, 281, *288*
Frederiksen, C. H., C.H. 弗莱德里克森，468, 470, *476*
French, R. M., R.M. 弗兰奇，176, *179*
Frenck-Mestre, C., C. 弗兰克－梅斯特，167, 172, *179*, *180*
Freppon, P. A., P.A. 福莱彭，424, *429*
Friederici, A. D., A.D. 弗里德里奇，205, 209, *214*
Friedman, N. P., N.P. 弗里德曼，387, *392*
Friedmann, N., N. 弗里德曼，84, *85*
Friedrich, L., L. 弗里德里克，466, *478*
Friend, A., A. 福利恩德，363, 365, 368, *373*, *374–375*
Friend, J., J. 福利恩德，33, *43*, 81, *87*
Friesen, D. C., D.C. 弗里森，167, 173, 174, *180*
Frijters, J. C., J.C. 福利特斯，405, *412*
Frisson, S., S. 弗里松，126, *127*, 321, *324*
Friston, K. J., K.J. 福利斯顿，151, 161, *163*
Frith, U., U. 弗里思，130, 131, 135, *147*, 312, 319, *323*, 329, *341*, 365, 366, *374*, *375*, 377, 379, 382, 384, 388, *391*
Frost, R., R. 弗罗斯特，35, *41*, 50, *55*, 69, 72, 73, *74*, *75*, 79, *86*, 88, 89, 91, 92, 93, 94, 95, 96, *96*, *97*, *98*, 145, *147*, 168, 169, 174, 178, *179*, *180*, 253, 254, *259*
Frost, S., S. 弗罗斯特，299, *309*
Fryer, T. D., T.D. 福莱尔，155, 156, 157, 160, *162*, *163*
Fuchs, D., D. 福柯斯，418, 419, *429*
Fuchs, L. S., L.S. 福柯斯，417, 418, 419, *429*
Fugett, A., A. 福格特，34, *40*
Fukkink, R. G. R.G. 弗金克，457, *460*
Funnell, E., E. 福乃尔，152, 156, *162*
Furnes, B., B. 弗恩斯，332, 333, 334, 336, 339, *341*

Gaab, N., N. 加伯，366, *375*
Gabrieli, J. D., J.D. 加布里埃尔，366, *373*, *374*

Gagne, C. L., C.L. 加涅，126, *127*
Galantucci, B., B. 加兰图齐，205, *215*
Gallagher, A., A. 加拉格，365, *375*
Gallucci, M., M. 加卢奇，157, 159, *162*
Gamoran, A., A. 加摩兰，470, 471, 472, *475*, *477*
Gamse, B. C., B.C. 加姆斯，416, *429*
Ganguli, M., M. 甘谷里，387, *393*
Garcia, J. R., J.R. 加西亚，419, *429*
Garcia-Chamorro, C., C. 加西亚－查莫罗，83, *86*
Garcia-Orza, J., J. 加西亚－奥扎，72, *74*, 83, *85*
Garlock, V. M., V.M. 加洛克，381, *391*
Garnham, A., A. 加尼姆，207, *213*, 217, *230*, 349, *358*
Garnsey, S. M., S.M. 加恩塞，203, 206, 207, *214*, *215*, *216*
Garrard, P., P. 加拉德，155, *162*
Garrett, M. F., M.F. 嘉莱特，204, 205, *214*, *215*
Garrity, L. I., L.I. 加利蒂，198, *200*
Garrod, S. C., S.C. 加洛德，219, 223, *231*, *230*
Garton, A., A. 嘉顿，345, 348, *358*
Garvan, C., C. 加范，335, *342*
Gaskins, I., I. 加斯金斯，296, *309*
Gaskins, R., R. 加斯金斯，296, *309*
Gasser, U., U. 加瑟，465, *477*
Gathercole, S. E., S.E. 加特科尔，285, *289*, 307, *309*, 349, *358*
Gautier, V., V. 高蒂耶，52, *55*
Gaux, C., C. 高克斯，348, *358*
Gay, J., J. 盖伊，382, 388, *391*
Gee, J. P., J.P. 吉，474, *476*
Geier, R., R. 吉尔，474, *476*
Gelb, I. J., I.J. 杰尔伯，10, 12, *24*
Genesee, F., F. 杰尼斯，174, 175, *180*, 332, *340*
Geng, L. B.，耿立波，366, *374*
Gentry, J. R., J.R. 金特里，312, 313, 314, 315, 318, 319, 320, 321, *323*
George, M. A., M.A. 乔治，471, *477*
Georgiou, G. K., G.K. 乔治奥，331, 332, 333, 337, *341*, 401, 405, *413*
Gernsbacher, M. A., M.A. 根斯巴彻，137, *147*, 218, *230*
Gerrelli, D., D. 杰热里，362, *374*
Gerretsen, P., P. 杰莱特森，331, *342*, 389, *390*
Gerrig, R. J., R.J. 杰里格，219, 222, 225, 227, 229, *230*, *231*
Gersten, R., R. 杰斯滕，303, *308*, 417, 422, 423, *429*, 457, 458, *460*
Geva, E., E. 杰瓦，174, 175, 177, *180*, *182*
Giannouli, V., V. 加诺里，317, *323*
Gibson, E., E. 吉布森，203, 209, 210, 211, *214*, *216*
Gibson, J. J., J.J. 吉布森，94, *97*
Gilbert, J. K., J.K. 吉尔伯特，418, 419, *429*
Gilberts, G., G. 吉尔伯茨，409, 410, *412*
Gilboa, O., O. 吉尔波阿，92, *97*
Gillam, R. B., R.B. 吉拉姆，436, *444*
Gillis, M., M. 吉利斯，452, *460*
Gillund, G., G. 吉伦德，219, *230*
Giraudo, H., H. 吉劳都，105, *112*, 115, *127*
Giraux, P., P. 吉劳克斯，384, *391*
Girirajan, S., S. 吉利拉扬，372, *373*
Giuliani, S., S. 朱利亚尼，424, 425, *429*
Gjedde, A., A. 格杰德，380, *393*
Glaholt, M. G., M.G. 格拉霍尔特，54, *58*, 262, 263, 264, 265, 266, 267, 268, 269, 270, 271, *274*, *275*, 278, 285, 287,

290
Glaser, D., D. 哥拉舍，455, *461*
Glass, G. V., G.V. 格拉斯，450, *460*
Glick, J. A., J.A. 格里克，382, 388, *391*
Glosser, G., G. 格罗瑟，156, *163*
Glover, L., L. 格拉佛，286, *289*
Glover, M., M. 格拉佛，426, *430*
Gobet, F., F. 格贝特，51, *56*
Goebel, R., R. 戈贝尔，389, *390*
Goelman, G., G. 戈尔曼，169, *179*
Goff, D., D. 高夫，345, *358*
Goldenberg, C., C. 戈登伯格，458, *461*
Goldenberg, D., D. 戈登伯格，212, *214*
Goldman, S. R., S.R. 戈德曼，228, 229, *230*, 464, 465, 466, 468, 469, 470, 471, 473, 474, *476*, *477*, *478*
Goldschmidt, P., P. 戈德施密特，470, *476*
Goldstein, D. B., D.B. 戈德斯坦，369, *374*
Golinkoff, R.,R. 格林科夫，297, *310*
Gollan, T. H.,T. H. 戈兰，168, *180*, 212, *214*
Gombert, J. E., J.E. 高姆伯特，348, *357*, *358*
Gomez, K., K. 戈麦斯，466, *476*
Gomez, P., P. 戈麦斯，31, 38, *41*, *42*, 65, 66, 68, 69, 72, 73, *74*, *75*, 78, 80, 81, 82, 83, *85*, *86*, 90, 91, 94, *97*, 140, 144, *147*, 465, *476*
Gomori, A. J., A.J. 戈莫莉，152, *162*
Gonnerman, L. M., L.M. 格内曼，36, *41*, *42*, 101, 102, 107, 108, *112*, 320, *324*
Goodman, G. O., G.O. 古德曼，36, *41*
Goodman, K. S., K.S. 古德曼，5, *9*, 297, *309*, 433, 439, *444*, 448, *460*
Goody, J., J. 古迪，388, *391*
Gordon, E., E. 戈登，161, *164*
Gordon, P. C., P.C. 戈登，210, *214*
Gordon, S., S. 戈登，371, *376*
Gori, S., S. 格里，365, *373*
Gorno-Tempini, M. L., M.L. 戈诺－特姆皮尼，151, 157, *164*
Goswami, U., U. 戈斯瓦米，134, 135, 138, 145, *148*, 295, 296, *309*, *310*, 326, 327, 329, 334, 336, *343*, 381, *391*
Gottardo, A., A. 戈塔尔多，348, *358*
Gottfried, A. E., A.E. 戈特弗莱德，465, *476*
Gough, P. B., P.B. 高夫，131, *147*, 277, *288*, 295, 300, *309*, 345, 355, *358*, 362, *374*, 419, 424, *429*
Grabner, E., E. 格拉布纳，52, *56*
Graesser, A. C., A.C. 格拉瑟尔，218, 222, 228, 229, *230*, *231*, 466, 468, *476*
Graham, K. S., K.S. 格拉厄姆，150, 156, *162*
Graham, L., L. 格拉厄姆，456, *460*
Graham, N. L., N.L. 格拉厄姆，160, *163*
Grainger, J., J. 格兰杰，27, 31, 32, 36, 38, *40*, *41*, 63, 65, 67, 68, 69, 70, *74*, *75*, 76, 78, 79, 80, 81, 82, 83, *85*, *86*, 88, 89, 90, 91, 96, *97*, *98*, 105, 106, 109, 110, *111*, *112*, 115, *127*, 135, 138, 144, *146*, *147*, 166, 167, 168, *179*, *180*, *181*, *182*, 377, 381, 384, *391*
Granier, J. P., J.P. 格拉涅，68, 69, *74*, 89, 90, *97*
Graves, B., B. 格拉吾斯，468, 470, *476*
Green, B. L., B.L. 格林，457, *460*
Green, D. W., D.W. 格林，159, *162*, 166, 171, *180*, *182*
Green, L., L. 格林，454, *461*
Green, L. J., L.J. 格林，437, 441, *444*

Green, M. J., M.J. 格林，207, *214*, 288, *289*
Greene, S., S. 格里呢，468, *476*
Greenleaf, C. L., C.L. 格林力夫，465, *477*, 467, 470, 471, 473, 474, *476*, *478*
Greuen, J. R., J.R. 格鲁恩，372, *375*
Greulich, L., L. 格鲁里池，418, 419, 425, *428*
Griffin, D. M., D.M. 格里芬，439, *443*
Griffin, P., P. 格里芬，439, *445*, 447, *461*
Griffith, B. C., B.C. 格里菲斯，382, *392*
Griffith, P., P. 格里菲斯，300, *309*
Grimm, K. E., K.E. 格里姆，335, *342*
Grimm-Cabral, L., L. 格里姆－卡布拉尔，11, *24*, 385, *391*
Grodner, D. J., D.J. 哥罗德内，209, 210, *214*
Grogger, J. T., J.T. 格罗格，432, 433, 435, 437, *443*, *444*
Grosjean, F., F. 格罗斯基恩，165, 178, *180*
Gross, A., A. 格罗斯，432, *444*
Grossman, M., M. 格罗斯曼，156, *163*
Grossman, P., P. 格罗斯曼，468, *476*
Gruenewald, P. J., P.J. 格鲁恩瓦尔德，387, *391*
Gu, J.，顾俊娟，236, *243*
Guan, Qun.，官群，169, *179*
Gueraud, S., S. 哥罗德，222, 224, 225, 226, *229*, *230*, *231*
Guerrera, C., C. 古勒拉，71, *74*, 89, *97*
Gulikers, L., L.古丽科斯，64, *74*
Gulley-Faehnle, A., A. 古丽－法恩勒，436, *444*
Gullifer, J. W., J.W. 古丽佛，166, *180*
Gumperz, J. J., J.J. 古姆佩兹，437, *443*
Gunter, T. C., T.C. 贡特，166, *181*
Guo, T.，郭桃梅，171, *181*
Gur, T., T. 格尔，300, *310*
Gurney, K. N., K.N. 格内，66, *75*
Gutbrod, K., K. 古特布洛特，150, *163*
Guthrie, J. T., J.T. 古特利，420, 421, 422, *429*, 474, *476*
Guttentag, C., C. 古藤塔克，397, *412–413*
Guttentag, R., R. 古藤塔克，298, *309*
Guttorm, T. K., T.K. 谷托姆，364, *374*, 389, *390*
Guzman, A. E., A.E. 古兹曼，221, *230*

Haan, R., R. 汉，81, *85*
Haber, L. R., L.R. 哈珀，196, *200*
Haber, R. N., R.N. 哈珀，196, *200*
Hacker, D., D. 哈克，469, *477*
Haddad-Hanna, M., M. 哈达德－哈纳，84, *85*
Hadzibeganovic, T., T. 哈德兹贝根诺维奇，365, *374*
Haefele-Kalvaitis, J., J. 哈斐勒－卡尔维缇斯，350, 351, *356*
Haesler, S., S. 哈斯勒，362, *375*
Hager, M., M. 哈格，368, *375*
Hagoort, P., P. 哈古尔特，167, *182*, 212, *216*
Hahne, A., A. 哈恩，205, 209, *214*
Haigh, C. A., C.A. 海各，167, *180*
Haikio, T., T. 海基奥，48, *55*, 121, *128*, 248, 249, 258, *259*
Haith, M., M. 海特，298, *309*
Hakala, C. M., C.M. 哈卡拉，220, 221, 225, *230*, *231*
Halderman, L. K., L.K. 海尔德曼，35, *41*
Hale, B. L., B.L. 哈勒，189, *201*
Hale, J. T., J.T. 哈勒，206, *214*

Hall, A., A. 霍尔，471, *478*
Hall, D. A., D.A. 霍尔，150, *162*
Hall, K. M., K.M. 霍尔，421, 422, *430*
Halldorson, M., M. 霍尔多森，221, *231*
Halle, M., M. 哈勒，21, *24*, 457, *462*
Halle, P. A., P.A. 哈勒，39, *41*
Halleran, J. G., J.G. 哈勒兰，225, 226, 227, *229*, *231*
Halliwell, J. F., J.F. 哈利威尔，205, *213*
Hambly, G., G. 汉姆布雷，24, *25*
Hamre, B. K., B.K. 汉姆雷，459, *461*
Han, Weijing.，韩 XX，84, *87*
Hand, C. J., C.J. 汉德，212, *214*
Handwerker, D. A., D.A. 汉德沃克，151, 157, *164*
Hanley, J. R., J.R. 汉雷，337, *341*
Hanna, G., G. 汉娜，137, *146*
Hannagan, T., T. 汉纳根，96, *97*, *98*, 137
Hanton, T. L., T.L. 汉顿，467, 470, 473, *476*
Hapgood, S., S. 哈普古德，470, *477*
Harber, J. R., J.R. 哈伯，439, *444*
Hardyck, C. D., C.D. 哈迪克，197, *200*
Hargreaves, I. S., I.S. 哈格里伍斯，35, 39, *43*
Harlaar, N., N. 哈拉尔，363, 367, 368, 369, 370, 371, 372, *373*, *374*
Harm, M. W., M.W. 哈姆，101, *112*, 155, 160, *162*, 176, *180*
Harper, S., S. 哈珀，406, 408, 410, *412*
Harring, J. R., J.R. 哈林，175, *180*
Harris, K. S., K.S. 哈里斯，382, *392*
Harris, L. N., L.N. 哈里斯，169, *179*
Harris, M., M. 哈里斯，317, *323*
Harris, P. L., P.L. 哈里斯，388, *391*
Harris, R., R. 哈里斯，388, *391*
Harris, S. E., S.E. 哈里斯，371, *373*
Harry, D. R., D.R. 哈利，452, 454, *461*
Hart, L., L. 哈特，135, 137, *147*, 299, *310*
Hart, S. A., S.A. 哈特，367, *374*, 397, *412*
Hartman, D. K., D.K. 哈特曼，474, *477*
Hartman, J. M., J.M. 哈特曼，474, *477*
Hartsuiker, R. J., R.J. 哈特绥克，135, 137, 168, *179*, *181*
Hartt, J., J. 哈特，350, *358*
Hasenstab, K., K. 哈森斯塔布，458, *461*
Hassunah-Arafat, S., S. 哈森纳－阿拉法特，405, *411*
Hatcher, P., P. 哈彻，330, *341*
Hauerwas, L. B., L.B. 郝瓦斯，320, *325*
Hauk, O.，O. 浩克，285, *288*, *289*
Havens, L. L., L.L. 哈文思，77, 78, *85–86*
Haworth, C. M., C.M. 哈沃斯，367, 371, *375*
Hawryluk, G. A., G.A. 霍利卢克，152, *162*
Hay, D. C., D.C. 黑，385, *393*
Hayes, D. P., D.P. 海耶斯，398, *412*
Hayes, H., H. 海耶斯，319, *323*, 329, *341*
Hayiou-Thomas, M. E., M.E. 哈尤－托马斯，365, 372, *373*, *374*
Hayward, W. G., W.G. 海沃德，387, *392*
He, S.，何生，385, *392*
Heathcote, A., A. 希斯科特，38, *41*
Hebert, B. M., B.M. 赫伯特，371, *373*
Hecht, S. A., S.A. 赫克特，331, *342*, 346, *359*, 405, *411*
Heckert, J., J. 赫克特，419, 420, *430*
Hedehus, M., M. 赫德胡斯，366, *374*
Hedges, L. V., L.V. 赫奇斯，406, 407, *412*
Heekeren, H. R., J.R. 西科伦，173, *182*
Heim, I., I. 黑姆，208, *214*
Heine, S. J., S.J. 海内，389, *391*
Hellawell, D., D. 海拉威尔，385, *393*

Heller, D., D. 海勒，120, 121, *128*, 195, *200*
Heller, R., R. 海勒，465, *477*
Hellwig, F. M., F.M. 海尔维格，329, 333, *340*
Henaff, M. A., M.A. 海内夫，377, 382, 384, *390*
Henders, A. K., A.K. 亨德士，371, *376*
Henderson, E., E. 亨德森，312, *323*
Henderson, J. M., J.M. 亨德森，48, *55*, *57*, 257, *259*, 263, 266, 267, 271, 272, *274*, 282, 287, *288*
Henderson, L., L. 亨德森，298, *309*
Hendrick, R., R. 亨德里克，210, *214*
Hendrix, P., P. 亨德里克斯，95, *96*
Hennessey, M. N., M.N. 海内塞，420, *430*, 472, 474, *477*
Henrich, J., J. 亨利希，389, *391*
Henry, M. L., M.L. 亨利，151, 158, 159, *163*
Henry, R. G., R.G. 亨利，151, 157, *164*
Hensel, S. L., S.L. 亨斯尔，433, 438, 439, 440, *443*, *444*
Hensler, B. S., B.S. 亨斯勒，367, *374*
Henstra, J. A., J.A. 亨斯特拉，207, *213*
Hepburn, K. S., K.S. 海普伯恩，457, *460*
Heredia, R. R., R.R. 海瑞迪亚，*180*
Herman, J., J. 赫尔曼，467, 470, 473, *476*
Hernandez, A., A. 赫南德兹，366, *373*
Hernandez, J. A., J.A. 赫南德兹，384, *391*
Hersch, J., J. 赫希，136, 137, 138, 139, 140, *146*, *147*
Herve, P. Y., P.Y. 何维，159, *164*
Hickok, G., G. 西科克，159, *162*
Hiebert, E., E. 希伯特，420, *429*
Hilberink-Schulpen, B., B. 希尔博林克－舒尔彭，171, *179*
Hill, D. R., D.R. 希尔，418, *429*
Hillerich, R. L., R.L. 席勒里希，311, *323*
Hillinger, M., M. 希林格，131, *147*, 295, *309*
Hillocks, G., G. 希洛克，471, *477*, *478*
Hillyard, S. A., S.A 希尔亚德，205, 212, *215*
Hindman, A. H., A.H. 兴德曼，398, 399, *412*, 447, 448, *460*
Hindorff, L. A., L.A 兴多夫，369, *374*
Hino, Y., Y. 希诺，33, *42*, 168, *181*
Hintzman, D. L., D.L. 兴兹曼，219, *230*
Hirotani, M.，广谷昌子，53, *55*, 196, 199, *200*
Hitch, G. J., G.J. 希契，349, *356*
Ho, C. S -H.，何淑娴，322, *323*, 337, *341*, *343*
Hodges, J. R., J.R. 霍奇斯，155, 156, 157, 160, 161, *162*, *163*
Hodgson, T. L., T.L. 霍奇森，288, *289*
Hoffman, H. S., H.S. 霍夫曼，382, *392*
Hoffman, K., K. 霍夫曼，438, *444*
Hoffman, P., P. 霍夫曼，150, *164*
Hoffmann, P., P. 霍夫曼，369, *374*
Hofmeister, A., A. 霍夫美斯特，409, 410, *412*
Hogan, T. P., T.P. 霍根，345, *357*, 448, 452, *460*
Hohenstein, S., S. 荷亨斯坦，255, 256, *259*, 267, 271, 272, *274*
Holcomb, P. J., P.J. 赫尔克木，83, *85*, 167, 168, *180*, *181*, 205, 208, *214*, *215*
Holden, M., M. 赫尔登，305, *309*
Hollingworth, A., A. 贺林沃思，205, *213*
Hollway, E. C., E.C. 霍尔伟，53, *58*, 267, 268, 269, 270, *276*, 285, *290*

Holmes, V. M., V.M. 霍尔姆斯，*127*, 158, *162*, 379, 380, *390*
Hong, Y. T., Y.T. 洪，155, *163*
Hood, M., M. 胡德，404, *412*
Hoonhorst, I., I. 胡恩霍斯特，382, *391*
Hoosain, R., R. 胡赛，233, 234, *243*, 255, *259*
Hoover, W. A., W.A. 胡佛，297, *310*, 345, 355, *358*, 362, *374*, 419, 424, *429*
Hope, T. M. H., T.M.H. 霍珀，159, *162*
Horn, E., E. 霍恩，311, *323*
Horsey, C., C. 霍塞，397, *411*
Horst, M., M. 霍斯特，416, *429*
Horton, W. S., W.S. 霍顿，474, *477*
Horton-Ikard, R., R. 霍顿－易卡德，435, *444*
Hoshino, N.，星野德子，168, *180*
Houde, O. O. 侯德，159, *164*
Hougen, M., M. 侯根，456, *459*, *460*
Houter, D., D. 侯特，294, *309*
Howard, D., D. 霍华德，151, 161, *163*
Howard, I., I. 霍华德，52, 53, *58*
Howerter, A., A. 霍沃特，387, *392*
Howes, C., C. 侯伟思，459, *461*
Howes, D. H., D.H. 侯伟思，64, *74*
Hsiao, J. H.，萧惠文，19, *24*
Hu, W.，胡伟，366, *374*
Huang, H. S.，黄秀霜，337, *341*
Hubel, D. H., D.H. 胡贝尔，27, *41*
Hudson, E., E. 哈德森，403, 405, *413*
Huey, E. B., E.B. 胡义，4, *9*, 261, *274*, 346, *358*
Huff, M. J., M.J. 休伊，39, *43*
Huijbers, P., P. 汇博思，102, *112*
Huijbregts, S. C. J., S.C.J. 汇布里茨，405, *412*
Hull, A. J., A.J. 胡尔，383, *391*
Hulme, C., C. 胡休姆，299, 305, *308*, *310*, 314, *322*, 328, 329, 330, 331, 332, 333, 334, 335, 339, *340*, *341*, 345, 348, 349, 356, *357*, *358*, *359*, 365, 372, *373*, *375*, 380, 383, *391*, *392*, 423, *429*
Hulslander, J., J. 胡尔思兰德，130, 131, 143, *146*, 367, *373*
Hummer, P., P. 赫默，303, *310*, 332, *343*
Humphreys, G. W., G.W. 汉弗雷，76, *85*, 89, *97*, 150, *162*
Hung, D. L., D.L. 洪兰，49, 50, *58*, *59*, 191, *201*, 237, *244*, 252, *260*
Hunter, D. J., D.J. 亨特，369, *374*
Hupet, M., M. 胡泊特，321, *323*
Hurst, J. A., J.A. 赫斯特，362, *374*
Huston, A. C., A.C. 赫斯顿，416, *429*
Hutchison, K. A., K.A. 哈钦森，36, 37, 38, *40*, *41*, 64, *74*, 82, *85*, 135, *146*
Huttenlocher, J., J. 赫滕洛克，305, *309*
Hyönä, J., J. 西奥纳，48, 50, 51, 52, 53, *55*, *56*, *58*, 116, 117, 118, 119, 120, 121, 122, 123, 124, 125, 126, *127*, *128*, 204, *215*, 238, *243*, 248, 249, 253, 258, *259*, *260*, 283, *288*

Ibrahim, M. H., M.H. 伊卜拉辛，435, 439, *444*
Idsardi, W., W. 伊德萨迪，432, *445*
Ikeda, M., M. 伊克达，46, 48, 53, *55*, 267, 271, 272, *274*
Indrisano, R., R. 英德利萨诺，405, *412*
Ingvar, M., M. 英格瓦尔，364, *373*, 383, 384, *390*, *392–393*
Inhoff, A. W., A.W. 英霍夫，45, 48, 49, 52, 53, *55*, *56*, *57*, 117, 118, 120, 121, *128*, 191, 195, *200*, 238, *243*, 250, 253, 258, *259*, *260*, 262, 266, 267, 269, 271,

272, *274*, *275*, 283, 286, 288, *288*
Isaacs, G. J., G.J. 伊萨克斯，435, 441, *444*
Ishida, T., T. 伊世达，53, *55*, 267, 271, 272, *274*
Isner, T., T. 伊斯纳，457, *460*
Issele, J., J. 伊斯勒，377, 384, *391*
Iverson, G., G. 以沃森，241, *244*
Ivy, L. J., L.J. 伊维，435, 439, *444*
Izquierdo-Garcia, D., D. 伊斯基尔多－加西亚，155, *163*

Jackson, B., B. 杰克逊，406, 409, 410, *413*
Jacob, R. T., R.T. 雅各布，416, *429*
Jacobs, A. M., A.M. 雅各布斯，31, *41*, 51, *56*, 63, 65, 67, *74*, 76, 78, 80, *85*, 137, *148*, 167, *180*, 263, *274*, 329, *343*
Jalil, S. B., S.B. 加利尔，38, *43*
Jamal, N. I., N.I. 哈马尔，169, *180*
James-Burdumy, S., S. 詹姆斯－布达米，422, 423, *429*
Jaquet, M., M. 贾克特，176, *179*
Jared, D., D. 贾里德，34, *41*, 52, *55*, 166, 167, 168, 173, 174, 175, 177, 178, *178*, *180*, 188, *200*
Jarmulowicz, L., L. 佳木罗维奇，174, *181*
Jarousse, J. P., J.P. 加洛斯，317, *323*
Jastrzembski, J. E., J.E. 佳斯特怎卜斯基，37, *43*
Jayanthi, M., M. 加扬提，457, 458, *460*
Jefferies, E., E. 杰弗里斯，151, 156, 161, *162*, *163*
Jencks, C., C. 基恩科斯，438, *444*
Jenkins, J. R., J.R. 基恩金斯，347, *358*
Jenner, A. R., A.R. 杰纳，132, *147*
Jetton, T. L., T.L. 捷腾，467, *475*
Jewkes, A. M., A.M. 尤科斯，398, *412*
Jimenez, J. E., J.E. 吉门兹，363, *374*
Jimenez, M., M. 吉门兹，81, 83, *86*
Joanette, Y., Y. 优纳特，151, 157, *164*
Jobert, A., A. 优博特，132, *146*, 381–382, 383, 385, 386, 387, 388, 389, *391*, *392*, *393*
Johnson, E. K., E.K. 约翰逊，318, *324*
Johnson, K., K. 约翰逊，382, *390*, *392*
Johnson, M., M. 约翰逊，210, *214*
Johnson, R. L., R.L. 约翰逊，38, *40*, 49, *55*, 70, *73*, *74*, 78, 80, 84, *86*, *87*, 89, *96*, *97*, *98*, 211, *214*, 251, *260*
Johnson-Laird, P. N., P.N. 约翰逊－莱尔德，217, *230*, 344, *358*
Johnston, J. C., J.C. 约翰斯通，189, *201*
Jonasson, J., J. 乔纳森，33, *40*, 77, *85*, 187, *200*
Jones, M. N., M.N. 琼斯，39, *41*
Jones, R., R. 琼斯，151, 156, 161, *162*, *163*
Jordan, G. E., G.E. 乔旦，407, 408, *412*
Jorm, A. F., A.F. 约姆，300, *310*
Joseph, H. S. S. L., H.S.S.L. 约瑟夫，53, *55*, 267, 271, 272, *273*, 283, 284, 285, 287, *288*, *289*
Joshi, R. M., R.M. 约什，456, 458, *459*, *460*
Joubert, S., S. 儒贝尔，151, 157, *164*
Jouravlev, O., O. 约拉莱夫，168, *180*
Joyce, B., B. 乔伊斯，457, *460*
Judd, T., T. 裘德，382, *390*
Juel, C., C. 尤尔，295, *309*
Juel, D., D. 尤尔，300, *309*
Juhasz, B. J., B.J. 尤哈斯，34, 38, *41*, 50, 51, 52, 53, *55*, *55–56*, *57*, 117, 118, 119, 120, 123, 125, 126, 127, *128*, 204,

215, 235, *243*, 247, 248, 249, 253, 256, 258, *259*, *260*, 267, *274*, 286, *289*
Jurgens, J., J. 尤根斯，403, *413*
Jurgens, R., R. 尤根斯，265, *273*, 281, *288*
Just, M. A., M.A. 贾斯特，53, *56*, 262, 263, 266, *274*, 283, *289*
Justice, L. M., L.M. 加斯提斯，300, *310*, 399, 407, 408, *412*

Kaakinen, J., J. 卡奇能，52, *56*
Kachur, R., R. 卡彻尔，470, 472, *477*
Kahn-Horwitz, J., J. 卡恩－霍维兹，177, *182*
Kail, R., R. 凯尔，337, *341*
Kaiser, J., J. 凯瑟，387, *390*
Kambe, G., G. 卡姆贝，53, *57*, 222, *230*, 253, 255, *259*, *260*, 267, *273*
Kamide, Y., Y. 卡米德，212, *213*
Kamii, C., C. 卡米，316, *323*
Kamil, M., M. 卡米尔，175, *180*
Kaniskan, R. B., R.B. 卡尼斯坎，424, *430*
Karlsson, F., F. 卡尔森，18, *24*
Katch, E. L., E.L. 卡奇，425, *429*
Katz, L., L. 卡兹，94, *97*, 110, *112*, 132, *147*, 299, *310*
Kauffman, R. K., R.K. 考夫曼，457, *460*
Kaufmann, W. E., W.E. 考夫曼，366, *375*
Kay, J., J. 凯，151, 158, *163*, *164*
Kay-Raining Bird, E., E. 凯－赖宁伯，320, *324*
Kazandjian, S., S. 卡赞建，384, *390*
Keating, P., P. 基廷，364, *374*
Keefe, D. E., D.E. 基夫，37, *42*
Keenan, J. M., J.M. 基南，136, *147*, 217, 221, *230*, 363, 367, 368, *373*
Kelcey, B., B. 科赛，454, *460*
Keller, M. C., M.C. 凯勒，370, *374*
Kello, C. T., C.T. 凯罗，38, *43*
Kemp, N., N. 肯普，318, 320, 321, *323*
Kempen, G., G. 肯鹏，102, *112*
Kendeou, P., P. 肯迪欧，225, 226, 227, *230*, 354, *358*
Kennedy, A., A. 肯尼迪，264, *274*, 288, *289*, 456, *460*
Kennison, S. M., S.M. 肯尼森，48, *56*, 196, *200*
Kentridge, R. W., R.W. 肯特里奇，53, *56*, 267, 271, 272, *274*
Kere, J., J. 科尔，369, *374*
Kerkhofs, R., R. 柯克福斯，166, *180*
Kerr, P. W., P.W. 科尔，51, *56*, 240, *243*, 263, 266, 268, *274*, *276*, 282, *289*
Kertesz, A., A. 科特斯，154, *162*
Kessler, B., B. 凯斯勒，21, 22, 23, *24*, *25*, 26, 38, *40*, *43*, 49, *54*, 64, *74*, 82, *85*, 94, *97*, 134, 135, *146*, *147*, 188, 193, *199*, *201*, 252, *259*, 312, 313, 314, 316, 318, 319, 321, *323*, *324*, 329, 333, 334, *340*, *341*, 452, *461*
Keuleers, E., E. 库利尔斯，38, *41*, 52, *56*, 64, *74*, *75*
KewalRamani, A., A. 科瓦尔拉玛尼，438, *443*
Khanna, M., M. 卡纳，296, *309*
Killion, T. H., T.H. 基利昂，37, *40*
Kim, A., A. 金，208, *214*
Kim, A.-H., A.-H. 金，417, *428*
Kim, E., E. 金，150, 151, 158, 159, *163*
Kim, J., J. 金，168, *180*, 192, 193, *200*
Kim, J. S., J.S. 金，457, 458, *460*
Kim, Y.-S., Y.-S. 金，338, *341*
King, S. A., S.A. 金，418, *429*

Kinoshita, S.，木下幸子，35, 38, *40*, *41*, 63, 64, 67, 68, 69, 70, 71, 72, 73, *73*, *74*, *75*, 90, 91, 95, 96, *97*, 140, 142, 144, *147*, 158, *162*, 332, *342*, 379, 380, *390*
Kintsch, W., W. 金茨奇，39, *41*, 173, *180*, 217, 218, 219, *230*, *231*, 344, *358*, 415, *429*, 467, *477*
Kiosseoglou, G., G. 齐欧休各娄，387, *391*
Kirby, J. R., J.R. 科尔比，175, *179*, 331, 335, *341*, *342*, 405, *413*
Kireyev, K., K. 柯尔耶夫，135, *147*
Kirkby, J.A., J.A. 柯克比，45, *56*
Klauda, S. L., S.L. 克劳达，421, 422, *429*
Klebanov, P., P. 克莱巴诺夫，416, *429*, 435, *443*
Klein, C., C. 克莱恩，284, *289*
Klein, O., O. 克莱恩，388, *393*
Kleinschmidt, A., A. 克莱恩施密特，386, *393*
Kliegl, R., R. 克里格尔，52, 54, *55*, *56*, 241, *244*, 255, 256, 257, 257., *259*, *260*, 264, 266, 267, 268, 269, 271, 272, *273*, *274*, *275*, 278, 282, 286, *288*, *289*
Klin, C. M., C.M. 科林，221, *230*
Klingberg, T., T. 科林伯格，366, *374*
Knierim, I. N., I.N. 科尼尔姆，381, *392*
Knight, R. T., R.T. 耐特，382, *390*
Ko, H.，柯华葳，235, *244*
Ko, M. L.，柯梦麟（音），470, 474, *476*
Koch, D., D. 科奇，388, 389, *391–392*
Koch, L., L. 科奇，432, *444*
Koda, K., K. 柯达，174, *181*
Koehler, M. J., M.J. 科勒，457, *461*
Kohler, C. T., C.T. 科勒，439, *444*
Kohsom, C., C. 科森，51, *56*
Kolenic, G. E., G.E. 科伦尼克，433, 439, 440, *443*
Kolers, P. A., P.A. 克勒斯，262, 264, *274*, 285, *289*
Kolinsky, R., R. 柯林斯基，11, *24*, 378, 379, 380, 381, 382, 383, 384, 385, 385–386, 386, 387, 388, *391*, *392*, *393*
Kolk, H. H., H.H. 柯尔克，208, *216*
Kolts, R., R. 科尔茨，432, *444*
Kong, Y.，孔勇（音），372, *375*
Konig, I. R., I.R. 科尼格，369, *374*
Konstantopoulos, S., S. 肯斯坦图普洛斯，416, *429*
Kooijman, V., V. 库伊曼，212, *216*
Korat, O., O. 克拉特，320, *323*, 405, *411*
Kosmidis, M. H., M.H. 科斯米迪斯，382, 387, 388, *390*, *391*
Kotterink, M., M. 科特林克，177, *182*
Kotz, S. A., S.A. 科茨，166, *181*
Kougious, P., P. 柯吉欧斯，110, *112*
Kraft, B. L., B.L. 卡拉夫特，409, 410, *412*
Krajcik, J. S., J.S. 克拉奇克，474, *476*
Kratzer, A., A. 克拉泽，208, *214*
Krebs-Lazendic, L., L. 科莱布斯－拉曾迪克，110, *112*
Kreher, D. A., D.A. 克莱合，208, *214*
Kroll, J. F., J.F. 克罗尔，166, 167, 168, 171, 175, *180*, *181*, 212, *213*
Kronbichler, M., M. 科隆比克勒，366, *375*
Krugel, A., A. 克鲁格尔，240, *243*
Kučera, H., H. 库瑟拉，64, 66, *74*, 280, *288*
Kucan, L., L. 库坎，425, *428*
Kucian, K., K. 库西安，389, *390*
Kugler, T., T. 库格勒，92, *97*
Kuhn, M., M. 库恩，304, *309*

Kukish, K., K. 库基什，297, *310*
Kuperberg, G.R., G.R. 库珀伯格，208, *214*
Kuperman, V., V. 库珀曼，35, 38, *40*, *41*, 52, *56*, 66, *74*, 117, 121, *127*, *128*, 131, *147*
Kuroki, C., C. 库洛奇，385, *391*
Kutas, M., M. 库塔思，205, 212, *214*, *215*
Kutsch Lojenga, C. 库茨克·罗仁加，16, 17, *25*

LaBerge, D., D. 拉伯格，294, *309*, 347, *358*
Labov, W., W. 拉波夫，432, 437, 439, 441, *444*
Lacey, P., P. 拉赛，38, *41*, 64, *74*
Lachmann, T., T. 拉克曼，384, *393*
Lafontaine, H., H. 拉芳丹，380, 383, *391*, *392*
Laham, D., D. 拉哈姆，320, *323*
Lai, C. S. L., C.S.L. 赖，362, *374*
Laibson, D., D. 莱布森，371, *373*
Laine, M., M. 莱纳，124, *128*
Laishley, A. E., A.E. 莱士利，52, *54*
Lam, E. A., E.A. 兰姆，418, *429*
Lam, K. J., K.J. 兰姆，171, *180*
Lambon Ralph, M. A., M.A.兰姆本·拉尔夫，150, 151, 153, 155, 156, 157, 158, 159, 160, 161, *162*, *163*, *164*
Lancelin, D., D.兰斯林，266, 268, *276*
Landauer, T. K., T.K. 兰道尔，39, *41*, 77, 79, *86*, 135, *147*, 320, *323*
Landerl, K., K. 兰德尔，329, 330, 332, 333, *340*, *341*, *343*, 365, *374*
Landgraf, S., S. 兰德格拉夫，388, 389, *391–392*
Landi, N., N. 兰迪，299, *309*
Landry, S., S. 兰德里，397, *412–413*
Langdon, R., R. 朗登，34, *40*, 63, 65, 67, *74*, 76, 77, *85*, 129–130, 130, 133, 144, *146*, 152, *162*, 167, 171, *179*
Langer, J. A., J.A. 兰格，468, 471, 472, *475*, *477*
Langston, C., C. 朗斯顿，319, *324*
Largy, P., P. 拉吉，321, *323*
Larsen, R. J., R.J. 拉森，35, *41*
Lassonde, K. A., K.A. 拉森德，224, 225, *229*, *230*
Laubrock, J., J. 劳布鲁克，255, 256, *259*, *260*, 267, 271, 272, *274*, 286, *289*
Lauer, K. D., K.D. 劳尔，421, 422, *430*
Laurent, P. A., P.A. 劳伦特，278, *289*
Lavalette, M., M. 拉瓦莱特，452, *460*
Lave, J., J. 拉夫，474, *477*
Lavelle, B., B. 拉威勒，457, *462*
Lawless, K. A., K.A. 劳莱斯，465, 466, *476*
Lawrence, J. M., J.M. 劳伦斯，169, *179*, 471, 473, 474, *477*, *478*
Lawson, M., M. 劳森，348, *358*
Lawson, P., P. 劳森，403, 405, *413*
Layton, A., A. 雷顿，348, *358*
Lea, R. B., R.B. 里，229, *230*
Lear, J. C., J.C. 里尔，221, *231*
Learned, J., J. 里尔尼德，420, *428*
Le Bihan, D., D. 勒比汉，156, *162*
Le Clec'H, G., H.G. 勒克雷，156, *162*
Ledward, A., A. 勒德瓦德，321, *322*
Lee, C. D.，卡洛尔·D. 李，464, 465, 467, 468, 471, 472, 474, *477*, *478*
Lee, C. Y.，李佳颖，49, *58*, 191, *201*, 252, *260*
Lee, Hye-won.，李慧原，192, 193, *200*
Lee, H. L.，李慧玲（音），366, *374*
Lee, J. R.，李俊仁（音），132, *147*

Lee, K.，李康，385, *392*, 404, *413*
Lee, V. E.，瓦莱丽 · E. 李，438, *444*
Lee, Y.，李英雅，192, 193, *200*, 210, *214*
Leech, R., R. 里奇，151, *164*
LeFevre, J.-A., J.-A. 勒斐弗尔，399, 400, 402, 403, 404, 405, 410, *413*
Leff, A. P., A.P. 勒夫，150, *162*
Lefly, D. L., D.L. 勒夫雷，365, *374*
Le Gargasson, J. F., J.F. 勒加尔加松，52, *55*
Lehericy, S., S. 勒赫李希，377, 382, 384, *390*
Lei, P.，雷佩华（音），421, 422, *430*
Leinenger, M., M. 雷能格，52, *56*
Lekkanen, M.-K., M.-K. 勒堪能，401, *413*
Lemaire, P., P. 勒麦尔，321, *323*
Lemhofer, K., K. 勒姆霍夫，166, 167, *181*
Lemmon, K., K. 勒门，347, 350, *357*
LeMoine, N., N. 勒姆瓦纳，439, 441, *444*
Lemons, C. J., C.J. 勒门斯，418, *429*
Lemos, L. S., L.S. 勒莫斯，316, *322*
Lenhart, A., A. 伦哈特，465, *477*
Leote, F., F. 利欧特，383, *390*
Leppanen, P. H., P.H. 勒帕能，364, 365, *374*, *375*
Leppanen, U., U. 勒帕能，335, *341*, 401, *413*
Lerner, I., I. 莱尔纳，93, 96, *97*
Lervag, A., A. 莱尔瓦格，328, 331, 332, 334, 335, 339, *340*, *341*, 419, 420, 421, *430*
Lesaux, N. K., N.K. 莱斯科，174, 175, *181*
Lesch, M. F., M.F. 莱斯克，49, *56–57*, 192, 193, *200*, 246, 251, *260*
Leseman, P. P. M., P.P.M. 莱斯曼，404, 405, *412*
Leskinen, E., E. 莱斯纪能，335, *342*
Leslie, L., L. 莱斯利，296, *309*
Lete, B., B. 莱特，329, *342*
Leung, Dilys.，龙 · 迪利斯，320, 321, *323*
Levelt, W. J. M., W.J.M. 勒韦尔特，104, 109, *112*
Lever, R., R. 勒佛，403, *413*
Levin, I., I. 勒文，300, *309*, 313, 319, 320, *323*, 399, 406, 407, 408, 409, 410, *411*, *413*
Levine, S., S. 勒文，471, 474, *477*
Levine, T. M., T.M. 勒文，345, *357*
Levine, W. H., W.H. 勒文，210, *214*, 221, *230*
Levitt, H. A., H.A. 勒维特，426, *429*
Levy, B. A., B.A. 勒维，52, *55*, 175, 177, 178, *180*
Levy, R., R. 勒维，52, 53, *58*, 206, 212, *215*
Levy-Schoen, A., A. 勒维 - 休恩，241, *243*, 282, *289*
Lewis, R. L., R.L. 刘易斯，206, 207, 209, 210, *213*, *215*
Leyden, A., A. 雷登，151, 158, 159, *163*
Li, H.，李海英，228, *230*
Li, H.，李洪，175, *181*, 336, *341*
Li, P.，李平，171, 176, *181*, *182*
Li, Q. L.，李青林，84, *86*
Li, S.，李甦，385, *392*
Li, W.，李卫君，233, 234, *243*
Li, X.，李兴珊，44, 51, 52, *56*, *57*, 192, *201*, 233, 234, 235, 236, 237.236, 238, 239, 240, 241, 242, *243*, *244*
Li, Y., 李延平，336, 339, *341*

Li, Z.，李志（音），425, *428*
Liang, F.，梁菲菲，235, 241, *242*, *244*
Liao, C. H.，廖晨惠，337, *341*
Libben, G., G. 里本，126, *128*
Libben, M. R., M.R. 里本，168, *181*
Liberman, A. M., A.M. 利伯曼，299, 302, *310*, 378, 382, *392*
Liberman, D., D. 利伯曼，314, *323*
Liberman, I., I. 利伯曼，294, *310*
Liewald, D., D. 里瓦尔德，371, *373*
Lima, S. D., S.D. 利马，50, *56*, 110, *112*, 253, *260*
Limber, J. E., J.E. 利姆伯，223, *229*
Lin, N.，林楠，233, 234, *243*
Linan-Thompson, S., S. 利南－汤普森，417, 418, *429*, *430*
Lindamood, P., P. 琳达莫德，335, *342*
Lindauer, B. K., B.K. 林道尔，350, *359*
Lindsey, K. A., K.A. 林德赛，174, 175, *181*
Linn, M. C.，玛西亚·C. 林，474, *477*
Linnes, K., K. 林恩斯，437, *444*
Linortner, R., R. 利诺特纳，332, *343*
Liow, S. J., S.J. 里奥，38, *43*
Lippi-Green, R., R. 里皮－格林，441, *444*
Liss-Bronstein, L., L. 利斯－布朗斯坦，452, *460*
Lissi. M. R., M.R. 利斯，405, *413*
Litavisky, M., M. 利塔维斯基，328, 331, 334, 335, 339, *340*
Litman, C., C. 利特曼，467, 470, 473, *476*
Little, C. A., C.A. 李特尔，424, *430*
Liu, Albert Yung-Hsu.，刘永旭（音），422, 423, *429*
Liu, H. 刘红云，175, *181*, 336, 337, 339, *341*, *342*
Liu, L.，刘丽，169, *179*
Liu, P.，刘萍萍，233, 234, 235, 236, 237, 241, *243*
Liu, T.，刘涛，366, *374*
Liu, W.，刘伟民（音），48, 49, *55*, *56*, 191, *200*, 250, *260*
Liu, Y.，刘燕妮，235, *243*, 266, *275*, 285, 288, *290*, 327, *342*
Liversedge, S. P., S.P. 里弗赛奇，45, 51, 52, 53, *54*, *55*, *55–56*, *56*, *57*, *58*, 84, *87*, 89, *98*, 204, 207, *215*, *216*, 234, 235, 236, 237, 238, 241, *242*, *243*, *244*, 248, 253, 257, 258, *259*, *260*, 267, 271, 272, *273*, *274*, *275*, 283, 284, 285, 287, *288*, *289*
Llagas, C., C. 拉加斯，438, *444*
Lo, L. Y.，卢立仁，337, *343*
Lo, Steson，斯特森·洛，136, 138, 139, 140, 141, 142, 144, 145, *146*
Locker, L., L. 洛克，79, 81, *87*
Lockhart, R. S., R.S. 洛克哈特，186, 194, *200*
Lockhead, G. R., G.R. 洛克黑德，387, *391*
Loftis, B., B. 罗夫提斯，38, *40*, 64, *74*, 82, *85*, 135, *146*
Loftus, E., E. 洛夫特斯，37, *40*
Logan, G. D., G.D. 罗根，32, *41*, 69, *74*
Logan, J. A. R., J.A.R. 罗根，367, *374*
Lombardino, L. J., L.J. 隆巴迪诺，313, *323*
Lonciari, I., I. 隆起亚利，365, *376*
Long, D. L.，德博拉·L. 龙，229, *230*
Long, R.，罗贝塔·龙，316, *323*
Longtin, C.-M., C.-M. 龙廷，39, *41*
Lonigan, C. J., C.J. 罗尼根，372, *374*, 400, 404, 405, *411*, *412*, *413*, 457, 458, *460*

Lont, A., A. 隆特，457, *460*
Lopes, J., J. 罗普斯，452, 454, *460–461*
Lorch, E.P., E.P. 洛克，354, *359*
Lorch, R. F., R.F. 洛克，36, *40*
Lowe, E., E. 罗伊，452, *460*
Lozano, A., A. 洛扎诺，383, *390*
Luan, H., H. 栾，337, *343*
Lucas, M., M. 卢卡斯，36, *41*
Luce, P. A., P.A. 鲁斯，78, *86*
Luck, M., M. 卢克，424, 425, *429*
Ludlow, L. H., L.H. 卢德洛，471, *477*
Ludwig, K. U., K.U. 路德维希，369, *374*
Lugo-Gil, J., J. 卢戈-吉尔，422, 423, *429*
Lukatela, G., G. 卢卡特拉，35, *41*
Luke, S. G., S.G. 卢克，267, 271, 272, *274*
Luksaneeyanawin, S., S. 卢克萨尼衍纳文，379, *392*
Lund, K., K. 隆德，64, *74*
Lundblom, E. G., E.G. 龙德布罗姆，425, *429*
Lundy, G., G. 龙迪，432, *444*
Lupker, S. J., S.J. 卢普科，33, 35, 37, *41*, *42*, 65, 67, 70, 71, *74–75*, *75*, 78, 81, 82, 84, *85*, *86*, 89, 90, 91, *98*, 138, 144, *147*, 166, 168, 171, *179*, *180*, *181*
Luria, A. R., A.R. 鲁里亚，387, 388, *392*
Luster, T., T. 鲁斯特，438, *445*
Luzzi, S., S. 路兹，155, *162*
Lynch, J., J. 林奇，354, *358*, 404, *413*
Lyon, G. R., G.R. 莱昂，362, *374*, 449, 455, *461*
Lyytinen, H., H. 利提能，331, 332, 333, *341*, 364, 365, *374*, *375*, 389, *390*
Lyytinen, P., P. 利提能，364, 365, *374*, *375*
Ma, G.，马国杰，239, 240, *243*
Maamouri, M., M. 马木里，441, *444*
Maat, P., P. 马特，352, *359*
Macaruso, P., P. 马卡如梭，348, *359*
MacDonald, B., B. 麦克唐纳，365, *374–375*
MacDonald, M. C., M.C. 麦克唐纳，206, *215*
MacGinitie, W., W. 麦金蒂，305, *309*
Maclean, R., R. 麦克里恩，300, *310*
MacPhie, I. L., I.L. 麦克非，369, *375*
MacWhinney, B., B. 麦克维尼，172, *181*, *182*
Madden, M., M. 麦登，465, *477*
Magliano, J. P., J.P. 马格里阿诺，229, *230*, 471, 473, *477*
Magnuson, K., K. 马格努森，416, *429*
Magnusson, S., S. 马格努森，469, 470, *477*
Mahone, M. E., M.E. 马赫恩，345, *357*
Majerus, S., S. 马杰鲁斯，383, *392*
Majewski, H., H. 马友斯基，53, *58*, 204, *215*
Major, J., J. 梅杰，409, 410, *412*
Makuch, R., R. 马库奇，363, *375*
Malhotra, B. A., B.A. 马尔霍特拉，468, *476*
Malkova, G. S., G.S. 马尔科娃，330, 335, 339, *340*, *341*, 380, *391*
Mancilla-Martinez, J., J. 曼琪拉-马提内，175, *181*
Mandera, P., P. 曼德拉，64, *75*
Manis, F. R., F.R. 曼尼斯，174, 175, *181*, 364, *374*
Mann, V., V. 曼恩，333, *341*, 400, *412*
Manning, F. H., F.H. 曼宁，465, 466, *476*
Manning, G., G. 曼宁，316, *323*

Manning, M., M. 曼宁，316, *323*
Manolio, T. A., T.A. 马诺里欧，369, *374*
Manolitsis, G., G. 马诺利特西斯，331, 332, 333, *341*, 401, 405, *413*
Maratsos, M., M. 马拉特索斯，210, *216*
Marcel, A. J., A.J. 马塞尔，157, 158, *163*
Marcelletti, D., D. 马塞莱蒂，458, *461*
Marcus, M. P., M.P. 马库斯，204, *215*
Marelli, M., M. 马来里，95, *96*
Margalit, T., T. 马加利特，313, 319, *323*
Marin, O. S. M., O.S.M. 马林，156, *163*
Markessis, E., E. 马克西斯，382, *391*
Markham, L. R., L.R. 马克汉姆，433, *444*
Markman, E. M., E.M. 马克曼，352, *358*
Marron, M. A., M.A. 马伦，352, *359*
Marsh, H. W., H.W. 马什，397, *411*
Marshall, J. C., J.C. 马歇尔，149, 151, 152, 155, 160, *163*, 189, *200*, 471, *477*
Marslen-Wilson, W., W. 马斯伦－威尔逊，36, *42*, 88, 92, *97*, 108, *112*, 250, *260*, 285, *288*
Martelli, M., M. 马特里，94, *97*
Martensen, H. E., H.E. 马滕森，166, *182*
Martin, A. E., A.E. 马丁，210, *215*
Martin, E., E. 马丁，246, *260*, 389, *390*
Martin, N. M., N.M. 马丁，466, *476*
Martin, S. S., S.S. 马丁，403, *414*
Martinet, A., A. 马蒂奈特，13, 18, *25*
Martinez Perez, T., T. 马提内斯·佩雷斯，383, *392*
Martini, F., F. 马提尼，399, 400, 402, 404, *413*
Martins, B., B. 马丁斯，384, *391*
Martin-Suesta, M., M. 马丁－苏斯塔，81, 83, *86*
Martinussen, R., R. 马丁努森，331, *341*
Martos, F., F. 马托斯，298, *308*, 329, 330, *340*
Marx, R. W., R.W. 马克思，474, *476*
Mashburn, A. J., A.J. 马世博恩，459, *461*
Mason, R. A., R.A. 马森，222, 225, *230*, 468, *478*
Mason, W., W. 马森，38, *41*
Masonheimer, P., P. 马森海默，300, *310*
Massey, D., D. 马塞，432, *444*
Masterson, J. J., J.J. 马斯特森，439, *444*
Mastropieri, M. A., M.A. 马斯特罗皮里，419, 420, *428*
Materek, A., A. 马特莱克，345, *357*
Mather, N., N. 马特，452, *459*, *461*
Mathes, P., P. 马特斯，419, *430*
Matin, E., E. 马丁，44, *56*, 282, *289*
Matsuki, K., K. 马特苏基，168, *178*
Matthews, R., R. 马修斯，300, *310*
Matute, E., E. 马图特，387, *392*
Matzke, D., D. 马特兹克，39, *41*, 271, *274*
Mauner, G., G. 茅纳，211, *215*
Maurer, U., U. 茅若，380, 382, *393*
Mayberry, R. I., R.I. 梅伯里，49, *54*, 251, 252, *259*
Mayer, M., M. 梅耶，436, *444*
Mayringer, H., H. 梅林格，332, 333, *343*
Mayzner, M. S., M.S. 梅兹纳，27, *40*, 295, *310*
McBride-Chang, C.，凯瑟琳·麦克布莱德，175, *181*, 322, *324*, 336, 337, 338, 339, *340*, *341*, *342*, 364, *374*, 387, *392*, 406, 407, 408, 410, *412*McCandliss, B. D., 176, 178, *182*, 380, 382, *393*
McCarthy, D., D. 麦卡锡，347, *358*
McCarthy, K., K. 麦卡锡，228, 229, *230*
McCarthy, R. A., R.A. 麦卡锡，152, 154,

163
McCartney, K., K. 麦卡特尼，368, *375*
McClelland, J. L., J.L. 麦克莱兰，26, 27, 28, 30, 32, 33, 34, *41*, *42*, 63, 65, 67, *75*, 76, 78, 82, *86*, 88, 90, *97*, *98*, 100, 101, 103, *112*, 130, 133, 145, *147*, 154, 155, 156, 158, 160, *163*, 167, 169, 171, 174, *181*, *182*, 188, 189, *200*, *201*, *239*, *243*
McCoach, B., B. 麦克科奇，424, 426, *429*, *430*
McConkie, G. W., G.W. 麦康奇，47, 48, 49, 51, 54, *56*, *57*, *59*, 77, *86*, 190, *200*, 235, 236, 240, 241, *243*, *244*, 245, 246, 249, 255, *260*, 262, 263, 264, 266, 268, *274*, *275*, *276*, 282, *289*
McConnell, K., K. 麦康奈尔，53, *58*, 204, 205, 212, *215*, *216*, 269, *275*, 281, 288, *290*
McCormick, S. F., S.F. 麦克米克，38, *40*, 70, *73*, 89, *96*
McCrory, E., E. 麦克洛丽，331, *342*, 366, *374*
McCutchen, D., D. 麦卡琴，196, 198, *200*, 452, 454, *461*
McDonald, D., D. 麦克唐纳，365, *373*
McDonald, J. E., J.E. 麦克唐纳，32, *42*
McDonald, J. L., J.L. 麦克唐纳，433, *445*
McDonald, S. A., S.A. 麦克唐纳，264, 266, 269, *274*, 286, *289*
McElree, B., B. 麦克艾尔利，210, *215*
McEvoy, B. P., B.P. 麦克沃伊，371, *376*
McEvoy, C.L., C.L. 麦克沃伊，34, 39, *42*
McEvoy, M. A., M.A. 麦克沃伊，399, *413*
McGee, R., R. 麦克吉，363, *375*
McGinty, A. S., A.S. 麦克金蒂，407, 408, *412*
McGlinchey-Berroth, R., R. 麦克格林奇-贝罗特，150, *163*
McGonigal, A., A. 麦戈尼格尔，38, *40*
McGrath, L., L. 麦克格拉特，365, 369, *374*
McGuigan, F. J., F.J. 麦克吉甘，197, *200*
McGuire, J. M., J.M. 麦克齐尔，452, *460*
McGuire, P. K., P.K. 麦奎尔，382, *390*
McKague, M., M. 麦克卡格，38, *40*, 70, *73*
McKay, A., A. 麦克凯，156, *163*
McKeown, M. G., M.G. 麦基欧，347, *356*, 423, 425, *428*, *430*, 466, 467, *477*
McKinnon, L., L. 麦金农，404, *412*
McKoon, G., G. 麦克库恩，31, *42*, 65, 66, *75*, 80, *86*, 219, 220, 223, 224, *230*
McLoyd, V. C., V.C. 麦克罗伊德，438, *444*
McMaster, K. L., K.L. 麦克马斯特，418, *429*
McNair-Knox, F., F. 麦克奈尔-诺克斯，437, *445*
McNamara, D. S., D.S. 麦克纳马拉，420, *430*, 467, *477*
McNamara, T. P., T.P. 麦克纳马拉，36, 37, *41*
McNeil, J., J. 麦克奈尔，150, *164*
McNorgan, C., C. 麦克诺根，34, *41*, 380, *390*
McQueen, J. M., J.M. 麦奎恩，68, *75*
McRae, A., A. 麦克雷，421, 422, *429*
McRae, K., K. 麦克雷，34, *41*, 174, *180*, 206, *215*
Meaburn, E. L., E.L. 米本，367, 369, 370, 371, 372, *374*, *375*

Meadows, J., J. 米多斯，425, *428*
Mecklinger, A., A. 麦克林格，205, *214*
Medina, V., V. 麦迪娜，382, *391*
Meer, E., E. 米尔，388, 389, *391–392*
Megherbi, H., H. 梅格比，351, *358*
Mehler, J., J. 梅勒，82, *86*
Melby-Lervag, M., M. 梅尔比－勒瓦格，419, 420, 421, *430*
Mencl, W. E., W.E. 门科尔，132, *147*, 299, *309*
Mendez, M. F., M.F. 门德兹，157, *163*
Mendonca, A., A. 门东卡，384, *390*
Mendoza, V. U., V.U. 门多扎，383, *390*
Meng, H., 孟红霞，241, *244*
Mengarda, E. J., E.J. 梦嘎达，11, *24*, 385, *391*
Meot, A., A. 米欧特，38, *41*, 64, *74*
Mercer, K. A., K.A. 摩瑟，35, *41*
Merickle, P. M., P.M. 梅里克尔，349, *357*
Meseguer, E.，E. 梅瑟古尔，53, *56*
Mesgarani, N.，N. 梅斯加拉尼，382, *392*
Metsala, J. L.，J.L. 梅特萨拉，381, *391*, *392*
Metz, N.，N. 梅兹，464, *478*
Mewhort, D. J. K.，D.J.K. 缪霍特，38, 39, *41*
Meyer, A. S.，A.S. 梅尔，104, 109, *112*
Meyer, B. J. E.，B.J.E. 梅尔，421, 422, *430*, 466, *477*
Meyer, D. E.，D.E. 梅尔，36, *41*, 187, *200*
Meyer, E.，E. 梅尔，380, *393*
Miceli, G.，G. 米瑟里，82, *85*, 161, *162*
Michaels, S.，S. 迈克尔，472, *477–478*
Michel, F.，F. 迈克尔，377, 382, 384, 390
Midgley, K. J.，K.J. 米德格雷，167, 168, *179*, *180*, *181*
Miellet, S.，S. 米勒特，46, 49, *56*, *58*, 212, *214*, 251, *260*
Milberg, W. P.，W.P. 米尔伯格，150, *163*
Miles, J.，J. 迈尔斯，330, *340*
Milin, P.，P. 米林，95, *96*
Miller, B.，B. 米勒，117, 118, *127*
Miller, B. L.，B.L. 米勒，151, 157, *164*
Miller, G. A.，G.A. 米勒，34, *41*, 210, *215*
Miller, J. F.，J.F. 米勒，435, *444*
Miller, L. L.，L.L. 米勒，369, 372, *375*
Miller-Jones, D.，D. 米勒－琼斯，441, *445*
Millis, K. K.，K.K. 米李斯，473, *477*
Mills, L.，L. 米尔斯，68, *74*
Mincey, B.，B. 闵塞，426, *430*
Mintun, M.，M. 闵顿，26, *42*
Mion, M.，M. 米昂，155, *163*
Miozzo, M.，M. 米欧左，152, 158, *162*, *163*
Misra, M.，M. 米斯拉，171, *181*
Mitchell, D. C.，D.C. 米切尔，207, *214*, 288, *289*
Mitchell, K.，K. 米切尔，398, 399, *411*
Mitchell, P.，P. 米切尔，320, *323*
Mittau, M.，M. 米涛，51, *58*
Miura, T. K.，T.K. 缪拉，173, *181*
Miwa, K.，K. 米瓦，166, *179*
Miyake, A.，三宅晶，387, *392*
Miyamoto, Y.，宫本百合，388, *392*
Mo, D.，莫德圆，209, *216*
Moats, L. C.，L.C. 牟茨，295, *310*, 426, *430*, 447, 448, 451, 452, 453, 457, 458, 459, *460*, *461*
Modat, M.，M. 摩达特，156, *163*
Mohamed, M. T.，M.T. 默哈穆德，203,

213
Moje, E. B., E.B. 摩耶，464, 465, 466, 468, 474, *477*, *478*
Mol, S. E., S.E. 摩尔，398, 405, *413*
Molenaar, P. C., P.C. 莫勒纳尔，368, *374*
Molfese, P. J., P.J. 摩尔福斯，363, *375*
Mollick, E., E. 摩利克，10, *25*
Mommers, M. J. C., M.J.C. 莫默斯，311, *323*
Monaco, A. P., A.P. 默纳克，362, 369, *373*, *374*, *375*
Monaghan, P., P. 莫纳根，67, *75*
Mondt, K., K. 门德，365, *374*
Montant, M., M. 门滕特，79, *85*, 96, *98*, 380, 381, *392*
Montgomery-Anderson, B., B. 门特各莫里－安德森，20, *25*
Montico, M., M. 蒙蒂科，365, *376*
Montiel, T., T. 蒙提尔，387, *392*
Monzalvo, K., K. 门扎尔沃，382, 385, 389, *392*
Mooney, P., P. 穆尼，417, 419, 420, *428*
Moore, D., D. 摩尔，299, *309*
Morais, J., J. 莫赖斯，11, *24*, 364, *374*, 378, 379, 380, 381, 382, 383, 384, 385, 385–386, 386, 387, 388, *390*, *391*, *392*, *393*
Moret-Tatay, C., C. 莫莱特－塔特易，38, *40*
Moretti, S., S. 摩莱蒂，399, *412*
Morey, R. D., R.D. 莫雷，241, *244*
Moroschan, G., G. 莫罗斯肯，160, *164*
Morris, A. P., A.P. 莫里斯，369, *375*
Morris, D., D. 莫里斯，300, *310*
Morris, K., K. 莫里斯 466, *477*
Morris, P. A., P.A. 莫里斯，424, 426, *428*
Morris, R. K. R.K. 莫里斯，23, *24*, 49, 51, 52, 53, *55*, *56*, *56–57*, *57*, 194, 195, 196, *200*, *201*, 203, 207, 211, *213*, *214*, 223, *230*, 246, 251, *260*, 267, *273*
Morrison, F. J., F.J. 莫里森，335, *342*, 369, *375*, 398, *412*, 416, 424, 425, 426, *429*, *430*, 447, 448, 452, 455, *460*, *461*
Morrison, R. E., R.E. 莫里森，46, 48, 50, 52, 53, *56*, *57*, 263, 267, 271, 272, *274*, *275*
Morton, J., J. 默顿，28, 32, *41*, 88, *97*, 100, *112*, 152, *163*
Moscoso del Prado Martin, F., 莫斯科索·德尔普拉多·马丁，F.109, *111*, 141, *146*
Moseley, M. E., M.E. 莫斯利，366, *374*
Moss, H. E., H.E. 莫斯，160, *164*
Mousikou, P., P. 莫司寇，328, 331, 334, 335, 339, *340*
Mueri, R. M., R.M. 缪里，150, *163*
Mufwene, S., S. 穆夫维恩，435, *444*
Mullennix, J., J. 穆勒尼克斯，37, *43*, 174, *182*
Muller, L. M., L.M. 穆勒，424, *430*
Muneaux, M., M. 穆尼奥克斯，381, *392*
Munoz, M. L., M.L. 穆诺兹，436, *444*
Munoz, S., S. 穆诺兹，72, *74*
Murdock, B. B., Jr., B.B. 小默多克，219, *230*
Murphy, L., L. 墨菲，48, *57*, 467, 470, 471, 473, *478*
Murphy, P. K., P.K. 墨菲，420, *430*, 472, 474, *477*
Murray, C. S., C.S. 穆雷，418, *430*, 464, *478*
Murray, W. S., W.S. 穆雷，32, *42*, 76, *86*
Murrell, G. A., G.A. 穆雷尔，100, *112*

Muse, A., A. 慕斯，337, 339, *341*
Muter, V., V.M. 穆特，330, 332, 334, *341*, 348, *358*
Mycroft, R. H., R.H. 麦克劳福特，151, *163*
Myers, J. L., J.L. 梅耶斯，219, 220, 221, 222, 223, 225, *229*, *230*, *231*

Naccache, L., L. 纳卡彻，377, 382, 384, *390*
Nag, S., S. 纳格，336, 338, 339, *342*
Nagy, W. E., W.E. 纳吉，346, *358*
Nakamoto, J.，乔纳森 · 中本，174, 175, *181*
Nakamura, K.，中村仁洋，168, *179*, 385, *391*, *392*
Nakayama, M.，中山真里子，81, 84, *86*, 168, *181*
Napoleao, R. F., R.F. 那坡里奥，316, *322*
Napoliello, E. M., E.M. 那坡里洛，169, *180*
Narkiss, A., A. 那齐斯，174, 178, *180*
Nation, K., K. 内申，135, 143, *146*, *147*, 307, *310*, 347, 348, 349, 355, *357*, *358*, 363, *374*, 383, *392*
Nazzi, T., T. 纳兹，82, *86*
Neary, D., D. 尼尔里，155, *162*
Neath, J., J. 尼特，158, *162*, 379, 380, *390*
Neely, J. H., J.H. 尼里，26, 37, 38, 39, *41*, *42*, *43*
Neilsen, A., A. 内尔森，294, *309*
Neisser, U., U. 内瑟尔，4, *9*, 27, *42*
Nelson, D. L., D.L. 内尔森，34, 39, *42*
Nelson, J., J. 内尔森，151, *162*
Nelson, J. R., J.R. 内尔森，417, 419, 420, *428*
Nepomuceno, L., L. 内波木森诺，379, 382, *393*
Nespor, M., M. 内斯珀尔，82, *86*
Nestor, P. J., P.J. 内斯特，155, 156, 157, 160, *162*, *163*
Neuman, S. B., S.B. 纽曼，457, *461*
Neville, H. J., H.J. 纳维尔，205, *215*
New, B., B. 钮，32, 33, 36, 38, *40*, *41*, *42*, 64, 66, 67, *74*, 82, *86*, 122, *128*
Newbury, D. F., D.F. 纽波利，369, *375*
Newcombe, F., F. 纽科姆，149, 151, 152, 155, 160, *163*, 189, *200*
Newman-Gonchar, R., R. 纽曼－贡卡尔，422, 423, *429*
Newport, E. L., E.L. 纽波特，318, *324*
Ngorosho, D., D. 尼戈罗索，313, *322*
Nguyen-Hoan, M., M. 阮洪安，107, *112*
Nicholson, R. I., R.I. 尼科尔森，*374*
Nicholson, T., T. 尼科尔森，295, 297, *310*
Nickels, L., L. 尼科尔斯，106, 107, 108, 109, 110, *111*, 154, 158, *163*
Nickels, M., M. 尼克尔斯，354, *359*
Nicol, J. L., J.L. 尼克尔，168, *179*, 205, *215*
Nicolson, R. I., R.I. 尼克尔森，365
Nie, H.，聂鸿音，378, *393*
Niebuhr, A., A. 尼布尔，319, *324*
Niedermeyer, F. C., F.C. 尼德梅尔，409, 410, *413*
Niemi, P., P. 尼米，48, *55*, 283, *288*, 335, *341*, 401, *413*
Nievar, M. A., M.A. 尼瓦尔，438, *445*
Nisbett, R. E., R.E. 尼斯贝特，319, *324*, 388, *392*
Niswander, E., E. 尼斯旺德，109, 110, *112*, 123, *128*
Niswander-Klement, E., E. 尼斯旺德－

克莱门特，123, 126, *127*, *128*
Noble, K., K. 诺布尔，156, *163*
Noel, R. W., R.W. 诺尔，32, *42*
Noelle, D., D. 诺艾尔，145, *147*
Nokes, J. D., J.D. 诺克斯，469, *477*
Norenzayan, A., A. 诺伦扎言，389, *391*
Norris, D., D. 诺里斯，31, 32, *42*, 63, 64, 65, 66, 67, 68, 69, 71, 72, 73, *74*, *75*, 76, 82, *86*, 90, 91, 95, 96, *97*, 140, 142, 144, *147*, 212, *215*, 332, *342*
Norton, E. S., E.S. 诺顿，331, *342*
Notenboom, A., A. 诺顿布姆，317, 321, *323*
Novy, D. M., D.M. 诺威，314, *323*
Nunes, G., G. 努恩斯，381–382, 383, 385, 386, 388, 389, *391*, *392*
Nunes, S. R., S.R. 努恩斯，133, *146*, 294, 302, *309*, 379, *391*, 417, *429*
Nunes, T., T. 努恩斯，304, *310*, 316, 317, 318, 319, 320, 321, *322*, *323*, *324*
Nunes Carraher, T., T. 努恩斯・卡拉赫，315, 316, *324*
Nurmi, J.-E., J.-E. 努尔米，335, *341*, *342*, 401, *413*
Nuthmann, A., A. 努特曼，54, *55*, 241, *244*, 262, 264, 266, 267, 268, 269, 271, 272, *274*, *275*, 278, *288*
Nyffeler, T., T. 尼福勒，150, *163*
Nyholt, D. R., D.R. 尼霍尔特，371, *376*
Nystrand, M., M. 尼斯特兰，470, 471, 472, *475*, *477*

Oakhill, J. V., J.V. 奥克希尔，345, 346, 347, 348, 349, 350, 351, 352, 354, 355, *357*, *358*, *359*, *360*, 419, *430*
Oakley, D. D., D.D. 欧克利，354, *359*
Oberhuber, M., M. 欧泊胡博，159, *162*
O'Brien, E. J., E.J. 奥布赖恩，219, 220, 221, 222, 223, 224, 225, 226, 227, 228, *229*, *230*, *231*
O'Brien, G., G. 欧布里恩，458, *461*
Ocker-Dean, E., E. 欧克－迪恩，456, *460*
O'Connell, A. A., A.A. 奥康奈尔，426, *429*
O'Connor, C., 472, C. 奥康纳，*476*, *477–478*
O'Connor, P. A., P.A. 奥康纳，36, 39, *40*, *43*, 109, *111*, 141, *146*
O'Connor, R. E., R.E. 奥康纳，78, *86*, 416, 417, 418, *428*, *429*
O'Donnell, P. J., P.J. 奥唐奈，46, 52, *56*, *58*, 211, 212, *214*, *215*, 285, *290*
O'Dowd, D., D. 奥多德，78, *85*
Oetting, J. B., J.B. 奥廷，433, 437, *445*
Ogawa, S.，小川诚二，385, *391*
O'Hara, C., C. 欧哈拉，296, *309*
Older, L., L. 欧尔德，88, *97*
Oliveira, C., C. 欧利维拉，452, 454, *460–461*
Olkin, O., O. 欧尔金，406, 407, *412*
Oller, D. K., D.K. 欧勒，174, *181*
Olshavsky, J. E., J.E. 欧尔沙夫斯基，470, 471, *478*
Olson, D., D. 欧尔森，378, *392*
Olson, L. S., L.S. 欧尔森，397, *412*
Olson, R. K., R.K. 欧尔森，130, 131, 136, 143, *146*, *147*, 299, *310*, 326, 332, *342*, 363, 365, 367, 368, 372, *373*, *374*, *374–375*, *375*
Omanson, R. C., R.C. 欧曼森，350, *359*
Oney, B., B. 欧内，329, *341*
Ong, B., B. 本翁，345, *358*
Ong, W. J.，瓦尔特・J. 翁，388, *392*

Onochie-Quintanilla, E., E. 欧诺琦－奎恩塔尼拉，328, 331, 334, 335, 339, *340*
O'Regan, J. K., J.K. 欧利根，46, 51, 52, *55*, *56*, *58*, 78, 80, *85*, *127*, 241, *243*, 263, 266, 268, *274*, *276*, 282, *289*
Orihuela, K., K. 欧利胡拉，384
Ornan, U., U. 沃南，92, *97*
Orphanos, S., S. 沃法诺斯，457, *460*
Osborne, J., J. 沃斯伯恩，473, *478*
O'Shanahan, I., I. 欧沙纳汉，363, *374*
Osterhout, L., L. 欧斯特霍特，205, 208, *214*, *215*
Ostrosky-Solis, F., F. 沃斯特罗斯基－索利斯，383, *390*
Otake, S., S. 欧塔克，399, *413*
Ouellette, G. P., G. P. 欧莱特，347, *359*, 403, *413*
Overby, M., M. 欧沃比，466, *477*
Owen, W. J., W.J. 欧文，34, *42–43*
Oyama, S., S. 欧亚马，367, *374*
Ozuru, Yasuhiro，大鶴康裕，465, *476*

Paap, K. R., K.R. 帕普，32, *42*
Packard, J. L., J.L. 帕卡德，233, *243*
Pacton, S., S. 帕克顿，177, *181*, 318, 319, 320, 321, *324*, 328, 329, *342*
Padakannaya, P., P. 帕达卡那亚，169, *179*
Pagan, S., S. 帕甘，403, *413*
Pajunen, A., A. 培优能，52, *58*
Palinscar, A. S., A.S. 帕林斯卡，356, *359*, 466, 469, 470, 473, *477*, *478*
Palladino, P., P. 帕拉迪诺，349, 350, *357*
Pallier, C., C. 帕里叶，33, 38, *41*, *42*, 64, *74*
Pan, J.，潘敬儿，175, *181*
Panaccione, C., C. 帕拿起昂，135, *147*
Pancheri, E., E. 潘彻里，161, *162*
Pandav, R., R. 潘达沃，387, *393*
Pannekamp, A., A. 潘纳坎普，388, 389, *391–392*
Pany, D., D. 帕尼，347, *358*
Papapavlou, A., A. 帕帕帕夫娄，441, *445*
Paracchini, S., S. 帕拉齐尼，369, *375*
Paradis, M., M. 帕拉迪斯，175, *181*
Pare-Blagoev, J., J. 帕尔－布拉戈夫，473, 474, *477*
Paris, A. H., A.H. 帕里斯，354, *359*
Paris, S. G., S.G. 帕里斯，350, 354, *359*
Park, S., S. 帕克，338, *340*
Parker Jones, O., O. 帕克·琼斯，159, *162*
Parkin, A. J., A.J. 帕尔金，349, *357*, *359*, *360*
Parrila, R., R. 帕里拉，331, 332, 333, 335, 337, *341*, *342*, 401, 405, *413*
Parris, S. R., S.R. 帕里斯，419, 423, *428*
Partanen, J. N., J.N. 帕塔能，418, *429*
Pasquarella, A., A. 帕斯卡雷拉，178, *179*
Patel, R. K., R.K. 帕特尔，348, 349, *356*
Patel, S., S. 帕特尔，313, 319, *323*
Patel, T. K., T.K. 帕特尔，333, *342*
Paterson, K. B., K.B. 帕特森，84, *87*
Patil, R., R. 帕提尔，203, *213*
Patson, N., N. 帕特森，348, 352, *357*
Pattamadilok, C., C. 帕塔马蒂洛克，379, 380, 381, 383, 388, *391*, *392*, *393*
Patterson, K., K. 帕特森，32, 33, 34, *42*, *98*, 101, *112*, 130, 147, 150, 151, 152, 153, 154, 155, 156, 157, 158, 160, 161, *162*, *163*, *164*, 171, *181*, 188, 189, *200*
Paulesu, E., E. 泡勒苏，157, 159, *162*,

366, *374*, *375*
Paulmann, S., S. 保尔曼，166, *181*
Pavlou, P., P. 帕夫娄，441, *445*
Payton, A., A. 佩顿，371, *373*
Pearson, B. Z., B.Z. 皮尔森，174, *181*
Pearson, J., J. 皮尔森，207, *216*
Pearson, P. D., P.D. 皮尔森，352, *359*, 419, 420, *430*, 470, *476*
Peart, E., E. 皮尔特，84, *87*
Peaster, L. G., L.G. 匹斯特，417–418, *428*
Pederson, E., E. 佩德森，385, *391*
Pedroarena-Leal, N., N. 皮德罗丽娜－里尔，380, *390*
Pedroll, K., K. 皮德洛尔，365, *373*
Peereman, R., R. 皮尔曼，329, *342*, 380, *392*
Peeters, D., D. 皮特斯，38, *40*, 166, *181*
Pegado, F., F. 佩加多，132, *146*, 381–382, 383, 385, 386, 388, 389, *391*, *392*
Pelleg, S., S. 皮莱格，253, 254, *259*
Pellegrini, A. D., A.D. 皮雷格里尼，410, *411*
Pellegrino, J. W., J.W. 皮雷格里诺，466, *476*
Pelletier, J., J. 皮勒提尔，406, 408, 410, *412*
Pembrey, M. E., M.E. 彭布雷，362, *373*
Pena, E. D., E.D. 佩纳，436, *444*
Pena, M., M. 彭娜，82, *86*
Pence, K., K. 彭斯，399, *412*
Peng, H.，彭虹，336, *341*
Pengas, G., G. 彭阿斯，155, *162*, *163*
Pennington, B. F., B.F. 彭宁顿，152, *164*, 362, 363, 364, 365, 367, 368, 369, *373*, *374*, *374–375*, *375*
Penolazzi, B., B. 佩诺拉兹，285, *289*
Peracchi, K. A., K.A. 佩拉琪，224, 225, *231*
Perani, D., D. 佩拉尼，173, *178*, *182*, 366, *375*
Perc, M., M. 佩克，365, *374*
Perea, M., M. 佩利亚，38, *41*, 49, 52, *55*, *56*, 66, 67, 68, 69, 70, 72, 73, *74*, *75*, 77, 78, 79, 80, 81, 82, 83, 84, *85*, *86*, *87*, 89, 90, 91, 92, 94, *96*, *97*, *98*, 130, 140, 144, *147*, 168, 171, *179*, *181*, 193, *200*, 251, *260*
Perencevich, K. C., K.C. 佩伦塞维奇，474, *476*
Peressotti, F., F. 佩莱索蒂，70, *75*, 89, *98*
Perez, E., E. 佩雷兹，89, *98*
Perfetti, C. A., C.A. 佩尔菲蒂，23, *25*, 35, *41*, 129, 130, 131, 132, 133, 134, 135, 137, 140, *147*, 169, *179*, *180*, 196, 198, *200*, 235, 238, *243*, 266, *275*, 284, 285, 288, *289*, *290*, 293, 299, *310*, 326, 327, 330, 332, 336, 339, *342*, 347, 352, 354, *356*, *359*, 364, *374–375*, 419, *430*, 468, *478*
Perlmutter, N. J., N.J. 佩尔穆特，206, *215*
Perre, L., L. 颇尔，380, 381, *392*
Perruchet, P., P. 佩鲁彻特，177, *181*, 318, 319, 320, 321, *324*, 328, 329, *342*
Perry, C., C. 佩里，30, 34, *40*, *42*, 63, 65, 67, *74*, 76, 77, *85*, 103, 110, *111*, *112*, 129–130, 130, 133, 144, *146*, *147*, 152, *162*, 167, 171, *179*
Perry, D. F., D.F. 佩里，457, *460*
Perry, J. R., J.R. 佩里，138, 144, *147*
Perry, K. E., K.E. 佩里，452, 453, *460*
Pesetsky, D., D. 佩塞斯基，419, *430*
Peterill, S., S. 佩特里尔，367, *374*
Petersen, D., D. 彼得森，299, *309*, 364,

373
Petersen, S. E., S.E. 彼得森，26, *42*
Peterson, C. L., C.L. 彼得森，355, *358*
Peterson, D. J., D.J. 彼得森，366, *375*
Peterson, R. L., R.J. 彼得森，362, *375*
Petersson, K. M., K.M. 彼得森，364, 365, *373*, *375*, 383, 384, *390*, *392–393*
Petrill, S. A., S.A. 佩特里尔，397, 407, 408, *412*
Petrinovich, L. F., L.F. 佩特里诺维奇，197, *200*
Petrova, A., A. 佩特洛娃，379, 380, *393*
Petrusic, W. M., W.M. 佩特路西克，384, *393*
Petscher, Y., Y. 佩茨彻，300, *310*, 419, 420, *430*, 440, *445*
Pexman, P. M., P.M. 佩克斯曼，34, 35, 37, 39, *41*, *42*, *42–43*, *43*, 65, *75*
Pfeiffer, S. L., S.L. 普费弗，331, *341*
Pflugshaupt, T., T. 普福禄少普特，150, *163*
Phelps, G., G. 菲尔普斯，454, *460*
Phillips, B. M., B.M. 菲利普斯，400, *413*, 457, *460*
Phillips, C., C. 菲利普斯，208, 211, *215*
Phillips, M., M. 菲利普斯，438, *444*
Piaget, J., J. 皮亚杰，315, 318, *324*, 424, *430*
Pianta, R. C., R.C. 皮安塔，459, *461*
Piasta, S. B., S.B. 皮亚斯塔，300, *310*, 407, 408, *412*, 452, 455, *461*
Piche, A. W., A.W. 皮彻，169, *180*
Pickering, M. J., M.J. 皮科林，205, 206, 207, *215*, *216*
Pickering, S. J., S.J. 皮科林，349, *358*
Piepenbrock, R., R. 皮蓬布洛克，64, *74*
Pinker, S., S. 品克，23, *25*, 131, *147*
Pinto, N., N. 品托，387, *392*
Pisoni, D. B., D.B. 皮索尼，78, *86*
Placke, L., L. 普拉克，117, 118, 120, *128*
Plamondon, R., R. 普拉门登，27, *42*
Plant, G. T., G.T. 普朗特，150, *162*
Platas, L., L. 普拉塔斯，457, 458, *460*
Platt, A., A. 普拉特，406, 408, 410, *412*
Plaut, D. C., D.C. 普劳特，31, 32, 33, 34, 36, 37, *42*, 92, *98*, 101, 108, *112*, 130, 145, *147*, 151, 152, 153, 154, 155, 156, 157, 158, 160, 161, *163*, *164*, 171, *181*, 188, 189, *200*, 385, *391*
Plewes, P. S., P.S. 普勒维斯，220, 221, *231*
Ploetz, D. M., D.M. 普露兹，33, *43*, 81, *87*
Plomin, R., R. 普罗民，365, 367, 369, 370, 371, 372, *374*, *375*
Plotrkowski, C. S., C.S. 普罗特考斯基，406, 407, 408, *411*
Plume, E., E. 普鲁姆，369, *374*
Plummer, P., P. 普鲁默，66, *75*
Pnini, T., T. 普尼尼，92, *96*
Podhajski, B., B. 波德哈斯基，452, *459*
Poeppel, D., D. 珀佩尔，159, *162*
Poikkeus, A.-M., A.-M. 普瓦科斯，364, 365, *374*, *375*, 401, *413*
Poldrack, R. A., R.A. 波尔德拉克，366, *374*
Poline, J. B., J.B. 波林，156, *162*
Politimou, N., N. 珀利提牟，382, 387, 388, *391*
Pollatsek, A., A. 波拉塞克，46, 47, 48, 49, 50, 51, 52, 53, 54, *54*, *55*, *56*, *56–57*, *57*, *58*, 63, 64, *75*, 80, *86*, 92, *96*, 109, 110, *112*, 115, 116, 117, 118, 119, 120, 122, 123, 125, 126, *127*, *128*, 186, 191,

192, 193, *200*, *201*, 204, *215*, 232, 236, 238, 242, *243*, *244*, 246, 247, 248, 249, 251, 253, 254, 255, 256, 257, 258, *259*, *260*, 262, 263, 264, 266, 267, 269, 271, *274*, *275*, 277, 278, 280, 283, 286, 287, 288, *289*, *290*, 384, *393*
Pollini, S., S. 波里尼，421, 422, *430*
Pollo, T. C., T.C. 波罗，312, 313, 314, 316, 319, 321, *323*, *324*
Pomplun, M., M. 庞普伦，235, *244*
Poncelet, M., M. 庞斯莱特，383, *392*
Ponitz, C. C., C.C. 庞尼兹，459, *460*
Pontecorvo, C., C. 庞特考沃，315, *323*
Popiel, S. J., S.J. 波皮尔，38, *41*
Porche, M. V., M.V. 坡彻，407, 408, *412*
Porpodas, C. D., C.D. 波珀达斯，313, *324*
Posner, M. I., M.I. 波斯纳，26, 37, *42*, 49, *55*, 285, *290*
Potter, S. L., S.L. 波特，433, 436, 439, *443*
Powell, D. R., D.R. 鲍威尔，457, *461*
Powell, T. A., T.A. 鲍威尔，398, *412*
Powers, N. R., N.R. 鲍维尔斯，372, *375*
Pratt, C., C. 普拉特，345, 348, *358*
Prejawa, S., S. 普雷雅瓦，159, *162*
Prendergast, C., C. 普朗德加斯特，470, 472, *477*
Prentice, D. A., D.A. 普朗提斯，225, *231*
Pressley, M., M. 普莱斯利，466, 473, *478*
Preston, D., D. 普莱斯滕，437, *445*
Price, C. J., C.J. 普莱斯，151, 159, 161, *162*, *163*, 331, *342*, 366, *374*, *375*, 383, *390*
Price, T. S., T.S. 普莱斯，367, 371, *375*
Provinciali, L., L. 蒲牢维奇亚力，155, *162*
Ptak, R., R. 普塔克，150, *163*
Pugh, K. R., K.R. 普格，132, *147*, 169, *179*, 299, *309*
Pulgram, E., E. 普尔格拉姆，12, *25*
Pullen, P. C., P.C. 普伦，399, *412*
Pulvermuller, F., F. 普尔沃缪勒，285, *288*, *289*
Puolakanaho, A., A. 坡拉卡纳和，365, *375*
Purcell, K., K. 普尔赛尔，466, *478*
Purdie, N., N. 普尔迪，408, 410, *412*
Purnell, T., T. 普尔内尔，432, *445*
Pynte, J., J. 品特，51, *56*, 264, *274*

Qiao, E.，艾米莉·乔，386, 387, *393*
Quain, P.，彼得·奎因，326, 332, *342*
Quatroche, D., D. 卡特洛克，458, *459*
Querido, L., L. 科里多，381, 386, *393*
Quesada, J. F., J.F. 克萨达，66, *73*
Quinlan, P. T., P.T. 奎恩兰，89, *97*
Quinn, B., B. 奎恩，346, *358*
Quinn, E. J., E.J. 奎恩，438, 439, *444*
Quinn, J., J. 奎恩，457, *460*
Quinn, W., W. 奎恩，142, *147*

Rabinowitz, P. J., P.J. 拉比诺威兹，471, *478*
Rack, J., J. 拉克，299, *310*
Radach, R., R. 拉达克，45, 53, 54, *55*, *58*, 120, 121, *128*, 195, *200*, 264, 266, 267, 269, 271, 272, *274*, *275*, 278, 286, 288, *288*, *290*
Radeau, M., M. 拉多，382, *391*
Radvansky, G. A., G. A. 拉德万斯基，218, 229, *230*, *231*, 349, *359*
Rahm, B., B. 拉姆，387, *390*
Raichle, M. E., M.E. 莱克勒，26, *42*

Rakestraw, J. A., Jr., J.A.小雷克斯特劳，466, *476*
Ralabate, P. K., P.K. 拉拉巴特，439, *445*
Ralano, A. S., A.S. 拉拉诺，221, *230*
Ralston, N. C., N.C. 拉尔斯顿，417, 419, 420, *428*
Ramus, F., F. 拉姆斯，365, *375*
Ranbom, L. J., L.J. 兰博，383, *393*
Randall, B., B. 兰达尔，108, *112*
Raney, G. E., G.E. 拉内，51, 52, *57*, 173, *181*, 220, *231*, 247, *260*, 266, *275*
Rapcsak, S. Z., S.Z. 拉普萨克，150, 151, 158, 159, *163*
Rapp, D. N., D.N. 拉普，225, 229, *231*, 415, *430*
Raschle, N. M., N.M. 拉斯科勒，366, *375*
Rashotte, C.A., C.A. 拉斯霍特，331, 332, 335, *342*, *343*, 346, *359*, 458, *460*
Rastle, K., K. 拉斯特勒，33, 34, 35, 36, 38, 39, *40*, *41*, *42*, *43*, 63, 64, 65, 67, 70, *74*, *75*, 76, 77, *85*, 89, *96*, *98*, 103, 105, 106, 107, 108, 109, 110, *111*, *112*, 122, *128*, 129–130, 130, 133, 141, 144, *146*, *147*, 152, 157, 159, *162*, *164*, 167, 171, *179*
Ratcliff, G., G. 拉特克里夫，387, *393*
Ratcliff, R., R. 拉特克里夫，31, 38, 39, *41*, *42*, *43*, 65, 66, 68, 69, 72, 73, *74*, *75*, 78, 80, 81, 82, 83, *85*, *86*, 90, 91, 94, *97*, 131, 135, 136, 140, 144, *147*, *148*, 219, 220, 223, 224, *230*, *231*
Ratitamkul, T., T. 拉提塔木库尔，84, *87*
Raveh, M., M. 拉维，101, *112*
Rawlinson, G. E., G.E. 罗林森，89, *98*
Rayner, K., K. 雷纳，44, 45, 46, 47, 48, 49, 50, 51, 52, 53, 54, *54*, *55*, *55–56*, *56*, *56–57*, *57*, *58*, 63, 64, 66, 70, *74*, *75*, 77, 80, 84, *86*, *87*, 89, 92, *96*, *97*, *98*, 109, 110, *112*, 115, 117, 118, 123, *127*, *128*, 131, 135, 136, 143, *146*, *147*, 186, 190, 191, 192, 193, 196, 199, *199*, *200*, 203, 204, 207, 211, 212, 213, *213*, *214*, *215*, 220, 223, *230*, *231*, 232, 234, 235, 236, 237, 238, 239, 240, 241, *242*, *243*, *244*, 245, 246, 247, 248, 249, 251, 252, 253, 254, 255, 256, 257, 257, 258, *259*, *260*, 261, 262, 263, 264, 265, 266, 267, 268, 269, 270, 271, 272, *273*, *274*, *275*, *276*, 277, 278, 280, 281, 283, 284, 285, 286, 287, 288, *288*, *289*, *290*, 384, *393*, 419, *430*
Read, C., C. 里德，313, 321, *324*, 378, *393*
Read, J., J. 里德，160, *163*
Reddix, M. D., M.D. 雷迪克斯，51, *56*, 240, *243*, 263, *274*, 282, *289*
Reeck, K., K. 里克，319, *324*
Reed, K. I., K.I. 里德，419, 423, *428*
Reese, E., E. 里斯，403, 405, *413*
Rego, L. R. B., L.R.B. 里格，315, 316, *324*
Reicher, G. M., G.M. 莱彻，27, *42*, 234, *243*
Reichle, E. D., E.D. 雷赫尔，52, 53, 54, *58*, 63, 64, *75*, 80, *86*, 186, 191, *200*, 204, 205, 212, *215*, 238, *243*, *244*, 262, 263, 264, 265, 266, 267, 268, 269, 270, 271, *274*, *275*, *276*, 277, 278, 280, 281, 282, 283, 284, 285, 286, 287, 288, *289*, *290*
Reilly, R., R. 雷利，54, *58*, 264, 266, *275*, 278, *290*
Reineberg, A. E., A.E. 莱因伯格，262, *275*

Reingold, E. M., E.M. 莱因戈尔德，53, 54, *58*, 262, 263, 264, 265, 266, 267, 268, 269, 270, 271, *274*, *275*, 278, 280, 285, 287, 288, *290*
Reis, A., A. 莱斯，329, 333, 334, *342*, *343*, 364, 366, *373*, *376*, 383, 384, *390*, *392-393*
Reis, S. M., S.M. 莱斯，424, 426, *429*, *430*
Reisman, A., A. 莱斯曼，469, *478*
Reithler, J., J. 莱特勒，389, *390*
Reitsma, P., P. 莱茨玛，298, *310*, 317, 321, *323*, 332, *343*, 346, *356*
Remond, M., M. 雷蒙德，351, 353, *357*
Renn, J., J. 雷恩，433, *445*
Rennenberg, A. E., A.E. 雷恩伯格，52, *58*
Rey, A., A. 雷，27, *41*, 137, *148*
Reynolds, K., K. 雷诺尔兹，398, 399, *411*
Ribeiro, C., C. 里贝罗，383, *390*
Rich, M., M. 里奇，432, *445*
Richardson, A. J., A.J. 理查森，369, *375*
Richardson, D., D. 理查森，205, *215*
Richardson, N., N. 理查森，457, *460*
Richardson, U., U. 理查森，389, *390*
Richlan, F., F. 里克兰，366, *375*
Richmond-Welty, E. D., E.D. 里奇蒙－维尔蒂，37, *43*, 174, *182*
Richter, E. M., E.M. 里克特，54, *55*, 241, *244*, 264, 266, 269, *274*, 278, *288*
Rickard Liow, S. J., S.J. 里克德里欧，38, *43*
Ricketts, J., J. 里克茨，307, *310*
Rickford, J. R., J.R. 里克福德，437, 441, *445*
Ridgway, G. R., G.R. 里奇威，156, *163*
Rieger, J. W., J.W. 莱格，382, *390*
Riley, E. A., E.A. 里雷，161, *163*
Rimm-Kaufman, S. E., S.E. 里姆－考夫曼，459, *460*
Rimrodt, S. L., S.L. 里姆罗德特，366, *375*
Rimzhim, A., A. 里姆兹西姆，70, *75*
Rinehart, J., J. 莱恩哈特，420, *429*, 474, *476*
Ring, S. M.，苏珊 · M. 凌，372, *375*
Risden, K., K. 里斯登，219, 229, *231*
Rising, K., K. 里辛，151, 158, 159, *163*
Risse, S., S. 莱斯，54, *58*, 256, 257, *260*, 264, 269, *275*, 286, *289*
Rittle-Johnson, B., B. 李特尔－约翰逊，329, *342*
Rizzella, M. L., M.L. 利泽拉，220, 221, 222, 225, 226, *230-231*
Roazzi, A., A. 罗阿兹，388, *391*
Robbins, C., C. 罗宾斯，296, *309*
Roberts, D. J., D.J. 罗伯茨，150, 151, *163*, *164*
Roberts, G., G. 罗伯茨，464, 474, *478*
Roberts, J., J. 罗伯茨，403, *413*
Roberts, K., K. 罗伯茨，306, *309*
Roberts, T., T. 罗伯茨，300, 302, *310*
Robidoux, S., S. 罗比度，68, *74*
Robins, S., S. 罗宾斯，319, *324*, 399, *413*
Robinson, J., J. 罗宾森，348, *358*
Rodgers, B., B. 罗杰斯，363, *375*
Rodriguez, J., J. 罗德里戈，432, *445*
Rodriguez, K., K. 罗德里戈，302, *310*
Roehrig, A. D., A.D. 罗利格，426, *430*
Roelofs, A., A. 罗娄福斯，102, 104, 109, *112*
Rogers, T.T., T.T. 罗格斯，145, *147*, 155, 156, 161, *162*, *163*, 352, *359*

Rohde, D., D. 罗德，211, *214*
Rohrer, J. D., J.D. 罗勒尔，156, *163*
Roisson, B., B. 鲁瓦森，385, *393*
Roland, D., D. 罗兰德，211, *215*
Rolfs, M., M. 罗尔福斯，52, *56*
Romance, N. R., N.R. 罗曼斯，470, *478*
Romano, M., M. 罗曼诺，349, 350, *357*
Rosa, E., E. 洛萨，81, *86*
Rosales, N., N. 罗萨勒斯，319, *324*, 399, *413*
Rose, E., E. 罗斯，335, *342*
Rosen, R., R. 罗森，467, 470, 473, *476*
Rosen, S., S. 罗森，365, *375*
Rosenberg, J., J. 罗森博格，365, *374–375*
Rosenblatt, L., L. 罗森布拉特，471, *478*
Rosenthal, J., J. 罗森塔尔，299, 300, 307, *310*
Rosinski, R., R. 洛欣斯基，297, *310*
Ross, K. L., K.L. 洛斯，37, *42*
Ross, S. H., S.H. 洛斯，437, *445*
Rosselli, M., M. 洛赛里，387, *390*, *392*
Rossi, E., E. 罗西，166, *180*
Rossor, M. N., M.N. 洛瑟尔，156, *163*
Roth, F. P., F.P. 洛特，346, *359*
Rothenberg, L., L. 罗滕伯格，457, *460*
Rouder, J. N., J. N. 路德，241, *244*
Rouet, J.-F., J.-F. 路易特，463, 468, *478*
Rowan, B., B. 罗万，454, *460*
Roy-Charland, A., A. 罗伊－查兰德，319, *324*
Rubin, G. S., G.S. 鲁宾，48, *55*
Rudel, R. G., R.G. 鲁德尔，331, *340*
Rueckl, J. G., J.G. 路科尔，70, *75*, 95, *98*, 101, 108, *112*
Ruffino, M., M. 鲁菲诺，365, *373*
Ruffman, T., T. 鲁弗曼，352, *359*
Rumelhart, D. E., D.E. 卢美尔哈特，26, 27, 28, 32, 33, *41*, *42*, 63, 65, 67, *75*, 76, 78, 82, *86*, 88, 90, *97*, *98*, 100, *112*, 133, *147*, 167, 169, *181*, *239*, *243*
Rupley, W. H., W.H. 鲁普利，355, *360*
Rutter, M., M. 鲁特，368, *375*
Ryan, E. B., E.B. 莱恩，348, *359*
Ryu, S., S. 莱优，473, *478*

Saffran, E. M., E.M. 萨夫兰，156, *163*
Saffran, J. R., J.R. 萨夫兰，318, 319, *324*
Sagarra, N., N. 萨加拉，172, *179*
Sage, K., K. 塞奇，160, 161, *162*, *163*
Saida, S., S. 赛达，46, 48, *55*
Saiegh-Haddad, E., E. 赛格－哈达德，439, *445*
Sainio, M., M. 赛尼奥，51, *58*
Saint-Aubin, J., J. 圣奥宾，319, *324*, 399, *412*
Saldivar. T., T. 萨尔迪瓦，458, *461*
Salmond, C. H., C.H. 萨尔蒙德，155, *162*
Saltmarsh, J., J. 萨尔特码使，298, *309*
Salvucci, D. D., D.D. 萨尔乌奇，264, 266, *275*
Salz, T., T. 萨尔兹，366, *374*
Samara, A., A. 萨马拉，328, *342*
Samols, D., D. 萨莫尔斯，350, *358*
Sampson, G., G. 桑普森，18, *25*
Samuels, S. J., S.J. 塞缪尔斯，294, 309, 347, *358*
Samuelsson, S., S. 塞缪尔森，130, 131, 143, *146*, 326, 332, 333, 334, 336, 339, *341*, *342*, 367, 372, *373*
Sanchez, T., T. 桑切斯，418, *430*
Sanchez-Guterrez, C., C. 桑切斯－古特雷斯，70, *75*, 89, *98*
Sandak, R., R. 桑达克，299, *309*

Sanders, E. A., E.A. 桑德斯，454, *461*
Sanders, T., T. 桑德斯，352, *359*
Sandoval, W. A., W.A. 桑多瓦尔，473, *478*
Sandra, D., D. 桑德拉，36, *40*, 105, 106, 109, 110, *111*, 144, *146*, 166, *182*, 321, *324*
Sanford, A. J., A.J. 桑福德，219, *231*
Santerre-Lemmon, L. E., L.E. 桑特尔－莱蒙，365, *374*, *374–375*
Santoro, L., L. 桑特罗，417, *429*, 457, 458, *460*
Sappelli, M., M. 撒佩里，166, *179*
Satlow, E., E. 萨特罗，296, *309*
Saul, E. U., E.U. 索尔，466, 473, *476*
Saunders, B., B. 桑德斯，458, *461*
Saunders, L., L. 桑德斯，417–418, *428*
Saunders, S. J., S.J. 桑德斯，154, 156, 157, 158, 159, *162*, *163*
Savage, G., G. 萨瓦奇，156, *163*
Scammacca, N. K., N.K. 斯卡马加，464, *478*
Scanlon, D. M., D.M. 斯坎隆，372, *375–376*, 418, *430*
Scarborough, H. S., H.S. 斯卡波罗，355, *359*, 364, 365, 368, *375*, 433, 439, *443*, *445*
Scardamalia, M., M. 斯卡达玛利亚，468, *476*
Scarr, S., S. 斯卡尔，368, *375*
Scarratt, D. R. D.R. 斯卡拉特，103, *111*, 134, *146*
Scerri, T. S., T.S. 瑟利，369, *375*
Schaadt, G., G. 沙德特，388, 389, *391–392*
Schacter, R., R. 沙克特，436, 437, *445*
Schad, D. J., D.J. 沙德，52, 54, *58*, 262, 269, *275*
Schalkwyk, L. C., L.C. 沙尔克维克，369, 370, 371, 372, *374*
Scharff, C., C. 沙夫，362, *375*
Schatschneider, C., C. 沙特施耐德，331, *342*, 367, *374*, 416, 418, 419, 420, 424, 425, 426, *428*, *429*, *430*
Schelstraete, M., M. 舍尔斯特拉特，321, *323*
Schilling, H. E. H., H.E.H. 希林，52, *58*, 64, *75*, 283, 285, 287, *290*
Schlesewsky, M., M. 希莱休斯基，208, 209, *213*
Schmauder, A. R., A.R. 席茂德，53, *57*
Schneider, S. A., S.A. 施耐德，467, 470, 473, *476*
Schnider, A., A. 施耐德，150, *163*
Schoenbach, R., R. 肖恩巴赫，467, 470, 471, 473, *478*
Schoknecht, C., C. 肖克内科特，67, *74*, 81, *85*, 89, *97*, 138, *147*
Scholes, R., R. 休尔斯，471, *478*
Schommer, M., M. 舒默尔，296, *309*
Schooler, J. W., J.W. 休勒，52, *58*, 262, *275*
Schoonbaert, S., S. 休恩巴特，89, 91, *98*, 168, *181*
Schotter, E. R., E.R. 肖特，47, 48, 49, 50, 52, 53, 54, *57*, *58*, 255, 256, *260*, 278, 286, 287, *289*, *290*
Schreck, J., J. 史莱克，347, *358*
Schreiber, T. A., T.A. 施莱伯，34, 39, *42*
Schreuder, R., R. 施罗德，102, 105, 109, 110, *111*, *112*, 120, *128*
Schriefers, H., H. 施莱佛士，167, *182*
Schuett, S., S. 休伊特，49, *58*
Schulte-Korne, G., G. 休尔特－科恩，369, *374*

Schumacher, J., J. 舒玛克，369, *374*
Schurz, M., M. 舒尔兹，331, *343*
Schuster, B. V., B.V. 舒斯特，379, *391*
Schvaneveldt, R. W., R.W. 施瓦纳维尔德特，32, 36, *41*, *42*
Schwartz, A. I., A.I. 施瓦茨，166, 168, *181*, *182*
Schwartz, M., M. 施瓦茨，177, *182*
Schwartz, M. F., M.F. 施瓦茨，156, *163*
Schweingruber, H. A., H.A. 施文格鲁伯，468, *476*
Scliar-Cabral, L., L. 斯克里亚尔－卡布拉尔，379, 382, *392*, *393*
Scott, C. M., C.M. 斯各特，345, *359*
Scott, J., J. 斯格特，346, *358*
Scott, S., S. 斯格特，372, *375*
Scribner, S., S. 斯克里布纳，387, 388, *393*
Scruggs, T. E., T.E. 斯克鲁格斯，419, 420, *428*
Seaberg, E., E. 西博格，387, *393*
Sears, C. R., C.R. 希尔斯，33, 34, *42*, *42–43*, 81, 84, *86*, 168, *181*
Secco, T., T. 塞克，217, *231*
Seely, R. E., R.E. 西里，52, *55*
Seghier, M. L., M.L. 塞吉尔，159, *162*, 366, *374*, 383, *390*
Segui, J., J. 赛格，39, *41*, 78, 80, 81, *85*, *86*, 109, 110, *111*, 379, 380, *391*
Seidenberg, M. S., M.S. 塞登伯格，30, 32, 33, 34, 46, 38, *41*, *42*, *43*, 76, *86*, 90, *98*, 101, 102, 107, 108, *112*, 130, 145, *147*, 153, 154, 155, 156, 158, 160, *162*, *163*, *164*, 167, 171, 174, 176, *180*, *181*, *182*, 187, 188, 189, *200*, *201*, 206, *215*, 320, *324*, 326, 332, *342*, 364, *374*, 379, *393*, 419, *430*
Seitz, J., J. 赛兹，389, *390*
Seixas, P., P. 塞克萨斯，468, *478*
Sekuler, E. B., E.B. 塞库勒，151, *162*
Selfridge, O. G., O.G. 塞弗里奇，27, *42*
Senechal, M., M. 塞内沙尔，398, 399, 400, 401, 402, 403, 404, 405, 406, 407, 410, 411, *413*
Sereno, J., J. 塞利诺，84, *87*
Sereno, M., M. 塞利诺，151, *164*
Sereno, S. C., S.C. 塞利诺，46, 49, 51, 52, 53, *56*, *57*, *58*, 192, 193, *200*, 212, *214*, 247, *260*, 266, *275*, 285, *290*
Sergent-Marshall, S. D., S.D. 塞金特－马歇尔，31, *40*, 64, *74*, 142, *146*, 187, *199*
Serniclaes, W., W. 塞尼克拉斯，382, 383, *391*, *393*
Seymour, B., B. 西摩尔，45, *55*
Seymour, H. N., H.N. 塞穆尔，439, *445*
Seymour, P. H. K., P.H.K. 塞穆尔，21, *25*, 294, *310*, 329, 330, 334, 335, *342*
Shaki, S., S. 沙基，384, *393*
Shallice, T., T. 沙利斯，150, 152, 155, 161, *163*, *164*
Sham, P., P. 沙姆，367, *374*
Shanahan, C., C. 沙纳翰，465, 467, 468, *478*
Shanahan, M. A., M.A 沙纳翰，365, *374*
Shanahan, T., T. 沙纳翰，174, *178*, *181*, 379, *391*, 419, 420, *430*, 465, 467, 468, *478*
Shank, D. M., D.M. 尚克，223, *231*
Shankweiler, D., D. 尚克威勒，294, 299, *310*, 348, *359*, 378, *392*, 452, *460*
Shaoul, C., C. 绍尔，34, *42*
Shapiro, J., J. 夏皮罗，404, *413*
Share, D. L., D.L. 谢尔，*98*, 135, *147*, 174,

177, *182*, 295, 298, 299, 300, 303, *310*, 327, 328, 330, 332, 334, 340, *342*
Sharma, S., S. 沙马，387, *393*
Sharp, D. W., D.W. 夏普，382, 388, *391*
Shaw, D.，德博拉·肖，399, 405, *412*
Shaw, G. B.，萧伯纳，458, *461*
Moira P. Shaw，莫拉·P. 肖，168, *181–182*
Shaywitz, B. A., B.A. 沙伟兹，299, *310*, 335, *341*, 362, 363, *374*, *375*
Shaywitz, S. E., S.E. 沙伟兹，335, *341*, 362, 363, *374*, *375*
Shebilske, W. L., W.L. 舍比尔斯克，52, *55*
Shen, D.，沈德立，235, *244*
Shen, E.，沈有乾，46, *58*
Shen, H. 沈禾玲，313, 322, *324*
Shen, W.，申薇，235, 236, *243*
Xingjia Rachel Shen, X. 沈，288, *289*
Sheppard, J. L., J.L. 舍帕德，397, *411*
Sheppard, M. J., M.J. 舍帕德，397, *411*
Sheridan, H., H. 谢丽丹，54, *58*, 168, *178*, 262, 263, 264, 265, 266, 267, 268, 269, 270, 271, *275*, 278, 285, 287, *290*
Shewell, C., C. 谢维尔，152, *163*
Shiffrin, R. M., R.M. 席福林，219, *230*
Shillcock, R. C., R.C. 希洛克，19, *24*, 67, *75*, 264, 266, 269, *274*
Shimojo, S., S. 希莫尤，11, 22, *24*
Shindler, K. L., K.L. 辛德勒，258, *260*
Shinjo, M., M. 志田真纪子，221, *230*
Shmidman, A., A. 什米德满，300, *310*
Sholl, A., A. 肖尔，212, *213*
Shouse, A. W., A.W. 肖斯，468, *476*
Showers, B., B. 肖尔斯，457, *460*
Shriberg, L. D., L.D. 史里伯格，365, *375*
Shu, H.，舒华，175, 176, 178, *181*, *182*, 241, *244*, 255, 256, *260*, 322, *324*, 336, 337, 339, *341*, *342*
Shulman, L., L. 舒尔曼，447, 448, 455, 458, *461*
Siakaluk, P. D., P.D. 西亚卡卢克，34, 35, *42*, *42–43*
Sibley, D. E., D.E. 西布莉，38, 39, *43*, 131, 135, 136, *148*
Sidman, S., S. 席德曼，452, 454, *461*
Sieck, J. P., J.P. 西耶克，196, *200*
Siegel, L. S., L.S. 西格尔，174, 177, *181*, *182*, 348, *358*, 363, *374*
Siegelman, N., N. 西格尔曼，72, *74*, 174, 178, *180*
Siegler, R. S., R.S. 西格勒，329, *342*
Sigman, M., M. 西格曼，68, *74*, 90, *96*
Silani, G., G. 斯拉尼，366, *375*
Silinskas, G., G. 斯林斯卡斯，401, *413*
Silliman, E. R., E.R. 斯利曼，439, *444*
Silva, C., C. 席尔瓦，383, *392–393*
Silva, P. A., P.A. 席尔瓦，363, *375*
Silverman, R. D., R.D. 希尔弗曼，175, *180*
Simmons, D., D. 西蒙斯，474, *478*
Simon, S., S. 西蒙，473, *478*
Simpson, G. B., G.B. 辛普森，34, *40*, 79, 81, *87*, 188, *200*, 350, *357*
Singer, M., M. 辛格，218, 221, 222, 229, *230*, *231*
Singh, N. C., N.C. 辛格，169, *179*
Siok, W. T., W.T. 西澳克，337, *342*, 366, *373*
Sitnikova, T., T. 希特尼考瓦，208, *214*
Skibbe, L. E., L.E. 斯基伯，335, *342*, 399, 407, 408, *412*
Skinner, B. F., B.F. 斯金纳，4, *9*
Slanovits, M., M. 斯拉诺威茨，465, *476*

Slattery, T. J., T.J. 斯拉特里，48, 49, 54, *54*, *55*, *57*, *58*, 80, *86*, 123, 125, 126, *128*, 212, 212, *214*, *215*, 256, 257, *259*, 267, 269, 271, 272, *273*, *275*, *276*, 286, *288*
Slavin, R. E., R.E. 斯拉文，419, 420, *430*
Slotta, J. D., J.D. 斯洛塔，474, *477*
Slowiaczek, M. L., M.L. 斯洛薇雅切克，48, 52, 53, *54*, *57*, 265, 267, 271, 272, *275*
Smagorinsky, P., P. 司马格林斯基，471, *477*
Small, S. G., S.G. 斯马尔，372, *375–376*, 418, *430*
Small, S. L., S.L. 斯马尔，380, *390*
Smeets, D. J. H., D.J.H. 斯密茨，398, 405, *413*
Smiley, S. S., S.S. 司米利，354, *359*
Smith, D. L., D.L. 史密斯，456, *460*
Smith, E. E., E.E. 史密斯，319, *324*
Smith, E. R., E.R. 史密斯，225, 226, 227, *230*
Smith, F., F. 史密斯，5, *9*, 448, *461*
Smith, K. E., K.E. 史密斯，397, *412–413*
Smith, L., L. 史密斯，145, *147*
Smith, M., M. 史密斯，468, *478*
Smith, M. C., M.C. 史密斯，451, *459*
Smith, M. R., M.R. 史密斯，209, 210, *213*
Smith, M. W., M.W. 史密斯，471, *477*, *478*
Smith, N. J., N.J. 史密斯，212, *215*
Smith, S. D., S.D. 史密斯，369, 372, *374*, *375*
Smith, S. T., S.T. 史密斯，348, *359*
Smith, T., T. 史密斯，452, *460*
Smith-Chant, B.L., B.L. 史密斯－尚特，402, 403, 405, *412–413*
Smitherman, G., G. 史密瑟曼，441, *445*
Smits, E., E. 施密茨，166, *182*
Snaith, R., R. 施耐特，318, 319, 320, *322*
Snedeker, J., J. 施耐德克，203, *215*
Snow, C. E., C.E. 斯诺，407, 408, *412*, 416, 420, *430*, 447, 448, *461*, *462*, 464, 467, 439, *445*, 471, 473, 474, *477*, *478*
Snowden, J. S., J.S. 斯诺登，155, *162*
Snowling, M. J., M.J. 斯诺林，143, *147*, 299, *310*, 314, *322*, 329, 330, 332, 333, 334, 338, 339, *340*, *341*, *342*, 344, 347, 348, 349, 350, 356, *356*, *357*, *358*, 365, 372, *375*, 423, *429*
Snyder, C. R. R., C.R.R. 辛德，37, *42*
Soares, A. P., A.P. 索雷斯，82, 83, *86*
Soli, M., M. 索利，457, *460*
Solis, M., M. 索利斯，474, *478*
Solomon, M., M. 所罗门，45, *55*, 117, 118, 120, *128*
Solomon, R. L., R.L. 所罗门，64, *74*
Soloway, E., E. 索罗威，474, *476*
Son, S., S. 孙，447, 448, *460*
Sosa, T., T. 索萨，471, *477*, *478*
Soter, A. O., A.O. 索特，420, *430*, 472, 474, *477*
Spalding, T. L., T.L. 斯帕丁，126, *127*
Sparks, A., A. 斯帕克斯，405, *413*
Sparrow, L., L. 斯帕罗，49, *56*, *58*, 251, *260*
Spear-Swerling, L., L. 斯皮尔－斯威灵，452, 453, 454, 459, *460–461*
Speckman, P. L., P.L. 斯佩克曼，241, *244*
Speece, D. L., D.L. 斯皮思，346, *359*
Spieler, D. H., D.H. 斯皮勒，31, *40*, 64, *74*, *75*, 130, 142, *146*, 187, *199*
Spira, E. G., E.G. 斯皮拉，416, *430*

Spitsyna, G., G. 斯皮特西纳，150, *162*
Spivey-Knowlton, M. J., M.J. 斯皮维－诺尔顿，206, *215*
Splinter, A. F., A.F. 斯普林特，225, *229*
Spratley, A., A. 斯普拉特雷，464, 465, 467, *477*
Sprenger-Charolles, L., L. 斯普伦格－查罗尔斯，329, *342*
Sprouse, J., J. 思普劳斯，211, *215*
Srihari, S. N., S.N. 斯里哈里，27, *42*
Stadtler, M. A., M.A. 斯塔德特勒，399, *413*, 463, 467, *478*
Stafford, K. B., K.B. 斯塔弗德，421, 422, *430*
Stafford, T., T. 斯塔弗德，66, *75*
Stafura, J., J. 斯塔夫拉，293, *310*
Stahl, S., S. 斯塔尔，133, *146*, 294, 302, 304, *309*, 417, *429*
Stampe, D. M., D.M. 斯坦普，266, 272, *275*
Stanners, R. F., R.F. 斯坦纳斯，37, *43*
Stanovich, K. E., K.E. 斯坦诺维克，132, *147*, 149, *164*, 212, *215*, 297, 299, *310*, 346, 348, 355, *357*, *358*, *359*, 368, *373*, *375*, 448, 449, 452, 453, 454, 459, *460*, *461*
Stanovich, P. J., P.J. 斯坦诺维奇，448, 452, 453, *460*, *461*
Stapleton, B., B. 斯塔普莱顿，437, *445*
Starr, M. S., M.S. 斯塔尔，117, 118, 120, *128*, 258, *260*
Staub, A., A. 斯陶布，52, 53, *55*, *58*, 80, *86*, 196, 199, *201*, 204, 206, 207, 211, 212, *213*, *214*, *215*, 267, 268, 269, 270, 271, *276*, 285, 288, *290*
St. Clair, L., L. 圣克莱尔，406, 409, 410, *413*
Stein, J., J. 斯泰恩，369, *375*
Stein, N. L., N.L. 斯泰恩，353, *356*, *359*
Stephenson, K. A., K.A. 史蒂文森，405, *413*
Stern, Y., Y. 斯特恩，158, *162*
Sternberg, R. J., R.J. 斯特恩伯格，459, *461*
Stevens, A. S., A.S. 史蒂文斯，471, *475*
Stevens, R. J., R.J. 史蒂文斯，355, *359*
Stevenson, J., J. 史蒂文森，330, 332, 334, *341*, 348, *358*
Stiegler-Balfour, J. J., J.J. 施蒂格勒－巴尔弗，225, *229*
Stillman-Spisak, S. J., S.J. 斯蒂尔曼－斯皮萨科，474, *478*
Stinchcombe, E., E. 斯丁奇科姆，70, 71, *75*
Stockall, L., L. 斯托卡尔，125, *128*
Stone, G. O., G.O. 斯通，33, *43*, 152, *164*, 329, *343*, 379, *393*
Stone-Elander, S., S. 斯通－易兰德，364, *373*, 383, *390*
Storch, S. A., S.A. 斯托克，439, *445*
Stothard, S. E., S.E. 斯托特哈德，345, 348, 349, *359*
Stotsky, S., S. 斯托茨基，456, *461*
Stowe, L. A., L.A. 斯托，206, *215*
Strain, E., E. 斯特雷恩，155, 157, 160, *164*
Strasser, K., K. 斯特拉瑟，405, *413*
Strawson, C., C. 斯特劳森，149, 153, *162*
Streeter, L. A., L.A. 斯特里特，77, 79, *86*
Stromso, H. I., H.I. 斯特罗木梭，468, *475*
Stroop, J., J. 斯特鲁普，297, *310*
Stroud, C., C. 斯特劳德，208, *215*

Stuart, M., M. 斯图亚特，299, 303, *310*
Stuebing, K. K., K.K. 斯图宾，335, *341*, 363, *375*
Sulzby, E., E. 苏尔兹比，397, *413*
Sun, D.，孙东初，241, *244*
Sung, M., M. 宋，404, *413*
Suri, S., S. 苏丽，38, *41*
Swaab, H., H. 斯瓦布，405, *412*
Swaab, T. Y., T.Y. 斯瓦布，78, 79, *86*
Swank, P. R., P.R. 斯旺克，397, *412–413*
Swanson, E. A., E.A. 斯旺森，419, 420, *430*, 474, *478*
Swanson, L. H., L.H. 斯旺森，418, *430*
Sweet, J., J. 斯威特，300, *309*
Sweetland, J., J. 斯威特兰德，441, 442, *445*
Swets, B., B. 斯维茨，205, *215*
Swords, R., R. 斯沃兹，441, 442, *445*, *446*
Sylva, K., K. 席尔瓦，372, *375*
Sze, W. P., 施蔚平，38, *43*
Szucs, C., C. 祖克斯，166, *180*
Szwed, M., M. 兹韦德，386, 387, *393*
Taboada, A., A. 塔博达，474, *476*
Tabor, W., W. 塔波尔，205, *215*
Tackett, K., K. 塔科特，420, *430*
Taft, M., M. 塔夫特，24, *25*, 36, *43*, 78, *85*, 102, 104, 107, 110, 111, *112*, 115, 116, 120, 122, 123, 124, *128*, 138, *147*, 320, *324*, 381, 383, *393*
Tainturier, M. J., M.J. 腾图里尔，365, *373*
Talcott, J., J. 塔尔克特，369, *375*
Tan, L. H., 谭力海，49, *57*, 191, *200*, 235, 238, *243*, 327, *342*
Tan, Sarah. E., S.E. 谭，35, 37, *43*
Tanenhaus, M. K., M.K. 塔能豪斯，153, *163*, 187, 188, *201*, 203, 206, 207, *214*, *215*, *216*, 379, *393*
Tannenbaum, K. R., K.R. 塔能鲍姆，347, *359*
Tannenbaum, M., M. 塔能鲍姆，92, *97*
Tanner, D. S., D.S. 塔内，170, *182*
Tao, R.，陶然，169, *179*
Tapiero, I., I. 塔皮罗，224, 225, *230*
Taraban, R., R. 塔拉班，103, *112*
Tardieu, H., H. 塔尔丢，353, *357*
Taylor, I., I. 泰勒，338, *342*
Taylor, J. S. H., J.S.H. 泰勒，39, *43*, 157, 159, *164*, 363, 367, *374*
Taylor, M. J., M.J. 泰勒，338, *342*, 366, *373*
Taylor, W. L., W.L. 泰勒，212, *215*, 280, *290*
Teale, W. H., W.H. 提尔，397, *413*
Teberosky, A., A. 特博洛斯基，315, 321, *323*
Temple, E., E. 特姆普尔，366, *374*
Ten Brinke, S., S. 藤布林克，166, *179*
Tencati, C., C. 滕卡蒂，356, *357*
Tenesa, A., A. 特尼萨，371, *373*
Terry, J. M., J.M. 泰瑞，433, *445*
Terry, N. P., N.P. 泰瑞，433, 439, 440, *445*
Thenevin, M. G., M.G. 特内未，317, *323*, *324*
Thiebaut de Schotten, M., M. 梯博特·德肖滕，383, *393*
Thierry, G., G. 梯厄里，167, *182*
Thomas, E., E. 托马斯，400, 403, 404, *413*
Thomas, L. B., L.B. 托马斯，418, *430*
Thomas, M. A., M.A. 托马斯，39, *43*
Thomas, M. S. C., M.S.C. 托马斯，171,

176, *182*
Thompson, B., B. 汤普森，295, *310*
Thompson, C. A., C.A. 汤普森，433, 436, 438, 439, *443*, *445*
Thompson, C. K., C.K. 汤普森，161, *163*
Thorndike, E. L., E.L. 桑代克，346, *359*
Thorndike, R. L., R.L. 桑代克，346, *359*
Thurlow, R., R. 图尔娄，219, 229, *231*, 354, *359*
Tian, H.，田宏杰，52, *59*, 235, *244*
Tian, J.，田瑾，84, *87*, 235, *244*
Tibshirani, R. J., R.J. 梯布斯拉尼，268, *273*
Tidgat, I., I. 梯德加特，377, 384, *391*
Tilly, W. D., W.D. 梯利，417, *429*
Tinker, M. A., M.A. 廷克，262, *276*
Tisseyre, F., F. 提赛尔，378, *390*
Titone, D. A., D.A.，提托恩，168, *181*
Tokowicz, N., N. 托克维茨，171, 172, *180*, *182*, 266, *275*, 285, 288, *290*
Tolar, T. D., T.D. 透拉，418, *429*
Tolentino, L. C., L.C. 托伦蒂诺，171, 172, *182*
Tong, X.，佟秀丽，322, *324*, 337, *342*
Tonks, S., S. 通克斯，474, *476*
Torgesen, J. K., J.K. 托格森，331, 332, 335, *342*, *343*, 346, 347, *359*, 368, *375*, 418, 419, 420, *428*, *430*, 458, *460*
Torppa, M., M. 托帕，331, 332, 333, *341*, 364, 365, *375*
Toste, J., J. 托斯特，425, *429*
Totereau, C., C. 托特罗，317, *323*, *324*
Toth, D., D. 托特，329, 333, 334, *342*, *343*, 366, *376*
Totsika, V., V. 托特西卡，372, *375*
Tout, K., K. 陶特，457, *460*, *462*
Townsend, D. J., D.J. 唐森，208, *215*
Trabasso, T., T. 特拉巴索，217, 218, 222, 229, *230*, *231*, 350, 354, *359*
Tran, L., L. 特兰，418, *430*
Traxler, M. J., M.J. 特拉克斯勒，203, 205, 206, 207, *213*, *215*, *216*
Tree, J. J., J.J. 特里，154, 156, 157, 158, 159, *162*, *163*, *164*
Treiman, R., R. 特里曼，21, 22, 23, *24*, *25*, 26, 37, 38, *40*, *43*, 49, *54*, 64, *74*, 82, *85*, 94, *97*, 103, *112*, 134, 135, *146*, *147*, 174, 177, *179*, *182*, 188, 193, *199*, *201*, 252, *259*, 295, 300, 302, *310*, 312, 313, 314, 316, 318, 319, 320, 321, 322, *322*, *323*, *324*, *325*, 328, 329, 330, 338, *340*, *341*, *342*, 379, 380, *391*, *393*, 399, *413*, 452, *461*
Treisman, A., A. 特莱斯曼，27, *43*
Tresselt, M., M. 特莱塞特，295, *310*
Truelove, E., E. 特路勒夫，356, *357*, 423, *429*
Trueswell, J. C., J.C. 特鲁斯维尔，203, 207, *215*, *216*
Truss, L., L. 特鲁斯，16, *25*
Tsai, J. L.，蔡介立，49, 50, *58*, *59*, 191, *201*, 237, 240, *244*, 252, *260*
Tsapkini, K., K. 查普基尼，387, *391*
Tse, C.-S.，谢志成，30, 38, *41*, *43*, 131, 135, 141, *148*
Tunmer, W., W. 滕莫，294, 295, 297, *310*, 345, 348, *358*, *359*
Turnbull, K., K. 滕布尔，320, *324*
Turvey, M. T., M.T. 图尔维，35, *41*
Tydgat, I., I. 泰德加特，377, 384
Tyler, L. K., L.K. 泰勒，36, *42*, 88, *97*, 160, *164*
Tysvaer, N., N. 泰斯瓦尔，466, *477*
Tzeng, O. J.-L.，曾志朗，49, 50, *58*, *59*,

191, *201*, 237, *244*, 252, *260*
Tzourio-Mazoyer, N., N. 左里欧－马作叶，159, *164*

Underwood, P. S., P.S. 昂德伍德，424, 425, *429*
Unlu, F., F. 昂路，416, *429*

Vaessen, A., A. 瓦森，331, 333, 334, *342*
Vainio, S., S. 瓦伊钮，52, *58*, 124, *128*
Valabregue, R., R. 瓦拉布莱格，386, *393*
Valdois, S., S. 瓦尔多瓦斯，*29*, *40*, 365, *373*
Vale, A. P., A.P. 瓦尔，384, *391*
Van Assche, E., E. 凡阿斯科，68, 69, *74*, *75*, 89, 90, *97*, *98*, 168, *179*, 212, *214*
van Atteveldt, M., M. 凡艾特维尔德，389, *390*
Van Berkum, J. J. A., J.J.A. 凡柏克姆，212, *216*
van Casteren, M., M. 凡卡斯特伦，69, 72, *75*, 90, 91, *97*
van den Broek, P. W., P.W. 凡登布鲁克，217, 219, 229, *231*, 354, *356*, *358*, *359*, 415, *430*
van den Noort, M., M. 凡登诺尔特，365, *374*
Van de Poel, M., M. 凡德波尔，167, *179*
van der Leij, A., A. 凡德雷叶，177, *182*, 332, 333, *340*, 346, 352–353, *357*
van der Loos, M., M. 凡德尔罗斯，371, *373*
Van Dijk, G., G. 凡戴克，167, *179*
van Dijk, T. A., T.A. 凡戴克，173, *180*, 217, 218, *230*, *231*
Van Dyke, J. A., J.A. 凡戴克，66, *74*, 131, *147*, 210, *215*
van Gompel, R. P. G., R.P.G. 凡贡佩尔，206, 207, *216*
Van Hell, J. G., J.G. 凡海尔，166, 168, 170, 171, 176, *179*, *180*, *181*, *182*
Van Herten, M., M. 凡赫尔滕，208, *216*
van Heuven, W. J. B., W.J.B. 凡霍文，64, 68, 69, *74*, *75*, 82, 83, *85*, 89, 90, *97*, 166, 167, 169, 170, 171, 176, *179*, *181*, *182*
Van Hofwegen, J., J. 凡霍夫维根，433, 436, *445*
Vanhoy, M., M. 凡霍伊，379, *393*
van IJzendoorn, M. H., M.H. 凡易曾多尔恩，410, *411*
Van Jaarsveld, H., H. 凡亚斯维尔德，166, *179*
van Kralingen, R., R. 凡克拉林根，365, *374*
van Leeuwe, J., J. 凡卢伟，335, *342*
Van Leeuwen, C., C. 凡卢文，384, *393*
van Meter, P., P. 凡米特，355, *359*
van Nice, K. Y., K.Y. 凡奈斯，207, *213*
Van Ooijen, B., B. 凡瓦叶恩，380, *391*
Van Orden, G. C., G.C. 凡奥登，33, *43*, 152, *164*, 189, *201*, 379, *393*
VanSledright, B. A., B.A. 凡斯莱德莱特，474, *478*
Van Wijnendaele, I., I. 凡维能达尔，167, *182*
Vargha-Khadem, F., F. 瓦加－卡登，362, *373*, *374*
Vasishth, S., S. 瓦西斯特，206, 207, 209, 210, *213*, *215*
Vaughn, S., S. 沃恩，417, 418, 419, 420, *428*, *429*, *430*, 464, 474, *478*

Velan, H., H. 维兰，69, 72, 73, *75*, 79, *86*, 89, 91, 92, 93, *98*
Velasquez, M. G., M.G. 维拉斯克兹，452, 454, *460–461*
Veldre, A., A. 维尔德，136, 140, 143, 144, 145, *147*, *148*
Vellutino, F. R., F.R. 韦卢提诺，365, 372, *375*, *375–376*, 418, *430*
Venezky, R. L., R.L. 委内斯基，448, *461*
Ventura, P., P. 温图拉，132, *146*, 379, 380, 381, 381–382, 382, 383, 385, 386, 388, 389, *391*, *392*, *393*
Verfaellie, M. M., M.M. 威尔法利，150, *162*, *163*
Vergara-Martinez, M., M. 维尔加拉－马提内斯，78, 79, *86*
Vergilino-Perez, D., D. 威尔基里诺－佩雷兹，53, *56*, *57*, 267, 271, 272, *274*, *275*
Verhaeghe, A., A. 维尔哈格，11, *24*, 385, 385–386, 388, *391*, *393*
Verhoeven, L., L. 维尔何文，335, *342*
Vigliocco, G., G. 威格利欧克，81, *85*
Vigneau, M., M. 维格尼奥，159, *164*
Villringer, A., A. 维尔林格，173, *182*
Vinckier, F., F. 温琪儿，68, *74*, 90, *96*
Vipond, D., D. 维庞德，217, *230*
Visscher, P. M., P.M. 维斯彻，369, 371, *374*, *376*
Vitale, M. R., M.R. 瓦伊塔尔，470, *478*
Vitu, F., F. 维图，51, *58*, 266, 268, *276*
Vlahou, C. H., C.H. 乌拉霍，387, *391*
Voga, M., M. 沃加，168, *182*
Voice, J. K., J.K. 沃伊斯，160, *164*
Volin, J., J. 沃林，365, *373*
Von Studnitz, R. E., R.E. 冯・司徒尼兹，166, *182*
Von Wartburg, R., R. 冯・瓦特伯格，150, *163*
Vorstius, C., C. 沃斯提斯，286, *289*
Vosniadou, S., S. 沃斯尼亚多，352, *359*
Vu, M.，玛丽安・吴，169, *179*
Vu, T. H., T.H. 吴，372, *373*
Vygotsky, L. S., L.S. 维果斯基，352, *359*

Wade-Woolley, L., L. 瓦德－沃利，175, 177, 178, *179*, *180*
Wadsworth, S., S. 瓦兹华斯，130, 131, 143, *146*, 326, 332, *342*, 363, *375*
Wagenmakers, E.-J., E.-J. 瓦根克斯，39, *41*, 80, *86*, 271, *274*
Wager, T. D., T.D. 瓦格，387, *392*
Wagers, M., M. 瓦格斯，211, *215*
Wagner, R. K., R.K. 瓦格纳，331, 332, 335, 336, 337, 339, *341*, *342*, *343*, 346, 347, *359*, 367, *374*, 418, 419, *428*, 458, *460*
Wahlsten, D., D. 瓦尔斯滕，369, *376*
Waksler, R., R. 瓦克斯勒，88, *97*
Walker, J., J. 沃尔克，320, *325*
Walley, A. C., A.C. 沃利，381, *391*
Walsh, K., K. 瓦尔使，455, *461*
Wandell, B. A., B.A. 旺德尔，366, *373*
Wang, H., 王学诚，235, *244*
Wang, J.，王敬欣，84, *87*, 235, *242*
Wang, S.，王穗苹，209, *216*, 238, *243*, 248, *259*
Wanner, E., E. 万纳，210, *216*
Wanzek, J., J. 万泽克，417, 418, 419, 420, *428*, *430*, 464, 474, *478*
Warburton, E. A., E.A. 沃伯顿，151, 161, *163*
Warcholak, N. D., N.D. 沃克拉克，355, *359*

Warnke, A., A. 沃恩克，369, *374*
Warren, J. D., J.D. 沃伦，156, *163*
Warren, S., S 沃伦，196, *201*
Warren, T., T. 沃伦，53, *57*, *58*, 203, 204, 205, 210, 212, *215*, *216*, 267, 269, *275*, *276*, 281, 288, *290*
Warren, W. M., W.M. 沃伦，350, *359*
Warriner, A. B., A.B. 瓦林纳，35, 38, *40*, *41*
Warrington, E. K., E.K. 瓦林顿，150, 152, 154, 155, 156, *162*, *163*, *164*
Wartenburger, I., I. 瓦滕伯格，173, *182*
Washburn, E. K., E.K. 瓦什本，456, *459*
Washington, J. A., J.A. 华盛顿，433, 435, 436, 438, 439, 441, *443*, *444*, *445*
Washington, V. N., V.N. 华盛顿，441, *445*
Wat, C. P., C.P. 瓦特，336, *341*
Waters, G. S., G.S. 沃特斯，153, *163*, 187, 188, *201*, 211, *213*, *214*
Watkins, K. E., K.E. 瓦特金斯，362, *373*
Watson, J. M., J.M. 华生，38, *40*
Wayne, A. J., A.J. 韦恩，456, *462*
Wearing, H., H. 维尔灵，349, *358*
Weatherston, S., S. 维特斯顿，328, *342*
Webster, L. A. D., L.A.D. 韦伯斯特，45, *56*
Weekes, B. S., B.S. 威克斯，33, *43*, 150, 156, 157, 161, *164*
Wei, Ruth Chung., R.C. 魏，457, *460*
Wei, T. Q.，卫垌圻，84, *86*
Wei, W.，卫蔚，192, *201*, 237.236, 242, *243*, *244*
Weigel, D. J., D.J. 威格尔，403, *414*
Weingartner, K. M., K.M. 温加特纳，221, *230*
Weiser, B., B. 魏瑟，419, *430*
Weiss, B., B. 威斯，363, *375*
Welbourne, S. R., S.R. 维尔伯恩，158, 159, 160, 161, *163*, *164*
Well, A. D., A.D. 维尔，44, 46, 47, 48, 49, 52, *55*, *56*, *57*, 115, *128*, 212, *215*, 251, 253, *259*, 267, *275*, 280, *289*, 384, *393*
Wellsby, M., M. 威尔斯比，39, *43*
Weng, X., X. 翁旭初，385, *392*
Wenger, E., E. 翁格，474, *477*
Wesseling, R., R. 威斯灵，332, *343*
West, R. F., R.F. 韦斯特，346, *357*
Westbrook, A., A. 韦斯特布鲁克，37, *43*
Westbury, C., C. 韦斯特布里，34, *42*, 160, *164*
Westby, C. E., C.E. 威斯特比，353, *359*
Whaley, C., C. 威利，32, *43*
Wheeler, D. D., D.D. 惠勒，27, *43*, 234, *244*
Wheeler, R. S., R.S. 惠勒，441, 442, *445*, *446*
Wheeler, S., S. 惠勒，457, 458, *460*
White, C., C. 怀特，473, 474, *478*
White, M. J., M.J. 怀特，354, *358*
White, S., S. 怀特，365, *375*
White, S. J., S.J. 怀特，51, 53, *55*, *55–56*, *56*, *57*, *58*, 84, *87*, 89, *98*, 249, 253, 257, *260*, 267, 268, 269, 270, 271, 272, *273*, *274*, *275*, *276*, 283, 284, 285, 287, 288, *288*, *289*, *290*
Whitehurst, G. J., G.J. 怀特赫斯特，372, *374*, 403, *414*, 439, *445*
Whiteley, C. S., C.S. 怀特利，419, 423, *428*
Whitney, C., C. 威特尼，68, 70, 71, *74*, *75*, 82, *87*, 90, *97*, *98*
Whittaker, J. V., J.V. 维塔克，457, *462*

Wiesel, T. N., T.N. 威塞尔，27, *41*
Wigfield, A., A. 威哥菲尔德，421, 422, *429*, 474, *476*
Wightman, J., J. 魏特曼，299, *310*
Wijekumar, K. K., K.K. 卫叶库玛，421, 422, *430*, 466, *477*
Wilce, L., L. 威尔斯，133, *146*, 294, 298, 300, 302, 303, 304, 306, *309*
Wilcox, D. D., D.D. 威尔科克斯，455, *461*
Wilcutt, E. G., E.G. 维尔卡特，131, *146*
Wilder, T. D., T.D. 维尔德，452, *460*
Wiley, J., J. 威利，466, 468, *476*
Wilkinson, I. A. G., I.A.G. 威尔金森，420, *430*, 472, 474, *477*
Wilkinson, L. C., L.C. 威尔金森，439, *444*
Willcutt, E. G., E.G. 维尔科特，365, 372, *373*, *374*
Williams, C. C., C.C. 威廉斯，44, *57*
Williams, G. B., G. B. 威廉斯，155, 160, *162*, *163*
Williams, J. N., J. N. 威廉斯，168, *182*
Williams, J. P., J. P. 威廉斯，421, 422, *430*
Williams, R. S., R. S. 威廉斯，203, *213*
Williams, S., S. 威廉斯，363, *375*
Williams, S. C. R., S. C. R. 威廉斯，382, *390*
Willows, D. M., D.M. 威勒斯，133, *146*, 294, 302, *309*, 348, *359*, 379, *391*, 417, *429*
Willson, V. L., V.L. 威尔逊，355, *360*
Wilshire, C. E., C.E. 维尔赛尔，161, *164*
Wilson, A., A. 威尔逊，466, 467, *475*
Wilson, D., D. 威尔逊，319, *324*
Wilson, E. O., E.O. 威尔逊，426, *430*
Wilson, K., K. 威尔逊，364, *373*
Wilson, M., M. 威尔逊，389, *393*
Wilson, M. A., M.A. 威尔逊，151, 157, *164*
Wilson, S. M., S.M. 威尔逊，151, 157, *164*
Wimmer, H., H. 维默，303, *310*, 329, 331, 332, 333, *341*, *343*, 365, 366, *374*, *375*, 464, *475*
Wineburg, S., S. 韦恩伯格，468, 469, *476*, *478*
Winskel, H., H. 文斯凯尔，84, *87*
Wise, R. J. S., R.J.S. 魏斯，150, 151, *162*, *164*
Witzki, H., H. 维茨基，387, *392*
Wolf, M., M. 沃尔夫，331, 332, *340*, *342*, *343*, 365, *376*
Wolfe, M. B., M.B. 沃尔夫，474, *478*
Wolfram, W., W. 沃尔夫拉姆，432, 433, 436, 437, 439, 441, *445*, *446*
Wong, M.-Y.，黄美燕，322, 337, *324*, *342*
Wong-Fillmore, L., L. 王－费尔默，447, 448, *462*
Woodhead, Z. V. J., Z.V.J. 伍德黑德，151, *164*
Woollams, A. M., A.M. 伍拉姆斯，150, 151, 153, 155, 156, 157, 158, 159, 160, 161, *163*, *164*
Woolworth, S., S. 伍尔沃斯，468, *476*
Worthen, D., D. 沃森，354, *359*
Wu, C., C. 吴彩丽（音），49, *56*, 191, *200*, 238, *243*, 250, *260*
Wu, N.，武宁宁，322, *324*, 336, *342*
Wu, Sina., S. 吴，336, *342*
Wu, Y.J. 吴燕京，167, *182*
Wurtz, P., P. 乌尔茨，150, *163*

Xia, V.，维奥里特·夏，136, 142, 144, *146*
Xiang, M.，向明，209, *216*
Xiao, Wen., W. 肖，22, *25*
Xu, R.，徐瑞平，209, *216*
Xuan, Y.，轩月，322, *324*, 336, *342*

Yaghoub-Zadeh, Z., Z. 胡 泊 - 乍 得，379, *391*
Yakup, M., M. 亚库普，84, *87*
Yan, G.，阎国利，51, 52, *54*, *57*, *59*, 234, 235, 236, 237, 238, 241, *242*, *243*, *244*, 248, *259*
Yan, M., M. 阎鸣，241, *244*, 255, 256, *260*
Yang, Z.，杨志，385, *392*
Yang, H., H. 杨宪明，235, 236, 240, *244*
Yang, J.，杨锦绵，45, 47, 48, 49, 50, 53, 54, *54*, *55*, *57*, *58*, *59*, 176, 178, *182*, 256, 257, *259*, 266, 267, 271, *273*, *275*, 280, 286, 288, *288*, *290*, 371, *373*, *376*
Yang, M.，杨梅英，168, *182*
Yang，S.-N. 杨顺南，54, *56*, *59*, 266, *276*, 285, *290*
Yap, M. J., M.J. 梅尔文·叶，31, 34, 35, 37, 38, 39, *40*, *41*, *42*, *43*, 64, *74*, 79, 82, *85*, *87*, 131, 135, 136, 141, *146*, *148*, 187, *199*, 267, *273*
Yarkoni, T.，塔尔·雅科尼，38, *43*, 79, *87*
Yates, M., M. 亚特斯，33, *43*, 79, 81, *87*
Yau, P. W.-Y., P.W.-Y. 邱，322, *323*
Ye, Y.，叶云（音），49, *56*, 191, *200*, 250, *260*
Yeh, L., L. 叶理豪，168, *181–182*
Yen, M.-H.，颜妙璇，50, *59*, 237, *244*
Yen, N.，颜乃欣，49, *58*, 191, *201*, 252, *260*
Yeung, P. S.，杨佩诗，337, *343*
Yin, L.，尹莉，322, *325*
Yngve, V. H., V.H. 英格维，210, *216*
Yoncheva, Y. N., Y.N. 永池瓦，380, 382, *393*
Yonelinas, A. P., A.P. 永利纳斯，280, *290*
Young, A. W.，安德鲁·W. 扬，385, *393*
Young, L.，劳拉·扬，405, 406, 407, *413*
Youngs, P.，彼得·扬，456, *462*
Yu, Jing.，余静（音），209, *216*
Yuill, N. M., N.M. 于尔，348, 349, 351, *358*, *359*, *360*, 419, *430*
Yun, H.，尹洪玉，211, *215*

Zafiri, M., M. 扎 菲 利，382, 387, 388, *391*
Zang, C., C. 臧 传 丽，51, *54*, 234, 235, 236, 237, 241, *242*, *243*, *244*
Zarabozo, D., D. 扎拉波佐，387, *392*
Zaslow, M., M. 扎思洛夫，457, *460*, *462*
Zatorre, R., R. 扎托尔，380, *393*
Zehr, K. S., K.S. 泽尔，346, *357*
Zeng, Ji.，曾吉（音），454, *460*
Zeno, S., S. 泽诺，*325*, 1995
Zevenbergen, A., A. 泽温伯格，403, *414*
Zevenbergen, J., J. 泽文伯根，403, *414*
Zevin, J. D., J.D. 泽文，34, *43*, 134, *147*, 176, 178, *182*, 380, 382, *393*
Zhang, H.，张海燕，418, *430*
Zhang, L.，张玲玲（音），438, 439, *444*
Zhang, M.，张曼曼，235, 236, *243*
Zhang, Q.，张强，366, *374*
Zhang, S.，张苏兰（音），364, *374–375*
Zhang, Y.，张韵斐，175, *181*, 209, *216*, 378, *393*

Zhao, J.，赵静，385, *392*
Zhao, Wenchan., W. 赵，236, *243*
Zhao, X.，赵晓巍，171, 176, *182*
Zhong, Y., 钟毅平，387, *392*
Zhou, A. B.，周爱保，336, 337, 339, *341*
Zhou, H., H. 周，168, *182*
Zhou, W.，周蔚，241, *244*, 255, 256, *260*
Zhou, X.，周晓林，250, *260*
Zhou, Y. G., Y.G. 周，336, *343*
Zibulsky, J., J. 兹布尔斯基，448, 452, 453, 454, *460*, *460–461*
Ziegler, J. C., J.C. 齐戈勒，30, 34, *40*, *42*, 63, 65, 67, *74*, 76, 77, 79, *85*, 96, *97*, *98*, 103, *112*, 129–130, 130, 133, 134, 135, 137, 138, 144, 145, *146*, *147*, *148*, 152, *162*, 167, 171, *179*, 326, 327, 329, 333, 334, 336, *343*, 365, 366, *376*, 379, 380, 381, *392*, *393*
Zirkel, P. A., P.A. 兹尔科尔，418, *430*
Zoccolotti, P., P. 佐客洛迪，94, *97*
Zola, D., D. 佐拉，49, 51, 52, *56*, *59*, 77, *86*, 240, *243*, 249, 255, *260*, 263, *274*, 282, *289*
Zoontjes, R., R. 祖恩耶斯，385, *393*
Zorzi, M., M. 佐尔兹，30, *42*, 103, *112*, 130, 133, *147*, 365, *373*, *376*
Zucchermaglio, C., C. 祖科马格里奥，315, *323*
Zukowsi, A., A. 祖科夫斯，320, *324*
Zwaan, R. A., R.A. 兹万，218, *231*
Zwitserlood, P., P. 兹维瑟路德，212, *216*, 384

主题索引

AAE (African American English)，非裔美国英语
Abugidas writing systems，阿布吉达斯书写系统，19
ACE model, of dyslexia，阅读障碍 ACE 模型，367–368
Achievement gap, black-white，黑人与白人的成绩差距，438–439
  See also African American English (AAE) 也见非裔美国英语 AAE
Acquired dyslexia，获得性阅读障碍，149–164
  associations in，联系，155
  central，中心的，151
  connectionist triangle model，连结主义三角模型，154–155
  dissociations in, 脱离联系，152
  dual-route cascade model，双路径连续模型，152–154
  future directions, 未来方向，161
  overview，概要 5, 149–150
  peripheral, 周边相关，150–151
  phonological coding in, 语音编码，189
  subword pathway impairments，次级词汇路径损害，157–160
  surface, 表面，30
  whole and subword pathway interaction，全词或次级词汇路径互动，160–161
  whole-word pathway impairments, 全词路径损害，155–157
Activation models in lexical representation，词汇表现的激活模型，100
ACT-R based parser，基于 ACT-R 的解析器，206
Addition-letter neighbors，附加字母的邻域词，79
Addressed phonology，寻址音素学，186
Adolescent literacy，青少年读写能力，463–478
  challenges in，在下列情况下面临的挑战，463–466
  comprehension strategy instruction，阅读理解策略教学，466–467
  content and literacy learning integrated history，读写内容与综合过程，468–469
  literature and interpretive practices，文学与解读实践，470–471
  overview，概览，467–468
  purpose and engagement，目的与介入，473–474
  science，科学，469–470
  discussion in，讨论，471–473
African American English (AAE)，非裔美国英语，431–446
American dialects，美国方言，431–433
  children and black-white achievement gap，儿童以及黑人白人的成绩差距，438–439
  dialect shifting-reading achievement

方言改变的阅读成绩
hypothesis，假设，439–440
feature production variability，特征生成的多变性，433–438
overview，概览，433
current educational context，当前教育内容，441
future research，今后研究，441–443
overview，概览，431
Allophones，变音词，15
Alphabetic orthographies，字母拼法
English literacy foundations，英语读写基础，330–332
literacy foundations in alphabetic orthographies other than English，非英语字母拼法的读写基础，332–334
literacy skills in，读写技能，334–335
overview，概要，328–330
Alphabetic principle, 字母原则，415, 448–449
Alphabets, 字母，18–19, 21
Alphasyllabaries, 字母音节，19, 337–339
Alzheimer's disease, dyslexia and，阿尔茨海默病，阅读障碍，158
Amazon's Mechanical Turk, 亚马逊的土耳其机器人，38
American dialects. *See also* African American English (AAE) 美国方言，见非裔美国英语（AAE），431–433
American English spelling system, 美国英语拼写系统，448, 451–452
Analogizing, as word reading method, 类比，作为单词阅读方法，295–296
Anaphoric inferences, in discourse comprehension, 回指推理，话语理解中，219–220
Arabic, letter order sensitivity in, 阿拉伯语，字母顺序敏感性，91–93
Arousal effect, of words, 唤起效应，词汇的，35
Assembled phonology, 组合音位学，186
Assessment-to-Instruction (A2i) technology, 从评估至教学的 A2i 计算技术，424–425
Associations in acquired dyslexia, 获得性阅读障碍的关联性，155
Attentional dyslexia, 注意性阅读障碍，150
AUSTRAL model 为 activation using structurally tiered representations and lemmas 的缩写，意为“使用结构分层表示和词元的激活”，简称 AUSTRAL 模型
graded effects of transparency in, 透明性分级效应，108
irregularly inflected words in, 不规则屈折词，107
lexical quality and, 词汇性质，134
obligatory decomposition in, 强制分解，103–104
overview, 概要，102–103
Automatic spreading activation, 自动展开激活，37

Backpropagation learning mechanism, 反向传播学习机制，30
Backward causal bridging inferences, 反向因果桥接推理，221
Ballistic movements, eye movements as, 44 弹道运动，眼运动
Bayesian reader model. *See also* Visual word recognition in Bayesian Reader framework 贝叶斯阅读器模型，也见贝叶斯阅读模型框架下的视觉单

词识别，31–32, 39, 91
Behavioral approach, 行为方式，4
Benchmark School, 本奇马克学校（该校开发了帮助阅读障碍的孩子学习的方法），296
Bidialectalism, 双边辩证法，432, 441
Bilingual interactive activation model(BIA+), 双语互动激活模型，169–171
Bilinguals 双语者
children as, 儿童双语者，174–178
as English language learners (ELLs), 作为英语学习者，416, 420–421, 426
L2 (second language) literacy acquisition in, 二语读写学习，174
overview, 概要，165
semantic information integration in, 语义信息综合，255
sentence processing, 句子处理，171–174
word neighborhood in, 单词邻域，83
word recognition, 单词识别，166–171
bilingual interactive activation-model, 双语互动激活模型，169–171
fMRI studies, 功能磁共振研究，169
priming studies, 启动研究，167–168
in sentence contexts, 句子上下文中，168–169
single word studies, 单个单词研究，166–167
Bimodal interactive activation model, 双模激活模型，381
Black-white achievement gap. *See also* African American English (AAE) 黑人与白人的成绩差距，也见非裔美国英语（AAE），438–439
BLP (British Lexicon Project), 英国词汇项目（BLP），38
Body-object interaction, 身体-物体互动，34
Boundary paradigm, 边界范式，237, 246, 251, 256, 286
Boundary paradigm, gaze-contingent, 凝视条件下的边界范式，48–49, 190–192
Bound morphemes, 约束词素，104–105, 114–115
Braille, 盲文，83
Brain, reading influence on, 大脑，阅读影响，383
Brain bases of dyslexia, 阅读障碍的大脑基础情况，366
British Lexicon Project (BLP), 英国词汇项目（BLP），38

Cambridge University effect, 剑桥大学效应，91
CA (contrastive analysis) methods. CA（对比分析）方法，442–443
Case Against B.F. Skinner, The (Chomsky), 乔姆斯基长文“驳斥斯金纳理论”*Case Against B.F. Skinner*，4
Category congruence effects, 范畴同余效应，140
Category verification, 类别验证，28
CCSS (Common Core State Standards). CCSS 共同核心国家标准，417, 420, 426–427, 441, 464
Central acquired dyslexia, 中央获得性阅读障碍，151
Children, bilingual, 儿童，双语，174–178
Children, home literacy experiences of,

儿童，居家读写学习经历，397–414
future directions, 未来方向，410–411
model for 模型用于
early literacy, 早期读写，403–404
grade school literacy links to, 小学读写相关联系，404–405
oral language development, 口语语言发展，402–403
overview, 概要，398–399
parent-reported teaching, 父母报告的教学，400–401
phoneme awareness, 语音意识，404
overview, 概要，397–398
parent teaching impact study 父母教学影响研究
methodology, 方法论，406–407
overview, 概要，405–406
results, 结果，407–410
Children, reading comprehension of. *See also* African American English (AAE); Reading instruction in primary grades (US) 儿童，阅读理解。也见非裔美国英语（AAE）美国小学阅读教学，344–360
cohesive devices, 衔接方式，351–352
comprehensive monitoring, 理解监视，352–353
conclusions, 结论，355–356
development of, 发展，345–346
inference and integration, 影响与融合，350–351
story structure, 故事结构，353–355
successful text comprehension, 成功的语篇理解，344–345
syntactic skills, 句式技能，348
vocabulary knowledge, 词汇知识，346–348
working memory and memory updating, 工作记忆与记忆更新，349–350
Children, word reading by. *See also* Spelling development analogizing, 儿童，单词阅读，293–310，也见拼写发展类比，295–296
context role in learning, 学习中语境的作用，304–306
decoding, 解码，294–295
future directions, 未来方向，308
from memory by sight, 视觉唤醒记忆，297–299
overview, 概要，293–294
phase theory of development, 发展阶段理论，300–304
prediction, 预测，296–297
vocabulary building, 词汇构建，306–307
Chinese Lexicon Project, 汉语词汇项目，38
Chinese logography, 汉语文字学 *See also* Words in Chinese reading 也见汉语阅读中的单词，336–337
Code-focused reading instruction, 语码为重心的阅读教学，417–419, 425, 452, 455
Code switching, in AAE, 语码转换，437
Cognition. *See* Language and cognition, reading influence on Cognitive neuroscience, 认知。也见语言与认知，阅读对认知神经科学的影响，5
Cognitive processing, direct control of eyemovements by, 认知处理，眼动的直接控制，53–54
Cognitive psychology, 认知心理学，4–5
Cognitive revolution, 认知革命，4–5

Coherence 连贯
global, 全部的，218, 225–227
lexical, 词汇的，140
Cohesive devices, in reading comprehension, 衔接手段，在阅读理解中，351–352
Coltheart's N, 相邻词的个数，77, 79
Common Core State Standards (CCSS), 共同核心国家标准，417, 420, 426–427, 441, 464
Competition model, 竞争模型，172
Competitors, words as. *See* Neighborhood-effects 竞争对手，单词。也见邻域效应
Composite face effect, 组合表面形式效应，385
Compositional processing. 组合处理，见 Polymorphemic words，多词素单词 processing of 处理过程
Compound word studies. *See* Polymorphemic words, processing of Comprehension. 复合词研究。也见多词素单词，理解的处理。见 *See*
Adolescent literacy;Children, reading comprehensionof; Discourse comprehension;Reading instruction in primarygrades (US); Sentence processing;Teaching of reading 青少年读写；儿童，阅读理解；话语理解；美国小学的阅读教学；句子处理，阅读的教学
Comprehension-age match studies, 理解的年龄匹配研究，346
Comprehension monitoring, 理解监视，352–353
Computational modeling. *See also* E-Z Reader modelof biliteracy, 计算模型。也见 E-Z 双语读写阅读模型（E-Z Reader modelof biliteracy），176
of lexical decision, 词汇判定，31
of phonological dyslexia, 语音阅读障碍，159
TL (transposed letter) effects TL（转置字母）效应
reproduced by, 再生，90
of word recognition, 单词识别，26–28, 34, 171
Concept-oriented reading comprehension(CORI), 概念为导向的阅读理解（CORI)，421–422, 473
Connectionist triangle model, 连接主义三角模型，154–155, 159–160
Consistency of words, 单词的一致性，34
Consolidated alphabetic phase, in phasetheory of development, 字母的巩固阶段，在发展阶段理论中，304
Consonant and vowel status, 辅音与元音的地位，82–83, 89
Constraint-based approach to sentence-comprehension, 句子理解的约束法，206–207
Construction-integration model of discourse comprehension, 话语理解的建构整合模型，219
Constructionist framework model of discourse comprehension, 话语理解的建构框架模型，218
Constructivist approach to spelling development, 拼写发展的建构主义方法，315–318
Content and literacy learning integrated history, 内容与读写学习整合的历史，468–469
literature and interpretive practices, 文

学和解读实践，470–471
overview, 概要，467–468
purpose and engagement, 目的与介入，473–474
science, 科学，469–470
Context 语境
in adolescent instruction, 在青少年教学中，465
in learning to read words, 在阅读单词的学习中，304–306
in visual word recognition, 在视觉单词识别中，35–37
Contrastive analysis (CA) methods, 对比分析法（CA），442–443
CORI (concept-oriented reading instruction), 基于概念的阅读教学，421–422
Cross-language activation, 跨语言激活，168–169
Cross-language differences, 跨语言差异，72
Cross-linguistic studies 跨语言研究
of dyslexia, 阅读障碍，365–366
of onset entropy, 起始状态，329
of predictors of reading and spelling, 阅读与拼写的预测因子，332–333
Cross-modal priming, 跨情态启动，92
Crowd-sourcing tools, 众包工具，38
Cultural modeling approach, 文化模型方法，471–472

DDMs (dialect density measures), 方言密度测量，435
Decoding 解码
dyslexia as difficulty in, 阅读障碍的困难，362
in reading comprehension, 在阅读理解中，419
as word reading method, 作为单词阅读方法，294–295
Deep alphabetic orthography, 深层字母正字法，21, 448
Deep dyslexia, 深层阅读障碍，151, 160–161
Deletion-letter neighbors, 缺字母的邻词，79–80
Derivational transparency, 派生透明度，109–110
Derived word identification, 派生词辨认，114–115, 123
Developmental dyslexia. *See also* Dyslexia 发展性阅读障碍。也见阅读障碍，5
Diacritical marks, 变音符号，15
Diagnostic and Statistical Manual of Mental Disorders (DSM), 精神障碍诊断统计手册，363
Dialect density measures (DDMs), 方言密度测度量，435
Dialects, American. *See also* African American English (AAE) 方言，美国。也见非裔美国英语（AAE），431–433
Dialect shifting, in AAE, 方言改变，在非裔美国英语（AAE）中，437
Dialect shifting-reading achievement hypothesis, 方言改变-阅读成绩假设，439–440
Digraphs, 单音双字母，15, 20
Direct control of eye movements, 眼动的直接控制，53
Disappearing text paradigm, 消失的语篇范式，53–54, 271–272
Disciplinary literacies, 分学科的读写，465
Discourse comprehension. *See also* Children, reading comprehension of

话语理解。也见儿童，阅读理解，217–231
assumptions in, 假设，217–218
challenges in, 挑战，227–229
models of 模型
elaborative inferences, 精细推理，222–225
global coherence, 总体连贯，225–227
necessary inferences, 必要推理，219–222
overview, 概要，218–219
Discourse structure, 话语结构，465
Discussion, role of, 讨论，…~的作用，471–473
Dissociations in acquired dyslexia, 获得性阅读障碍的不相关性，152, 157
Distributed lexical representations, 分布的词汇体现，145
Distributional analysis methods, 分布分析方法，267–271
Double articulation, of language, 双重发音，语言的，13
Double center-embedded sentences, 双重中心嵌入的句子，203
DRC (dual-route cascaded) model. *See* Dual-route cascaded (DRC) model 双路径连续模型
DSM *(Diagnostic and Statistical Manual of Mental Disorders)*, 精神障碍诊断统计手册，363
Dual foundation model, 双重基础模型，327, 330–331
Dual-route cascaded (DRC) model-dyslexia and, 双路径模型的阅读障碍，152–154, 156, 159
individual differences and, 个体差异，129–130
of word recognition, 关于词汇识别，29–30, 33, 103
Dual-route race model of compound word processing, 复合词处理的双路径竞争模型，120
Dutch Lexicon Project, 荷兰语词汇项目，38
Dynamic response to intervention (RTI) model, 动态应答干预（RTI）模型，418
Dyslexia. *See also* Acquired dyslexia 阅读障碍。也见获得性阅读障碍，361–376
brain bases of, 大脑基础，366
cross-linguistic findings on, 跨语言发现，365–366
definition of, 定义，362–363
developmental, 发展，5
environmental influences, 环境影响，372
etiological mechanisms applicable to, 适用的病因机制，366–372
future directions, 未来方向，372–373
neuropsychology of, 神经心理学，363–365
overview, 概要，361–362
Early literacy 早期读写教育
home literacy experiences and, 居家读写经历，398, 403–404
illiterates late literates, 文盲、晚识字者，378
parent teaching impact on, 父母教学影响，405–410
interventions compared, 干预比较，410
methodology of studies, 研究方

法，406–407
overview, 概要，405–406
by reading to and tutoring child, 通过给孩子阅读并教导孩子，407–410
by reading to child, 通过给孩子阅读，407
Test of Preschool Early Literacy, 学前早期读写教学的测试，458
Elaborative inferences, in discourse comprehension, 精密推导，在话语理解中，222–225
Electromyographic (EMG)recording, 肌电图录制，197
Elementary and Secondary Education Act: No Child Left Behind, 中小学教育法：不能落下一个孩子，456
ELLs (English language learners). *See also* Bilinguals 英语语言学习者。也见双语者，416, 420–421, 426
ELP (English Lexicon Project), 英语词汇项目，38–39
Emergentist approaches, 紧急方法，145
Emotional valence of words, 单词的情感价，35
Endophenotypes, 内表型，364
English language learners (ELLs). *See also* Bilinguals 英语语言学习者。也见双语者，416, 420–421, 426
English Lexicon Project (ELP), 英语词汇项目，38–39, 135
English literacy foundations. *See also* African American English (AAE) 英国识字基金会。也见非裔美国英语（AAE），330–332
Environmental influences, dyslexia and, 环境影响，阅读障碍与，372
Eradicationist approaches todialects, 对方言的根除主义方法，441
ERP (event-related potential) method, 事件相关电位（ERP）法，203, 205, 208–209, 212, 380
Errors, slip-of-the-ear, 差错，听错，382
Etiology of dyslexia 阅读障碍的病因
ACE model. ACE 模型 367–368
description of, 描述，362
gene-environment interplay, 基因－环境相互作用，368
heritability, 遗传力，369–372
molecular genetics, 分子遗传学，368–369
overview, 概要，366–367
Event-indexing model of discourse comprehension, 阅读理解中的事件索引模型，218
Event-related potential (ERP) method, 事件相关电位（ERP）法，203, 205, 208–209, 212, 380
Expectancy, in priming, 期待，启动中，37
Explicit comprehension instruction, 明示的理解指导，422
Eye movements during reading, 44–59. *See also* E-Z Reader model; Polymorphemic words, processing of 阅读中的眼动。也见 E-Z 读者模型；多词素单词的处理
Chinese experiments on, 汉语实验，235
control of, 控制，50–54
fixations and saccades, 注视与扫视，45
gaze-contingent display change-paradigms, 凝视条件显示变化范

式，47–50
Hebrew word recognition experiments, 希伯来语的单词识别实验，92–93
letter transpositions and, 字母转置和～，89
orthographic differences, 正字法差异，46–47
overview, 概要，44–45
phonological encoding of words and, 单词的语音编码以及，189–194
regressive, 回顾的，213
silent *versus* oral reading, 默读与口读，45
techniques for tracking, 跟踪的技巧，5
tongue-twisters, 绕口令，196
viewing distance effects, 视距效果，45–46
word plausibility and, 词的似是而非性和～，204
Eye-voice span, 眼音广度，45
E-Z Reader model. *See also* Eye movements during reading E-Z 读者模型，也见阅读中的眼动，277–290
advantages of, 有利因素，54
assumptions of, 假定，278–283
Chinese readers, extension to, 汉语读者，延伸，238
overview, 概要，277–278
reading skill development, 阅读技能发展，283–285
sentence processing and, 句子处理，212
time course of lexical processing application, 词汇加工应用的时间历程，285–288
word processing time and, 单词处理时间，191
Facilitatory phonological priming effects, 促进性语音启动效果，168
Familiarity check, in lexical processing, 熟悉度检查，在词汇处理中，278, 280, 282
Feature production variability, in AAE, 特征产出的可变性，433–438
Ferreiro's universal hypotheses, 费雷罗的普遍假设，315–316
First-constituent frequency, 第一成分频率，116–118
First-fixation duration, 首次注视时段，115–116, 190, 212, 235, 246
First-pass time, 首次通过时间，235
Fixation duration, direct lexical and nonlexical control of, 注视时段，词汇与非词汇的直接控制，261–276
empirical case for relevance to reading, 阅读相关性的实证研究，266–272
eye-movement control, 眼动控制，262–264
future directions, 未来方向，272–273
overview, 概要，261–262
timing constraints and models of, 时间控制和模型，265–266
Fixations. *See also* E-Z Reader model; Saccades 注视。也见 E-Z 读者模型，扫视
Chinese reading experiments on, 汉语阅读实验，235
duration of, 时段，50–52
first-fixation duration, 首次注视时段，115–116, 190, 212, 235, 246

Fixations, integrating information across, 注视，综合信息，245–260
information from single, 单一信息，4
modulating factors, 调节因子，257–258
overview, 概要，245–247
pattern and timing of, 形式与时间，44–45
perceptual span variations in, 知觉广度变化，48
preferred viewing location (PVL) in, 首选查看位置，240–241
in refixations, 再注视，247–249
in target word processing, 目标词处理中，190
variations in, 变化，45
visual information intake during, 视觉信息摄入，115–116
from word $n+1$ 来自于第 n 个单词
morphological codes, 词素语码，253–254
orthographic codes, 正字法语码，249–251
phonological codes, 语言语码，251–253
semantic information, 语义信息，254–256
from word $n+2$, 来自第 n 个单词，256–257
Fluency, 流利性，449
fMRI studies 功能磁共振研究
of metaphonological performance, 元音位表现的，380
of occipital responsiveness, 枕反应性的，386–387
of online sentence processing, 在线句子处理的，203
of word recognition by bilinguals, 双语者单词识别的，166–167, 169, 173
Forced-choice letter recognition, 强制字母识别，28
Form Priming Project, 形式启动项目，38
Foveal load, 中央凹承载，257
Free-association task, 自由联想任务，34
Free morphemes, 自由词素，115
French Lexicon Project, 法语词汇项目，38
Frequency of word appearance, 32–33. *Seealso* Word frequency effect. 单词出现频率。也见单词频率效果
Full alphabetic phase, in phase theory ofdevelopment, 完整字母阶段，在阶段理论发展中，303–304
Fuzzy letter-position coding, 模糊字母位置语码，91

Garden path model, 花园小径模型，203, 206–207
Gaze-contingent display-change paradigm, 凝视条件下的展示变化范式，47–50, 286
Gaze duration 凝视时段
in bilinguals, 双语者中，172
in compound word reading, 复合词阅读中，120–121
first-constituent frequency effect in, 第一成分频率效果，115–116
information integration across, 信息整合，246
in target word processing, 在目标词处理中，190
Genetic factors. *See also* Acquired

dyslexia; 遗传因子。也见获得性阅读障碍，131
Dyslexia 阅读障碍
Genre sensitivity, 语类敏感性，439
Gibsonian ecological approach, 吉布森的生态学方法，94
Global coherence, in discourse comprehension, 总体连贯，在话语理解中，218, 225–227
Glottographic systems, 语音文字系统，12–13
Go-past time, 跨越时间，116, 125
Grade school reading instruction (US). *See* Reading instruction in primary grades (US) 小学阅读教学（美国）。也见美国的低年级阅读教学
Grammar, 语法，12, 348, 437
Grapheme-phoneme relations, 字形音位关系，293–296, 298–299
Graphophonemic consistency, 形音一致性，328
Graphophonemic mapping, 形音投射，299
Graphotactic irregularities, 字形不规则性，14
Guided repeated oral reading, 有引导的重复口头阅读，450

Handbook overview, 手册概览，6–9
Hangul writing system, in Korean, 337–338 韩语书写系统，韩语
Head Start, 启始，405
Hebrew, letter order sensitivity in, 91–93 希伯来语，字母顺序敏感性
Hemianopic alexia, 偏盲性失读，150
Heterophones, 异音，194–195
Hierarchical interactive activation (IA) architecture, 等级性互动激活结构，133
Higher-level functions, reading influenceon, 较高层级功能，阅读的影响，387–388
History, integrated with literacy learning, 历史，与读写学习的融合，468–469
Holistic processing. *See* Polymorphemic words, processing of 全局处理。也见多词素单词处理
Home Literacy Model. *See* Children, home literacy experiences of 居家读写教学模型。也见儿童，居家读写教学经历
Hyphens, at morpheme boundaries, 连字符，在词素边界，121

IA (interactive-activation) model. *See* Interactive-activation (IA) model 互动激活模型。也见 IA
IDEAS (In-Depth Expanded Applications of Science) program, 科学的深入扩展应用项目，470
IES Practice Guide, 教育科学研究院实践指南，419–420
Illiterates, 文盲，378–379
Imageability of words, 单词成像性，34
Improving Reading Comprehension in Kindergarten through 3rd Grade（教育科学研究院实践指南），幼儿园到三年级提高阅读理解能力（IES 实践指南），419
Inconsistency-detection paradigm, 不一致检测范式，353
Incrementality in sentence processing, 句子加工中的增量，204–206
In-Depth Expanded Applications of

Science (IDEAS) program, 科学的深入扩展应用项目，470
Individual differences, 个体差异，129–148
in dyslexia, 在阅读障碍中，157
lexical quality and 词汇质量
components of, 成分，136–137
importance of, 重要性，131–133
orthographic precision and, 正字法精确性和～，133–135, 145
overview, 概要，135–136
sentence comprehension and, 句子理解和～，145
in masked morphological priming, 在遮蔽词素启动中，140–142
in masked orthographic priming, 在遮蔽正字法启动中，137–140
in masked semantic priming, 在遮蔽语义启动中，142–143
overview, 概要，129–131
in parafoveal processing, 在副中央凹处理中，143
symbolic *versus* distributed lexical-representations, 象征的与分布的词汇表征对比，145
in visual word recognition, 在视觉单词识别中，39, 144
Individualized reading instruction, 个体化的阅读教学，424–428
Individualized Student Instruction in Reading (ISI-R), 个体化的学生阅读教学，424–426
Inferences in discourse comprehension 话语理解中的推导
anaphoric, 类比的，219–221
backward causal bridging, 反向因果桥接，221
of children, 儿童的，350–351
elaborative, 精细的，222–225
necessary, 必要的，219–222
nondiscriminatory between memory and strategy-based models, 在记忆与策略为基础的模型中无歧视的，228
predictive, 预测性的，224
Inflected word identification, 屈折词辨识，115, 123–125
Inner structure, of writing systems, 内部结构，书写系统的，10
Institute for Education Sciences, U.S. Department of Education, 教育科学研究院，美国教育部，417, 455
Institute for Education Sciences Practice-Guide for RTI, 教育科学研究所 RTI 实践指南，417, 419–420
Integration, in reading comprehension of children, 儿童阅读理解中的融合，350–351
Intelligent tutoring system (ITSS), 智能教学体系，422
Interactive-activation (IA) model
AUSTRAL model and, AUSTRAL 模型中的互动激活，102
bilingual, 双语者，169–171
of letter perception, 字母感知的，27–28, 80
lexical quality hypothesis and, 词汇质量假设，133, 138
in lexical representation, 词汇表征，100–101
Interlingual homographs, 语际同形异义词，166–167
Interpretive practices, integrated with literacy learning, 解读实践，与读写学习的融合，470–471

Intonation, in language, 语调，语言中，16
IQ, literacy effects on, 智商，读写影响，388
IQ-discrepancy definitions of dyslexia, 阅读障碍的智商差异定义，363
Irregularly inflected words, 不规则屈折词，106–107
ISI-R (Individualized Student Instructionin Reading), 个体化学生阅读教学，424–426
ITSS (intelligent tutoring system), 智能性教学体系，422

Kannada writing system, in South Asia, 坎纳达语书写体系，南亚，338–339
Key word method of teaching reading, 阅读教学的关键词方式，296

Landing position effects, 视线着陆位置的影响，51
Landscape model of discourse comprehension, 话语理解的景观模型，219
Language 语言
  behavioral approach to studying, 学习的行为方式，4
  writing does not represent all aspects of spoken, 书写不代表口语的所有方面，15–17
  writing lags changes in spoken, 书写变化滞后于口语，17–18
  writing representing spoken, 书写体现口语，12–15
Language and cognition, reading influence-on, 语言与认知，阅读对其影响，377–393
  brain anatomical changes, 脑解剖改变，383
  future directions, 未来方向，389
  on higher-level functions, 更高层级功能，387–388
  metaphonological performance in literates, 识字者元音位表现，379–380
  overview, 概要，377–378
  script directionality and speech listening, 书写系统方向性和言语听力，378
  short-term memory codes and performance, 短期记忆语码与表现，382–383
  speech representations, 言语体现，378–379
  spoken word recognition, 口语单词识别，380–382, 383–384
  on visual processing, 关于视觉处理，384–387
Late literates, 晚识字者，378–379
Left fusiform gyrus, reading acquisition-effect on, 左脑梭形回路，384–385
Lemma activation. *See also* Visual word recognition, lexical representation in 词元激活。也见视觉词识别，词汇体现，102–103, 110
Length of words, 单词的词长，33, 78–79
Letter order, 字母顺序，88–98
  Hebrew and Arabic reader sensitivity to, 希伯来语和阿拉伯语的读者敏感性，92–93
  masked priming, 遮蔽启动，69–73
  modeling coding of, 模型代码，90–91, 95–96
  Semitic language orthographic processing, 闪米特语的正字法处

理，91–92
slot code, 插槽代码，67–69
transposed-letter effects, 转置字母效应，88–90
universal principles of, 普遍性原则，94–95
writing systems modulate coding of, 书写系统调制编码，93–94
Letter-position coding 字母位置编码
modeling, 建模，90–91, 95–96
transposed letter effects, 转置字母效应，88–90
uncertainty in, 其中的不确定性，78
universal principles of, 普遍性原则，94–95
Letter recognition, 字母辨识，27–28
Levenshtein distance, 编辑距离——莱文斯坦距离，34, 79
Lexical access, 词汇存取，280–281
Lexical consistency, 词汇一致性，13
Lexical contrast, 词汇对照，15–16
Lexical decision task 词汇判定任务
morphological priming assessed by, 评估词素启动，142
overview, 概要，5
performance models of, 表现模型，28, 30–32
in word recognition, 在单词识别中，28
Lexical demarcation, 词汇划分，14
Lexical distinctiveness, 词汇特征，13–14
Lexical influences, on visual word recognition, 词汇影响，对视觉单词辨认，32–35
Lexical processing 词汇处理
eye movements and, 眼动，53
serial manner of, 系列行为，278
time course of, 时段进程，285–288
in visual word recognition, 在视觉单词识别中，28–32
Lexical quality 词汇质量
components of, 成分，136–137
importance of, 重要性，131–133
lexical quality hypothesis, 词汇质量假设，130
orthographic precision and, 正字法精确性，133–135, 145
overview, 概要，135–136
sentence comprehension and, 句子理解，145
Lexical representation. *See also* Visual word recognition, lexical representation in 词汇体现。也见视觉单词识别，在词汇体现中，145
Lexical restructuring hypothesis, 词汇再建构假设，381
Lexical tuning hypothesis, 词汇调节假设，83
Linear symbols, in writing systems, 线性符号，书写系统中，11
Linguistic prejudice. *See also* African American English (AAE) 语言偏见。也见非裔美国英语（AAE），432–433
Linguistic-proficiency hypothesis, 语言水平假设，284
Linguistics, 语言学，4, 22–23
Linguistic variables, 语言变化，52–53
Literacy. *See also* Adolescent literacy; African American English (AAE); Children, home literacy experiences of; Early literacy; Teaching of reading 识字能力。也见青少年识字；非裔美国英语（AAE）；儿童居家识字学

习经历；早起识字经历；阅读教学
English literacy foundations, 英语识字基础，330–332
literacy foundations in alphabetic orthographies other than English, 英语以外的拼音语言识字基础，332–334
skills in, 其中技能，334–335
Literature and interpretive practices, integrated with literacy learning, 文学与解读实践，结合识字学习，470–471
Logogen model, Logogen 单词产生模型，100
Logograms, 词符，13
Logographic writing systems, 词符书写系统，18
L2 (second language) literacy acquisition, 第二语言读写习得，174–175

Malay Lexicon Project, 马来语词汇项目，38
Masked priming 遮蔽启动
derivational transparency in, 衍生透明度，109–110
Hebrew word recognition experiments, 希伯来语单词辨识实验，92
for letter order coding, 用于字母顺序编码，69–73
lexical competition role examined with, 词汇竞争作用检验，80–83
morphological, 词素的，140–142
neighbor, 领域字母或单词，137–138
orthographic, 正字法的，137–140
semantic, 语义的，142–143
Match scores, 匹配得分，70–71
Mathematical notation, 数学记数法，12
Meaning computation in reading polymorphemic words, 阅读多词素单词时的意义计算，125–127
Meaning-focused reading instruction, 意义为中心的阅读教学，425
Mediated priming effect, 调节启动效应，36–37
Memory 记忆
to activate anaphoric inferences, 激活回指推理，220–221
in discourse comprehension, 话语理解中，218
executive functions and, 执行功能，387–388
phonological coding and, 语音编码，194–197
phonological working, 语音作用，307
reading comprehension of children and, 儿童阅读理解和～，349–350
reading influence on, 阅读影响，382–383
reading words from, 阅读单词，297–299
semantic, 语义的，35
in sentence processing, 句子处理中，209–211
short-term, 短期，382–383
Memory-based models of discourse comprehension, 基于记忆的话语理解模型，218–219, 222, 228
Mental models, in text comprehension, 文本理解中的心理模型，344, 351
Metacognitive conversations, 元认知会话，467
Metaphonological performance in literates, 识字者元语音表现，379–380
Mirror invariance, unlearning, 镜像不变

性，非学习，385–386
Missing heritability, 缺失遗传力，369–372
Moraic syllabaries, 摩拉语音节，20
Morphemes 词素
bound, 限定，104–105, 114–115
in Chinese words, 汉语词汇中，233
Dell model representation of, 戴尔模型体现，109
free, 自由的，115
frequency of, 频率，116
hyphens at boundaries of, 跨界区的连接，121
logogens corresponding to, 呼应字符，100
words composed of,（词素）构成的单词，13
Morphological codes, 形态码，253–254
Morphological priming, 形态启动，36, 140–142
Morphological processing, 形态加工，50, 103–109
Morphological segmentation, 形态分割，115, 120–122
Morpho-orthographic level of representation, 体现的形态正字法水平，105
Moving window/moving mask experiments, 移动视窗/移动遮蔽实验，47–48
Moving window paradigm, 移动视窗范式，236, 245–246
Multitiered systems of support for reading instruction, 阅读教学中多层支持体系，416–419
Musical notation, 音勒记谱法，12
Mutation-selection model, 突变选择模型，370
Naive discriminative learning, 幼稚无区分学习，95
National Academy of Sciences, 国家科学院，449
National Assessment of Educational Progress (NAEP), 国家教育进步评估，438, 458–459
National Center for Education Evaluation and Regional Assistance, 国家教育评估与区域支持中心，455
National Council on Teacher Quality(NCTQ), 全国教师素质委员会，455–456
National Institute of Child Health and Human Development(NICHD), 国家儿童健康和人类发展研究所，450
National Reading Panel, 全国阅读研究小组，416, 450, 453
National Research Council (NRC), 国家研究委员会，449–450
Necessary inferences, in discourse comprehension, 必要推理，话语理解中，219–222
Neglect dyslexia, 忽略性阅读障碍，150
Neighborhood effects, 邻域效应，76–87
consonant and vowel status, 辅音和元音地位，82–83
future directions on, 未来方向，83–84
to help or hinder word identification, 帮助或阻碍单词识别，79–82
initial definitions of, overview, 起始定义，概要，77–79
masked neighbor priming, 遮蔽邻域启动，137–138
orthographic neighborhood size, 正字法邻域范围，33
overview, 概要，76–77

Nelson-Denny Reading Test, 尼尔森－丹尼阅读测验，137
Neural competition, 神经竞争，384–385
Neuroimaging, dyslexia evidence from, 神经成像，阅读障碍的证据，156–157, 159
Neuronal recycling, 神经元循环，131, 377
Neuropsychology of dyslexia, 阅读障碍的神经心理学研究，363–365
New York Review of Books,《纽约书评》, 4
NICHD (National Institute of Child Health and Human Development), 国家儿童健康和人类发展研究所，450
Noisy-channel model, 噪声信道模型，69, 72
Nonalphabetic writing systems, 非字母书写系统，336–340
NRC (National Research Council), 国家研究委员会，449–450
Nunes and Bryant's stage model, 努恩和布莱恩特的舞台模型，316–318
Object relative clauses (ORCs), 宾语从句，210–211
Oculomotor-tuning hypothesis, 动眼神经调节假说，283–284
OLD20 measure, OLD20 测量法（根据邻域的莱文斯坦距离数）79, 82–83
One-letter substitution neighbors, 单字母替换邻域词，77, 79
Online gaming, 在线博弈，465
Onset entropy, 起始熵，起始状态，329
Oral language development, 口语发展，398, 402–403, 419, 424, 439
Oral *versus* silent reading, 朗读与默读，45
ORCs (object relative clauses), 宾语从句，210–211
Orthographic codes, in information integration across fixations 正字法语码，注视时的信息融合，249–251
Orthographic logogens, 正字法代码，100
Orthographic mapping, 正字法映射，298–299
Orthographic neighborhood size, 正字法邻域范围，33
Orthographic-phonological (O-P)correspondence. *See also* Grapheme-phoneme relations 正字－语音的呼应，134
Orthographic precision, 正字法精确性，130, 133–135
Orthographic priming, masked, 正字法启动，遮蔽的，137–140
Orthographic processing 正字法处理
  eye movements during reading, 阅读中的眼动，46–47
  in lexical search, 词汇搜索中，100
  in metaphonological performance in literates, 在识字者的元语音表现中，379–380
  of parafoveal words, 副中央凹，49
  in parallel distributed processing, 平行分布处理，101
  in Semitic languages, 在闪米特语言中，91–92
  similarity in, ～中的同样性，33–34
  in spoken word recognition, 在口语单词识别中，380–382
Outer form differences in writing, 书写中的外形差异，10, 21–22
Overlap model, 重叠模型，69, 72, 90

Overlap open bigram model, 重叠开放式二元模型，69, 73
Overlapping ambiguous strings in Chinese words, 汉语词重叠的模糊链，239–240

Parafoveal fast priming paradigm, 副中央凹快速启动范式，192–193
Parafoveal magnification paradigm, 副中央凹放大范式，46
Parafoveal preview benefit, 副中央凹预览获益，237, 257
Parafoveal preview contingent eye-movement paradigm, 副中央凹预览条件下的眼动范式，190
Parafoveal processing, 副中央凹处理，143, 286
Parafoveal words, 副中央凹单词，49–50
Parallel distributed processing (PDP) model, 平行分布处理模型，30, 33, 101–103, 107, 130
Parallelism in sentence processing, 句子处理中的平行性，206–207
Parents as teachers. *See* Children, homeliteracy experiences of Partial alphabetic phase, in phase theory of development, 父母担任教师。也见儿童，居家学习部分字母阶段的识字经历，发展理论，301–303
Partial cue reading strategy, 部分线索阅读策略，135
Pauses, in text, 文本中的暂停，196–197
PDP (parallel distributed processing) model, 平行分布处理模型，30, 33, 101–103, 107, 130
Pedagogical content knowledge, 学科教学知识，448
Perceptual identification, 知觉识别，28
Perceptual span, 知觉广度，48, 143, 246
Peripheral acquired dyslexia, 外周获得性阅读障碍，150–151
Phase theory of development, 发展阶段理论，300–304
Phoneme awareness, 音素意识，398, 404
Phonemes, 音素，13, 193–194
Phonics instruction, 语音教学，5–6, 448, 453–454
Phonograms, 表音符号，13
Phonographemic consistency, 表音符号一致性，328
Phonographical processing, 表音符号处理，49
Phonological awareness, 语音意识，378, 449
Phonological codes, 语音标码，246, 251–253
Phonological dyslexia, 语音阅读障碍，30, 151
Phonological encoding 语音编码
inner and outer speech and, 言语内部与外部，198–199
memory and, 记忆，194–197
of words in eye-movement paradigms, 眼动范式中的单词，189–194
of words in single-word identification-tasks, 单个词辨识任务中的单词，186–189
Phonological neighbors, 语音邻域，79
Phonological output logogens, 语音外部标符，100
Phonological perspective on spelling development, 拼写发展的语音视角，312–315

Phonological priming effects, 语音启动的效果，35–36
Phonological processing, in parallel distributed processing, 语音处理，在平行分布处理中，101
Phonological similarity, 语音相似性，33–34, 383
Phonological working memory, 语音工作记忆，307
Phonotactics, 语音组合法，14
Pictorial outer forms, 外表图形，22
PISA (Program for International Student Assessment), 国际学生评估项目（PISA），465
Polymorphemic words, processing of, 多词素词，处理，114–128
  compound word studies, implications of, 复合词研究，意义，119–120
  derived word identification, 派生词的识别，123
  first-constituent frequency effects, 第一成分频率效应，116–118
  inflected word identification, 屈折词辨识，123–125
  meaning computation in reading, 阅读中的意义计算，125–127
  morphological segmentation in reading, 阅读中的词素切分，120–122
  overview, 概要，114–116
  second-constituent frequency effects, 第二成分频率效应，118–119
  whole-word frequency effects, 整词频率效应，119
Polysyllabic word representation, 多音节词体现，110
Prealphabetic phase, in phase theory of development, 字母前阶段，在发展阶段理论中，300–301
Predictability effects, 预测性效应，53
Prediction, as a word reading method, 预测，作为一种单词阅读方法，296–297
Predictive inferences, 预测推理，224
Preferred viewing location (PVL), in fixations, 首选查看位置，注视部分，240–241
Preview benefit, 预览获益，48–49, 246, 248, 252
Primary grades reading instruction (US). *See* Reading instruction in primary grades (US) 低年级阅读教学（美国）见美国低年级的阅读教学
Priming 启动
  cross-modal, 跨模型，92
  expectancy in, 期待，37
  facilitatory phonological, 促进性语音的，168
  Form Priming Project, 形式启动项目，38
  Masked 遮蔽的
    derivational transparency in, 派生的透明度，109–110
    for Hebrew word recognition, 希伯来语的单词识别，92
    for letter order coding, 字母顺序编码，69–73
    for lexical competition, 词汇竞争，80–83
    morphological, 形态上的，140–142
    neighbor, 邻域，137–138
    orthographic, 正字法的，137–140

semantic, 语义的，142–143
mediated, 调节的，36–37
morphological, 形态的，36
overview, 概要，5
parafoveal fast, 副中央凹快速通过，192–193
phonological, 语音的，35–36
repetition, 重复，81
semantic, 语义的，36–37, 168
Semantic Priming Project, 语义启动项目，38
spoken-word, 口语单词，195
transposed-letter (TL), 转置字母，70, 72, 91–93, 138–140
in word recognition by bilinguals, 双语者的单词识别，167–168
Print knowledge, 印刷知识，449
Procedural rules, in spelling, 程序规则，拼写中，451
Process-monitoring hypothesis, 过程监督假设，273
Production, reception and, 产出，接收，109
Professional development, in teaching of reading, 专业发展，阅读教学中，456–457
Program for International Student Assessment (PISA), 国际学生评估计划，465
Progressive ambiguity in Chinese words, 汉语词中的进行性歧义，239
Project CRISS, 422CRISS（Creating Independence through Student-owned Strategies 学生自主创新策略）项目
Project READI (Reading, Evidence, and Argument in Disciplinary Instruction). READ（学科教学中的阅读，证据，争论）项目，469–471
Pronunciation, set for variability and, 发音，多变性，294
Proprioception, of tones, 本体感觉，语调的，16
Psycholinguistic grain size theory, 心理语言学的粒度理论，145
Psychology and Pedagogy of Reading, The(Huey),《阅读心理学与教育学》（休伊），4
Pure alexia, 纯失读，150–151
PVL (preferred viewing location), in fixations, 首选观看位置，注视中，240–241

Quality reading instruction. *See* Teachingof reading 高质量阅读教学。也见阅读教学

RAND report on *Reading for Understanding*,《为理解而阅读》的报告（RAND），416
Rapid automatized naming (RAN), 快速自动命名（RAN），175, 332–335
Rapid Serial Visual Representation (RSVP), 快速系列视觉体现（RSVP），205, 208
Rational left-corner parser, 有理左角分析器，206
Reaction time (RT) measures. *See also* Fixation 反应时间测度。也见注视，5, 99
Read About intervention, 自述干预，422–423
Read for Real intervention, 阅读以获得真正的干预，422
Reading Apprenticeship (RA), 阅读初期，

470, 473–474
Reading First, 阅读第一，416
Reading for Knowledge intervention, 阅读以获得知识干预，422–423
Reading for Understanding (RAND),《为理解而阅读》，416
Reading for Understanding Network, 为理解网络结构而阅读，428
Reading instruction in primary grades (US). *See also* Teaching of reading 低年级阅读教学（美国）。也见阅读教学，415–430
code-focused, 语码为主的，417–419
for comprehension 用于理解
of English language learners, 英语学习者的，420–421
IES Practice Guide on, 教育科学研究院实践指南，419–420
intervention studies on, 干预研究，421–424
future directions, 未来方向，426–428
individualized, 个体化的，424–426
overview, 概要，415–416
reports and policies influencing, 有影响的报告与政策，416–417
Reading Recovery program, 阅读恢复计划，297
Reading research, introduction to, 阅读研究，引言，3–9
cognitive revolution and, 认知革命，4–5
early, 早期，4
handbook overview, 手册概要，6–9
teaching of reading, 阅读教学，5–6
Reading skill development application of E-Z Reader model. E-Z 读者模型的阅读技能开发应用，283–285
Reasoning, literacy effects on, 推理，读写能力的影响，388
Reception and production relationship, 接收与产出的关系，109
Recognition of words. *See* Visual wordrecognition 单词的辨识。也见视觉单词识别
Redundancy, visual, 冗余，视觉的，11
Refixations, 再注视，247–249
Regional synonyms, 区域内同义词，432
Regressing, in target word processing, 回归，目标词处理中，190
Regressive eye movements, 回归性眼动，44–45, 212
Regularity of words, 单词的规则性，34
Reicher-Wheeler effect. Reicher-Wheeler 效应（字优效应），27
Relationship-based professional development models, 基于关系的专业发展模型，457
Relative position constraint, 关系位置约束，70
Relearning, 再学习，159–160
Repetition priming effects, 重复启动效应，81
Resonance model of discourse comprehension, 话语理解的共振模型，219
Response time distributions, in word recognition, 应答时间分布，在单词识别时，38–39
Response to intervention (RTI) models, 对干预模型的应答，416–418, 427–428
Restructuring, lexical, 再构建，词汇的，134
Return sweep eye movements, 眼动的回扫，45
Root morpheme, 根词素，92

Root-word conflict, 词根与词的冲突, 124
RSVP (Rapid Serial Visual Representation), 快速系列视觉体现, 205, 208
RTI (Response to Intervention), 应答干预, 416–418, 427–428
RT (reaction time) measures. *See also* Fixations 反应时间测度。也见注视, 5, 99

Saccades. *See also* E-Z Reader model; Fixations 扫视。也见 E-Z 读者模型; 注视
  in Chinese reading, 汉语阅读中, 236, 240–242
  cognitive processing effect on, 认知处理效果影响, 50–51
  description of, 描述, 44–46, 245
  in target word processing, 目标词处理中, 190
  vision suppressed during, 过程中视觉受到抑制, 115
SAE (Standard American English), 标准美国英语, 432
Same-different task, 同与不同的选择任务, 71–73
Scenario-mapping focus model of discourse comprehension, 情景映射主导模型的话语理解, 219
School-wide enrichment model of reading(SEM-R), 学校范围内的阅读丰富模型, 424, 426
Science, integrated with literacy learning, 科学, 与读写学习相融合的, 469-470
Scientist's Notebook approach, 科学家的笔记本方式, 469
Script, in language, 书写体系, 语言, 10–11
Script directionality, reading influence on, 书写的方向性, 阅读影响, 378, 384
Search and activation models, in lexical representation, 搜索与激活模型, 在词汇体现中, 100
Search process, in lexical access models, 搜索过程, 在词汇访问模型中, 32
Second-constituent frequency, 第二成分频率, 118–119
Seed of Science/Roots of Reading curriculum,《科学种子》/《阅读之根》课程项目, 470
Segmentability, of tones, 切分性, 语调的 ,16
Segmentation of words 单词切分
  Chinese standards for, 汉语的标准, 233–234
  lower-level, 低层次, 234–235
  mechanisms of, 机制, 238–239
  of spatially ambiguous words, 空格模糊的单词, 239–240
Self-teaching mechanism, decoding as, 自习机制, 解码, 295
Semantic classification, 语义分类, 28
Semantic dementia, 语义障碍, 151, 155
Semantic influences, on visual word recognition, 语义影响, 对视觉单词识别, 32–35
Semantic information, in information integration across fixations, 语义信息, 注视中的信息整合, 254–256
Semantic knowledge, reading acquisition-effects on, 语义只是, 阅读获得效果, 387–388
Semantic neighbors, 语义邻域, 34

Semantic priming 语义启动
in bilinguals, 双语者中，168
effects of, 效果，36–37
masked, 遮蔽的，142–143
Semantic Priming Project, 语义启动项目，38
Semantic processing, 语义处理，101, 202, 208–209
Semantic richness, 语义丰富，34–35
Semantic transparency effect, 语义透明，36
Semasiographic systems, 语义文字系统，12
Semitic language orthographic processing, 闪族语言正字法处理，91–92
SEM-R (school-wide enrichment model of reading), 学校范围内的阅读丰富模型，424, 426
Sentence processing. *See also* Children, reading comprehension of 句子处理。也见儿童，阅读理解的，202–216
by bilinguals, 双语者的，168–169, 171–174
constraint-based approach to, 基于约束的方式，206–207
incrementality in, 递增，204–206
independence of, 独立，208–209
lexical quality and, 词汇质量，145
memory in, 记忆，209–211
overview, 概要，202–204
seriality *versus* parallelism, 串行性与并行性，206–207
visual word recognition and, 视觉单词识别，211–213
Serial-attention models, 连续注意模型，278
Seriality in sentence processing, 句子加工中的连续性，206–207
SERIOL model, 字母顺序连续模型，69, 90
Set for variability, 以多变性设计，294
Shallow alphabetic writing systems, 浅字母书写系统，21
Shared reading. *See* Children, home literacy experiences of 共享阅读。也见儿童，居家学习读写经历
Short-term memory (STM), 短期记忆，382–383
Sight word reading, 视觉单词阅读，297–299
Silent reading, 默读，185–201
inner speech and outer speech relation, 内部言语与外部言语关系，197–199
oral reading *versus*, 朗读与~，45
overview, 概要，185–186
phonological encoding of words in eye-movement paradigms, 眼动范式中单词的语音编码，189–194
phonological encoding of words insingle-word identification tasks, 单个词识别任务中的单词语音编码，186–189
short term memory and phonological-coding, 短期记忆与语音编码，194–197
Simple view of reading model, 阅读模型的简洁视角，419, 425
Single-route model of word recognition, 词识别的单路径模型，29
Single-word identification tasks, 单个词识别任务，186–189
Situation model of text comprehension, 文本理解的情景模型，217–218, 344

Skipping effects, 跳跃效果，52
Slip-of-the-ear errors, 听错，382
Slot-based coding, 插槽式编码，67–69, 90
SNARC effect, 空间—数字的反应编码联合（Spatial-Numerical Association of Response），384
Social media, 社会媒体，465
SOPHIA model, 正字法启动（单语版）模型，171
Spacing 空间
compound word reading and, 复合词阅读，120–121
lack of, in Chinese words,（空间）缺失，汉语单词中，232–233
Spatial association, reading influenceon, 空间联想，阅读影响，384
Spatial coding model, 空间语码模型，91
Speaking, development of. *See also* Oral language development. 口语，发展。也见口头语言发展，4
Speech. *See also* Oral language 言语。也见口头语言，378–379
development; Silent reading 发展；默读
Speeded pronunciation, 加速发音，28–31
Spelling development. *See also* Children, word reading by 拼写发展也见儿童，单词阅读，311–325
American English spelling system, 美国英语拼写系统，448, 451–452
conclusions, 结论，321–322
constructivist approach to, 结构主义方式，315–318
overview, 概要，311–312
phonological perspective, 语音视角，312–315
statistical learning, 统计学习，318–321
Spelling-meaning factor, 拼写－意义因子，138
Spoken-word priming, 口语单词启动，195
Spoken word recognition, 口语单词识别，380–384
Stability, of tones, 稳定性，语调的，16
Standard American English (SAE), 标准美国英语，432
Statistical learning, in spelling development, 统计学习，在拼写发展中，318–321
STM (short-term memory), 短期记忆，382–383
Story structure, in reading comprehension, 故事结构，在阅读理解中，353–355
Strategy-based models of discourse comprehension, 话语理解的策略模型，218–219, 222, 228
Stroop task, 斯特鲁普任务（在心理学中指干扰因素对反应时间的影响），297
Structure-building framework for discourse comprehension, 话语理解的建构框架，218
Student outcomes, teaching of reading and, 学生成绩，阅读教学，454–455
Style shifting, in AAE, 风格变化，在非裔美国英语中，437–438, 440
Stylistic consistency, in writing, 风格一致性，书写中，11
Sublexical route in model of word recognition, 次级词汇路径，书写中，29, 32
Subvocalization, 次级发音，186, 197–198

Subword pathway impairments, 次级单词路径受损，157–161
Surface dyslexia, 表面阅读障碍，151, 156
Survival analyses, 生存分析，54
Syllabaric writing systems, 音节书写系统，18, 20
Syllabic alphabets, 音节字母，19
Syllable neighbors, 音节邻域，78
Symbolic lexical representations, 符号词汇表征，145
Symbols, 符号，12
Synonyms, regional, 同义词，区域的，432
Syntactic skills, in children's reading comprehension, 句式技能，在儿童阅读理解中，348

Tachistoscope, 速示器，4
Tactical rules, in spelling, 战术规则，在拼写中，451
Teachers, parents as. *See* Children, home literacy experiences of 父母作为教师。也见儿童，居家读写学习经历
Teacher study group model, 教师学习小组模式，457–458
Teaching of reading, 阅读的教学，447–462
  American English spelling system, 美国英语拼写系统，451–452
  literacy instruction in, 读写教学，452–453
  overview, 概要，447–448
  phonics, 拼读法，453–454
  professional development interventions, 专业发展干预，456–457
  quality reading instruction, 高质量阅读教学，448–451
  recognition of lack of knowledge in, 承认缺乏知识在~方面，453
  research on, 有关研究，5–6
  student outcomes and, 学生成绩，454–455
  teacher knowledge gaps, 教师知识空白，455–456
  teacher study group model, 教师学习小组模式，457–458
Teaching Reading Really is Rocket Science (Moats), 教阅读真是一门艰难的学问（鸿沟），459
Technology. *See also* Adolescent literacy 技术，也见青少年读写学习，422–424
Test for Reception of Grammar, 接受语法测试，348
Test of Preschool Early Literacy(TOPEL), 学前低级读写能力测试（TOPEL），458
Textbase representation, 文本表征，217
Text comprehension in children, *See also* Children, comprehension of, 童文本理解。也见儿童，理解，344–345.
Text-onset delay paradigm, 文本起始延迟范式，271–272
Text processing 文本处理
  by bilinguals, 双语者，173–174
  pauses coded by inner speech, 由内部语音编码的停顿，196–197
Time course of lexical processing applicationof E-Z Reader model, E-Z 读者模型在词汇加工中的应用，285–288
TL (transposed-letter) priming. *See* Transposed-letter (TL) priming 字母转置启动

Tone, in language, 语言中的语调，16, 20
Tongue-twisters, 绕口令，196
TOPEL (Test of Preschool Early Literacy), 学前儿童读写能力测试，458
Total fixation time, 总注视时间，116, 124, 190, 235, 246
Transposed-letter (TL) priming 转置字母启动
cross-linguistic research on, 跨语言研究，91–93
effects of, 效果，88–90
masked orthographic priming and, 遮蔽的正字法启动，138–140
morphological boundaries and, 形态边界，70
neighbors, 邻域，79–80
task dissociation and, 任务脱离，72
Triple foundation model, 三基模型，327, 331, 338
Tuning, lexical, 调整，词汇的，134
Typical response to intervention (RTI) model, 典型的干预模型应答，418

Under representation, 代表性不足，15, 20
Uniformity assumption, 一致性假设，130
Unitization, 配套，298
Unrestricted race model, 非受限竞赛模型，206
U.S. Department of Education, 美国教育部，449–450, 455
U.S. Department of Health and Human Services, 美国健康与人类服务部，449

Valence, emotional, 效价，情感的，35
Verbal Behavior (Skinner), 言语行为（斯金纳），4
Verbal efficiency theory, 言语效率研究，130
Verification process, in lexical access-models, 证实过程，词汇访问模型，32
Viewing distance effects, 观看距离效果，45–46
Visual agnosia, 视觉性失认症，152
Visual nature of writing, 书写的视觉本质，11–12
Visual processing, reading influence on, 视觉处理，阅读的影响，384–387
Visual word form area (VWFA) 视觉词形区
mirror invariance, unlearning, 镜像不变性，非学习 / 遗忘，385–386
reading paradox and, 阅读悖论，131–132
speech processing to activate, 言语处理到激活，382
Visual word recognition. *See also* Neighborhood effects; 视觉单词识别。也见邻域效应，26–43
Polymorphemic words，多词素词
processing of 处理
context and priming effects, 语境与启动效应，35–37
individual differences in, 个体差异，39, 144
joint effects of variables, 变量联合效应，37
lexical- and semantic-level influenceson, 词汇和语义层次的影响，32–35
megastudies *versus* factorial studies of, 大型研究和因子研究，37–38
response time distribution analyses, 应

答时间分布分析，38–39
sentence processing and, 句子处理，211–213
theories of, 理论，26–32
letter recognition, 字母识别，27–28
lexical processing, 单词的处理，28–32
overview, 概要，26–27
Visual word recognition, lexical representationin, 视觉词识别，词的表征，99–113
AUSTRAL model, 为 activation using structurally tiered representations and lemmas 的缩写，意为“使用结构分层表示和词元的激活”，简称 AUSTRAL 模型，102–103
derivational transparency in masked-priming, 遮蔽启动中的派生透明，109–110
dual pathway from form to lemma, 从形式到词元的双路径，110
interactive-activation model, 互动激活模型，100–101
morphological processing, 词素处理，103–109
overview, 概要，99–100
parallel distributed processing model, 平行分布处理模型，101–102
polysyllabic word representation, 多音节单词表征，110
reception and production relationship, 接收与产出的关系，109
search and activation models, 搜索与激活模型，100
Visual word recognition in Bayesian Reader framework, 贝叶斯读者框架中的视觉单词识别，63–75
overview, 概要，63–64
representation of letter order in masked priming, 遮蔽启动中字母顺序的表征，69–73
slot code, 插槽语码，67–69
word frequency as determinant of, 词频作为决定要素的单词识别，64–67
Vocabulary, 词汇，306–307, 346–348, 449
Vowel and consonant status, 元音和辅音的地位，82–83, 89
Vowel harmony, in Finnish, 元音和谐，芬兰语，122
VWFA (visual word form area). *See* Visual word form area (VWFA) 视觉词形区
WEAVER++ model. word-form encoding by activation and verification 通过激活和验证的词形编码（一种解释言语产生过程的计算模型），109
Whole-language approach, 全语言教学法，5, 448
Whole-word form representation, 全词形式表征，106–107
Whole-word frequency, 全词频率，119
Whole-word instruction method, 全词教学法，5
Whole-word pathway impairments, 全词路径损伤，155–157, 160–161
Word-frequency effect, 词频率效应，32–33, 52, 64–67
Word Generation program, 词产出项目，473
Word recognition, by bilinguals, 词的识别，双语者，166–171
bilingual interactive activation model, 双语互动激活模型，169–171

fMRI studies, 功能磁共振研究，169
priming studies, 启动研究，167–168
in sentence contexts, 在句子语境中，168–169
single word studies, 单个词研究，166–167
Words. *See also* Children, reading comprehension of; Children, word reading by; Polymorphemic 单词。也见儿童，阅读理解；儿童单词阅读；多词素的 words, processing of; Visual word recognition 单词，处理；视觉词识别
irregularly inflected, 不规则屈折，106–107
phonological encoding of, 语音编码，189–194
polysyllabic word representation, 多音节单词表征，110
single-word identification tasks, 单个词的识别任务，186–189
written representation of, 书写表征，18–21
Words in Chinese reading, 汉语阅读中的词，232–244
description of, 描述，233–234
overview, 概要，232–233
psychological reality of, 心理现实，234–238
saccade target selection in, 扫视目标选择，240–242
segmentation mechanisms for, 分割机制，238–239
spatially ambiguous, 空间歧义，239–240
Words in different writing systems, 不同书写系统中的词，326–343
alphabetic literacy skills, 字母读写技能，334–335
in alphabetic orthographies, 字母正字法中，328–330
English literacy foundations, 英语读写基础，330–332
literacy foundations in alphabetic orthographies other than English, 非英语字母正字法的读写基础，332–334
in nonalphabetic writing systems, 非字母书写系统，336–340
overview, 概要，326–328
Word superiority effect, 词优效果，27
Working memory, literacy effects on, 工作记忆，读写效果，387–388
Writing, 书写，10–25
importance of, 重要性，3
language aspects not represented by, 语言方面（不通过书写）表征的，15–17
language change lags in, 书写语言变化的滞后，17–18
language represented by, 书写语言表征，12–15
letter order coding modulated by systems of,（书写）系统调整字母顺序语码，93–94
outer form differences in, 书写的外部形式差异，21–22
reading implications, 阅读意义，22–24
visual nature of, 视觉本质，11–12
words represented differently in, 单词的不同表征，18–21

图书在版编目(CIP)数据

牛津阅读手册/(美)亚历山大·波拉塞克,(美)瑞贝卡·特雷曼编;陈明瑶,程甜译.—北京:商务印书馆,2021(2023.8重印)
ISBN 978-7-100-19525-6

Ⅰ.①牛… Ⅱ.①亚… ②瑞… ③陈… ④程… Ⅲ.①阅读辅导—手册 Ⅳ.①G252.17-62

中国版本图书馆CIP数据核字(2021)第037140号

牛津阅读手册

〔美〕亚历山大·波拉塞克 瑞贝卡·特雷曼 编
陈明瑶 程甜 译

商 务 印 书 馆 出 版
(北京王府井大街36号 邮政编码100710)
商 务 印 书 馆 发 行
北京捷迅佳彩印刷有限公司印刷
ISBN 978-7-100-19525-6

2021年12月第1版 开本710×1000 1/16
2023年8月北京第2次印刷 印张66

定价:360.00元